FIDES | Treuhandgesellschaft KG
Wirtschaftsprüfungsgesellschaft
Steuerberatungsgesellschaft

BECK'SCHE STEUERKOMMENTARE

GEHRE/VON BORSTEL
STEUERBERATUNGSGESETZ

Gehre/von Borstel

Steuerberatungsgesetz

mit Durchführungsverordnungen

Kommentar

bearbeitet von

RAINER VON BORSTEL
Rechtsanwalt
Dipl. Betriebswirt (BA)

begründet von

DR. HORST GEHRE
Rechtsanwalt
Fachanwalt für Steuerrecht

5. Auflage

Verlag C. H. Beck München 2005

Verlag C. H. Beck im Internet:
beck.de

ISBN 3 406 52118 5

© 2005 Verlag C. H. Beck oHG
Wilhelmstraße 9, 80801 München
Satz und Druck: Druckerei C. H. Beck, Nördlingen
(Adresse wie Verlag)

Gedruckt auf säurefreiem, alterungsbeständigem Papier
(hergestellt aus chlorfrei gebleichtem Zellstoff)

Vorwort zur 5. Auflage

Seit der 4. Auflage im Jahre 1999 hat das Steuerberatungsgesetz wieder vielfältige Erneuerungen und Ergänzungen erfahren. Besondere Bedeutung kommt hierbei dem 7. StBÄndG zu. Daneben sind es aber die zahlreichen gerichtlichen Entscheidungen – insbesondere im Bereich der Werbung – die eine Aktualisierung des Kommentars erfordern.

Es gelten auch weiterhin die Ausführungen des Vorworts der Vorauflage, wonach die Entwicklung des Berufsrechts der Steuerberater nicht abgeschlossen ist. Aus dem Recht der Europäischen Union und aus dem Verfassungsrecht ergeben sich neue Tendenzen. Hinzu kommt der Wunsch nach weiteren Deregulierungen und das Bemühen anderer Berufe bisher dem Steuerberater vorbehaltene Aufgaben zu übernehmen.

Der Kommentar soll sich – wie in der Vergangenheit – weiterhin in kurzer und komprimierter Form auf die wesentlichen Punkte konzentrieren und eine Übersicht über den aktuellen Stand vermitteln. Daher gilt mein besonderer Dank Dr. Gehre für die bisherige Arbeit und seine hilfreiche Unterstützung bei der Überarbeitung.

Für Hinweise und Anregungen bin ich jederzeit dankbar.

Frankfurt, im Mai 2005   *Rainer von Borstel*

Inhaltsverzeichnis

Abkürzungsverzeichnis IX
Einleitung 1
Kommentar 15

Erster Teil

Vorschriften über die Hilfeleistung in Steuersachen (§§ 1–31) 21
zu § 31: Verordnung zur Durchführung der Vorschriften über die Lohnsteuerhilfevereine (DVLStHV) vom 15. 7. 1975 (BGBl. I S. 1906) zuletzt geändert durch Gesetz vom 24. 6. 2000 (BGBl. I S. 874) 106

Zweiter Teil

Steuerberaterordnung (§§ 32–158) 111

Dritter Teil

Zwangsmittel, Ordnungswidrigkeiten (§§ 159–164) 525

Vierter Teil

Schlussvorschriften (§§ 164a–168) 533

Verordnung zur Durchführung der Vorschriften über Steuerberater, Steuerbevollmächtigte und Steuerberatungsgesellschaften (DVStB) vom 12. 11. 1979 (BGBl. I S. 1922), zuletzt geändert durch Gesetz vom 15. 12. 2003 (BStBl. I S. 2645) 536

Satzung über die Rechte und Pflichten bei der Ausübung der Berufe der Steuerberater und Steuerbevollmächtigten (Berufsordnung der Bundessteuerberaterkammer – BOStB) vom 2. 6. 1997/24. 10. 1998 556

Sachverzeichnis 577

Abkürzungsverzeichnis und Verzeichnis der abgekürzt zitierten Literatur

a. A.	anderer Ansicht
a. a. O.	am angegebenen Ort
ABl	Amtsblatt der Europäischen Gemeinschaft
a. F.	alte Fassung
AFG	Arbeitsförderungsgesetz
AG	Aktiengesellschaft
AGH	Anwaltsgerichtshof
AktG	Aktiengesetz
AltZertG	Altersvorsorge-Zertifizierungsgesetz
Anm.	Anmerkung
AnwBl	Anwaltsblatt
AO	Abgabenordnung
ArbGG	Arbeitsgerichtsgesetz
ArbPlSchG	Arbeitsplatzschutzgesetz
Art	Artikel
Aufl.	Auflage
AWG	Außenwirtschaftsgesetz
BAG	Bundesarbeitsgericht
BAnz	Bundesanzeiger
BayObLG	Bayrisches Oberstes Landesgericht
BayVGH	Bayerischer Verwaltungsgerichtshof
BayVerwBl	Bayerisches Verwaltungsblatt
BB	Der Betriebsberater
BBG	Bundesbeamtengesetz
BBiG	Berufsbildungsgesetz
BdF	Bundesminister der Finanzen
BDSG	Bundesdatenschutzgesetz
BFHE	Sammlung der Entscheidungen des Bundesfinanzhofes
BFH	Bundesfinanzhof
BFH/NV	Sammlung amtlich nicht veröffentlichter Entscheidungen des Bundesfinanzhofs
BHStB	Bonner Handbuch der Steuerberatung, Loseblatt-Kommentar, Bonn
BMF	Bundesfinanzministerium
BGB	Bürgerliches Gesetzbuch
BGBl.	Bundesgesetzblatt
BGH	Bundesgerichtshof
BGHSt	Entscheidungen des Bundesgerichtshofes in Strafsachen
BGHZ	Entscheidungen des Bundesgerichtshofes in Zivilsachen
BHO	Bundeshaushaltsordnung
BKA	Bundeskartellamt
BNotO	Bundesnotarordnung
BOStB	Berufsordnung der Bundessteuerberaterkammer
BPGes	Buchprüfungsgesellschaft

IX

Abkürzungen

b + p	betrieb und personal
BpO	Betriebsprüfungsordnung
BR	Bundesrat
BRAK-Mitt.	Mitteilungen der Bundesrechtsanwaltskammer
BRAGO	Bundesrechtsanwaltsgebührenordnung
BRAO	Bundesrechtsanwaltsordnung
BSG	Bundessozialgericht
bspw.	beispielsweise
BStBl.	Bundessteuerblatt
BT	Bundestag
BVerfG	Bundesverfassungsgericht
BVerwG	Bundesverwaltungsgericht
BVerwGE	Entscheidungen des Bundesverwaltungsgerichts
BZRG	Bundeszentralregistergesetz
CR	Computer und Recht
DB	Der Betrieb
DNotZ	Deutsche Notarzeitschrift
DÖV	Die öffentliche Verwaltung
DONot	Dienstordnung für Notare
Dreher	Dreher/Tröndle, Strafgesetzbuch, Kommentar
DRiG	Deutsches Richtergesetz
DStB	Der Steuerbeamte
DStR	Deutsches Steuerrecht
DStRE	DStR Entscheidungsdienst
DStZ	Deutsche Steuerzeitung
DSWR	Datenverarbeitung, Steuer, Wirtschaft, Recht
DV, DVO	Durchführungsverordnung
DVBl	Deutsches Verwaltungsblatt
DVLStHV	Verordnung zur Durchführung der Vorschriften über die Lohnsteuerhilfevereine
DVStB	Verordnung zur Durchführung der Vorschriften über Steuerberater, Steuerbevollmächtigte und Steuerberatungsgesellschaften
EFG	Entscheidungen der Finanzgerichte
eG	eingetragene Genossenschaft
EG	Einführungsgesetz
EGBGB	Einführungsgesetz zum Bürgerlichen Gesetzbuch
EGGVG	Einführungsgesetz zum Gerichtsverfassungsgesetz
EGH	Ehrengerichtshof; auch: Ehrengerichtliche Entscheidungen
EKMR	Europäische Kommission für Menschenrechte
EStG	Einkommensteuergesetz
EU	Europäische Union
EuGH	Europäischer Gerichtshof
eV	eingetragener Verein
EGV	Vertrag über die Europäische Gemeinschaft
EWR	Europäischer Wirtschaftsraum
FA	Finanzamt
FAGO	Geschäftsordnung für die Finanzämter
Feuerich/Weyland	Bundesrechtsanwaltsordnung. Kommentar, München 2003
ff.	fortfolgend

Abkürzungen

FG	Finanzgericht
FM	Finanzminister
FR	Finanz-Rundschau
GBl. DDR	Gesetzblatt der DDR
GDL	Gesetz über die Besteuerung der Landwirtschaft nach Durchschnittssätzen
GenStA	Generalstaatsanwaltschaft
GewArch	Gewerbearchiv
GewO	Gewerbeordnung
GewStG	Gewerbesteuergesetz
GG	Grundgesetz
GKG	Gerichtskostengesetz
GmbH	Gesellschaft mit beschränkter Haftung
GmbHG	Gesetz betreffend die Gesellschaften mit beschränkter Haftung
GmbHR	GmbH-Rundschau
GenG	Gesetz betreffend die Erwerbs- und Wirtschaftsgenossenschaften
ggf.	gegebenenfalls
grds.	grundsätzlich
GRUR	Gewerblicher Rechtsschutz und Urheberrecht
GVBl	Gesetz- und Verordnungsblatt
GVG	Gerichtsverfassungsgesetz
GWB	Gesetz gegen Wettbewerbeschränkungen
GwG	Geldwäschegesetz
HandwO	Handwerksordnung
Henssler/Prütting	Bundesrechtsanwaltsordnung (BRAO), München 2004
Hess.	Hessisches
HFR	Höchstrichterliche Finanzrechtsprechung
HGB	Handelsgesetzbuch
HiSt	Helfer in Steuersachen
HRefG	Handelsrechtsreformgesetz
HS	Halbsatz
i. d. F.	in der Fassung
IHK	Industrie- und Handelskammer
IHKG	Gesetz über die vorläufige Regelung des Rechts der Industrie- und Handelskammern
INF	Die Information über Steuer und Wirtschaft
InsO	Insolvenzordnung
i. S. d.	Im Sinne des
IStR	Internationales Steuerrecht
i. S. v.	im Sinne von
i. V. m.	in Verbindung mit
JR	Juristische Rundschau
JZ	Juristenzeitung
KFR	Kommentierte Finanzrechtsprechung
KG	Kammergericht
KG	Kommanditgesellschaft
KGaA	Kommanditgesellschaft auf Aktien
KStZ	Kommunale Steuer-Zeitschrift
KO	Konkursordnung

Abkürzungen

Kopp .... Kommentar zum Verwaltungsverfahrensgesetz,
.... 8. Auflage, München 2003
KStG .... Körperschaftsteuergesetz
Kuhls .... Kommentar zum Steuerberatungsgesetz,
.... Herne/Berlin 1995
LG .... Landgericht
LHO .... Landeshaushaltsordnung
LM .... Lindenmaier-Möhring; Nachschlagewerk des Bundesgerichtshofs
LSt .... Lohnsteuer
LStHV .... Lohnsteuerhilfeverein
MaBV .... Makler- und Bauträgerverordnung
MDR .... Monatsschrift für Deutsches Recht
Mittelsteiner .... Kommentar zur Berufsordnung der Steuerberater,
.... Köln 2002
mwN .... mit weiteren Nachweisen
n. F. .... neue Fassung
NJW .... Neue Juristische Wochenschrift
NJW-RR .... Neue Juristische Woche Rechtsprechungs-Report
NRW .... Nordrhein-Westfalen
NWB .... Neue Wirtschaftsbriefe
OFD .... Oberfinanzdirektion
OHG .... Offene Handelsgesellschaft
OLG .... Oberlandesgericht
OVG .... Oberverwaltungsgericht
OWiG .... Ordnungswidrigkeitengesetz
Palandt .... Palandt, Bürgerliches Gesetzbuch, 64. Auflage,
.... München 2005
PartGes .... Partnerschaftsgesellschaft
PartGG .... Partnerschaftsgesellschaftsgesetz
PatentAnwO .... Patentanwaltsordnung
PRV .... Partnerschaftsregister-Verordnung
RA .... Rechtsanwalt
RAGes .... Rechtsanwaltsgesellschaft
RAK .... Rechtsanwaltskammer
RAO .... Reichsabgabenordnung
RBerG .... Rechtsberatungsgesetz
Rdnr. .... Randnummer
RGBl .... Reichsgesetzblatt
RGSt .... Entscheidungen des Reichsgerichts in Strafsachen
RGZ .... Entscheidungen des Reichsgerichts in Zivilsachen
RpflAnpG .... Rechtspflege-Anpassungsgesetz
RStBl. .... Reichssteuerblatt
RVG .... Rechtsanwaltsvergütungsgesetz
SGB .... Sozialgesetzbuch
SGG .... Sozialgerichtsgesetz
StA .... Staatsanwaltschaft
StB .... Steuerberater; Der Steuerberater
StBerÄndG .... Gesetz zur Änderung des Steuerberatungsgesetzes
StBerG .... Steuerberatungsgesetz
Stbg .... Die Steuerberatung

Abkürzungen

StBGes	Steuerberatungsgesellschaft
StBv	Steuerbevollmächtigter
StEd	Steuer-Eildienst
StEK	Steuererlasskartei
StGB	Strafgesetzbuch
StKR	Steuerberaterkongress – Report
StPO	Strafprozessordnung
StRegVO	Strafregisterverordnung
StuW	Steuer und Wirtschaft
StVZO	Straßenverkehrs- Zulassungsordnung
UWG	Gesetz gegen den unlauteren Wettbewerb
VA	Verwaltungsakt
vBP	vereidigter Buchprüfer
VersR	Versicherungsrecht
VerwG	Verwaltungsgericht
VGH	Verwaltungsgerichtshof
VglO	Vergleichsordnung
VermBG	Vermögensbildungsgesetz
VersVOWP	Verordnung über die Berufshaftpflichtversicherung der Wirtschaftsprüfer und vereidigten Buchprüfer
VO	Verordnung
VwGO	Verwaltungsgerichtsordnung
VVG	Versicherungsvertragsgesetz
VwVfG	Verwaltungsverfahrensgesetz
VwVG	Verwaltungsvollstreckungsgesetz
VwZG	Verwaltungszustellungsgesetz
WEG	Wohnungseigentumsgesetz
WerbeVOStBerG	Verordnung über Art und Inhalt der zulässigen Hinweise auf die Befugnis zur Hilfeleistung in Steuersachen
wistra	Zeitschrift für Wirtschaft Steuer Strafrecht
WM	Wertpapiermitteilungen (Zeitschrift für Wirtschafts- und Bankrecht)
WP	Wirtschaftsprüfer
Wpg	Die Wirtschaftsprüfung
WPGes	Wirtschaftsprüfungsgesellschaft
WPK-Mitt.	Wirtschaftsprüferkammermitteilungen
WPO	Wirtschaftsprüferordnung
WRP	Wettbewerb in Recht und Praxis
WZG	Warenzeichengesetz
ZDG	Zivildienstgesetz
ZEV	Zeitschrift für Erbrecht und Vermögensnachfolge
ZIP	Zeitschrift für Wirtschaftsrecht
ZollVG	Zollverwaltungsgesetz
ZPO	Zivilprozessordnung
ZRP	Zeitschrift für Rechtspolitik

Paragraphen ohne nachfolgende Angaben eines Gesetzes sind stets solche des StBerG.

Einleitung

Übersicht

	Rdnr.
1. Entwicklung des Steuerberatungswesens bis zum Steuerberatungsgesetz	1–4
2. Rechtsentwicklung seit dem Steuerberatungsgesetz	
a) Das Steuerberatungsgesetz vom 23. 8. 1961	5–7
b) Das 2. Steuerberatungsänderungsgesetz	8
c) Das 3. Steuerberatungsänderungsgesetz	9
d) Das 4. Steuerberatungsänderungsgesetz	10
e) Das 5. Steuerberatungsänderungsgesetz	11
f) Das Steueränderungsgesetz 1992 und weitere Gesetze	12
g) Das 6. Steuerberatungsänderungsgesetz	13, 14
h) Das 7. Steuerberatungsänderungsgesetz	15, 16
3. Gegenwärtiger Stand des steuerberatenden Berufs	
a) Zahlenmäßige Entwicklung	17
b) Berufstätigkeit	18–21
4. Steuerberatung in den neuen Bundesländern	22–24
5. Europäische Fragen	
a) Stellung des steuerberatenden Berufs in anderen europäischen Ländern	25, 26
b) Europäische Union	27, 28

1. Entwicklung des Steuerberatungswesens bis zum Steuerberatungsgesetz

Die Steuerberatung ist ein Teil der Rechtsberatung; während aber die **1** Rechtsberatung auf eine lange Tradition zurückblicken kann, ist der steuerberatende Beruf verhältnismäßig jung (Zur Geschichte des steuerberatenden Berufs s. *Pausch*, DStR 1978 S. 313; StB 1984 S. 129; *Mittelsteiner/Pausch/Kumpf*, Illustrierte Geschichte des steuerberatenden Berufs, 2. Aufl., 1986). Als Vorläufer können in der Zeit vor dem 1. Weltkrieg die **Bücherrevisoren** angesehen werden (*Pausch*, Stbg 1977 S. 175); sie galten trotz ihrer beratenden und treuhänderischen Tätigkeit als Gewerbetreibende, wie überhaupt die Steuerberatung noch lange Zeit als gewerbliche Tätigkeit eingeordnet wurde (*Huber*, Wirtschaftsverwaltungsrecht, 2. Aufl. 1953, Bd. I, S. 781).

Die eigentlichen Anfänge des steuerberatenden Berufes liegen in der Zeit **2** nach 1919. Die RAO sah vor, dass die Oberfinanzpräsidenten Personen zur Vertretung von Steuerpflichtigen zulassen konnten. Aus diesen Personen entwickelten sich die modernen **Steuerberater;** die Bezeichnung bürgerte sich immer mehr ein, obwohl sie gesetzlich nicht abgesichert war (vgl. im Einzelnen *Pausch*, Stbg 1977 S. 269, 301).

Es blieb der nationalsozialistischen Zeit vorbehalten, **gesetzliche Rege- 3 lungen** für den steuerberatenden Beruf zu schaffen. Das Reichsgesetz über die Zulassung von Steuerberatern vom 6. 5. 1933 (RGBl. I S. 257) war ein Rassengesetz, das nicht die Zulassung von Steuerberatern regeln wollte, sondern ausschließlich dazu bestimmt war, sog. nichtarische Steuerberater von dem Beruf auszuschließen (*Pausch,* StB 1983 S. 135). Einzelheiten für die Zulassung wurden erst durch die DVO zu § 107 RAO vom 18. 2. 1937 (RGBl. I S. 245) und durch Runderlass vom 18. 2. 1941 (RStBl. S. 143) festgelegt (vgl. im Einzelnen *Pausch,* Stbg 1978 S. 53; 87; FR 1983 S. 395; *Eisold,* DStZ 1992 S. 427).

Neben Steuerberatern waren **Helfer in Steuersachen** tätig. Die Rechtsgrundlage für diesen Beruf wurde durch das Rechtsberatungsmissbrauchsgesetz vom 13. 12. 1935 (RGBl. I S. 1478) geschaffen, das einen § 107a in die RAO einfügte. Die DVO zu § 107a RAO vom 11. 1. 1936 (RGBl. I S. 11) ermöglichte die praktische Anwendung. An die Vorbildung der Helfer in Steuersachen wurden grundsätzlich geringere Anforderungen als an Steuerberater gestellt. Sie waren in ihrem Tätigkeitsbereich eingeschränkt; insbesondere waren sie nur in einem bestimmten Bezirk zugelassen und konnten im Einzelfall von der Finanzverwaltung zurückgewiesen werden.

4 Nach dem Jahre 1945 zersplitterte sich der Rechtszustand stark, weil in den einzelnen Besatzungszonen und Ländern unterschiedliche Regelungen getroffen wurden. Hierzu gibt die große Zahl von Gesetzen, die in § 166 aufgeführt sind, einen Überblick.

2. Rechtsentwicklung seit dem Steuerberatungsgesetz

a) Das Steuerberatungsgesetz vom 23. 8. 1961

5 Das Gesetz über die Rechtsverhältnisse der Steuerberater und Steuerbevollmächtigten (Steuerberatungsgesetz) vom 23. 8. 1961 (BGBl. I S. 1301), das am 1. 11. 1961 in Kraft trat, **vereinheitlichte** das Recht der Steuerberatung. Es schuf den Beruf des Steuerbevollmächtigten, der an die Stelle des Helfers in Steuersachen trat, und erweiterte die Rechte dieses Personenkreises; insbesondere entfiel die Beschränkung des örtlichen Tätigkeitsbereichs und die Möglichkeit der Zurückweisung vor den Finanzbehörden. Der Zugang zu dem Beruf wurde durch Zulassungs- und Prüfungsvorschriften eingehend geregelt. Die Abhängigkeit von der Finanzverwaltung wurde beseitigt, indem eine berufliche Selbstverwaltung durch Steuerberaterkammern und eine unabhängige Berufsgerichtsbarkeit geschaffen wurden. Es ist ausdrücklich festgestellt worden, dass Steuerberater und Steuerbevollmächtigte einen freien Beruf und kein Gewerbe ausüben.

6 Die Trennung des Berufs in **zwei Berufsgruppen,** nämlich der Steuerberater und Steuerbevollmächtigten, wurde beibehalten, obwohl sich beide Berufsgruppen in ihren Rechten und Pflichten kaum unterschieden. Die entscheidende Abweichung lag nur in den Vorbildungsvoraussetzungen. Während Steuerberater die Prüfung in der Regel nach einem abgeschlossenen Hochschulstudium und einer mindestens dreijährigen praktischen Tätigkeit ablegten, wurden Bewerber für die Prüfung als Steuerbevollmächtigter nach Erwerb der Mittleren Reife, einer Lehrzeit und einer vierjährigen praktischen Tätigkeit zugelassen. Die Prüfungsanforderungen für Steuerberater waren auch höher als diejenigen für Steuerbevollmächtigte.

dem Steuerberatungsgesetz 7–9 **Einleitung**

Es war das Ziel des Gesetzgebers, dass die beiden Berufsgruppen zu einem 7
einheitlichen steuerberatenden Beruf zusammenwachsen. Es wurde aus
diesem Grunde eine Arbeitsgemeinschaft der Bundessteuerberaterkammer
und der Bundeskammer der Steuerbevollmächtigten gebildet, der ausdrücklich die Aufgabe gestellt wurde, die Entwicklung von Berufsbildern und
Ausbildungs- und Fortbildungsplänen aufeinander abzustimmen. Damit sollte
erreicht werden, „dass die Berufe entsprechend der Notwendigkeit der Praxis miteinander verwachsen und der Gesetzgeber zu gegebener Zeit den
tatsächlichen Sachverhalt nur noch von Gesetzes wegen festzustellen hat"
(Deutscher Bundestag, 3. Wahlperiode, zu Drucksache 2859, Abschnitt B d).
Dieses Ziel wurde jedoch zunächst nicht erreicht. Zwar schuf der Gesetzgeber, z. B. hinsichtlich des Zeugnisverweigerungsrechts und der Vertretung
vor den Finanzgerichten, weitere Angleichungen der Rechte und Pflichten
von Steuerberatern und Steuerbevollmächtigten; die berufspolitischen Ziele
beider Gruppen liefen jedoch in entgegengesetzte Richtungen. Während die
Steuerbevollmächtigten den Übergang zum Steuerberater anstrebten (DStR
1964 S. 335), lehnten die Steuerberater solche Überlegungen ab (StB 1964
S. 90) und versuchten, einen Einheitsberuf mit den Wirtschaftsprüfern zu
erreichen (*Wehler*, StB 1971 S. 1, 3).

b) Das 2. Steuerberatungsänderungsgesetz

Nachdem das 1. Steuerberatungs-Änderungsgesetz vom 26. 8. 1969 8
(BGBl. I S. 1411) nur unwesentliche Änderungen zum Inhalt hatte, wurden
durch das 2. Gesetz zur Änderung des Steuerberatungsgesetzes vom 11. 8.
1972 (BGBl. I S. 1401) die berufspolitischen Auseinandersetzungen durch
den Gesetzgeber entschieden. Es sollte auf die Dauer **nur noch den Beruf
des Steuerberaters** geben, zu dem es zwei Zugangsvoraussetzungen – über
ein Hochschulstudium und über eine langjährige praktische Tätigkeit auf
dem Gebiet des Steuerwesens – gibt. Steuerbevollmächtigte erhielten die
befristete Möglichkeit, im Wege eines Übergangsseminars Steuerberater zu
werden. Die Steuerberaterkammern und die Bundeskammern wurden mit
Wirkung ab 1. 1. 1975 zusammengeschlossen. Zu der Entstehungsgeschichte
und den Grundzügen des Gesetzes s. *Tipke*, StuW 1971 S. 215; *Böttcher*,
DStR 1972 S. 429; *Völzke*, DB 1972 S. 1738; *Gerhard*, StB 1972 S. 165;
Weiß, DStZ/A 1972 S. 377; *Markus*, Der Wirtschaftsprüfer (1996) S. 135 ff.
Das Bundesverfassungsgericht hat die gegen dieses Gesetz erhobenen Verfassungsbeschwerden verworfen (BVerfGE 34, 252).

c) Das 3. Steuerberatungsänderungsgesetz

Das 3. Gesetz zur Änderung des Steuerberatungsgesetzes vom 24. 6. 1975 9
(BGBl. I S. 1509) **erweiterte den Anwendungsbereich** des Gesetzes. Das
Steuerberatungsgesetz war nur das Berufsgesetz der Steuerberater und
Steuerbevollmächtigten und entsprach insoweit anderen Berufsgesetzen, z. B.
der BRAO und der WPO; diese Bestimmungen wurden in den neuen
Zweiten Teil „Steuerberaterordnung" verwiesen. In einen Ersten Teil wurden allgemeine „Vorschriften über die Hilfeleistung in Steuersachen" aufge-

nommen; dieser Teil entspricht dem Rechtsberatungsgesetz und enthält darüber hinaus das Recht der Lohnsteuerhilfevereine. Zur Entstehungsgeschichte und den Grundzügen s. *Völzke,* DStZ/A 1975 S. 215; DB 1975 S. 1283. Der Bundesminister der Finanzen wurde ermächtigt, die Neufassung des Gesetzes mit neuer Paragraphenfolge zu veröffentlichen. Dies geschah am 4. 11. 1975 im BGBl. I S. 2735.

d) Das 4. Steuerberatungsänderungsgesetz

10   Das 4. Gesetz zur Änderung des StBerG vom 9. 6. 1989 (BGBl. I S. 1062) war durch die Entscheidungen des BVerfG vom 18. 6. 1980 (BVerfGE 54, 301) und 27. 1. 1982 (BVerfGE 59, 302) ausgelöst worden. Das BVerfG hatte es als mit Artikel 12 GG unvereinbar erklärt, das geschäftsmäßige **Kontieren von Belegen** Personen zu untersagen, die eine Kaufmannsgehilfenprüfung bestanden haben. Diesem Personenkreis dürfe auch die Werbung für die von ihm ausgeübte Tätigkeit nicht untersagt werden. Der Gesetzgeber hat durch die Neufassung der §§ 6, 8 den Auflagen des BVerfG entsprochen.

Das Gesetz hat darüber hinaus insbesondere das Recht der Steuerberatungsgesellschaften neu geordnet und den Katalog der zur beschränkten Hilfeleistung befugten Personen und zum Teil auch deren Aufgaben erweitert (vgl. im Einzelnen *Mittelsteiner,* DStR 1989 S. 403; *Meng,* StB 1989 § 217; *Muuss/Christmann,* NWB Fach 32 S. 2431).

e) Das 5. Steuerberatungsänderungsgesetz

11   Anlass für das 5. Gesetz zur Änderung des StBerG vom 13. 12. 1990 (BGBl. I S. 2756 - vgl. *Mittelsteiner,* DStR 1991 S. 328; *Meng,* StB 1991 S. 1; *Halaczinsky,* INF 1991 S. 17) war insbesondere die Richtlinie des Rates der EG vom 21. 12. 1988 über die allgemeine Regelung zur **Anerkennung der Hochschuldiplome,** die eine mindestens dreijährige Berufsausbildung abschließen (ABl. EG Nr. L 19, 1989 S. 16). Danach wurden die Mitgliedsstaaten verpflichtet, bis zum 4. 1. 1991 bei sog. reglementierten Tätigkeiten grundsätzlich die in anderen Mitgliedsstaaten erteilten Diplome und Befähigungsnachweise anzuerkennen und den Inhaber dieser Diplome zur Berufsausübung zuzulassen. Bei juristischen Berufen, zu denen auch der Steuerberater gehört, kann der Aufnahmestaat auch eine Eignungsprüfung vorschreiben; dies ist in den §§ 36 Abs. 3 und 4, 37b Abs. 2–4, 37c geschehen. Zugleich wurden auch die wichtigsten Bestimmungen über die Steuerberaterprüfung aus der DVStB in das Gesetz übernommen. Ein anderer, wesentlicher Punkt war die Aufhebung der Residenzpflicht für auswärtige Beratungsstellen im Bereich anderer EG-Mitgliedsstaaten und – bis zum 31. 12. 1993 befristet – im Bereich der fünf neuen Bundesländer. Im Regierungsentwurf war im Hinblick auf die Entscheidungen des Bundesverfassungsgerichtes zu den Standesrichtlinien der Rechtsanwälte (BVerfGE 76, 171 ff. und 196 ff.) eine Satzungsermächtigung für die Bundessteuerberaterkammer vorgesehen. Sie ist jedoch im Gesetzgebungsverfahren zurückgestellt worden und blieb dem 6. Steuerberatungsänderungsgesetz (vgl. Rdnr. 13) vorbehalten.

dem Steuerberatungsgesetz 12–14 **Einleitung**

f) Das Steueränderungsgesetz 1992 und weitere Gesetze

Das Gesetz zur Entlastung der Familien und zur Verbesserung der Rahmenbedingungen für Investitionen und Arbeitsplätze (Steueränderungsgesetz 1992) vom 25. 2. 1992 (BGBl. I S. 297) enthielt in Art. 23 einige Änderungen des Steuerberatungsgesetzes. Sie betrafen insbesondere die vorläufige und endgültige Bestellung von Steuerberatern und Steuerbevollmächtigten **in den neuen Bundesländern** sowie den Stoff des nach § 40a durchzuführenden Seminars (s. *Halaczinsky*, Stbg 1992 S. 148; INF 1992 S. 174; *Meng*, StB 1992 S. 161). Außerdem wurden redaktionelle Änderungen der §§ 34 und 46 vorgenommen. Weitere, verhältnismäßig geringfügige Änderungen traten noch vor dem 6. Steuerberatungsänderungsgesetz durch das Verbrauchssteuer-Binnenmarktgesetz vom 21. 12. 1992 (BGBl. I S. 2150), das FGO-Änderungsgesetz vom 21. 12. 1992 (BGBl. I S. 2109) und das EWR-Ausführungsgesetz vom 27. 4. 1993 (BGBl. I S. 512, geändert durch das Gesetz vom 27. 9. 1993, BGBl. I S. 2436) ein. 12

g) Das 6. Steuerberatungsänderungsgesetz

Ein wesentlicher Regelungsbedarf für das 6. Gesetz zur Änderung des Steuerberatungsgesetzes vom 24. 6. 1994 (BGBl. I S. 1387) ergab sich aus der Rechtsprechung des Bundesverfassungsgerichts zu den Standesrichtlinien der Rechtsanwälte (BVerfGE 76, 171; 196), durch die eine dem § 86 Abs. 2 Nr. 2 StBerG entsprechende Vorschrift der Bundesrechtsanwaltsordnung für verfassungswidrig nicht haltbar angesehen wurde. Das Berufsrecht der Steuerberater ist zwar in stärkerem Maße als das Berufsrecht der Rechtsanwälte gesetzlich geregelt, so dass die Rechtsprechung des Bundesverfassungsgerichts zur Bundesrechtsanwaltsordnung nicht zwingend auf das Steuerberatungsgesetz anzuwenden ist (BVerfG, DStR 1993 S. 530); es bestand jedoch ein Bedürfnis für die Schaffung einer verfassungskonformen **Satzungskompetenz** zum Erlass einer Berufsordnung. Das ist durch die §§ 86 Abs. 3 und 4; 86a geschehen. Der Begriff der **berufswidrigen Werbung** wurde im § 57a präzisiert und gelockert. Weitere „**Deregulierungen**" betrafen die erweiterte Möglichkeit zur Bildung von Sozietäten und Bürogemeinschaften, die Zulässigkeit von Anstellungsverhältnissen bei Angehörigen ausländischer rechts- und wirtschaftsberatender Berufe sowie von weiteren Beratungsstellen. Hinzu kamen Fortentwicklungen des Berufsrechts im Bereich der Praxisvertreter, Praxisabwickler und Praxistreuhänder sowie gesetzliche Bestimmungen zu Haftungsbeschränkungen gegenüber den Auftraggebern und eine Vielzahl von Verbesserungen in anderen Vorschriften (*Halaczinsky*, Stbg 1994 S. 349; INF 1994 S. 503, 533). 13

Zugleich mit dem 6. Steuerberatungsänderungsgesetz ist das Gesetz über Partnerschaftsgesellschaften von Angehörigen freier Berufe (**Partnerschaftsgesellschaftsgesetz** – PartGG – vom 25. 7. 1994, BGBl. 1994 I S. 1744) verabschiedet worden. Dieses Gesetz stellt den Angehörigen freier Berufe eine besondere, auf ihre Bedürfnisse zugeschnittene Organisationsform zur Verfügung (vgl. *Weyand*, INF 1995 S. 22). Steuerberater können die Partnerschaftsgesellschaft als weitere Rechtsform einer Steuerberatungsgesell- 14

5

h) Das 7. Steuerberatungsänderungsgesetz

15 Im 7. Gesetz zur Änderung des StBerG vom 24. 6. 2000 (BGBl. I S. 874) sollte das Berufsrecht modernisiert, gestrafft und im Hinblick auf Werbung, Datenverarbeitung und -nutzung, auf die Berufsausübung, die Steuerberaterprüfung und die Zulassung präzisiert werden.

16 So wurde der Kreis derjenigen, die geschäftsmäßige Hilfe leisten, um die niedergelassenen europäischen Rechtsanwälte erweitert. Außerdem erhalten einfache Partnerschaftsgesellschaften, die nicht als Steuerberatungsgesellschaft anerkannt sind, die Befugnis zur geschäftsmäßigen Hilfeleistung in Steuersachen. Zugleich wurde der Umfang der Beratungstätigkeit der Lohnsteuerhilfevereine erweitert. Im Hinblick auf die Steuerberaterprüfung sind die Vorbildungszeiten verringert worden und auch der Inhalt der Steuerberaterprüfung wurde geändert. Das Bestellungsverfahren ist auf die Steuerberaterkammern verlagert worden (vgl. hierzu auch *Maxl*, NWB 2000, Fach 30 S. 1287; *Hartmann*, INF 2000 S. 469; *Ruppert*, DStR 2000 S. 1843; *Eversloh*, StB 2001 S. 23).

3. Gegenwärtiger Stand des steuerberatenden Berufs

a) Zahlenmäßige Entwicklung

17 Seit der Zusammenführung der Steuerberater und Steuerbevollmächtigten zu einem einheitlichen steuerberatenden Beruf hat sich die Zahl der Berufsangehörigen **wesentlich erhöht.** Sie betrug am 1. 1. 1975 30 503 Personen und war bis zum 1. 1. 1990 auf 45 142 Personen gestiegen. Der Zugang beruhte zunächst zu einem sehr großen Teil auf der Bestellung von Steuerbevollmächtigten, weil viele Bewerber noch von der bis zum 13. 8. 1980 befristeten Möglichkeit Gebrauch machten, den Zugang zum Beruf über die Prüfung als Steuerbevollmächtigter zu erlangen. Innerhalb des Berufs trat eine starke Verschiebung von Steuerbevollmächtigten zu Steuerberatern ein, was im Wesentlichen auf die bis zum 13. 8. 1989 befristete Übergangsmöglichkeit zurückzuführen war. Am. 1. 1. 1975 waren 13 785 Steuerberater und 16 718 Steuerbevollmächtigte bestellt, d. h. 45,2% bzw. 54,8% der Gesamtzahl des steuerberatenden Berufs; am 1. 1. 2003 waren 65 282 Personen als Steuerberater und 3057 Personen als Steuerbevollmächtigte bestellt. Zu den Strukturdaten vgl. im Einzelnen die Homepage der Bundessteuerberaterkammer, www.bstbk.de. Die Gesamtzahl der Angehörigen des steuerberatenden Berufs wird auch in Zukunft insgesamt weiter zunehmen. Der Anteil der Steuerbevollmächtigten nimmt hingegen weiter ab. In der Kommentierung wird – im Sinne einer besseren Lesbarkeit – grundsätzlich nur von Steuerberatern gesprochen, wobei die Ausführungen auch für die weiblichen Berufsangehörigen und die Steuerbevollmächtigten gelten.

b) Berufstätigkeit

18 Der Aufgabenbereich des steuerberatenden Berufs ist im § 33 beschrieben. Dieser Tätigkeitsbereich, die **Hilfeleistung in Steuersachen** einschließlich der Hilfeleistung bei der Erfüllung der Buchführungspflichten und der Aufstellung der Jahresabschlüsse, stellt derzeit noch den wichtigsten Teil der Berufstätigkeit dar. (vgl. Praxenvergleich 2000 des Deutschen Steuerberaterverbandes, Bonn/Aachen 2000). Bei der Beratung und Vertretung in Steuersachen sind Steuerberater und Steuerbevollmächtigte nicht – wie oft fälschlich dargestellt wird – „Mittler zwischen Finanzverwaltung und Steuerpflichtigen" (BVerfGE 21, 173 (179); siehe dazu *Dann*, DStR 1983 S. 3, 5). Vielmehr sind sie im Interesse ihrer Auftraggeber tätig und haben deren Belange wahrzunehmen, wobei sie im Rahmen der Gesetze alle Möglichkeiten für ihre Auftraggeber auszuschöpfen haben. Das schließt nicht aus, sie als Organ der Steuerrechtspflege anzusehen (BVerfGE 80, 269, 281; § 2 Abs. 1 BOStB).

19 Neben der Hilfeleistung in Steuersachen gehören die **betriebswirtschaftliche Beratung** (vgl. z. B. *Herbig*, StB 1986 S. 1; BGH, ZIP 1990 S. 266; *Mellwig*, DB 1990 S. 53; *Wagner*, DB 1991 S. 1; *Wacker*, Festschrift für Rose, 1991; *Knief*, DSWR 1997 S. 118; *Schäfer*, DStR 1997 S. 794; *Kirschbaum*, DStR 1998 S. 429, 464) und die Vermögensberatung (*Lutz*, DStR 1997 S. 41) zu den Aufgaben des steuerberatenden Berufs. Das ergibt sich in der Praxis schon daraus, dass Steuerberater – im Gegensatz zu vielen anderen Freien Berufen – für ihre Auftraggeber in der Regel nicht nur in einem Einzelfall tätig werden. Der Normalfall der Berufstätigkeit ist die laufende Beratung und Vertretung der Auftraggeber über längere Zeiträume. Dabei ergibt sich häufig von selbst, dass der Steuerberater auch bei Fragen herangezogen wird, die über die Hilfeleistung in Steuersachen im engeren Sinne hinausgehen. Aufgrund ihrer Ausbildung und der Kenntnisse, die sich aus der Tätigkeit für den einzelnen Betrieb ergeben, sind Steuerberater und Steuerbevollmächtigte auch dazu berufen, betriebswirtschaftliche Beratungen wahrzunehmen. In vielen Fällen ist eine Hilfeleistung in Steuersachen ohne eine betriebswirtschaftliche Beratung gar nicht durchführbar. Steuerberater und Steuerbevollmächtigte haben sich daher immer mehr zu einem allgemeinen Berater ihrer Auftraggeber in wirtschaftlichen Fragen entwickelt.

20 Der umfassende Aufgabenbereich des Steuerberaters kommt auch in dem **Anforderungsprofil** des Steuerberaters zum Ausdruck (vgl. hierzu *Schneeloch/Hinz*, DStR 1996 S. 1985, die Homepage der Bundessteuerberaterkammer, www.bstbk.de, in der eine Vielzahl an Hinweisen aufgeführt sind oder die Homepage des Deutschen Steuerberaterverbandes, www.dstv.de).

21 Das **Bilanzrichtliniengesetz** vom 19. 12. 1985 (BGBl. I S. 2355) hatte für Steuerberater erleichterte Möglichkeiten für den Zugang zum Wirtschaftsprüfer und vereidigten Buchprüfer geschaffen (vgl. §§ 131 ff. WPO; *Böttcher*, DStR 1986 S. 104; *Strobel*, StB 1986 S. 109; Stbg 1986 S. 327; *Lehwald*, StB 1986 S. 29). Diese erleichterten Übergangsmöglichkeiten, gleichartige Vorbildungsvoraussetzungen und allgemeine Prüfungserleichterungen nach den

§§ 13, 13a WPO haben dazu geführt, dass die Zahl der Steuerberater mit weiterer Qualifikation als Wirtschaftsprüfer oder vereidigter Buchprüfer zugenommen hat.

4. Steuerberatung in den neuen Bundesländern

22 Bis Ende des Jahres 1989 gab es im Bereich der früheren DDR nur noch etwa 300 selbstständige Helfer in Steuersachen und einige Steuerberater, d. h. der Beruf war **praktisch ausgestorben**. Bestellungen von Helfern in Steuersachen, die bis in den 60er Jahren noch nach § 107a AO vorgenommen worden waren, waren seit über zwanzig Jahren eingestellt worden. Soweit eine Steuerberatung für die wenigen noch verbliebenen selbstständigen Gewerbetreibenden erforderlich war, wurde dies von den **„VEB Rechnungsführung und Wirtschaftsberatung"** übernommen. Diese auf Bezirksebene tätigen Einrichtungen betreuten etwa 65 000 Handwerker und Gewerbebetriebe, rd. 1300 Produktionsgenossenschaften des Handwerks sowie rd. 1000 Klein- und Mittelbetriebe aus Industrie, Verkehrswesen und dem Bauwesen (vgl. *Wehmeier*, Stbg 1990 S. 148; *Hofstede*, Stbg 1990 S. 283).

23 Nach dem politischen Wandel in der DDR zeigte sich sehr schnell die Notwendigkeit, den steuerberatenden Beruf wieder zu beleben und hierfür die gesetzlichen Grundlagen zu schaffen (*Dürr*, INF 1992 S. 121). Am 7. 2. 1990 erging die **„Anordnung über die Zulassung zur Ausübung der selbstständigen Tätigkeit als Helfer in Steuersachen und die Registrierung von Stundenbuchhaltern"** (GBl. DDR 1990 S. 92), die auf § 107a AO beruhte. Sie ermöglichte die Zulassung als Helfer in Steuersachen nach Nachweis einer entsprechenden fachlichen Qualifikation oder Ablegung einer Eignungsprüfung. Daneben wurden – zunächst ohne ausdrückliche gesetzliche Grundlage – leitende Mitarbeiter der VEB Rechnungsführung und Wirtschaftsberatung als StB bestellt. In dem Vertrag über die Schaffung einer Währungs-, Wirtschafts- und Sozialunion (BGBl. 1990 II S. 518, 558) verpflichtete sich die DDR in der Anlage IV unter I 5, spätestens ab 1. 1. 1991 Rechtsvorschriften entsprechend dem Steuerberatungsrecht der Bundesrepublik Deutschland zu erlassen. Dieser Verpflichtung ist die DDR am 27. 6. 1990 durch die **„Verordnung über die Hilfeleistung in Steuersachen – Steuerberatungsordnung"** (GBl. DDR 1990, Sonderdruck Nr. 1455) nachgekommen. Die VO (vgl. hierzu *Strobel*, Stbg 1990 S. 370) entsprach im wesentlichen dem StBerG; sie bestimmte in § 19, dass Helfer in Steuersachen automatisch zu Steuerbevollmächtigten bestellt werden. Aufgrund dieser Verordnung wurden weitere Steuerberater und Steuerbevollmächtigte – z. T. ohne (BFH, DStR 1991 S. 431) oder nach sehr einfacher Prüfung – bestellt. Im Hinblick auf die dabei festgestellten unberechtigten Großzügigkeiten und einzelnen Unregelmäßigkeiten hat der Bundesminister der Finanzen kurz nach der staatlichen Einigung durch Schnellbrief vom 12. 10. 1990 (BStBl. I S. 732) angeordnet, dass im Jahre 1990 keine neuen Steuerberaterprüfungen mehr durchgeführt und keine neuen Zulassungen zur Prüfung als Steuerbevollmächtigte mehr vorgenommen werden. Für

5. Europäische Fragen

prüfungsfreie Bestellungen und die Anerkennung von Steuerberatungsgesellschaften wurde die ausschließliche Zuständigkeit des Bundesministers der Finanzen festgelegt. Dennoch vorgenommene Bestellungen als Helfer in Steuersachen sind jedoch nicht ohne weiteres nichtig (BFH, BFH/NV 1996, 853; StB 1997 S. 230).

Seit dem 1. 1. 1991 gilt in den fünf neuen Bundesländern das **Steuerberatungsgesetz** gemäß Anlage I Kapitel IV Sachgebiet B Abschnitt II Nr. 9 des Einigungsvertrages vom 31. August 1990 (BGBl. II S. 889, 970). Es bestehen noch einige abweichende Regelungen für Stundenbuchhalter (vgl. § 157 Abs. 2).

5. Europäische Fragen

a) Stellung des steuerberatenden Berufes in anderen europäischen Ländern

Das Steuerberatungsgesetz ist eines der wenigen Berufsgesetze des steuerberatenden Berufes in Europa. In **Österreich** gibt es in dem Bundesgesetz vom 22. 6. 1955 über das Berufsrecht der Wirtschaftstreuhänder (Wirtschaftstreuhänder-Berufsordnung (WTBO, BGBl. Nr. 125/1955) eine vergleichbare Regelung, die allerdings auch die Berufsgruppen der „beeideten Wirtschaftsprüfer und Steuerberater" und der „beeideten Buchprüfer und Steuerberater" umfasst (*Ewald/Soormann,* DSWR 1995 S. 185). In anderen europäischen Ländern bestehen Tendenzen zur Entwicklung eines gesetzlich geregelten steuerberatenden Berufs (vgl. dazu *Becker/Streck/Mack/Schwedhelm,* Steuerberatung in der Europäischen Gemeinschaft, 1993; *Weiler,* DSWR 1995 S. 119). Einige osteuropäische Staaten haben das deutsche Steuerberatungsgesetz zum Vorbild genommen (**Tschechische Republik** und **Slowakei,** vgl. *Oberlander,* DWSR 1995 S. 334; **Polen,** vgl. *Paryzinski,* Stbg 1995 S. 250; *Barz,* DSWR 1996 S. 186, 216). In **Frankreich** wird die Steuerberatung von Rechtsanwälten ausgeübt (*Pestke,* Stbg 1994 S. 491; *Krien,* DSWR 1995, S. 239). In den anderen europäischen Ländern bestehen Verbände mit freiwilliger Mitgliedschaft und einer freiwilligen Qualitätskontrolle ohne gesetzliche Regelung (**Belgien,** vgl. *Oberlander,* DSWR 1995 S. 298; **Großbritannien,** vgl. *Pestke,* Stbg 1995 S. 102; *Oberlander,* DSWR 1995 S. 213; **Italien,** vgl. *Pestke,* Stbg 1995 S. 152; *Oberlander,* DWSR 1995 S. 122; *Mauri,* Stbg 1998 S. 88; **Irland,** vgl. *Jasper,* DSWR 1995 S. 351; **Luxemburg,** vgl. *Glahn,* DSWR 1996 S. 62; **Niederlande,** vgl. *Oberlander,* DSWR 1995 S. 152; **Norwegen,** vgl. *tom Suden,* DSWR 1996 S. 124; **Portugal,** vgl. *Vorbeck,* DSWR 1995 S. 269; **Schweiz,** vgl. *Oberlander,* DSWR 1996 S. 99; **Spanien,** vgl. *Glahn,* DSWR 1997 S. 103; **Ungarn,** vgl. *Leistenschneider/Kranzusch,* DSWR 1996 S. 25). In den meisten europäischen Ländern können die steuerberatenden Berufe in Ausbildung, Befugnissen und Berufspflichten als vergleichbar mit den deutschen Steuerberatern angesehen werden (BFM, BStBl 1998 I S. 361, Anhang zu § 56 Rdnr. 5). Zu den Verhältnissen in den **USA** siehe *Vacovec,* DSWR 1997 S. 332 und **Japan** siehe *Kase,* DSWR 1998 S. 103.

Einleitung 26

26 Hinsichtlich der Berufspflichten gibt es ebenfalls in Österreich gesetzliche Regelungen. In den anderen europäischen Ländern mit Ausnahme einiger Länder in Osteuropa sind die Berufspflichten und die Berufsaufsicht nur auf freiwilliger privatrechtlicher Grundlage in Form von Verbandssatzungen festgelegt (s. *Dahl,* a. a. O.). Es werden jedoch überall gewisse Mindestregelungen anerkannt. Diese haben ihren Niederschlag in der **„Berufsordnung der Steuerberater in Europa"** gefunden, die von der europäischen Berufsvereinigung der Steuerberater, der Confédération Fiscale Européenne (C. F. E.) aufgestellt worden und an die Stelle der früheren „Europäischen Berufsgrundsätze der Steuerberater getreten sind (Anhang).

Anhang zu Einleitung Rdnr. 26

Berufsordnung der Steuerberater in Europa

Beschlossen von der Generalversammlung der Confédération Fiscale Européenne am 13. 9. 1991

I. Präambel

Die Besteuerung ist in ihren vielfältigen Erscheinungsformen für das Wirtschaftsleben, aber auch für die meisten Privatpersonen von besonderer Bedeutung. Es ist daher für die Erhaltung und Sicherung gesunder finanzieller Grundlagen notwendig, dass den Unternehmen und Einzelpersonen fachkundig und gewissenhaft Hilfe in Steuersachen geleistet wird.

Unter der Hilfeleistung in Steuersachen werden in diesem Zusammenhang die Vorbereitung und die Abgabe von Steuererklärungen, die Beratung bei der Steuergestaltung, die Vertretung und Verteidigung des Steuerpflichtigen vor Behörden und Gerichten und die allgemeine Beratung in steuerlichen und verwandten Gebieten verstanden.

Die Interessen der Mandanten wie diejenigen der Allgemeinheit an einer geordneten Steuerrechtspflege erfordern es, dass alle Angehörigen der steuerberatenden Berufe entsprechend qualifiziert sind, ihren Beruf unabhängig ausüben, die persönliche Verantwortung für ihre Tätigkeiten übernehmen, in Bezug auf die ihnen anvertrauten Tatsachen verschwiegen sind und die berechtigten Interessen ihrer Auftraggeber wahrnehmen.

II. Grundsätze

In Verfolgung der o. g. Forderungen setzt sich die C. F. E. für die Schaffung eines steuerberatenden Freien Berufes in allen Ländern Europas ein, der von der Verwaltung und der Öffentlichkeit voll anerkannt wird. Solch ein anerkannter und gut organisierter Beruf bietet die beste Gewähr für den Schutz der Rechte der Steuerpflichtigen und für die Berufsausübung seiner Mitglieder.

Die C. F. E. setzt sich dafür ein, die Rechte der Steuerpflichtigen zu stärken und die Hindernisse für die internationale Zusammenarbeit und internationalen Wirtschaftsbeziehungen soweit wie möglich zu beseitigen.

Als Vereinigung der steuerberatenden Organisationen der europäischen Länder empfiehlt die C. F. E. daher ihren Mitgliedsorganisationen, für ihre Mitglieder die nachstehenden Grundsätze festzulegen. Zum Schutz der Interessen der Steuerzahler zur Verbesserung der Beziehungen zu den Finanzbehörden und der Verbesserung der fachlichen Leistungen empfiehlt die C. F. E. ferner den Regierungen der europäischen Länder, dass sie die Einhaltung dieser Grundsätze von allen Personen verlangen, die zur Hilfeleistung in Steuersachen befugt sind.

III. Voraussetzungen für die Ausübung des Berufes

1. Die Mitgliedsorganisationen der C. F. E. setzen sich dafür ein, dass zur Steuerberatung nur Personen zugelassen werden, die folgende Voraussetzungen erfüllen:
a) Eine einschlägige theoretische Vorbildung auf Hochschulabschluss- oder vergleichbarem Niveau;
b) eine praktische Ausbildung von mindestens drei Jahren in der Steuerberatung;
c) eine erfolgreich abgeschlossene staatliche oder staatlich anerkannte Prüfung, die den Nachweis theoretischer und praktischer Kenntnisse auf dem Gebiet des Steuerwesens zum Gegenstand hat.

Ausnahmen von den zu a) und b) genannten Voraussetzungen können auf nationaler Ebene festgelegt werden, wenn dadurch die o. g. Grundsätze und Ausbildungszeiten nicht beeinträchtigt werden.

2. Die Prüfung soll sich auf das nationale Recht unter Berücksichtigung des Rechts der europäischen Gemeinschaft insbesondere auf folgende Gebiete erstrecken;
a) Steuerrecht, insbesondere Steuern vom Einkommen, Vermögen und Umsatz
b) Volkswirtschafts- und Betriebswirtschaftslehre
c) Grundsätze des Rechnungswesens
d) Wirtschaftsrecht
e) Steuerliches Verfahrensrecht
f) Berufsrecht

3. Vor der endgültigen Zulassung zur Hilfeleistung in Steuersachen ist schriftlich zu versichern, dass die Berufspflichten eingehalten werden.

IV. Berufliches Verhalten

Von einem Steuerberater wird erwartet, dass er sich stets so verhält, wie dies dem Ansehen des Berufes und seiner Organisation entspricht.
Es gelten insbesondere folgende Grundsätze:

1. Unabhängigkeit

Bei der Erfüllung der Aufgaben hat der Steuerberater seine persönliche und wirtschaftliche Unabhängigkeit zu wahren. Dies gilt sowohl bei der Vertretung des Mandanten als auch bei dem Ausgleich widerstreitender Interessen zwischen ihm, den Mandanten, den Finanzbehörden und anderen Parteien.

2. Eigenverantwortlichkeit

Der Beruf ist eigenverantwortlich auszuüben. Bei der Beschäftigung von Mitarbeitern ist zu berücksichtigen, dass der Steuerberater selbst die volle Verantwortung für die Arbeitsergebnisse trägt. Dem Auftraggeber ist der Schaden zu ersetzen, der durch eine schuldhafte Pflichtverletzung des Steuerberaters oder seiner Mitarbeiter entsteht. Diese Risiken sind durch eine Haftpflichtversicherung zu decken. Wenn die Steuerberatung durch Gesellschaften ausgeübt wird, müssen diese von Steuerberatern verantwortlich geführt und beaufsichtigt werden. Erstreckt sich der Aufgabenbereich der Gesellschaft auch auf andere berufliche Leistungen, so müssen für die Steuerberatung ein oder mehrere Steuerberater verantwortlich sein.

Einleitung 26   5. Europäische

3. Sorgfalt und Gewissenhaftigkeit

Bei der Ausübung des Berufs sind die geltenden Rechtsvorschriften sowie die fachlichen Regeln zu beachten.

Dieser Grundsatz fordert korrektes Verhalten bei der Berufsausübung, insbesondere die Ausschaltung gefühlsmäßiger Wertungen sowie den sorgsamen Umgang mit anvertrautem Geld und Vermögenswerten; fremde Vermögenswerte sind von den eigenen getrennt zu verwalten.

Vor der Annahme eines Auftrages ist sorgfältig und gewissenhaft zu prüfen, ob der Auftrag pflichtgemäß und sachverständig durchgeführt werden kann und ob keine Interessenkonflikte bestehen. Andernfalls ist der Auftrag unverzüglich abzulehnen.

4. Verschwiegenheit

Die Pflicht zur Verschwiegenheit erstreckt sich ohne zeitliche Begrenzung auf alles, was dem Steuerberater in Ausübung des Berufs oder bei Gelegenheit der Berufstätigkeit von seinem Mandanten anvertraut und was ihm über diesen bekannt geworden ist. Auf die Einhaltung der Verschwiegenheitspflicht sind die Mitarbeiter zu verpflichten. Die Pflicht der Verschwiegenheit umfasst auch das Verbot der unbefugten Verwertung von Geschäfts- und Betriebsgeheimnissen.

5. Vereinbare und unvereinbare Tätigkeiten

Mit der Ausübung der Steuerberatung sind nur diejenigen Tätigkeiten vereinbar, die die Einhaltung der Berufspflichten nicht gefährden.

6. Werbung

Anzeigen und andere Werbemaßnahmen, soweit sie auf Grund nationaler Gesetze oder Übung erlaubt sind, müssen den gesetzlichen oder sonst festgelegten Bestimmungen und den praktischen Notwendigkeiten entsprechen. Sie müssen zutreffend und zurückhaltend sein. Irreführende Angaben und unsachliche Kritik müssen unterbleiben. Alle Darstellungen in der Öffentlichkeit müssen in Inhalt und Form dem Ansehen des Berufs entsprechen.

7. Beziehungen zu Kollegen

Gegenüber anderen Berufsangehörigen ist ein kollegiales Verhalten zu beachten. Dies gilt insbesondere bei der gemeinsamen Betreuung eines Mandanten sowie bei Auftragswechsel.

8. Gebühren

Sofern keine gesetzliche Gebührenordnung besteht, soll der Mandant vor der Übernahme des Auftrages Gelegenheit haben, sich über die Grundsätze der Gebührenberechnung zu unterrichten. Das Honorar für die Steuerberatung muss in einem angemessenen Verhältnis zur Bedeutung der Angelegenheit und der zeitlichen Inanspruchnahme stehen.

9. Berufsaufsicht

Die von den Berufsorganisationen aufgestellten Berufsgrundsätze müssen gegenüber deren Mitgliedern durch Disziplinarmaßnahmen durchgesetzt werden; diese Maßnahmen sollen auch die Möglichkeit des Ausschlusses zum Inhalt haben.

10. Berufliche Fortbildung

Die Berufsorganisationen bestärken ihre Mitglieder darin, sich auf ihrem Fachgebiet fortzubilden und bieten ihnen entsprechende Fortbildungsmöglichkeiten an.

V. Anwendungsbereich

Die Grundsätze gelten für die Angehörigen aller Mitgliedsorganisationen der Confédération Fiscale Européenne. Ihre Einhaltung entbindet nicht von der Beachtung der jeweiligen nationalen, gesetzlichen und sonstigen Bestimmungen des Heimatstaates. Bei einer Tätigkeit in einem fremden Land sind auch die dort für die Ausübung des Berufs geltenden Bestimmungen zu beachten.

Die Regelungen in III berühren nicht den Status der Personen, die bei Inkrafttreten dieser Grundsätze einer Organisation der Steuerberater angehören und unter den bisherigen Bedingungen zugelassen worden sind.

Dasselbe gilt für einen begrenzten Zeitraum auch für Personen, die sich bei Inkrafttreten dieser Grundsätze bereits in der Vorbereitung für eine Aufnahme in eine Berufsorganisation der Steuerberater befinden.

Weitere Informationen ergeben sich aus der Homepage: www.cfe-eutax.org

b) Europäische Union

Nach Artikel 49 Abs. 1 EGV werden die Beschränkungen des **freien Dienstleistungsverkehrs** innerhalb der Gemeinschaft für Angehörige der Mitgliedstaaten, die in einem anderen Staat der Gemeinschaft als demjenigen des Leistungsempfängers ansässig sind, schrittweise aufgehoben. Zu den Dienstleistungen im Sinne dieser Bestimmung gehören auch die freiberuflichen Tätigkeiten (Art. 50 Abs. 2 d EGV). Art. 49 Abs. 1 und 50 Abs. 3 EGV haben jedenfalls insoweit unmittelbare Wirkung, als sie als Diskriminierungen des Erbringers von Dienstleistungen aus Gründen seiner Staatsangehörigkeit oder wegen seines Aufenthaltes in einem anderen als dem Mitgliedstaat, in dem die Leistungen zu erbringen sind, untersagen (EuGH, NJW 1975 S. 1095; *Fischer*, Die Kollision von nationalem Berufsrecht mit der Niederlassungsfreiheit in der Europäischen Gemeinschaft; *ders*. DStR 1993 S. 1928). Das StBerG hat hieraus die Folgerungen gezogen, und zwar hinsichtlich des **Wohnsitzes** und der deutschen Staatsangehörigkeit. Nach § 3 Nr. 4 ist nunmehr auch ausländischen Personen und Vereinigungen eine unbeschränkte Hilfeleistung in Steuersachen erlaubt. Damit werden die Anforderungen des EG-Vertrages im Bereich der Dienstleistungsfreiheit vom nationalen Gesetzgeber erfüllt. Ein Inländer darf jedoch die in Art. 49 EGV garantierte Dienstleistungsfreiheit nicht dazu missbrauchen, um inländische Berufsbeschränkungen zu umgehen (EuGHE 74, 1299; OLG Hamm, DStR 1996, S. 1831; OFD Frankfurt/Main, StB 1997, S. 233).

Art. 43 EGV sieht den Abbau der Beschränkungen des **freien Niederlassungsrechts** vor. Nach der Richtlinie des Rates vom 21. 12. 1988 über eine allgemeine Regelung zur Anerkennung der Hochschuldiplome, die eine mindestens dreijährige Berufsausbildung abschließen (ABl. Nr. 219 v. 24. 1. 1989, S. 16; vgl. *Tiemann*, DStZ/A 1989 S. 4), kann der nationale Gesetzgeber bei rechtsberatenden Berufen eine **Eignungsprüfung** vorschreiben; dies ist in § 37a Abs. 2 geschehen. Mit der erfolgreich abgelegten Eignungsprüfung werden dieselben Rechte erworben wie durch die erfolgreich abgelegte Steuerberaterprüfung (§ 37a Abs. 2). Die Forderung einer Eignungsprüfung ist für ausländische Bewerber eine große Hürde, und zwar u. a. wegen der erforderlichen Sprachkenntnisse (§ 37a Abs. 4). Es wird daher von der Eignungsprüfung nur in wenigen Fällen Gebrauch gemacht.

Kommentar
Steuerberatungsgesetz (StBerG)

In der Fassung der Bekanntmachung vom 4. November 1975 (BGBl. I S. 2735) Geändert durch Art. 8 des Einführungsgesetzes zur Abgabenordnung vom 14. Dezember 1976 (BGBl. I S. 3341), Art. 9 des Gesetzes zur Änderung und Vereinfachung des Einkommensteuergesetzes und anderer Gesetze vom 18. August 1980 (BGBl. I S. 1537), Viertes Gesetz zur Änderung des Steuerberatungsgesetzes vom 8. Juni 1989 (BGBl. I S. 1062), Artikel 18 des Gesetzes vom 25. Juni 1990 (BGBl. II S. 518), Einigungsvertragsgesetz vom 23. September 1990 (BGBl. II S. 885), Fünftes Gesetz zur Änderung des Steuerberatungsgesetzes vom 13. Dezember 1990 (BGBl. I S. 2756), Art. 23 des Steueränderungsgesetzes 1992 vom 25. Februar 1992 (BGBl. I S. 297), Art. 5 des FGO-Änderungsgesetzes vom 21. Dezember 1992 (BGBl. I S. 2109), Art. 9 des Verbrauchsteuer-Binnenmarktgesetzes vom 21. Dezember 1992 (BGBl. I S. 2150), Art. 47 des EWR-Ausführungsgesetzes vom 27. April 1993 (BGBl. I S. 512, 2436, geändert durch Art. 1 Nr. 4 des Gesetzes zur Anpassung des EWR-Ausführungsgesetzes vom 27. September 1993, BGBl. I S. 1666, 2436), Sechstes Gesetz zur Änderung des Steuerberatungsgesetzes vom 24. Juni 1994 (BGBl. I S. 1387), Art. 7 des Partnerschaftgesellschaftsgesetzes vom 25. Juli 1994 (BGBl. I S. 1744), Art. 62 des Einführungsgesetzes zur Insolvenzordnung vom 5. Oktober 1994 (BGBl. I S. 2911), Art. 33 des Jahressteuergesetzes 1996 vom 11. Oktober 1995 (BGBl. I S. 1250), Art. 21 des Jahressteuer-Ergänzungsgesetzes vom 18. Dezember 1995 (BGBl. I S. 1959), Art. 3 des Umsatzsteuer-Änderungsgesetzes 1997 vom 12. Dezember 1996 (BGBl. I S. 1851), Art. 3 Abs. 18 des Zweiten Gesetzes zur Änderung zwangsvollstreckungsrechtlicher Vorschriften vom 17. Dezember 1997 (BGBl. I S. 3039), Art. 7 des Gesetzes zur Datenermittlung für den Verteilungsschlüssel des Gemeindeanteils am Umsatzsteueraufkommen und zur Änderung steuerlicher Vorschriften vom 23. Juni 1998 (BGBl. I S. 1496), Art. 4 des Gesetzes zur Änderung der Bundesrechtsanwaltsordnung, der Patentanwaltsordnung und anderer Gesetze vom 31. August 1998 (BGBl. I S. 2600). Art. 1 des Gesetzes zur Änderung des Einführungsgesetzes zur Insolvenzordnung und anderer Gesetze vom 19. Dezember 1998 (BGBl. I S. 3836), Art. 1 des Gesetzes zur Änderung von Vorschriften über die Tätigkeit der Steuerberater vom 24. Juni 2000 (BGBl. I S. 874), Art. 8 des Gesetzes zur Reform der gesetzlichen Rentenversicherung und zur Förderung eines kapitalgedeckten Altersvorsorgevermögens vom 26. Juni 2001 (BGBl. I S. 1310), Art. 15 des Gesetzes zur Änderung steuerlicher Vorschriften vom 20. Dezember 2001 (BGBl. I S. 3794), Art. 37 des Gesetzes zur Gleichstellung behinderter Menschen und zur Änderung anderer Gesetze vom 27. April 2002 (BGBl. I S. 1467), Art. 6 des Gesetzes zur Änderung des Gesetzes über die Tätigkeit europäischer Rechtsanwälte in Deutschland und weiterer berufsrechtlicher Vorschriften für Rechts- und Patentanwälte, Steuerberater und Wirtschaftsprüfer vom 26. Oktober 2003 (BGBl. I S. 2074), Art. 15 des zweiten Gesetzes zur Änderung steuerlicher Vorschriften vom 15. Dezember 2003 (BGBl. I S. 2645). Art. 4 Abs. 59 des Gesetzes zur Modernisierung des Kostenrechts vom 5. Mai 2004 (BGBl. I S. 718), Art. 6 des Gesetzes zur Neuordnung der einkommensteuerrechtlichen Behandlung von Altersvorsorgeaufwendungen und Altersbezügen vom 5. Juli 2004 (BGBl. I S. 1427), Art. 16 des Gesetzes zur Anpassung von Verjährungsvorschriften an das Gesetz zur Modernisierung des Schuldrechts vom 9. 12. 2004 (BGBl. I S. 3214), Art. 13 des Gesetzes zur Umsetzung von EU-Richtlinien in nationales Steuerrecht und zur Änderung weiterer Vorschriften vom 9. Dezember 2004 (BGBl. I S. 3310) und Art. 10 des Gesetzes zur Vereinfachung und Vereinheitlichung der Verfahrensvorschriften zur Wahl und Berufung ehrenamtlicher Richter vom 21. Dezember 2004 (BGBl. I S. 3599)

StBerG

Inhaltsübersicht

Erster Teil. Vorschriften über die Hilfeleistung in Steuersachen

Erster Abschnitt. Ausübung der Hilfe in Steuersachen

Erster Unterabschnitt. Anwendungsbereich

§§

Anwendungsbereich 1

Zweiter Unterabschnitt. Befugnis

Geschäftsmäßige Hilfeleistung 2
Befugnis zu unbeschränkter Hilfeleistung in Steuersachen 3
Befugnis zu beschränkter Hilfeleistung in Steuersachen 4

Dritter Unterabschnitt. Verbot und Untersagung

Verbot der unbefugten Hilfeleistung in Steuersachen 5
Ausnahmen vom Verbot der unbefugten Hilfeleistung in Steuersachen 6
Untersagung der Hilfeleistung in Steuersachen 7

Vierter Unterabschnitt. Sonstige Vorschriften

Verbot der Werbung 8
Vergütung 9
Mitteilungen über Pflichtverletzungen und andere Informationen 10
Erhebung und Verwendung personenbezogener Daten 11
Hilfeleistung im Abgabenrecht fremder Staaten 12

Zweiter Abschnitt. Lohnsteuerhilfevereine

Erster Unterabschnitt. Aufgaben

Zweck und Tätigkeitsbereich 13

Zweiter Unterabschnitt. Anerkennung

Voraussetzungen für die Anerkennung, Aufnahme der Tätigkeit 14
Anerkennungsbehörde, Satzung 15
Gebühren für die Anerkennung 16
Urkunde 17
Bezeichnung „Lohnsteuerhilfeverein" 18
Erlöschen der Anerkennung 19
Rücknahme und Widerruf der Anerkennung 20

Dritter Unterabschnitt. Pflichten

Aufzeichnungspflicht 21
Geschäftsprüfung 22
Ausübung der Hilfeleistung in Steuersachen im Rahmen der Befugnis nach § 4 Nr. 11,
Beratungsstellen 23
Abwicklung der schwebenden Steuersachen im Rahmen des § 4 Nr. 11 24
Haftungsausschluss, Haftpflichtversicherung 25
Allgemeine Pflichten der Lohnsteuerhilfevereine 26

Vierter Unterabschnitt. Aufsicht

Aufsichtsbehörde 27
Pflicht zum Erscheinen vor der Aufsichtsbehörde, Befugnisse der Aufsichtsbehörde 28
Teilnahme der Aufsichtsbehörde an Mitgliederversammlungen 29
Verzeichnis der Lohnsteuerhilfevereine 30

Fünfter Unterabschnitt. Verordnungsermächtigung

Durchführungsbestimmungen zu den Vorschriften über die Lohnsteuerhilfevereine 31

Inhaltsübersicht   **StBerG**

Zweiter Teil. Steuerberaterordnung

Erster Abschnitt. Allgemeine Vorschriften

	§§
Steuerberater, Steuerbevollmächtigte und Steuerberatungsgesellschaften	32
Inhalt der Tätigkeit	33
Berufliche Niederlassung, weitere Beratungsstellen	34

Zweiter Abschnitt. Voraussetzungen für die Berufsausübung

Erster Unterabschnitt. Persönliche Voraussetzungen

Zulassung zur Prüfung, Prüfung, Befreiung von der Prüfung, Wiederholung der Prüfung	35
Voraussetzungen für die Zulassung zur Prüfung	36
Steuerberaterprüfung	37
Prüfung in Sonderfällen	37 a
Zuständigkeit für die Prüfung	37 b
Voraussetzungen für die Befreiung von der Prüfung	38
Verbindliche Auskunft	38 a
Gebühren für Zulassung, Prüfung, Befreiung und verbindliche Auskunft	39
Rücknahme von Entscheidungen	39 a

Zweiter Unterabschnitt. Bestellung

Bestellende Behörde, Bestellungsverfahren	40
Berufsurkunde	41
Steuerbevollmächtigter	42
Berufsbezeichnung	43
Bezeichnung „Landwirtschaftliche Buchstelle"	44
Erlöschen der Bestellung	45
Rücknahme und Widerruf der Bestellung	46
Erlöschen der Befugnis zur Führung der Berufsbezeichnung	47
Wiederbestellung	48

Dritter Unterabschnitt. Steuerberatungsgesellschaft

Rechtsform der Gesellschaft, anerkennende Steuerberaterkammer, Gesellschaftsvertrag	49
Voraussetzungen für die Anerkennung	50
Kapitalbindung	50 a
Gebühren für die Anerkennung	51
Urkunde	52
Bezeichnung „Steuerberatungsgesellschaft"	53
Erlöschen der Anerkennung	54
Rücknahme und Widerruf der Anerkennung	55

Dritter Abschnitt. Rechte und Pflichten

Weitere berufliche Zusammenschlüsse	56
Allgemeine Berufspflichten	57
Werbung	57 a
Tätigkeit als Angestellter	58
Steuerberater oder Steuerbevollmächtigte im öffentlich-rechtlichen Dienst- oder Amtsverhältnis	59
Eigenverantwortlichkeit	60
Ehemalige Angehörige der Finanzverwaltung	61
Verschwiegenheitspflicht der Gehilfen	62
Mitteilung der Ablehnung eines Auftrags	63
Gebührenordnung	64
Pflicht zur Übernahme einer Prozeßvertretung	65
Handakten	66
Berufshaftpflichtversicherung	67
Vertragliche Begrenzung von Ersatzansprüchen	67 a

StBerG   Inhaltsübersicht

	§§
(aufgehoben)	68
Bestellung eines allgemeinen Vertreters	69
Bestellung eines Praxisabwicklers	70
Bestellung eines Praxistreuhänders	71
Steuerberatungsgesellschaften	72

Vierter Abschnitt. Organisation des Berufs

Steuerberaterkammer	73
Mitgliedschaft	74
Gemeinsame Steuerberaterkammer	75
Aufgaben der Steuerberaterkammer	76
Vorstand	77
Abteilungen des Vorstandes	77 a
Satzung	78
Beiträge und Gebühren	79
Pflicht zum Erscheinen vor der Steuerberaterkammer	80
Rügerecht des Vorstandes	81
Antrag auf berufsgerichtliche Entscheidung	82
Pflicht der Vorstandsmitglieder zur Verschwiegenheit	83
Arbeitsgemeinschaft	84
Bundessteuerberaterkammer	85
Aufgaben der Bundessteuerberaterkammer	86
Zusammensetzung und Arbeitsweise der Satzungsversammlung	86 a
Beiträge zur Bundessteuerberaterkammer	87
Staatsaufsicht	88

Fünfter Abschnitt. Berufsgerichtsbarkeit

Erster Unterabschnitt.
Die berufsgerichtliche Ahndung von Pflichtverletzungen

Ahndung einer Pflichtverletzung	89
Berufsgerichtliche Maßnahmen	90
Rüge und berufsgerichtliche Maßnahme	91
Anderweitige Ahndung	92
Verjährung der Verfolgung einer Pflichtverletzung	93
Vorschriften für Mitglieder der Steuerberaterkammer, die nicht Steuerberater oder Steuerbevollmächtigte sind	94

Zweiter Unterabschnitt. Die Gerichte

Kammer für Steuerberater- und Steuerbevollmächtigtensachen beim Landgericht	95
Senat für Steuerberater- und Steuerbevollmächtigtensachen beim Oberlandesgericht	96
Senat für Steuerberater- und Steuerbevollmächtigtensachen beim Bundesgerichtshof	97
(aufgehoben)	98
Steuerberater oder Steuerbevollmächtigte als Beisitzer	99
Voraussetzungen für die Berufung zum Beisitzer und Recht zur Ablehnung	100
Enthebung vom Amt des Beisitzers	101
Stellung der ehrenamtlichen Richter und Pflicht zur Verschwiegenheit	102
Reihenfolge der Teilnahme an den Sitzungen	103
Entschädigung der ehrenamtlichen Richter	104

Dritter Unterabschnitt. Verfahrensvorschriften
1. Allgemeines

Vorschriften für das Verfahren	105
Keine Verhaftung des Steuerberaters oder Steuerbevollmächtigten	106
Verteidigung	107
Akteneinsicht des Steuerberaters oder Steuerbevollmächtigten	108
Verhältnis des berufsgerichtlichen Verfahrens zum Straf- oder Bußgeldverfahren	109

Inhaltsübersicht **StBerG**

§§

Verhältnis des berufsgerichtlichen Verfahrens zu den Verfahren anderer Berufsgerichtsbarkeiten 110
Aussetzung des berufsgerichtlichen Verfahrens 111

2. Das Verfahren im ersten Rechtszug

Örtliche Zuständigkeit 112
Mitwirkung der Staatsanwaltschaft 113
Einleitung des berufsgerichtlichen Verfahrens 114
Gerichtliche Entscheidung über die Einleitung des Verfahrens 115
Antrag des Steuerberaters oder Steuerbevollmächtigten auf Einleitung des berufsgerichtlichen Verfahrens 116
Inhalt der Anschuldigungsschrift 117
Entscheidung über die Eröffnung des Hauptverfahrens 118
Rechtskraftwirkung eines ablehnenden Beschlusses 119
Zustellung des Eröffnungsbeschlusses 120
Hauptverhandlung trotz Ausbleibens des Steuerberaters oder Steuerbevollmächtigten ... 121
Nichtöffentliche Hauptverhandlung 122
Beweisaufnahme durch einen ersuchten Richter 123
Verlesen von Protokollen 124
Entscheidung 125

3. Rechtsmittel

Beschwerde 126
Berufung 127
Mitwirkung der Staatsanwaltschaft im zweiten Rechtszug 128
Revision 129
Einlegung der Revision und Verfahren 130
Mitwirkung der Staatsanwaltschaft vor dem Bundesgerichtshof 131

4. Die Sicherung von Beweisen

Anordnung der Beweissicherung 132
Verfahren 133

5. Das Berufs- und Vertretungsverbot

Voraussetzung des Verbots 134
Mündliche Verhandlung 135
Abstimmung über das Verbot 136
Verbot im Anschluss an die Hauptverhandlung 137
Zustellung des Beschlusses 138
Wirkungen des Verbots 139
Zuwiderhandlungen gegen das Verbot 140
Beschwerde 141
Außerkrafttreten des Verbots 142
Aufhebung des Verbots 143
Mitteilung des Verbots 144
Bestellung eines Vertreters 145

Vierter Unterabschnitt.
Die Kosten in dem berufsgerichtlichen Verfahren und in dem Verfahren bei Anträgen auf berufsgerichtliche Entscheidung über die Rüge.
Die Vollstreckung der berufsgerichtlichen Maßnahmen und der Kosten.
Die Tilgung

Gebührenfreiheit, Auslagen 146
Kosten bei Anträgen auf Einleitung des berufsgerichtlichen Verfahrens 147
Kostenpflicht des Verurteilten 148
Kostenpflicht in dem Verfahren bei Anträgen auf berufsgerichtliche Entscheidung über die Rüge 149
Haftung der Steuerberaterkammer 150

19

StBerG Inhaltsübersicht

§§

Vollstreckung der berufsgerichtlichen Maßnahmen und der Kosten 151
Tilgung 152

Fünfter Unterabschnitt. Für die Berufsgerichtsbarkeit anzuwendende Vorschriften

Ergänzend anzuwendende Vorschriften 153

Sechster Abschnitt. Übergangsvorschriften

Bestehende Gesellschaften 154
Übergangsvorschriften aus Anlass des Vierten Gesetzes zur Änderung des Steuerberatungsgesetzes 155
Übergangsvorschriften aus Anlass des Sechsten Gesetzes zur Änderung des Steuerberatungsgesetzes 156
Übergangsvorschriften aus Anlass des Gesetzes zur Änderung von Vorschriften über die Tätigkeit der Steuerberater 157
(aufgehoben) .... 157 a, 157 b

Siebenter Abschnitt. Verordnungsermächtigung

Durchführungsbestimmungen zu den Vorschriften über Steuerberater, Steuerbevollmächtigte und Steuerberatungsgesellschaften 158

Dritter Teil. Zwangsmittel, Ordnungswidrigkeiten

Erster Abschnitt. Vollstreckung wegen Handlungen und Unterlassungen

Zwangsmittel 159

Zweiter Abschnitt. Ordnungswidrigkeiten

Unbefugte Hilfeleistung in Steuersachen 160
Schutz der Bezeichnungen „Steuerberatungsgesellschaft", „Lohnsteuerhilfeverein" und „Landwirtschaftliche Buchstelle" 161
Verletzung der den Lohnsteuerhilfevereinen obliegenden Pflichten 162
Pflichtverletzung von Personen, deren sich der Verein bei der Hilfeleistung in Steuersachen im Rahmen der Befugnis nach § 4 Nr. 11 bedient 163
Verfahren 164

Vierter Teil. Schlussvorschriften

Verwaltungsverfahren .... 164 a
Gebühren .... 164 b
Ermächtigung 165
Fortgeltung bisheriger Vorschriften 166
Freie und Hansestadt Hamburg 167
Inkrafttreten des Gesetzes 168

Erster Teil.
Vorschriften über die Hilfeleistung in Steuersachen

Erster Abschnitt. Ausübung der Hilfe in Steuersachen

Erster Unterabschnitt. Anwendungsbereich

§ 1 Anwendungsbereich

(1) Dieses Gesetz ist anzuwenden auf die Hilfeleistung
1. in Angelegenheiten, die durch Bundesrecht, Recht der Europäischen Gemeinschaften oder der Vertragsstaaten des Abkommens über den Europäischen Wirtschaftsraum geregelte Steuern und Vergütungen betreffen, soweit diese durch Bundesfinanzbehörden oder durch Landesfinanzbehörden verwaltet werden,
2. in Angelegenheiten, die die Realsteuern oder die Grunderwerbsteuer betreffen,
3. in Angelegenheiten, die durch Landesrecht oder auf Grund einer landesrechtlichen Ermächtigung geregelte Steuern betreffen,
4. in Monopolsachen,
5. in sonstigen von Bundesfinanzbehörden oder Landesfinanzbehörden verwalteten Angelegenheiten, soweit für diese durch Bundesgesetz oder Landesgesetz der Finanzrechtsweg eröffnet ist.

(2) Die Hilfeleistung in Steuersachen umfaßt auch
1. die Hilfeleistung in Steuerstrafsachen und in Bußgeldsachen wegen einer Steuerordnungswidrigkeit,
2. die Hilfeleistung bei der Führung von Büchern und Aufzeichnungen sowie bei der Aufstellung von Abschlüssen, die für die Besteuerung von Bedeutung sind,
3. die Hilfeleistung bei der Einziehung von Steuererstattungs- oder Vergütungsansprüchen.

(3) Die Vorschriften der einzelnen Verfahrensordnungen über die Zulassung von Bevollmächtigten und Beiständen bleiben unberührt.

Übersicht	Rdnr.
1. Allgemeines	1–4
2. Hilfeleistung	5–11
3. Steuersachen	12–14
4. Verfahrensordnungen	15

1. Allgemeines

Das StBerG war bis zum Jahre 1975 ein reines **Berufsgesetz** für StB und 1 StBv und trug daher die Bezeichnung „Gesetz über die Rechtsverhältnisse der Steuerberater und Steuerbevollmächtigten". Die Vorschriften über die

§ 1 2–5   Anwendungsbereich

Befugnis zur geschäftsmäßigen Hilfeleistung in Steuersachen waren in den §§ 107, 107a AO enthalten. Das 3. StBerÄG hat beide Bereiche in einem Gesetz zusammengefasst. Die „Vorschriften über die Hilfeleistung in Steuersachen" bilden den ersten Teil des Gesetzes; sie entsprechen dem RBerG. Der zweite Teil („Steuerberaterordnung") ist das Berufsgesetz der StB und StBv und entspricht anderen Berufsgesetzen, wie der WPO und der BRAO.

2   Die Bestimmung ist im **engen Zusammenhang** mit den §§ 3 bis 6 und den §§ 32, 33 zu sehen. Dort wird festgelegt, wer zur geschäftsmäßigen Hilfeleistung in Steuersachen befugt ist (§§ 3, 4) und dass und in welchem Umfang andere Personen und Vereinigungen von der geschäftsmäßigen Hilfeleistung in Steuersachen ausgeschlossen sind (§§ 5, 6). In der Steuerberaterordnung wird wiederholt, dass StB und StBv geschäftsmäßig Hilfe in Steuersachen leisten (§ 32) und diese Tätigkeit im Einzelnen beschrieben, wobei der Wortlaut des § 1 zum Teil wiederholt wird (§ 33). Bei der Auslegung dieser Bestimmung ist daher § 1 mit heranzuziehen.

3   Aus § 1 ist dagegen nicht zu folgern, dass die **Berufspflichten** der StB nur bei der Hilfeleistung in Steuersachen im Sinne dieser Bestimmung zu beachten sind. StB haben berufliche Aufgaben, die über die Hilfeleistung in Steuersachen hinausgehen (s. hierzu Einl. Rdnr. 18 ff.; § 57 Rdnr. 99 ff.; § 33 Rdnr. 11, 12). Die Berufspflichten gelten auch bei der Ausübung dieser Tätigkeiten (§ 57 Rdnr. 6). Auch außerhalb der Berufstätigkeit sind die Berufspflichten zu beachten (§ 57 Rdnr. 80 ff.).

4   Im Gegensatz zu Art. 1 § 1 RBerG, wo von „Besorgung fremder Rechtsangelegenheiten" gesprochen wird, verwendet das StBerG den Ausdruck **„Hilfeleistung in Steuersachen"**. Diese unterschiedliche Bezeichnung ist auf § 107 AO a. F. zurückzuführen, bedeutet aber keine abweichende sachliche Regelung. Die Hilfeleistung in Steuersachen deckt sich mit der Beschreibung, die in § 33 gegeben wird.

2. Hilfeleistung

5   Unter Hilfeleistung ist zunächst eine Tätigkeit zu verstehen, die gegenüber einer anderen Person oder Einrichtung erbracht wird, in die der Hilfeleistende **nicht eingegliedert** ist. Die Tätigkeit eines Arbeitnehmers gegenüber seinem Arbeitgeber, z. B. als Buchhalter oder Steuersachbearbeiter, ist keine Hilfeleistung im Sinne der Bestimmung; das war in § 107a Abs. 2 Nr. 10 AO a. F. ausdrücklich festgelegt, ist aber bei der Übernahme in § 4 als überflüssig entfallen. Auch bei einer **Unternehmenseinheit** von mehreren juristischen selbstständigen Personen, z. B. bei der zentralen Steuerabteilung eines Konzerns, liegt keine Hilfeleistung gegenüber anderen vor, wenn eine finanzielle, wirtschaftlich und organisatorische Eingliederung zu bejahen ist. Dasselbe gilt für gesetzliche und rechtsgeschäftlich bestellte Vertreter (OLG München, StB 1990 S. 165) sowie für Insolvenzverwalter, Zwangsverwalter und Nachlasspfleger.

Unerheblich ist, ob derjenige, demgegenüber Hilfe geleistet wird, Steuerpflichtiger ist. Auch die Prüfung von Anträgen auf Vorfinanzierung von

2. Hilfeleistung

Steuerforderungen durch eine von einem Kreditinstitut vorgeschaltete Einrichtung ist Hilfeleistung in Steuersachen.

Der Begriff der Hilfeleistung ist nicht eng auszulegen. Er ist nach **objektiven Kriterien** zu bestimmen und umfasst jede unterstützende Tätigkeit bei der Beratung und Vertretung eines Dritten in Bezug auf dessen steuerliche Rechte und Pflichten. Auch die Beratung in weniger bedeutsamen Steuerangelegenheiten fällt darunter (BFHE 134, 206), z. b. das Stellen formloser Anträge auf Durchführung des Lohnsteuerjahresausgleiches, durch die eine Frist gewahrt werden soll (BFHE 138, 297) oder die Erstellung einfacher Umsatzsteuervoranmeldungen (BFHE 138, 129), nicht dagegen die Durchführung reiner Schreibarbeiten (BFHE 138, 297) oder das bloße Übersetzen amtlicher Vordrucke (OLG Düsseldorf, StB 1982 S. 225).

Zur Abgrenzung von mechanischen Arbeiten vgl. § 6 Rdnr. 6.

Die Hilfeleistung muss **auf den Einzelfall bezogen** sein. Allgemeine Ausführungen in der Literatur sind keine Hilfeleistung im Sinne des § 1. Das gilt auch für ein Computerprogramm. Wenn ein Rechenzentrum ein Programm zur Verfügung stellt, durch das der Anwender seine Steuerbelastung ermitteln kann, indem er von ihm festgestellte Daten eingibt, ist dies ebenso zulässig wie die Veröffentlichung von Fragebogen, anhand derer ein Steuerpflichtiger die Steuerbelastung ermittelt. Gegen das Speichern von gerichtlichen Entscheidungen und Verwaltungsanweisungen, die bei Eingabe entsprechender Stichworte abgerufen werden können, bestehen ebenso wenig Bedenken wie gegen die Veröffentlichung von Fallsammlungen mit einem Sachregister. Die Grenze zur erlaubnispflichtigen Hilfeleistung wird überschritten, wenn dem Benutzer bei der Eingabe der Daten Hilfe geleistet wird oder der Hilfeleistende die Daten eingibt. Dann werden nicht nur auf die Eingabe bestimmter Daten vorprogrammierte Antworten gegeben, sondern vor der Dateneingabe Wertungen vorgenommen, die der Subsumierung von Sachverhalten unter rechtliche Bestimmungen entsprechen.

Die Hilfeleistung in Steuersachen wird vom Gesetz in die Begriffe Beratung, Vertretung und Hilfeleistung bei der Bearbeitung der Steuerangelegenheiten und der Erfüllung der steuerlichen Pflichten unterteilt (§ 33).

Unter **Beratung** ist die Unterrichtung des Ratsuchenden über die Rechtslage im Einzelfall sowie über die zu ergreifenden Maßnahmen zu verstehen; diese Tätigkeit wird also nur gegenüber dem Ratsuchenden entfaltet. Die Beratung unterscheidet sich von allgemeinen Belehrungen dadurch, dass sie sich auf einen bestimmten, dem Ratgebenden vorgelegten Sachverhalt bezieht; allgemeine, vom Sachverhalt losgelöste Ausführungen, z. B. Vortrags- und Lehrtätigkeiten (s. § 57 Abs. 3 Nr. 5) sind keine Hilfeleistung in Steuersachen (vgl. Rdnr. 7).

Die **Vertretung** (vgl. *Mittelsteiner*, DStR 1993 S. 702) umfasst die Tätigkeit in Vollmacht eines Steuerpflichtigen in Verwaltungsverfahren (§ 80 Abs. 1 AO), im finanzgerichtlichen Verfahren (§ 62 FGO) und in sonstigen Verfahren (z. B. § 67 VerwGO). StB und StBv dürfen von den Finanzbehörden und Finanzgerichten nicht zurückgewiesen werden (§ 80 Abs. 6 Satz 2 AO; § 62 Abs. 2 Satz 1 FGO); das gilt auch, wenn sie im Einzelfall den

Tatbestand des § 62 Abs. 2 Satz 1, 1. Halbsatz FGO (mangelnde Fähigkeit zum geeigneten mündlichen oder schriftlichen Vortrag) erfüllen (BFHE 88, 79; 128, 489; 169, 393). Zum Vorbehalt der Verfahrensordnungen siehe § 3 Rdnr. 2. Zur Vertretung im weiteren Sinne ist auch die Beistandsleistung, d.h. die Mitwirkung in Verhandlungen und Besprechungen neben dem Steuerpflichtigen zu rechnen (§ 80 Abs. 4 AO; § 62 Abs. 1 FGO). Dazu zählt jedoch nicht die Bevollmächtigung eines in den Niederlanden zugelassenen Belasting Adviseur, der einen deutschen Steuerpflichtigen nach § 80 AO vertreten will (Niedersächs. FG, EFG 2001 S. 869).

11 Zur **Hilfeleistung** bei der Bearbeitung der Steuerangelegenheiten und bei der Erfüllung der steuerlichen Pflichten gehören insbesondere die Hilfeleistung bei der Erstellung der Buchführung einschließlich der Handelsbilanzen, der steuerlichen Voranmeldungen und der Steuererklärungen, die Prüfung von Steuerbescheiden und die Unterstützung bei einer Außenprüfung sowie die Hilfeleistung in Steuerstrafsachen und Bußgeldsachen wegen einer Steuerordnungswidrigkeit (s. Abs. 2 Nr. 1 und 2).

3. Steuersachen

12 In Abs. 1 Nr. 1 wird der Begriff der Steuersachen in Übereinstimmung mit § 1 Abs. 1 AO zunächst mit den **Steuern** (§ 3 Abs. 1 AO) und Vergütungen gleichgesetzt, die durch Bundesrecht, das Recht der Europäischen Gemeinschaften oder der Vertragsstaaten des Abkommens über den Europäischen Wirtschaftsraum geregelt sind, soweit sie durch Bundes- oder Landesfinanzbehörden verwaltet werden. Hierzu gehören auch die Zölle und Verbrauchsteuern, auch soweit sie durch das Recht der EU geregelt sind (vgl. *Wolfgang*, Stbg 1996 S. 402; *Glashoff/Reimer*, Beihefter zu DStR 1997) sowie Kindergeldsachen (Nieders. FG, EFG 1997 S. 425). Hinzu kommen nach Abs. 1 Nr. 2 die Realsteuern, d.h. die Grund- und Gewerbesteuer (§ 3 Abs. 2 AO) sowie die Grunderwerbsteuer, nach Abs. 1 Nr. 3 die landesrechtlich geregelten Steuern (vgl. Art. 105 Abs. 2a GG), nach Abs. 1 Nr. 4 die Monopolsachen (vgl. Branntwein-Monopolgesetz vom 8.4.1922 – RGBl. I S. 405) sowie nach Abs. 1 Nr. 5 die sonstigen von Bundesfinanzbehörden und Landesfinanzbehörden verwalteten Angelegenheiten, soweit für diese durch Bundesgesetz (vgl. § 33 Abs. 1 Nr. 4 FGO) oder Landesgesetz der Finanzrechtsweg eröffnet ist.

13 Nicht unter das Gesetz fällt die Hilfeleistung in Bezug auf **andere,** nicht in Abs. 1 genannte **Abgaben,** z.B. die Fremdenverkehrsabgabe (BVerfG, NJW 1976 S. 1837). Zum ausländischen Steuerrecht vgl. § 12.

14 Abs. 2 enthält nur eine **Klarstellung.** Die Hilfeleistung in Steuerstrafsachen und Bußgeldsachen fällt bereits unter Abs. 1 Nr. 1 (vgl. §§ 369ff. AO). Dasselbe gilt für die Hilfeleistung bei der Führung von Büchern und Aufzeichnungen (vgl. §§ 140ff. AO). Die Buchführungshilfe fällt unter den Sammelbegriff „Hilfeleistung in Steuersachen", der einmal die eigentliche Steuerberatung in der Form echter Rechtsberatung auf dem Gebiete des Steuerrechts und zum anderen die Hilfeleistung bei der Führung von Bü-

1. Allgemeines 1, 2 § 2

chern und Aufzeichnungen umschließt (BVerfGE 54, 301, 315). Die Hilfeleistung nach Abs. 2 Nr. 3 umfasst nicht die Mitwirkung bei der Abtretung von Steuererstattungsansprüchen (BFHE 140, 483). Zugleich liegt ein Verstoß gegen Abs. 2 vor, wenn ein Buchhalter, der nicht zugleich als Steuerberater zugelassen ist, die Einrichtung der Buchführung und die Abschlussbuchungen vorsieht (OLG Düsseldorf v. 18. 4. 2000 Az.: 20 U 79/99, vgl. auch § 6 Rdnr. 7).

4. Verfahrensordnungen

Die Hilfeleistung in Steuersachen steht unter dem Vorbehalt der Vorschriften der einzelnen Verfahrensordnungen. Dies sind 15
im Besteuerungsverfahren § 80 AO;
im finanzgerichtlichen Verfahren § 62 FGO;
im verwaltungsgerichtlichen Verfahren § 67 VerwGO;
im Strafverfahren § 138 StPO, § 392 AO.

Zweiter Unterabschnitt. Befugnis

§ 2 Geschäftsmäßige Hilfeleistung

Die Hilfeleistung in Steuersachen darf geschäftsmäßig nur von Personen und Vereinigungen ausgeübt werden, die hierzu befugt sind. Dies gilt ohne Unterschied für hauptberufliche, nebenberufliche, entgeltliche oder unentgeltliche Tätigkeit.

Übersicht	Rdnr.
1. Allgemeines	1, 2
2. Geschäftsmäßigkeit	3

1. Allgemeines

Die Vorschrift, die dem Art. 1 § 1 RBerG entspricht, drückt positiv aus, 1
was in § 5 als Verbot festgelegt ist. Diese Beschränkung der Befugnis zur geschäftsmäßigen Hilfeleistung in Steuersachen auf die in den §§ 3, 4, 11 und 12 genannten Personen und Vereinigungen stellt eine Einschränkung des **Grundrechts der freien Berufswahl** (Art. 12 Abs. 1 GG) dar, die durch übergeordnete Interessen des Gemeinwohls gerechtfertigt ist. (BVerfGE 21, S. 173, 179; 54, 301, 315; BFHE 60, 317; BGHZ 98, 330, 335). Für die steuerberatenden Berufe gilt insgesamt, dass ein hohes öffentliches Interesse an einer sachgerechten Beratung besteht. Sie nehmen zwar die Interessen ihrer Mandanten wahr, haben aber zugleich auch eine Vertrauensstellung gegenüber den Finanzbehörden und Finanzgerichten. Es liegt daher im Interesse der Allgemeinheit, dass Personen mit fehlender Sachkunde, Erfahrung oder persönlicher Eignung von der Hilfeleistung in Steuersachen ausgeschlossen werden.

Zum Schutz der Steuerrechtspflege ist es jedoch nicht gerechtfertigt, jede 2
nur denkbare Mitwirkung bei der Erfüllung der Buchführungspflichten allein

den in §§ 3, 4 genannten Personen und Vereinigungen vorzubehalten (BGHZ 54, 306, 310). Das BVerfG (BVerfGE 54, 301) hat vielmehr das geschäftsmäßige **Kontieren von Belegen** auch durch Personen für zulässig erklärt, die eine kaufmännische Gehilfenprüfung bestanden haben; der Ausschluss des insoweit ausreichend ausgebildeten Personenkreises von der selbstständig ausgeübten Buchführungshilfe ist mit dem Grundsatz der Verhältnismäßigkeit nicht vereinbar. Buchhalter dürfen daher nach § 6 Nr. 4 auf einem eng begrenzten Teilgebiet Hilfe in Steuersachen leisten.

2. Geschäftsmäßigkeit

3 Unbefugt kann nur eine geschäftsmäßige Hilfeleistung in Steuersachen sein. Der Begriff „geschäftsmäßig" ist nicht gleichzusetzen mit dem Begriff „gewerblich", „gewerbsmäßig" oder „beruflich". Auf die Zahlung eines Entgelts kommt es nicht an (Satz 2); ebenso wenig ist eine Gewinnerzielungsabsicht erforderlich (OLG Hamburg, MDR 1951 S. 693). Geschäftsmäßigkeit liegt vielmehr immer dann vor, wenn jemand ausdrücklich oder erkennbar die Absicht verfolgt, die Tätigkeit in gleicher Art zu **wiederholen** und zu einem wiederkehrenden oder dauernden Bestandteil seiner selbstständigen Beschäftigung zu machen (RGSt 61 S. 47; BFH, HFR 1963 S. 36; BStBl. II, 1984 S. 118; OLG Düsseldorf, StB 1988 S. 236; OLG Köln, StB 1992 S. 368). **Selbstständig** handelt, wer sich nach eigenem Willen und in eigener Verantwortung, unabhängig von den Weisungen einer übergeordneten Person betätigt und dies auf eigene Rechnung geschieht (vgl. BFH, BStBl. 1998 II S. 118; OLG Hamm, StB 1985 S. 388; OLG Stuttgart, DB 1985 S. 1017 und DStR 1991 S. 1064 mit Anm. *Gerber,* DStR 1991 S. 1299; BFH, DStR 1996, S. 603; OLG Stuttgart, DStR 1997 S. 264; *Horn/Bezold,* INF 1997 S. 183). Die Geschäftsmäßigkeit bestimmt sich nicht allein nach arbeits- oder steuerrechtlichen Gesichtspunkten, sondern in erster Linie nach dem Schutzzweck der Verbotsnorm (vgl. BFH, BStBl. II 1996 S. 489). Auch eine stundenweise Tätigkeit von Personen, die nicht zu den in § 3 genannten gehören, stellt eine Umgehung des Erlaubniszwangs dar (OLG Dresden, Stbg 1999 S. 579). Eine Hilfeleistung ist somit nicht geschäftsmäßig, wenn sie unselbstständig oder nur aus besonderem Anlass im Gelegenheitsfall ausgeübt wird, wobei eine Unentgeltlichkeit die Geschäftsmäßigkeit nicht ausschließt (BFH, BStBl. II 1984 S. 118).

§ 3 Befugnis zu unbeschränkter Hilfeleistung in Steuersachen

Zur geschäftsmäßigen Hilfeleistung in Steuersachen sind befugt:
1. Steuerberater, Steuerbevollmächtigte, Rechtsanwälte, niedergelassene europäische Rechtsanwälte, Wirtschaftsprüfer und vereidigte Buchprüfer,
2. Partnerschaftsgesellschaften, deren Partner ausschließlich die in Nummer 1 und 4 genannten Personen sind,
3. Steuerberatungsgesellschaften, Rechtsanwaltsgesellschaften, Wirtschaftsprüfungsgesellschaften und Buchprüfungsgesellschaften,

2. Angehörige des steuerberatenden Berufs (Inland) 1–3 § 3

4. Personen oder Vereinigungen, die in einem anderen Mitgliedstaat der Europäischen Union als Deutschland oder in der Schweiz beruflich niedergelassen sind und dort befugt geschäftsmäßig Hilfe in Steuersachen nach dem Recht des Niederlassungsstaates leisten, soweit sie mit der Hilfeleistung in Steuersachen eine Dienstleistung nach Artikel 50 EG-Vertrag erbringen. Sie dürfen dabei nur unter der Berufsbezeichnung in den Amtssprachen des Niederlassungsstaates tätig werden, unter der sie ihre Dienste im Niederlassungsstaat anbieten. Wer danach berechtigt ist, die Berufsbezeichnung „Steuerberater", „Steuerbevollmächtigter" oder „Steuerberatungsgesellschaft" zu führen, hat zusätzlich die Berufsorganisation, der er im Niederlassungsstaat angehört, sowie den Niederlassungsstaat anzugeben. Der Umfang der Befugnis zur Hilfeleistung in Steuersachen im Inland richtet sich nach dem Umfang dieser Befugnis im Niederlassungsstaat.

Übersicht	Rdnr.
1. Allgemeines	1, 2
2. Angehörige des steuerberatenden Berufs (Inland)	3–6
3. Rechtsberatende und wirtschaftsprüfende Berufe (Inland)	7–10
4. Partnerschaftsgesellschaften	11–13
5. Ausländische Berufsangehörige	14–22
a) Niedergelassene europäische Rechtsanwälte	14, 15
b) Ausländische steuerberatende Berufe	16–22

1. Allgemeines

In den §§ 3 und 4 werden die zur geschäftsmäßigen Hilfeleistung in 1
Steuersachen befugten Personen und Gesellschaften **abschließend** – vorbehaltlich der Übergangsregelungen in den §§ 11 und 12 und der Buchhalter (§ 6 Nr. 4) – aufgeführt. In § 3 werden die zu unbeschränkter Hilfeleistung in Steuersachen befugten Personen und Gesellschaften genannt. Bei ihnen ist die Hilfeleistung in Steuersachen zumindest ein wesentlicher, wenn nicht der ganz überwiegende Teil ihres gesetzlichen Berufsbildes. Die hier genannten Berufsangehörigen sind Mitglieder von Berufskammern, deren Berufsaufsicht sie unterliegen.

Die Befugnis zur Hilfeleistung in Steuersachen steht unter dem Vorbehalt 2
einer abweichenden Regelung in den **Verfahrensordnungen** (§ 1 Abs. 3). So sind nach dem BFH-Entlastungsgesetz (BGBl. 1975 I S. 1861; zuletzt geändert durch Gesetz vom 17. 12. 1999 (BGBl. I S. 2447) nur RAe, StB und WP zur Vertretung vor dem BFH zugelassen; damit sind auch die StBGes insoweit von der Vertretung ausgeschlossen (BFHE 120, 335; 126, 270; 126, 366; 128, 342). In Abgabesachen dürfen StB auch vor dem OVG auftreten (§ 67 Abs. 1 Satz 5 VerwGO).

2. Angehörige des steuerberatenden Berufs (Inland)

Steuerberater werden an erster Stelle als die Personen genannt, die zur 3
geschäftsmäßigen Hilfeleistung in Steuersachen unbeschränkt befugt sind.
Die Hilfeleistung in Steuersachen gehört zu ihrem Berufsbild (§ 33); mit

dem Beruf sind auch die in § 57 Abs. 3 genannten Tätigkeiten vereinbar. Wegen der Bestellung zum StB vgl. §§ 35 ff. Die Bestimmung bezieht sich nur auf Personen, die nach deutschem Recht bestellt worden sind; ausländische steuerliche Berater (vgl. Einl. Rdnr. 25 f.) dürfen im Geltungsbereich des StBerGes keine Hilfe in Steuersachen leisten (*Meiler,* StB 1986 S. 59; BFHE 175, 192, 198; OFD Düsseldorf, DB 1994 S. 2215); vgl. jedoch §§ 36 Abs. 4, 5; 37b, Abs. 2–4 und Einl. Rdnr. 28. Eine Anerkennung nach Abs. 3 Satz 1 ist nicht vorzusehen, wenn keine Prüfung nach dem Gesetz abgelegt wird. Dies gilt für in den Niederlanden zugelassene Belastingadviseure, die sich ohne Nachweis besonderer Kenntnisse auf dem Gebiet der Steuerberatung registrieren lassen können (Niedersächsisches FG, EFG 2001 S. 541). Dies widerspricht auch nicht der im Art. 59 Abs. 1, 60 Abs. 3 EGV geregelten Dienstleistungsfreiheit, wenn keine steuerberatende Tätigkeit mit grenzüberschreitendem Bezug nachgewiesen wird (vgl. auch § 3 Rdnr. 16 ff.).

4 **Steuerbevollmächtigte** (vgl. § 42) haben – bis auf die Leitung von StBGes (§ 50) und die Vertretung vor dem BFH, siehe Rdnr. 2 – dieselben Rechte und Pflichten wie StB. Der Beruf ist geschlossen (§ 156) und ist zahlenmäßig von immer geringer werdender Bedeutung (vgl. Einl. Rdnr. 15).

5 Die geschäftsmäßige Hilfeleistung in Steuersachen durch eine **Steuerberatungsgesellschaft** ist nur eine Tätigkeit der in ihr zusammengeschlossenen StB und nicht – wie der Wortlaut des § 3 Nr. 3 vermuten lassen könnte – der Gesellschaft selbst (BFHE 133, 322, 327; vgl. auch § 32 Rdnr. 17). Die StBGes kann aber durch ihre Organe Hilfe in Steuersachen leisten und Steuerpflichtige auch vor den Finanz- und Verwaltungsgerichten vertreten. Eine Vertretung vor dem BFH ist ausgeschlossen (Rdnr. 2), ebenso eine Verteidigung in Steuerstrafsachen (§ 138 Abs. 2 StPO; § 392 AO).

6 Besonderheiten galten auf Grund des Einigungsvertrages für StB und StBv, die vor dem 1. 1. 1991 **im Gebiet der fünf neuen Bundesländer** bestellt worden sind (vgl. Einl. Rdnr. 20–22).

3. Rechtsberatende und wirtschaftsprüfende Berufe (Inland)

7 **Rechtsanwälte** sind die berufenen und unabhängigen Berater und Vertreter in allen Rechtsangelegenheiten (§ 3 Abs. 1 BRAO); hierzu gehört auch die Steuerberatung, weil sie eine Rechtsberatung in Steuersachen ist. Pflichten und Berufsauffassung der RAe und StB sind gleich (BVerfGE 80, 269, 280). Tatsächlich wird die Steuerberatung jedoch nur von einem kleinen Teil der RAe ausgeübt; das gilt insbesondere für die Hilfeleistung bei der Erfüllung der Buchführungspflichten (BGH, NJW 1970 S. 1189; *Schall,* BB 1989 S. 201). Die Rechtsanwaltskammern können einem RA gestatten, die Bezeichnung „**Fachanwalt für Steuerrecht**" zu führen (§§ 42a–d; 210 BRAO). Fachanwälte für Steuerrecht haben jedoch keine weitergehenden Befugnisse. Zu den RAGes vgl. §§ 59c ff. BRAO.

8 **Wirtschaftsprüfer** (vgl. *Teckemeyer,* Wpg 1986 S. 650; *Schlütter,* AnwBl 1987 S. 379; *Mathews,* BB 1987 S. 2265; *Markus,* Wpg 1992 S. 1; *Meisel,*

4. Partnerschaftsgesellschaften   9–13 § 3

Geschichte der deutschen Wirtschaftsprüfer, 1992; *Pfefferer*, NWB 1995 S. 1159; *Markus*, Der Wirtschaftsprüfer, 1996) haben die berufliche Aufgabe, betriebswirtschaftliche Prüfungen, insbesondere solche von Jahresabschlüssen gewerblicher Unternehmen, durchzuführen und Bestätigungsvermerke über die Vornahme und das Ergebnis solcher Prüfungen zu erteilen. Sie sind auch befugt, ihre Auftraggeber in Steuerangelegenheiten zu beraten und zu vertreten (§ 2 WPO). Zwischen der WPGes und der StBGes besteht eine große Nähe (BGHZ 78, 237, 242; BVerfG, BRAK-Mitt 1998 S. 193, 196).

Vereidigte Buchprüfer (vgl. *Strobel*, Stbg 1986 S. 327), sind nach § 129 Abs. 2 WPO auch befugt, ihre Auftraggeber in steuerlichen Angelegenheiten zu beraten und zu vertreten. Ihre Erwähnung in § 3 hat kaum praktische Bedeutung, weil sie in der Regel zugleich StB oder RA sind (§ 131 Abs. 1 Nr. 1 WPO). 9

Bezüglich der **Wirtschaftsprüfungs-, Buchprüfungs- und Rechtsanwaltsgesellschaften,** vgl. §§ 27 ff. WPO § 130 Abs. 2 WPO bzw. §§ 59 c ff. BRAO. Bei Rechtsanwaltsgesellschaften wird die Befugnis im Wege der Zulassung durch die RA-Kammer erteilt (FG Köln, EFG 2004 S. 1242). 10

4. Partnerschaftsgesellschaften

Nach der Nr. 2 sind auch Partnerschaftsgesellschaften zur unbeschränkten Hilfeleistung in Steuersachen befugt, sofern deren Partner ausschließlich zu den in Nr. 1 und 4 genannten Personengruppen zählen. Nach der Rechtsprechung des BFH (BStBl. 1998, II S. 692) war eine nicht als Steuerberatungsgesellschaft anerkannte Partnerschaftsgesellschaft nach der bisherigen Gesetzeslage zur geschäftsmäßigen Hilfeleistung in Steuersachen nicht befugt. Folglich mussten sämtliche Partnerschaftsgesellschaften gleichzeitig die Anerkennung als Steuerberatungsgesellschaft nach den §§ 49 ff. besitzen, um diese Tätigkeit ausüben zu können. 11

Dies war jedoch nicht im Sinne des Gesetzgebers, der mit der Partnerschaftsgesellschaft gerade für die Angehörigen der freien Berufe eine auf ihre Bedürfnisse zugeschnittene Gesellschaftsform zur gemeinsamen Berufsausübung zur Verfügung stellen wollte. Die Partnerschaftsgesellschaft sollte die Lücke zwischen der BGB-Gesellschaft und den Kapitalgesellschaften schließen, indem sie als Personengesellschaft zum einen dem Charakter der freiberuflichen Berufsausübung gerecht wird und zum anderen sich auch auf Grund ihrer Struktur, Rechtsfähigkeit und ihren Haftungsregeln für die verschiedensten beruflichen Zusammenschlüsse und damit auch für zahlenmäßig größere und interprofessionelle Aktivitäten anbietet. Dies wird jedoch verhindert, wenn gleichzeitig Partnerschaftsgesellschaften auch eine Anerkennung als Steuerberatungsgesellschaft und damit als Kapitalgesellschaft anstreben müssten. 12

Die Nr. 2 bildet nun die gesetzliche Grundlage der Befugnis zur geschäftsmäßigen Hilfeleistung in Steuersachen für die Partnerschaftsgesellschaften, die nicht zugleich die Anerkennung als Steuerberatungsgesellschaft vorsehen wollen. 13

5. Ausländische Berufsangehörige

a) Niedergelassene europäische Rechtsanwälte

14 Nach der Richtlinie 98/5/EG des Europäischen Parlaments und des Rates vom 16. Februar 1998 zur Erleichterung der ständigen Ausübung des Rechtsanwaltsberufs in einem anderen Mitgliedsstaat als dem, in dem die Qualifikation erworben wurde, muss es Rechtsanwälten aus den Mitgliedsstaaten der Europäischen Union und den anderen Vertragsstaaten des Abkommens über den Europäischen Wirtschaftsraum ermöglicht werden, sich in Deutschland dauernd unter ihrer ursprünglichen Berufsbezeichnung niederzulassen. Diese Richtlinie wurde in dem Gesetz über die Tätigkeit europäischer Rechtsanwälte in Deutschland für diesen Personenkreis umgesetzt. Nach §§ 1, 2 EuRAG (BGBl. 2000 I S. 182) sind europäische Rechtsanwälte berechtigt, in Deutschland unter der Berufsbezeichnung ihres Herkunftsstaates die Tätigkeit eines Rechtsanwaltes als niedergelassener europäischer Rechtsanwalt auszuüben. Der persönliche Anwendungsbereich erstreckt sich neben den Staatsangehörigen der Mitgliedsstaaten der Europäischen Union und der anderen Vertragsstaaten des Abkommens über den Europäischen Wirtschaftsraum auch auf die Schweiz.

15 Nach Art. 4 der Richtlinie 98/5/EG sind die niedergelassenen europäischen Rechtsanwälte im Hinblick auf das Tätigkeitsfeld und ihre Beratungsbefugnisse den deutschen Rechtsanwälten grundsätzlich gleichzustellen. Daher ist eine Ergänzung der Nr. 1 notwendig, wodurch auch die niedergelassenen europäischen Rechtsanwälte zur geschäftsmäßigen Hilfeleistung in Steuersachen befugt sind. Es liegt dadurch keine dem EG-Vertrag widersprechende diskriminierende Behandlung europäischer Steuerberater vor, da der EG-Vertrag keine Gleichbehandlung vorschreibt (BFH, BStBl. II 2003 S. 422) und dies im Allgemeininteresse auf Grund des zunehmend komplizierter gewordenen deutschen Steuerrechtes ist (BFH/NV 2004 S. 671).

b) Ausländische steuerberatende Berufe

16 Durch die Nr. 4 wird ein spezieller Erlaubnistatbestand in das Steuerberatungsgesetz eingefügt. Dieser ist auf die Erbringer von Dienstleistungen in Steuersachen im Anwendungsbereich des Art. 50 EG-Vertrages beschränkt. Vom Erlaubnistatbestand dieser Vorschrift sind nur grenzüberschreitende, vorübergehende Hilfeleistungen in Steuersachen erfasst (BFH/NV 2004 S. 827). Damit wird den Anforderungen des EG-Vertrages im Bereich der Dienstleistungsfreiheit bei grenzüberschreitender Hilfeleistung in Steuersachen Rechnung getragen.

17 Als Dienstleistungen im Sinne des Art. 50 EG-Vertrages gelten grenzüberschreitende, vorübergehende Hilfeleistungen in Steuersachen. Eine Beurteilung erfolgt unter Berücksichtigung der Dauer der Leistung, ihrer Häufigkeit, der regelmäßigen Wiederkehr und ihrer Kontinuität (BFH/NV 2004 S. 827). Dies schließt jedoch nicht aus, dass der Dienstleistungserbringer sich im Aufnahmemitgliedstaat mit einer bestimmten Infrastruktur, einschließlich

5. Ausländische Berufsangehörige

eines Büros, einer Praxis oder einer Kanzlei, ausstattet, soweit die Infrastruktur für die Erbringung der Leistungen erforderlich ist.

Der Umfang der Befugnisse in Deutschland richtet sich nach dem Recht 18 ihres **Niederlassungsstaates**. Aus Gründen der Transparenz und zum Schutze des Steuerbürgers ist unter der Nr. 4 Satz 2 aufgeführt worden, dass diese Personen oder Vereinigungen nur unter ihrer Berufsbezeichnung in den Amtssprachen des Niederlassungsstaates tätig werden dürfen. Durch die sprachliche Unterscheidung wird für Außenstehende unmittelbar erkennbar, dass es sich nicht um inländisch erworbene Berufsbezeichnungen handelt.

Zugleich gilt es zu beachten, dass insbesondere im deutschsprachigen 19 Ausland auch die inländischen Berufsbezeichnungen zur Anwendung gelangen. Daher ist unter Nr. 4 Satz 3 eine weitere Präzisierung vorgenommen worden, wonach in diesen Fällen zusätzlich die Berufsorganisation und der Niederlassungsstaat anzugeben sind. Damit wird eine **Verwechslungsgefahr** ausgeschlossen und der Steuerbürger kann selbst entscheiden, welche Personen oder Vereinigungen er in Anbetracht der Kenntnis der unterschiedlichen Berufsbezeichnungen in Anspruch nimmt. Im Satz 4 ist festgelegt, dass der Umfang der Befugnis zur Hilfeleistung in Steuersachen im Inland nicht größer sein darf als der Umfang, den die Person oder Vereinigung im Niederlassungsstaat hat. Ansonsten besteht die Gefahr, dass ausländische Personen oder Vereinigungen Tätigkeiten ausüben, die sie von ihrer Kompetenz nicht im Niederlassungsstaat durchführen dürften und daher eine Verlagerung des Tätigkeitsgebietes ins Inland lukrativ ist, da sie ohne gesonderte Prüfung eine Erweiterung ihrer Befugnisse erreichen.

Es ist folglich nicht möglich, dass ein in Deutschland **dauerhaft** ansässiger 20 Belastingadviseur bzw. Belastingconsulent mit Büro in den Niederlanden bzw. Belgien für in Deutschland ansässige Steuerpflichtige im finanzgerichtlichen Verfahren als Prozessbevollmächtigter handeln kann (BFH v. 25. 3. 04; Az.: XI – B – 5/03). Nach der Nr. 4 ist nur die grenzüberschreitende Hilfeleistung in Steuersachen, also die Hilfeleistung durch einen in einem anderen Mitgliedstaat als dem des Empfängers ansässigen Dienstleister gestattet (BFH/NV 2004 S. 92). Ein luxemburgischer expert comptable ist in Deutschland nach der Nr. 4 befugt, soweit er eine vorübergehende grenzüberschreitende Dienstleistung erbringt. Der Begriff „vorübergehend" ist nicht nur unter Berücksichtigung der Dauer der Leistung, sondern auch nach ihrer Häufigkeit, der regelmäßigen Wiederkehr oder ihrer Kontinuität zu verstehen (Sächs. FG, EFG 2003 S. 1343).

Auch bei der Bezeichnung ist darauf zu achten, dass die Unterscheidungs- 21 kriterien eingehalten werden. Die Bezeichnung „NL – Steuerberater in NL" entspricht nicht diesen Anforderungen und ist irreführend nach § 3 UWG (OLG Frankfurt, Stbg 2001 S. 176). Für die angesprochenen Verkehrskreise drängt sich der Eindruck auf, dass es sich um einen Steuerberater handelt, der über die mit diesem Berufsbild einhergehenden besonderen Qualifikationen verfügt. Auch die zweimalige Erwähnung der Bezeichnung „NL" ist nicht geeignet, eine Irreführungsgefahr auszuschließen.

22 Die Vorschrift findet **keine Anwendung für deutsche Staatsangehörige**, die in anderen EU-Mitgliedstaaten die Bestellung als StB nach dortigem Recht erwirkt haben, auch wenn sie vom Ausland aus die Hilfeleistung im Inland anbieten wollen (LG Köln, DStRE 2004 S. 731). Dies gilt insbesondere für deutsche Staatsangehörige, deren Bestellung im Inland widerrufen worden ist und die sich anschließend in einem anderen EU-Mitgliedsstaat niedergelassen haben, da dies rechtsmissbräuchlich ist.

§ 4 Befugnis zu beschränkter Hilfeleistung in Steuersachen

Zur geschäftsmäßigen Hilfeleistung in Steuersachen sind ferner befugt:
1. **Notare im Rahmen ihrer Befugnisse nach der Bundesnotarordnung,**
2. **Patentanwälte und Patentanwaltsgesellschaften im Rahmen ihrer Befugnisse nach der Patentanwaltsordnung,**
3. **Behörden und Körperschaften des öffentlichen Rechts sowie die überörtlichen Prüfungseinrichtungen für Körperschaften und Anstalten des öffentlichen Rechts im Rahmen ihrer Zuständigkeit,**
4. **Verwahrer und Verwalter fremden oder zu treuen Händen oder zu Sicherungszwecken übereigneten Vermögens, soweit sie hinsichtlich dieses Vermögens Hilfe in Steuersachen leisten,**
5. **Unternehmer, die ein Handelsgewerbe betreiben, soweit sie in unmittelbarem Zusammenhang mit einem Geschäft, das zu ihrem Handelsgewerbe gehört, ihren Kunden Hilfe in Steuersachen leisten,**
6. **genossenschaftliche Prüfungs- und Spitzenverbände und genossenschaftliche Treuhandstellen, soweit sie im Rahmen ihres Aufgabenbereichs den Mitgliedern der Prüfungs- und Spitzenverbände Hilfe in Steuersachen leisten,**
7. **als Berufsvertretung oder auf ähnlicher Grundlage gebildete Vereinigungen, soweit sie im Rahmen ihres Aufgabenbereichs ihren Mitgliedern Hilfe in Steuersachen leisten; § 95 des Bundesvertriebenengesetzes bleibt unberührt,**
8. **als Berufsvertretung oder auf ähnlicher Grundlage gebildete Vereine von Land- und Forstwirten, zu deren satzungsmäßiger Aufgabe die Hilfeleistung für land- und forstwirtschaftliche Betriebe im Sinne des Bewertungsgesetzes gehört, soweit sie diese Hilfe durch Personen leisten, die berechtigt sind, die Bezeichnung „Landwirtschaftliche Buchstelle" zu führen, und die Hilfe nicht die Ermittlung der Einkünfte aus selbständiger Arbeit oder aus Gewerbebetrieb betrifft, es sei denn, daß es sich hierbei um Nebeneinkünfte handelt, die üblicherweise bei Landwirten vorkommen,**
9. a) **Speditionsunternehmen, soweit sie Hilfe in Eingangsabgabensachen oder bei der verbrauchsteuerlichen Behandlung von Waren im Warenverkehr mit anderen Mitgliedstaaten der Europäischen Union leisten,**
   b) **sonstige gewerbliche Unternehmen, soweit sie im Zusammenhang mit der Zollbehandlung Hilfe in Eingangsabgabensachen leisten,**
   c) **die in den Buchstaben a und b genannten Unternehmen, soweit sie für Unternehmer im Sinne des § 22 a des Umsatzsteuergesetzes Hilfe in Steuersachen nach § 22 b des Umsatzsteuergesetzes leisten und im Geltungsbereich dieses Gesetzes ansässig sind, nicht Kleinunterneh-**

mer im Sinne des § 19 des Umsatzsteuergesetzes und nicht von der Fiskalvertretung nach § 22 e des Umsatzsteuergesetzes ausgeschlossen sind,
10. Arbeitgeber, soweit sie für ihre Arbeitnehmer Hilfe bei lohnsteuerlichen Sachverhalten oder bei Sachverhalten des Familienleistungsausgleichs im Sinne des Einkommensteuergesetzes leisten,
11. Lohnsteuerhilfevereine, soweit sie für ihre Mitglieder Hilfe in Steuersachen leisten, wenn diese
    a) Einkünfte aus nichtselbständiger Arbeit, sonstige Einkünfte aus wiederkehrenden Bezügen (§ 22 Nr. 1 des Einkommensteuergesetzes), Einkünfte aus Unterhaltsleistungen (§ 22 Nr. 1a des Einkommensteuergesetzes) oder Einkünfte aus Leistungen nach § 22 Nr. 5 des Einkommensteuergesetzes erzielen,
    b) keine Einkünfte aus Land- und Forstwirtschaft, aus Gewerbebetrieb oder aus selbständiger Arbeit erzielen oder umsatzsteuerpflichtige Umsätze ausführen, es sei denn, die den Einkünften zugrunde liegenden Einnahmen sind nach § 3 Nr. 12 oder 26 des Einkommensteuergesetzes in voller Höhe steuerfrei, und
    c) Einnahmen aus anderen Einkunftsarten haben, die insgesamt die Höhe von neuntausend Euro, im Falle der Zusammenveranlagung von achtzehntausend Euro, nicht übersteigen.
    Die Befugnis erstreckt sich nur auf die Hilfeleistung bei der Einkommensteuer und ihren Zuschlagsteuern. Soweit zulässig, berechtigt sie auch zur Hilfeleistung bei der Eigenheimzulage und der Investitionszulage nach den §§ 3 bis 4 des Investitionszulagengesetzes 1999, bei mit haushaltsnahen Beschäftigungsverhältnissen im Sinne des § 35a Abs. 1 des Einkommensteuergesetzes zusammenhängenden Arbeitgeberaufgaben sowie zur Hilfe bei Sachverhalten des Familienleistungsausgleichs im Sinne des Einkommensteuergesetzes und der sonstigen Zulagen und Prämien, auf die die Vorschriften der Abgabenordnung anzuwenden sind. Mitglieder, die arbeitslos geworden sind, dürfen weiterhin beraten werden,
12. inländische Kreditinstitute, Kapitalgesellschaften, von Kapitalgesellschaften bestellte Treuhänder oder Erwerbs- und Wirtschaftsgenossenschaften, soweit sie in Vertretung der Gläubiger von Kapitalerträgen Sammelanträge auf Vergütung von Körperschaftsteuer oder auf Erstattung von Kapitalertragsteuer nach den Vorschriften des Einkommensteuergesetzes stellen,
13. öffentlich bestellte versicherungsmathematische Sachverständige, soweit sie in unmittelbarem Zusammenhang mit der Berechnung von Pensionsrückstellungen, versicherungstechnischen Rückstellungen und Zuführungen zu Pensions- und Unterstützungskassen ihren Auftraggebern Hilfe in Steuersachen leisten,
14. diejenigen, die Verträge im Sinne des § 2 Abs. 1 Wohnungsbau-Prämiengesetz schließen oder vermitteln, soweit sie bei der Ausfüllung von Anträgen auf Wohnungsbauprämie Hilfe leisten,
15. Stellen, die durch Landesrecht als geeignet im Sinne des § 305 Abs. 1 Nr. 1 der Insolvenzordnung anerkannt sind, im Rahmen ihres Aufgabenbereichs,
16. a) diejenigen, die Verträge im Sinne des § 1 Abs. 1 des Altersvorsorgeverträge-Zertifizierungsgesetzes schließen oder vermitteln,

§ 4 1–3   Befugnis zu beschränkter Hilfeleistung in Steuersachen

b) die in § 82 Abs. 2 Satz 1 Buchstabe a des Einkommensteuergesetzes genannten Versorgungseinrichtungen, soweit sie im Rahmen des Vertragsabschlusses, der Durchführung des Vertrages oder der Antragstellung nach § 89 des Einkommensteuergesetzes Hilfe leisten.

Übersicht

	Rdnr.
1. Allgemeines	1, 2
2. Befugter Personenkreis	
a) Notare (Nr. 1)	3
b) Patentanwälte (Nr. 2)	4
c) Behörden und Körperschaften des öffentlichen Rechts (Nr. 3)	5, 6
d) Vermögensverwalter (Nr. 4)	7
e) Unternehmer (Nr. 5)	8–10
f) Genossenschaftliche Verbände (Nr. 6)	11
g) Berufsvertretungen (Nr. 7)	12–15
h) Vereinigungen zur Hilfeleistung für landwirtschaftliche Betriebe (Nr. 8)	16, 17
i) Speditionsunternehmen und sonstige gewerbliche Unternehmen sowie Fiskalvertreter (Nr. 9)	18–20
j) Arbeitgeber (Nr. 10)	21
k) Lohnsteuerhilfevereine (Nr. 11)	22–26
l) Kreditinstitute (Nr. 12)	27
m) Versicherungsmathematische Sachverständige (Nr. 13)	28
n) Bausparkassen und Bausparkassenvertreter	29
o) Schuldenbereinigungsstellen (Nr. 15)	30
p) Anbieter von Altersvorsorgeverträgen (Nr. 16)	31, 32

1. Allgemeines

1 Die §§ 3 und 4 unterscheiden zwischen der Befugnis zur unbeschränkten und zur beschränkten Hilfeleistung in Steuersachen. In § 4 werden – vorbehaltlich der Übergangsvorschriften im § 157 Abs. 2 und bei den Buchhaltern nach § 6 Nr. 4 – die Personen und Vereinigungen abschließend aufgeführt, die zur **beschränkten** Hilfeleistung in Steuersachen (vgl. *Trzaskalik*, DStR 1985 S. 67; *Verbeek*, Steuerberatung außerhalb der steuerberatenden Berufe, 1986) befugt sind. Die Beschränkung ergibt sich im Einzelnen aus der Aufzählung in den Nummern der Bestimmung und kommt in den Worten „**im Rahmen**" oder „**soweit**" zum Ausdruck (siehe *Heinrich*, StB 1980 S. 25). Die Beschränkung ergibt sich aus persönlichen und/oder sachlichen Grenzen (siehe insbesondere Rdnr. 6, 9, 10, 14).

2 Die **Überschreitung** der Befugnisse ist unerlaubte Hilfeleistung in Steuersachen (§ 5 Satz 2); bei Mißbräuchen kann außerdem die Hilfeleistung untersagt werden (§ 7).

2. Befugter Personenkreis

a) Notare (Nr. 1)

3 Die Aufgaben der Notare – zur Struktur vgl. § 3 BNotO – ergeben sich aus den §§ 1, 20, 24 BNotO. Neben den Beurkundungen gehört zu den Aufgaben der Notare auch die sonstige Betreuung der Beteiligten (zur Beratungspflicht vgl. BGH, StB 1996 S. 365) auf dem Gebiet der **vorsorgenden**

2. Befugter Personenkreis 4–6 § 4

Rechtspflege, insbesondere die Beratung. Diese Beratung und Vertretung erstreckt sich auch auf Steuersachen, wobei insbesondere die Grunderwerbs- oder Erbschaftsteuer in Betracht kommt; die Beratung bei Steuerfragen, die nicht mit dem beurkundeten Vertrag im Zusammenhang stehen, z.B. die Erstellung von ESt-Erklärungen, gehört nicht zu den Befugnissen eines Notars (OLG Stuttgart, StB 1984 S. 357; *Meier,* StB 1985 S. 271). Notare sind befugt, einen Beteiligten gegenüber der Finanzverwaltung im Rahmen ihrer Befugnisse gerichtlich und außergerichtlich zu vertreten (vgl. hierzu *Habscheid,* NJW 1964 S. 1502 ff.; *Altenhoff/Busch/Kampmann,* Rdnr. 69). Eine Vertretung kommt auch gegenüber Gerichten und anderen Verwaltungsbehörden nach § 24 Abs. 1 Satz 2 BNotO in Betracht. Eine Pflicht des Notars ergibt sich lediglich in Ausnahmefällen, z.B. §§ 7, 8 ErbStDV. Eine Beschränkung der Befugnisse ist sowohl im Hinblick auf die Sache als auch im Zusammenhang mit dem zu beratenden Personenkreis angebracht.

b) Patentanwälte (Nr. 2)

Die Berufstätigkeit der Patentanwälte wird in § 3 PatentAnwO festgelegt. Sie 4 haben u.a. die Aufgabe, in Angelegenheiten der Anerkennung, Aufrechterhaltung, Verteidigung und Anfechtung eines Patents, Gebrauchsmusters oder Warenzeichen **(gewerbliche Schutzrechte)** oder eines Sortenschutzrechts andere zu beraten und Dritten gegenüber zu vertreten. Soweit in diesem Zusammenhang Steuerfragen entstehen, können auch Patentanwälte und Patentanwaltsgesellschaften (§§ 52 c ff. PatentAnwO) Hilfe in Steuersachen leisten.

c) Behörden und Körperschaften des öffentlichen Rechts (Nr. 3)

Behörden und Körperschaften des öffentlichen Rechts dürfen im Rahmen 5 ihrer Zuständigkeit nach Art. 1 § 3 Nr. 1 RBerG die Rechtsberatung ausüben. § 4 Nr. 3 regelt dementsprechend die Befugnis zur Hilfeleistung in Steuersachen. „**Behörde**" ist jede Stelle, die Aufgaben der öffentlichen Verwaltung wahrnimmt (§ 1 Abs. 4 VwVfG; vgl. auch Niedersächsisches FG, EFG 1978 S. 346). Bei **Körperschaften des öffentlichen Rechts** (siehe § 73 Rdnr. 11) kommt es nicht darauf an, ob sie auf Bundes- oder Landesrecht beruhen; hierzu gehören z.B. Gemeinden und Gemeindeverbände, Kirchen und die Organisationen der beruflichen Selbstverwaltung (z.B. Handwerkskammern, die Kammern der Freien Berufe, Kreishandwerkerschaften (*Scholtissek,* GewArch 1991 S. 210), Industrie- und Handelskammern, Landwirtschaftskammern – vgl. § 44 Abs. 5). Bei den überörtlichen Prüfungseinrichtungen handelt es sich z.B. um Rechnungshöfe und Prüfungsverbände im Kreditwesen (vgl. im Einzelnen *Verbeek,* a.a.O. S. 58 ff.).

Die genannten Organisationen sind **im Rahmen ihrer Zuständigkeit** 6 zur Hilfeleistung in Steuersachen befugt. Eine Erweiterung kann nicht durch die Beschäftigung von Vollerlaubnisträgern nach § 3 erreicht werden. Die Zuständigkeit ergibt sich aus dem Gesetz, bei Körperschaften des öffentlichen Rechts auch aus der Satzung. Danach beschränkt sich z.B. bei den Organisationen des Handels und des Handwerks die steuerliche Beratungsbefugnis auf die Einkünfte aus Gewerbebetrieb, das Betriebsvermögen und die betrieblichen Steuern (FM Rheinland-Pfalz, DStZ/E 1985 S. 91), sie erstreckt sich dagegen z. B. nicht auf erbschaftsteuerliche Fragen oder die steuerlichen Folgen aus der Verwaltung oder Nutzung des Privatvermögens (BGH, DStR 1991 S. 168).

d) Vermögensverwalter (Nr. 4)

7 § 4 Nr. 4 entspricht teilweise dem Art. 1 § 5 Nr. 3 RBerG. Vermögensverwalter ist, wer das Vermögen eines anderen in seiner **Gesamtheit** oder selbstständige Teile des Vermögens zu verwalten hat (z. B. inländisches Vermögen, Auslandsvermögen); die Verwaltung eines einzelnen Vermögensgegenstandes (z. B. Grundstück, Wertpapierdepot) ist keine Vermögensverwaltung im Sinne dieser Bestimmung (OVG Berlin, JR 1963 S. 434); ein Hausverwalter, der in Art. 1 § 5 Nr. 3 RBerG neben dem Vermögensverwalter genannt wird und zur Rechtsberatung befugt ist, darf daher nicht steuerberatend tätig sein. Die Verwaltung muss sich auf die Wahrnehmung der **wirtschaftlichen Interessen** des Vermögensinhabers insgesamt beziehen und darf sich nicht nur auf die steuerlichen Angelegenheiten beschränken. Sofern sie über eine notwendige Hilfstätigkeit hinausgehen, liegt ein Umgehungstatbestand nach § 7 Abs. 1 Nr. 2 vor.

e) Unternehmer (Nr. 5)

8 § 4 Nr. 5 entspricht dem Art. 1 § 5 Nr. 1 RBerG. Während dort jedoch von „kaufmännischen oder sonstigen gewerblichen Unternehmern" gesprochen wird, ist hier der Kreis auf „Unternehmer, die ein **Handelsgewerbe** betreiben" begrenzt. Das ist aber kein sachlicher Unterschied. Handelsgewerbe ist jeder Gewerbebetrieb, es sei denn, dass das Unternehmen nach Art und Umfang einen in kaufmännischer Weise eingerichteten Geschäftsbetrieb nicht erfordert (§ 1 Abs. 2 HGB). Damit fallen seit dem HRefG auch Betriebs- und Unternehmensberater unter diese Vorschrift (zum früheren Rechtszustand siehe BGHZ 98, 330).

9 Die zur Steuerberatung berechtigten Unternehmer dürfen ihren **Kunden** Hilfe in Steuersachen leisten. Dieser Begriff darf nicht zu eng ausgelegt werden. Im allgemeinen Sprachgebrauch versteht man unter Kunden nur Personen, zu denen bereits Geschäftsbeziehungen bestehen. Die steuerliche Beratung ist aber gerade bei der Anbahnung von vertraglichen Beziehungen erforderlich, auch wenn es nicht zu einem Vertragsabschluss kommt; auch derartige Beratungen müssen nach dem Sinn des Gesetzes als zulässig angesehen werden.

10 Die Hilfeleistung in Steuersachen muss **im unmittelbaren Zusammenhang** mit dem Geschäft stehen, das zu dem Handelsgewerbe des Unternehmers gehört. Dies ist eng auszulegen (BayObLG, BB 1991 S. 647). Es muss sich dabei um eine im Rahmen des Hauptgeschäfts sich vollziehende, den Zweck des Hauptgeschäfts dienende Nebentätigkeit handeln (BGHSt 6, 134), z.B. die Beratung durch eine Bank über die bei Bankgeschäften anfallende Umsatzsteuer oder über die Kapitalertragsteuer. Der unmittelbare Zusammenhang besteht nur dann, wenn die Steuerberatung eine unterge-

2. Befugter Personenkreis

ordnete Hilfstätigkeit zur vertraglich geschuldeten oder angebotenen Hauptleistung darstellt (BGHZ 79, 239); das ist nicht der Fall, wenn ein Unternehmensberater typische dem StB vorbehaltene Leistungen anbietet oder ein Baubetreuer gegen einen GewSt-Bescheid eines Kunden vorgeht (OLG Frankfurt/M., DB 1995 S. 268). Die Hilfeleistung in Steuersachen darf auch nicht durch einen vom Unternehmen beauftragten und bezahlten StB als Erfüllungsgehilfen ausgeübt werden (BGHZ 98, 330); dies wäre mit den Berufspflichten eines StB auch nicht vereinbar (BGHZ 98, 337). Ebensowenig liegt bei der Beantwortung von Briefkastenanfragen durch Zeitungen und Zeitschriften ein unmittelbarer Zusammenhang mit der Herausgabe oder dem Vertrieb der Zeitung vor (BGH, NJW 1956 S. 591; 1957 S. 301). Zu den sogenannten Factoringgeschäften vgl. DStZ A 1968 S. 243; LG Düsseldorf, StB 1980 S. 166. Eine Hilfeleistung ist hingegen in den Medien im Zusammenhang mit Verbraucher- und Ratgebersendungen zulässig, auch wenn konkrete Auskünfte und Ratschläge gegeben werden (BGH, NJW 2002 S. 2877 zum RBerG). In den Programmbeiträgen steht regelmäßig nicht der Einzelfall und seine Lösung im Vordergrund, sondern vielmehr liegt der Schwerpunkt in der allgemeinen Information über typische (Steuer-) Rechtsprobleme.

f) Genossenschaftliche Verbände (Nr. 6)

Genossenschaftliche **Prüfungsverbände** sind Verbände, denen das Prüfungsrecht verliehen worden ist (§ 54 GenG). Jede Genossenschaft muss einem solchen Prüfungsverband angehören, der die Rechtsform eines eingetragenen Vereins haben soll (§ 63b GenG). Genossenschaftliche **Spitzenverbände** sind die Dachorganistionen der Genossenschaften, Genossenschaftliche **Treuhandstellen** sind Einrichtungen, die von Genossenschaften errichtet worden sind und treuhänderische Aufgaben erfüllen. Sämtliche Einrichtungen dürfen nur ihren Mitgliedern, d.h. den Genossenschaften selbst, nicht aber den Mitgliedern der angeschlossenen Genossenschaften Hilfe in Steuersachen leisten; vgl. im Einzelnen *Verbeek*, a.a.O. S. 107ff.).

g) Berufsvertretungen (Nr. 7)

§ 4 Nr. 7, der dem Art 1 § 7 RBerG entspricht, unterscheidet zwischen Berufsvertretungen und auf ähnlicher Grundlage gebildeten Vereinigungen. Die Rechtsform und die Größe können grds. weder als Unterscheidungs- noch als Einordnungskriterium für die Nr. 7 herangezogen werden, da das Volumen bei den Interessengruppen stark divergieren kann. Eine **Berufsvertretung** ist der Zusammenschluss der Angehörigen eines bestimmten Berufs, Berufs- oder Wirtschaftszweiges zur Förderung und Vertretung ihrer gemeinsamen Interessen auf fachlichem, beruflichem oder wirtschaftspolitischem Gebiet (FM Baden-Württemberg, DStR 1983 S. 359).

Die Steuerberatung durch Berufsverbände geht schon auf die Zeit vor dem StBerG zurück (vgl. *Koch*, Deutsche Steuerrundschau 1956 S. 49; *Heyden*, FR 1959 S. 10). Zu den Berufsverbänden gehören z.B. Gewerkschaften (BFHE 127, 136; 124, 515), Arbeitgeberverbände, Fachverbände des Handwerks und der Wirtschaft, Buchführungs- und Steuerstellen der Heilberufe (BFHE 96, 33). Das gemeinsame Interesse eines solchen Zusammenschlusses darf nicht **ausschließlich** in der Hilfeleistung in Steuersachen bestehen (BFHE 96, 33); vielmehr muss die steuerliche Beratung neben anderen Leistungen, z. B. der beruflichen Interessenvertretung, erbracht werden.

13 Bei einer „**auf einer ähnlichen Grundlage gebildeten Vereinigung**" ist erforderlich, dass die Mitglieder durch eine übereinstimmende Zielsetzung und solche gemeinsamen Interessen verbunden sind, die für die Mitglieder von einer ähnlichen wirtschaftlichen oder sozialen Bedeutung sind wie der Berufsstand, dem sie angehören (BFHE 61, 475). Die Rechtsprechung hat den Kreis dieser Einrichtungen sehr weit gezogen und hierzu z. b. Hausund Grundbesitzer-Vereine (BFHE 61, 475; 139, 481), Siedlergemeinschaften (BFHE 110, 7), Kriegsbeschädigtenverbände (BFHE 61, 475) und Vereine für Lebenshilfe (FG Düsseldorf, EFG 1998 S. 1614) gerechnet. Derartige Verbände haben einen verhältnismäßig kleinen Aufgabenbereich, weil die Interessen ihrer Mitglieder unterschiedlich sind und sich nur auf einen verhältnismäßig kleinen gemeinsamen Nenner bringen lassen. Es besteht daher die Neigung, die Steuerberatung als wichtigste gemeinsame Zielsetzung anzusehen. Dies würde jedoch zu einer Umgehung des Verbots der unbefugten geschäftsmäßigen Hilfeleistung in Steuersachen führen. Es ist daher mit Recht gefordert worden, dass bei derartigen Vereinigungen das gemeinsame Interesse auch nicht **überwiegend** in der Hilfeleistung in Steuersachen bestehen darf (BFHE 61, 475).

14 Die Vereinigungen dürfen die Hilfe in Steuersachen nur **im Rahmen ihrer Aufgabenbereichs** leisten. Dieser bestimmt sich nach den gemeinsamen wirtschaftlichen und sozialen Interessen, durch die die Mitglieder der Vereinigung verbunden sind (FG Niedersachsen, StB 1998 S. 151, 153). Zwischen diesen Interessen und der Hilfeleistung in Steuersachen muss ein **sachlicher Zusammenhang** bestehen. Die Begrenzung der Befugnis zur Hilfeleistung in **Steuersachen** auf die berufsständischen oder ähnlichen Bereiche, die die Grundlage der Vereinigung bilden, gilt auch dann, wenn die Satzung insoweit keine oder abweichende Regelungen vorsieht. Zugleich gilt es zu beachten, dass sich die Hilfeleistung auf die Mitglieder beschränkt und auch in der Außendarstellung ist diese Einschränkung hervorzuheben.

Dementsprechend beschränkt sich z. B. die steuerliche Beratungsbefugnis der **Bauernverbände** auf die Einkünfte aus Land- und Forstwirtschaft, das land- und forstwirtschaftliche Vermögen und die betrieblichen Steuern einschließlich der Lohnsteueranmeldungen für die im Betrieb Beschäftigten (die erweiterten Befugnisse der Vereinigungen nach § 4 Nr. 8 – vgl. Rdnr. 17 – stehen den Bauernverbänden nicht zu), der **Fachverbände des Handwerks** auf die Einkünfte aus Gewerbebetrieb, das Betriebsvermögen und die betrieblichen Steuern einschließlich der Lohnsteueranmeldungen für die im Betrieb Beschäftigten, der **Buchführungs- und Steuerstellen der Heilberufe** auf die Einkünfte aus heilberuflicher Tätigkeit, das Betriebsvermögen und die betrieblichen Steuern einschließlich der Lohnsteueranmeldungen für

2. Befugter Personenkreis

die in der Praxis Beschäftigten (vgl. auch BFH/NV 1999 S. 216; BVerfG v. 14. 12. 1998, Az.: 1-BvR-2184/98 zu ärztlichen Buchführungs- und Steuerstellen), der **Gewerkschaften** auf die Lohnsteuerhilfe einschließlich der Mitwirkung bei der Durchführung des Lohnsteuer-Jahresausgleichs und, soweit die Berufstätigkeit der Mitglieder in freier Mitarbeit besteht (z. B. als freie Journalisten oder als selbstständig tätige Künstler) auf die Einkünfte aus selbstständiger Arbeit, der **Haus- und Grundbesitzervereine und Siedlergemeinschaften** auf die Einkünfte aus Vermietung und Verpachtung, die Besteuerung des Grundvermögens und des Grundstücksverkehrs (BFHE 139, 481) und der **Kriegsbeschädigtenverbände** auf die Inanspruchnahme steuerlicher Vergünstigungen wegen der Kriegsbeschädigung.

§ 95 Bundesvertriebenengesetz erlaubt den **Vertriebenenverbänden,** im Rahmen ihres Aufgabengebietes Hilfe in Steuersachen zu leisten. Das Aufgabengebiet dieser Verbände wird durch die Betreuung der Vertriebenen bei der Wahrnehmung ihrer Interessen auf den durch das Bundesvertriebenengesetz geregelten Sach- und Rechtsbereichen geprägt. Von den steuerlichen Sonderregelungen nennt § 73 Abs. 1 Bundesvertriebenengesetz lediglich die Vergünstigungsmaßnahmen des Einkommensteuergesetzes. Es ist jedoch nicht zu beanstanden, wenn Vertriebenenverbände darüber hinaus auch bei der Inanspruchnahme von Steuervergünstigungen mitwirken, die den Beratenen auf Grund ihrer Anerkennung als Vertriebene nach anderen Steuergesetzes zustehen (FM Baden-Württemberg, DStR 1983 S. 359).

h) Vereinigungen zur Hilfeleistung für landwirtschaftliche Betriebe (Nr. 8)

Unter die Bestimmung fallen nur **Vereine** im Sinne der §§ 21 ff. BGB; andere juristische Personen müssen als StBGes anerkannt sein, wenn sie für land- und forstwirtschaftliche Betriebe Hilfe in Steuersachen leisten wollen. Der Vereinszweck der Hilfeleistung in Steuersachen für land- und forstwirtschaftliche Betriebe im Sinne des BewG muss **satzungsgemäß** festgelegt sein. Schließlich ist erforderlich, dass die Hilfe in Steuersachen durch Personen geleistet wird, die nach § 44 berechtigt sind, die Bezeichnung „Landwirtschaftliche Buchstelle" zu führen. Der Verein selbst ist ebenfalls zur Führung dieser Bezeichnung berechtigt (§ 44 Abs. 4). Bis zum Inkrafttreten des 4. StBerÄG war es nicht erforderlich, dass die Hilfe in Steuersachen durch Personen geleistet wurde, die berechtigt waren, die Bezeichnung „Landwirtschaftliche Buchstelle" zu führen; außerdem war es streitig, ob unter die Bestimmung nur Vereine im Sinne der §§ 21 ff. BGB fielen. § 157a Abs. 1 sieht daher Übergangsregelungen vor.

Die Beratungs- und Vertretungsbefugnis der Vereine ist – im Gegensatz zu § 4 Nr. 7 – nicht auf Mitglieder, aber auf land- und forstwirtschaftliche **Betriebe** begrenzt; sie umfasst nicht nur die Hilfeleistung für den Inhaber des Betriebes, sondern auch für mitarbeitende Angehörige sowie für Altenteiler. Für diesen Personenkreis darf praktisch umfassend Hilfe in Steuersachen geleistet werden. Das gilt für die Ermittlung der Einkünfte aus Land- und Forstwirtschaft sowie aus Vermietung und Verpachtung, nichtselbstständiger Arbeit, Kapitalvermögen und sonstigen Einkünften, auch wenn diese mit der Land- und Forstwirtschaft nicht im Zusammenhang stehen. Einkünfte aus selbstständiger Arbeit und aus Gewerbebetrieb sind von der Beratungsbefugnis umfasst, wenn es sich um Nebeneinkünfte handelt, die üblicherweise bei Landwirten vorkommen. Hierunter fallen z. b. Einkünfte aus gewerblicher Tierhaltung, gewerblichem Reitbetrieb, aus dem Betriebszweig „Ferien auf dem Bauernhof", der außerbetrieblichen Maschinenverwendung, der Selbstvermarktung (Herstellung gewerblicher Erzeugnisse aus landwirtschaftlichen Rohstoffen), gelegentlich im Zusammenhang mit der Landwirtschaft ausgeübter gastronomischer Betätigung, der Tätigkeit als landwirtschaftlicher Sachverständiger und aus Sitzungsgeldern von Kreistags- und Gemeinderatsmitgliedern.

i) Speditionsunternehmen und sonstige gewerbliche Unternehmen sowie Fiskalvertreter (Nr. 9)

18 Im Gegensatz zu den unter § 4 Nr. 5 genannten Unternehmen dürfen **Speditionsunternehmen** nach § 4 Nr. 9 Buchst. a) unbeschränkt Hilfe in Eingangs-Abgabensachen (§ 1 Abs. 1 ZollVG) leisten, d. h. auch gegenüber Personen, die ihre Dienst als Spediteur nicht in Anspruch nehmen (vgl. *Columbus,* Stbg 1986 S. 347, 352). Dies rechtfertigt sich daraus, dass nur wenige der in § 3 genannten Personen auf Eingangs-Abgabensachen spezialisiert sind, während Speditionsunternehmer häufig entsprechende Kenntnisse haben. Die Regelung in § 4 Nr. 9 folgt daher der Notwendigkeit einer schnellen und praxisnahen Zollbehandlung. Eingangsabgaben sind die im Zollkodex geregelten Abgaben, die Einfuhrumsatzsteuer und die anderen für eingeführte Waren zu erhebenden Verbrauchsteuern (§ 1 Abs. 1 ZollVG). Nach dem Verbrauchsteuer-Binnenmarktgesetz (BGBl. 1992 I S. 2150) wird nicht mehr auf die Eingangsabgabensachen, sondern nach Beseitigung der Steuergrenzen innerhalb der EG auf den Warenverkehr mit anderen Mitgliedstaaten abgestellt. Bei der Hilfeleistung in Eingangs-Abgabensachen und bei der Hilfeleistung zur Einforderung von Vorsteuererstattungen handelt es sich um zwei verschiedene Aufgabenbereiche, zwischen denen kein sachlicher Zusammenhang besteht. Speditionsunternehmen sind daher zu der zuletzt genannten Tätigkeit nicht befugt (BdF, DB 1975 S. 2410).

19 Bei den **sonstigen gewerblichen Unternehmen** im Sinne von Nr. 9 Buchst. b) muss die Hilfeleistung in Eingangs-Abgabensachen im Zusammenhang mit der Zollbehandlung stehen; es handelt sich dabei um die Hilfeleistung durch sogenannte Zolldeklaranten beim Import.

20 Zur **Fiskalvertretung** nach § 22a UStG (*v. Wallis/Pethke,* DSWR 1997 S. 323) sind neben den nach § 3 genannten Personen und Gesellschaften auch die in Nr. 9 Buchstabe a) und b) genannten Unternehmen befugt, nicht jedoch Personen nach § 6 Nr. 4 (vgl. § 6 Rdnr. 7). Der Fiskalvertreter bedarf der Vollmacht eines im Ausland ansässigen Unternehmens (§ 22a Abs. 3 UStG) und hat die Pflichten dieses Unternehmens nach dem UStG als eigene zu erfüllen (§ 22b Abs. 1 UStG). Das vertretene Unternehmen darf weder im Inland noch in den in § 1 Abs. 3 UStG genannten Gebieten seinen

2. Befugter Personenkreis

Sitz, seine Geschäftsleitung oder eine Zweigniederlassung haben, muss im Inland ausschließlich steuerfreie Umsätze ausführen und kann im Inland keine Vorsteuerbeträge abführen (§ 22a Abs. 1 UStG). Die Fiskalvertretung hat in der Praxis keine große Bedeutung und kommt im Wesentlichen in Betracht, wenn Ware von einem Drittlandgebiet ins Inland importiert und anschließend innergemeinschaftlich weitergeliefert wird. Die Fiskalvertretung ist Hilfeleistung in Steuersachen und gehört daher zu dem Aufgabenbereich der in § 3 genannten Personen und Gesellschaften; deren Berufspflichten gelten auch für die Fiskalvertretung. Den in Nr. 9c genannten Unternehmen kann die Finanzbehörde die Fiskalvertretung untersagen, wenn sie wiederholt gegen ihre Pflichten verstoßen haben (§ 22e UStG). Sie können dann nach § 80 Abs. 5 AO zurückgewiesen werden.

j) Arbeitgeber (Nr. 10)

Arbeitgeber dürfen **für ihre Arbeitnehmer** Hilfe in Lohnsteuersachen 21 und im Rahmen des Familienleistungsausgleichs leisten. Diese Hilfeleistung ist auf die Einkünfte aus nicht selbstständiger Arbeit, einschließlich der mit dem Familienleistungsausgleich verbundenen Tätigkeiten, z.B. aus § 31 EStG, beschränkt. Die Vorschrift ist eine Folge davon, dass Arbeitgeber zur Einbehaltung der Lohnsteuer (§ 38 Abs. 3 EStG) und zur Durchführung des Lohnsteuerjahresausgleichs (§ 42b EStG) verpflichtet sind.

k) Lohnsteuerhilfevereine (Nr. 11)

Das Recht der Lohnsteuerhilfevereine ist in den §§ 13 ff. geregelt. § 4 22 Nr. 11 umfasst den sachlichen Tätigkeitsbereich der Vereine. Sie dürfen nur **ihren Mitgliedern** Hilfe in Steuersachen leisten. Die Bestimmung des Umfangs der Beratungsbefugnisse der Vereine hat sich nach den für diesen Personenkreis typischerweise verwirklichten steuerlichen Tatbeständen zu richten. Dies führt dazu, dass in der Vergangenheit mit jeder Änderung des Arbeitnehmer betreffenden Steuerrechtes die Befugnisnorm des § 4 Nr. 11 angepasst werden musste. Um eine ständige Anpassung auf Grund geänderter Steuervorschriften zu vermeiden, ist es erforderlich, entsprechend der Bestimmung der LStHV als **Selbsthilfeorganisation von Arbeitnehmern,** den Personenkreis einzugrenzen, gegenüber dem die Leistungen erbracht werden (BT-Drs. 14/2667, S. 28).

Die Hilfe darf bei Einkünften aus nichtselbstständiger Arbeit, sonstigen 23 Einkünften aus wiederkehrenden Bezügen, Einkünften aus Unterhaltsleistungen und bei Einkünften aus Leistungen nach § 22 Nr. 5 EStG vorgesehen werden. Es ist unerheblich, ob die Einkünfte aus einem aktiven Beschäftigungsverhältnis erzielt werden oder im Zusammenhang mit einem früheren Beschäftigungsverhältnis stehen. Daher stellen die Leistungen aus Altersvorsorgeverträgen, Direktversicherungen, Pensionsfonds und Pensionskassen typische Einkünfte aus Arbeitnehmertätigkeiten dar. Es kommt auch eine Hilfe bei Einnahmen aus anderen Einkunftsarten in Betracht, wobei diese insgesamt 9000,– € und im Falle der Zusammenveranlagung 18 000,– € nach der Nr. 11c nicht übersteigen dürfen.

24 Nach der Nr. 11b darf es sich jedoch nicht um Einkünfte aus Land- und Forstwirtschaft, Gewerbebetrieb, selbstständiger Arbeit oder um umsatzsteuerpflichtige Umsätze handeln, weil ihnen komplexe Sachverhalte zugrunde liegen, die gerade nicht für Arbeitnehmer bei einer typisierenden Betrachtung anfallen. Davon wird abgewichen, soweit es Einkünfte betrifft, die nach § 3 Nr. 12 oder 26 EStG in voller Höhe steuerfrei sind. Dazu zählen gewährte steuerfreie Aufwandsentschädigungen aus öffentlichen Kassen oder Einnahmen aus bestimmten nebenberuflichen Tätigkeiten, wie bspw. als Übungsleiter oder Betreuer. Damit soll ein **ehrenamtliches Engagement** gestärkt und gleichzeitig diesen Personen die Möglichkeiten eingeräumt werden, sich auch bei LStHV beraten zu lassen.

25 Es ist auch eine Hilfeleistung bei der Eigenheimzulage, der Investitionszulage nach den §§ 3–4 des Investitionszulagengesetzes 1999, bei Sachverhalten des Familienleistungsausgleichs und bei haushaltsnahen Beschäftigungsverhältnissen und den damit zusammenhängenden Arbeitgeberaufgaben möglich. Die Auflistung des zuletzt genannten Tätigkeitsbereiches soll der Eindämmung der „Schwarzarbeit" im haushaltsnahen Bereich dienen und Arbeitnehmern die Möglichkeit einräumen, weiterhin die Hilfe eines LStHV in Anspruch zu nehmen. Mitglieder, die arbeitslos geworden sind, können ebenfalls weiterhin beraten werden. Damit wird sichergestellt, dass LStHV nur Hilfe bei **typischen Arbeitnehmereinkünften** leisten (Koordinierter Ländererlass v. 5. 2. 1997, BStBl. I 1997 S. 355) oder bei Tätigkeiten, die auch von LStHV durchgeführt werden können, wobei sich bei der inhaltlichen Abgrenzung keine klare Systematik erkennen lässt.

26 Bei dem Vorliegen weiterer Einkünfte dürfen die LStHV insgesamt nicht mitwirken (**Verbot der Mandatsteilung;** vgl. BFHE 151 S. 289; 155 S. 292; *Hahmann*, DStR 1989 S. 313; 1988 S. 277). Dieses Verbot kann auch nicht durch Einschaltung eines StB umgangen werden (§ 24 Abs. 2 Nr. 1 BOStB, vgl. § 57 Rdnr. 31). Zur Vertretung vor dem BFH ist ein LStHV nicht befugt (BFHE 131 S. 193).

l) Kreditinstitute (Nr. 12)

27 Nach § 44b EStG sind **Kapitalgesellschaften** und **Genossenschaften** ermächtigt, bei der Vergütung von Körperschaftsteuer und der Erstattung von Kapitalertragsteuer mitzuwirken, indem sie in Vertretung der Gläubiger von Kapitalerträgen Sammelanträge auf Vergütung von Körperschaftsteuer oder Erstattung von Kapitalertragsteuer stellen. In Nr. 12 wird daher eine entsprechende Befugnis zur Hilfeleistung in Steuersachen festgelegt. Die Befugnis der Kreditinstitute ergibt sich schon aus Nr. 5.

m) Versicherungsmathematische Sachverständige (Nr. 13)

28 Versicherungsmathematische Sachverständige haben seit jeher ihren Auftraggebern bei der Berechnung von Pensionsrückstellungen, versicherungstechnischen Rückstellungen und Zuführungen zu Pensions- und Unterstützungskassen steuerliche Hinweise gegeben. Diese Befugnis ist in Nr. 13 klargestellt worden, um Schwierigkeiten bei der Abgrenzung zwischen erlaubnisfreier mathematischer Hilfe und erlaubnispflichtiger Hilfeleistung in Steuersachen vorzubeugen. Um Mißbräuche auszuschließen, ist die Befugnis auf „öffentlich bestellte Sachverständige" beschränkt; die Bestellungen nach § 36 GewO werden von den Industrie- und Handelskammern vorgenommen.

n) Bausparkassen und Bausparkassenvertreter (Nr. 14)

Die Beratung eines Kunden über die steuerlichen Vorteile des Bausparens 29 und die Geltendmachung von Bausparbeiträgen als Sonderausgaben sind schon nach § 4 Nr. 5 zulässig. Bei der Hilfe des Ausfüllens von Anträgen auf **Wohnungsbauprämie** fehlt aber der notwendige unmittelbare zeitliche und sachliche Zusammenhang (BFH, NJW 1995 S. 1576). Im Rahmen des Jahressteuergesetzes 1996 ist daher die bisherige Praxis der Bausparkassen und Bausparkassenvertreter legalisiert worden. Ihre Befugnis ist aber auf die Hilfeleistung beim Ausfüllen der Anträge begrenzt; eine Vertretung des Steuerpflichtigen gegenüber den Finanzbehörden ist nicht zulässig.

o) Schuldenbereinigungsstellen (Nr. 15)

Die Länder können bestimmen, welche Personen oder Stellen geeignet 30 sind, vor Eröffnung eines Insolvenzverfahrens außergerichtliche Einigungen über Schuldenbereinigung durchzuführen. Sie sind nach § 305 Abs. 1 Nr. 1 InsO anzuerkennen. Eine damit im Zusammenhang stehende Steuerberatung ist – ebenso wie eine Rechtsberatung (Art. 1 § 2 Nr. 9 RBerG) – zulässig. Hierfür kommen kommunale oder sonstige Schuldnerberatungsstellen in Betracht (OFD Hannover, Vfg. v. 19. 3. 2002, Az.: S. 0820–40-StH 552).

p) Anbieter von Altersvorsorgeverträgen (Nr. 16)

Aufgrund des Altersvermögensgesetzes (BGBl. 2001 I S. 1310) wurde die 31 Nr. 16 neu eingefügt. Danach ist auch denjenigen Personen und Vereinigungen eine beschränkte Hilfeleistung in Steuersachen erlaubt, die Verträge nach § 1 Abs. 1 des Altersvorsorgeverträge-Zertifizierungsgesetzes (AltZertG) schließen oder vermitteln dürfen. Das AltZertG ist Bestandteil des Altersvermögensgesetzes. Dieses dient der Verlagerung der Altersvorsorge vom Staat auf den einzelnen Bürger und soll die Alterssicherung zukunftsfähig gestalten und auf die demographischen Entwicklungen vorbereiten. Bei den Verträgen handelt es sich um Vereinbarungen, die dem langfristigen Aufbau einer kapitalgedeckten Altersvorsorge dienen. Die Verträge werden nach § 1 Abs. 2 AltZertG beispielsweise von Lebensversicherungsunternehmen oder Kreditinstituten angeboten. Um die Anforderungen der Vertragspartner, bei denen es sich um natürliche Personen zu handeln hat (§ 1 Abs. 1 Satz 1 AltZertG), umfassend und kompetent zu erfüllen, bedarf es eines entsprechenden Fachwissens und Kenntnisse, die auch steuerliche Gesichtspunkte beinhalten, um sinnvolle individuelle Lösungen zu finden.

Nachdem verschiedene Varianten eines Vertragsabschlusses denkbar sind, 32 erlaubt Nr. 16a den Vermittlern, im Regelfall den Außendienstmitarbeitern der einzelnen Anbieter als auch den Vereinigungen und Unternehmen, mit denen der Vertrag zustande kommt, eine beschränkte Hilfeleistung in

§ 5 1, 2   Verbot der unbefugten Hilfeleistung in Steuersachen

Steuersachen. Nach der Nr. 16b ist dies auch Anbietern von betrieblichen Altersvorsorgemodellen möglich, um eine Wettbewerbsgleichheit gegenüber den Anbietern zertifizierter Altersvorsorgeverträge zu gewährleisten. Die befugte Hilfeleistung in Steuersachen ist jedoch nur im Hinblick auf die Erörterung und umfassende Beratung beim Vertragsabschluss, die anschließende Realisierung des Vertrages oder die Antragsstellung nach § 89 EStG erlaubt.

Dritter Unterabschnitt. Verbot und Untersagung

§ 5 Verbot der unbefugten Hilfeleistung in Steuersachen

(1) **Andere als die in den §§ 3 und 4 bezeichneten Personen und Vereinigungen dürfen nicht geschäftsmäßig Hilfe in Steuersachen leisten, insbesondere nicht geschäftsmäßig Rat in Steuersachen erteilen. Die in § 4 bezeichneten Personen und Vereinigungen dürfen nur im Rahmen ihrer Befugnis geschäftsmäßig Hilfe in Steuersachen leisten.**

(2) **Werden den Finanzbehörden oder den Steuerberaterkammern Tatsachen bekannt, die den Verdacht begründen, dass eine Person oder Vereinigung entgegen Absatz 1 geschäftsmäßig Hilfe in Steuersachen leistet, so haben sie diese Tatsachen der für das Bußgeldverfahren zuständigen Stelle mitzuteilen.**

Übersicht   Rdnr.

1. Allgemeines 1–3
2. Hilfeleistung durch andere Personen 4, 5
3. Überschreitung von Befugnissen 6

1. Allgemeines

1   In §§ 2 bis 4 wird positiv umschrieben, welche Personen und Vereinigungen zur geschäftsmäßigen Hilfeleistung in Steuersachen befugt sind; § 5 spricht dementsprechend aus, dass andere Personen und Vereinigungen nicht geschäftsmäßig Hilfe in Steuersachen leisten und die zur beschränkten Hilfeleistung in Steuersachen befugten Personen und Vereinigungen ihre Befugnisse nicht überschreiten dürfen. Die §§ 2 bis 5 stellen eine Einschränkung des **Grundrechts der freien Berufswahl** (Art. 12 Abs. 1 GG) dar, die im Hinblick auf die Tatsache, dass die Steuerrechtspflege ein wichtiges Gemeinschaftsgut darstellt, grundsätzlich zulässig ist (s. § 2 Rdnr. 1). § 5 verletzt auch nicht den gemeinschaftsrechtlichen Grundsatz des freien Dienstleistungsverkehrs nach Art. 59 EGV (OLG Dresden, Stbg 2000 S. 377).

2   Die in Abs. 2 festgelegte Befugnis der Finanzbehörden und der Steuerberaterkammern, Verstöße den für das Bußgeldverfahren zuständigen Stelle **mitzuteilen,** entspricht dem § 10 und lässt sich schon aus den §§ 30, 194 Abs. 3 AO ableiten und dient somit lediglich der Klarstellung. Zuständige Stelle ist nach § 164 das Finanzamt selbst; in einigen Ländern ist die Verfol-

2. Hilfeleistung durch andere Personen 3–5 § 5

gung von Ordnungswidrigkeiten besonderen Finanzämtern oder selbstständigen „Bußgeld- und Strafsachenstellen" übertragen worden.

Verstöße gegen § 5 können nach § 160 mit einem Bußgeld geahndet 3 werden. Außerdem kann das Finanzamt die Hilfeleistung in Steuersachen nach § 7 Abs. 1 Nr. 1 untersagen; Bevollmächtigte und Beistände sind zurückzuweisen (§§ 80 Abs. 5 AO; 62 Abs. 2 Satz 2 FGO). Die zur Hilfeleistung in Steuersachen befugten Personen und Vereinigungen können – ebenso wie Berufskammern und -verbände (BGHZ 79, 390, 392) – gegen einen Wettbewerber, der nicht zur geschäftsmäßigen Hilfeleistung in Steuersachen befugt ist oder seine Befugnisse überschreitet, zivilrechtlich auf Unterlassung klagen. Eine Verletzung des § 5 ist stets ein Verstoß gegen § 1 UWG (BGH, GRUR 1987 S. 172, 176); die Vorschrift ist ein Schutzgesetz im Sinne des § 823 Abs. 2 BGB (OLG Koblenz, NJW 1991 S. 430). Ein Verstoß gegen § 5 macht den Vertrag nach § 134 BGB nichtig (OLG Koblenz a. a. O.; OLG Naumburg, DStR 1994 S. 1248; AG Oranienburg, DStR 1994 S. 1923; LG Berlin, Stbg 1994 S. 202; BGH, DStR 1996 S. 1626), und zwar auch dann, wenn die nicht zur Hilfeleistung befugte Person die Arbeiten durch einen StB als Erfüllungsgehilfen ausführen lässt (BGHZ 132, 229, 231). Es ist auch unbeachtlich, dass sich das Verbot gegen den Hilfeleistenden und nicht gegen den Auftraggeber richtet, denn der Gesetzeszweck einer unsachgemäßen Beratung und Vertretung des Steuerpflichtigen lässt sich nur erreichen, wenn die Erfüllungsansprüche beider Seiten vernichtet werden (BGHZ 132, 232).

2. Hilfeleistung durch andere Personen

Abs. 1 Satz 1 untersagt allen nicht in den §§ 3 und 4 genannten Personen 4 und Vereinigungen die geschäftsmäßige Hilfeleistung in Steuersachen; dies gilt jedoch mit der Einschränkung, dass die Buchhalter (vgl. § 6 Rdnr. 7 ff.) und die Stundenbuchhalter (§ 157 Abs. 2) ebenfalls Hilfe in Steuersachen leisten dürfen. **Unbefugt** sind Personen, die die genannten Qualifikationen nicht besitzen, z. B. selbstständig tätige Buchhalter, die keine Kaufmannsgehilfenprüfung abgelegt haben sowie Personen, die nur nach ausländischem Recht bestellt oder anerkannt sind (OFD Frankfurt/M. DB 1997 S. 805). Entsprechendes gilt für Vereinigungen, z. B. für StBGes vor ihrer Anerkennung.

Eine unzulässige Tätigkeit wird nicht dadurch zulässig, dass eine nicht zur 5 Hilfeleistung in Steuersachen befugte Person die Steuerberatung durch von ihr beauftragte und bezahlte StB als Erfüllungsgehilfen ausübt (BGHZ 98, 330); auch diese Verträge sind nach § 134 BGB nichtig (vgl. Rdnr. 3 und BGHZ 132, 229), nicht aber der Vertrag zwischen dem StB und der nicht zur Hilfe in Steuersachen befugten Person. Eine solche Mitwirkung ist aber berufswidrig (§ 24 BOStB; vgl. § 57 Rdnr. 31). Ebensowenig dürfen unbefugte Personen bei ihren jeweiligen Auftraggebern parallel laufende **Teilzeit-Beschäftigungsverhältnisse** eingehen; die Ernsthaftigkeit solcher Arbeitsverhältnisse ist sorgfältig zu prüfen, insbesondere, wenn sie in größerer Zahl bestehen (vgl. BFHE 61, 147; 99, 344; 124, 569; BFH, DStR 1996

S. 603; *Völzke* DB 1976 S. 1987, 1990; *Lohmeyer,* DStZ/A 1980 S. 167, 171). Soweit in diesem Zusammenhang Buchführungstätigkeiten übernommen werden (sog. Stundenbuchhalter) hat diese Frage jedoch durch die Zulässigkeit der Tätigkeit von Buchhaltern ihre praktische Bedeutung weitgehend verloren (zur „Scheinselbstständigkeit" vgl. *Traxel,* DStZ 1966 S. 364) und ist nur noch erheblich, soweit es sich um Personen handelt, die keine Kaufmannsgehilfenprüfung bestanden haben. Vgl. auch § 12 Rdnr. 3.

Ein RA ohne besondere steuerrechtliche Kenntnisse darf sich jedoch steuerrechtlich ausgebildeter Hilfspersonen bedienen, ohne dass gegen § 5 verstoßen wird (BFH/NV 1999 S. 522). Er muss sie jedoch so anleiten und überwachen, dass deren Tätigkeit ihm als eigene und eigenverantwortliche Tätigkeit zugerechnet werden kann.

3. Überschreitung von Befugnissen

6   Abs. 1 Satz 2 betrifft die nach § 4 zur **beschränkten Hilfeleistung in Steuersachen** befugten Personen. Sie verstoßen gegen das Verbot der unerlaubten Hilfeleistung in Steuersachen, wenn sie die in den einzelnen Nummern des § 4 gezogenen Grenzen ihrer Befugnisse überschreiten. Dasselbe gilt für Buchhalter, die ihre in § 6 Nr. 4 festgelegten Befugnisse überschreiten. Diese Überschreitung ist der Hilfeleistung in Steuersachen durch Personen, die außerhalb der §§ 3 und 4 stehen, gleichgestellt.

§ 6 Ausnahmen vom Verbot der unbefugten Hilfeleistung in Steuersachen

Das Verbot des § 5 gilt nicht für
1. **die Erstattung wissenschaftlich begründeter Gutachten,**
2. **die unentgeltliche Hilfeleistung in Steuersachen für Angehörige im Sinne des § 15 der Abgabenordnung,**
3. **die Durchführung mechanischer Arbeitsgänge bei der Führung von Büchern und Aufzeichnungen, die für die Besteuerung von Bedeutung sind; hierzu gehören nicht das Kontieren von Belegen und das Erteilen von Buchungsanweisungen,**
4. **das Buchen laufender Geschäftsvorfälle, die laufende Lohnabrechnung und das Fertigen der Lohnsteuer-Anmeldungen, soweit diese Tätigkeiten verantwortlich durch Personen erbracht werden, die nach Bestehen der Abschlußprüfung in einem kaufmännischen Ausbildungsberuf oder nach Erwerb einer gleichwertigen Vorbildung mindestens drei Jahre auf dem Gebiet des Buchhaltungswesens in einem Umfang von mindestens 16 Wochenstunden praktisch tätig gewesen sind.**

Übersicht	Rdnr.
1. Allgemeines	1
2. Wissenschaftlich begründete Gutachten	2, 3
3. Hilfeleistung für Angehörige	4, 5
4. Mechanische Arbeitsgänge	6
5. Buchhalter	7–11

1. Allgemeines

Die in § 6 genannten Tätigkeiten fallen nach dem Wortlaut des Gesetzes unter die **Hilfeleistung in Steuersachen** und daher ist § 6 als Ausnahmevorschrift eng auszulegen; es wird lediglich festgelegt, dass das in § 5 enthaltene Verbot insoweit nicht gilt. Aus dieser Gesetzessystematik folgt, dass die gesetzlichen Bestimmungen über die Hilfeleistung in Steuersachen, z. B. die §§ 8, 9, auch auf die in § 6 aufgeführten Tätigkeiten grundsätzlich anzuwenden sind.

1

2. Wissenschaftlich begründete Gutachten

Entsprechend Art. 1 § 2 RBerG ist die Erstattung wissenschaftlich begründeter Gutachten nicht erlaubnisgebunden. Im Gegensatz zur Raterteilung, bei der den Beratenen nach einer Prüfung der Sach- und Rechtslage nur das Ergebnis interessiert (AG Wiesbaden, AnwBl. 1962 S. 51), muss ein Gutachten auch eine Begründung enthalten; dieses Erfordernis ergibt sich schon aus dem Wortlaut des Gesetzes. Eine **wissenschaftliche Begründung** liegt vor, wenn eine schwierige Frage auf Grund wissenschaftlicher Kenntnisse und Erkenntnisse und nach wissenschaftlichen Methoden gelöst wird (vgl. *Lohmeyer*, DStZ 1980 S. 167, 169; OLG Frankfurt, DStR 1991 S. 1201). Das wird im Allgemeinen der Fall sein, wenn sich die Begründung des Gutachtens mit den in der Rechtsprechung und Literatur vertretenen Ansichten auseinandersetzt. Insoweit können die von der Rechtsprechung zu § 4 Abs. 5 EStG entwickelten Grundsätze herangezogen werden (BFHE 56, 436; 57, 83).

2

Das Gutachten braucht nicht allgemein gehalten zu sein, sondern kann sich mit einer bestimmten **Einzelfrage** auseinandersetzen. Die gutachtliche Tätigkeit darf auch geschäftsmäßig betrieben werden; sie muss sich aber eindeutig von einer schriftlichen Raterteilung unterscheiden, wie sie Inhalt der in der Alltagspraxis üblichen Beratung durch einen StB ist (OLG Frankfurt, DStR 1991 S. 1201). Allerdings ist der hierfür in Betracht kommende Personenkreis sehr klein. Er ist nur auf Personen anwendbar, die die entsprechende Qualifikation haben, aber nicht in den §§ 3 und 4 genannt sind, z. B. Lehrer an Hochschulen und Fachhochschulen, Angehörige der Finanzverwaltung sowie Sachverständige auf Spezialgebieten. Bei anderen Personen ist zu prüfen, ob eine häufige Gutachtenerstellung nicht zu einer Umgehung des § 5 missbraucht wird und daher nach § 7 zu untersagen ist.

3

3. Hilfeleistung für Angehörige

Durch Nr. 2 wird die unentgeltliche Hilfeleistung in Steuersachen für **Angehörige** gestattet; es werden damit Abgrenzungsschwierigkeiten zwischen Tätigkeiten im eigenen und fremden Interesse, wie sie mangels einer entsprechenden Vorschrift im Rechtsberatungsgesetz auftauchen (BayerObLG, NJW 1969 S. 1452), vermieden. Eine Unentgeltlichkeit ist bei einer Geldzahlung oder bei der Gewährung von wirtschaftlichen Vorteilen zu

4

verneinen (abweichend beim RBerG, vgl. BGH v. 26. 7. 2001, Az.: III ZR 172/00). Der Begriff der Angehörigen ergibt sich aus § 15 AO. Das Verbot einer entgeltlichen Beratung von Angehörigen ist nicht verfassungswidrig (FG Bremen, EFG 1994 S. 306).

5 Das Gesetz lässt eine unentgeltliche Hilfeleistung in Steuersachen gegenüber **befreundeten Personen** nicht zu. Falls in derartigen Fällen jedoch überhaupt eine geschäftsmäßige Hilfeleistung vorliegt, wird die Finanzverwaltung bei einer besonderen moralischen Verpflichtung von Maßnahmen nach § 160 absehen.

4. Mechanische Arbeitsgänge

6 Mechanische Arbeitsgänge sind steuerlich ohne Bedeutung. Sie umfassen Schreib- und Rechenarbeiten, also Tätigkeiten, die keine Subsumtion unter gesetzliche Vorschriften darstellen (vgl. auch § 1 Rdnr. 6). Im Bereich der elektronischen Datenverarbeitung stellen die **Datenerfassung,** d. h. das Übertragen von Buchungsanweisungen auf Datenträger, und die **Auswertung,** d. h. die Zusammenstellung von Daten nach einem vorgegebenen Programm, mechanische Tätigkeiten dar (BVerwG, NJW 1966 S. 796). Der zwischen diesen beiden Stufen liegende Tätigkeitsbereich, nämlich das **Kontieren** von Belegen und das Erteilen von Buchungsanweisungen ist ausdrücklich ausgenommen; siehe hierzu Rdnr. 7. Die Erlaubnisfreiheit der mechanischen Arbeitsgänge bei der Führung von Büchern und Aufzeichnungen gilt auch für Schreib- und Rechenarbeiten bei der Erstellung von Abschlüssen (BFHE 140, 347; dagegen *Koch,* DStR 1984 S. 460) und bei der Einrichtung der Buchhaltung (BFHE 152, 393).

5. Buchhalter

7 Die Einfügung der Nr. 4 durch das 4. StBerÄG geht auf Entscheidungen des BVerfG (BVerfGE 54, 301; 59, 302) zurück (vgl. Einleitung Rdnr. 10). Das BVerfG unterscheidet im Rahmen der Buchhaltung drei Tätigkeitsbereiche: Das Einrichten der Buchführung (Aufstellung des Kontenplans), die laufende Buchführung und die Erstellung von Abschlüssen (Überschußrechnung nach § 4 Abs. 3 EStG und Bilanzierung nach §§ 4 Abs. 1; 5 EStG). Während der erste und dritte Bereich weiterhin den hierzu nach § 3 befugten Berufen vorbehalten ist (BFHE 152, 393), kann das **Verbuchen der laufenden Geschäftsvorfälle** nach Art. 12 GG auch weniger qualifizierten Personen überlassen werden (vgl. *Weyand,* INF 1997 S. 244, 245); das gilt auch für die laufende Lohnabrechnung und das Fertigen der Lohnsteueranmeldungen, nicht aber für die Erstellung von USt-Voranmeldungen (BFHE 138, 129; KG Berlin, Stbg 1989 S. 228), die umsatzsteuerliche Berechnung (OLG Frankfurt, DStR 1991 S. 1300) und die Tätigkeit als Fiskalvertreter nach § 4 Nr. 9 Buchst. c. Da das Gesetz nur die notwendigen Folgerungen aus der Rechtsprechung das BVerfG zieht und über die von ihm aufgestellten Grundsätze nicht hinausgeht, gilt die bisherige Praxis weiter, die in

5. Buchhalter

einem gemeinsamen Erlass der obersten Finanzbehörden der Länder (BStBl. 1982 I S. 586) festgelegt war. StB dürfen nicht durch ihre Mitwirkung Buchhaltern (wegen der Bezeichnung vgl. § 8 Abs. 4, § 8 Rdnr. 22) Tätigkeiten ermöglichen, die über den erlaubten Rahmen hinausgehen (§ 24 Abs. 2 Nr. 2 BOStB; vgl. § 57 Rdnr. 31).

Es kommt auch keine Kooperation in Betracht, nach der der Buchhalter u. a. Steuererklärungen und Jahresabschlüsse durchführen darf (OLG Köln, NWB 50/2001 S. 4184). Bei Werbemaßnahmen hat der Buchhalter auf die Beschänkung seiner Hilfeleistung hinzuweisen (vgl. § 8; LG Potsdam, DStRE 2002 S. 918) bzw. nicht mit Begriffen wie Finanzbuchführung, Finanzbuchhaltung, Lohnabrechnung oder Einrichtung der Buchführung zu werben, die irreführend sind, weil sie den Eindruck erwecken, dass die Tätigkeit umfassend ausgeübt werden darf (BGH, DStR 2001 S. 1669).

Es ist auch keine Mandatsteilung zwischen Buchhalter und StB nach § 24 Abs. 2 Nr. 2 BOStB zulässig. Dies gilt sowohl im Hinblick auf die Auslagerung von Arbeiten aus der Kanzlei des StB als auch auf die Teilung des Mandats durch den Auftraggeber oder indem sich der Buchhalter bei der Erledigung eines StB bedient (*Mittelsteiner,* § 24 Rdnr. 13). Als freie Mitarbeiter können Buchhalter nach § 7 BOStB auch nicht von dem StB eingesetzt werden.

Die zum Buchen laufender Geschäftsvorfälle befugten **Buchhalter** müssen nach Bestehen der Abschlussprüfung in einem kaufmännischen Ausbildungsberuf (zu dem die steuer- und wirtschaftsberatenden Berufe zählen) oder nach Erwerb einer gleichwertigen Vorbildung mindestens drei Jahre auf dem Gebiet des Buchhaltungswesens in einem Umfang von mindestens 16 Wochenstunden (siehe hierzu § 36) praktisch tätig gewesen sein. Diese Tätigkeit muss sich auf das Gebiet der von den Bundes- oder Landesfinanzbehörden verwalteten Steuern erstrecken. Dieses Erfordernis dient sowohl dem Schutz der Allgemeinheit (Gläubiger, Finanzamt, Gesellschafter) vor fehlerhafter Kontierung als auch dem Schutz des Unternehmers, der einen gewerblich tätigen Buchhalter mit der Erledigung der laufenden Buchhaltungsarbeiten beauftragt hat. Der Zeitraum von drei Jahren entspricht dem vergleichbaren Fall des § 23 Abs. 3. Der erfolgreiche Abschluss eines wirtschaftswissenschaftlichen Studiums ist als mindestens gleichwertige Vorbildung anzusehen, ebenso das Bestehen der Prüfung als Bilanzbuchhalter (VO v. 29. 3. 1990, BGBl. I S. 707) oder der Abschluss als Diplomingenieurökonom auf Grund des wirtschaftswissenschaftlichen Schwerpunktes (Brandenburgisches Oberlandesgericht v. 3. 2. 04, Az.: 6 – U 128/03), während eine Schulausbildung oder eine allgemeine Lebens- und/oder Berufserfahrung nicht ausreicht. Juristische Personen, die z. B. als Rechenzentren tätig sind, sind Buchhaltern gleichgestellt, sofern sie ihre Dienste durch entsprechend vorgebildete Personen erbringen (vgl. auch *Hund/Zesch,* StB 2002 S. 434). Die gesetzliche Qualifikation muss jedoch auf der Geschäftsführungsebene erfüllt werden, eine einschlägige Kompetenz eines Mitarbeiters reicht nicht. Bei Personengesellschaften müssen alle Gesellschafter über die Befugnis nach der Nr. 4 verfügen, da die tatsächliche und rechtliche Verantwortung bei ihnen allen liegt (FM Sachsen-Anhalt, koordinierter Ländererlass v. 17. 4. 2000, Az.: 41-S-0821-12).

11 Der Begriff „verantwortlich erbringen" bedeutet nicht, dass der Betreffende jede mit der zulässigen Hilfe verbundene Tätigkeit selbst ausüben muss. Jedoch muss die tatsächliche und rechtliche Verantwortung für die Ausführung des Auftrages bei einer Person liegen, die die geforderte Qualifikation, nämlich eine ausreichende Ausbildung und berufliche Erfahrung (BVerfGE 54, 301, 333) besitzt.

§ 7 Untersagung der Hilfeleistung in Steuersachen

(1) Das Finanzamt kann die Hilfeleistung in Steuersachen untersagen,
1. wenn die Tätigkeit durch eine Person oder Vereinigung ausgeübt wird, die nicht unter § 3 oder § 4 fällt,
2. wenn eine Tätigkeit nach den §§ 4 und 6 oder eine Tätigkeit als Arbeitnehmer zur Umgehung des Verbots nach § 5 mißbraucht wird,
3. wenn die Tätigkeit durch eine Person oder Vereinigung nach § 3 Nr. 4 ausgeübt wird, die gemäß § 80 der Abgabenordnung von einer Finanzbehörde zurückgewiesen worden ist.

(2) Die für die Finanzverwaltung zuständige oberste Landesbehörde kann den in § 4 Nr. 7 bezeichneten Vereinigungen im Einvernehmen mit den fachlich beteiligten obersten Landesbehörden die Hilfeleistung in Steuersachen ganz oder teilweise untersagen, wenn eine sachgemäße Tätigkeit nicht gewährleistet ist. Dies gilt nicht, wenn eine der in § 3 Nr. 1 aufgeführten Personen die Hilfeleistung in Steuersachen leitet.

(3) Örtlich zuständig ist die Finanzbehörde, in deren Bezirk die Person oder Vereinigung, deren Tätigkeit untersagt werden soll, ihre Geschäftsleitung hat, hilfsweise in deren Bezirk die Tätigkeit vorwiegend ausgeübt wird.

Übersicht	Rdnr.
1. Allgemeines	1–3
2. Voraussetzungen der Untersagung	
a) Verstöße gegen § 5	4, 5
b) Mißbräuche	6, 7
c) Personen/Vereinigungen nach § 3 Nr. 4	8
d) Nicht sachgemäße Tätigkeiten	9, 10
3. Untersagungsverfügung	11,12
4. Rechtsmittel	13

1. Allgemeines

1 Der Finanzverwaltung obliegt die Kontrolle über die Hilfeleistung in Steuersachen bei den Nichtberufsangehörigen. Die geschäftsmäßige Hilfeleistung in Steuersachen durch Personen, die nicht unter die §§ 3 und 4 fallen, ist nach § 5 untersagt und wird mit einer Geldbuße geahndet (§ 160 Abs. 1 Nr. 1). Darüberhinaus gibt § 7 der Finanzverwaltung die Möglichkeit, die Hilfeleistung in Steuersachen **zu untersagen.** Dies ist bei Tätigkeiten von Personen und Vereinigungen der Fall, die in den §§ 3 und 4 überhaupt

2. Voraussetzungen der Untersagung

nicht erwähnt werden (Abs. 1 Nr. 1), bei einem Missbrauch von Tätigkeiten (Abs. 1 Nr. 2), bei Tätigkeiten, die von Personen und Vereinigungen nach § 3 Nr. 4 ausgeübt werden, die nach § 80 AO von der Finanzverwaltung zurückgewiesen wurden (Abs. 1 Nr. 3) und bei nicht sachgemäßen Tätigkeiten (Abs. 2 S. 1). Durch Abs. 2 S. 2 wird hingegen klargestellt, dass dies nicht gilt, wenn sie unter der Leitung von einer der in § 3 Nr. 1 aufgeführten natürlichen Personen erfolgt. Dies gilt selbst dann, wenn die Person nach § 3 Nr. 1 keine besonderen steuerrechtlichen Kenntnisse besitzt (BFH/NV 1999, S. 522).

Die Untersagung der unbefugten Hilfeleistung in Steuersachen liegt im **Ermessen** der Finanzverwaltung (BFHE 99, 34). Nach dem Zweck des Gesetzes, die Befugnis zur Hilfeleistung in Steuersachen nur denen vorzubehalten, die der Gesetzgeber im Hinblick auf ihre besondere Eignung dazu bestimmt hat, ist es grundsätzlich notwendig, dass die Finanzverwaltung einschreitet, wenn Verstöße oder Mißbräuche vorliegen. Eine Untersagung darf aber erst angeordnet werden, wenn sich herausgestellt hat, dass eine weniger einschneidende Maßnahme – z. B. die Darlegung der Erfordernisse für eine rechtlich unbedenkliche Hilfeleistung in Steuersachen – keine Aussicht auf Erfolg bietet (BFHE 124, 569). 2

Die Untersagung kann durch **Zwangsmittel** (§ 159; §§ 328 ff. AO) durchgesetzt werden. Ein schuldhafter Verstoß kann auch mit einem **Bußgeld** geahndet werden (§ 160 Abs. 1 Nr. 1). 3

2. Voraussetzungen der Untersagung

a) Verstöße gegen § 5

Ein Bußgeld nach § 160 Abs. 1 Nr. 1 kann nicht in allen Fällen verhängt werden, wenn ein nicht Berechtigter Hilfe in Steuersachen leistet. Bei **fehlendem Verschulden** kommt ein Bußgeldverfahren nicht in Betracht, es kann aber eine Untersagungsverfügung erlassen werden. Auch wenn alle Voraussetzungen des § 160 Abs. 1 Nr. 1 in Verbindung mit § 5 vorliegen, kann die Finanzverwaltung, anstatt ein Bußgeld zu verhängen, die Hilfeleistung in Steuersachen untersagen; das kann sich insbesondere bei **erstmaligen und geringfügigen Verstößen** als zweckmäßig erweisen. 4

Eine **Untersagungsverfügung** nach Abs. 1 Nr. 1 kann nur an Personen oder Vereinigungen gerichtet werden, die nicht in den §§ 3 und 4 aufgeführt sind. Der Adressatenkreis ist deckungsgleich mit dem in § 5 Abs. 1 Satz 1. 5

b) Mißbräuche

Überschreiten die in den §§ 4, 6, 157 Abs. 1 und 2 genannten Personen ihre Befugnisse, so kommt eine Untersagungsverfügung nach Abs. 1 Nr. 2 in Betracht. Oft wird versucht, das Verbot des § 5 dadurch zu **umgehen**, dass eine erlaubte Tätigkeit in den Vordergrund geschoben wird. In diesen Fällen liegt eine unbefugte Hilfeleistung unmittelbar noch nicht vor, denn die Tätigkeit beruht auf einer gesetzlichen Grundlage. Erst durch die Untersagung nach § 7 Abs. 1 Nr. 2 wird die weitere Betätigung unbefugt. 6

7   Ein **Missbrauch** von Tätigkeiten ist bei den in § 4 genannten Personen und Vereinigungen denkbar, wenn sie den Rahmen ihrer Befugnisse überschreiten, ferner bei Tätigkeiten nach § 6, z. B. wenn eine Vielzahl von steuerlichen Auskünften als Gutachten bezeichnet werden (§ 6 Nr. 1), bei Missbrauch einer Arbeitnehmertätigkeit (BFH, DStR 1996 S. 603) oder bei vorgetäuschten Teilzeitbeschäftigungen (§ 5 Rdnr. 5). Bei LStHV kommt auch ein Widerruf der Anerkennung nach § 20 in Betracht.

c) Personen/Vereinigungen nach § 3 Nr. 4

8   Durch Abs. 1 Nr. 3 sind die Möglichkeiten einer Untersagungsverfügung auch auf Personen und Vereinigungen nach § 3 Nr. 4 erweitert worden, die grundsätzlich unbeschränkt zur Hilfeleistung befugt sind. Die Vorschrift ist als Ergänzung zu Abs. 1 Nr. 1 zu sehen, die grds. nicht auf Personen und Vereinigungen nach den §§ 3 und 4 Anwendung findet. Eine Untersagungsverfügung kann jedoch auch nach der Nr. 3 nur in den Fällen Anwendung finden, in denen schon zuvor die Finanzverwaltung aktiv gewesen ist und eine Zurückweisung nach § 80 AO vorsah. Es muss schon eine Prüfung durch die Finanzverwaltung stattgefunden haben und es wird trotz der Zurückweisung weiterhin der Tätigkeit nachgegangen. Dies ergibt sich aus der sprachlichen Formulierung in der Nr. 3. Nach § 80 Abs. 7 AO können die Finanzbehörden die in § 3 Nr. 4 genannten Personen und Vereinigungen zurückweisen, wenn sie **fachlich** nicht geeignet sind. In diesen Fällen ist ihnen auch die Hilfeleistung in Steuersachen zu versagen. Die Ausführungen in § 80 Abs. 7 Nr. 1 und 2 AO zeigen umfassend auf, wann bei ausländischen Personen und Vereinigungen eine fachliche Eignung vermutet wird.

d) Nicht sachgemäße Tätigkeiten

9   In Abs. 2 wird die Möglichkeit eröffnet, den in § 4 Nr. 7 bezeichneten Vereinigungen (Berufsvertretungen) die Hilfeleistung in Steuersachen ganz oder teilweise zu untersagen. Voraussetzung ist, dass eine **sachgemäße Tätigkeit** nicht gewährleistet ist, d. h. die Steuerberatung wiederholt **sachlich fehlerhaft** war. Neben den §§ 26 Abs. 2, 20 Abs. 2 Nr. 3 ist dies der einzige Fall, in dem die Sachgemäßheit der Tätigkeit von der Finanzverwaltung zu prüfen ist.

10   Wenn die Hilfeleistung unter der Leitung von einer der in § 3 Nr. 1 genannten Personen erfolgt, entfällt die Prüfung, inwieweit die in § 4 Nr. 7 bezeichneten Vereinigungen ihre Tätigkeit sachgemäß ausüben. Damit wird **bewusst eine Abgrenzung** gegenüber Personen nach § 3 Nr. 4 vorgesehen, da mit dieser Vorschrift den Anforderungen des EG-Vertrages entsprochen wurde (vgl. § 3 Rdnr. 14 ff.), aber ihnen nicht zugleich eine Leitungsfunktion für die Berufsvertretungen und Vereinigungen nach § 4 Nr. 7 eingeräumt werden soll.

3. Untersagungsverfügung

11   Die **örtliche Zuständigkeit** des Finanzamts (in den Fällen des Abs. 1) oder der obersten Finanzbehörde (in den Fällen des Abs. 2) richtet sich

Werbung **§ 8**

danach, in welchem Bezirk die Person oder Vereinigung, deren Tätigkeit untersagt werden soll, ihre Geschäftsleitung hat. Ist dies nicht eindeutig feststellbar, so ist die Behörde zuständig, in deren Bezirk die Tätigkeit überwiegend ausgeübt wird.

Die Untersagungsverfügung muss **klar und bestimmt** sein und sich konkret auf die festgestellte unbefugte Handlung beziehen. Das in die Zukunft reichende Verbot muss präzisiert werden (FG Hamburg, EFG 1979, S. 571). Die Untersagung gilt also nicht für die Hilfeleistung in Steuersachen schlechthin, sondern muss erkennen lassen, welche Tätigkeiten dem Betroffenen im Einzelnen untersagt werden. Für den Fall der Nichtbefolgung der Untersagungsverfügung ist die Festsetzung eines Zwangsgeldes anzudrohen (§ 159 Abs. 3). **12**

4. Rechtsmittel

Gegen die Untersagungsverfügung ist der **Einspruch** gegeben (§ 347 Abs. 1 Nr. 3 AO). Gegen die Einspruchsentscheidung ist gem. § 33 Abs. 1 Nr. 3 FGO der Finanzrechtsweg eröffnet. **13**

Vierter Unterabschnitt. Sonstige Vorschriften

§ 8 Werbung

(1) **Auf eigene Dienste oder Dienste Dritter zur geschäftsmäßigen Hilfeleistung in Steuersachen darf hingewiesen werden, soweit über die Tätigkeit in Form und Inhalt sachlich unterrichtet wird.**

(2) **Werbung, die auf die Erteilung eines Auftrags zur geschäftsmäßigen Hilfeleistung in Steuersachen im Einzelfall gerichtet ist, ist verboten. Dies gilt nicht für die Durchführung der Tätigkeiten nach § 6 Nr. 3 und 4.**

(3) **Die in § 3 Nr. 1 bis 3 bezeichneten Personen und Gesellschaften dürfen auf ihre Befugnis zur Hilfeleistung in Steuersachen nach den für sie geltenden berufsrechtlichen Vorschriften hinweisen.**

(4) **Die in § 6 Nr. 4 bezeichneten Personen dürfen auf ihre Befugnis zur Hilfeleistung in Steuersachen hinweisen und sich als Buchhalter bezeichnen. Personen, die den anerkannten Abschluss „Geprüfter Bilanzbuchhalter/Geprüfte Bilanzbuchhalterin" oder „Steuerfachwirt/Steuerfachwirtin" erworben haben, dürfen unter dieser Bezeichnung werben. Die genannten Personen haben dabei die von ihnen angebotenen Tätigkeiten nach § 6 Nr. 3 und 4 im Einzelnen aufzuführen.**

Übersicht	Rdnr.
1. Allgemeines	
a) Inhalt und Ziel der Vorschrift	1, 2
b) Struktur	3–5
c) Anwendungsbereiche	6–8
2. Werbemöglichkeiten (Abs. 1)	
a) Personen und Vereinigungen nach § 4	9–11
b) Eigene Dienste	12, 13

§ 8 1–4   Werbung

	Rdnr.
c) Dienste Dritter	14, 15
d) Sachliche Unterrichtung	16, 17
3. Einschränkungen bei der Werbung (Abs. 2)	
a) Erteilung eines Auftrages im Einzelfall	18
b) Ausnahmen nach Abs. 2 Satz 2	19, 20
4. Verweisvorschriften (Abs. 3)	21
5. Werbung mit Berufsbezeichnungen (Abs. 4)	
a) Führen von Berufsbezeichnungen	22, 23
b) Grenzen der Darstellung	24–26
c) Einzelbeispiele	27–29

1. Allgemeines

a) Inhalt und Ziel der Vorschrift

1 Die Vorschrift bezweckt den **Schutz der Steuerrechtspflege** als einem wichtigen Gemeinschaftsgut (OLG Karlsruhe v. 10. 2. 1999, Az. 6-U-168/98). Dieser Grundsatz gilt unabhängig von den Änderungen durch das 7. StBÄndG und ist bei den Werbemaßnahmen zu beachten. Durch die Neugestaltung des § 8 sollen jedoch noch weitere Ziele erreicht werden. Zum einen führt er zu einer Vereinheitlichung der Vorschriften über die Werbung für die in § 4 aufgeführten Personen und Vereinigungen. Zum anderen wird eine Annäherung an die Werbebefugnisse des steuerberatenden Berufes (vgl. BT-Drs. 14/2667, S. 28) erreicht. Nunmehr ist eine generelle Werbemöglichkeit für Personen und Vereinigungen nach § 4 erlaubt. Dies ergibt sich neu aus der positiven Formulierung im Gesetzeswortlaut. Die Werbung gehört für berufliche Leistungen zu den vom Grundgesetz geschützten Berufsfreiheiten nach Art. 12 Abs. 1 GG (BVerfG, StB 1992 S. 16).

2 Daneben beinhaltet die gesetzliche Vorschrift eine Klarstellung, welchen Personen und Vereinigungen Werbung möglich und in welcher Form sie vorsehbar ist bzw. welche Einschränkungen ggf. zu beachten sind. Bisher war der Gesetzestext negativ formuliert und regelte ein prinzipielles Verbot der Werbung, sofern nicht Ausnahmen vorgesehen waren.

b) Struktur

3 Obgleich der Abs. 1 nicht – wie im § 57a – das Wort „Werbung" verwendet, definiert der Gesetzestext den Werbebegriff und grenzt ihn zugleich ein. Eine Werbung über die Tätigkeit ist in sachlicher Form vorzunehmen. Eine weitere Einschränkung wurde im Abs. 2 Satz 1 aufgenommen, da die Werbung nicht auf den Einzelfall ausgerichtet sein darf. Eine Ausnahme von dieser Einschränkung ergibt sich aus Abs. 2 Satz 2, wonach dies nicht für Tätigkeiten nach § 6 Nr. 3 und 4 gilt.

4 Abs. 3 verweist darauf, dass die Personen und Gesellschaften nach § 3 Nr. 1–3, denen eine unbeschränkte Hilfeleistung in Steuersachen erlaubt ist, weiterhin nur im Rahmen ihres **speziellen Berufsrechts** werben dürfen. Für sie ist das jeweilige Berufsrecht einschlägig (§§ 57 Abs. 1, 57a StBerG; § 43b BRAO; § 52 WPO).

2. Werbemöglichkeiten (Abs. 1)

Abs. 4 erlaubt auch den Personen, die in § 6 Nr. 4 aufgeführt sind, werbliche Hinweise. Die gleiche Befugnis wird auch geprüften Bilanzbuchhaltern und Steuerfachwirten zugestanden. In Satz 3 ist ergänzend ein Hinweis zur Darstellungsform aufgenommen worden.

c) Anwendungsbereiche

Der Anwendungsbereich des § 8 richtet sich im engeren Sinne an die Personen und Vereinigungen, die im Gesetzeswortlaut Erwähnung finden und nicht zu den in § 3 Nr. 1–3 Genannten gehören. Es handelt sich um die Personen und Vereinigungen nach § 4 und um Personen, die Tätigkeiten nach dem § 6 Nr. 3 und 4 ausüben dürfen.

Zugleich ergibt sich im **Umkehrschluss** aus dem Gesetzestext, dass die Vorschrift bei den natürlichen und juristischen Personen Anwendung findet, denen eine geschäftsmäßige Hilfeleistung in Steuersachen **nicht** erlaubt ist. Ihnen stehen nach § 8 Abs. 1 **keine** Werbemaßnahmen in Steuersachen zu. Eine solche Werbung führt auch zu einer Bejahung der §§ 1, 3 UWG, weil es sich um eine irreführende Werbung handelt (BGH, NJW 1956 S. 748; DStR 1973 S. 415, OLG Karlsruhe, DStR 1977 S. 55).

Außerdem findet § 8 Anwendung, wenn die zur beschränkten Hilfeleistung Befugten und die Personen und Vereinigungen nach § 6 Nr. 3 und 4 ihre eingeräumten Befugnisse oder den Rahmen des sachlich Gebotenen überschreiten (Rdnr. 12 ff.) bzw. ihre Werbung auf einen Einzelfall ausrichten (Rdnr. 18).

2. Werbemöglichkeiten (Abs. 1)

a) Personen und Vereinigungen nach § 4

Abs. 1 verweist darauf, dass auf die geschäftsmäßige Hilfeleistung in Steuersachen hingewiesen werden darf. Damit wird den Personen und Vereinigungen, die in § 4 genannt sind, eine Werbebefugnis eingeräumt. § 4 enthält eine Auflistung von Personen und Vereinigungen, die als **notwendige Hilftätigkeit** zu ihrer eigentlichen Haupttätigkeit eine Hilfeleistung in Steuersachen vornehmen können. Obgleich die Auflistung in § 4 keine homogene Struktur aufweist, sondern die Zusammensetzung sich auf Grund der tatsächlichen Situation ergibt, ist nunmehr **ohne Abstufung** innerhalb des § 4 sämtlichen genannten Personen und Vereinigungen Werbung erlaubt.

Eine Werbung, die nach Abs. 1 möglich ist, darf jedoch nicht über die besonderen spezialgesetzlichen Vorschriften hinausgehen. Solche Besonderheiten zeigen sich insbesondere in dem § 4 Nr. 1 und 2, da sowohl Notare als auch Patentanwälte individuellen berufsrechtlichen Vorschriften unterworfen sind. Diese Berufsgruppen können **keine Erweiterung** innerhalb ihrer Werbemöglichkeiten vornehmen, zumal eine Einbeziehung im § 4 nur erfolgte, weil zu ihrer originären Tätigkeit auch in einem bestimmten Rahmen eine geschäftsmäßige Hilfeleistung in Steuersachen notwendig ist. Der

Rahmen der Werbung wird hierbei von der beruflichen Hauptaufgabe vorgegeben. Die Werbung für die geschäftsmäßige Hilfeleistung in Steuersachen darf sich nur innerhalb des Rahmens bewegen.

11 Den anderen in § 4 genannten Personen und Vereinigungen, die keiner besonderen Berufsaufsicht unterliegen, stehen generell in ihrer Haupttätigkeit umfangreichere Werbemöglichkeiten zur Verfügung. Diese finden ihre Grenzen prinzipiell in den §§ 1 und 3 UWG. Hier nimmt § 8 eine Einschränkung im Bereich der geschäftsmäßigen Hilfeleistung in Steuersachen vor, wonach sie über diesen Bereich ihrer Tätigkeit sachlich unterrichten müssen. Daher hat § 8 Vorrang vor den allgemeinen Wettbewerbsregeln. Die Grenzen der Werbung können jedoch zugleich nicht weiter gezogen werden als die von den Berufsangehörigen nach § 3 (OLG Karlsruhe v. 27. 1. 2000, Az. 4-U-122/99).

b) Eigene Dienste

12 Den Personen und Vereinigungen nach § 4 sind vielfältige Hinweise auf ihre Dienstleistungen gestattet. Es ist ihnen eine entsprechende werbliche Gestaltung erlaubt, wobei sich **keine Einschränkung** bei den **Werbeformen** ergibt. Unter Werbung wird das unaufgeforderte Anbieten eigener Dienste verstanden (vgl. § 57a Rdnr. 9). Damit wird den Personen und Vereinigungen nach § 4 ermöglicht, auf ihr Leistungsangebot im Zusammenhang mit der geschäftsmäßigen Hilfeleistung in Steuersachen durch Werbemaßnahmen aufmerksam zu machen, ohne dass es einer (konkreten) Nachfrage von potentiellen Mandanten bedarf. Die bisherige Rechtsprechung ist überholt, da bis zur Neufassung des § 8 ein unaufgefordertes Anbieten untersagt war. Der neue Gesetzestext weist nur eine geringe Differenzierung zum § 57a auf. Daraus wird erkennbar, dass Unterscheidungen nur in sehr eingeschränktem Maße in Betracht kommen sollen (BT-Drs. 14/2667, S. 28).

Folglich finden die Grundsätze zum § 57a entsprechende Anwendung (vgl. § 57a Rdnr. 13 ff.), auch wenn § 57a nicht zwischen eigenen Diensten und Diensten Dritter unterscheidet, sondern umfassend auf die berufliche Tätigkeit abgestellt wird.

13 Eine Immobilienvermittlungsgesellschaft kann daher im Rahmen der Vermittlung von Immobilien eine insoweit erforderliche steuerliche Beratung als untergeordnete Hilfstätigkeit durchführen (OLG Frankfurt, NJW-RR 1995 S. 633 f.). Sie darf jedoch keine Besprechungstermine vereinbaren, aus der diese untergeordnete Hilfstätigkeit nicht zum Ausdruck kommt und der **eigentliche Zweck** des Termins, der Verkauf bzw. die Vermittlung von Immobilien, verschwiegen wird (LG Ulm, DStRE 2000 S. 670). Es ist auch einem Unternehmer nach § 4 Nr. 5 nicht möglich, mit einem Anzeigentext „WIR HOLEN IHR GELD DA RAUS" zu werben, da hierdurch der irreführende Eindruck erweckt wird, dass der Unternehmer steuerberatende Leistungen, in diesem Fall das Erreichen einer Steuerrückerstattung, uneingeschränkt erbringen kann (OLG Celle, Beihefter zu DStR 18/2002 S. 20).

c) Dienste Dritter

Bei den Diensten Dritter werden nicht die Personen und Vereinigungen nach § 4, sondern vielmehr **Außenstehende** tätig, indem sie auf diese hinweisen. Eine Anbietung der Leistung Dritter besteht, wenn eine Person, Gesellschaft oder Vereinigung ohne ihr Wissen empfohlen wird und das Ziel erkennbar die Aufforderung zur Inanspruchnahme der Dienste oder Leistungen Dritter ist. Viele Aufträge kommen zustande, indem sich Steuerpflichtige auf Grund einer Empfehlung eines zufriedenen Auftraggebers an eine zur Steuerberatung befugte Person wenden. Ein Dritter kann die Leistung eines anderen ohne dessen Wissen **nicht** „anbieten". Er beschränkt sich vielmehr darauf, einem anderen zu raten, sich mit der Person, Gesellschaft oder Vereinigung in Verbindung zu setzen. Ein Indiz, ob eine Empfehlung der Leistung durch einen Dritten vorliegt, zeigt sich, wenn der Dritte ein eigenes Interesse daran hat, dass die Verbindung zwischen dem Ratsuchenden und der zur Hilfeleistung in Steuersachen befugten Person oder Vereinigung zustande kommt oder wenn die Empfehlung öffentlich ausgesprochen wird (OLG Düsseldorf, DStR 1989 S. 467).

Ein Anbieten der Leistung Dritter kommt auch bei einer **objektiven Unterrichtung** der Öffentlichkeit in Betracht. Der Verleger eines Adress- oder Fernsprechverzeichnisses stellt der Öffentlichkeit nur eine Zusammenstellung von Personen zur Verfügung, die zur Hilfeleistung in Steuersachen befugt sind, bietet aber nicht deren Leistungen an. Dasselbe gilt auch für Unternehmen, die einen Suchservice betreiben (BVerfG, Stbg 1992 S. 249). Es ist auch zulässig, dass Kammern oder Verbände Listen von Mitgliedern veröffentlichen, in denen besondere Hinweise, z. B. die Bereitschaft zur LSt-Beratung (OLG Koblenz, StB 1992 S. 136), enthalten sind. Das Gleiche gilt für eine Gruppen- oder Gemeinschaftswerbung.

d) Sachliche Unterrichtung

Die Angaben müssen sachlich, also objektiv nachprüfbar sein. Auch hier gelten – auf Grund des gleichen Wortlauts – entsprechend die Grundsätze des § 57a (vgl. 57a Rdnr. 14 ff.). Die sachliche Unterrichtung bezieht sich sowohl auf die Form als auch auf den Inhalt.

Folglich verstößt ein Hinweis eines LStHV, wonach er einer der beiden führenden LStHV in Deutschland ist, gegen das Sachlichkeitsgebot und stellt zugleich eine **unzulässige Alleinstellungsbehauptung** dar (OLG Zweibrücken v. 7. 2. 2002, Az: 4-U-90/01). Ein sachlich gehaltener Existenzhinweis eines LStHV in einem örtlich begrenzt zu empfangenen Kabelsender ist hingegen zulässig (OLG Dresden, Stbg 1998 S. 125).

3. Einschränkungen bei der Werbung (Abs. 2)

a) Erteilung eines Auftrages im Einzelfall

Nach Abs. 2 Satz 1 darf die Werbung nicht auf die Erteilung eines Auftrages im Einzelfall gerichtet sein. Die Einschränkung der Werbemöglichkeit ist vergleichbar mit derjenigen, die für die Angehörigen nach § 3 gilt (vgl.

§ 57a Rdnr. 61 ff.). Mit der Werbung dürfen daher nicht gezielt einzelne Personen angesprochen werden.

b) Ausnahmen nach Abs. 2 Satz 2

19 Abs. 2 Nr. 2 bildet eine Ausnahme vom Grundsatz des Satzes 1. Danach findet das Werbeverbot nicht bei der Durchführung mechanischer Arbeitsgänge in der Buchführung (§ 6 Nr. 3 1. HS) und für das Buchen laufender Geschäftsvorfälle, die laufende Lohnabrechnung und das Fertigen von Lohnsteueranmeldungen durch die in § 6 Nr. 4 genannten Personen Anwendung. Insoweit wird einer Entscheidung des BVerfG (BVerfGE 59 S. 302) entsprochen. Die Werbemöglichkeiten sind für diese Personen und Vereinigungen grundsätzlich unbeschränkt, wobei sie sich an den **allgemeinen Wettbewerbsregeln** zu messen haben und daher herabsetzende Vergleiche nicht in Betracht kommen. Damit sind – zumal es sich nicht um Personen und Vereinigungen nach den §§ 3 und 4 handelt – auch grundsätzlich Werbemaßnahmen vorstellbar, die sich an dem Einzelfall orientieren und keinen Verstoß nach §§ 1, 3 UWG darstellen. Die Werbemaßnahmen müssen sich jedoch bei der inhaltlichen Darstellung auf die erlaubten Tätigkeiten beschränken und dürfen nicht den Eindruck erwecken, dass zusätzliche Leistungen erbracht werden können, die über die von § 6 Nr. 3 oder 4 hinausgehen. Die Personengruppen, die diese Befugnisse haben, sind im Abs. 4 aufgeführt. Eine unterschiedliche Behandlung in der gesetzlichen Wertung gegenüber den in §§ 3 und 4 genannten ergibt sich auf Grund des abweichenden Tätigkeitsprofil (vgl. § 6 Rdnr. 7 ff.).

20 Für die Personen und Vereinigungen nach § 6 Nr. 3 und 4 findet jedoch Abs. 1 keine Anwendung. Der Wortlaut des Abs. 1 bezieht sich ausschließlich auf die Personen und Gesellschaften nach den §§ 3 und 4, da nur diese eine geschäftsmäßige Hilfeleistung in Steuersachen vornehmen können. Die Ausnahmevorschrift des Abs. 2 Satz 2 gilt gegenüber Satz 1, da vielfach die Zielsetzung bei den Personen und Vereinigungen nach § 6 Nr. 3 und 4 anders ausgerichtet ist als bei denjenigen aus §§ 3 und 4. Sie orientieren sich bei ihren Leistungen vorwiegend an Kunden aus ihrem **räumlichen Umfeld** und wollen in diesem Rahmen ihre Tätigkeiten ausüben. Daher ist es gelegentlich notwendig, direkt potentielle Kunden auf ihre Leistungen aufmerksam zu machen. Dies ergibt sich auch aus der Gesetzessystematik, da die Ausrichtung auf Einzelfälle und ihre Ausnahmen einem gesonderten Absatz vorbehalten wurden. Ansonsten hätten – wie beim § 57a – die Werbevorschriften in einen Absatz integriert werden können. Bei den Personen und Vereinigungen nach § 6 Nr. 3 und 4 bleibt es weiterhin bei einer Anwendung der allgemeinen Wettbewerbsregeln. Abs. 2 Satz 2 stellt lediglich klar, dass auch eine Einzelfallwerbung – wie bei Gewerbetreibenden üblich – in Betracht kommt. Das StBerG regelt in den §§ 3 und 4 die Befugnis zur geschäftsmäßigen Hilfeleistung in Steuersachen und in § 5 ist ein umfassendes Verbot für alle anderen Personen und Vereinigungen vorgesehen. Im § 6 sind nur Ausnahmen von dem Verbot aufgeführt und für diese gelten nicht die Besonderheiten, die sich nicht im § 8 bei der Werbung widerspiegeln.

5. Werbung mit Berufsbezeichnung (Abs. 4)

4. Verweisvorschriften (Abs. 3)

Abs. 3 verweist für die in § 3 Nr. 1 bis 3 aufgeführten Personen und Gesellschaften auf den Vorrang der geltenden Regelungen in Spezialgesetzen. Der Gesetzgeber hat jedoch Personen oder Vereinigungen i. S. v. § 3 Nr. 4 nicht erwähnt. Für diese bestehen keine besonderen berufsrechtlichen Vorschriften, da die einschlägigen Normen nicht direkt für sie gelten, weil sie nicht im Inland beruflich niedergelassen sind. Dennoch kann auch ihnen **keine größere Werbebefugnis** als den inländischen Berufsträgern eingeräumt werden. Daher finden die Grundsätze aus § 8 Anwendung. Durch die Angleichung der §§ 8 und 57a ist eine unterschiedliche Behandlung und eine Ausweitung der Werbemöglichkeiten des § 8 über die des § 57a für die in § 3 Nr. 4 genannten Personen und Vereinigungen ausgeschlossen.

5. Werbung mit Berufsbezeichnung (Abs. 4)

a) Führung von Berufsbezeichnungen

Abs. 4 steht in Verbindung mit Abs. 2 Satz 2. Aus den Werbebeschränkungen nach Abs. 2 Satz 1 sind Tätigkeiten nach § 6 Nr. 3 und 4 ausgenommen, wobei die Personengruppen im Abs. 4 besonders aufgeführt sind. Eine Ausweitung auf andere Personengruppen sieht das Gesetz nicht vor, insoweit ist es abschließend. Die Regelung im Abs. 4 soll erreichen, dass die Werbung, die den Vorgaben im Abs. 4 entspricht, nicht „irreführend" i. S. v. § 1 UWG ist (BT-Drs. 14/2667, S. 28). § 6 Nr. 4 zeigt auf, bei welchen Tätigkeiten und bei welchem Personenkreis kein Verbot einer unbefugten Hilfeleistung in Steuersachen zu bejahen ist. Dies stellt lediglich eine inhaltliche Beschreibung der Tätigkeiten und der Voraussetzungen, die diese Personen haben müssen, dar. Eine **formale Bezeichnung** für diese Personen ergibt sich aus dem Gesetzestext des § 6 Nr. 4 nicht. Ergänzend regelt nunmehr Abs. 4 Satz 1, dass diese Personen sich als **„Buchhalter"** bezeichnen dürfen. Es handelt sich hierbei **nicht** um einen **abgeschlossenen Ausbildungsgang** mit einem genau definierten Berufsabschluss, der eine Prüfung vor einer öffentlichen Einrichtung vorsieht. Vielmehr ist es eine fachspezifische Weiterbildung. Mit der Formulierung „Buchhalter" soll eine Abgrenzung zu den anderen Berufsbezeichnungen und zugleich eine berufliche Bezeichnung für die inhaltliche Tätigkeit des § 6 Nr. 4 gegeben werden. In der Vergangenheit wurden vielfach die Bezeichnungen **„Kontierer"** oder **„Buchführungshelfer"** verwendet. Die bisher umgangssprachlich gewählten Formulierungen finden somit keine Anwendung mehr.

Zugleich hat der Gesetzgeber auch vorgesehen, dass Werbung von geprüften Bilanzbuchhaltern und Steuerfachwirten unter ihren durch eine Abschlussprüfung erworbenen Bezeichnungen zulässig ist, sofern sie im gleichen Rahmen wie die Buchhalter Tätigkeiten nach § 6 Nr. 3 und 4 anbieten.

b) Grenzen der Darstellung

24 Die im Abs. 4 Satz 1 genannten Berufsgruppen müssen detailliert auflisten, welche Tätigkeiten sie nach § 6 Nr. 3 und 4 konkret durchführen. Dabei handelt es sich **im Wesentlichen** um Bereiche aus § 6 Nr. 4, auch wenn der Gesetzeswortlaut § 6 Nr. 3 ebenfalls umfasst. Eine Durchführung mechanischer Arbeitsgänge erfolgt überwiegend von EDV-Unternehmen und nicht von den in Abs. 4 genannten Personengruppen. Durch die konkrete Bezeichnung der Tätigkeit ist eine Transparenz für Außenstehende gegeben, weil diese erkennen können, wo die Unterschiede gegenüber den Personen und Vereinigungen nach den §§ 3 und 4 bestehen.

25 Die Aufnahme von Steuerfachwirten und geprüften Bilanzbuchhaltern beseitigt eine Benachteiligung gegenüber Buchhaltern. Bei allen genannten Berufen ist darauf zu achten, dass sie in vielen Fällen in das **Organisationsgefüge** des steuerberatenden Berufes eingebunden sind. Insoweit unterliegen sie auch den weiteren Vorschriften des StBerG. Es kann dann keine Werbung vorgesehen werden, die über die des § 57a hinausgeht. Lediglich bei einer Nichteinbindung, z. B. weil sie selbstständig tätig sind, ist die unterschiedliche Behandlung vertretbar.

26 Die Erwähnung der Berufsbezeichnungen ist jedoch anders zu bewerten. Es kommt bei den geprüften Bilanzbuchhaltern und den Steuerfachwirten auch bei einer Tätigkeit **innerhalb** der Praxen von Berufsangehörigen nach §§ 3 und 4 eine Erwähnung der Berufsbezeichnungen, z. B. in Praxisbroschüren oder auf einer Homepage im Internet, in Betracht. Eine **unterschiedliche Behandlung** – in Abhängigkeit von der ausgeübten beruflichen Tätigkeit – ist **nicht gerechtfertigt,** zumal bei einer Selbstständigkeit die Einzelnen (weniger umfangreichen) Tätigkeiten aufgelistet werden müssen, während bei einer Funktion innerhalb der Praxen ein größeres Spektrum an Aufgaben bearbeitet werden kann, da zusätzlich ein Berufsangehöriger tätig ist. Es ist auch in dessen Interesse, auf die vorhandene Kompetenz seiner Mitarbeiter in der Außendarstellung hinzuweisen, um die Kompetenz in seiner Praxis aufzuzeigen.

c) Einzelbeispiele

27 Bei der Werbung ist darauf zu achten, dass sie sich an den Werbegrundsätzen zu orientieren haben. Einem deutschen Betreiber eines Kontierservices ist es folglich verboten, sich im geschäftlichen Verkehr zu Wettbewerbszwecken als „Steuerberater (NL)" zu bezeichnen, und mit dem Hinweis „Mitglied der X., erste niederländisch-deutsche Steuer- und Wirtschaftsberatungsgesellschaft bzw. erster niederländisch-deutscher Verband von EG/EU Steuerberatern" zu werben (OLG Düsseldorf Stbg 2000 S. 376). Die Bezeichnung Steuerberater ist weiterhin auf diejenigen beschränkt, die nach dem deutschen StBerG die Prüfung absolviert haben. Gleichzeitig liegt durch ein solches Verhalten ein Verstoß nach §§ 1, 3 UWG vor.

28 Auch die Werbung einer Buchhalterin mit den Begriffen „Buchhaltungs-Service" und „Monatliche Buchhaltung" ist wettbewerbswidrig nach § 3 UWG, da hierdurch der irreführende Eindruck erweckt wird, die werbende

Buchhalterin sei zu **allen Tätigkeiten befugt,** die im Zusammenhang mit der Finanzbuchhaltung stehen (LG Nürnberg-Fürth, Beihefter zu DStR 18/2002 S. 20). Daher ist auch weiterhin eine Werbung für Tätigkeiten, die Personen nach Abs. 4 nicht erlaubt ist (sog. **Überschusswerbung**) als unzulässig anzusehen. Damit wird Abs. 4 Satz 2 entsprochen, da nur eine Werbung mit den exakt angebotenen Tätigkeiten nach § 6 Nr. 3 und 4 im Einzelnen aufgeführt werden darf. Weitere und damit nicht erlaubte Tätigkeiten sind nicht auflistbar. Es muss jeglicher **Eindruck vermieden** werden, dass sie neben den gesetzlich reglementierten Aufgaben noch weitere übernehmen können. Somit stellen Werbemaßnahmen, wonach eine Übernahme von Abschlussarbeiten oder das Erstellen von Jahresabschlüssen und Steuererklärungen in Betracht kommt, eine unzulässige Werbung dar. Dies gilt auch für das uneingeschränkte Angebot der Übernahme von Buchführungsarbeiten, weil hierunter nicht nur die laufende Kontierung von Geschäftsvorfällen, sondern auch vorbereitende Abschlussbuchungen und die Erstellung des Jahresabschlusses verstanden werden (*Weyand,* INF 1997 S. 246).

Es ist auch datenverarbeitenden Unternehmen, die Tätigkeiten nach § 6 Nr. 3 durchführen, nicht erlaubt, eine Werbung für solche Bereiche zu tätigen, die sie nicht ausüben dürfen. Dies sind irreführende Angaben nach §§ 1, 3 UWG. Hierzu zählt auch weiterhin ein Hinweis, wie z.B. Datenverarbeitung von Buchhaltungen, Bilanzen, Gewinn- und Verlustrechnungen (OLG Düsseldorf, Stbg 1987 S. 278), da diese den Eindruck einer umfassenden Befugnis einer Bearbeitung erwecken.

29

§ 9 Vergütung

(1) **Vereinbarungen, durch die eine Vergütung für eine Hilfeleistung in Steuersachen dem Grunde oder der Höhe nach vom Ausgang der Sache oder vom Erfolg der Tätigkeit abhängig gemacht wird oder nach denen der Steuerberater oder Steuerbevollmächtigte einen Teil der zu erzielenden Steuerermäßigung, Steuerersparnis oder Steuervergütung als Honorar erhält, sind unzulässig.**

(2) **Die Abgabe oder Entgegennahme eines Teils der Gebühren oder sonstiger Vorteile für die Vermittlung von Aufträgen, gleichviel ob im Verhältnis zu einem Steuerberater oder Steuerbevollmächtigten oder zu einem Dritten gleich welcher Art, ist unzulässig.**

Übersicht	Rdnr.
1. Allgemeines	1, 2
2. Erfolgshonorar	3
3. Erfolgsbeteiligung	4
4. Provisionsvereinbarungen	5, 6

1. Allgemeines

Die Vorschrift regelt drei Bereiche: **1**
Die Unzulässigkeit der Vereinbarung eines Erfolgshonorars (Abs. 1, 1. Alternative), einer Erfolgsbeteiligung (Abs. 1, 2. Alternative) und von Provi-

sionsvereinbarungen für die Vermittlung von Aufträgen (Abs. 2). Sie gilt für alle in den §§ 3, 4 genannten Personen und Vereinigungen. Verstöße führen nach § 134 BGB zur **Nichtigkeit** der Vereinbarungen (BGHZ 132, 229, 239), wenn nicht anzunehmen ist, dass der Auftrag auch ohne die Vereinbarung einer Erfolgsbeteiligung, Erfolgsvergütung oder Provisionsvereinbarung geschlossen worden wäre (§ 139 BGB; BGHZ 39, 142, 150). Ein Verstoß gegen § 9 stellt eine **Berufspflichtverletzung** dar (BGHZ 38, 186; BGHSt 18, 110).

2   Der Grund für die Bestimmung liegt in der Gefahr für die **Unabhängigkeit** der zur Hilfeleistung in Steuersachen befugten Personen, wenn sie ein geldwertes Interesse an dem Ausgang eines Verfahrens haben. Sie könnten veranlasst werden, den Erfolg ohne Rücksicht auf die wirkliche Sach- und Rechtslage mit unlauteren Mitteln anzustreben. Das gilt besonders, wenn der Auftragnehmer ein persönliches Interesse nicht nur an dem Obsiegen überhaupt, sondern auch an der Höhe des Erfolges hat. Ein derartiges kaufmännisches Denken ist mit der Hilfeleistung in Steuersachen nicht vereinbar (BGHZ 34, 64, 72). Die Unzulässigkeit bezieht sich nur auf Vereinbarungen im Zusammenhang mit der Hilfeleistung in Steuersachen (§§ 1, 33), nicht aber auf die mit dem Beruf zu vereinbarenden Tätigkeiten (§ 57 Abs. 3); sie wird aber durch § 45 Abs. 5 BOStB auf die gesamte Berufstätigkeit ausgedehnt.

2. Erfolgshonorar

3   Ein Erfolgshonorar **(Erfolgsvergütung)** besteht aus einem festen Betrag, den der StB behalten oder beanspruchen darf, wenn er den ihm erteilten Auftrag mit Erfolg durchführt. Das ist der Fall, wenn ein Vergütungsanspruch nur bei einem positiven Ausgang der Sache entsteht oder wenn neben einer in jedem Fall zu zahlenden Vergütung eine darüber hinausgehende Zahlung für den Fall des Erfolges vereinbart wird. Dasselbe gilt für eine Vereinbarung, die nicht den Streitwert, sondern die erzielte Steuerermäßigung, Steuerersparnis oder Steuervergütung zur Grundlage der Gebührenbemessung macht. Eine nach dem Ausmaß des Erfolges abgestufte Honorarvereinbarung ist aus den in Rdnr. 2 dargelegten Gründen sittenwidrig (BGHZ 39, 142). Bei der Vereinbarung mit ausländischen Mandanten ist zugleich eine Beachtung der insbesondere in den §§ 27 und 34 EGBGB geregelten allgemeinen rechtlichen Grundlagen vorzusehen (vgl. *Bendref,* AnwBl. 1998 S. 309; *Späth,* INF 2001 S. 88).

3. Erfolgsbeteiligung

4   Eine **Erfolgsbeteiligung** liegt vor, wenn als Entgelt für die Hilfeleistung in Steuersachen ein Teil der zu erzielenden Steuerermäßigung, Steuerersparnis oder Steuervergütung vereinbart ist, d. h., wenn das Honorar in einem Bruchteil oder Prozentsatz des zu erwartenden Erfolges ausgedrückt wird. Es ist unerheblich, ob die Erfolgsbeteiligung allein oder neben einer festen Vergütung vereinbart ist.

Eine Erfolgsbeteiligung ist auch zu bejahen, wenn der Steuerberater im Rahmen der Vermögensgestaltungsberatung ein Honorar bei einem positiven Verlauf der Anlageentscheidungen erhält.

4. Provisionsvereinbarungen

Da StB kein Gewerbe ausüben und Aufträge auf Grund eines persönlichen Vertrauensverhältnisses erteilt werden, ist die Zahlung oder Entgegennahme eines Entgelts für die Vermittlung von Aufträgen unzulässig. Es darf daher **mit berufsfremden Personen** nicht vereinbart werden, für die Vermittlung eines Mandats zur Hilfeleistung in Steuersachen (§§ 1, 33) ein offenes oder verdecktes Entgelt zu zahlen, und zwar weder in einem Prozentsatz des Honorars noch in der Form einer festen Vergütung (BGHZ 132, 229, 239) oder durch die Gewährung von Geschenken (Thüringer OLG, DStRE 2003 S. 700). Das gilt insbesondere für Vereinbarungen mit gewerbsmäßigen Vermittlern von Aufträgen. Die Beteiligung an einem Suchservice ist dagegen zulässig, wenn das zu zahlende Entgelt unabhängig von dem Erfolg und nur für die Aufnahme in entsprechende Verzeichnisse oder Datenbanken gezahlt wird.

Das Verbot nach Abs. 2 gilt auch im Verhältnis von **Berufsangehörigen** untereinander. Für die Abgabe eines Mandates an einen Kollegen darf keine Vergütung, z. B. in einem Prozentsatz des Jahresumsatzes gefordert oder gezahlt werden. StB üben kein Gewerbe aus, bei dem Mandate gekauft oder verkauft werden. Das gilt auch bei der Abgabe mehrerer Mandate, selbst wenn diese als „Teilpraxis" bezeichnet werden. Etwas anderes gilt nur beim Verkauf einer Praxis im Ganzen (§ 32 Rdnr. 13; § 57 Rdnr. 87).

§ 10 Mitteilungen über Pflichtverletzungen und andere Informationen

(1) **Werden den Finanzbehörden oder den Steuerberaterkammern Tatsachen bekannt, die den Verdacht begründen, dass eine der in § 3 oder § 4 Nr. 1 und 2 genannten Personen eine Berufspflicht verletzt hat, so teilen sie diese Tatsachen, soweit ihre Kenntnis aus der Sicht der übermittelnden Stelle für die Verwirklichung der Rechtsfolgen erforderlich ist, der zuständigen Stelle mit; § 83 dieses Gesetzes und § 30 der Abgabenordnung stehen dem nicht entgegen.**

(2) **Gerichte und Behörden dürfen Informationen über natürliche und juristische Personen, die aus der Sicht der übermittelnden Stelle**
1. **für die Zulassung zur Prüfung, für die Befreiung von der Prüfung, für die Bestellung und Wiederbestellung, für die Rücknahme oder für den Widerruf der Bestellung als Steuerberater oder Steuerbevollmächtigter,**
2. **für die Anerkennung, für die Rücknahme oder für den Widerruf der Anerkennung als Steuerberatungsgesellschaft oder als Lohnsteuerhilfeverein,**
3. **für die Einleitung eines Rügeverfahrens oder eines berufsgerichtlichen Verfahrens zur Ahndung von Pflichtverletzungen oder**
4. **für die Überprüfung der Pflichten eines Beratungsstellenleiters im Sinne des § 23 Abs. 3**

erforderlich sind, der für die Entscheidung zuständigen Stelle übermitteln, soweit hierdurch schutzwürdige Interessen des Betroffenen nicht beeinträchtigt werden oder das öffentliche Interesse das Geheimhaltungsinteresse der Beteiligten überwiegt. Die Übermittlung unterbleibt, wenn besondere gesetzliche Verwendungsregelungen entgegenstehen; § 83 dieses Gesetzes und § 30 der Abgabenordnung stehen dem nicht entgegen.

(3) Soweit natürliche oder juristische Personen über weitere Qualifikationen im Sinne von § 3 verfügen, dürfen Finanzbehörden und Steuerberaterkammern Informationen im Sinne des Absatzes 2 und nach Maßgabe dieser Vorschrift auch an andere zuständige Stellen übermitteln, soweit ihre Kenntnis aus der Sicht der übermittelnden Stelle für die Verwirklichung der Rechtsfolgen erforderlich ist.

Übersicht

	Rdnr.
1. Allgemeines	1, 2
2. Mitteilungen über Berufspflichtverletzungen nach Abs. 1	3–9
a) Betroffener Personenkreis	3
b) Mitzuteilende Tatsachen	4–6
c) Empfänger der Mitteilung	7–9
3. Mitteilungen der Finanzverwaltung über Gesetzesverletzungen anderer Personen	10
4. Unterrichtung der zuständigen Stellen durch Gerichte und Behörden	11
5. Unterrichtung der Steuerberaterkammern und der Staatsanwaltschaft durch Gerichte und Behörden	12
6. Unterrichtung der Oberfinanzdirektionen	13
7. Unterrichtung bei Mehrfachqualifikationen	14, 15

1. Allgemeines

1   Die Vorschrift beinhaltet die Mitteilungen innerhalb der öffentlichen Institutionen, wobei zwischen verschiedenen Bereichen differenziert wird:

2   Im Abs. 1 sind die Mitteilungen der Finanzverwaltung oder der Steuerberaterkammern über Berufspflichtverletzungen an die zuständigen Stellen (Abs. 1, Rdnr. 3 bis 9) geregelt (vgl. allg. *Weyand*, INF 2003 S. 598). Die Unterrichtung der Steuerberaterkammern und für die Finanzverwaltung zuständigen obersten Behörden durch andere Behörden und Gerichte über Tatsachen, die für die Tatbestände der §§ 35, 38, 40, 46, 48, 50, 55, 14 und 20 von Bedeutung sein können, ergibt sich aus Abs. 2 Satz 1 Nr. 1 und 2 (Rdnr. 11). Entsprechende Hinweise an die GenStA und die Berufskammern über Berufspflichtverletzungen sind Inhalt des Abs. 2 Nr. 3 (Rdnr. 10). Um eine Lücke bei LStHV zu schließen, kann nunmehr auch die OFD nach Abs. 2 Nr. 4 informiert werden (Rdnr. 13). Im Rahmen des 7. StBÄndG ist Abs. 3 (Rdnr. 14) eingefügt worden. Informationen der Finanzverwaltung und der Steuerberaterkammern können bei Mehrfachqualifikationen den anderen zuständigen Stellen zugeleitet werden. Für Gerichte und Staatsanwaltschaften handelt es sich um eine Sondervorschrift gegenüber §§ 12 ff. EGGVG (§ 12 Abs. 1 Satz 2 EGGVG).

2. Mitteilungen über Berufspflichtverletzungen nach Abs. 1

a) Betroffener Personenkreis

Es können die Berufspflichtverletzungen von StB, StBv, RAen, niedergelassenen europäischen RAen, WP und vBP (§ 3 Nr. 1), StBGes, RAGes, WPGes und BPGes (§ 3 Nr. 2), PartGes (§ 3 Nr. 3), Notaren, (§ 4 Nr. 1) und Patentanwälten (§ 4 Nr. 2) mitgeteilt werden. Für diese Berufe sind grds. **Berufskammern** für die Berufsaufsicht zuständig. Nachdem die gesetzliche Vorschrift bei § 3 keine Einschränkung vorsieht, sind folglich davon auch Personen und Vereinigungen nach § 3 Nr. 4 umfasst. Es bedarf dann – sofern entsprechende internationale Vereinbarungen im Einzelfall bestehen – eines Hinweises an die zuständigen Stellen im Ausland, wobei es sich nicht zwingend um eine Berufskammer handeln muss, da im Ausland andere Kontrollmechanismen bei Berufspflichtverletzungen gelten können. Ein solches Vorgehen wird jedoch derzeit noch die Ausnahme sein. Im Inland besteht über § 7 Abs. 1 Nr. 3 die Möglichkeit einer Untersagungsverfügung. Der Wortlaut in Abs. 1 stellt auf Personen ab, wozu sowohl natürliche als auch juristische Personen zählen. Obgleich im Abs. 2 Satz 1 eine besondere Erwähnung der natürlichen und juristischen Personen erfolgt, besteht für eine Differenzierung zwischen den beiden Absätzen kein Anlass, zumal über § 72 die wesentlichen Normen auch auf StBGes anwendbar sind. Bei den anderen nach § 4 Nr. 3 bis 16 zur Hilfeleistung in Steuersachen befugten Personen und Gesellschaften besteht keine Mitteilungspflicht, weil keine berufsaufsichtführende Stelle vorhanden ist. Für LStHV (§ 4 Nr. 11) s. § 27 Abs. 3.

b) Mitzuteilende Tatsachen

Es können nur **Berufspflichtverletzungen** mitgeteilt werden. Die Berufspflichten ergeben sich aus den einzelnen Berufsgesetzen, insbesondere §§ 57 ff. StBerG, §§ 43 ff. BRAO, §§ 43 ff. WPO. Es kommen z. B. Steuerstraftaten (§§ 369 bis 374 AO), Steuerordnungswidrigkeiten (§§ 369 bis 374 AO), Verstöße gegen Bestimmungen des allgemeinen Strafrechts (z. B. §§ 263, 266, 267 StGB) – und zwar sowohl bei der Hilfeleistung in Steuersachen als auch bei eigenen Steuerangelegenheiten (FM Baden-Württemberg, StB 1991 S. 15) – sowie sonstige Verstöße gegen die Pflicht zur unabhängigen, eigenverantwortlichen, gewissenhaften und verschwiegenen Berufsausübung in Betracht, z. B. Vermittlung von Versicherungen oder Vermögensanlagen, Ausübung einer gewerblichen Tätigkeit. (Stbg 1981 S. 95; *Weyand,* INF 1990 S. 241, 243; vgl. § 57 Rdnr. 8 ff.). Berufliche Fehlleistungen sind nicht stets als Berufspflichtverletzungen anzusehen (s. § 57 Rdnr. 42).

Es muss der **konkrete** Verdacht einer Berufspflichtverletzung vorliegen. Daher reicht ein Anfangsverdacht grundsätzlich nicht aus. Die Mitteilung ist sinnlos, wenn sie nur auf Vermutungen gestützt wird und erkennbar ist, dass sich eine Berufspflichtverletzung nicht nachweisen lässt. Der Verdacht muss sich aus den Feststellungen der Finanzbehörde ergeben; diese können sowohl

§ 10 6–10   Mitteilungen über Pflichtverletzungen und andere Informationen

bei dem StB selbst oder bei anderen Steuerpflichtigen, z. B. bei den Zahlern von Provisionen, getroffen worden sein. Bei Anzeigen und Beschwerden von Steuerpflichtigen sind die Beschwerdeführer an die zuständige Berufskammer zu verweisen.

6 Es sind auch nur solche Pflichtverletzungen zu übermitteln, die entsprechendes Gewicht haben. Diese sind bei schwerwiegenden Berufspflichtverletzungen, die im Interesse der Integrität und einer ordnungsgemäßen Berufsausübung eine Ahndung erfordern, zu bejahen (vgl. OFD Hannover, Vfg. v. 21. 3. 2000).

c) Empfänger der Mitteilung

7 Wenn einer Dienststelle (Finanzamt, Außenprüfer, Strafsachenstelle) oder der Steuerberaterkammer Tatsachen, die einen Verdacht einer Berufspflichtverletzung begründen, bekannt geworden sind, teilen sie diese der zuständigen Stelle mit. Dadurch ergibt sich auch die Rechtgrundlage, dass die Steuerberaterkammern sich gegenseitig über Berufspflichtverletzungen informieren müssen. Dem Verhältnismäßigkeitsgrundsatz wird entsprochen, nachdem eine Übermittlung nur stattfindet, wenn dies nach Auffassung der übermittelnden Stelle notwendig ist, um die Rechtsfolgen aus der Berufspflichtverletzung zu ziehen.

8 Als **Berufskammern** kommen die Steuerberaterkammern (§ 73 Abs. 1), die Rechtsanwaltskammern (§ 60 BRAO), die Wirtschaftsprüferkammer (§ 58 WPO), die Notarkammern (§ 76 BNotO) und die Patentanwaltskammer (§ 53 PatentanwO) in Betracht. In der Regel ist eine Mitteilung an diese Berufskammern ausreichend. Eine zusätzliche Mitteilung an die für das berufs- oder ehrengerichtliche Verfahren bzw. das Disziplinarverfahren zuständige Stelle (Generalstaatsanwalt beim OLG – §§ 113, 114 StBerG; §§ 84, 85 WPO; §§ 119, 120 BRAO; § 105 PatentanwO bzw. die Justizverwaltung – § 92 BNotO) ist zwar zulässig, erfolgt aber im Allgemeinen nur, wenn ein genügender Anlass zur Erhebung der öffentlichen Klage wegen einer Steuerstraftat besteht. Vor Erlass eines Bußgeldbescheides gegen einen RA, StB, StBv, WP oder vBP ist ohnehin nach § 411 AO eine Stellungnahme der Berufskammer einzuholen.

9 Die Finanzverwaltung ist lediglich berechtigt, die verdachtsbegründenden Tatsachen mitzuteilen. Es bestehen jedoch keine Bedenken, den Berufskammern auf Verlangen **Einsicht in die Akten** zu gewähren, soweit dies für die Beurteilung der Tat erforderlich ist.

3. Mitteilungen der Finanzverwaltung über Gesetzesverletzungen anderer Personen

10 § 10 enthält keine Grundlage für eine Mitteilung der Finanzverwaltung über **Gesetzesverletzungen anderer Personen.** Die Berufskammern haben oft ein Interesse daran, die Namen von Personen zu erfahren, die gegen das Verbot der unerlaubten geschäftsmäßigen Hilfeleistung in Steuersachen verstoßen. Für deren Verfolgung ist die Finanzverwaltung zuständig

4. Unterrichtung der zuständigen Stellen durch Gerichte und Behörden § 10

(§ 160 Abs. 1 Nr. 1). Bußgeldverfahren nach § 160 sind keine Verfahren im Sinne des § 30 Abs. 2 AO, sie fallen daher nicht unter das Steuergeheimnis. Es ist daher zulässig, eine Steuerberaterkammer, die eine Anzeige wegen unbefugter Hilfeleistung in Steuersachen erstattet hat, über den Ausgang des Verfahrens zu unterrichten. Die §§ 12 ff. EGGVG stehen dem nicht entgegen, weil sie nur für Gerichte und Staatsanwaltschaften gelten. Eine Ausnahme gilt jedoch dann, wenn die Erkenntnis, die zur Einleitung des Verfahrens geführt hat, in einem Besteuerungsverfahren gewonnen worden ist (§ 30 Abs. 2 Nr. 1 a AO; BMF, DB 1981 S. 771). Hatte eine Berufskammer die Finanzverwaltung auf eine Chiffreanzeige hingewiesen, in der unerlaubt Hilfe in Steuersachen angeboten wird, so bestehen keine Bedenken, die Berufskammer über das Ergebnis des Verfahrens zu unterrichten. Die Finanzverwaltung ist befugt, von einer Zeitung Auskunft über die Identität des Auftraggebers einer Chiffreanzeige zu verlangen (BFHE 131, 187; 161, 423; BVerfGE 64, 108). Eine Unterrichtung der Staatsanwaltschaft über die Verwirklichung des § 132 a Abs. 1 Nr. 2 StGB ist nur in Ausnahmefällen zulässig. Offenbarungstatbestände nach § 30 Abs. 4 Nr. 1–3 AO sind regelmäßig nicht vorhanden.

4. Unterrichtung der zuständigen Stellen durch Gerichte und Behörden

In Abs. 2 Satz 1 Nr. 1 und 2 wird die Berechtigung anderer **Behörden und Gerichte** festgelegt, die Steuerberaterkammern über Tatsachen zu unterrichten, die für die Bestellung (§ 40), die Wiederbestellung (§ 48), die Rücknahme oder den Widerruf der Bestellung als StB oder StBv (§ 46), für die Anerkennung (§ 50), die Rücknahme oder den Widerruf der Anerkennung als StBGes (§ 55) von Bedeutung sein können. Das Gleiche gilt gegenüber den für die Finanzverwaltung zuständigen obersten Landesbehörden im Hinblick auf die Zulassung zur Prüfung (§ 35) oder die Befreiung von der Prüfung (§ 38); vgl. aber auch wegen der Übertragung der Aufgaben § 158 Abs. 2. Für die Finanzverwaltung hat dies für die Rücknahme oder den Widerruf der Anerkennung von LStHV (§§ 14, 20) Bedeutung. Die Formulierung „Behörden" in Abs. 2 gegenüber dem Begriff „Finanzbehörde" nach Abs. 1 hat lediglich die Bedeutung, dass der Behördenbegriff weiter auszulegen ist. Damit soll keine direkte Abgrenzung zu den Finanzbehörden vorgesehen werden. In diesem Fall hätte der Zusatz „andere" Behörde gewählt werden müssen. Folglich zählen zu den Behörden in Abs. 2 auch Finanzbehörden. Dies entspricht auch dem Sinn und Zweck der Norm, da ansonsten nach Abs. 2 Nr. 4 Finanzbehörden keine Mitteilung machen dürften. Unter „Informationen" sind sowohl personenbezogene Daten als auch Daten juristischer Personen zu verstehen. Es ist eine Interessenabwägung vorzunehmen, jedoch wird in der Regel das öffentliche Interesse das Geheimhaltungsinteresse der Beteiligten überwiegen. In Abs. 2 Satz 2 letzter Halbsatz wird klargestellt, dass – wie bisher – Gerichte und Behörden auch Informationen, die dem Steuergeheimnis unterliegen, übermitteln dürfen.

5. Unterrichtung der Steuerberaterkammern und der Staatsanwaltschaft durch Gerichte und Behörden

12 In Abs. 2 Nr. 3 wird die in Abs. 1 für die Finanzbehörden festgelegte Befugnis auf alle anderen Behörden und Gerichte ausgedehnt; Empfänger der Mitteilung können die Berufskammer und die **Generalstaatsanwaltschaft** sein. Durch die Vorschrift wird auch die Unterrichtung der Berufskammern über die Anschuldigungsschrift im berufsgerichtlichen Verfahren, den Antrag auf Verhängung eines Berufs- oder Vertretungsverbots, die Eröffnung des Hauptverfahrens sowie alle die Instanz oder das Verfahren abschließenden Entscheidungen wie in § 36a BRAO gedeckt, wenn es sich um Informationen handelt, die für die Einleitung eines Rüge- oder berufsgerichtlichen Verfahrens von Bedeutung sein können. Wegen anderer Mitteilungen vgl. § 14 Abs. 1 Nr. 4 EGGVG und § 76 Rdnr. 40.

6. Unterrichtung der Oberfinanzdirektionen

13 Die Neueinfügung der Nr. 4 (BGBl. 2003 I S. 2672) erweitert die Mitteilungsmöglichkeiten. Damit ist es nunmehr auch FAern möglich, der Oberfinanzdirektion als Aufsichtsbehörde (§ 27 Abs. 2) Informationen zuzuleiten, die sie im Zusammenhang mit Beratungsstellenleitern erhalten. Nach § 23 Abs. 3 Satz 2 darf bei einem Leiter nicht die Besorgnis bestehen, dass er die Pflichten des LStHV nicht erfüllen kann. Dazu zählen ungeordnete wirtschaftliche Verhältnisse, z. B. erhebliche Steuerschulden. Durch diese Informationen wird eine Gleichbehandlung gegenüber StB (vgl. Abs. 1) erreicht.

7. Unterrichtung bei Mehrfachqualifikationen

14 Im Abs. 3 wird sichergestellt, dass Informationen über Steuerberater und Steuerbevollmächtigte, die zugleich über die Qualifikation als RA, WP oder vBP verfügen, auch an die für die anderen Qualifikationen zuständige Stelle weitergeleitet werden dürfen. Auch hier wird dem Verhältnismäßigkeitsgrundsatz entsprochen (vgl. Rdnr. 7).

15 Nachdem Berufsangehörige weitere Qualifikationen erworben haben und die Zusammenarbeit innerhalb der Berufsgruppen zunimmt (vgl. § 56), wird dadurch gewährleistet, dass die Verletzung einer Berufspflicht auch ggf. von den anderen zuständigen Stellen aufgegriffen wird. Damit wird der Person in seiner Gesamtheit Rechnung getragen, zumal eine strikte Trennung der Berufsbilder heute nicht mehr möglich ist.

§ 11 Erhebung und Verwendung personenbezogener Daten

Soweit es zur Erfüllung der Aufgaben nach diesem Gesetz erforderlich ist, dürfen personenbezogene Daten erhoben und auch für Zwecke künftiger Verfahren verarbeitet und genutzt werden; § 83 dieses Gesetzes und § 30 der Abgabenordnung stehen dem nicht entgegen.

2. Vorschriften des Datenschutzes 1–5 § 11

Übersicht

	Rdnr.
1. Allgemeines	1–4
2. Vorschriften des Datenschutzes	5–9
a) Aufgabenerfüllung	5
b) Personenbezogene Daten	6
c) Künftige Verfahren	7
d) Verarbeitung und Nutzung der Daten	8, 9

1. Allgemeines

Durch das 7. StBÄndG wurde § 11 inhaltlich neu gefasst. Die bisherigen Ausführungen über Prozessagenten sind aufgehoben worden, da ihnen keine praktische Bedeutung mehr zukommt. Zum Zwecke des Bestandsschutzes wurde eine entsprechende Regelung im § 157 Abs. 1 aufgenommen. 1

Die Neufassung bildet die gesetzliche Grundlage für die Datenverarbeitung und -nutzung. Damit besteht nunmehr bspw. die Möglichkeit, im Einzelfall **Informationen** über Fehlversuche bei der Steuerberaterprüfung **auszutauschen** und zu verhindern, dass sich ein Bewerber nach drei Fehlversuchen in einem anderen Bundesland erfolgreich zur Prüfung anmeldet. In der Gesetzesbegründung ist jedoch aufgeführt, dass der Aufbau eines Registers zur lückenlosen Erfassung von Fehlversuchen als unverhältnismäßig angesehen wird. 2

Zugleich findet nunmehr auch das Bundesdatenschutzgesetz (BDSG) Eingang, sofern es zur Erfüllung der sich aus dem Steuerberatungsgesetz ergebenden Aufgaben notwendig ist. 3

Die in § 83 festgelegte Verpflichtung der Vorstandsmitglieder der Steuerberaterkammer zur Verschwiegenheit steht einer Erhebung der personenbezogenen Daten, die für Zwecke künftiger Verfahren verarbeitet und genutzt werden, nicht entgegen. Dies gilt auch für § 30 AO, in dem das Steuergeheimnis geregelt ist. 4

2. Vorschriften des Datenschutzes

a) Aufgabenerfüllung

Die Erhebung und Verwendung personenbezogener Daten ist nur erlaubt, soweit es zur Erfüllung der Aufgaben nach dem StBerG erforderlich ist. Die Vorschrift betrifft zum einen die Aufsichtsbehörden als **Kontrollinstanz**. Hierzu zählen nach § 27 die Oberfinanzdirektionen als auch nach § 73 die Steuerberaterkammern. Nach § 76 Abs. 2 Nr. 4 haben die Steuerberaterkammern die Erfüllung der den Mitgliedern obliegenden Pflichten zu überwachen. Zugleich hat die Norm aber auch Auswirkung auf das Mandatsverhältnis. Nach § 57 müssen StB ihren Beruf gewissenhaft und verschwiegen ausüben. Um den Berufspflichten nachzukommen, ist zwischenzeitlich das Erheben und die Verwendung von Daten der Mandanten ein **unverzichtbarer Bestandteil** der beruflichen Tätigkeit. 5

b) Personenbezogene Daten

6 Unter personenbezogenen Daten werden nach § 3 Abs. 1 BDSG Einzelangaben über persönliche oder sachliche Verhältnisse einer bestimmten oder bestimmbaren natürlichen Person verstanden. Es handelt sich hierbei um Informationen, die zur **Identifizierung** genützt werden können. Darunter fallen Informationen wie der Name, Adresse, Postanschrift und die Telefonnummer. Hierzu zählen jedoch nicht Informationen, die nicht direkt mit der wirklichen Identität in Verbindung zu bringen sind.

c) Künftige Verfahren

7 Als künftige Verfahren können sowohl Aufgaben verstanden werden, die auf die Steuerberaterkammern oder andere Aufsichtsbehörden, wie die OFD, zukommen, als auch die Bearbeitung der Mandate durch den Steuerberater. Eine der Möglichkeit ist sicherlich der **Abgleich** zwischen den **Steuerberaterkammern,** um zu verhindern, dass sich Bewerber in verschiedenen Bundesländern zur Prüfung anmelden können, obgleich nach der Anzahl der Fehlversuche eine Wiederholung nicht mehr erlaubt ist.

d) Verarbeitung und Nutzung der Daten

8 Unter dem Verarbeiten ist nach § 3 Abs. 4 BDSG das Speichern, Verändern, Übermitteln, Sperren und Löschen personenbezogener Daten zu verstehen. Unabhängig von dem Verfahren, das zukünftig angewendet werden soll, betrifft das Speichern das Erfassen, Aufnehmen oder Aufbewahren personenbezogener Daten auf einem Datenträger zum Zweck ihrer weiteren Verarbeitung oder Nutzung. Das Verändern von Daten beinhaltet das Umgestalten gespeicherter personenbezogener Daten. Unter der Übermittlung von Daten wird das Bekanntgeben gespeicherter oder durch Datenverarbeitung gewonnener personenbezogener Daten an einen Dritten verstanden. Das Sperren ist das Kennzeichnen gespeicherter personenbezogener Daten, um ihre weitere Verarbeitung oder Nutzung einzuschränken, während das Unkenntlichmachen gespeicherter personenbezogener Daten als Löschen bezeichnet wird.

9 Das Nutzen ist nach § 3 Abs. 5 BDSG jede **Verwendung personenbezogener Daten,** soweit es sich nicht um eine Verarbeitung handelt.

§ 12 Hilfeleistung im Abgaberecht fremder Staaten

Personen und Vereinigungen im Sinne des § 3 Nr. 1 bis 3 sind in Angelegenheiten, die das Abgaberecht fremder Staaten betreffen, zur geschäftsmäßigen Hilfe in Steuersachen befugt. Die entsprechenden Befugnisse Dritter auf Grund anderer Rechtsvorschriften bleiben unberührt.

Übersicht

	Rdnr.
1. Allgemeines	1
2. Beratungsbefugnis	2, 3

1. Allgemeines

Infolge der internationalen Wirtschaftsverflechtung haben StB in zunehmendem Umfang **grenzüberschreitende Sachverhalte** zu bearbeiten und dabei auch das Abgabenrecht fremder Staaten anzuwenden. Es war bisher nicht unbestritten, ob StB hierzu befugt sind. Der Anwendungsbereich des StBerG erstreckt sich nur auf das Abgabenrecht der Vertragsstaaten des EWR-Abkommens (§ 1). Die Hilfeleistung im ausländischen Abgabenrecht anderer Staaten fällt daher unter das Rechtsberatungsgesetz (vgl. Art. 1 § 1 Satz 2 Nr. 6 RBerG). Es war zweifelhaft, ob dieses Gebiet dem StB verschlossen und nur den nach dem Rechtsberatungsgesetz hierzu befugten Personen, vorbehalten war. Die erforderliche Klarstellung wird für alle in § 3 genannten Personen und Vereinigungen vorgenommen. Eine entsprechende Absicherung der Risiken ist über die Berufshaftpflichtversicherung vorzusehen (§ 67), zumal es sich um ein zukunftsträchtiges Betätigungsfeld handelt.

2. Beratungsbefugnis der in § 3 genannten Personen

Die Bestimmung eröffnet die Befugnis für die in § 3 Nr. 1–3 genannten Personen und Vereinigungen, **Hilfe im ausländischen Abgabenrecht** zu leisten. Es handelt sich dabei zwar nicht um eine Vorbehaltsaufgabe nach §§ 3, 5, aber um eine Befugnis, die auch StB kraft Gesetzes zusteht, ohne dass es einer besonderen Erlaubnis nach Art. 1 § 1 Satz 2 Nr. 6 RBerG bedarf.

Die Personen und Vereinigungen nach § 3 Nr. 4 zählen nicht dazu, da sie nicht im Inland beruflich niedergelassen sind und ihnen für das Inland auf Grund des EG-Vertrages im Bereich der Dienstleistungsfreiheit die Befugnis zur unbeschränkten Hilfeleistung in Steuersachen eingeräumt werden soll. Damit ist von der Systematik eine Hilfeleistung im Abgaberecht fremder Staaten, das für Inländer gilt, ausgeschlossen.

Zweiter Abschnitt. Lohnsteuerhilfevereine

Erster Unterabschnitt. Aufgaben

§ 13 Zweck und Tätigkeitsbereich

(1) **Lohnsteuerhilfevereine sind Selbsthilfeeinrichtungen von Arbeitnehmern zur Hilfeleistung in Steuersachen im Rahmen der Befugnis nach § 4 Nr. 11 für ihre Mitglieder.**

(2) **Lohnsteuerhilfevereine bedürfen für ihre Tätigkeit der Anerkennung.**

Übersicht	Rdnr.
1. Allgemeines	1, 2
2. Rechtsform	3
3. Mitglieder	4
4. Anerkennung	5, 6
5. Selbsthilfeeinrichtungen	7

1. Allgemeines

1 Lohnsteuerhilfevereine (LStHV) sind nach § 4 Nr. 11 zur **beschränkten Hilfeleistung in Steuersachen** befugt. Durch die Regelung im StBerG ist eine Entwicklung abgeschlossen worden, die durch das Gesetz zur Änderung der AO vom 29. 4. 1964 (BGBl. I S. 297) eingeleitet worden war, als erstmals LStHV zur Hilfeleistung in Steuersachen zugelassen wurden (vgl. hierzu *Kolbeck*, DStZ/A 1964 S. 177). Bis zum Jahre 1965 waren zahlreiche Missbräuche der LStHV zu beobachten; sie verstanden sich oft nicht als Selbsthilfeeinrichtungen von Arbeitnehmern, sondern wurden von Personen, die nicht zur Hilfeleistung in Steuersachen befugt waren, als ein Instrument für eine Ausübung ihrer Tätigkeit benutzt, wobei die Rechte der Vereinsmitglieder in unangemessener Weise eingeschränkt wurden (*Völzke*, DStZ/A 1975 S. 217; DB 1975 S. 1285, 2389). Diese Missbräuche sollten durch die §§ 13 ff., die auch eine Anerkennung bereits bestehender Vereine bis zum 31. 12. 1975 erforderlich machten (Art. 11 § 1 3. StBerÄG, BGBl. 1975 I S. 1509), beseitigt werden.

2 Die **Missstände** wurden hierdurch zunächst in ihrer Gesamtheit nicht beseitigt (vgl. hierzu *Malms,* ZRP 1981 S. 11; *Maixner,* ZRP 1981 S. 84; *Scholz,* ZRP 1981 S. 95; *Killich,* DB 1982, Beilage Nr. 7/82; *Glogner,* DB 1982 S. 2541; *Wilhelm,* BB 1987 S. 175; BFHE 149, 217). Das 4. StBerÄG brachte in mehreren Punkten eine Verschärfung der Aufsicht über die LStHV, die jedoch offensichtlich immer noch nicht als ausreichend angesehen wurden, so dass das 5. und 6. StBerÄG weitere Regelungen trafen. Heute stehen der Finanzverwaltung ausreichende Mittel der Aufsicht zur Verfügung, die durch eine Selbstkontrolle der Verbände LStHV ergänzt werden. Durch eine Präzisierung der Tätigkeiten im § 4 Nr. 11 durch das StBerÄG sind nunmehr als Verweis im Abs. 1 die Befugnisse genau geregelt.

2. Rechtsform

3 Nur **rechtsfähige Vereine** können als LStHV anerkannt werden (§ 14 Abs. 1 Satz 1). Sie sind daher juristische Personen, wodurch eine persönliche Haftung der Mitglieder entfällt. Trotz ihres nicht zu leugnenden wirtschaftlichen Charakters sind LStHV bei ihrer Eintragung in das Vereinsregister wie Idealvereine nach § 21 BGB zu behandeln (OLG Celle, NJW 1976 S. 197), so dass eine Verleihung der Rechtsfähigkeit nach § 22 BGB nicht erforderlich ist. Die LStHV gelten jedoch als Gewerbetreibende i. S. d. § 13 Abs. 1 UWG (BGH, BB 1976 S. 621).

3. Mitglieder

4 Die Regelung des früheren § 107a Abs. 3 Nr. 4 Buchst. b) AO, nach der Mitglieder von LStHV nur **Arbeitnehmer** sein durften, ist nicht in das StBerG übernommen worden; diese Einschränkung war auch schon nach altem Recht umstritten (BFHE 119, 1). Im Interesse einer sachgemäßen Erfüllung des Vereinszweckes sollte auch **anderen Personen** die Mitgliedschaft ermöglicht werden, die bereit und in der Lage sind, bei der Betreuung der Mitglieder mitzuwirken. Es bestehen daher insbesondere gegen die Mitgliedschaft von Angehörigen des steuerberatenden Berufs keine Bedenken.

4. Anerkennung

Absatz 3 stellt den Grundsatz auf, dass LStHV der Anerkennung bedürfen. Die Anerkennung wird von der **OFD** ausgesprochen, in deren Bezirk der Verein seinen Sitz hat (§ 15). Wegen des Verfahrens im Einzelnen siehe §§ 1–4 DVLStHV und *Völzke,* DStZ/A 1975 S. 321; DB 1975 S. 2393. 5

Befristete und bedingte Anerkennungen sind unzulässig, weil nach § 20 Abs. 2 die Anerkennung zu widerrufen ist, wenn die Voraussetzungen für die Anerkennung nachträglich fortfallen. Eine Anerkennung **unter Auflagen** ist dagegen zulässig, wenn Mängel beseitigt werden sollen, die nicht zwangsläufig zur Rücknahme oder zum Widerruf der Anerkennung führen oder wenn die Auflage darin besteht, die Eröffnung einer Beratungsstelle durch eine nicht zur Leitung qualifizierte Person zu unterlassen (*Völzke,* a. a. O.). 6

5. Selbsthilfeeinrichtungen

LStHV sind Selbsthilfeeinrichtungen. Sie müssen zwar kostendeckende Entgelte (FG Rheinland-Pfalz v. 14. 4. 2000, Az.: 3 – K – 1656/96) für ihre Leistungen von den Mitgliedern verlangen, aber ein permanentes Streben nach Gewinn, insbesondere für die Organe, ist ihnen wesensfremd (BFH, BStBl. 1999 II S. 366). Der LStHV darf daher nicht ein Instrument einer wirtschaftlichen Betätigung der Organe sein, sondern hat sich nach Abs. 1 an der Zielsetzung einer Hilfeleistung für die Arbeitnehmer zu orientieren. Insofern bildet der LStHV eine Interessengemeinschaft der ihm beigetretenen Mitglieder. 7

Zweiter Unterabschnitt. Anerkennung

§ 14 Voraussetzungen für die Anerkennung, Aufnahme der Tätigkeit

(1) **Ein rechtsfähiger Verein kann als Lohnsteuerhilfeverein anerkannt werden, wenn nach der Satzung**
1. **seine Aufgabe ausschließlich die Hilfeleistung in Steuersachen im Rahmen der Befugnis nach § 4 Nr. 11 für seine Mitglieder ist;**
2. **der Sitz und die Geschäftsleitung des Vereins sich in demselben Oberfinanzbezirk befinden;**
3. **der Name des Vereins keinen Bestandteil mit besonderem Werbecharakter enthält;**

§ 14 1   Voraussetzungen für die Anerkennung, Aufnahme der Tätigkeit

4. eine sachgemäße Ausübung der Hilfeleistung in Steuersachen im Rahmen der Befugnis nach § 4 Nr. 11 sichergestellt ist;
5. für die Hilfeleistung in Steuersachen im Rahmen der Befugnis nach § 4 Nr. 11 neben dem Mitgliedsbeitrag kein besonderes Entgelt erhoben wird;
6. die Anwendung der Vorschriften des § 27 Abs. 1 und 3 sowie der §§ 32 und 33 des Bürgerlichen Gesetzbuches nicht ausgeschlossen ist;
7. Verträge des Vereins mit Mitgliedern des Vorstands oder deren Angehörigen der Zustimmung oder Genehmigung der Mitgliederversammlung bedürfen;
8. innerhalb von drei Monaten nach Bekanntgabe des wesentlichen Inhalts der Prüfungsfeststellungen an die Mitglieder (§ 22 Abs. 7 Nr. 2) eine Mitgliederversammlung stattfinden muß, in der insbesondere eine Aussprache über das Ergebnis der Geschäftsprüfung durchzuführen und über die Entlastung des Vorstands wegen seiner Geschäftsführung während des geprüften Geschäftsjahres zu befinden ist.

An die Stelle der Mitgliederversammlung kann eine Vertreterversammlung treten, sofern durch sie eine ausreichende Wahrnehmung der Interessen der Mitglieder gewährleistet ist. Die Vorschriften über Mitgliederversammlungen gelten für Vertreterversammlungen sinngemäß.

(2) Die Anerkennung darf nur ausgesprochen werden, wenn das Bestehen einer Versicherung gegen die sich aus der Hilfeleistung in Steuersachen im Rahmen der Befugnis nach § 4 Nr. 11 ergebenden Haftpflichtgefahren (§ 25 Abs. 2) nachgewiesen wird.

(3) Die Hilfeleistung in Steuersachen im Rahmen der Befugnis nach § 4 Nr. 11 darf erst nach der Anerkennung als Lohnsteuerhilfeverein aufgenommen werden.

Übersicht

	Rdnr.
1. Allgemeines	1
2. Anforderungen an die Satzung	
a) Aufgabenbereich (Abs. 1 Nr. 1)	2
b) Sitz und Geschäftsleitung (Abs. 1 Nr. 2)	3
c) Vereinsname (Abs. 1 Nr. 3)	4
d) Sicherstellung einer sachgemäßen Hilfeleistung (Abs. 1 Nr. 4)	5
e) Beiträge (Abs. 1 Nr. 5)	6
f) Rechte der Mitglieder (Abs. 1 Nr. 6 und 7)	7–10
g) Unterrichtung der Mitglieder (Abs. 1 Nr. 8)	11
3. Haftpflichtversicherung	12

1. Allgemeines

1   Nach der Erlangung der Rechtsfähigkeit durch die Eintragung in das Vereinsregister (vgl. § 13 Rdnr. 3) kann ein Verein als LStHV anerkannt werden. Auf die Anerkennung besteht ein **Rechtsanspruch,** wenn die gesetzlichen Anforderungen erfüllt sind; es handelt sich dabei um Anforderungen an die Satzung (Abs. 1 Nr. 1–8; Rdnr. 1–11) und um den Nachweis einer Haftpflichtversicherung (Abs. 2, vgl. Rdnr. 12). Erst nach der Anerkennung darf die Hilfeleistung in Steuersachen aufgenommen werden (Abs. 3). Die Vorschrift ist im Zusammenhang mit § 23 Abs. 6 zu sehen. Da der LStHV

74

über Beratungsstellen tätig wird, darf die Hilfeleistung in Steuersachen im Ergebnis erst aufgenommen werden, wenn auch die Beratungsstelle und ihr Leiter im Verzeichnis der Lohnsteuerhilfevereine bei der zuständigen Aufsichtsbehörde eingetragen worden sind.

2. Anforderungen an die Satzung

a) Aufgabenbereich (Abs. 1 Nr. 1)

Die Aufgabe des Vereins darf nach der Satzung **nur die Hilfeleistung in Lohnsteuersachen** für die Vereinsmitglieder sein. Es dürfen also weder andere als in § 4 Nr. 11 genannten Aufgaben übernommen noch eine Hilfeleistung an Nichtmitglieder vorgesehen werden. Das gilt insbesondere für Aufgaben wirtschaftlicher Art, wie Kredit- oder Versicherungsvermittlung, Kapitalanlageberatung oder die Hilfe bei der Vorfinanzierung von Erstattungsansprüchen (*Völzke*, DB 1975 S. 2390) oder für eine allgemeine Interessenvertretung der Lohnsteuerzahler.

b) Sitz und Geschäftsleitung (Abs. 1 Nr. 2)

Sitz und Geschäftsleitung des LStHV brauchen sich nicht an demselben Ort zu befinden, müssen jedoch beide in demselben Oberfinanzbezirk belegen sein. Eine nachträgliche Verlegung der Geschäftsleitung in einen anderen Oberfinanzbezirk hat den Widerruf der Anerkennung nach § 20 Abs. 2 Nr. 1 zur Folge. Die Bestimmung dient der Erleichterung der Aufsichtsführung über die LStHV (BT-Drs. 11/3915). Der Sitz ist nach § 24 BGB der Ort, an welchem die Verwaltung geführt wird.

c) Vereinsname (Abs. 1 Nr. 3)

Der Vereinsname darf keinen Bestandteil mit **besonderem Werbecharakter** enthalten. Damit werden besonders anreißerische Namen wie „Sofort-Geld" untersagt. Dies gilt auch für Bezeichnungen, die einen falschen Eindruck über den Aufgabenbereich des Vereins geben, zu Verwechslungen mit Steuerberatungsgesellschaften führen können (vgl. § 18 Rdnr. 1) oder in sonstiger marktschreierischer Form erfolgen.

Im Übrigen sind bei der Wahl des Namens die **vereinsrechtlichen Vorschriften,** insbesondere § 57 Abs. 2 BGB und § 18 Abs. 2 HGB zu beachten, so dass auch hier der Grundsatz der Firmenwahrheit i. S. einer Namenswahrheit gilt. Im Vereinsnamen muss die Bezeichnung „Lohnsteuerhilfeverein" enthalten sein (§ 18).

d) Sicherstellung einer sachgemäßen Hilfeleistung (Abs. 1 Nr. 4)

Nach § 26 Abs. 1 ist die Hilfe in Lohnsteuersachen sachgemäß zu leisten; die Anerkennung ist zu widerrufen, wenn dies nicht gewährleistet ist (§ 20 Abs. 2 Nr. 3). Die sachgemäße Hilfeleistung ist in erster Linie eine Frage der tatsächlichen Geschäftsführung. „Nach der Satzung" können nur Regelungen über den **organisatorischen Aufbau** getroffen werden. Danach ist eine sachgemäße Ausübung der Hilfeleistung in Lohnsteuersachen sichergestellt, wenn genaue Bestimmungen über die Abgrenzung der Verantwortungsbereiche, insbesondere zwischen Vorstand und Beratungsstellenleiter, in der Satzung enthalten sind und sich die in den §§ 23, 26 enthaltenen Pflichten unmittelbar oder mittelbar aus der Satzung ergeben.

e) Beiträge (Abs. 1 Nr. 5)

6   Die Mitgliedsbeiträge sind wirtschaftlich als **pauschalierte Leistungsentgelte** für die Lohnsteuerberatung anzusehen (BFHE 110, 405); daneben darf kein besonderes Entgelt erhoben werden (BFH, DStR 1989 S. 787; koordinierter Ländererlass, BStBl. 1980 I S. 717, 718). Es ist also nicht zulässig, etwa einen Grundbeitrag von allen Mitgliedern und darüber hinaus einen Zusatzbeitrag für die tatsächliche Inanspruchnahme für die Leistungen des Vereins zu erheben. Aus dem Verbot eines besonderen Entgelts neben dem Mitgliedsbeitrag folgt auch, dass der LStHV weder eine einmalige Aufnahmegebühr erheben, noch den Ersatz von Auslagen (Porto-, Telefon-, Reisekosten o. ä.) verlangen kann. Der Beitrag muss grundsätzlich für alle Mitglieder gleich hoch sein. Dies gilt sowohl in Hinblick auf die Beitragspflicht als auch die -höhe. Die Beiträge dürfen kein verdecktes Leistungsentgelt darstellen (BFH, BStBl. 1997 II S. 778). Die Satzung kann jedoch im Einzelfall aus sozialen Gesichtspunkten, beispielsweise auf Grund des Einkommens oder des Familienstandes, Ermäßigungen vorsehen. Eine allgemeine Staffelung des Beitrags nach der Höhe des Arbeitslohns oder des Einkommens oder für größeren Bearbeitungsaufwand ist unzulässig, (a. A. Hess. FG, EFG 2003 S. 573)weil sie im Ergebnis eine Abrechnung der Leistungen nach Maßgabe einer Gebührenordnung darstellt, die dem LStHV untersagt ist (vgl. hierzu auch *Völzke*, DB 1975 S. 2391; *Killich*, DB 1982, Beilage 7 S. 2; BGH, DStR 1989 S. 787; BFHE 183, 333).

Die Mitgliederbeiträge dürfen nicht höher bemessen werden, als dies zur Deckung der mit der Steuerberatung des Vereins zwangsläufig verbundenen angemessenen Personal- und Sachkosten erforderlich ist. Dies ergibt sich aus dem für LStHV als Selbsthilfeeinrichtungen geltenden Kostendeckungsprinzip.

f) Rechte der Mitglieder (Abs. 1 Nr. 6 und 7)

7   Nach § 32 BGB werden die Angelegenheiten des Vereins grundsätzlich durch Beschlussfassung der **Mitgliederversammlung** geordnet. Die Mitgliederversammlung ist insbesondere zur Änderung der Satzung (§ 33 BGB) und der Bestellung des Vorstandes (§ 27 Abs. 1 BGB) befugt. Diese Bestimmungen können zwar zivilrechtlich in der Satzung abbedungen werden; nach Abs. 1 Nr. 6 ist dies jedoch den LStHV untersagt. Es soll damit sichergestellt werden, dass die Vereinsmitglieder auf das Vereinsleben ausreichenden Einfluss nehmen können.

8   Nach Abs. 1 Nr. 7 bedürfen Verträge des Vereins mit Mitgliedern des Vorstandes oder deren Angehörigen der „**Zustimmung oder Genehmigung**" der Mitgliederversammlung. Der Wortlaut ist mißverständlich, weil nach der Terminologie des BGB der Begriff Zustimmung sowohl die vor Abschluss des Rechtsgeschäfts erteilte Einwilligung als auch die nachträgliche

3. Haftpflichtversicherung 9–12 § 14

Genehmigung umfasst. Gemeint ist wohl, dass eine vorherige Einwilligung nicht erforderlich ist, sondern der Vertrag noch im Nachhinein von der Mitgliederversammlung genehmigt werden kann. Die Verpflichtung betrifft auch Verträge mit Angehörigen, um zu vermeiden, dass Vertragsgestaltungen vorgesehen werden, die zu einer Umgehung der Nr. 7 führen. Damit ergibt sich eine größere Transparenz für die Mitglieder.

An die Stelle der Mitgliederversammlung kann eine **Vertreterversammlung** treten, sofern eine ausreichende Wahrnehmung der Interessen der Mitglieder gewährleistet ist. Dies erfordert jedoch, dass die Vertreter von den Mitgliedern unmittelbar gewählt werden und nicht dem Vorstand angehören, da sie Sachwalter der Mitgliederinteressen sind. Eine Mandatsdauer von acht Jahren ist als Missbrauch der Satzungsautonomie anzusehen (BFH, BStBl. 1999 II S. 370). Die angemessene Amtszeit orientiert sich an den Aufgaben der Mitgliedervertreterversammlung. Eine Zeitdauer von fünf Jahren scheint in entsprechender Anwendung von öffentlich-rechtlichen Wahlvorschriften eine maximale Dauer darzustellen. Die Vorschriften über Mitgliederversammlungen (§§ 29; 162 Abs. 1 Nr. 7) gelten sinngemäß (Abs. 1 Satz 3). 9

Darüber hinaus ist zu berücksichtigen, dass LStHV **Selbsthilfeeinrichtungen** von Arbeitnehmern sein müssen (§ 13 Abs. 1) und nicht etwa ihren Gründern eine Grundlage zur Ausübung der Lohnsteuerberatung im Rahmen eines wirtschaftlichen Geschäftsbetriebes ermöglichen sollen (BFHE 183, 333). Es sind daher Satzungsbestimmungen unzulässig, die mit dem Charakter einer Selbsthilfeeinrichtung (vgl. § 13 Rdnr. 7) unvereinbar sind. Es überschreitet jedoch noch nicht die Grenzen der Satzungsautonomie, wenn die Amtszeit des Vorstandes oder Aufsichtsrates acht Jahre beträgt (BFH, BStBl. 1999 II S. 370). Etwaigen dadurch entstehenden Missständen hat die Aufsichtsbehörde nach den §§ 27–29 zu begegnen. 10

g) Unterrichtung der Mitglieder (Abs. 1 Nr. 8)

Um die Möglichkeit einer Beteiligung am Vereinsleben zu gewährleisten, verlangt Abs. 1 Nr. 8, **in jedem Jahr** eine Mitgliederversammlung durchzuführen, in den Mitgliedern Gelegenheit gegeben werden muss, das Ergebnis der Geschäftsprüfung (§ 22) zu erörtern und über die Entlastung des Vorstandes wegen seiner Geschäftsführung zu befinden. Nach § 22 Abs. 7 Nr. 2 müssen die wesentlichen Feststellungen der Geschäftsprüfung den Mitgliedern zuvor schriftlich bekanntgegeben werden. 11

3. Haftpflichtversicherung

Nach § 25 Abs. 2 müssen LStHV gegen die sich aus der Hilfeleistung in Lohnsteuersachen ergebenden Haftpflichtgefahren **angemessen** versichert sein. Die Anerkennung ist von dem Nachweis des Bestehens einer Versicherung abhängig (Abs. 2). Es genügt nicht der Abschluss eines Versicherungsvertrags, sondern es muss der Versicherungsschutz tatsächlich bestehen, d.h. die Versicherung durch Beitragszahlung in Kraft getreten sein (vgl. § 25 Rdnr. 2). 12

§ 15 Anerkennungsbehörde, Satzung

(1) **Für die Entscheidung über den Antrag auf Anerkennung als Lohnsteuerhilfeverein ist die Oberfinanzdirektion zuständig, in deren Bezirk der Verein seinen Sitz hat.**

(2) **Dem Antrag auf Anerkennung als Lohnsteuerhilfeverein ist eine öffentlich beglaubigte Abschrift der Satzung beizufügen.**

(3) **Der Lohnsteuerhilfeverein hat jede Satzungsänderung der für den Sitz des Vereins zuständigen Oberfinanzdirektion innerhalb eines Monats nach der Beschlußfassung anzuzeigen. Der Änderungsanzeige ist eine öffentlich beglaubigte Abschrift der jeweiligen Urkunde beizufügen.**

Übersicht

	Rdnr.
1. Anerkennungsbehörde	1, 2
2. Anzeige von Satzungsänderungen	3

1. Anerkennungsbehörde

1 Für die Angelegenheiten der LStHV sind die **OFDen** zuständig, und zwar als Anerkennungsbehörde (§ 15) und als Aufsichtsbehörde (§ 27). Zuständig für die Anerkennung ist – ebenso wie für die Rücknahme oder den Widerruf der Anerkennung (§ 20) – die OFD, in deren Bezirk der Verein seinen Sitz hat (Abs. 1).

2 Der **Antrag auf Anerkennung** als LStHV ist schriftlich einzureichen (§ 1 DVLStHV). Dem Antrag sind eine öffentlich beglaubigte Abschrift der Satzung (Abs. 2) und die in § 2 DVLStHV genannten Unterlagen beizufügen. Die OFD spricht entweder die Anerkennung aus und stellt hierüber eine Urkunde aus (§ 17) oder lehnt – wenn die Voraussetzungen der §§ 14, 18 nicht erfüllt sind – die Anerkennung durch einen schriftlichen Bescheid ab (§ 4 DVLStHV). Zur Anerkennung unter Auflagen und dem Verbot einer bedingten Anerkennung s. § 13 Rdn. 6.

2. Anzeige von Satzungsänderungen

3 Damit die Anerkennungsbehörde die Möglichkeit hat, die Voraussetzungen für einen Widerruf der Anerkennung nach §§ 20 Abs. 2 Nr. 1; 14 Abs. 1; 18 zu prüfen, sieht Abs. 3 eine Anzeigepflicht für jede Satzungsänderung vor. Die Vorschrift ist der Regelung im § 49 Abs. 4 angepasst. Ein Verstoß gegen diese **Anzeigepflicht** stellt nach § 162 Abs. 1 Nr. 1 eine Ordnungswidrigkeit dar. Wenn die Satzungsänderung in einer Änderung des Namens oder des Sitzes des Vereins besteht, muss dies zugleich zum Verzeichnis der LStHV angemeldet werden (§§ 7, 5 Nr. 1a DVLStHV). Eine Satzungsänderung bedarf nach § 33 Abs. 1 BGB einer Drei-Viertel-Mehrheit der zu einer Mitgliederversammlung erschienenen Mitglieder bzw. Delegierten.

§ 16 Gebühren für die Anerkennung

Für die Bearbeitung des Antrags auf Anerkennung als Lohnsteuerhilfeverein hat der Verein eine Gebühr von dreihundert Euro an die Oberfinanzdirektion zu zahlen.

Die Gebühr von 300,- € soll den durch das Anerkennungsverfahren entstehenden Verwaltungsaufwand abgelten. Die Gebühr ist bei Stellung des Antrags zu entrichten und wird bei Rücknahme des Antrags vor der Entscheidung zur Hälfte erstattet (§ 164 b).

Nicht zu erstatten ist die Gebühr bei Verlust der Rechtsfähigkeit oder Auflösung des Vereins vor der Entscheidung der OFD. In diesen Fällen fehlt es an einer Anerkennungsvoraussetzung i.S. des § 14, so dass der Antrag abzulehnen ist.

§ 17 Urkunde

Über die Anerkennung als Lohnsteuerhilfeverein stellt die Oberfinanzdirektion eine Urkunde aus.

Der Inhalt der Anerkennungsurkunde entspricht sowohl in seiner Gestaltung als auch in seinen einzelnen Angaben der Anerkennungsurkunde für die Steuerberatungsgesellschaften (§ 52). Die Urkunde enthält die Bezeichnung der anerkennenden Behörde, Ort und Datum der Anerkennung, Name und Sitz des Vereins, die Anerkennung als Lohnsteuerhilfeverein, Dienstsiegel und Unterschrift (§ 3 DVLStHV).

§ 18 Bezeichnung „Lohnsteuerhilfeverein"

Der Verein ist verpflichtet, die Bezeichnung „Lohnsteuerhilfeverein" in den Namen des Vereins aufzunehmen.

Übersicht	Rdnr.
1. Zweck der Bestimmung	1, 2
2. Folgen eines Verstoßes	3

1. Zweck der Bestimmung

Die Vorschrift entspricht dem § 53 und hat den Zweck, schon im Namen des Vereins einen **eindeutigen Hinweis** auf den Umfang und die Grenzen seiner Tätigkeit zu geben. Die Bezeichnung „Lohnsteuerhilfeverein" ist nach § 161 geschützt. Die Verpflichtung zur Führung der Bezeichnung kann nicht durch die Führung einer ähnlichen Bezeichnung wie „Lohnsteuerberatungsverein" oder „Lohnsteuerhilfevereinigung" ersetzt werden (BGH, DB 1981 S. 1919: „Steuerberatungsgemeinschaft der Arbeitnehmer"; OLG Frankfurt, StB 1979 S. 194: „Lohnsteuerhilfe-Verwaltungs-GmbH"). Eine Irreführung ist zu vermeiden.

§ 19 1, 2   Erlöschen der Anerkennung

2   Die Bezeichnung ist in den Namen des Vereins aufzunehmen, d.h. **satzungsgemäß** festzulegen; es reicht nicht aus, wenn die Bezeichnung nur neben dem Vereinsnamen geführt wird. Der Verein ist auch verpflichtet, seinen Namen einschließlich der Bezeichnung „Lohnsteuerhilfeverein" ständig, d.h. insbesondere auf seinen Geschäftspapieren und bei Werbemaßnahmen zu führen, und zwar in derselben Form wie die anderen Namensbestandteile. Im Übrigen gelten die Vorschriften des Vereinsrechts nach § 57 BGB.

2. Folgen eines Verstoßes

3   Da die Pflicht, die Bezeichnung „Lohnsteuerhilfeverein" in den Namen des Vereins auszunehmen, nicht in § 14 enthalten ist, würde bei wörtlicher Auslegung des Gesetzes ein Verstoß der Anerkennung nicht entgegenstehen und könnte auch nicht nach § 20 Abs. 2 Nr. 2 zu einem Widerruf der Anerkennung führen. Da jedoch § 18 im Unterabschnitt „Anerkennung" und nicht im Unterabschnitt „Pflichten" steht, muss die Bestimmung als Ergänzung zu § 14 angesehen werden. Die Bezeichnung „Lohnsteuerhilfeverein" ist daher schon bei der Gründung in den Vereinsnamen aufzunehmen; dies ist eine **Voraussetzung für die Anerkennung.**

§ 19 Erlöschen der Anerkennung

(1) Die Anerkennung erlischt durch
1. **Auflösung des Vereins;**
2. **Verzicht auf die Anerkennung;**
3. **Verlust der Rechtsfähigkeit.**

(2) Der Verzicht ist schriftlich gegenüber der Oberfinanzdirektion zu erklären.

Übersicht   Rdnr.

1. Allgemeines 1
2. Auflösung des Vereins 2
3. Verzicht auf die Anerkennung 3
4. Verlust der Rechtsfähigkeit 4

1. Allgemeines

1   Die Vorschrift enthält die Tatbestände, bei denen die Anerkennung als LStHV **kraft Gesetzes** erlischt. Abs. 1 Nr. 1 und 2 entspricht der Regelung des § 54. Zur Abwicklung der schwebenden Lohnsteuerangelegenheiten kann nach § 24 ein Beauftragter bestellt werden.

2. Auflösung des Vereins

2   Ein Verein wird durch **Beschluss der Mitgliederversammlung** aufgelöst (§ 41 BGB); falls die Satzung nichts anderes bestimmt, ist eine Dreiviertelmehrheit der erschienenen Mitglieder erforderlich. § 41 BGB ist dispositives Recht. Wenn daher an Stelle einer Mitgliederversammlung eine Vertreterversammlung besteht, entscheidet diese über die Auflösung des Vereins. Die sich anschließende Liquidation richtet sich nach den §§ 47 ff. BGB.

3. Verzicht auf die Anerkennung

Der Verzicht ist gegenüber der für den Sitz des Vereins zuständigen OFD schriftlich zu erklären (Abs. 2) und bedarf einer entsprechenden Ermächtigung der Mitglieder bzw. der Vertreterversammlung; er wird mit dem Zugang bei der OFD wirksam. Der Verzicht berührt nicht den **rechtlichen Bestand** des Vereins, sondern führt nur zum Erlöschen der Anerkennung als LStHV; diese Bezeichnung darf nach dem Verzicht nicht mehr geführt werden. 3

4. Verlust der Rechtsfähigkeit

Die Rechtsfähigkeit kann dem Verein nach § 43 BGB entzogen werden. In der Regel wird dem LStHV zuvor schon die Anerkennung nach § 20 Abs. 2 entzogen worden sein. 4

§ 20 Rücknahme und Widerruf der Anerkennung

(1) **Die Oberfinanzdirektion hat die Anerkennung zurückzunehmen, wenn sich nach der Anerkennung ergibt, daß sie hätte versagt werden müssen.**

(2) **Die Oberfinanzdirektion hat die Anerkennung zu widerrufen,**
1. **wenn die Voraussetzungen für die Anerkennung als Lohnsteuerhilfeverein nachträglich fortfallen, es sei denn, daß der Verein innerhalb einer angemessenen, von der Oberfinanzdirektion zu bestimmenden Frist den dem Gesetz entsprechenden Zustand herbeiführt;**
2. **wenn die tatsächliche Geschäftsführung des Lohnsteuerhilfevereins nicht mit den in § 14 bezeichneten Anforderungen an die Satzung übereinstimmt;**
3. **wenn eine sachgemäße Ausübung der Hilfeleistung in Steuersachen im Rahmen der Befugnis nach § 4 Nr. 11 oder eine ordnungsgemäße Geschäftsführung nicht gewährleistet ist.**

(3) **Vor der Rücknahme oder dem Widerruf ist der Lohnsteuerhilfeverein zu hören.**

Übersicht	Rdnr.
1. Allgemeines	1
2. Rücknahme der Anerkennung	2, 3
3. Widerruf der Anerkennung	
a) Nachträglicher Wegfall der Voraussetzungen (Abs. 2 Nr. 1)	4
b) Abweichende tatsächliche Geschäftsführung (Abs. 2 Nr. 2)	5
c) Nicht sachgemäße Hilfeleistung (Abs. 2 Nr. 3)	6
4. Verfahren	7, 8

§ 20　1–5　　Rücknahme und Widerruf der Anerkennung

1. Allgemeines

1　Bei Erfüllung der Voraussetzung der Absätze 1 oder 2 ist die Anerkennung (rückwirkend) zurückzunehmen oder (für die Zukunft) zu widerrufen, ohne dass die OFD einen **Ermessensspielraum** hat. Vor der Rücknahme (ohne Fristgewährung) oder dem Widerruf (mit angemessener Fristgewährung zur Beseitigung des Mangels) ist der LStHV zu hören (Abs. 3). Nach Rechtskraft der Verfügung ist der Verein im Register zu löschen (§ 6 DVLStHV). Zur Abwicklung der schwebenden Lohnsteuerangelegenheiten kann ein Beauftragter nach § 24 bestellt werden.

2. Rücknahme der Anerkennung

2　Die Anerkennung ist zurückzunehmen, wenn sich nach der Anerkennung ergibt, dass sie hätte versagt werden müssen (Abs. 1). Der Anerkennungsbehörde muss ein **Sachverhalt** nicht bekannt gewesen sein, der der Anerkennung entgegengestanden hätte (§§ 14, 18); es ist unerheblich, ob dies auf einer Täuschung durch den Verein oder auf einer mangelhaften Sachaufklärung durch die OFD beruhte. Wenn der OFD bei der Anerkennung der Sachverhalt zwar bekannt war, von ihr aber rechtlich falsch gewürdigt worden ist, steht der im Vertrauen auf die Anerkennung erworbene Besitzstand einer Rücknahme entgegen.

3　Die Rücknahme der Anerkennung ist nur zulässig, wenn die Voraussetzungen für die Anerkennung auch **im Zeitpunkt der Entscheidung** über die Rücknahme nicht erfüllt sind. Das ergibt sich zwar nicht aus dem Wortlaut des Gesetzes; es besteht jedoch kein vertretbarer Grund für eine Rücknahme der Anerkennung, wenn ein ursprünglich vorhandener Mangel später behoben worden ist.

3. Widerruf der Anerkennung

a) Nachträglicher Wegfall der Voraussetzungen (Abs. 2 Nr. 1)

4　Die Anerkennung ist zu widerrufen, wenn ein LStHV **nach der Anerkennung** seine Satzung so ändert, dass sie nicht mehr den Anforderungen des § 14 Abs. 1 entspricht, wenn der Versicherungsschutz in der Haftpflichtversicherung erlischt (§ 14 Abs. 2; Hess. FG, DStR 1994 S. 1440) oder wenn der Verein nicht mehr die Bezeichnung „Lohnsteuerhilfeverein" im Vereinsnamen führt (§ 18). Vorher ist dem LStHV eine angemessene Frist zur Herbeiführung eines dem Gesetz entsprechenden Zustandes zu setzen.

b) Abweichende tatsächliche Geschäftsführung (Abs. 2 Nr. 2)

5　Ein Unterschied zwischen der tatsächlichen Geschäftsführung und den satzungsmäßigen Erfordernissen kann insbesondere hinsichtlich der Voraussetzungen des § 14 Abs. 1 Nr. 1, 3, 5, 6, 7 und 8 vorliegen. Die Anerkennung ist daher zu widerrufen, wenn der LStHV seine Befugnisse überschreitet, d. h. unbeschränkt Hilfe in Steuersachen leistet, wenn er einen anderen als den satzungsmäßigen Namen führt, wenn er für die Hilfe in Lohnsteuer-

4. Verfahren 6–8 § 20

sachen neben dem Mitgliedsbeitrag ein zusätzliches Entgelt erhebt (BFH, BStBl. 1997 II S. 778), wenn der Vorstand ohne Zustimmung der Mitgliederversammlung Verträge mit dem Verein schließt oder wenn die Mitgliederversammlung nicht fristgerecht durchgeführt wird. Die Anerkennung ist weiterhin zu widerrufen, wenn der Verein die nach § 22 vorgeschriebene jährliche Geschäftsprüfung nicht vornehmen lässt. Aufgrund von Vorkommnissen in der Vergangenheit muss zu erwarten sein, dass die satzungwidrige Geschäftsführung auch **in Zukunft fortgesetzt** wird. Wenn die Mängel abgestellt worden sind und sichergestellt ist, dass sie sich nicht wiederholen, kommt ein Widerruf der Anerkennung nicht mehr in Betracht.

c) Nicht sachgemäße Hilfeleistung (Abs. 2 Nr. 3)

Nach § 26 Abs. 1 ist die Hilfeleistung in Lohnsteuersachen sachgemäß 6 auszuüben (vgl. § 26 Rdnr. 2); dies ist auch nach der Satzung sicherzustellen (§ 14 Abs. 1 Nr. 4). Bei einer nicht sachgemäßen Hilfeleistung kann sich eine Konkurrenz zwischen der **Aufsichtsbehörde** (§ 27) und der **Anerkennungsbehörde** (§ 15 Abs. 1) ergeben. Bei einer nicht sachgemäßen Tätigkeit ist zunächst zu prüfen, ob davon nur eine Beratungsstelle betroffen ist, so dass die Schließung dieser Beratungsstelle nach § 28 Abs. 3 in Betracht kommt. Nur wenn die sachgemäße Hilfeleistung in Lohnsteuersachen insgesamt oder eine ordnungsmäßige Geschäftsführung (FG Hamburg, EFG 1994 S. 683) nicht gewährleistet ist und auch in Zukunft nicht gewährleistet sein wird, ist die Anerkennung zu widerrufen. Eine nicht ordnungsgemäße Geschäftsführung setzt erhebliche Pflichtverstöße voraus. Es muss in schwerwiegender Weise gegen gewichtige gesetzliche Ge- oder Verbote verstoßen worden sein (FG Brandenburg, EFG 2002 S. 225). Hierzu zählt die nachhaltige Missachtung der nach dem StBerG obliegenden Verpflichtungen durch den Vorstand (FG Brandenburg, EFG 2001 S. 165). Zugleich muss für einen Widerruf im Rahmen einer Prognoseentscheidung feststehen, dass auch in Zukunft keine gesetzeskonforme Geschäftsführung zu erwarten ist. Dies ist zu bejahen, wenn nicht sichergestellt werden kann, dass sich die Mängel in der Zukunft nicht wiederholen (BFH v. 29. 8. 2001, Az.: VII – B – 33/01).

4. Verfahren

Gegen die Rücknahme- oder Widerrufsverfügung steht dem LStHV die 7 Beschwerde nach § 349 AO zu. Zuständig ist die oberste Landesbehörde. Nach erfolgloser Beschwerde ist der Rechtsweg zu den Finanzgerichten eröffnet. Einsprüche und Klage haben aufschiebende Wirkung, soweit die OFD nicht durch besondere Anordnung die hemmende Wirkung beseitigt (§ 164a Abs. 2 i. V. m. § 361 Abs. 4 AO und § 69 Abs. 5 FGO).

Neben der Rücknahme oder dem Widerruf der Anerkennung kann die 8 Aufsichtsbehörde die Ausübung der Hilfeleistung in Steuersachen mit sofortiger Wirkung untersagen, wenn es das öffentliche Interesse erfordert (§ 164a Abs. 2 Satz 2). Die **Untersagungsverfügung** ist ein selbstständiger Verwaltungsakt, gegen den wiederum Beschwerde und Klage vor dem Finanz-

§ 21 Aufzeichnungspflicht

gericht gegeben sind. In ihrer Wirkung kann sie sich teilweise mit der Rücknahme oder dem Widerruf der Anerkennung des LStHV überschneiden. Ordnet nämlich die OFD den sofortigen Vollzug der Rücknahme oder den Widerruf der Anerkennung an und wird dem Antrag auf Aussetzung der Vollziehung durch das Finanzgericht nicht stattgegeben, verliert der LStHV die Berechtigung zur Ausübung der Lohnsteuerhilfe, bevor über die Rücknahme der Anerkennung rechtskräftig entschieden ist, ohne dass die Hilfeleistung noch durch besondere Verfügung untersagt werden müsste. In analoger Anwendung von § 24 kann in diesen Fällen ein Beauftragter zur Abwicklung der schwebenden Lohnsteuerangelegenheiten bestellt werden.

3. Unterabschnitt. Pflichten

§ 21 Aufzeichnungspflicht

(1) Der Lohnsteuerhilfeverein hat sämtliche Einnahmen und Ausgaben fortlaufend und vollständig aufzuzeichnen. Die Aufzeichnungen sind unverzüglich und in deutscher Sprache vorzunehmen.

(2) Für einzelne Mitglieder des Lohnsteuerhilfevereins empfangene Beträge sind vom Vereinsvermögen getrennt zu erfassen und gesondert zu verwalten.

(3) Der Lohnsteuerhilfeverein hat bei Beginn seiner Tätigkeit und am Ende eines jeden Geschäftsjahres auf Grund einer für diesen Zeitpunkt vorgenommenen Bestandsaufnahme seine Vermögenswerte und Schulden aufzuzeichnen und in einer Vermögensübersicht zusammenzustellen.

(4) Die Belege und sonstigen Unterlagen sind geordnet zu sammeln und sechs Jahre aufzubewahren. Die Aufzeichnungen der Einnahmen und Ausgaben und die Vermögensübersichten sind zehn Jahre aufzubewahren. Im übrigen gelten für die Aufbewahrung der Belege, sonstigen Unterlagen, Aufzeichnungen und Vermögensübersichten die Vorschriften des Handelsgesetzbuches über die Aufbewahrung von Bilanzen, Inventaren, Belegen und sonstigen Unterlagen entsprechend.

(5) Sonstige Vorschriften über Aufzeichnungs- und Buchführungspflichten bleiben unberührt.

Übersicht

	Rdnr.
1. Allgemeines	1
2. Aufzeichnungs- und Aufbewahrungspflichten	2, 3
3. Getrennte Erfassung von Mitgliedergeldern	4

1. Allgemeines

1   Die LStHV werden häufig nicht unter die Buchführungsvorschriften nach §§ 141 ff. AO fallen. Um jedoch zu verhindern, dass die Geschäftsprüfung nach § 22 gegenstandslos wird, werden die LStHV verpflichtet, **Mindestaufzeichnungen** über ihre Einnahmen und Ausgaben sowie über ihre Vermögenslage vorzunehmen. Ein Verstoß gegen diese Verpflichtungen kann zum Widerruf der Anerkennung nach § 20 Abs. 2 Nr. 3 führen.

Geschäftsprüfung § 22

2. Aufzeichnungs- und Aufbewahrungspflichten

Bei Beginn seiner Tätigkeit, d. h. zu einem nach der Anerkennung liegenden Zeitpunkt, hat der LStHV den Bestand an Vermögenswerten und Schulden aufzuzeichnen und in einer Vermögensübersicht zusammenzustellen (Abs. 3). Während des Geschäftsjahres sind Einnahmen und Ausgaben **fortlaufend** aufzuzeichnen (Abs. 1), wobei eine geordnete Aufbewahrung der Kontoauszüge nebst Belegen genügt (BHStB, § 21 Rdnr. B 236); dies entspricht dem § 146 Abs. 1 AO. Auch zum Ende eines jeden Geschäftsjahres ist eine **Vermögensübersicht** zu erstellen (Abs. 3).

2

Die in Abs. 4 festgelegten **Aufbewahrungspflichten** entsprechen denen des § 147 Abs. 3 AO.

3

3. Getrennte Erfassung von Mitgliedergeldern

Gelder, die für Mitglieder empfangen worden sind, d. h. insbesondere Steuererstattungen, sind besonders zu erfassen und zu verwalten. Es soll damit im Insolvenzverfahren ein **Aussonderungsrecht** (vgl. § 47 InsO) der Mitglieder sichergestellt werden; die Gelder müssen daher auf einem Treuhand- oder Anderkonto eingezahlt und belassen werden.

4

§ 22 Geschäftsprüfung

(1) Der Lohnsteuerhilfeverein hat die Vollständigkeit und Richtigkeit der Aufzeichnungen und der Vermögensübersicht (§ 21 Abs. 1 bis 3) sowie die Übereinstimmung der tatsächlichen Geschäftsführung mit den satzungsmäßigen Aufgaben des Lohnsteuerhilfevereins jährlich innerhalb von sechs Monaten nach Beendigung des Geschäftsjahres durch einen oder mehrere Geschäftsprüfer prüfen zu lassen.

(2) Zu Geschäftsprüfern können nur bestellt werden
1. Personen und Gesellschaften, die nach § 3 zu unbeschränkter Hilfeleistung in Steuersachen befugt sind,
2. Prüfungsverbände, zu deren satzungsmäßigem Zweck die regelmäßige oder außerordentliche Prüfung der Mitglieder gehört, wenn mindestens ein gesetzlicher Vertreter des Verbandes Steuerberater, Steuerbevollmächtigter, Rechtsanwalt, niedergelassener europäischer Rechtsanwalt, Wirtschaftsprüfer oder vereidigter Buchprüfer ist.

(3) Als Geschäftsprüfer dürfen keine Personen tätig sein, bei denen die Besorgnis der Befangenheit besteht, insbesondere weil sie Vorstandsmitglied, besonderer Vertreter oder Angestellter des zu prüfenden Lohnsteuerhilfevereins sind.

(4) Den Geschäftsprüfern ist Einsicht in die Bücher und Aufzeichnungen sowie den Schriftwechsel des Vereins zu gewähren und eine Untersuchung des Kassenbestandes und der Bestände an sonstigen Vermögenswerten zu gestatten. Ihnen sind alle Aufklärungen und Nachweise zu geben, die für die Durchführung einer sorgfältigen Prüfung notwendig sind.

(5) Die Geschäftsprüfer sind zu gewissenhafter und unparteiischer Prüfung und zur Verschwiegenheit verpflichtet. Sie dürfen Geschäftsgeheimnisse, die

sie bei der Wahrnehmung ihrer Obliegenheiten erfahren haben, nicht unbefugt verwerten. Wer seine Obliegenheiten vorsätzlich oder grob fahrlässig verletzt, haftet dem Lohnsteuerhilfeverein für den daraus entstehenden Schaden. Mehrere Personen haften als Gesamtschuldner.

(6) **Die Geschäftsprüfer haben über das Ergebnis der Prüfung dem Vorstand des Lohnsteuerhilfevereins unverzüglich schriftlich zu berichten.**

(7) **Der Lohnsteuerhilfeverein hat**
1. **innerhalb eines Monats nach Erhalt des Prüfungsberichts, spätestens jedoch neun Monate nach Beendigung des Geschäftsjahres, eine Abschrift hiervon der zuständigen Oberfinanzdirektion zuzuleiten;**
2. **innerhalb von sechs Monaten nach Erhalt des Prüfungsberichts den wesentlichen Inhalt der Prüfungsfeststellungen den Mitgliedern schriftlich bekanntzugeben.**

Übersicht

	Rdnr.
1. Allgemeines	1
2. Geschäftsprüfer	2–4
3. Prüfungszeitraum	5
4. Gegenstand der Prüfung	6–8
5. Mitteilung des Prüfungsergebnisses	9–10

1. Allgemeines

1   Bei den LStHV besteht eine ähnliche **Interessenlage** wie bei den Genossenschaften; es handelt sich um Zusammenschlüsse einer größeren Zahl von Personen zum Erhalt und zur Sicherung von Dienstleistungen. Deswegen – aber auch um der Aufsichtsbehörde eine wirksame Überwachung zu ermöglichen – wird eine Geschäftsprüfung vorgeschrieben. Die Einzelheiten wurden weitgehend an die Vorschriften der §§ 53 ff. GenG angelehnt. Die für die Geschäftsprüfung maßgeblichen Einzelregelungen in den Abs. 1, 6 und 7 beinhalten eine Berufsausübungsregelung. Schutzbedürftige öffentliche Belange rechtfertigen die Durchführung einer ordnungsgemäßen Geschäftsprüfung sowie die Information der Mitglieder und Aufsichtsbehörden (FG Brandenburg, EFG 2002, S. 226). Wenn der Vorstand die Geschäftsprüfung nicht oder nicht rechtzeitig durchführen lässt, kann gegen seine Mitglieder nach § 162 Abs. 1 Nr. 2 ein Bußgeld festgesetzt werden. In schwerwiegenden Fällen ist auch ein Widerruf der Anerkennung nach § 20 Abs. 2 Nr. 2 möglich.

2. Geschäftsprüfer

2   Da die Geschäftsprüfung nicht nur eine vereinsinterne Angelegenheit ist, sondern auch der Aufsichtsbehörde eine wirksame Überwachung ermöglichen soll, müssen die Geschäftsprüfer nicht nur die erforderliche Sachkenntnis haben, sondern auch einer Berufsaufsicht unterliegen und dürfen nicht in einem Anstellungs- oder ähnlichen Verhältnis zu dem Verein stehen. Es sind deshalb nur **Personen** und **Gesellschaften** als Geschäftsprüfer zugelassen,

4. Gegenstand der Prüfung

die nach § 3 zur unbeschränkten Hilfeleistung in Steuersachen befugt sind. Den LStHV ist auch gestattet, einem **Prüfungsverband** beizutreten, der von seiner unter § 3 fallenden Person verantwortlich geleitet wird und nach seiner Satzung den Zweck haben muss, seine Mitglieder regelmäßig oder außerordentlich zu prüfen.

Die Geschäftsprüfer müssen die für einen Prüfer erforderliche **Unabhängigkeit** besitzen. Nach Abs. 3 darf die Prüfung daher nicht von Personen durchgeführt werden, bei denen die Besorgnis der Befangenheit oder die Möglichkeit einer Interessenkollision besteht. Hierunter fallen nicht nur die Mitglieder des Vereins, sondern auch alle Personen, die den Verein organisatorisch oder wirtschaftlich beraten, unterstützen, in sonstiger Weise für ihn tätig sind oder in enger verwandtschaftlicher Beziehung zu Vereinsorganen stehen (vgl. *Wilhelm,* BB 1985 S. 862). Wird die Geschäftsprüfung durch einen Prüfungsverband vorgenommen, darf der Verband nicht von Personen geleitet werden, die zugleich dem Vorstand des LStHV angehören oder in herausgehobener Stellung für ihn tätig sind. 3

Die **Rechte** und **Pflichten** der Prüfer sind in den Abs. 4–6 in Anlehnung an die §§ 58, 62 GenG im Einzelnen geregelt. 4

3. Prüfungszeitraum

Die Geschäftsprüfung ist **jährlich,** d. h. für jedes einzelne Geschäftsjahr vorzunehmen; es wurde davon abgesehen, den Prüfungszeitraum wie in § 53 GenG nach der Größe des LStHV unterschiedlich festzulegen. Mit der Verpflichtung, die Geschäftsprüfung innerhalb von sechs Monaten nach Beendigung des Geschäftsjahres durchführen zu lassen, soll eine zeitnahe Beurteilung der zu prüfenden Tatsachen sichergestellt werden. 5

4. Gegenstand der Prüfung

Die Geschäftsprüfung soll der Aufsichtsbehörde und den Mitgliedern aufzeigen, dass die gesetzlichen und satzungsmäßigen **Aufgaben** des LStHV **erfüllt** werden. Die Prüfung muss sich daher mit allen für die Beurteilung der Arbeit des Vereins wesentlichen Punkten befassen. Sie muss sich auf die Buchführung und auf die Geschäftsführung des LStHV erstrecken. Die Schwerpunkte der Prüfung sind in gleich lautenden Erlassen der Finanzverwaltung festgelegt (BStBl. 1980 I S. 717), die jedoch nicht in allen Punkten der neuen höchstrichterlichen Rspr. entsprechen (vgl. z.B. BGH, DStR 1989 S. 787). 6

Hinsichtlich der **Buchführung** sind die Unterlagen über die Einnahmen und Ausgaben auf ihre Vollständigkeit und Richtigkeit zu prüfen. Die Prüfung muss sich auf die vom LStHV nach § 21 Abs. 3 zu erstellende Vermögensübersicht erstrecken. Die Prüfer müssen sich von der Richtigkeit der Angaben über den Kassenbestand und die Bestände an sonstigen Vermögenswerten überzeugen. Außerdem ist festzustellen, ob die für die einzelnen Mitglieder empfangenen Beträge getrennt erfasst und gesondert verwaltet werden (§ 21 Abs. 2). 7

§ 23 Ausübung der Hilfeleistung

8 Hinsichtlich der **Geschäftsführung** ist zu prüfen, ob sie mit den satzungsmäßigen Aufgaben des LStHV übereinstimmt. Die Prüfung muss sich daher insbesondere darauf erstrecken, ob die Grundsätze für eine Selbsthilfeeinrichtung eingehalten worden sind (§ 14 Rdnr. 6, 10), ob und welche wirtschaftliche Tätigkeiten die Mitglieder der Vereinsorgane oder die Mitarbeiter in Verbindung mit der geschäftsmäßigen Hilfeleistung in Steuersachen ausüben (§ 26 Rdnr. 7), ob der LStHV bei der Vorfinanzierung behilflich ist (§ 26 Rdnr. 9), ob neben dem Beitrag besondere Entgelte erhoben werden (§ 14 Rdnr. 6), ob die Haftpflichtversicherung noch angemessen ist (§ 25 Rdnr. 8), ob die Rechte der Mitglieder nach §§ 14 Abs. 1 Nr. 6, 22 Abs. 7 Nr. 2 gewahrt worden sind und ob Anhaltspunkte dafür vorliegen, dass die sachgemäße Hilfeleistung in Steuersachen (§ 26 Rdnr. 2) nicht mehr sichergestellt erscheint.

5. Mitteilung des Prüfungsergebnisses

9 Die Geschäftsprüfer haben über das Ergebnis der Prüfung einen **schriftlichen Bericht** zu erstellen und diesen dem Vorstand des LStHV unverzüglich vorzulegen (Abs. 6). Für den Vorstand ergeben sich im Anschluss daran zwei Pflichten, deren Verletzung nach § 162 Abs. 1 Nr. 3 und 4 mit einem Bußgeld geahndet werden kann: Innerhalb eines Monats – spätestens jedoch neun Monate nach Beendigung des Geschäftsjahres – ist eine vollständige Abschrift des Berichts der **Aufsichtsbehörde** zuzuleiten; innerhalb von sechs Monaten ist den **Mitgliedern** der wesentliche Inhalt der Prüfungsfeststellungen – insbesondere auch die Einnahmen und Ausgaben des LStHV (Bay. OLG, StB 1986 S. 335) – schriftlich bekanntzugeben (s. im Einzelnen BStBl. 1980 I S. 717, 719). Eine Veröffentlichung in einer Vereinszeitschrift ist nur ausreichend, wenn die Satzung die Übersendung der Zeitschrift an jedes Mitglied vorschreibt.

10 Ein nachhaltiges Überschreiten der im Abs. 7 bestimmten Fristen hat ähnlich schwerwiegende Folgen wie die gänzliche Missachtung der Geschäftsprüfung (FG Brandenburg, EFG 2002 S. 226). Es kann dann keine zeitnahe Kontrolle der Geschäftsführung des Vorstandes stattfinden. Dadurch wird der Zweck der Geschäftsprüfungen verhindert und den Mitgliedern sowie der Allgemeinheit kann ein nachhaltiger und nicht mehr gutzumachender Schaden entstehen.

§ 23 Ausübung der Hilfeleistung in Steuersachen im Rahmen der Befugnis nach § 4 Nr. 11, Beratungsstellen

(1) **Die Hilfeleistung in Steuersachen im Rahmen der Befugnis nach § 4 Nr. 11 darf nur durch Personen ausgeübt werden, die einer Beratungsstelle angehören. Für jede Beratungsstelle ist ein Leiter zu bestellen. Er darf gleichzeitig nur eine weitere Beratungsstelle leiten.**

(2) **Der Lohnsteuerhilfeverein muß in dem Oberfinanzbezirk, in dem er seinen Sitz hat, mindestens eine Beratungsstelle unterhalten. Die Unterhaltung von Beratungsstellen in auswärtigen Oberfinanzbezirken ist zulässig.**

1. Allgemeines　　　　　　　　　　　　　　　　　　　　1 | § 23

(3) Der Lohnsteuerhilfeverein darf zum Leiter einer Beratungsstelle nur Personen bestellen, die
1. zu dem in § 3 Nr. 1 bezeichneten Personenkreis gehören oder
2. eine Abschlußprüfung in einem kaufmännischen Ausbildungsberuf bestanden haben oder eine andere gleichwertige Vorbildung besitzen und nach Abschluß der Ausbildung drei Jahre in einem Umfang von mindestens 16 Wochenstunden auf dem Gebiet der von den Bundes- oder Landesfinanzbehörden verwalteten Steuern praktisch tätig gewesen sind oder
3. mindestens drei Jahre auf den für die Beratungsbefugnis nach § 4 Nr. 11 einschlägigen Gebieten des Einkommensteuerrechts in einem Umfang von mindestens 16 Wochenstunden praktisch tätig gewesen sind; auf die mindestens dreijährige Tätigkeit können Ausbildungszeiten nicht angerechnet werden.

Zum Leiter einer Beratungsstelle darf nicht bestellt werden, wer sich so verhalten hat, daß die Besorgnis begründet ist, er werde die Pflichten des Lohnsteuerhilfevereins nicht erfüllen.

(4) Der Lohnsteuerhilfeverein hat der für den Sitz der Beratungsstelle zuständigen Oberfinanzdirektion mitzuteilen
1. die Eröffnung oder Schließung einer Beratungsstelle;
2. die Bestellung oder Abberufung des Leiters einer Beratungsstelle;
3. die Personen, deren sich der Verein bei der Hilfeleistung in Steuersachen im Rahmen der Befugnis nach § 4 Nr. 11 bedient.

(5) Der Mitteilung über die Bestellung des Leiters einer Beratungsstelle ist ein Nachweis darüber beizufügen, daß die Voraussetzungen des Absatzes 3 erfüllt sind.

(6) Eine Beratungsstelle darf ihre Tätigkeit nur ausüben, wenn sie und der Beratungsstellenleiter nach Überprüfung der in Absatz 3 genannten Voraussetzungen bei der zuständigen Aufsichtsbehörde (§ 27 Abs. 2) im Verzeichnis der Lohnsteuerhilfevereine eingetragen sind.

	Übersicht	Rdnr.
1.	Allgemeines	1
2.	Beratungsstellen	2–4
3.	Leiter der Beratungsstellen	5–12
4.	Überwachung	13, 14

1. Allgemeines

Ein LStHV muss mindestens eine Beratungsstelle unterhalten (Abs. 2　**1** Satz 1), die mit der „beruflichen Niederlassung" eines StB oder StBv (vgl. § 34 Rdnrn. 1, 2) zu vergleichen ist. Die Personen, deren sich der LStHV bei der Hilfeleistung in Steuersachen bedient (Abs. 4 Nr. 3), müssen nach Abs. 1 „einer Beratungsstelle angehören", d.h. ihre Tätigkeit von dort ausüben und in diese Beratungsstelle **organisatorisch eingegliedert** sein. Dadurch soll sichergestellt werden, dass die Hilfe in Lohnsteuersachen nur durch den Leiter der Beratungsstelle oder durch Personen, die seiner verantwortlichen Fachaufsicht unterstehen, geleistet wird. Die Bestimmung ist daher verfassungsrechtlich nicht zu beanstanden (BFHE 127, 100).

2. Beratungsstellen

2 Der Begriff der Beratungsstelle wird nicht definiert. Nach dem Ziel des Gesetzes ist jedoch davon auszugehen, dass sie **nach außen in Erscheinung** tritt, z. B. durch eine Beschilderung und Eintragung im Fernsprechbuch, und entsprechende Arbeitsräume unterhält, die zu vorher festgelegten Zeiten durch Mitarbeiter des LStHV besetzt sind (*Völzke,* DStZ/A 1975 S. 218; DB 1975 S. 2390). Sie muss für Mitglieder oder potentielle Mitglieder aufsuchbar sein (FG München v. 6. 2. 2002, Az: 4 – K – 2635/01). Zudem ist räumlich sicherzustellen, dass nicht gleichzeitig eine andere wirtschaftliche Tätigkeit (§ 26 Abs. 2) ausgeübt wird. Es ist jedoch erforderlich, dass die Beratungsleistung in der Beratungsstelle erbracht wird (OFD Hannover v. 26. 4. 2001, Az: S-0840–17-StH 554). An anderen Orten ist die Hilfeleistung nicht zulässig. Lediglich die Einrichtung vorübergehender Annahmestellen kommt grundsätzlich in Betracht (*Völzke,* a. a. O.; a. A. hinsichtlich der Annahmestellen *Killich,* DB, Beilage 7/82). Die Tätigkeit der Annahmestellen muss sich jedoch auf die bloße Entgegennahme von Anträgen, Unterlagen o. ä. beschränken, eine steuerliche Beratung darf nicht stattfinden. Soweit auswärtige Sprechtage abgehalten werden, darf der LStHV dort keine Leistungen erbringen, die nach Art, Umfang und zeitlicher Dauer üblicherweise in der Beratungsstelle vorgenommen werden, weil sonst die Mitteilungspflicht nach § 20 Abs. 4 Nr. 1 umgangen werden würde. Auch die Hilfe in den auswärtigen Sprechtagen darf nur durch den Leiter oder durch die Mitarbeiter der Beratungsstellen geleistet werden.

3 Ebenso wie StB, StBv und StBGes **weitere Beratungsstellen** unterhalten dürfen (§ 34 Abs. 2), ist dies den LStHVen erlaubt (Abs. 2 Satz 2), und zwar sowohl in dem OFD-Bezirk, in dem der Verein seinen Sitz hat, als auch in auswärtigen OFD-Bezirken. Eine Beratungsstelle wird jedoch nur dann unterhalten, wenn sie auch tatsächlich betrieben wird. Ein bloßes „Vorhalten" oder ein Ruhen der Tätigkeit von Beginn an reicht nach Abs. 2 Satz 1 nicht aus (FG München v. 6. 2. 2002, Az.: 4-K-2635/01). Die Zahl der Beratungsstellen ist nicht begrenzt; es müssen lediglich die Voraussetzungen des Abs. 1 Satz 3 und des Absatzes 3 erfüllt werden.

4 Die Beratungsstelle darf ihre Tätigkeit erst ausüben, wenn sie und der Beratungsstellenleiter nach Überprüfung der in Abs. 3 genannten Voraussetzungen bei der nach § 27 Abs. 2 zuständigen Aufsichtsbehörde im Verzeichnis der Lohnsteuerhilfevereine eingetragen ist (Abs. 6). Mit der **Eintragung** wird zugleich festgestellt, dass der Leiter über die erforderliche fachliche und persönliche Qualifikation verfügt.

3. Leiter der Beratungsstellen

5 Für jede Beratungsstelle muss ein **Leiter** bestellt werden, der Angestellter oder selbstständig tätig sein kann. Er ist für die sachgerechte Ausübung der Lohnsteuerhilfe in der Beratungsstelle verantwortlich ist und die Fachaufsicht über die in der Beratungsstelle tätigen Personen ausübt. Der Leiter darf

3. Leiter der Beratungsstellen 6–9 § 23

daneben nur noch eine weitere Beratungsstelle leiten und dies auch nur, wenn die räumlichen und organisatorischen Verhältnisse eine ausreichende Betreuung beider Beratungsstellen zulassen. Umgekehrt darf jede Beratungsstelle nur so groß sein, dass die notwendige organisatorische und fachliche Aufsicht und Leitung noch von einer Person bewältigt werden kann. Ist dies im Hinblick auf die Anzahl der betreuten Mitglieder oder in der Beratungsstelle tätigen Personen nicht der Fall, muss diese Beratungsstelle aufgeteilt werden (vgl. hierzu *Wilhelm,* StB 1989 S. 330, der in diesen Fällen de lege ferenda die Möglichkeit einer Delegierung von Aufgaben durch den Beratungsstellenleiter an qualifizierte Mitarbeiter fordert).

Die Anforderungen an den Leiter der Beratungsstelle (Abs. 3) sind durch 6 das 5. und 6. StBerÄG **verschärft** und neu geordnet worden; damit sollte eine qualifiziertere Beratung der Mitglieder von LStHV gewährleistet werden.

Unter die in Abs. 3 Nr. 1 genannten Personen fallen **StB, StBv, RAe,** 7 **niedergelassene europäische RAe, WP** und **vBP.** Bei ihnen brauchte im Hinblick auf ihre umfassende Vorbildung auf dem Gebiet der Steuerberatung oder allgemeinen Rechtsberatung keine Tätigkeit auf den in Abs. 3 Nr. 2 und 3 genannten Gebieten gefordert zu werden. StB und StBv können auch im Anstellungsverhältnis Leiter einer Beratungsstelle eines LStHV und – wenn die Beratungsstelle von seinem StB oder StBv geleitet wird – auch Mitarbeiter in einer Beratungsstelle sein (§ 58 Abs. 2 Nr. 3 u. 4).

StBGes, WPGes und **BPGes** können dagegen nicht zum Leiter einer 8 Beratungsstelle bestellt werden. Dies ergibt sich schon aus dem Vergleich des Wortlauts des Abs. 3 Nr. 1 und des § 22 Abs. 2 Nr. 1. In einer Gesellschaft wird die eigenverantwortliche Hilfe in Steuersachen nicht durch die Gesellschaften selbst, sondern durch die in ihr tätigen Berufsangehörigen geleistet; der Zweck des § 23 besteht jedoch gerade darin, die für die Ausübung der Lohnsteuerhilfe verantwortlichen Personen herauszustellen und zu erfassen (BFHE 136, 438).

Kaufmannsgehilfen und Personen mit gleichwertiger Vorbildung (Abs. 3 9 Nr. 2), also beispielsweise Fachangestellte in steuer- und wirtschaftsberatenden Berufen, dürfen Leiter einer Beratungsstelle sein, wenn sie nach Abschluss der Ausbildung drei Jahre auf dem Gebiet der von dem Bundes- oder Landesfinanzbehörden verwalteten Steuern (vgl. § 36 Rdnr. 21) in einem Umfang von mindestens 16 Wochenstunden praktisch tätig gewesen sind. Das Fertigen von Monatsabschlüssen eines Unternehmens als Grundlage für die Prüfung von dessen Kreditwürdigkeit ist regelmäßig nicht als eine solche Tätigkeit zu sehen (BFH, DStRE 2003 S. 506). Die Tätigkeit muss sich auf den **Kernbereich** der Berufstätigkeit beziehen, während Randgebiete des Steuerrechts, die diesen nur mittelbar berühren, nicht ausreichen. Bei der Auslegung des Begriffs „Umfang von mindestens 16 Wochenstunden" können die zu § 36 Abs. 1 dargestellten Hinweise herangezogen werden; (Nieders. FG, EFG 1994 S. 59). Die praktische Tätigkeit kann nicht durch theoretische Ausbildungszeiten (Nieders. FG, DStR 1994 S. 116) oder durch Prüfungen ersetzt werden (BFHE 127, 100). Abs. 3 Nr. 2 und 3 wurden an die § 6 Nr. 4 und § 36 Abs. 3 angepasst.

10 **Praktiker** (Abs. 3 Nr. 3) kommen als Leiter einer Beratungsstelle nur in Betracht, wenn sie mindestens drei Jahre auf den für die Beratungsbefugnis nach § 4 Nr. 11 einschlägigen Gebieten des Einkommensteuerrechts hauptberuflich (vgl. Rdnr. 9 und Niedersächsisches FG, EFG 1994, S. 59) tätig gewesen sind, wobei Ausbildungszeiten nicht angerechnet werden können. Es handelt sich dabei um Einkünfte aus nicht selbstständiger Tätigkeit, sonstigen Einkünften aus wiederkehrenden Bezügen (§ 22 Nr. 1 EStG), Einkünften aus Kapitalvermögen und Einkünften aus Vermietung und Verpachtung eines selbstgenutzen Einfamilienhauses, einer selbstgenutzen Eigentumswohnung oder eines teilweise als eigene Wohnung genutzten Zweifamilienhauses. Damit ist die bis zum 5. StBerÄG vorgenommene weite Auslegung des Begriffs „Lohnsteuerwesen" (vgl. BFHE 153, 472) überholt, die es ermöglicht hatte, dass der Beratungsstellenleiter während seiner Berufsausübung nur teilweise (BFHE 160, 373) oder überhaupt nicht mit Tätigkeiten befasst war, die zu seinem Aufgabengebiet gehören.

11 Zum Leiter darf nicht bestellt werden, wer sich so verhalten hat, dass die Besorgnis begründet ist, er werde die Pflichten des Lohnsteuerhilfevereins nicht erfüllen (Abs. 3 Satz 2). Eine solche Besorgnis ist zu bejahen, wenn der Beratungsstellenleiter in ungeordneten wirtschaftlichen Verhältnissen lebt, z. B. erhebliche Steuerschulden hat (BT-Drs. 1562, S. 59). Dies gilt auch für die in § 3 bezeichneten Personen. Die Entscheidung ist nicht in das Ermessen der Aufsichtsbehörde gestellt. Hinsichtlich der **persönlichen Zuverlässigkeit** sind strenge Anforderungen zu stellen (*Wilhelm*, DStR 1986 S. 178).

12 Über die Art der **Rechtsbeziehungen** zwischen dem LStHV und dem Beratungsstellenleiter enthält das Gesetz keine Vorschriften. Die Beratungsstellenleiter und Mitarbeiter können haupt- oder nebenberuflich, als Angestellte oder in freier Mitarbeit tätig werden (vgl. BFHE 109, 4).

4. Überwachung

13 Bereits mit dem Antrag auf Anerkennung als LStHV ist ein Nachweis darüber vorzulegen, dass die als Leiter von Beratungsstellen vorgesehenen Personen die Voraussetzungen des Abs. 3 erfüllen (§ 2 Nr. 4 DVLStHV). Die OFD wird bei der Bearbeitung des Anerkennungsantrages in doppelter Funktion tätig, nämlich als **Anerkennungsbehörde** für den Verein und als **Aufsichtsbehörde** für die Beratungsstelle. Mit der Anerkennung wird gleichzeitig zum Ausdruck gebracht, dass hinsichtlich der Berufung der Personen, die die im OFD-Bezirk gelegenen Beratungsstellen leiten sollen, kein Anlass zu Aufsichtsmaßnahmen besteht. Bei den in anderen OFD-Bezirken vorgesehenen Beratungsstellen steht der für die Anerkennung zuständigen OFD kein Aufsichtsrecht zu. Sie kann nur prüfen, ob offenkundige Hinderungsgründe gegen die als Leiter von Beratungsstellen in Aussicht genommenen Personen bestehen und dies in Form von Auflagen zum Ausdruck bringen. Die endgültige Entscheidung trifft die für die Aufsicht zuständige OFD.

14 Die in Abs. 4 und 5 festgelegten **Anzeigepflichten** sollen der OFD die Aufsicht erleichtern. Die in Abs. 4 genannten Sachverhalte sind unverzüglich mitzuteilen; der Inhalt dieser Mitteilung wird in den §§ 4a, 4b DVLStHV in verfassungsmäßig zulässiger Weise konkretisiert (BFHE 179, 529). Ein Verstoß gegen die Anzeigepflicht kann nach § 162 Abs. 1 Nr. 6 mit einem Bußgeld geahndet werden.

§ 24 Abwicklung der schwebenden Steuersachen im Rahmen der Befugnis nach § 4 Nr. 11

(1) Ist die Anerkennung als Lohnsteuerhilfeverein erloschen, zurückgenommen oder widerrufen worden, so kann die Oberfinanzdirektion auf Antrag erlauben, daß der Verein einen Beauftragten zur Abwicklung der schwebenden Steuersachen im Rahmen der Befugnis nach § 4 Nr. 11 bestellt.

(2) Zum Beauftragten darf nur bestellt werden, wer die in § 23 Abs. 3 bezeichneten Voraussetzungen erfüllt.

(3) Die Erlaubnis nach Absatz 1 darf längstens für die Dauer von sechs Monaten erteilt werden; sie kann jederzeit widerrufen werden.

(4) § 70 Abs. 2 und 3 gilt sinngemäß.

Übersicht

	Rdnr.
1. Allgemeines	1
2. Bestellung eines Abwicklers	2
3. Aufgaben des Abwicklers	3, 4

1. Allgemeines

Das Erlöschen, die Rücknahme oder der Widerruf der Anerkennung **1** (§ 19 Abs. 1 Nr. 2, 3; 20) sind nicht mit dem Erlöschen des Vereins gleichzusetzen. Der Verein verliert lediglich das Recht, geschäftsmäßig Hilfe in Lohnsteuersachen zu leisten. Da der Verlust dieses Rechts auch die Mitglieder berührt, die dem Verein die Erledigung ihrer Angelegenheiten übertragen haben, ist zum **Schutz der Mitglieder** die Möglichkeit vorgesehen, für einen Zeitraum von höchstens sechs Monaten einen Beauftragten zur Abwicklung der schwebenden Lohnsteuerangelegenheiten zu bestellen. Diese Regelung entspricht dem § 70.

2. Bestellung eines Abwicklers

Der Beauftragte zur Abwicklung wird nicht von der OFD, sondern vom **2** **Vorstand,** bei Auflösung des Vereins vom Liquidator (§ 76 BGB) des Vereins bestellt. Die **OFD** erteilt nur auf Antrag die erforderliche Erlaubnis, ohne die der Beauftragte unbefugt Hilfe in Steuersachen leisten würde. Auch nach § 3 zu unbeschränkten Hilfeleistung in Steuersachen befugte Personen dürfen nicht ohne Erlaubnis der OFD zu Abwicklern bestellt werden. StB oder StBv, die dem zuwider handeln, leisten insoweit allerdings keine unbefugte Hilfe in Steuersachen, sondern begehen eine Berufspflichtverletzung

§ 25　Haftungsausschluß, Haftpflichtversicherung

nach § 57. Auf die Erteilung der Erlaubnis besteht kein Rechtsanspruch, sondern sie ist eine Ermessensentscheidung. Lediglich bei einem bedeutenden Schutzbedürfnis der Mitglieder, z.B. bei vielen noch offen stehenden Angelegenheiten nach § 4 Nr. 11 kann eine Ermessensreduzierung auf einen Beauftragten in Betracht kommen. Der Beauftragte muss die Qualifikation eines Leiters einer Beratungsstelle haben (Abs. 2; s. § 23 Rdnr. 5–10).

3. Aufgaben des Abwicklers

3　Der Beauftragte ist nicht mit dem Liquidator des Vereins nach § 76 BGB gleichzusetzen. Er hat vielmehr nur die Aufgabe, die **schwebenden Lohnsteuerangelegenheiten** abzuwickeln. Mit der Bearbeitung muss beim Erlöschen, der Rücknahme oder dem Widerruf bereits begonnen worden sein, d. h. einer Beratungsstelle müssen mindestens die Unterlagen des Mitglieds für den Auftrag auf Durchführung des Lohnsteuerjahresausgleichs oder die Einkommensteuererklärung vorgelegen haben. Mit der Erteilung des Steuerbescheids ist die Angelegenheit abgeschlossen, auch wenn das Finanzamt dabei von den Angaben in der Steuererklärung abgewichen ist. Ist dagegen im Zeitpunkt der Bestellung des Beauftragten bereits ein außergerichtlicher Rechtsbehelf eingelegt worden, handelt es sich insoweit um eine schwebende Angelegenheit, die dieser noch abwickeln darf. Aus dem kurz bemessenen Zeitraum für die Abwicklungstätigkeit wird man allerdings schließen können, dass dies nicht für bei Gericht anhängige Rechtsbehelfe gilt, weil gerichtliche Verfahren kaum innerhalb des vom Gesetz vorgesehenen Zeitraums von sechs Monaten abgeschlossen werden können. Neue Aufträge darf der Beauftragte nicht übernehmen.

4　Der Beauftragte wird **eigenverantwortlich,** jedoch im Namen und für Rechnung des Vereins tätig. Seine Rechte und Pflichten sind denen eines Praxisabwicklers angeglichen (Abs. 4), wobei die OFD an die Stelle der Steuerberaterkammer tritt.

§ 25 Haftungsausschluß, Haftpflichtversicherung

(1) **Bei der Hilfeleistung in Steuersachen im Rahmen der Befugnis nach § 4 Nr. 11 für die Mitglieder kann die Haftung des Vereins für das Verschulden seiner Organe und Angestellten nicht ausgeschlossen werden.**

(2) **Die Lohnsteuerhilfevereine müssen gegen die sich aus der Hilfeleistung in Steuersachen im Rahmen der Befugnis nach § 4 Nr. 11 ergebenden Haftpflichtgefahren angemessen versichert sein. Zuständige Stelle im Sinne des § 158 c Abs. 2 des Gesetzes über den Versicherungsvertrag ist die Oberfinanzdirektion.**

(3) **§ 68 gilt entsprechend.**

	Übersicht	Rdnr.
1. Haftungsausschluss		1, 2
2. Haftpflichtversicherung		
a) Versicherungspflicht		3–5

2. Haftpflichtversicherung 1–5 § 25

	Rdnr.
b) Höhe der Versicherungssumme	6, 7
c) Selbstbehalt	8
3. Verjährung von Ersatzansprüchen	9

1. Haftungsausschluss

Abs. 1 ergänzt die allgemeinen Bestimmungen über das Verbot des Haf- **1**
tungsausschlusses. Nach § 276 Abs. 2 BGB kann die Haftung wegen Vorsatzes der Organe des Vereins nicht im Voraus ausgeschlossen werden. Ein Haftungsausschluss bei grobem Verschulden durch allgemeine Geschäftsbedingungen ist nach § 309 Nr. 7 BGB unwirksam. Durch Abs. 1 werden auch die anderen Fälle des Haftungsausschlusses, z. B. auf Grund einer **Satzungsbestimmung** oder **Einzelvereinbarung** oder bei leichter Fahrlässigkeit untersagt. Eine dem Abs. 1 widersprechende Satzungsbestimmung oder Vereinbarung ist nach § 134 BGB nichtig.

Vom Haftungsausschluss, d. h. dem Ausschluss jeder Haftung dem Grunde **2**
nach, ist die **Haftungsbeschränkung**, d. h. die Begrenzung der Haftung der Höhe nach zu unterscheiden. Eine Haftungsbeschränkung ist – abgesehen von § 309 Nr. 7 BGB – grundsätzlich nicht untersagt, es sei denn, dass sie wegen der geringen Höhe der Haftungssumme praktisch einem Haftungsausschluss gleichkommt. Im Hinblick auf die Versicherungspflicht und die bei der Hilfeleistung in Lohnsteuersachen in Betracht kommenden niedrigen Schadenssummen im Einzelfall wird für eine Haftungsbegrenzung kein praktisches Bedürfnis bestehen.

2. Haftpflichtversicherung

a) Versicherungspflicht

Abs. 2 entspricht dem § 67. Die Versicherungspflicht des LStHV **beginnt** **3**
mit der Anerkennung; die Anerkennung darf nur ausgesprochen werden, wenn das Bestehen einer Haftpflichtversicherung nachgewiesen wird (§ 14 Abs. 2). Dieser Nachweis ist nur erbracht, wenn nach dem Versicherungsvertrag der Versicherungsschutz spätestens mit der Anerkennung als LStHV voll wirksam wird. Es genügt also nicht nur der Abschluss eines Versicherungsvertrages, sondern es muss der Versicherungsschutz durch Prämienzahlung in Kraft getreten sein.

Bei Vorlage einer vorläufigen Deckungszusage kann die Anerkennung des LStHV nur unter der Auflage erfolgen, den Abschluss des Versicherungsvertrages und die Zahlung der Prämie in geeigneter Form (z. B. durch eine Bestätigung des Versicherers) kurzfristig nachzuweisen.

Die OFD wird als **zuständige Stelle** im Sinne des § 158 c Abs. 2 VVG **4**
von dem Erlöschen des Versicherungsschutzes benachrichtigt. Sie muss innerhalb eines Monats auf eine sofortige Wiederinkraftsetzung hinwirken; anderenfalls ist die Anerkennung nach § 20 Abs. 2 Nr. 1 zu widerrufen.

Ein LStHV kann seine Verpflichtung zum Abschluss einer Haftpflichtver- **5**
sicherung nicht dadurch erfüllen, dass er durch einen Vertrag mit einem

zum Beratungsstellenleiter bestellten StB oder StBv etwaige Haftungsansprüche gegen den Verein als **unmittelbare Ansprüche** gegen den StB oder StBv erklärt, die durch dessen Haftpflichtversicherung abgedeckt werden.

b) Höhe der Versicherungssumme

6   Das Gesetz hat keine Mindestversicherungssumme festgelegt, sondern fordert nur eine „angemessene" Versicherungssumme. Die Versicherungsunternehmen gehen von einer **Mindestdeckungssumme** von 50 000,- € aus. Dieser Betrag ist auch mindestens erforderlich; es ist zu berücksichtigen, dass nach den Versicherungsbedingungen sämtliche Folgen eines Verstoßes als ein einziger Schadensfall anzusehen sind, so dass ein Fehler eine Vielzahl von Schadensersatzansprüchen auslösen kann. Aus diesem Grunde kann eine Mindestdeckungssumme, die sich an dem durchschnittlichen Erstattungsbetrag aus dem Lohnsteuerjahresausgleich ausrichtet, nicht als „angemessen" anerkannt werden.

7   Der Höchstbetrag der jährlichen Leistungsverpflichtung wird nach den Versicherungsverträgen in der Regel auf das Zweifache der vereinbarten Versicherungssumme begrenzt, so dass bei einer Versicherungssumme von 50 000,- € die Jahreshöchstleistung 100 000,- € beträgt. Diese Summe reicht **bei größeren Vereinen** nicht aus, so dass bei einer Mitgliederzahl von mehr als 50 000 Personen für jede weiteren angefangenen 50 000 Mitglieder der Jahreshöchstbetrag um das Einfache der vereinbarten Versicherungssumme zu erhöhen ist. Alternativ sind die Versicherungssummen an den jährlichen Gesamteinnahmen aus Mitgliedsbeiträgen auszurichten.

c) Selbstbehalt

8   Die Vereinbarung eines **Selbstbehalts** ist grundsätzlich zulässig. Bezüglich dessen Höhe ist jedoch zu berücksichtigen, dass der LStHV als Selbsthilfeeinrichtung nicht darauf angelegt ist, größere Vereinsvermögen, das zur Befriedigung von Schadensersatzansprüchen herangezogen werden könnte, zu erwerben. Das typische Haftungsrisiko des LStHV ist weniger durch hohe Einzelschäden als vielmehr durch eine Vielzahl kleinerer Schäden gekennzeichnet. Der Selbstbehalt darf daher nicht so hoch bemessen werden, dass dadurch die vollständige Befriedigung aller Schadensersatzansprüche gefährdet ist. Unter diesen Umständen erscheint – wenn nicht besondere Umstände im Einzelfall vorliegen – die Vereinbarung eines Selbstbehalts von über 250,- € als bedenklich. Oftmals wird ein Mindestselbstbehalt von 50,- € vorgegeben.

3. Verjährung von Ersatzansprüchen

9   Schadensersatzansprüche gegen LStHV **verjähren** nach den §§ 195 ff. BGB. Durch Abs. 3, der durch das 5. StBerÄG eingefügt wurde, ist die frühere Rechtsprechung (OLG München, NJW 1988 S. 1030) überholt. Für LStHV gilt eine vergleichbare Haftung und Schadensersatzverpflichtung wie für die Angehörigen des steuerberatenden Berufes. Es wurde lediglich ver-

2. Pflichten 1, 2 § 26

gessen, auch eine Aufhebung des Abs. 3 vorzusehen, obgleich § 68 nicht mehr besteht.

§ 26 Allgemeine Pflichten der Lohnsteuerhilfevereine

(1) **Die Hilfeleistung in Steuersachen im Rahmen der Befugnis nach § 4 Nr. 11 ist sachgemäß, gewissenhaft, verschwiegen und unter Beachtung der Regelungen zur Werbung (§ 8) auszuüben.**

(2) **Die Ausübung einer anderen wirtschaftlichen Tätigkeit in Verbindung mit der Hilfeleistung in Steuersachen im Rahmen der Befugnis nach § 4 Nr. 11 ist nicht zulässig.**

(3) **Alle Personen, deren sich der Verein bei der Hilfeleistung in Steuersachen im Rahmen der Befugnis nach § 4 Nr. 11 bedient, sind zur Einhaltung der in den Absätzen 1 und 2 bezeichneten Pflichten anzuhalten.**

(4) **Die Handakten über die Hilfeleistung in Steuersachen im Rahmen der Befugnis nach § 4 Nr. 11 sind auf die Dauer von sieben Jahren nach Abschluß der Tätigkeit des Vereins in der Steuersache des Mitgliedes aufzubewahren. § 66 ist sinngemäß anzuwenden.**

Übersicht Rdnr.

1. Allgemeines 1
2. Pflichten
    a) Sachgemäße Hilfeleistung 2
    b) Gewissenhaftigkeit 3
    c) Verschwiegenheit 4–6
    d) Werbeverbot 7
3. Wirtschaftliche Tätigkeit 8–10
4. Überwachung der Mitarbeiter 11
5. Handakten 12

1. Allgemeines

In Abs. 1 und 2 werden die **allgemeinen Pflichten** der LStHV festgelegt; diese entsprechen weitgehend den Berufspflichten der StB und StBv nach § 57 Abs. 1, 4 Nr. 1. Die Überwachungspflicht nach Abs. 3 geht über die Belehrungspflicht für StB und StBv hinaus. Abs. 4 entspricht dem § 66. 1

2. Pflichten

a) Sachgemäße Hilfeleistung

In Abweichung von § 57 Abs. 1 wird gefordert, dass die Hilfeleistung nach § 4 Nr. 11 sachgemäß auszuüben ist; in § 57 wäre ein solcher Hinweis überflüssig, weil sich die Sachkunde der StB und StBv bereits aus ihrer beruflichen Qualifikation ergibt. Sachgemäß ist eine Hilfeleistung nach § 4 Nr. 11, wenn sie **materiell richtig und vollständig** ist, d. h. wenn einerseits die dem Auftraggeber zustehenden Rechte ausgeschöpft, andererseits aber keine unwahren Angaben gemacht werden. Eine Interessenkollision steht einer sachgemäßen Hilfeleistung entgegen. Dies kann bei einem Interessengegensatz zwischen der Beratung des Steuerpflichtigen und einer Haf- 2 tungsgefahr gegenüber einem Kreditinstitut bei der Ermittlung des Steuererstattungsanspruchs für eine Vorfinanzierung der Fall sein. Die Aufsicht über die LStHV bezieht sich auch auf die sachgemäße Hilfeleistung; das wird durch § 20 Abs. 2 Nr. 3 bestätigt, wonach die Anerkennung zu widerrufen ist, wenn eine sachgemäße Hilfeleistung nicht gewährleistet ist. Die Aufsichtsbehörde darf daher auch einzelne Lohnsteuerjahresausgleiche bzw. Einkommensteuererklärungen der Vereinsmitglieder auf ihre materielle Richtigkeit hin überprüfen (vgl. § 28 Rdnr. 2).

b) Gewissenhaftigkeit

3   Die gewissenhafte Hilfeleistung betrifft insbesondere die Art, **wie** die Aufgaben ausgeführt werden, die dem LStHV übertragen sind. Es sind hierfür die Grundsätze entsprechend anzuwenden, die für StB und StBv gelten (s. § 57 Rdnr. 38 ff.).

c) Verschwiegenheit

4   **Alle Personen,** deren sich der LStHV bei der Hilfeleistung nach § 4 Nr. 11 bedient, müssen Verschwiegenheit über das bewahren, was ihnen in Ausübung oder bei Gelegenheit ihrer Tätigkeit bekannt geworden ist und soweit es die Verhältnisse der Auftraggeber betrifft. Es gelten insoweit die Ausführungen zu § 57 Rdnr. 55 ff. entsprechend.

5   Ein **Verstoß** gegen die Verschwiegenheitspflicht kann Maßnahmen der Aufsichtsbehörde auslösen, ist jedoch nicht mit Strafe bedroht, weil § 203 StGB die Mitarbeiter von LStHV nicht erwähnt. Im Zivilprozess besteht ein Zeugnisverweigerungsrecht nach § 383 Abs. 1 Nr. 6 ZPO, nicht dagegen im Strafprozess (§ 53 StPO).

6   Im Unterschied zu den Angehörigen der steuerberatenden Berufe steht nach dem klaren Wortlaut von § 102 AO den Organen des LStHV und den die Hilfeleistung nach § 4 Nr. 11 ausübenden Personen ein **Auskunftsverweigerungsrecht** gegenüber der Finanzverwaltung nicht zu. Die unterschiedliche Regelung findet ihre sachliche Berechtigung darin, dass die Ausübung der Hilfe nach § 4 Nr. 11 von keiner fachlich nachgewiesenen Qualifikation abhängig ist und deshalb die Befugnisse der Finanzbehörden im Interesse des Schutzes der Vereinsmitglieder vor unsachgemäßer Beratung durch den LStHV hier weitergehender sein müssen als bei den in § 3 genannten Personen. Umgekehrt können sich Angehörige der steuerberatenden Berufe, die für einen LStHV tätig sind, auf ihr Auskunftsverweigerungsrecht nach § 102 AO berufen, sofern die verlangten Auskünfte von der Pflicht zur Verschwiegenheit umfasst werden (ebenso *Wilhelm,* DB 85 S. 1371).

d) Werbeverbot

7   Das Werbeverbot wird durch § 8 Abs. 2 eingeschränkt. Siehe hierzu § 8.

3. Wirtschaftliche Tätigkeit

8   Der Begriff der wirtschaftlichen Tätigkeit ist weiter zu ziehen als der der gewerblichen Tätigkeit. Hierunter ist **jede Beteiligung am wirtschaftli-**

chen **Verkehr** zu verstehen, auch wenn sie unselbstständig, nur vorübergehend oder freiberuflich ausgeübt wird. Durch das Verbot der wirtschaftlichen Tätigkeit soll sichergestellt werden, dass die Lage der Ratsuchenden nicht durch den Abschluss von Geschäften ausgenutzt wird, mit denen ein Steuerpflichtiger, der einen LStHV aufsucht, nicht zu rechnen braucht, z. B. durch die Vermittlung von Versicherungen oder Krediten; es umfasst aber auch die Zusammenarbeit mit einem Datenverarbeitungsunternehmen (BFH, StB 1987 S. 239).

Allerdings ist die wirtschaftliche Tätigkeit nur „**in Verbindung** mit der Hilfeleistung in Steuersachen" unzulässig. Danach ist gegen die Beschäftigung von Mitarbeitern, die außerdem eine andere wirtschaftliche Tätigkeit ausüben, z. B. als Versicherungs- oder Bausparkassenvertreter, grundsätzlich nichts einzuwenden. Jedoch setzt die Beschäftigung von Personen, die neben ihrer Mitarbeit in der Beratungsstelle eines Lohnsteuerhilfevereins einen Beruf dieser oder einer ähnlichen Art ausüben, die Sicherstellung einer klaren zeitlichen und räumlichen Trennung der Hilfe in Steuersachen nach § 4 Nr. 11 von der anderen Tätigkeit voraus. Eine Bürogemeinschaft ist nur zulässig, wenn der Raum, in dem die Hilfe in Steuersachen nach § 4 Nr. 11 ausgeübt wird, keine für die die Beratungsstelle aufsuchenden Mitglieder des Lohnsteuerhilfevereins sichtbaren Hinweise auf die andere Tätigkeit des Mitarbeiters enthält (*Völzke*, DB 1975 S. 2391; BFH, StB 1987 S. 239). Zur gewerblichen Tätigkeit eines Beratungsstellenleiters, der nicht zu den Personen nach § 3 gehört, vgl. BayVGH, StB 1996 S. 313).

9

Unzulässig ist auch die **Vorfinanzierung** von Steuererstattungsansprüchen (BFHE 135, 136); das ergibt sich auch schon aus § 46 Abs. 4 AO (vgl. auch OLG Düsseldorf, ZIP 1982 S. 303). Zur unzulässigen wirtschaftlichen Tätigkeit gehört auch die Verflechtung der für einen LStHV tätigen Personen mit Finanzierungs- und Finanzierungsvermittlungsunternehmen, wenn nicht eine eindeutige Trennung vorliegt, d. h. die Finanzierung darf nicht im Zusammenhang mit der Hilfeleistung in Steuersachen nach § 4 Nr. 11 angeboten werden. Die Ausstellung von Bescheinigungen über die voraussichtliche Höhe eines Steuererstattungsanspruchs ist jedoch zulässig (BGH, StB 1993 S. 223), sofern der LStHV erst dann eine Bescheinigung erstellt und aushändigt, wenn ein Mitglied den Wunsch einer Vorfinanzierung äußert (OFD Hannover, Vfg. v. 26. 4. 2001; Az.: S-0840-17-StH 554). Damit liegt eine unzulässige wirtschaftliche Betätigung nach Abs. 2 vor, wenn der LStHV eine Vorfinanzierung anregt oder Einfluss auf die Auswahl der Bank nimmt.

10

4. Überwachung der Mitarbeiter

Der Vorstand des LStHV ist verpflichtet, alle Personen, deren sich der Verein bei der Hilfeleistung in Steuersachen nach § 4 Nr. 11 bedient, d. h. die Leiter der Beratungsstellen und die Personen, die einer Beratungsstelle angehören, zur Einhaltung der in den Absätzen 1 und 2 bezeichneten Pflichten anzuhalten. Dies erfordert sowohl eine **Belehrung** als auch eine laufende **Überwachung**.

11

5. Handakten

12 Für die Aufbewahrung von Handakten ist § 66 entsprechend anzuwenden. Die Aufbewahrungspflicht endet sieben Jahre nach Abschluss der Tätigkeit des Vereins in der Steuersache (§ 4 Nr. 11) des betreffenden Mitglieds.

Vierter Unterabschnitt. Aufsicht

§ 27 Aufsichtsbehörde

(1) **Die Oberfinanzdirektion (Aufsichtsbehörde) führt die Aufsicht über die Lohnsteuerhilfevereine, die ihren Sitz im Oberfinanzbezirk haben.**

(2) **Der Aufsicht durch die Oberfinanzdirektion unterliegen auch alle im Oberfinanzbezirk bestehenden Beratungsstellen. Die im Wege der Aufsicht getroffenen Feststellungen sind der für den Sitz des Lohnsteuerhilfevereins zuständigen Oberfinanzdirektion mitzuteilen.**

(3) **Die Finanzbehörden teilen der zuständigen Aufsichtsbehörde die ihnen bekannten Tatsachen mit, die den Verdacht begründen, daß ein Lohnsteuerhilfeverein gegen Vorschriften dieses Gesetzes verstoßen hat.**

Übersicht	Rdnr.
1. Zuständige Aufsichtsbehörde	1, 2
2. Umfang und Mittel der Aufsicht	3
3. Mitteilungspflicht	4–6

1. Zuständige Aufsichtsbehörde

1 Die OFD ist als Anerkennungsbehörde (§ 15 Abs. 1) und als Aufsichtsbehörde tätig. Der Aufsicht einer OFD unterliegen alle LStHV, die ihren **Sitz** im Oberfinanzbezirk haben (Abs. 1). Die Übertragung der Aufsicht über die LStHV auf die OFD ist verfassungsrechtlich nicht zu beanstanden (BFHE 153, 277; BVerfG, HFR 1991 S. 723).

2 Außerdem ist OFD für die Aufsicht über alle im Oberfinanzbezirk bestehenden **Beratungsstellen** zuständig, und zwar auch von LStHV, die ihren Sitz in einem anderen Oberfinanzbezirk haben (Abs. 2 Satz 1). In diesem Fall bestehen zwei Aufsichtsbehörden, weil die OFD, in deren Bezirk sich der Sitz der LStHV befindet, für den Verein insgesamt zuständig bleibt. Die Befugnisse der für die Aufsicht einer Beratungsstelle nach Abs. 2 Satz 1 zuständigen OFD sind nicht auf die Maßnahmen nach § 28 Abs. 1 und 2 beschränkt (FG Hamburg, EFG 84, 412). Sie kann auch die Schließung einer Beratungsstelle nach § 28 Abs. 3 anordnen. Absatz 2 Satz 2 steht dem nicht entgegen, weil die Mitteilung etwaiger Pflichtverletzungen der Beratungsstelle an die für den Sitz des LStHV zuständigen OFD der Überwachung des LStHV insgesamt dient und Anlass für weitergehende Aufsichtsmaßnahmen gegen den Verein, wie z.B. den Widerruf der Anerkennung nach § 20 Abs. 2 sein kann. Hierfür ist nur die OFD zuständig, in deren Bezirk sich der Sitz des Vereins befindet.

2. Umfang und Mittel der Aufsicht

Die Aufsicht erstreckt sich darauf, dass die LStHV ihre insbesondere in den §§ 21 ff. festgelegten Pflichten erfüllen. Aufsichtsmaßnahmen der OFD können im Rahmen von § 159 i. V. m. §§ 328 ff. AO zwangsweise durchgesetzt werden. Bei **Verstößen** können – neben Ermahnungen und Belehrungen – die Verhängung eines Bußgeldes (§§ 162, 163), die Schließung einer Beratungsstelle (§ 28 Abs. 3) und der Widerruf der Anerkennung (§ 20 Abs. 2) in Betracht kommen. 3

3. Mitteilungspflicht

Nach Absatz 3 haben die **Finanzämter** und andere Finanzbehörden Tatsachen, die den Verdacht eines Verstoßes gegen Vorschriften dieses Gesetzes begründen, der zuständigen Aufsichtsbehörde mitzuteilen. Der Vorschrift kommt im Hinblick auf den Schutz der Mitglieder vor fehlerhafter Beratung durch den LStHV besondere Bedeutung zu, weil Verstöße gegen die Pflicht zur sachgemäßen, d. h. materiell richtigen Lohnsteuerhilfe i. d. R. nur den Finanzämtern im Besteuerungsverfahren der Vereinsmitglieder bekannt werden. Die Mitteilung der hierbei erlangten Kenntnisse an die OFD stellt nach § 30 Abs. 4 Nr. 2 AO keine Verletzung des Steuergeheimnisses dar. 4

Es besteht kein Unterschied zu § 10. Die Finanzbehörden sind zur Mitteilung **verpflichtet,** ein Ermessensspielraum besteht nicht (OFD Hannover, Vfg. v. 26. 4. 2001, Az: S – 0840–17 StH 554). Absatz 3 ist auch dann anwendbar, wenn die Tatsachen, die den Verdacht einer Pflichtverletzung des Vereins begründen, zugleich auch den Verdacht einer Berufspflichtverletzung einer unter § 3 fallenden Person begründen. Unabhängig von der Regelung in Abs. 3 ist der Verdacht einer Berufspflichtverletzung von in § 3 aufgeführten Personen nach § 10 den zuständigen Stellen mitzuteilen. 5

Zuständige Aufsichtsbehörde im Sinne des Abs. 3 ist die OFD, in deren Bezirk die Beratungsstelle liegt, bei der Verstöße festgestellt wurden. Diese hat die erforderlichen Feststellungen zu treffen und nach Abs. 2 Satz 2 der für den Sitz des Vereins zuständigen OFD mitzuteilen. 6

§ 28 Pflicht zum Erscheinen vor der Aufsichtsbehörde, Befugnisse der Aufsichtsbehörde

(1) **Die Mitglieder des Vorstandes eines Lohnsteuerhilfevereins und die Personen, deren sich der Verein bei der Hilfeleistung in Steuersachen im Rahmen der Befugnis nach § 4 Nr. 11 bedient, haben auf Verlangen vor der Aufsichtsbehörde zu erscheinen, Auskunft zu geben sowie Handakten und Geschäftsunterlagen vorzulegen.**

(2) Die von der Oberfinanzdirektion mit Aufsicht betrauten Amtsträger sind berechtigt, die Geschäftsräume der Lohnsteuerhilfevereine und der in Absatz 1 bezeichneten Personen während der Geschäfts- und Arbeitszeiten zu betreten, um Prüfungen vorzunehmen oder sonst Feststellungen zu treffen, die zur Ausübung der Aufsicht für erforderlich gehalten werden.

§ 28 1–3 Pflicht zum Erscheinen, Befugnisse der Aufsichtsbehörde

(3) **Ist für eine Beratungsstelle ein Leiter nicht vorhanden oder erfüllt die zum Leiter bestellte Person nicht die in § 23 Abs. 3 bezeichneten Voraussetzungen oder ist in einer Beratungsstelle die Einhaltung der in § 26 bezeichneten Pflichten nicht gewährleistet, so kann die Aufsichtsbehörde die Schließung dieser Beratungsstelle anordnen.**

Übersicht	Rdnr.
1. Prüfungsrecht	1–4
2. Schließung einer Beratungsstelle	5–6

1. Prüfungsrecht

1 Die in Absatz 1 festgelegten Pflichten zum Erscheinen vor der Aufsichtsbehörde, zur Auskunftserteilung und zur Vorlage der Akten entsprechen den Pflichten nach § 80. Es fehlt jedoch der einschränkende Hinweis auf die **Verschwiegenheitspflicht,** so dass davon auszugehen ist, dass sich die Mitglieder des Vorstandes und die Personen, deren sich der Verein zur Hilfeleistung nach § 4 Nr. 11 bedient, gegenüber der Aufsichtsbehörde nicht auf ihre Verschwiegenheitspflicht berufen können. Diese gilt jedoch nicht für StB und StBv, die für den LStHV tätig sind, weil die für Berufsangehörige bestehende Verschwiegenheitspflicht (§ 57) unberührt bleibt. Die unterschiedliche Behandlung durch das Gesetz ist sachgerecht, weil sie dem Schutz der Mitglieder vor unseriösem LStHV dient. Sie ist auch damit zu rechtfertigen, dass die genannten Personen sich bei einer Verletzung ihrer Verschwiegenheitspflicht nicht nach § 203 StGB strafbar machen (vgl. § 26 Rdnr. 5).

2 Die Befugnis der Aufsichtsbehörde ist nicht auf die Überwachung der in § 26 geregelten Pflichten der LStHV beschränkt, das Prüfungsrecht umfasst den **gesamten** im Dritten Unterabschnitt geregelten Pflichtenkreis und erstreckt sich darüber hinaus auf die Einhaltung sämtlicher Vorschriften über die LStHV, wobei der Wahrung der Eigenschaft als Selbsthilfeeinrichtung besondere Bedeutung zukommt (BFH/NV 1986, 701). Die OFD darf auch einzelne Lohnsteuerfälle auf ihre materiell richtige Behandlung durch den LStHV überprüfen, weil auf andere Weise nicht festgestellt werden kann, ob der LStHV seiner Verpflichtung zur sachgemäßen Ausübung der Hilfe in Lohnsteuersachen i. S. v. § 26 Abs. 1 nachkommt.

3 Prüfungen und Feststellungen sind nach Abs. 2 nur insoweit zulässig, als sie zur Ausübung der Aufsicht für **erforderlich** gehalten werden. Zweck und Ziel ist nur die Aufsicht über die Geschäftstätigkeit des LStHV. Die bei der Prüfung gewonnenen Erkenntnisse dürfen daher dem für die Besteuerung des Falles zuständigen Finanzamt nicht mitgeteilt werden, denn die OFD hat nicht die Befugnis einer Steueraufsichtsbehörde nach § 210 AO (FG Rheinland-Pfalz, EFG 2002 S. 227). Die Regelung erscheint im Hinblick auf den mit den §§ 27 ff. verfolgten Zweck eines umfassenden Schutzes der Mitglieder des LStHV nicht unbedenklich. Stellt sich nämlich bei einer Prüfung heraus, dass eine fehlerhafte Beratung vorliegt, kann eine Mitteilung an das für die Besteuerung zuständige Finanzamt den drohenden Vermögensschaden des Mitglieds u. U. noch abwenden. Die Möglichkeit, den LStHV in diesen Fällen auf Schadensersatz in Anspruch zu nehmen, hilft in der Praxis nicht weiter, weil die in steuerlichen Dingen i. d. R. unerfahrenen Mitglieder nicht erkennen, dass eine schadensersatzpflichtige fehlerhafte Beratung vorliegt.

Die Aufsichtsbehörde hat das Recht, die erforderlichen Feststellungen an 4 Ort und Stelle zu treffen (Abs. 2). Das Erscheinen, die Auskunftserteilung, die Vorlage der Akten und das Betreten der Geschäftsräume können nach § 159 i. V. m. §§ 328 ff. AO **zwangsweise durchgesetzt** werden.

2. Schließung einer Beratungsstelle

Ergeben die Feststellungen, dass in einer Beratungsstelle die Einhaltung 5 der in § 26 bezeichneten Pflichten nicht gewährleistet ist, oder der Leiter nicht den gesetzlichen Voraussetzungen entspricht, bzw. ein Leiter nicht vorhanden ist, so kann die Schließung der Beratungsstelle verlangt werden (Abs. 3; FG Mecklenburg-Vorpommern, EFG 1995 S. 288). Dies gilt auch, wenn die Beratungsstelle durch eine in § 3 bezeichnete Person geleitet wird; in diesem Fall sind die festgestellten Tatsachen nach § 10 der für die Berufsaufsicht zuständigen Stelle mitzuteilen. Die Schließung einer Beratungsstelle ist gerechtfertigt, wenn nur **einzelne Beratungsstellen** Anlass zu Aufsichtsmaßnahmen geben, ein Widerruf der Anerkennung für den gesamten LStHV nach § 20 Abs. 2 Nr. 3 jedoch nicht erforderlich ist. Auch die Schließung der Beratungsstelle kann nach § 159 i. V. m. §§ 328 ff. AO zwangsweise durchgesetzt werden. Daneben kann nach § 164a Abs. 2 die Ausübung der Hilfeleistung mit sofortiger Wirkung untersagt werden, wenn dies im öffentlichen Interesse erforderlich ist.

Eine Schließungsverfügung richtet sich gegen den LStHV. Dieser kann 6 sich dagegen durch seine Organe oder Bevollmächtigte wehren. Hierzu zählt jedoch nicht ein Mitarbeiter des LStHV, der auch nicht im Namen des LStHV aufgetreten ist. Eine Schließungsverfügung stellt nämlich keinen belastenden Verwaltungsakt mit Drittwirkung dar (FG Hamburg, EFG 2000 S. 1143).

§ 29 Teilnahme der Aufsichtsbehörde an Mitgliederversammlungen

(1) **Von bevorstehenden Mitgliederversammlungen ist die Aufsichtsbehörde spätestens zwei Wochen vorher zu unterrichten.**

(2) **Die Aufsichtsbehörde ist berechtigt, zur Teilnahme an der Mitgliederversammlung Vertreter zu entsenden.**

Übersicht	Rdnr.
1. Mitteilungspflicht	1
2. Teilnahme der Aufsichtsbehörde	2
3. Folgen von Verstößen	3

§ 30 Verzeichnis der Lohnsteuerhilfevereine

1. Mitteilungspflicht

1 Die Satzung eines LStHV muss bestimmen, dass innerhalb von drei Monaten nach Bekanntgabe des wesentlichen Inhalts der Prüfungsfeststellungen an **die Mitglieder** (§ 22 Abs. 7 Nr. 2) eine Mitgliederversammlung stattfindet (§ 14 Abs. 1 Nr. 8). In dieser Mitgliederversammlung muss insbesondere eine Aussprache über das Ergebnis der Geschäftsprüfung durchgeführt und über die Entlastung des Vorstandes wegen seiner Geschäftsführung während des geprüften Geschäftsjahres befunden werden. Um der Aufsichtsbehörde Gelegenheit zu geben, zur Mitgliederversammlung Vertreter zu entsenden, muss **die Aufsichtsbehörde** mindestens zwei Wochen vorher über die Durchführung der Mitgliederversammlung unterrichtet worden sein. Nach dem Wortlaut ist daher nicht der Zeitpunkt der Absendung der Mitteilung durch den LStHV, sondern der Zeitpunkt, an dem die OFD tatsächlich Kenntnis von der bevorstehenden Mitgliederversammlung erhält, maßgeblich. Die Befugnis der Aufsichtsbehörde zur Teilnahme an der Mitgliederversammlung verstößt nicht gegen Art. 9 GG (BFHE 153, 277).

2. Teilnahme der Aufsichtsbehörde

2 Vertreter der Aufsichtsbehörde sind berechtigt, an der Mitgliederversammlung (bzw. der anstelle einer Mitgliederversammlung vorhandenen Vertreterversammlung; vgl. § 14 Abs. 1 Satz 3) teilzunehmen. Der von der Aufsichtsbehörde entsandte Vertreter muss nicht Angehöriger dieser Behörde sein. Die OFD kann hiermit auch einen Bediensteten eines Finanzamts beauftragen, auch des Finanzamts, in dessen Bezirk der LStHV seinen Sitz hat (BFHE 153, 277). Dieses Teilnahmerecht gibt nicht nur ein Recht auf **Anwesenheit** während der Mitgliederversammlung, sondern berechtigt die Vertreter der Aufsichtsbehörde auch, Erklärungen abzugeben und Fragen zustellen.

3. Folgen von Verstößen

3 Ein Verstoß gegen Absatz 1 stellt eine **Ordnungswidrigkeit** dar, die mit einem Bußgeld bis zu 1000,– € geahndet werden kann (§ 162 Abs. 1 Nr. 7 i. V. m. Abs. 2). Die Aufsichtsbehörde kann die Teilnahme von Vertretern an der Mitgliederversammlung gemäß § 159 i. V. m. §§ 328 ff. AO auch zwangsweise durchsetzen. Die Verweigerung der Teilnahme an der Mitgliederversammlung oder eine unzureichende Auskunftserteilung auf Fragen des Vertreters des Aufsichtsbehörde sind ferner als Verstöße gegen eine ordnungsgemäße Geschäftsführung anzusehen und können Anlass zu einer Prüfung geben, ob die Anerkennung nach § 20 Abs. 2 Nr. 3 zu widerrufen ist.

§ 30 Verzeichnis der Lohnsteuerhilfevereine

(1) **Die Oberfinanzdirektionen führen ein Verzeichnis über**
1. die Lohnsteuerhilfevereine, die im Oberfinanzbezirk ihren Sitz haben;
2. die im Oberfinanzbezirk bestehenden Beratungsstellen.

Durchführungsbestimmungen § 31

(2) Die Einsicht in das Verzeichnis ist jedem gestattet, der ein berechtigtes Interesse darlegt.

Übersicht Rdnr.

1. Allgemeines 1
2. Verfahren 2–4

1. Allgemeines

Das **Verzeichnis** soll der Aufsichtsbehörde (§ 27), aber auch jedem, der 1 ein berechtigtes Interesse hat, einen Überblick über die im OFD-Bezirk bestehenden LStHV und die im Bezirk tätigen Beratungsstellen geben. Es ist insoweit mit dem **Berufsregister** für StB und StBv nach § 76 Abs. 4 vergleichbar. Die Einsicht in das Verzeichnis ist nicht mehr öffentlich, sondern auf diejenigen beschränkt, die ernsthaft die Informationen benötigen. Hierzu zählen beispielsweise Steuerpflichtige, die einen LStHV in ihrer räumlichen Umgebung suchen. Abs. 2 ist § 45 Abs. 3 DVStB angepasst worden, der Regelungen zur Führung des Berufsregisters enthält.

Die Finanzämter führen außerdem **Listen** über die in Ihrem Amtsbezirk tätigen LStHV und Beratungsstellen, um ihren Überwachungs- und Mitteilungspflichten nach § 7 bzw. § 27 Abs. 3 nachzukommen. Diese Listen sind als verwaltungsinterne Unterlagen nicht öffentlich. Eine Einsichtnahme durch Beratungsuchende Steuerpflichtige würde zu ungerechtfertigten Wettbewerbsvorteilen der LStHV gegenüber den zur unbeschränkten Hilfe in Steuersachen befugten Personen führen, weil entsprechende Listen über die unter § 3 fallenden Personen und Gesellschaften bei den Finanzämtern nicht geführt werden.

2. Verfahren

Die Vertretungsberechtigten des Vereins haben der OFD die für die Ein- 2 tragung und Löschung erforderlichen Angaben **mitzuteilen** (§ 7 DVLStHV). Ein Verstoß gegen die wesentlichsten Anzeigepflichten stellt nach § 162 Abs. 1 Nrn. 1 und 6 eine Ordnungswidrigkeit dar.

Das für jeden Oberfinanzbezirk zu führende **Verzeichnis** gliedert sich in 3 zwei Teile (§ 5 Nrn. 1 und 2 DVLStHV). Im ersten sind die im Oberfinanzbezirk ansässigen Lohnsteuerhilfevereine zu erfassen. Inhalt des zweiten Teiles ist die Regierung aller im Oberfinanzbezirk tätigen Beratungsstellen.

Die einzutragenden und zu löschenden **Tatsachen** sind in §§ 5 und 6 4 DVLStHV aufgeführt; wegen weiterer Einzelheiten siehe *Völzke*, DStZ/A 1975 S. 321.

Fünfter Unterabschnitt. Verordnungsermächtigung

§ 31 Durchführungsbestimmungen zu den Vorschriften über die Lohnsteuerhilfevereine

(1) **Das Bundesministerium der Finanzen wird ermächtigt, durch Rechtsverordnung mit Zustimmung des Bundesrates Bestimmungen zu erlassen**

§ 31 Anhang Durchführungsbestimmungen

1. über das Verfahren bei der Anerkennung als Lohnsteuerhilfeverein,
2. über Einrichtung und Führung des Verzeichnisses nach § 30 Abs. 1 sowie über die sich auf die Eintragung beziehenden Meldepflichten der Lohnsteuerhilfevereine,
3. über die Verfahren bei der Eröffnung und Schließung von Beratungsstellen und bei der Bestellung von Beratungsstellenleitern,
4. über die zur Bestellung eines Beratungsstellenleiters erforderlichen Erklärungen und Nachweise.

(2) Die Landesregierungen werden ermächtigt, die den Oberfinanzdirektionen nach dem Zweiten Abschnitt des Ersten Teils zugewiesenen Aufgaben auf eine andere Landesfinanzbehörde zu übertragen. Diese Aufgaben können durch Vereinbarung auch auf eine Landesfinanzbehörde eines anderen Landes übertragen werden.

In verschiedenen Bundesländern ist vorgesehen, die Steuerverwaltung neu zu organisieren, um zukünftig lediglich über einen zweiseitigen Aufbau zu verfügen. In diesen Fällen entfällt die OFD. Nach den Vorschriften in den §§ 13 ff. verbleibt bei den OFD als originäre Aufgabe die Anerkennung und Aufsicht über die LStHV. Durch die Ermächtigung der Landesregierungen in Abs. 2, die der OFD zugewiesenen Aufgaben auf die für die Finanzverwaltung zuständige oberste Landesbehörde zu übertragen, wird erreicht, dass auch eine zweistufige Finanzverwaltung im Einklang mit dem StBerG steht.

Anhang zu § 31

Verordnung zur Durchführung der Vorschriften über die Lohnsteuerhilfevereine (DVLStHV)

Vom 15. Juli 1975 (BGBl. I S. 1906)

Geändert durch Erste Verordnung zur Änderung der Verordnung zur Durchführung der Vorschriften über die Lohnsteuerhilfevereine vom 28. 5. 1991 (BGBl. I S. 1202) und durch Gesetz zur Änderung von Vorschriften über die Tätigkeit der Steuerberater vom 24. Juni 2000 (BGBl. I S. 874)

Auf Grund des § 31 des Steuerberatungsgesetzes vom 16. August 1961 (Bundesgesetzbl. I S. 1301) in der Fassung des Dritten Gesetzes zur Änderung des Steuerberatungsgesetzes vom 24. Juni 1975 (Bundesgesetzbl. I S. 1509) wird mit Zustimmung des Bundesrates verordnet:

Erster Teil. Anerkennung als Lohnsteuerhilfeverein

§ 1 Antrag

Der Antrag auf Anerkennung als Lohnsteuerhilfeverein ist schriftlich bei der Oberfinanzdirektion einzureichen, in deren Bezirk der Verein seinen Sitz und seine Geschäftsleitung hat.

§ 2 Nachweise

Dem Antrag auf Anerkennung als Lohnsteuerhilfeverein sind neben der öffentlich beglaubigten Abschrift der Satzung (§ 15 Abs. 2 des Gesetzes) beizufügen

1. der Nachweis über den Erwerb der Rechtsfähigkeit,
2. eine Liste mit den Namen und den Anschriften der Mitglieder des Vorstands,
3. der Nachweis über das Bestehen einer Versicherung gegen die sich aus der Hilfeleistung in Steuersachen im Rahmen der Befugnis nach § 4 Nr. 11 des Steuerberatungsgesetzes ergebenden Haftpflichtgefahren,
4. ein Verzeichnis der Beratungsstellen, deren Eröffnung im Bezirk der für die Anerkennung zuständigen Oberfinanzdirektion (§ 1) beabsichtigt ist, sowie die nach den §§ 4a und 4b erforderlichen Mitteilungen nebst Erklärungen und Nachweisen,
5. eine Abschrift der nicht in der Satzung enthaltenen Regelungen über die Erhebung von Beiträgen.

§ 3 Anerkennungsurkunde

Die Anerkennungsurkunde (§ 17 des Gesetzes) enthält
1. die Bezeichnung der anerkennenden Behörde,
2. Ort und Datum der Anerkennung,
3. Namen und Sitz des Vereins,
4. die Anerkennung als Lohnsteuerhilfeverein,
5. Dienstsiegel und
6. Unterschrift.

§ 4 Ablehnung der Anerkennung

Über eine Ablehnung des Antrags auf Anerkennung als Lohnsteuerhilfeverein ist ein schriftlicher Bescheid zu erteilen.

Zweiter Teil. Beratungsstellen, Beratungsstellenleiter

§ 4a Eröffnung einer Beratungsstelle

Die Mitteilung über die Eröffnung einer Beratungsstelle (§ 23 Abs. 4 Nr. 1 des Gesetzes) muss folgende Angaben enthalten:
1. Anschrift der Beratungsstelle,
2. ob und gegebenenfalls welche räumlichen, personellen und organisatorischen Verflechtungen mit anderen wirtschaftlichen Unternehmen bestehen.

§ 4b Bestellung eines Beratungsstellenleiters

(1) Die Mitteilung über die Bestellung des Leiters einer Beratungsstelle (§ 23 Abs. 4 Nr. 2 des Gesetzes) muss die Anschrift der übernommenen Beratungsstelle sowie folgende Angaben über den Beratungsstellenleiter enthalten:
1. Name, Anschrift und Beruf,
2. ob und gegebenenfalls bei welchem Lohnsteuerhilfeverein er bereits früher Hilfe in Steuersachen im Rahmen der Befugnis nach § 4 Nr. 11 des Steuerberatungsgesetzes geleistet hat,
3. ob und gegebenenfalls welche andere Beratungsstelle eines Lohnsteuerhilfevereins er weiterhin leitet.

(2) Der Mitteilung nach Absatz 1 sind beizufügen:
1. Bescheinigungen über die bisherige berufliche Tätigkeit, insbesondere mit Angaben über Art und Umfang der Tätigkeit, als Nachweis darüber, dass die Voraussetzungen des § 23 Abs. 3 Satz 1 des Gesetzes erfüllt sind,

§ 31 Anhang   Durchführungsbestimmungen

2. eine Erklärung des Beratungsstellenleiters,
   a) dass er sich in geordneten wirtschaftlichen Verhältnissen befindet,
   b) ob er innerhalb der letzten zwölf Monate strafgerichtlich verurteilt worden ist und ob gegen ihn ein gerichtliches Strafverfahren oder ein Ermittlungsverfahren anhängig ist; entsprechendes gilt für berufsgerichtliche Verfahren sowie für Bußgeldverfahren nach der Abgabenordnung und dem Steuerberatungsgesetz,
   c) dass er bei der Meldebehörde die Erteilung eines Führungszeugnisses zur Vorlage bei der zuständigen Behörde beantragt hat.

Dritter Teil. Verzeichnis der Lohnsteuerhilfevereine

§ 5 Eintragung

In das Verzeichnis der Lohnsteuerhilfevereine sind einzutragen
1. Lohnsteuerhilfevereine, die im Oberfinanzbezirk ihren Sitz und ihre Geschäftsleitung haben, und zwar
   a) der Name, der Sitz und die Anschrift der Geschäftsleitung des Vereins,
   b) der Tag der Anerkennung als Lohnsteuerhilfeverein und die Oberfinanzdirektion, die die Anerkennung ausgesprochen hat,
   c) die Namen und die Anschriften der Mitglieder des Vorstands,
   d) sämtliche Beratungsstellen des Vereins
   sowie alle Veränderungen zu den Buchstaben a, c und d;
2. im Oberfinanzbezirk bestehende Beratungsstellen, und zwar
   a) der Name, der Sitz und die Anschrift der Geschäftsleitung des Vereins,
   b) die Anschrift der Beratungsstelle,
   c) der Name und die Anschrift des Leiters der Beratungsstelle
   sowie alle Veränderungen zu den Buchstaben a bis c.

§ 5a Ablehnung der Eintragung

Wird die Eintragung einer Beratungsstelle oder eines Beratungsstellenleiters in das Verzeichnis der Lohnsteuerhilfevereine abgelehnt, gilt § 4 entsprechend.

§ 6 Löschung

Im Verzeichnis der Lohnsteuerhilfevereine sind zu löschen
1. Lohnsteuerhilfevereine,
   a) wenn die Anerkennung als Lohnsteuerhilfeverein erloschen oder unanfechtbar zurückgenommen oder widerrufen ist,
   b) wenn der Sitz und die Geschäftsleitung aus dem Oberfinanzbezirk verlegt wird;
2. Beratungsstellen, wenn die Beratungsstelle geschlossen ist.

§ 7 Meldepflichten

Die Vertretungsberechtigten des Vereins haben der das Verzeichnis führenden Oberfinanzdirektion die für die Eintragung oder Löschung nach § 5 Nr. 1 Buchstaben a und c, Nr. 2, § 6 Nr. 1 Buchstabe b und Nr. 2 erforderlichen Angaben innerhalb von zwei Wochen nach Eintritt des Ereignisses, das eine Eintragung oder Löschung notwendig macht, mitzuteilen. Mitteilungen nach § 23 Abs. 4 des Gesetzes gelten gleichzeitig als Mitteilungen im Sinne dieser Vorschrift.

§ 8 Mitteilung über Eintragung und Löschung

(1) Die das Verzeichnis führende Behörde hat dem Verein Eintragungen, die für die Tätigwerden einer Beratungsstelle Voraussetzung sind (§ 23 Abs. 6 des Gesetzes),

Durchführungsbestimmungen **Anhang § 31**

mitzuteilen. Hat der Verein seinen Sitz und seine Geschäftsleitung im Bezirk einer anderen Oberfinanzdirektion, so sind auch dieser Mitteilungen zu übersenden.

(2) Wird der Verein im Verzeichnis gelöscht, so ist dies allen Oberfinanzdirektionen, in deren Verzeichnissen Beratungsstellen des Vereins eingetragen sind, sowie dem zuständigen Registergericht mitzuteilen.

Vierter Teil. Schlussvorschriften

§ 9 *(gegenstandslos)*

§ 10 Inkrafttreten

Diese Verordnung tritt am Tage nach der Verkündung[1] in Kraft.

---

[1] Verkündet am 18. 7. 1975.

Zweiter Teil.
Steuerberaterordnung

Erster Abschnitt. Allgemeine Vorschriften

§ 32 Steuerberater, Steuerbevollmächtigte und Steuerberatungsgesellschaften

(1) Steuerberater, Steuerbevollmächtigte und Steuerberatungsgesellschaften leisten geschäftsmäßig Hilfe in Steuersachen nach den Vorschriften dieses Gesetzes.

(2) Steuerberater und Steuerbevollmächtigte bedürfen der Bestellung; sie üben einen freien Beruf aus. Ihre Tätigkeit ist kein Gewerbe.

(3) Steuerberatungsgesellschaften bedürfen der Anerkennung. Die Anerkennung setzt den Nachweis voraus, daß die Gesellschaft von Steuerberatern verantwortlich geführt wird.

Übersicht

	Rdnr.
1. Allgemeines	1
2. Steuerberater und Steuerbevollmächtigte	2–5
3. Freier Beruf	
a) Merkmale des Freien Berufs	6, 7
b) Ausschluss gewerblicher Tätigkeit	8, 9
c) Auswirkungen auf die Berufsausübung	10, 11
4. Formen der Berufsausübung	
a) Einzelpraxis	12–14
b) Anstellungsverhältnis	15
c) Steuerberatungsgesellschaft	16, 17
d) Gesellschaften bürgerlichen Rechts	18
e) Europäische Wirtschaftliche Interessen-Vereinigung	19

1. Allgemeines

Die Vorschrift legt als erste Bestimmung der „Steuerberaterordnung" die Grundlagen der Berufsausübung im steuerberatenden Beruf fest und ist daher mit den §§ 1–3 BRAO vergleichbar. Während in § 3 die Befugnis der StB und StBv zur geschäftsmäßigen Hilfeleistung in Steuersachen geregelt wird, stellt § 32 dies als **berufliche Aufgabe** fest. Die in § 32 enthaltenen Grundsätze bedürfen – wie sich aus Abs. 1 ergibt – der näheren Bestimmung durch das Gesetz: das ist insbesondere hinsichtlich des Aufgabenbereichs in § 33 und hinsichtlich der Berufspflichten in den §§ 57 ff. geschehen. Abweichend von § 1 BRAO werden StB und StBv im Gesetz nicht ausdrücklich als **Organ der Rechtspflege** bezeichnet (vgl. aber BVerfGE 80, 269, 281; BGHSt 39, 281, 286; 42, 55, 57 sowie § 2 Abs. 1 BOStB). Das hat aber keine praktische Bedeutung, wenn man darunter kein Staatsorgan, sondern den

1

Träger von Funktionen zur Wahrung des Rechts versteht (vgl. *Stern,* Anwaltschaft und Verfassungsstaat, Schriftenreihe der BRAK, Bd. 1 S. 12 ff.).

2. Steuerberater und Steuerbevollmächtigte

2   StB werden durch die zuständige Steuerberaterkammer bestellt (§ 40 Abs. 1 Satz 1). Als StB darf nur bestellt werden, wer die Prüfung als StB bestanden hat oder von dieser Prüfung befreit worden ist (§ 35 Abs. 1). Zu den Voraussetzungen für die Prüfung und die Befreiung von der Prüfung siehe §§ 36–38.

3   StBv wurden früher von der **OFD** bestellt. Nachdem nunmehr die Vorschrift des § 156 Abs. 4 entfallen ist, können nur noch die Steuerberaterkammern die StBv bestellen. (§§ 42, 40).

4   In den beruflichen Funktionen besteht **fast völlige Gleichheit** zwischen StB und StBv. Das ergibt sich schon aus der Tatsache, dass eine Doppelqualifikation als StB und StBv nicht möglich ist (§ 45 Abs. 2). Insbesondere haben beide Berufsgruppen dieselben Aufgaben (§ 33) und dieselben Berufspflichten (§§ 57 ff.). Beide Berufsgruppen haben dieselbe berufliche Selbstverwaltung (§§ 73 ff.) und unterstehen derselben Berufsgerichtsbarkeit (§§ 89 ff.).

5   **Unterschiede** in den Aufgaben bestehen nur darin, dass StBGes grundsätzlich nur von StB geleitet werden dürfen (§§ 32 Abs. 3; 50), dass nur StB im Verfahren vor den Gerichten der Finanzgerichtsbarkeit die Vertretung eines Beteiligten im Wege der Prozesskostenhilfe übernehmen müssen (§ 65) und dass StBv nicht vor dem BFH auftreten können (Art. 1 Nr. 1, Art. 2 Nr. 1 BFH-Entlastungsgesetz).

3. Freier Beruf

a) Merkmale des Freien Berufs

6   In Abs. 2 wird wie in anderen Berufsgesetzen, z. B. § 2 BRAO, § 1 WPO festgestellt, dass StB und StBv einen Freien Beruf ausüben. Es handelt sich um eine soziologische Wortschöpfung aus der Zeit des Liberalismus (BVerfGE 10, 354, 364; 16, 286, 294; 46, 224, 242; *Deneke,* Die freien Berufe, 1956; *Fleischmann,* Die freien Berufe im Rechtsstaat 1970; *Deneke,* Stbg 1990 S. 237). Es ist einheitliche Meinung, dass sich das Wesen der Freien Berufe nicht darin erschöpft, dass seine Angehörigen nicht in einem Abhängigkeitsverhältnis zum Staat oder zu einem Auftraggeber stehen. Nach dem Versuch einer Definition in § 1 Abs. 2 PartGG haben die „Freien Berufe im Allgemeinen auf der Grundlage besonderer beruflicher Qualifikation oder schöpferischer Begabung die persönliche, eigenverantwortliche und fachlich unabhängige Erbringung von Dienstleistungen höherer Art im Interesse der Auftraggeber und der Allgemeinheit zum Inhalt"; vgl. auch BT-Drs. 8/901 – Bericht der Bundesregierung über die Lage der Freien Berufe; Fortschreibung: BT-Drs. 12/21, 12/2017). Bei den Freien Berufen handelt es sich um Tätigkeiten, die einen ausgesprochen intellektuellen Charakter haben, eine

3. Freier Beruf

hohe Qualifikation verlangen und zudem gewöhnlich einer genauen und strengen berufsständischen Regelung unterliegen. Bei der Ausübung solcher Tätigkeiten hat das persönliche Element besondere Bedeutung, wobei die Ausübung eine große Selbstständigkeit bei der Vornahme der beruflichen Handlungen voraussetzt (EuGH, DB 2001 S. 2280).

Wenn auch der Freie Beruf im Allgemeinen selbstständig ausgeübt wird, so gehören auch **Angestellte,** die auf den spezifischen Arbeitsgebieten der Freien Berufe eigenverantwortlich tätig sind, zu diesem Personenkreis. Die Voraussetzungen, unter denen die steuerberatende Tätigkeit in einem Angestelltenverhältnis zulässig ist, sind in §§ 58, 59 abschließend geregelt. 7

b) Ausschluss gewerblicher Tätigkeit

Durch die Feststellung in Abs. 2 Satz 2, dass die Tätigkeit der StB und StBv kein Gewerbe ist, wird nur die vorangegangene Erklärung bestätigt, dass ein Freier Beruf vorliegt; Freier Beruf und Gewerbe schließen sich gegenseitig aus. Die Feststellung entspricht der Regelung in anderen Berufsgesetzen, z.B. § 2 Abs. 2 BRAO; § 1 Abs. 2 Satz 2 WPO; § 1 Abs. 2 Bundesärzteordnung. Ein **Gewerbe** ist ein selbstständiges, gleichmäßig fortgesetztes und maßgebend vom erwerbswirtschaftlichen Streben nach Gewinn bestimmtes Handeln (BGH, StB 1976 S. 219; NJW 1981 S. 399; BGHSt 42, 55, 60). 8

Durch Abs. 2 Satz 1 wird kraft Gesetzes festgelegt, dass die gesamte in § 33 umschriebene Tätigkeit der StB und StBv – einschließlich der Hilfeleistung bei der Erfüllung der Buchführungspflichten (vgl. *Rose/Fuchs,* DB 1985 S. 1, 59) – kein Gewerbe ist. Das gilt auch, wenn es sich um Tätigkeiten handelt, die zwar zur Steuerberatung gehören, nach § 6 aber von dem Verbot der unbefugten Hilfeleistung in Steuersachen ausgenommen sind. Ein StB oder StBv, der im Rahmen seiner steuerberatenden Tätigkeit **mechanische Arbeitsgänge** bei der Führung von Büchern und Aufzeichnungen durchführt, handelt auch insoweit freiberuflich, während dieselbe Tätigkeit bei einem Daten verarbeitenden Unternehmen gewerblich ist. Forderungen gegenüber StB und StBv unterliegen daher stets der dreijährigen Verjährungsfrist nach § 195 BGB. Zur gewerblichen Tätigkeit vgl. auch § 57 Rdnr. 88–90, 95. 9

c) Auswirkungen auf die Berufsausübung

Der Grundsatz, dass die Tätigkeit der StB und StBv ein Freier Beruf und kein Gewerbe ist, kommt insbesondere in der Forderung nach einer unabhängigen, gewissenhaften, eigenverantwortlichen und verschwiegenen Berufsausübung sowie in dem Verbot der berufswidrigen Werbung (§§ 57 Abs. 1; 57a), in dem Verbot einer gewerblichen Tätigkeit (§ 57 Abs. 4 Nr. 1), der Bindung an eine Gebührenordnung (§ 64) und dem Verbot der Beteiligung an dem für den Auftraggeber erzielten wirtschaftlichen Erfolg (§ 9) zum Ausdruck. Daraus ergibt sich auch das Verbot, eine Steuerberatungspraxis zu verpachten. Die Berufspflichten gelten auch für eine Berufsausübung in der Form einer StBGes (§ 72), auch wenn die StBGes in Rechtsformen 10 betrieben wird, die für gewerbliche Unternehmen üblich sind. Die Gewerbeordnung findet auf StB, StBv und StBGes keine Anwendung (§ 6 GewO).

11 Die Zulässigkeit **weiterer Beratungsstellen** (§ 34 Abs. 2) ist mit dem Grundsatz der freiberuflichen Berufsausübung vereinbar, weil die Beratungsstellen von einem anderen StB oder StBv geleitet werden müssen.

4. Formen der Berufsausübung

a) Einzelpraxis

12 Die Tätigkeit in einer Einzelpraxis stellt die **am meisten ausgeübte Form** der Berufsausübung dar (s. hierzu *Rudel,* Praxis der Steuerberatungsbetriebe: Organisationsstruktur, Mandanten- und Leistungsprogramm, Berlin 1979; *Koch,* DStR 1976 S. 511). Für seine in der Praxis tätigen Mitarbeiter ist der StB oder StBv berufsrechtlich verantwortlich; er muss sich gegenüber seinen Mitarbeitern die Unabhängigkeit in der Berufsausübung erhalten (s. § 57 Rdnr. 21–23).

13 Die **Übertragung einer Praxis** gegen Entgelt (DSWR 1990 S. 258) ist zulässig. Das entspricht heute der allgemeinen Rechtsauffassung (BGH, NJW 1958, S. 950; 1965 S. 580; DB 1958 S. 496; OLG Celle, JR 1960 S. 302; *Tiefenbacher,* BB 1959 S. 473; *Gehre,* DStR 1971 S. 348; § 57 Rdnr. 87). Da die Praxis häufig den wesentlichsten oder sogar den einzigen Vermögenswert darstellt, hat ihr Wert für die Alters- und Hinterbliebenenversorgung, aber auch für den Zugewinnausgleich (BGH, StB 1977 S. 13) besondere Bedeutung.

14 Es liegt im Interesse der Allgemeinheit, dass bei Berufsunfähigkeit oder Tod des Praxisinhabers die laufenden Mandate abgewickelt werden; deshalb ist in den §§ 69, 70 die Bestellung eines allgemeinen **Vertreters** oder **Praxisabwicklers** vorgesehen. In der Möglichkeit, einen Praxistreuhänder nach § 71 zu bestellen, kommt der Gedanke, den Fortbestand einer Praxis zu sichern, besonders zum Ausdruck.

b) Anstellungsverhältnis

15 StB und StBv können ihren Beruf auch als Angestellte eines anderen **StB, StBv** oder einer **StBGes** sowie einiger anderer Personen und Stellen ausüben (§§ 58, 59). Im Übrigen ist eine Tätigkeit als Arbeitnehmer mit dem Beruf nicht vereinbar (§ 57 Abs. 4 Nr. 2). Vgl. im Einzelnen § 58 Rdnr. 2 ff.

c) Steuerberatungsgesellschaft

16 Die Ausübung des Berufs als StB oder StBv in Form einer Gesellschaft (vgl. *Kremer,* GmbHRdsch 1983 S. 259; *Stehle,* DStR 1983 S. 100) widerspricht dem höchstpersönlichen Charakter dieser Freien Berufe und kann deshalb nur eine besonders begründete **Ausnahme** sein (BVerfGE 21, 227, 232), da nur natürliche Personen eine von einem persönlichen Vertrauen getragene Beratung vorsehen können (*Stöcker,* DStR 2000 S. 658).

17 Das Gesetz stellt den StB und StBv in den §§ 49 ff. die StBGes als **Instrument für eine gemeinsame Berufsausübung** zur Verfügung

Inhalt der Tätigkeit §33

(Deutscher Bundestag, 3. Wahlperiode, Drucksache 2859 zu § 1; BVerwG, NJW 1969 S. 152, 153). Die Anerkennung als StBGes setzt voraus, dass die Gesellschaft von StB verantwortlich geführt wird (Abs. 2; BFHE 133, 322, LG Köln, DStRE 2004 S. 797). Da sich das Kapital von StBGes in einigen Fällen noch nicht in den Händen von StB oder StBv befindet (vgl. §§ 50a, 155 Abs. 4) und auch andere Personen Geschäftsführer, Vorstandsmitglieder und persönlich haftende Gesellschafter von StBGes sein können (§ 50 Abs. 2 und 3), bestehen hier besondere Gefahren für die berufliche Unabhängigkeit.

d) Gesellschaften bürgerlichen Rechts

Außer der StBGes sieht das Gesetz die berufliche Zusammenarbeit in **Bürogemeinschaften** (§ 56 Rdnr. 28) und in **Sozietäten** (§ 56 Rdnr. 7) vor; hinzu kommt noch die Möglichkeit, eine EWIV zu gründen (Rdnr. 19 und § 56 Rdnr. 40). Zur **Partnerschaftsgesellschaft** vgl. Einleitung Rdnr. 14 und § 56 Rdnr. 22. 18

e) Europäische Wirtschaftliche Interessen-Vereinigung

Durch VO (EWG) Nr. 2137/85 des Rates über die Schaffung einer Europäischen Wirtschaftlichen Interessen-Vereinigung (EWIV) vom 25. 7. 1985 (ABl. L 199/1 vom 31. 7. 1985) ist mit unmittelbarer Rechtswirkung die Möglichkeit auch für StB geschaffen worden, sich in einer EWIV zusammenzuschließen. Durch das EWIV-Ausführungsgesetz (BGBl. 1988 I S. 514) wurden im nationalen Recht Ergänzungen vorgenommen. Die EWIV ist eine Rechtsform des Privatrechts, die große Ähnlichkeit mit der OHG aufweist. In ihr können sich Mitglieder aus den Staaten der Europäischen Union zusammenschließen, und zwar müssen diese **aus mindestens zwei verschiedenen Mitgliedsstaaten** stammen. Die EWIV gilt als Handelsgesellschaft und kann Träger von Rechten und Pflichten sein, Verträge schließen und andere Rechtshandlungen vornehmen. Die Beschränkung ihrer Tätigkeit ergibt sich aus ihrer Hilfsfunktion, die Tätigkeit ihrer Mitglieder zu unterstützen und zu entwickeln (vgl. im Einzelnen *Meyer-Landrut*, WPK-Mitteilungen 1989 S. 56; *Hauschka/v. Saalfeld*, DStR 1991 S. 1083; *Kappus/Eckstein*, AnwBl 1992 S. 298; *Lutz/App*, INF 1992 S. 419; 1993 S. 565; *Schulte-Braucks*, Stbg 1995 S. 473; *Schmittmann*, INF 1996 S. 403; zu den steuerlichen Vor- und Nachteilen s. *Grüninger*, BB 1990 S. 2161). Die EWIV kann mit einer reinen Sachfirma in das Handelsregister eingetragen werden (*Müller/Guggenberger*, BB 1989 S. 1922; LG Frankfurt/M., BB 1991 S. 496). Die Partner einer EWIV können auf diese in ihren Geschäftspapieren hinweisen (OLG Hamm, Stbg 1993 S. 394). 19

§ 33 Inhalt der Tätigkeit

Steuerberater, Steuerbevollmächtigte und Steuerberatungsgesellschaften haben die Aufgabe, im Rahmen ihres Auftrags ihre Auftraggeber in Steuersachen zu beraten, sie zu vertreten und ihnen bei der Bearbeitung ihrer Steuerangelegenheiten und bei der Erfüllung ihrer steuerlichen Pflichten

§ 33 1–4 Inhalt der Tätigkeit

Hilfe zu leisten. Dazu gehören auch die Hilfeleistungen in Steuerstrafsachen und in Bußgeldsachen wegen einer Steuerordnungswidrigkeit sowie die Hilfeleistung bei der Erfüllung von Buchführungspflichten, die auf Grund von Steuergesetzen bestehen, insbesondere die Aufstellung von Steuerbilanzen und deren steuerrechtliche Beurteilung.

Übersicht

	Rdnr.
1. Allgemeines	1–4
2. Berufliche Aufgaben	
a) Hilfeleistung in Steuersachen	5–7
b) Hilfeleistung bei der Erfüllung der Buchführungspflichten	8, 9
c) Steuerstrafsachen	10
d) Wirtschaftsberatung	11, 12
e) Rechtsbesorgung	13–18
3. Rechtsnatur des Steuerberatungsvertrages	
a) Grundsatz	19
b) Dienstvertrag	20–23
c) Werkvertrag	24–26
4. Umfang des Auftrages	27

1. Allgemeines

1 Die Vorschrift umschreibt den **beruflichen Aufgabenbereich** der StB, StBv und StBGes und entspricht damit den Vorschriften in anderen Berufsgesetzen, z. B. § 2 WPO und § 3 BRAO. Während in § 1 der Anwendungsbereich des gesamten Gesetzes beschrieben wird, soll in § 33 in Ergänzung des § 32 Abs. 1 näher umschrieben werden, worin die geschäftsmäßige Hilfeleistung in Steuersachen im Einzelnen besteht.

2 StB, StBv haben denselben Aufgabenbereich; zwischen ihnen ist eine **Funktionsgleichheit** gegeben. Die früher vorhandenen Unterschiede sind bis auf einen geringen Rest (s. § 32 Rdnr. 4, 5) abgebaut. Die StBGes sind aufgenommen worden, weil sie bisher in der Aufzählung fehlten.

3 Da die Bestimmung im Teil „Steuerberaterordnung" steht, beschreibt sie nur den Aufgabenbereich. Die **Befugnis** zur Ausübung der genannten Tätigkeit ergibt sich aus § 3 Nr. 1 und 3.

4 Der im Gesetz genannte Aufgabenbereich ist **nicht vollständig.** StB, StBv und StBGes üben eine Reihe von Tätigkeiten aus, die nicht erlaubnisgebunden sind und stehen insoweit in Konkurrenz mit anderen nicht gesetzlich geordneten Berufen. Das gilt insbesondere für die Wirtschaftsberatung (BGH, ZIP 1990, S. 266) und die treuhänderische Tätigkeit (s. *Strobel*, StB 1987 S. 2; Einl. Rdnr. 17, 18 sowie unten Rdnr. 11). Zum Berufsbild gehören nicht nur die Hilfeleistung in Steuersachen, sondern auch die mit dem Beruf vereinbaren Tätigkeiten (vgl. § 57 Rdnr. 6, 97 ff.).

2. Berufliche Aufgaben

a) Hilfeleistung in Steuersachen

StB, StBv und StBGes sind die einzigen Berufe, deren **Hauptaufgabe** die geschäftsmäßige Hilfeleistung in Steuersachen ist. Bei anderen Personen und Vereinigungen ist die Steuerberatung entweder nur eine Aufgabe, die neben einer anderen Berufstätigkeit ausgeübt wird (§ 4 Nr. 1 und 2), sich als Nebenfolge aus einer anderen Tätigkeit ergibt (§ 4 Nr. 3 bis 10, 12–15) oder die auf ein bestimmtes Spezialgebiet beschränkt ist (§ 4 Nr. 11). Zum Begriff der Hilfeleistung und der Steuersache siehe § 1 Rdnr. 4–14.

Die Hilfeleistung in Steuersachen in den drei genannten Formen (Beratung, Vertretung und Hilfeleistung bei der Bearbeitung der Steuerangelegenheiten und bei der Erfüllung der steuerlichen Pflichten) stellt in der Praxis den weitaus größten Teil der Tätigkeit dar. Die **Bearbeitung der Steuerangelegenheiten** umfasst die Steuerdeklarationsberatung, die Steuerrechtsdurchsetzungsberatung und die Steuergestaltungsberatung (vgl. im Einzelnen *Wöhe*, DStR 1987 S. 3, 5).

Die Beratung im **ausländischen Recht** von Staaten, die nicht der EU angehören, ist keine Hilfeleistung in Steuersachen im Sinne der §§ 1, 33, weil diese nicht von dem Katalog des § 1 umfasst werden. Dennoch dürfen nach § 12 auch insoweit StB und StBv ihre Auftraggeber beraten; es handelt sich nur nicht um eine ausschließlich den in §§ 3, 4 genannten Personen und Vereinigungen vorbehaltene Aufgabe.

b) Hilfeleistung bei der Erfüllung der Buchführungspflichten

Die ausdrückliche Erwähnung der Hilfeleistung bei der Erfüllung der Buchführungspflichten entspricht der Bedeutung dieses Arbeitsgebietes für StB (vgl. *Niehues*, StB 1996 S. 215). Unter dem Sammelbegriff „Hilfeleistung in Steuersachen" werden die eigentliche Steuerberatung als Rechtsberatung auf dem Gebiete des Steuerrechts und die Hilfeleistung bei der Erfüllung der Buchführungspflichten zusammengefasst (BVerfGE 54, 301, 323). Die Tatsache, dass auf diesem Gebiet auch **Buchhalter** tätig sein können, (§ 6 Nr. 4) schließt nicht aus, dass diese Tätigkeit zu den Aufgaben der StB, StBv und StBGes gehört (*Rose/Fuchs*, DB 1985 S. 1, 59). Im Gegensatz zu den Buchhaltern sind StB, StBv und StBGes befugt, auf allen Gebieten der Hilfeleistung bei der Erfüllung der Buchführungspflichten tätig zu sein, insbesondere bei der Einrichtung der Buchführung und bei der Erstellung des Jahresabschlusses einschließlich der vorbereitenden Abschlussarbeiten.

Die Durchführung **mechanischer Arbeitsgänge** bei der Buchführung ist ein Teil der steuerberatenden Tätigkeit. In § 6 Nr. 3 wird für dieses Teilgebiet nur festgelegt, dass insoweit keine Vorbehaltsaufgabe für die Angehörigen des steuerberatenden Berufs vorliegt. Das besagt jedoch nicht, dass die Durchführung mechanischer Arbeitsgänge durch die elektronische Datenverarbeitung nicht zum Berufsfeld gehört; der steuerberatende Beruf nutzt vielmehr die Möglichkeiten der elektronischen Datenverarbeitung und hat sich mit der **DATEV** ein unentbehrliches Hilfsmittel geschaffen (*Sebiger*, StB

1985 S. 265; Stbg 1985 S. 32; StB 1989 S. 255; *Mittelsteiner*, DSWR 1991 S. 29; *Kugelstadt*, DSWR 1997 S. 219; *Meiser*, DSWR 1996 S. 23). Wenn Leistungen, die früher in eigener Verantwortung selbstständig erbracht wurden, heute vielfach durch Geräte der Spitzentechnologie oder EDV-gestützt von Mitarbeitern erledigt werden, kann sich daraus die rechtspolitische Frage ergeben, ob diese Tätigkeitsfelder nicht aus dem Berufsbild ausgegliedert werden sollten (*Jäger*, Stbg 1997 S. 211, 216) oder eine Ergänzung des Tätigkeitsgebietes darstellen, um die anderen Aufgaben zu erfüllen.

c) **Steuerstrafsachen**

10   Nach den §§ 392, 410 AO können im Steuerstrafverfahren und im Bußgeldverfahren wegen einer Steuerordnungswidrigkeit StB und StBv zu **Verteidigern** gewählt werden, soweit die Finanzbehörde das Strafverfahren selbstständig durchführt; im Übrigen können sie die Verteidigung in Gemeinschaft mit einem RA oder einem Rechtslehrer an einer deutschen Hochschule führen (zur Kostenerstattung vgl. *Pannicke*, StB 1982 S. 132). Im gerichtlichen Verfahren sind StB und StBv dem RA als gemeinschaftliche Verteidiger grundsätzlich gleichberechtigt; lediglich bei nicht aufklärbaren widersprüchlichen Erklärungen hat die Erklärung des RA den Vorrang (*Gehre*, DStR 1968 S. 8; *Bockelmann*, Stbg 1974 S. 193; KG Berlin, NJW 1974 S. 916; OLG Hamburg, NJW 1981 S. 934).

d) **Wirtschaftsberatung**

11   Zu den Aufgaben der StB und StBv gehört auch die über die Hilfeleistung in Steuersachen hinausgehende Wirtschaftsberatung, weil die steuerliche Beratung ohne die Berücksichtigung von betriebswirtschaftlichen Lösungen oft nicht möglich ist. Beide Gebiete sind miteinander verzahnt, weil das zur steuerlichen Beratung notwendige Zahlenmaterial auch für die betriebswirtschaftliche Beratung Verwendung finden kann und weil bei betriebswirtschaftlichen Entscheidungen die steuerlichen Auswirkungen berücksichtigt werden müssen. Demgemäß besteht auch zwischen der Handelsbilanz und der Steuerbilanz ein enger Zusammenhang. Somit stellt die **betriebswirtschaftliche Beratung** ein bedeutendes Aufgabengebiet innerhalb der Steuerberatung dar (s. auch Einl. Rdnr. 17, 18 und § 57 Rdnr. 102ff.). Diese kann die Organisation des Betriebs- und Verwaltungsablaufs, die Organisation des Rechnungswesens, die Erstellung von Kostenrechnungen und Kalkulationen, die Beratung in Fragen der Finanzierung und der Finanzplanung, der Beschaffung und der Lagerhaltung, des Marketings und des Vertriebs sowie die Beratung beim Einsatz moderner Datenverarbeitungsanlagen umfassen (Vormbaum/Pick/Rick, Stbg 1982 S. 345; *Knief*, Wpg 1983 S. 300; *Flämig*, DStZ(A) 1984 S. 263; *Wöhe*, DStR 1985 S. 583, 627). Die betriebswirtschaftliche Beratung basiert auf internen und externen Betriebsvergleichen, auf Kapitalverwendungsrechnungen, Liquiditätsanalysen, Rentabilitätsberechnungen und Cash-flow-Analysen u.a.m. Sie erstreckt sich auch auf alle Arten von Wirtschaftlichkeitsrechnungen unter Berücksichtigung der steuerlichen Vorschriften, etwa bei Investitionsplanungen, bei Finanzierungs-

2. Berufliche Aufgaben

alternativen, bei Vermögensanlageplanungen oder etwa bei der Überprüfung betrieblicher Altersversorgungsmodelle. Zur Lösung dieser Frage bedient sich der steuerliche Berater der modernen Instrumente der Wirtschaftswissenschaften. Ihm zur Hilfe stehen die EDV-Programme der Rechenzentren.

Neben der Beratung in Wirtschaftsfragen hat die Durchführung **freiwilliger Prüfungen,** insbesondere die Abschlussprüfung solcher Unternehmen, bei denen keine Pflichtprüfung vorgesehen ist, und zwar bei Personengesellschaften, bei Gesellschaften mit beschränkter Haftung und bei Einzelunternehmen, eine besondere Bedeutung. Dabei wird eine Überprüfung der Ordnungsmäßigkeit der Buchführung, der Bilanz und der Gewinn- und Verlustrechnung in ähnlicher Weise wie bei einer Pflichtprüfung vorgenommen. Nach § 57 Abs. 3 Nr. 3 StBerG können Bescheinigungen über die Beachtung steuerrechtlicher Vorschriften in Vermögensübersichten und Erfolgsrechnungen erteilt werden, so z.B. Bestätigungen über Ergebnisanteile nach § 11 Abs. 2 Drittes Vermögensbildungsgesetz (§ 57 Rdnr. 19, 50, 106). Darüber hinaus können StB und StBv **gesetzliche Prüfungen** durchführen, so z.B. nach § 16 MaBV. Sie können auch mit der Durchführung von Gründungsprüfungen nach § 33 AktG und Sonderprüfungen nach § 142ff. AktG beauftragt werden und deren Ergebnisse bestätigen.

e) Rechtsbesorgung

Die **Steuerberatung** ist ein **Teil der Rechtsberatung** (BGHZ 49, 244, 246; 53, 103, 105; BVerfGE 80, 269, 280); jedoch ermächtigt die Befugnis zur Hilfeleistung in Steuersachen nicht zur Rechtsbesorgung in sonstigen Angelegenheiten (Art. 1, § 4 Abs. 3 RBerG). Ein StB hat sich daher grundsätzlich jeglicher Beratungstätigkeit zu enthalten, wenn Fragen allgemeinrechtlicher Art an ihn herangetragen werden (BGH, NJW 1986 S. 1050; OLG Hamm, Stbg 1996 S. 311). Das gilt auch, wenn sich der StB intern durch einen RA beraten lässt (OLG Hamm, DB 1986 S. 32).

Der Berater hat eine Pflicht zur erschöpfenden und folglich umfassenden Beratung im Rahmen des § 33. Dazu gehört nicht eine Beratung in Fragen des Sozialversicherungsrechts, auch wenn die Lohnbuchhaltung vorgenommen wurde (OLG Düsseldorf v. 9. 7. 2002, Az.: 23 – U – 222/01). Die bloße Berechnung von Sozialversicherungsbeiträgen bedeutet hingegen noch keine Rechtsberatung. Vielmehr handelt es sich um eine technische Abwicklung im unmittelbaren Zusammenhang mit der Lohnbuchhaltung (LG Kleve v. 6. 7. 2001, Az.: 1 – O – 688/00).

Gerade weil die Steuerberatung ein Teil der Rechtsberatung ist, lässt sich in der Praxis nicht immer eine eindeutige Trennung vornehmen. Es lassen sich auch andere Tätigkeiten nicht immer von der allgemeinen Rechtsberatung trennen; in Art. 1 § 5 RBerG wurde daher u.a. gewerblichen Unternehmern, WP und Vermögensverwaltern die Rechtsberatung erlaubt, soweit sie in unmittelbarem Zusammenhang mit ihrer Tätigkeit steht. Für StB fehlte eine entsprechende Ausnahmevorschrift. Es wurde aber von der Rechtsprechung anerkannt, dass auch StB zur Rechtsberatung befugt sind, wenn diese in **unmittelbarem Zusammenhang** mit ihrer Berufstätigkeit steht (BVerf-

GE 75, 246, 276; BGH, NJW 1963 S. 2027; BGHZ 70, 12, 15; 101, 128; BVerwG, NJW 1968 S. 906, 908). Diese Auffassung ist durch eine Ergänzung des Art. 1 § 5 Nr. 2 RBerG gesetzlich bestätigt worden (Art. 5 des 3. Gesetzes zur Änderung der BNotO, BGBl. 1998 I S. 2585; zur Diskussion während des Gesetzgebungsverfahrens s. *Gilgan,* INF 1997 S. 725, 727; Chemnitz, AnwBl. 1997 S. 428. Danach dürfen auch StB in Angelegenheiten, mit denen sie beruflich befasst sind, die rechtliche Bearbeitung unter zwei Voraussetzungen übernehmen: Sie muss mit den Aufgaben des StB in unmittelbarem Zusammenhang stehen und diese Aufgaben könnten ohne die Rechtsberatung nicht sachgemäß erledigt werden. Auch die in § 67 Abs. 1, Satz 5 VwGO eingeräumte Vertretungsbefugnis in Abgabeangelegenheiten vor dem OVG führt weder zu einer Änderung der in § 33 geregelten Berufstätigkeit noch zu einer Änderung des Rechtsberatungsgesetzes (OVG Münster, StB 2000, S. 20).

15 Allgemeine Grundsätze, wann ein solcher unmittelbarer Zusammenhang besteht, lassen sich kaum aufstellen. Ein Anhaltspunkt kann sein, ob der maßgebende **Handlungsantrieb** steuerliche oder nichtsteuerliche Gesichtspunkte waren (VerwGH Baden-Württemberg, BB 1971 S. 65). Andererseits darf die Rechtsbesorgung nur ausgeübt werden, wenn es sich um eine **Nebentätigkeit** handelt (BGHZ 37, 258, 261; 70, 12, 15; LG Koblenz, StB 1993 S. 258); selbst wenn nur eine Nebentätigkeit vorliegt, fehlt es an einem unmittelbaren und untrennbaren Zusammenhang, wenn die Steuerberatung auch ohne die Rechtsbesorgung sinnvoll wahrgenommen werden kann (BGHZ 48, 12, 24 für WP). In der Praxis wird man in der Regel danach unterscheiden müssen, ob eine Rechtsberatung oder eine Vertretung in rechtlichen Angelegenheiten vorliegt.

16 Bei einer **Rechtsberatung,** d.h. der Aufklärung des Steuerpflichtigen über die Rechtslage, wird in der Regel ein unmittelbarer und untrennbarer Zusammenhang mit der Steuerberatung zu bejahen sein. Ein StB kann daher seinen Auftraggeber im Zusammenhang mit der Beratung über eine zweckmäßige steuerliche Gestaltung, z.B. über die Vor- und Nachteile von Gesellschaftsformen, Schenkungen und Vor- und Nacherbschaften unterrichten (*Paulick,* StB 1978 S. 105, 108 ff.; *Dumoulin,* NJW 1966 S. 810, 312; OLG Hamm, Stbg 1993 S. 399). Die Grenze zur unerlaubten Rechtsberatung wird in der Regel überschritten, wenn es nicht bei dieser allgemeinen Unterrichtung bleibt, sondern der StB Vertragsentwürfe erstellt (LG Düsseldorf, NJW 1963 S. 1500; BGH, NJW 1963 S. 2027; 1986 S. 1050; LG Tübingen, MDR 1978 S. 668; OLG Köln, StB 1981 S. 224; OLG Hamm, DB 1986 S. 32; *Streck/Schwedhelm,* Stbg 1989 S. 379 m.w.N.). Dasselbe gilt bei der Beratung zur Geltendmachung von Schadensersatzansprüchen (OLG Düsseldorf, StB 1985 S. 307) oder bei Vertragsverhandlungen (OLG Köln, StB 1981 S. 197).

17 Bei einer **Rechtsvertretung** außerhalb der Hilfeleistung in Steuersachen (vgl. § 1 Rdnr. 10) liegt in der Regel kein unmittelbarer und untrennbarer Zusammenhang mit der Steuerberatung vor, weil die Steuerberatung auch ohne die Vertretung sinnvoll wahrgenommen werden kann. So ist z.B. die

3. Rechtsnatur des Steuerberatungsvertrages

Tätigkeit mit dem Ziel, einen außergerichtlichen Vergleich für einen Auftraggeber herbeizuführen, unzulässig (BGHZ 36, 321; OLG Hamm, StB 1989 S. 49); dasselbe gilt für die Vertretung in einem Verfahren wegen Widerrufs einer Konzession (OVG Lüneburg, AnwBl. 1961 S. 73), die Schadensregulierung nach einem Verkehrsunfall (LG Köln, AnwBl. 1963 S. 117), die Geltendmachung von Schadensersatz- und Herausgabeansprüchen (OLG Düsseldorf, Stbg 1985 S. 208), Widersprüche gegen Feststellungsbescheide nach dem Schwerbehindertengesetz (BSG, Stbg 1995 S. 566), Anträge auf Investitionszulagen (Hess. VGH, StB 1983 S. 199; BVerwG, BB 1985 S. 2227) oder bei Heranziehungsbescheiden zu Anschlussbeiträgen (OVG Münster, StB 1981 S. 126; *Wohlfahrth*, KStZ 1981 S. 207) oder Erschließungsbeiträgen (OVG NRW, StB 1991 S. 402). Etwas anderes gilt, wenn sich die Vertretung nicht von der steuerlichen Beratung trennen lässt. So darf ein StB, der die Lohnbuchhaltung für einen Auftraggeber übernommen hat, Arbeitnehmer bei dem Sozialversicherungsträger an- und abmelden (LG Lüneburg, DStR 1971 S. 192) und Drittschuldnererklärungen abgeben (LG München I, DStR 1995 S. 702). Ein StB muss auch im Widerspruchsverfahren über Beitragsbescheide der Rentenversicherungsträger im Betriebsprüfungsverfahren nach § 28p Abs. 1 SGB VI auf Grund einer Vereinbarung zwischen der BfA und der Bundessteuerberaterkammer nicht mit einer Zurückweisung rechnen (*Feiter*, INF 1999 S. 759), ggf. aber bei den Sozialgerichten nach § 73 SGG.

Ein **Verstoß** gegen das Verbot der unerlaubten Rechtsberatung kann nicht nur mit einem Bußgeld geahndet werden, sondern hat auch zur Folge, dass der Geschäftsbesorgungsvertrag gemäß § 134 BGB nichtig ist (BGHZ 37, 258, 261) und der StB keinen Anspruch auf Vergütung hat (BGHZ 36, 321, 323; 70, 12, 17, DStR 2000 S. 783). Das gilt auch, wenn der Beratungsvertrag im Hinblick auf den steuerrechtlichen Teil eine erlaubte Tätigkeit umfasst (OLG Hamm, INF 1996 S. 383). Eine unerlaubte Rechtsberatung führt grundsätzlich auch zum Verlust des Versicherungsschutzes in der Berufschaftpflichtversicherung (BGH, BB 1963 S. 787); nach einer Erklärung der Haftpflichtversicherer gegenüber der Bundessteuerberaterkammer gilt dies jedoch nur, wenn die Grenze zur unerlaubten Rechtsberatung bewusst überschritten worden ist.

3. Rechtsnatur des Steuerberatungsvertrages

a) Grundsatz

Der Steuerberatungsvertrag ist ein Vertrag, der eine **Geschäftsbesorgung** zum Gegenstand hat (§ 675 BGB). Es kann sich entweder um einen Dienstvertrag (§§ 611 ff. BGB) oder um einen Werkvertrag (§§ 631 ff. BGB) handeln (vgl. hierzu *Fissenewert*, DStR 1992 S. 443, 445). Die Abgrenzung ist insbesondere für die Anwendung der Verjährungsvorschriften (§ 68 StBerG oder § 634 a BGB) und für die Kündigung (§ 627 und § 649 BGB) von Bedeutung. Eine Einordnung lässt sich nur im Einzelfall vornehmen, weil die geschuldeten Leistungen sehr unterschiedlich sein können. Zu Mandatsbedingungen vgl. *Bunte,* NJW 1981 S. 2657.

b) Dienstvertrag

20 Ein Dienstvertrag liegt vor, wenn einem StB allgemein die **Wahrnehmung von steuerlichen Interessen** des Auftraggebers übertragen wird. Derartige Verträge kommen in der Praxis überwiegend vor, z.B. bei der Übernahme von Buchführungsarbeiten (OLG Nürnberg, DStR 1974 S. 709; OLG Stuttgart, ZIP 1982 S. 80), Vertretung vor den Finanzbehörden und -gerichten (BGH, WM 1985 S. 203), Erstellung von Steuererklärungen (BGH, DStR 1992 S. 410; BGHZ 84, 244, 248) oder der allgemeinen Betreuung oder Interessenwahrung (BGHZ 115, 382, 386; BGH, NJW 1965 S. 106). Es ist dabei unerheblich, dass sich ein Teil der zu erbringenden Dienstleistungen in einer bestimmten Form, z.B. als Jahresabschluss oder Steuererklärung konkretisieren lässt; das bedeutet noch nicht, dass bei einer darartigen allgemeinen Interessenwahrnehmung ein Erfolg im Sinne des Werkvertragsrechts geschuldet wird (BGHZ 54, 106, 107f.; KG Berlin, NJW 1977 S. 1201; OLG Düsseldorf, DStR 1985 S. 281).

21 Bei einem Dienstvertrag steht nach § 627 BGB beiden Teilen jederzeit ein fristloses **Kündigungsrecht** zu, weil die Tätigkeiten eines StB grundsätzlich als Dienste höherer Art anzusehen sind, die auf Grund besonderen Vertrauens übertragen zu werden pflegen (BGHZ 54, 106, 108; OLG Köln, Stbg 1985 S. 39); die Kündigung ist auch nicht ausgeschlossen, wenn ein Pauschalhonorar vereinbart ist (BGH, StB 1993 S. 303). Dieses Kündigungsrecht gilt für den Auftraggeber uneingeschränkt; der StB darf gemäß § 627 Abs. 2 BGB nicht „zur Unzeit" kündigen. Das Kündigungsrecht kann zwar durch vertragliche Vereinbarung ausgeschlossen werden (OLG Celle, StB 1987 S. 241; OLG Saarbrücken, StB 1990 S. 162), dies muss aber durch einen Vertrag im Einzelfall geschehen und kann nicht in allgemeinen Geschäftsbedingungen erfolgen (LG Hamburg, MDR 1979 S. 1025; OLG Koblenz, NJW 1990 S. 3153; DStR 1993, S. 667; OLG Hamm, DStR 1993 S. 852). Bei einer Kündigung steht dem StB nur ein seinen bisherigen Leistungen entsprechender Teil der Vergütung zu (§ 628 Abs. 1 Satz 1 BGB). Die fristlose Kündigung – außer aus wichtigem Grund – ist bei einem „dauernden Dienstverhältnis" ausgeschlossen. Das kann auch bei einem einjährigen Vertrag der Fall sein (BGHZ 47, 303).

22 Der StB hat im Zweifel die vertraglich vereinbarten Dienste **persönlich** zu leisten. Das ergibt sich aus § 613 Satz 1 BGB. „Im Zweifel" bedeutet, dass abweichende Vereinbarungen zulässig sind. Gerade auch bei den Angehörigen des steuerberatenden Berufs ist die Beschäftigung von qualifizierten Mitarbeitern durchaus die Regel. Es empfiehlt sich aber, eine entsprechende Vereinbarung in den Steuerberatungsvertrag aufzunehmen. Für ein Verschulden des Dritten (freier Mitarbeiter, Angestellter) haftet der Berufsangehörige wie für eigenes Verschulden (§ 278 BGB).

23 Ansprüche auf Zahlung der Vergütung aus der Berufstätigkeit **verjähren** in drei Jahren (§ 195 BGB). Der Beginn der Verjährungsfrist ergibt sich aus § 199

4. Umfang des Auftrages

Abs. 1 BGB. Der Anspruch entsteht und wird fällig nach Leistung der Dienste (§ 614 BGB; KG Berlin, DStR 1979 S. 296, OLG Hamburg, BB 1972 S. 597).

c) Werkvertrag

Ein Werkvertrag liegt vor, wenn sich der Vertrag auf die Erbringung einer **einzelnen, in sich abgeschlossenen Leistung** beschränkt (BGHZ 115, 382, 386), z.B. die Erstellung eines einzelnen Jahresabschlusses (OLG Zweibrücken, StB 1982 S. 66), einer Jahressteuererklärung (LG Aachen, DStR 1984 S. 242) oder eines Gutachtens (BGH, NJW 1967 S. 719). Das kann aber nur dann gelten, wenn es sich nicht um eine fortlaufende, wiederkehrende Tätigkeit des StB handelt (a.A. LG München, NJW 1968 S. 1725; KG, NJW 1977 S. 110; s. dagegen *Mertens*, NJW 1977 S. 766; *Wais*, NJW 1968 S. 2200). Bei einer fortlaufenden Tätigkeit wäre es wirklichkeitsfremd, jede zu erbringende Einzelleistung als Erfolg im Sinne des Werkvertrages anzusehen (BGHZ 54, 106, 108).

Der Mandant kann auch bei einem Werkvertrag das Vertragsverhältnis jederzeit **kündigen** (§ 649 Satz 1 BGB). Die Rechtslage ist für den StB gegenüber einem Dienstvertrag jedoch insofern günstiger, als er nicht nur den Teil der Vergütung beanspruchen kann, der seinen bisherigen Leistungen entspricht; er kann vielmehr grundsätzlich die vereinbarte Vergütung fordern und braucht sich nur anrechnen zu lassen, was er infolge der Aufhebung des Vertrages an Aufwendungen erspart oder durch anderweitige Verwendung seiner Arbeitskraft erwirbt oder zu erwerben böswillig unterlässt (§ 649 Satz 2 BGB). Der StB kann dagegen den Vertrag nicht vorzeitig kündigen.

Hinsichtlich der **Verjährung** des Honoraranspruchs gelten dieselben Fristen wie beim Dienstvertrag (s. Rdnr. 23; *Messmer*, DStR 1979 S. 297).

4. Umfang des Auftrages

StB haben die Aufgabe, „**im Rahmen ihres Auftrages**" für ihre Auftraggeber tätig zu sein. Der Umfang des Auftrages ist sowohl im Verhältnis gegenüber dem Auftraggeber als auch der Finanzverwaltung (LG Aachen, DStR 1984 S. 242) von Bedeutung. Er ergibt sich aus den mit dem Auftraggeber getroffenen Vereinbarungen (OLG Hamm, Stbg 1998 S. 270) und kann vom StB nicht einseitig ausgedehnt werden (OLG Frankfurt/M., Stbg 1997 S. 513). Zur Prüfung anderer steuerlicher Fragen ist der StB grundsätzlich nicht verpflichtet (BGHZ 128, 358; OLG Karlsruhe, DStR 1995 S. 1248). Es ist zweckmäßig, den Inhalt des Auftrages, d.h. die Aufgaben, für die der StB verantwortlich ist, schriftlich festzulegen. Schuldhafte Verletzungen der im Steuerberatungsvertrag übernommenen Pflichten lösen Schadensersatzansprüche des Auftraggebers aus; s. hierzu *Späth*, Die zivilrechtliche Haftung des Steuerberaters, 4. Aufl. 1994, insbesondere Rdnr. 67 ff.; zur steuerstrafrechtlichen Verantwortlichkeit s. *Lohmeyer*, DStR 1976 S. 602, 604 ff.

Die Vergütung für die Tätigkeiten bestimmt sich nach der StBGebV. Dies gilt auch, wenn daneben noch weitere Tätigkeiten außerhalb des Bereichs von § 33 ausgeübt werden (Brandenburgisches OLG, DB 2001 S. 2288).

§ 34 Berufliche Niederlassung, weitere Beratungsstellen

(1) Berufliche Niederlassung ist die Beratungsstelle, von der aus der Steuerberater oder Steuerbevollmächtigte seinen Beruf selbständig ausübt. Als berufliche Niederlassung eines ausschließlich nach § 58 angestellten Steuerberaters oder Steuerbevollmächtigten gilt seine regelmäßige, bei mehreren Anstellungsverhältnissen seine zuerst begründete Arbeitsstätte. Die berufliche Niederlassung ist innerhalb von sechs Monaten nach der Bestellung zu begründen.

(2) Weitere Beratungsstellen können unterhalten werden, soweit dadurch die Erfüllung der Berufspflichten nicht beeinträchtigt wird. Leiter der weiteren Beratungsstelle muss jeweils ein anderer Steuerberater oder Steuerbevollmächtigter sein, der seine berufliche Niederlassung am Ort der Beratungsstelle oder in deren Nahbereich hat. Satz 2 gilt nicht, wenn die weitere Beratungsstelle in einem anderen Mitgliedstaat der Europäischen Union oder in einem anderen Vertragsstaat des Abkommens über den Europäischen Wirtschaftsraum oder in der Schweiz liegt. Die für die berufliche Niederlassung zuständige Steuerberaterkammer kann auf Antrag eine Ausnahme von Satz 2 zulassen. Liegt die weitere Beratungsstelle in einem anderen Kammerbezirk, ist vor der Erteilung der Ausnahmegenehmigung die für die weitere Beratungsstelle zuständige Steuerberaterkammer zu hören. Eine Ausnahmegenehmigung ist nur für eine weitere Beratungsstelle des Steuerberaters oder Steuerbevollmächtigten zulässig.

Übersicht	Rdnr.
1. Berufliche Niederlassung	1, 2
2. Weitere Beratungsstelle	
a) Begriff	3–6
b) Zulässigkeit	7, 8
c) Leitung	9–17
d) Berufsaufsicht	18–20

1. Berufliche Niederlassung

1 Das Gesetz verwendet für die berufliche Niederlassung die Bezeichnung „Beratungsstelle"; das entspricht dem § 23. Üblicherweise wird jedoch bei selbstständigen StB die Bezeichnung **„Praxis"** oder **„Kanzlei"** verwendet. Die berufliche Niederlassung ist der Anknüpfungspunkt für die Kammermitgliedschaft (§ 73 Abs. 1 Satz 1); wegen der Kammermitgliedschaft bis zur Begründung der beruflichen Niederlassung vgl. § 74 Abs. 1 Satz 2.

2 Die berufliche Niederlassung ist innerhalb von sechs Monaten nach der Bestellung zu begründen (Abs. 1 Satz 3). Das geschieht durch Einrichtung einer räumlichen Organisationseinheit und Kenntlichmachung durch Praxisschild, Briefbogen, Unterhaltung eines Telefonanschlusses und Eintra-

2. Weitere Beratungsstelle 3, 4 § 34

gung in Verzeichnisse (OLG Celle, DStR 1992 S. 90; § 48 Abs. 2 Satz 1 BOStB; vgl. auch § 57 Rdnr. 44). Die berufliche Niederlassung ist bei selbstständigen StB nach § 48 Abs. 2 S. 1 BOStB nach außen kenntlich zu machen. StB und StBv können nur **eine** berufliche Niederlassung haben (OLG München, NJW 1990 S. 2134; OLG Düsseldorf, NJW 1991 S. 46; LG Düsseldorf, DStR 1992 S. 1600; § 48 Abs. 1 Satz 2 BOStB). Bei einer Mehrfachfunktion ist maßgebend, wo eine **selbstständige Tätigkeit** ausgeübt wird, die – z.B. bei einer überwiegenden Tätigkeit als Angestellter oder Geschäftsführer einer StBGes – nur geringfügig zu sein braucht. Bei beruflichen Mehrfachqualifikationen kommt eine Aufteilung der Berufsausübung nach den unterschiedlichen Qualifikationen auf örtlich verschiedene Niederlassungen in Betracht (BVerwG, DStRE 2000 S. 1287). Die miteinander vereinbaren Berufe können voneinander getrennt werden (vgl. auch LG Hamburg, DStRE 2004 S. 429). Nur bei einer ausschließlichen Angestelltentätigkeit gilt die regelmäßige Arbeitsstätte als berufliche Niederlassung. Bei mehreren Anstellungsverhältnissen ist der Ort der zuerst gegründeten Arbeitsstätte maßgebend.

2. Weitere Beratungsstelle

a) Begriff

Eine weitere Beratungsstelle ist eine ständige Einrichtung, von der aus der 3
Beruf ausgeübt wird und die sich außerhalb der beruflichen Niederlassung befindet. Durch das Erfordernis einer **ständigen Einrichtung** unterscheidet sich die weitere Beratungsstelle von auswärtigen Sprechtagen, die ein StB nur vorübergehend abhält. Es ist grundsätzlich zulässig, auswärtige Sprechtage abzuhalten, wobei diese nicht in einem dauerhaft zur Verfügung gehaltenen Büro durchgeführt werden dürfen (LG Frankfurt, DStRE 2004 S. 484). Hierfür kann insbesondere auf dem Gebiet der landwirtschaftlichen Steuerberatung ein Bedürfnis bestehen.

Eine weitere Beratungsstelle soll nach außen durch Praxisschild und Eintragung im örtlichen Fernsprechverzeichnis und durch Hinweise auf den 4
Geschäftspapieren **kenntlich gemacht** werden. Auf den Geschäftspapieren der weiteren Beratungsstelle soll ihr Leiter genannt werden. Durch diese Kundmachung unterscheidet sich die weitere Beratungsstelle von **weiteren Arbeitsräumen,** die nach außen nicht kenntlich gemacht werden dürfen (§ 48 Abs. 2 Satz 2 BOStB). StB können außerhalb der beruflichen Niederlassung weitere Arbeitsräume unterhalten, wenn z.B. aus Platzmangel ein Teil des Büros ausgelagert werden muss. Die Arbeitsräume müssen aber in einem örtlichen und funktionalen Zusammenhang mit der Beratungsstelle stehen (§ 48 Abs. 1 Satz 3 BOStB). Sie dürfen daher nicht in größerer Entfernung eingerichtet werden, wobei es sich durchaus auch um eine andere politische Gemeinde handeln kann (a.A. *Kuhls,* § 34, Rdnr. 4). Die Unterhaltung eines selbstständigen Bürobetriebes kommt nicht in Betracht; sonst bestände kein Unterschied zu einer weiteren Beratungsstelle. Folglich sind

weder ein Klingelschild mit der Berufsbezeichnung des StB noch die Aufnahme in ein Branchensprechverzeichnis erlaubt (Thüringer OLG, DStRE 2004 S. 542).

5   Seit dem 6. StBerÄG ist es nicht mehr erforderlich, dass sich die weitere Beratungsstelle **an einem anderen Ort,** d.h. in einer anderen politischen Gemeinde als die berufliche Niederlassung befindet. Weitere Beratungsstellen am Ort der beruflichen Niederlassung oder mehrere Beratungsstellen an demselben Ort sind daher zulässig. Damit werden insbesondere die Interessen von StB in Großstädten berücksichtigt.

6   **Zweigniederlassungen** von StBGes sind weitere Beratungsstellen und müssen daher die vorgenannten Anforderungen erfüllen (§ 49 Abs. 1 Satz 3 BOStB).

b) Zulässigkeit

7   Weitere Beratungsstellen dürfen nur unterhalten werden, soweit dadurch die **Erfüllung der Berufspflichten** nicht beeinträchtigt wird. Damit wird die Zahl der weiteren Beratungsstellen aber nicht absolut begrenzt (OLG Düsseldorf, StB 1996 S. 402). Eine Beeinträchtigung der Berufspflichten liegt vor, wenn der StB nicht mehr in der Lage ist, seinen Beruf gewissenhaft und eigenverantwortlich auszuüben. Ob dies der Fall ist, hängt z.B. von der Struktur der Praxis, der Zahl und Qualifikation der Mitarbeiter, der Größe der weiteren Beratungsstellen und ihrer Entfernung von der beruflichen Niederlassung ab. Zum Nahbereich einer weiteren Beratungsstelle ist grundsätzlich ein luftlinienmäßiger Umkreis von etwa 50 km zu rechnen (BGH, BB 2001 S. 439). Der StB muss durch Weisungen und Kontrollen sicherstellen, dass er einen bestimmenden Einfluss auf seine weiteren Beratungsstellen hat. Die Befugnis für die Unterhaltung weiterer Beratungsstellen wird auch nicht bei StB durch die gleichzeitige Bestellung als vBP eingeschränkt (BVerwG, DStRE 2000 S. 1287). Es gibt keine Überlagerung der Berufsordnung der vBP über die der StB. Vielmehr ist eine individuelle Würdigung des Einzelfalls vorzusehen. Bei einer eindeutigen Zuordnung der Tätigkeit sind ausschließlich die für diesen Beruf geltenden Vorschriften anzuwenden.

8   Aus § 34 ergibt sich nicht, dass eine weitere Beratungsstelle nur im Inland errichtet werden darf. Es sind vielmehr auch weitere Beratungsstellen **im Ausland** zulässig, wenn dadurch die Erfüllung der Berufspflichten nicht beeinträchtigt wird.

c) Leitung

9   Eine weitere Beratungsstelle muss von einem **StB oder StBv** geleitet werden. Angehörige anderer Berufe, auch wenn sie nach § 3 zur unbeschränkten Hilfeleistung in Steuersachen befugt sind, z.B. RAe und WP, können eine weitere Beratungsstelle nicht leiten (*Schandalik,* StB 1963 S. 195). Das gilt auch für weitere Beratungsstellen einer Person mit Doppelqualifikation z.B. als StB/WP. Die **Leitung** erstreckt sich im Wesentlichen auf die fachliche Verantwortung; Organisationsbefugnisse können bei dem

2. Weitere Beratungsstelle

Praxisinhaber verbleiben, weil dieser ebenfalls ein Berufsangehöriger ist. Die eigenverantwortliche Leitung ist nicht schon gefährdet, wenn der Leiter einer der Gesellschafter ist (BVerfG v. 17. 12. 2001, Az.: 1 BvR 381/01), sofern er nicht auch die Hauptstelle leitet. Lediglich auf der Leitungsebene ist die Wahrnehmung einer Doppelfunktion ausgeschlossen.

Ein StB kann die weitere Beratungsstelle eines StBv leiten und umgekehrt. 10 Es ist auch unerheblich, ob der Leiter der weiteren Beratungsstelle einer StBGes ein StB oder StBv ist (OLG Düsseldorf, StB 1996 S. 402, 404); es sind jedoch die Grundsätze für die Vertretung einer StBGes (§ 50 Rdnr. 4, 5) zu beachten. Einem StB ist es möglich, im Nahbereich seiner beruflichen Niederlassung eine StBGes zu betreiben (*Feiter*, Steuerjournal.de 2004, Heft 13, S. 41).

Das Gesetz spricht zwar nur von der Leitung durch einen StB oder StBv. 11 Es ist jedoch auch möglich, dass **mehrere StB oder StBv** beauftragt werden, eine weitere Beratungsstelle gemeinsam zu leiten. Hiergegen bestehen ebenso wenig Bedenken wie gegen die gemeinschaftliche Berufsausübung in einer Sozietät oder gegen die gemeinschaftliche Leitung einer StBGes.

Leiter der weiteren Beratungsstelle muss ein **anderer StB oder StBv** 12 sein. Die Leitung durch den Praxisinhaber ist nicht zulässig. Die Stellung des Leiters einer auswärtigen Beratungsstelle ist nicht mit der eines Geschäftsführers einer GmbH vergleichbar (LG Berlin v. 2. 12. 2002, Az.: 60474/02). Die Gestaltungen der Rechtsbeziehungen zwischen dem Leiter und dem StB sind beschränkt.

Der Leiter muss seine **berufliche Niederlassung** am Ort der weiteren 13 Beratungsstelle oder in deren Nahbereich (siehe hierzu Rdnr. 7 und § 50 Rdnr. 6) haben. Dagegen ist es nicht erforderlich, dass er dort auch seinen **Wohnsitz** hat. Das Gesetz enthält keine Regelung darüber, wie weit der Wohnsitz des Leiters der weiteren Beratungsstelle von seiner beruflichen Niederlassung entfernt sein darf. Es können hierfür keine anderen Regelungen gelten wie für andere StB. Aus § 46 Abs. 2 Nr. 1 ist zu entnehmen, dass selbst bei einem Wohnsitz im Ausland keine Bedenken bestehen müssen. Im Übrigen wird man darauf abstellen müssen, ob vom Wohnsitz der Ort der beruflichen Niederlassung täglich in angemessener Zeit erreicht werden kann. Dabei ist nicht auf den Stand der modernen Kommunikationsmittel abzustellen. Vielmehr ist das unmittelbare persönliche Gespräch nach wie vor eine wesentliche Kommunikationsform.

Der Leiter der weiteren Beratungsstelle muss diese Aufgabe entweder 14 **ausschließlich** wahrnehmen oder seine sonstige Tätigkeit selbstständig am Ort der weiteren Beratungsstelle oder in deren Nahbereich ausüben (§ 49 Abs. 2 Satz 1 BOStB). Er kann sonst die Voraussetzungen des Abs. 2 Satz 2 nicht erfüllen.

Der Praxisinhaber und der Leiter der weiteren Beratungsstelle sind in der 15 Gestaltung ihrer **Rechtsbeziehungen** Beschränkungen unterworfen. Der Leiter der weiteren Beratungsstelle kann Angestellter nach § 58 sein oder auf Grund eines freien Mitarbeiterverhältnisses tätig werden.

16 Eine Ausnahme von dem **Leiterfordernis** ergibt sich aus Abs. 2 Satz 4. Es bedarf eines Antrages des StB, der sich nach Abs. 2 Satz 6 nur auf eine weitere Beratungsstelle beziehen kann. Der StB muss darlegen, dass er weiterhin pflichtgemäß seine Berufsausübung verwirklicht, wobei die Kriterien nach § 49 Abs. 3 Satz 2 BOStB im Rahmen einer Gesamtabwägung zu beachten sind. In der Ermessensentscheidung der Steuerberaterkammer ist in nachvollziehbarer Weise zu prüfen, inwieweit die Berufspflichten im Einzelfall tatsächlich erfüllt werden können (VG Würzburg, DStRE 2004 S. 1499). Daher müssen berufliche Niederlassungen und weitere Beratungsstellen nicht zwingend im Nahbereich liegen (*Mittelsteiner/Gilgan/Späth,* § 49 Rdnr. 22; a. A. *Kuhls,* § 34 Rdnr. 30).

17 **Ausnahmen** von dem Leiterfordernis nach Abs. 2 Satz 2 gelten für weitere Beratungsstellen, die in einem anderen Mitgliedstaat der EU oder in einem anderen EWR-Vertragsstaat liegen. Diese Ausnahme ist geschaffen worden, um deutschen StB verbesserte Möglichkeiten zu geben, ihre Dienstleistungen in anderen Mitgliedstaaten der EU und im EWR zu erbringen. Es erschien nicht sachgerecht vorzuschreiben, dass ein deutscher StB oder StBv seine berufliche Niederlassung am Ort der Beratungsstelle oder in deren Nahbereich hat; der StB kann daher seine weitere Beratungsstelle selbst leiten.

d) Berufsaufsicht

18 Es gibt keine Berufsaufsicht über eine weitere Beratungsstelle als solche. Die Steuerberaterkammern führen vielmehr nur die Berufsaufsicht über ihre **Mitglieder,** d.h. den Praxisinhaber und den Leiter der weiteren Beratungsstelle. Ein StB, der eine weitere Beratungsstelle in einem anderen Kammerbereich errichtet, wird dadurch nicht etwa auch Mitglied dieser Berufskammer (BVerwG, StB 1973 S. 228). Die Berufsaufsicht bleibt daher auch hinsichtlich der Angelegenheiten, die die weitere Beratungsstelle betreffen, bei der für die berufliche Niederlassung der Praxisinhaber zuständigen Berufskammer, soweit es sich um die Tätigkeit des Inhabers selbst handelt.

19 Der **Leiter** der auswärtigen Beratungsstelle muss seine berufliche Niederlassung am Ort der weiteren Beratungsstelle oder deren Nahbereich haben. Er unterliegt daher der Berufsaufsicht der für den Ort der auswärtigen Beratungsstelle zuständigen Berufskammer, deren Mitglied er ist.

20 Weitere Beratungsstellen sind in das **Berufsregister** einzutragen, wenn sie im Registerbezirk errichtet werden (§ 46 Nr. 3 u. 4 DVStB); außerdem sind sämtliche weiteren Beratungsstellen eines StB, StBv oder einer StBGes in dem über sie geführten Berufsregister einzutragen (§ 46 Nr. 1e, Nr. 2f DVStB). Die Eintragung hat nur deklaratorische Wirkung.

Zweiter Abschnitt. Voraussetzungen für die Berufsausübung

Erster Unterabschnitt. Persönliche Voraussetzungen

§ 35 Zulassung zur Prüfung, Prüfung, Befreiung von der Prüfung, Wiederholung der Prüfung

(1) Als Steuerberater darf nur bestellt werden, wer die Prüfung als Steuerberater bestanden hat oder von dieser Prüfung befreit worden ist.

(2) Die Teilnahme an der Prüfung bedarf der Zulassung.

(3) Das Ergebnis der Prüfung wird dem Bewerber bekannt gegeben.

(4) Die Prüfung kann zweimal wiederholt werden.

(5) Die Zulassung zur Prüfung, die Prüfung und die Befreiung von der Prüfung erfolgen durch die für die Finanzverwaltung zuständige oberste Landesbehörde. Das Bestehen der Prüfung oder die Befreiung von der Prüfung sind schriftlich zu bescheinigen.

Übersicht	Rdnr.
1. Allgemeines	1–3
2. Zulassung zur Prüfung	4–8
3. Prüfung	9–15
4. Bekanntgabe der Prüfungergebnisse	16–19
5. Wiederholung der Prüfung	20
6. Befreiung von der Prüfung	21
7. Zuständige Behörde	22

1. Allgemeines

Wie bei anderen freien Berufen führt der Zugang zum Beruf des StB über **1** eine Prüfung; unter den Voraussetzungen des § 38 ist auch eine Bestellung ohne Prüfung möglich. Der in Abs. 1 enthaltene Grundsatz ist mit dem Grundrecht der freien Berufswahl nach Art. 12 Abs. 1 Satz 1 GG vereinbar, weil er die Bestellung nur von der Erfüllung persönlicher Voraussetzungen abhängig macht (BVerfGE 7, 377, 406 ff.); die Berufsaufgaben der StB dienen der Steuerrechtspflege, einem wichtigen Gemeinschaftsgut, das die Aufstellung **subjektiver Zulassungsvoraussetzungen** für den Zugang zum Beruf rechtfertigt (BVerfGE 21, 173, 179; BGHZ 54, 306, 309; BFHE 61, 147 S. 256).

Die Erfüllung weiterer Voraussetzungen darf – vorbehaltlich der §§ 36 ff., **2** – nicht gefordert werden; insbesondere ist es unzulässig, die Bestellung zum StB davon abhängig zu machen, dass hierfür ein **Bedürfnis** besteht. Wegen der eindeutigen verfassungsrechtlichen Lage war die Aufnahme einer dem § 20 Abs. 2 BRAO entsprechenden Bestimmung nicht erforderlich. Zum Verfahren bei der Bestellung s. § 40.

Die neuen Abs. 3 und 5 haben lediglich klarstellende Bedeutung, zumal **3** sie in der Vergangenheit in der Praxis auch ohne gesetzliche Regelung angewendet wurden.

2. Zulassung zur Prüfung

4 Ein Bewerber muss zugelassen werden, wenn er an der Prüfung teilnehmen möchte. Nachdem laut § 40 Abs. 2 bis 4 erst vor der Bestellung zu klären ist, ob der Bewerber über die persönliche Eignung verfügt, bedarf es vor der Prüfung nur einer Erfüllung der Zulassungsvoraussetzungen.

5 Das Verfahren bei der Entscheidung über Anträge auf Zulassung zur Prüfung und auf Befreiung von der Prüfung ist in den §§ 1–8 DVStB geregelt. Über die Anträge auf Zulassung entscheidet nach § 1 Abs. 1 DVStB die für die Finanzverwaltung zuständige oberste Landesbehörde. Die Zulassungsausschüsse wurden abgeschafft, da im Rahmen der Prüfung zur Zulassung ausschließlich Rechtsfragen zu klären sind. Sofern Zweifel über die Erfüllung einzelner Voraussetzungen für die Zulassung oder die Befreiung von der Prüfung bestehen, kann hierüber eine verbindliche Auskunft nach § 38a Abs. 1 eingeholt werden; wg. dem Ablauf vgl. § 38a Rdnr. 2ff.

6 Die Bearbeitung des Antrags auf Zulassung zur Prüfung ist ein eigenständiger Verwaltungsakt, für den eine Gebühr von 75,– € nach § 39 Abs. 1 zu entrichten ist. Nach § 6 Abs. 1 DVStB gilt diese Zulassung nur für die Teilnahme der nächsten Prüfung.

7 Die Zulassung zur Prüfung kann ferner versagt werden, wenn der Bewerber nicht **Deutscher** oder **Angehöriger eines anderen EU- oder EWR-Staates** ist; zur sog. Eignungsprüfung siehe § 37a. Deutscher i.S.v. Art. 116 GG ist, wer die deutsche Staatsangehörigkeit besitzt oder als Flüchtling oder Vertriebener deutscher Volkszugehörigkeit oder als dessen Ehegatte oder Abkömmling in dem Gebiet des Deutschen Reiches nach dem Stand vom 31. 12. 1937 Aufnahme gefunden hat. Dies gilt nicht für **heimatlose Ausländer** i.S.v. § 1 des Gesetzes über die Rechtsstellung heimatloser Ausländer im Bundesgebiet vom 25. 4. 1951 (BGBl. I S. 269); ihnen sind Rechte und Vergünstigungen, die Angehörigen fremder Staaten nur unter der Bedingung der Gegenseitigkeit gewährt werden, auch dann nicht zu versagen, wenn die Gegenseitigkeit nicht verbürgt ist.

8 Gegen die **ablehnende Entscheidung** des Zulassungsausschusses kann der Antragsteller unmittelbar Klage beim FG erheben (§ 33 Abs. 1 Nr. 3 FGO), ohne dass ein Vorverfahren erforderlich ist (§ 348 Nr. 3 AO). Andere Personen, z.B. StB oder eine Steuerberaterkammer, können nicht in ihren Rechten verletzt sein (*Voss*, DStR 1962/1963 S. 441). Das Finanzministerium ist nicht zur Klage berechtigt, weil Zulassungen von ihr vorgenommen werden. Eine Zulassung zur Prüfung durch **einstweilige Anordnung** ist regelmäßig nicht zulässig (BFHE 97, 575), weil hierdurch das Ergebnis des Hauptprozesses vorweggenommen werden würde. Eine Ausnahme gilt lediglich in den Fällen, in denen die einstweilige Anordnung zur Gewährung eines effektiven Rechtsschutzes unumgänglich ist (BFHE 154, 31; FG Berlin, StB 1996 S. 358).

3. Prüfung

Die Prüfung zum StB gliedert sich in eine schriftliche und eine mündliche **9** Prüfung (§ 37 Abs. 2); in der mündlichen Prüfung brauchen nicht Fragen aus sämtlichen in § 37 Abs. 3 genannten Prüfungsgebieten gestellt zu werden (BFHE 173, 378). Das **Verfahren** ist im Einzelnen in den §§ 37a bis b und in den §§ 14 bis 32 DVStB geregelt; zu den Anforderungen siehe *Herzig/Watrin*, DStR 1994 S. 1282. Es entscheidet ein Prüfungsausschuss, der bei der obersten Landesbehörde zu bilden ist und aus drei Beamten des höheren Dienstes oder vergleichbaren Angestellten der Finanzverwaltung und drei StB oder zwei StB und einem Vertreter der Wirtschaft besteht (§ 10 Abs. 1 DVStB); zur Beteiligung von Ersatzmitgliedern vgl. BFHE 165, 156. Die Mitglieder des Ausschusses werden von der obersten Landesbehörde für drei Jahre berufen (§ 10 Abs. 2 DVStB); die Steuerberaterkammern haben die Aufgabe, die berufsständischen Mitglieder des Ausschusses vorzuschlagen (§ 76 Abs. 2 Nr. 9).

Ein Bewerber kann die Entscheidung des Prüfungsausschusses, durch die **10** die Prüfung für nicht bestanden erklärt wird, unmittelbar beim FG **anfechten** (§ 33 Abs. 1 Nr. 3 FGO), ohne dass ein Vorverfahren erforderlich ist (§ 348 Nr. 3 AO; *Uhländer*, INF 1997 S. 278; vgl. aber § 37 Rdnr. 6). Die Klagefrist beginnt mit der mündlichen Bekanntgabe der Prüfungsentscheidung (BFHE 126, 375; BFH, DStR 1994 S. 1631).

Die Vorschriften der AO über die Ausschließung und **Ablehnung von** **11** **Amtsträgern** und anderen Personen gelten nach § 164a auch für die Steuerberaterprüfung. Mitglieder des Prüfungsausschusses können daher vom Bewerber unter den Voraussetzungen des § 84 AO wegen Besorgnis der Befangenheit abgelehnt werden. Hierfür ist nicht allein der Umstand ausreichend, dass ein Prüfer zugleich Vorsitzender eines Fortbildungsinstitutes für Kurse zur Steuerberatungsprüfung ist und der Prüfling diese Kurse nicht besucht hat (BFH, BStBl. 2004 II S. 842).

Prüfungsentscheidungen unterliegen **in sachlicher Hinsicht** der gericht- **12** lichen Kontrolle. Es gilt der allgemeine Bewertungsgrundsatz, dass eine vertretbare und mit gewichtigen Argumenten folgerichtig begründete Lösung nicht als falsch bewertet werden darf (BVerfGE 84, 34; 84, 59; *Schick*, DStR 1992 S. 884). Die Prüfer können ohne Bindung an die Musterlösung ihre Wertungen treffen und dabei auch eine besondere Bedeutung auf eine angemessene Begründung des Lösungsweges geben (FG Brandenburg, EFG 2003 S. 731). Die Musterlösung erhält keine für den Prüfer verbindliche Vorgabe, sondern soll lediglich die Gewichtung einzelner Teile der Aufgabenstellung nach ihrer Bedeutung und Schwierigkeit erleichtern helfen (BFH, BStBl. II 1999 S. 577). Der Bewerber kann eine Begründung der Prüfungsentscheidung verlangen (BFHE 180, 485); bei substantiierten Einwendungen gegen die Bewertung der Prüfungsleistungen ist auf Antrag die Verhandlung gemäß § 74 FGO zur Durchführung eines verwaltungsinternen Kontrollverfahrens auszusetzen (BFH, DStR 1994 S. 1921; FG Bremen, EFG 1994 S. 415; *Böttrich*, StB 1997 S. 275). Das Gericht kann eine fehlerhafte Benotung nicht durch eine eigene ersetzen, sondern nur den Prüfungsbescheid aufheben, damit der Prüfungsausschuss eine fehlerhafte Bewertung der Prüfungsarbeit ändert (FG München, EFG 1992 S. 162; *Schall,* StB 1994 S. 172 ff.; *Dudek,* StB 1995 S. 290). Das Gericht kann bei einer Prüfungsentscheidung nur prüfen, ob sie an fachlichen Beurteilungsmängeln leidet oder ob die Prüfer den ihnen zustehenden Bewertungsspielraum überschritten haben (BFH/NV, 2004 S. 378). Die gerichtliche Kontrolle hat jedoch ihre Grenzen, wenn sie nicht auf einem fachspezifischen Urteil darüber beruht, ob etwas „richtig" oder „falsch" ist, sondern auf einen Bewertungsvorgang, der sich auf der Basis der persönlichen Erfahrungen und Vorstellungen der Prüfer vollzieht (BFH, NV 2004 S. 740). Nach § 29 DVStB sind bei begründeten Einwendungen eines Bewerbers die Prüfer verpflichtet, die Prüfungsleistungen zu überdenken. Ein solches Überdenken kommt in der Regel nur durch die betroffenen Prüfer in Betracht (BVerwGE 91, 262), da ansonsten das Überdenkungsverfahren verfehlt wäre (BFH v. 28. 11. 2002, Az.: VII R 27/02). Prüferische Bewertungen sind von den Erfahrungen und Wertvorstellungen des Prüfers abhängig und somit unvertretbare höchstpersönliche Urteile. Daher ist auch ein Prüfer heranzuziehen, der zwischenzeitlich in den Ruhestand getreten ist.

13 Die Einwendungen eines Prüflings sind nur dann substantiiert, wenn zumindest stichwortartig hinreichend konkrete Anhaltspunkte genannt werden, damit die Prüfer ihre Bewertung überdenken und ggf. ändern können (BFH, AO-StB 2001 S. 175). Aus der allgemeinen Fürsorgepflicht der Prüfungsbehörde kann sich eine Hinweispflicht an den Prüfling ergeben, wenn er ansonsten ggf. infolge Zeitablauf die Möglichkeit verliert, eine Begründung der Bewertung seiner Prüfungsleistungen zu erlangen (BFH/NV 2004, S. 1614).

14 Prüfungsentscheidungen können auch bei **formellen Mängeln** angefochten werden, d. h. wenn die für die Prüfung maßgebenden Verfahrensvorschriften nicht eingehalten worden sind (st. Rspr., vgl. BFHE 127, 290; 144, 323), z. B. wenn die Gutachter für die Aufsichtsarbeiten nicht an der Festsetzung der Noten mitwirken (BFHE 157, 477), bei Störung der schriftlichen oder mündlichen Prüfung durch Lärm (BFHE 122, 214; 125, 222; 167, 480), wenn unvollständige Texte zur Verfügung gestellt wurden (FG Hamburg, EFG 1989 S. 430; dagegen FG Bremen, EFG 1989 S. 432) oder bei Verfahrensfehlern in der Bewertung (BFHE 125, 222). Zugleich haben jedoch die obersten Landesbehörden bei Pausen oder Störungen ein Einschätzungs- und Entscheidungsvorrecht (BFH, BStBl. 2002 II S. 58). Subjektive Fehlvorstellungen des Bewerbers reichen nicht aus (BFHE 172, 254, 257). Auch Dauerleiden, die als persönlichkeitsbedingte Eigenschaft die Leistungsfähigkeit prägen, führen nicht zu einer Rechtswidrigkeit einer negativen Prüfungsentscheidung (FG Köln, EFG 2004 S. 1090). Zur Einsichtnahme in die Prüfungsakten vgl. BFHE 89, 370.

15 Zugleich ist nach § 18 Abs. 3 Satz 2 vorgesehen, dass ggf. die Bearbeitungszeit für die schriftlichen Prüfungsarbeiten auch mehr als eine Stunde verlängert werden kann. Damit ist es den zuständigen Behörden möglich, flexibel auf die Schwere der Behinderung eines Bewerbers zu reagieren.

4. Bekanntgabe der Prüfungsergebnisse

Die Erwähnung im Abs. 3 dient lediglich der Klarstellung und bildet nunmehr die gesetzliche Grundlage für die schon bisher in der Praxis realisierte Übung. Es ist sowohl eine Bekanntgabe nach der schriftlichen als auch nach der mündlichen Prüfung vorzusehen.

Das Gesetz sieht keine besondere Form vor. Nachdem jedoch in vielen anderen Bereichen, z. B. über das Zulassungsverfahren zur Prüfung (§ 1 Abs. 4 DVStB) oder bei einer verbindlichen Auskunft (§ 7 Abs. 2 DVStB) jeweils die Schriftform verlangt wird, sollte diese Form zumindest nach der schriftlichen Prüfung ebenfalls vorgesehen werden. Nach der mündlichen Prüfung bietet sich hingegen eine Bekanntgabe durch den Vorsitzenden des Prüfungsausschusses in mündlicher Form an.

Es bedarf auch keiner schriftlichen Begründung des Ergebnisses einer mündlichen Prüfung oder einer Protokollierung (BFH v. 13. 3. 2003, Az.: VII-B-299/02). Ein Prüfling muss unmittelbar nach der Bekanntgabe der mündlichen Prüfungsnote seinen Anspruch auf eine Begründung der Bewertung geltend machen (BFH, BStBl. 1999 II S. 244). Ein späterer Antrag ist zwar nicht ausgeschlossen, unterliegt aber der Gefahr, dass es den Prüfern wegen des Zeitablaufs nicht mehr möglich ist, ihre Benotung zu begründen (BFHE 180, S. 488f.).

Lediglich das Bestehen oder die Befreiung von der Prüfung sind schriftlich nach Abs. 5 zu bescheinigen. Auch wenn ein Nichtbestehen der Prüfung nicht im Gesetzestext aufgeführt ist, so ist auch in diesen Fällen davon auszugehen, dass auch dieses in schriftlicher Form mitzuteilen ist.

5. Wiederholung der Prüfung

Die Prüfung kann **zweimal** wiederholt werden (Abs. 4). Eine weitere Wiederholung ist unzulässig; das Gesetz sieht auch keine Ausnahmen vor. Für die Wiederholung ist nach § 28 Abs. 3 DVStB eine erneute Zulassung erforderlich. Bei einer Wiederholungsprüfung können einzelne Noten aus einer vorangegangenen nicht bestandenen Prüfung nicht berücksichtigt werden (BFHE 126, 502). Ist ein Teil des Prüfungsverfahrens mit einem Verfahrensfehler behaftet, kann der Prüfling verlangen, nur den von diesem Mangel betroffenen Prüfungsteil zu wiederholen (BFHE 131, 173). Das Bestehen der Prüfung im zweiten Anlauf berührt nicht das Rechtsschutzinteresse an der Anfechtung der ersten negativen Prüfungsentscheidung (BFHE 122, 11). Es führt jedoch zu einer Erledigung, wenn das Anfechtungsbegehren von vornherein erkennbar auf die Kassation der negativen Prüfungsentscheidung beschränkt war und es nicht um die Beseitigung des Makels einer nicht bestandenen Prüfung ging (BFH, BStBl. II 2001 S. 683).

6. Befreiung von der Prüfung

Unter den Voraussetzungen des § 38 ist eine Befreiung von der Prüfung möglich. Auch hierüber entscheidet die für die Finanzverwaltung zuständige

§ 36　Voraussetzungen für die Zulassung zur Prüfung

oberste Landesbehörde (§§ 1 Abs. 1; i. V. m. 8 Abs. 1 DVStB); wegen den Einzelheiten des Verfahrens s. § 8 DVStB. Die Entscheidungen der zuständigen Behörde sind ebenso wie bei der Ablehnung der Zulassung zur Prüfung im Finanzrechtsweg anfechtbar; das gilt auch für Bestellungen nach der StBerO der ehemaligen DDR (BFH, DStR 1992 S. 89). Einstweilige Anordnungen sind unzulässig (BFHE 102, 360).

7. Zuständige Behörde

22　Für sämtliche Tätigkeiten, die sowohl die Zulassung zur Prüfung, die Prüfung selbst als auch die Befreiung von der Prüfung betreffen, ist die für die Finanzverwaltung oberste Landesbehörde zuständig. Nach § 158 Abs. 2 kann jedoch eine Übertragung der Aufgaben ganz oder teilweise auf die OFD stattfinden.

§ 36 Voraussetzungen für die Zulassung zur Prüfung

(1) Die Zulassung zur Steuerberaterprüfung setzt voraus, dass der Bewerber
1. ein wirtschaftswissenschaftliches oder rechtswissenschaftliches Hochschulstudium oder ein Hochschulstudium mit wirtschaftswissenschaftlicher Fachrichtung mit einer Regelstudienzeit von jeweils mindestens acht Semestern erfolgreich abgeschlossen hat und danach zwei Jahre praktisch tätig gewesen ist oder
2. ein wirtschaftswissenschaftliches oder rechtswissenschaftliches Hochschulstudium oder ein Hochschulstudium mit wirtschaftswissenschaftlicher Fachrichtung mit einer Regelstudienzeit von jeweils weniger als acht Semestern erfolgreich abgeschlossen hat und danach drei Jahre praktisch tätig gewesen ist.

(2) Ein Bewerber ist zur Steuerberaterprüfung auch zuzulassen, wenn er
1. eine Abschlussprüfung in einem kaufmännischen Ausbildungsberuf bestanden hat oder eine andere gleichwertige Vorbildung besitzt und nach Abschluss der Ausbildung zehn Jahre oder im Falle der erfolgreich abgelegten Prüfung zum geprüften Bilanzbuchhalter oder Steuerfachwirt sieben Jahre praktisch tätig gewesen ist oder
2. der Finanzverwaltung als Beamter des gehobenen Dienstes oder als vergleichbarer Angestellter angehört oder angehört hat und bei ihr mindestens sieben Jahre als Sachbearbeiter oder in mindestens gleichwertiger Stellung praktisch tätig gewesen ist.

(3) Die in den Absätzen 1 und 2 geforderte praktische Tätigkeit muss sich in einem Umfang von mindestens 16 Wochenstunden auf das Gebiet der von den Bundes- und Landsfinanzbehörden verwalteten Steuern erstrecken.

(4) Nachweise über das Vorliegen der in den Absätzen 1 bis 3 genannten Voraussetzungen sind nach Maßgabe der Bestimmungen des amtlichen Vordrucks zu erbringen, der gemäß § 158 Nr. 1 Buchstabe a eingeführt worden ist. Der Bewerber hat diese Unterlagen seinem Antrag auf Zulassung zur Prüfung beizufügen.

1. Allgemeines 1, 2 § 36

Übersicht

	Rdnr.
1. Allgemeines	1, 2
2. Erster Ausbildungsgang (Abs. 1 Nr. 1)	
a) Hochschulstudium von acht Semestern	3–6
b) Praktische Tätigkeit	7–13
3. Zweiter Ausbildungsgang (Abs. 1 Nr. 2)	
a) Hochschulstudium unter acht Semestern	14
b) Praktische Tätigkeit	15
4. Dritter Ausbildungsgang (Abs. 2 Nr. 1)	16–18
5. Angehörige der Finanzverwaltung (Abs. 2 Nr. 2)	19, 20
6. Umfang der praktischen Tätigkeit (Abs. 3)	21–23
7. Nachweis über die Voraussetzungen (Abs. 4)	24

1. Allgemeines

Die Vorschrift legt die **Vorbildungsvoraussetzungen** fest, die für die Steuerberaterprüfung erfüllt sein müssen. Ein Zugang zur Prüfung ist **auf vier Wegen** möglich: Über ein abgeschlossenes Studium mit einer Regelstudienzeit von mindestens acht Semestern und anschließender zweijähriger praktischen Tätigkeit (Abs. 1 Nr. 1), über ein abgeschlossenes Studium mit einer Regelstudienzeit von weniger als acht Semestern und einer anschließenden dreijährigen praktischen Tätigkeit (Abs. 1 Nr. 2), über einen praxisbezogenen Ausbildungsgang (Abs. 2 Nr. 1) oder über eine Sonderregelung für bestimmte Angehörige der Finanzverwaltung (Abs. 2 Nr. 2). 1

Nachdem der Bekanntheitsgrad und die Verwertbarkeit eines deutschen Diploms außerhalb Deutschlands begrenzt ist, während angelsächsische Graduierungsmodelle (Bachelor, Master) allgemein akzeptiert werden, ist nunmehr den Hochschulen über § 19 HRG die Möglichkeit gegeben, Studiengänge einzurichten, in denen ein **Bachelorgrad** und in Postgraduiertenstudiengängen ein **Mastergrad** verliehen wird. Die Abschlussgrade Bachelor und Master kommen auch mit den Bezeichnungen Bakkalaureus und Magister in Betracht. Aus den Regelungen zur Studienzeit, die in den §§ 11 und 19 HRG festgelegt sind, ergeben sich grundsätzlich nachfolgende Abschlussmöglichkeiten mit mindestens acht Semester Regelstudienzeit: Universitätsdiplom, Universitäts-Master, achtsemestrige Bachelor-Studiengänge an Universitäts- oder Fachhochschulen, achtsemestrige Diplomstudiengänge an Fachhochschulen und Master an Fachhochschulen. Zudem können nach dem Hochschulrahmengesetz neben Fachhochschul-Studiengängen (Fachhochschul-Diplomstudiengänge und Fachhochschul- Bachelor-Studiengänge mit weniger als acht Semester) auch Studiengänge mit weniger als acht Semestern Regelstudienzeit an Universitäten eingerichtet werden (bspw. Bachelor-Studiengänge an Universitäten). Den Studiengängen ist nunmehr § 36 Abs. 1 angepasst worden, indem dieser ausschließlich auf die Regelstudienzeit der Studiengänge abgestellt und unabhängig von der Art der Hochschule ist (BT-Drs. 14/2667, S. 30). Die bisher geltenden Unterscheidungen sind überholt und zugunsten einer einheitlichen internationalen Regelung aufgegeben worden. 2

2. Erster Ausbildungsgang (Abs. 1 Nr. 1)

a) Hochschulstudium von acht Semestern

3   Das Gesetz hat nur die Studien als geeignete Vorbildung angesehen, deren Lehrstoff dem späteren beruflichen Aufgabengebiet des Bewerbers entspricht. Das sind die **Rechtswissenschaft** und die **Wirtschaftswissenschaften** (Volks- und Betriebswirtschaft). Diese Regelung verstößt nicht gegen das Grundgesetz (BFHE 82, 398, kritisch hierzu *Targan,* StB 1984 S. 33), wobei der unbestimmte Rechtsbegriff weit auszulegen ist, zumal der Bewerber die Fachkenntnisse durch das Ablegen der Prüfung nachweisen muss (BFH, BStBl. II 1991 S. 155). Anerkannt sind auch solche Studiengänge, die ihrer Struktur nach dem wirtschaftswissenschaftlichen Studium nahe kommen und bei denen ein nennenswerter Teil des Studienstoffes auf wirtschaftswissenschaftliche Fächer entfällt, z.B. den eines Dipl.-Wirtschaftsingenieurs, eines Dipl.-Handelslehrers oder eines Dipl.-Agraringenieurs bei entsprechend strukturiertem landwirtschaftlichen Studium; dasselbe kann bei einem Studium der Mathematik mit dem Nebenfach Betriebswirtschaftslehre gelten (BFHE 162, 159) oder sogar bei Theaterwissenschaften mit juristischem Nebenfach und insgesamt wirtschaftswissenschaftlicher Orientierung (FG München, EFG 1998 S. 1542), nicht aber für das Studium der Germanistik (Hess. FG, EFG 1990 S. 200). Zu vergleichbaren Studiengängen in der ehemaligen DDR vgl. StB 1991 S. 293, wobei ein Studium an der juristischen Hochschule Potsdam-Eiche zum Diplomjurist nicht ausreicht, (BFH/NV 2000 S. 234); *Linssen,* INF 1995 S. 598, 629.

4   Wirtschaftswissenschaftliche und andere Hochschulstudien mit wirtschaftswissenschaftlicher Fachrichtung genügen den Voraussetzungen von Abs. 1 Nr. 1 nur dann, wenn für sie eine **Regelstudienzeit** von mindestens acht Semestern vorgeschrieben ist. Daher ist es bedenklich, neun Trimester einer Regelstudienzeit von acht Semestern gleichzusetzen, auch wenn eine Intensivierung der Lehrtätigkeit in den drei Jahren zu bejahen ist (so FG München, EFG 2002 S. 1328), zumal der Gesetzwortlaut eindeutig ist und auch üblicherweise eine Umrechnung im Verhältnis 3:2 erfolgt. Die Bestimmung dient der bundeseinheitlichen Festlegung der Zulassungsvoraussetzungen, weil das Hochschulrecht in die Zuständigkeit der Länder fällt und unterschiedliche landesrechtliche Regelungen über die Gleichstellung von Universitäts- und Fachhochschulgängen aus Gründen der Gleichbehandlung aller betroffenen Berufsbewerber nicht zu unterschiedlichen Zulassungsanforderungen führen dürfen. Die von verschiedenen Universitäten in Nordrhein-Westfalen und Hessen angebotenen wirtschaftswissenschaftlichen Kurzstudiengänge mit Regelstudienzeiten unter acht Semestern fallen daher nicht unter Abs. 1 Nr. 1. Sie werden im Hinblick auf den Zugang zur Steuerberaterprüfung wie ein Hochschulstudium nach Abs. 1 Nr. 2 behandelt.

5   Das Studium kann grundsätzlich auch an einer **ausländischen Hochschule** erfolgen. Jedoch müssen die ausländischen Studienabschlüsse den entsprechenden deutschen Studiengängen vergleichbar sein. Bei den Wirtschaftswissenschaften wird dies regelmäßig der Fall sein. Bei einem rechts-

wissenschaftlichen Studium braucht nicht gefordert zu werden, dass der Bewerber Kenntnisse des deutschen Rechts erworben hat, die er für seine spätere Tätigkeit als StB benötigt. Entscheidend ist vielmehr die durch das rechtswissenschaftliche Studium vermittelte Befähigung zum rechtswissenschaftlichen Arbeiten (BFHE 172, 261).

Das Hochschulstudium muss **abgeschlossen** sein. Ein Studium ist abgeschlossen, wenn nach dem jeweils geltenden Prüfungsrecht der Hochschule die zur Feststellung des Studienerfolges vorgesehene Prüfungsentscheidung ergangen ist oder der Prüfungskandidat von der vorgesehen Möglichkeit, sich von weiteren Prüfungsabschnitten befreien zu lassen, Gebrauch gemacht hat (BFH, BStBl. 1999 II S. 141). Es ist auf den Abschluss abzustellen, unabhängig davon, ob der Bewerber schon zuvor die erforderlichen Kenntnisse und Fähigkeiten besitzt. Auch die Reihenfolge der einzelnen Teile der Prüfung (FG Baden-Württemberg, EFG 1999 S. 250) oder die Erbringung der letzten Prüfungsleistung ist nicht entscheidend (vgl. auch allgemein *Peter/ Hermann,* StB 2003 S. 413).

b) Praktische Tätigkeit

Die berufspraktische Tätigkeit (vgl. *Linssen,* INF 1995 S. 598, 600) muss **nach Abschluss** des Studiums (vgl. aber § 157a Abs. 3) abgeleistet werden. Abgeschlossen ist das Studium an dem Tag, an dem die zuständige Stelle feststellt, dass der Bewerber die vorgesehene Abschlussprüfung bestanden hat. Auf den Zeitpunkt der Erbringung der letzten Prüfungsleistung oder der Aushändigung des Prüfungszeugnisses kommt es nicht an. Eine berufspraktische Tätigkeit vor oder während des Studiums reicht nicht aus (BFH, HFR 1965 S. 290), weil die während des Studiums erworbenen theoretischen Kenntnisse in der Praxis umgesetzt werden sollen, d.h. die praktische Tätigkeit muss sich an die Ausbildung anschließen.

Hat der Bewerber die berufliche Tätigkeit auf dem Gebiet der von den Bundes- oder Landesfinanzbehörden verwalteten Steuern im Zeitpunkt der Entscheidung des Zulassungsausschusses noch nicht voll erfüllt, kann die Zulassung zur Prüfung unter der **Bedingung** ausgesprochen werden, dass der Bewerber diese Vorbildungsvoraussetzung spätestens bei Beginn der schriftlichen Prüfung erfüllt hat. Der Nachweis ist bis zu dem vom Zulassungsausschuss zu bestimmenden Zeitpunkt zu erbringen (§ 6 Abs. 2 DVStB).

Erforderlich ist eine Tätigkeit auf dem Gebiet **der von den Bundes- und Landesfinanzbehörden verwalteten Steuern.** Diese durch das 5. StBerÄG eingefügte Fassung ist enger (BFHE 176, 201, 203) als der bis dahin geltenden Begriff „Tätigkeit auf dem Gebiet des Steuerwesens", der von der Rechtsprechung (BFHE 126, 107; 124, 474; 156, 328; 159, 386) sehr weit ausgelegt worden war. Mit der Neufassung soll sichergestellt werden, dass die praktische Vorbildung sich tatsächlich auf den Kernbereich der Berufstätigkeit des späteren StB bezieht. Nicht ausreichend ist z.B. eine Tätigkeit auf dem Gebiet der Betriebswirtschaft oder als Buchhalter (BFHE 176, 201, 205) oder in der Finanzkasse eines FA (Nieders. FG, StB 1994

S. 153). Auch die Tätigkeit als RA erfüllt nicht ohne weiteres die Voraussetzungen für die Zulassung zur StB-Prüfung (BFH, DStR 1995 S. 794). Allerdings wird man den Bereich nicht auf die in § 1 Abs. 1 Nr. 1 enthaltene Begriffbestimmung begrenzen können; nach dem Sinn des Gesetzes ist vielmehr hierunter alles zu fassen, was zu den Vorbehaltsaufgaben des StB nach §§ 1, 3, 33 gehört, z.B. das Einrichten der Buchführung, das Erstellen der USt-Voranmeldungen und die Mitwirkung beim Jahresabschluss (BFHE 178, 524), nicht aber Tätigkeiten nach § 6 Nr. 4 (BFM, BStBl. 1996 I S. 667). In den neuen Bundesländern konnte eine solche Tätigkeit erst nach dem 3. 10. 1990 aufgenommen werden (FG Leipzig, EFG 1993 S. 466). Die Ausübung von mit dem Beruf vereinbaren Tätigkeiten, auch wenn sie zum Berufsbild des StB gehören (vgl. Einleitung Rdnr. 14, 15) reicht dagegen nicht aus.

10   Die praktische Tätigkeit kann auch **im Ausland** geleistet werden, wenn der Bewerber auf die in Rdnr. 9 genannten Gebieten tätig war, z.B. bei der Beratung ausländischer Auftraggeber im deutschen Steuerrecht; hierher gehört auch die Anwendung von Doppelbesteuerungsabkommen.

11   Die Tätigkeit beansprucht vielfach einen wesentlichen Teil der Arbeitszeit des Bewerbers (vgl. Abs. 3); Überstunden rechnen nicht zur „regelmäßigen Arbeitszeit". Eine Tätigkeit ist auch dann zu bejahen, wenn das eigentliche Arbeitsgebiet eines Bewerbers zwar außerhalb des Steuerrechts liegt, mit diesem jedoch zusammenhängt und daher regelmäßig auch die Befassung mit steuerlichen Fragen erfordert; dabei muss aber wenigstens die Hälfte der Arbeitszeit auf Vorbehaltsaufgaben entfallen (BMF, BStBl. 1996 I S. 667). Unerheblich ist die Art des Beschäftigungsverhältnisses. Die hauptberufliche Tätigkeit kann daher sowohl im Angestelltenverhältnis (BFHE 84, 489; 176, 201) als auch in selbstständiger Tätigkeit (BFHE 159, 386) erfolgen. Anrechenbar ist die berufspraktische Tätigkeit nur, wenn sie befugtermaßen ausgeübt wird, d.h. nicht gegen Vorschriften des Steuerberatungsgesetzes verstößt (BFHE 84, 489; 132, 177; FG Münster, EFG 1991 S. 157). Das ist bei der Tätigkeit eines Rechtsreferendars als freier Mitarbeiter der Fall (BFHE 178, 518; 183, 329; *Schmittmann,* StB 1998 S. 322).

12   Das Gesetz verlangt eine **praktische** Tätigkeit, d.h. es muss das theoretische Wissen angewandt werden, das während des Studiums erworben worden ist (BFHE 124, 474). Der Besuch von ganztätigen Lehrgängen ist nicht ausreichend. Dies gilt auch für das Anfertigen einer Dissertation (BFH, BStBl. II 2001 S. 118), da die praktische Tätigkeit im Gegensatz zur Ausbildung als **aktive Ausübung** einer beruflichen Tätigkeit zu verstehen ist. Die praktische Tätigkeit ist aber nicht mit der Hilfeleistung in Steuersachen gleichzusetzen; hierunter kann vielmehr auch eine Lehrtätigkeit fallen (BFHE 114, 310; 124, 474). Sofern nach einem Studium i.S.d. Abs. 1 Nr. 1 im Anschluss eine Ausbildung zum Steuerfachangestellten vorgenommen wird, liegt eine praktische Tätigkeit vor (FG Hamburg, EFG 98 S. 1363).

13   Es ist eine Tätigkeit von **zwei Jahren** erforderlich, die nicht zusammenhängend geleistet zu werden braucht. Damit wird eine zeitliche Gleichbe-

3. Zweiter Ausbildungsgang   14 § 36

handlung mit der Eignungsprüfung (§ 37a Abs. 3) erreicht. Ist dieser Zeitraum im Zeitpunkt der Entscheidung des Zulassungsausschusses noch nicht erfüllt, so kann die Zulassung unter der Bedingung ausgesprochen werden, dass der Bewerber diese Vorbildungsvoraussetzung spätestens bei Beginn der schriftlichen Prüfung erfüllt hat (§ 6 Abs. 2 DVStB). Unterbrechungen der Tätigkeit, z.B. durch längere Krankheit oder Erziehungsurlaub/Elternzeit nach § 15 BErzGG (BFH, BStBl. 2001 II S. 263) sind nicht mitzurechnen (FG Stuttgart, EFG 1965 S. 203). Eine Anrechnung des Grundwehr- oder Zivildienstes ist nach § 13 ArbPlSchG **nicht** mehr möglich. Ansonsten würde sich die praktische Tätigkeit noch weiter reduzieren und eine Vermittlung des erforderlichen Wissens zusätzlich erschweren.

3. Zweiter Ausbildungsgang (Abs. 1 Nr. 2)

a) Hochschulstudium unter acht Semestern

Erforderlich ist der Abschluss eines wirtschaftswissenschaftlichen oder anderen **Hochschulstudiums** (vgl. hierzu FG Hamburg, EFG 1994 S. 587; FG Baden-Württemberg, EFG 1997 S. 1060) mit wirtschaftswissenschaftlicher Fachrichtung. Voraussetzung ist, dass es sich um staatliche oder staatlich anerkannte Hochschulen nach § 1 HRG handelt (BFHE 177, 307; BFH, DStRE 1998 S. 536). Wirtschaftswissenschaftliche Kurzstudiengänge an Universitäten mit Regelstudienzeiten von weniger als acht Semestern sind einem Fachhochschulstudium gleichgestellt; sie müssen aber einen Inhalt haben, der zur Wirtschafts- oder Rechtswissenschaft in einer Beziehung steht (Hess. FG, Stbg 1990 S. 157). Eine Teilnahme an einem Studienangebot einer Hochschule kann nicht generell als Hochschulstudium angesehen werden. Ein „Aufbaustudium" mit einjähriger Dauer ist nicht ausreichend (BFH, BStBl. II 2002 S. 251). Wegen der spezifisch steuerrechtlichen Ausrichtung genügt auch der erfolgreiche Abschluss an den Ausbildungseinrichtungen für Finanzbeamte des gehobenen Dienstes den gesetzlichen Anforderungen. Diese früheren Landesfinanzschulen haben in allen Bundesländern den Status von (verwaltungsinternen) Fachhochschulen. Die Ausbildung zum Rechtspfleger oder für den gehobenen allgemeinen Verwaltungsdienst, die über ein (verwaltungsinternes) Fachhochschulstudium erfolgt, ist kein rechtswissenschaftliches Studium in diesem Sinne, weil sie speziell auf die spätere Tätigkeit im Justiz- oder Verwaltungsdienst zugeschnitten ist. Sie kann auch nicht in analoger Anwendung von Abs. 1 Nr. 2 als geeignete Vorbildungsvoraussetzung für die Zulassung zur Steuerberaterprüfung angesehen werden, weil die entsprechenden Studiengänge ohne steuerrechtlichen Bezug sind. Auch die Ausbildung zum Wirtschaftsdiplom-Betriebswirt (VWA) erfüllt die Voraussetzungen nicht, da es sich um keine staatliche oder staatlich anerkannte Fachhochschule handelt. (BFH, BStBl. 1998 II S. 408). Der Weg über Abs. 1 Nr. 2 gilt auch noch für Bewerber, die in dem in Art. 3 des Einigungsvertrages genannten Gebiet einen Fachschulabschluss erworben und mit der Fachschulausbildung vor dem 1. 1. 1991 begonnen haben (vgl. § 156).

14

b) Praktische Tätigkeit

15 Der Bewerber muss **nach Abschluss** des Fachhochschulstudiums beruflich drei Jahre auf dem Gebiet der von den Bundes- oder Landesfinanzbehörden verwalteten Steuern (Rdnr. 9) praktisch tätig gewesen sein. Eine Sonderregelung gilt nach § 157a Abs. 3 für berufspraktische Tätigkeiten, die vor dem Inkrafttreten des 4. StBerÄG ausgeübt worden sind. Eine Anrechnung des Grundwehr- oder Zivildienstes kommt nach § 13 ArbPlSchG bzw. § 78 ZDG in Betracht, da die Zeit von drei Jahren für eine praktische Tätigkeit erfüllt ist; zur Anrechnung des Wehrdienstes siehe Rdnr. 13 und FG München, EFG 1995 S. 501.

4. Dritter Ausbildungsgang (Abs. 2 Nr. 1)

16 Der Beruf des StB ist grundsätzlich als akademischer Beruf konzipiert. Mit der durch das 2. StBerÄG geschaffenen Möglichkeit des Berufszugangs auch für **nichtakademisch vorgebildete Bewerber** sollte lediglich verhindert werden, dass nach Schaffung des Einheitsberufs StB den Bewerbern, die bisher über die nichtakademische Ausbildung zum StBv den Berufszugang erreichen konnten, der Zugang zum Beruf des StB endgültig versagt blieb. Gleichwohl hat der Gesetzgeber mit dem 4. StBerÄG die Zulassungsvoraussetzungen für nichtakademisch vorgebildete Bewerber nochmals erleichtert, um dem allgemeinen Grundsatz, Bildungs- und Aufstiegswege möglichst offen zu halten, Rechnung zu tragen (BT-Drs. 11/3915 S. 20). Angesichts der steigenden Anforderungen, die insbesondere im Bereich der betriebswirtschaftlichen und juristischen Beratung an den steuerberatenden Beruf gestellt werden, erscheint dies nicht ganz unproblematisch (kritisch zur gesetzlichen Regelung auch unter verfassungsrechtlichen Gesichtspunkten: *Schick*, StuW 1985 S. 172). Unbefriedigend ist insbesondere, dass wegen der langen Studienzeiten nichtakademisch vorgebildete Bewerber in kürzerer Zeit als Hochschulabsolventen das Berufsziel erreichen können. Zulassungsvoraussetzung ist nur noch der erfolgreiche Abschluss einer einschlägigen Ausbildung und eine zehnjährige hauptberufliche Tätigkeit auf dem Gebiet der von den Bundes- oder Landesfinanzbehörden verwalteten Steuern.

17 Bewerber nach Abs. 2 Nr. 1 brauchen nicht über eine bestimmte Schulbildung zu verfügen. Als fachliche Vorbildung wird grundsätzlich eine mit der Fachangestelltenprüfung **abgeschlossene Ausbildungszeit** im steuer- und wirtschaftsberatenden oder einem kaufmännischen Ausbildungsberuf gefordert. Dem steuerberatenden Beruf ist eine Ausbildung bei einem RA gleichgestellt (BFH, HFR 1965 S. 289). Entscheidend ist das Bestehen der Abschlussprüfung, auf die Dauer der Ausbildungszeit kommt es nicht an. Notwendig ist ein staatlich vorgeschriebenes oder anerkanntes Abschlusszeugnis (FG Rheinland-Pfalz, EFG 1999 S. 313), d. h. ein Ausbildungszeugnis eines StB reicht nicht aus. Wer eine Fachangestelltenprüfung ohne vorherige Ausbildungszeit abgelegt hat, braucht die Ausbildungszeit nicht nachzuholen (BFHE 96, 256).

5. Angehörige der Finanzverwaltung

Außer der Ausbildungszeit wird eine **zehnjährige berufliche Tätigkeit** auf dem Gebiet der von den Bundes- oder Landesfinanzbehörden verwalteten Steuern (Rdnr. 9) gefordert, die nach der Fachangestelltenprüfung abgeleistet werden muss; die Zeit des Mutterschutzes ist in den Zeitraum miteinzubeziehen (FG Köln, EFG 2000 S. 514); dies gilt auch für eine zweite Ausbildung zum Steuerfachangestellten, wenn zuvor schon eine Abschlussprüfung i. S. d. Abs. 2 Nr. 1 bestanden wurde (FG Köln v. 10. 3. 1998, Az.: 8-K-7780/97). Eine Kürzung der praktischen Tätigkeit auf sieben Jahre ist als Anreiz zur Ablegung der Prüfungen als Steuerfachwirt oder Bilanzbuchhalter gedacht. Die Verkürzung soll hierbei auch für die Steuerfachwirte und Bilanzbuchhalter gelten, die über keinen Abschluss in einem Ausbildungsberuf verfügen, da dieses Defizit durch die längeren Praxiszeiten ausgeglichen wird (BT-Drs. 14/2667, S. 30). Ein Bewerber, der eine Ausbildung nach Abs. 1 Nr. 1 vorweisen kann und eine zweijährige praktische Tätigkeit ausgeübt hat, ist ebenfalls zur Steuerfachwirtprüfung zuzulassen, obwohl regelmäßig drei Jahre praktische Tätigkeit verlangt werden. Sofern die Voraussetzungen für eine Prüfungsteilnahme zur StB-Prüfung erfüllt werden, umfasst dies auch die Prüfung zum Steuerfachwirt, da es sich insoweit um ein wesensgleiches Minus handelt. Eine Verkürzung kommt jedoch nicht für Dipl.-Finanzwirte (FH) in Betracht, da der Gesetzgeber sich bewusst auf die genannten Berufe beschränkt hat (FG Hamburg, EFG 2004 S. 224; vgl. auch § 8 Abs. 4, in der die Berufe genannt werden). Die Verkürzungsregelung ist eindeutig auf Weiterbildungsmaßnahmen ausgerichtet. 18

5. Angehörige der Finanzverwaltung (Abs. 2 Nr. 2)

Angehörige und ehemalige Angehörige des **gehobenen Dienstes** der Finanzverwaltung können zur Steuerberaterprüfung zugelassen werden, wenn sie mindestens sieben Jahre auf dem Gebiet der von den Bundes- oder Landesfinanzbehörden verwalteten Steuern (Rdnr. 9) als Sachbearbeiter oder in mindestens gleichwertiger Stellung tätig gewesen sind. Wegen der Voraussetzungen im Übrigen vgl. § 38 Rdnr. 10 ff.; auf die siebenjährige Tätigkeit ist der Grundwehrdienst oder Ersatzdienst anzurechnen (Hess. FG, EFG 1978 S. 239). Die Vorschrift ist nur noch für Verwaltungsangehörige ohne Fachhochschulabschluss von praktischer Bedeutung. Da die Ausbildung für den gehobenen Dienst der Steuerverwaltung der Länder über ein Fachhochschulstudium erfolgt, fallen die Absolventen dieser verwaltungsinternen Fachhochschulen – auch die sog. nachdiplomierten Dipl.-Finanzwirte – unter die Regelung des Abs. 1 Nr. 2 und können demnach bereits nach vierjähriger berufspraktischer Tätigkeit zur Steuerberaterprüfung zugelassen werden. 19

Unter dem Begriff **Finanzverwaltung** sind nur die Finanzverwaltungen des Bundes und der Länder im Sinne des Gesetzes über die Finanzverwaltung zu verstehen. Die kommunalen und kirchlichen Steuerverwaltungen fallen nicht hierunter. 20

6. Umfang der praktischen Tätigkeit (Abs. 3)

21 Im Abs. 3 ist nunmehr festgelegt, dass für alle Tätigkeiten ein Umfang von mindestens 16 Wochenstunden vorgeschrieben ist, der auf dem Gebiet von den Bundes- oder Landesfinanzbehörden verwalteten Steuern erbracht werden muss. Dabei ist es unerheblich, ob diese Tätigkeit haupt- oder nebenberuflich ausgeübt wird (vgl. auch § 23 Abs. 3). Ein Erziehungsurlaub wird nicht als berufspraktische Tätigkeit angerechnet (BFH, BStBl. II 2001 S. 263). Dies verstößt auch nicht gegen das gemeinschaftsrechtlich geregelte Verbot der Diskriminierung auf Grund des Geschlechtes und den grundgesetzlich geregelten Gleichberechtigungsgrundsatz. Eine unmittelbare Diskriminierung liegt nur vor, wenn unterschiedliche Vorschriften auf vergleichbare Situationen oder dieselbe Vorschrift auf unterschiedliche Situationen angewandt wird. Hier handelt es sich jedoch um eine allgemeine Vorschrift, die nicht an das Geschlecht angeknüpft ist; im Hinblick auf die inhaltliche Tätigkeit vgl. Rdnr. 9.

22 Der Umfang der verlangten praktischen Tätigkeit erfordert eine entsprechende gesundheitliche Eignung. Nach § 40 Abs. 2 Nr. 3 ist es notwendig, dass der Bewerber zumindest halbtags als StB tätig sein kann (FG München, EFG 2002 S. 1556). Die Berufsausübung erfordert – trotz des Einsatzes der EDV – ein Mindestmaß an zeitlicher Belastbarkeit, die sich schon aus der Einhaltung von Fristen und dem damit verbundenen Zeitdruck ergibt.

23 Aufgrund der Neufassung der Zeitdauer bei der praktischen Tätigkeit entfallen die bisherigen Überlegungen zur Teilzeitbeschäftigung. Bei 16 Wochenstunden liegt regelmäßig schon eine Zeitdauer vor, die einer Teilzeit entspricht. Es kann daher nicht noch eine geringere Zeitspanne gefordert werden, die weniger als 16 Wochenstunden beträgt. Durch das Herabsetzen der mindestens notwendigen Arbeitszeit besteht kein weiterer Spielraum mehr. Es liegt bei dieser nunmehr geringeren verlangten Arbeitszeit auch keine Diskriminierung vor, da die Regelungen sowohl für Männer als auch für Frauen gelten (vgl. EuGH v. 2. 10. 1997, Az.: C-100/95 zur Teilzeit).

7. Nachweis über die Voraussetzungen (Abs. 4)

24 Aus systematischen Gründen wurde durch das 7. StÄndG die bisherige Regelung des § 37d als neuer Abs. 4 aufgenommen. Damit sind die in den vorgenannten Absätzen aufgeführten Voraussetzungen durch einen amtlichen Vordruck nachzuweisen. Nach § 158 Abs. 1 Nr. 1a kann durch eine Rechtsverordnung die Gestaltung und der Inhalt des Vordrucks geregelt werden. Im § 4 Abs. 1 DVStB ist davon Gebrauch gemacht worden. Die entsprechenden Vordrucke können grds. bei den für die Finanzverwaltung zuständigen obersten Landesbehörden angefordert werden. Selbstverständlich ist auch ein Antrag in anderer Form denkbar, soweit er inhaltlich die Voraussetzungen des § 4 Abs. 2 und 3 DVStB erfüllt.

§ 37 Steuerberaterprüfung

(1) Mit der Prüfung hat der Bewerber darzutun, daß er in der Lage ist, den Beruf eines Steuerberaters ordnungsgemäß auszuüben.

(2) Die Prüfung gliedert sich in einen schriftlichen Teil aus drei Aufsichtsarbeiten und eine mündliche Prüfung.

(3) Prüfungsgebiete der Steuerberaterprüfung sind
1. Steuerliches Verfahrensrecht,
2. Steuern vom Einkommen und Ertrag,
3. Bewertungsrecht, Erbschaftsteuer und Grundsteuer,
4. Verbrauch- und Verkehrsteuern, Grundzüge des Zollrechts,
5. Handelsrecht sowie Grundzüge des Bürgerlichen Rechts, des Gesellschaftsrechts, des Insolvenzrechts und des Rechts der Europäischen Gemeinschaft,
6. Betriebswirtschaft und Rechnungswesen,
7. Volkswirtschaft,
8. Berufsrecht.

Nicht erforderlich ist, dass sämtliche Gebiete Gegenstand der Prüfung sind.

Übersicht

	Rdnr.
1. Allgemeines	1–3
2. Gliederung der Prüfung	
a) Schriftliche Prüfung	4
b) Mündliche Prüfung	5
3. Überdenken der Prüfungsbewertung	6, 7

1. Allgemeines

Nach § 35 Abs. 1 setzt die **Bestellung** zum StB grundsätzlich das Bestehen einer Prüfung voraus. **1**

Durch die StB-Prüfung soll die Befähigung des Bewerbers nachgewiesen werden, den Beruf eines StB ordnungsgemäß auszuüben (Abs. 1). Die Prüfung muss daher nach den Erfordernissen der **Praxis** ausgerichtet sein und hat nicht den Zweck, theoretisches Wissen nachzuweisen. **2**

Wegen des **Prüfungsverfahrens** vgl. § 35 Rdnr. 4–15. Das Verfahren ist im Einzelnen in den §§ 14–32 DVStB geregelt. **3**

Auch für das Prüfungsrechtsverhältnis gilt der Grundsatz von Treu und Glauben. Ein Prüfling handelt widersprüchlich, wenn er sich der Mitwirkung an einer ordnungsgemäßen Durchführung des Prüfungsverfahrens entzieht und Einwendungen, etwa wegen Beeinträchtigung durch Lärm, nicht unverzüglich meldet (Thüringer Finanzgericht v. 20. 2. 2002, Az.: III-1084/97).

2. Gliederung der Prüfung

a) Schriftliche Prüfung

Die schriftliche Prüfung besteht aus drei Aufsichtsarbeiten. Zwei **Aufsichtsarbeiten** sind den Gebieten nach Abs. 3 Nr. 1–4 und eine Aufsichts- **4**

§ 37a   Prüfung in Sonderfällen

arbeit den Gebieten der Buchführung und des Bilanzwesens zu entnehmen. Die Aufsichtsarbeiten können sich daneben auch auf andere Prüfungsgebiete erstrecken (§ 16 DVStB).

b) Mündliche Prüfung

5   Die mündliche Prüfung besteht aus einem kurzen **Vortrag** des Bewerbers über einen Gegenstand der in Abs. 3 genannten Gebiete und aus sechs Prüfungsabschnitten. In den Prüfungsabschnitten sind den Bewerbern **Fragen** aus den Prüfungsgebieten zu stellen (§ 26 DVStB).

3. Überdenken der Prüfungsbewertung

6   Das BVerfG (BVerfGE 37, S. 352ff.) räumt den Prüflingen, die die Prüfung nicht bestanden haben, ein, dass sie ein Überdenken anstehender oder bereits getroffener Entscheidungen erreichen können. Mit dem mit Wirkung zum 1. 7. 2000 eingeführten § 29 DVStB ist – unbeschadet der Möglichkeit einer gerichtlichen Anfechtung (§ 35 Rdnr. 8) – eine Verpflichtung der Prüfer aufgenommen worden, ihre Bewertungen der Prüfungsleistungen zu überdenken, sofern dies vom Prüfling mit begründeten Einwendungen schriftlich bei der obersten Landesbehörde beantragt und zugleich die Entscheidung über das Ergebnis noch nicht bestandskräftig ist (*List,* DStR 2003 S. 1224). Das verwaltungsinterne Verfahren ist der Ausgleich für den mitunter nahezu vollständigen Ausfall einer gerichtlichen Kontrolle von Prüfungsentscheidungen (BFH, BStBl. 2004 II S. 842). Es ist während eines finanzgerichtlichen Verfahrens möglich, dass die Prüfungsbehörde das Ergebnis ihres Überdenkens dem FG schriftlich mitteilt und der Prüfling informiert wird (BFH v. 28. 4. 2004, Az. VII-B-343/03).

7   Der Prüfling muss **substantiierte Einwendungen** vorbringen. Hierzu zählt beispielsweise die genaue Angabe, bei welchen Teilaufgaben zusätzliche Punkte angefallen sind, die zu einer besseren Bewertung der Klausuren führen würden und zugleich bedarf es der Auflistung von Stichworten, warum er zu dieser Einschätzung kommt und welche seiner in der Klausurbearbeitung enthaltenen Hinweise oder Ausführungen die zusätzlichen Punkte rechtfertigen (BFH, BStBl. 2000 II S. 738; BFH v. 20. 11. 2003, Az. VII B 214/03).

§ 37 a Prüfung in Sonderfällen

(1) **Wirtschaftsprüfer und vereidigte Buchprüfer sowie Bewerber, die die Prüfung als Wirtschaftsprüfer oder vereidigter Buchprüfer bestanden haben, können auf Antrag die Steuerberaterprüfung in verkürzter Form ablegen. Dabei entfallen die in § 37 Abs. 3 Nr. 5 bis 7 genannten Prüfungsgebiete. Die Prüfung gliedert sich in einen schriftlichen Teil aus zwei Aufsichtsarbeiten und eine mündliche Prüfung.**

(2) **Staatsangehörige eines Mitgliedstaates der Europäischen Union oder eines Vertragsstaates des Abkommens über den Europäischen Wirtschaftsraum (Mitgliedstaat oder Vertragsstaat) oder der Schweiz mit einem**

Prüfung in Sonderfällen § 37a

Diplom, das in einem anderen Mitgliedstaat oder Vertragsstaat als Deutschland oder in der Schweiz zur selbständigen Hilfe in Steuersachen berechtigt, können auf Antrag eine Eignungsprüfung im Sinne des Artikels 4 Abs. 1 Buchstabe b in Verbindung mit Artikel 1 Buchstabe g der Richtlinie Nr. 89/48/EWG des Rates vom 21. Dezember 1988 über eine allgemeine Regelung zur Anerkennung der Hochschuldiplome, die eine mindestens dreijährige Berufsausbildung abschließen (ABl. EG 1989 Nr. L 19 S. 16), ablegen. Mit der erfolgreich abgelegten Eignungsprüfung werden dieselben Rechte erworben wie durch die erfolgreich abgelegte Steuerberaterprüfung.

(3) Als Diplom im Sinne von Absatz 2 gelten alle Befähigungsnachweise, die in einem anderen Mitgliedstaat oder Vertragsstaat oder der Schweiz von der zuständigen Stelle ausgestellt sind, sofern aus ihnen hervorgeht, dass der Bewerber ein mindestens dreijähriges Hochschulstudium oder eine gleichwertige Ausbildung im Sinne von Artikel 1 Buchstabe a der Richtlinie 89/48/EWG erfolgreich abgeschlossen hat, und sofern von der zuständigen Stelle bestätigt wird, dass er damit in diesem anderen Mitgliedstaat oder Vertragsstaat oder der Schweiz zur Hilfe in Steuersachen berechtigt ist. Bewerber aus anderen Mitgliedstaaten oder Vertragsstaaten oder der Schweiz, in denen der Beruf des Steuerberaters nicht reglementiert ist, müssen ein mindestens dreijähriges erfolgreich abgeschlossenes Studium, das auf die Ausübung dieses Berufs vorbereitet, und danach eine zweijährige Berufstätigkeit jeweils nach Maßgabe des Artikels 3 Buchstabe b der Richtlinie 89/48/EWG nachweisen. Die Pflicht zum Nachweis dieser zweijährigen Berufserfahrung entfällt, wenn der nach Maßgabe des Artikels 3 Buchstabe b der Richtlinie 89/48/EWG in der Fassung der Richtlinie 2001/19/EG des Europäischen Parlaments und des Rates vom 14. Mai 2001 (ABl. EG Nr. L 206 S. 1) geforderte Ausbildungsnachweis den Abschluss einer reglementierten Ausbildung im Sinne der Richtlinie 2001/19/EG bestätigt.

(4) Bewerber mit den in Absatz 2 genannten Voraussetzungen sollen mit der Eignungsprüfung ihre Befähigung nachweisen, den Beruf eines Steuerberaters auch im Inland ordnungsgemäß ausüben zu können. Die Eignungsprüfung umfasst die zur Berufsausübung notwendigen Kenntnisse aus den in § 37 Abs. 3 genannten Gebieten. Die Eignungsprüfung gliedert sich in einen schriftlichen Teil aus höchstens zwei Aufsichtsarbeiten aus unterschiedlichen Prüfungsgebieten und eine mündliche Prüfung. Die Prüfung in einem der in § 37 Abs. 3 genannten Prüfungsgebiete entfällt, wenn der Bewerber nachweist, dass er im Rahmen seiner bisherigen Ausbildung oder im Rahmen seiner bisherigen Berufstätigkeit einen wesentlichen Teil der Kenntnisse erlangt hat, die in dem entfallenden Prüfungsgebiet gefordert werden. Der Nachweis der im Rahmen der bisherigen Ausbildung erworbenen Kenntnisse ist durch Diplome oder gleichwertige Prüfungszeugnisse einer staatlichen oder staatlich anerkannten Universität oder einer Hochschule oder einer anderen Ausbildungseinrichtung zu führen. Zum Nachweis der im Rahmen der bisherigen beruflichen Tätigkeit erworbenen Kenntnisse sind Falllisten vorzulegen, die regelmäßig folgende Angaben enthalten müssen: Akten- oder Geschäftszeichen, Gegenstand, Zeitraum, Art und Umfang der Tätigkeit, Sachstand. Ferner sind auf Verlangen der für die Prüfung zuständigen Stelle anonymisierte Arbeitsproben vorzulegen.

(5) Für die Prüfung in verkürzter Form und für die Eignungsprüfung gelten im Übrigen die Vorschriften für die Steuerberaterprüfung.

§ 37a 1-5 Prüfung in Sonderfällen

Übersicht Rdnr.
1. Allgemeines 1
2. Prüfung in verkürzter Form 2, 3
3. Eignungsprüfung 4–9
4. Umfang der Prüfung 10–12

1. Allgemeines

1   Der durch das 7. StBÄndG neu gefasste § 37a regelt die Prüfungen in Sonderfällen. Hierzu gehören sowohl die verkürzte Prüfung als auch die Eignungsprüfung. Um eine einheitliche Gestaltung zu erreichen, sind die bisherigen Abs. 4 und 5 des § 36 sowie des § 37b zusammengefügt worden. Während im Abs. 1 die Prüfung in verkürzter Form behandelt wird, haben die Abs. 2 bis 4 die Eignungsprüfung zum Inhalt. Abs. 5 sieht eine Verweisnorm auf die Vorschriften für die Steuerberaterprüfung vor.

2. Prüfung in verkürzter Form

2   WP und vBP erhalten auf Antrag die Möglichkeit, die Prüfung in verkürzter Form abzulegen. Dies gilt auch für den Personenkreis, der die Prüfung als WP oder vBP schon erfolgreich absolvierte, aber bisher noch nicht als WP oder vBP zugelassen worden ist. Die Gründe hierfür sind nicht entscheidend. Dies kann auf Grund besonderer Konstellationen der Fall sein, z.B. wenn z.Zt. unvereinbare Tätigkeiten nach der WPO ausgeübt werden oder weil die Kosten, z.B. für die Berufshaftpflichtversicherung, zu hoch sind.

3   Nachdem diese Personen schon eine umfangreiche Prüfung abgelegt haben, entfallen bei Ihnen die Prüfungsgebiete „Grundzüge des bürgerlichen Rechts und des Wirtschaftsrechts" (§ 37 Abs. 3 Nr. 5), „Betriebswirtschaft und Rechnungswesen" (§ 37 Abs. 3 Nr. 6) sowie „Volkswirtschaft" (§ 37 Abs. 3 Nr. 7). Diese Gebiete waren schon Gegenstand der Prüfung zum WP/vBP (vgl. § 5 Prüfungsordnung für WP).

3. Eignungsprüfung

4   Die Eignungsprüfung dient dem Gemeinschaftsgut der Steuerrechtspflege. Daher ist von einem Bewerber nach dem Abs. 2 dieselbe Qualifikation zu verlangen wie von den anderen Bewerbern (FG Baden-Württemberg, EFG 1999 S. 804). Die Eignungsprüfung berücksichtigt den Umstand, dass ausländische Bewerber in aller Regel nicht mit den nationalen Eigentümlichkeiten so vertraut sind und zudem mit sprachlichen Hürden zu kämpfen haben.

5   Die Abs. 2 bis 4 sehen für Bewerber, die die Staatsangehörigkeit eines Mitgliedstaates der EU, eines Vertragsstaates des EWR oder der Schweiz besitzen, unter bestimmten Voraussetzungen eine erleichterte Steuerberaterprüfung vor (vgl. *Meng*, Steuer und Studium 1996 S. 294). Diese Regelung, die auch für deutsche Staatsangehörige gilt (so auch *Peter*, StB 2003 S. 99; a.A.: FG Düsseldorf, EFG 1996 S. 342; *Kuhls*, StBerG, § 36 Rdnr. 20), beruht auf einer Richtlinie des Rates der EG vom 21. 12. 1988 über die allge-

4. Umfang der Prüfung 6–10 § 37a

meine Regelung zur Anerkennung der Hochschuldiplome, die mit einer mindestens dreijährigen Berufsausbildung abschließen (ABl. EG Nr. L 19, 1989, S. 16; vgl. auch DB 1989 S. 494; *Tiemann*, DStZ/A 1989 S. 4; Einl. Rdnr. 25). Sie verpflichtet die Mitgliedstaaten bei sogenannten reglementierten Tätigkeiten grundsätzlich die in anderen Mitgliedstaaten der EG erteilten Diplome und Befähigungsnachweise, die dort zur Berufsausübung berechtigen, als ausreichenden Befähigungsnachweis anzuerkennen und den Inhaber dieses Diploms zur Berufsausübung zuzulassen. Der Aufnahmestaat kann einen Einführungslehrgang oder eine Eignungsprüfung vorschreiben, wenn es sich um einen Beruf handelt, dessen Ausübung eine genaue Kenntnis des nationalen Rechts erfordert und bei dem diese Kenntnis ein wesentlicher und ständiger Bestandteil der beruflichen Tätigkeit ist. Die Bundesrepublik Deutschland hat diese Verpflichtung durch das 5. StBÄndG erfüllt (vgl. auch Einl. Rdnr. 11), wobei sie sich für eine Eignungsprüfung entschieden hat. Maßgebend für diese Entscheidung war, dass es in keinem Mitgliedstaat der EG einen freien Beruf gab, der mit dem deutschen StB vergleichbar ist.

Als weitere Voraussetzung für die Zulassung zur Eignungsprüfung muss 6 der Bewerber in dem Gebiet eines Mitgliedstaates der EU, eines Vertragsstaates der EWR oder der Schweiz, d. h. also nicht notwendig in seinem Heimatland, ein Diplom erworben haben, das ihn zur selbständigen Hilfeleistung in Steuersachen berechtigt. Das Diplom muss von der zuständigen Stelle ausgestellt sein. Aus ihm muss sich ergeben, dass der Bewerber ein mindestens dreijähriges Hochschulstudium oder eine gleichwertige Ausbildung abgeschlossen hat. Außerdem muss von der zuständigen Stelle, üblicherweise eine staatliche Einrichtung, bestätigt werden, dass er damit zur Hilfe in Steuersachen berechtigt ist.

Ein in einem Mitgliedstaat der Europäischen Gemeinschaft erworbenes 7 Diplom berechtigt zur Teilnahme einer Eignungsprüfung, aber nicht von vornherein zur geschäftsmäßigen Hilfeleistung in Steuersachen (BFH/NV 2000 S. 326). Weitergehende Rechte können einem solchen Bewerber nicht zugestanden werden, auch wenn dieser nach ausländischem Recht Steuerberater ist.

Bewerber aus Mitgliedstaaten der EU, Vertragsstaaten des EWR oder der 8 Schweiz, die zwar steuerberatend tätig sind, aber kein Diplom besitzen und auch wegen der fehlenden Regulierung des Berufes nicht benötigen, können dennoch zur Eignungsprüfung zugelassen werden. Sie müssen jedoch ein mindestens dreijähriges Studium, das auf die Ausübung des Berufes vorbereitet und eine zweijährige vollzeitliche Beschäftigung nachweisen.

Nach erfolgreich abgelegter Eignungsprüfung kann der Bewerber zum StB 9 bestellt werden. Er hat danach alle Rechte und Pflichten eines deutschen StB.

4. Umfang der Prüfung

Die Eignungsprüfung umfasst grundsätzlich alle Bereiche, die in § 37 10 Abs. 3 als Prüfungsgebiete aufgenommen worden sind. Nach Abs. 4 sollen

Bewerber gerade in der Eignungsprüfung die Befähigung nachweisen, dass sie auch im Inland den Beruf eines StB ordnungsgemäß ausüben können. Daher müssen sie die gleichen Kenntnisse besitzen wie inländische Berufsangehörige (BFH, DStRE 2000 S. 782).

11 Bei der schriftlichen Prüfung gelten nach Abs. 4 Satz 3 die gleichen Regelungen wie bei einer verkürzten Prüfung für WP/vBP. Die Bewerber müssen höchstens zwei Aufsichtsarbeiten schreiben, wobei der sprachliche Zusatz „höchstens" lediglich zur Klarstellung dient und keine Unterscheidung zum Wortlaut des Abs. 1 Satz 3 bedeuten soll, da hier der Gesetzgeber bei der verkürzten Prüfung auch nur zwei Aufsichtsarbeitern in schriftlicher Form fordert. Zugleich wird eine inhaltliche Einschränkung vorgenommen, wonach die Prüfungsgebiete nach § 37 Abs. 3 entfallen, in denen der Bewerber dokumentieren kann, dass er in ihnen schon einen wesentlichen Teil der Kenntnisse erlangt hat, die gerade in den entfallenen Gebieten gefordert werden. Eine absolute Deckungsgleichheit kann verständlicherweise nicht verlangt werden, sondern vielmehr reicht ein Nachweis aus, dass die Prüfungsgebiete aus § 37 Abs. 3 im Rahmen des Erwerbs eines Diploms oder gleichwertigen Prüfungszeugnisses behandelt wurden.

12 Nach § 16 Abs. 3 DVStB sind die beiden schriftlichen Arbeiten aus den Prüfungsgebieten des § 37 Abs. 3 Nr. 1 bis 4 zu entnehmen. Dabei ist nicht auszuschließen, dass sich die Aufsichtsarbeiten daneben auch noch auf andere Prüfungsgebiete erstrecken können (vgl. § 16 Abs. 3 Satz 2 i. V. m. Abs. 2 Satz 2 DVStB).

§ 37b Zuständigkeit für die Prüfung

(1) **Die Prüfung ist vor einem Prüfungsausschuss abzulegen, der bei der für die Finanzverwaltung zuständigen obersten Landesbehörde zu bilden ist. Bei Bedarf können mehrere Prüfungsausschüsse gebildet werden.**

(2) **Für die Prüfung ist die für die Finanzverwaltung zuständige oberste Landesbehörde zuständig, in deren Bereich der Bewerber im Zeitpunkt der Antragstellung vorwiegend beruflich tätig ist oder, sofern der Bewerber keine Tätigkeit ausübt, er seinen Wohnsitz hat. Bei mehreren Wohnsitzen ist der Wohnsitz maßgebend, an dem sich der Bewerber vorwiegend aufhält.**

(3) **Befindet sich der nach Absatz 2 maßgebliche Ort im Ausland, so ist die für die Finanzverwaltung zuständige oberste Landesbehörde, in deren Bereich sich der Ort der beabsichtigten beruflichen Niederlassung im Inland befindet, zuständig. Befindet sich der Ort der beabsichtigten beruflichen Niederlassung im Ausland, so ist die für die Finanzverwaltung zuständige oberste Landesbehörde zuständig, bei der die Zulassung zur Prüfung beantragt wurde.**

(4) **Die Abnahme der Prüfung kann durch Vereinbarung auch der für die Finanzverwaltung zuständigen obersten Landesbehörde eines anderen Landes übertragen werden.**

(5) **Die in den Absätzen 2 bis 4 geregelten Zuständigkeiten gelten entsprechend für die Zulassung zur Prüfung und für die Befreiung von der Prüfung.**

Übersicht

	Rdnr.
1. Allgemeines	1
2. Prüfungsausschüsse	2–5
3. Örtliche Zuständigkeit	6, 7
4. Übertragung der Zuständigkeit	8
5. Entsprechende Anwendung (Abs. 5)	9

1. Allgemeines

Im § 37b ist durch das 7. StBÄndG **umfassend** die Zuständigkeit für die Prüfung geregelt worden. Während Abs. 1 die funktionelle Zuständigkeit bei der Bildung der Prüfungsausschüsse zum Inhalt hat, wird in den Abs. 2 und 3 die örtliche Zuständigkeit behandelt. Abs. 4 eröffnet die Möglichkeit, die Prüfungsabnahme auf andere Bundesländer zu übertragen. Im Abs. 5 wird darauf hingewiesen, dass die Ermittlung der sachlichen Zuständigkeit entsprechende Anwendung auf die Zulassung zur und die Befreiung von der Prüfung findet. 1

2. Prüfungsausschüsse

Nach der Abschaffung der Zulassungsausschüsse im Rahmen des 7. StBÄndG bedarf es nunmehr nur noch einer Regelung der Prüfungsausschüsse. Die Prüfungsausschüsse werden weiterhin von der für die Finanzverwaltung zuständigen obersten Landesbehörde, im Regelfall dem **Landesfinanzministerium**, gebildet. Es ist jedoch nach § 158 Abs. 2 möglich, dass die Landesregierung die Aufgabe ganz oder teilweise auf die Oberfinanzdirektion überträgt. 2

Dem Prüfungsausschuss gehören nach § 10 Abs. 1 DVStB **sechs Mitglieder** an, wobei es sich um drei Beamte des höheren Dienstes der Finanzverwaltung, davon einer als Vorsitzender, und drei StB bzw. zwei StB und einen Vertreter aus der Wirtschaft handelt. Die berufsständischen Mitglieder werden nach § 76 Abs. 2 Nr. 9 von der Steuerberaterkammer vorgeschlagen. Sofern die Besorgnis der **Befangenheit** besteht, kann ein Mitglied des Prüfungsausschusses von der Mitwirkung bei der Prüfung ausgeschlossen werden (§§ 84 AO, 164a Abs. 1). Die Befangenheit setzt das Vorliegen eines Grundes voraus, der geeignet ist, ein Misstrauen gegen die Unparteilichkeit des Prüfungsmitgliedes zu rechtfertigen (FG Hamburg, EFG 2004 S. 1166). Es müssen Tatsachen erkennbar sein, die aus objektiver Sicht eines „verständigen" Bewerbers den Schluss rechtfertigen, dass der Prüfer nicht die notwendige Distanz und sachliche Neutralität aufbringt, um die Leistung des Bewerbers sachgerecht und objektiv zu beurteilen. Der detaillierte Ablauf der Steuerberaterprüfung ergibt sich aus den §§ 10–32 DVStB. 3

Bei einer Vielzahl an Bewerbern, die die Kapazitäten eines Prüfungsausschusses übersteigen, ist nach Abs. 1 Satz 2 auch die Bildung **weiterer Prüfungsausschüsse** vorgesehen, um einen zügigen Prüfungsablauf für die Bewerber zu gewährleisten. Insbesondere innerhalb von größeren Bundesländern ergibt sich zwingend die Notwendigkeit von mehreren Ausschüssen. 4

5 Die früheren Zulassungsausschüsse wurden eingerichtet, um ausschließlich über Rechtsfragen zu entscheiden. Diese Aufgaben können im gleichen Maße die obersten Finanzbehörden der Länder übernehmen. Eine Prüfung der persönlichen Voraussetzungen erfolgt nunmehr erst bei der Bestellung nach § 40 und daher sind diese Ausschüsse im Vorfeld **nicht** mehr erforderlich.

3. Örtliche Zuständigkeit

6 Für das gesamte Prüfungsverfahren gilt stets die **gleiche örtliche Zuständigkeitsregelung**. Nach Abs. 2 ist auf den Zeitpunkt der Antragstellung zur StB-Prüfung abzustellen. Es ist die für die Finanzverwaltung zuständige oberste Landesbehörde zuständig, in der der Antragsteller vorwiegend beruflich tätig ist. Damit wird nicht auf den Wohnsitz, sondern zwingend auf den beruflichen Standort abgestellt. Lediglich im Ausnahmefall, sofern der Bewerber keine Tätigkeit ausübt, ist der Wohnsitz entscheidend. Nachdem im steuerberatenden Beruf eine Flexibilität erwartet und der beruflichen Tätigkeit ggf. an verschiedenen Standorten nachgegangen wird, ist auch denkbar, dass der Bewerber über verschiedene Wohnsitze verfügt. Dann ist auf den Wohnsitz abzustellen, in dem er sich **vorwiegend** aufhält. Hier gilt es den gesamten Zeitraum zu betrachten, also einschließlich Urlaub und Freizeit, um den maßgeblichen Wohnsitz zu bestimmen.

7 Bei **ausländischen Bewerbern** oder bei Inländern, bei denen sich der maßgebliche Ort im Ausland befindet, ist nach Abs. 3 Satz 1 der Ort entscheidend, in der der Bewerber zukünftig seine berufliche Niederlassung nach § 34 vorsehen möchte. Dieser Ort dient zur Ermittlung des zuständigen Prüfungsausschusses. Sofern der Bewerber weiterhin, also auch nach Durchführung der Prüfung seine Tätigkeit aus dem Ausland durchführen will, ist die für die Finanzverwaltung zuständige oberste Landesbehörde zuständig, bei der der Bewerber die Zulassung zur Prüfung beantragte. Im Regelfall wird es das Bundesland sein, das am nächsten zu seinem Wohnsitz liegt. Dieser Passus eröffnet dem Bewerber theoretisch einen **großen Spielraum** bei der Auswahl des Prüfungsausschusses, verbunden mit dem Bewusstsein unterschiedlicher Durchfallquoten in den einzelnen Bundesländern. Zugleich dient es als letzte Möglichkeit für eine Bestimmung der örtlichen Zuständigkeit.

4. Übertragung der Zuständigkeit

8 Zur Erzielung einer größeren Effektivität und um vorhandene Kompetenzen zu bündeln, ist nach Abs. 4 auch möglich, die Abnahme der Prüfung und die damit verbundenen Verwaltungsaufgaben auf die für die Finanzverwaltung zuständigen obersten Landesbehörde eines anderen Landes zu übertragen. Insbesondere bei **kleineren Bundesländern** ist ein solches Verfahren ratsam, um eine rationelle Durchführung der Verwaltungsaufgaben und damit im Ergebnis eine kostengünstigere Bearbeitung zu erhalten. Es bedarf dann im Vorfeld Vereinbarungen zwischen diesen Bundesländern.

Voraussetzungen für die Befreiung von der Prüfung § 38

5. Entsprechende Anwendung (Abs. 5)

Die sehr umfangreichen örtlichen Zuständigkeitsregeln, die in den Abs. 2 bis 4 dargestellt sind und sehr detailliert eine Eingrenzung der örtlichen Zuständigkeit vorsehen, finden auch Anwendung auf die **Zulassung** zur Prüfung und die **Befreiung** von der Prüfung.

9

§ 38 Voraussetzungen für die Befreiung von der Prüfung

(1) **Von der Steuerberaterprüfung sind zu befreien**

1. Professoren, die an einer deutschen Hochschule mindestens zehn Jahre auf dem Gebiet der von den Bundes- oder Landesfinanzbehörden verwalteten Steuern als Professor gelehrt haben;
2. ehemalige Finanzrichter, die mindestens zehn Jahre auf dem Gebiet der von den Bundes- oder Landesfinanzbehörden verwalteten Steuern tätig gewesen sind;
3. ehemalige Beamte des höheren Dienstes und vergleichbare Angestellte
   a) der Finanzverwaltung, die mindestens zehn Jahre auf dem Gebiet der von den Bundes- oder Landesfinanzbehörden verwalteten Steuern als Sachgebietsleiter oder mindestens in gleichwertiger Stellung tätig gewesen sind,
   b) der gesetzgebenden Körperschaften, der Gerichte der Finanzgerichtsbarkeit sowie der obersten Behörden und der Rechnungsprüfungsbehörden des Bundes und der Länder, die mindestens zehn Jahre überwiegend auf dem Gebiet der von den Bundes- oder Landesfinanzbehörden verwalteten Steuern als Sachgebietsleiter oder mindestens in gleichwertiger Stellung tätig gewesen sind; die Angestellten der Fraktionen des Deutschen Bundestages gelten als Bedienstete der gesetzgebenden Körperschaften im Sinne dieser Vorschrift;
4. ehemalige Beamte des gehobenen Dienstes und vergleichbare Angestellte
   a) der Finanzverwaltung, die mindestens fünfzehn Jahre auf dem Gebiet der von den Bundes- oder Landesfinanzbehörden verwalteten Steuern als Sachbearbeiter oder mindestens in gleichwertiger Stellung tätig gewesen sind,
   b) der gesetzgebenden Körperschaften, der Gerichte der Finanzgerichtsbarkeit sowie der obersten Behörden und der Rechnungsprüfungsbehörden des Bundes und der Länder, die mindestens fünfzehn Jahre überwiegend auf dem Gebiet der von den Bundes- oder Landesfinanzbehörden verwalteten Steuern als Sachbearbeiter oder mindestens in gleichwertiger Stellung tätig gewesen sind; die Angestellten der Fraktionen des Deutschen Bundestages gelten als Bedienstete der gesetzgebenden Körperschaften im Sinne dieser Vorschrift.

(2) § 36 Abs. 3 und 4 gilt auch für die Befreiung von der Prüfung. Personen, die unter Absatz 1 Nr. 2 bis 4 fallen, sowie Professoren an staatlichen verwaltungsinternen Fachhochschulen mit Ausbildungsgängen für den öffentlichen Dienst können erst nach dem Ausscheiden aus dem öffentlichen Dienst oder dem Dienstverhältnis als Angestellter einer Fraktion des Deutschen Bundestages von der Prüfung befreit werden.

§ 38 1–5   Voraussetzungen für die Befreiung von der Prüfung

Übersicht Rdnr.
1. Allgemeines 1, 2
2. Professoren 3–6
3. Ehemalige Finanzrichter 7
4. Ehemalige Beamte und Angestellte des höheren Dienstes 8–16
5. Ehemalige Beamte und Angestellte des gehobenen Dienstes .. 17, 18
6. Ausscheiden aus dem öffentlichen Dienst 19, 20

1. Allgemeines

1 Eine Befreiung von der StB-Prüfung ist **nur** bei den in dieser Bestimmung genannten Personen vorgesehen (BVerfG, Stbg 1990 S. 61). Sie beruht auf der Erwägung, dass insbesondere Beamte und Angestellte der Finanzverwaltung, die langjährig auf dem Gebiet der von den Bundes- oder Landesfinanzbehörden verwalteten Steuern tätig gewesen sind, ihre Fachkenntnisse nicht nachzuweisen brauchen, so dass weitere Vorbildungsvoraussetzungen und eine Prüfung nicht erforderlich sind. Bei diesen Personen ist die erforderliche Sachkunde in besonders hohem Maße verbürgt und daher liegt kein Verstoß gegen den Gleichbehandlungsgrundsatz gegenüber den bei StB praktisch Tätigen vor (FG Köln v. 6. 11. 1998, Az.: 8-K-1180/97). Es müssen jedoch die Zulassungsvoraussetzungen der §§ 35, 36 erfüllt sein. Eine prüfungsfreie Bestellung als StBv ist im Gesetz nicht mehr vorgesehen (s. hierzu FG Freiburg, EFG 1975 S. 89).

2 Die sachlichen Voraussetzungen für die Befreiung von der Prüfung sind nach § 8 DVStB durch eine besondere Bescheinigung **nachzuweisen**.

2. Professoren

3 Abs. 1 Nr. 1 ist durch das 4. StBerÄG neu gefasst und der Termininologie des Hochschulrahmengesetzes (HRG) angepasst worden. Von der Prüfung befreit sind nur Professoren i. S. v. § 43 HRG, die nach den jeweiligen **Hochschulgesetzen** der Länder zum Professor berufen worden sind. Andere Angehörige des wissenschaftlichen Hochschulpersonals fallen nicht hierunter, auch wenn sie, wie z. B. Lehrbeauftragte, Dozenten, Lehrkräfte für besondere Aufgaben, Honorarprofessoren und außerplanmäßige Professoren, Lehraufgaben an der Hochschule wahrnehmen.

4 Unter dem Begriff **Hochschule** sind ausschließlich die in § 1 HRG genannten Institutionen zu verstehen. Hierzu gehören neben den Universitäten die Einrichtungen, die nach dem Landesrecht staatliche Hochschulen sind. Andere Bildungseinrichtungen, wie Volkshochschulen, Verwaltungs-, Berufs- und Wirtschaftsakademien fallen nicht hierunter, auch wenn sie – wie die Bundesfinanzakademie – eine speziell steuerrechtliche Ausbildung vermitteln (BFH/NV 1987, 125).

5 Erforderlich ist eine zehnjährige **Lehrtätigkeit** auf dem Gebiet der von den Bundes- oder Landesfinanzbehörden verwalteten Steuern (vgl. § 36 Rdnr. 9.

4. Ehemalige Beamte und Angestellte des höheren Dienstes

Das Gesetz verlangt eine **zehnjährige** Lehrtätigkeit als Professor. Zeiten, in denen der Professor zu Forschungszwecken beurlaubt oder aus sonstigen Gründen von der Lehrverpflichtung entbunden ist, können daher nicht berücksichtigt werden. Gleiches gilt für längerfristige Erkrankungen und für die Tätigkeiten an Hochschulen, an denen er noch nicht die Professorenstelle innehatte. Andererseits ist eine Tätigkeit als Finanzrichter (Abs. 1 Nr. 2), in der Finanzverwaltung (Abs. 1 Nr. 3a, 4a) oder bei den in Abs. 1 Nr. 3b und 4b genannten Stellen anzurechnen. Wegen der Ermittlung des Zehnjahreszeitraumes vgl. im Übrigen Rdnrn. 11, 12.

3. Ehemalige Finanzrichter

Von der Steuerberaterprüfung befreit werden können nur ehemalige hauptamtliche (nicht ehrenamtliche) **Richter** der Finanzgerichtsbarkeit. Die Vorschrift findet auf Richter an Verwaltungs- oder sonstigen Gerichten keine Anwendung, auch wenn sie mit Steuersachen befasst sind. Ehemalige Finanzrichter brauchen die zehnjährige Tätigkeit auf dem Gebiet der von den Bundes- oder Landesfinanzbehörden verwalteten Steuern nicht oder nicht ausschließlich in ihrem Richteramt geleistet zu haben. Es ist vielmehr auch eine vorherige Tätigkeit i. S. v. Abs. 1 Nr. 1, 3 und 4 anzurechnen. Zur Ermittlung des Zehnjahreszeitraums vgl. weiterhin Rdnrn. 11, 12, zum Ausscheiden aus dem Dienst vgl. Rdnr. 20.

4. Ehemalige Beamte und Angestellte des höheren Dienstes

Es muss sich um Beamte und Angestellte **des höheren Dienstes** handeln, der grundsätzlich eine akademische Vorbildung erfordert. Hierzu gehören die Beamten der Laufbahn des höheren Dienstes, d. h. der Besoldungsgruppen ab A 13 (BFHE 79, 438; HFR 1965 S. 564) und die Angestellten, die mindestens in der Vergütungsgruppe II a BAT eingestuft sind (BFHE 79, 130). Damit hat der BFH die Ansicht, dass der „höhere Dienst" funktionell und nicht laufbahnmäßig zu verstehen sei (FG Düsseldorf, EFG 1963 S. 486; *Kaiser*, DStB 1963 S. 35) abgelehnt.

Nur **ehemalige** Beamte und Angestellte können von der Prüfung befreit werden. Sie müssen also zurzeit der Entscheidung des Zulassungsausschusses aus dem Staatsdienst ausgeschieden sein (vgl. Rdnr. 20); es reicht nicht aus, dass ein Entlassungsantrag gestellt worden ist. Das ist jetzt in Abs. 2 Satz 2 ausdrücklich klargestellt (so auch BFH, BStBl. 2004 II S. 838).

Der Bewerber muss Beamter oder Angestellter der **Finanzverwaltung** gewesen sein. Hierunter kann nur die Finanzverwaltung im Geltungsbereich des Gesetzes verstanden werden, wie sie in dem Finanzverwaltungsgesetz vom 30. 8. 1971 (BGBl. I S. 1426) umschrieben wird (BFHE 81, 428). Die bei einer anderen Finanzverwaltung, z. B. einer Gemeinde oder in einer Verwaltung außerhalb des Gebietes der Bundesrepublik Deutschland tätig gewesenen Bewerber können nicht die Kenntnisse haben, die für die Ausübung eines steuerberatenden Berufs im Geltungsbereich des Gesetzes erforderlich sind und eine Befreiung von der Prüfung rechtfertigen.

§ 38 11–16   Voraussetzungen für die Befreiung von der Prüfung

11   Der Bewerber muss **zehn Jahre** auf dem Gebiet der von den Bundes- oder Landesfinanzbehörden verwalteten Steuern, und zwar in der Finanzverwaltung (BFHE 116, 439) tätig gewesen sein. Auf die zehnjährige Tätigkeit sind die Zeiten nicht anzurechnen, in denen der Bewerber nicht nur vorübergehend erkrankt, langfristig beurlaubt oder in sonstiger Weise verhindert war, die verlangte Tätigkeit tatsächlich auszuüben (BFHE 79, 443). Das ergibt sich sowohl aus dem Wortlaut („tätig gewesen") als auch aus dem Zweck des Gesetzes, wonach nur die in der Praxis tatsächlich erworbenen Kenntnisse eine Befreiung von der Prüfung rechtfertigen.

12   Die zehnjährige Tätigkeit bezieht sich auf Vollbeschäftigte mit der üblichen regelmäßigen wöchentlichen Arbeitszeit. Für **Teilzeitbeschäftigte** verlängert sich der Zeitraum entsprechend. **Wehr- und Zivildienst** sind auf die geforderte praktische Tätigkeit nicht anrechenbar, weil die entsprechenden Vorschriften des Arbeitsplatzschutzgesetzes (§§ 13, 16a) und des Zivildienstgesetzes (§ 78) nur bei der Zulassung zu weiterführenden Prüfungen, nicht jedoch auf die Befreiung von einer Prüfung Anwendung finden. Ebenfalls nicht berücksichtigt werden können Unterbrechungen der Tätigkeit durch Mutterschafts- oder Erziehungsurlaub.

13   Während des zehnjährigen Zeitraumes muss der Beamte oder Angestellte als **Sachgebietsleiter** oder mindestens in gleichwertiger Stellung tätig gewesen sein. Neben dem Tatbestandsmerkmal „höherer Dienst" hat der Begriff „Sachgebietsleiter" trotz § 6 der Geschäftsordnung für die Finanzämter – FAGO – (BStBl. 1954 II S. 66) eine eigene Bedeutung. Die Feststellung der FAGO, dass alle Beamten des höheren Dienstes Sachgebietsleiter sind, bedeutet nicht, dass sie stets i.s. des § 38 als Sachgebietsleiter tätig sind (FG München, EFG 1971 S. 514). Es ist vielmehr erforderlich, dass die Tätigkeit im Wesentlichen den Kernbereich der Berufstätigkeit des späteren StB betroffen hat (FG Brandenburg, DStR 2003 S. 570). So bedarf es eines entsprechenden Sachkundenachweises und es widerspricht der gesetzlichen Regelung, wenn jede Tätigkeit – etwa im Berufsrecht – Berücksichtigung finden würde.

14   Als **gleichwertige Stellung** ist die Tätigkeit des Großbetriebsprüfers anzusehen (BFHE 79, 310), ferner die Tätigkeit der Beamten und Angestellten des höheren Dienstes in den Oberfinanzdirektionen und den Ministerien, aber nicht in Ausbildung befindliche Finanzassessoren (BFHE 109, 415) oder eine Tätigkeit als StBv (FG München, EFG 1974 S. 87).

15   Die Tätigkeit muss auf dem Gebiet der von **den Bundes- oder Landesfinanzbehörden verwalteten Steuern** (§ 36 Rdnr. 9) geleistet worden sein. Hierdurch wird sichergestellt, dass der Bewerber sich die für den steuerberatenden Beruf erforderlichen Kenntnisse tatsächlich in der Finanzverwaltung erworben hat. Beamte und Angestellte, die z.B. auf den Gebieten der Organisation, des Haushalts, des Personalwesens, der Vermögensverwaltung oder des Kassenwesens tätig waren, erfüllen die Voraussetzungen des Abs. 1 Nr. 3 nicht.

16   Den Beamten und Angestellten der Finanzverwaltung sind Beamte und Angestellte der **gesetzgebenden Körperschaften** des Bundes – einschließlich der Angestellten der Fraktionen, der Gerichte der Finanzgerichtsbarkeit,

6. Ausscheiden aus dem öffentlichen Dienst   17–19   § 38

also einschließlich des Bundesfinanzhofes, sowie der Rechnungsprüfungsbehörden und der anderen **obersten Behörden** des Bundes und der Länder gleichgestellt. Bei ihnen reicht es aus, wenn sie überwiegend auf den Gebieten der von den Bundes- und Länderfinanzbehörden verwalteten Steuern tätig gewesen sind.

5. Ehemalige Beamte und Angestellte des gehobenen Dienstes

Für ehemalige Beamte und Angestellte des gehobenen Dienstes der Finanzverwaltung gelten grundsätzlich dieselben Voraussetzungen für eine prüfungsfreie Bestellung wie bei ehemaligen Beamten und Angestellten des höheren Dienstes. Abweichungen bestehen nur darin, dass eine Mindesttätigkeit von **fünfzehn Jahren** gefordert wird, auf die nur übliche Fehlzeiten wegen Krankheit oder Kur angerechnet werden können (FG Berlin, EFG 1996 S. 344). Die Verlängerung der Mindesttätigkeitsdauer um fünf Jahre gegenüber den Angehörigen des höheren Dienstes ist mit dem Grundgesetz vereinbar (BVerfGE 55, 185), kann jedoch für Frauen eine ungerechtfertigte Benachteiligung sein, sofern die Vorschrift erheblich mehr Frauen als Männer betrifft und nicht durch objektive Kriterien gerechtfertigt ist, die nichts mit der Diskriminierung auf Grund des Geschlechtes zu tun haben (FG Bremen, EFG 1996 S. 591; EuGH, Stbg 1998 S. 119). Erforderlich ist weiterhin eine Tätigkeit als Sachbearbeiter oder in mindestens gleichwertiger Stellung. Dies sind alle Angehörigen der Besoldungsgruppen A 9 G bis A 13 G bzw. BAT V B (tariflich) bis II A (Aufstieg), soweit sie nicht zu Sachgebietsleitern bestellt worden sind.   17

Der Begriff „Sachbearbeiter" ist nicht extensiv auslegungsfähig (VerwG Berlin, EFG 1965 S. 299). Für eine „gleichwertige" Stellung reicht die teilweise Gleichwertigkeit nicht aus (FG Stuttgart, EFG 1965 S. 301). So kann auch ein erster Mitarbeiter in einem schwierigen Veranlagungsbezirk nicht einem Sachbearbeiter als gleichwertig angesehen werden (BFHE 86, 414). Das gilt auch für Bedienstete eines kommunalen Prüfungsverbandes (BFH, DStRE 2004 S. 924), da dieser nicht eine Rechnungsprüfungsbehörde des Bundes oder eines Landes ist. Die Vorschrift ist nicht über ihrem Wortlaut hinaus auszulegen. Einem Sachbearbeiter gleichwertig ist dagegen ein Betriebsprüfer (FG Hamburg, EFG 1965 S. 300; *Nake,* Die steuerliche Betriebsprüfung, 1972 S. 1 ff.). Angehörige des mittleren Dienstes können auch dann nicht von der Steuerberaterprüfung befreit werden, wenn sie als Sachbearbeiter im Finanzamt eingesetzt worden sind.

Für Beamte und Angestellte der gesetzgebenden Körperschaften des Bundes und der Länder sowie den übrigen in Rdnr. 15 bezeichneten Personenkreis gelten die Ausführungen zu Rdnr. 16 entsprechend.   18

6. Ausscheiden aus dem öffentlichen Dienst

Universitäts- und Fachhochschulprofessoren können den Beruf des StB neben ihrer Hochschultätigkeit ausüben (§ 57 Abs. 3 Nr. 4). Eine Ausnahme gilt   19

155

§ 38a 1, 2 Verbindliche Auskunft

nach Abs. 2 Satz 2 für Professoren an verwaltungsinternen Fachhochschulen mit Ausbildungsgängen für den öffentlichen Dienst, die erst nach dem Ausscheiden aus dem öffentlichen Dienst prüfungsfrei zum StB bestellt werden können. Zweck dieser Regelung ist es, **Interessenkollisionen,** die auf Grund einer Doppelstellung der verwaltungsinternen Fachhochschulprofessoren als Verwaltungsangehörige und als StB entstehen könnten, auszuschließen und aus der Kenntnis verwaltungsinterner Vorgänge und Regelungen erwachsende Wettbewerbsvorteile gegenüber anderen StB zu verhindern.

20 Auch die übrigen unter Abs. 1 Nr. 2 bis 4 fallenden Personen können erst nach Ausscheiden aus dem öffentlichen Dienst zum StB bestellt werden. Der Vorschrift des Abs. 2 Satz 2 kommt gegenüber Abs. 1 insoweit eigenständige Bedeutung zu, als nicht nur die Beendigung des konkreten Dienstverhältnisses als Richter oder Finanzbeamter, sondern das Ausscheiden aus dem **öffentlichen Dienst schlechthin** Voraussetzung für die Bestellung als StB ist. Es ist jedoch fraglich, ob dies diesen Personen immer zumutbar ist und inwieweit diese Vorschrift ggf. in besonderen Ausnahmefällen einer verfassungsrechtlichen Überprüfung Stand hält (*Lambrecht,* DStR 2003 S. 611).

§ 38a Verbindliche Auskunft

(1) **Auf Antrag erteilt die für die Finanzverwaltung zuständige oberste Landesbehörde eine verbindliche Auskunft über die Erfüllung einzelner Voraussetzungen für die Zulassung zur Prüfung oder für die Befreiung von der Prüfung.**

(2) **Für die örtliche Zuständigkeit gilt § 37b entsprechend.**

Übersicht Rdnr.

1. Allgemeines 1
2. Verfahren 2–7
3. Örtliche Zuständigkeit 8

1. Allgemeines

1 Durch das 7. StBÄndG wurde § 38a neu in das StBerG aufgenommen. Damit besteht die **gesetzliche Rechtsgrundlage** für die Erteilung einer verbindlichen Auskunft. Bisher ergab sich ein Anspruch lediglich aus der DVStB. Sachlich zuständig für die Auskunftserteilung ist die für die Finanzverwaltung zuständige oberste Landesbehörde. Eine Möglichkeit der Delegation wurde jedoch vorgesehen. Nach § 158 Abs. 2 kommt eine Übertragung ganz oder teilweise auf die OFD in Betracht. Dies gilt auch für die Bildung von Prüfungsausschüssen (vgl. § 37b) und die Befreiung von der Prüfung (vgl. § 38).

2. Verfahren

2 **Jeder Bewerber** hat Anspruch auf den Erhalt einer verbindlichen Auskunft. Nachdem die Auskunft sowohl die Zulassungsvoraussetzungen als

3. Örtliche Zuständigkeit

auch Punkte einer Befreiung betreffen kann, kommen als Bewerber sämtliche natürliche Personen in Betracht, die im weitesten Sinne Interesse an einer Bestellung zum StB haben.

Der Antrag ist nicht formlos möglich. Nach § 7 Abs. 1 DVStB muss er in einem **amtlich vorgeschriebenen Formular** eingereicht werden. Dadurch wird eine Systematisierung der Anfragen erzielt. Im Hinblick auf die einzelnen Angaben vgl. §§ 4 ff. DVStB. **3**

Die verbindliche Auskunft erfolgt durch die zuständige Finanzbehörde **in Schriftform** nach § 7 Abs. 2 DVStB. Zugleich wird von der erteilenden Behörde auch ein Hinweis auf die möglichen Rechtsfolgen gegeben. Die Auskunft ist somit ab dem Zeitpunkt nicht mehr verbindlich – und der Bewerber kann sich nicht mehr darauf berufen –, wenn die Rechtsvorschriften, auf denen sie beruhen, sich geändert haben. **4**

Sofern sich die Auskunft der zuständigen Behörde auf eine noch nicht erfüllte Voraussetzung bezieht, gilt sie nur dann als verbindlich, wenn der später verwirklichte Sachverhalt mit dem der Auskunft zugrunde gelegten Sachverhalt **deckungsgleich** ist (vgl. § 7 Abs. 3 DVStB). Hiermit wird sichergestellt, dass auch eine ggf. nur geringfügige Änderung gegenüber dem ursprünglich dargestellten Sachverhalt die Behörde nicht mehr an ihre Auskunft bindet. **5**

Die verbindliche Auskunft regelt einen Einzelfall. Sie kann sich nach dem Wortlaut des Abs. 1 auch nur auf einzelne Voraussetzungen beziehen, da ansonsten die endgültige Entscheidung vorweggenommen wird. Bei der verbindlichen Auskunft handelt es sich um einen Verwaltungsakt, der nach § 33 Abs. 1 Nr. 3 FGO vor dem Finanzgericht angefochten werden kann. **6**

Das neu eingefügte Verfahren stellt auch keine Beschwernis nach Art. 3 Abs. 1 GG bei der Ausübung der Freiheit der Berufswahl dar und belastet auch nicht einen Bewerber (BFH, BStBl. 2004 II S. 838), wenn vor einer Befreiung zuerst eine verbindliche Auskunft eingeholt werden muss. Vielmehr handelt es sich hierbei um eine **behördliche Selbstverpflichtung** und zeigt einen Bewerber das zukünftige Verwaltungshandeln auf. **7**

3. Örtliche Zuständigkeit

Im Abs. 2 ist ein Verweis auf § 37b enthalten, der in den Abs. 2 und 3 die örtliche Zuständigkeit regelt (vgl. § 37b Rdnr. 6). Eine „entsprechende Anwendung" erfordert auch eine Einbeziehung des § 37b Abs. 4. Es wäre nicht sachgerecht, wenn auf Grund einer getroffenen Vereinbarung, nach der die Prüfung auf die für die Finanzverwaltung zuständige oberste Landesbehörde eines anderen Landes übertragen wird, weiterhin die verbindliche Auskunft durch die zunächst örtlich zuständige Behörde erteilt werden müsste. In diesem Fall ist es angebracht, wenn auf Grund der vorhandenen Kompetenz die verbindliche Auskunft diejenige Behörde erteilt, bei der später auch eine Abnahme bzw. Befreiung von der Prüfung erfolgt. **8**

§ 39 Gebühren für Zulassung, Prüfung, Befreiung und verbindliche Auskunft

(1) Für die Bearbeitung des Antrags auf Zulassung zur Prüfung, auf Befreiung von der Prüfung oder auf Erteilung einer verbindlichen Auskunft über die Erfüllung einzelner Voraussetzungen für die Zulassung zur Prüfung oder über die Befreiung von der Prüfung hat der Bewerber eine Gebühr von fünfundsiebzig Euro an die für die Finanzverwaltung zuständige oberste Landesbehörde zu zahlen.

(2) Für die Prüfung hat der Bewerber bis zu einem von der für die Finanzverwaltung zuständigen obersten Landesbehörde zu bestimmenden Zeitpunkt eine Gebühr von fünfhundert Euro an diese zu zahlen. Zahlt der Bewerber die Gebühr nicht rechtzeitig, so gilt dies als Verzicht auf die Zulassung zur Prüfung. Tritt der Bewerber bis zu dem von der für die Finanzverwaltung zuständigen obersten Landesbehörde zu bestimmenden Zeitpunkt von der Prüfung zurück, so wird die Gebühr nicht erhoben. Tritt der Bewerber bis zum Ende der Bearbeitungszeit für die letzte Aufsichtsarbeit zurück, so ist die Gebühr zur Hälfte zu erstatten.

Übersicht

	Rdnr.
1. Gebühren für Zulassung zur Prüfung, Befreiung und verbindliche Auskunft	1
2. Prüfungsgebühr	2

1. Gebühren für Zulassung zur Prüfung, Befreiung und verbindliche Auskunft

1 Für die Bearbeitung des Antrags auf Zulassung zur Prüfung (§§ 1 ff. DVStB), auf Befreiung von der Prüfung (§ 8 DVStB) und auf Erteilung einer verbindlichen Auskunft über die Erfüllung einzelner Voraussetzungen für die Zulassung oder Befreiung der Prüfung (§§ 7 DVStB, 38a) ist eine Gebühr nach Abs. 1 zu zahlen. Wegen der Fälligkeit und Erstattung siehe § 164b. Die Überschrift stellt klar, welche Gebührentatbestände in dieser Vorschrift geregelt sind.

2. Prüfungsgebühr

2 Für die Prüfung ist eine Gebühr nach Abs. 2 zu zahlen. Da für die Prüfung feste Termine angesetzt werden, musste bestimmt werden, dass die nicht rechtzeitige Zahlung der Gebühr als **Verzicht** auf die Zulassung zur Prüfung anzusehen ist. Tritt der Bewerber bis zu dem Zeitpunkt, der für die Zahlung der Gebühr bestimmt worden ist, von der Prüfung zurück, so entsteht keine Gebühr. Bei einem Rücktritt zu einem späteren Zeitpunkt (§ 21 DVStB) wird die Hälfte der Gebühr erstattet. Ein Nichterscheinen zur Prüfung wird einem Rücktritt gleichgestellt.

§ 39a Rücknahme von Entscheidungen

(1) Die Zulassung zur Prüfung, die Prüfungsentscheidung oder die Befreiung von der Prüfung ist von der für die Finanzverwaltung zuständigen obersten Landesbehörde, die den Verwaltungsakt erlassen hat, zurückzunehmen, wenn
1. sie durch unlautere Mittel wie arglistige Täuschung, Drohung oder Bestechung erwirkt worden ist,
2. sie der Begünstigte durch Angaben erwirkt hat, die in wesentlicher Beziehung unrichtig oder unvollständig waren,
3. ihre Rechtswidrigkeit dem Begünstigten bekannt oder infolge grober Fahrlässigkeit nicht bekannt war.

Erstrecken sich die Rücknahmegründe nach Satz 1 nur auf die Zulassung zur Prüfung, ist auch die Prüfungsentscheidung zurückzunehmen. Nach einer Rücknahme gemäß Satz 1 oder Satz 2 gilt die Steuerberaterprüfung als nicht bestanden.

(2) Die Steuerberaterkammern haben Tatsachen im Sinne des Absatzes 1 Satz 1 Nr. 1 bis 3 der für die Finanzverwaltung zuständigen obersten Landesbehörde unverzüglich mitzuteilen. Diese unterrichtet die für die Bestellung oder deren Rücknahme zuständige Steuerberaterkammer von dem Ausgang des Verfahrens. § 83 dieses Gesetzes und § 30 der Abgabenordnung stehen diesen Mitteilungen nicht entgegen. Werden Tatsachen nach Absatz 1 Satz 1 Nr. 1 bis 3 während des Bestellungsverfahrens mitgeteilt, so ruht dieses bis zur Mitteilung nach Satz 2.

(3) Vor der Rücknahme ist der Betroffene zu hören.

Übersicht

	Rdnr.
1. Allgemeines	1–2
2. Unlautere Mittel	3–6
3. Unrichtige/unvollständige Angaben	7
4. Kenntnis der Rechtswidrigkeit	8
5. Rechtsfolgen	9
6. Mitteilungspflichten	10–12
7. Anhörungspflicht	13, 14

1. Allgemeines

Die Vorschrift regelt insgesamt die Rücknahme von Entscheidungen über die Zulassung zur Prüfung, die eigentliche Prüfungsentscheidung und die Befreiung von der Prüfung. Hierfür ist die für die Finanzverwaltung zuständige oberste Landesbehörde zuständig, sofern nicht eine Übertragung auf die OFD nach § 158 Abs. 2 stattgefunden hat. Die zuständige Behörde erlässt in den genannten Fällen einen **begünstigenden Verwaltungsakt** (§ 48 Abs. 1 Satz 2 VwVfG). Einen solchen Verwaltungsakt kann sie nach § 48 Abs. 2 VwVfG zurücknehmen, sofern Umstände eingetreten sind, die dies verlangen. Das wird in § 39a konkretisiert. Dabei reicht trotz des Fehlens des Wortes „oder" in der Aufzählung die Erfüllung eines der Merkmale aus.

2   Die bisher einschlägigen Vorschriften zur Rücknahme in der DVStB, z. B. § 9 DVStB, sind aufgehoben worden, weil nunmehr eine gesetzliche Grundlage im Steuerberatungsgesetz fixiert wurde.

2. Unlautere Mittel

3   Aus Abs. 1 Nr. 1 ergibt sich, dass bei dem Einsatz unlauterer Mittel zwingend eine Rücknahme des begünstigenden Verwaltungsaktes geboten ist. Die gesetzliche Aufzählung von unlauteren Mitteln, wie arglistige Täuschung, Drohung oder Bestechung, ist nur beispielhaft und **nicht abschließend**. Die Formulierung „unlautere Mittel" kann als Oberbegriff für **alle Vorgehensweisen** verstanden werden, die dazu beitragen, eine Entscheidung i. S. d. Bewerbers zu erreichen, obwohl darauf kein Anspruch besteht. Dabei kommt es nicht auf die Handlungsform an, sondern vielmehr auf eine Herbeiführung des von dem Bewerber gewünschten Erfolges.

4   Um eine **arglistige Täuschung** handelt es sich z. B., wenn der Begünstigte den Verwaltungsakt durch Angaben erweckt hat, deren Unrichtigkeit ihm bewusst war oder deren Unrichtigkeit er für möglich hielt. Er nahm sie jedoch in Kauf oder hat wahre Tatsachen verschwiegen, um bei einem am Zustandekommen des Verwaltungsaktes maßgeblich beteiligten Mitarbeiter der Behörde einen Irrtum im Bewusstsein hervorzurufen, damit er durch diese Täuschung zu einer günstigen Entscheidung gelangt (*Kopp*, § 48, Rdnr. 98). Nach dem Sinn und Zweck der Regelung muss das unlautere Mittel gerade für die Erwirkung des rechtswidrigen Verwaltungsaktes **ursächlich** sein. Als arglistige Täuschung ist unter Umständen schon die wahrheitswidrige Beantwortung einer ausdrücklichen Frage anzusehen.

5   Bei dem Begriff der **Drohung** ist auf § 240 Abs. 1 StGB zu verweisen. Der Tatbestand der Nötigung wird bei einer Drohung mit einem empfindlichen Übel erfüllt, um damit einen anderen zu einer Handlung, Duldung oder Unterlassung zu zwingen.

6   Der Begriff der **Bestechung** ist nicht im technischen Sinne aufzufassen. Darunter fällt außer der Bestechung i. S. v. § 334 StGB auch die Vorteilsgewährung nach § 333 StGB. Auf ein Verschulden kommt es nicht an.

3. Unrichtige/unvollständige Angaben

7   Nach Abs. 1 Nr. 2 kann der Verwaltungsakt auch durch unrichtige oder unvollständige Angaben bewirkt worden sein. Darunter wird ein darauf gerichtetes **zweck- und zielgerichtetes Handeln** verstanden, wobei die Angaben in der Sache entscheidungserheblich gewesen sein müssen. Entscheidend ist hierbei die objektive Unrichtigkeit oder Unvollständigkeit der Angaben. Die Kausalität muss sich ebenfalls auf die Fehlerhaftigkeit des Verwaltungsaktes und nicht auf den Erlass als solchen beziehen, d. h. die Angaben oder das Unterlassen von Angaben müssen ursächlich dafür sein, dass der Verwaltungsakt rechtswidrig ist. Dies ist anzunehmen, wenn die Behörde bei vollständiger bzw. richtiger Angabe den Fehler nicht gemacht und den Verwaltungsakt nicht mit der erlassenen bzw. mit einer ungünstigeren Regelung

7. Anhörungspflicht 8–13 § 39a

erlassen hätte. Zugleich wird gefordert, dass die Angaben auch in wichtigen Bereichen unrichtig oder unvollständig gewesen sein müssen. Hierzu zählt ein Ankreuzen im Antragsvordruck, dass der Antragsteller in geordneten wirtschaftlichen Verhältnissen lebt, obwohl er ca. zwei Monate zuvor die eidesstattliche Versicherung abgegeben hat (BFH, BStBl. 2002 II S. 62). Ein Fehlen des Vornamens oder des Geburtsdatums reicht hingegen nicht aus.

4. Kenntnis der Rechtswidrigkeit

Nach Abs. 1 Nr. 3 muss sich die Kenntnis oder das Kennenmüssen nach dem ausdrücklichen Wortlaut als auch nach dem Zweck der Regelung auf die Rechtswidrigkeit des Verwaltungsaktes beziehen (BVerwG, NJW 1985 S. 819). Die **bloße Kenntnis** der Tatsachen oder Vorgänge, die die Rechtswidrigkeit begründen, **genügt nicht.** Eine andere Beurteilung kommt ggf. in Betracht, wenn der Betroffene rechtskundig ist und ohne weiteres die Folgerung ziehen kann, dass der Verwaltungsakt nicht rechtmäßig ist (*Kopp*, § 48, Rdnr. 107). 8

5. Rechtsfolgen

Die Regelung in Abs. 1 Satz 2 stellt sicher, dass bei Rücknahme der Zulassungsentscheidung die Prüfungsentscheidung nicht isoliert bestehen bleibt. Es wird daher klargestellt, dass bei einer Rücknahme der Zulassungsentscheidung die Steuerberaterprüfung als **nicht** bestanden gilt. 9

6. Mitteilungspflichten

Die zuständige Behörde, die die Rücknahme vorzunehmen hat, ist besonders auf Informationen der Steuerberaterkammern angewiesen. Die Steuerberaterkammern sind verpflichtet, ihnen bekannt gewordene Rücknahmetatbestände unverzüglich der zuständigen Behörde zu melden. Abs. 2 dient somit dem **Informationsaustausch** über rücknahmerelevante Sachverhalte. Umgekehrt findet eine Unterrichtung der zuständigen Behörde an die Steuerberaterkammer über den Ausgang des Verfahrens statt. Dies gilt bei einer Rücknahme von Entscheidungen genauso wie für Entscheidungen, die keine Rücknahme erfordern. 10

Der gegenseitige Informationsfluss wird nicht durch die gesetzlichen Vorschriften aus § 83 und § 30 AO behindert, da diese nicht einschlägig sind. 11

Sofern die Tatsachen des Abs. 1 der zuständigen Behörde während eines laufenden Bestellungsverfahrens bei der Steuerberaterkammer mitgeteilt werden, **ruht das Bestellungsverfahren.** Erst wenn die zuständige Behörde die Steuerberaterkammer über das Ergebnis unterrichtet hat, kann diese entweder das Bestellungsverfahren fortsetzen oder als beendet erklären. 12

7. Anhörungspflicht

Wenn die zuständige Behörde nach Abs. 3 eine Rücknahme der Entscheidung noch vornehmen möchte, besteht **zwingend** eine Anhörungs- 13

§ 40 Bestellende Steuerberaterkammer, Bestellungsverfahren

pflicht. Eine Verletzung dieses Anspruchs auf rechtliches Gehör stellt ansonsten einen Verfahrensfehler dar, der zur Aufhebung der Entscheidung führen kann.

14 Gegen die Rücknahme der Entscheidung ist die **Klage vor dem Finanzgericht** zulässig (§ 33 Abs. 1 Nr. 3 FGO).

Zweiter Unterabschnitt. Bestellung

§ 40 Bestellende Steuerberaterkammer, Bestellungsverfahren

(1) Nach bestandener Prüfung oder nach der Befreiung von der Prüfung ist der Bewerber auf Antrag durch die zuständige Steuerberaterkammer als Steuerberater zu bestellen. Die örtliche Zuständigkeit der bestellenden Steuerberaterkammer richtet sich nach der beabsichtigten beruflichen Niederlassung des Bewerbers. Bei beabsichtigter beruflicher Niederlassung im Ausland ist für die Bestellung die Steuerberaterkammer zuständig, in deren Kammerbezirk die für die Finanzverwaltung zuständige oberste Landesbehörde ihren Sitz hat, die den Bewerber geprüft oder von der Prüfung befreit hat.

(2) Vor der Bestellung hat die Steuerberaterkammer zu prüfen, ob der Bewerber persönlich geeignet ist. Die Bestellung ist zu versagen, wenn der Bewerber

1. nicht in geordneten wirtschaftlichen Verhältnissen lebt;
2. infolge strafgerichtlicher Verurteilung die Fähigkeit zur Bekleidung öffentlicher Ämter nicht besitzt;
3. aus gesundheitlichen Gründen nicht nur vorübergehend unfähig ist, den Beruf des Steuerberaters ordnungsgemäß auszuüben;
4. sich so verhalten hat, dass die Besorgnis begründet ist, er werde den Berufspflichten als Steuerberater nicht genügen.

(3) Die Bestellung ist auch zu versagen,

1. wenn durch die für die Finanzverwaltung zuständige oberste Landesbehörde eine Entscheidung nach § 39 a Abs. 1 ergangen ist;
2. solange der Bewerber eine Tätigkeit ausübt, die mit dem Beruf unvereinbar ist (§ 57 Abs. 4);
3. solange nicht die vorläufige Deckungszusage auf den Antrag zum Abschluss einer Berufshaftpflichtversicherung oder der Nachweis der Mitversicherung bei einem Arbeitgeber vorliegt.

(4) Wenn es zur Entscheidung über den Versagungsgrund des Absatzes 2 Nr. 3 erforderlich ist, gibt die zuständige Steuerberaterkammer dem Bewerber schriftlich auf, innerhalb einer von ihr zu bestimmenden angemessenen Frist das Gutachten eines von ihr bestimmten Arztes über seinen Gesundheitszustand vorzulegen. Das Gutachten muss auf einer Untersuchung des Bewerbers und, wenn dies ein Amtsarzt für notwendig hält, auch auf einer klinischen Beobachtung des Bewerbers beruhen. Die Kosten des Gutachtens hat der Bewerber zu tragen. Kommt der Bewerber ohne zureichenden Grund der Anordnung der Steuerberaterkammer innerhalb der gesetzten Frist nicht nach, gilt der Antrag auf Bestellung als zurückgenommen.

(5) Vor der Versagung der Bestellung ist der Bewerber zu hören. Wird die Bestellung versagt, so ist ein schriftlicher Bescheid zu erteilen.

1. Allgemeines   1–3 § 40

(6) **Für die Bearbeitung des Antrags auf Bestellung hat der Bewerber eine Gebühr von fünfzig Euro an die zuständige Steuerberaterkammer zu zahlen, soweit nicht durch eine Gebührenordnung nach § 79 Abs. 2 etwas anderes bestimmt ist.**

Übersicht	Rdnr.
1. Allgemeines	1–5
2. Voraussetzungen der Bestellung	6, 7
a) Prüfung oder Befreiung von der Prüfung	6
b) Antrag	7
3. Zuständigkeit	8, 9
4. Versagen der Bestellung (Abs. 2, 3)	10–22
a) Grundsätzliche Hinweise	10
b) Geordnete wirtschaftliche Verhältnisse (Abs. 2 Nr. 1)	11–13
c) Unfähigkeit zur Bekleidung öffentlicher Ämter (Abs. 2 Nr. 2)	14
d) Gesundheitliche Gründe (Abs. 2 Nr. 3)	15–17
e) Nichterfüllung der Berufspflichten (Abs. 2 Nr. 4)	18, 19
f) Rücknahme von Entscheidungen nach § 39 a (Abs. 3 Nr. 1)	20
g) Unvereinbarkeit der Tätigkeit (Abs. 3 Nr. 2)	21
h) Fehlende Berufshaftpflichtversicherung (Abs. 3 Nr. 3)	22
5. Gutachten (Abs. 4)	23–26
6. Anhörungspflicht (Abs. 5)	27
7. Gebühren (Abs. 6)	28

1. Allgemeines

Die Bestellung ist ein **Verwaltungsakt,** der durch Aushändigung einer Urkunde vorgenommen wird (§ 41 Abs. 1). Durch die Bestellung werden die beruflichen Rechte und Pflichten als StB begründet. 1

Durch § 40 wird nur die **Bestellung als StB** geregelt. Die Bestellung erfolgt durch die Steuerberaterkammer. StBv wurden nach § 156 Abs. 4 a. F. durch die OFD bestellt. Vor dem Inkrafttreten des Gesetzes bestellte oder zugelassene StB oder HiSt sind nach § 154 a. F. ohne nochmalige Bestellung StB oder StBv geworden. Die Neuregelung in Abs. 1 Satz 1 i. V.m. § 42 bedeutet jedoch nicht, dass damit die Zuständigkeit für die Bestellung von Steuerbevollmächtigten nach der Übergangsregelung des § 157 Abs. 3 auf die Steuerberaterkammer übertragen werden sollte. Die Altfälle werden weiterhin von der zuständigen Landesbehörde bearbeitet. (BFH/NV 2001, S. 1150). 2

Die Bestimmung enthält eine **abschließende** Aufzählung der Zulassungsvoraussetzungen, die neben den Vorbildungsvoraussetzungen des § 36 erfüllt sein müssen. Diese Zulassungsvoraussetzungen gelten auch für die Befreiung von der Prüfung (§ 38 Abs. 2). Rechtskräftige ablehnende Entscheidungen nach Abs. 1 Nr. 2, Abs. 2 und Abs. 3 Nr. 1 sind in das **Bundeszentralregister** einzutragen (§ 10 Abs. 2 Nr. 1 BZRG). Für Angehörige der Finanzverwaltung gelten keine Besonderheiten. Die bisherige Einschränkung, wonach dieser Personenkreis erst nach Antrag auf Entlassung aus dem öffentlichen Dienst zur Prüfung zugelassen werden konnte, ist durch das 4. StBerÄG entfallen (vgl. hierzu BVerfGE 69, 209). 3

163

4 Mit der Bestellung wird die **Befugnis** zur geschäftsmäßigen Hilfeleistung in Steuersachen erworben (§ 3). Es beginnen das Recht und die Pflicht zur Führung der Berufsbezeichnung (§ 43), die Pflicht, innerhalb von sechs Monaten eine berufliche Niederlassung zu begründen (§ 34 Abs. 1 Satz 3), die allgemeinen (§ 57) und die besonderen **Berufspflichten** und die Mitgliedschaft bei der Steuerberaterkammer (§§ 73, 74 Abs. 1 Satz 2). Die Eintragung in das Berufsregister (§ 46 DVStB) hat nur deklaratorische Bedeutung.

5 Die Bestellung als StB gilt für den **Geltungsbereich des StBerG.** Der StB ist in der Wahl seiner beruflichen Niederlassung frei. Er kann die berufliche Niederlassung auch außerhalb des Zuständigkeitsbereichs der bestellenden Behörde errichten. Eine Verlegung der beruflichen Niederlassung ist jederzeit möglich; die Veränderung ist im Berufsregister einzutragen (§ 46 Nr. 1 DVStB).

2. Voraussetzungen der Bestellung

a) Prüfung oder Befreiung von der Prüfung

6 Nach § 35 Abs. 1 wird als StB nur bestellt, wer die Prüfung als StB bestanden hat oder von dieser Prüfung befreit worden ist (§ 38). Eine bestandene Prüfung ist in jedem Land der Bundesrepublik Deutschland anzuerkennen und gibt einen **Rechtsanspruch** auf Vornahme der Bestellung (Koordinierte Ländererlasse, StB 1964 S. 224; DStR 1964 S. 631; DStZ/B 1964 S. 434).

b) Antrag

7 Die Bestellung wird nur **auf Antrag** vorgenommen. Sie erfolgt nicht nach bestandener Prüfung von Amts wegen; dies ist schon deswegen nicht möglich, weil die für die Prüfung und die Bestellung zuständigen Stellen (§ 35 Abs. 5; § 40 Abs. 1 Satz 2) nicht identisch sind. Häufig wird zwischen der Prüfung und dem Antrag auf Bestellung ein längerer Zeitraum liegen, wenn z.B. der Bewerber noch keine berufliche Niederlassung begründen will oder eine Tätigkeit ausübt, die mit dem Beruf unvereinbar ist.

3. Zuständigkeit

8 Die örtliche Zuständigkeit der bestellenden Steuerberaterkammer ergibt sich aus Abs. 1 Satz 2 und 3. Entscheidend ist die **beabsichtigte berufliche Niederlassung** des Bewerbers. Diese muss **nicht** zwingend den späteren **tatsächlichen Gegebenheiten** entsprechen. Sofern der Bewerber seine berufliche Niederlassung nach § 34 Abs. 1 später im Bezirk einer anderen Steuerberaterkammer vorsehen möchte, hat dies keine Folgen. Es wird weder vom Bewerber verlangt, dass er die Gründe benennt, warum er sich für einen Standort ausgesprochen, noch dass er darstellt, warum er sich tatsächlich später für einen anderen Standort entschieden hat.

9 Es kommt ausschließlich auf den **Willen** des Bewerbers zum Zeitpunkt der Antragstellung an. Bei einer Änderung der beabsichtigten beruflichen Niederlassung zwischen Antrag und Bestellung kann der Bewerber einen

4. Versagen der Bestellung

Antrag auf Verweis an die dann örtlich zuständige Steuerberaterkammer stellen. Sofern der Antrag schon bearbeitet wird, fällt nach Abs. 6 die Gebühr an, wenn nicht eine Gebührenordnung nach § 79 Abs. 2 etwas anderes regelt. Bei einer Neubearbeitung durch eine andere Steuerberaterkammer kann dann erneut die Bearbeitungsgebühr nach Abs. 6 verlangt werden, sofern keine Anrechnung vorgesehen ist. Bei einer beabsichtigten Niederlassung im Ausland ist zuerst zu klären, wo der Bewerber seine Prüfung abgelegt hat oder davon befreit wurde. Der Standort dieser zuständigen Behörde wirkt sich dann auf die zu bestellende Steuerberaterkammer aus. Es ist nämlich die Steuerberaterkammer zuständig, in der die Behörde ihren Sitz hat. Das hat insbesondere Bedeutung in Bundesländern mit mehreren Steuerberaterkammern oder wenn die Prüfung auf eine Behörde eines anderen Bundeslandes übertragen wurde.

4. Versagen der Bestellung (Abs. 2, 3)

a) Grundsätzliche Hinweise

Nach Abs. 2 hat die Steuerberaterkammer vor der Bestellung zu prüfen, ob der Bewerber auch persönlich geeignet ist. Bei Vorliegen eines Grundes nach Abs. 2 und 3 ist die Bestellung zwingend zu versagen. Eine unterschiedliche Behandlung der Punkte in den Abs. 2 und 3 ist nicht gegeben, da es sich weder um unterschiedliche Beweislastregeln handelt noch um Ermessensentscheidungen. Eine Unterteilung ist daher grds. nicht geboten, zumal sich nach der Systematik der Abs. 4 auf die Norm des Abs. 2 Nr. 3 bezieht.

b) Geordnete wirtschaftliche Verhältnisse (Abs. 2 Nr. 1)

Geordnete wirtschaftliche Verhältnisse sind eine selbstverständliche Voraussetzung für die Ausübung des Berufs eines StB. Bei zerrütteten Vermögensverhältnissen besteht die Gefahr eines Vertrauensbruchs gegenüber dem Auftraggeber; außerdem fehlt die für eine gewissenhafte Berufsausübung erforderliche **Unabhängigkeit**. Diese beiden für die Einführung der Bestimmung maßgebenden Gründe müssen bei der Auslegung berücksichtigt werden. Geordnete wirtschaftliche Verhältnisse bestehen, wenn die Ausgaben die regelmäßigen Einkünfte nicht übersteigen, der Schuldendienst gesichert ist und die Schulden nach Art und Höhe und in Ansehung der wirtschaftlichen Verhältnisse in einem überschaubaren Zeitraum getilgt werden können (BFH/NV 2004 S. 1426).

„Geordnete wirtschaftliche Verhältnisse" liegen nicht vor, wenn der Bewerber infolge gerichtlicher Anordnung in der Verfügung über sein Vermögen beschränkt (§ 46 Abs. 2 Nr. 4) oder in Vermögensverfall geraten ist (§ 46 Abs. 2 Nr. 5). Auch ohne Eintragung im Schuldnerverzeichnis ist ein Antrag auf Zulassung zur Prüfung abzulehnen, wenn bei dem Bewerber fruchtlose Zwangsvollstreckungen vorliegen. Von geordneten wirtschaftlichen Verhältnissen ist auszugehen, wenn der Bewerber über regelmäßige Einkünfte verfügt und seine Ausgaben die Einkünfte nicht übersteigen.

13 Andererseits reicht es für die Ablehnung nicht aus, wenn der Bewerber Schulden hat oder **überschuldet** ist; er muss dann aber darlegen, auf welche Weise eine ordnungsgemäße Tilgung der Schulden sichergestellt ist. Die Schulden müssen nach Art und Höhe und in Ansehung der gesamten wirtschaftlichen Verhältnisse des Steuerberaters in einem überschaubaren Zeitraum getilgt werden können (BFH/NV 1999 S. 78). Die bloße Möglichkeit, dass im Rahmen eines Insolvenzverfahrens eine Restschuldbefreiung erreicht werden kann, ist nicht ausreichend (BFH, DStRE 2004 S. 1188; Hess. FG, DStRE 2003 S. 1421). Bei einem laufenden Insolvenzverfahren wird ein Vermögensverfall indiziert, d. h. von ungeordneten wirtschaftlichen Verhältnissen ausgegangen (FG Sachsen-Anhalt v. 25. 3. 2002, Az.: 1-K-231/01).

c) Unfähigkeit zur Bekleidung öffentlicher Ämter (Abs. 2 Nr. 2)

14 Nach § 45 Abs. 1 StGB verliert für die Dauer von fünf Jahren die Fähigkeit zur Bekleidung öffentlicher Ämter, wer wegen eines **Verbrechens** (§ 12 Abs. 1 StGB) zu einer Freiheitsstrafe von mindestens einem Jahr verurteilt wird. Die Bestellung ist daher bei einer Verurteilung wegen eines Verbrechens zu einer Freiheitsstrafe von mindestens einem Jahr während der auf die Rechtskraft des Urteils folgenden fünf Jahre zu versagen. Hat das Gericht die Amtsfähigkeit für weniger als fünf Jahre aberkannt (§ 45 Abs. 2 StGB) oder eine Wiederverleihung ausgesprochen (§ 45b StGB), verkürzt sich der Zeitraum, in dem die Bestellung nicht erfolgen kann, entsprechend. Dasselbe gilt bei einer Begnadigung (BGHZ 46, 230 zu § 7 Nr. 2 BRAO).

d) Gesundheitliche Gründe (Abs. 2 Nr. 3)

15 Ein zwingender Versagungsgrund liegt vor, wenn der Bewerber infolge körperlicher Gebrechen und Schwäche der geistigen Kräfte (siehe hierzu *Hayen,* Festschrift für Pfeiffer 1988, S. 929) nicht nur vorübergehend − also dauerhaft − **unfähig** ist, den Beruf eines StB auszuüben.

16 Das Wort „**dauernd**" bezieht sich nicht nur auf den Zeitraum, sondern auch auf das Ausmaß der Berufsunfähigkeit. Eine dauernde Berufsunfähigkeit braucht nicht vorzuliegen, wenn der Bewerber den Beruf halbtags ausüben kann (FG München, EFG 2000, S. 1279). Es ist jedoch erforderlich, dass er in dieser Zeit den Beruf „ordnungsgemäß" ausfüllt, d. h. den im Beruf gestellten Anforderungen genügt. Wenn der Bewerber allerdings weniger als die Hälfte der normalen Arbeitszeit leisten kann, ihm z. B. ein Leiden nur ein bis zwei Stunden täglich eine berufliche Tätigkeit gestattet, ist sein Antrag abzulehnen, weil in einer derartig kurzen Zeit eine ordnungsgemäße Berufsausübung nicht möglich ist (FG Schleswig-Holstein, EFG 1964 S. 140; BFH, HFR 1965 S. 82; FG Münster, EFG 1991 S. 758).

17 Den Bewerber trifft grds. nicht die **Feststellungslast,** dass er frei von gesundheitlichen Beeinträchtigungen ist, die ihn an einer ordnungsgemäßen Berufsausübung hindern (BFH/NV 2003 S. 665). Die Steuerberaterkammer kann jedoch unter den Voraussetzungen des Abs. 4 die Vorlage eines ärztlichen Gutachtens verlangen (vgl. Rdnr. 23 ff.).

4. Versagen der Bestellung

e) Nichterfüllung der Berufspflichten (Abs. 2 Nr. 4)

Die Besorgnis muss sich aus einem früheren Verhalten des Bewerbers, nicht aber aus einer bloßen Erklärung (Niedersächsisches FG, EFG 1971 S. 359) ergeben. Es kann freilich nicht jeder Verstoß gegen die – für die Bewerber noch gar nicht bindenden – Berufspflichten genügen; im Allgemeinen wird nur ein Verhalten in Betracht kommen, das zu einer Ausschließung aus dem Beruf geführt hätte, wenn der Bewerber zurzeit der Tat schon Berufsangehöriger gewesen wäre (Niedersächsisches FG, EFG 1976 S. 525). Dabei ist aber zu beachten, dass bei einem Bewerber nicht dieselben Maßstäbe angelegt werden können wie an einen Berufsangehörigen, für den besondere Berufspflichten bestehen. Durch das Verhalten des Bewerbers muss zum Ausdruck gekommen sein, dass er eine mit den Berufsgrundsätzen **unvereinbare Einstellung** besitzt. Dabei ist es unerheblich, ob die Handlung im beruflichen oder außerberuflichen Bereich gelegen hat (vgl. § 57 Abs. 2 Satz 2).

Das Verhalten des Bewerbers muss die Besorgnis begründen, dass er **auch in Zukunft** den Berufspflichten nicht genügen werde. Es kommt also entscheidend darauf an, ob die Gefahr einer Wiederholung besteht. Selbst bei schweren Verfehlungen liegt kein Grund vor, die Bestellung zur Prüfung abzulehnen, wenn sich aus den Umständen ergibt, dass es sich um ein einmaliges Vergehen gehandelt hat. Bei Taten, bei denen erfahrungsgemäß eine Wiederholung nicht ausgeschlossen ist, braucht dann kein Grund zur Ablehnung des Bewerbers vorzuliegen, wenn er durch sein späteres Verhalten zeigte, dass mit einer Wiederholung nicht zu rechnen ist oder wenn seit der Tat ein längerer Zeitraum verstrichen ist (FG Hamburg, EFG 1996 S. 1124).

f) Rücknahme von Entscheidungen nach § 39a (Abs. 3 Nr. 1)

Nach Abs. 3 Nr. 1 ist eine Bestellung ebenfalls zu versagen, wenn eine Rücknahme einer Entscheidung nach § 39a Abs. 1 durch die für die Finanzverwaltung zuständige oberste Landesbehörde erfolgte, weil dann die **Grundlage** für eine Bestellung **entfallen ist**.

g) Unvereinbarkeit der Tätigkeit (Abs. 3 Nr. 2)

Nach Abs. 3 Nr. 2 ist zwingend die Bestellung zu versagen, wenn der Bewerber eine mit dem Beruf unvereinbare Tätigkeit ausübt, vgl. auch § 57 Rdnr. 88ff. Das gilt insbesondere bei einer **gewerblichen** oder **Arbeitnehmertätigkeit**. Die Einschränkung verstößt nicht gegen Art. 15 Abs. 1 der Charta der Grundrechte der EU, da diese von den Mitgliedsstaaten nicht ratifiziert wurde (BFH/NV 2004 S. 1297).

h) Fehlende Berufshaftpflichtversicherung (Abs. 3 Nr. 3)

Der Bewerber muss eine angemessene Berufshaftpflichtversicherung abgeschlossen haben (§ 55 DVStB). Die Vorlage einer **vorläufigen Deckungszusage** gemäß Abs. 3 Nr. 3 ist ausreichend, wobei sich die Steuerberaterkammer zu vergewissern hat, dass der Versicherungsvertrag tatsächlich zustande gekommen ist bzw. eine Mitversicherung beim Arbeitgeber besteht.

5. Gutachten (Abs. 4)

23 Die Neufassung des Abs. 4 dient der Anpassung der Regelung an die für die WP (§ 10 WPO) und RAe (§ 8a BRAO) geltenden Vorschriften. Danach kann die zuständige Steuerberaterkammer ein Gutachten über den Gesundheitszustand des Bewerbers verlangen.

24 Bei Kenntnis von Tatsachen, die die Vermutung begründen, dass der Bewerber aus gesundheitlichen Gründen dauernd unfähig sein wird, den Beruf ordnungsgemäß auszuüben, kann die Vorlage eines **amtsärztlichen Zeugnisses** verlangt werden (BFH/NV 2000 S. 604). Grds. hat die Steuerberaterkammer den Nachweis zu führen, dass der Bewerber nicht nur vorübergehend unfähig ist. Die Beweislast wird jedoch umgekehrt, wenn der Bewerber ohne triftigen Grund seine Mitwirkung an der Aufklärung des Sachverhalts verweigert (BFH/NV 2003 S. 664).

25 Nach Abs. 2 Nr. 3 wird der **Ablauf formalisiert.** Die Steuerberaterkammer teilt dem Bewerber schriftlich mit, dass er innerhalb einer von der Steuerberaterkammer bestimmten Frist einen auch von ihr festgelegten Arzt aufsucht, der ein Gutachten über den Gesundheitszustand erstellt. Dabei muss der Bewerber untersucht und ggf. sogar klinisch beobachtet werden, sofern dies ein Amtsarzt für notwendig erachtet. Das Gutachten muss auf Grund des unterschiedlichen Wortlauts zwar nicht von einem Amtsarzt erstellt werden, aber in der Praxis ist dies die sinnvollste Lösung. Die Kosten der gesamten Untersuchung, auch wenn es einer klinischen Beobachtung bedarf, hat ausschließlich der Bewerber zu tragen, selbst wenn er eine solche Beobachtung nicht für notwendig hält.

26 Der Bewerber muss nachvollziehbar dokumentieren, wenn er innerhalb der **angemessenen Frist** nicht der Anordnung der Steuerberaterkammer nachkommt. Ein Hinweis auf Zeitmangel oder Arbeitsüberlastung ist nicht ausreichend. Der Bestellungsantrag des Bewerbers gilt dann als zurückgenommen.

6. Anhörungspflicht (Abs. 5)

27 Vor der Versagung der Bestellung ist der Bewerber **zu hören,** und bei Ablehnung der Bestellung ist ein schriftlicher Bescheid zu erlassen (Abs. 5). Eine Verletzung dieses Anspruchs auf rechtliches Gehör stellt einen Verfahrensmangel dar, der zur Aufhebung der Entscheidung führen muss. Gegen die Versagung der Bestellung ist die Klage vor dem FG zulässig (§ 33 Abs. 1 Nr. 3 FGO).

7. Gebühren (Abs. 6)

28 Die Bemessung der Gebühren in Höhe von 50,– € nach Abs. 6 für die Bestellung entspricht der auf Grund der organisatorischen Trennung von Prüfung und Bestellung anfallenden Arbeit bei der Steuerberaterkammer. Sofern der im Gesetz genannte Betrag nicht ausreicht, besteht für die Steuer-

3. Abgabe einer Versicherung 1–3 § 41

beraterkammer die Möglichkeit, nach § 79 Abs. 2 eine **Gebührenordnung** vorzusehen, damit ihr die tatsächlich anfallenden Kosten für die Bestellung von dem Bewerber ersetzt werden.

§ 41 Berufsurkunde

(1) **Der Bewerber wird durch Aushändigung einer Urkunde als Steuerberater bestellt.**

(2) **Vor der Aushändigung der Urkunde hat der Bewerber vor der zuständigen Steuerberaterkammer die Versicherung abzugeben, daß er die Pflichten eines Steuerberaters gewissenhaft erfüllen wird.**

Übersicht	Rdnr.
1. Allgemeines	1
2. Inhalt der Berufsurkunde	2
3. Abgabe einer Versicherung	3

1. Allgemeines

Die Bestimmung regelt die Form der **Bestellung als StB,** die durch Aushändigung einer Urkunde vorgenommen wird. Damit erhält der Bewerber förmlich die Befugnis zur unbeschränkten Hilfeleistung in Steuersachen. Es handelt sich um einen begünstigten Verwaltungsakt, der nach § 35 VwVfG jedoch nicht zwingend persönlich vorzusehen ist. Er gilt für das gesamte Staatsgebiet der Bundesrepublik Deutschland. Für die Bestellung von StBv fand § 41 entsprechende Anwendung; für sie war die OFD zuständig, wobei die Übergangsvorschrift nunmehr aufgehoben wurde.

2. Inhalt der Berufsurkunde

Der **Inhalt** der Berufsurkunde wird in § 35 DVStB bestimmt. Danach enthält die Urkunde die Bezeichnung der bestellenden Behörde, Ort und Datum der Ausstellung, Name, Geburtsort und Geburtsdatum des Bewerbers, die Erklärung, dass der Bewerber als StB bestellt wird – wobei bei Frauen gem. § 43 Abs. 1 auch die weibliche Form der Berufsbezeichnung gewählt werden kann –, Dienstsiegel und Unterschrift. Etwaige weitere Berufsbezeichnungen des Bewerbers (z. B. als RA oder WP) sind nicht in die Berufsurkunde aufzunehmen. Akademische Grade oder staatlich verliehene Graduierungen sind nur aufzunehmen, wenn sie nachgewiesen worden sind. Das gilt auch für ausländische akademische Grade, zu deren Führung der Bewerber nach deutschem Recht befugt ist.

3. Abgabe einer Versicherung

Die Versicherung nach Abs. 2 kann **mündlich oder schriftlich** abgegeben werden. 3

§ 42 Steuerbevollmächtigter

Steuerbevollmächtigter ist, wer nach den Vorschriften dieses Gesetzes als solcher bestellt ist. Die Vorschriften für die Bestellung als Steuerberater sind bei der Bestellung als Steuerbevollmächtigter sinngemäß anzuwenden.

Übersicht

	Rdnr.
1. Allgemeines	1
2. Bestellung als StBv im alten Bundesgebiet	2–4
3. Bestellung als StBv im Gebiet der ehemaligen DDR	5–7
4. Anzuwendende Vorschriften	8

1. Allgemeines

1 Bis zum Jahre 1972 waren StB und StBv in den Vorschriften über die Bestellung nebeneinander genannt (§ 10 i. d. F. v. 16. 8. 1961 – BGBl. I S. 1301). § 40 behandelt nur die Bestellung zum StB; der Beruf des StBv **ist grds. ausgelaufen.** Es war daher eine Klarstellung erforderlich, wonach StBv ist, wer – auch nach früheren Fassungen des Gesetzes – als solcher bestellt wurde. Vorübergehend ist der Beruf des StBv durch die deutsche Einigung wieder geöffnet worden. Durch Satz 2 wird klargestellt, dass die Vorschriften über die Bestellung nach § 40 – ohne Einschränkung – entsprechend auf StBv anzuwenden sind (vgl. § 157 Abs. 3).

2. Bestellung als StBv im alten Bundesgebiet

2 Wer **bis zum 1. 11. 1961** als HiSt öffentlich bestellt oder endgültig zugelassen war, wurde StBv, ohne nochmals bestellt zu werden. Voraussetzung war, dass bis zum 30. 4. 1962 bei der bestellenden Behörde ein Antrag auf Eintragung in das Berufsregister gestellt wurde (§ 109 i. d. F. vom 16. 8. 1961 – BGBl. I S. 1301). Die Finanzverwaltung ist bei Fristverlängerungen sehr großzügig verfahren (*Burchardt,* StB 1963 S. 199). Derartige Fristverlängerungen führten, auch wenn die gesetzlichen Voraussetzungen nicht vorlagen, nicht zu einer Nichtigkeit der Bestellung (BGHSt 15, 227).

3 Zwischen dem 1. 11. 1961 und dem **13. 8. 1972** wurden StBv nach § 9 i. d. F. vom 16. 8. 1961 bestellt; bestellt wurde, wer die Prüfung als StBv bestanden hatte oder von dieser Prüfung befreit worden war (§ 4 a. F.).

4 **Seit dem 14. 8. 1972** wurden die Bestellungen auf Grund des § 118a i. d. F. vom 11. 8. 1972 (BGBl. I S. 1401) vorgenommen; bei der Neufassung des Gesetzes ist diese Bestimmung als § 156 übernommen worden. Anträge auf Zulassung zur Prüfung als StBv konnten nur noch bis zum 13. 8. 1980 (u. U. bis zum 13. 8. 1983) gestellt werden (§ 156 Abs. 5). Nach bestandener Prüfung ist eine Bestellung auch zu einem späteren Zeitpunkt möglich; dasselbe gilt für eine Wiederbestellung nach § 48.

3. Bestellung als StBv im Gebiet der ehemaligen DDR

5 Im Gebiet der ehemaligen DDR bestand **bis zum 31. 12. 1990** die Möglichkeit, zum **StBv** bestellt zu werden (vgl. Sächs. FG, EFG 1994 S. 852;

Nieders. FG, StB 1994 S. 19; BFH, StB 1994 S. 325). Grundlage hierfür waren §§ 19, 70 der Steuerberatungsordnung der DDR (vgl. Einl. Rdnr. 20–22 und BFM, DStR 1991 S. 38). Die StBv galten grundsätzlich als vorläufig bestellt (§ 40a) und waren in ihrem Tätigkeitsbereich räumlich eingeschränkt. Sie hatten die Möglichkeit, nach § 40a die endgültige Bestellung als StBv oder StB zu erwerben.

Mit dem 31. 12. 1990 endete die Möglichkeit, im Gebiet der ehemaligen DDR als StBv bestellt zu werden. Es sind jedoch nach dem Inkrafttreten der Steuerberatungsordnung der DDR noch **HiSt** bestellt worden, und zwar in Verkennung der Übergangsvorschrift in § 70 der Steuerberatungsordnung. Da es nicht möglich war, die Bestellungsurkunden dieser Personen rechtzeitig vor dem 31. 12. 1990 umzuschreiben, hat die Finanzverwaltung auch nach diesem Zeitpunkt noch derartige Umschreibungen vorgenommen; auch in diesen Fällen liegt eine wirksame Bestellung zum StBv vor. 6

Die Bestellungen müssen nach dem Recht der DDR **wirksam** gewesen sein. Eine vor Inkrafttreten der StBerO der DDR am 27. 7. 1990 erteilte Genehmigung zur steuerberatenden Tätigkeit oder eine Bestellung als StB ist mangels gesetzlicher Grundlage nichtig; für später gestellte Anträge vgl. BFH/NV 1996 S. 852; StB 1997 S. 230. Für andere Fälle der rechtswidrigen Bestellung siehe § 46 Abs. 1 Satz 2 und § 46 Rdnr. 5. 7

4. Anzuwendende Vorschriften

Durch das 7. StBÄndG ist die Zuständigkeit für die Bestellung von Steuerbevollmächtigten nach §§ 42 Satz 2 i. V. m. 40 Abs. 1 Satz 1 auf die Steuerberaterkammer übertragen worden. Dabei ist jedoch zu beachten, dass davon nicht die Zuständigkeit für die Bestellung von Steuerbevollmächtigten nach der Übergangsregelung des § 157 Abs. 3 betroffen ist. Diese Fälle werden weiterhin von der zuständigen Landesbehörde bearbeitet (BFH/NV 2001 S. 1150). 8

§ 43 Berufsbezeichnung

(1) Die Berufsbezeichnung lautet „Steuerberater" oder „Steuerbevollmächtigter". Frauen können die Berufsbezeichnung „Steuerberaterin" oder „Steuerbevollmächtigte" wählen. Die Berufsangehörigen haben im beruflichen Verkehr die Berufsbezeichnung zu führen.

(2) Die Führung weiterer Berufsbezeichnungen ist nur gestattet, wenn sie amtlich verliehen worden sind. Andere Zusätze und der Hinweis auf eine ehemalige Beamteneigenschaft sind im beruflichen Verkehr unzulässig.

(3) Zusätze, die auf einen akademischen Grad oder eine staatlich verliehene Graduierung hinweisen, sind erlaubt.

(4) Die Bezeichnung „Steuerberater", „Steuerbevollmächtigter" oder „Steuerberatungsgesellschaft" darf nur führen, wer nach diesem Gesetz dazu berechtigt ist. Es ist unzulässig, zum Hinweis auf eine steuerberatende Tätigkeit andere Bezeichnungen zu verwenden. Satz 2 findet auf Rechtsanwälte, niedergelassene europäische Rechtsanwälte und Rechtsanwaltsgesellschaften keine Anwendung.

§ 43 1–7   Berufsbezeichnung

Übersicht

	Rdnr.
1. Allgemeines	1–4
2. Führung der Berufsbezeichnung	5–10
3. Erlaubte Zusätze zur Berufsbezeichnung	
a) Grundsatz	11
b) Amtlich verliehene Berufsbezeichnungen	12–16
c) Akademische Grade und Graduierungen	17–20
d) Sachverständige	21
4. Unerlaubte Zusätze zur Berufsbezeichnung	22–26
5. Hinweise auf eine steuerberatende Tätigkeit	27–30
6. Ahndung von Verstößen	31–33

1. Allgemeines

1 Die Vorschrift regelt **drei Bereiche,** die sich zwar berühren, aber getrennt voneinander zu sehen sind.

2 Sie legt zunächst die **Berufsbezeichnung** der StB und StBv fest (Abs. 1 Satz 1) und untersagt anderen Personen, diese Bezeichnungen sowie die Bezeichnung „Steuerberatungsgesellschaft" zu führen (Abs. 4 Satz 1). Dieses Verbot wird durch § 132a Abs. 1 Nr. 2 StGB und § 161 durch Androhung einer Strafe oder eines Bußgeldes bei Zuwiderhandlungen gesichert.

3 Es werden ferner **Berufspflichten** für StB und StBv festgelegt, nämlich die Pflicht, im beruflichen Verkehr die Berufsbezeichnung zu führen (Abs. 1 Satz 3) sowie die Erlaubnis, bestimmte Bezeichnungen neben der Berufsbezeichnung zu führen (Abs. 2 Satz 1; Abs. 3) und das Verbot, andere Zusätze zu verwenden (Abs. 2 Satz 2).

4 Schließlich wird allgemein untersagt, zum Hinweis auf eine steuerberatende Tätigkeit **andere Bezeichnungen** zu verwenden (Abs. 4 Satz 2). Dieses Verbot gilt für StB und StBv, für nach § 4 zur beschränkten Hilfeleistung in Steuersachen befugten Personen (BGHZ 103, 355) und für alle Personen, die nicht zur Hilfeleistung in Steuersachen befugt sind; lediglich RAe, niedergelassene europäische RAe und RA-Gesellschaften sind von dieser Vorschrift ausgenommen (Abs. 4 Satz 3).

2. Führung der Berufsbezeichnung

5 Durch die Bestellung zum StB oder StBv wird nicht nur das Recht zur Führung der Berufsbezeichnung erworben (Abs. 4 Satz 1), es besteht vielmehr die **Pflicht,** im beruflichen Verkehr die Berufsbezeichnung zu führen (Abs. 1 Satz 2). Die Bezeichnung lautet „Steuerberater" oder „Steuerbevollmächtigter"; Frauen können die weibliche Form der Bezeichnung wählen.

6 **Abkürzungen** sind bei der Führung der Berufsbezeichnung grundsätzlich nicht zulässig. Eine Ausnahme kann nur bei Eintragungen in Adress- und Fernsprechverzeichnisse gelten, wenn dies allgemein, d.h. bei allen eingetragenen Berufsangehörigen geschieht.

7 Die Pflicht zur Führung der Berufsbezeichnung **beginnt** mit der Bestellung, d.h. mit der Aushändigung der Berufsurkunde (§ 41) und **endet** mit dem Er-

3. Erlaubte Zusätze zur Berufsbezeichnung 8–11 § 43

löschen, der Rücknahme oder dem Widerruf der Bestellung (§ 47 Abs. 1). Unter den in § 47 Abs. 2 genannten Voraussetzungen darf die Berufsbezeichnung auch nach dem Verzicht auf die Bestellung weitergeführt werden.

Die Berufsbezeichnung muss **im beruflichen Verkehr** geführt werden, 8 d. h. bei der geschäftsmäßigen Hilfeleistung in Steuersachen (§§ 1, 32 Abs. 1). Das gilt auch, wenn eine nach § 57 Abs. 3 mit dem Beruf vereinbare Tätigkeit ausgeübt wird, jedenfalls wenn sie mit der Berufsausübung im Zusammenhang steht (vgl. § 57 Rdnr. 6). Schriftstellerische und wissenschaftliche Arbeiten, die mit dem Namen des Verfassers gekennzeichnet sind, dürfen auch seine Berufzeichnung tragen (§ 40 Abs. 1 BOStB).

Die Berufsbezeichnung ist insbesondere auf dem **Praxisschild** und auf 9 den **Geschäftspapieren** zu führen, ferner auf dem Praxisstempel, Visitenkarten und bei Eintragungen in Adress- und Fernsprechverzeichnissen. Es muss dabei eindeutig erkennbar sein, welche Berufsbezeichnung geführt wird. Bei Sozietäten, die aus Angehörigen mehrerer Berufe bestehen, darf kein Zweifel entstehen, welcher Partner welche Berufsbezeichnung führt (§ 19 Abs. 4, 5 BOStB).

StB oder StBv, die noch **einen weiteren Beruf,** z. B. als RA oder WP 10 ausüben, müssen grds. ebenfalls die Berufsbezeichnung führen. Es kann nicht mit dem Hinweis, dass RAe und WP nach § 3 Nr. 2 ebenfalls zur geschäftsmäßigen Hilfeleistung in Steuersachen befugt sind, auf die Führung der Bezeichnung „Steuerberater" oder „Steuerbevollmächtigter" verzichtet werden. Dies gilt auch dann, wenn der Berufsangehörige auf Grund einer Spezialisierung in der Kanzlei nach außen nicht als StB auftritt (LG Stuttgart, DStR 2002, Beihefter S. 32). Eine Aufspaltung der Tätigkeit mit der Folge, dass nach der Art des jeweiligen Auftrags die eine oder andere Bezeichnung gewählt wird, z. B. durch Verwendung getrennter Geschäftspapiere, ist jedoch zulässig (OLG Dresden, BB 2003 S. 237). Dahinter tritt die Pflicht zur Führung der Berufsbezeichnung zurück.

3. Erlaubte Zusätze zur Berufsbezeichnung

a) Grundsatz

Der Grundsatz, dass im beruflichen Verkehr neben der Bezeichnung 11 „Steuerberater" oder „Steuerbevollmächtigter" nur amtlich verliehene Berufsbezeichnungen und Zusätze, die auf einen akademischen Grad oder eine staatlich verliehene Graduierung hinweisen, geführt werden dürfen, soll eine Werbung durch eine Häufung von Berufsbezeichnungen verhindern. Er stellt mit dem daraus folgenden Verbot, andere Zusätze zu führen, einen Unterfall des Verbots der **berufswidrigen Werbung** dar. Es handelt sich dabei um eine verfassungsrechtlich zulässige Einschränkung der Berufsausübung (BVerfGE 60, 215, 233), die auf sachgerechten und vernünftigen Erwägungen des Gemeinwohls beruht. Über den Wortlaut der Absätze 2 und 3 hinaus wird man jedoch auch den Hinweis auf Qualifikationen zulassen müssen, die der StB oder StBv in einem rechtsförmlichen Prüfungsverfahren vor einer staatlichen Behörde erworben hat und die eine solche Beziehung zu seinem Beruf haben, dass ein berechtigtes Informationsinteresse der Allgemeinheit an ihrer Bekanntgabe besteht (BGHSt 25, 267, 272). Dasselbe gilt für Hinweise auf die Stellung im Beruf, z. B. auf den Arbeitgeber (OLG Düsseldorf, StB 1991 S. 130).

b) Amtlich verliehene Berufsbezeichnungen

12 Erste Voraussetzung für die Zulässigkeit einer Führung neben der Berufsbezeichnung „Steuerberater" oder „Steuerbevollmächtigter" ist, dass es sich überhaupt um eine **Berufsbezeichnung** handelt. Es muss also die Bezeichnung einer erlaubten, sinnvollen, auf die Dauer berechneten, also nicht nur vorübergehenden Betätigung vorliegen, die der Schaffung und Erhaltung einer Lebensgrundlage dient (BVerfGE 7, 377, 397; BVerwGE 2, 89). Da der Begriff des Berufs sehr weit und umfassend auszulegen ist (BVerfGE 14, 22), können insoweit nur Bezeichnungen ausscheiden, die nicht auf eine Tätigkeit, sondern auf eine Befähigung oder auf eine bestandene Prüfung hinweisen. Das gilt z. B. für die von den Verwaltungs- und Wirtschaftsakademien verliehene Bezeichnung „Betriebswirt (VWA)" (BFHE 148, 201).

13 Die Berufsbezeichnung muss **amtlich verliehen** worden sein. Zur amtlichen Verleihung von Berufsbezeichnungen sind grundsätzlich nur Behörden befugt, denen hierzu eine gesetzliche Ermächtigung erteilt worden ist. Amtlich verliehene Berufsbezeichnungen sind danach z. B. die Bezeichnungen „Rechtsanwalt", „Wirtschaftsprüfer", „vereidigter Buchprüfer", „Notar", nicht aber „Staatlich geprüfter Betriebswirt" (BVerfG, DStR 1991 S. 563; a. A.: OLG Düsseldorf, StB 1988 S. 422). Die Bezeichnung „Professor" ist eine Berufsbezeichnung; der zusätzliche Hinweis auf die in der Hochschule vertretenen Fächer ist jedoch regelmäßig unzulässig (OVG Bremen, StB 1996 S. 195). Dagegen kennzeichnet der Begriff „Lehrbeauftragter" keinen Beruf, sondern nur eine vorübergehende Tätigkeit (LG Köln, StB 1982 S. 99).

14 Die Berufsbezeichnung **„Rechtsbeistand"** ist amtlich verliehen (§ 4 Abs. 2 2. RBerV); wenn von der Justizverwaltung nur eine Teilerlaubnis erteilt worden ist und der Rechtsbeistand die Auflage erhalten hat, in seiner Berufsbezeichnung auf diese Einschränkung hinzuweisen, z. B. als Rechtsbeistand für Handels- und Gesellschaftsrecht, Helfer in Devisensachen, ist diese Bezeichnung zu führen, auch wenn damit eine gewisse Werbewirkung verbunden sein kann.

15 Die Bezeichnung **„Fachanwalt für Steuerrecht"** ist amtlich verliehen (vgl. §§ 42a bis d BRAO) und darf daher neben der Bezeichnung „Steuerberater" oder „Steuerbevollmächtigter" geführt werden; das deckt sich mit der Berufsauffassung der RAe.

16 **Ausländische Berufsbezeichnungen** dürfen unter denselben Voraussetzungen wie deutsche geführt werden, d. h. sie müssen amtlich verliehen worden sein.

c) Akademische Grade und Graduierungen

17 Neben der Berufsbezeichnung dürfen Zusätze geführt werden, die auf einen **akademischen Grad** hinweisen. Akademische Grade werden auf

Grund gesetzlicher Ermächtigung von Universitäten, Hochschulen und gleichwertigen Einrichtungen verliehen. Zulässig ist insbesondere die Führung des Doktortitels sowie die Bezeichnungen Dipl.-Handelslehrer, Dipl.-Ing., Dipl.-Kaufmann, Dipl.-Landwirt, Dipl.-Politologe, Dipl.-Sozialwirt, Dipl.-Soziologe, Dipl.-Volkswirt, Technischer Dipl.-Volkswirt, Technischer Dipl.-Betriebswirt, Dipl.-Wirtschaftsingenieur. Auch die Bezeichnungen Dipl.-Steuersachverständiger und Dipl.-Bücherrevisor sind als akademische Grade anzuerkennen (*Horn,* StB 1977 S. 107).

Die Führung der Bezeichnung **„Assessor"** ist zulässig. Es handelt sich 18 zwar nicht um einen akademischen Grad; die Ablegung der zweiten juristischen Staatsprüfung setzt jedoch voraus, dass das am Ende des Universitätsstudiums stehende Referendarexamen bestanden worden ist. Außerdem beruht die Berechtigung zur Führung dieser Bezeichnung auf Landesrecht (z. B. § 33 Abs. 2 Justizausbildungsgesetz NRW, GVBl. 1966 S. 78, 81). Die Befähigung zum Richteramt steht daher akademischen Graden gleich, die nur auf den erfolgreichen Abschluss eines Universitätsstudiums hinweisen.

Ausländische akademische Grade dürfen neben der Berufsbezeichnung geführt werden, wenn ihre Führung im Inland überhaupt zulässig ist (BVerfGE 36, 212). 19

Erlaubt ist auch die Führung von Zusätzen, die auf eine **staatliche Graduierung** hinweisen. Es handelt sich dabei insbesondere um Graduierungen, die von Fachhochschulen verliehen werden, z. B. die Bezeichnungen „Betriebswirt (grad.)", „Wirtschaftsingenieur (grad.)", „Steuerwirt (grad.)", „Dipl.-Betriebswirt (FH)", „Dipl.-Finanzwirt (FH)", „Ingenieur (grad.)"; es ist jedoch unzulässig, diese Bezeichnungen ohne den Klammerzusatz zu führen (OLG München, StB 1987 S. 77). 20

d) Sachverständige

StB werden häufig als Sachverständige auf Gebieten ihrer Berufstätigkeit 21 herangezogen (vgl. *Hund,* DStR 1997 S. 1264); sie sind zur Erstattung von Gutachten nach § 407 ZPO verpflichtet. Ein Hinweis auf die Sachverständigeneigenschaft auf **Fachgebieten,** die zum Inhalt der Berufstätigkeit gehören, ist stets unzulässig; das gilt auch, wenn der StB oder StBv zur Erstattung von Gutachten nach § 410 Abs. 2 ZPO allgemein vereidigt ist. Ein Hinweis auf eine öffentliche Bestellung als Sachverständiger auf **anderen Gebieten** ist – auch neben der Berufsbezeichnung – zulässig, wenn er nur im Rahmen der Sachverständigentätigkeit verwendet wird.

4. Unerlaubte Zusätze zur Berufsbezeichnung

Im beruflichen Verkehr dürfen neben der Berufsbezeichnung keine **an-** 22 **deren Zusätze** als die in Abs. 2 Satz 1 und Abs. 3 genannten geführt werden; das hängt eng mit dem Verbot der berufswidrigen Werbung zusammen (BVerfGE 60, 215, 233; BGHZ 79, 390, 395). Das wird in Abs. 2 Satz 2 klargestellt, wobei der Hinweis auf eine ehemalige Beamteneigenschaft nur als Beispiel genannt wird. Unzulässig sind in erster Linie amtlich nicht verliehene Berufsbezeichnungen und der Hinweis auf Zeugnisse und Diplome,

§ 43 23–27   Berufsbezeichnung

die keinen akademischen Grad oder keine staatliche Graduierungen darstellen, z. B. „Betriebswirt VWA" (BFHE 148, 201). Eine abschließende Aufzählung ist nicht möglich, da immer wieder neue Zusätze erfunden werden.

23 Der Hinweis auf eine **ehemalige Beamteneigenschaft**, z. B. „Regierungsdirektor a. D." stellt einen ungerechtfertigten Wettbewerbsvorsprung gegenüber anderen StB oder StBv dar und ist daher unzulässig. Das gilt auch bei wissenschaftlichen Veröffentlichungen; der StB oder StBv muss sich entscheiden, ob er mit der Berufsbezeichnung oder mit seiner ehemaligen Beamteneigenschaft genannt werden will.

24 Unzulässig sind auch Hinweise auf **andere ehemalige Tätigkeiten**. So ist z. B. die Bezeichnung „Steuersyndikus a. D." oder „Bankdirektor i. R." unzulässig (*Frenkel,* StB 1965 S. 81).

25 Erst recht dürfen keine weiteren Berufsbezeichnungen geführt werden, wenn diese **nicht amtlich verliehen** oder in einem förmlich geregelten Anerkennungsverfahren erworben worden sind. Das gilt z. b. für Bezeichnungen wie Wirtschaftsberater und Praktischer Betriebswirt (BGH, DStR 1972 S. 608), Versicherungsmathematiker (OLG Karlsruhe, StB 1978 S. 238), Hausverwalter (LG Münster, StB 1990 S. 163), Betriebsberater, Unternehmensberater, Insolvenzberater (Thüringer OLG, DStRE 2003 S. 700), Treuhänder, Beratender Volks- und Betriebswirt, Revisor, Strafverteidiger, Buchprüfer, Bücherrevisor, Wirtschaftstreuhänder (§ 132 WPO), Buchsachverständiger (BFHE 62, 136), Vermögensverwalter, Treuhand- und Revisionsbüro (OLG Celle, Stbg 1981 S. 212) oder auch zertifizierter Ratingadvisor. Hinweise auf das Leistungsangebot in Form einer Beschreibung der **Tätigkeitsschwerpunkte** sind dagegen zulässig (§ 11 BOStB).

26 Der Hinweis auf **Zeugnisse** und **Diplome** ist unzulässig, wenn es sich nicht um akademische Grade oder staatliche Graduierungen handelt. Es darf z. B. die Bezeichnung „Bilanzbuchhalter" auch dann nicht geführt werden, wenn die einschlägige Prüfung vor der IHK abgelegt worden ist; dasselbe gilt für die Inhaber von Diplomen von Verwaltungs- und Wirtschaftsakademien und für Zeugnisse von privaten Lehrinstituten (OLG Köln, StB 1994 S. 105).

5. Hinweise auf eine steuerberatende Tätigkeit

27 Nach Abs. 4 Satz 2 ist es unzulässig, zum Hinweis auf eine steuerberatende Tätigkeit **„andere Bezeichnungen"**, d. h. andere als im Gesetz genannte Bezeichnungen zu verwenden. Damit wird die Gleichheit der wettbewerblichen Ausgangslage innerhalb des Berufsstandes gewahrt und der Gefahr einer Irreführung vorgebaut, da durch zusätzliche Hinweise der Eindruck erweckt werden kann, dass der Firmierende zur Steuerberatung in besonderer Weise qualifiziert sei. Außer den Bezeichnungen „Steuerberater", „Steuerbevollmächtigter" und „Steuerberatungsgesellschaft" lässt das Gesetz lediglich die Bezeichnung „Lohnsteuerhilfeverein" zu (§ 18). Das Verbot, andere Bezeichnungen zu verwenden, richtet sich an StB, StBv, StBGes, andere zur geschäftsmäßigen Hilfeleistung in Steuersachen befugte Personen (BGHZ

6. Ahndung von Verstößen

103, 355) mit Ausnahme von RAen, niedergelassene europäische RAe und RAGes sowie an nicht zur geschäftsmäßigen Hilfeleistung in Steuersachen befugte Personen.

StB und **StBv** dürfen neben oder anstelle ihrer Berufsbezeichnung nicht 28 durch andere Bezeichnungen auf die steuerberatende Tätigkeit hinweisen. Unzulässig ist daher die Verwendung der Bezeichnung „Steuerkanzlei" (OLG Nürnberg, StB 1965 S. 10; OLG Dresden, DStR 1995 S. 822; zur Zulässigkeit des Zusatzes „Kanzlei" vgl. FG München, EFG 1995 S. 500), unzulässig ist ebenfalls die Formulierung „Anwalts- und Steuerkanzlei", sofern in ihr nur RAe tätig sind (BGH, DStR 2001 S. 1806), „Steuerbüro" (LG Chemnitz v. 24. 2. 1999, Az.: StV-11/98), „zugelassen bei allen Finanzbehörden und Finanzgerichten", „Steuerberatergemeinschaft" (BGH, DStR 1981 S. 691), Steuerberatersozietät" oder „Steuerberatung" (VerwG Hannover, DStR 1996 S. 1264; VerwG Schleswig-Holstein, DStR 1995 S. 863); wegen der Firma einer **StBGes** siehe § 53 Rdnr. 4 ff. Erlaubt ist hingegen die Bezeichnung „XYZ" für eine Sozietät in der Rechtsform der GbR, da dies offensichtlich keine Berufsbezeichnung darstellt und folglich kein unzulässiger Zusatz zu der Berufsbezeichnung ist (LG Hannover v. 11. 10. 2000, Az.: 44-StL-31/00).

Andere zur geschäftsmäßigen Hilfeleistung in Steuersachen be- 29 **fugte Personen** und Vereinigungen dürfen nicht durch zusätzliche Bezeichnungen auf eine steuerberatende Tätigkeit hinweisen. Das gilt z. B. für die Bezeichnung „Steuersachverständiger" (LG Mainz, StB 1977 S. 56), „Steuerberatung" (OLG Schleswig, DStR 1977 S. 291), „Buchführung und Steuern". Die Verwendung der Bezeichnung „Buchstelle" durch Vereinigungen nach § 4 Nr. 3, 7 u. 8 ist dagegen zulässig, weil § 58 Nr. 3 u. 4 sowie die §§ 1, 2 WerbeVOStBerG hiervon ausgehen s. § 161 Rdnr. 4; Entsprechendes gilt für die Bezeichnung „Steuerstelle" (BGHZ 103, 355). LStHV dürfen nicht an ihrer Firma eine weitergehende Befugnis vortäuschen, z. B. durch „Steuerberatung für Arbeitnehmer" (LG Augsburg, DStR 1977, S. 207 BGH, DStR 1981 S. 691), „Arbeitnehmersteuerhilfe".

Personen, die nicht zur geschäftsmäßigen Hilfeleistung in Steuersachen 30 **befugt sind,** dürfen in der Werbung eine solche Befugnis nicht vortäuschen, z. B. durch die Bezeichnung „Belasting-Adviseur Steuerberater NL" (OLG Hamm, DStR 1996 S. 1831) „NL-Steuerberater in NL" (OLG Frankfurt, DStRE 2000 S. 1343), „Lohnsteuerberater" (OLG Karlsruhe, StB 1975 S. 28) oder „Steuerberateranwärter" (s. § 8 Rdnr. 6). Sie können zur Vermeidung eines irreführenden Eindrucks nach § 1, 3 UWG allenfalls unter der nationalen Berufsbezeichnung, bspw. „Belastingadviseur" im Inland tätig werden, aber nicht unter der Nennung „Steuerberater", da es in den Niederlanden diese Berufsbezeichnung nicht gibt (OLG Frankfurt, DStRE 2000 S. 1343; OLG München, DStZ 2002 S. 236).

6. Ahndung von Verstößen

Die unbefugte Führung der Bezeichnungen „Steuerberater" und „Steuer- 31 bevollmächtigter" ist **strafbar** (§ 132 a Abs. 1 Nr. 2 StGB); das gilt auch für

§ 44 Bezeichnung „Landwirtschaftliche Buchstelle"

Wortverbindungen (OLG Karlsruhe, StB 1975 S. 28) und für Bezeichnungen, die ihnen zum Verwechseln ähnlich sind (§ 132a Abs. 2 StGB), z.B. „Lohnsteuerberater".

32 Mit einem **Bußgeld** geahndet wird die unbefugte Verwendung der Bezeichnungen „Steuerberatungsgesellschaft", „Lohnsteuerhilfeverein", „Landwirtschaftliche Buchstelle" oder einer zum Verwechseln ähnlichen Bezeichnung (§ 161), sowie die Führung der Berufsbezeichnung „Buchprüfer", „Bücherrevisor" oder „Wirtschaftstreuhänder" (§ 132 WPO).

33 Die Führung unzulässiger Bezeichnungen stellt einen Verstoß gegen § 1 UWG dar, so dass von Mitbewerbern oder Kammern und Verbänden (§ 13 UWG) eine **Unterlassungsklage** erhoben werden kann. Soweit es sich um StB oder StBv handelt, kommen auch Maßnahmen der **Berufsaufsicht** oder berufsgerichtliche Maßnahmen in Betracht.

§ 44 Bezeichnung „Landwirtschaftliche Buchstelle"

(1) Steuerberatern, Steuerbevollmächtigten, Rechtsanwälten und niedergelassenen europäischen Rechtsanwälten, die eine besondere Sachkunde auf dem Gebiet der Hilfeleistung in Steuersachen für land- und forstwirtschaftliche Betriebe im Sinne des Bewertungsgesetzes nachweisen, kann auf Antrag die Berechtigung verliehen werden, als Zusatz zur Berufsbezeichnung die Bezeichnung „Landwirtschaftliche Buchstelle" zu führen. Die Verleihung erfolgt durch die Steuerberaterkammer, in deren Kammerbezirk der Antragsteller seine berufliche Niederlassung hat.

(2) Die besondere Sachkunde im Sinne des Absatzes 1 Satz 1 ist durch eine mündliche Prüfung vor einem Sachkunde-Ausschuss nachzuweisen, der bei der Steuerberaterkammer zu bilden ist. Personen, die ihre besondere Sachkunde durch eine einschlägige Ausbildung nachweisen und mindestens drei Jahre buchführende land- und forstwirtschaftliche Betriebe steuerlich beraten haben, können auf Antrag von der mündlichen Prüfung befreit werden. Über den Antrag auf Befreiung entscheidet die zuständige Steuerberaterkammer im Benehmen mit der für die Landwirtschaft zuständigen obersten Landesbehörde oder der von ihr benannten Behörde und, soweit der Antragsteller Rechtsanwalt oder niedergelassener europäischer Rechtsanwalt ist, im Benehmen mit der für die berufliche Niederlassung des Antragstellers zuständigen Rechtsanwaltskammer.

(3) Steuerberatungsgesellschaften sind befugt, die Bezeichnung „Landwirtschaftliche Buchstelle" als Zusatz zur Firma zu führen, wenn mindestens ein gesetzlicher Vertreter berechtigt ist, diese Bezeichnung als Zusatz zur Berufsbezeichnung zu führen.

(4) Vereine im Sinne des § 4 Nr. 8 sind befugt, als Zusatz zum Namen des Vereins die Bezeichnung „Landwirtschaftliche Buchstelle" zu führen.

(5) Körperschaften des öffentlichen Rechts (§ 4 Nr. 3) und Personenvereinigungen im Sinne des § 4 Nr. 7, die eine Buchstelle für land- und forstwirtschaftliche Betriebe unterhalten, dürfen für diese Buchstelle die Bezeichnung „Landwirtschaftliche Buchstelle" benutzen, wenn der Leiter der Buchstelle berechtigt ist, diese Bezeichnung als Zusatz zur Berufsbezeichnung zu führen.

2. Zusatz zur Berufsbezeichnung 1–3 § 44

(6) Die Befugnis zur Führung der Bezeichnung „Landwirtschaftliche Buchstelle" erlischt mit dem Erlöschen, der Rücknahme oder dem Widerruf der Bestellung als Steuerberater oder Steuerbevollmächtigter bzw. mit dem Erlöschen oder der Rücknahme der Zulassung als Rechtsanwalt oder niedergelassener europäischer Rechtsanwalt.

(7) Die Befugnis zur Führung der Bezeichnung „Landwirtschaftliche Buchstelle" ist in das Berufsregister einzutragen.

(8) Für die Bearbeitung des Antrags auf Verleihung der Bezeichnung „Landwirtschaftliche Buchstelle" ist eine Gebühr von einhundertfünfzig Euro an die zuständige Steuerberaterkammer zu zahlen, soweit nicht durch eine Gebührenordnung nach § 79 Abs. 2 etwas anderes bestimmt ist.

Übersicht

	Rdnr.
1. Allgemeines	1
2. Zusatz zur Berufsbezeichnung	
a) Grundsatz	2–4
b) Materielle Voraussetzungen der Verleihung	5
c) Verfahren	6–12
d) Erlöschen der Befugnis	13
3. Führung durch Steuerberatungsgesellschaften, Vereine, Körperschaften des öffentlichen Rechts und Personenvereinigungen	14

1. Allgemeines

Die Bezeichnung „Landwirtschaftliche Buchstelle" wird als **Zusatz zur** 1 **Berufsbezeichnung** von StB, StBv, RAen und niedergelassenen europäischen RAen (Abs. 1, Rdnr. 2–13, als Zusatz zur Firma einer StBGes oder zum Namen eines Vereins nach § 4 Nr. 8 oder von Buchstellen von Körperschaften des öffentlichen Rechts (§ 4 Nr. 3) oder Personenvereinigungen nach § 4 Nr. 7 (Rdnr. 14) verwendet. Sie ist daran geknüpft, dass ein StB, StBv, RA oder niedergelassener europäischer RA in eigener Praxis oder als gesetzlicher Vertreter, leitender Angestellter oder Leiter einer Buchstelle zur Führung der Bezeichnung befugt ist. Die unbefugte Führung der Bezeichnung ist eine Ordnungswidrigkeit (§ 161).

2. Zusatz zur Berufsbezeichnung

a) Grundsatz

Die Bezeichnung „Landwirtschaftliche Buchstelle" darf nur StB, StBv, 2 RAen und niedergelassenen europäischen RAen als Zusatz zur Berufsbezeichnung verliehen werden. Es handelt sich um eine **abschließende** Aufzählung. Eine Verleihung an andere natürliche Personen ist bewusst nicht zulässig, auch wenn sie als WP oder vBP nach § 3 zur unbeschränkten Hilfeleistung in Steuersachen befugt sind.

Es handelt sich um einen Zusatz zur Berufsbezeichnung, der nicht 3 ohne die Berufsbezeichnung „Steuerberater", „Steuerbevollmächtigter" oder „Rechtsanwalt" geführt werden darf. Die **Bindung zur Berufsbezeichnung** ist unlösbar. Das gilt nicht nur für die Geschäftspapiere, sondern für

179

jede Art der Verwendung der Bezeichnung, z. B. in Anschriftenverzeichnissen und Absenderangaben auf Postsendungen (LG Hannover, Stbg 1979 S. 248). Die Befugnis erlischt mit der Berufsbezeichnung (Abs. 6).

4   Der Erwerb ist als eine **weitere Berufsqualifikation** anzusehen, auch wenn mit ihr keine über § 3 hinausgehenden Rechte erworben werden (vgl. dagegen *Meng*, StB 1992 S. 207, 209).

b) Materielle Voraussetzungen der Verleihung

5   Die Verleihung setzt den Nachweis einer besonderen Sachkunde auf dem Gebiet der Hilfeleistung in Steuersachen für land- und forstwirtschaftliche Betriebe im Sinne des Bewertungsgesetzes voraus. Es handelt sich dabei um Kenntnisse der steuerlichen Besonderheiten der Land- und Forstwirtschaft, des Höferechts, des Landpachtrechts, des Grundstücksverkehrsrechts, der Grundlagen des Agrarkreditwesens und der landwirtschaftlichen Betriebswirtschaft einschließlich des Rechnungswesens und der Statistik (§ 42 Abs. 3 DVStB).

c) Verfahren

6   Die Berechtigung, die Bezeichnung „Landwirtschaftliche Buchstelle" zu führen, kann nur auf Antrag verliehen werden. Der Antrag ist bei der Steuerberaterkammer zu stellen, in deren Kammerbezirk sich die berufliche Niederlassung des Antragstellers befindet. (§ 42 Abs. 1 DVStB; § 44 Abs. 2 i. V. m. Abs. 1 Satz 2).

7   Die besondere Sachkunde ist grundsätzlich durch eine **mündliche Prüfung** vor einem Ausschuss nachzuweisen. Damit entfällt die vom BFH beanstandete Führung des Nachweises durch Zeugnisse und Bescheinigungen (BFHE 139, 483). Der Ausschuss besteht nach § 43 Abs. 3 DVStB aus drei Personen. Dabei stellt die Steuerberaterkammer zwei Personen, von denen eine den Vorsitz übernimmt. Ein Vertreter wird von der für die Landwirtschaft zuständigen obersten Landesbehörde bzw. einer von ihr benannten Behörde vorgeschlagen.

8   Ausnahmsweise ist eine **Befreiung von der Prüfung** bei Personen möglich, die ihre Sachkunde durch eine einschlägige Ausbildung nachweisen und mindestens 3 Jahre buchführende land- und forstwirtschaftliche Betriebe steuerlich beraten haben. Über den Antrag auf Befreiung entscheidet die Steuerberaterkammer, wobei sie dies im Einklang mit der für die Landwirtschaft zuständigen obersten Landesbehörde oder einer von ihr benannten Behörde bzw. bei RAen im Einklang mit der RA-Kammer, die für die berufliche Niederlassung des Antragstellers zuständig ist, vorsieht (Abs. 2 Satz 3).

9   Über die Verleihung der Berechtigung zur Führung der Bezeichnung „Landwirtschaftliche Buchstelle" ist eine **Urkunde** auszustellen (§ 44 Abs. 1 DVStB), deren Inhalt sich aus § 44 Abs. 2 DVStB ergibt.

10   Die Berechtigung ist in das **Berufsregister** einzutragen (Abs. 7: § 46 Nr. 1 c; Nr. 3 b, 4 b DVStB).

11   Für die Bearbeitung des Antrags wird eine **Gebühr** von 150,– € erhoben (vgl. Abs. 8).

Erlöschen der Bestellung § 45

Über die **Ablehnung des Antrages** entscheidet im Anschluss an die mündliche Prüfung der Ausschuss nach § 42 Abs. 5 DVStB. Gegen die Ablehnung steht dem Antragsteller unmittelbar der Rechtsweg zum Finanzgericht offen (§ 348 Nr. 5 AO). 12

d) Erlöschen der Befugnis

Die Befugnis zur Führung der Bezeichnung „Landwirtschaftliche Buchstelle" erlischt automatisch mit dem Erlöschen, der Rücknahme oder dem Widerruf der Bestellung als StB oder StBv (Abs. 6). Entsprechendes gilt beim Erlöschen der Bestellung als RA und niedergelassenen europäischen RA. Das gilt auch, wenn die Berufsbezeichnung nach § 47 Abs. 2 weitergeführt werden darf. 13

3. Führung durch Steuerberatungsgesellschaften, Vereine, Körperschaften des öffentlichen Rechts und Personenvereinigungen

Steuerberatungsgesellschaften (Abs. 3), Vereine nach § 4 Nr. 8 (Abs. 4), Körperschaften des öffentlichen Rechts und Personenvereinigungen im Sinne des § 4 Nr. 7 (Abs. 5) dürfen die Bezeichnung „Landwirtschaftliche Buchstelle" als Zusatz zur Firma, zum Namen oder zur Bezeichnung ihrer Buchstelle (vgl. § 58 Rdnr. 14) führen, wenn ein gesetzlicher Vertreter oder der Leiter der Buchstelle berechtigt ist, die Bezeichnung zu führen. Bei Vereinen nach § 4 Nr. 8 ist es ohnehin Voraussetzung für die Befugnis zur Hilfeleistung in Steuersachen, dass die Hilfe durch Personen geleistet wird, die berechtigt sind, die Bezeichnung „Landwirtschaftliche Buchstelle" zu führen. Scheidet die betreffende Person aus oder verliert die Berechtigung zur Führung der Bezeichnung „Landwirtschaftliche Buchstelle", so darf auch die Vereinigung die Bezeichnung nicht mehr führen. 14

§ 45 Erlöschen der Bestellung

(1) **Die Bestellung als Steuerberater oder Steuerbevollmächtigter erlischt durch**
1. **Tod,**
2. **Verzicht gegenüber der zuständigen Steuerberaterkammer,**
3. **rechtskräftige Ausschließung aus dem Beruf,**
4. **rechtskräftiger Rücknahme der Prüfungsentscheidung oder der Entscheidung über die Befreiung von der Prüfung nach § 39 a Abs. 1.**

Der Verzicht nach Nummer 2 ist zu Protokoll oder schriftlich gegenüber der Steuerberaterkammer zu erklären, die für die berufliche Niederlassung des Steuerberaters oder Steuerbevollmächtigten örtlich zuständig ist. Ein im berufsgerichtlichen Verfahren gegenüber dem Berufsgericht erklärter Verzicht gilt als gegenüber der zuständigen Steuerberaterkammer abgegeben.

(2) **Die Bestellung als Steuerbevollmächtigter erlischt ferner durch die Bestellung als Steuerberater.**

§ 45 1–4   Erlöschen der Bestellung

Übersicht Rdnr.

1. Allgemeines 1, 2
2. Verzicht (Abs. 1 Nr. 2) 3, 4
3. Ausschließung aus dem Beruf (Abs. 1 Nr. 3) 5
4. Rücknahme der Prüfungsentscheidung (Abs. 1 Nr. 4) 6
5. Übergang von StBv zum StB (Abs. 2) 7

1. Allgemeines

1   Die Vorschrift regelt die Tatbestände, bei denen die Bestellung **kraft Gesetzes** erlischt, ohne dass es eines weiteren Verwaltungsaktes bedarf. Zur Rücknahme und zum Widerruf der Bestellung siehe § 46. Sie gilt auch für Personen, die ohne nochmalige Bestellung die Eigenschaft als StB oder StBv besitzen (§ 38 DVStB).

2   Mit dem Erlöschen der Bestellung **enden** alle damit verbundenen Rechte und Pflichten, z. B. die Befugnis zur geschäftsmäßigen Hilfeleistung in Steuersachen (§ 3), das Recht und die Pflicht zur Führung der Berufsbezeichnung (§ 43), die allgemeinen Berufspflichten (§§ 57 ff.) und die Mitgliedschaft bei der Berufskammer (§ 73). Der Verzicht eines als Prozessbevollmächtigter auftretenden Berufsangehörigen auf seine Bestellung führt nicht zu einer Unterbrechung des Verfahrens (BFH/NV 1986 S. 542). Es bleiben die Rechte und Pflichten bestehen, die sich nicht aus der Eigenschaft als StB oder StBv, sondern aus der früheren Berufstätigkeit ergeben, z. B. die Verschwiegenheitspflicht nach § 203 Abs. 1 Nr. 3 StGB und das Zeugnisverweigerungsrecht nach §§ 53 Abs. 1 Nr. 3 StPO; 383 Abs. 1 Nr. 6 ZPO.

2. Verzicht (Abs. 1 Nr. 2)

3   Der Verzicht auf die Bestellung ist zu Protokoll oder schriftlich gegenüber der Steuerberaterkammer zu erklären, die nach § 46 Abs. 4 Satz 1 bis 4 für die Rücknahme bzw. den Widerruf der Bestellung zuständig wäre (s. hierzu § 46 Rdnr. 14). Aus verfahrensökonomischen Gründen kann eine Verzichtserklärung auch im berufsgerichtlichen Verfahren abgegeben werden. Mit der wirksamen Verzichtserklärung ist das berufsgerichtliche Verfahren sofort beendet. Danach kann eine berufsgerichtliche Ahndung nicht mehr erfolgen, anhängige Verfahren sind einzustellen und die Kostenentscheidung ist nach § 148 Abs. 1 Satz 2 vorzusehen (BGH, HFR 1998 S. 406). Ein Verzicht gegenüber einer unzuständigen Behörde ist unwirksam. Der Verzicht ist eine **Willenserklärung** (§ 130 Abs. 3 BGB), die nach den §§ 119, 123 BGB angefochten werden kann. Nach dem Verzicht auf die Bestellung ist die Weiterführung der Berufsbezeichnung StB oder StBv nur unter den Voraussetzungen des § 47 Abs. 2 möglich (vgl. § 47 Rdnr. 4 ff.).

4   Der StB oder StBv ist im Berufsregister zu löschen (§ 47 Abs. 1 DVStB); die **Löschung** hat nur deklaratorische Bedeutung, weil die Bestellung bereits mit dem Zugang des Verzichts bei der zuständigen Behörde erloschen ist.

3. Ausschließung aus dem Beruf (Abs. 1 Nr. 3)

Die Ausschließung aus dem Beruf (§ 90 Abs. 1 Nr. 4) wird mit der 5
Rechtskraft des Urteils wirksam. Der Verurteilte wird auf Grund einer beglaubigten Abschrift der Urteilsformel, die mit der Bescheinigung der Rechtskraft versehen ist, im Berufsregister gelöscht (§ 151 Abs. 1). Er ist dann auch nicht postulationsfähig nach Art. 1 Nr. 1 BFH EntLG (BFH/NV 1998 S. 998) Die Wiederbestellung ist nur möglich, wenn die Ausschließung aus dem Beruf im Gnadenwege aufgehoben worden ist oder seit der Ausschließung mindestens acht Jahre vergangen sind (§ 48 Abs. 1 Nr. 2).

4. Rücknahme der Prüfungsentscheidung (Abs. 1 Nr. 4)

Die Bestellung erlischt kraft Gesetzes, wenn entweder die Entscheidung 6
über die Rücknahme der Prüfungsentscheidung oder die Rücknahme der Entscheidung über die Befreiung von der Prüfung unanfechtbar geworden ist. Ansonsten könnten die Betroffenen wegen der Rücknahme der Bestellung erneut den Rechtsweg beschreiten und im Zeitraum bis zur Unanfechtbarkeit dieser Entscheidung weiterhin tätig sein.

5. Übergang von StBv zum StB (Abs. 2)

Abs. 2 enthält nur eine Klarstellung. Da StB und StBv Angehörige eines 7
einheitlichen steuerberatenden Berufs sind, ist eine Zugehörigkeit zu beiden Berufsgruppen nicht möglich.

§ 46 Rücknahme und Widerruf der Bestellung

(1) **Die Bestellung ist zurückzunehmen, wenn der Steuerberater oder Steuerbevollmächtigte die Bestellung durch arglistige Täuschung, Drohung oder Bestechung oder durch Angaben erwirkt hat, die in wesentlicher Beziehung unrichtig oder unvollständig waren.**

(2) **Die Bestellung ist zu widerrufen, wenn der Steuerberater oder Steuerbevollmächtigte**
1. **eine gewerbliche Tätigkeit oder eine Tätigkeit als Arbeitnehmer ausübt, die mit seinem Beruf nicht vereinbar ist (§ 57 Abs. 4);**
2. **infolge strafgerichtlicher Verurteilung die Fähigkeit zur Bekleidung öffentlicher Ämter verloren hat;**
3. **nicht die vorgeschriebene Haftpflichtversicherung gegen die Haftpflichtgefahren aus seiner Berufstätigkeit unterhält;**
4. **in Vermögensverfall geraten ist, es sei denn, daß dadurch die Interessen der Auftraggeber nicht gefährdet sind; ein Vermögensverfall wird vermutet, wenn ein Insolvenzverfahren über das Vermögen des Steuerberaters oder Steuerbevollmächtigten eröffnet oder der Steuerberater oder Steuerbevollmächtigte in das vom Insolvenzgericht oder vom Vollstreckungsgericht zu führende Verzeichnis (§ 26 Abs. 2 der Insolvenzordnung; § 915 der Zivilprozeßordnung) eingetragen ist;**
5. **seine berufliche Niederlassung in das Ausland verlegt, ohne daß ein Zustellungsbevollmächtigter mit Wohnsitz im Inland benannt worden ist.**

§ 46 1 Rücknahme und Widerruf der Bestellung

Name und Anschrift sowie jede Änderung der Person oder der Anschrift des Zustellungsbevollmächtigten sind der zuständigen Steuerberaterkammer unverzüglich mitzuteilen. Der Steuerberater oder Steuerbevollmächtigte bleibt Mitglied der Steuerberaterkammer, der er bisher angehört hat;

6. nicht innerhalb von sechs Monaten nach der Bestellung eine berufliche Niederlassung begründet hat oder
7. aus gesundheitlichen Gründen nicht nur vorübergehend unfähig ist, seinen Beruf ordnungsgemäß auszuüben.

(3) In Verfahren wegen des Widerrufs der Bestellung nach Absatz 2 Nr. 7 ist § 40 Abs. 4 entsprechend anzuwenden. Wird das Gutachten ohne zureichenden Grund nicht innerhalb der von der zuständigen Steuerberaterkammer gesetzten Frist vorgelegt, so wird vermutet, dass der Steuerberater oder Steuerbevollmächtigte aus einem Grund des Absatzes 2 Nr. 7, der durch das Gutachten geklärt werden soll, nicht nur vorübergehend unfähig ist, seinen Beruf ordnungsgemäß auszuüben.

(4) Die Bestellung als Steuerberater und als Steuerbevollmächtigter wird durch die Steuerberaterkammer zurückgenommen oder widerrufen. Die örtliche Zuständigkeit richtet sich nach der beruflichen Niederlassung, in den Fällen des Absatzes 2 Nr. 6 nach der beabsichtigten beruflichen Niederlassung gemäß § 40 Abs. 1 Satz 2. § 40 Abs. 1 Satz 3 gilt entsprechend. Bei beruflicher Niederlassung im Ausland richtet sich die örtliche Zuständigkeit nach der letzten beruflichen Niederlassung im Geltungsbereich dieses Gesetzes; ist eine solche nicht vorhanden, so ist die Steuerberaterkammer zuständig, in deren Bezirk der Steuerberater oder Steuerbevollmächtigte bestellt wurde. Vor der Rücknahme oder dem Widerruf ist der Betroffene zu hören.

(5) *(aufgehoben)*

Übersicht	Rdnr.
1. Allgemeines	1, 2
2. Rücknahmegründe (Abs. 1)	3, 4
3. Widerrufsgründe (Abs. 2)	
a) Gewerbliche Tätigkeit	5
b) Tätigkeit als Arbeitnehmer	6
c) Unfähigkeit zur Bekleidung öffentlicher Ämter	7
d) Fehlende Haftpflichtversicherung	8
e) Vermögensverfall	9
f) Verlegung der beruflichen Niederlassung in das Ausland	10
g) Fehlen der beruflichen Niederlassung	11
h) Gesundheitliche Gründe	12
4. Verfahren	13, 14

1. Allgemeines

1 Die Rücknahme (rückwirkende Aufhebung) und der Widerruf (Aufhebung für die Zukunft) der Bestellung erfolgen durch einen **Verwaltungsakt** der bestellenden Behörde. Sie haben keinen Strafcharakter und sind daher nicht von subjektiven Umständen abhängig. Ein Widerruf der Bestellung nach Abs. 2 Nr. 2, 4, 5 oder 7 ist in das **Bundeszentralregister** einzutragen

3. Widerrufsgründe   2–5 § 46

(§ 10 Abs. 2 Nr. 1 BZRG). Wenn die Voraussetzungen des § 46 und zugleich eine Berufspflichtverletzung vorliegen, können der Widerruf der Bestellung und eine berufsgerichtliche Ahndung in Konkurrenz treten. Das ist insbesonders bei einer gegen § 57 Abs. 4 Nr. 2 verstoßenden Tätigkeit als Arbeitnehmer (BFHE 126, 346), bei der Ausübung einer gewerblichen Tätigkeit sowie bei einer fehlenden Haftpflichtversicherung der Fall. Diese Konkurrenz lässt sich in der Praxis am besten durch den Vorrang des Widerrufsverfahrens lösen (vgl. BGH, NJW 1990 S. 1373; LG Hannover, StB 1990 S. 413; § 89 Rdnr. 18).

Das Gesetz unterscheidet zwischen den Tatbeständen, bei denen die Bestellung zurückgenommen (Abs. 1) oder widerrufen werden muss (Abs. 2). Ermessensentscheidungen sind nicht möglich, im Abs. 2 handelt es sich um gebundene Entscheidungen. Die Tatbestände decken sich zum Teil mit denen des § 40, da bei einem Sachverhalt, der zur Versagung der Zulassung zur Prüfung führt, häufig auch die Bestellung nicht aufrecht erhalten werden kann.   2

2. Rücknahmegründe (Abs. 1)

Voraussetzung für eine Rücknahme der Bestellung nach Abs. 1 Satz 1 ist, 3 dass die Zulassung zur Prüfung (§§ 35 bis 37 a), die Befreiung von der Prüfung (§ 38) oder die Bestellung (§ 40) erschlichen worden ist. Das **unlautere Verhalten** muss sich demnach auf diese Tatbestände beziehen; ein unlauteres Verhalten während des Prüfungsverfahrens (vgl. § 23 DVStB) berechtigt nicht zur Rücknahme der Bestellung. Als unlautere Mittel sind Täuschung, Drohung, Bestechung und unrichtige bzw. unvollständige Angaben abschließend aufgeführt.

Das Verhalten muss für die Zulassung zur Prüfung, die Befreiung von der 4 Prüfung bzw. für die Bestellung **ursächlich** gewesen sein, d. h. eine Rücknahme kommt nicht in Betracht, wenn die Zulassung usw. auch ohne das unlautere Verhalten ausgesprochen worden wäre.

3. Widerrufsgründe (Abs. 2)

a) Gewerbliche Tätigkeit

Nach § 57 Abs. 4 Nr. 1 ist eine gewerbliche Tätigkeit nicht mit dem 5 Berufsbild vereinbar. Dies ergibt sich als Konsequenz des § 32 Abs. 2, wonach StB einen freien Beruf und kein Gewerbe ausüben. Durch die gesamte Aufnahme der Tätigkeiten nach § 57 Abs. 4 wird durch den Gesetzgeber klarstellend aufgezeigt, wann ein Widerruf der Bestellung bindend vorzusehen ist. Eine Differenz innerhalb der Tätigkeiten nach § 57 Abs. 4 ist nicht angebracht und lässt sich nicht nachvollziehbar erläutern. Die Beschränkung der Berufsausübungsfreiheit im Hinblick auf eine gewerbliche Tätigkeit ist in dem eingeschränkten Umfang verfassungsmäßig erlaubt (BVerfGE 21 S. 173 ff.).

b) Tätigkeit als Arbeitnehmer

6   Bei einer nach § 57 Abs. 4 Nr. 2 unzulässigen Tätigkeit als Arbeitnehmer (vgl. § 57 Rdnr. 91–94) ist die Bestellung zu widerrufen (BFHE 126, 346). Diese Regelung ist **verfassungsrechtlich zulässig**. Das BVerfG (BVerfGE 21, 173) hatte zwar den Gesetzgeber verpflichtet, für Berufsangehörige, die schon beim Inkrafttreten des Gesetzes im Jahre 1961 eine Arbeitnehmertätigkeit ausübten, eine Übergangslösung zu schaffen. Ein entsprechender Gesetzentwurf war zwar von der Bundesregierung eingebracht (BT-Drucksache V/2780), ist aber nicht verabschiedet worden, weil im Wege der Verwaltungspraxis angemessene Lösungen gefunden werden konnten (BT-Drucksache V/4384); diese Frage hat heute keine praktische Bedeutung mehr.

c) Unfähigkeit zur Bekleidung öffentlicher Ämter

7   Nach § 45 StGB verliert für die Dauer von fünf Jahren die Fähigkeit zur Bekleidung öffentlicher Ämter, wer wegen eines Verbrechens (§ 12 Abs. 1 StGB) zu einer Freiheitsstrafe von mindestens einem Jahr verurteilt wird. Die Bestellung ist bei jeder Verurteilung wegen eines **Verbrechens** zu einer Freiheitsstrafe von mindestens einem Jahr ohne Befristung (Hess. FG, EFG 1990 S. 388) zu widerrufen. Die Steuerberaterkammer wird ggf. insoweit in Konkurrenz zur Berufsgerichtsbarkeit tätig. Nach Ablauf der fünfjährigen Frist ist eine Wiederbestellung nicht ausgeschlossen, weil die §§ 48 Abs. 2, 40 Abs. 3 Nr. 1, dem nicht entgegenstehen.

d) Fehlende Haftpflichtversicherung

8   Ein Verstoß gegen die Pflicht, sich gegen die aus der Berufstätigkeit ergebenden Haftpflichtgefahren **angemessen zu versichern** (§ 67), führt nach Abs. 2 Nr. 3 zwingend zum Widerruf der Bestellung (FG München, EFG 2002 S. 262). Das gilt sowohl für die Fälle, in denen überhaupt kein Versicherungsschutz besteht, weil er z.B. wegen Nichtzahlung der Prämie erloschen ist, als auch bei einem unzureichenden Versicherungsschutz; die Bestellung ist daher auch zu widerrufen, wenn die nach § 52 DVStB vorgeschriebene Mindestversicherungssumme nicht erreicht wird. Der Widerrufsgrund entfällt, wenn ein gesetzmäßiger Versicherungsschutz – auch durch eine vorläufige Deckungszusage (vgl. § 40 Abs. 3 Nr. 3) – vor Rechtskraft des Widerrufs sichergestellt wird; es kann jedoch eine berufsgerichtlich zu ahndende Pflichtverletzung darstellen, wenn während eines in der Vergangenheit liegenden Zeitraumes kein oder kein ausreichender Versicherungsschutz bestand (§ 67 Rdnr. 3); wegen einer Rückwärtsversicherung und den Folgen (vgl. *Lambrecht*, DStR 2002 S. 1322).

e) Vermögensverfall

9   Die Vorschrift verstößt nicht gegen die europarechtlichen Grundsätze des Gleichbehandlungsgebotes und des Diskriminierungsverbotes, da Fragen der sog. Inländerdiskriminierung keine Angelegenheit des Gemeinschaftsrechts, sondern allein des nationalen Rechts sind (BFH/NV 2004 S. 671). Ein Vermögensverfall wird bei Eröffnung des Insolvenzverfahrens und bei **Ein-**

3. Widerrufsgründe   9 § 46

tragung in die Verzeichnisse nach § 26 Abs. 2 InsO und § 915 ZPO **vermutet;** diese Vermutung ist jedoch widerlegbar (BFHE 178, 504). Dies kommt ggf. bei der Annahme und Bestätigung eines Insolvenzplanes (§§ 235 ff. InsO) oder einer entsprechenden Situation im Verbraucherinsolvenzverfahrens in Betracht, (*Feiter,* steuer-journal.de, Heft 16/04 S. 41), wobei eine Widerlegung grds. außergewöhnlicher Umstände im Einzelfall verlangt (BFH/NV 2004 S. 895). Diese können vorliegen, wenn ein StB aufzeigen kann, dass er weiterhin von einem Kreditinstitut als kreditwürdig angesehen wird (BFH v. 11. 6. 2004, Az. VII – B – 166/03). Ein Befinden in der sog. Wohlverhaltensphase im Rahmen eines Insolvenzverfahrens reicht allein hingegen nicht aus (BFH/NV 2004 S. 982; BFH, DStR 2004 S. 974). Vielmehr bedarf es solcher finanziellen Verhältnisse, die ein Bestreiten des Lebensunterhaltes erlauben und den Aufbau weiterer Schulden nicht erwarten lassen (Nieders. FG, EFG 2004 S. 927). Die Darstellungs- und Feststellungslast obliegt dem StB, auch wenn der Nachweis einer negativen Tatsache nur schwer zu führen ist (BFH/NV 2001 S. 490). Gelingt dies nicht oder ergibt sich der Vermögensverfall aus anderen Tatsachen, muss die Bestellung grundsätzlich widerrufen werden. Das gilt auch für nach § 58 angestellte StB (BFH/NV 2002 S. 1344). Eine Ausnahme kommt nur in Betracht, wenn durch den Vermögensverfall die Interessen der Auftraggeber nicht gefährdet sind (BFHE 169, 286). Diese Voraussetzung – für die der StB beweispflichtig ist (BFH, StB 1995 S. 474; DStR 1995 S. 622) – wird jedoch äußerst selten vorliegen, weil die wirtschaftliche Unabhängigkeit des StB eine wichtige Berufspflicht ist (vgl. *Weyand,* INF 1994 S. 55, 57; § 57 Rdnr. 10, 83). Sie liegt z. B. bei erheblichen eigenen Steuerschulden des StB nicht vor, weil damit die Unabhängigkeit gegenüber der Finanzverwaltung beeinträchtigt ist (BFH, DStRE 2000 S. 670); eine Gefährdung der Mandanten ist auch bei der Nichtabführung von Lohn- und Umsatzsteuer zu bejahen (BFH/NV 2002 S. 1498); das Gleiche gilt, wenn ein Berater trotz Konkurs noch ein konkursfreies Vermögen besitzt (BFH/ NV 1999 S. 219). Es reicht auch nicht aus, wenn der StB nunmehr als angestellter Geschäftsführer und alleiniger Gesellschafter einer StBGes tätig ist (BFH, DStRE 2000 S. 670). Der StB muss von sich aus und nicht erst auf Vorhalt den Nachweis führen, dass Auftraggeberinteressen im konkreten Fall nicht gefährdet sind (BFH/NV 2001 S. 490). Bei einer Eintragung in das Schuldnerverzeichnis wird ein Vermögensverfall vermutet. Es kommt nicht darauf an, ob eine Zahlungsunfähigkeit des StB durch eigenes oder fremdes Verschulden hervorgerufen wurde. Ein Verschulden ist nach dem Wortlaut des Gesetzes nicht für eine Bejahung des Abs. 2 Nr. 4 erforderlich (BFH/NV 2004 S. 232). Ein StB ist ausreichend sachkundig und kann die Bedeutung der Angabe der Vermögensverhältnisse auch einschätzen (BFH/ NV 2004 S. 800). Zum Widerruf der Bestellung bei überhöhten Gebührenforderungen vgl. FG Brandenburg, EFG 1997 S. 1333). Eine Bestellung zum StBv ist von einem Insolvenzverfahren nicht erfasst und höchstpersönlicher Natur. Ein Insolvenzverwalter kann daher auch keinen Widerruf der Bestellung anfechten (BFH/NV 2003 S. 663).

f) Verlegung der beruflichen Niederlassung in das Ausland

10 Die Verlegung des **Wohnsitzes** in das Ausland hat seit dem 6. StBerÄG keinen Einfluss mehr auf die Bestellung. Die Verlegung der **beruflichen Niederlassung** ist weltweit und ohne Einschränkung auf den EWR grundsätzlich zulässig; damit wird den Interessen einer internationalen Betätigung Rechnung getragen. Die Verlegung des Wohnsitzes und der beruflichen Niederlassung in das Ausland ändern nichts an der Verpflichtung zur Einhaltung der Berufspflichten; der StB bleibt daher auch Mitglied der Steuerberaterkammer, der er zuletzt angehört hat. Nur wenn kein Zustellungsbevollmächtigter benannt worden ist, ist die Bestellung zu widerrufen.

g) Fehlen der beruflichen Niederlassung

11 Wenn der StB innerhalb von sechs Monaten nach der Bestellung keine berufliche Niederlassung (§ 34 Abs. 1 Satz 3) begründet, liegt die Vermutung nahe, dass er seinen Beruf nicht ausüben will. Der StB bleibt zwar Mitglied einer Steuerberaterkammer (§ 74 Rdnr. 8); diese hat jedoch die Möglichkeit, die Bestellung zu widerrufen.

h) Gesundheitliche Gründe

12 Ein Widerruf wird nicht mehr in das Ermessen der Steuerberaterkammer gestellt. Vielmehr handelt es sich um eine gebundene Entscheidung, die im Zusammenhang mit Abs. 3 zu sehen ist. Als gesundheitliche Gründe gelten neben den körperlichen Gebrechen und der geistigen Schwäche auch die Sucht. Sie können dazu führen, dass der StB nicht nur vorübergehend unfähig ist, seinen Beruf ordnungsgemäß auszuüben. Die Wortwahl ist mit § 40 Abs. 2 Nr. 3 inhaltsgleich und daher kann auf § 40 Abs. 4 verwiesen werden, in der der Ablauf geregelt ist. Dabei gilt es zu beachten, dass es sich um eine zweigliedrige Bestimmung handelt. Zuerst ist der gesundheitliche Grund objektiv festzustellen und danach ist zu prüfen, ob die Steuerberaterkammer zum Schutz des steuerberatenden Berufs oder der Mandanten eingreifen muss (FG des Saarlandes, EFG 1997 S. 907). Besonders bei alten Berufsangehörigen ist in entsprechender Anwendung des § 14 Abs. 2 Nr. 3 BRAO von dieser Befugnis nur Gebrauch zu machen, wenn durch ihr Verbleiben die Steuerrechtspflege gefährdet wird. Aufgrund der weitreichenden Folge, die sich aus der nicht fristgerechten Vorlage des Gutachtens für die berufliche Existenz der StB ergeben kann, müssen entsprechend des § 8a Abs. 1 Satz 1 BRAO die Bestimmtheitsanforderungen erfüllt werden (BGH, NJW 2003 S. 215).

4. Verfahren

13 Sachlich **zuständig** für die Rücknahme bzw. den Widerruf der Bestellung ist bei StB und StBv die Steuerberaterkammer. Bei der Rücknahme der vorläufigen Bestellung als StBv bleibt es jedoch bei der Passivlegitimation der

OFD (BFH/NV 2002 S. 817), da Abs. 1 Satz 2 a. F., der die Rücknahme der vorzeitigen Bestellung regelte, durch Art. 1 Nr. 42 des 7. StBÄndG aufgehoben worden ist. Nach § 130 Abs. 3 AO in Verbindung mit § 164a sind Rücknahme und Widerruf binnen eines Jahres möglich, nach dem die zuständige Steuerberaterkammer von den Tatsachen Kenntnis erlangt hat, welche die Rücknahme oder den Widerruf rechtfertigen. Die Jahresfrist beginnt erst zu laufen, wenn sie zu der Überzeugung gelangt ist, dass der mögliche Entlastungsbeweis nicht geführt wurde (BFH/NV 2002 S. 1499). Sofern die Rücknahme wegen unrichtiger oder unvollständiger Angaben im Zusammenhang mit dem Antrag auf Wiederbestellung als StBv erfolgte, ist bei der Überprüfung der Rechtmäßigkeit des Bescheides nicht zu beurteilen, ob ein Anspruch auf Wiederbestellung als StBv besteht (BFH, BStBl. 2002 II S. 62). Die Hilfeleistung in Steuersachen kann mit sofortiger Wirkung untersagt werden, wenn es das öffentliche Interesse erfordert (§ 164a Abs. 2 Satz 2). Die örtliche Zuständigkeit richtet sich nach der beruflichen Niederlassung (§ 34 Rdnr. 2); wegen Sonderfällen vgl. Abs. 4 Satz 2–4. Entsprechend dem Grundsatz des rechtlichen Gehörs sind vor der Rücknahme bzw. dem Widerruf der Berufsangehörige zu hören.

Die Rücknahme bzw. der Widerruf der Bestellung als StB oder StBv kann unmittelbar durch **Klage** vor dem Finanzgericht angefochten werden kann (§ 33 Abs. 1 Nr. 3 FGO; § 348 Nr. 5 AO). Mit der Unanfechtbarkeit wird die Verfügung wirksam, d. h. es erlischt die Bestellung als StB oder StBv. Ein Widerruf der Bestellung ist nur dann sofort wirksam, wenn dies ausdrücklich angeordnet wird (BFH, BStBl. 1999 II S. 571). Die Löschung im Berufsregister gemäß § 47 Abs. 1 Nr. 1 DVStB hat nur deklaratorische Bedeutung. 14

§ 47 Erlöschen der Befugnis zur Führung der Berufsbezeichnung

(1) Mit dem Erlöschen, der Rücknahme oder dem Widerruf der Bestellung erlischt die Befugnis, die Berufsbezeichnung „Steuerberater" oder „Steuerbevollmächtigter" zu führen. Die Bezeichnung darf auch nicht mit einem Zusatz, der auf die frühere Berechtigung hinweist, geführt werden.

(2) Die zuständige Steuerberaterkammer kann einem Steuerberater oder Steuerbevollmächtigten, der wegen hohen Alters oder wegen körperlicher Leiden auf die Rechte aus der Bestellung verzichtet, auf Antrag die Erlaubnis erteilen, sich weiterhin Steuerberater oder Steuerbevollmächtigter zu nennen.

(3) Die zuständige Steuerberaterkammer kann eine Erlaubnis, die sie nach Absatz 2 erteilt hat, zurücknehmen oder widerrufen, wenn nachträglich Umstände bekanntwerden oder eintreten, die bei einem Steuerberater oder Steuerbevollmächtigten das Erlöschen, die Rücknahme oder den Widerruf der Bestellung nach sich ziehen würden oder zur Ablehnung der Erlaubnis nach Absatz 2 hätten führen können. Vor der Rücknahme oder dem Widerruf der Erlaubnis ist der Betroffene zu hören.

§ 47 1–5   Erlöschen der Befugnis zur Führung der Berufsbezeichnung

Übersicht

	Rdnr.
1. Allgemeines	1
2. Erlöschen der Befugnis	2, 3
3. Erlaubnis zur Fortführung der Berufsbezeichnung	
a) Gesetzliche Voraussetzungen	4–6
b) Ermessen	7, 8
c) Verfahren	9
4. Rücknahme und Widerruf der Erlaubnis	10, 11

1. Allgemeines

1 Die Bestimmung regelt **zwei Bereiche:** Das Erlöschen der Befugnis zur Führung der Berufsbezeichnung (Abs. 1) und die Möglichkeit, ehemaligen StB oder StBv unter bestimmten Voraussetzungen die Weiterführung ihrer Berufsbezeichnung zu gestatten (Abs. 2 und 3). Weitergehende Rechte werden durch die Vorschrift nicht gewährt; die Erlaubnis zur Weiterführung der Berufsbezeichnung berechtigt daher nicht zur geschäftsmäßigen Hilfeleistung in Steuersachen.

2. Erlöschen der Befugnis

2 Die **Berufsbezeichnung** „Steuerberater" oder „Steuerbevollmächtigter" ist im beruflichen Verkehr zu führen (§ 43 Abs. 1 Satz 3). Anderseits endet das Recht und die Pflicht, die Berufsbezeichnung zu führen, mit dem Erlöschen (§ 45), der Rücknahme und dem Widerruf (§ 46) der Bestellung. Abs. 1 Satz 2 stellt klar, dass die Berufsbezeichnung auch mit einem **Zusatz,** z. B. „a. D." „i. R." oder „ex" nicht weitergeführt werden darf (FG Bremen, EFG 1990 S. 599).

3 Wer die Berufsbezeichnung dennoch weiterführt, ohne eine Erlaubnis nach Abs. 2 zu haben, macht sich nach § 132a StGB **strafbar.** Er kann von den Steuerberaterkammern, den Berufsverbänden und jedem Berufsangehörigen zudem zivilrechtlich auf **Unterlassung** verklagt werden, und zwar unabhängig davon, ob der Beruf weiter ausgeübt wird oder nicht; die noch bestellten Berufsangehörigen werden in ihrem Recht, die Berufsbezeichnung allein führen zu dürfen, beeinträchtigt.

3. Erlaubnis zur Fortführung der Berufsbezeichnung

a) Gesetzliche Voraussetzungen

4 Erste gesetzliche Voraussetzung für die Erteilung einer Erlaubnis zur Fortführung der Berufsbezeichnung ist ein **Verzicht** auf die Bestellung gemäß § 45 Abs. 1 Nr. 2. Damit entfällt jede Möglichkeit, einem ehemaligen StB oder StBv, dessen Bestellung durch Rücknahme oder Widerruf der Bestellung erloschen ist, eine Erlaubnis nach Abs. 2 zu erteilen.

5 Es ist weiter erforderlich, dass der Berufsangehörige ein **hohes Alter** erreicht, d. h. mindestens das 65. Lebensjahr vollendet hat, oder dass „körperliche Leiden" vorliegen, d. h. eine wesentliche Beeinträchtigung des Gesundheitszustandes, ohne dass bereits ein „körperliches Gebrechen" im Sinne des § 40 Abs. 2 Nr. 3 bestehen muss. Unter ein körperliches Leiden fallen

3. Erlaubnis zur Fortführung der Berufsbezeichnung 6–9 § 47

somit alle relevanten Beeinträchtigungen der Gesundheit, die ein freiwilliges Ausscheiden aus dem Beruf als sinnvoll erscheinen lassen (*Kuhls*, § 47, Rdnr. 13).

Schließlich ist es erforderlich, dass auf die Bestellung wegen des hohen Alters oder der körperlichen Leiden verzichtet wird, d. h. dass eine **Ursächlichkeit** besteht. 6

b) Ermessen

Trotz Vorliegens der gesetzlichen Voraussetzungen braucht die bestellende Behörde die Erlaubnis nach Abs. 2 nicht zu erteilen. Der Sinn des Abs. 2 besteht darin, einem Berufsangehörigen nach einem **langen Arbeitsleben** nicht die Berufsbezeichnung, die er viele Jahre geführt hat, zu nehmen. Die Steuerberaterkammer hat nach pflichtgemäßem Ermessen zu entscheiden, ob das berufliche Wirken in der Vergangenheit anerkennungswert war. Eine Erteilung kommt nur bei einem freiwilligen und ehrenvollen Ausscheiden in Betracht. Eine Erlaubnis nach Abs. 2 soll daher nicht erteilt werden, wenn eine solche Härte nicht vorliegt. Das ist insbesondere der Fall, wenn der StB oder StBv seinen Beruf nur kurze Zeit ausgeübt, z. B. den Beruf erst im pensionsfähigen Alter ergriffen hat. Es wird daher mit Recht eine mindestens zehnjährige Tätigkeit als StB oder StBv gefordert. Ebensowenig besteht ein Anlass zur Erteilung der Erlaubnis, wenn der Betreffende noch beruflich tätig ist. Die gesetzliche Regelung will keine Vorteile für eine anderweitige Berufsausübung gewähren; wer einen anderen Beruf, z. B. als RA oder WP, ausübt, darf nicht nach Erlöschen der Bestellung als StB oder StBv die Erlaubnis erhalten, diese Berufsbezeichnung weiterzuführen. Dasselbe gilt bei einer Tätigkeit als Angestellter; hier wäre die Erlaubnis nach Abs. 3 ohnehin zurückzunehmen. Eine Härte ist nicht gegeben, wenn die Weiterführung der Berufsbezeichnung offensichtlich wirtschaftlich oder beruflich verwertet werden soll (*Richter*, NWB 2000, Fach 30 S. 1293). Dies ist regelmäßig bei einer schriftstellerischen Tätigkeit – unabhängig davon, wann sie begonnen wird – oder bei einer gutachterlichen Tätigkeit zu bejahen. 7

Wer auf seine Bestellung verzichtet hat, um einer **berufsgerichtlichen Maßnahme** oder einem Widerruf der Bestellung zuvor zu kommen, kann nicht mit der Erteilung der Erlaubnis nach Abs. 2 rechnen. In diesen Fällen wird ohnehin meistens schon die Ursächlichkeit gemäß Rdnr. 6 zu verneinen sein. 8

c) Verfahren

Örtlich zuständig ist die Steuerberaterkammer, der gegenüber der Verzicht auf die Bestellung zu erklären war (Abs. 2 Satz 1 i. V. m. § 45 Abs. 1 Nr. 2, § 46 Abs. 4 Satz 1 bis 4). Der Antrag ist formlos zu stellen. Die Entscheidung der Steuerberaterkammer ist ein Verwaltungsakt. Versagt die Steuerberaterkammer die Erlaubnis, so kann der Antragsteller dagegen Klage beim FG erheben (§ 33 Abs. 1 Nr. 3 FGO). Bei Ablehnung des Antrags auf Fortführung der Bezeichnung ist kein Einspruch nach § 347 Abs. 1 Nr. 3 AO einzulegen, da dieser nach § 348 Nr. 5 AO ausgeschlossen ist. 9

4. Rücknahme und Widerruf der Erlaubnis

10 Die Erlaubnis kann nach Abs. 3 rückwirkend zurückgenommen oder für die Zukunft widerrufen werden, wenn nachträglich Umstände bekannt werden oder eintreten, die bei einem StB oder StBv das Erlöschen, den Widerruf oder die Rücknahme der Bestellung nach sich ziehen würden. Es handelt sich im Wesentlichen um Sachverhalte, die bei Fortbestand der Bestellung zu einer **Ausschließung aus dem Beruf** (§ 45 Abs. 1 Nr. 3) geführt hätten sowie um die Tatbestände des § 46 Abs. 2 Nr. 1, 2, 4, 5, 6 und 7. Daneben sind aber auch die allgemeinen Rücknahme- und Widerrufsgründe des Verwaltungsrechts, z. B. arglistige Täuschung, Drohung oder Bestechung anwendbar. Die Erlaubnis kann auch zurückgenommen oder widerrufen werden, wenn der StB weiter beruflich tätig ist (siehe Rdnr. 7).

11 Auch der Widerruf und die Rücknahme der Erlaubnis liegen im **Ermessen** der Steuerberaterkammer, d. h. sie muss trotz Vorliegens der Voraussetzungen des Abs. 3 die Erlaubnis nicht zurücknehmen oder widerrufen. Vor der Entscheidung ist der Betroffene, **zu hören**. Die Entscheidung kann von dem Betroffenen durch Klage (§ 33 Abs. 1 Nr. 3 FGO) angefochten werden. Bei dem Widerruf oder der Rücknahme der Erlaubnis, die Bezeichnis StBv zu führen, ist kein Einspruch nach § 347 Abs. 1 Nr. 3 AO statthaft, da dieser nach § 348 Nr. 5 AO ausgeschlossen ist.

§ 48 Wiederbestellung

(1) Ehemalige Steuerberater und Steuerbevollmächtigte können wiederbestellt werden,
1. wenn die Bestellung nach § 45 Abs. 1 Nr. 2 erloschen ist; wurde auf die Bestellung nach Einleitung eines berufsgerichtlichen Verfahrens (§ 114) verzichtet, kann die Wiederbestellung nicht vor Ablauf von acht Jahren erfolgen, es sei denn, dass eine Ausschließung aus dem Beruf nicht zu erwarten war;
2. wenn im Falle des Erlöschens der Bestellung nach § 45 Abs. 1 Nr. 3 die rechtskräftige Ausschließung aus dem Beruf im Gnadenwege aufgehoben worden ist oder seit der rechtskräftigen Ausschließung mindestens acht Jahre verstrichen sind;
3. wenn die Bestellung nach § 46 widerrufen ist und die Gründe, die für den Widerruf maßgeblich gewesen sind, nicht mehr bestehen.

(2) Die Vorschriften des § 40 gelten vorbehaltlich des Absatzes 3 entsprechend für die Wiederbestellung.

(3) Für die Bearbeitung des Antrags auf Wiederbestellung hat der Bewerber eine Gebühr von einhundertfünfundzwanzig Euro an die zuständige Steuerberaterkammer zu zahlen, soweit nicht durch eine Gebührenordnung nach § 79 Abs. 2 etwas anderes bestimmt ist.

2. Voraussetzungen für eine Wiederbestellung   1–5   § 48

Übersicht

	Rdnr.
1. Allgemeines	1–4
2. Voraussetzungen für eine Wiederbestellung	
a) Erlöschen der Bestellung durch Verzicht	5
b) Wiederbestellung nach Ausschließung aus dem Beruf	6, 7
c) Wegfall der Gründe für den Widerruf der Bestellung	8–10
3. Verfahren	11, 12

1. Allgemeines

Die Wiederbestellung unterscheidet sich von der ersten Bestellung nach § 40 lediglich durch die Tatsache, dass der Antragsteller schon einmal als StB oder StBv bestellt war. Im Übrigen müssen nach Abs. 2 i. V. m. § 40 alle Voraussetzungen für eine Bestellung erfüllt sein. Eine **erneute Prüfung** ist nicht erforderlich. Das gilt auch für Personen, die nach der alten Fassung des § 154 Abs. 1 und 3 ohne nochmalige Bestellung die Eigenschaft als StB oder StBv erlangt haben (§ 38 Abs. 4 DVStB). 1

Es können nur **ehemalige StB oder StBv** wiederbestellt werden, d. h. Personen, die auf Grund des StBerG bereits einmal als StB oder StBv bestellt waren. Wer vor Inkrafttreten des Gesetzes als StB oder HiSt zugelassen war und nicht auf Grund des § 154 die Eigenschaft als StB oder StBv erlangt hatte, kann nicht wiederbestellt werden (BFHE 79, 139; 85, 126); er muss vielmehr die StB-Prüfung nach § 35 ablegen. 2

Nach dem Wortlaut des Gesetzes steht die Wiederbestellung im **Ermessen** der bestellenden Behörde. Das ist jedoch missverständlich. Ebenso wie ein Rechtsanspruch darauf besteht, nach bestandener Prüfung als StB bestellt zu werden, hat ein ehemaliger Berufsangehöriger Anspruch auf Wiederbestellung. Ein Ermessensspielraum der Steuerberaterkammer besteht nur bei der Prüfung der Voraussetzungen des § 40 Abs. 2 (FG München, EFG 1975 S. 283 Nieders. FG, EFG 1976 S. 525); zu den Voraussetzungen eines Rechtsanspruchs auf Wiederbestellung, den Anforderungen an die Ermessensentscheidung der Behörde und deren gerichtlicher Überprüfbarkeit s. auch BFH/NV 1986 S. 497). 3

Die **Ablehnung** des Antrags auf Wiederbestellung gilt nicht für die Zukunft, weil die Steuerberaterkammer nur zu prüfen hat, ob im Zeitpunkt ihrer Entscheidung die Voraussetzungen für eine Wiederbestellung vorliegen (BFH/NV 1987 S. 127). Der Betroffene ist durch die Versagung der Wiederbestellung daher nicht gehindert, zu einem späteren Zeitpunkt erneut einen entsprechenden Antrag zu stellen. 4

2. Voraussetzungen für eine Wiederbestellung

a) Erlöschen der Bestellung durch Verzicht

Wer auf seine Bestellung als StB oder StBv nach § 45 Abs. 1 Nr. 2 verzichtet hatte, kann **jederzeit** einen Antrag auf Wiederbestellung stellen. Es ist unerheblich, aus welchem Grund auf die Bestellung verzichtet wurde, zumal hierüber beim Verzicht keine Angaben gefordert werden. Wenn auf 5

193

die Bestellung verzichtet wurde, um damit einem berufsgerichtlichen Verfahren die Grundlage zu entziehen, ist allerdings eine sorgfältige Prüfung der Voraussetzungen des § 40 Abs. 2 angebracht, insbesondere wenn eine Beweissicherung nach §§ 132, 133 durchgeführt worden war. Sofern auf die Bestellung nach der Einleitung eines berufsgerichtlichen Verfahrens verzichtet wurde, kommt regelmäßig eine Wiederbestellung nicht vor dem Ablauf von acht Jahren in Betracht. Eine Ausnahme gilt nur, wenn in dem berufsgerichtlichen Verfahren nicht mit einer Ausschließung aus dem Beruf zu rechnen war, weil der Verstoß keine so schwerwiegende Bedeutung hatte, um nach § 90 Abs. 1 Nr. 4 geahndet zu werden. Daher besteht auf Grund einer Änderung durch das 7. StBÄndG der Grundsatz, wonach in der Regel eine Wiederbestellung erst nach dem Ablauf von 8 Jahren erfolgen kann.

b) Wiederbestellung nach Ausschließung aus dem Beruf

6 Die Ausschließung aus dem Beruf stellt die schwerste berufsgerichtliche Maßnahme dar, die es dem Betroffenen unmöglich machen kann, den Beruf eines StB oder StBv wieder auszuüben (§ 90 Rdnr. 11). Eine dauernde und unbedingte Ausschließung aus dem Beruf begegnet jedoch verfassungsrechtlichen Bedenken (BVerfGE 66, 337). Die Wiederbestellung ist daher möglich, wenn seit der rechtskräftigen Ausschließung aus dem Beruf mindestens **acht Jahre** vergangen sind. Für die Entscheidung über den Antrag gelten die allgemeinen Grundsätze, d. h. eine Wiederbestellung kann nur erfolgen, wenn die Voraussetzungen des § 40 erfüllt sind.

7 Nach § 452 StPO; § 153 kann auch die berufsgerichtliche Maßnahme der Ausschließung aus dem Beruf **im Gnadenwege** aufgehoben werden; hierfür ist nach den landesrechtlichen Regelungen der Ministerpräsident oder der Finanzminister zuständig. Bei Staatsschutzdelikten steht das Begnadigungsrecht dem Bundespräsidenten oder der von ihm beauftragten Behörde zu. Nach der Begnadigung kann ein Antrag auf Wiederbestellung auch dann gestellt werden, wenn seit der rechtskräftigen Ausschließung aus dem Beruf weniger als acht Jahre vergangen sind. Dem Antrag ist stattzugeben, wenn auch die allgemeinen Zulassungsvoraussetzungen des § 40 (insbesondere des § 40 Abs. 2 Nr. 4) vorliegen. Bei einem Verzicht auf die Bestellung zur Vermeidung eines berufsgerichtlichen Verfahrens ist eine Wiederbestellung vor dem Ablauf von acht Jahren im Gnadenwege ausgeschlossen (Hess. FG, EFG 1999 S. 1202).

c) Wegfall der Gründe für den Widerruf der Bestellung

8 Hat die Steuerberaterkammer die Bestellung **widerrufen** (§ 46 Abs. 2, 3), kann ein Antrag auf Wiederbestellung gestellt werden, wenn die dem Widerruf zugrunde liegenden Tatsachen nicht mehr vorliegen. Erfolgte der Widerruf wegen Verlust der Fähigkeit zur Bekleidung öffentlicher Ämter (§ 46 Abs. 2 Nr. 2), kann eine Wiederbestellung erst nach Ablauf der in § 45 StGB genannten Fristen von zwei bis fünf Jahren erfolgen. Bei einem Widerruf der Bestellung nach § 46 Abs. 2 Nr. 3 ist eine Wiederbestellung möglich, wenn eine vorläufige Deckungszusage über die Haftpflichtversicherung (§ 40

Abs. 3 Nr. 3) vorliegt. Hingegen ist bei einem Widerruf der Bestellung nach § 46 Abs. 2 Nr. 4 eine Wiederbestellung vorzunehmen, wenn der Berufsangehörige wieder in geordneten wirtschaftlichen Verhältnissen lebt. Von geordneten Verhältnissen kann nach einem abgeschlossenen Insolvenzverfahren mit konkreten Aussichten auf Erteilung der Restschuldbefreiung ausgegangen werden (Niedersächs. FG, EFG 2004 S. 927). In diesen Fällen ist eine Prüfung der Voraussetzungen des § 40 Abs. 2 Nr. 1 besonders sorgfältig vorzunehmen. Entsprechendes gilt bei der Wiederbestellung von Personen, die aus gesundheitlichen Gründen auf Grund der Vorschrift des § 40 Abs. 2 Nr. 3 ihre Bestellung verloren haben. Bei einem Widerruf der Bestellung nach § 46 Abs. 2 Nr. 6 (Nichtbegründung einer beruflichen Niederlassung) kann eine Wiederbestellung nur in Betracht kommen, wenn der Bewerber konkrete Tatsachen darlegt, aus denen sich ergibt, dass er eine berufliche Niederlassung begründet hat.

Sofern die Steuerberaterkammer zur Wiederbestellung eines StB verpflichtet ist, verstößt ein **gleichzeitiger** Widerruf der Bestellung gegen die Grundsätze von Treu und Glauben (BFH/NV 2002 S. 290). Für eine Beurteilung sind die Umstände zu prüfen, wie sie sich zum Zeitpunkt der letzten mündlichen Verhandlung darstellen.

Dies gilt hingegen **nicht** für die Rücknahme der rechtswidrigen Bestellung. Der Grund, der zur Rücknahme der Bestellung führte, etwa indem der StB im Wiederbestellungsverfahren zumindest unvollständige Angaben machte, besteht unverändert fort. Es sollen nur diejenigen die Möglichkeit eines Wiedereinstiegs in den ehemaligen Beruf erhalten, die die Berufszulassung rechtmäßig erlangten. Damit ist keine Wiederbestellung nach einer Rücknahme vorsehbar. Der Gesetzgeber (BT-Drs. 14/2667, S. 33) hat bewusst die Möglichkeit einer Wiederbestellung nach einer Rücknahme (§ 46 Abs. 1) beseitigt. Einen Wegfall der Gründe, die für die Entscheidung maßgeblich waren, kann es hier nicht geben. In den Fällen der Rücknahme gilt nach § 39a die StB-Prüfung als nicht bestanden.

3. Verfahren

Die Wiederbestellung setzt einen **Antrag** voraus, über den die zuständige Steuerberaterkammer entscheidet (§ 38 Abs. 1 DVStB). Dies ist die für eine erstmalige Bestellung nach § 40 Abs. 1 örtliche zuständige Stelle, also nicht notwendigerweise die Steuerberaterkammer, die die Bestellung zurückgenommen oder widerrufen hat. Der Antrag ist nach § 38 Abs. 2 Satz 1 DVStB auf einem amtlich vorgeschriebenen Vordruck zu stellen. Dabei sind eine Vielzahl an Informationen anzugeben, die sich im Einzelnen aus § 34 Abs. 3 und 4 DVStB ergeben. Für die Bearbeitung des Antrags ist eine Gebühr in Höhe von 125,– € zu entrichten (Abs. 3; vgl. § 164b).

Wird ein Antrag auf Wiederbestellung abgelehnt, so kann ohne Vorverfahren **Klage** beim FG erhoben werden (§ 33 Abs. 1 Nr. 3 FGO; § 348 Nr. 3 AO); § 348 Nr. 5 AO).

Dritter Unterabschnitt. Steuerberatungsgesellschaft

§ 49 Rechtsform der Gesellschaft, anerkennende Steuerberaterkammer, Gesellschaftsvertrag

(1) Aktiengesellschaften, Kommanditgesellschaften auf Aktien, Gesellschaften mit beschränkter Haftung, Offene Handelsgesellschaften, Kommanditgesellschaften und Partnerschaftsgesellschaften können nach Maßgabe dieses Gesetzes als Steuerberatungsgesellschaften anerkannt werden.

(2) Offene Handelsgesellschaften und Kommanditgesellschaften können als Steuerberatungsgesellschaften anerkannt werden, wenn sie wegen ihrer Treuhandtätigkeit als Handelsgesellschaften in das Handelsregister eingetragen worden sind.

(3) Für die Entscheidung über den Antrag auf Anerkennung als Steuerberatungsgesellschaft ist die Steuerberaterkammer zuständig, in deren Kammerbezirk die Gesellschaft ihren Sitz hat. Dem Antrag auf Anerkennung als Steuerberatungsgesellschaft ist eine Ausfertigung oder eine öffentlich beglaubigte Abschrift des Gesellschaftsvertrages oder der Satzung beizufügen.

(4) Jede Änderung des Gesellschaftsvertrages oder der Satzung oder der Gesellschafter oder in der Person der Vertretungsberechtigten ist der zuständigen Steuerberaterkammer innerhalb eines Monats anzuzeigen. Der Änderungsanzeige ist eine öffentlich beglaubigte Abschrift der jeweiligen Urkunde beizufügen. Wird die Änderung im Handelsregister oder Partnerschaftsregister eingetragen, so ist eine beglaubigte Abschrift oder ein amtlicher Ausdruck der Eintragung nachzureichen.

Übersicht

	Rdnr.
1. Allgemeines	1–4
2. Zulässige Rechtsformen	5–10
3. Gesellschaftsvertrag und Satzung	11, 12
4. Berufliche Rechte und Pflichten	13, 14
5. Anerkennungsverfahren	15–17
6. Anzeigepflichten	18

1. Allgemeines

1 Die StBGes ist ein **Instrument für eine gemeinsame Berufsausübung** von StB und StBv; sie widerspricht im Grunde dem höchst persönlichen Charakter dieser Berufe, findet aber eine immer größere Verbreitung. Auch bei RAen hat sich gegen anfänglichen Widerstand die Möglichkeit durchgesetzt, den Beruf in der Rechtsform einer GmbH auszuüben (§§ 59 c ff. BRAO). Es ist auch ein Zusammenschluss von RA und StB möglich (*Mittelsteiner*, § 54 Rdnr. 26). Um der Gefahr einer unzulässigen Einflussnahme durch die Gesellschafterversammlung zu entgehen, bedarf es entsprechender Satzungsbestimmungen (OLG Bamberg, MDR 1996 S. 423), allgemein zur gemeinschaftlichen Berufsausübung (*Hund*, DSWR 1999 S. 270). Anlass für die Gründung einer StBGes ist häufig die damit verbundene Haftungsbeschränkung, jedoch auch die Möglichkeit, den mit dem Namen der

2. Zulässige Rechtsformen

Gesellschaft verbundenen ideellen Wert auch über den Tod der jeweiligen Berufsangehörigen hinaus für die Hinterbliebenen zu erhalten. Außerdem lässt sich die Altersversorgung durch Überleitung auf einen anderen Berufsangehörigen besser sichern als bei einer Berufsausübung in einer Einzelpraxis oder einer Sozietät. Zum Gesellschaftsvertrag vgl. *Wilke,* DStR 1982 S. 95.

Eine StBGes muss **von StB verantwortlich** geführt werden (§ 32 Abs. 3 Satz 2). Dieser Grundsatz wird hinsichtlich der Leitung durch § 50 Abs. 1–4 und für die Kapitalanteile durch § 50a sichergestellt. Aus der Zeit vor dem 16. 6. 1989 bestehen jedoch noch zahlreiche StBGes, die die Voraussetzungen des § 50a nicht erfüllen (vgl. § 155 Abs. 1). Geschäftsführer und Vorstandsmitglieder solcher StBGes haben besonders auf die Wahrung ihrer Unabhängigkeit und Eigenverantwortlichkeit zu achten. Sie müssen so unabhängig und weisungsfrei sein wie ein freier StB (BFHE 133, 322; 144, 511; 153, 272; 165, 557; BFH/NV 1990, S. 265; FG Baden-Württemberg, DStR 1995 S. 1892; § 55 Abs. 5 BOStB).

StBGes bedürfen der **Anerkennung** (§ 32 Abs. 3 Satz 1). Daraus folgt zwingend, dass vor der Anerkennung keine steuerberatende Tätigkeit ausgeübt werden darf; eine Klarstellung wie in § 14 Abs. 3 ist daher nicht erforderlich. Ein Verstoß hiergegen kann nach § 160 Abs. 1 mit einer Geldbuße geahndet werden. Das gilt auch dann, wenn alle Vertretungsberechtigten der Gesellschaft nach § 3 zur geschäftsmäßigen Hilfeleistung in Steuersachen befugt sind; für sie stellt ein Verstoß auch eine Verletzung der Berufspflichten dar.

StBGes, die kraft Rechtsform Handelsgesellschaften sind (AG, KGaA, GmbH), üben selbst kein Gewerbe aus (BGHZ 94, 65, 69) und können sich nicht mit einer gewerblich tätigen GmbH verschmelzen (OLG Hamm, NJW 1997 S. 666). Sie sind jedoch nach § 2 Abs. 2 GewStG stets **gewerbesteuerpflichtig;** bei StBGes in der Rechtsform der OHG und der KG bestimmt sich die Gewerbesteuerpflicht nach § 2 Abs. 1 GewStG. Die Gewerbesteuerpflicht der StBGes in der Rechtsform der KG, KGaA und GmbH verstößt nicht gegen das GG (BFH, BStBl. 1977 II S. 668).

2. Zulässige Rechtsformen

Die Rechtsformen, in denen eine StBGes geführt werden kann, sind in Abs. 1 **abschließend aufgezählt.** Andere Gesellschaften oder Personenvereinigungen, z. B. eingetragene oder nichteingetragene Vereine, Gesellschaften des bürgerlichen Rechts (vgl. § 56) oder Genossenschaften können nicht als StBGes anerkannt werden. Dies gilt auch für Steuerberatungsgesellschaften mbH & Co. KG (*Kuhls,* § 49 Rdnr. 9, a. A. *Best/Schmidt/Gröger,* INF 2003 S. 673). Die Berufsausübung im Rahmen einer StBGes ist als Ausnahme zu sehen, da sie dem Grundgedanken einer freiberuflichen Tätigkeit widerspricht. Daher wird über den § 50 Abs. 1 wieder auf natürliche Personen abgestellt. Der Gesetzgeber hat die Möglichkeit, eine Erweiterung durch die Aufnahme anderer Rechtsformen vorzusehen. Für eine Auslegung besteht daher kein Spielraum, weil bewusst im Moment auf die Aufnahme weiterer Rechtsformen verzichtet wurde.

6 Bei **Aktiengesellschaften** und **Kommanditgesellschaften auf Aktien** müssen die Aktien auf den Namen lauten. Die Übertragung muss an die Zustimmung der Gesellschaft gebunden sein (§ 50 Abs. 5 Satz 1 und 2).

7 Bei **Gesellschaften mit beschränkter Haftung** muss die Übertragung von Geschäftsanteilen an die Zustimmung der Gesellschaft gebunden sein (§ 50 Abs. 5 Satz 3).

8 **Offene Handelsgesellschaften** und **Kommanditgesellschaften** müssen wegen ihrer Treuhandtätigkeit als Handelsgesellschaften in das Handelsregister eingetragen sein (Abs. 2). Diese Vorschrift, die mit § 27 Abs. 2 WPO übereinstimmt, ist erforderlich, weil nach § 105 bzw. § 161 HGB der Zweck einer OHG bzw. KG auf den Betrieb eines Handelsgewerbes gerichtet sein muss. Eine Treuhandtätigkeit, die insoweit als Handelsgewerbe angesehen werden kann, ist nach § 57 Abs. 3 Nr. 3 mit der steuerberatenden Tätigkeit vereinbar. Im Gegensatz zu den StBGes in der Rechtsform der AG, KGaA und GmbH können nur bereits bestehende Gesellschaften als StBGes anerkannt werden. Eine **GmbH & Co KG** kann nicht als StBGes anerkannt werden, weil nach § 50 Abs. 1 und 2 die persönlich haftenden Gesellschafter StB, StBv, WP, vBP oder RAe oder Personen nach § 50 Abs. 3 sein müssen, so dass eine juristische Person nicht persönlich haftender Gesellschafter einer StBGes sein kann.

9 Auch eine **Partnerschaftsgesellschaft** (vgl. Einleitung Rdnr. 14; § 56 Rdnr. 16) kann als StBGes anerkannt werden. Der Namensbestandteil „und Partner" ist grundsätzlich dieser Rechtsform vorbehalten. Allen Gesellschaften mit einer anderen Rechtsform als der Partnerschaft, die nach dem Inkrafttreten des PartGG gegründet oder umgewandelt worden ist, ist die Bezeichnung „**und Partner**" verwehrt (BGH, WM 1997 S. 1101). Vorher gegründete Gesellschaften dürfen diese Bezeichnung nur führen, wenn sie ihn durch einen Hinweis auf ihre Rechtsform ergänzen (§ 11 PartGG). Zum Namen der Partnerschaftsgesellschaft siehe § 2 Abs. 1 PartGG und § 53.

10 Die Verbindung einer StBGes mit einer natürlichen oder juristischen Person zu einer **stillen Gesellschaft** (§§ 230 ff. HGB) ist zulässig, denn dadurch wird die Rechtsform der StBGes nicht geändert; die stille Gesellschaft wird auch nicht steuerberatend tätig, da sie nach außen nicht in Erscheinung tritt (vgl. BGH, NJW 1980 S. 638). Das gilt nach dem Zweck des § 50a nicht für eine stille Gesellschaft, an der berufsfremde Personen beteiligt sind.

3. Gesellschaftsvertrag und Satzung

11 Die Voraussetzungen für die Anerkennung als StBGes sind in den §§ 49, 50 nicht abschließend aufgezählt. Aus der Tatsache, dass StBGes keine Tätigkeiten ausüben dürfen, die mit dem Beruf eines StB oder StBv nicht vereinbar sind (§§ 57, 72), folgt, dass als Gegenstand (Zweck) der Gesellschaft nur **berufliche Aufgaben** der StB und StBv und mit dem Beruf zu vereinbarende Tätigkeiten im Gesellschaftsvertrag oder in der Satzung festgelegt und im Handelsregister eingetragen werden dürfen (§ 55 Abs. 1 BOStB). Eine Gesellschaft kann daher nicht als StBGes anerkannt werden, wenn sie nach

der Satzung oder dem Gesellschaftsvertrag als Gegenstand auch gewerbliche Tätigkeiten vorsieht; zulässig ist die Aufnahme der in § 6 Nr. 1, 3 und 4 beschriebenen Tätigkeiten, weil diese zur Steuerberatung zu rechnen sind (s. § 6 Rdnr. 1).

Nach § 53 ist die Gesellschaft verpflichtet, die Bezeichnung „Steuerberatungsgesellschaft" in die **Firma** aufzunehmen. Das setzt eine entsprechende Festlegung in der Satzung oder im Gesellschaftsvertrag voraus und ist eine Voraussetzung für die Anerkennung. Dasselbe gilt für die Unterlassung von Firmenbestandteilen mit Werbewirkung. Es kommt eine Personen-, Sach- oder Phantasiefirma in Betracht, wobei auch Mischformen zulässig sind (BayOLG, Stbg 2000 S. 444). Sie muss jedoch nach § 18 Abs. 1 HGB Unterscheidungskraft besitzen. Dies gilt auch für Partnerschaftsgesellschaften (OLG Karlsruhe, INF 2001 S. 190). Die Steuerberaterkammer hat zu prüfen, ob die Firma mit den Vorschriften den § 43 Abs. 4 Satz 2 und § 57 vereinbar ist (BFHE 132, 372; 149, 362). Vgl. hierzu § 53 Rdnr. 3 ff. 12

4. Berufliche Rechte und Pflichten

StBGes haben grundsätzlich dieselben **beruflichen Rechte** wie StB und StBv, d. h. sie sind zur geschäftsmäßigen Hilfeleistung in Steuersachen befugt (§ 3 Nr. 1) und dürfen auch die mit dem Beruf eines StB oder StBv vereinbaren Tätigkeiten ausüben (§§ 57, 72). Sie dürfen – ebenso wenig wie StBv – nicht vor dem BFH auftreten (BFHE 120, 335), und zwar auch dann nicht, wenn eine auf eine vertretungsberechtigte Person lautende Vollmacht vorliegt (BFHE 128, 342). 13

Bei ihrer Tätigkeit haben StBGes sowie die Vorstandsmitglieder, Geschäftsführer und persönlich haftenden Gesellschafter, die nicht StB oder StBv sind, die sich aus den §§ 34, 56 Abs. 3, 57, 57a, 62–64 und 66–71 ergebenden **Berufspflichten** sinngemäß zu beachten (§ 72). StB und StBv, die Mitglieder des Vorstandes, Geschäftsführer oder persönlich haftende Gesellschafter sind, haben auf die Einhaltung der Grundsätze über die Vertretung der Gesellschaft (s. § 50 Rdnr. 5, 6), im Gesellschaftsvertrag hinzuwirken (§ 55 Abs. 8 BOStB). Einem RA in einer Gesellschaft ist es nach § 59 Abs. 2 BRAO untersagt, den Beruf in einem weiteren beruflichen Zusammenschluss auszuüben. Dies berührt jedoch nicht die Ausübung eines anderen Berufes in einem weiteren beruflichen Zusammenschluss (AnwG Hamburg, BRAK-Mitteilungen 2000 S. 201) 14

5. Anerkennungsverfahren

Anerkennungsbehörde ist die Steuerberaterkammer (Abs. 3). Ihre örtliche Zuständigkeit richtet sich nach dem Sitz der Gesellschaft, der in der Satzung bzw. dem Gesellschaftsvertrag festgelegt ist (§ 23 Abs. 3; § 281 Abs. 1 AktG; § 3 Abs. 1 GmbHG; § 109, 161 HGB). Dem Antrag ist eine Ausfertigung oder eine öffentlich beglaubigte Abschrift des Gesellschaftsvertrages oder der Satzung beizufügen (Abs. 4 Satz 1). In dem Antrag sind Name, 15

§ 50 Voraussetzungen für die Anerkennung

Wohnsitz und berufliche Niederlassung der Personen anzugeben, die die Gesellschaft verantwortlich führen (§ 40 Abs. 1 Satz 2 DVStB).

16 Sind die Voraussetzungen für die Anerkennung als Steuerberatungsgesellschaft gegeben, hat die für die Anerkennung zuständige Steuerberaterkammer durch Ausstellung einer Urkunde nach § 41 DVStB die Gesellschaft als StBGes anzuerkennen. Bereits vor der Eintragung in das Handelsregister bzw. Partnerschaftsregister kann sie bestätigen, dass bis auf die Eintragung in das Handelsregister alle Voraussetzungen für die Anerkennung vorliegen (§ 40 Abs. 3 Satz 2 DVStB).

17 Über die **Ablehnung des Antrages** ist ein schriftlicher Bescheid zu erteilen (§ 40 Abs. 3 Satz 3 DVStB). Gegen die Ablehnung kann ohne Vorverfahren Klage beim FG erhoben werden (§ 33 Nr. 3 FGO; § 348 Nr. 5 AO). Bei einer gerichtlichen Prüfung ist maßgeblicher Zeitpunkt für die Berücksichtigung von Tatsachen bei der Anerkennung von StBGes der der letzten Verwaltungsentscheidung (FG Nürnberg, EFG 2003 S. 1733). Davon ist abzuweichen, wenn eine spätere Veränderung bei einer erneuten Entscheidung zur Anerkennung führen würde.

6. Anzeigepflichten

18 **Änderungen** des Gesellschaftsvertrages oder der Satzung oder der Gesellschafter oder in der Person der Vertretungsberechtigten sind der Steuerberaterkammer innerhalb eines Monats anzuzeigen (Abs. 4 Satz 1); diese hat zu prüfen, ob Maßnahmen nach § 55 Abs. 2 einzuleiten sind. Die in Abs. 4 Satz 2 und 3 festgelegte Verpflichtung, Änderungsanzeigen einen entsprechenden Nachweis beizufügen, ist notwendig, weil aus den Nachweisen vielfach Umstände zu ersehen sind, die für das Anerkennungsverfahren Bedeutung haben, jedoch nicht mitgeteilt oder in der Änderungsanzeige nicht berücksichtigt worden waren. Aufgrund der Änderung in § 9 Abs. 2 HGB ist es nunmehr auch nach Abs. 4 Satz 3 möglich, einen amtlichen Ausdruck der Eintragung nachzureichen. Zudem ist neben dem Handelsregister aus Gründen der Vollständigkeit auch das Partnerschaftsregister vorgesehen worden.

§ 50 Voraussetzungen für die Anerkennung

(1) **Voraussetzung für die Anerkennung ist, daß die Mitglieder des Vorstandes, die Geschäftsführer oder die persönlich haftenden Gesellschafter Steuerberater sind. Mindestens ein Steuerberater, der Mitglied des Vorstandes, Geschäftsführer oder persönlich haftender Gesellschafter ist, muß seine berufliche Niederlassung am Sitz der Gesellschaft oder in dessen Nahbereich haben.**

(2) **Neben Steuerberatern können auch Rechtsanwälte, niedergelassene europäische Rechtsanwälte, Wirtschaftsprüfer, vereidigte Buchprüfer und Steuerbevollmächtigte Mitglieder des Vorstands, Geschäftsführer oder persönlich haftende Gesellschafter von Steuerberatungsgesellschaften sein.**

(3) Die zuständige Steuerberaterkammer kann genehmigen, daß besonders befähigte Personen mit einer anderen Ausbildung als in einer der in § 36 genannten Fachrichtungen neben Steuerberatern Vorstandsmitglieder, Geschäftsführer oder persönlich haftende Gesellschafter von Steuerberatungsgesellschaften werden. Die Genehmigung darf nur versagt werden, wenn die besondere Fachkunde fehlt oder die persönliche Zuverlässigkeit nicht vorhanden ist.

(4) Die Zahl der unter Absatz 2 und 3 fallenden Vorstandsmitglieder, Geschäftsführer und persönlich haftenden Gesellschafter darf die Zahl der Steuerberater im Vorstand, unter den Geschäftsführern oder unter den persönlich haftenden Gesellschaftern nicht übersteigen.

(5) Bei Aktiengesellschaften oder Kommanditgesellschaften auf Aktien müssen die Aktien auf Namen lauten. Die Übertragung muß an die Zustimmung der Gesellschaft gebunden sein. Dasselbe gilt für die Übertragung von Geschäftsanteilen an einer Gesellschaft mit beschränkter Haftung.

(6) Die Anerkennung darf nicht erteilt werden, solange nicht die vorläufige Deckungszusage auf den Antrag zum Abschluß einer Berufshaftpflichtversicherung vorliegt.

<table>
<tr><td colspan="2">Übersicht</td><td>Rdnr.</td></tr>
<tr><td colspan="2">1. Allgemeines ....</td><td>1</td></tr>
<tr><td colspan="2">2. Verantwortliche Führung durch StB ....</td><td>2–10</td></tr>
<tr><td colspan="3">3. Mitwirkung anderer Personen</td></tr>
<tr><td></td><td>a) Grundsatz ....</td><td>11</td></tr>
<tr><td></td><td>b) In § 3 genannte Personen ....</td><td>12–15</td></tr>
<tr><td></td><td>c) Besonders befähigte Personen mit anderer Ausbildung ......</td><td>16–19</td></tr>
<tr><td colspan="3">4. Weitere Voraussetzungen für die Anerkennung</td></tr>
<tr><td></td><td>a) Satzung von AG und KGaA ....</td><td>20</td></tr>
<tr><td></td><td>b) Abschluss einer Haftpflichtversicherung ....</td><td>21</td></tr>
</table>

1. Allgemeines

Die Voraussetzungen für die Anerkennung als StBGes sind in § 50 nicht **abschließend** aufgeführt. Die Bestimmung regelt im Wesentlichen nur, welche Personen Geschäftsführer, Vorstandsmitglieder oder persönlich haftende Gesellschafter von StBGes sein dürfen (Abs. 1 bis 4). Diese Einzelfragen sind nur eine Folge aus dem Grundsatz, dass die Gesellschaft von StB verantwortlich geführt wird (§ 32 Abs. 3 Satz 2), um als StBGes anerkannt zu werden. Hieraus ergeben sich Auswirkungen auf die Anforderungen, die an die Geschäftsführung und Vertretung von StBGes zu stellen sind. Wegen weiterer Anerkennungsvoraussetzungen siehe Abs. 4, 5 sowie die §§ 49, 50a, 53 (Rechtsform, Firma, Kapitalbeteiligung).

2. Verantwortliche Führung durch StB

Die verantwortliche Führung durch StB ist grundsätzlich sichergestellt, wenn nur **ein** Vorstandsmitglied oder **Geschäftsführer** bestellt ist, der StB sein muss. Abs. 1 verstößt nicht gegen die im Art. 49 EG-Vertrag niedergelegte Dienstleistungsfreiheit innerhalb der EU, da sie lediglich Angehörige eines Mitgliedstaates betrifft, die in einem anderen Staat der Gemeinschaft als demjenigen des Leistungsempfängers ansässig sind (FG München vom 6. 12. 2000, Az.: 4-K-2753/00). Die alleinige Leitung durch einen RA ist nicht zulässig (BFH/NV 2003 S. 209). Eine verantwortliche Führung ist auch zu verneinen, wenn der geschäftsführende Gesellschafter nur als „Strohmann" fungiert und die tatsächliche Führung durch nicht angestellte Dritte erfolgt (LG Köln, DStRE 2004 S. 797).

3   Der maßgebliche Einfluss muss sich auf die Angelegenheiten der Gesellschaft als Ganzes erstrecken (BFH/NV 1999 S. 679), wodurch nicht nur die Beratungstätigkeit, sondern auch Art, Weise und Umfang der steuerberatenden Aktivitäten maßgeblich von dem Steuerberater zu bestimmen ist. Dies gilt auch bei der Abwägung zwischen einer Einflussnahme einer berufsfremden Kapitalseite und der Eigenverantwortlichkeit des geschäftsführenden Beraters, die im Ergebnis zu überwiegen hat, um den Gesetzeswortlaut der Verantwortlichkeit zu entsprechen.

4   Trotz des anscheinend entgegenstehenden Wortlauts des § 32 Abs. 3 Satz 2 ist es zulässig, wenn die StBGes nur von einer Person geleitet wird (BFHE 132, 372). Problemlos ist dies, wenn ihm die Mehrheit des Gesellschaftskapitals gehört; sonst muss er sicherstellen, dass er so unabhängig und weisungsfrei ist wie ein StB in einer Einzelpraxis (BFHE 133, 322; 144, 511; 153, 272; 165, 567; OLG Düsseldorf, DStR 1993 S. 666; FG Baden-Württemberg DStR 1995 S. 1892); dies gilt auch für Altgesellschaften, bei denen noch berufsfremde Kapitalgeber beteiligt sein können (§ 154 Abs. 1).

5   Wenn **mehrere Geschäftsführer,** Vorstandsmitglieder oder persönlich haftende Gesellschafter bestellt sind, darf die Zahl der Nicht-StB die Zahl der StB nicht übersteigen (Abs. 4; siehe Rdnr. 11). Wenn die StB die Mehrheit haben, ergeben sich keine anderen Probleme wie bei einem alleinigen Geschäftsführer oder Vorstandsmitglied (Rdnr. 2). Bei Gleichheit von StB und Nicht-StB dürfen bei der Willensbildung innerhalb der Geschäftsführung keine Beschlüsse gegen die Stimmen der StB gefasst werden, d.h. die zusammengefassten Stimmen der StB müssen immer den Ausschlag geben (§ 57 Abs. 2 Satz 3, 2. Halbsatz BOStB); sonst wäre eine verantwortliche Leitung durch StB (§ 32 Abs. 3 Satz 2) nicht sichergestellt.

6   Der bestimmende Einfluss der StB muss nicht nur nach der Satzung gegeben sein, sondern auch praktisch ausgeübt werden (BFHE 153, 272). Das gilt nicht nur für die **Hilfeleistung in Steuersachen,** sondern muss die gesamte **Organisation** der StBGes umfassen. Die Geschäftsführungsbefugnis der StB darf nicht dadurch ausgehöhlt werden, dass berufsfremde Geschäftsführer oder Vorstandsmitglieder über die Geschäftspolitik, z.B. den Kauf von Praxen, die Übernahme von Mandaten (BFHE 165, 557, 559) oder die Einstellung von Mitarbeitern entscheiden, während die StB nur die Facharbeit leisten. Die StB müssen sich die erforderliche Unabhängigkeit und Eigenverantwortlichkeit nicht nur gegenüber den Gesellschaftern, sondern auch gegenüber den anderen in der Geschäftsführung tätigen Personen bewahren.

2. Verantwortliche Führung durch StB

Der bestimmende Einfluss der StB muss sich bei den Entscheidungen auswirken, die im Rahmen der Geschäftsführung anfallen. Für eine Beurteilung ist auf das **Gesamtbild der Verhältnisse** nach den wirtschaftlichen, persönlichen und rechtlichen Beziehungen zwischen Gesellschafter und Geschäftsführer abzustellen. An den Nachweis ergeben sich somit erhöhte Anforderungen, wenn die Gefahr einer Beherrschung durch Berufsfremde besteht (FG Baden-Württemberg v. 9. 6. 1998, Az.: 4–K–352/97). Die StB müssen maßgeblich die von der Gesellschaft zu erbringenden Beratungsleistungen gestalten (Niedersächs. FG, EFG 2004 S. 926; FG Baden-Württemberg, DStR 1995 S. 1892). Dies gilt jedoch nicht für Altgesellschaften, denen ansonsten über § 32 Abs. 3 Satz 2 die Anerkennung als Steuerberatungsgesellschaft widerrufen werden müsste. (FG Köln v. 10. 3. 1998, Az.: 8–K–963/95). Diesen StBGes wird Bestandsschutz nach § 155 Abs. 1 und 4 gewährt.

Der Vorschrift wird entsprochen, wenn nach der Satzung bei der Willensbildung innerhalb der Geschäftsführung – also im Innenverhältnis – die Stimmen der StB ausschlaggebend sind (BFH, BStBl. II 1998 S. 215). Im Innenverhältnis ist somit sicherzustellen, dass sich auch bei paritätischer Besetzung der Geschäftsführer die StB durchsetzen. Hierzu bedarf es entsprechender gesellschaftsvertraglicher Regelungen. Demgegenüber ist es von untergeordneter Bedeutung, ob dieser entscheidende Einfluss auch in der **Vertretung** nach außen zum Ausdruck kommt, obgleich faktisch auch hier dem StB die letzte Entscheidung vorzubehalten ist (Hess. FG, EFG 1984 S. 256). Ein zum Mitgeschäftsführer bestellter Nicht-StB darf daher allein tätig werden, wenn im Innenverhältnis die maßgebende Entscheidungsbefugnis des StB-Geschäftsführers gesichert ist (BGHSt 30, 367; BFHE 175, 179), z.B. durch Festlegung bestimmter Sachgebiete, in denen der Nicht-StB nur tätig werden darf oder durch das Erfordernis, in bedeutenden Fragen die Zustimmung des StB-Geschäftsführers einzuholen (*Hettler/Götz*, INF 1996 S. 150, 152). Unter denselben Voraussetzungen ist auch eine gemeinsame Vertretung durch einen StB und einen anderen Geschäftsführer (BFH, DStRE 1998 S. 71) sowie die Erteilung einer Prokura oder Generalvollmacht zulässig (siehe § 57 Abs. 5, 6 BOStB, vgl. auch die fragliche, weil berufspolitische Aussage in § 57 Abs. 7 BOStB).

Mindestens ein StB, der Mitglied des Vorstandes, Geschäftsführer oder persönlich haftender Gesellschafter ist, muss seine **berufliche Niederlassung** am Sitz der Gesellschaft oder dessen Nahbereich haben (Abs. 1 Satz 2). Damit sollen Nachteile beim Anerkennungsverfahren und in der Berufsaufsicht verhindert werden, wenn der Geschäftsführer und die StBGes unterschiedliche berufliche Niederlassungen unterhalten und damit nicht derselben Berufsaufsicht unterstehen. Dieses Ziel wird jedoch nicht vollständig erreicht, weil insbesondere in Ballungsgebieten der „Nahbereich" jenseits der Grenze des Kammerbezirks liegen kann, in sich der Sitz der StBGes befindet. Bei der Abgrenzung des „Nahbereichs" müssen die Umstände des Einzelfalls berücksichtigt werden, z.B. die räumliche Entfernung, die Anbindung an öffentliche Verkehrsmittel, die Fahrtdauer sowie ganz allgemein die Verhältnisse des Immobilienmarktes innerhalb dieser Region. Grundsätzlich ist ein Umkreis von etwa 50 km Luftlinienentfernung zur Beratungsstelle der StBGes zum Nahbereich zu rechnen, wenn die Strecke in den üblichen Berufsverkehrszeiten in etwa einer Stunde zurückgelegt werden kann (BFHE 178, 510, 518). Entscheidend ist, dass innerhalb einer angemessenen und vernünftigen Zeitspanne für die Mandanten und für die Erledigung von Bürogeschäften ein StB erreichbar ist (Niedersächs. FG, EFG 2004 S. 926).

10 Das Gesetz enthält seit dem 5. StBerÄG keine Bestimmung mehr über den **Wohnsitz** der Vorstandsmitglieder, Geschäftsführer oder persönlicher haftender Gesellschafter. Mangels einer gesetzlichen Regelung müssen daher dieselben Grundsätze angewendet werden wie bei dem Leiter einer weiteren Beratungsstelle (§ 34 Rdnr. 13).

3. Mitwirkung anderer Personen

a) Grundsatz

11 **Neben StB** dürfen auch die in § 3 genannten Personen (Abs. 2) und besonders befähigte Personen mit einer anderen Ausbildung als einer der in § 36 genannten Fachrichtungen (Abs. 3) Vorstandsmitglieder, Geschäftsführer oder persönlich haftende Gesellschafter von StBGes sein. Ihre Zahl darf jedoch die Zahl der StB nicht übersteigen (Abs. 4), d. h. es muss mindestens die Hälfte der Geschäftsführung oder des Vorstandes aus StB bestehen. Bei der Ermittlung des Prozentsatzes sind alle Personen zu berücksichtigen, die als Geschäftsführer, Vorstandsmitglieder oder persönlich haftende Gesellschafter im Handelsregister eingetragen sind; das gilt insbesondere auch für stellvertretende Geschäftsführer und Vorstandsmitglieder (§ 44 GmbHG; § 94 AktG). Zur Geschäftsführungsbefugnis und Vertretung dieses Personenkreises vgl. Rdnr. 5–8.

b) In § 3 genannte Personen

12 StBv, WP und vBP, RAe und niedergelassene europäische RAe können **neben StB** eine StBGes leiten. Eine besondere Genehmigung ist für diese Personen im Einzelfall nicht erforderlich, weil sie zur unbeschränkten geschäftsmäßigen Hilfeleistung in Steuersachen befugt sind und damit die besondere Fachkunde vorhanden ist. Im Gegensatz zu den in Abs. 3 genannten Personen braucht auch nicht die persönliche Zuverlässigkeit geprüft zu werden, denn diese Personen unterliegen einer Berufs- oder Standesaufsicht und -gerichtsbarkeit.

13 **Steuerbevollmächtigte** sind in der Praxis häufig neben StB in der Leitung von StBGes tätig (BFHE 177, 175). Da sie zum steuerberatenden Beruf gehören, hätte es nahegelegen, ihnen dieselben Rechte wie den StB einzuräumen; die fehlende Gleichstellung ist nur aus historischen Gründen zu erklären, jedoch verfassungsrechtlich zulässig (BVerfGE 21, 227).

14 **Wirtschaftsprüfer** und **vereidigte Buchprüfer** (s. § 3 Rdnr. 8, 9) können Vorstandsmitglieder, Geschäftsführer oder persönlich haftender Gesellschafter von StBGes sein. Es handelt sich dabei in der Regel um Gesellschaften, die als StBGes und WPGes (§§ 1 Abs. 3; 27 ff. WPO) anerkannt

sind. Derartige Doppelgesellschaften müssen sowohl die Voraussetzungen des StBerG als auch der WPO erfüllen. Dies ist allerdings nur möglich, wenn Geschäftsführer, Vorstandsmitglieder oder persönlich haftende Gesellschafter Personen sind, die eine Doppelqualifikation als StB/WP haben.

Für **Rechtsanwälte** gelten nach dem StBerG grundsätzlich dieselben Beschränkungen wie für StBv, WP und vBP, wobei ein RA sich nicht beteiligen kann, wenn er zugleich seinen Beruf in einer GbR ausübt (AnwGH Celle, NJW 2004 S. 3270). Die Aufnahme von niedergelassenen europäischen Rechtsanwälten ist eine Folgeänderung auf Grund des neu formulierten § 3 Nr. 1. Es gibt keine Unterscheidung zu deutschen RAen. Sie können Vorstandsmitglied, Geschäftsführer, persönlich haftender Gesellschafter oder Partner einer StBGes sein (BGHZ 94, 65), diese aber nicht allein leiten (FG Köln, DStR 1995 S. 823; FG Brandenburg, EFG 1998 S. 242). § 50 Abs. 1 Satz 2 stellt keinen Widerspruch zu der ansonsten umfänglichen Befugnis der RAe dar. Durch die Regelung wird jedoch die Eigenverantwortlichkeit der StB sichergestellt und die besondere Bedeutung dokumentiert, zumal erfolgreich die Prüfung nach § 37 abgelegt und die Berufsbezeichnung erworben wurde. Frühere berufsrechtliche Beschränkungen in der Zusammenarbeit mit StBv (vgl. noch BGHSt 27, 390; BGHZ 72, 322, 327) bestehen nicht mehr.

c) Besonders befähigte Personen mit anderer Ausbildung

Nach Abs. 3 kann die Steuerberaterkammer genehmigen, dass besonders befähigte Personen mit einer **anderen Ausbildung** als der in § 36 genannten Fachrichtungen Vorstandsmitglieder, Geschäftsführer oder persönlich haftende Gesellschafter einer StBGes werden. Die Genehmigung darf nur versagt werden, wenn die besondere Fachkunde fehlt oder die persönliche Zuverlässigkeit nicht vorhanden ist; die Genehmigung liegt nicht im Ermessen der Behörde (BFHE 120, 97).

Unter einer „**Fachrichtung**" ist jeder Beruf zu verstehen, der einen fest umrissenen Ausbildungsgang hat; es muss dieser Ausbildungsgang durchlaufen und mit der vorgesehenen Prüfung abgeschlossen worden sein (BFHE 120, 93). Durch das 5. StBerÄG ist die Streitfrage entschieden, was unter einer „**anderen**" Fachrichtung zu verstehen ist. Es muss sich um andere Fachgebiete als die Wirtschaftswissenschaften oder Rechtswissenschaften handeln, so dass z.B. entsprechend vorgebildete Landwirte, Mathematiker, Informatiker und Fachleute im ausländischen Recht (BFHE 182, 474) eine Genehmigung erhalten können. Damit sind die vor dem 5. StBerÄG zu beobachtenden Missstände beseitigt, wonach Personen, die zwar die Vorbildungsvoraussetzungen für die StB-Prüfung erfüllen, diese aber nicht ablegen wollten oder nicht bestanden haben, über § 50 Abs. 3 dennoch steuerberatend tätig sein konnten (BFH/NV 1996 S. 372, 373). Die frühere Rechtsprechung des BFH (z.B. BFHE 120, 97 – Diplom-Volkswirt) ist damit überholt.

Eine erfolgreiche Ausbildung in einer anderen als den in § 36 genannten Fachrichtungen und ein anschließend erfolgreich ausgeübter Beruf reichen jedoch nicht für einen Nachweis aus (BFH/NV, 2003 S. 663). Eine **beson-**

dere **Befähigung** liegt vielmehr beim Besitz von Kenntnissen und Fähigkeiten vor, die die Besonderheiten des Berufs betreffen, auch die Steuerberatung berühren und über dem Durchschnitt dessen liegt, was das einschlägige Berufsbild verlangt (BFHE 124, 290). Die Fachkunde muss über die für den ausgeübten Beruf übliche Fachkunde hinausgehen (BFHE 125, 232) und für die Tätigkeit in einer StBGes besonders gut verwendbar sein (BFHE 127, 489). Eine besondere Befähigung ist z.B. zu bejahen, wenn ein Bewerber in Dänemark ein wirtschaftswissenschaftliches Studium abgeschlossen, die Prüfung zum WP nach dänischem Recht erfolgreich abgelegt hat und danach zehn Jahre in diesem Berufszweig tätig gewesen ist (Schl.-Holst. FG, EFG 2000 S. 153). Dies gilt auch bei einem indischen Bewerber, der in Indien ein wirtschaftswissenschaftliches Studium mit dem Grad eines Bachelor of Commerce abgeschlossen und zusätzlich die Qualifikation eines Chartered Accountant (WP) erworben hat (BFH, BStBl. 1997 II S. 549, zustimmend *Thees*, StB 1998 S. 195).

19 Bei der Prüfung der **persönlichen Zuverlässigkeit** wird man sich an einzelnen Tatbestandsmerkmalen des § 40 Abs. 2 ausrichten können. Die persönliche Zuverlässigkeit ist daher zu verneinen, wenn der Antragsteller nicht in geordneten wirtschaftlichen Verhältnissen lebt (§ 40 Abs. 2 Nr. 1), wenn er infolge strafgerichtlicher Verurteilung die Fähigkeit zur Bekleidung öffentlicher Ämter nicht besitzt (§ 40 Abs. 2 Nr. 2) oder aus gesundheitlichen Gründen nicht nur vorübergehend unfähig ist, seinen Beruf ordnungsgemäß auszuüben (§ 40 Abs. 2 Nr. 3) oder wenn er sich so verhalten hat, dass die Besorgnis begründet ist, er werde seinen Berufspflichten nicht genügen (§ 40 Abs. 2 Nr. 4).

4. Weitere Voraussetzungen für die Anerkennung
a) Satzung von AG und KGaA

20 In Übereinstimmung mit der WPO sieht Abs. 5 vor, dass bei der AG und der KGaA die **Aktien auf den Namen** lauten müssen (§§ 10, 24, 278 Abs. 3 AktG) und die **Übertragung** an die Zustimmung der Gesellschaft gebunden sein muss (§§ 68 Abs. 2, 278 Abs. 3 AktG). Auch die Geschäftsanteile einer StBGes in der Rechtsform der GmbH dürfen nur mit Zustimmung der Gesellschaft übertragen werden (§ 15 Abs. 5 GmbHG). Durch diese Vorschrift soll sichergestellt werden, dass die Aktien und Geschäftsanteile einer StBGes nicht uneingeschränkt gehandelt werden, weil das eine Gefahr für die Unabhängigkeit der Berufsausübung durch den Vorstand und die Geschäftsführung bedeuten könnte. Nach dem Sinn der Bestimmung ist unter einer Übertragung nur der rechtsgeschäftliche Übergang, nicht aber der Übergang kraft Gesetzes, z.B. durch Erbfolge, zu verstehen.

b) Abschluss einer Haftpflichtversicherung

21 Ebenso wie bei der Bestellung von Steuerberatern (§ 40 Abs. 3 Nr. 3) hängt auch die Anerkennung einer StBGes davon ab, dass die vorläufige Deckungszusage auf den Antrag zum Abschluss einer Berufshaftpflichtversicherung vorliegt (Abs. 6; vgl. auch § 40 Rdnr. 8).

1. Allgemeines § 50a

§ 50a Kapitalbindung

(1) Voraussetzung für die Anerkennung ist ferner, daß
1. die Gesellschafter ausschließlich Steuerberater, Rechtsanwälte, niedergelassene europäische Rechtsanwälte, Wirtschaftsprüfer, vereidigte Buchprüfer, Steuerbevollmächtigte, in der Gesellschaft tätige Personen, deren Tätigkeit als Vorstandsmitglied, Geschäftsführer oder persönlich haftender Gesellschafter nach § 50 Abs. 3 genehmigt worden ist, oder Steuerberatungsgesellschaften sind;
2. Anteile an der Steuerberatungsgesellschaft nicht für Rechnung eines Dritten gehalten werden;
3. bei Kapitalgesellschaften die Anteile Personen im Sinne von Nummer 1 gehören;
4. bei Kommanditgesellschaften die im Handelsregister eingetragenen Einlagen von Personen im Sinne von Nummer 1 übernommen worden sind;
5. Steuerberatern, Rechtsanwälten, niedergelassenen europäischen Rechtsanwälten, Wirtschaftsprüfern, vereidigten Buchprüfern, Steuerbevollmächtigten oder Steuerberatungsgesellschaften, die die Voraussetzungen dieses Absatzes erfüllen, zusammen die Mehrheit der Stimmrechte der Aktionäre, Kommanditaktionäre, Gesellschafter einer Gesellschaft mit beschränkter Haftung oder Kommanditisten zusteht und
6. im Gesellschaftsvertrag bestimmt ist, daß zur Ausübung von Gesellschafterrechten nur Personen bevollmächtigt werden können, die Steuerberater, Rechtsanwälte, niedergelassene europäische Rechtsanwälte, Wirtschaftsprüfer, vereidigte Buchprüfer oder Steuerbevollmächtigte sind.

(2) Haben sich Personen im Sinne von Absatz 1 Nr. 1 zu einer Gesellschaft bürgerlichen Rechts zusammengeschlossen, deren Zweck ausschließlich das Halten von Anteilen an einer Steuerberatungsgesellschaft ist, so werden ihnen die Anteile an der Steuerberatungsgesellschaft im Verhältnis ihrer Beteiligung an der Gesellschaft bürgerlichen Rechts zugerechnet. Stiftungen und eingetragene Vereine gelten als Berufsangehörige im Sinne von Absatz 1 Nr. 1, wenn sie ausschließlich der Altersversorgung in der Steuerberatungsgesellschaft tätiger Personen und ihrer Hinterbliebenen dienen und die zur gesetzlichen Vertretung berufenen Organe der Regelung in § 50 Abs. 4 entsprechen.

Übersicht	Rdnr.
1. Allgemeines	1–4
2. Gesellschafter und Anteilsinhaber	
a) Grundsatz	5, 6
b) Mittelbare Beteiligung	7, 8
3. Verhinderung von Umgehungen	
a) Halten von Anteilen für Rechnung Dritter	9
b) Mehrheit der Stimmrechte	10
c) Ausübung von Gesellschafterrechten	11, 12

1. Allgemeines

Mit der Einordnung der StBGes als Instrument der Berufsausübung von 1 StB (siehe § 49 Rdnr. 1) und der Forderung, dass sie von StB verantwortlich geführt werden müssen (§ 32 Abs. 3 Satz 2) ist es nicht vereinbar, dass **berufsfremde Personen** eine StBGes beherrschen. Der BFH hat daher schon im Jahr 1981 mit Recht darauf hingewiesen, dass an den Nachweis, dass die Gesellschaft von StB verantwortlich geführt wird, in dem Maße erhöhte Anforderungen gestellt werden müssen, wie durch die Beherrschung der Gesellschaft durch Berufsfremde von vornherein die Gefahr besteht, dass diese auf die Tätigkeit der im Dienst der Gesellschaft stehenden StB Einfluss nehmen können; das könne z.b. der Fall sein, wenn die Gesellschaft Teil eines Konzerns mit eindeutig gewerblicher Zielsetzung ist und bei Verwirklichung dieser Zielsetzung eingeschaltet werden soll (BFHE 133, 322). Derartige Gefahren hatten immer mehr zugenommen, insbesondere durch die Gründung von StBGes durch Handwerkskammern und Privatärztliche Verrechnungsstellen (BFH/NV 1990 S. 265; BFHE 153, 272; *Gilgan*, NWB 30 S. 709; *Lieser*, KFR 1988 S. 295). Schon aus diesem Grunde war angezeigt, durch das 4. StBerÄG für die Zukunft den alleinigen Einfluss von StB auch bei den Gesellschaftern grundsätzlich sicherzustellen; aus verfassungsrechtlichen Gründen wurden jedoch die in § 3 genannten Personen den StB gleichgestellt.

2 Es kam hinzu, dass für **WPGes** schon durch Art. 6 des Bilanzrichtliniengesetzes vom 19. 12. 1985 (BGBl. I S. 2355) die Kapitalbindung vorgeschrieben worden war (§ 28 Abs. 4 WPO). Dieselben Grundsätze mussten schon wegen der zahlreichen Doppelgesellschaften auch für StBGes gelten (vgl. *Foerster*, DB 1986 S. 878).

3 Bei Inkrafttreten des 4. StBerÄG waren über 3600 StBGes anerkannt (*Mittelsteiner*, DStR 1989 S. 403, 405), von denen eine große Zahl nicht den Voraussetzungen des § 50a entsprach. Das Gesetz hat daher für die StBGes, die am 16. 6. 1989 anerkannt waren, eine **Besitzstandsklausel** festgelegt (§ 154 Abs. 1 Satz 1).

4 **Verändert** sich der Bestand der Gesellschafter oder das Verhältnis ihrer Beteiligungen oder Stimmrechte durch Rechtsgeschäft oder Erbfall und geht der Anteil oder das Stimmrecht nicht auf einen erwerbsberechtigten Gesellschafter über, so hat die zuständige Steuerberaterkammer nach § 55 Abs. 2 und 3 zu verfahren. Die Gesellschaft ist mit Fristsetzung aufzufordern, den dem Gesetz entsprechenden Zustand herbeizuführen (§ 154 Abs. 1 Satz 3). Dasselbe gilt grundsätzlich für die unmittelbar oder mittelbar an einer StBGes beteiligten Gesellschaften (§ 154 Abs. 2). In Erbfällen gilt eine Übergangszeit von mindestens 5 Jahren (§ 55 Abs. 2).

2. Gesellschafter und Anteilsinhaber

a) Grundsatz

5 Gesellschafter einer AG, GmbH oder KGaA, persönlich haftende Gesellschafter einer OHG, KG oder KGaA sowie Kommanditisten einer KG und Partner einer Partnerschaftsgesellschaft dürfen grundsätzlich nur die in § 3 genannten natürlichen Personen sein (Abs. 1 Nr. 1, 3 und 4). Es ist nicht erforderlich, dass diese Personen in der Gesellschaft tätig sind; vielmehr kön-

3. Verhinderung von Umgehungen   6–10   § 50a

nen sie sich auch an der StBGes beteiligen, wenn sie die Anteile nur als **Vermögensanlage** halten. Die Liste der Gesellschafter ist jährlich zum Berufsregister mitzuteilen (§ 50 DVStB). Im Gegensatz zu § 50 Abs. 4 brauchen StB nicht die Mehrheit zu haben.

Personen, die die Voraussetzungen des § 50 Abs. 3 erfüllen und die erforderliche Genehmigung der Steuerberaterkammer besitzen, sind den in § 3 genannten Personen gleichgestellt. Sie müssen aber **in der Gesellschaft tätig,** d. h. Vorstandsmitglied, Geschäftsführer oder persönlich haftender Gesellschafter sein (vgl. aber Rdnr. 10). 6

b) Mittelbare Beteiligung

StBGes und WPGes können sich ihrerseits wieder an StBGes beteiligen. Dadurch sind mehrstöckige StBGes bewusst zugelassen worden. Es besteht keine Abweichung gegenüber § 28 Abs. 4 Satz 1 WPO. Eine gleichzeitige Anerkennung von mehrstöckigen Gesellschaften als WPGes und StBGes ist folglich möglich. Zugleich ergibt sich aus § 55 Abs. 3 Satz 3 BOStB, dass die Anteile an StBGes nicht für Rechnung eines Dritten gehalten werden. Durch die Einschränkung wird sichergestellt, dass keine anderen Personen Einfluss auf die StBGes nehmen können. Konsequenterweise wird in § 55 Abs. 3 Satz 4 BOStB bestimmt, dass bei Kapitalgesellschaften die **Anteile nur Personen übernehmen** dürfen, die auch als Gesellschafter in Betracht kommen. 7

Eine **Gesellschaft bürgerlichen Rechts** kann Anteile an einer StBGes halten, wenn ihre Gesellschafter in Abs. 1 Nr. 1 genannte Personen sind. Dasselbe gilt für **Stiftungen** und **eingetragene Vereine,** wenn sie ausschließlich der Altersversorgung der in der StBGes tätigen Personen und ihrer Hinterbliebenen dienen und die Zahl ihrer Vorstandsmitglieder die Zahl der StB nicht übersteigt. Die Gesellschafter sind bei der Meldung nach § 50 DVStB anzugeben. 8

3. Verhinderung von Umgehungen

a) Halten von Anteilen für Rechnung Dritter

Die an einer StBGes beteiligten Personen dürfen die Anteile **nicht für fremde Rechnung** halten (Abs. 1 Nr. 2). Das treuhänderische Halten von Anteilen für andere Personen ist daher unzulässig, und zwar unabhängig ob es sich um die in § 3 genannten Personen oder um Berufsfremde handelt. 9

b) Mehrheit der Stimmrechte

Den in § 3 Nr. 1 genannten Personen und den StBGes muss die **Mehrheit der Stimmrechte** der Aktionäre, Kommanditaktionäre, Gesellschafter einer GmbH oder Kommanditisten zustehen (Abs. 1 Nr. 5). Dadurch wird ausgeschlossen, dass die in § 50 Abs. 3 genannten Personen eine StBGes beherrschen. Diese Bestimmung kann auch nicht dadurch umgangen werden, dass sich die in § 3 genannten Personen mit Personen nach § 50 Abs. 3 zu einer Gesellschaft bürgerlichen Rechts zusammenschließen (Abs. 2 Satz 1). Zugleich ist es jedoch auch StBGes möglich, dass sie Mehrheitsgesellschafter 10

209

§ 51   Gebühren für die Anerkennung

einer anderen StBGes sein können. Nach der Intention des Gesetzgebers gilt dies jedoch nicht für die StBGes, die auf Grund der Übergangsvorschrift des § 154 anerkannt sind und nicht den Kapitalbindungsvorschriften des § 50a entsprechen (BT-Drs. 15/1562, S. 59).

c) Ausübung von Gesellschafterrechten

11   Im Gesellschaftsvertrag ist festzulegen, dass nur Personen, die die Voraussetzungen des § 3 erfüllen, zur Ausübung von Gesellschafterrechten anderer Gesellschafter bevollmächtigt werden können (Abs. 1 Nr. 6). Dadurch ist dies auch **Berufsangehörigen** möglich, die **nicht Gesellschafter** sind. Sie müssen jedoch dem Berufsstand angehören und folglich mit den Besonderheiten auf Grund ihrer Ausbildung vertraut sein. Zugleich wird ausgeschlossen, dass berufsfremde Personen in der Gesellschafterversammlung auftreten. Es können auch nicht die in § 50 Abs. 3 genannten Personen bevollmächtigt werden.

12   Es ist nach Abs. 1 Nr. 5 auch nicht möglich, dass ein Gesellschafter, der über die Mehrheit der Stimmrechte verfügt, sich gegenüber einem Dritten, der nicht die Berufsqualifikation hat, verpflichtet, diesem Stimmvollmacht zu erteilen und sein Stimmrecht nicht persönlich auszuüben (FG Nürnberg, DStRE 2004 S. 174). Eine **Verpfändung** der Mehrheit der Gesellschaftsanteile zu einer Darlehensabsicherung kommt folglich nicht in Betracht. Es widerspricht auch der Intention des Abs. 1 Nr. 3 i.V.m. Nr. 1, wenn ein StB nach dem Tod eines StB, der bisher 100% der Anteile an einer StBGes hatte, 51% der Anteile erwirbt, zugleich aber 49% die Erben behalten, die nicht über die Qualifikation verfügen und lediglich in der StBGes mitarbeiten. Ein solcher Zustand ist nur während eines Übergangszeitraumes kurzfristig vorsehbar (Rdnr. 4). Dies gilt auch für Erben, die über eine qualifizierte Ausbildung, z.B. als Steuerfachwirt, verfügen, weil sie nicht zum Personenkreis des § 50 Abs. 3 gehören.

§ 51 Gebühren für die Anerkennung

(1) **Für die Bearbeitung des Antrags auf Anerkennung als Steuerberatungsgesellschaft hat die Gesellschaft eine Gebühr von fünfhundert Euro an die zuständige Steuerberaterkammer zu zahlen, soweit nicht durch eine Gebührenordnung nach § 79 Abs. 2 etwas anderes bestimmt ist.**

(2) **Für die Bearbeitung eines Antrags auf Ausnahmegenehmigung nach § 50 Abs. 3 hat die Gesellschaft eine Gebühr von einhundertfünfzig Euro an die zuständige Steuerberaterkammer zu zahlen, soweit nicht durch eine Gebührenordnung nach § 79 Abs. 2 etwas anderes bestimmt ist.**

(3) *(aufgehoben)*

Eine Gebühr ist für die Bearbeitung von Anträgen auf Anerkennung als StBGes (§ 32 Abs. 3; §§ 40ff. DVStB) und auf Erteilung einer Ausnahmegenehmigung nach § 50 Abs. 3 zu zahlen. Die Gebühr ist bei Stellung des Antrages an die zuständige Steuerberaterkammer zu entrichten (§ 164b Abs. 1),

Urkunde; Bezeichnung „Steuerberatungsgesellschaft" §§ 52, 53

die umfassend für die Bearbeitung zuständig ist. Folglich steht ihr auch die Gebühr zu. Zugleich besteht über die Verweisnorm des § 79 Abs. 2 für die einzelnen Steuerberaterkammern die Möglichkeit, die Beträge durch eine Gebührenordnung den Gegebenheiten anzupassen, ohne eine gesetzliche Änderung vorsehen zu müssen. Eine Einschränkung ergibt sich, weil eine Gebührenordnung einer Genehmigung durch die Aufsichtsbehörde bedarf. Bei einer Zurücknahme des Antrages sind die Gebühren zur Hälfte zu erstatten (§ 164b Abs. 2).

§ 52 Urkunde

Über die Anerkennung als Steuerberatungsgesellschaft stellt die zuständige Steuerberaterkammer eine Urkunde aus.

Übersicht   Rdnr.
1. Allgemeines 1
2. Inhalt der Urkunde 2

1. Allgemeines

Die Anerkennung als StBGes entspricht der Bestellung nach den §§ 40 und 42. Mit der Anerkennung wird die in der Rechtsform der AG, GmbH KGaA, OHG oder KG bestehende Gesellschaft zur StBGes und hat das Recht und die Pflicht, diese Bezeichnung zu führen. Sie wird zugleich Mitglied der für ihren Sitz örtlich zuständigen Berufskammer (§ 74). Zum Verfahren vgl. § 49 Rdnr. 15–18.   **1**

2. Inhalt der Urkunde

Die Urkunde entspricht der Berufsurkunde nach § 41 und der Urkunde nach § 17. Sie enthält die Bezeichnung der anerkennenden Behörde, Ort und Datum der Anerkennung, Firma und Sitz der Gesellschaft, die Anerkennung als StBGes, Dienstsiegel und Unterschrift (§ 41 DVStB). Außer der Firma oder dem Namen der Gesellschaft werden keine weiteren Bezeichnungen der Gesellschaft in die Urkunde aufgenommen.   **2**

§ 53 Bezeichnung „Steuerberatungsgesellschaft"

Die Gesellschaft ist verpflichtet, die Bezeichnung „Steuerberatungsgesellschaft" in die Firma oder den Namen aufzunehmen. Für eine Partnerschaftsgesellschaft entfällt die Pflicht nach § 2 Abs. 1 des Partnerschaftsgesetzes vom 25. Juli 1994 (BGBl. I S. 1744), zusätzlich die Berufsbezeichnungen aller in der Partnerschaft vertretenen Berufe in den Namen aufzunehmen.

§ 53 1–3   Bezeichnung „Steuerberatungsgesellschaft"

Übersicht
	Rdnr.
1. Bezeichnung „Steuerberatungsgesellschaft"	1, 2
2. Firma der StBGes	
a) Allgemeines	3
b) Namen von Gesellschaftern	4–6
c) Allgemein gehaltene Tätigkeitsbezeichnungen	7, 8
d) Geographische Bezeichnungen	9
e) Frei gestaltete Bezeichnungen	10
f) Vertrauens- und Bestandsschutz	11

1. Bezeichnung „Steuerberatungsgesellschaft"

1 Die Bestimmung hat den Zweck, in der Firma oder dem Namen einer StBGes einen eindeutigen Hinweis auf ihre Rechtsstellung und ihre **Befugnisse** zu geben. Die Bezeichnung „Steuerberatungsgesellschaft" ist nach § 161 Abs. 1 geschützt. Die Verpflichtung zur Aufnahme der Bezeichnung in die Firma oder den Namen kann nicht durch die Verwendung einer ähnlichen Bezeichnung erfüllt werden.

2 Die Bezeichnung ist in die **Firma** oder den **Namen** aufzunehmen, d. h. in der Satzung oder im Gesellschaftsvertrag festzulegen und im Handelsregister einzutragen; es reicht nicht aus, wenn die Bezeichnung nur neben der Firma geführt wird. Die StBGes ist auch verpflichtet, ihre Firma einschließlich des Bestandteiles „Steuerberatungsgesellschaft" ständig, d. h. insbesondere auf den Geschäftspapieren zu führen; dabei muss die Bezeichnung „Steuerberatungsgesellschaft" in derselben Form wie die anderen Firmenbestandteile sowie ungekürzt und ungebrochen (z. B. nicht als „Steuerberatungs- und Wirtschaftsprüfungsgesellschaft" oder „Steuerberatungs- und Treuhandgesellschaft") geführt werden (§ 56 Abs. 7 BOStB). Die Bezeichnung „Steuerberatungsgesellschaft" ist in der Firma jedoch nur einmal aufzunehmen. Sie kann mit dem Zusatz „mbH" kombiniert werden.

2. Firma der StBGes

a) Allgemeines

3 Bei der Wahl der Firma der StBGes sind im Wesentlichen die Vorschriften des **Berufsrechts** zu beachten, nachdem die firmenrechtlichen Vorschriften des Handelsrechts (§§ 18, 19 HGB; § 4 GmbHG; §§ 4, 279 AktG) durch das HRefG liberalisiert worden sind. Darüber hinaus sind die Beschränkungen des § 43 Abs. 4 Satz 2 sowie – neben den Vorschriften des UWG – das Verbot der berufswidrigen Werbung (§§ 57 Abs. 1; 57a; 72) von Bedeutung (BGHZ 79, 390, 398; § 56 Abs. 1 BOStB). Dabei ist von dem Grundsatz auszugehen, dass innerhalb des Berufsstandes Wettbewerbsgleichheit herrschen muss und StBGes, die nur eine besondere Form der Berufsausübung darstellen, nicht gegenüber einzelnen StB bevorzugt werden sollen (BGHZ 79, 390, 397; BFHE 150, 108). Für die Firma einer StBGes kommen grundsätzlich nur Namen von Gesellschaftern, allgemein gehaltene Tätigkeitsbezeichnungen und geografische oder freigestaltete Bezeichnungen in Betracht. Die Freiheit in der Gestaltung des Firmennamens wird durch eine Vielzahl an Vorschriften (§ 56 Abs. 2 bis 7 BOStB) wesentlich eingeschränkt.

b) Namen von Gesellschaftern

Die Aufnahme des Namens von Gesellschaftern in die Firma wird berufs- 4
rechtlich dadurch eingeschränkt, dass die StBGes von StB verantwortlich geführt werden muss (§ 32 Abs. 3 Satz 2); es wäre irreführend, wenn dies nicht in der Wahl des Gesellschafternamens zum Ausdruck käme. In Anlehnung an den Grundgedanken der §§ 32 Abs. 3 Satz 2; 50 Abs. 2–4 soll es sich daher um den Namen eines **StB** handeln, wenn nur **ein** Gesellschaftername in die Firma aufgenommen wird (§ 56 Abs. 2 Satz 1 BOStB); Dies ist jedoch nicht zwingend. Insbesondere bei einem Berufsangehörigen, der ausschließlich in der Steuerberatung tätig ist, sind weder Gemeinwohlinteressen verletzt noch führt es zu einer Täuschung im Rechtsverkehr, wenn ausschließlich sein Name Verwendung findet (BFHE 172, 266). Bei mehreren Namen können auch die Namen von Gesellschaftern enthalten sein, die nach § 3 zur unbeschränkten Hilfe in Steuersachen befugt sind; es darf jedoch die Zahl der StB nicht überschritten werden (vgl. § 50 Abs. 4; § 56 Abs. 2 Satz 2 BOStB).

Der Zusatz **„und Partner"** ist bei einer Partnerschaftsgesellschaft (§ 49 5
Rdnr. 9 und Einleitung Rdnr. 14) zulässig; deren Name muss den Namen mindestens eines Partners und den Zusatz „und Partner" oder den Namen aller Partner und den Zusatz „Partnerschaft" enthalten (§ 2 Abs. 1 PartGG). Da die Partnerschaftsgesellschaft als StBGes anerkannt ist, entfällt nach Satz 2 die Pflicht zur Aufnahme der Berufsbezeichnungen der Partner. Bei den anderen Gesellschaften ist der Zusatz „und Partner" unzulässig (BGH, WM 1997 S. 1101). Dies gilt auch für alle ähnlichen Gestaltungen wie „+ Partner" oder „& Partner". Jedoch darf der Name der StBGes den Zusatz „u. a." oder „und Kollegen" enthalten, wenn der StBGes weitere Personen nach § 3 als Gesellschafter angehören (§ 56 Abs. 2 Satz 3 BOStB). Auch die Verwendung des „&"-Zeichens ist zulässig, da es nicht zwingend einen Hinweis auf einen Gewerbebetrieb darstellt (*Römermann*, INF 2001 S. 181). Dies gilt nicht für den Zusatz „und Co.", der auf eine Verwechslung mit einer gewerblich tätigen Gesellschaft hindeutet (*Mittelsteiner*, § 56 Rdnr. 5).

Die Namen von **ausgeschiedenen Gesellschaftern** dürfen weiter ge- 6
führt werden (§ 56 Abs. 2 Satz 4 BOStB). Falls der Ausgeschiedene einen akademischen Grad hatte und dieser in der Firma verwendet wurde, kann der akademische Grad nur dann in der Firma weiter geführt werden, wenn ein Nachfolgezusatz beigefügt wird oder wenn noch ein anderer Gesellschafter zur Führung des akademischen Grades berechtigt ist. Die Namen von StB und StBv können auch nach dem Erlöschen der Bestellung in der Firma weiter geführt werden. Ist der Berufsangehörige aus dem Beruf ausgeschlossen worden, seine Bestellung auf Grund Rücknahme oder Widerruf erloschen oder hat er sich dem Ausschluss oder dem Erlöschen seiner Bestellung durch Verzicht entzogen, ist die Weiterführung des Namens des Ausgeschiedenen in der Firma unzulässig, da dadurch das Ansehen des Berufes gefährdet wird (§ 56 Abs. 2 Satz 4, 2. Halbsatz BOStB).

c) Allgemein gehaltene Tätigkeitsbezeichnungen

7 Auf eine **steuerberatende Tätigkeit** wird schon durch den Firmenbestandteil „Steuerberatungsgesellschaft" hingewiesen; andere Hinweise sind nach § 43 Abs. 4 Satz 2 StBerG und § 56 Abs. 3 Satz 1 BOStB unzulässig. Lediglich der Zusatz „Landwirtschaftliche Buchstelle" kommt für die Firma in Betracht, wenn zumindest ein gesetzlicher Vertreter zur Führung dieses Zusatzes in der Berufsbezeichnung berechtigt ist (§ 56 Abs. 4 BOStB). Ansonsten sind keine Bezeichnungen erlaubt, die direkt oder indirekt auf die Hilfeleistung in Steuersachen hinweisen (*Weyand,* INF 1996 S. 759, 761). Demgemäß sind von der Rechtsprechung Bezeichnungen wie „Datenservice" (BFHE 132, 372), „Treuhandstelle Deutscher Apotheken und pharmazeutischer Betriebe" (BGHZ 79, 390), „Jus" (BGH, StB 1985 S. 383), „Bilanzkontor" (OLG Düsseldorf, DB 1986 S. 2487), „Landtreuhand" (BFH, BFHE 149, 362) „KPMG" (LG Leipzig, NJW 2001 S. 1732) und „Steuerberatung" (VerwG Hannover, DStR 1996 S. 1264; VerwG Schleswig-Holstein, DStR 1995 S. 863) für unzulässig erklärt worden (vgl. dagegen Bay. VGH, StB 1989 S. 371 „MT-Mittelstands-Treu GmbH"). Dies gilt ebenfalls für die entsprechenden fremdsprachlichen Bezeichnungen, damit es zu keiner Umgehung des Verbotes kommt.

8 Zulässig sind daher nur **allgemeine Tätigkeitsbezeichnungen,** die nicht auf die Hilfeleistung in Steuersachen hinweisen, auch wenn nicht zu verkennen ist, dass eine StBGes insoweit gegenüber einzelnen StB besser gestellt ist. Der BGH hat daher die Bezeichnung „DATA TAX Control" mit der Begründung zugelassen, dass dieser Bezug zur Steuerberatung so allgemein gehalten sei, dass er vom Verkehr nicht als Hinweis auf die Steuerberatung verstanden werde (BGH, StB 1987 S. 314). Entsprechendes gilt z. B. für die Bezeichnung „Wirtschaftsberatung" (FG Hamburg, EFG 1984 S. 199). Unzulässig sind dagegen Firmenbestandteile, die auf einen Auftraggeberkreis, auf Unternehmen, Unternehmensgruppen, Wirtschafts- oder Berufszweige sowie auf besondere Berufsgebiete und -erfahrungen hinweisen (§ 56 Abs. 3 Satz 2 BOStB). Der Firmenbestandteil „Revision" wird von der Rechtsprechung als unzulässig angesehen, wenn es sich nicht um eine WPG handelt (OLG Frankfurt, NJW 1981 S. 1745; Bayer. ObLG, BB 1982 S. 1572; OLG Bamberg, WPK-Mitt. 1990 S. 288; LG München I, WPK-Mitt. 1993 S. 187). Der Firmenbestandteil „Treuhand" ist dagegen zulässig (OLG Frankfurt, StB 1980 S. 114; Nieders. FG, EFG 1996 S. 1125), weil er kein Spezialisierungshinweis geworden, sondern ein Gattungsbegriff geblieben ist (§ 56 Abs. 3 Satz 4 BOStB).

d) Geographische Bezeichnungen

9 Nach dem Handelsrecht können Landes-, Landschafts-, Orts- und andere geographische Bezeichnungen verwendet werden, wenn es sich um ein Unternehmen handelt, das in dem betreffenden Bereich eine herausragende Stellung einnimmt; dieser Grundsatz ist für StBGes nicht anwendbar. Sie dürfen vielmehr solche Hinweise selbst dann nicht führen, wenn ihnen tatsächlich eine Sonderstellung zukommt, weil sie sich sonst gegenüber anderen – auch künftigen – StBGes eine **berufswidrige Sonderstellung** verschaffen würden (BFHE 150, 108; BFH/NV 1995 S. 1099; LG Wuppertal, BB 1983 S. 953; BGH, BB 1982 S. 691; Kreisgericht Gera-Stadt, WPK-Mitt. 1993 S. 186). Die Sonderstellung kann ausgeschlossen sein, wenn eine Ortsbezeichnung in unveränderter, substantivischer Form verwendet wird (BGH, StB 1990 S. 7; Nieders. FG, EFG 1996 S. 1125), weil dann nur auf den Firmensitz hingewiesen wird (§ 56 Abs. 5 BOStB). Die attributive Verwendung einer Ortsangabe ist hingegen als ein Hinweis i. S. d. § 43 Abs. 4 S. 2 anzusehen (BFH, BStBl. 1987 II S. 2349). Folglich ist sie unzulässig. Dies gilt auch für die Benennung von Flüssen als Zusatz in einer Firma (BFH/NV 1995 S. 1099).

e) Frei gestaltete Bezeichnungen

Es kommt grundsätzlich in Betracht, freigestaltete Bezeichnungen, d. h. 10 **erfundene Namen** und **Buchstabenfolgen** in der Firma einer StBGes zu verwenden, wenn die allgemeinen firmenrechtlichen Grundsätze beachtet werden. Eine Phantasiebezeichnung kann auch zum Namen hinzugefügt werden (OLG Karlsruhe, NJW 2001 S. 1584). Es darf jedoch insbesondere keine Verwechslungs- oder Täuschungsgefahr bestehen (§ 56 Abs. 6 BOStB). Zusätze, die auf einen Gewerbebetrieb hinweisen, sind unzulässig.

f) Vertrauens- und Bestandsschutz

Die o. g. Grundsätze, insbesondere zur Verwendung geographischer Zu- 11 sätze, haben sich allmählich entwickelt, so dass aus früheren Jahren zahlreiche Firmen von StBGes mit unzulässigen Bezeichnungen bestehen. Diese können sich jedoch weder auf **langen Gebrauch der Firma** (BGHZ 79, 390, 396) noch auf die **frühere Genehmigungspraxis** der Finanzverwaltung (BFHE 150, 108) berufen.

§ 54 Erlöschen der Anerkennung

(1) Die Anerkennung erlischt durch
1. Auflösung der Gesellschaft,
2. Verzicht auf die Anerkennung.

(2) Der Verzicht ist schriftlich gegenüber der zuständigen Steuerberaterkammer zu erklären.

(3) Die zuständige Steuerberaterkammer kann, wenn die zur gesetzlichen Vertretung bestellten Personen keine hinreichende Gewähr zur ordnungsgemäßen Abwicklung der schwebenden Angelegenheiten nach § 33 bieten, einen oder mehrere Steuerberater oder Steuerbevollmächtigte insoweit zum Abwickler bestellen.

(4) § 70 Abs. 1 bis 4 gilt entsprechend.

Übersicht

	Rdnr.
1. Allgemeines	1–3
2. Auflösung	4, 5
3. Verzicht	6, 7
4. Abwicklung	8

1. Allgemeines

1 Die Bestimmung enthält die Tatbestände, bei denen die Anerkennung als StBGes **kraft Gesetzes** erlischt, ohne dass es dazu eines Verwaltungsaktes bedarf; sie entspricht daher den §§ 19 und 45. Mit dem Erlöschen der Anerkennung enden die Befugnis zur geschäftsmäßigen Hilfeleistung in Steuersachen (§ 3), die Befugnis zur Führung der Bezeichnung „Steuerberatungsgesellschaft" (§ 53), die allgemeinen Berufspflichten (§ 72) und die Mitgliedschaft bei der Steuerberaterkammer (§ 74 Abs. 1 Satz 1).

2 Eine Mitteilungspflicht der Steuerberaterkammer an die Mitglieder des zur gesetzlichen Vertretung berufenen Organs oder an die vertretungsberechtigten Gesellschafter der StBGes wegen des Erlöschens der Anerkennung besteht nach § 48 Abs. 2 DVStB nicht. Die StBGes hat entweder selbst im Vorfeld die Steuerberaterkammer informiert oder die Steuerberaterkammer wurde gegenüber der StBGes tätig, weil die Anerkennung zurückgenommen oder widerrufen worden ist.

3 Die StBGes ist im **Berufsregister** zu löschen (§ 47 Abs. 1 Nr. 2 DVStB). Die Löschung ist von der Steuerberaterkammer dem zuständigen Registergericht mitzuteilen (§ 45 Abs. 2 Satz 2 DVStB); damit soll einer unbefugten Führung der Bezeichnung „Steuerberatungsgesellschaft" vorgebeugt werden.

2. Auflösung

4 Die Auflösung einer AG, KGaA, GmbH, OHG oder KG ist nicht mit ihrer Beendigung gleichzusetzen; sie leitet jedoch die **Abwicklung** (Liquidation) ein. Die Auflösung erfolgt insbesondere durch Beschluss der Hauptversammlung bzw. Gesellschafterversammlung oder durch Eröffnung des Insolvenzverfahrens (vgl. im Einzelnen §§ 262 ff., 289 AktG; §§ 60 ff. GmbHG; §§ 131, 161 Abs. 2 HGB).

5 Die **Umwandlung** in eine andere Rechtsform ist nicht der Auflösung gleichzusetzen, auch wenn eine juristische Person in eine Personengesellschaft umgewandelt wird oder umgekehrt. Die Anerkennung erlischt dann nicht kraft Gesetzes; es ist jedoch zu prüfen, ob ein Widerruf nach § 55 Abs. 2 in Betracht kommt.

3. Verzicht

6 Der Verzicht auf die Anerkennung berührt nicht den **rechtlichen Fortbestand** der Gesellschaft; ein Verzicht ohne Auflösung der Gesellschaft kommt insbesondere in Betracht, wenn der Zweck der Gesellschaft von der Hilfeleistung in Steuersachen auf andere, hiermit unvereinbare Bereiche verlagert werden soll.

7 Der Verzicht ist auf Grund seiner Bedeutung gegenüber der zuständigen Steuerberaterkammer **schriftlich** zu erklären, um Missverständnissen vorzubeugen (Abs. 2). Der Verzicht wird mit dem Zugang wirksam (§ 130 Abs. 3 BGB), wobei aus Dokumentationszwecken eine Bestätigung des Zugangs von der Steuerberaterkammer verlangt werden sollte. Er kann wie jede andere Willenserklärung unter den Voraussetzungen der §§ 119, 123 BGB angefochten werden.

4. Abwicklung

Sowohl bei einer **Auflösung** der StBGes als auch bei einem **Verzicht auf die Zulassung** müssen die schwebenden Angelegenheiten abgewickelt werden. Das wird in der Regel durch die bisherigen Vorstandsmitglieder oder Geschäftsführer geschehen, wenn diese nach § 3 zur unbeschränkten Hilfeleistung in Steuersachen befugt sind. Ist dies jedoch nicht der Fall oder erscheinen sie hierfür nicht geeignet, so kann die zuständige Berufskammer andere StB oder StBv insoweit als Abwickler bestellen. Ihre Befugnisse sind ausschließlich auf die Abwicklung der Steuerberatungsangelegenheiten beschränkt; sie sind **keine** Liquidatoren im Sinne des Gesellschaftsrechts.

8

§ 55 Rücknahme und Widerruf der Anerkennung

(1) **Die zuständige Steuerberaterkammer hat die Anerkennung zurückzunehmen, wenn sich nach der Anerkennung ergibt, daß sie hätte versagt werden müssen.**

(2) **Die zuständige Steuerberaterkammer hat die Anerkennung zu widerrufen, wenn**
1. **die Gesellschaft nicht die nach diesem Gesetz vorgeschriebene Haftpflichtversicherung unterhält oder**
2. **andere Voraussetzungen für die Anerkennung der Gesellschaft nachträglich fortfallen,**

es sei denn, dass die Gesellschaft innerhalb einer angemessenen, von der zuständigen Steuerberaterkammer zu bestimmenden Frist den dem Gesetz entsprechenden Zustand herbeiführt. Die Frist beträgt bei Fortfall der in § 50a genannten Voraussetzungen wegen eines Erbfalls mindestens fünf Jahre.

(3) **Vor der Rücknahme oder dem Widerruf ist die Steuerberatungsgesellschaft zu hören.**

(4) **Erfolgt die Rücknahme oder der Widerruf, weil die Gesellschaft keinen Vorstand, keinen Geschäftsführer oder keinen persönlich haftenden Gesellschafter hat, kann die Entscheidung jedem Gesellschafter bekanntgegeben werden.**

(5) **§ 54 Abs. 3 und § 70 Abs. 1 bis 4 gelten entsprechend.**

	Übersicht	Rdnr.
1.	Allgemeines	1
2.	Rücknahme der Anerkennung	2, 3
3.	Widerruf der Anerkennung	4–6
	a) Fehlende Haftpflichtversicherung	4
	b) nachträglicher Wegfall anderer Voraussetzungen	5–7

1. Allgemeines

1 Bei Erfüllung der Voraussetzungen der Absätze 1 oder 2 ist – nach Anhörung der StBGes (Abs. 3) – die Anerkennung (rückwirkend) zurückzunehmen oder (für die Zukunft) zu widerrufen, wobei die zuständige Steuerberaterkammer **keinen Ermessensspielraum** hat. Insoweit entspricht die Vorschrift dem § 20 Abs. 1, Abs. 2 Nr. 1. Gegen die Rücknahme- oder Widerrufsverfügung – die dem Vorstand, dem Geschäftsführer, dem persönlich haftenden Gesellschafter oder einem Partner, beim Fehlen einem Gesellschafter bekanntzugeben ist (Abs. 4) – ist ohne Vorverfahren der Rechtsweg vor den Finanzgerichten zulässig (§ 33 Abs. 1 Nr. 3 FGO; § 348 Nr. 5 AO). Nach Rechtskraft der Verfügung ist die StBGes im Berufsregister zu löschen (§ 47 Abs. 1 Nr. 2a DVStB). Die Bestellung eines Abwicklers ist in entsprechender Anwendung des § 54 Abs. 3 zulässig (Abs. 5).

2. Rücknahme der Anerkennung

2 Die Anerkennung ist zurückzunehmen, wenn sich nach der Anerkennung ergibt, dass sie hätte versagt werden müssen (Abs. 1). Der Anerkennungsbehörde muss ein **Sachverhalt** nicht bekannt gewesen sein, der der Anerkennung entgegengestanden hätte (§§ 49, 50, 50a). Es ist unerheblich, ob dies auf einer Täuschung durch die Gesellschaft oder auf einer mangelhaften Sachaufklärung durch die Anerkennungsbehörde beruht. Wenn der Anerkennungsbehörde bei der Anerkennung der Sachverhalt zwar bekannt war, von ihr aber rechtlich falsch gewürdigt worden ist, wird der im Vertrauen auf die Anerkennung erworbene Besitzstand einer Rücknahme in der Regel entgegenstehen.

3 Die Rücknahme der Anerkennung ist nur zulässig, wenn die Voraussetzungen für die Anerkennung auch **im Zeitpunkt der Entscheidung** über die Rücknahme nicht erfüllt sind. Das ergibt sich zwar nicht aus dem Wortlaut des Gesetzes; es besteht jedoch kein vertretbarer Grund für die Rücknahme der Anerkennung, wenn ein ursprünglich vorhandener Mangel später behoben worden ist.

3. Widerruf der Anerkennung

a) Fehlende Haftpflichtversicherung

4 Ein Widerruf ist nach Abs. 2 Nr. 1 zwingend vorzusehen, wenn die Gesellschaft nicht die gesetzlich vorgeschriebene Haftpflichtversicherung hat. Die Berufshaftpflichtversicherung ist im § 67 i.V.m. § 72 für die Gesellschaften geregelt. Der Mindestumfang der Versicherung ergibt sich aus § 52 DVStB. Erforderlich ist ein lückenloser Versicherungsumfang. Die Versicherungspflicht ist eine Dauerverpflichtung und verlangt für den gesamten Zeitraum einen Versicherungsschutz. Es ist nicht entscheidend, aus welchen Gründen der Versicherungsschutz nicht besteht. Daher kommen weder wirtschaftliche Schwierigkeiten, beispielsweise Zahlungsprobleme, noch in-

3. Widerruf der Anerkennung

dividuelle Gesichtspunkte als Entschuldigungsgründe in Betracht. In allen Fällen ist ein Widerrufsgrund anzunehmen (FG München, EFG 2002 S. 1262). Ein Widerrufsgrund kann nur entfallen, wenn ein gesetzmäßiger, also lückenloser Versicherungsschutz vor Rechtskraft des Widerrufes – ggf. nach Fristsetzung durch die Steuerberaterkammern – sichergestellt wird. Dies ist durch eine Rückwärtsversicherung möglich, wenn der unterbrochene Versicherungsschutz wieder herstellbar ist. Dennoch kann auch in diesen Fällen eine berufsrechtliche zu ahndende Pflichtverletzung vorliegen.

b) Nachträglicher Wegfall anderer Voraussetzungen

Abs. 2 Nr. 2 ist als Auffangstatbestand formuliert worden. Er umfasst sämtliche anderen Voraussetzungen bei der Anerkennung einer StBGes, außer der im Abs. 2 Nr. 1 genannten. Ein nachträglicher Wegfall führt zu einem Widerruf der Anerkennung. Ein Widerruf kommt danach insbesondere in Betracht, wenn sich die Gesellschaft in eine andere als in § 49 Abs. 1 genannte Rechtsform umwandelt (z. B. in eine Gesellschaft bürgerlichen Rechts), wenn kein Geschäftsführer, Vorstandsmitglied oder persönlich haftender Gesellschafter seine berufliche Niederlassung am Sitz der Gesellschaft oder deren Nahbereich hat (§ 50 Abs. 1), wenn die Zahl der anderen Geschäftsführer, Vorstandsmitglieder oder persönlich haftenden Gesellschafter die Zahl der StB übersteigt (§ 50 Abs. 4), wenn Personen zu Geschäftsführern, Vorstandsmitgliedern oder persönlich haftenden Gesellschaftern bestellt werden, die nicht unter § 50 Abs. 1–3 fallen, z. B. weil die Gesellschaft nur einen Geschäftsführer hat, der über die Qualifikation als Belastingadviseur verfügt (FG München, Stbg 2001 S. 240), wenn der bisherige alleinige Geschäftsführer der Gesellschaft aus dem Beruf der StB ausgeschlossen wurde und kein anderer StB als Geschäftsführer der Gesellschaft bestellt wird (FG München v. 6. 12. 2000, Az.: 4-K-2753/00), wenn gegen § 50 Abs. 5 verstoßen wird, wenn die Satzung oder der Gesellschaftsvertrag nicht den an eine StBGes zu stellenden Anforderungen genügen (siehe § 50 Rdnr. 17), wenn die Gesellschaft nicht die Voraussetzungen des § 32 Abs. 3 Satz 2 erfüllt, z. B. weil die StBGes die Mitglieder eines Berufsverbandes berät und es dadurch an einer verantwortlichen Führung durch StB fehlt (FG Köln, v. 10. 3. 1998, Az.: 8-K-963/95), wenn die in § 50a genannten Voraussetzungen entfallen, z. B. durch den Verzicht eines Gesellschafters auf die Bestellung als StB. Dasselbe gilt, wenn die StBGes durch Satzungsänderung die Bezeichnung „Steuerberatungsgesellschaft" aus ihrer Firma streicht oder eine unzulässige Firma führt, da auch damit eine Voraussetzung für die Anerkennung entfällt.

Vor dem Widerruf hat die für die Finanzverwaltung zuständige Steuerberaterkammer eine **angemessene Frist** zu bestimmen, innerhalb derer der dem Gesetz entsprechende Zustand herbeizuführen ist. Die Anerkennung darf erst nach fruchtlosem Ablauf der Frist widerrufen werden. Die Dauer der Frist richtet sich nach den Umständen des Einzelfalles, insbesondere nach der Zeit, die für die Herstellung eines gesetzmäßigen Zustandes erforderlich ist. Um unzumutbare wirtschaftliche Nachteile für die Betroffenen zu verhindern, beträgt die Frist mindestens 5 Jahre, wenn die in § 50a genannten Voraussetzungen durch Erbfall entfallen; innerhalb der gesetzten Frist müssen die Anteile und Stimmrechte auf erwerbsberechtigte Personen übertragen werden. Die fünfjährige Mindestfrist gilt nicht, wenn die Voraussetzungen des § 50a aus anderen Gründen, z.B. durch die Veräußerung von Anteilen an nicht erwerbsberechtigte Personen oder durch Verzicht auf die Bestellung als StB entfallen sind.

7 Bei **Altgesellschaften** (§ 154 Abs. 1) gelten Besonderheiten, soweit Änderungen im Bestand der Gesellschafter eintreten. Hier kann die Anerkennung nur unter den Voraussetzungen des § 154 Abs. 1 Satz 3 widerrufen werden, d.h. bei Änderungen durch Rechtsgeschäft oder Erbfall, nicht aber bei Veränderungen in der Person der Gesellschafter, z.B. durch Erlöschen der Bestellung als StB. Das folgt aus dem Zweck der Übergangsregelung des § 154 Abs. 1, wonach Altgesellschaften von den im 4. StBerÄG geschaffenen, in § 50a festgelegten Voraussetzungen für die Anerkennung grundsätzlich nicht betroffen werden sollen.

Dritter Abschnitt. Rechte und Pflichten

§ 56 Weitere berufliche Zusammenschlüsse

(1) **Steuerberater und Steuerbevollmächtigte dürfen sich zur gemeinschaftlichen Berufsausübung im Rahmen der eigenen beruflichen Befugnisse mit anderen Steuerberatern und Steuerbevollmächtigten, Wirtschaftsprüfern, vereidigten Buchprüfern, Mitgliedern einer Rechtsanwaltskammer und Mitgliedern der Patentanwaltskammer örtlich und überörtlich zu einer Sozietät zusammenschließen. Mit Rechtsanwälten, die zugleich Notare sind, darf eine Sozietät nur bezogen auf die anwaltliche Berufsausübung eingegangen werden. Im Übrigen richtet sich die Verbindung mit Rechtsanwälten, die zugleich Notare sind, nach den Bestimmungen und Anforderungen des notariellen Berufsrechts. Die Sozietät erfordert eine gemeinschaftliche Kanzlei oder mehrere Kanzleien, in denen zumindest ein Mitglied der Sozietät verantwortlich tätig ist, für das die Kanzlei den Mittelpunkt seiner beruflichen Tätigkeit bildet.**

(2) **Steuerberater und Steuerbevollmächtigte dürfen sich zur gemeinschaftlichen Berufsausübung im Rahmen der eigenen beruflichen Befugnisse mit anderen Steuerberatern und Steuerbevollmächtigten, Wirtschaftsprüfern, vereidigten Buchprüfern, Mitgliedern einer Rechtsanwaltskammer und Mitgliedern der Patentanwaltskammer zu einer Partnerschaftsgesellschaft zusammenschließen, die nicht als Steuerberatungsgesellschaft anerkannt ist; § 53 Satz 2 gilt insoweit nicht. Absatz 1 Satz 2 bis 4 ist sinngemäß anzuwenden.**

(3) **Steuerberater und Steuerbevollmächtigte dürfen mit anderen Steuerberatern und Steuerbevollmächtigten, Wirtschaftsprüfern, vereidigten Buchprüfern, Mitgliedern einer Rechtsanwaltskammer, Mitgliedern der Patentanwaltskammer sowie den in § 3 Nr. 2 und 3 genannten Vereinigungen eine Bürogemeinschaft bilden. Absatz 1 Satz 2 und 3 ist sinngemäß anzuwenden.**

1. Allgemeines 1 § 56

(4) Ein Zusammenschluss im Sinne der Absätze 1 bis 3 mit ausländischen Berufsangehörigen, die ihre berufliche Niederlassung im Ausland haben, ist zulässig, wenn diese im Ausland einen den in § 3 Nr. 1 genannten Berufen in der Ausbildung und den Befugnissen vergleichbaren Beruf ausüben und die Voraussetzungen für die Berufsausübung den Anforderungen dieses Gesetzes im Wesentlichen entsprechen.

(5) Die Gründung von Gesellschaften nach den Absätzen 1, 2 und 4 und Veränderungen in den Gesellschaftsverhältnissen sind nach Maßgabe der Berufsordnung der zuständigen Steuerberaterkammer anzuzeigen. Auf Verlangen der Steuerberaterkammer sind erforderliche Auskünfte zu erteilen und die Verträge über die gemeinsame Berufsausübung sowie derer Änderungen vorzulegen.

Übersicht

	Rdnr.
1. Allgemeines	
a) Gesetzliche Vorschrift	1–4
b) Erscheinungsformen	5, 6
2. Sozietäten	
a) Gesellschafter	7–10
b) Name der Sozietät	11, 12
c) Haftung	13, 14
d) Auflösung	15, 16
e) Weitere Gesichtspunkte	17, 18
f) Überörtliche Sozietät	19–21
3. Partnerschaftsgesellschaften	
a) Gesetzliche Regelung	22
b) Inhaltliche Gestaltung	23–25
c) Abgrenzung zu Steuerberatungsgesellschaften	26, 27
4. Bürogemeinschaften	
a) Gesetzliche Regelung	28–30
b) Gestaltungsmöglichkeiten	31–34
c) Kooperationen	35, 36
5. Zusammenschluss mit ausländischen Berufsangehörigen	
a) Gesetzliche Regelung	37–40
b) EWIV	41, 42
6. Anzeigepflicht	43, 44

1. Allgemeines

a) Gesetzliche Vorschrift

Die gesetzliche Vorschrift ist im wesentlichen Ausdruck und Bestätigung 1 der bisherigen Praxis über die Formen der beruflichen Zusammenarbeit (vgl. *Späth*, StB 1996 S. 432, 474; *Wissmann/Gremminger*, INF 1996 S. 533). Durch das 7. StBerÄG wurde für diese Form eine neue Überschrift aufgenommen, die umfassender die beruflichen Zusammenschlüsse beschreibt. Im Gesetzestext sind nunmehr die **zulässigen beruflichen Zusammenschlüsse** gesondert aufgeführt. Nachdem in Anbetracht der wirtschaftlichen Entwicklungen sich ständig die Wechselbeziehungen zwischen steuerlichen, juristischen und wirtschaftlichen Fragestellungen ändern, hat es der Gesetzgeber als sinnvoll angesehen, wenn Freiberufler aus verschiedenen Fachrich-

§ 56 2–6　　Weitere berufliche Zusammenschlüsse

tungen in einer örtlichen oder überörtlichen Praxis zusammenarbeiten können.

2　Die gesetzliche Vorschrift ist auch in Verbindung zu § 49 zu sehen. Sie dient hierbei der Abgrenzung zu den Steuerberatungsgesellschaften, die ebenfalls eine Form der gemeinsamen Berufsausübung darstellen.

3　§ 56 eröffnet die Möglichkeit, eine Berufsausübung mit **allen** Angehörigen von **rechts- und wirtschaftsberatenden Berufen einzugehen,** die einer Berufskammer angehören. Eine Beschränkung auf diesen Personenkreis wurde damit begründet, dass allgemein kein dringender Bedarf an Kooperationen mit anderen freien Berufen besteht. Das gesetzlich definierte Berufsfeld der freien rechtsberatenden Berufe schließt eine Kooperation mit Gewerbetreibenden oder anderen Freiberuflern, die keiner Kammeraufsicht unterliegen, aus. So gilt beispielsweise für diese nicht das Beschlagnahmeverbot nach § 97 StPO. Zugleich wurden auch die internationalen Kooperationsmöglichkeiten erweitert. Der Zusammenschluss mit ausländischen Berufsangehörigen wird nun in einem gesonderten Absatz 4 behandelt.

4　Im Absatz 5 wird den Berufskammern die Kontrolle über die Einhaltung der Kooperationsmöglichkeiten zugestanden.

b) Erscheinungsformen

5　Eine gemeinsame Berufsausübung hat eine lange Tradition im steuerberatenden Beruf. Sozietäten haben schon vor der Verabschiedung des Steuerberatungsgesetzes bestanden (*Kuhls,* § 56 Rdnr. 1). Die Veränderungen im beruflichen Alltag und die sich daraus ergebenden Konsequenzen auf die berufliche Tätigkeit führen dazu, dass sich heute die Berufsangehörigen mit anderen Erwartungen und Wünschen der Mandanten auseinandersetzen müssen. Daher bildet das gemeinsame Wirken in einer **Gesellschaft bürgerlichen Rechtes** eine für den steuerberatenden Beruf **typische Erscheinungsform** (BVerfGE 60, S. 215). Die Gesellschaften bürgerlichen Rechtes sind in Form einer Innengesellschaft und damit als Bürogemeinschaften oder als Sozietäten vorsehbar. Als weitere Form bietet sich auch eine Kooperation an, die in § 52 Abs. 1 BOStB erwähnt ist. Bei einer Kooperation handelt es sich um eine Zusammenarbeit zwischen mindestens zwei Steuerberatern oder Sozietäten, die beispielsweise unterschiedliche Tätigkeitsschwerpunkte haben. Dabei wird nicht darauf abgestellt, wie intensiv die Zusammenarbeit ist (*Mittelsteiner,* § 52 Rdnr. 1). Die Kooperation ist im Gesetz nicht ausdrücklich aufgeführt. Vielmehr verweist die BOStB darauf, dass auch andere Formen der Zusammenarbeit über die im Gesetz genannten in Betracht kommen. Gleichzeitig werden die Kooperationsmöglichkeiten jedoch auf die Personen und Personenvereinigungen eingeschränkt, die in § 3 Nr. 1–3 und § 56 Abs. 1 und 2 sowie Abs. 4 aufgeführt sind.

6　Eine weitere Möglichkeit eines beruflichen Zusammenschlusses bildet die Partnerschaftsgesellschaft, die im Absatz 2 erwähnt ist. Insgesamt stehen somit den Berufsangehörigen über die Steuerberatungsgesellschaft hinaus verschiedene Formen von beruflichen Zusammenschlüssen zur Verfügung. Davon ist die Beschäftigung von Mitarbeitern zu unterscheiden, die sich aus § 7 BOStB ergibt. Es kommt zwar eine Mitarbeit von anderen Berufsgruppen in Betracht, die nicht zu den in § 56 genannten Personengruppen zählen, aber es muss die Pflicht der Berufsangehörigen zur eigenverantwortlichen Berufsausübung gewahrt bleiben. Nicht die berufliche Qualifikation des Mitarbeiters ist für eine Beschäftigung entscheidend, sondern vielmehr dass der Mitarbeiter im Innenverhältnis unter der fachlichen Aufsicht des StB steht und im Verhältnis gegenüber dem Mandanten alleinverantwortlich bleibt. Der Gestaltung der Mitarbeit sind hingegen keine Grenzen gesetzt. Sie kann sowohl in einem festen Angestelltenverhältnis als auch in Form einer freien Mitarbeit ausgeübt werden.

2. Sozietäten

a) Gesellschafter

Die **Sozietät** ist ein **organisierter Zusammenschluss von Berufsangehörigen** zur gemeinsamen Berufsausübung im Interesse und auf Rechnung aller Sozien. Die gemeinsamen Einrichtungen werden zusammen genutzt. Die in Absatz 1 genannten Personengruppen, mit denen eine Sozietät gebildet werden kann, sind abschließend. Eine Sozietät ist somit auch nicht mit anderen freien Berufen denkbar. 7

Als Gesellschafter kommen nur andere StB oder StBv sowie Angehörige der rechts- und wirtschaftsberatenden Berufe in Betracht, die einer Berufskammer angehören. Dies sind WP, vBP, Mitglieder einer Rechtsanwaltskammer und Mitglieder einer Patentanwaltskammer. Es handelt sich somit um RA, RB, soweit sie nach § 209 BRAO Mitglieder einer Rechtsanwaltskammer sind, und Patentanwälte. Die Patentanwälte sind eine Personengruppe, die nicht nach § 3 eine unbeschränkte Hilfeleistung, sondern laut § 4 Nr. 2 eine beschränkte Hilfeleistung in Steuersachen vorsehen kann. Patentanwälte sind Berater und Vertreter in allen Angelegenheiten des gewerblichen Rechtsschutzes und den damit unmittelbar zusammenhängenden Rechtsfragen (*Borggreve*, Stbg 1982 S. 283). Folglich besteht eine Verbindung zu dem steuerberatenden Beruf, da das **Wirkungsfeld** des Patentanwaltes auch vom Aufgabengebiet des rechtsanwaltlichen Berufes umfasst wird und damit eine Sozietätsfähigkeit bejaht werden kann. Einschränkungen ergeben sich bei Rechtsanwälten, die zugleich Notare sind. Mit ihnen ist nur im Hinblick auf die anwaltliche Berufsausübung eine Sozietät vorsehbar. Nach § 67 Abs. 2 BNotO obliegt es den Notarkammern, in Richtlinien die Amtspflichten und sonstigen Pflichten der Notare festzulegen. Diese dienen dem Schutz des Vertrauens, das Notaren von Außenstehenden entgegengebracht wird. Dem **notariellen Berufsrecht** ist in soweit der **Vorrang** einzuräumen. Nach § 27 Abs. 1 BNotO hat ein Notar eine Verbindung zu einer gemeinsamen Berufsausübung oder zur gemeinsamen Nutzung von Geschäftsräumen unverzüglich der Aufsichtsbehörde und der Notarkammer anzuzeigen. Nach § 9 Abs. 2 und 3 BNotO darf die persönliche und eigenverantwortliche Amtsführung, Unabhängigkeit und Unparteilichkeit des Notars nicht beeinträchtigt werden. Zudem können RAe nicht in mehreren Sozietäten tätig sein (AGH Hamburg, BRAK-Mitt. 2004 S. 271). 8

9 Die Beschränkung der möglichen Gesellschafter einer Sozietät auf die Angehörigen der rechts- und wirtschaftsberatenden Berufe, die zugleich verkammert sind, bildet derzeit noch das ausschließliche Kriterium. Daher kommt auch keine Sozietät mit Angehörigen der freien Berufe in Betracht, die ebenfalls einer Berufskammer angehören. Sozietäten zwischen StB/StBv und Architekten sind folglich derzeit noch nicht vorsehbar, auch wenn aus Mandantenkreisen gerade Spezialkenntnisse in diesen sich teilweise überschneidenden Themenbereichen nachgefragt werden. Auch durch das Inkrafttreten des Partnerschaftsgesellschaftsgesetz ist das „Odium" unzulässiger beruflicher Verbindungen mit einer Reihe von freien Berufen nicht beseitigt worden (a. A. *Mittelsteiner,* § 51 Rdnr. 11). Das Partnerschaftsgesellschaftsgesetz gibt gerade in § 1 Abs. 3 PartGG den gesetzlichen Vorschriften in einzelnen Berufen den Vorrang. Der Gesetzgeber hat in diesem Bewusstsein im § 56 Abs. 1 eine Änderung vollzogen und konsequent eine Beschränkung vorgenommen. Es reicht daher auch nicht eine strenge und wirksame Kontrolle durch eine andere staatliche Stelle, die als Aufsichtsbehörde agiert, aus. Zukünftig ist sicherlich denkbar, als Klammer für eine gemeinsame Berufsausübung zumindest für **jeden Beruf** eine **Kontrollinstanz** zu verlangen, die auf die Einhaltung der Berufspflichten achtet. Damit würde auch weiterhin nicht ein berufsinterner Ehrenkodex eines Berufes genügen, der keiner staatlichen Berufsaufsicht unterliegt und damit lediglich intern die Aufsicht regelt. Es besteht ansonsten die – nicht unbegründete – Gefahr, dass die Mitglieder einer Sozietät, die einer Berufsaufsicht unterstehen, Angelegenheiten auf die Sozien übertragen und von diesen durchführen lassen, die nicht einer institutionellen Berufsaufsicht unterliegen (BT-Drs. 12/6753, S. 17).

10 Eine **Sozietät** mit anderen Gruppierungen, beispielsweise **Gewerbetreibenden,** ist **unzulässig.** Es gilt sowohl für eine Zusammenarbeit mit Unternehmensberatern (LG Duisburg, DStR 1994 S. 1868), Datenverarbeitungsunternehmen als auch mit Versicherungs- und Bausparkassenvertretern, weil damit die Grenze zur unerlaubten gewerblichen Tätigkeit nach § 57 Abs. 1 Nr. 1 überschritten wird. Zugleich ist auch eine Sozietät nicht mit einem Rechtsbeistand (BGHSt 28 S. 199), einem Versicherungsmathematiker (BVerfGE 60 S. 215), einem nicht als StB bestellten Dipl.-Finanzwirt (BGH, StB 1997 S. 355), mit Lohnsteuerhilfevereinen und berufsständischen oder Wirtschaftsvereinigungen sowie Haus- und Grundbesitzervereinen und Mietervereinen vorsehbar.

Es ist auch keine Sozietät mit den in § 3 Nr. 1 genannten Gesellschaften realisierbar. Es kommt weder eine Sozietät mit Steuerberatungs-, Wirtschaftsprüfungs-, Rechtsanwalts- oder Buchprüfungsgesellschaften in Betracht noch ist eine Sozietät zwischen einzelnen Berufsangehörigen und bestehenden Sozietäten durchführbar (BT-Drs. 12/6753 S. 17). Fraglich sind Sozietäten mit Rentenberatern (BHStB, § 57 Rdnr. B 833). Die Rentenberater sind ebenfalls Freiberufler und unterliegen der Aufsicht durch die Präsidenten der jeweils zuständigen Oberlandesgerichte. Eine notwendige und auch sachgerechte Verbindung für eine gemeinsame Berufsausübung liegt in der gemeinsamen Besorgung fremder Rechtsangelegenheiten. Die Rechtsgebiete, die bearbeitet werden, sind zwar getrennt, bilden jedoch zugleich eine Ergänzung. Daher sollte im Ergebnis – trotz der nicht erfolgten Aufnahme durch den Gesetzgeber – davon ausgegangen werden, dass grundsätzlich eine berufliche Zusammenarbeit denkbar wäre (so auch *Kuhls*, § 56 Rdnr. 48).

b) Der Name der Sozietät

Der Sozietätsname ergibt sich in den meisten Fällen durch die Familiennamen der Sozietätspartner. Nach § 16 Abs. 4 BOStB kann auch eine Kurzbezeichnung gewählt werden. Eine solche Lösung ist sinnvoll, wenn eine Vielzahl an Sozietätspartnern vorhanden ist oder die Sozietät schon über einen längeren Zeitraum besteht und der Name eines ausgeschiedenen Sozietätspartners aus dem Gesichtspunkt der positiven Außendarstellung im Sozietätsnamen beibehalten wird. Bei einer **Kurzbezeichnung** sind auf den **Briefbögen** einer Sozietät **sämtliche Sozien mit Namen** und Berufsbezeichnungen aufzuführen (*Mittelsteiner*, DSWR 1999 S. 186). Sofern der Name eines ausgeschiedenen Sozius in der Kanzleibezeichnung fortgeführt und der ausgeschiedene Sozius weiterhin beruflich aktiv ist, kann einer Irreführungsgefahr dadurch begegnet werden, indem in der Namensliste auf das Ausscheiden des Namensgebers und auf den Umstand hingewiesen wird, dass dieser inzwischen in einer anderen Praxis tätig ist (BGH v. 28. 2. 2002, Az. I ZR 195/99). 11

Die Sozietät kann sich auch eines **Fakultativnamens** bedienen (LG Hannover, INF 2001 S. 191) so lange keine Verwechslungsgefahr mit einer kaufmännischen Firma oder Partnerschaft besteht. Eine Kurzbezeichnung ist sowohl in Form einer reinen Personenfirma, einer gemischten Firma oder einer reinen Fachfirma möglich (*Römermann*, INF 2001 S. 181). Bei vorhandenen Kooperationspartnern einer Sozietät, die über weitere Qualifikationen verfügen, wird jedoch die Gefahr einer Irreführung der angesprochenen Verkehrskreise über die berufliche Qualifikation der Sozietätsmitglieder nicht dadurch ausgeräumt, dass die Berufsbezeichnungen am rechten Rand des Briefkopfes unter Namensnennung der Kooperationspartner und unter Hinzufügung ihrer beruflichen Stellung erläutert wird (BGH, NJW 2003 S. 346). Es bedarf einer entsprechenden Gestaltung des Briefbogens, damit sich die Sozietät die besonderen Kenntnisse und Fähigkeiten der Kooperationspartner zunutze machen kann. Auch bei einer großen Anzahl an Partnern ist eine Auflistung auf den Briefbögen notwendig (BVerfG, BRAK-Mitt. 2002 S. 182). Es genügt nicht, lediglich auf den Briefbögen einen Hinweis vorzusehen, wonach die Liste unter einer angegebenen Adresse einsehbar ist oder auf die Abrufbarkeit dieser Liste im Internet verwiesen wird. 12

c) Haftung

Bei der Erteilung eines Mandates erstreckt sich regelmäßig das **Mandat auf alle Sozietätsmitglieder.** Hierzu zählen auch später eintretende Sozietätsmitglieder. Sofern Aufträge außerhalb der Gesellschaft im eigenen Namen 13 und auf eigene Rechnung einzelner Sozien durchgeführt werden sollen, bedarf es ausdrücklicher Vereinbarungen.

14 Besondere Bedeutung hat die Haftung neu eintretender Gesellschafter. Eine Sozietät, die in Form einer GbR geführt wird, wurde Rechts- und Parteifähigkeit zuerkannt (BGH, NJW 2001 S. 1056). Mit der Anerkennung der Rechtssubjektivität ist konsequent, dass ein neu eintretender Gesellschafter für Altschulden mit dem Gesellschaftsvermögen haften muss. Ein Wechsel der Mitglieder einer GbR hat keinen Einfluss auf den Fortbestand der mit der Gesellschaft bestehenden Rechtsverhältnisse. Daneben besteht eine persönliche Haftung der Gesellschafter für Verbindlichkeiten der Gesellschaft analog §§ 128, 129 HGB. Es haften aber auch Sozien, die neu in eine Sozietät eintreten, in analoger Anwendung des § 130 HGB auch für bereits bestehende Verbindlichkeiten der Gesellschaft mit ihrem Privatvermögen (BGH v. 7. 4. 2003, Az. II ZR 56/02). Dies entspricht dem Wesen der Personengesellschaft und ihren Haftungsverhältnissen, da die Gesellschaft kein eigenes Haftkapital besitzt. Ein neu hinzukommender Gesellschafter hat auch persönlich für schon bestehende Verbindlichkeiten einzutreten. Insoweit wird die Haftungslage der GbR-Gesellschaft derjenigen der OHG angeglichen. **Die Ansprüche umfassen alle vertraglichen, quasi vertraglichen und gesetzlichen Verbindlichkeiten der Gesellschaft.** Es ist jedoch fraglich, inwieweit es auch für Verbindlichkeiten aus beruflichen Haftungsfällen gilt, da hier auch zur Wertung auf § 8 Abs. 2 PartGG zurückzugreifen ist, nachdem der Gesetzgeber gerade der Personengruppe der Freiberufler die Möglichkeit einer Haftungsbegrenzung geben wollte. Eine solche Begrenzung setzt jedoch voraus, dass die Freiberufler die Rechtsform der Partnerschaftsgesellschaft wählen. Bei GbR ist damit wohl auch von einer Haftung in beruflichen Fällen auszugehen.

d) Auflösung

15 Die Sozietät als Gebilde beinhaltet schon den Grundsatz, wonach Berufsangehörige ein- oder aussteigen können. Die Mobilität gewinnt nicht nur für Angestellte, sondern auch für Sozien an Bedeutung. Ein Praxiswechsel ist aus Einkommens- oder Karrierechancen keine Seltenheit mehr (BVerfG, BB 2003 S. 2202). Dabei darf ein Sozietätswechsel nicht erschwert werden, wenn hinreichend gesichert ist, dass Pflichtverletzungen nicht zu erwarten sind. Eine solche Prüfung ist im Einzelfall vorzusehen. Ansonsten kommt es zu einer **unverhältnismäßigen Erschwerung eines Praxiswechsels,** weil die aufnehmende Praxis finanzielle Einbußen nur dann in Kauf nehmen wird, wenn sie ein besonderes Interesse an der Gewinnung des neuen Mitarbeiters hat. Daher sind die Berufsangehörigen nicht zwingend zur Beendigung eines Mandates verpflichtet, wenn die von einem Sozietätswechsel betroffenen Mandanten beider Seiten das Vertrauensverhältnis zu ihren Berufsangehörigen nicht als gestört ansehen und mit der Fortführung der eigenen sowie der anderen Mandate einverstanden sind (BVerfG, BRAK-Mitt. 2003 S. 231; *Kilian,* BB 2003 S. 2189; *Westerwelle,* NJW 2003 S. 2958; wegen der Abfindung vgl. BGH, BFH/NV 2004 S. 390).

2. Sozietäten

Bei der Auflösung einer Sozietät (zur Kündigung aus wichtigem Grund 16
BGH, DStR 1996 S. 1256) verbietet es die nachwirkende **gesellschaftsrechtliche Treuepflicht** Mandanten von den ehemaligen Partnern abzuwerben, wenn eine pauschale Abfindung vereinbart worden ist. Der ausgeschiedene Partner ist jedoch nie gehindert, aus freien Stücken zu ihm überwechselnde Mandate zu übernehmen. Er kann auch die Mandanten seines ehemaligen Arbeitgebers anschreiben, um sie zu einem Beraterwechsel zu bewegen. (OLG Düsseldorf, WPK – Milt. 2003 S. 65). Beim Hinzutreten besonderer Umstände oder der Verwendung unlauterer Methoden, etwa Diffamierung des früheren Arbeitgebers oder die unbefugte Mitnahme von Mandantendaten, wird die Grenze zur berufswidrigen Abwerbung überschritten. Er muss dann nicht das in § 3 Abs. 3 BOStB beschriebene Verfahren beachten und sich den Abfindungsanspruch kürzen lassen (BGH, DStR 1991 S. 1226; BGH, DB 2003 S. 2699). Sofern gesellschaftsvertraglich keine Regelungen für den Fall der Mitnahme von Mandanten durch einen ausscheidenden Gesellschafter getroffen wurden, kann sich ein Ausgleichsanspruch im Wege der ergänzenden Vertragsauslegung ergeben, sofern die Parteien die später eingetretene Entwicklung bei Vertragsschluss nicht bedacht haben (BGH, DStR 1992 S. 78; zur Wertermittlung BGH, DStR 1995 S. 856). Ein unbeschränktes Wettbewerbsverbot oder eine unbegrenzte Mandantenschutzklausel sind unwirksam (BGH, DStR 1996 S. 1254). Ein **Wettbewerbsverbot** ist sowohl zeitlich, örtlich als auch gegenständlich **hinreichend zu bestimmen** und maßvoll anzusetzen. Bei einer Wertung sind sämtliche Umstände des konkreten Einzelfalles zu beachten. Als zeitliche Obergrenze eines Wettbewerbsverbots werden zwei Jahre als noch akzeptabel angesehen (BGH, NJW 1984 S. 2367; BGH, DB 2003 S. 2699). Sofern das nachvertragliche Wettbewerbsverbot nicht nur in zeitlicher, sondern zugleich auch in räumlicher und gegenständlicher Hinsicht überschritten wird, erfolgt keine geltungserhaltende Reduktion. Lediglich bei einem Verstoß gegen die zeitliche Grenze, ohne dass weitere Gründe vorliegen, wegen denen die Beschränkung der Berufsausübungsfreiheit als sittenwidrig zu qualifizieren ist, kann eine geltungserhaltende Reduktion auf das zeitlich tolerable Maß zugelassen werden (BGH, BRAK-Mitt. 2000 S. 206).

e) Weitere Gesichtspunkte

Wesentliche Bedeutung kommt innerhalb der Sozietät auch der **Ge-** 17
winn- und Verlustverteilung zu. Es gibt keine festgelegte Norm, in welcher Form eine Aufteilung vorzusehen ist. Vielfach werden Quoten- und/oder Punktesysteme angesetzt, um individuell variieren zu können. Es ist denkbar, im Rahmen eines Quotensystems unterschiedliche Prozentsätze für die einzelnen Sozien festzulegen. Neu eintretenden Berufsangehörigen kann dann durch eine niedrigere Quote eine Form der „Ausgleichszahlung" erlaubt werden, sofern keine Zahlung für eine Beteiligung an der Sozietät am Beginn zu leisten ist. Eine Staffelung bei der Quote bietet sich auch bei älteren Berufsangehörigen an, die ihre berufliche Tätigkeit sukzessiv reduzieren wollen. Alternativ ist auch eine Verteilung nach Köpfen denkbar.

18 Besondere Bedeutung kommt der Scheinsozietät zu. Eine solche ist gegeben, wenn mehrere Berufsangehörige, zwischen denen keine Sozietät besteht, weil etwa lediglich ein Anstellungsverhältnis vorliegt, nach außen hin durch gemeinsame Aktivitäten, beispielsweise Briefbögen oder Stempel, den Anschein einer Sozietät erwecken. Sie erzeugen folglich für den Rechtsverkehr den Eindruck, dass der einzelne handelnde Berufsangehörige sämtliche Sozien vertritt. Im Interesse der Mandantschaft und deren Vertrauensschutzwillen wird allein unter Haftungsgesichtspunkten auf den erweckten Anschein abgestellt, während die tatsächlichen Rechtsverhältnisse bedeutungslos sind (BGH, Stb 2001 S. 63). Die Grundsätze der **gesamtschuldnerischen Rechtsscheinhaftung** gelten bei **Scheinsozietäten** auch dann, wenn auf dem gemeinsamen Briefkopf der Zusatz „in Kanzleigemeinschaft" angebracht ist (OLG Köln, BRAK-Mitt. 2003 S. 121). Nur bei dem Vorliegen besonderer Umstände ist von einem Einzelmandat auszugehen. Eine Einzelvollmacht hat allenfalls eine Indizwirkung, reicht aber für sich allein für die Bejahung eines Einzelmandates nicht aus. Als klassische Rechtsscheinträger fungieren der Briefbogen und das Kanzleischild. Der Anschein einer Sozietät wird hervorgerufen, wenn etwa ein einheitlicher Name verwendet wird und/oder die Namen der beteiligten Berufsangehörigen ohne weitergehenden Zusatz aufgelistet sind (*Schäfer*, DStR 2003 S. 1080). Eine Ausnahme von der gesamtschuldnerischen Haftung besteht jedoch bei reinen Rechtsbesorgungsmandaten, die Steuerberater nach dem Rechtsberatungsgesetz nicht wahrnehmen dürfen (*Kamps/Alvermann*, Stbg 2002 S. 225).

f) Überörtliche Sozietät

19 Durch einen Zusammenschluss von Berufsangehörigen, die ihren Sitz an unterschiedlichen Standorten haben, entsteht eine überörtliche Sozietät. Diese ist auch innerhalb eines Ortes zulässig (BGH, DStR 1994 S. 1318). Aus den Geschäftspapieren von überörtlichen Sozietäten muss erkennbar sein, welcher Partner an welchem Ort ansässig ist (§ 19 Abs. 5 BOStB). Es darf nicht der Eindruck erweckt werden, dass jeder Partner an jedem Ort als Ansprechperson zur Verfügung steht (BGH, NJW 1993 S. 196; *Maxl*, Stbg 1993 S. 8). Bei Sozietäten, die aus Angehörigen verschiedener Berufe besteht, hat sich aus den Geschäftspapieren zu ergeben, welcher Partner welche Qualifikation besitzt und wo sich seine berufliche Niederlassung befindet (§ 19 Abs. 5 BOStB; OLG Karlsruhe, StB 1995 S. 9). In jedem Praxisort bedarf es zumindest der verantwortlichen Tätigkeit eines Sozietätsmitgliedes, für den nach § 51 Abs. 2 BOStB die Kanzlei den Mittelpunkt seiner beruflichen Tätigkeit bildet. Es reicht nicht aus, wenn lediglich ein angestellter Berufsangehöriger in dem Kanzleiort wirkt. Vielmehr hat den Mandanten **an jedem** der **Kanzleiorte** ein **Sozietätsmitglied** zur Verfügung zu stehen, der verbindliche Vereinbarungen für die Sozietät treffen kann.

20 Die einzelnen Mitglieder einer Sozietät müssen die Möglichkeit haben, einen Vertrag mit Wirkung für und gegen sämtliche Sozien abzuschließen (BGH, BB 1991 S. 367). Zugleich gilt es zu beachten, dass auch bei der Haftung Unterschiede auftreten können. Eine Ausnahme von der gesamtschuldnerischen Haftung (vgl. hierzu auch Rdnr. 18) besteht auch in interprofessionellen Sozietäten, wenn Mandate übernommen werden, die nur ein Teil der Sozietätsmitglieder ausüben darf. In diesem Fall haften nur die Angehörigen der Sozietät, denen auch die Durchführung dieser Aufgaben nach den gesetzlichen Vorschriften erlaubt ist (OLG Dresden, DStRE 2000 S. 952).

Eine Berufsausübung innerhalb einer überörtlichen Sozietät darf nicht zu weiteren Niederlassungen bei einzelnen Sozietätsmitgliedern führen. Nach § 34 ist nur eine berufliche Niederlassung erlaubt. Nach § 34 Abs. 2 kann der StB lediglich weitere Beratungsstellen unterhalten, soweit dadurch nicht die Erfüllung der Berufspflichten beeinträchtigt wird. Die **weitere Tätigkeit** hat **nicht** zu einem **(zusätzlichen) beruflichen Mittelpunkt** zu führen (BGH, NJW 1989 S. 2890). 21

3. Partnerschaftsgesellschaften

a) Gesetzliche Regelung

Abs. 2 regelt die gemeinschaftliche Berufsausübung in Form einer Partnerschaftsgesellschaft. Es ist abschließend aufgezählt, welche Personengruppen als Partner für die StB/StBv in einer Partnerschaftsgesellschaft in Betracht kommen. Im Einzelnen handelt es sich um natürliche Personen wie StB, StBv, WP, vBP, Mitglieder einer Rechtsanwaltskammer und Mitglieder einer Patentanwaltskammer. Folglich ist ein **Zusammenschluss mit Vereinigungen nicht möglich.** Aus der Verweisnorm auf Abs. 1 Satz 2–4 ergibt sich, dass mit Rechtsanwälten, die zugleich Notare sind, nur eine Partnerschaft bezogen auf die anwaltliche Berufsausübung vorsehbar ist. 22

b) Inhaltliche Gestaltung

Nach § 1 Abs. 1 PartGG ist die Partnerschaft eine Gesellschaft, in der sich Angehörige freier Berufe zusammenschließen können. Als Angehörige einer Partnerschaft kommen nur natürliche Personen in Betracht. Die **Partnerschaft** kann als eine auf die Besonderheiten freier Berufsausübung **zurecht geschnittene OHG** bezeichnet werden (BT-Drs. 12/6152, S. 8). Mit dem Gesetz wurde den Angehörigen freier Berufe eine besondere, auf ihre Bedürfnisse zugeschnittene Gesellschaftsform zur gemeinsamen Berufsausübung zur Verfügung gestellt. Die Partnerschaftsgesellschaft soll die **Lücke** zwischen der BGB-Gesellschaft und den Kapitalgesellschaften **schließen,** indem sie als Personengesellschaft einerseits dem Charakter freiberuflicher Berufsausübung gerecht wird und sich auf der anderen Seite auf Grund einer verfestigten Struktur, ihrer Rechtsfähigkeit und Registrierpflichtigkeit als auch ihrer Haftungsverfassung als Trägerin für größere, auch interprofessionelle, überregionale und internationale Zusammenschlüsse eignet (*Bösert/Seibert,* Erläuterungen zum PartGG, Deutsches Bundesrecht, S. 7). 23

Auch wenn die Partnerschaftsgesellschaft für die freien Berufe gestaltet wurde, ist in § 1 Abs. 3 PartGG ein allgemeiner Berufsrechtsvorbehalt aufgenommen worden. Danach kann die Berufsausübung in einer Partnerschaft 24 durch das Berufsrecht für einzelne Berufe ausgeschlossen oder von weiteren Voraussetzungen abhängig gemacht werden. Als Vorschriften einzelner Berufe gelten sämtliche Rechtsvorschriften, die Regelungen über den Berufszugang und die Berufsausübung enthalten, wobei diese Regelungen den verfassungsrechtlichen Vorgaben genügen müssen (BVerfG, NJW 1988 S. 191 ff.). Zu den Rechtsvorschriften zählen neben den Gesetzen und Verordnungen auch das sonstige materielle Recht, beispielsweise Satzungen. In § 51a Abs. 2 BOStB ist geregelt, dass der Name der Partnerschaft den Namen mindestens eines Partners, den Zusatz „und Partner" oder „Partnerschaft" sowie die Berufsbezeichnung aller in der Partnerschaft vertretenen Berufe enthalten muss. Die Namen der anderen Personen dürfen nicht aufgenommen werden. Die Verwendung eines **Phantasienamens** als Zusatz ist jedoch **zulässig** (BGH, BB 2004 S. 1021; OLG Karlsruhe, Stbg 2001 S. 187). Ein Sachbegriff oder eine Phantasiebezeichnung als Kurzbezeichnung steht dem Gemeinwohl nicht entgegen.

25 § 8 Abs. 2 PartGG ermöglicht eine Haftungsbeschränkung auf die einzelnen Partner, die mit der Bearbeitung eines Auftrages befasst waren. Nur dieser Personenkreis haftet für berufliche Fehler neben der Partnerschaft. Für die sonstigen Verbindlichkeiten bleibt es bei der **unbeschränkten gesamtschuldnerischen Haftung** der Partner nach § 8 Abs. 1 PartGG (*Jawansky*, DB 2001 S. 2281). Zugleich wird jedoch auch für diejenigen Partner eine Haftung ausgeschlossen, die bei der Bearbeitung nur Beiträge von untergeordneter Bedeutung wahrgenommen haben. Sofern sich aus der internen Geschäftsverteilung kein Aufschluss ergibt, wer zuständig war und auch kein Partner selbst gehandelt bzw. eine Überwachung vorgesehen hat, kommt die Haftungskonzentration nicht zur Anwendung. Es ist dann weiterhin von einer gesamtschuldnerischen Haftung der Partner nach § 8 Abs. 1 PartGG auszugehen. Eine Haftung ist auch innerhalb der Partnerschaftsgesellschaft bei Scheingesellschaftern zu bejahen, wenn sich der jeweilige Berufsträger als Partner geriert. Obgleich das Partnerschaftsregister Aufschluss über die Partner gibt, ist von einer Haftung auszugehen, da vom Rechtsverkehr grundsätzlich keine allgemeine Nachforschungspflicht verlangt werden kann (*Jawansky*, DB 2001 S. 2284).

c) Abgrenzung zu Steuerberatungsgesellschaften

26 Nach Abs. 2 Satz 1, 2. HS kommen berufliche Zusammenschlüsse in Form einer Partnerschaftsgesellschaft auch in Betracht, sofern diese **nicht als Steuerberatungsgesellschaft anerkannt** ist. Eine Anerkennung wird nicht mehr vorausgesetzt, um zu geschäftsmäßigen Hilfeleistungen in Steuersachen befugt zu sein (BFH, BStBl. II 1998 S. 692). Dies würde sonst im Gegensatz zur Intention des Gesetzgebers stehen, wenn zugleich eine Anerkennung als Steuerberatungsgesellschaft von den Partnerschaftsgesellschaften anzustreben ist. Ansonsten müssten Partnerschaftsgesellschaften zugleich als Kapitalgesellschaften geführt werden.

27 Gleichzeitig ergibt sich jedoch aus Abs. 2 Satz 2, dass in diesen Fällen § 53 Satz 2 nicht zur Anwendung gelangt. In § 53 Satz 2 ist geregelt, dass Steuer-

beratungsgesellschaften, die zugleich Partnerschaftsgesellschaften sind, nicht zusätzlich die Berufsbezeichnung aller in der Partnerschaft vertretenen Berufe ihren Namen aufnehmen müssen. Im Umkehrschluss bedeutet dies, dass zwingend bei den Partnerschaftsgesellschaften, die nicht zugleich die Anerkennung als Steuerberatungsgesellschaften anstreben, **alle** in der Partnerschaft **vorhandenen Berufe im Namen aufzuführen** sind. Außenstehenden wird damit nachvollziehbar dokumentiert, welche Berufe sich in der Partnerschaftsgesellschaft zusammengefunden haben.

4. Bürogemeinschaften

a) Gesetzliche Regelung

Die beruflichen Zusammenschlüsse im Rahmen einer Bürogemeinschaft sind in Abs. 3 geregelt und wesentlich umfangreicher als die in Abs. 1 und Abs. 2 genannten Möglichkeiten. Für eine Bürogemeinschaft mit StB und StBv kommen – in abschließender Aufzählung – sowohl andere StB, StBv, WP, vBP, Mitglieder einer Rechtsanwaltskammer, Mitglieder einer Patentanwaltskammer in Betracht. Zudem kann mit den in § 3 Nr. 2 und 3 genannten Vereinigungen eine Bürogemeinschaft vorgesehen werden. Es handelt sich hierbei um Partnerschafts-, Steuerberatungs-, Rechtsanwalts-, Wirtschaftsprüfungs- und Buchprüfungsgesellschaften.

Eine Bürogemeinschaft ist danach nicht mit Personen und Vereinigungen gewollt, die in § 3 Nr. 4 erwähnt sind. Über die Vorschrift des § 3 Nr. 2, wonach Partner auch die in § 3 Nr. 4 genannten Personen sein können, ist somit dennoch eine Bürogemeinschaft mit Partnerschaftsgesellschaften vorsehbar, der Personen oder Vereinigungen angehören, die in § 3 Nr. 4 aufgelistet werden. Hier liegt ein Versehen oder eine vom Gesetzgeber nicht gesehene Lücke vor, wenn der Gesetzgeber definitiv ausschließen wollte, dass Personen oder Vereinigungen nach § 3 Nr. 4 nicht für eine Bürogemeinschaft vorgesehen werden sollen. Der Gesetzgeber bietet über Abs. 4 gerade die Möglichkeit, mit ausländischen Berufsangehörigen unter bestimmten Voraussetzungen eine Bürogemeinschaft einzugehen.

Zugleich findet eine sinngemäße Anwendung des Abs. 1 Satz 2 und 3 statt. Danach ist auch mit Rechtsanwälten, die zugleich Notare sind, nur eine Bürogemeinschaft bezogen auf die anwaltliche Berufsausübung mit dem Berufsrecht vereinbar. Den Bestimmungen und **Anforderungen** des Berufsrechts der **Notare** ist hierbei **Vorrang** einzuräumen. Die Unabhängigkeit und Unparteilichkeit der Notare muss auch weiterhin gewahrt bleiben, selbst wenn die gleiche Person in ihrer Funktion als Rechtsanwalt eine Bürogemeinschaft eingeht.

b) Gestaltungsmöglichkeiten

Die **Bürogemeinschaft** ist ein Zusammenschluss von Berufsangehörigen oder Vereinigungen, die **aus Rationalisierungsgründen** gemeinsam ein Büro betreiben, gleichzeitig ihren Beruf aber selbstständig, also einzeln und auf eigene Gefahr verwirklichen (BT-Drs. 12/6753, S. 16). Das Ziel einer

Bürogemeinschaft ist, eine Reduzierung der Praxiskosten für die beteiligten Berufsangehörigen bzw. Vereinigungen zu erreichen.

32 Eine Bürogemeinschaft kann sowohl in der Form einer **Außen-** als auch einer **Innengesellschaft verwirklicht** werden (*Kuhls,* § 56 Rdnr. 11). Grundsätzlich ist von einer Innengesellschaft auszugehen, zumal die einzelnen Mitglieder einer Bürogemeinschaft völlig selbstständig ihre Berufsausübung durchführen möchten. Eine Außengesellschaft ist jedoch zu bejahen, wenn einer der Partner in der Bürogemeinschaft nicht im eigenen Namen handelt. Dies ist bei dem Abschluss eines Mietvertrages über Räumlichkeiten oder bei dem Kauf von Inventargegenständen im Namen der Bürogemeinschaft bzw. beim Abschluss von Dienstverträgen mit Mitarbeitern zu bejahen.

33 Bürogemeinschaften dürfen nach § 53 Abs. 2 BOStB nicht den Anschein einer Sozietät erwecken. Hierzu zählt, dass **weder gemeinsame Geschäftspapiere noch Praxisschilder** verwendet werden. Es darf auch kein entsprechender Hinweis auf Geschäftspapieren erfolgen. Ansonsten entsteht für Außenstehende der Eindruck einer gemeinsamen Berufsausübung, mit der Konsequenz, dass sämtliche genannten Berufsangehörigen auch **gesamtschuldnerisch haften.** Die Außenstehenden, die üblicherweise keine Kenntnis über das Zusammenwirken in Bürogemeinschaften haben, gehen von einer Zusammenarbeit aus.

34 Eine Bürogemeinschaft ist jedoch nicht zulässig zwischen einem Rechtsanwalt, der zugleich Mitglied einer Steuerberatungsgesellschaft ist und mit dieser Gesellschaft eine Bürogemeinschaft anstrebt (BGH, BB 2003 S. 2478). Aus Abs. 1 Satz 1 ergibt sich, dass die Berufsangehörigen ihren Beruf in nicht mehr als einer Sozietät ausüben dürfen. Das Wort „**einer**" ist hier nicht als unbestimmter Artikel, sondern als **Zahlwort** zu verstehen (BT-Drs. 12/4993, S. 33). Daher ist es den Gesellschaftern verboten, ihren ausgeübten Beruf noch in weiteren beruflichen Zusammenschlüssen nachzugehen. Hierzu zählt auch eine parallele Berufsausübung in Sozietäten in Form von Gesellschaften bürgerlichen Rechts, in Partnerschaftsgesellschaften, aber auch in Rechtsanwalts-, Steuerberatungs-, Wirtschaftsprüfungs- oder Buchprüfungsgesellschaften. Die Ausführungen gelten in gleicher Form für Bürogemeinschaften.

c) Kooperationen

35 In der BOStB ist über die gesetzliche Vorschrift hinaus im § 52 BOStB die Kooperation erwähnt. Darunter ist die Zusammenarbeit zwischen mehreren StB/StBv und Sozietäten zu verstehen, die in einer losen Form zusammenarbeiten, wobei es keine allgemeingültige Definition gibt. Somit stehen dem Berufsangehörigen auch andere Möglichkeiten einer gemeinsamen Berufsausübung als die in § 56 genannten zur Verfügung. Zugleich erfolgt jedoch eine Einschränkung der Kooperationspartner auf die in § 3 Nr. 1–3 § 56 Abs. 2 Satz 1 und 2 sowie Abs. 4 erwähnten Personen und Personenvereinigungen.

36 Eine Kooperation hat i.d.R. inhaltlich die Zielsetzung, auf die Spezialkenntnisse eines anderen Berufsangehörigen zurückgreifen oder Ansprech-

partner an anderen Orten benennen zu können (wegen Franchising und Netzwerken vgl. *Kopp,* BRAK-Mitt. 2004 S. 154).

5. Zusammenschluss mit ausländischen Berufsangehörigen
a) Gesetzliche Regelung

Abs. 4 regelt den Zusammenschluss mit ausländischen Berufsangehörigen. **37** Durch den Verweis auf die Absätze 1–3 ist es den StB/StBv möglich, mit ausländischen Berufsangehörigen sowohl eine Sozietät, Partnerschaftsgesellschaft als auch eine Bürogemeinschaft einzugehen. Durch die gesetzliche Formulierung erfolgt zugleich eine Einschränkung auf diese Berufsausübungsformen. Somit sind mit den **ausländischen Berufsangehörigen** nur die **Zusammenschlüsse denkbar,** die auch für die **bundesdeutschen Berufsangehörigen** in Betracht kommen. Die gesetzliche Vorschrift beinhaltet für andere Berufsausübungsformen keine Öffnungsklausel, die es ermöglichen würde, im Ausland bekannte Formen einer beruflichen Zusammenarbeit auch für das Inland zu wählen.

Die ausländischen Berufsangehörigen müssen ihre berufliche Niederlas- **38** sung im Ausland haben. Die **berufliche Niederlassung** ist in § 34 Abs. 1 definiert. Darunter wird die Beratungsstelle verstanden, von der aus der Berufsangehörige seinen Beruf selbstständig nachgeht. Die berufliche Niederlassung ist folglich der **Mittelpunkt der Berufstätigkeit** des Berufsangehörigen. Dieser Mittelpunkt muss sich bei den ausländischen Berufsangehörigen im Ausland befinden.

Als weitere Voraussetzung wird verlangt, dass die ausländischen Berufsan- **39** gehörigen einen Beruf ausüben müssen, der in Ausbildung und den Befugnissen mit den in § 3 Nr. 1 genannten Berufen vergleichbar ist. Die ausländische Berufstätigkeit hat sowohl inhaltlich als auch von den formellen Voraussetzungen den jeweiligen deutschen Berufen im Wesentlichen zu entsprechen (BHStB, § 56 Rdnr. C 786.3.1.2). Im Einzelfall kann sich eine Beurteilung als schwierig herausstellen. Das Bundesfinanzministerium erstellte im Einvernehmen mit den Ländern und der Bundessteuerberaterkammer eine Liste (BStBl. I 1998 S. 361; vgl. auch OFD Hannover, Vfg. v. 26. 6. 2002, Az. S 0820–42-StH 462). Bei den aufgeführten Berufsgruppen kann davon ausgegangen werden, dass sie in **Ausbildung, Befugnissen und Berufsausübungsvoraussetzungen** mit den **deutschen Berufsangehörigen vergleichbar** sind. Die **Liste** ist **nicht abschließend,** sondern wird aktualisiert und den tatsächlichen Verhältnissen angepasst. Zudem müssen die Voraussetzungen für die Berufsausübung bei den ausländischen Berufsangehörigen den Anforderungen dieses Gesetzes im Wesentlichen entsprechen. Damit soll gewährleistet werden, dass keine so große Diskrepanz in der tatsächlichen Ausübung der praktischen Tätigkeit zwischen den einzelnen Berufsgruppen besteht. Dieser Gesichtspunkt ist bei der Erstellung der Liste der ausländischen Berufsangehörigen berücksichtigt worden. Die prägnanten Gesichtspunkte bei der Berufsausübung für die deutschen Berufsangehörigen müssen sich bei den ausländischen Beratern widerspiegeln. Hierzu zählen besonders die allgemeinen Berufspflichten, die sich aus § 57 Abs. 1 ergeben.

40 Sofern die ausländischen Berufsangehörigen neben einem Zusammenschluss nach Abs. 4 auch eine berufliche Tätigkeit im Inland anstreben, bedarf es der Erfüllung weiterer Voraussetzungen. Nach § 3 Nr. 4 Satz 2 wird verlangt, dass sie im Inland nur unter der Berufsbezeichnung in den Amtssprachen des Niederlassungsstaates tätig werden, unter der sie ihre Dienste auch im Niederlassungsstaat anbieten. Damit wird für Außenstehende deutlich, wo die einzelnen Berufsangehörigen ihre Berufsbezeichnung im Ausland erworben haben. Bei einer Berechtigung, die Berufsbezeichnung StB/StBv zu führen, muss zusätzlich die Berufsorganisation, der der ausländische Berufsangehörige im Niederlassungsstaat angehört sowie der Niederlassungsstaat angegeben werden. Damit wird eine **Verwechslungsgefahr reduziert.**

b) EWIV

41 Die Europäische Wirtschaftliche Interessenvereinigung ist nicht wörtlich in Abs. 3 erwähnt. Die **EWIV** wird **nicht** in der **Rechtsform einer BGB-Gesellschaft geführt**, sondern gilt als **Handelsgesellschaft** im Sinne des Handelsgesetzbuches. Es finden die Vorschriften über die offene Handelsgesellschaft Anwendung, sofern sich aus dem Gesetz (BGBl. I 1988 S. 514) nichts anderes ergibt. Die EWIV hat das Ziel, eine Gesellschaftsform für eine Zusammenarbeit zwischen den Berufsangehörigen bereitzustellen, um die nationalen Grenzen zu überwinden. Zugleich erlaubt sie, den Partnern innerhalb der EWIV die Unabhängigkeit zu wahren und eine grenzüberschreitende Zusammenarbeit vorzunehmen (*Lutz/App*, INF 1992 S. 419).

42 Die EWIV ist im Handelsregister anzumelden und bei der Firmierung ist die Bezeichnung „Europäische Wirtschaftliche Interessenvereinigung" oder die Abkürzung „EWIV" im Namen aufzuführen. Die EWIV darf für ihre Mitglieder **nur unterstützende Hilfstätigkeiten** leisten. Somit kommt ihr faktisch lediglich eine begleitende Unterstützung bei der Berufsausübung zu. Die inhaltliche Berufstätigkeit wird weiterhin von den einzelnen Mitgliedern erbracht. Als Mitglieder einer EWIV kommen grundsätzlich sowohl Gesellschaften des bürgerlichen und des Handelsrechts, Genossenschaften, aber auch natürliche Personen, die einer gewerblichen, kaufmännischen, handwerklichen, landwirtschaftlichen oder freiberuflichen Tätigkeit nachgehen, in Betracht (*Schmittmann*, INF 1996 S. 404). In § 52 Abs. 2 BOStB ist jedoch eine Einschränkung vorgenommen worden. Danach dürfen StB/StBV nur mit den in § 3 Nr. 1–3 und § 56 Abs. 1 Satz 1 und 2 sowie Abs. 4 genannten Personen und Personenvereinigungen eine EWIV bilden.

6. Anzeigepflicht

43 Sowohl die Gründung von Gesellschaften als auch Veränderungen in den Gesellschaftsverhältnissen sind nach Abs. 5 der zuständigen Steuerberaterkammer anzuzeigen. Maßgeblich ist hierbei die Berufsordnung. Nach § 35

Allgemeine Berufspflichten § 57

Nr. 4–7 BOStB sind die Begründung, Änderung oder Beendigung einer Sozietät, einer Bürogemeinschaft, einer Partnerschaftsgesellschaft und einer EWIV der Steuerberaterkammer unaufgefordert und unverzüglich anzuzeigen. Somit sind neben der Gründung auch Veränderungen und Beendigungen mitzuteilen, um die beruflichen Pflichten zu erfüllen. Damit wird in § 35 Nr. 5 BOStB auch die Bürogemeinschaft aufgeführt, deren Gründung und Veränderungen nach Abs. 5 nicht der zuständigen Steuerberaterkammer anzuzeigen wären. Hier geht die Berufsordnung über die gesetzliche Vorschrift hinaus.

Es wird im Abs. 5 zwischen **Anzeige-, Auskunft- und Vorlagepflichten** unterschieden. Zu den Änderungen in den Gesellschaftsverhältnissen gehört auch die Zusammensetzung der Gesellschafter. Es ist jedoch nicht notwendig, noch weitergehende Änderungen bei den Gesellschaftsverhältnissen der Steuerberaterkammer mitzuteilen. Der Umfang der Anzeigepflichten wird überschritten, wenn interne Veränderungen, die beispielsweise die Vertretungsregelung oder die Geschäftsführung betreffen, zusätzlich der Kammer angezeigt werden müssten. Diese **internen Regelungen** haben **keine bindende Außenwirkung**. Entscheidend für die Steuerberaterkammern ist die etwaige Ausübung ihrer Kontrollmöglichkeit. Sie können überprüfen, inwieweit die Berufsangehörigen Vorschriften beachten. Daher ist nach Abs. 5 Satz 2 auch die Regelung aufgenommen worden, die es der Steuerberaterkammer erlaubt, auf Verlangen weitere Auskünfte zu erhalten, um sich ein umfassendes Bild zu verschaffen. 44

§ 57 Allgemeine Berufspflichten

(1) **Steuerberater und Steuerbevollmächtigte haben ihren Beruf unabhängig, eigenverantwortlich, gewissenhaft, verschwiegen und unter Verzicht auf berufswidrige Werbung auszuüben.**

(2) **Steuerberater und Steuerbevollmächtigte haben sich jeder Tätigkeit zu enthalten, die mit ihrem Beruf oder mit dem Ansehen des Berufs nicht vereinbar ist. Sie haben sich auch außerhalb der Berufstätigkeit des Vertrauens und der Achtung würdig zu erweisen, die ihr Beruf erfordert.**

(3) **Mit dem Beruf eines Steuerberaters oder eines Steuerbevollmächtigten sind insbesondere vereinbar**
1. die Tätigkeit als Wirtschaftsprüfer, Rechtsanwalt, niedergelassener europäischer Rechtsanwalt oder vereidigter Buchprüfer;
2. eine freiberufliche Tätigkeit, die die Wahrnehmung fremder Interessen einschließlich der Beratung zum Gegenstand hat;
3. eine wirtschaftsberatende, gutachtliche oder treuhänderische Tätigkeit sowie die Erteilung von Bescheinigungen über die Beachtung steuerrechtlicher Vorschriften in Vermögensübersichten und Erfolgsrechnungen;
4. die Tätigkeit eines Lehrers an Hochschulen und wissenschaftlichen Instituten; dies gilt nicht für Lehrer an staatlichen verwaltungsinternen Fachhochschulen mit Ausbildungsgängen für den öffentlichen Dienst;
5. eine freie schriftstellerische Tätigkeit sowie eine freie Vortrags- und Lehrtätigkeit;

235

§ 57 Allgemeine Berufspflichten

6. die Durchführung von Lehr- und Vortragsveranstaltungen zur Vorbereitung auf die Steuerberaterprüfung sowie die Prüfung als Wirtschaftsprüfer und vereidigter Buchprüfer und zur Fortbildung der Mitglieder der Steuerberaterkammern und deren Mitarbeiter.

(4) Als Tätigkeiten, die mit dem Beruf des Steuerberaters und des Steuerbevollmächtigten nicht vereinbar sind, gelten insbesondere
1. eine gewerbliche Tätigkeit;
2. eine Tätigkeit als Arbeitnehmer mit Ausnahme der Fälle des Absatzes 3 Nr. 4 sowie der §§ 58 und 59.

Übersicht

	Rdnr.
I. Allgemeines	
1. Inhalt	1–3
2. Rechtsnatur	4
3. Anwendungsbereich	5–7
II. Die einzelnen Berufspflichten	
1. Unabhängigkeit	
a) Grundsatz	8–11
b) Unabhängigkeit gegenüber dem Auftraggeber	12–20
c) Unabhängigkeit gegenüber Mitarbeitern	21–23
d) Unabhängigkeit gegenüber sonstigen Personen	24–27
2. Eigenverantwortlichkeit	
a) Grundsatz	28–32
b) Verhältnis zum Auftraggeber	33–36
c) Verantwortung für die Praxis	37–39
3. Gewissenhaftigkeit	
a) Grundsatz	40–43
b) Büroorganisation	44–48
c) Auftragsannahme	49
d) Auftragserfüllung	50–54
e) Auftragsbeendigung	55, 56
4. Verschwiegenheit	
a) Grundsatz	57–61
b) Gegenstand	62, 63
c) Personenkreis	64–66
d) Ausnahmen	67–69
e) Auskunfts- und Zeugnisverweigerungsrecht, Beschlagnahmeverbot	70–73
5. Berufswidrige Werbung	74
III. Wahrung des Ansehens	
1. Grundsatz	75
2. Berufliches Verhalten	76–79
3. Außerberufliches Verhalten	80–83
4. Kollegialität	84–87
IV. Mit dem Beruf unvereinbare Tätigkeiten	
1. Gewerbliche Tätigkeit	88–90
2. Tätigkeit als Arbeitnehmer	91–94
3. Sonstige mit dem Beruf unvereinbare Tätigkeiten	95, 96
V. Mit dem Beruf vereinbare Tätigkeiten	
1. Grundsatz	97, 98

I. 2. Rechtsnatur   1–4 § 57

Rdnr.
2. Einzelne mit dem Beruf vereinbare Tätigkeiten
   a) Berufe nach § 3 Nr. 1 (Abs. 3 Nr. 1) 99
   b) Freiberufliche Interessenwahrnehmung und Beratung (Abs. 3 Nr. 2) 100, 101
   c) Wirtschaftsberatende und ähnliche Tätigkeiten (Abs. 3 Nr. 3) 102–106
   d) Lehrer an Hochschulen (Abs. 3 Nr. 4) 107
   e) Freie schriftstellerische und Vortragstätigkeit (Abs. 3 Nr. 5) 108, 109
   f) Durchführung von Veranstaltungen (Abs. 3 Nr. 6) 110

I. Allgemeines

1. Inhalt

Die Bestimmung regelt in einer **Generalklausel** die allgemeinen Berufs- 1
pflichten der StB; sie entspricht den vergleichbaren Vorschriften anderer
Berufsgesetze, z.B. § 43 BRAO, § 43 WPO. Die allgemeinen Berufspflichten werden in Abs. 1 und 2 festgelegt; in den Absätzen 3 und 4 wird Abs. 2
nur beispielhaft erläutert.

Neben der allgemeinen Vorschrift des § 57 enthält das Gesetz noch zahl- 2
reiche Bestimmungen, in denen **weitere Berufspflichten** festgelegt werden, z.B. die §§ 58–67a, 34, 43, 79 und 80; diese Pflichten lassen sich jedoch fast alle aus den allgemeinen Berufspflichten des § 57 ableiten.

Die Festlegung von Berufspflichten in einer Generalklausel ist **verfas-** 3
sungsrechtlich zulässig (BVerfGE 33, 125, 164; 45, 346, 351; 54, 237, 247;
BGHSt 18, 77, 78). § 57 stellt auch eine genügend bestimmte Grundlage für
eine berufsgerichtliche Maßnahme im Sinne des Art. 103 Abs. 2 GG dar
(BVerfGE 60, 215, 233). Durch die Berufssatzung (BOStB) nach § 86
Abs. 2 Nr. 2; Abs. 3, 4 werden die Berufspflichten konkretisiert (vgl. § 86
Rdnr. 6–8).

2. Rechtsnatur

Die Bestimmung ist eine **Disziplinarvorschrift**. Verstöße gegen die 4
Berufspflichten können vom Vorstand der Steuerberaterkammer gerügt
(§§ 76 Abs. 2 Nr. 4; 81) und berufsgerichtlich geahndet werden (§ 89). Sie
haben dagegen grundsätzlich keine zivilrechtlichen Auswirkungen. So ist
eine Vereinbarung, die gegen die Berufspflichten verstößt, nicht etwa nach
§ 134 BGB nichtig, weil nur ein Vertragspartner, nämlich der StB, gegen ein
gesetzliches Verbot verstößt (vgl. BGHZ 78, 263 wegen der gewerblichen
Maklertätigkeit eines StB; BGHZ 132, 229, 232 ff. beim Verstoß gegen die
Pflicht zur eigenverantwortlichen Berufsausübung; dagegen OLG Hamm,
NJW 1997 S. 666, 667); § 57 ist insoweit kein Verbotsgesetz im Sinne des
§ 134 BGB (BGH, NJW 1981 S. 399), Nichtigkeit tritt nur ausnahmsweise
ein, wenn es mit dem Sinn und Zweck des Verbotsgesetzes unvereinbar
wäre, die durch das Rechtsgeschäft getroffene rechtliche Regelung hinzu-
nehmen und bestehen zu lassen. Etwas anderes gilt nur, wenn – wie in § 9 –
eine ausdrückliche gesetzliche Regelung besteht. Es liegt in der Regel auch
kein Verstoß gegen § 138 BGB (Sittenwidrigkeit) vor, weil ein Verstoß ge-

gen die Berufspflichten nicht mit der Sittenwidrigkeit im Sinne dieser Bestimmung gleichzusetzen ist (BGH, NJW 1973 S. 315); jedoch kann ein Verstoß sittenwidrig im Sinne des § 1 UWG sein (BGHZ 28, 54, 61), wenn die berufsrechtliche Regelung der einheitlichen und gefestigten Auffassung der Berufsangehörigen entspricht (OLG Koblenz, WRP 1982 S. 482). Eine Steuerberaterkammer kann daher gegen ein Mitglied wegen eines berufswidrigen Verhaltens nach §§ 1, 3, 13 Abs. 2 Nr. 4 UWG auch privatrechtlich vorgehen (vgl. § 76 Rdnr. 16). § 57 regelt keinen individuellen Schadensersatzanspruch des Mandanten und ist daher kein Schutzgesetz im Sinne des § 823 Abs. 2 BGB (LG Düsseldorf, DStR 1971 S. 576).

3. Anwendungsbereich

5   In **persönlicher** Hinsicht gelten die Berufspflichten für alle StB und StBv, und zwar ohne Abstufung nach Berufsgruppe, Alter oder Vorbildung und ohne regionale Abweichungen. Sie gelten auch für StBGes sowie für Vorstandsmitglieder, Geschäftsführer und persönlich haftende Gesellschafter einer StBGes, d.h. für den in § 74 genannten Personenkreis (§ 72; § 1 BOStB). Die Berufspflichten gelten uneingeschränkt auch für StB und StBv, die – z.B. als WP, vBP oder RA – auch einer anderen Berufsordnung unterliegen. Die Berufspflichten können zwar in Einzelheiten voneinander abweichen; wer jedoch **zwei Berufsordnungen** untersteht, ist verpflichtet, alles zu tun, um beiden Berufsordnungen gerecht zu werden (LG München, StB 1980 S. 90). Es gilt daher das jeweils strengere Berufsrecht (BVerfGE 54, 237, 247; BGHSt 42, 55, 57). Es gibt keine gesetzliche Handhabe dafür, dass das Berufsrecht der StB etwa dann keine Anwendung findet, wenn es mit dem Standesrecht anderer Berufe nicht übereinstimmt. Allerdings kann sich aus § 110 ergeben, dass eine Berufspflichtverletzung nach dem StBerG nicht verfolgt werden kann.

6   In **sachlicher** Hinsicht gilt die Pflicht zur Beachtung der Berufspflichten bei der gesamten Berufstätigkeit, d.h. nicht nur bei der Hilfeleistung in Steuersachen nach § 33, sondern auch bei den mit dem Beruf vereinbaren Tätigkeiten (Abs. 3). Der Begriff „ihren Beruf" in Abs. 1 wird auch in § 58 Abs. 1 verwendet, in ähnlicher Form aber auch in zahlreichen anderen Vorschriften (§ 32 Abs. 2: „Ihre Tätigkeit"; § 43 Abs. 1: „Im beruflichen Verkehr"; § 57a: „Berufliche Tätigkeit; § 59: „Seinen Beruf als StB oder StBv"; § 63: „In ihrem Beruf"; § 66 Abs. 1: „Auftrag"; § 67: „Aus ihrer Berufstätigkeit"; §§ 67a; 68: „Zwischen dem Auftraggeber und dem StB bestehenden Vertragsverhältnis"). In all diesen Fällen ist nicht nur die in § 33 umschriebene Tätigkeit gemeint, sondern es sollte der Gegensatz zur außerberuflichen, d.h. privaten Tätigkeit herausgestellt werden. Das ergibt sich auch aus Abs. 2 Satz 2 sowie aus § 89 Abs. 2, die zwischen den Berufspflichten und einem außerhalb des Berufs liegenden Verhalten unterscheiden; ein außerberufliches Verhalten liegt nur vor, wenn es als das eines Privatmannes anzusehen ist (BGH, DStR 1972 S. 608; BGHSt 28, 150; 29, 97). Der Auftraggeber erwartet von einem StB auf Grund seiner beruflichen Stellung, dass er seine

Berufspflichten erfüllt und unterscheidet nicht zwischen der Steuerberatung im engeren Sinn und sonstigen Tätigkeiten (vgl. aber § 139 Rdnr. 4).

Die Berufspflichten sind auch bei einer **grenzüberschreitenden Tätigkeit** (§ 50 BOStB) zu beachten, auch wenn sie sich nicht mit den Berufspflichten der in dem betreffenden Land tätigen Angehörigen eines anderen, vergleichbaren Berufs decken, z.b. im Bezug auf das Verbot der berufswidrigen Werbung (a.A. OLG Düsseldorf, Stbg 1994 S. 262). Die Berufstätigkeit eines StB ist unteilbar, so dass nicht jenseits der Grenze weniger strenge Anforderungen gestellt werden können. Im Übrigen deckt sich die „Berufsordnung der Steuerberater in Europa" (Anhang zu Einl. Rdnr. 23) im Wesentlichen mit den Berufspflichten nach dem StBerG. Bei einer **Niederlassung im Ausland** vgl. VG Schleswig, NJW 1989 S. 1178; *Willandsen*, NJW 1989 S. 1128.

II. Die einzelnen Berufspflichten

1. Unabhängigkeit

a) Grundsatz

Die Forderung nach einer unabhängigen Berufsausübung ergibt sich bereits aus der Tatsache, dass StB einen Freien Beruf (§ 32 Abs. 2 Satz 1) ausüben (vgl. *Meng*, StB 1988 S. 333 ff.) und ein Organ der Steuerrechtspflege sind (§ 2 Abs. 1 BOStB; vgl. § 32 Rdnr. 1). Eine unabhängige Berufsausübung ist nur möglich, wenn keine Bindungen bestehen, die die **berufliche Entscheidungsfreiheit** gefährden könnten (§ 2 Abs. 2 BOStB). Ein StB darf nicht zu einem Verhalten gezwungen werden, das mit dem Gesetz oder den Berufspflichten unvereinbar ist.

Die Unabhängigkeit der StB findet ihren Ausdruck auch darin, dass keine Aufsicht und kein Weisungsrecht seitens der **Finanzverwaltung** besteht. Die Berufsaufsicht ist vielmehr eine Angelegenheit der beruflichen Selbstverwaltung (§ 76) und der unabhängigen Berufsgerichtsbarkeit (§§ 89 ff.) Eine Berufsaufsicht durch die Finanzverwaltung wäre mit der Forderung nach einer unabhängigen Berufsausübung nicht vereinbar; die Behörde, gegenüber der ein StB die Interessen seiner Auftraggeber vertreten soll, kann nicht gleichzeitig die Aufsicht über die Berufsangehörigen führen.

Eine unabhängige Berufsausübung erfordert zwar nicht eine völlige wirtschaftliche Unabhängigkeit, jedoch **geordnete wirtschaftliche Verhältnisse** (OLG Düsseldorf, DStRE 2003 S. 1422; vgl. auch Rdnr. 83). Unter dem Druck einer finanziellen Notlage ist eine unabhängige Berufsausübung gefährdet (OLG Düsseldorf, StB 1990 S. 236); sie ist oft der Grund von Berufspflichtverletzungen, insbesondere von Vermögensgefährdungen der Auftraggeber. Bei einer Beschränkung in der Verfügung über das Vermögen auf Grund gerichtlicher Anordnung oder bei Vermögensverfall ist daher die Bestellung zu widerrufen (§ 46 Abs. 2 Nr. 4 und 5).

StB sind verpflichtet, ihre persönliche und wirtschaftliche Unabhängigkeit gegenüber jedermann zu wahren (§ 2 Abs. 3 Satz 1 BOStB). Abgesehen von einer Tätigkeit als Arbeitnehmer (vgl. hierzu Abs. 4 Nr. 2; §§ 58, 59) kommt ein Verstoß gegen die Forderung nach einer unabhängigen Berufsausübung im Verhältnis zum **Auftraggeber**, zu **Mitarbeitern** und zu **sonstigen Personen** in Betracht.

b) Unabhängigkeit gegenüber dem Auftraggeber

12 Die Verpflichtung, gegenüber den Auftraggebern die berufliche Unabhängigkeit zu wahren, bedeutet **keine Weisungsfreiheit.** StB sind zwar nicht verpflichtet, einen Auftrag anzunehmen (§ 25 Abs. 1 BOStB); im Rahmen eines Auftragsverhältnisses hat der Auftraggeber jedoch nach §§ 675, 665 BGB ein Weisungsrecht, das den StB grundsätzlich bindet, z. b. bei der Weisung, ein Rechtsmittel einzulegen (OLG Celle, DStR 1968 S. 422). Der StB darf jedoch Weisungen des Auftraggebers nicht befolgen, wenn ein rechtswidriges Handeln verlangt wird, z. B. eine Mitwirkung bei einer Steuerhinterziehung; eine Pflichtverletzung kann nicht damit entschuldigt werden, dass der StB nach Weisung des Auftraggebers gehandelt hat. StB dürfen vielmehr nicht tätig werden, wenn sie für eine pflichtwidrige oder unlautere Handlung in Anspruch genommen werden sollen (§ 25 Abs. 3 BOStB).

13 Unabhängigkeit ist nicht mit **Unparteilichkeit** gleichzusetzen. StB haben die Interessen ihrer Auftraggeber wahrzunehmen. Sie sind daher nicht — wie z. B. WP bei der prüfenden Tätigkeit (vgl. hierzu *Thümmel,* Wpg 1986 S. 643) oder Notare — zur Objektivität verpflichtet, sondern müssen im Rahmen der Gesetze das für ihren Auftraggeber günstigste Ergebnis anstreben (siehe auch *Flämig,* StKR 1979 S. 45, 73 ff.).

14 In der Gestaltung der **vertraglichen Beziehungen** zu dem Auftraggeber ist der StB weitgehend frei; freiwillig übernommene vertragliche Verpflichtungen können die Unabhängigkeit grundsätzlich nicht beeinträchtigen. Es bestehen daher keine Bedenken, **langfristige Verträge** abzuschließen, in denen das Kündigungsrecht nach § 627 BGB ausgeschlossen (BGHZ 47, 303; OLG Hamburg, MDR 1979 S. 1025) oder eine Vertragsstrafe für den Fall der vorzeitigen Beendigung der Tätigkeit vereinbart wird. Ebensowenig bestehen Bedenken, überwiegend für einen Auftraggeber tätig zu sein oder sich zu verpflichten, die Steuerberatung von Personen zu übernehmen, die der Auftraggeber bezeichnet, z. B. Arbeitnehmer, Vertragspartner oder Gesellschafter. Es muss allerdings ein unmittelbares Vertragsverhältnis zwischen dem StB und der betreuten Person begründet werden (BGH, NJW 1982 S. 2329); die Vergütung für die Beratungstätigkeit darf nicht von einem Dritten bezogen werden, der an einer Geringhaltung der Steuerberaterkosten interessiert ist (BGHZ 98, 337). Die Tatsache, dass das von einem Auftraggeber unmittelbar oder mittelbar bezogene Honorar ein wesentlicher Anteil an den Einkünften des StB darstellt, begründet allein noch keine unzulässige Abhängigkeit (vgl. *Egner/u.a.,* DB 1978 S. 1289).

15 Nicht zulässig ist jedoch die Begründung einer **arbeitnehmerähnlichen Stellung;** ein Anzeichen hierfür kann die Gewährung einer Pensionszusage durch den Auftraggeber sein. Durch eine Pensionszusage wird die Unabhängigkeit des StB nur dann nicht beeinträchtigt, wenn sie auf einem früheren

Arbeitsverhältnis beruht, einem älteren Berufsangehörigen nachträglich gewährt wird oder unverfallbar ist, d. h. von einer Kündigung des Auftrages nicht berührt wird.

Die berufliche Unabhängigkeit wird durch **finanzielle Bindungen** zwischen dem StB und seinem Auftraggeber in der Regel beeinträchtigt. Eine Beteiligung des Berufsangehörigen an der erzielten Steuerersparnis oder -vergütung oder ein Erfolgshonorar sind schon nach § 9 unzulässig. Ebenso widerspricht es der Forderung nach einer unabhängigen Berufsausübung, finanzielle Risiken für den Auftraggeber zu übernehmen (§ 2 Abs. 3 Satz 2 BOStB), z. B. einem Auftraggeber ein Darlehen zu gewähren (zur zivilrechtlichen Wirksamkeit vgl. BGH, ZIP 1986 S. 1171, 1173), oder für dessen Verbindlichkeiten zu bürgen. Bei einer gesellschaftsrechtlichen Beteiligung, z. B. als Kommanditist, ist besonders sorgfältig zu prüfen, ob nicht schon dadurch die erforderliche Unabhängigkeit gefährdet wird. 16

Besondere Gefahren für eine unabhängige Berufsausübung ergeben sich bei einer **Interessenkollision**. StB dürfen in diesem Fall nicht tätig werden (§ 6 Abs. 1 BOStB) und Formen der Zusammenarbeit nicht zu einer Umgehung dieses Betätigungsverbots missbrauchen (§ 6 Abs. 3 BOStB). Mehrere Auftraggeber dürfen in derselben Sache nur bei einer gemeinsamen Auftragserteilung beraten und vertreten werden. Bei widerstreitenden Interessen ist nur eine vermittelnde Tätigkeit zulässig (§ 6 Abs. 2 BOStB). Eine Interessenkollision kann sich z. B. aus der Beteiligung an einem gewerblichen Unternehmen und dessen Beteiligung an einer von dem StB geleiteten StBGes, aber insbesondere bei der Verteidigung in Steuerstrafsachen, bei gleichzeitiger steuerberatender und prüfender Tätigkeit und bei der Vertretung in Gemeindesteuersachen durch Amtsträger der gemeindlichen Selbstverwaltung ergeben. Zur Interessenkollision bei der **Vorfinanzierung** von Steuererstattungsansprüchen siehe § 26 Rdnr. 10. 17

Wenn ein Auftraggeber wegen Steuerhinterziehung (§ 370 AO) oder wegen leichtfertiger Steuerverkürzung (§ 378 AO) belangt wird, ist er leicht geneigt, die Verantwortung auf seine steuerlichen Berater abzuwälzen (vgl. *Streck/Heine,* Stbg 1998 S. 193). Der StB, der die **Verteidigung** übernimmt (§§ 392, 410 AO) gerät dann in die Gefahr, seinen Mandanten belasten zu müssen, um nicht selbst wegen eines Steuervergehens oder einer Steuerordnungswidrigkeit verfolgt zu werden. Eine unabhängige Verteidigung des Auftraggebers ist in solchen Fällen nicht möglich. StB, die im Steuerstrafverfahren oder im Bußgeldverfahren wegen einer Ordnungswidrigkeit zu Verteidigern gewählt werden, haben daher sorgfältig zu prüfen, ob sich aus der bisherigen Tätigkeit für den Beschuldigten oder Betroffenen gegensätzliche Interessen ergeben können. In der Regel wird die Übernahme einer Verteidigung nur unbedenklich sein, wenn der Auftraggeber von dem StB bisher nicht steuerlich betreut worden ist oder wenn es sich um Sachverhalte oder Zeiträume handelt, die nicht in den Tätigkeitsbereich des steuerlichen Beraters gefallen sind. 18

Ein Interessengegensatz kann sich bei der **Vornahme von Prüfungen** ergeben, wenn der StB die Buchführung oder den Jahresabschluss erstellt 19 oder bei der Erstellung mitgewirkt hat. Es liegt nahe, dass ein Prüfer befangen ist, wenn er das Ergebnis seiner eigenen Tätigkeit prüfen und beurteilen muss. Führt ein WP die Bücher eines Mandanten mit der Zuständigkeit auch für das Kontieren von Belegen und das Erteilen von Buchungsanweisungen oder hat er den Jahresabschluss erstellt oder maßgeblich an der Erstellung mitgewirkt, so ist eine Jahresabschlussprüfung nach Art und Umfang einer Pflichtprüfung durch ihn ausgeschlossen (*Egner/u.a.,* DB 1978 S. 1285, 1287; wegen der gesetzlichen Pflichtprüfung siehe § 319 Abs. 2 Nr. 5 HGB und Verlautbarung des Vorstandes der WPK, WPK-Mitt 1996 S. 196; BGHZ 135, 260). Sofern StB die vom Institut der Wirtschaftsprüfer (vgl. HFA 4/1996 – Grundsätze für die Erstellung von Jahresabschlüssen durch Wirtschaftsprüfer, WPg 1997 S. 67) herausgegebenen Stellungnahmen anwenden, gelten für den StB anstatt der Berufsgrundsätze der WP die in den § 57 genannten (Beihefter 50/2001 zu DStR 2001 S. 1). Der in § 319 Abs. 2 Nr. 5 HGB aufgeführte Grundsatz, dass sich Erstellung und (gesetzliche oder freiwillige) Prüfung ausschließen, ist zu beachten. Eine Erstellung mit Prüfungshandlung ist hingegen möglich, wenn der StB eine Bescheinigung erteilt.

20 Die Gemeindeordnungen der Länder verbieten es den Inhabern von Ehrenämtern, Ansprüche Dritter gegenüber der Gemeinde zu vertreten; zur Verfassungsmäßigkeit dieser Regelung vgl. BVerfG, NJW 1980 S. 33; NJW 1981 S. 1599. Dies gilt auch für die **Vertretung in Gemeindesteuersachen** durch StB. Es ist der gesetzgeberische Zweck derartiger Bestimmungen, mögliche Interessenkollisionen zu vermeiden; darüber hinaus sollen sie der Gefahr einer eigennützigen Bevorzugung von Ratsmitgliedern begegnen. Ein Verstoß gegen das Vertretungsverbot kann auch eine Verletzung der Berufspflicht zur Unabhängigkeit sein (siehe auch VGH München, NJW 1980 S. 1870).

c) Unabhängigkeit gegenüber Mitarbeitern

21 StB müssen sich gegenüber ihren Mitarbeitern die Unabhängigkeit in der Berufsausübung erhalten. Da allein die Berufsangehörigen für die Führung der Praxis verantwortlich sind, dürfen die Beziehungen zu den Mitarbeitern die Bestimmung über die Ausübung des Berufs nicht beeinträchtigen. StB müssen daher ihre Mitarbeiter nicht nur **überwachen,** sondern auch sicherstellen, dass sie selbst in ihren **Entschließungen frei** sind; sie müssen alles vermeiden, was die Mitarbeiter in die Lage versetzen könnte, in irgendeiner Form Druck gegen sie auszuüben.

22 Es ist insbesondere unzulässig, Mitarbeiter **in eigene pflichtwidrige Handlungen einzubeziehen** oder zu veranlassen oder zu dulden, dass Mitarbeiter Handlungen vornehmen, die dem StB untersagt sind, z.B. Werbung für die Praxis oder Mitwirkung bei unerlaubter Hilfeleistung in Steuersachen (LG Berlin, StB 1993 S. 106). Dies widerspricht nicht nur der Fürsorgepflicht des Arbeitgebers, sondern beschwört die Gefahr herauf, unberechtigten Forderungen nachgeben zu müssen. Es ist auch unzulässig, Mitarbeitsverhältnisse abzuschließen, die die Umgehung des Verbots einer ge-

schäftsmäßigen Hilfeleistung in Steuersachen dienen oder dieser Vorschub leisten. Eine besondere Form der Abhängigkeit von Mitarbeitern ist die **wirtschaftliche Abhängigkeit**. Diese kann sich insbesondere bei der Beschäftigung von **Buchhaltern** ergeben, der dem StB Abschlussmandate zuführt. Die Anstellung von Buchhaltern ist aus diesem Grunde im Allgemeinen unzulässig (Hinweise der Bundessteuerberaterkammer, DStR 1982 S. 603; FG Düsseldorf, StB 1992 S. 411); dasselbe gilt für die Übertragung der steuerlichen Hilfeleistung (OLG Hamm, DStR 1995 S. 1407). Die Aufnahme von Darlehen von Mitarbeitern ist grundsätzlich unzulässig (LG Hannover v. 3. 7. 2000, Az.: 44-StB-5/99); dasselbe gilt für andere Formen von Verbindlichkeiten, z.B. durch die nicht rechtzeitige Erfüllung der Gehaltsforderungen.

Die Beteiligung der Mitarbeiter an dem wirtschaftlichen Erfolg der Praxis braucht die Unabhängigkeit des StB nicht zu beeinträchtigen; gegen eine **Gewinnbeteiligung** bestehen daher grundsätzlich keine Bedenken (§ 2 Abs. 4 Satz 2 BOStB). Es ist jedoch sicherzustellen, dass eine Gewinnbeteiligung nur den Anreiz für eine sachgemäße und rationelle Tätigkeit bietet und die Mitarbeiter nicht veranlasst, für die Praxis ihres Arbeitgebers zu werben.

d) Unabhängigkeit gegenüber sonstigen Personen

StB müssen sicherstellen, dass ihre Unabhängigkeit nicht von Dritten, z.B. durch **kapitalmäßige Verflechtungen** gefährdet wird. Es ist daher grundsätzlich unzulässig, mit einem **Kreditinstitut,** das die Steuererstattungsansprüche von Mandanten vorfinanziert, ständig zusammenzuarbeiten (LG Berlin, Stbg 1983 S. 249), einen **Pachtvertrag** über eine Steuerberatungspraxis abzuschließen (FG Saarland, GmbHR 1988 S. 85; § 59 Abs. 6 BOStB) oder überhaupt Dritte an dem wirtschaftlichen Ergebnis der Berufstätigkeit zu beteiligen (§ 2 Abs. 4 Satz 1 BOStB). Das gilt auch für eine Beteiligung der minderjährigen Kinder des Berufsangehörigen; da der StB das Kind insoweit nicht vertreten kann, müsste für die Wahrnehmung der Gesellschafterrechte ein Pfleger nach § 1909 BGB bestellt werden. Dieser hätte die Möglichkeit, in einer Weise in die Führung der Praxis einzugreifen, die die Unabhängigkeit des Berufsangehörigen beeinträchtigen kann. Die Beteiligung an einer Steuerberatungspraxis als **stiller Gesellschafter** ist nach § 335 HGB schon nach Handelsrecht unzulässig; bei einer StBGes siehe § 49 Rdnr. 10. Von dem Verbot der Beteiligung Dritter an dem wirtschaftlichen Ergebnis der Berufstätigkeit sind nur Leistungen im Zusammenhang mit der Übernahme einer Praxis (vgl. Rdnr. 87) oder bei einer Auseinandersetzung oder Abwicklung der beruflichen Tätigkeit ausgenommen (§ 2 Abs. 4 Satz 2 BOStB).

Die Gefahr einer unzulässigen Einflussnahme auf die unabhängige Berufsausübung ist besonders groß bei **StBGes,** die kapitalmäßig oder in anderer Weise von berufsfremden Personen beeinflusst werden können (s. § 49 Rdnr. 2); die verantwortlichen Leiter der StBGes haben daher in diesem Falle besonders darauf zu achten, dass ihnen die Unabhängigkeit und die

§ 57   26   Allgemeine Berufspflichten

Freiheit zu pflichtgemäßem Handeln nicht genommen werden (BFHE 133, 322; § 55 Abs. 5 BOStB), z.B. durch zu starke Beschränkungen der Geschäftsführungsbefugnis oder bei Zusammenarbeit mit Buchhaltern (OLG Düsseldorf, DStR 1993 S. 666). Eine Beeinträchtigung der Unabhängigkeit ist auch zu befürchten, wenn sich StB in **Sozietäten oder Bürogemeinschaften** mit anderen Personen als Angehörigen der steuerberatenden, rechtsberatenden oder wirtschaftsprüfenden Berufe, die einer Berufskammer angehören, zusammenschließen (BVerfGE 60, 215, 231); derartige Zusammenschlüsse sind daher unzulässig (vgl. § 56). Das gilt auch für andere Formen der Zusammenarbeit, z.B. bei einem gemeinsamen Telefonanschluss mit einem Gewerbetreibenden (LG Duisburg, Stbg 1994 S. 507).

26   Die **Annahme von Vorteilen** jeder Art gefährdet die Unabhängigkeit und ist daher untersagt (§ 2 Abs. 3 Satz 2 BOStB). Das gilt insbesondere für die Annahme oder Vereinbarung von Provisionen (§ 45 Abs. 5 BOStB). Es entspricht nicht den Berufspflichten und dem Ansehen des steuerberatenden Berufs, das eigene Gewinnstreben in Widerstreit mit den Interessen des Mandanten geraten zu lassen. Es gehört zu den beruflichen Aufgaben, die Mandanten über die Möglichkeiten von steuersparenden Kapitalanlagen zu beraten und die Einzelheiten bei den infragekommenden Unternehmen zu klären. Die Beratung bei der privaten Vermögensplanung und -gestaltung sowie der privaten Altersvorsorge ist mit dem Berufsstand grds. vereinbar, wobei die Erwartung der Mandanten an eine unabhängige und eigenverantwortliche Beratung nicht beeinträchtigt werden darf (*Fahrenbacher*, DStR 2002 S. 1020). Eine Beeinträchtigung ist zu bejahen, wenn der StB ein eigenes wirtschaftliches Interesse an einem Erwerb konkreter Produkte hat oder die Zahlung direkter oder verdeckter Provisionen erfolgt. Auch die Vereinbarung oder Annahme einer Provision für die Vermittlung von Kapitalanlagen ist – ebenso wie bei Versicherungen und Bausparverträgen – berufswidrig (OLG Stuttgart, StB 1984 S. 115; LG Köln, StB 1985 S. 12; LG Düsseldorf, StB 1990 S. 412). Das gilt auch dann, wenn die Vergütung in die Form eines Honorars für die Beratung und Prüfung gekleidet wird; dass es sich letztlich um eine Provision handelt, ergibt sich schon daraus, dass sie nur gezahlt wird, wenn der Mandant von dem Angebot Gebrauch macht, d.h. die Prüfung durch den StB zu einem wirtschaftlichen Erfolg für den Anbieter führt. Die Berufswidrigkeit wird nicht durch die Kenntnis des Mandanten beseitigt. Auch bei Kenntnis des Mandanten wird zumindest der Anschein erweckt, dass sich der StB bei der Empfehlung einer Kapitalanlage nicht ausschließlich von dem Interesse des Mandanten leiten lässt. Die Berufswidrigkeit der Annahme einer Provision wird auch nicht dadurch beseitigt, dass die dem StB zufließenden Beträge auf seinen Vergütungsanspruch angerechnet werden (a.A. LG Düsseldorf, StB 1984 S. 331; 1986 S. 62; *Engelhardt*, StB 1988 S. 73, 78). Da ausschließlich zwischen dem StB und seinem Mandanten ein Vertragsverhältnis besteht und dieser Schuldner der dem StB zustehenden Vergütung ist, sind Zahlungen von anderer Seite grundsätzlich nicht gerechtfertigt. Wenn derartige Zahlungen von anderer Seite zufließen sollen, können sie auch unmittelbar an ihn geleistet werden. Eine

Zahlung an den StB erweckt zumindest den Anschein der Verletzung der Pflicht zur unabhängigen Berufsausübung. Es kann sich auch die Besorgnis einer Interessenkollision ergeben, weil die Gefahr nahe liegt, dass der StB seinen Vergütungsanspruch an die ihm geleisteten Zahlungen anpasst, um keine Zahlungen an den Mandanten mehr leisten zu müssen. Wenn die von anderer Seite geleistete Zahlung den Vergütungsanspruch des StB in der betreffenden Sache übersteigt, ergibt sich bei der Verrechnung mit Vergütungsansprüchen wegen anderer Tätigkeiten eine besondere Gefahr für die Unabhängigkeit des StB, darüber hinaus aber auch eine unerwünschte Bindung des Mandanten.

Angebote von Provisionen an StB sind wettbewerbsrechtlich unzulässig (LG Düsseldorf, Wpg 1960 S. 250; StB 1980 S. 223). Die Provisionsvereinbarung ist zwar nicht nach § 134 BGB nichtig, kann jedoch sittenwidrig und daher nach § 138 BGB nichtig sein (BGHZ 78, 263; 95, 81). Die an den StB gezahlte Provision ist an den Mandanten herauszugeben (BGH, StB 1987 S. 212; OLG Koblenz, BB 1989 S. 2001; OLG Hamburg, DStR 1990 S. 355; BGH, StB 1991 S. 219; OLG Koblenz, DStR 1991 S. 1542; vgl. aber BGH, StB 1987 S. 111), falls nicht dem Mandanten bekannt ist, dass der StB die Zahlung in Erfüllung einer Verpflichtung des Mandanten erhält (OLG Hamm, StB 1985 S. 134). Eine Aufrechnung mit Honorarforderungen ist möglich (OLG Köln, MDR 1986 S. 234). Der StB haftet bei pflichtwidriger Provisionsannahme für die Vermittlung eines Bauherrenmodells dem Mandanten für den durch die Anlageentscheidung eingetretenen Schaden, auch wenn ihm kein weiteres Versehen anzulasten ist (BGH, StB 1987 S. 364). Er kann auch nicht die Vermittlung von Vermögensanlagen vorsehen, selbst wenn der StB an der Erstellung der steuersparenden Anlageformen mitwirkte (Hess. FG, EFG 2001 S. 1213). Ein Versicherungsschutz in der Berufshaftpflichtversicherung besteht weder dafür noch für den Fall, dass die verheimlichte Provisionsaussicht Ursache für eine falsche Beratung war (BGH, DStR 1991 S. 758).

2. Eigenverantwortlichkeit

a) Grundsatz

Selbstständige StB üben eine eigenverantwortliche Tätigkeit aus (§ 60 Abs. 1 Nr. 1). Hieraus kann aber nicht etwa geschlossen werden, dass durch die Selbstständigkeit allein schon die Pflicht zu einer eigenverantwortlichen Berufsausübung erfüllt wird; der Begriff muss vielmehr ausgefüllt werden. Die Eigenverantwortlichkeit erfordert, dass sich der Berufsangehörige sein **Urteil** selbst bildet und seine **Entscheidungen** selbst trifft (§ 3 Abs. 1 BOStB; *Meng*, StB 1989 S. 106). Er darf nicht an Weisungen gebunden sein, durch die ihm die Freiheit zu pflichtgemäßem Handeln genommen wird (vgl. § 60 Abs. 2), und er muss sich alle wesentlichen Entscheidungen vorbehalten. Der Verlust der Eigenverantwortlichkeit kann auch steuerrechtliche Auswirkungen haben (*Frick/Spatscheck*, DB 1995 S. 239).

29 Die Eigenverantwortlichkeit hat zwei Auswirkungen: Sie bedeutet, dass der StB die volle Verantwortung für alle seine Handlungen trägt, also an Weisungen seines Auftraggebers nicht in jedem Fall gebunden ist und dass er die **Verantwortung** für alles zu übernehmen hat, was in seiner Praxis geschieht (*Longin,* DStR 1983 S. 667; BGHZ 65, 238, 240); hinsichtlich der ersten Anforderung deckt sich die Pflicht zur Eigenverantwortlichkeit teilweise mit der Pflicht, den Beruf unabhängig auszuüben.

30 Der Eigenverantwortlichkeit steht zwar grundsätzlich nicht entgegen, den Beruf **in mehreren Funktionen** (z. B. eigene Praxis und Angestelltentätigkeit, Leitung einer weiteren Beratungsstelle eines anderen Berufsangehörigen, Geschäftsführung einer StBGes) auszuüben; es muss aber sichergestellt werden, dass die Erfüllung der Berufspflichten nicht beeinträchtigt wird. Das setzt voraus, dass der StB jede dieser Funktionen tatsächlich wahrnimmt (§ 8 BOStB). Eine besonders sorgfältige Prüfung ist angebracht, wenn die Funktionen nicht örtlich oder organisatorisch verbunden sind.

31 Ein eindeutiger Verstoß gegen die Pflicht zur eigenverantwortlichen Berufsausübung liegt vor, wenn ein StB **nur der Form halber** eine Position bekleidet, um nach außen berufsrechtlichen Anforderungen zu genügen, in Wirklichkeit die Funktion aber nicht oder nur unvollständig ausübt. Wenn das Gesetz vorschreibt, dass der Leiter einer weiteren Beratungsstelle (§ 34 Abs. 2 Satz 2) ein anderer StB oder StBv sein muss, dass als Praxistreuhänder nach § 71 nur ein StB oder StBv eingesetzt werden darf und dass StBGes von StB verantwortlich geführt werden müssen (§§ 32 Abs. 3 Satz 1, 50 Abs. 1), geht es als selbstverständlich davon aus, dass diese Aufgaben von den dazu bestellten Berufsangehörigen tatsächlich voll wahrgenommen werden. Berufsangehörige, die hierfür nur ihren Namen zur Verfügung stellen, handeln nicht eigenverantwortlich. Entsprechendes gilt, wenn der StB die unerlaubte Steuerberatung eines Unternehmensberaters durch nicht eigenverantwortliche Mitwirkung fördert, indem er berufliche Leistungen in dessen Namen oder für dessen Rechnung erbringt (BGHZ 98, 337). Dasselbe gilt für die Mitwirkung bei der unerlaubten Hilfeleistung in Steuersachen von LStHV und Buchhaltern (§ 24 BOStB). Der StB muss sich um die inhaltliche und sachliche Richtigkeit der Behandlung der Mandate kümmern und darf nicht einem ehemaligen Berater diese Tätigkeiten und die eigenständige Abrechnung der Honorare überlassen (OLG Düsseldorf, Stbg 2001 S. 374). Wenn die Entscheidungsfreiheit des StB nicht konkret beeinträchtigt wird, ist ein Vertrag über eine derartige Zusammenarbeit aber nicht ohne weiteres nichtig (BGHZ 132, 229).

32 Für **Vertreter** eines StB, eines StBv oder einer StBGes sowie für **Angestellte** nach § 58 stellt § 60 zusätzliche Anforderungen für die Eigenverantwortlichkeit auf.

b) Verhältnis zum Auftraggeber

33 Die Eigenverantwortlichkeit erfordert, dass der StB an **Weisungen fachlicher Art** des Auftraggebers nicht gebunden ist. Da der Berufsangehörige eine Pflichtverletzung nicht damit entschuldigen kann, dass er nach Weisungen des Auftraggebers gehandelt hat (§ 3 Abs. 3 BOStB), muss er seinen Auftraggeber auf seine Bedenken hinweisen, wenn dieser eine pflichtwidrige oder unlautere Handlung verlangt. Besteht der Auftraggeber auf seiner Ansicht, so muss der StB die Übernahme oder die Weiterführung des Auftrages ablehnen. Diese Entscheidung, die auch unter steuerstrafrechtlichen Gesichtspunkten gesehen werden muss (vgl. *Paulick,* DStZ/A 1957 S. 181), kann nur im Einzelfall getroffen werden. Es bestehen zum Beispiel Bedenken, wenn ein StB dem von ihm zu erstellenden Jahresabschluss eindeutig erkennbare falsche Grundaufzeichnungen zugrunde legt; andererseits besteht kein Anlass, die Mitwirkung zu versagen, wenn der Auftraggeber auf Nachfrage ausdrücklich versichert, dass die von ihm erstellten Aufzeichnungen richtig und vollständig sind.

Wenn ein StB seine Mitwirkung versagt und das Mandat niederlegt, ist er nicht berechtigt, das **Finanzamt** über die Gründe die zur Mandatsniederlegung geführt haben, **zu unterrichten.** Die Eigenverantwortlichkeit erfordert auch nicht, auf den Auftraggeber einzuwirken, um das Finanzamt auf eine für ihn günstige fehlerhafte Veranlagung oder unrichtige Erstattungen oder Gutschriften aufmerksam zu machen. Es wäre nur pflichtwidrig, die Finanzbehörden über steuerlich erhebliche Tatsachen in Unkenntnis zu lassen (§ 370 Abs. 1 Nr. 2 AO); hierunter können nur Angaben über die Besteuerungsgrundlagen (§ 150 Abs. 2 AO) verstanden werden. Auf keinen Fall ist der Berufsangehörige zur eigenmächtigen Unterrichtung des Finanzamtes befugt. 34

Die Eigenverantwortlichkeit erfordert nicht, dass der StB seine Leistungen **persönlich** erbringt. Der Grundsatz des § 613 BGB gilt als stillschweigend abbedungen, wenn der Berufsangehörige erkennbar Mitarbeiter beschäftigt. Allerdings trägt er für seine Mitarbeiter nicht nur zivilrechtliche (§ 278 BGB), sondern auch berufsrechtliche Verantwortung, d.h. er muss seine Mitarbeiter sorgfältig auswählen, schulen und überwachen; vgl. hierzu Rdnr. 21, 37, 46. 35

Aus der Forderung nach einer eigenverantwortlichen Berufsausübung ergibt sich grundsätzlich, dass der StB auch die **wirtschaftlichen Folgen** eines Fehlverhaltens zu tragen hat; eine vertragliche Begrenzung von Ersatzansprüchen ist daher nur nach § 67 a zulässig. 36

c) Verantwortung für die Praxis

Der StB trägt die Verantwortung für alles, was in seiner Praxis geschieht. Er hat Mitarbeiter sorgfältig auszuwählen und zu überwachen. Es widerspricht dem Grundsatz der eigenverantwortlichen Tätigkeit, wesentliche Arbeiten durch berufsfremde Mitarbeiter ausführen zu lassen, ohne sie zu überwachen und ohne sie als Angestellte in den Betrieb einzubinden (LG Berlin, Stbg 1986 S. 223). Die Praxis muss so organisiert sein, dass der StB oder seine eigenverantwortlich tätigen Mitarbeiter (§§ 58, 60 Abs. 1 Nr. 2 und 3) einen Überblick über die Tätigkeit der anderen Mitarbeiter haben und sich ein **eigenes Urteil** bilden können; das wird bei einer Auslagerung von Arbeiten auf einen **Buchhalter** im Allgemeinen nicht der Fall sein (vgl. DStR 37

1982 S. 603 und § 24 Abs. 2 Nr. 2 BOStB). Ein StB muss seine Mitarbeiter so beaufsichtigen, dass sie nicht unerlaubte Hilfe in Steuersachen in seiner Kanzlei unter Benutzung seines Namens leisten (LG Berlin, StB 1993 S. 106). Der StB kann sich berufsrechtlich nicht persönlich mit der Behauptung entlasten, dass seine Mitarbeiter für einen Fehler verantwortlich seien, es sei denn, dass er seiner Auswahl- und Überwachungspflicht ausreichend nachgekommen ist.

38 Die **Zahl der Mitarbeiter,** die in einer Steuerberatungspraxis beschäftigt werden dürfen, ohne dass die Eigenverantwortlichkeit des StB beeinträchtigt wird, lässt sich nicht grundsätzlich festlegen. Sie hängt entscheidend von der Struktur der Praxis ab. In einer Praxis, in der Buchführungsarbeiten überwiegen, wird in der Regel eine größere Zahl von Mitarbeitern ohne Beeinträchtigung der Eigenverantwortlichkeit des StB beschäftigt werden können als in einer Beratungspraxis.

39 Mitarbeiter eines StB, StBv oder einer StBGes, die nicht selbst StB oder StBv sind, dürfen den StB, StBv oder die StBGes grundsätzlich nicht vertreten. Dies gilt besonders für die **Zeichnung** im Rahmen der Hilfeleistung in Steuersachen (LG Düsseldorf, DStR 1993 S. 1574; *Gilgan,* INF 2004 S. 117), z.B. bei Bilanzen und Rechtsmittelschriften oder beim Unterzeichnen der Gebührenrechnung (LG Erfurt, DStRE 2004 S. 863). Eine dennoch erteilte Vollmacht berechtigt die Finanzverwaltung zwar nicht zur Zurückweisung, weil die Fachangestellten nicht selbständig und daher nicht geschäftsmäßig handeln (§ 80 Abs. 5 AO); der Vollmachtgeber würde aber durch die Erteilung der Vollmacht gegen seine Berufspflicht zur eigenverantwortlichen Berufsausübung verstoßen (vgl. § 60 Rdnr. 8).

3. Gewissenhaftigkeit

a) Grundsatz

40 Die Pflichten zu einer gewissenhaften und eigenverantwortlichen Berufsausübung überschneiden sich. Der Schwerpunkt der Eigenverantwortlichkeit liegt in der Forderung, dass der StB sich sein Urteil selbst bildet und seine Entscheidungen selbst trifft; die Gewissenhaftigkeit stellt Anforderungen daran, wie diese Entscheidungen ausfallen, insbesondere **wie die** dem StB übertragenen **Aufgaben ausgeführt werden** (*Meng,* StB 1990 S. 113, 114). Dabei sind zwei Gesichtspunkte zu beachten: Der Berufsangehörige muss bei der Annahme und Durchführung eines Auftrages die gesetzlichen Bestimmungen und fachlichen Regeln beachten und er muss nach seinem Gewissen handeln, d.h. sein Verhalten muss bei einer selbstkritischen Prüfung vor seinem Gewissen bestehen können. Zur gewissenhaften Ausübung des Berufs gehört nicht nur die sorgfältige Wahrnehmung der Interessen des Auftraggebers, sondern es sind auch die steuerlichen und berufsgesetzlichen Vorschriften zu beachten, wenn ein Antrag angenommen oder durchgeführt wird (Deutscher Bundestag, 3. Wahlperiode, Drucksache 128, S. 32); das ergibt sich auch aus der Stellung des StB als Organ der Steuerrechtspflege (Einl. Rdnr. 18). Dies gilt auch, wenn er bei ihm beschäftigte Steuerfachangestellte

II. 3. Gewissenhaftigkeit 41–44 § 57

Lohnsteueranmeldungen unterzeichnen lässt. Die Mitarbeiter sind anders zu beurteilen als Steuerfachangestellte, die nach § 6 Nr. 4 tätig sind, weil sie sich in einem Beschäftigungsverhältnis bei einem StB befinden.

Hieraus folgt, dass „Gewissenhaftigkeit" nicht mit der „im Verkehr erforderlichen Sorgfalt" im Sinne des § 276 Abs. 1 BGB gleichzusetzen ist; hiermit wird nur der erste Teil des Begriffs umfasst. Es kommt hinzu, dass StB nicht nur ihrem Auftraggeber verpflichtet sind, sondern **übergeordnete Berufspflichten** bestehen, die den Pflichten gegenüber dem Auftraggeber vorgehen können (LG Aachen, DStR 1984 S. 242). 41

Nicht jede **berufliche Fehlleistung** ist ein Verstoß gegen die Pflicht zur gewissenhaften Berufsausübung (vgl. dagegen *Engelhardt*, StB 1988 S. 73, 76). Es ist vielmehr zwischen der zivilrechtlichen und der berufsrechtlichen Verantwortlichkeit zu unterscheiden. Leicht fahrlässige Verstöße gegen die im Steuerberatungsvertrag übernommenen Pflichten, z.B. das Übersehen einer Frist oder einer für den Auftraggeber günstigen steuerlichen Vorschrift oder Entscheidung, lösen zwar einen Schadensersatzanspruch aus, sind jedoch im Allgemeinen berufrechtlich nicht zu ahnden. Ein Verstoß gegen die Pflicht zur gewissenhaften Berufsausübung liegt in diesen Fällen nur vor, wenn die Fehlleistung auf Vorsatz oder grober Fahrlässigkeit oder auf einem allgemein gleichgültigen Verhalten gegenüber den Berufspflichten beruht. Ein grob fahrlässiges Verschulden kann beim Unterlassen der **Fortbildung** vorliegen (OLG Stuttgart, Stbg 1987, S. 347; *Späth*, DStR 1993 S. 778). Die Fortbildungspflicht wird im Gegensatz zu § 43 Abs. 2 WPO und § 43a Abs. 6 BRAO (s. hierzu *Ahlers*, BRAK-Mitt. 1995 S. 46) nicht ausdrücklich im StBerG genannt, jedoch in § 4 Abs. 2 Satz 2 BOStB festgelegt. In der Regel wird schon der „Marktzwang" als so stark eingeschätzt, dass StB der fortlaufenden fachlichen Qualifizierung in ausreichendem Maße nachkommen (*Jerschke*, Festschrift für Helmut Schippel, 1996 S. 667, 672; siehe auch Verlautbarung zur Qualitätssicherung in der Steuerberaterpraxis, Beihefter zu Heft 30/1998 DStR). 42

Verstöße gegen die Pflicht zur gewissenhaften Berufsausübung können sich insbesondere bei der Büroorganisation, bei der Auftragsannahme, der Auftragserfüllung und nach der Auftragsbeendigung ergeben. 43

b) Büroorganisation

StB müssen innerhalb von sechs Monaten nach der Bestellung eine **berufliche Niederlassung** begründen (§ 34 Abs. 1 Satz 3). Das ist kein formeller Vorgang, sondern bedeutet, dass eine ständige Einrichtung zu schaffen ist, von der aus der Beruf ausgeübt werden muss (vgl. § 34 Rdnr. 1). Es müssen die persönlichen und sachlichen Voraussetzungen geschaffen und aufrechterhalten werden, die eine ordnungsmäßige Abwicklung der übernommenen Aufträge sicherstellen (LG Hannover, Stbg 1982 S. 312; OLG Celle, StB 1991 S. 443; § 4 Abs. 3 Satz 1 BOStB). Die Einhaltung dieser organisatorischen Voraussetzungen kann durch eine externe Prüfung **(Zertifizierung)** festgestellt werden (§ 4 Abs. 3 Satz 2–5 BOStB). Das Vortäuschen einer beruflichen Niederlassung ist berufswidrig. 44

45 Die Geschäftsstelle eines StB muss zu den üblichen oder bekannt gegebenen Zeiten besetzt sein. Für den Fall ihrer Verhinderung, z.b. bei Krankheit, haben StB für die **ordnungsmäßige Weiterführung** der Praxis zu sorgen und bei längerer Verhinderung einen **allgemeinen Vertreter** nach § 69 bestellen zu lassen (§ 28 BOStB). Eine weitere Beratungsstelle kann auch nur unterhalten werden, wenn § 34 Abs. 2 erfüllt wird (LG Hannover v. 31. 1. 2000, Az.: 44-StL-27/99).

46 Bei der **Auswahl und Überwachung** der Mitarbeiter ist besonders sorgfältig zu verfahren (vgl. auch § 130 OWiG). Mitarbeiter sind anzuhalten, alles zu unterlassen, was dem StB auf Grund seiner beruflichen Pflichten versagt ist. Eine gewissenhafte Berufsausübung erfordert auch, Mitarbeiter in die Bearbeitung der Angelegenheiten eines Auftraggebers einzuweisen und sie zu überwachen; auch Mandate kleineren Umfangs dürfen nicht pauschal Mitarbeitern zugewiesen werden, ohne diese zu überwachen und notfalls zur Erledigung anzuhalten. Das gilt insbesondere bei neuen Mitarbeitern, denn gerade bei einem Wechsel in der Betreuung eines Mandanten besteht eine erhöhte Fehlermöglichkeit, der der StB durch eine entsprechend erhöhte Sorgfaltspflicht Rechnung tragen muss. Den Pflichten als Ausbilder im Rahmen eines Ausbildungsverhältnisses ist nachzukommen. Zugleich ist erforderlich, dass der StB auch in den Angelegenheiten, die seine Mitarbeiter betreffen, gewissenhaft handelt. Hierzu zählt die rechtzeitige Meldung der Lohnsummen an die Berufsgenossenschaft (LG Hannover v. 31. 7. 2000, Az.: 44-StL-14/2000).

47 Der StB muss sich die **Unterzeichnung** von Schriftstücken und Erklärungen sowie die Vollmacht über die Konten selbst vorbehalten, es sei denn, dass es sich um nach § 60 Abs. 1 Nr. 2 und 3 zeichnungsberechtigte Mitarbeiter handelt. Ebensowenig darf einem nicht zur Zeichnung berechtigten Mitarbeiter der Praxisstempel zur freien Verfügung überlassen oder einem Assessor mit steuerrechtlicher Ausbildung der Abschluss von Steuerberatungsverträgen oder die Unterzeichnung von Jahresabschlussbilanzen von Mandanten erlaubt werden (LG Hannover v. 26. 6. 2000, Az.: 44-StL-21/99).

48 Eine gewissenhafte Berufsausübung erfordert, dass Angelegenheiten, die über eine Rat- oder Auskunftserteilung hinausgehen, **aktenkundig** gemacht werden (§ 66 Rdnr. 3). Zu einem ordnungsgemäßen Geschäftsbetrieb gehören auch Vorkehrungen für den Empfang von Postsendungen. Die Sichtung und Zuordnung der Eingangspost sind dem StB vorbehalten (LG Nürnberg-Fürth, NJW-RR 2002 S. 1721). Bei der Ausgangspost besteht ein Delegationsrecht. Es reichen Stichproben aus. Diese Grundsätze gelten auch für den Fax- und E-Mail-Verkehr. StB haben auch dafür Sorge zu tragen, dass Unbefugte während und nach Beendigung der Tätigkeit keinen Einblick in die Unterlagen des Auftraggebers erhalten. Sie sollen entsprechende Vorsorge auch für den Fall ihres Todes treffen. Bei der Aktenführung ist auf eine zuverlässige Terminkontrolle zu achten. Dazu zählen auch Vorkehrungen bei der elektronischen Führung eines Terminkalenders, damit nicht durch versehentliche Erledigungsvermerke Fristen versäumt werden (BGH, NJW 2000 S. 1957).

II. 3. Gewissenhaftigkeit 49–51 § 57

c) Auftragsannahme

StB müssen sich vor Annahme eines Auftrags über bestehende Auftragsverhältnisse unterrichten (§ 32 Abs. 1 BOStB) und einen Auftrag ablehnen, wenn sie für eine **pflichtwidrige oder unlautere Handlung** in Anspruch genommen werden sollen. Dasselbe gilt für Aufträge, die der StB gesetzlich nicht übernehmen darf, z. B. die Vermittlung von Arbeitskräften (§ 4 AFG; LG Münster, Stbg 1990 S. 389). Darüber hinaus erfordert es die Gewissenhaftigkeit, dass ein Auftrag nicht übernommen wird, wenn die dafür **erforderliche Sachkunde fehlt** (§ 4 Abs. 2 Satz 1 BOStB) z. B. weil besondere Kenntnisse oder Erfahrungen – etwa im ausländischen Recht oder auf einem abgelegenen Spezialgebiet – erforderlich sind und die Zeit zur Einarbeitung fehlt; es wäre ein berufswidriges Verhalten, dem Auftraggeber vorzutäuschen, dass der Auftrag sachgemäß erledigt werden kann. Dasselbe gilt, wenn erkennbar ist, dass der Auftrag **nicht fristgemäß** erfüllt werden kann. Es wäre nicht gewissenhaft, den Auftrag dennoch in der Hoffnung anzunehmen, dass sich trotz Überlastung die zeitlichen Engpässe irgendwie überbrücken lassen und den Auftraggeber hierüber im Unklaren zu lassen. Auch eine mehrstündige kostenfreie Erstberatung ist nicht gewissenhaft (LG Düsseldorf vom 3. 12. 2000, Az.: 45 StL 12/97). Eine Beteiligung an einer Steuerberater-Hotline ist zulässig und verstößt auch nicht gegen berufs- und wettbewerbsrechtliche Vorschriften (BGH, BB 2003 S. 595; BGH v. 26. 9. 2002, Az.: I ZR 102/00). Dies gilt auch bei einer etwaigen Gebührenunterschreitung, da das Nichtbefolgen einer Empfehlung, nämlich eine schriftliche Vereinbarung vorzusehen, kein berufswidriges Verhalten darstellt. Die Pflicht zu einer umfassenden Beratung innerhalb des erteilten Mandates mit einer ggf. vorzusehenden Sachverhaltsaufklärung kann durchaus erfüllt werden (a. A. *Späth*, StB 2003 S. 241). Ansonsten hat der StB die Verantwortung, im Vorfeld entsprechend zu reagieren. 49

d) Auftragserfüllung

Der Auftrag ist nach den **Grundsätzen pflichtgemäßer Berufsausübung** auszuführen; er ist unverzüglich zurückzugeben, wenn seine Durchführung nach diesen Grundsätzen nicht möglich ist (§ 27 Abs. 1 BOStB). Bei Prüfungen (z. B. nach § 148a Abs. 1 GewO i. V. m. §§ 34c Abs. 3 GewO; 16 MaBV) haben StB hinsichtlich des Umfanges der Prüfung, der Prüfungshandlungen und des Vermerks über das Ergebnis der Prüfung die dafür geltenden Grundsätze zu beachten (§ 27 Abs. 3 BOStB). Wie bereits in Rdnr. 42 ausgeführt wurde, stellt nicht jede berufliche Fehlleistung eine Berufspflichtverletzung im Sinne des § 57 dar. Die folgenden Ausführungen sollen daher keine Darstellung der zivilrechtlich zum Schadensersatz verpflichtenden Handlungen geben. 50

Ein StB handelt berufswidrig, wenn er einen übernommenen Auftrag **überhaupt nicht ausführt**; erschwerend ist es, wenn der Auftraggeber mit der wahrheitswidrigen Behauptung vertröstet wird, die Arbeiten ständen vor dem Abschluss. Ebenso erschwerend ist es, wenn sich der Berufsangehörige um nichts kümmert und damit eine gegenüber seinen Berufspflichten gleich- 51 gültige Einstellung zum Ausdruck bringt, z. b. trotz erheblicher Terminrückstände wiederholte oder langfristige Reisen unternimmt oder sich überwiegend um private Angelegenheiten, wie z. b. einen Hausbau bemüht, ohne für eine ordnungsmäßige Weiterführung der Praxis zu sorgen; dasselbe gilt, wenn er bei längerer Verhinderung keinen allgemeinen Vertreter nach § 69 bestellen lässt oder für den Mandanten nicht mehr erreichbar ist (LG Frankfurt am Main, INF 11/2002 S. IV). Eine Untätigkeit kann nicht damit gerechtfertigt werden, dass der Auftraggeber die erforderlichen Unterlagen nicht zur Verfügung gestellt hat; ein gewissenhafter StB muss dann entweder den Auftrag kündigen oder zumindest dem Auftraggeber mit dem eindeutigen Hinweis auf die Versäumnisfolgen Fristen setzen (LG Düsseldorf, StB 1982 S. 40). Auch eine unregelmäßige Honorarzahlung rechtfertigt es nicht, dass ein StB seine Pflichten zugunsten der Erledigung der Verpflichtungen gegenüber besser zahlenden Mandanten zurücktreten lässt. Wenn ein Berufsangehöriger eine weitere Tätigkeit für den säumigen Mandanten für nicht mehr vertretbar hält, steht es ihm frei, das Mandatsverhältnis zu kündigen und dem Auftraggeber dadurch die Möglichkeit zu geben, rechtzeitig für einen Ersatz zu sorgen.

52 Die vorstehenden Ausführungen gelten sinngemäß für die **verspätete Erfüllung** des Auftrags; insbesondere ist die ständige Überschreitung der Fristen zur Abgabe von Steuererklärungen eine Berufspflichtverletzung (OLG Düsseldorf, StB 1984 S. 113). Das gilt auch, wenn die Erstellung einer Steuererklärung nach einem Jahr erledigt und fehlende Unterlagen trotz Aufforderung dem Finanzamt nicht übersendet werden (LG Hannover, DStR 27/2002 S. XVIII). Zeitmangel ist kein Entschuldigungsgrund für eine verspätete Auftragserfüllung. Wenn ein StB erkennt, dass er einen übernommenen Auftrag nicht fristgerecht durchführen kann und Bemühungen um eine Fristverlängerung aussichtslos sind, muss er den Auftraggeber davon unterrichten und dafür sorgen, dass der Auftrag von einem anderen Berufsangehörigen übernommen wird. Er muss sicherstellen, dass der Auftraggeber nicht mit Verspätungszuschlägen belastet wird.

53 Bei der **Durchführung des Auftrages** ist der StB verpflichtet, den sichersten Weg aufzuzeigen, um für seinen Mandanten zu dem erstrebten Ziel zu gelangen (BGHZ 129, 386, 396). Dazu zählt auch, ihn vor Schaden zu bewahren und ihm den sichersten Weg zur Verwirklichung des erstrebten Zieles aufzuzeigen (OLG Düsseldorf, Stbg 2004 S. 508). Es ist immer eine Abwägung mit den Sorgfaltsanforderungen bei den Beratungspflichten vorzusehen. Eine gewissenhafte Berufsausübung erfordert daher, dass nicht jede tatsächliche Angabe des Auftraggebers ungeprüft übernommen wird; der StB ist vielmehr zu einer eigenen Prüfung der Unterlagen genötigt, wenn sich ihm auf Grund seiner Kenntnisse von dem Geschäftsumfang des Mandanten oder aus Vergleichszahlen anderer Betriebe oder auf Grund von sonstigen offensichtlichen Anhaltspunkten Zweifel ergeben oder ergeben könnten, dass die ihm vorgelegten Unterlagen unrichtig sind. Es bedarf keiner Ausführung, dass eine vorsätzliche Pflichtverletzung, z. B. eine Mitwirkung bei einer Steuerhinterziehung oder einem Betrug des Auftraggebers, stets gegen die

II. 3. Gewissenhaftigkeit 54–56 § 57

Pflicht zur gewissenhaften Berufsausübung verstößt (LG Köln, StB 1989 S. 264).

Bei der Behandlung der ihnen anvertrauten **fremden Vermögenswerte** 54 sind StB zu besonderer Sorgfalt verpflichtet (§ 44 Abs. 1 BOStB). Fremde Vermögenswerte sind von den eigenen Vermögenswerten getrennt zu halten. Fremde Gelder oder Wertpapiere sind unverzüglich an den Empfangsberechtigten weiterzuleiten. Wenn dies nicht möglich ist oder sie für längere Zeit verwaltet werden sollen, sind sie auf einem Anderkonto oder Anderdepot zu verwahren. Fremde Vermögenswerte im Gewahrsam des StB sind von dem Zugriff Dritter zu sichern (§ 44 Abs. 2 BOStB). Als Berufspflichtverletzung sind nicht nur Untreue und Unterschlagungen anzusehen, sondern jedes unkorrekte Verhalten, das zu einer unberechtigten Nichtablieferung oder verspäteten Ablieferung der fremden Vermögenswerte führt. Die Sorgfaltspflicht gilt sowohl für fremde Gelder, die von dritter Seite empfangen werden, als auch für zweckgebundene Zahlungen des Auftraggebers. So ist es ein schwerer Verstoß gegen die Berufspflichten, Zahlungen des Mandanten, die zur Erfüllung steuerlicher Verpflichtungen mit dem Auftrag zur Weiterleitung an die Finanzkasse geleistet werden, entgegen der Weisung zu verwenden, z. b. sie mit – wenn auch berechtigten und fälligen – Honorarforderungen zu verrechnen (§ 44 Abs. 3 BOStB).

e) Auftragsbeendigung

Bei der Beendigung des Auftrages durch den StB sind zur **Vermeidung** 55 **von Rechtsnachteilen** des Auftraggebers in jedem Fall noch diejenigen Handlungen vorzunehmen, die zumutbar sind und keinen Aufschub dulden (§ 29 BOStB). Es ist daher berufswidrig, kurzfristig vor Ablauf einer Rechtsbehelfs- oder Rechtsmittelfrist das Mandat niederzulegen, ohne noch die zur Fristwahrung erforderlichen Handlungen vorzunehmen. Spätestens bei Mandatsbeendigungen hat der StB darauf aufmerksam zu machen, wenn ein Antrag noch nicht eingereicht wurde und ggf. bis wann er zu stellen ist. Es besteht zwar kein Anspruch des Mandanten, bei der Beendigung umfassend über die Sach- und Rechtslage und die sich daraus ergebenden Folgen informiert zu werden, aber der StB muss auf eine erkennbare Gefahr, die durch einen Fristablauf droht, hinweisen (BGH, NJW 2001 S. 1644). Wird der Auftrag von dem Auftraggeber gekündigt, so ist der StB nur verpflichtet, auf den drohenden Fristablauf hinzuweisen.

Geschäftsbücher und sonstige **Unterlagen** des Auftraggebers sind auf 56 Anforderung, spätestens bei Beendigung des Auftrags **herauszugeben;** ein etwaiges Zurückbehaltungsrecht nach § 66 Abs. 4 bleibt unberührt. Besonders berufswidrig ist es, Unterlagen trotz Verurteilung nicht herauszugeben und es erst zur Zwangsvollstreckung kommen zu lassen. Zur Aufbewahrungspflicht der Handakten siehe § 66 Rdnr. 5–9. Über Honorarvorschüsse ist unverzüglich abzurechnen (§ 45 Abs. 3 BOStB).

4. Verschwiegenheit

a) Grundsatz

57 Die Auftraggeber müssen dem StB einen Einblick in ihre Vermögens- und Einkommensverhältnisse geben, wie er in diesem Umfang kaum einem Angehörigen eines anderen freien Berufs gewährt wird. Rechtsanwälte, Notare und Ärzte erfahren im Allgemeinen nur Tatsachen aus bestimmten, abgegrenzten Gebieten und Lebensbereichen, während dem StB fast alle persönlichen und wirtschaftlichen Angelegenheiten bekannt gemacht oder anvertraut werden. Das Bewusstsein, dass diese Kenntnisse vertraulich behandelt werden, ist daher bei StB in besonderem Maße eine Grundlage des durch den Beratungsvertrag geschaffenen **Vertrauensverhältnisses**. Auch das Steuergeheimnis (§ 30 AO) wäre weitgehend wertlos, wenn nicht auch die Angehörigen des steuerberatenden Berufs zur Verschwiegenheit verpflichtet wären. Die Wahrung der Verschwiegenheit ist daher eine besonders wichtige Berufspflicht; vgl. auch *Meng*, StB 1991 S. 121; *Urban*, INF 1998 S. 536.

58 Es ist auch jeder **Anschein einer Verletzung** der Verschwiegenheitspflicht zu vermeiden (§ 9 Abs. 2 Satz 2 BOStB), indem zum Beispiel über persönliche Verhältnisse des Auftraggebers gesprochen wird, über die andere ohnehin schon unterrichtet sind; dem Ansehen des Berufs wäre es schädlich, wenn Dritte annehmen könnten, der Berufsangehörige habe diese Tatsachen verbreitet (*Mittelsteiner*, DStR 1976 S. 340, 341). Der Anschein einer Verletzung der Verschwiegenheitspflicht wird auch dadurch begründet, dass mit einer berufsfremden Person, z. B. einem „Wirtschaftsberater" ein gemeinsamer Telefonanschluss unterhalten wird (LG Münster, Stbg 1983 S. 37).

59 Selbstverständlich ist jeder **vorsätzliche** Verstoß gegen die Verschwiegenheitspflicht berufsrechtlich zu ahnden. Es sind aber auch **fahrlässige** Verletzungen der Verschwiegenheitspflicht zu vermeiden, die sich insbesondere aus einem sorglosen Umgang mit den anvertrauten Unterlagen und Akten oder den eingehenden Postsendungen ergeben können. StB haben daher Sorge zu tragen, dass Unbefugte während und nach Beendigung der Tätigkeit keinen Einblick in die Unterlagen des Auftraggebers erhalten. Die Mitarbeiter sind zur Verschwiegenheit zu verpflichten (§ 62).

60 Zur Wahrung der Verschwiegenheitspflicht im weiteren Sinne gehört es, dass Geschäfts- und Betriebsgeheimnisse des Auftraggebers, die unter die Verschwiegenheitspflicht fallen, von dem StB nicht **unbefugt verwertet** werden (§ 9 Abs. 4 BOStB). Ein Berufsangehöriger würde das Vertrauen seines Mandanten missbrauchen, wenn er Tatsachen, die er im Rahmen seiner Berufsausübung erfahren hat, zu seiner eigenen Bereicherung ausnutzt (vgl. § 204 StGB).

61 Eine Verletzung der Verschwiegenheitspflicht wird nicht nur **berufsgerichtlich** geahndet, sondern ist auf Antrag auch **strafrechtlich** zu verfolgen (§ 203 Abs. 1 Nr. 3 StGB). Außerdem hat die Verletzung eine **zivilrechtliche** Haftung für den Schaden zur Folge. Die Verschwiegenheitspflicht ergibt sich zivilrechtlich als Nebenpflicht aus dem mit dem Mandanten ge-

II. 4. Verschwiegenheit   62–65   § 57

schlossenen Geschäftsbesorgungsvertrag. Darüber hinaus stellt § 203 StGB ein Schutzgesetz im Sinne des § 823 Abs. 2 BGB dar.

b) Gegenstand

Die Pflicht zur Verschwiegenheit erstreckt sich auf alles, was dem StB **in Ausübung** des Berufs oder **bei Gelegenheit** der Berufstätigkeit anvertraut oder bekannt geworden ist (BGH, MDR 1984 S. 48; § 9 Abs. 2 Satz 1 BOStB) und soweit es die **Verhältnisse des Auftraggebers** betrifft (OLG Hamm, BB 1969 S. 860). **Anvertraut** ist eine Tatsache, die dem StB im Zusammenhang mit der Ausübung seines Berufs mitgeteilt worden ist. **Bekannt geworden** ist eine Tatsache, die der StB auf sonstige Weise bei seiner Berufsausübung erfährt. Der Gegenstand der Verschwiegenheitspflicht ist gemäß dem Zweck des Gesetzes sehr weit zu fassen (OLG Schleswig, StB 1982 S. 163; OLG Stuttgart, NJW 1983 S. 1744). Ihr unterliegen auch Tatsachen, die anlässlich einer mit dem Beruf vereinbaren Tätigkeit (z. B. als Liquidator) zur Kenntnis des Berufsangehörigen gelangt sind (OLG Nürnberg, BB 1964 S. 827) und solche Tatsachen, die keine unmittelbare Verbindung zur Berufstätigkeit haben, z. b. nur gelegentlich eines Gesprächs mit dem Auftraggeber des StB mitgeteilt worden sind und den privaten Bereich betreffen. Ausnahmen kommen nur bei Tätigkeiten in Betracht, die – obwohl mit dem Beruf vereinbar – nicht als unabhängiger StB ausgeübt werden, z. b. als **Aufsichtsratsmitglied** (OLG Celle, NJW 1983 S. 1573).

Die Pflicht zur Verschwiegenheit endet nicht mit dem Mandat, sondern 63 besteht auch **nach Beendigung des Auftragsverhältnisses** fort (§ 9 Abs. 7 BOStB). Sie endet auch nicht durch den Tod des Auftraggebers oder durch das Ausscheiden des StB aus dem Beruf. Die Beendigung des Auftrages kann dem Finanzamt mitgeteilt werden; jedoch ist die Herausgabe von Betriebsunterlagen an Dritte ohne Zustimmung des Mandanten unzulässig. Der StB muss dafür sorgen, dass Unbefugte während und nach Beendigung der Tätigkeit keinen Einblick in Mandantenunterlagen erhalten und soll entsprechende Vorsorge für den Fall seines Todes treffen (§ 9 Abs. 6 BOStB).

c) Personenkreis

Die Verschwiegenheitspflicht besteht **gegenüber jedermann** (LG Han- 64 nover, StB 1991 S. 14), d. h. gegenüber allen natürlichen oder juristischen Personen, einschließlich der Angehörigen des StB und des Auftraggebers, sowie auch gegenüber anderen zur Verschwiegenheit verpflichteten Personen (OLG Düsseldorf, INF 1995 S. 702). Zur Wahrung der Vertraulichkeit bei Akteneinsicht siehe § 36 Abs. 1, 2 BOStB; bei Miterben vgl. OLG Koblenz, DStR 1991 S. 789. Zugleich sind auch entsprechende Vorkehrungen zu treffen, z. B. beim E-Mail-Verkehr oder bei den smartcards, um die Verschwiegenheit zu erfüllen.

Ist eine **Gesellschaft** Auftraggeber, so ist die Berufsleistung gegenüber 65 dem vertretungsberechtigten Organ bzw. dem persönlich haftenden Gesellschafter zu erbringen. Es ist ihm zu überlassen, in welcher Form er die Berufsleistung, z. B. ein Prüfungsergebnis, verwendet, und zwar auch dann, wenn der StB Pflichtwidrigkeiten aufgedeckt hat. Es ist grundsätzlich (vgl. *Stuhr/Stuhr,* DStR 1983 S. 247) nicht Aufgabe des Berufsangehörigen, ohne Auftrag das Ergebnis seiner Feststellungen unmittelbar den Gesellschaftern zur Verfügung zu stellen (LG Wiesbaden, Stbg 1993 S. 420); etwas anderes kann nur gelten, wenn der Auftrag von den Gesellschaftern oder einem Beirat erteilt worden ist. Entsprechendes gilt bei gleichzeitiger Betreuung von Betriebs- und Besitzgesellschaften (LG Aschaffenburg, DStR 1991 S. 167 mit Anm. *Späth)* und von Ehegatten (OLG Koblenz, DStR 1991 S. 789).

66 Der StB hat gegenüber seinen **Mitarbeitern** nur insofern Verschwiegenheit zu wahren, als sie nicht bei der notwendigen Heranziehung Kenntnis erhalten müssen; das ergibt sich aus einer stillschweigenden Entbindung durch den Auftraggeber, wenn dieser erkennen muss, dass zur Erledigung des Auftrages Mitarbeiter herangezogen werden (vgl. auch § 62). Dies gilt auch, wenn ein **Kollege** als freier Mitarbeiter beschäftigt wird. Es ist davon auszugehen, dass der Mandant auch insoweit stillschweigend seine Zustimmung erteilt, wenn es sich um eine in § 3 genannte Person – nicht aber um einen Buchhalter – handelt. Dasselbe gilt bei der Vertretung des Berufsangehörigen. Die Unterrichtung von Kollegen und Mitarbeitern muss auf die mit der Bearbeitung befassten Personen und auf die hierfür **notwendigen Angaben** beschränkt bleiben. Ein Mandant ist nicht damit einverstanden, dass alle Mitarbeiter des StB, d. h. auch die nicht zur Bearbeitung seiner Angelegenheiten herangezogenen Personen, die diesem anvertrauten oder bekannt gewordenen Tatsachen erfahren; ebenso liegt ein Verstoß gegen die Verschwiegenheitspflicht vor, wenn andere Berufsangehörige ohne zwingenden Grund unterrichtet werden. So ist es nicht zulässig, dass ein StB einen Auftrag, den er nicht übernehmen will, ohne Kenntnis des Auftraggebers an einen Kollegen weiterleitet und diesem auch die Unterlagen zur Verfügung stellt; es muss vielmehr vorher die Zustimmung des Auftraggebers eingeholt werden. Dasselbe gilt bei einer Übertragung der Praxis; auch hier dürfen die Unterlagen nicht ohne Zustimmung des Auftraggebers dem Praxisübernehmer ausgehändigt werden (Rdnr. 69). Zur Verschwiegenheitspflicht bei einer **Zertifizierung** vgl. *Hagenkötter,* AnwBl. 1997 S. 616. Die Verschwiegenheitspflicht gilt zudem gegenüber anderen Berufsangehörigen, auch wenn eine Bürogemeinschaft besteht (*Schramm,* DStR 2003 S. 1317). Bei Erteilung eines Gesamtmandates an eine Sozietät ist regelmäßig nicht von einer Verschwiegenheitsverpflichtung innerhalb der Sozietät auszugehen. Lediglich bei Einzelmandaten ist sie auch innerhalb der Sozietät zu beachten. Zur Erfüllung der Verpflichtung bedarf es dann ggf. einer Kombination von Verhaltensregeln, organisatorischen Maßnahmen und eines **Überwachungsmechanismus** (*Kilian,* WM 2000 S. 1366), also von „chinese walls" oder „screens", um sicherzustellen, dass innerhalb der Sozietät keine Berufsträger oder Mitarbeiter Informationen erhalten, die nicht mit dem Mandat befasst sind.

d) Ausnahmen

67 Die Pflicht zur Verschwiegenheit besteht nicht, wenn sie durch **gesetzliche Regelungen** durchbrochen worden ist. Das ist der Fall bei der Ver-

II. 4. Verschwiegenheit 68, 69 § 57

pflichtung zur Anzeige strafbarer Handlungen (§§ 138, 139 StGB), bei Kontrollen durch die Bundesbeauftragen für den Datenschutz (§ 38 Abs. 3 BDSG) sowie bei Auskünften im Außenwirtschaftsverkehr (§ 44 AWG) und bei der Geldwäsche (§§ 9 ff. GwG); siehe zu diesen Fällen im Einzelnen *Haas*, Festschrift für Helmut Schippel 1996 S. 631 ff. Im Übrigen besteht die Verpflichtung nicht, soweit die Offenlegung der Wahrung **eigener berechtigter Interessen** des StB dient oder soweit der StB von seinem Auftraggeber von seiner Verschwiegenheitspflicht **entbunden** worden ist (§ 9 Abs. 3 BOStB). Die Befreiung von der Verschwiegenheitspflicht muss eindeutig erteilt werden; die Auftragserteilung enthält nicht die stillschweigende Zustimmung, dass bei einer Praxisübertragung Daten des Mandanten dem Übernehmer mitgeteilt (BGHZ 116, 268) oder die Akten ausgehändigt werden (BGH, NJW 1995 S. 2026; DStR 1996 S. 1576). Dasselbe gilt bei der Einbringung der Praxis in eine Sozietät oder StBGes (LG Hannover, Stbg 1994 S. 65, siehe auch § 59 Abs. 2 BOStB).

Zur **Entbindung von der Verschwiegenheitspflicht** ist grundsätzlich 68 die Person berechtigt, der gegenüber die Verschwiegenheitspflicht besteht, d. h. der Auftraggeber. Ist der Auftraggeber eine juristische Person, so ist das zur Geschäftsführung und Vertretung berechtigte Organ befugt, den StB von der Verschwiegenheitspflicht zu entbinden. Im Insolvenzverfahren geht beim Zivilprozess das Recht zur Entbindung von der Verschwiegenheitspflicht von dem Schuldner oder seinem gesetzlichen Vertreter auf den **Insolvenzverwalter** über, wenn die Aufklärung der Tatsachen, über die der Zeuge vernommen werden soll, für die Masse von Bedeutung ist und die Ausübung des Verfügungs- und Verwaltungsrechts des Insolvenzverwalters beeinflusst (RGZ 59, 85, 87; OLG Nürnberg, MDR 1977 S. 144; *Henckel*, ZIP 1983 S. 712; OLG Schleswig, ZIP 1983 S. 968), wobei es sich hierbei nicht um ein generelles Recht handelt (*Fuchsen*, StB 2004 S. 424). Eine zusätzliche Entbindung durch den ehemaligen GmbH-GF bedarf es nicht, wenn es lediglich um wirtschaftliche Angelegenheiten der GmbH geht (LG Hamburg, INF 13/2002 S. IV). Im Strafprozess gegen den Geschäftsführer einer im Insolvenzverfahren befindlichen GmbH reicht dagegen die Entbindung von der Verschwiegenheitspflicht durch den Insolvenzverwalter nicht aus (OLG Schleswig, NJW 1981 S. 294; OLG Düsseldorf, Stbg 1993 S. 420; LG Saarbrücken, wistra 1995 S. 239 mit abl. Anm. *Weyand*). Die **Erben** des Auftraggebers können den StB von der Verschwiegenheitspflicht befreien, soweit es sich unmittelbar um vermögensrechtliche Verhältnisse handelt; dasselbe gilt für den **Nachlasspfleger**. Bei Umständen, die den persönlichen Bereich betreffen, geht die Befugnis zur Befreiung von der Verschwiegenheitspflicht nicht auf die Erben oder andere Personen über; der StB muss in diesen Fällen selbst nach pflichtgemäßen Ermessen unter Beachtung des mutmaßlichen Willens des Verstorbenen darüber befinden, ob er an seine Verpflichtung zur Verschwiegenheit gebunden ist (OLG Stuttgart, NJW 1983 S. 1070).

Bei der Abwägung, ob die Pflicht zur Verschwiegenheit durch **überwie-** 69 **gende eigene Interessen** aufgehoben wird, sind strenge Maßstäbe anzulegen, die sich an § 34 StGB orientieren müssen. Diese Voraussetzungen werden in der Regel erfüllt sein, wenn der StB eigene Steuerpflichten erfüllen oder sich gegen den Vorwurf eines strafbaren Verhaltens verteidigen muss (BGHSt 1, 366); vor einer Selbstanzeige wegen einer gemeinsam mit dem Auftraggeber begangenen Steuerhinterziehung muss diesem Gelegenheit gegeben werden, sich der Selbstanzeige anzuschließen. Bei Rechtstreitigkeiten mit dem Auftraggeber würde der Anspruch auf rechtliches Gehör unangemessen beeinträchtigt werden, wenn der StB Tatsachen verschweigen müsste, die für seinen Anspruch oder die Abwehr eines gegnerischen Anspruches Bedeutung haben (vgl. *Späth,* DStZ 1994 S. 78). Es bestehen daher keine Bedenken, in einem Gebührenprozess (BGHZ 115, 123, 129; BGHSt 1, 366, 368), in einem Schadensersatzprozess in eigener Sache (LG München, DStR 1982 S. 179; BGH, WM 1986 S. 426, 429) oder in einem Wettbewerbsprozess (BAG, StB 1989 S. 195) die Tatsachen vorzutragen, die für eine Entscheidung von Bedeutung sind. Dasselbe gilt für eine Unterrichtung des Haftpflichtversicherers (*Messmer/Späth,* DStR 1965 S. 671). Unverhältnismäßig wären aber weitergehende Maßnahmen, wie eine Strafanzeige (OLG Celle, Stbg 1982 S. 74; LG Hannover, StB 1985 S. 101) oder ein Arrestverfahren (KG Berlin, NJW 1994 S. 462). Unzulässig ist es auch, in einem Prozess des StB gegen dritte Personen, z. B. in einem Arbeitsgerichtsverfahren gegen einen Mitarbeiter, steuerliche Verhältnisse eines Mandanten vorzutragen; hier muss die Zustimmung des Auftraggebers eingeholt werden, soweit es über die Namensnennung hinausgeht (LAG München, DB 1987 S. 1444). Zur Abtretung von Gebührenforderungen vgl. § 64 Abs. 2.

e) Auskunfts- und Zeugnisverweigerungsrecht, Beschlagnahmeverbot

70   Im **Zivilprozess** haben StB (zur Stellung des StB als Zeuge vgl. *Schroer,* DStR 1994 S. 1173) ein Zeugnisverweigerungsrecht nach § 383 Abs. 1 Nr. 6 ZPO; diese Vorschrift ist auch im Verwaltungsgerichtsverfahren (§ 98 VwGO) sowie im Arbeitsgerichts- und Sozialgerichtsverfahren (§ 46 Abs. 2 ArbGG; § 118 SGG) anzuwenden. Im **Strafverfahren** besteht ein Zeugnisverweigerungsrecht nach § 53 Abs. 1 Nr. 3 StPO. In allen Fällen besteht eine Pflicht zur Aussage, wenn der StB von der Verpflichtung zur Verschwiegenheit befreit worden ist (§ 385 Abs. 2 ZPO; § 53 Abs. 2 StPO).

71   Gegenüber der **Finanzverwaltung** besteht ein uneingeschränktes Auskunftsverweigerungsrecht nach § 102 Abs. 1 Nr. 3 AO, vorbehaltlich einer Befreiung von der Verpflichtung zur Verschwiegenheit (§ 102 Abs. 3 AO). Selbst bei dem gefestigten Verdacht einer strafbaren Handlung des Mandanten darf der Berater die Finanzbehörde nicht informieren (LG Kiel, DStRE 2003 S. 1365). Eine Weitergabe an Informationen an die Finanzverwaltung ist dem StB nur erlaubt, wenn er durch konkludentes Verhalten von seiner Schweigepflicht befreit wurde (*Christ,* INF 2003 S. 39). Dasselbe gilt im **finanzgerichtlichen Verfahren** (§ 84 Abs. 1 FGO). Soweit die Auskunft verweigert werden darf, kann auch die Vorlage von Urkunden verweigert

werden (§ 104 Abs. 1 AO). Nicht verweigert werden kann die Vorlage von Urkunden, die für den Mandanten aufbewahrt werden, soweit dieser bei eigenem Gewahrsam zur Vorlage verpflichtet wäre (§ 104 Abs. 2 AO); das gilt insbesondere für die Geschäftsbücher und sonstigen Aufzeichnungen, die bei einer **Außenprüfung** vorzulegen wären. Bei einer Außenprüfung des StB selbst siehe § 8 BpO sowie *Vogelbruch,* DStZ/A 1978 S. 340.

Dem Zeugnisverweigerungsrecht im Strafverfahren entspricht das **Beschlagnahmeverbot** nach § 97 StPO. Unstreitig ist, dass sich das Beschlagnahmeverbot auf die Akten des StB mit dem zwischen ihm und dem Beschuldigten geführten Schriftwechsel sowie auf seine Aufzeichnungen über Mitteilungen des Beschuldigten erstreckt (§ 97 Abs. 1 Nr. 1 und 2 StPO), soweit im Übrigen die Voraussetzungen des § 97 Abs. 2 StPO (vgl. hierzu BGHSt 37, 245, 247) erfüllt sind. Hiervon geht auch die Finanzverwaltung in ihren Anweisungen für das Straf- und Bußgeldverfahren aus (vgl. *Göggerle,* BB 1986 S. 41, 42). 72

Streitig ist jedoch, ob **Buchführungsunterlagen,** die dem StB zur Erstellung der Buchführung übergeben worden sind, sowie die von dem StB erstellten Buchführungen und Jahresabschlüsse der Beschlagnahme unterliegen, d. h. ob diese Unterlagen die Voraussetzungen des § 97 Abs. 1 Nr. 3 StPO erfüllen. Ein Teil der Rechtsprechung (LG Braunschweig, NJW 1978 S. 2108; OLG Hamburg, MDR 1981 S. 603; LG Aachen, MDR 1981 S. 603; LG Saarbrücken, BB 1984 S. 1275; LG München, StB 1985 S. 13; BB 1985 S. 373; LG Aachen, NJW 1985 S. 338; LG Hanau, StB 1985 S. 52; LG Stuttgart, wistra 1988 S. 40) und des Schrifttums (*Birmanns,* MDR 1981 S. 102; *Stypmann,* wistra 1982 S. 11, 13; *Brenner,* BB 1984 S. 137; *Voltz,* DStR 1989 S. 338) neigt dazu, die Beschlagnahmefähigkeit zu bejahen; einschränkend LG Chemnitz v. 20. 9. 2000, Az.: 4-Qs-8/00, sofern sie verbucht sind und die Steuererklärungen auf Grund dieser Buchung erstellt wurden; andere sprechen sich gegen eine Beschlagnahmefähigkeit aus (LG Köln, NJW 1960 S. 874; LG Koblenz, DStR 1969 S. 350; LG Köln, BB 1974 S. 1548, LG Stuttgart, NJW 1976 S. 2030; LG Berlin, NJW 1977 S. 725; LG Aachen, MDR 1981 S. 160; LG Bonn, StB 1984 S. 391; LG München, NJW 1984 S. 1191; LG Koblenz, Stbg 1985 S. 13; *Heilmaier,* DStR 1980 S. 519; *Gülzow,* NJW 1981 S. 265; *Höser,* MDR 1982 S. 535; *Göggerle,* BB 1986 S. 41; *Pestke,* Stbg 1986 S. 39; *Bandisch,* NJW 1987 S. 2200, einschränkend LG Frankfurt am Main, DStR 2004 S. 290, sofern die Buchhaltungsunterlagen noch für einen zu erstellenden Jahresabschluss benötigt werden). 73

5. Berufswidrige Werbung

Das Verbot der berufswidrigen Werbung ist seit dem 6. StBerÄG in § 57a konkretisiert; es wird daher auf die Kommentierung dieser Vorschrift verwiesen. 74

III. Wahrung des Ansehens

1. Grundsatz

75 Die aus Abs. 2 abzuleitende Pflicht, alles zu unterlassen, was mit dem Beruf und dem Ansehen des Berufs unvereinbar ist (vgl. auch § 5 Abs. 2 BOStB), deckt sich zum größten Teil mit den allgemeinen Berufspflichten des Abs. 1; so ist z.B. eine nicht gewissenhafte Berufsausübung auch mit dem Beruf nicht vereinbar. Es sind daher die Pflichten im beruflichen Bereich zunächst anhand des Abs. 1 zu prüfen; unter Abs. 2 fallen im wesentlichen nur Sachverhalte, die die **äußere Form**, in der der Beruf ausgeübt wird, betreffen (s. Rdrn. 76 ff.). In Abs. 2 wird darüber hinaus die Pflicht festgelegt, sich auch **außerhalb der Berufstätigkeit** des Vertrauens und der Achtung würdig zu erweisen, die der Beruf erfordert (s. Rdnr. 80 ff.); in den Bereich beider Gebiete fällt die Pflicht zu einem **kollegialen Verhalten** (s. Rdnr. 84 ff.).

2. Berufliches Verhalten

76 Aus dem Verbot, sich jeder Tätigkeit zu enthalten, die mit dem Ansehen des Berufes nicht vereinbar ist, lässt sich auch das Gebot ableiten, dass StB die ihnen anvertrauten Interessen **sachlich** und in angemessener Form zu vertreten haben (§ 5 Abs. 1 Satz 1 BOStB). Allerdings findet dieses Gebot dort seine Grenze, wo es sich nicht mehr durch vernünftige Gründe des Gemeinwohls rechtfertigen lässt und dem Grundsatz der Verhältnismäßigkeit nicht genügt. Herabsetzende Äußerungen, die ein StB im Zusammenhang mit seiner Berufsausübung und der dabei zulässigen Kritik abgibt, sind noch kein Anlass zu berufsrechtlichem Einschreiten, wenn nicht besondere Umstände hinzutreten. Die Grenze des Zulässigen wird aber überschritten, wenn ein StB bewusst Unwahrheiten verbreitet oder ein Verfahren durch neben der Sache liegende Herabsetzungen belastet, zu denen andere Beteiligte oder der Verfahrensverlauf keinen Anlass gegeben haben (§ 5 Abs. 1 Satz 2 BOStB; BVerfGE 76, 171, 194 zum Sachlichkeitsgebot bei RAen; LG Hamburg, StB 1992 S. 176).

77 Es ist Berufspflicht, für die ordnungsgemäße Entgegennahme von amtlichen Schreiben Vorsorge zu treffen (LG Hannover, StB 1982 S. 312) und bei vereinfachten amtlichen **Zustellungen** das zuzustellende Schriftstück entgegenzunehmen und das mit dem Datum versehene Empfangsbekenntnis unverzüglich zurückzugeben (§ 37 BOStB). Zur Beachtung von Auflagen bei Akteneinsicht vgl. § 36 Abs. 3 BOStB.

78 Das Ansehen des Berufs ist bei allen Tätigkeiten zu wahren, die mit der Berufsausübung im Zusammenhang stehen. StB dürfen sich daher zur gemeinschaftlichen Berufsausübung in **Sozietäten** oder in **Bürogemeinschaften** nur mit Angehörigen der steuerberatenden, wirtschaftsprüfenden und rechtsberatenden Berufe zusammenschließen, die einer Berufskammer angehören (§ 56), nicht dagegen z.B. mit gewerblichen Betrieben, Rechtsbeiständen (BGHSt 28, 199), Buchhaltern oder Versicherungsmathematikern (BVerfGE 60, 215).

Ebenso gefährdet es das Ansehen des Berufes, wenn StB als Ausbildende oder **Ausbilder** zum Beruf „Steuerfachangestellter" nicht die Vorschriften des Berufsbildungsgesetzes oder die von der Berufskammer erlassenen Ausbildungsgrundsätze beachten.

3. Außerberufliches Verhalten

Die **Grenze** zwischen beruflichen und außerberuflichem Verhalten lässt sich nicht immer eindeutig ziehen. Ein außerberufliches Verhalten liegt in der Regel nur dann vor, wenn es als das eines Privatmannes anzusehen ist (vgl. § 89 Rdnr. 6 ff.). Diese Unterscheidung hat bei der Feststellung der Berufspflichten im Rahmen des § 57 keine praktische Bedeutung. Auch außerberufliche Verfehlungen beeinträchtigen das Ansehen des Berufs, so dass die Tatsache, der Berufsangehörige habe als Privatmann gehandelt, insoweit unerheblich ist. Allerdings werden außerberufliche Verfehlungen nur gerügt oder berufsgerichtlich geahndet, wenn sie eine rechtswidrige Tat oder eine mit Geldbuße bedrohte Handlung darstellen und nach den Umständen des Einzelfalles in besonderem Maße geeignet sind, Achtung und Vertrauen in einer für die Ausübung der Berufstätigkeit oder für das Ansehen des Berufs bedeutsamen Weise zu beeinträchtigen (§ 89 Abs. 2); dies ist jedoch nur eine Einschränkung in der Verfolgbarkeit, bedeutet aber nicht, dass an das außerberufliche Verhalten eines StB in der Sache geringere Anforderungen zu stellen sind als an das berufliche Verhalten. Ein StB, der strafbare Handlungen begeht oder seine Verbindlichkeiten nicht erfüllt, schädigt nicht nur das eigene Ansehen, sondern beeinträchtigt auch das Vertrauen in den Berufsstand insgesamt.

Es bedarf keiner Begründung, dass das Vertrauen und die Achtung, die der Beruf erfordert, durch **strafbare Handlungen** des StB beeinträchtigt wird; eine strafbare Handlung ist daher im Allgemeinen auch eine Berufspflichtverletzung. Ob sie berufsgerichtlich zu ahnden ist, muss nach § 89 Abs. 2 und § 92 geprüft werden. Besonders bei Vermögensdelikten wie Betrug, Untreue, Unterschlagungen und Steuerhinterziehung liegt auch eine Berufspflichtverletzung vor. Dabei ist für die berufsgerichtliche Beurteilung nicht immer entscheidend, ob sämtliche Tatbestandsmerkmale eines Strafgesetzes, insbesondere die subjektive Tatseite, erfüllt sind; § 89 Abs. 2 spricht daher auch nur von einer „rechtswidrigen Tat". Ein unkorrektes Verhalten in finanziellen Angelegenheiten kann daher berufswidrig sein, wenn keine betrügerische Absicht vorliegt, aber ein Geschäftspartner durch unrichtige Angaben zu finanziellen Dispositionen veranlasst wird, die er sonst nicht getroffen hätte. Dies gilt auch für einen StB, der zugleich ehrenamtlich Kassenwart ist und Unterlagen erst nach einer zivil- und strafrechtlichen Verurteilung herausgibt (LG Düsseldorf v. 17. 1. 2003, Az. 45-StL 10/02). Die Öffentlichkeit erwartet von StB mit Recht ein korrektes Verhalten; dieses Vertrauen wird enttäuscht, wenn Zusicherungen gemacht werden, die objektiv nicht zutreffen oder nicht eingehalten werden können.

82 Bei Äußerungen in der Öffentlichkeit, insbesondere bei schriftstellerischer Tätigkeit, anderen Veröffentlichungen und bei einer Vortragstätigkeit ist alles zu unterlassen, was das Ansehen des Berufs schädigen kann. Berufsrechtlich zu ahnden sind dabei jedoch nur strafbare Beleidigungen, bewusst verbreitete Unwahrheiten und neben der Sache liegende Herabsetzungen (BVerfGE 76, 171, 194; *Engelhardt,* StB 1988 S. 73, 77; vgl. auch Rdnr. 76). Es kann nicht Aufgabe des Berufsrechts sein, sonstige „**Entgleisungen**" zu ahnden, zumal diese wohl das Ansehen des einzelnen StB, aber grundsätzlich nicht das Ansehen des gesamten Berufs gefährden.

83 Das Ansehen des Berufs erfordert es, dass StB auch in **eigenen finanziellen Angelegenheiten** korrekt verfahren (OLG Düsseldorf, DStR 2002, Heft 36, S. XIV). Grundlage für die unabhängige und eigenverantwortliche Berufsausübung sind geordnete wirtschaftliche Verhältnisse (LG Hannover, DStR 2002, Heft 15, S. XVIII). Wer nicht in der Lage ist, seine Schulden fristgerecht zu bezahlen, kann seine Berufspflichten nicht mit der erforderlichen Unabhängigkeit und Eigenverantwortlichkeit erfüllen. Nicht jede finanzielle Schwierigkeit muss auf einer Berufspflichtverletzung beruhen (LG Köln, StB 1988 S. 306); ebenso braucht die Tatsache, dass gegen einen Berufsangehörigen Zwangsvollstreckungsmaßnahmen durchgeführt werden, für sich allein noch nicht auf eine Berufspflichtverletzung hinzudeuten. Berufsrechtliche Fragen entstehen aber dann, wenn sich der StB schuldhaft, d.h. durch Überschätzung seiner wirtschaftlichen Möglichkeiten (LG Hannover, StB 1984 S. 358), in Schwierigkeiten gebracht hat oder wenn er sich nicht bemüht, entstandene Schwierigkeiten korrekt zu beseitigen. Der StB hat auch rechtzeitig die Lohnsteueranmeldungen für die bei ihm beschäftigten Mitarbeiter abzugeben (LG Hannover, DStR 2004 S. 976). Es ist berufswidrig, leichtsinnig Verbindlichkeiten zu übernehmen, die nicht erfüllt werden können, z.B. durch zu hohe Privatausgaben oder Spekulationsgeschäfte; von einem StB erwartet die Öffentlichkeit, dass er sich in seinen eigenen Angelegenheiten nicht schuldhaft in die Gefahr bringt, Zwangsvollstreckungsmaßnahmen ausgesetzt zu werden. Es besteht eine konkrete Gefährdung der Belange der Mandanten, wenn sie bei Honorarpfändungen Umstände preisgeben müssen, die Rückschlüsse auf ihre steuerliche und finanzielle Lage zulassen. Ebenso wird erwartet, dass Verbindlichkeiten fristgerecht erfüllt werden und der StB nicht versucht, sich berechtigten Forderungen zu entziehen. Das gilt insbesondere bei rechtskräftig festgestellten Forderungen; hier muss der StB sich mit aller Kraft um eine ehrenhafte Abwicklung bemühen und darf nicht durch Ausnutzung formaler Rechtspositionen dieser Abwicklung verhindern, indem z.B. einer Ladung zur Leistung der eidesstattlichen Versicherung nicht Folge geleistet wird, so dass ein Haftbefehl ergeht. Dabei ist eine Berufspflichtverletzung unabhängig von der Möglichkeit des Widerrufs der Bestellung (§ 46 Abs. 2 Nr. 4, 5) zu ahnden.

4. Kollegialität

Die Pflicht, sich kollegial zu verhalten, wird im Gesetz nicht ausdrücklich als Berufspflicht aufgeführt. Sie ergibt sich jedoch aus der Verpflichtung, alles zu unterlassen, was mit dem **Ansehen des Berufs** nicht vereinbar ist (LG Münster, Stbg 1982 S. 73; LG München I, StB 1991 S. 327; § 31 Abs. 1 Satz 2 BOStB). Es wäre für das Ansehen des Berufs äußerst abträglich, wenn die Berufsangehörigen untereinander in einer unangemessenen Form verkehren würden und etwaige Meinungsverschiedenheiten nicht beizulegen versuchen, sondern in der Öffentlichkeit oder vor den Mandanten austragen. Die Verpflichtung zur Kollegialität verbietet es daher, das Ansehen eines Kollegen oder des Berufs zu gefährden, insbesondere Kollegen in Wort und Schrift unsachlich anzugreifen oder leichtfertig anzuschuldigen. Zum Verhalten gegenüber dem Kammervorstand vgl. LG Hamburg, Stbg 1992 S. 302. 84

Die Kollegialität umfasst zunächst eine **Verständigungspflicht.** Bei Streitigkeiten unter StB sind die Beteiligten verpflichtet, eine gütliche Einigung zu versuchen, erforderlichenfalls eine Vermittlung durch die Steuerberaterkammer zu beantragen (§ 31 Abs. 3 BOStB) und während des Vermittlungsverfahrens öffentliche Auseinandersetzungen zu unterlassen (LG Köln, Stbg 1986 S. 124). Beabsichtigt ein StB, bei Gericht oder bei Behörden Maßnahmen gegen einen Kollegen zu ergreifen, z. B. eine Klage zu erheben oder eine Strafanzeige zu erstatten, so hat er der Steuerberaterkammer auch bei eilbedürftigen Angelegenheiten (LG Köln, Stbg 1986 S. 124) Gelegenheit zu geben, in der Angelegenheit zu vermitteln (§ 31 Abs. 4 BOStB; s. § 76 Rdnr. 17–19); eine Streitverkündung (§ 72 ZPO) ist keine „Maßnahme", die einen Vermittlungsversuch voraussetzt. Grundsätzlich ist es unzulässig, gegen einen Kollegen gerichtlich vorzugehen, ohne vorher eine außergerichtliche Einigung zu versuchen (BGHSt 26, 131, 139); etwas anderes kann nur gelten, wenn dem berechtigte Interessen des Auftraggebers entgegenstehen. Die zivilrechtliche Zulässigkeit einer gleichwohl erhobenen Klage wird durch das Berufsrecht nicht berührt (BGH, WM 1986 S. 575). Bei einem Widerstreit zwischen kollegialer Rücksichtnahme und den Interessen des Auftraggebers gebührt unter Abwägung aller Umstände den berechtigten Interessen des Auftraggebers der Vorrang (§ 31 Abs. 2 BOStB). Wenn ein Vermittlungsversuch gescheitert ist, bestehen keine weiteren Einschränkungen; es ist z. B. nicht berufswidrig, ein Absehen von einer Klage von einem Vertragsstrafeversprechen eines Kollegen abhängig zu machen. 85

Einen häufigen Anlass zu Auseinandersetzungen zwischen Kollegen bietet der **Wechsel des Mandanten** (vgl. *Best,* DSWR 1997 S. 235). Dies ist ein normaler Vorgang, der nicht von vornherein den Verdacht nahelegt, der übernehmende StB habe sich berufswidrig verhalten; das gilt auch, wenn der übernehmende StB der neue Arbeitgeber eines ehemaligen Mitarbeiters ist. Die Aussage in § 32 Abs. 2 Satz 2 BOStB ist zu weitgehend und wird durch die §§ 57 Abs. 1; 86 Abs. 4 Nr. 5 nicht gedeckt. Die Verpflichtung zur Kollegialität ergibt sich aus der Pflicht, das Ansehen des Berufs zu wahren (Rdnr. 84); sie bezweckt nicht den Schutz etablierter Praxen vor der Kon- 86 kurrenz (vgl. auch § 86 Rdnr. 7). Die Grenze zur berufswidrigen Abwerbung ist erst überschritten, wenn der übernehmende StB Mandanten unter Einsatz unlauterer Mittel, z.B. falscher Tatsachenbehauptungen oder persönlicher Herabsetzung des Kollegen zum Mandatswechsel veranlasst hat. Ein ehemaliger Mitarbeiter, der eine eigene Praxis gründet, darf grundsätzlich Mandate aus der Praxis seines früheren Arbeitgebers übernehmen (OLG Celle, DStR 1972 S. 188; vgl. auch § 57a Rdnr. 54), es sei denn, dass eine wirksame Wettbewerbsbeschränkung vereinbart worden ist (vgl. § 58 Rdnr. 5–8). Auch hier ist die Aussage in § 33 Abs. 1, 2 BOStB zu weitgehend.

87 Bei der **Praxisübertragung** (vgl. *Wehmeier*, Stbg 1996 S. 345; DSWR 1997 S. 230; *Platz*, DStR 1997 S. 1465) entstehen oft Zweifel, ob die Kollegialität ein bestimmtes Verhalten erfordert. Die Übertragung einer Praxis gegen Entgelt ist – als Ausnahme von dem Verbot des entgeltlichen Erwerbs von einzelnen Mandaten (vgl. § 9 Rdnr. 6) – grundsätzlich zulässig (BGH, NJW 1958 S. 950; 1965 S. 580; DB 1958 S. 496; OLG Celle, JR 1960 S. 302; *Tiefenbacher*, BB 1959 S. 473; *Reinberg*, Stbg 1983 S. 239; 1987 S. 72; zur Verschwiegenheitspflicht siehe § 59 Abs. 2 BOStB und Rdnr. 67); zur Wertermittlung vgl. *Breidenbach*, DStR 1991 S. 47; *Englert*, Die Bewertung von WP- und StB-Praxen, 1996; *Peemöller/Meyer-Pries*, DSWR 1998 S. 78; *Heid*, DStR 1998, S. 1565. Der Erwerber muss sich um die Erreichung des Vertragszweckes, nämlich die Übernahme sämtlicher Mandanten, bemühen (LG Hannover, StB 1983 S. 41), und der Veräußerer muss sich an ein vereinbartes Wettbewerbsverbot halten (vgl. hierzu OLG Koblenz, StB 1989 S. 190; StB 1990 S. 379). Wer meint, nicht länger an einen mit dem Kollegen geschlossenen Vertrag gebunden zu sein, muss sich zunächst mit ihm in Verbindung setzen, mit dem Ziel, eine einvernehmliche Abänderung des Vertrages zu erreichen (OLG Celle, StB 1980 S. 232). Mit der Veräußerung der Praxis werden nicht einzelne Mandate übertragen; der Übernehmer erwirbt nur die Chance, dass von dem Veräußerer erworbene Vertrauen der Mandanten auch für seine Person zu rechtfertigen. Wenn Mandanten anlässlich der Praxisveräußerung zu einem anderen StB wechseln, kann der Übernehmer nicht den Kaufpreis mindern, weil es sich um ein typisches Risiko handelt, das mit der Übernahme der Praxis verbunden ist (OLG Düsseldorf, StB 1978 S. 291). Zum Wertausgleich bei „mitgenommenen" Mandanten siehe BGH, Stbg 1995 S. 262.

IV. Mit dem Beruf unvereinbare Tätigkeiten

1. Gewerbliche Tätigkeit

88 Die Inkompatibilitätsregelung ist mit Art. 12 Abs. 1 GG vereinbar und die Charta der Grundrechte der EU hat auch keine rechtsverbindliche Wirkung in den Mitgliedstaaten (BFH v. 28. 4. 2004, Az.: VII – B – 44/04, vgl. aber auch FG Düsseldorf, Stbg 2004 S. 137). Die Tätigkeit der StB ist kein Gewerbe (§ 32 Abs. 2, Satz 2). Es ist daher schon aus diesem Grunde eine gewerbliche Tätigkeit mit dem Beruf eines StB nicht zu vereinbaren (BGHSt

42, 55, 57; § 41 Abs. 1 BOStB). Es kommt hinzu, dass die besonderen Bedingungen, unter denen eine Steuerberatung ausgeübt wird, eine Verbindung mit einer gewerblichen Tätigkeit noch mehr als bei anderen freien Berufen erschweren. Schon die Gefahr, dass ein StB die bei der Beratung eines Gewerbetreibenden gewonnenen Kenntnisse im **eigenen Gewerbetrieb** verwerten könnte, würde das Vertrauen in eine unabhängige und gewissenhafte Berufsausübung beeinträchtigen und daher dem Ansehen des Berufs schaden. Durch die Unvereinbarkeit einer gewerblichen Tätigkeit mit dem steuerberatenden Beruf (Abs. 4 Nr. 1) wird die Freiheit der Berufswahl nicht unangemessen eingeschränkt (BVerfGE 21, 173, 181; zur anderen Beurteilung als bei RAen siehe BVerfGE 87, 287, 329).

Eine gewerbliche Tätigkeit ist gekennzeichnet durch ein selbstständiges, gleichmäßig fortgesetztes und maßgebend von erwerbswirtschaftlichem Streben nach Gewinn bestimmtes Handeln (BGH, StB 1976 S. 219; NJW 1981 S. 399; BGHSt 42, 55, 60). Der Begriff der gewerblichen Tätigkeit im berufsrechtlichen Sinne ist jedoch nicht abschließend geklärt (BGH, NJW 2003 S. 1540). Hierunter fallen z. B. die Vornahme von **Finanzgeschäften,** insbesondere die Vermittlung von Versicherungen, Bausparverträgen, Finanzierungen und Kapitalanlagen gegen Provision (siehe hierzu Rdnr. 94) und die Tätigkeit als **Makler.** Es ist unerheblich, ob die Tätigkeit im eigenen Namen oder als Organ einer juristischen Person ausgeübt wird (BGHSt 42, 55, 62). Daher ist die Tätigkeit als Vorstandsmitglied einer AG oder eG (BGHSt 35, 232) oder als Geschäftsführer einer GmbH (BGHSt 42, 55) unzulässig, auch wenn Tätigkeiten ausgeübt werden, die mit dem Beruf des StB vereinbar sind. Dies gilt auch bei einer mehrheitlichen Beteiligung an einem gewerblichen Unternehmen, da dann maßgeblich die Geschäftspolitik bestimmt werden kann. Dabei ist nicht entscheidend, ob der StB faktisch die Geschäftsführung ausübt (OLG Celle, DStRE 2001 S. 1006), weil der Geschäftsführer sich an den Vorgaben der Gesellschafter orientiert (*Späth,* INF 2002 S. 244). Es ist lediglich nach § 39 Abs. 3 BOStB eine Geschäftsführungsfunktion im gewerblichen Unternehmen zulässig, wenn eine gerichtliche Bestellung, etwa zum Notgeschäftsführer, erfolgte. Auch ein reines Zurverfügungstellen von Buchhaltungssoftware an den Mandanten stellt eine gewerbliche Tätigkeit dar, da keine selbstständige Berufsleistung erbracht wird (KG Berlin, DStR 2004 S. 1103). Die Praxis kann auch nicht mit einem Gewerbetreibenden in gemeinsamen Räumlichkeiten geführt werden (LG Düsseldorf, DStRE 2004 S. 430). Nicht unter das Verbot der gewerblichen Tätigkeit fällt die Tätigkeit als Treuhänder, s. unten Rdnr. 105). Auch kommen gemeinsame Seminarveranstaltungen zwischen StB und Banken in Betracht, wenn hierdurch vorhandene Kunden/Mandanten gehalten bzw. neue gewonnen werden sollen (BGH, NJW 2003 S. 1540) oder eine Steuerberatung, die über das Internet erfolgt und mit der zugleich eine Beratungsleistung erbracht wird (*Wittsiepe,* NWB 2004, Fach 30 S. 3161).

Bei der Verwaltung und **Anlage des eigenen Vermögens** oder des Vermögens von Angehörigen darf die Grenze zur gewerblichen Tätigkeit nicht überschritten werden. Die Beteiligung an einem gewerblichen Unternehmen ist – auch für StBGes (§ 72) – nicht als gewerbliche Tätigkeit anzusehen, wenn der StB nach den vertraglichen Vereinbarungen und nach den tatsächlichen Verhältnissen nicht geschäftsführend oder in ähnlicher Weise tätig ist oder die Beteiligung ausschließlich der Verwaltung eigenen Vermögens des StB dient (§ 41 Abs. 2 Satz 1 BOStB). Dasselbe gilt auch für die Gewährung von Darlehen, auch gegenüber Mandanten (BGH, WM 1986 S. 1355); hier bestehen jedoch Bedenken bzgl. der Unabhängigkeit (Rdnr. 16). Eine Tätigkeit als **persönlich haftender Gesellschafter** einer OHG oder KG, die nicht als StBGes oder WPGes anerkannt sind, ist stets unzulässig (§ 41 Abs. 2 Satz 2 BOStB); dasselbe gilt, wenn ein StB zwar formell die Stellung eines **Kommanditisten** innehat, tatsächlich aber die Aufgaben eines persönlich haftenden Gesellschafters oder Geschäftsführers wahrnimmt oder wenn er sich in der Öffentlichkeit mit dem gewerblichen Unternehmen identifiziert, z. B. für ein Versicherungsmaklerunternehmen wirbt, an dem er als Kommanditist maßgeblich beteiligt ist. Die Beteiligung an **Kapitalgesellschaften** ist in der Regel zulässig. Wer jedoch eine Kapitalgesellschaft durch eine in seinen Händen befindliche Mehrheit und Eingriffe in die Geschäftsführung praktisch beherrscht, steht demjenigen gleich, der außerhalb einer solchen Gesellschaft in anderer Form eine gewerbliche Tätigkeit ausübt (AG Potsdam, DStR 1996 S. 1063). Dasselbe gilt, wenn der Anschein einer gewerblichen Tätigkeit dadurch erweckt wird, dass ein StB in die Firma einer Kapitalgesellschaft, an der er beteiligt ist, seinen Namen aufnehmen lässt (siehe auch § 41 Abs. 3 BOStB).

2. Tätigkeit als Arbeitnehmer

91 Nach Abs. 4 Nr. 2 gilt eine Tätigkeit als Arbeitnehmer als nicht vereinbar mit dem Beruf eines StB, falls nicht eine in Abs. 3 Nr. 4, §§ 58, 59 genannten Ausnahmen vorliegt. Die Gründe für dieses Verbot entsprechen denen für das Verbot einer gewerblichen Tätigkeit. StB sollen sich nicht in der gewerblichen Wirtschaft betätigen, und zwar erst recht nicht, wenn sie auch noch nach **Weisung mit privatwirtschaftlicher Zielrichtung** handeln müssen. Es ist daher ausnahmslos jede nicht unter Abs. 3 Nr. 4, §§ 58, 59 fallende Arbeitnehmertätigkeit unzulässig, ohne dass geprüft zu werden braucht, ob die Tätigkeit im Einzelfall mit dem Beruf vereinbar wäre, wenn sie selbstständig ausgeübt würde; ebenso ist es unerheblich, ob sie zeitlich und sachlich getrennt von der Steuerberatung ausgeübt wird (BFHE 122, 210; 150, 272; BVerfGE 21, 173, 184). Das gesetzliche Verbot gilt selbst dann, wenn der StB auch als RA zugelassen und die Arbeitnehmertätigkeit mit dem Beruf des RA vereinbar ist (BFH, Stbg 1993 S. 349).

92 Unzulässig ist in jedem Fall eine Tätigkeit als Arbeitnehmer im Sinne des allgemeinen Sprachgebrauchs; danach ist Arbeitnehmer, wer sich einem anderen, in der Regel gegen Entgelt, zur **Leistung von Diensten** verpflichtet und insoweit unter Aufgabe seiner persönlichen Selbstständigkeit in den Betrieb seines Arbeitgebers **eingeordnet** hat. Es kommt dabei weder darauf an, in welchem Wirtschaftszweig (z. B. Industrie, Handel, Bank (BFH, StB 1993

IV. 3. Sonstige mit dem Beruf unvereinbare Tätigkeiten   93–96 § 57

S. 343), gewerbliches Rechenzentrum, Wirtschaftsverband, Haus- und Grundbesitzerverein, Verlag) oder in welcher Stellung (Leiter der Buchhaltung, Leiter der Steuerabteilung) oder in welchem zeitlichen Ausmaß die Tätigkeit ausgeübt wird. Beamte, z. B. Rechtsreferendare, gelten als Angestellte im Sinne der Vorschrift (FG Hamburg, EFG 1992 S. 163).

Darüber hinaus sind auch Tätigkeiten unzulässig, die nicht dem allgemeinen Begriff des Arbeitnehmers entsprechen, aber nach dem Sinn des Abs. 4 Nr. 2 mit dem Beruf des StB unvereinbar sind; danach ist entscheidend, ob eine **fremdbestimmte Tätigkeit** ausgeübt wird. Es ist dabei unter anderem darauf abzustellen, ob eine erhebliche zeitliche Bindung vorliegt, die dem Berufsangehörigen keinen Raum mehr lässt, das Ausmaß seiner Arbeitsverrichtung durch eigene Entscheidungen frei zu bestimmen und ob die Interessen der Mandanten denen des Arbeitgebers unterzuordnen sind (BFHE 126, 346). Es ist daher auch eine Tätigkeit als Prokurist (Nieders. FG, EFG 1976 S. 635; LG Köln, StB 1984 S. 117) als Arbeitnehmertätigkeit im Sinne des Abs. 4 Nr. 2 unzulässig, wenn eine derartige fremdbestimmte Tätigkeit vorliegt. Keine Tätigkeit als Arbeitnehmer ist dagegen anzunehmen, wenn ein StB nur Aufsichtsfunktionen wahrnimmt, z. B. als Mitglied eines Verwaltungsrates (BGHSt 34, 242) oder seine Tätigkeit nur **vorübergehend,** z. B. als Notgeschäftsführer oder Gründungsgeschäftsführer, solange noch keine auf Gewinn abgestellte Tätigkeit aufgenommen worden ist, ausübt. Sonst ist die Tätigkeit als Geschäftsführer aber auch dann unzulässig, wenn es sich nur um eine Vorratsgesellschaft handelt (LG München I, StB 1993 S. 184; LG Hamburg, StB 1993 S. 387). Zur Organstellung siehe Rdnr. 89.   93

Bei einer Tätigkeit als Arbeitnehmer ist die **Bestellung zu widerrufen**   94
(§ 46 Abs. 2 Nr. 1); eine berufsgerichtliche Ahndung kommt daneben grundsätzlich nicht in Betracht (§ 89 Rdnr. 18).

3. Sonstige mit dem Beruf unvereinbare Tätigkeiten

Abs. 4 regelt nicht abschließend, welche Tätigkeiten mit dem Beruf eines   95
StB nicht vereinbar sind, sondern hebt nur – wie sich aus dem Wort „insbesondere" ergibt – zwei wichtige Bereiche heraus. Für die Tätigkeit als Arbeitnehmer hat die Rechtsprechung bereits Merkmale für einen Arbeitnehmerbegriff im Sinne des StBerG entwickelt, der über den allgemeinen Arbeitnehmerbegriff hinausgeht (s. Rdnr. 93). Für die gewerbliche Tätigkeit lässt sich kein besonderer Begriff im Sinne des Abs. 4 entwickeln; das heißt aber nicht, dass die Unzulässigkeit auf eine gewerbliche Tätigkeit im Sinne der allgemeinen Begriffsbestimmung begrenzt wird. Nach dem Zweck des Abs. 2 sind vielmehr auch Tätigkeiten unzulässig, die **nicht** unter den **allgemeinen Gewerbebegriff** fallen.

Nach dem allgemeinen Sprachgebrauch wird die Landwirtschaft nicht zum   96
Gewerbe gerechnet. Das bedeutet jedoch nicht, dass eine Tätigkeit als **Landwirt** mit dem Beruf eines StB vereinbar ist (BFH, DStRE 2004 S. 1055). Unvereinbar ist vielmehr jede Tätigkeit, die auf einen Erwerb gerichtet ist und als Beteiligung am allgemeinen wirtschaftlichen Verkehr dient;

hierfür gelten dieselben Gründe, die auch gegen die gewerbliche Betätigung eines Berufsangehörigen anzuführen sind. Es kommt hinzu, dass auch nach dem Gewerberecht die Grenzen zwischen Landwirtschaft und Gewerbebetrieb fließend sind. Die Tätigkeit als Landwirt kann daher nur dann mit dem Beruf eines StB vereinbar sein, wenn sie nicht als Erwerbsquelle, sondern aus Liebhaberei mit nur geringer Beteiligung am allgemeinen wirtschaftlichen Verkehr betrieben wird.

V. Mit dem Beruf vereinbare Tätigkeiten

1. Grundsatz

97 Mit dem Beruf eines StB ist grundsätzlich jede Tätigkeit vereinbar, die nicht gewerblich ist oder nicht in einem Anstellungsverhältnis ausgeübt wird und dem Ansehen des Berufs nicht schadet. Das ergibt sich aus den Absätzen 2 und 4; Abs. 3 enthält nur eine **nicht abschließende Aufzählung** der Tätigkeiten, bei denen in jedem Fall unterstellt wird, dass sie dem Ansehen des Berufs nicht entgegenstehen. Die Aufzählung ist nicht ganz folgerichtig, weil in Nr. 1, 2 und 4 andere Berufe genannt werden, während Nr. 3 im Wesentlichen ganz und Nr. 5 zum Teil Tätigkeiten enthält, die ohnehin zum Berufsbild des StB gehören.

98 Aus Abs. 3 ist zu entnehmen, dass das Gesetz nicht fordert, den Beruf eines StB im **Hauptberuf** auszuüben. Es bestehen keine Bedenken, wenn die mit dem Beruf vereinbaren Tätigkeiten überwiegen und der Beruf als StB nur nebenberuflich wahrgenommen wird. Es ist jedoch erforderlich, einen weiteren Beruf in **derselben beruflichen Niederlassung** auszuüben. Ein StB, der z. B. zugleich als RA zugelassen ist, darf nicht zwei Kanzleien haben. Eine freiberufliche Tätigkeit setzt immer den persönlichen Einsatz des Berufsangehörigen voraus; eine Verlagerung auf Hilfskräfte ist nur in begrenztem Umfang möglich. Das erfordert, dass der Berufsangehörige seine Tätigkeit auf einen Ort auch dann konzentriert, wenn er mehrere Berufsqualifikationen hat. Das kommt auch in § 34 zum Ausdruck. Wenn ein StB nicht einmal seine weitere Beratungsstelle selbst leiten darf, kann es erst recht nicht zulässig sein, zwei Geschäftsstellen mit zum Teil unterschiedlichen Aufgaben zu führen. Das muss auch in einheitlichen Geschäftspapieren zum Ausdruck kommen (vgl. § 43 Rdnr. 10).

2. Einzelne mit dem Beruf vereinbare Tätigkeiten

a) Berufe nach § 3 Nr. 1 (Abs. 3 Nr. 1)

99 Die beruflichen Aufgaben der WP/vBP (s. § 3 Rdnr. 8, 9) decken sich in einem großen Bereich mit denen der StB (§§ 2, 129 WPO). Beide Berufe sind zur Hilfeleistung in Steuersachen und zur Vornahme betriebswirtschaftlicher Prüfungen befugt; darüber hinaus sind den WP und vBP gesetzliche Pflichtprüfungen vorbehalten. Nach Abs. 3 Nr. 1 ist daher eine Tätigkeit als StB mit der Tätigkeit als WP oder vBP vereinbar. Dies gilt auch für RAe, da sie nach § 43 BRAO unabhängige Berater und Vertreter in allen Rechtsangelegenheiten sind und nach § 3 Nr. 1 die Befugnis zur unbeschränkten Hilfeleistung in Steuersachen haben. Die Aufnahme von niedergelassenen europäischen Rechtsanwälten ist eine Folgeänderung zu § 3. Sofern ein StB, der zugleich RA ist, in seiner Funktion als RA tätig wird, stellt das gleichzeitige Nichtführen der Berufsbezeichnung StB keine Berufspflichtverletzung dar (OLG Dresden, BB 2003 S. 237; vgl. § 43 Rdnr. 10).

b) Freiberufliche Interessenwahrnehmung und Beratung (Abs. 3 Nr. 2)

Unter die freiberuflichen Tätigkeiten, die die Wahrnehmung fremder Interessen einschließlich der Beratung zum Gegenstand haben, fällt die **Tätigkeit als RA** (s. § 3 Rdnr. 7). Die Berufe des StB und des RA sind deswegen miteinander vereinbar, weil die Steuerberatung ein Teil der Rechtsberatung ist. Sie sind weitgehend wesensgleich (BVerfGE 80, 269, 281). 100

Die gleichzeitige Tätigkeit als StB und als **Rechtsbeistand** ist zulässig (BVerwG, NJW 1968 S. 906); es liegt insbesondere keine gewerbliche Tätigkeit im Sinne des Abs. 4 Nr. 1 vor. Zwar ist eine Sozietät oder Bürogemeinschaft mit einem Rechtsbeistand, der keiner Berufskammer angehört, nicht erlaubt (§ 56 Abs. 1 Satz 1); es ist jedoch auch unterschiedlich zu beurteilen, ob ein StB eine zusätzliche Berufsqualifikation erwirbt oder sich mit einem Rechtsbeistand zur gemeinschaftlichen Berufsausübung verbindet. Zulässig ist auch die Tätigkeit als Datenschutzbeauftragter, da der StB das Interesse der verantwortlichen Stelle, dass die datenschutzrechtlichen Anforderungen erfüllt sind, wahrnimmt. 101

c) Wirtschaftsberatende und ähnliche Tätigkeiten (Abs. 3 Nr. 3)

In Abs. 3 Nr. 3 werden eine wirtschaftsberatende, gutachtliche und treuhänderische Tätigkeit sowie die Erteilung von Bescheinigungen über die Beachtung steuerrechtlicher Vorschriften in Vermögensübersichten und Erfolgsrechnungen als mit dem Beruf eines StB vereinbar bezeichnet. Es handelt sich hierbei nicht um die Tätigkeit in einem anderen Beruf, sondern um Aufgaben, die ohnehin zum **Berufsbild** des StB gehören (Einl. Rdnr. 16, 17; § 33 Rdnr. 11, 12). 102

Eine **wirtschaftsberatende** Tätigkeit gehört zu den Aufgaben des steuerberatenden Berufs, insbesondere die Beratung der Mandanten in betriebswirtschaftlichen Fragen (*Mittelsteiner*, DStR 1966, S. 614; BGH, ZIP 1990 S. 266). Dies umfasst auch Beratungen in Fragen der Rationalisierung und der Datenverarbeitung (*Böttcher*, DStR 1974 S. 539), des Ratings, der Subventions- und Fördermittelberatung, wenn der Schwerpunkt auf dem wirtschaftlichen Gebiet liegt (OLG Dresden, Stbg 2004 S. 138), der Vermögensberatung (*Farkas-Richling*, Stbg 2004 S. 123; *Hartmann*, INF 2002 S. 694) sowie der Personalberatung (Einl. Rdnr. 16, 17). Voraussetzung ist aber, dass die Wirtschaftsberatung im Rahmen der freiberuflichen Tätigkeit ausgeübt wird. Bei der Ausübung in einer anderen Rechtsform, z. B. in einer nicht als StBGes anerkannten Kapitalgesellschaft, schlägt sie in eine unzulässige gewerbliche Tätigkeit um (BGHSt 42, 55, 63). 103

104 Die Tätigkeit als **Gutachter** – auch als Umweltgutachter (vgl. *Strobel*, DStR 1995 S. 1715; *Könen*, DStR 1996 S. 320 – gehört zum Berufsbild des StB; zu den Anforderungen an ein Gutachten siehe BGH, DB 1983 S. 279. Der StB ist auch verpflichtet, gerichtliche Aufträge als **Sachverständiger** zu steuerrechtlichen und betriebswirtschaftlichen Fragen zu übernehmen (§ 407, Abs. 1 ZPO; vgl. *Dölemeyer*, Stbg 1982 S. 325; *Hund*, DStR 1997 S. 1264). Eine öffentliche Bestellung als Sachverständiger gemäß § 36 GewO ist auf Fachgebieten, die zum Inhalt der Tätigkeit des StB gehören, weder erforderlich noch zulässig.

105 Die **Treuhandtätigkeit** ist eine Form der Geschäftsbesorgung, für die es keine allgemeinen Regeln gibt; die Rechtsbeziehungen müssen vielmehr nach den jeweiligen Umständen des Einzelfalles, insbesondere nach dem zugrundeliegenden Auftrag bestimmt werden (RGZ 127, 341, 345; BGH, NJW 1966 S. 1116). Eine Treuhandtätigkeit ist berufsrechtlich grundsätzlich zulässig (zur steuerrechtlichen Einordnung vgl. BFH, BB 1989 S. 1740); sie umfasst insbesondere die Verwaltung von fremdem Vermögen, die Betreuung von Kreditsicherheiten, das Halten von Gesellschaftsanteilen, die Wahrnehmung von Gesellschafterrechten, die Kontrolle der Mittelverwendung (OLG Köln, DStR 1994 s. 726), die Wahrnehmung des Amtes als Testamentsvollstrecker (vgl. BGH, Stbg 2005 S. 133; BFHE 132, 351; *Müller-Laube*, Stbg 1990 S. 395; *Streek*, DStR 1991 S. 592, *Hering*, StB 2002 S. 94), Nachlasspfleger, Pfleger, Betreuer (*Zimmermann*, DStR 1994 S. 26; *Reitz*, Stbg 1998 S. 269), die Tätigkeit als Insolvenzverwalter (*Weidekind*, DSWR 1997 S. 258), Liquidator und Nachlassverwalter. Dasselbe gilt für die Tätigkeit als Datenschutzbeauftragter (§ 4f Bundesdatenschutzgesetz), als Hausverwalter, insbesondere nach § 27 WEG sowie als Beirats- und Aufsichtsmitglied (§ 39 BOStB). Die Grenze zur unerlaubten Tätigkeit wird bei Verstößen gegen Erlaubnisvorschriften in anderen Gesetzen, z. B. im RBerG, und bei einer gewerblichen Tätigkeit überschritten; gerade im letzten Fall sind die Grenzen fließend. Die vorgenannten Tätigkeiten sind im Wesentlichen dadurch gekennzeichnet, dass sie sich auf die Aufsicht und Verwaltung beschränken; es hätte daher besser der Begriff „treuhänderische Verwaltung" verwendet werden sollen. Bei anderen Treuhandgeschäften, insbesondere bei steuerbegünstigten Kapitalanlagen, steht eine auf Gewinnerzielung gerichtete Tätigkeit im Vordergrund (vgl. hierzu *Bryck*, DB 1980 S. 531; *Eggesiecker/Eisenach/Schürner*, FR 1981 S. 65; *Bihr*, DStR 1984 S. 229; zum Versicherungsschutz vgl. *Leininger*, Stbg 1983 S. 251; zur Rechtsanwaltschaft vgl. *Evers*, NJW 1983 S. 1652; *Riedel*, NJW 1984 S. 1021). Zwar ist nicht jede Tätigkeit, die handelsrechtlich ein Gewerbe ist, auch berufsrechtlich unzulässig; (siehe § 49 Abs. 2); eine berufsrechtliche Unzulässigkeit ist aber anzunehmen, wenn der Treuhänder umfassende Vollmachten hat und an der Stelle des Auftraggebers gewerblich, d. h. mit Gewinnerzielungsabsicht, handelt. Demgemäß ist die Tätigkeit als Baubetreuer unzulässig und auch bei der Betreuung von Betriebsvermögen als alleinverantwortlicher Leiter sind die Grenzen der freiberuflichen Tätigkeit überschritten.

Die **Erteilung von Bescheinigungen** über die Beachtung steuerrecht- 106
licher Vorschriften in Vermögensübersichten und Erfolgsrechnungen ist ein
untrennbarer Bestandteil der Hilfeleistung in Steuersachen, zu der nach § 33
auch die Hilfeleistung bei der Erfüllung der Buchführungspflichten gehört,
die auf Grund von Steuergesetzen bestehen (Deutscher Bundestag, 3. Wahlperiode, Drucksache 128, zu III, Nr. 58). Dieser Aufgabenbereich ist nicht
auf die Beachtung steuerrechtlicher Vorschriften beschränkt. StB dürfen
vielmehr auch andere Abschlussvermerke und Prüfungsvermerke erteilen
(vgl. § 33 Rdnr. 12; § 57 Rdnr. 19, 50; Hinweise der Bundessteuerberaterkammer, DStR 1992 S. 683; *Küffner,* DStR 1994 S. 74; *Weiland,* DStR 1996
S. 717), z.B. Bestätigungen nach § 16 MaBV (vgl. Hinweise der Bundessteuerberaterkammer, DStR 1978 S. 561), Bestätigungen über Vermögensübersichten für Kreditzwecke, Bestätigungen über Ergebnisanteile nach § 11
Abs. 2 Drittes VermBG. Sie können auch mit der Durchführung von Gründungsprüfungen (§ 33 AktG) und Sonderprüfungen (§§ 142 ff. AktG) beauftragt werden und deren Ergebnisse bestätigen.

Die Teilnahme an Sozialversicherungsprüfungen ist mit der Tätigkeit des
StB vereinbar ist (OLG Düsseldorf v. 10. 2. 2000, Az.: 13 U 147/99). Die
Prüfung der Beitragspflicht zu einer Zusatzversorgungskasse ist ihm ebenfalls
erlaubt (OLG Celle, DStRE 2001 S. 838).

d) Lehrer an Hochschulen (Abs. 3 Nr. 4)

Die Tätigkeit als Lehrer an wissenschaftlichen Hochschulen (mit Ausnahme 107
verwaltungsinterner Fachhochschulen, FG Hamburg, EFG 1992 S. 164; FG
Berlin, EFG 1993 S. 259) sowie wissenschaftlichen Instituten ist mit dem
Beruf des StB vereinbar, und zwar im **Anstellungsverhältnis**, als **Beamter**
(siehe dagegen für RAe: BGHZ 92, 1) oder auf **freiberuflicher** Basis. Der
einheitliche Begriff „Hochschule" umfasst sowohl Universitäten als auch
Fachhochschulen. Eine Unterscheidung findet nicht statt. Unerheblich ist, in
welchem Umfang und in welcher Stellung (z.B. als Professor, Privatdozent,
Lehrbeauftragter) dies geschieht; Assistenten können – auch wenn sie selbstständig Lehrveranstaltungen durchführen – nur in Ausnahmefällen Lehrer im
Sinne des Abs. 3 Nr. 4 sein. Dann müssen ihre Aufgaben nicht nur eine untergeordnete Bedeutung haben und zugleich bedarf es weitreichender Befugnisse (noch verneinend BFH, BStBl. 1998 II S. 750). Die Tätigkeit an anderen Einrichtungen, z.B. an Verwaltungs- und Wirtschaftsakademien, wird
dadurch nicht ausgeschlossen; sie darf aber nicht in einem Anstellungsverhältnis ausgeübt werden.

e) Freie schriftstellerische und Vortragstätigkeit (Abs. 3 Nr. 5)

Eine freie schriftstellerische Tätigkeit ist mit dem Beruf des StB vereinbar 108
(siehe auch § 57a Rdnr. 46), und zwar sowohl auf **steuerlichem** als auch
auf **berufsfremden** Gebieten (siehe hierzu Rdnr. 82).

Auch eine freie, d. h. nicht im Anstellungsverhältnis vorgenommene gele- 109
gentliche **Vortrags- und Lehrtätigkeit** ist mit dem Beruf vereinbar (BGH,
Stbg 1998 S. 167). Allerdings fallen die Veranstaltung von Seminaren (LG

Düsseldorf, Stbg 1994 S. 307) sowie die Unterhaltung von Schulen und Instituten nicht hierunter, vielmehr handelt es sich insoweit um eine unzulässige gewerbliche Tätigkeit, insbesondere, wenn eine firmenähnliche Bezeichnung geführt oder die Schule in der Rechtsform einer GmbH betrieben wird (OLG Celle, StB 1982 S. 39).

f) Durchführung von Veranstaltungen (Abs. 3 Nr. 6)

110 Der Katalog der vereinbaren Tätigkeiten des StB wurde erweitert. Es erfolgte eine weitere Anpassung an die Vorschriften der WPO. Nach Abs. 2 Nr. 6 ist es somit künftig auch StB erlaubt, Lehr- und Vortragsveranstaltungen zur Vorbereitung auf die Steuerberaterprüfung bzw. die Prüfung als WP und vBP sowie zur Fortbildung der Mitglieder der Steuerberaterkammer und deren Mitarbeitern durchzuführen. Die neue Vorschrift geht jedoch sogar über die vergleichbare Regelung in § 43a Abs. 4 Nr. 6 WPO hinaus. Diese erlaubt den Mitgliedern der WP-Kammer nämlich nicht die Durchführung derartiger Veranstaltungen zur Fortbildung ihrer eigenen Mitarbeiter. Es ist jedoch sinnvoll, auf Grund der gesetzlichen und gesellschaftlichen Veränderungen sowohl die Mitglieder der Steuerberaterkammer als auch deren Mitarbeiter zu schulen. Zudem besteht ein Abgrenzungsproblem in der praktischen Durchführung, da in den Schulungen eine Kontrolle eingerichtet werden müsste, wer Berufsangehöriger oder Mitarbeiter ist. Insbesondere bei den Mitarbeitern, die leitende Positionen innerhalb der Praxen einnehmen oder sich auf das Examen als StB vorbereiten, ist es nicht angebracht, eine Unterscheidung vorzusehen (*Hartmann*, INF 2000 S. 472).

§ 57a Werbung

Werbung ist nur erlaubt, soweit sie über die berufliche Tätigkeit in Form und Inhalt sachlich unterrichtet und nicht auf die Erteilung eines Auftrags im Einzelfall gerichtet ist.

Übersicht

	Rdnr.
1. Allgemeines	1–8
2. Werbung	
a) Begriff	9
b) Berufswidrigkeit	10–12
3. Inhalt der erlaubten Werbung	
a) Unterrichtung über die Berufstätigkeit	13
b) Sachliche Unterrichtung	14–17
c) Zulässige Aussagen	18–20
4. Formen der Werbung	
a) Grundsatz	21
b) Formelle Sachlichkeit	22–24
c) Einzelne Werbemaßnahmen	25–61
5. Direkte Mandatswerbung	
a) Grundsatz	62
b) Einzelfragen	63–65
6. Werbung durch Dritte	66, 67

1. Allgemeines

Nach § 57 Abs. 1 haben StB ihren Beruf unter Verzicht auf berufswidrige **1** Werbung auszuüben. Das Verbot der berufswidrigen Werbung ist eine **Regelung der Berufsausübung** und steht daher unter dem Gesetzesvorbehalt des Art. 12 Abs. 1, S. 2 GG (BVerfGE 40, S. 371, 382). Eingriffe in die Berufsausübung müssen mit sachgerechten und vernünftigen Erwägungen des Gemeinwohls begründet sein (BVerfGE 30, 292, 316; 36, 212, 219; 76, 196, 207). Das Verbot der berufswidrigen Werbung bleibt innerhalb dieser Regelungsbefugnis, weil es das Ziel verfolgt, die berufliche Tätigkeit auf dem Gebiet der Steuerberatung innerhalb der von der Überzeugung der Berufsangehörigen getragenen „guten Sitten" zu halten (BVerfGE 32, S. 311, 316) und eine Verfälschung des Berufsbildes durch Anwendung von Werbemethoden verhindern will, wie sie in der gewerblichen Wirtschaft üblich sind (BVerfGE 33, 125, 170; 60, 215, 232; 76, 162, 172).

Durch § 57a wird der Begriff der berufswidrigen Werbung konkretisiert. **2** Das geht auf die Rechtsprechung des BVerfG zum anwaltlichen Berufsrecht (BVerfGE 76, 171, 184; 76, 196, 205) zurück. Obwohl das StBerG im Gegensatz zur BRAO ein **gesetzliches Werbeverbot** enthielt, so dass nach der Rechtsprechung des BVerfG eine weitergehende Umschreibung nicht erforderlich gewesen wäre (BVerfG, DStR 1993 S. 530), wurde die Vorschrift durch das 6. StBerÄG eingefügt. Sie entspricht den §§ 43b BRAO und 52 WPO.

Durch den § 57a sollte versucht werden, die erlaubte Werbung zu kon- **3** kretisieren. Gleichzeitig war dem Gesetzgeber bewusst, dass es eine Vielfalt an Werbemaßnahmen gibt und daher im Gesetz **nicht** eine **kasuistische Regelung** vorgenommen werden konnte. Daher sollte eine nähere Ausgestaltung der Werbebefugnis durch den Berufsstand erfolgen, der hierzu nach § 86 Abs. 4 ermächtigt ist (BT-Drs. 12/6753, S. 17f.). Die satzungsrechtlichen Regelungen durch den Berufsstand müssen sich im Rahmen der gesetzlichen Vorgaben halten.

Die Zielsetzung des § 57a wurde vom Gesetzgeber vorgegeben (BT-Drs. **4** 12/6753, S. 18), der erkannt hat, dass bei den Steuerbürgern ein steigendes Bedürfnis an Informationen über das Angebot an steuerberatenden Dienstleistungen entsteht. Eine **sachliche Informationswerbung** bildet folglich einen wichtigen Faktor, um diese Nachfrage zu erfüllen. Es ist im Interesse des Steuerbürgers, zu erfahren, wo und wie sie für ihre Steuerfragen einen Fachmann finden und was diese Beratungsleistungen kosten. Es ist daher auch im Interesse des Steuerbürgers, wenn dem Berufsangehörigen die Möglichkeit eingeräumt wird, in genau beschriebenen Grenzen sachlich für seine Dienstleistungen zu werben. Eine Erweiterung der Werbebefugnisse ist geboten, um für die einzelnen StB die Wettbewerbsfähigkeit sowohl im nationalen als auch im internationalen Bereich zu verbessern.

§ 57a ist unter diesen Gesichtspunkten leider etwas unglücklich formuliert **5** (*Steinbeck*, NJW 2003 S. 1481 zu § 43b BRAO). StB ist nämlich eine Werbung für ihre berufliche Tätigkeit im Grundsatz nicht verboten, sondern vielmehr erlaubt (BGH, NJW 2001 S. 2887). Ein umfassendes Werbeverbot verstieße nicht nur gegen die Berufsfreiheit nach Art. 12 Abs. 1 GG, sondern auch gegen das Grundrecht der Meinungsfreiheit nach Art. 5 Abs. 1 GG. Folglich bedarf nicht die Gestattung einer Werbung einer Rechtfertigung, sondern vielmehr deren Verbot (*Feuerich/Braun,* BRAO, § 43b, Rdnr. 2). Dabei unterliegt die Werbung selbstverständlich **zeitbedingten Veränderungen.** Die gesellschaftlichen Veränderungen wirken sich auch auf das Berufsbild des StB aus und führen zu neuen Erwartungshaltungen des Steuerbürgers – auch im Bereich der Werbung.

6   Die Perspektiven und Möglichkeiten der Werbung bedeuten für die Berufsangehörigen mehr Freiheiten im Wettbewerb, zugleich aber auch mehr Verantwortung. Das allgemeine Standesbewusstsein und damit das Gesicht des Berufsstandes in der Öffentlichkeit als einen freien Beruf wird von jedem einzelnen Mitglied, das Werbemaßnahmen ausübt, nachhaltig geprägt. Jeder einzelne StB als Angehöriger eines freien Berufes und als **Organ** der (Steuer-)-Rechtspflege hat sich bewusst zu sein, in wieweit er Werbemethoden einsetzt. Hier gilt es der Abgrenzung zum Gewerbe Rechnung zu tragen, zumal das Instrument der Werbung ein bedeutendes Kriterium hierfür darstellt.

7   Die Bestimmung des § 57a ist eine Sondervorschrift für StB und StBv im Verhältnis zum § 8.

8   Das gesetzliche Werbeverbot verstößt nicht gegen das Kartellrecht. Soweit staatliches Berufsrecht der unternehmerischen Freiheit Grenzen zieht, entfällt auch die Anwendung des GWB (BGH, GRUR 1985 S. 986; BVerfGE 72, 73, 81; 89, 30, 34; *Messer,* Festschrift für Pfeiffer, 1988 S. 973; *Michalski,* Das Gesellschafts- und Kartellrecht der berufsrechtlich gebundenen freien Berufe, 1989, S. 417ff.). Die Berufssatzung darf aber aus kartellrechtlichen Gründen **keine Wettbewerbsbeschränkungen** festlegen, die über § 57a hinausgehen (vgl. *v. Falkenhausen/Hausmann,* AnwBl. 1996 S. 486).

2. Werbung

a) Begriff

9   In Anlehnung an § 8 ist unter Werbung das **unaufgeforderte Anbieten** der eigenen Dienste zur geschäftsmäßigen Hilfeleistung in Steuersachen zu verstehen. Bei StB gilt das für die gesamte Berufstätigkeit (§ 57 Rdnr. 6). Ergänzend ist die Definition des Wettbewerbsrechts heranzuziehen, wonach unter Werbung eine Tätigkeit verstanden wird, die unter planmäßiger Anwendung beeinflussender Mittel darauf angelegt ist, andere dafür zu gewinnen, die Leistung desjenigen, für den geworben wird, in Anspruch zu nehmen (BGH, NJW 1992 S. 45; *Henssler/Prütting,* § 43b Rdnr. 17). Für die angesprochenen Verkehrskreise ist das Motiv der Aktivität immer das Werben um Mandanten. Es ist nicht entscheidend, welchen Inhalt und welche Form die einzelnen Werbemittel haben. Folglich gehören zur **Werbung sämtliche Maßnahmen,** die dazu geeignet sind, um **Mandanten zu gewinnen** (OLG Nürnberg, NJW-RR 2000 S. 440). Die berufliche Tätigkeit und die Teilnahme am sozialen und gesellschaftlichen Leben kann daher kei-

3. Inhalt der erlaubten Werbung

ne Werbung sein. Ein Wirken im gesellschaftlichen Umfeld gehört nicht zur Werbung, auch wenn dadurch der Bekanntheitsgrad eines StB erhöht wird. Ein StB muss seine Berufsbezeichnung im privaten Bereich, z. B. in Familienanzeigen, bei Vereinsmitgliedschaften (OLG Celle, Stbg 1992 S. 15), als Sponsor oder bei einer politischen Betätigung nicht verschweigen.

b) Berufswidrigkeit

§ 57a beschreibt die erlaubte Werbung. Bei der Prüfung sind folgende 10 Schritte vorzunehmen, die sich aus dem Gesetzeswortlaut ergeben:

Es muss eine Unterrichtung über die berufliche Tätigkeit vorliegen 11 (Rdnr. 13); sie muss nach ihrem Inhalt (Rdnr. 14 ff.) und nach der Form (Rdnr. 21 ff.) sachlich sein und hat sich nicht auf die Erteilung eines Auftrages im Einzelfall zu richten (Rdnr. 61 ff.).

Der Begriff der berufswidrigen Werbung ist **berufsbezogen** und betrifft 12 nur solche **Werbemaßnahmen,** die im **Zusammenhang** mit der **Tätigkeit** als StB stehen. Daher beurteilt sich die Werbung außerhalb der beruflichen Tätigkeit nicht nach den berufsrechtlichen Vorschriften, sondern allein nach dem UWG. Außerberufliche Werbung ist somit berufsrechtlich nicht zu beanstanden (*Mittelsteiner*, § 10 Rdnr. 5).

3. Inhalt der erlaubten Werbung

a) Unterrichtung über die Berufstätigkeit

Eine Unterrichtung über die berufliche Tätigkeit ist zulässig. Damit ist 13 grundsätzlich das **Leistungsangebot** des StB gemeint und zwar sowohl über die Hilfeleistung in Steuersachen (§ 33) als auch über die mit dem Beruf vereinbaren Tätigkeiten (§ 57 Abs. 3). Hierzu zählen Informationen über Tätigkeitsschwerpunkte (§ 11 BOStB; BVerfG, NJW 1997 S. 712) als auch Angaben über die Organisation der Praxis und die Person des StB, z. B. über seine Vor- und Ausbildung, die im Rahmen von Praxisbroschüren aufgeführt sein können (§ 15 BOStB).

b) Sachliche Unterrichtung

Die Angaben über die Berufstätigkeit müssen sachlich, d. h. objektiv 14 nachprüfbar sein (§ 10 Abs. 2 Satz 2 BOStB). Zudem hat sie der Wahrheit zu entsprechen. Unwahre Behauptungen und Darstellungen sind nicht zulässig (*Mittelsteiner,* § 10, Rdnr. 10). Dies gilt auch für eine irreführende Werbung (§ 3 UWG), indem beispielsweise eine unrichtige Bezeichnung eines Mitarbeiters als Sozietätspartner (BGHZ, 115, S. 105), gemeinsame Geschäftspapiere einer Bürogemeinschaft (§ 53 BOStB; LG Saarbrücken, Stbg 1991 S. 207), gemeinsames Praxisschild mit einem Unternehmensberater (OLG Düsseldorf, DStR 1996 S. 807), selbst zugelegte Spezialisierungsbezeichnungen (BVerfG, Stbg 1992 S. 253) oder die Kennzeichnung „Internationale Sozietät", wenn das nicht auf alle Sozietätspartner zutrifft (BGH, DStR 1996 S. 1696), gewählt werden.

Die Information muss darüber hinaus sachlich sein. Die Sachlichkeit wird 15 nicht in § 10 BOStB definiert. Nach § 5 Abs. 1 BOStB ist ein Verhalten sachlich, das bei **gewissenhafter Berufsausübung geeignet ist, die anvertrauten Interessen in angemessener Form zu vertreten.** Negativ konkretisiert ist das Sachlichkeitsgebot dann verletzt, wenn es sich um Beleidigungen, die bewusste Verbreitung von Unwahrheiten oder herabsetzende Äußerungen handelt. Im Hinblick auf die Werbung verlangt somit das Sachlichkeitsgebot, dass deren konkrete Gestaltung nicht dem **sachbezogenen Informationszweck** widerspricht (*Steinbeck,* NJW 2003 S. 1482).

16 Inhaltlich muss die Werbung einen möglichst nüchternen Charakter aufweisen und das Publikum sachlich unterrichten. Daher sind Angaben, die auf objektiven Tatsachen beruhen und vom umworbenen Mandanten nachvollzogen werden können, zulässig (BVerfG, NJW 2001 S. 3325). Als unsachlich und damit als unzulässig ist dagegen eine Werbung einzustufen, in der ein StB seine Fähigkeiten in **reklamehafter Form** anpreist, so dass eine Bewertung als richtig oder falsch nicht möglich ist (OLG Stuttgart, NJW 2002 S. 1434). Eine so genannte „**Qualitätswerbung**" ist genauso wenig erlaubt (OLG Köln, Stbg 2000 S. 182), wie der Hinweis in einer Anzeige, dass laufend Mandate gesucht werden (Schl.-Holstein OLG, DStRE 2000 S. 392).

17 Nach § 10 Abs. 2 Satz 4 BOStB sind vergleichende oder wertende Aussagen nicht zulässig. Damit sind Werturteile über die Qualität der eigenen Dienstleistung des StB unsachlich, weil sie von subjektiven Einschätzungen abhängen und über keinen Informationswert verfügen (BGH, NJW 2001 S. 2088).

c) Zulässige Aussagen

18 In der BOStB sind die bisher in § 12 Abs. 2 BOStB aufgeführten Hinweise auf Grund einer Anpassung an die Systematik der übrigen Regelungen zur Werbung, die lediglich allgemeine Vorgaben enthalten, gestrichen worden. Nachdem jedoch schon in der Vergangenheit – noch vor der Verabschiedung einer Berufsordnung – verschiedene Kriterien erstellt worden sind, gelten diese nunmehr weiterhin als Orientierung (*Mittelsteiner,* § 15 Rdnr. 7). Auch wenn wiederholt für die BOStB eine Generalklausel für die Werbung gefordert wird (*Ruppert,* DStR 2002 S. 825), um beispielsweise nicht ständig den Text der BOStB auf Grund der ergangenen Rechtsprechung ändern zu müssen (vgl. auch die Regelung in Österreich), so ist es doch im Interesse des Berufsstandes sinnvoll, wenn versucht wird, in **systematischer** Form die **bedeutenden Bereiche,** in denen Werbung stattfindet, zumindest in Grundsätzen zu **skizzieren** und zu aktualisieren, um den Berufsangehörigen Anhaltspunkte für eine Einschätzung von Werbemaßnahmen zu geben.

19 Als zulässige Informationen sind somit Hinweise zur Person, den Lebenslauf, den beruflichen Werdegang, Erfahrungen der Berufsangehörigen, soweit sie berufsbezogen sind, Art und Umfang der beruflichen Betätigung, einschließlich der Tätigkeiten, die mit dem Beruf gemäß § 57 Abs. 3 vereinbar sind, Größe und Organisation der Praxis, Mitarbeiterstab sowie nationale und internationale Kooperationen, Mitgliedschaften in Berufs- oder dem Beruf nahe stehenden Organisationen anzusehen. Entsprechende Hinweise wurden von der

4. Formen der Werbung   20–25 § 57a

Rechtsprechung schon vor Erlass der BOStB gegeben, z. B. über die Lage und Verlegung der Kanzlei (EGH Stuttgart, Stbg 1990 S. 477; OLG Karlsruhe, Stbg 1992 S. 555; OLG Düsseldorf, Stbg 1993 S. 15); Urlaubsabwesenheit (OLG Karlsruhe, Stbg 1993 S. 18); Zusammenarbeit mit ausländischen Kollegen (OLG Hamm, Stbg 1993 S. 157; OLG Karlsruhe, Stbg 1991 S. 64; OLG Hamm, Stbg 1993 S. 393; BGH, DStR 1993 S. 523), insbesondere in Form einer EWIV (LG Bielefeld, Stbg 1992 S. 254; OLG Hamm, Stbg 1993 S. 394); Schwerpunkte der Tätigkeit (OLG Düsseldorf, Stbg 1993 S. 15) oder zu Hinweisen auf DATEV-Programme (LG Hannover, DStR 1997 S. 596).

Somit scheiden **konkrete Informationen zu den Mandaten** und damit 20 gegebenenfalls gleichzeitig verbundene berufliche Erfolge als **unzulässig** aus. Es handelt sich hierbei nicht um eine Unterrichtung über das Leistungsangebot des StB.

4. Formen der Werbung

a) Grundsatz

Mit dem Beruf des StB sind Werbemethoden unvereinbar, wie sie in der 21 gewerblichen Wirtschaft üblich sind (BVerfGE 33, 125, 170; 60, 215, 232; 76, 162, 172, vgl. allgemein *von Borstel*, DStR 2004 S. 1848).

b) Formelle Sachlichkeit

Der Begriff „sachlich" ist im Zusammenhang mit der Form anders auszu- 22 legen als beim Inhalt der Werbung. Während er dort mit Nachprüfbarkeit und Objektivität gleichzusetzen ist, bedeutet er hier **Zurückhaltung in der Aussage.** Das führt zu einer Einschränkung der grundsätzlich inhaltlich zulässigen Aussagen bei den einzelnen Formen der Werbung.

Inhaltlich zulässige Aussagen müssen sich in der formellen Gestaltung in 23 einem berufsüblichen Rahmen bewegen. Auch eine Werbung mit berufsbezogenen Aussagen kann folglich unzulässig sein, wenn sie der Form nach unsachlich ist. Mit Blick auf die Form der Werbung verlangt das **Sachlichkeitsgebot,** dass deren konkrete Gestaltung nicht dem sachbezogenen Informationszweck widerspricht (*Steinbeck*, NJW 2003 S. 1482).

Eine der Form nach unsachliche Werbung ist dann anzunehmen, wenn 24 die äußere Form einer Werbemaßnahme stark im Vordergrund steht und ihr Inhalt weit dahinter zurückbleibt (BGH, NJW 2002 S. 2642). Auch eine suggestive, belästigende oder plump aufdringliche Werbung, die in Form eines marktschreierischen Werbestils präsentiert wird, ist ebenfalls unzulässig (*Feuerich/Braun,* § 43 b Rdnr. 15). Dabei gilt es zu beachten, dass dem StB bei seinen Werbemaßnahmen eine gewisse **Gestaltungsfreiheit** einzuräumen ist. Es kann nicht allein das für die Werbung gewählte Medium eine Unsachlichkeit und damit die Unzulässigkeit einer Werbung begründen (BVerfG, NJW 1996 S. 3068; BGH, NJW 2002 S. 2642).

c) Einzelne Werbemaßnahmen

Anzeigen (§ 14 BOStB). StB dürfen in ihren Anzeigen über ihre beruf- 25 liche Tätigkeit sachlich unterrichten, wobei die Anzeigen keine übertriebene, auffällige oder in sonstiger Weise reklamehafte Form haben dürfen. Damit ist auch eine **Anzeigenwerbung ohne** konkreten Anlass in den Printmedien **zulässig.** Eine Größenbeschränkung für Anzeigen besteht grds. nicht und auch die Größe eines Inserates lässt nicht allein auf eine übertriebene oder reklamehafte Form schließen (BGH, BB 2000 S. 1428 zu einer 13,4 × 18 cm großen Zeitungsanzeige). Auch halbseitige Inserate in einem lokalen, kleinformatigen Anzeigenblatt erwecken bei dem vom StB angesprochenen Verkehrskreisen noch nicht den Eindruck, dass der Werbende zumindest örtlich eine führende Stellung einnimmt. Für die Reklamehaftigkeit einer Anzeige bedarf es regelmäßig **weiterer Kriterien,** um eine Berufswidrigkeit zu bejahen (*Feiter,* INF 2001 S. 725), z.B. wenn Gemeinwohlbelange entgegenstehen (BVerfG, NJW 2004, S. 2659). Bei einer Abwägung und Beurteilung der Zulässigkeit der Größe ist der **Sachinformation** der **Vorrang** vor der Gestaltung einzuräumen (*Mittelsteiner,* § 14 Rdnr. 27). Unzulässig sind daher beispielsweise ganzseitige Anzeigen, in der eine graphische Gestaltung im Vordergrund steht (LG Hannover, Beihefter zu DStR 5/2001 S. 4).

26 Im Hinblick auf die Platzierung einer Anzeige ist nicht entscheidend, ob sie im redaktionellen Teil oder innerhalb des Anzeigenteiles abgedruckt ist. Es können auch Informationen zu fachlichen Themen, beispielsweise Steuertipps zum Jahresende oder Schilderungen von Problemfällen, in den Anzeigen vorgesehen werden. Der Informationswert ist zwar auf Grund der vorhandenen Knappheit in der Anzeige nur gering, aber dadurch wird die Anzeige noch nicht reklamehaft (LG Freiburg, INF 1999 S. 671). Eine gewisse Auffälligkeit der Anzeige, beispielsweise durch eine grafische Gestaltung, ist grundsätzlich zulässig, sofern es sich nicht lediglich um eine grafisch hervorgehobene, ständig ohne besonderen Anlass wiederholte und mit keinem besonderen Informationsgehalt versehene Anzeige handelt (BVerfG, Stbg 1992 S. 358). Auch kommen Anzeigen im Zusammenhang mit einer gewerblichen Werbung in Betracht.

27 Als zulässig in Anzeigen ist auch die Nennung des Namens eines StB, seiner Berufsbezeichnung und der Praxisanschrift zu sehen. Bei der Beurteilung einer Reklamehaftigkeit ist oftmals die Häufigkeit des Erscheinens zu beachten (sogenannte **Erinnerungswerbung**). Eine Anzeige, die über einen längeren Zeitraum erscheint, dient nicht mehr in erster Linie der Information über die berufliche Tätigkeit. Damit soll vielmehr durch die ständige Wiederholung der Name des Anzeigenden im Bewusstsein des Zeitungslesers verankert werden. Bei einer Bewertung ist jedoch auch auf den Typus des Printmediums abzustellen, also ob es sich um eine Tages-, Wochen- oder Monatszeitung handelt. Als Grundsatz kann gelten, dass je seltener die Erscheinungsfrequenz ist, umso großzügiger können Wiederholungen vorgesehen werden, da sich in diesem Fall bei dem angesprochenen Personenkreis der Name des StB nicht so schnell im Gedächtnis festsetzt. Bei turnusmäßigen Anzeigen im Monatsrhythmus ist daher nicht von einer Reklamehaftigkeit auszugehen. Die Wirkungen einer häufigen Werbewiederholung sind ganz wesentlich von dem **Wahrnehmungseffekt** abhängig, den die einzelne Werbemaßnahme erzielt (OLG Frankfurt, BB 2002 S. 2217).

Eine Werbung mit **Slogans** ist **zulässig** (BVerfG, Stbg 2000 S. 28 179), wozu beispielsweise Ausführungen wie „Ihre Rechtsfragen sind unsere Aufgabe", „All you need is L@W" (AnwGH Hamburg, NJW 2002 S. 3184) oder Informationen im Zusammenhang mit der Fertigstellung eines neuen Bürogebäudes einer Steuerberatungsgesellschaft „Ihre Jahresabschlüsse werden ab sofort an niegelnagelneuen Schreibtischen von super motivierten Mitarbeitern gemacht", „... aber keine Sorge, auch der Kühlschrank von ... ist in Ordnung – wie das ganze Unternehmen!" (LG Hannover v. 8. 1. 2002, Az.: 44 StL 51/01), zählen.

Die Anzeige ist jeweils **grundrechtsfreundlich im Gesamtkontext** aus- 29 zulegen (BVerfG, BRAK-Mitt. 2003 S. 127). Wenn die Aussagen zutreffend sind, werden sie von Art. 12 Abs. 1 GG gedeckt und stellen keine irreführenden Selbstverständlichkeiten dar. Eine Werbung mit Gratisleistungen und mit fingierten Danksagungsanzeigen gehört jedoch nicht mehr dazu (BVerfG, NJW 1996 S. 3067).

Tätigkeitsschwerpunkte (§ 11 BOStB). Eine Benennung beruht aus- 30 schließlich auf der eigenen Einschätzung des StB und sagt objektiv nichts über die Qualifikation aus, auch wenn der Anschein einer besonderen Kompetenz auf dem jeweiligen Tätigkeitsschwerpunkt erweckt wird. Es ist jedoch keine Präzisierung der Begriffe von Tätigkeits- und/oder Interessenschwerpunkten im Berufsrecht vorgenommen worden (BVerfG, AnwBl 2002 S. 61). So ist durchaus denkbar, dass ein StB nur geringe Erfahrungswerte hat und damit die Gefahr der irreführenden Werbung besteht (*Mittelsteiner*, § 11 Rdnr. 2). Die zulässige Nennung von Tätigkeitsschwerpunkten verlangt, dass der StB auf den genannten Gebieten bereits Erfahrung auf Grund bereits ausgeübter Tätigkeiten hat. Auch wenn in § 11 BOStB nur Tätigkeitsschwerpunkte genannt werden, ist zudem von der **Zulässigkeit** der Angabe von **Interessenschwerpunkten** auszugehen (*Mittelsteiner*, § 11 Rdnr. 7). Dabei sind als Tätigkeitsschwerpunkte keine Tätigkeiten zu benennen, die zum Kern des Steuerberaterberufes gehören und daher lediglich Selbstverständlichkeiten aufzeigen (OLG Frankfurt, NJW 1996 S. 1065).

Bei einer personenbezogenen Kennzeichnung einer fachlichen Speziali- 31 sierung ist zugleich ein Hinweis als Interessen- und/oder Tätigkeitsschwerpunkt vorzusehen, da Dritte hier von einer vorhandenen Kompetenz ausgehen (OLG München, BRAK-Mitt. 2003 S. 244). Allein die Angabe des Fachgebietes ohne Erläuterung in der Werbung ist nicht ausreichend.

Zertifikate (§ 12 BOStB). Die Einhaltung der für eine gewissenhafte 32 Berufsausübung erforderlichen organisatorischen Voraussetzungen kann durch eine externe Prüfung festgestellt werden. Eine **Zertifizierung** dient neben der Sicherung der Qualität auch einer werbewirksamen **Steigerung des Ansehens der Kanzlei.** Nachdem nicht von vornherein bestimmte Werbeträger für den Inhalt einer Werbung ausgeschlossen werden können, sind entsprechende Hinweise auf den verschiedensten Werbeträgern, beispielsweise Praxisbroschüren oder Anzeigen bzw. Visitenkarten, erlaubt.

Praxisbroschüren (§ 15 BOStB). Praxisbroschüren, Faltblätter oder 33 vergleichbare Informationsmittel in Wort und Bild sind visuelle Informatio-

§ 57a 34–37 Werbung

nen des StB an seine Mandanten, um sie über Art und Umfang der beruflichen Tätigkeit zu informieren. Dabei ist nicht das zahlenmäßige Volumen entscheidend. Vielmehr steht die Darstellung der Dienstleistungen und der Praxis im Vordergrund. Folglich sind Ausführungen auf **Mitgliedschaften in Berufsorganisationen** oder Hinweise zur Praxisphilosophie **zulässig**. Auch eine Übersicht zur Mitarbeiterstruktur ist möglich. Unzulässig sind hingegen Informationen zu beruflichen Erfolgen.

34 **Mandanteninformation (§ 16 BOStB).** Zu den Mandanteninformationen zählen beispielsweise Rundschreiben, Faltblätter oder auch entsprechende Hinweise auf die Homepage des StB. Es ist denkbar, diese Informationen in einer verkörperten Form sowohl Auftraggebern als auch Dritten zu überlassen oder zugänglich zu machen. In diesen Informationen können Änderungen zur Steuergesetzgebung, wichtige finanzgerichtliche Urteile und Termine mitgeteilt sowie Erläuterungen für eine zweckmäßige steuerliche Gestaltung gegeben werden.

35 Es ist auch zulässig, in diesen Mandanteninformationen Hinweise über die berufliche Tätigkeit, bspw. Tätigkeitsschwerpunkte oder die Organisation der Praxis, aufzunehmen. Ein Versand kommt auch an Dritte in Betracht, sofern es sich nicht um Maßnahmen handelt, die unmittelbar auf die Erteilung eines Auftrages im konkreten Einzelfall gerichtet sind (BGH, NJW 2001 S. 2078). Eine solche **spezifische Werbung** ist nur anzunehmen, wenn der umworbene Dritte in einem **konkreten Einzelfall** einer Beratung oder Vertretung bedarf und der werbende StB dies in Kenntnis der Umstände zum Anlass für seine Werbung nimmt. Sofern den werbenden Berufsangehörigen davon nichts bekannt ist, handelt es sich nicht um eine verbotene Einzelfallwerbung (vgl. Rdnr. 61 ff.). Somit scheidet nur eine Werbung über Mandanteninformationen in den Fällen aus, in denen beispielsweise der bisherige Berater durch Tod ausgeschieden ist, oder sich ein akuter Beratungsbedarf auf Grund einer individuellen Situation ergibt.

36 Die **Verteilung** eines in **Hausbriefkästen** eingesteckten **Rundschreibens** an eine größere Zahl an Mietern, das verschiedene fachliche Hinweise enthält, ist grundsätzlich zulässig (OLG Düsseldorf, BRAK-Mitt. 2003, S. 140), zumal die Adressaten hierbei keinen Anlass haben, das Rundschreiben als eine gezielte persönliche und daher gegebenenfalls als aufdringlich zu empfindende Kontaktaufnahme zu verstehen. Zudem ist ein solches Rundschreiben nicht individuell adressiert. Das Gleiche gilt für die Verteilung von Handzetteln für eine mobile Steuerberatung, die der StB in den Räumlichkeiten der Mandanten durchführen will (LG Freiburg, INF 2003 S. 924) oder für Rundschreiben an Nichtmandanten, sofern der Inhalt sachlich richtig und nicht irreführend ist (BGH, DStRE 2001 S. 1134; OLG Thüringen, Stbg 2000 S. 186).

37 **Aufnahme in Verzeichnisse (§ 17 BOStB).** Eine Aufnahme in Verzeichnisse ist unabhängig davon zulässig, ob dies gegen Bezahlung oder unentgeltlich erfolgt (BGH, Stbg 1994 S. 24) und ob die Verzeichnisse verkauft und unentgeltlich verteilt werden. Zulässig ist die Teilnahme an einem Suchservice mit Spezialisierung und Hinweisen (BVerfG, Stbg 1992 S. 249).

4. Formen der Werbung 38–40 § 57a

Auch eine Eintragung in sogenannte **geschlossene Listen**, beispielsweise Mitgliederverzeichnisse eines Vereins oder Teilnehmerverzeichnisse einer Veranstaltung unter Angabe der Berufsbezeichnung, kommen in Betracht. Es ist lediglich darauf zu achten, dass der Eintrag nicht den Charakter einer Werbeanzeige hat. Je nach Aufmachung, Zielrichtung und Vertrieb des Verzeichnisses kann der Werbezweck derart im Vordergrund stehen, dass ein etwaiger sonstiger gesellschaftlicher Zweck demgegenüber stark im Hintergrund steht (*Mittelsteiner*, § 17 Rdnr. 6). Als unzulässig sind die Verzeichnisse anzusehen, in denen der Werbeträger wahllos, beispielsweise in Form einer Postwurfsendung oder durch Prospektverteilung, an sämtliche Passanten oder Haushalte verteilt wird, weil dann der gewerbliche Charakter überwiegt.

Praxisschild (§ 18 BOStB). Ein Praxisschild dient in erster Linie der 38 Orientierung des Publikums (BGHSt 24 S. 235, 236). Das Praxisschild ist aber grundsätzlich auch für eine werbliche Funktion geeignet, wobei es vorwiegend die Auffindbarkeit des StB sichern soll. Daher kommt eine Beleuchtung des Schildes in Betracht. Nachdem es sich jedoch gleichzeitig um einen Werbeträger handelt, sind ergänzende Angaben zu Tätigkeitsschwerpunkten, Kooperationspartner oder auch zur Zertifizierung durchaus zulässig, zumal sie dem Informationsinteresse des Rat suchenden Publikums dienen (*Feiter*, INF 2001 S. 727). Hierzu zählt auch ein Hinweis auf eine Mitgliedschaft in Berufsvereinigungen, beispielsweise der EWIV (a.A. *Mittelsteiner*, § 18 Rdnr. 8), da dies weder irreführend ist noch eine Werbung um konkrete Einzelmandate bedeutet. Allein die Größe ist nicht entscheidend für die Reklamehaftigkeit, sondern es ist zu betrachten, welche **konkrete Lage** die Praxis hat. Bei einem schwer zu findenden Praxiseingang sind auch mehrere Schilder aufstellbar, um den Mandanten und interessierten Dritten die Wegfindung zu erleichtern. Alternativ ist ein größeres Schild vorsehbar. Als unzulässig ist ein Praxisschild hingegen bei einer Addition verschiedener Punkte, wie die Verwendung greller Farben, reklamehafte Gestaltung, Nichteinfügung in die baulichen Gegebenheiten sowie eine ungewöhnliche Größe (OLG Dresden, Stbg 1998 S. 122), anzusehen.

Geschäftspapiere (§ 19 BOStB). Die Geschäftspapiere dienen als 39 Kommunikationsmittel für den StB, um werblich auf den StB hinzuweisen. Hierzu zählen neben den Briefbögen auch Visitenkarten, Notizzettel oder Vordruck für Telefaxe. Zudem sind auch **Logos verwendbar** (BVerfG, ZIP 1997 S. 1455), wobei die Aufmachung nicht irreführend sein darf, wozu beispielsweise die Abbildung eines besonderen Merkmales aus einem anderen Ort als dem Kanzleisitz zählt. Ein Logo kann selbstverständlich graphisch und/oder farblich aufbereitet sein. Eine Verwendung von Geschäftspapieren außerhalb des beruflichen Verkehrs ist nicht zwingend berufswidrig (a.A. *Mittelsteiner*, § 19 Rdnr. 7 für Stempel und Klischees), zumal auch auf Briefbögen die Privatanschrift angegeben werden darf. In den Geschäftspapieren kann ein Hinweis auf die Zusammenarbeit mit ausländischen Berufsangehörigen erfolgen.

Elektronische Medien (§ 20 BOStB). Eine Werbung im Internet ist 40 zulässig (BVerfG, NJW 2003 S. 3470; OLG Koblenz, Stbg 1997 S. 175), wozu auch die Erstellung einer Homepage zählt (LG Berlin, NJW-RR 2001 S. 1644), da sie sich nicht unaufgefordert potentiellen Mandaten aufdrängt, sondern erst aktiv aufgerufen werden muss. Die Homepage hat inhaltlich und optisch berufsbezogen gestaltet zu sein. Hierzu zählen inhaltlich die Merkmale, die auch in Praxisbroschüren, wie Foto, Lebenslauf, berufliche Qualifikationen, Tätigkeits- und/oder Interessenschwerpunkte, Eingang finden können. Dazu gehören jedoch **nicht Erfolgs- und Umsatzzahlen** oder Hinweise wie „außergewöhnlicher Steuerberater" (OLG München, DStR 51–52/2002 S. XVIII). Das Merkmal der Berufsbezogenheit ist bei der Beurteilung weit auszulegen (BVerfG, NJW 2000 S. 3196). Als berufsbezogen gelten somit alle Angaben, die zur Außendarstellung des StB beitragen und damit – unabhängig von der Form – die Auswahl eines StB durch mögliche Mandanten beeinflussen (*Steinbeck,* NJW 2003 S. 1483). Es können auch Informationen, beispielsweise eine Wegbeschreibung, mit sprachlichen Ausführungen „So kommen Sie zu Ihrem Recht" kombiniert werden. Dies ist nicht marktschreierisch, sondern ein **zulässiger Sprachwitz** (BVerfG, DStR 2001 S. XVI). Auf einer Homepage sind aber auch Ehrenämter, beispielsweise in Vereinen oder im privaten Bereich, aufführbar, da sie ein umfassendes Bild des StB vermitteln und Bedeutung für die Entscheidung Dritter haben. Es kommen auch Werbeaussagen mit werbenden Charakter in Betracht, bspw. das Werturteil „optimale Interessenvertretung", da ein Außenstehender solche Ausführungen einschätzen kann und nicht irregeführt wird (BVerfG, NJW 2003 S. 1307).

41 Die Einrichtung eines öffentlich einsehbaren Gästebuches auf der Homepage ist hingegen unzulässig, weil es darauf abzielt, positive Aussagen von Mandanten über die Arbeit zu erhalten (OLG Nürnberg, CR 2000 S. 244; LG Nürnberg-Fürth, NJW 1999 S. 1409). Dies gilt auch für die auf **subjektiver Selbsteinschätzung** beruhenden reklamehafte Anpreisungen wie „... außergewöhnliche Steuerberater ..." und „komprimierte Fülle an Wissen und Erfahrung ..." (LG München II, BB 2000 S. 2489).

42 Besondere Bedeutung kommt den Domain-Namen zu, die unmittelbar auf fachliche oder örtliche Tätigkeitsfelder hindeuten. Eine Domain ist irreführend, wenn der gewählte Begriff beim durchschnittlich informierten, verständigen Ratsuchenden viele Vorschläge darüber erweckt, was auf der betreffenden Homepage zu finden ist. Es darf kein zu strenger Maßstab angelegt werden, da ein durchschnittlich informierter Internet-Nutzer weiß, dass eine aufgerufene Seite auf ihre Brauchbarkeit überprüft werden muss (BGH, NJW 2003 S. 663). Es sind durchaus auch Werturteile wie „... optimale Interessenvertretung..." nicht zwingend unzulässig, da Einzeläußerungen im Kontext des gesamten Werbeinhalts **grundrechtsfreundlich** ausgelegt werden müssen. Der verständige Rechtsuchende kann die Bedeutung von Werturteilen einschätzen und wird somit nicht irregeführt (BVerfG, NJW 2003 S. 1307).

43 Auch bei einer Domain mit einer Stadtbezeichnung, beispielsweise mit dem Namen „StB-Köln.de", ist es angesichts der Größe des Marktes des steuerberatenden Berufes verständlich, dass der Benutzer nicht erwartet,

hinter der Domain die einzige Steuerberatungskanzlei in der entsprechenden Stadt zu finden (BGH, NJW 2003 S. 505).

Bei der Verwendung einer Domain aus einem Rechtsgebiet wird der Internet-Nutzer üblicherweise Informationen über das genannte Rechtsgebiet erwarten. Sofern dieses Informationsangebot erfüllt wird und zugleich weitergehende Informationen über eine Kanzlei vorhanden sind, ist damit nicht eine Irreführung zu bejahen (BGH, NJW 2003 S. 662). Bei der Verwendung von **Phantasiebezeichnungen** als **Domain** ist im einzelnen Fall zu prüfen, ob durch die Bezeichnung über persönliche Qualifikation oder andere Umstände getäuscht oder in anderer Weise in unsachlicher Form geworben wird. Phantasiebezeichnungen sind grundsätzlich nicht zwingend unsachlich (OLG Karlsruhe, NJW 2001 S. 1585). Eine Grenze der Sachlichkeit ist jedoch überschritten, wenn Homepages unter einer Domain wie etwa „Spitzenkanzlei.de" oder „Erfolgs-Steuerberater.de" aufgeführt werden. 44

Bei Links zu anderen Homepages ist im besonderen Maße den Eigenarten der neuen Medien Rechnung zu tragen, die gerade von den vielfältigen Variationsmöglichkeiten der Interaktivität und der Visualisierung geprägt sind. Die Vernetzung einer Homepage kann daher nicht grundsätzlich als unzulässig angesehen werden und Links zu fachbezogenen sachlichen Informationen bzw. zu den Vereinen und Organisationen, denen der StB angehört, sind vorsehbar. Die Sachlichkeit wird jedoch überschritten, wenn fachfremde Links, die nicht mit der beruflichen Tätigkeit in Verbindung stehen, Eingang finden. Dies gilt auch für Werbeanzeigen, die dem Internet-Nutzer beim Öffnen der Homepage (sogenannte **„Pop-Ups"**), „entgegenspringen" oder für sachfremde **Metatags**, da sie mit der beruflichen Tätigkeit in keinem Zusammenhang stehen (*Dahns/Krauter*, BRAK-Mitt. 2004 S. 4, vgl. auch LG Düsseldorf, CR 2002 S. 610) und damit ein StB lediglich potentielle Mandanten gezielt auf seine Homepage lenken möchte (*Steinbeck*, NJW 2003 S. 1487). 45

Verhalten gegenüber Medien (§ 21 BOStB). Mit Namen und Berufsbezeichnung ist den StB ein Auftritt in sämtlichen Medien möglich, wobei der **Medienbegriff weit auszulegen** ist. Den Printmedien dürfen für die Erstellung von Artikeln auch berufsbezogene Fotografien zur Verfügung gestellt werden. Der StB ist nicht verpflichtet, bei der Überlassung eines Fotos an ein Presseorgan gleichzeitig eine Überprüfung des redaktionellen Textes vorzunehmen (BVerfG, NJW 2000 S. 1635). Vielmehr kann von dem StB nur ein zumutbares Verhalten verlangt werden (BVerfG, INF 1996 S. 223). Der StB muss nicht gleichzeitig eine Verantwortlichkeit für den redaktionellen Teil der Presseberichterstattung übernehmen. Ein Hinweis an den Redakteur wegen der besonderen beruflichen Bindungen als StB ist grundsätzlich ausreichend (OLG Stuttgart, DStRE 1998 S. 339). Ein Presseartikel über steuerrechtliche Gestaltungen, der mit dem Satz schließt, einen kundigen StB heranzuziehen, ist zulässig (BGH, Stbg 1997 S. 261). 46

Bandenwerbung. Es stellt keine unzulässige Werbung dar, wenn der StB eine Marketingaktion der ortsansässigen Gewerbetreibenden finanziell unterstützt und daher an einer Eislauffläche oder in einem Stadion eine **sachliche** 47 und **berufsbezogene Bandenwerbung** vorgesehen wird (AnwG Hamm, Stbg 2003 S. 586).

48 Briefköpfe. Die Gestaltung und Verwendung eines Briefkopfes oder -bogens stellt ein werbendes Verhalten dar, das darauf abzielt, den Verkehr für die Inanspruchnahme von Leistungen der Praxis zu gewinnen (BGH, BRAK-Mitt. 2003 S. 31). Daher ist die Bezeichnung „**Telekanzlei**" auch möglich, wenn die berufliche Tätigkeit in erster Linie über die Telekommunikation abgewickelt wird (AnwG Hamburg, BRAK-Mitt. 2000 S. 203). Es ist jedoch unzulässig, wenn in der Kopfleiste blickfangmäßig die Namen von Sozietätsmitgliedern mit Berufsbezeichnungen herausgestellt werden und lediglich Kooperationspartner teilweise über diese aufgelisteten Qualifikationen verfügen. Dies führt zu einer Irreführung der angesprochenen Verkehrskreise, auch wenn am rechten Rand des Briefkopfes eine Klarstellung erfolgt. Bei einer beruflichen Zusammenarbeit darf auf **Briefbögen** der Kurzbezeichnung der Kanzlei eine **Buchstabenfolge** beigefügt werden, wenn sich diese auf eine Beteiligung an einer EWIV bezieht (BGH, BRAK-Mitt. 2002 S. 92). Es bestehen auch keine Bedenken, wenn allgemeine Begriffe wie „Finanzen" und „Steuern" verwendet werden, da es keine Irreführung bedeutet.

49 Dauerwerbung. Bei einer dauerhaften Werbung über viele Jahre, beispielsweise im Rahmen von Stadtplanorientierungsanlagen, ist das Kriterium der Häufigkeit des Erscheinens „überfüllt" (OLG Hamm v. 3. 4. 2001, Az. 4 O 169/00 n.v.). Auch eine Werbung auf einem Taxi ist **unzulässig**, da sie gezielt auf die Erreichung von Mandanten über das Unterbewusstsein abstellt und damit Ausdruck eines **rein am Gewinn orientierten Verhaltens** ist (LG Nürnberg-Fürth, NJW 1999 S. 1410). Dies gilt auch für **Werbeaufkleber** auf Kanzleifahrzeugen (LG Stuttgart, DStR 27/2002 S. XVIII) und auf Straßenbahnwagen (OLG Naumburg, NJW-RR 2001 S. 332).

50 Fachmessen. Ein sachlich gestalteter Messestand sowie ein dem Berufsstand angemessener Werbeauftritt, in dem die sachliche Information und Kontakt zu den Messebesuchern im Vordergrund steht, ist zulässig (BGH, Stbg 2000 S. 183). Auf dem Messestand kann – weil es den Gepflogenheiten und Erwartungshaltungen der Besucher entspricht – auch **Informationsmaterial ausgelegt** werden. Entscheidend für den Einzelfall ist, ob das zu beurteilende Werbeverhalten des StB als unlauter erscheint (BVerfG, Stbg 2000 S. 177).

51 Informationsveranstaltungen. Die Einladung zu Informationsveranstaltungen an Mandanten und Nichtmandanten ist zulässig. Dies gilt auch, wenn ein kostenloser Mittagsimbiss angeboten wird. Es handelt sich **nicht** um eine **unzulässige Lockmethode,** wenn es vom zeitlichen Rahmen angebracht erscheint (BGH, DStRE 2001 S. 1064).

52 Auch eine **gemeinsame Veranstaltung von Seminaren** mit gewerblichen Unternehmen und mit vorbereitenden Rückantworten ist zulässig. Es ist gerade die Triebfeder für Werbemaßnahmen, dass eine Erwartungshaltung bei dem StB besteht, hierdurch Nichtmandanten gegenüber bekannt zu werden. Eine mittelbare Gewinnerzielungsabsicht schadet nicht (BGH, Stbg 2003 S. 332).

4. Formen der Werbung

Mandantenhinweise. In einer neutralisierten Form und mit einer zuvor gegebenen Zustimmung der Mandanten können auch allgemeine Hinweise auf diese vorgesehen werden. Entsprechende Referenzlisten bieten interessierten Kreisen sachliche Anhaltspunkte. Dabei ergibt sich nicht zwingend die – erwünschte – Konsequenz, dass Dritte eine Beauftragung vorsehen, denn es kann ggf. auch bewusst von einer Mandatserteilung abgesehen werden. **53**

Mandatsabwerbung. Allein der Umstand, dass ein früher bei einer StBGes angestellter StB Mandanten dieser StBGes anschreibt, um sie zu einem Beraterwechsel zu bewegen, ist nicht allein als unzulässige Mandatsabwerbung nach § 33 Abs. 1 BOStB zu sehen (OLG Düsseldorf, DStR 2003 S. 1049). Erst das Hinzutreten **besonderer Umstände** oder die **Verwendung unlauterer Methoden,** wie beispielsweise eine Diffamierung oder das unbefugte Mitnehmen von Mandantenunterlagen, führt zu einer Überschreitung der Grenze zur berufswidrigen Abwerbung. **54**

Ranglisten. Ranglisten in den Medien enthalten schwerpunktmäßig Werturteile der sie erstellenden Journalisten und keine Tatsachenbehauptungen. Eine Herausgabe ist von der Meinungsfreiheit grundsätzlich gedeckt. Ein Verbot nach § 1 UWG erfordert den Nachweis, dass der Leistungswettbewerb konkret dadurch gefährdet ist (BVerfG, Stbg 2003 S. 293), wobei hier besonders auf die von der Rspr. erarbeiteten Grundsätze zur **getarnten Werbung** abzustellen ist. Diese sind zum Wettbewerbs- und Medienrecht entwickelt worden und betreffen die Trennung von redaktionellem Teil und Anzeigenteil. **55**

Sponsoring. Gegen ein Sponsoring, in dem lediglich die Nennung des Namens, der Berufsbezeichnung und der Kanzleianschrift erfolgt, bestehen keine Bedenken (BVerfG, INF 2000 S. 351; s. Rdnr. 59). Hierzu zählen jedoch **nicht Lautsprecherdurchsagen** in Stadien oder in Einkaufspassagen. **56**

Stellenanzeigen. Sofern in den Stellenanzeigen Aussagen über die Dienstleistung und Kompetenz einer Praxis getroffen werden, gelten auch sie als **Werbeträger.** Daher sind sie nach § 14 BOStB wie Anzeigen zu behandeln, zumal damit auch potentielle Mandanten angesprochen werden (OLG Dresden, WPK-Mitt. 2001 S. 74). Eine solche Imagewerbung, die nicht hinter der Suche nach Arbeitskräften zurücktritt, muss mit dem UWG vereinbar sein (BGH, NJW 2003 S. 1814). **57**

Vanity-Nummern. Unter Vanity wird die Verwendung von leicht zu merkenden **Buchstabenfolgen** für eine Telefonnummer verstanden. Diese ist – auf Grund des Begriffes - leichter zu merken als eine Zahlenreihe, da sie eine gedankliche Verbindung zu dem Begriff erlaubt. Es ist zulässig, wenn sich ein Berufsangehöriger Vanity-Nummern einrichten lässt. Durch das Eintippen eines Begriffs, z. B. Steuerkanzlei, auf den Buchstabenfeldern eines Telefonapparates wird exklusiv eine Telefonverbindung zu ihm hergestellt (BGH, Stbg 2003 S. 439). Die Verwendung von Vanity-Nummern ist nicht auf einen konkreten Auftrag ausgerichtet, sondern vielmehr auf potenzielle, noch nicht konkretisierte Mandate. **58**

Weiterbildung. Es ist den StB auch erlaubt, mit **vermeintlich Selbstverständlichem** zu werben. Hierzu zählt auch die Fortbildung, da diese **59**

nicht überwacht wird. Sofern ein StB seiner Fortbildungspflicht genügt, benennt er daher nichts, was tatsächlich bei allen anderen StB vorliegt und deshalb Außenstehenden als Selbstverständlichkeit erscheinen müsse (BVerfG v. 12. 9. 2001, Az. 1 BvR 2265/00; NJW 2001 S. 3324)). Sofern die Fortbildungslehrgänge einen größeren Umfang haben und eine ordnungsgemäße Überprüfung stattfindet, kommt auch eine Werbung mit Titel in Betracht, die von privaten Fortbildungseinrichtungen vergeben werden (*Grunewald/ Henssler*, NJW 2003 S. 1099). Die Bezeichnung kann zwar nach § 43 Abs. 2 nicht als Berufsbezeichnung geführt werden, aber ein Hinweis in Praxisbroschüren oder auf der Homepage ist vorsehbar.

60 **Werbeaufdrucke.** Sportler und damit verbunden die Sportbekleidung und die Sportstätten sind ebenfalls Werbeträger. Sie gehören zum **alltäglichen Erscheinungsbild** und sind daher für Werbemaßnahmen zulässig (BVerfG, NJW 1996 S. 3067). Dies gilt auch für Aufdrucke auf Verkehrsmitteln, bspw. von Straßenbahnwagen (BVerfG, BB 2004 S. 2655).

61 **Werbegeschenke.** Eine **Weitergabe** von **Werbegeschenken** ist grundsätzlich zulässig, sofern sie von Form und Werbeinhalt sachlich und nicht reklamehaft gestaltet sind. Daher können werbende Hinweise auf den verschiedenen Werbeträgern, wie Kugelschreiber, Notizbücher, Kalender oder Info-Drehscheiben zu Reisekostenpauschalen (OLG Thüringen, INF 21/2002 S. IV) mit dem Namen und der Berufsbezeichnung vorgesehen werden.

5. Direkte Mandatswerbung

a) Grundsatz

62 Berufswidrig ist stets eine Werbung, die auf die Erteilung eines Auftrages im Einzelfall gerichtet ist. Die Werbung darf nicht dazu benutzt werden, gezielt bestimmte Personen anzusprechen. Das deckt sich nicht mit dem Begriff der „**gezielten Werbung**" im Sinne der bisherigen Rechtsprechung zu dieser Tatbestandsvoraussetzung (BGH, BB 1990 S. 949). Die Bestimmung verbietet grds. nur die Werbung um einzelne Mandate (BGH, Stbg 2003 S. 439). Eine Werbung um einzelne Mandanten, die darauf ausgerichtet ist, die Umworbenen dafür zu gewinnen, die Leistungen des Werbenden in Anspruch zu nehmen, ist grundsätzlich zulässig. Dies gilt auch, wenn sich die Werbung an Personen richtet, zu denen kein mandantschaftliches Verhältnis besteht oder bestanden hat (BGHZ 147 S. 80; vgl. auch allgemein *Kleine-Cosack*, INF 2003 S. 795; AnwBl. 2004 S. 153).

b) Einzelfragen

63 Unzulässig ist jede unaufgeforderte direkte Ansprache von Personen mit dem Ziel der Auftragserteilung (OLG Celle, Stbg 1991 S. 549), sei es persönlich, telefonisch oder schriftlich. Hierzu zählt nicht eine Internetwerbung, die sich zwar an einem bestimmbaren Personenkreis richtet, aber nicht auf eine konkrete Situation zugeschnitten ist (OLG Hamburg, NJW 2004 S. 1668), weil sie für einen Durchschnittsverbraucher auf eine unbestimmte Vielzahl potentieller, noch nicht konkretisierter Mandate abzielt.

Nach § 10 Abs. 3 BOStB ist die Werbung dann berufswidrig, wenn sie **64** auf die Erteilung eines Auftrages im Einzelfall gerichtet ist. Eine solche Werbung wird bejaht, wenn der umworbene Mandant in einer konkreten Situation einer Beratung oder einer Vertretung bedarf und dem werbenden StB diese Situation bekannt ist und er dies daher zum Anlass für seine Werbung nimmt (BGH, BRAK-Mitt. 2001 S. 189). Die Abgrenzung der Berufswidrigkeit bei den Werbemaßnahmen gestaltet sich als schwierig. Sie ist zu bejahen, wenn sie gemeinschädlich ist (vgl. auch *Dahms*, NJW-Spezial 2004 Heft 3 S. 141).

Als unzulässig wird daher auch ein **Anschreiben** eines Rechtsbeistandes **65** in **Nachlassangelegenheiten** an einen Erben angesehen, mit dem er ihm einen Honorarvertrag zusendet und konkret bestimmte Leistungen anbietet (KG Berlin, NJW 2001 S. 3132). Ein solches Vorgehen ist als Überrumpelungsversuch oder zumindest als unangemessenes Bedrängen zu werten. Auch ein unaufgefordertes Anschreiben an einen abgrenzbaren Kreis von Nichtmandanten zu einer Informationsveranstaltung über die Auswirkungen eines Urteils nebst Erläuterung der Rechtslage und einem Beratungsangebot stellt eine Werbemaßnahme dar, die auf die Erteilung eines Auftrages im Einzelfall gerichtet ist (OLG Naumburg, BRAK-Mitt. 2003 S. 197).

6. Werbung durch Dritte

Ein StB darf sich nicht anderer Personen bedienen, indem er sie veranlasst, **66** für ihn die Werbung vorzusehen. Dazu zählen auch Vereinbarungen, die nicht unmittelbar auf die Zuführung von Mandanten gerichtet sind, wie beispielsweise die Absprache mit einem Wirtschaftsverband. Es darf auch **kein Entgelt für die Vermittlung von Mandanten** versprochen werden. Nicht zu beanstanden und im Ergebnis auch vom jeweiligen StB nicht kontrollierbar sind hingegen Aussagen von anderen Beratern, die den StB auf Grund seiner vorhandenen Kompetenz in speziellen steuerrechtlichen Fragestellungen Mandanten und Dritten weiterempfehlen.

Ein Beitritt bzw. eine Mitgliedschaft in einem Werbeverein, der eine **67** Form einer regionalen Wirtschaftsförderung darstellt und allgemein die Interessen der ansässigen Gewerbe- und Dienstleistungsbetriebe sowie Freiberufler werbend unterstützt, ist erlaubt (*Mittelsteiner*, § 13 Rdnr. 10).

§ 58 Tätigkeit als Angestellter

Steuerberater und Steuerbevollmächtigte dürfen ihren Beruf als Angestellter einer Person oder Vereinigung im Sinne des § 3 Nr. 1 bis 3 ausüben. Sie dürfen ferner tätig werden

1. als Leiter oder als Angestellte von genossenschaftlichen Prüfungsverbänden, genossenschaftlichen Treuhandstellen oder überörtlichen Prüfungseinrichtungen für Körperschaften und Anstalten des öffentlichen Rechts,
2. als Leiter von Buchstellen oder von Beratungsstellen der Lohnsteuerhilfevereine,

§ 58 1   Tätigkeit als Angestellter

3. als Angestellte von Buchstellen oder von Beratungsstellen der Lohnsteuerhilfevereine, wenn die Buchstelle, die jeweilige Geschäftsstelle der Buchstelle oder die Beratungsstelle von einem Steuerberater oder Steuerbevollmächtigten geleitet wird,
4. als Angestellte von Genossenschaften oder anderen Personenvereinigungen,
   a) deren Mitglieder ausschließlich Personen und Gesellschaften im Sinne des § 3 sind und
   b) deren Zweck ausschließlich der Betrieb von Einrichtungen zur Unterstützung der Mitglieder bei der Ausübung ihres Berufes ist,
5. als Angestellte von Steuerberaterkammern (§§ 73, 85),
6. als Angestellte von ausländischen Berufsangehörigen, die ihre berufliche Niederlassung im Ausland haben, wenn diese den in § 56 Abs. 4 genannten vergleichbar sind und die Voraussetzungen für die Berufsausübung den Anforderungen dieses Gesetzes im wesentlichen entsprechen; für Angestellte von Vereinigungen mit Sitz im Ausland gilt dies nur, soweit es sich um Vereinigungen handelt, deren Vorstandsmitglieder, Geschäftsführer, persönlich haftende Gesellschafter, Mitglieder oder sonstige Anteilseigner mehrheitlich Personen sind, die im Ausland einer den in § 3 Nr. 1 genannten Berufen in der Ausbildung und den Befugnissen vergleichbaren Beruf ausüben und bei denen die Voraussetzungen für die Berufsausübung den Anforderungen dieses Gesetzes im Wesentlichen entsprechen,
7. als Geschäftsführer oder als Angestellte einer europäischen wirtschaftlichen Interessenvereinigung, wenn alle Geschäftsführer und alle Mitglieder Angehörige europäischer steuerberatender, wirtschaftsprüfender oder rechtsberatender Berufe sind.

Übersicht

	Rdnr.
1. Allgemeines	1
2. Anstellungsverhältnisse bei Personen oder Vereinigungen nach § 3 Nr. 1–3	2–9
3. Abgrenzung gegenüber Freien Mitarbeitern	10–12
4. Prüfungsverbände, Nr. 1	13, 14
5. Leiter nach Nr. 2	15, 16
6. Angestellte nach Nr. 3	17
7. Genossenschaften und Personenvereinigungen, Nr. 4	18
8. Steuerberaterkammern, Nr. 5	19
9. Ausländische Berufsangehörige, Nr. 6	20
10. EWIV, Nr. 7	21

1. Allgemeines

1   Nach § 57 Abs. 4 Nr. 2 ist eine Tätigkeit als Arbeitnehmer mit dem Beruf eines StB oder StBv grundsätzlich unvereinbar; diese Regelung ist verfassungsrechtlich zulässig (BVerfGE 21, 173, 183). **Ausnahmen** können sich nur aus den §§ 58, 59 ergeben; es handelt sich dabei um eine abschließende Regelung (BFHE 122, 210; 126, 346; 150, 272; zur rechtspolitischen Erörterung vgl. *Hebig,* DB 1986 S. 2246).

2. Anstellungsverhältnisse bei Personen oder Vereinigungen nach § 3 Nr. 1–3

Satz 1 behandelt den **Normalfall** eines Anstellungsverhältnisses, das eine Form der Berufsausübung ist (§ 32 Rdnr. 15). Ein Arbeitsverhältnis kommt für StB/StBv bei sämtlichen Personen oder Vereinigungen in Betracht, die nach § 3 Nr. 1 bis 3 die Befugnis zur unbeschränkten Hilfeleistung in Steuersachen haben. Die Abgrenzung zu § 3 Nr. 4 ergibt sich aus der Nr. 6, in der das Anstellungsverhältnis bei ausländischen Berufsangehörigen besonders geregelt ist. Somit können Arbeitsverhältnisse bei StB, StBv, RA, niedergelassenen europäischen RA, WP und vBP sowie bei PartGes, StBGes, RAGes, WPGes und BPGes eingegangen werden. Es gilt jedoch zu beachten, dass WP und RA nicht umgekehrt Angestellte von StB oder StBv sein können (EGH XIII S. 60, § 7 Nr. 8 BRAO bzw. § 43a Abs. 3 Nr. 2 WPO); *Knöfel*, StB 2004 S. 419). 2

Durch ein Anstellungsverhältnis nach § 58 wird eine selbstständige Tätigkeit des Angestellten im eigenen Namen berufsrechtlich nicht ausgeschlossen, wenn dies nach dem Arbeitsvertrag zulässig ist. Der Angestellte hat seine **berufliche Niederlassung** am Ort der Kanzlei seines Arbeitgebers, wenn er dort ausschließlich tätig ist (§ 34 Abs. 1 Satz 2). 3

Ein Anstellungsverhältnis erfordert eine **Eingliederung** des StB in die Kanzlei des Arbeitgebers; es unterscheidet sich dadurch von einem freien Mitarbeitsverhältnis. Es kommt dabei nicht auf die Bezeichnung durch die Parteien, sondern auf die tatsächliche Gestaltung an. Wer einen eigenen Arbeitsplatz in der Beratungsstelle hat, an Dienststunden gebunden ist und der Weisung des Praxisinhabers unterliegt, ist in der Regel als Angestellter anzusehen, auch wenn der Vertrag von einem freien Mitarbeitsverhältnis spricht (BSG, BB 1969 S. 1481; StB 1973 S. 63; BB 1974 S. 838; *Knief*, AnwBl 1985 S. 58); wer dagegen die Vorbereitungsarbeiten für Steuererklärungen und Jahresabschlüsse an selbst gewählten Tagen zu Hause erledigt, ist in der Regel nicht Arbeitnehmer, sondern freier Mitarbeiter (LAG Köln, DB 1988 S. 1403). Die Rechtsbeziehungen zwischen den Berufsangehörigen richten sich nach dem Vertrag, den §§ 611 ff. BGB und den Vorschriften des Arbeits- und Sozialrechts; die öffentlich-rechtlichen Verpflichtungen (z. B. Einbehaltung der Lohnsteuer, Abführung von Sozialversicherungsbeiträgen) und die Berufspflichten, insbesondere § 60, sind zu beachten. Die Eigenverantwortlichkeit des angestellten StB erfordert es, dass ihm ein Zeichnungsrecht eingeräumt wird und dass nur eine eingeschränkte Weisungsgebundenheit besteht (vgl. § 60 Rdnr. 4–7, 9). Die gesetzlichen Vorschriften des § 57 Abs. 1 sind auch bei den StB zu beachten, die in Heimarbeit den Beruf ausüben. Dies gilt sowohl für die Verschwiegenheitspflicht, wobei dem Datenschutz noch eine besondere Bedeutung zukommt, als auch für die eigenverantwortliche Berufsausübung. Der Praxisinhaber hat hier eine verstärkte Kontrolle der Arbeitsergebnisse vorzusehen. 4

Bei Anstellungsverhältnissen spielen Vereinbarungen über **Wettbewerbsbeschränkungen** für die Zeit nach Beendigung des Arbeitsverhältnisses eine 5

§ 58 6–9　　　　　　　　　　　　　　　　　Tätigkeit als Angestellter

wichtige Rolle. Dabei ist zwischen einem Wettbewerbsverbot sowie zwischen beschränkten und allgemeinen Mandatsschutzklauseln zu unterscheiden.

6 Eine Tätigkeit des Angestellten für eigene Rechnung ist während des Arbeitsverhältnisses grundsätzlich, d. h. vorbehaltlich einer anderen Vereinbarung, unzulässig (OLG Düsseldorf, AnwBl 1987 S. 146). Dagegen ist eine Vereinbarung nichtig, nach der der Arbeitnehmer für mehrere Jahre nach Beendigung des Vertrages als Wettbewerber ausgeschaltet werden soll (**Wettbewerbsverbot**), z. b. durch das Verbot einer Niederlassung überhaupt oder in einem bestimmten Bezirk (BGHZ 91, 1, 6; BGH, NJW 1968 S. 1717; WM 1984 S. 996; BB 1986 S. 2082; zu indirekten Wettbewerbsverboten siehe *Bauer/Diller*, DB 1995 S. 426).

Für eine solche Regelung besteht kein berechtigtes Interesse des Arbeitgebers; sie ist auch mit dem öffentlichen Interesse an der Freiheit der Berufsausübung im steuerberatenden Beruf unvereinbar. Es ist auch fraglich, ob das berufsrechtliche Abwerbungsverbot nach § 33 Abs. 1 BOStB nicht den Wettbewerb über § 1 UWG hinaus zu stark einschränkt (*Römermann*, INF 2003 S. 80).

7 **Beschränkte Mandatsschutzklauseln** (Abwerbungsverbote) verbieten dem Angestellten nur, sich nach dem Ausscheiden aus dem Arbeitsverhältnis aktiv um die Mandanten seines Arbeitgebers zu bemühen, insbesondere diese abzuwerben. Sie wiederholen nur die arbeitsrechtliche Pflicht, alles zu unterlassen, was darauf abzielt, den früheren Arbeitgeber aus dem Auftrag zu verdrängen; sie sind ohne Vereinbarung einer Karenzentschädigung wirksam.

8 **Allgemeine Mandatsschutzklauseln** verbieten einem Arbeitnehmer, nach Beendigung eines Arbeitsverhältnisses – auch nach Erreichen der Altersgrenze (BAG, DB 1985 S. 2053) – in einem anderen Arbeitsverhältnis oder als Selbstständiger Mandanten des früheren Arbeitgebers zu betreuen. Für sie gelten – und zwar auch bei Angehörigen der Freien Berufe (BAG, BB 1971 S. 1323; WM 1974 S. 337, DB 1974 S. 2262) – die §§ 74 ff. HGB entsprechend, weil sie die Erwerbstätigkeit eines angestellten StB ähnlich wie bei einem Wettbewerbsverbot beschränken (BAG, BB 1971 S. 1323; StB 1982 S. 16). Sie sind zwar grundsätzlich zulässig (BAG, BB 1989 S. 984), aber nur wirksam, wenn eine Karenzentschädigung vereinbart worden ist, (OLG München, Stbg 1994 S. 92); etwas anderes gilt nur für Geschäftsführer einer StBGes (BGH, WM 1984 S. 996). Die Vereinbarung einer Karenzentschädigung kann auch nicht durch eine Klausel umgangen werden, durch die sich der Arbeitnehmer zur Zahlung einer Entschädigung für die Übernahme von Mandaten aus der Praxis des Arbeitgebers oder zur Abführung eines Teiles der Gebühreneinnahmen aus Verträgen mit ehemaligen Mandanten seines Arbeitgebers verpflichtet (BAG, DB 1986 S. 1829; LAG München, DB 1987 S. 1444; a. A. LG Regensburg, DStR 1994 S. 1828; siehe auch § 9 Rdnr. 6). Zur Zulässigkeit von Mandatsschutzklauseln bei Gesellschaftern siehe BGH, StB 1991 S. 97.

9 Da StBGes Handelsgesellschaften sind, gelten für angestellte StB die Vertretungsformen des Handelsrechts, d. h. ihnen ist, da sie zur Zeichnung berechtigt sein müssen, **Handlungsvollmacht** oder **Prokura** zu erteilen (*Mutze*, StB 1975 S. 185 f.).

3. Abgrenzung gegenüber Freien Mitarbeitern

Unter Satz 1 fällt nicht die Tätigkeit eines Steuerberaters als freier Mitarbeiter bei einer Person oder Vereinigung im Sinne des § 3 Nr. 1–3. In § 7 BOStB ist geregelt, dass als freie Mitarbeiter in den Kanzleien nur natürliche Personen nach § 3 beschäftigt werden dürfen. Sofern StB ihren Beruf in mehreren Funktionen ausüben, müssen sie nach § 8 BOStB sicherstellen, dass hierdurch die Erfüllung ihrer Berufspflichten nicht beeinträchtigt wird. Dazu ist erforderlich, dass sie jeder dieser Funktionen, etwa in Form einer selbstständigen oder angestellten Tätigkeit, freien Mitarbeit, Leitung einer weiteren Beratungsstelle oder Geschäftsführung einer Steuerberatungsgesellschaft, tatsächlich wahrnehmen. 10

Eine gesetzliche Definition des Begriffes der freien Mitarbeiter besteht nicht. Bei einer Beschreibung ist besonders auf die Abgrenzungsmerkmale der Rechtsprechung abzustellen (*Späth,* INF 1998 S. 217). Es kommt nicht auf den Wortlaut des Vertrages zwischen dem StB und dem als freien Mitarbeiter beschäftigten StB an. Auch wenn die Vertragsparteien einvernehmlich von einer „freien Mitarbeit" ausgehen, ist dies lediglich als Indiz für die freie Mitarbeit heranziehbar. Nach dem arbeitsrechtlichen Arbeitnehmerbegriff ist eine Arbeitnehmerfunktion zu bejahen, wenn eine Person auf Grund eines privatrechtlichen Vertrages im Dienste eines anderen zur Leistung weisungsgebundener fremdbestimmter Arbeit in persönlicher Abhängigkeit verpflichtet ist (BAG, BAGE 80 S. 256). Unter einem freien Mitarbeiter werden diejenigen StB verstanden, die im Wesentlichen persönlich, d.h. ohne Einschalten von Hilfspersonen für einen Auftraggeber auf der Grundlage von Einzelaufträgen in qualifizierter Form tätig werden, wobei sich Weisungen nur auf das Arbeitsprodukt beziehen dürfen. Der freie Mitarbeiter bestimmt in der Regel Zeit, Dauer und Ort der Arbeit selbst. 11

Bei der Abgrenzung ist in erster Linie auf die Umstände des Einzelfalles abzustellen und eine Würdigung des Gesamtbildes vorzusehen. Dabei ist ergänzend der Parteiwille heranzuziehen. Entscheidend ist das **Primat der tatsächlichen Durchführung.** Es gibt kein Einzelmerkmal, welches aus der Vielzahl an denkbaren Merkmalen unverzichtbar vorliegen muss, um zu einer Einstufung als freier Mitarbeiter zu gelangen. 12

Zur Frage der Berufshaftpflichtversicherung eines freien Mitarbeiters siehe § 67.

4. Prüfungsverbände, Nr. 1

Nach der Nr. 1 können StB auch als **Leiter** oder **Angestellte** von genossenschaftlichen Prüfungsverbänden, genossenschaftlichen Treuhandstellen oder überörtlichen Prüfungseinrichtungen für Körperschaften und Anstalten des öffentlichen Rechts tätig sein; im Gegensatz zu Nr. 2 und 3 ist es nicht erforderlich, dass der Leiter der Einrichtung ein StB oder StBv ist. Die **Leitung** muss die Festlegung der Grundzüge der Organisation, des Tätigkeits- 13 bereichs und die Durchführung der Tätigkeiten, die Fällung von Entscheidungen in grundsätzlichen Fragen und die Überwachung des Ablaufs der Tätigkeiten umfassen (BFHE 77, 750, 751). Es gelten besondere Berufspflichten nach § 38 BOStB.

14 **Genossenschaftliche Prüfungsverbände** sind Verbände, denen gemäß § 54 GenG das Prüfungsrecht verliehen worden ist. Jede Genossenschaft muss einem solchen Verband angehören, der die Rechtsform eines eingetragenen Vereins haben soll. **Genossenschaftliche Treuhandstellen** sind Einrichtungen, die von Genossenschaften errichtet worden sind und treuhänderische Aufgaben erfüllen (vgl. § 4). Bei den **überörtlichen Prüfungseinrichtungen** für Körperschaften und Anstalten des öffentlichen Rechts handelt es sich insbesondere um Prüfungseinrichtungen, die auf Grund von Landesrecht für Gemeinden, Gemeindeverbände und Kreditinstitute geschaffen wurden.

5. Leiter nach Nr. 2

15 StB können Leiter (siehe hierzu Rdnr. 12) von Buchstellen und LStHV sein. Das Wort „Buchstelle" wird als **Abteilungsbezeichnung** von Beratungsstellen von Körperschaften des öffentlichen Rechts und berufsständischen Vereinigungen verwendet (BT-Drucksache 7/2852 zu Nr. 144 [§ 161 StBerG]), die nach § 4 Nr. 3, 7 und 8 zur beschränkten geschäftsmäßigen Hilfeleistung in Steuersachen befugt sind (s. §§ 1 Abs. 1; 2 Abs. 1 Werbe-VOStBerG). § 38 BOStB ist zu beachten.

16 Unter denselben Voraussetzungen und entsprechenden Berufspflichten wie zu Rdnr. 14 können StB auch als Leiter für Beratungsstellen von LStHV tätig sein; zum Begriff der Beratungsstelle vgl. § 23 Rdnr. 2. Die Zulässigkeit eines derartigen Anstellungsverhältnisses ist eine Auswirkung des § 23 Abs. 3.

6. Angestellter nach Nr. 3

17 StB und StBv können auch Angestellte der Buchstellen oder von Geschäftsstellen der LStHV sein. In diesem Fall ist jedoch Voraussetzung, dass diese von einem StB oder StBv geleitet werden. Damit ist die verantwortliche Führung durch einen Berufsangehörigen, der den Berufspflichten nach § 57 unterliegt, sichergestellt. Der Angestellte ist folglich in einer Buch- oder Geschäftsstelle tätig, die von einer Person geführt wird, die unbeschränkt Hilfeleistung in Steuersachen leisten kann. Daher ist eine entsprechende Anwendung von Satz 1 gegeben und es besteht nicht die Gefahr, dass ein StB/StBv in letzter Konsequenz den Weisungen von Personen unterliegt, die nicht Berufsangehörige sind.

7. Genossenschaften und Personenvereinigungen, Nr. 4

18 Die Nr. 4 ist eine Auswirkung der Tatsache, dass StB bei Berufsangehörigen im Anstellungsverhältnis tätig sein dürfen. Für die Zulässigkeit eines Arbeitnehmerverhältnisses kann es nicht darauf ankommen, ob die die Berufsausübung unterstützende Einrichtung, z. b. eine EDV-Anlage, für die der angestellte StB oder StBv tätig ist, von einem einzelnen oder von einer großen Zahl von Berufsangehörigen unterhalten wird, die sich z. b. zu einer Genossenschaft zusammengeschlossen haben (vgl. *Völzke,* DB 1980 S. 1294). Die Voraussetzungen für die Zulässigkeit eines Anstellungsverhältnisses liegen aber nur vor, wenn – wie bei der DATEV (*Sebiger,* Jahrbuch 1985/86 des Instituts für Freie Berufe, Erlangen-Nürnberg) – die **beiden** in der Nr. 4 genannten Tatbestandsmerkmale erfüllt sind. Eine Tätigkeit bei anderen Genossenschaften oder Personenvereinigungen, deren Mitglieder nicht ausschließlich die in § 3 genannten Personen und Gesellschaften sind oder deren Zweck nicht ausschließlich dem Betrieb von Einrichtungen zur Unterstützung der Mitglieder bei der Ausübung des Berufs dient, ist daher nicht zulässig. Somit ist das Weiterführen der Berufsbezeichnung als StB nur bei einer Tätigkeit in einer berufsständischen Einrichtung möglich. Hierzu zählen auch die Berufsverbände. Eine berufliche Tätigkeit als „Syndikus-StB" kommt nach den derzeitigen gesetzlichen Regelungen nicht in Betracht (vgl. auch *Späth,* INF 2003 S. 279).

8. Steuerberaterkammern, Nr. 5

StB können auch Angestellte von Steuerberaterkammern oder der Bundessteuerberaterkammer sein. Hiervon gehen auch § 100 Abs. 2 sowie die frühere berufsgerichtliche Rechtsprechung (LG München, DStR 1967 S. 679) aus. Es handelt sich dabei um Dienstverhältnisse mit einer entsprechenden Eingliederung in die Steuerberaterkammer, die von der ehrenamtlichen Tätigkeit des Vorstandes (§ 77) und anderen Organen, z. b. Ausschüssen, zu unterscheiden ist. Bei einer Doppelqualifikation als StB und RA gilt es zu beachten, dass die Zulassung von aktiven Angehörigen des öffentlichen Dienstes zur Rechtsanwaltschaft dem Schutzgedanken widerspricht (BGH, BB 2000 S. 1700). Beim rechtsuchenden Publikum kann der Eindruck entstehen, dass die Unabhängigkeit des RA durch Bindungen an den Staat beeinträchtigt wird.

9. Ausländische Berufsangehörige, Nr. 6

Die Nr. 6 entspricht in seinen Voraussetzungen dem § 56 Abs. 4. Ein Anstellungsverhältnis bei einem ausländischen Berufsangehörigen, der seine berufliche Niederlassung im Ausland hat, ist unter denselben Voraussetzungen wie im Inland zulässig. Ein StB soll eine Tätigkeit bei einem ausländischen Arbeitgeber eingehen dürfen, ohne seine Berufspflichten zu verletzen. Zugleich ist jedoch sichergestellt, dass der ausländische Arbeitgeber den Anforderungen an inländische Berufsträger im Wesentlichen entspricht. Bei Vereinigungen wird eine weitere Voraussetzung verlangt, indem die Vorstandsmitglieder, Geschäftsführer, persönlich haftende Gesellschafter, Mitglieder oder sonstige Anteilseigner mehrheitlich Personen sein müssen, die eine Tätigkeit ausüben, die mit den in § 3 Nr. 1 genannten Berufen vergleichbar ist. Der angestellte StB muss im Inland einen **Zustellungsbevollmächtigten** bestellen (§ 46 Abs. 2 Nr. 5).

10. EWIV, Nr. 7

21 Die EWIV ist zwar darauf beschränkt, die wirtschaftliche Tätigkeit ihrer Mitglieder zu erleichtern oder zu entwickeln sowie die Ergebnisse dieser Tätigkeit zu verbessern oder zu steigern (Art. 3 der VO EWG Nr. 2137/85; siehe § 32); sie bedarf aber für ihre Tätigkeit, z.B. für die Errichtung einer gemeinsamen Zweigstelle oder eines Büros am Sitz einer zentralen Behörde oder für die Zusammenarbeit auf dem Gebiet der Informationsbeschaffung und der Dokumentation der Bestellung besonderer Organe oder der **Beschäftigung von Mitarbeitern.** Derartige Tätigkeiten sollen auch StB offen stehen.

§ 59 Steuerberater oder Steuerbevollmächtigte im öffentlich-rechtlichen Dienst- oder Amtsverhältnis

Ist ein Steuerberater oder Steuerbevollmächtigter ein öffentlich-rechtliches Dienstverhältnis als Wahlbeamter auf Zeit oder ein öffentlich-rechtliches Amtsverhältnis eingegangen, so darf er seinen Beruf als Steuerberater oder Steuerbevollmächtigter nicht ausüben, es sei denn, daß er die ihm übertragene Aufgabe ehrenamtlich wahrnimmt. Die zuständige Steuerberaterkammer kann dem Steuerberater oder Steuerbevollmächtigten auf seinen Antrag einen Vertreter bestellen oder ihm gestatten, seinen Beruf selbst auszuüben, wenn die Einhaltung der allgemeinen Berufspflichten dadurch nicht gefährdet wird.

Übersicht	Rdnr.
1. Allgemeines	1
2. Öffentlich-rechtliches Dienst- oder Amtsverhältnis	2–4
3. Ausübung des Berufs	5, 6
4. Verfahren	7

1. Allgemeines

1 Die Bestimmung hat ihr Vorbild in § 47 BRAO, ist jedoch in ihrem Anwendungsbereich auf die zwei genannten Fälle – öffentlich-rechtliches Dienstverhältnis als Wahlbeamter auf Zeit und öffentlich-rechtliches Amtsverhältnis – begrenzt. Es handelt sich dabei um eine **abschließende** und nicht etwa um eine beispielhafte Aufzählung (BFHE 122, 210).

2. Öffentlich-rechtliches Dienst- oder Amtsverhältnis

2 Voraussetzung für die Anwendung des § 59 ist die Eingehung eines öffentlich-rechtlichen Dienstverhältnisses auf Zeit oder eines öffentlichen-rechtlichen Amtsverhältnisses. In beiden Fällen ist eine **zeitliche Begrenzung** Voraussetzung, weil § 59 nicht zu einer ungerechtfertigten Bevorzugung der Angehörigen des öffentlichen Dienstes gegenüber Angestellten in der Privatwirtschaft führen soll (Niedersächsisches FG, EFG 1976 S. 313, 314). Die Berufsangehörigen unterliegen in dieser Zeit sowohl der öffent-

Eigenverantwortlichkeit **§ 60**

lich-rechtlichen Disziplinargewalt als auch weiterhin der Berufsaufsicht (vgl. § 110 Abs. 4).

Ein öffentlich-rechtliches **Dienstverhältnis als Wahlbeamter** auf Zeit enthält von vornherein diese zeitliche Begrenzung. Derartige Beamtenverhältnisse sind nur in Ausnahmefällen gesetzlich vorgesehen (vgl. §§ 2, 3 Abs. 1 Nr. 2 Beamtenrechtsrahmengesetz – BGBl. 1971 I S. 1025) z.B. bei Landräten, Bürgermeistern und Oberkreisdirektoren.   3

Unter einem öffentlich-rechtlichen **Amtsverhältnis** ist eine zeitlich begrenzte Tätigkeit im öffentlichen Dienst außerhalb eines Beamtenverhältnisses zu verstehen. Das öffentliche Dienstrecht unterscheidet zwischen Beamten und Personen, die in einem öffentlich-rechtlichen Amtsverhältnis stehen. In einem öffentlich-rechtlichen Amtsverhältnis stehen z.B. die Mitglieder der Bundesregierung und der Landesregierungen, der Wehrbeauftragte des Deutschen Bundestages die Mitglieder des Direktoriums der Bundesbank (Niedersächsisches FG, EFG 1976 S. 313, 314 mit weiteren Nachweisen).   4

3. Ausübung des Berufs

Wenn der StB das öffentlich-rechtliche Dienst- oder Amtsverhältnis **ehrenamtlich** wahrnimmt, unterliegt die Berufsausübung keinen Beschränkungen, d.h. der Beruf kann ausgeübt werden, ohne dass die Bestellung eines Vertreters erforderlich ist. Zum Begriff der Ehrenamtlichkeit siehe § 77 Rdnr. 10, 11.   5

Bei einem **besoldeten Amt** ist die Berufsausübung grundsätzlich unzulässig; auf die Bestellung braucht jedoch nicht verzichtet zu werden. Die Berufskammer kann in solchen Fällen einen Vertreter bestellen, der die Praxis eigenverantwortlich im Namen des Vertretenen führen muss. Es ist auch möglich, dem Berufsangehörigen zu gestatten, seinen Beruf selbst auszuüben; das ist jedoch – wie bei der Bestellung eines Vertreters – nur zulässig, wenn die Einhaltung der allgemeinen Berufspflichten nicht gefährdet wird. Die Berufskammer hat zu prüfen, ob eine Verletzung der in § 57 StBerG genannten Pflichten zu befürchten ist; dabei auch die Gefahr einer etwaigen Interessenkollision zu beachten.   6

4. Verfahren

Lehnt die Steuerberaterkammer einen Antrag nach § 59 Satz 2 ab, so kann dagegen Klage vor dem **Verwaltungsgericht** erhoben werden. Der Finanzrechtsweg ist nicht gegeben, weil § 59 nicht in den in § 33 Abs. 1 Nr. 3 FGO genannten Teilen des Gesetzes steht.   7

§ 60 Eigenverantwortlichkeit

(1) **Eigenverantwortliche Tätigkeit nach § 57 Abs. 1 üben nur aus**
1. selbständige Steuerberater oder Steuerbevollmächtigte,
2. zeichnungsberechtigte Vertreter eines Steuerberaters, eines Steuerbevollmächtigten oder einer Steuerberatungsgesellschaft,

§ 60 1–3   Eigenverantwortlichkeit

3. Angestellte, die nach § 58 mit dem Recht der Zeichnung Hilfe in Steuersachen leisten.

(2) **Eine eigenverantwortliche Tätigkeit in den Fällen des Absatzes 1 Nr. 2 und 3 übt nicht aus, wer sich als zeichnungsberechtigter Vertreter oder als Angestellter an Weisungen zu halten hat, durch die ihm die Freiheit zu pflichtmäßigem Handeln (§ 57) genommen wird.**

Übersicht

	Rdnr.
1. Allgemeines	1, 2
2. Zeichnungsrecht	
a) Vertreter	3
b) Angestellte	4–8
3. Eingeschränkte Weisungsgebundenheit	9

1. Allgemeines

1   StB und StBv müssen ihren Beruf eigenverantwortlich ausüben (§ 57 Abs. 1). In § 60 wird klargestellt, dass diese Berufspflicht nicht nur für **selbstständige StB und StBv** gilt (Abs. 1 Nr. 1), sondern auch für **Vertreter** von StB, StBv und StBGes, **Angestellte** (Abs. 1 Nr. 2 und 3) und für StB als freie Mitarbeiter. Als unabdingbare Voraussetzung für eine eigenverantwortliche Tätigkeit werden in diesen Fällen – im Außenverhältnis – die Zeichnungsberechtigung (Abs. 1 Nr. 2 und 3) und – im Innenverhältnis – eine eingeschränkte Weisungsgebundenheit (Abs. 2) gefordert.

2   Aus § 60 ergibt sich, dass – im Gegensatz zur BRAO (vgl. BGHZ 65, 238, 239) – Eigenverantwortlichkeit nicht bedeutet, dass ein StB oder StBv in **eigene Rechtsbeziehungen** zu den Auftraggebern treten muss; er darf vielmehr nicht nur Angestellter von Kollegen und StBGes, sondern auch von den in § 58 Abs. 2 genannten Einrichtungen sein, wenn die in § 60 genannten Voraussetzungen erfüllt sind. Die Eigenverantwortlichkeit zeichnet sich vielmehr durch eine eingeschränkte Weisungsgebundenheit (Rdnr. 9) aus. Die Berufsangehörigen bilden sich selbst ihr Urteil zu den Sachverhalten und treffen dann die sich daraus ergebenden Entscheidungen selbstständig (§ 3 Abs. 1 BOStB).

2. Zeichnungsrecht

a) Vertreter

3   Unter Abs. 1 Nr. 2 fallen die Vertreter eines StB oder StBv nach § 69, Urlaubsvertreter, ständige Vertreter bei unechten Sozietätsverhältnissen (vgl. *Meilicke*, StB 1963 S. 161) sowie die Vorstandsmitglieder, Geschäftsführer und persönlich haftenden Gesellschafter einer StBGes. Sie sind umfassend für die Praxis eines Kollegen oder in der Leitung einer StBGes tätig und müssen daher auch ein **uneingeschränktes Zeichnungsrecht** haben (*Mutze*, StB 1975 S. 181, 183). Wenn die Satzung einer StBGes nur eine **Gesamtvertretung** vorsieht, ist es unbedenklich, dass die Vertretungsmacht entsprechend begrenzt wird.

3. Eingeschränkte Weisungsgebundenheit

b) Angestellte

StB und StBv, die nach § 58 angestellt sind, müssen bezüglich der Hilfeleistung in Steuersachen ein **Zeichnungsrecht** haben. Das gilt insbesondere bei Anstellungsverhältnissen gemäß § 58 Abs. 2, weil gerade in diesen Fällen die Eigenverantwortlichkeit des StB oder StBv gefährdet sein kann. Wegen des Leiters einer weiteren Beratungsstelle siehe § 34 Rdnr. 9 ff., wegen des Leiters einer Buchstelle siehe § 58 Rdnr. 15.

Das Zeichnungsrecht darf nicht nur in der Theorie bestehen. Es steht der Eigenverantwortlichkeit des angestellten StB oder StBv aber nicht entgegen, dass die Zeichnungsberechtigung **begrenzt** oder eine **Mitzeichnung** vereinbart ist (§ 3 Abs. 2 Satz 2 BOStB). Der Praxisinhaber könnte zwar auch wirksam allein unterzeichnen, durch die Mitzeichnung wird jedoch die Mitverantwortlichkeit des angestellten StB oder StBv hinreichend zum Ausdruck gebracht. Unzulässig ist die Vereinbarung einer ausschließlichen Mitzeichnung durch eine Person, die nicht zur unbeschränkten geschäftsmäßigen Hilfeleistung in Steuersachen berechtigt ist.

Im **Innenverhältnis** kann das Zeichnungsrecht begrenzt sein, z. B. auf Vorgänge, die einen bestimmten Mandantenkreis betreffen. Der Arbeitgeber kann sich auch vorbehalten, im Einzelfall bei Angelegenheiten von größerer Bedeutung, z. B. bei Rechtsmittelschriften, selbst zu zeichnen (*Meilicke*, StB 1963 S. 161, 167). Es wäre jedoch nicht zulässig, wenn die Zustimmung des Arbeitgebers zur Zeichnung in jedem Einzelfall vorher eingeholt werden müsste.

Angestellte StB und StBv müssen bei ihrer Zeichnung ihre **Funktion** zum Ausdruck bringen. Das geschieht in der Regel durch den klarstellenden Zusatz „i. V." oder „i. A." zur Unterschrift. Bei StBGes kann auch eine Prokura erteilt werden, so dass dann eine Zeichnung mit dem Zusatz „ppa" in Betracht kommt; die Prokura ist in das Handelsregister einzutragen (LG Augsburg, MDR 1989 S. 749). Eine Unterzeichnung, wie sie bei Sozietäten üblich ist, ist nicht zulässig, weil hierbei die Stellung des Unterzeichners nicht deutlich wird. Es kommt auch die Verwendung des Rundstempelaufdrucks neben der Unterschrift in Betracht.

Personen, die nicht zur geschäftsmäßigen Hilfeleistung in Steuersachen befugt sind, insbesondere **Steuerfachangestellte** und sonstige **Büroangestellte**, dürfen einen StB, StBv oder eine StBGes grundsätzlich nicht vertreten. Das gilt – unbeschadet der abgaberechtlichen Wirksamkeit (§ 80 Abs. 5 AO; vgl. *Bühring*, DStZ/A 1962 S. 373) – insbesondere für die Hilfeleistung in Steuersachen; Ausnahmen können nur im Rahmen der einfachen Büroverwaltung gelten. Vgl. auch § 57 Rdnr. 39.

3. Eingeschränkte Weisungsgebundenheit

Abs. 2 stellt sicher, dass auch Vertreter und angestellte StB und StBv im bestimmten Umfang weisungsfrei sein müssen. Die **Weisungsfreiheit** kann zwar nicht so weit gehen wie die Eigenverantwortlichkeit der selbstständigen StB und StBv im Verhältnis zu ihrem Auftraggeber (siehe hierzu § 57 Rdnr. 33 ff.).

Dem angestellten StB oder StBv darf aber nicht durch Weisungen die Freiheit zu pflichtgemäßem Handeln genommen werden (§ 3 Abs. 2 Satz 1 BOStB); insbesondere darf er keinen Weisungen nachgeben, die ein pflichtwidriges Verhalten von ihm fordern. Er kann eine Pflichtverletzung nicht damit entschuldigen, dass er nach der Weisung eines Dritten gehandelt hat.

§ 61 Ehemalige Angehörige der Finanzverwaltung

Ehemalige Beamte und Angestellte der Finanzverwaltung dürfen während eines Zeitraumes von drei Jahren nach dem Ausscheiden aus dem öffentlichen Dienst nicht für Auftraggeber tätig werden, mit deren Steuerangelegenheiten sie innerhalb der letzten drei Jahre vor dem Ausscheiden materiell befaßt waren.

Übersicht	Rdnr.
1. Allgemeines	1
2. Betroffener Personenkreis	2, 3
3. Untersagte Tätigkeiten	4–6
4. Überwachung	7

1. Allgemeines

1 Die Vorschrift enthält eine Einschränkung des Rechts auf freie Berufsausübung, die **im öffentlichen Interesse** gerechtfertigt ist. Sie soll sicherstellen, dass Angehörige der Finanzverwaltung vor ihrem Ausscheiden aus dem Dienst nicht auf ihre beabsichtigte Tätigkeit als StB hinweisen und damit den Eindruck erwecken, dass sie sachfremden Erwägungen zugänglich sind. Außerdem soll verhindert werden, dass ehemalige Beamte und Angestellte der Finanzverwaltung ihre Kenntnisse, die sie durch die Bearbeitung bestimmter Steuerfälle erworben haben, bei ihrer späteren Berufstätigkeit verwerten. Die Bestimmung hat dagegen nicht den Zweck, das Ausscheiden von Beamten und Angestellten der Finanzverwaltung aus dem öffentlichen Dienst zu erschweren.

2. Betroffener Personenkreis

2 Von dem Verbot des § 61 werden **nur StB und StBv** betroffen. Das ergibt sich aus der Stellung der Vorschrift im 3. Abschnitt. Trotz des weit gefassten Wortlautes findet die Bestimmung daher keine Anwendung auf andere Personen, die zur Hilfeleistung in Steuersachen befugt sind, z. B. RAe. (vgl. aber § 45 Nr. 3 BRAO).

3 Der Anwendungsbereich ist auf ehemalige Beamte und Angestellte der **Finanzverwaltung** beschränkt (vgl. auch § 26 BOStB), bezieht sich also z. B. nicht auf Finanzrichter oder andere Angehörige des öffentlichen Dienstes, die außerhalb der Finanzverwaltung mit Steuerangelegenheiten befasst waren. Die unterschiedliche Behandlung ist nicht nachvollziehbar abgrenzbar, wobei für die anderen Personen sich aus § 57 Abs. 1 ggf. eine entsprechende Verpflichtung zu einem Tätigkeitsverbot ergeben kann.

3. Untersagte Tätigkeiten

Der betroffene Personenkreis gemäß Rdnr. 2 und 3 darf nicht für bestimmte Auftraggeber tätig sein. Aus dieser Fassung folgt, dass insoweit nur eine **selbstständige Tätigkeit** als StB untersagt ist. Wer als Angestellter nach § 58 bei einem anderen StB tätig ist, darf die Steuersachen von Personen bearbeiten, mit deren Steuerangelegenheiten er als Beamter oder Angestellter der Finanzverwaltung befasst war. Sozietäten, StBGes (LG Münster, DStR 1989 S. 614), Anstellungsverhältnisse und sonstige Formen der Zusammenarbeit dürfen jedoch nicht zur Umgehung des Betätigungsverbots missbraucht werden (vgl. VGH München, NJW 1980 S. 1870; §§ 26 Abs. 2; 6 Abs. 3 BOStB). Zugleich sind aber die anderen Personen (RA, WP, vBP) nicht von dem Verbot betroffen (*Späth*, DStZ 1999 S. 34).   4

Untersagt ist die Tätigkeit für Personen, mit deren Steuerangelegenheiten der StB als Beamter oder Angestellter der Finanzverwaltung **materiell befasst** war. Dieser Begriff ist sehr weit zu ziehen und umfasst jede Tätigkeit, in der in der Sache selbst eine steuerrechtliche Entscheidung getroffen worden ist. Hierunter fallen die Steuerfestsetzung, das Steuerermittlungs-, Aufsichts- und Rechtsmittelverfahren sowie das Steuerstrafverfahren, nicht aber die Vollstreckung und das Kassenwesen oder reine Verfahrensfragen, z.B. die Entscheidung über einen Antrag auf Fristverlängerung.   5

Das Betätigungsverbot **endet** drei Jahre nach dem Ausscheiden aus dem öffentlichen Dienst, und zwar unabhängig davon, wann die Tätigkeit für den jeweiligen Steuerpflichtigen beendet war. Es kommt nicht darauf an, für welchen Zeitraum die steuerliche Beratung übernommen wird, sondern wann die Tätigkeit des StB oder StBv für den Auftraggeber beginnt. Sofern in den letzten 3 Jahren der beruflichen Tätigkeit in der Finanzverwaltung keine materielle Auseinandersetzung mit den Steuerangelegenheiten des Auftraggebers stattgefunden hat, gilt das Verbot von 3 Jahren nicht.   6

4. Überwachung

Die Vorschrift enthält eine Berufspflicht der StB, deren Überwachung allein in der Zuständigkeit der **Berufskammern** liegt (BFHE 86, 292). Die Finanzverwaltung kann den StB nicht zurückweisen, da sie hierzu keine Befugnis hat, sondern muss sich darauf beschränken, der Berufskammer den Verstoß mitzuteilen. Hierzu ist sie nach § 10 berechtigt.   7

§ 62 Verschwiegenheitspflicht der Gehilfen

Steuerberater und Steuerbevollmächtigte haben ihre Gehilfen, die nicht selbst Steuerberater oder Steuerbevollmächtigte sind, zur Verschwiegenheit zu verpflichten.

Übersicht	Rdnr.
1. Allgemeines	1
2. Zu verpflichtender Personenkreis	2
3. Form und Inhalt der Verpflichtung	3, 4

§ 62 1–4   Verschwiegenheitspflicht der Gehilfen

1. Allgemeines

1   Eine **gewissenhafte Berufsausübung** erfordert, dass Mitarbeiter sorgfältig ausgewählt, eingearbeitet und überwacht werden (s. § 57 Rdnr. 46); hierzu gehört es auch, die Mitarbeiter zur Verschwiegenheit zu verpflichten. Sie sind anzuhalten, sich in gleicher Weise wie die Berufsangehörigen zu verhalten, um die berufsrechtlichen Vorschriften zu erfüllen. § 62 legt diese Pflicht wegen ihrer besonderen Bedeutung ausdrücklich fest. Eine ähnliche Verpflichtung ist in § 6 DVNot und § 50 WPO enthalten. Durch eine Verpflichtung der Mitarbeiter wird nicht nur sichergestellt, dass diese ihre Verschwiegenheitspflicht erfüllen; es wird vielmehr auch in einem Strafverfahren wegen Verstoßes gegen § 203 Abs. 3 StGB der Einwendung begegnet, die Verschwiegenheitspflicht sei nicht bekannt gewesen. Zum Umfang der Verschwiegenheitspflicht s. § 57 Rdnr. 62, 63.

2. Zu verpflichtender Personenkreis

2   Unter „**Gehilfen**" sind nicht nur die bei dem StB beschäftigten Steuerfachangestellten zu verstehen, sondern sämtliche Mitarbeiter der Praxis einschließlich der Aushilfskräfte. Ausgenommen sind nur angestellte StB, für die eine eigene berufsrechtliche Verschwiegenheitspflicht gilt und bei denen daher eine besondere Verpflichtung nicht erforderlich ist.

Die Bestimmung kann nicht über ihren Wortlaut hinaus auf StB (oder Organe von StBGes) ausgedehnt werden, die Leiter oder Angestellte einer in § 58 Abs. 2 Nr. 2–8 genannten Einrichtung sind. Sie ist im Zusammenhang damit zu sehen, dass nur die Mitarbeiter von StB, StBv und StBGes der Strafdrohung nach § 203 Abs. 1 Nr. 3 und Abs. 3 Satz 1 StGB unterliegen und nur ihnen ein Zeugnisverweigerungsrecht nach §§ 53 Abs. 1 Nr. 3; 53a StPO zusteht, wodurch eine Gleichstellung mit dem StB erzielt wird.

3. Form und Inhalt der Verpflichtung

3   Die Verpflichtung ist **schriftlich** vorzunehmen (§ 9 Abs. 5 Satz 2 BOStB). Da eine Verpflichtung mehr als eine Anweisung oder Unterrichtung ist und in einer vom Mitarbeiter abzugebenden Erklärung besteht, ist sie vom dem Mitarbeiter zu unterzeichnen.

4   Der StB hat seine Mitarbeiter darüber hinaus über die **einschlägigen Vorschriften** zu unterrichten, nämlich über § 102 AO (Auskunftsverweigerungsrecht in Steuersachen), § 203 Abs. 1 Nr. 3, Abs. 3–5 StGB (Verletzung von Privatgeheimnissen), § 53 Abs. 1 Nr. 3, Abs. 2 StPO, § 53a StPO, § 97 StPO (Zeugnisverweigerungsrecht und Beschlagnahmeverbot im Strafprozess); § 383 Abs. 1 Nr. 6, Abs. 3 ZPO, § 385 Abs. 2 ZPO (Zeugnisverweigerungsrecht im Zivilprozess), § 5 BDSG sowie die jeweiligen landesrechtlichen Datenschutzbestimmungen (§ 9 Abs. 5 Satz 1 BOStB).

§ 63 Mitteilung der Ablehnung eines Auftrags

Steuerberater und Steuerbevollmächtigte, die in ihrem Beruf in Anspruch genommen werden und den Auftrag nicht annehmen wollen, haben die Ablehnung unverzüglich zu erklären. Sie haben den Schaden zu ersetzen, der aus einer schuldhaften Verzögerung dieser Erklärung entsteht.

Übersicht

	Rdnr.
1. Allgemeines	1–3
2. Inanspruchnahme im Beruf	4–7
3. Unverzügliche Ablehnung	8, 9
4. Schadensersatzpflicht	10, 11

1. Allgemeines

StB sind grundsätzlich – mit Ausnahme des § 65 – nicht verpflichtet, ein ihnen angetragenes Mandat zu übernehmen (§ 25 Abs. 1 BOStB). Es besteht **kein** Kontrahierungszwang (vgl. auch § 44 BRAO für RA und § 51 WPO für WP). Die **Ablehnung eines Mandats** braucht nicht begründet zu werden. Im Einzelfall kann die Ablehnung eines Mandats sogar berufsrechtlich geboten sein, z. B. wenn der StB zeitlich so ausgelastet ist, dass die Mandatsübernahme dazu führen kann, dass der Beruf nicht mehr gewissenhaft und eigenverantwortlich ausgeübt wird (vgl. § 57 Rdnr. 49), wenn die Gefahr einer Interessenkollision besteht, oder wenn er für eine pflichtwidrige oder unlautere Handlung in Anspruch genommen werden soll. 1

Ausnahmsweise kann eine zivilrechtliche Verpflichtung zur Übernahme eines Auftrages bestehen, wenn sich der StB vertraglich gebunden hat. Er kann sich z. B. verpflichten, alle Steuerangelegenheiten eines bestimmten Mandanten oder die Betreuung der Mitglieder eines Verbandes zu übernehmen; dann darf er sich nicht nur die wirtschaftlich interessanten Aufträge heraussuchen und andere Aufträge ablehnen (vgl. auch § 57a Rdnr. 29). 2

Da StB auf Grund einer öffentlichen Bestellung tätig werden und besonderen Berufspflichten unterliegen, wird von ihnen erwartet, dass sie sich auf einen Antrag zum Abschluss eines Auftrages **äußern** und den Anfragenden nicht über die Annahme im Unklaren lassen. Eine derartige Verpflichtung ist in § 663 BGB für alle Personen enthalten, die zur Besorgung bestimmter Geschäfte öffentlich bestellt sind oder sich öffentlich hierzu erboten haben. Dieser Vorschrift geht § 63 als Sonderregelung vor. 3

2. Inanspruchnahme im Beruf

Die Anwendung des § 63 setzt voraus, dass StB „in ihrem Beruf" in Anspruch genommen werden. Der Umfang der beruflichen Tätigkeit ergibt sich zunächst aus § 33. Der Anwendungsbereich des § 63 bezieht sich danach auf Aufträge zur Beratung und Vertretung in **Steuersachen** und zur Bearbeitung der Steuerangelegenheiten. Dazu gehören auch die Hilfeleistung in 4

Steuerstrafsachen und in Bußgeldsachen wegen einer Steuerordnungswidrigkeit sowie die Hilfeleistung bei der Erfüllung von Buchführungspflichten, die auf Grund von Steuergesetzen bestehen, insbesondere die Aufstellung von Steuerbilanzen und deren steuerrechtliche Beurteilung.

5 Die Bestimmung ist aber auch bei **mit dem Beruf vereinbaren Tätigkeiten** (§ 57 Abs. 3) anzuwenden. Eine Aufteilung der Berufstätigkeit in die Steuerberatung im engeren Sinne und die sonstigen zum Berufsbild gehörenden Tätigkeiten ist nicht möglich (vgl. § 57 Rdnr. 6; dagegen *Späth,* DStR 1973 S. 669).

6 Die Pflicht zur rechtzeitigen Ablehnung des Auftrages bezieht sich nicht nur auf neu angetragene Mandate, sondern auch auf einen Antrag auf **Ausdehnung** eines schon bestehenden Mandatsverhältnisses.

7 Das Angebot zur Übernahme des Auftrages muss **an den StB** gerichtet sein, wobei es unerheblich ist, ob dies schriftlich oder persönlich geschieht. Wird das Angebot in Abwesenheit des StB einem Mitarbeiter mündlich abgegeben, so ist darauf abzustellen, ob die Mitarbeiter zur Annahme oder Ablehnung von Aufträgen bevollmächtigt sind. Dies ist in der Regel zu verneinen, weil es zur unabhängigen und eigenverantwortlichen Berufsausübung gehört, über die Annahme und Ablehnung von Aufträgen selbst zu entscheiden (BGH, NJW 1974 S. 861 zu § 44 BRAO). Der StB muss aber sicherstellen, dass er von Angeboten zur Übernahme eines Auftrags unverzüglich Kenntnis erhält (BGH, NJW 1967 S. 1567 zu § 44 BRAO).

3. Unverzügliche Ablehnung

8 Eine Schadensersatzpflicht nach Satz 2 wird bei einer unverzüglichen (§ 25 Abs. 2 BOStB) Ablehnung des Auftrages vermieden, d. h. die Ablehnung muss **ohne schuldhaftes Zögern** (§ 121 BGB) erklärt werden. Ein fester Zeitraum lässt sich hierfür nicht festlegen; vielmehr hängt die Dauer der Überlegungsfrist von den Umständen des Einzelfalles ab. Dem StB ist eine angemessene Frist zur Prüfung einzuräumen. In der Regel wird man einen Zeitraum von mehreren Arbeitstagen zur Prüfung und Beantwortung zubilligen müssen (*Späth,* DStR 1971 S. 669, 670). Eine kürzere Frist kann nur gefordert werden, wenn erkennbar ist, dass der StB sofort tätig werden muss, weil z. B. eine Rechtsbehelfs- oder Rechtsmittelfrist abläuft.

9 Eine **Pflicht zum Tätigwerden** trotz der Ablehnung des Mandates besteht grundsätzlich nicht, selbst wenn dem Auftraggeber hierdurch ein Schaden entsteht. Eine Ausnahme kann höchstens dann in Betracht kommen, wenn ein schwer erreichbarer Auftraggeber einen Auftrag erteilt, nach dem zur Abwendung dringender Nachteile eine einfache und sofortige Tätigkeit erforderlich ist; selbst dann wird man dem StB keinen Vorwurf machen können, wenn Gründe für die Annahme bestehen, dass das Mandat bewusst im letzten Augenblick angetragen wird, um die Anforderung eines Gebührenvorschusses unmöglich zu machen und die spätere Gebührenforderung voraussichtlich uneinbringlich sein wird.

1. Allgemeines

4. Schadensersatzpflicht

Bei einer verspäteten Ablehnung wird nicht etwa das Zustandekommen 10
eines Mandates unterstellt, sondern der StB ist lediglich zum Ersatz des sogenannten „negativen Interesses" verpflichtet, d. h. der Nachteile, die dem Anfragenden bei einer unverzüglichen Ablehnung nicht entstanden wären. Die Schadensersatzpflicht beschränkt sich auf eine Inanspruchnahme von haupt- und nebenberuflich Tätigen (BVerfG, NJW 2002 S. 3163). Nur diese Personen werden beruflich in Anspruch genommen und können einen Auftrag mit schuldhafter Verzögerung ablehnen. Dies gilt somit nicht für derzeit arbeitslose und früher angestellte StB/StBv, die über keine Berufshaftpflichtversicherung nach § 67 verfügen.

Der Anspruch unterliegt der **Verjährung** nach den §§ 195 ff. BGB. 11

§ 64 Gebührenordnung

(1) **Steuerberater und Steuerbevollmächtigte sind an eine Gebührenordnung gebunden, die das Bundesministerium der Finanzen durch Rechtsverordnung mit Zustimmung des Bundesrates erläßt. Das Bundesministerium der Finanzen hat vorher die Bundessteuerberaterkammer zu hören. Die Höhe der Gebühren darf den Rahmen des Angemessenen nicht übersteigen und hat sich nach**
1. **Zeitaufwand,**
2. **Wert des Objekts und**
3. **Art der Aufgabe**

zu richten.

(2) **Der Steuerberater oder Steuerbevollmächtigte, der eine Gebührenforderung erwirbt, ist in gleicher Weise zur Verschwiegenheit verpflichtet wie der beauftragte Steuerberater oder Steuerbevollmächtigte. Die Abtretung von Gebührenforderungen oder die Übertragung ihrer Einziehung an einen nicht als Steuerberater oder als Steuerbevollmächtigten zugelassenen Dritten ist unzulässig, es sei denn, die Forderung ist rechtskräftig festgestellt, ein erster Vollstreckungsversuch fruchtlos ausgefallen und der Steuerberater hat die ausdrückliche schriftliche Einwilligung des Auftraggebers eingeholt.**

Übersicht	Rdnr.
1. Allgemeines	1, 2
2. Steuerberatergebührenverordnung	
a) Inhalt	3
b) Rechtsnatur	4
c) Anwendungsbereich	5, 6
d) Berufspflichten	7
3. Abtretung von Gebührenforderungen	8–10

1. Allgemeines

Abs. 1 enthält eine verfassungsrechtlich zulässige (vgl. BVerfGE 58, 283) 1
Ermächtigung zum Erlass einer Rechtsverordnung. Nach umfangreichen

§ 64 2–5 Gebührenordnung

Vorarbeiten (siehe hierzu *Eckert,* DStR 1980 S. 363 ff.; 1982, S. 63 ff.) wurde die StBGebV am 17. 12. 1981 verkündet (BGBl. 1981 I S. 1442) und trat am 1. 4. 1982 in Kraft. Sie wurde mit Wirkung ab 1. 7. 1988, 1. 7. 1991 und 1. 1. 1999 geändert und ergänzt (BGBl. 1988 I S. 841; 1991 I S. 1370; 1998 I S. 2369).

2   Abs. 2, der durch das 6. StBerÄG eingefügt wurde, ist eine Auswirkung der gesetzlichen **Verschwiegenheitspflicht** (§ 57 Abs. 1) und untersagt grundsätzlich die Abtretung von Gebührenforderungen; diese Bestimmung gründet sich auf die bisherige Rechtsprechung.

2. Steuerberatergebührenverordnung

a) Inhalt

3   Die StBGebV enthält Gebührentatbestände zu den einzelnen steuerberatenden Tätigkeiten. Die Berechnung der Gebühren erfolgt nach dem **Wert** anhand von Tabellen; dabei werden Rahmensätze festgelegt, innerhalb derer die Gebühr im Einzelfall unter Berücksichtigung aller Umstände festgelegt werden kann (§ 10, 11 StBGebV). In bestimmten Fällen ist eine **Zeitgebühr** zu berechnen (§ 13 StBGebV); außerdem können **Pauschalvereinbarungen** getroffen werden (§ 14 StBGebV).

b) Rechtsnatur

4   Die StBGebV ist eine **Taxe** im Sinne der §§ 612 Abs. 2; 632 Abs. 2 BGB, d. h. sie ist anzuwenden, wenn die Höhe der Vergütung für die steuerberatende Tätigkeit nicht durch Parteivereinbarung bestimmt ist. Die StBGebV soll durch die Schaffung klarer Verhältnisse Auseinandersetzungen zwischen Auftraggeber und StB vermeiden. Abs. 1 dient dem Schutz der Auftraggeber vor unangemessenen Gebühren (KG Berlin, DStRE 2003 S. 317). Die Vereinbarung einer anderen Vergütung ist zivilrechtlich möglich; eine höhere Vergütung kann jedoch nur auf Grund einer schriftlichen Erklärung der Auftraggebers, die nicht in einem Vordruck mit anderen Erklärungen verbunden werden darf, gefordert werden (§ 4 StBGebV). Die Vereinbarung einer niedrigeren Vergütung ist zwar zivilrechtlich wirksam, kann aber berufsrechtlich unzulässig sein (Rdnr. 7).

c) Anwendungsbereich

5   Die StBGebV gilt für die selbstständig ausgeübte Tätigkeit von **StB, StBv** und **StBGes** (§ 1 StBGebV), nicht dagegen für Angehörige anderer Berufe, die zur Hilfeleistung in Steuersachen befugt sind. Bei Mehrfachqualifikation als StB/RA besteht ein Wahlrecht, die StBGebV oder das RVG anzuwenden (*Eckert,* StBGebV, 4. Aufl. § 1 Anm. 2.2; *Dornbach,* DB 1983 S. 418 ff.; *Horn,* StB 1983 S. 285 ff.; *Maxl/Feiter,* INF 1995 S. 438, 439; FG des Saarlandes, EFG 1995 S. 396). StB/WP haben – mangels einer gesetzlichen Gebührenordnung für WP (und vBP) – die StBGebV anzuwenden (OLG Hamm, StB 1988 S. 350; OLG Köln, DStR 1990 S. 45; OLG Bremen, StB 1994 S. 460); für (Nur-) WP vgl. OLG Düsseldorf, StB 1989 S. 236).

3. Abtretung von Gebührenforderungen 6–10 § 64

Die StBGebV gilt nur für die **in § 33 des Gesetzes** beschriebenen selbst- 6
ständig ausgeübten Tätigkeiten (§ 1 Abs. 1 StBGebV). Sie umfasst also nicht
die sonstigen zum Berufsbild des StB gehörenden oder mit dem Beruf vereinbaren Tätigkeiten (*Eckert,* a. a. O. § 1 Anm. 3; *Lehwald,* StB 1983 S. 95 ff.).
Für sie gelten die allgemeinen gesetzlichen Vorschriften, z. B. §§ 612 Abs. 2;
632 Abs. 2 BGB (§ 45 Abs. 2 BOStB).

d) Berufspflichten

Nach dem Wortlaut des Gesetzes sind StB an die StBGebV gebunden; die 7
Vertragsfreiheit des StB ist damit begrenzt, aber nicht völlig aufgehoben
(OVG Hamburg, DStR 1989 S. 683). **Abweichende Vereinbarungen** sind
daher nicht ausgeschlossen; sie können sich sowohl auf die Berechnungsart
(Zeit- statt Wertgebühr) als auch auf die Höhe der Gebührensätze beziehen.
Eine Überschreitung der gesetzlichen Gebühren lässt § 4 StBGebV ausdrücklich zu; ohne Vereinbarung dürfen aber die Höchstsätze der Gebühren
nicht überschritten werden (vgl. auch § 352 StGB). Eine Unterschreitung
der angemessenen Gebühr kann dagegen berufswidrig sein (OVG Hamburg,
DStR 1989 S. 683; LG Frankfurt, StB 1986 S. 336), führt aber nicht zur
Nichtigkeit der Vereinbarung (BGHZ 132, 229, 238). Unangemessen ist in
der Regel nur eine Unterschreitung der Mindestgebühr der StBGebV. Nur
ausnahmsweise darf besonderen Umständen, etwa der Bedürftigkeit eines
Auftraggebers, durch Ermäßigung oder Streichung von Gebühren und Auslagenersatz nach Erledigung des Auftrages Rechnung getragen werden (§ 45
Abs. 4 Satz 2 BOStB).

3. Abtretung von Gebührenforderungen

Die Abtretung einer Gebührenforderung ist schon nach allgemeinen 8
Grundsätzen unzulässig und nach § 134 BGB **nichtig,** weil sie wegen der
nach § 402 BGB erforderlichen Auskunftspflicht ein Verstoß gegen die gesetzliche Verschwiegenheitspflicht darstellt (BGHZ 122, 115). In Abs. 2
werden die Voraussetzungen festgelegt, unter denen **ausnahmsweise** eine
Gebührenforderung abgetreten werden kann.

Eine Abtretung **an einen anderen StB** oder StBv ist zulässig und nach 9
dem Wortlaut des Gesetzes nicht von der Zustimmung des Auftraggebers
abhängig (OLG Hamburg v. 30. 10. 2000, Az.: 8 U 247/99; dagegen LG
München NJW 2004 S. 451, § 46 Abs. 1 Satz 1BOStB). Die Zulässigkeit ist
damit gerechtfertigt, dass der Abtretungsempfänger ausdrücklich einer Verschwiegenheitspflicht unterliegt (Abs. 2 Satz 1; vgl. auch BGH, DStR 1995
S. 1559). Auf die Zustimmung des Mandanten kann es nicht ankommen
(dagegen § 46 Abs. 2 BOStB), da eine Abtretung immer im Interesse des StB
erfolgt und er sich im Vorfeld der Konsequenz seines Handelns und eines
etwaigen Mandatsverlustes bewusst ist.

In allen **anderen Fällen** ist eine Abtretung nur zulässig und wirksam, 10
wenn die Forderung rechtskräftig festgestellt, ein erster Vollstreckungsversuch fruchtlos ausgefallen ist und der StB die ausdrückliche, schriftliche Ein-

willigung, d. h. die vorherige Zustimmung (§ 183 Satz 1 BGB) des Auftraggebers eingeholt hat. Es müssen alle drei Voraussetzungen erfüllt sein; die Zustimmung des Auftraggebers allein reicht nicht aus (vgl. auch OLG München v. 6. 4. 2000, Az.: 23-W-3227/99, das dies im Ergebnis ebenfalls fordert). Nachdem WP/vBP oder RA nicht in Abs. 2 S. 2, 1. Alt. genannt sind, müssen die Voraussetzungen des Abs. 2 S. 2, 2. Alt. erfüllt sein, um an sie eine wirksame Abtretung vorzusehen. Eine Pfändung von Honorarforderungen des StB kommt grds. in Betracht (BGH, BGHZ 141, S. 173). Daher unterliegen sie zugleich dem Konkursbeschlag. Ein Pfändungsverbot würde ansonsten unbeteiligten Gläubigern die Möglichkeit des Zugriffs auf Forderungen entziehen.

§ 65 Pflicht zur Übernahme einer Prozeßvertretung

Steuerberater haben im Verfahren vor den Gerichten der Finanzgerichtsbarkeit die Vertretung eines Beteiligten zu übernehmen, wenn sie diesem zur vorläufig unentgeltlichen Wahrnehmung der Rechte auf Grund des § 142 der Finanzgerichtsordnung beigeordnet sind. Der Steuerberater kann beantragen, die Beiordnung aufzuheben, wenn hierfür wichtige Gründe vorliegen.

Übersicht

	Rdnr.
1. Allgemeines	1, 2
2. Berufspflicht zur Übernahme einer Prozessvertretung	3
3. Antrag auf Aufhebung der Beiordnung	4, 5

1. Allgemeines

1   Im finanzgerichtlichen Verfahren kann einer Partei im Rahmen der Prozesskostenhilfe ein RA oder StB beigeordnet werden. StBv, WP und vBP scheiden als Vertreter nach § 142 Abs. 1 FGO aus. Die Voraussetzungen sind in § 142 FGO und §§ 114 ff. ZPO geregelt. In § 65 wird für StB die **berufsrechtliche Pflicht** festgelegt, die Vertretung eines Beteiligten zu übernehmen, dem der StB auf Grund des § 142 FGO beigeordnet ist. Die Vorschrift entspricht dem § 48 BRAO, in dem die entsprechende standesrechtliche Verpflichtung für RAe festgelegt ist.

2   § 65 gilt **nicht für StBv** (vgl. hierzu DStR 1965 S. 517, 519), zumal StBv ohnehin nicht vor dem BFH auftreten können (§ 32 Rdnr. 5).

2. Berufspflicht zur Übernahme einer Prozessvertretung

3   Meistens wird die Partei schon in ihrem Antrag um Beiordnung eines bestimmten StB bitten, dessen Einverständnis sie vorher eingeholt hat. Es ist jedoch auch der umgekehrte Weg möglich, dass das FG von sich aus einen StB auswählt und ihn der Partei beiordnet. Die Beiordnung geschieht dann ohne, vielleicht sogar gegen den Willen des StB. Insoweit begründet die Beiordnung einen Kontrahierungszwang. Es entsteht dann schon durch die Beiordnung ein öffentlich-rechtliches Verhältnis zwischen dem StB und der

Partei; § 65 betont nur noch einmal die Pflicht zur Übernahme der Prozessvertretung. Das schließt die Berufspflicht ein, die Angelegenheit der Partei mit derselben Sorgfalt zu bearbeiten wie bei einem frei vereinbarten Mandat (§ 47 BOStB). Aus der niedrigeren Vergütung bei Prozesskostenhilfe kann nicht etwa eine geringere **Sorgfaltspflicht** hergeleitet werden. Pflichtverletzungen lösen auch eine zivilrechtliche Schadensersatzpflicht aus.

3. Antrag auf Aufhebung der Beiordnung

Es bedarf der Mitwirkung des Gerichtes, um ein solches Mandat wieder aufzulösen. Ein **wichtiger Grund,** der einen Antrag auf Aufhebung der Beiordnung rechtfertigt, liegt vor, wenn der StB auch im Falle eines Wahlauftrages seine Berufstätigkeit versagen müsste, z. B. wegen Interessenkollision oder in den Fällen des § 61. Eine allgemeine Arbeitsüberlastung kann dagegen grundsätzlich nicht als Ablehnungsgrund anerkannt werden. 4

Gegen die Ablehnung des Antrags steht dem StB **keine Beschwerde** zu. Dieser ist somit unanfechtbar. Nach § 142 FGO ist zwar auch § 127 ZPO entsprechend anzuwenden; dort wird jedoch keine Beschwerde zugelassen, wenn der Vorsitzende des Berufungsgerichts die Verfügung erlassen hat. Das Revisionsgericht, d.h. in diesem Fall der BFH, soll also nicht mit derartigen Beschwerden befasst werden. 5

§ 66 Handakten

(1) **Der Steuerberater oder Steuerbevollmächtigte hat die Handakten auf die Dauer von sieben Jahren nach Beendigung des Auftrages aufzubewahren. Diese Verpflichtung erlischt jedoch schon vor Beendigung dieses Zeitraums, wenn der Steuerberater oder Steuerbevollmächtigte den Auftraggeber aufgefordert hat, die Handakten in Empfang zu nehmen, und der Auftraggeber dieser Aufforderung binnen sechs Monaten, nachdem er sie erhalten hat, nicht nachgekommen ist.**

(2) **Zu den Handakten im Sinne dieser Vorschrift gehören alle Schriftstücke, die der Steuerberater oder Steuerbevollmächtigte aus Anlaß seiner beruflichen Tätigkeit von dem Auftraggeber oder für ihn erhalten hat. Dies gilt jedoch nicht für den Briefwechsel zwischen dem Steuerberater oder Steuerbevollmächtigten und seinem Auftraggeber und für die Schriftstücke, die dieser bereits in Urschrift oder Abschrift erhalten hat sowie für die zu internen Zwecken gefertigten Arbeitspapiere.**

(3) **Die in anderen Gesetzen getroffenen Regelungen über die Pflicht zur Aufbewahrung von Geschäftsunterlagen bleiben unberührt.**

(4) **Der Steuerberater oder Steuerbevollmächtigte kann seinem Auftraggeber die Herausgabe der Handakten verweigern, bis er wegen seiner Gebühren und Auslagen befriedigt ist. Dies gilt nicht, soweit die Vorenthaltung der Handakten oder einzelner Schriftstücke nach den Umständen, insbesondere wegen verhältnismäßiger Geringfügigkeit der geschuldeten Beträge, gegen Treu und Glauben verstoßen würde.**

§ 66 1–4 Handakten

Übersicht	Rdnr.
1. Allgemeines	1, 2
2. Handakten	3, 4
3. Aufbewahrungspflicht	5–9
4. Herausgabepflicht	10
5. Zurückbehaltungsrecht	
a) Handakten	11–14
b) Arbeitsergebnisse	15, 16

1. Allgemeines

1 Die Vorschrift entspricht § 50 Abs. 2 und 3 BRAO und ist von **berufsrechtlicher und zivilrechtlicher** Bedeutung. Sie legt den Inhalt und die Dauer der Aufbewahrungspflichten für Handakten sowie das Zurückbehaltungsrecht fest; ein Verstoß ist eine Berufspflichtverletzung (§ 30 Abs. 2 BOStB) und eine Verletzung der Vertragspflichten aus dem Steuerberatungsvertrag, die zum Schadensersatz verpflichten kann.

2 Die Aufbewahrungspflicht für Handakten gilt für **StB** und **StBv** sowie für **StBGes** (§ 72).

2. Handakten

3 StB sollen Angelegenheiten, die über einen Rat oder eine Auskunftserteilung hinaus gehen, **aktenkundig** machen (LG Bamberg, DStR 1970 S. 62). Das gehört zu einer gewissenhaften Berufsausübung (s. § 57 Rdnr. 48); die §§ 66, 80 gehen davon aus, dass derartige Aufzeichnungen vorhanden sind.

4 Zu den **Handakten** – die oftmals umgangssprachlich als Mandantenunterlagen bezeichnet werden – gehören alle Schriftstücke, die der Berufsangehörige von dem Auftraggeber oder für ihn bekommen hat, z.B. Kontoauszüge, Rechnungen und sonstige Buchführungsunterlagen (LG Heidelberg, MDR 1998 S. 188), Grundaufzeichnungen, Schriftwechsel des Auftraggebers mit Geschäftspartnern, ferner Schriftstücke, die er für ihn erhielt, z.B. Steuerbescheide, Bilanzen früherer Veranlagungszeiträume und Urteile (*Gilgan*, Stbg 1995 S. 208; *Fiala/von Walter*, DStR 1998 S. 694, 736). Ausgenommen sind der Schriftwechsel mit dem Auftraggeber und Schriftstücke, die ihm bereits in Urschrift oder Abschrift übersendet wurden, sowie die zu internen Zwecken gefertigten Arbeitspapiere, z.B. Aufzeichnungen zur Vorbereitung der Hauptabschlussübersicht, Notizen für die Erstellung von Bilanzen oder Prüfungsberichten bzw. auch Telefonnotizen.

Zu den Handakten zählen somit die während des bestehenden Mandats dem StB durch Finanzbehörden, Gerichte oder Dritte direkt übermittelte oder von Mandanten übergebene Bescheide, Entscheidungen und sonstiger Schriftverkehr (OLG Nürnberg, BB 1990 S. 1102), aber auch die bei einem Rechenzentrum gespeicherten und von den vorhergehenden StB übertragenen Stammdaten (LG Duisburg, ZIP 1982 S. 603). Es kann kein Unterschied zwischen körperlichen Unterlagen und gespeicherten Daten vorgenommen werden, zumal der Mandant den Aufbau des Datenbestandes mit seinen Gebühren in der Regel schon honoriert hat (LG München, StB 1989 S. 234; LG Bielefeld, Stbg 1994 S. 47). Eine andere Beurteilung ist angebracht, wenn es sich um Datenmaterial handelt, das auf Grund eines spezifischen EDV-Wissens zusammengestellt wurde und damit eine Art von Urheberrechten für den StB begründet.

3. Aufbewahrungspflicht

StB sind verpflichtet, die Handakten auf die Dauer von **sieben Jahren** 5 nach Beendigung des Auftrages aufzubewahren. Nach § 147 AO gelten für den Steuerpflichtigen längere Fristen; die siebenjährige Aufbewahrungsfrist deckt sich daher nicht mit den für den Auftraggeber geltenden Aufbewahrungsfristen. § 30 Abs. 1 BOStB legt daher fest, dass die für den Auftraggeber bestehenden längeren Aufbewahrungsfristen dann auch für den StB maßgeblich sind.

Die Aufbewahrungsfrist **beginnt** mit der Beendigung des Auftrages. Die- 6 ses aus § 50 Abs. 2 BRAO übernommene Tatbestandsmerkmal ist für den auf Dauerberatung angelegten Steuerberatungsvertrag weniger geeignet. Unter der „Beendigung" des Auftrages ist das rechtliche Ende des Vertragsverhältnisses zu verstehen; auf die tatsächliche Beendigung der Tätigkeit kommt es nicht an. Der Beginn der Aufbewahrungsfrist wird nicht dadurch hinausgeschoben, dass nach der rechtlichen Beendigung des Auftrages noch Neben- und Anhangpflichten erfüllt werden. Der Auftrag kann „beendet" sein, auch wenn er noch nicht vollständig „erledigt" ist (s. hierzu OLG München, DStR 1971 S. 288).

Bei einem **weiterlaufenden Vertragsverhältnis** kann der StB ver- 7 pflichtet sein, die Handakten auch für einen Zeitraum von mehr als sieben Jahren aufzubewahren. Man kann einen laufenden Steuerberatungsvertrag nicht in jährliche Teilabschnitte mit der Wirkung zerlegen, dass jeweils nach einem Jahr ein Auftrag beendet ist. Diese Auslegung kann zwar bei einer Vereinbarung gerechtfertigt sein, die auf die „Erledigung" des Auftrages abstellt; bei einer „Beendigung" kann jedoch nur das gesamte Vertragsverhältnis gemeint sein (s. hierzu LG Duisburg, StB 1969 S. 161, das beide Begriffe nicht deutlich genug trennt). Eine gewissenhafte Berufsausübung erfordert es, bei einem fortbestehenden Vertragsverhältnis auch die Aufbewahrungsfristen des § 147 AO im Interesse des Mandanten einzuhalten; zu diesen Fristen siehe Merkblatt der Bundessteuerberaterkammer, DStR 1979 Heft 4, Beilage.

Die Frist kann durch ausdrückliche Vereinbarung der Parteien – nicht 8 aber durch Allgemeine Geschäftsbedingungen (§ 307 Abs. 2 Nr. 1 BGB) – **abgekürzt** werden. Der StB kann sie auch einseitig nach Abs. 1 Satz 2 reduzieren. Da der StB im Streitfall die Voraussetzungen des Abs. 1 Satz 2 nachweisen muss, sollte die Aufforderung, die Handakten in Empfang zu nehmen, schriftlich vorgenommen werden (§ 30 Abs. 1 Satz 3 BOStB).

Nach Ablauf der Aufbewahrungsfrist kann der StB die Handakten an den 9 Auftraggeber **übersenden**. Er ist aber auch berechtigt, die Handakten zu

vernichten; es ist jedoch darauf zu achten, dass die Verschwiegenheitspflicht dabei nicht verletzt wird. Vor Ablauf der Aufbewahrungsfrist ist eine Vernichtung der Handakten auch dann nicht zulässig, wenn sie vorher auf Mikrofilm übertragen worden sind.

4. Herausgabepflicht

10 Nach Beendigung des Auftrages kann der Auftraggeber die Herausgabe der Handakten verlangen (§§ 667, 675 BGB); ein Anspruch auf Zusendung besteht nicht, weil die berufliche Niederlassung des StB der Erfüllungsort ist (OLG Düsseldorf, DB 1972 S. 1065; BayObLG, MDR 1981 S. 233). Dieser Anspruch erlischt erst mit der Vernichtung der Handakten, nicht schon mit der Beendigung der Aufbewahrungspflicht. Soweit die Akten nicht schon im Eigentum des Auftraggebers standen, muss der StB ihm das Eigentum übertragen (RGZ 72, 197).

Die Herausgabepflicht wird regelmäßig durch den StB auch erfüllt, wenn er der Übertragung von Rechenzentrumsdaten an den neuen StB zustimmt (*Geisendorfer,* DSWR 1993 S. 253).

5. Zurückbehaltungsrecht

a) Handakten

11 Bei Beendigung des Auftrages führt die Ausübung des Zurückbehaltungsrechts häufig zu Streitigkeiten, wenn der StB wegen noch offener **Gebührenforderungen** die Herausgabe verweigert. Durch Abs. 4 Satz 1 ist seit dem 6. StBerÄG in Bestätigung der Rechtsprechung (BGH, VersR 1980 S. 264, 266; OLG Nürnberg, DStR 1990 S. 553) geklärt, dass an den **Handakten** (Rdnr. 4) ein Zurückbehaltungsrecht besteht. Es handelt sich um eine Sonderregelung gegenüber § 273 BGB (BGH, NJW 1997 S. 2944 f.).

12 Ein Zurückbehaltungsrecht erfordert einen **fälligen** Gebührenanspruch des StB, der nach § 9 StBGebV die Erstellung einer Gebührenrechnung voraussetzt (LG Bielefeld, Stbg 1994 S. 46 f.). Der StB ist hinsichtlich der Beratungsleistungen regelmäßig vorleistungspflichtig (LG Düsseldorf, INF 1999 S. 543), wobei hierzu nicht die Übergabe der Unterlagen und Arbeitsergebnisse zählt. Die Gebührenforderung muss nach § 273 BGB auf „demselben rechtlichen Verhältnis" beruhen. Das Erfordernis der Konnexität ist weit auszulegen (BGH, NJW 1997 S. 2945). Sie setzt einen einheitlichen natürlichen Lebenssachverhalt voraus. Dieser ist üblicherweise zu bejahen, wenn Gebührenforderung und Herausgabeanspruch ihren Rechtsgrund in demselben Mandatsverhältnis haben. In Abweichung von seiner bisherigen Rechtsprechung (NJW 1988 S. 2607, 2608) hat der BGH diesen Begriff für RAe enger gefasst und auf die konkrete Angelegenheit bezogen (NJW 1997 S. 2944, 2946). Daraus ergibt sich, dass sich bei StB das Zurückbehaltungsrecht nur auf die Handakten bezieht, die das Jahr betreffen, für das der Gebührenanspruch besteht.

13 Nach Abs. 4 Satz 2 steht die Ausübung des Zurückbehaltungsrechts unter dem Vorbehalt, dass sie nicht gegen **Treu und Glauben** verstößt (vgl.

5. Zurückbehaltungsrecht   14, 15 § 66

Schroer, INF 1995 S. 695, 697). Die Geringfügigkeit des geschuldeten Betrages (vgl. BGH, NJW 1970 S. 2019, 2021) ist nur ein Beispiel. Andere Fälle sind der Besitz ausreichender Sicherheiten (BGHZ 7, 123, 127), schwierige und zeitraubende Klärung der Höhe der Gebührenforderung, die die Durchsetzung des Herausgabeanspruchs auf unabsehbare Zeit verhindern würde (BGHZ 91, 73, 83) oder der Missbrauch des Zurückbehaltungsrechts als Druckmittel zur Durchsetzung einer Gebührenerhöhung (AG Düsseldorf, StB 1985 S. 274, 275). Ein Zurückbehaltungsrecht ist gegenüber der Finanzverwaltung grds. nicht gegeben. Nach §§ 93, 97 AO besteht für den StB eine Mitwirkungspflicht. Der StB ist nicht berechtigt, sich gegenüber dem öffentlich-rechtlichen Vorlageanspruch der Finanzverwaltung auf sein Zurückbehaltungsrecht zu berufen. Es fehlt insoweit an einer gesetzlichen Grundlage. Der Umfang der Herausgabepflicht ergibt sich aus den §§ 93, 97, 104 AO. Nach § 104 Abs. 2 AO zählt hierzu eine Durchschrift der Steuererklärungen, Bilanzen, GuV-Rechnungen oder auch der Unterlagen nach § 147 Abs. 1 AO wie die Buchführung. Nachdem sich jedoch § 104 Abs. 2 AO nicht auf die intern angefertigten Arbeitspapiere oder die persönliche Handakte des StB und dessen Arbeitsergebnisse bezieht, kann der StB mangels gesetzlichem Anspruch die Herausgabe verweigern.

Im Insolvenzverfahren des Auftraggebers besteht kein Zurückbehaltungs- 14 recht an den Handakten (BGH, Stbg 1990 S. 194; OLG Hamm, ZIP 1987 S. 1330; LG Düsseldorf, ZIP 1977 S. 1657). Die Urteile betreffen jedoch die frühere Konkurs- bzw. Gesamtvollstreckungsordnung. Die Rechte und Pflichten des Insolvenzverwalters sind nach §§ 80 ff. InsO denen des Konkurs- und Gesamtvollstreckungsverwalters in den Grundsätzen ähnlich. Es gilt jedoch zu beachten, dass die Sequestration dem Konkursverfahren vorgeschaltet ist und in den §§ 22, 23 InsO neu geregelt wurde. Danach kann das Gericht dem vorläufigen Insolvenzverwalter verschiedene Funktionsbereiche zuordnen. Dementsprechend ist im Einzelfall eine Prüfung der Befugnisse des vorläufigen Insolvenzverwalters vorzusehen, bevor ein Zurückbehaltungs- oder Leistungsverweigerungsrecht ausgeübt wird (zur Auskunftspflicht vgl. *Leibner*, INF 2003 S. 718).

b) Arbeitsergebnisse

Über Arbeitsergebnisse enthält die Bestimmung keine Aussagen. Es gelten 15 daher die allgemeinen zivilrechtlichen Grundsätze. Nach den §§ 320, 322 BGB in Verbindung mit § 641 BGB braucht der StB Arbeitsergebnisse grundsätzlich nur **Zug um Zug** gegen das geschuldete Honorar herauszugeben. Für die Einordnung ist entscheidend, ob die Unterlagen das vertraglich geschuldete Arbeitsergebnis enthalten oder ob es sich um vorbereitende Arbeitsleistungen handelt (BGH, BFH/NV 2004 S. 389). Ein vertraglich geschuldetes Arbeitsergebnis steht im Austauschverhältnis des gegenseitigen Vertrages und ist Gegenstand des vertraglichen Erfüllungsanspruches und wird somit nicht im Sinne des §§ 675 Abs. 1, 667 2. Alt. BGB erlangt. Nach §§ 675 Abs. 1, 667 BGB hat der StB alles herauszugeben, was ihm auf Grund des Geschäftsbesorgungsvertrages zur Verfügung gestellt worden ist. Hierzu zählen auch die vom StB angelegten Akten, sonstigen Unterlagen und Dateien, mit Ausnahme von privaten Aufzeichnungen (BGHZ 109, S. 260; OLG Hamm, NJW-RR 1988 S. 268). Darunter fallen auch dem StB zur Verfügung gestellte Daten und Unterlagen, die noch nicht aufbereitet wurden.

Davon ist ein vertraglich geschuldetes Arbeitsergebnis zu unterscheiden, das im Austauschverhältnis des gegenseitigen Vertrages steht und Gegenstand des vertraglichen Erfüllungsanspruches ist. Hierzu zählen bspw. bei der Durchführung der Buchführung und der Bilanz sämtliche Daten, die unmittelbar Bestandteile sind. Auch die zur Sicherung der Daten angelegten Datenbestände gehören hierzu.

16 Arbeitsergebnisse können auch im **Insolvenzverfahren** des Auftraggebers zurückbehalten werden (BGH, DStR 1989 S. 259; *Wimmer,* DStR 1996 S. 440, 442; *Schroer,* INF 2001 S. 404, 438). Zwar erlöschen gem. §§ 115, 116 InsO sowohl die Aufträge als auch die Geschäftsbesorgungsverträge der Mandanten, doch der StB hat weiterhin ein Zurückhaltungsrecht bzgl. der Arbeitsergebnisse, nicht jedoch an „erlangten" mandanteneigenen Unterlagen. Eine Ausnahme hiervon ist in § 103 InsO geregelt, wenn der Insolvenzverwalter auf die Erfüllung des Auftrages besteht. Die früher zum Teil hiervon abweichende Rechtsprechung (OLG Stuttgart, ZIP 1982 S. 80; OLG Düsseldorf, ZIP 1982 S. 471) ist damit überholt. Bei Kontenblättern handelt es sich um eigenständige Arbeitsergebnisse (LG Cottbus, INF 2001 S. 670), für die jedoch kein Zurückhaltungsrecht mehr besteht, weil sie kein vertraglich geschuldetes Arbeitsergebnis sind. Der StB gibt die einzelnen Buchungen ein und die vom Programm zusammengestellten Buchungen werden auf Kontenblätter ausgedruckt. Dafür erhält der StB Gebühren nach § 33 StBGebV. Eine rechtlich „abgelieferte" Buchführung ist folglich herauszugeben, während der StB weiterhin nach § 103 InsO ein Zurückbehaltungsrecht an nicht abgelieferten Arbeitsergebnissen hat (*Schroer,* INF 2001 S. 672).

§ 67 Berufshaftpflichtversicherung

Selbständige Steuerberater und Steuerbevollmächtigte müssen gegen die aus ihrer Berufstätigkeit sich ergebenden Haftpflichtgefahren angemessen versichert sein. Zuständige Stelle im Sinne des § 158c Abs. 2 des Gesetzes über den Versicherungsvertrag ist die Steuerberaterkammer.

Übersicht

	Rdnr.
1. Allgemeines	1–4
2. Versicherungspflicht	
a) Persönlicher Anwendungsbereich	5–7
b) Sachlicher Umfang	8
c) Freie Mitarbeiter	9–11
d) Höhe der Versicherungssumme	12, 13
3. Versicherungsvertrag	14, 15

2. Versicherungspflicht

1. Allgemeines

StB sind zahlreichen **Haftungsgefahren** ausgesetzt. Schadensersatzansprüche können sich insbesondere aus einer Verletzung der Vertragspflichten gegenüber Auftraggebern (§§ 611 ff. BGB) ergeben, z.b. aus Erteilung unrichtiger Auskünfte oder Fristversäumnissen (vgl. im Einzelnen *Späth,* Die zivilrechtliche Haftung des Steuerberaters, 4. Aufl. 1994); ausnahmsweise kann auch eine Haftung gegenüber Dritten in Betracht kommen (*Take,* Stbg 1988 S. 132; *Schindhelm/Grote,* DStR 1989 S. 445; *Siegmann,* INF 1997 S. 403). 1

Das Gesetz hat den Abschluss einer angemessenen Berufshaftpflichtversicherung vorgeschrieben, damit die Ersatzansprüche Geschädigter auf jeden Fall erfüllt werden können. Ein Kontrahierungszwang für die Versicherungsunternehmen besteht zwar nicht; sie haben jedoch gegenüber der Bundessteuerberaterkammer erklärt, dass sie für jeden StB einen Versicherungsschutz anbieten werden. 2

Die Versicherungspflicht hat ihren Grund darin, dass die Nichterfüllung derartiger Ansprüche das **Ansehen des Berufs** (§ 57 Abs. 2) schädigen würde; wer seine Steuerangelegenheiten einem StB anvertraut, soll sicher sein, bei etwaigen Berufsversehen voll entschädigt zu werden. Die Versicherungspflicht gilt auch für StBGes (§ 72); für LStHV besteht eine besondere Versicherungspflicht nach § 25. Einzelheiten, insbesondere die Mindestversicherungssumme sowie Nachweis- und Anzeigepflichten, sind in den §§ 50 ff. DVStB festgelegt. 3

Die Verletzung der Pflicht zum Abschluss einer angemessenen Berufshaftpflichtversicherung stellt einen zwingenden Grund für den **Widerruf der Bestellung** dar (§ 46 Abs. 2 Nr. 3); wegen einer berufsgerichtlichen Ahndung vgl. § 89 Rdnr. 18. Den Auftraggebern kann nicht zugemutet werden, einen StB im Vertrauen auf die Integrität des Berufsstandes zu beauftragen, aber bei einer beruflichen Fehlleistung einen Schadensersatzanspruch nicht durchsetzen zu können (BGH, StB 1982 S. 250; DStR 1994 S. 409; LG Hannover, StB 1979 S. 106; LG Stuttgart, Stbg 1982 S. 46; OLG Karlsruhe, StB 1982 S. 250; LG Düsseldorf, StB 1983 S. 169; OLG Frankfurt, Stbg 1984 S. 176; LG Karlsruhe, Stbg 1984 S. 176). Das gilt auch bei einer nur vorübergehenden Unterbrechung des Versicherungsschutzes (LG Köln, StB 1989 S. 335, 336), selbst wenn die entstandene Versicherungslücke durch ein Entgegenkommen des Versicherers rückwirkend und vollständig geschlossen worden ist. Der StB ist auch verpflichtet, der Steuerberaterkammer über das Bestehen einer Haftpflichtversicherung Auskunft zu geben (§ 80), dem Geschädigten seine Berufshaftpflichtversicherung zu nennen sowie die Nachweis- und Anzeigepflichten nach §§ 55, 56 DVStB zu erfüllen. 4

2. Versicherungspflicht

a) Persönlicher Anwendungsbereich

Die **Bestellung** zum StB und die Anerkennung als StBGes sind vom Nachweis einer ausreichenden Haftpflichtversicherung abhängig (§§ 40 5

§ 67 6–8   Berufshaftpflichtversicherung

Abs. 3 Nr. 3; 50 Abs. 6); auf die Begründung einer beruflichen Niederlassung kommt es nicht an. Die Versicherungspflicht **endet** erst mit dem Erlöschen der Bestellung. Ist ein StB zugleich als WP oder vBP bestellt, so genügt er seiner Versicherungspflicht mit einer diesen Berufen vorgeschriebenen Haftpflichtversicherung (§ 54 DVStB).

6   Es ist unerheblich, ob der StB seinen Beruf (noch) ausübt. Das ergibt sich schon aus dem Wortlaut des Gesetzes. Eine Haftpflichtgefahr kann auch ohne Berufstätigkeit, z. B. nach § 63, entstehen. Erst recht ist es ohne Bedeutung, in welchem Umfang der Beruf ausgeübt wird. Der geringe **Umfang einer Praxis** ändert nichts an der Versicherungspflicht; auch eine kleine Zahl von Auftraggebern muss ausreichend geschützt sein. Die Versicherungspflicht wird auch nicht durch ausreichendes eigenes Vermögen gegenstandslos (BGHZ 61, 312).

7   Die Versicherungspflicht gilt nur für **selbstständige** StB (*Feiter*, INF 2003 S. 155, der eine Änderung des Satzes 1 wünscht, wonach jeder StB eine Berufshaftpflichtversicherung abzuschließen hat). Das im Satz 1 genannte Gebot der angemessenen Versicherung erfasst auch den i. S. v. § 51 Abs. 2 DVStB selbstständigen StB, wobei dieser vielfach auf die Höhe der Versicherungssumme keinen Einfluss hat (*Späth*, INF 2002 S. 601). Nach § 58 angestellte StB sind in die Vermögensschadenhaftpflichtversicherung ihres Arbeitgebers einzuschließen (§ 42 Abs. 1 BOStB; vgl. *Schwope*, Stbg 1998 S. 35). Sie müssen jedoch eine eigene Haftpflichtversicherung abschließen, wenn sie neben ihrem Anstellungsverhältnis für eigene Rechnung tätig werden. Ein zuvor im Angestelltenverhältnis beschäftigter StB ist während der Dauer seiner Arbeitslosigkeit nicht verpflichtet, eine eigene Berufshaftpflichtversicherung abzuschließen (BVerfG, DStRE 2002 S. 1415). Er wird nicht mit dem Eintritt der Arbeitslosigkeit selbstständig, sondern gehört weiterhin zu den Arbeitnehmern, wenn er sich arbeitslos meldet. Der Status wird durch die Unterbrechung nicht verändert. Dies gilt jedoch nicht, wenn der StB während der Arbeitslosigkeit beruflich tätig wird, dann übt er seine berufliche Tätigkeit in selbstständiger Form mit der Verpflichtung zum Abschluss einer Haftpflichtversicherung aus.

b) Sachlicher Umfang

8   Die Versicherungspflicht erstreckt sich auf die sich aus der Berufstätigkeit ergebenden Haftpflichtgefahren. Dieser Begriff ist weit zu ziehen (§ 51 Abs. 1 DVStB) und umfasst auch die mit dem Beruf nach § 57 Abs. 3 Nr. 2 und 3, vereinbaren Tätigkeiten, z. B. die betriebswirtschaftliche Beratung, nicht aber die unerlaubte Rechtsberatung (LG München, StB 1990 S 24). Der Umfang des Versicherungsschutzes ist in einer **Risikobeschreibung** der Berufshaftpflichtversicherer festgelegt; er kann aus versicherungstechnischen und -rechtlichen Gründen allerdings nicht jedes Risiko umfassen (vgl. *Leininger*, Stbg 1983 S. 251, *Späth*, INF 1997 S. 759), insbesondere nicht vorsätzlich herbeigeführte Schäden (OLG Düsseldorf, VersR 1981 S. 621; OLG Koblenz, Stbg 1990 S. 297), Kosten der Nachbesserung (BGH, NJW 1964 S. 1025; OLG Braunschweig, VersR 1961 S. 764) und geschäftsführende

2. Versicherungspflicht

Treuhandtätigkeiten (OLG Hamm, StB 1993 S. 390) oder die Tätigkeit als Fiskalvertreter (*Hartmann*, Stbg 1998 S. 166).

c) Freie Mitarbeiter

Freie Mitarbeiter sind selbstständige Steuerberater und daher bedarf es nach § 67 einer Berufshaftpflichtversicherung. Über § 51 Abs. 2 DVStB können freie Mitarbeiter in die Versicherungspolice des StB aufgenommen werden, bei dem sie tätig sind. Nach den Allgemeinen Versicherungsbedingungen für die Vermögensschaden-Haftpflichtversicherung von Angehörigen der steuerberatenden Berufe (AVB-S) gilt diese jedoch nur im Zusammenhang mit der Tätigkeit bei dem StB (*Hager*, Stbg 1997 S. 457). Der freie Mitarbeiter muss dabei wie die angestellten StB mit dem Namen in der Versicherungspolice genannt werden. Diese Regelung findet nicht für die Mandate, die der freie Mitarbeiter in selbstständiger Form neben seiner Tätigkeit bei dem StB betreut, Anwendung. Hierfür ist eine eigenständige Berufshaftpflichtversicherung vorzusehen. 9

Es ergeben sich jedoch Besonderheiten bei einer Einbindung in die Versicherungspolice für den freien Mitarbeiter, wenn er bei einem StB tätig ist, der über zusätzliche Qualifikationen, beispielsweise als WP/vBP oder RA, verfügt (*Feiter*, INF 2003 S. 156). Nachdem keine Angleichung der unterschiedlichen Standards bei den Berufshaftpflichtversicherungen der einzelnen Berufe erfolgte, kann derzeit den Erfordernissen des § 54 DVStB für eine Anerkennung an die Berufshaftpflichtversicherung nicht entsprochen werden. Folglich bedarf es verschiedener Versicherungsverträge. Es ist jedoch fraglich, in wieweit konsequent eine Trennung bei der Berufstätigkeit vorgesehen werden kann (BVerfG, WPK-Mitt. 2001 S. 70). 10

Zudem ergeben sich haftungsrechtliche Probleme, wenn dem StB als freier Mitarbeiter ein Haftungsfall bei der Ausübung seiner Tätigkeit für einen StB unterläuft, der über verschiedene Berufsqualifikationen verfügt. In diesem Fall tritt grundsätzlich die Berufshaftpflichtversicherung des StB ein. Damit wird sich jedoch ein geschädigter Mandant nicht zwingend zufrieden geben, wenn sich aus den Haftpflichtversicherungssummen bei den anderen Qualifikationen, beispielsweise als WP/vBP, eine höhere Deckungssumme ergibt. Der Mandant wird bestrebt sein, diese Haftpflichtversicherung in Anspruch zu nehmen. Sofern dann höhere Versicherungsleistungen erbracht werden, die über die Versicherungssumme als StB hinausgehen, kann eine Deckungslücke für den freien Mitarbeiter entstehen, wenn er von der Versicherung des Berufsangehörigen in Regress genommen wird und entweder nicht in der Police des StB aufgenommen oder keine Haftungsbegrenzung mit dem StB im Innenverhältnis vorgesehen wurde. 11

d) Höhe der Versicherungssumme

Im Gesetz wird eine „angemessene Versicherung" gefordert. § 52 DVStB schreibt eine Mindestversicherungssumme von 250 000,– € vor; das ist verfassungsrechtlich unbedenklich (Nieders. FG, EFG 1997 S. 316). 12

§ 67a Vertragliche Begrenzung von Ersatzansprüchen

13   Bei der Entscheidung, ob eine **höhere Versicherungssumme** zu wählen ist, sind die Haftpflichtgefahren der einzelnen Praxis zu berücksichtigen. Anhaltspunkte für die Entscheidung können insbesondere die Art, der Umfang und die Zahl der Aufträge, die Zahl und die Qualifikation der Mitarbeiter, die Struktur der Praxis (z. B. Beratungs-, Prüfungs- und Buchführungstätigkeit) sowie die Art und der Umfang von Tätigkeiten nach § 57 Abs. 3 Nr. 2 und 3 sein. In der Praxis eines Berufsanfängers ist das Haftungsrisiko eher größer als in einer leistungsfähigen Großpraxis (BGHZ 65, 209). Bei Sozietäten ist zur Vermeidung von Deckungslücken auf Grund unterschiedlicher Versicherungssummen besonders auf die Inhalte der Verträge zu achten (*Späth*, NWB 2003 Fach 30, S. 1429). Im Schadensfall wird auf die Durchschnittsleistung für alle Sozien abgestellt (*Hartmann*, DSWR 1994 S. 166).

3. Versicherungsvertrag

14   Die von den StB, StBv und StBGes abzuschließende Vermögensschadenhaftpflichtversicherung ist eine **private Haftpflichtversicherung**, die die Voraussetzungen der §§ 52, 53 DVStB erfüllen muss und für die die §§ 149–158a VVG gelten. Eine Sicherung des Geschädigten wird dadurch bewirkt, dass Verfügungen über die Entschädigungsforderung aus dem Versicherungsverhältnis – auch wenn sie im Wege der Zwangsvollstreckung erfolgen – diesen gegenüber unwirksam sind (§ 156 Abs. 1 VVG) und dass bei einem Insolvenzverfahren des Versicherungsnehmers der Geschädigte abgesonderte Befriedigung aus der Entschädigungsforderung verlangen kann (§ 157 VVG). Der Geschädigte hat keinen Direktanspruch gegen den Versicherer; der Versicherer ist jedoch nach vorheriger Benachrichtigung des Versicherungsnehmers berechtigt und auf Verlangen des Versicherungsnehmers verpflichtet, die Zahlung an den Dritten zu bewirken (§ 156 Abs. 2 VVG).

15   Darüber hinaus sind auch die Vorschriften über die **Pflichtversicherung** nach §§ 158b VVG anzuwenden, weil zum Abschluss der Versicherung eine gesetzliche Verpflichtung besteht. Hiervon geht auch das StBerG aus, da nach Satz 2 die Steuerberaterkammer als zuständige Stelle nach § 158c Abs. 2 VVG bestimmt wird. Ein Umstand, der das Nichtbestehen oder die Beendigung des Versicherungsverhältnisses zur Folge hat, wirkt in Ansehung des Dritten erst mit dem Ablauf eines Monats, nach dem der Versicherer diesen Umstand der Steuerberaterkammer mitgeteilt hat (§ 158c Abs. 2 VVG). Das gilt insbesondere bei einem Erlöschen des Versicherungsschutzes bei Nichtzahlung der Prämie (§ 39 VVG). Der Versicherer haftet in diesen Fällen „nur im Rahmen der amtlich festgesetzten Mindestversicherungssummen" (§ 158c Abs. 3 VVG).

§ 67a Vertragliche Begrenzung von Ersatzansprüchen

(1) **Der Anspruch des Auftraggebers aus dem zwischen ihm und dem Steuerberater oder Steuerbevollmächtigten bestehenden Vertragsverhältnis auf Ersatz eines fahrlässig verursachten Schadens kann beschränkt werden:**

1. Allgemeines 1–3 § 67a

1. durch schriftliche Vereinbarung im Einzelfall bis zur Höhe der Mindestversicherungssumme;
2. durch vorformulierte Vertragsbedingungen auf den vierfachen Betrag der Mindestversicherungssumme, wenn insoweit Versicherungsschutz besteht.

(2) **Die persönliche Haftung auf Schadensersatz kann durch vorformulierte Vertragsbedingungen beschränkt werden auf die Mitglieder einer Sozietät, die das Mandat im Rahmen ihrer eigenen beruflichen Befugnisse bearbeiten und namentlich bezeichnet sind.** Die Zustimmungserklärung zu einer solchen Beschränkung darf keine anderen Erklärungen enthalten und muß vom Auftraggeber unterschrieben sein.

Übersicht	Rdnr.
1. Allgemeines	1–3
2. Begrenzung der Höhe von Ansprüchen	
a) Fahrlässig verursachte Schäden	4
b) Vereinbarungen im Einzelfall	5, 6
c) Allgemeine Geschäftsbedingungen	7
3. Haftungsbeschränkungen bei Sozietäten	8–10
4. Haftungsvereinbarung gegenüber Dritten	11–13
5. Verjährung	14–17

1. Allgemeines

Aus der Pflicht zur eigenverantwortlichen Berufsausübung ergibt sich 1
grundsätzlich, dass der StB auch die **wirtschaftlichen Folgen eines Fehlverhaltens** zu tragen hat (§ 57 Rdnr. 36); dennoch waren bisher schon vertragliche Haftungsbeschränkungen und Haftungsausschlüsse nicht untersagt (*Engelhardt*, StB 1988 S. 73, 86). Die durch das 6. StBerÄG eingefügte Bestimmung (vgl. *Späth*, Stbg 1994, S. 449; *Busse*, DStR 1995, S. 660; *von Borstel*, Stbg 1996, S. 273) schafft einen Ausgleich zwischen den Interessen des Auftraggebers und des StB; sie entspricht – wenn auch mit einigen Abweichungen – dem § 51a BRAO und widerspricht nicht den §§ 305 ff. BGB und der EG-Verbraucherschutzrichtlinie (*Reiff*, DStR 1997, S. 981; a.A. *Graf von Westphalen*, ZIP 1995, S. 546).

Die Vorschrift ist eine **abschließende Regelung,** die keinen Raum für 2
andere Vereinbarungen lässt. Es ist daher kein allgemeiner **Haftungsausschluss** zulässig (§ 43 Abs. 2 BOStB). Dasselbe gilt für Haftungsbeschränkungen mit einem anderen als den in den Abs. 1 und 2 beschriebenen Inhalt und für Haftungsbeschränkungen in anderer Form, z.B. durch Hinweise auf den Geschäftspapieren (vgl. BGH, StB 1994, S. 7). Dem Sinn der Bestimmung stehen auch Vereinbarungen über die Abkürzung der Verjährungsfristen entgegen (BGHZ 97, S. 21; *Henssler/Prütting*, BRAO, § 51b Rdnr. 58–60; dagegen § 43 Abs. 3 Satz 1 BOStB). Abweichende Vereinbarungen sind nach § 134 BGB nichtig.

Die Vorschrift bezieht sich auf das **Vertragsverhältnis zwischen dem** 3
StB und seinen Auftraggebern, nicht aber auf das Verhältnis gegenüber Dritten (*Hartmann*, Stbg 1997, S. 506, 508). Sie erstreckt sich nicht nur auf die Hilfeleistung in Steuersachen im Sinne der §§ 1, 33, sondern auf die ge-

samte Berufstätigkeit des StB (vgl. § 57 Rdnr. 6) soweit es sich um vertragliche Schadensersatzansprüche handelt; ausgeschlossen sind daher nur auf Gesetz beruhende Schadensersatzansprüche, z.B. aus der Tätigkeit als Testamentsvollstrecker, Vormund oder Betreuer.

2. Begrenzung der Höhe von Ansprüchen

a) Fahrlässig verursachte Schäden

4   Eine **Haftungsbeschränkung** ist nur bei fahrlässig verursachten Schäden zulässig, ohne dass allerdings zwischen leichter (vgl. dagegen § 51a Abs. 1 Nr. 2 BRAO) und grober Fahrlässigkeit unterschieden wird. Im nicht kaufmännischen Rechtsverkehr kann nach § 309 Nr. 7 BGB die Haftung für grobe Fahrlässigkeit und Vorsatz weder ausgeschlossen noch beschränkt werden. Dies gilt nach h.M. auch für den kaufmännischen Rechtsverkehr (*Palandt*, § 309, Rdnr. 48; *Burhoff*, NWB 2003, Fach 30 S. 1406). Nachdem jedoch § 67a eine Sondervorschrift gegenüber den § 305ff. BGB ist und der Gesetzgeber – trotz Hinweisen des Bundesrates – bewusst die grobe Fahrlässigkeit von der Möglichkeit einer Haftungsmilderung nicht ausgenommen hat, kann grds. für grob fahrlässig verursachte Schäden eine wirksame Haftungsbegrenzung vereinbart werden (*Mittelsteiner*, StKR 1996 S. 437, 447; *Reiff*, AnwBl. 1997 S. 3, 6ff.; *Busse*, DStR 1995 S. 660, 662; *von der Horst*, DStR 1995 S. 2027, 2030; *Späth*, NWB 2003, Fach 30 S. 1427, 1430; a.A. *Werber*, VersR 1996 S. 917, 921). Das Verbot einer Haftungsbeschränkung wegen Vorsatzes ergibt sich schon aus § 276 Abs. 2 BGB.

b) Vereinbarungen im Einzelfall

5   Durch einzelvertragliche Vereinbarungen kann die Haftung nach Abs. 1 Nr. 1 im Rahmen der Vertragsfreiheit begrenzt werden, die auch die grob fahrlässige Schadensverursachung einschließt. Das setzt nach dem Sinn der gesetzlichen Regelung einer Erörterung mit dem Auftraggeber und eine **konkrete Vereinbarung** (*von der Horst*, DStR 1995 S. 2027, 2029) voraus. Der Auftraggeber muss vorher über die Risikosituation und die Möglichkeiten der Risikobewältigung anhand verschiedener Alternativen aufgeklärt worden sein (*Hartmann*, Stbg 1997 S. 506, 507). Der individuelle Charakter der Vereinbarung muss aus den Ausführungen erkennbar sein. Dazu bedarf es eines sehr persönlich gehaltenen Protokolls, in der die konkrete Situation dargestellt ist. Ergänzende Hinweise im Hinblick auf alternativ angebotene Lösungen im versicherungstechnischen Bereich sind hilfreich (*Hartmann*, DSWR 2002 S. 221). Die schriftliche Vereinbarung kann nur im Einzelfall getroffen werden; das bedeutet, dass sich eine bei Auftragserteilung vereinbarte Haftungsbegrenzung nicht automatisch auf spätere zusätzliche Aufträge bezieht und dass sie nicht mit anderen Erklärungen oder der Vollmacht verbunden sein darf (vgl. auch Abs. 2 Satz 2) oder ein EDV-Speichertext mit dem wiederholten Einsatz der gleichen Wortwahl verwendet werden kann (*von der Horst*, DStR 1995 S. 2027, 2029).

3. Haftungsbeschränkungen bei Sozietäten

Hinsichtlich der Höhe der Haftungsbeschränkung ist Abs. 1 Nr. 1 missverständlich. Die Mindestversicherungssumme beträgt 250000,- € für den einzelnen Versicherungsfall (§ 52 Satz 1 DVStB). Nach dem Wortlaut des Gesetzes könnte die Haftung auf Beträge bis zu dieser Höhe begrenzt werden. Gemeint war aber offensichtlich das Gegenteil, nämlich die Zulässigkeit der Haftungsbegrenzung jenseits dieser Höhe, denn eine Haftungsbegrenzung bis 250000,- € käme nur dem Versicherer zugute. Das ergibt sich auch aus der Gesetzesbegründung (BT-Drs. 12/6753 S. 19), wo von einer Haftungsbegrenzung auf die Mindestversicherungssumme gesprochen wird. Es ist daher eine Haftungsbegrenzung auf Beträge von 250000,- € oder eine höhere Summe zulässig.

c) Allgemeine Geschäftsbedingungen

Durch vorformulierte Vertragsbedingungen ist eine Haftungsbeschränkung auf den vierfachen Betrag der Mindestversicherungssumme möglich, d. h. auf 1000000,- € für den einzelnen Versicherungsfall oder einen höheren Betrag zulässig (Abs. 1 Nr. 2). Voraussetzung ist, dass insoweit Versicherungsschutz besteht, d. h. eine Versicherung zurzeit des Vertragsabschlusses mit dem Auftraggeber besteht (*Späth*, INF 1995 S. 469, 471) und in dieser Höhe abgeschlossen und aufrecht erhalten wird. Die Versicherung muss auch mit einer unbegrenzten Jahreshöchstleistung abgeschlossen sein. Wenn ein Auftraggeber einer Haftungsbegrenzung durch vorformulierte Vertragsbedingungen zustimmt, geht er davon aus, dass seine etwaigen Schadensersatzansprüche bis zu 1000000,- € in jedem Fall befriedigt werden. Das wäre bei einer begrenzten Jahreshöchstleistung nicht immer sichergestellt (a. A. *von der Horst,* DStR 1995 S. 2027, 2029; *Mittelsteiner,* StKR 1996 S. 437, 449). Es gelten im Übrigen die Vorschriften der §§ 305 ff. BGB. Nach § 305 Abs. 2 Nr. 1 BGB muss der StB den Auftraggeber darauf hinweisen, dass der Mandatsvertrag nur zu den vorformulierten Vertragsbedingungen abgeschlossen werden soll. Der Mandant muss eine hinreichende Möglichkeit zur Kenntnisnahme haben und sein Einverständnis zur Einbeziehung der Vertragsbedingungen in den Vertrag geben (§ 305 Abs. 2 Nr. 1 BGB). Ein bloßes Schweigen kann grundsätzlich nicht als Einverständnis gelten. Auch bei einer Kaufmannseigenschaft der Mandanten ist denkbar, dass sich diese auf die §§ 305 ff. BGB berufen und eine unangemessene Benachteiligung für sich reklamieren, auch wenn im Vorfeld einer Begrenzung auf 1000000,- € zugestimmt wurde. Ein krasses Missverhältnis kann ggf. bestehen, wenn das Schadensrisiko des Mandanten und die vereinbarte Haftungshöchstsumme stark divergieren. Daher sind dokumentierte Hinweise zur Möglichkeit einer höheren Versicherungssumme sinnvoll (*Hartmann,* DSWR 2002 S. 221), auch wenn nicht definitiv bejaht werden kann, dass über die vorformulierten Vertragsbedingungen erfolgreich eine grob fahrlässige Haftung ausschließbar ist.

3. Haftungsbeschränkungen bei Sozietäten

Mitglieder einer Sozietät haften für die Auftragserfüllung grundsätzlich als **Gesamtschuldner** (§ 56 Rdnr. 11). Abs. 2 eröffnet jedoch die Möglichkeit, innerhalb einer Sozietät die Haftung auf diejenige zu beschränken, die vertragsgemäß die Bearbeitung eines Auftrages übernommen haben. Das bietet sich insbesondere bei überörtlichen und berufsübergreifenden Sozietäten an, weil es problematisch ist, für Fehler eines Sozius zu haften, obwohl auf die Bearbeitung kein Einfluss genommen werden kann. Der Auftraggeber ist auf die Mithaftung anderer Mitglieder der Sozietät nicht angewiesen, weil jeder Partner eine Berufshaftpflichtversicherung abschließen muss.

9 Die Haftungsbeschränkung kann zwar durch vorformulierte Vertragsbedingungen vereinbart werden, setzt aber eine **schriftliche Zustimmung** des Auftraggebers voraus, die nicht mit anderen Erklärungen verbunden sein darf. Das Mitglied der Sozietät muss namentlich bezeichnet sein; es muss den Auftrag im Rahmen seiner eigenen beruflichen Befugnisse, z. B. als StB, RA, WP oder vBP bearbeiten.

10 Auch nach einer Vereinbarung nach Abs. 2 wird das Mandat weiterhin grundsätzlich mit allen Mitgliedern einer Sozietät abgeschlossen, soweit die übernommene Tätigkeit in deren Befugnisbereich fällt. Die Vereinbarung bewirkt jedoch, dass nur der genannte Sozius den Mandanten persönlich und damit auch mit seinem Privatvermögen haftet. Weiterhin hat jedoch der Mandant einen Haftungsanspruch gegenüber den anderen Sozien auf das Sozietätsvermögen (*von Borstel*, Stbg 1996 S. 277; *Späth*, NWB 2003 Fach 30, S. 1432). Lediglich wenn gleichzeitig eine betragsmäßige Begrenzung nach den Vorschriften des Abs. 1 verwirklicht wird, entfällt eine Haftung mit dem Sozietätsvermögen (*von der Horst*, DStR 1995 S. 2030).

4. Haftungsvereinbarung gegenüber Dritten

11 § 67 a betrifft nach seinem eindeutigen Wortlaut ausschließlich die Ansprüche des Mandanten aus seinem Vertragsverhältnis gegenüber dem Berufsangehörigen. Der Mandatsvertrag berechtigt Dritte grundsätzlich nicht, eine Leistung unmittelbar von den Berufsangehörigen zu fordern. Ein Vertrag zugunsten Dritter nach § 328 Abs. 1 BGB scheidet regelmäßig aus.

12 Dritte können jedoch in den Schutzbereich der vertraglichen Neben- oder Hauptpflichten des Berufsangehörigen einbezogen werden. Ein Vertrag mit Schutzwirkung zugunsten Dritter wird bejaht, wenn Dritte typischerweise mit den Steuerberaterleistungen in Kontakt kommen, ihr Schutz vom Mandanten zumindest auch beabsichtigt ist und sie als geschützter Personenkreis aus Sicht des StB erkennbar selbst schutzbedürftig sind (BGH, Stbg 1993 S. 398). Zudem kommt gegebenenfalls eine Dritthaftung auf Grund eines Auskunftsvertrages in Betracht, wobei dieser nicht ausdrücklich zwischen StB und Dritten vereinbart werden muss. Ein stillschweigender Abschluss ist zu bejahen, wenn nach den Gesamtumständen des jeweiligen Falles die Auskunft – für den StB erkennbar – erhebliche Bedeutung für den Dritten hat, weil dieser sie zur Grundlage einer wesentlichen Entscheidung machen will (BGH, WM 1995 S. 941).

13 Eine vorgesehene Haftungsbeschränkung des StB nach Abs. 1 gegenüber den Mandanten ist im Verhältnis zu Dritten nach § 334 BGB analog zu prü-

5. Verjährung

fen. Dem Berufsangehörigen stehen auch gegenüber den Dritten die aus dem Mandatsverhältnis herrührenden Einwendungen zu, wonach im Ergebnis die Ansprüche der Dritten nicht weiter reichen dürfen als diejenigen des Mandanten selbst (BGH, NJW 1995 S. 392; *Späth*, NWB 2003 Fach 30, S. 1433 mwN.). Die Rechtsbeziehungen zwischen dem StB und dem Mandanten begrenzen auch die Rechte der Dritten. Diese Beschränkung ergibt sich aus dem Mandat, aus dem der Dritte mittelbar Rechte zugebilligt erhält, deren Umfang und Grenzen das Mandat bestimmt, ohne dass es der Anerkenntnis des Dritten oder gar einer Vereinbarung mit ihm bedarf (BGH, BB 1998, S. 1152). Lediglich in Ausnahmefällen können Treu und Glauben nach § 242 BGB dem entgegenstehen. Das ist z.b. der Fall, wenn die Steuerberaterleistung allein zu dem Zweck in Auftrag gegeben wurde, sie den Dritten zugänglich zu machen (*Hartmann/Heimann*, Stbg 2002, S. 530), oder sich dies aus der Natur des Deckungsverhältnisses ergibt (BGH, NJW 1995 S. 392) oder wenn eine Begrenzung gegenüber dem Dritten unangemessen ist, weil dessen Risiko weit über das nach § 67a beschränkbare hinausgeht. Eine objektbezogene Versicherungsdeckung für den konkreten Einzelfall kann dann als Absicherung vorgesehen werden.

5. Verjährung

Die vertraglichen Ersatzansprüche gegenüber dem StB unterliegen der regelmäßigen Verjährung nach den §§ 194 ff. BGB. Nach § 195 BGB beträgt die regelmäßige Verjährungsfrist 3 Jahre. Sie beginnt nach § 199 Abs. 1 BGB mit dem Schluss des Jahres, in dem der Anspruch entstanden ist und der Mandant von den den Anspruch begründenden Umständen und der Person des StB Kenntnis erlangt oder ohne grobe Fahrlässigkeit erlangen müsste. Der StB ist verpflichtet, seinen Auftraggeber über eine von ihm begangene Pflichtverletzung und den entsprechenden Verjährungsbeginn zu unterrichten (BGHZ 83, S. 17).

Die Verjährung des Regressanspruches auf Grund eines Beratungsfehlers beginnt regelmäßig frühestens mit der Bekanntgabe des belasteten Steuerbescheides zu laufen (BGH, NJW-RR 1994 S. 1210). Der Auftraggeber wird üblicherweise erst dann von dem Beratungsfehler des StB Kenntnis erlangen, weil sich erst mit dem Steuerbescheid der Schaden erkennen lässt.

Es gilt zugleich die berechtigten Interessen des StB zu berücksichtigen, damit er nicht auf unabsehbare Zeit mit einem Regress bedroht wird. Dem ist durch § 199 Abs. 3 BGB Rechnung getragen worden, wonach Ansprüche auf Ersatz von Vermögensschäden spätestens in 10 Jahren seit ihrer Entstehung bzw. in 30 Jahren von der Pflichtverletzung an verjähren. Maßgeblich ist die früher endende Frist. Während die 10-Jahres-Frist nach § 199 Abs. 3 Nr. 1 BGB mit der Entstehung des Anspruches und daher erst mit dem Eintritt eines Schadens beginnt, fängt die 30-Jahres-Frist nach § 199 Abs. 3 Nr. 2 BGB mit der Vornahme der Handlung, die den Schadensersatzanspruch begründet, an zu laufen. Dies ist regelmäßig der Fall, wenn bei vertraglichen Ansprüchen die Pflichtverletzung verwirklicht wurde. Für den

Verjährungsbeginn genügt hier das Setzen der Schadensursache, wobei der Schaden noch nicht entstanden sein muss (BGHZ 117, S. 287).

17 Aufgrund der Regelung im § 199 BGB besteht somit für die in der Vergangenheit von der Rechtsprechung entwickelte verjährungsrechtliche Sekundärhaftung kein Bedürfnis mehr (BT-Drs. 15/3653, S. 14).

§ 68 *(aufgehoben)*

§ 69 Bestellung eines allgemeinen Vertreters

(1) **Steuerberater und Steuerbevollmächtigte müssen einen allgemeinen Vertreter bestellen, wenn sie länger als einen Monat daran gehindert sind, ihren Beruf auszuüben; die Bestellung ist der zuständigen Steuerberaterkammer unverzüglich anzuzeigen. Auf Antrag des Steuerberaters oder Steuerbevollmächtigten bestellt die zuständige Steuerberaterkammer den Vertreter. Der Vertreter muß ein Steuerberater oder Steuerbevollmächtigter (§§ 40, 42) sein.**

(2) **Dem Vertreter stehen im Rahmen der eigenen Befugnisse die rechtlichen Befugnisse des Steuerberaters oder Steuerbevollmächtigten zu, den er vertritt. Der Vertreter wird in eigener Verantwortung, jedoch im Interesse, für Rechnung und auf Kosten des Vertretenen tätig. Die §§ 666, 667 und 670 des Bürgerlichen Gesetzbuches gelten entsprechend.**

(3) **Die zuständige Steuerberaterkammer kann den Vertreter von Amts wegen bestellen, wenn der Steuerberater oder Steuerbevollmächtigte es unterlassen hat, eine Maßnahme nach Absatz 1 Satz 1 zu treffen oder die Bestellung eines Vertreters nach Absatz 1 Satz 2 zu beantragen. Der Vertreter soll jedoch erst bestellt werden, wenn der Steuerberater oder Steuerbevollmächtigte vorher aufgefordert worden ist, den Vertreter selbst zu bestellen oder einen Antrag nach Absatz 1 Satz 2 einzureichen, und die ihm hierfür gesetzte Frist fruchtlos verstrichen ist. Der Steuerberater oder Steuerbevollmächtigte, der von Amts wegen als Vertreter bestellt wird, kann die Vertretung nur aus einem wichtigen Grund ablehnen. Über die Zulässigkeit der Ablehnung entscheidet die zuständige Steuerberaterkammer.**

(4) **Der von Amts wegen bestellte Vertreter ist berechtigt, die Praxisräume zu betreten und die zur Praxis gehörenden Gegenstände einschließlich des dem Steuerberater oder Steuerbevollmächtigten zur Verwahrung unterliegenden Treugutes in Besitz zu nehmen, herauszuverlangen und hierüber zu verfügen. An Weisungen des Vertretenen ist er nicht gebunden. Der Vertretene darf die Tätigkeit des Vertreters nicht beeinträchtigen. Er hat dem von Amts wegen bestellten Vertreter eine angemessene Vergütung zu zahlen, für die Sicherheit zu leisten ist, wenn die Umstände es erfordern. Können sich die Beteiligten über die Höhe der Vergütung oder über die Sicherheit nicht einigen oder wird die geschuldete Sicherheit nicht geleistet, setzt die Steuerberaterkammer auf Antrag des Vertretenen oder des Vertreters die Vergütung fest. Der Vertreter ist befugt, Vorschüsse auf die vereinbarte oder festgesetzte Vergütung zu entnehmen. Für die festgesetzte Vergütung haftet die Steuerberaterkammer wie ein Bürge.**

(5) **Der Vertreter wird für einen bestimmten Zeitraum, längstens jedoch für die Dauer von zwei Jahren bestellt. In den Fällen des § 59 erfolgt die**

2. Voraussetzungen für die Vertreterbestellung 1–4 § 69

Bestellung des Vertreters für die Dauer des Dienst- oder Amtsverhältnisses. Die Bestellung kann jederzeit widerrufen werden.

(6) **Der von Amts wegen bestellte Vertreter darf für die Dauer von zwei Jahren nach Ablauf der Bestellung nicht für Auftraggeber tätig werden, die er in seiner Eigenschaft als Vertreter für den Vertretenen betreut hat.**

Übersicht

	Rdnr.
1. Allgemeines	1, 2
2. Voraussetzungen für die Vertreterbestellung	
a) Verhinderung	3, 4
b) Person des Vertreters	5, 6
3. Bestellung des Vertreters	
a) durch den StB	7
b) durch die Kammer auf Antrag	8
c) durch die Kammer von Amts wegen	9
4. Rechtsstellung des Vertreters	
a) Allgemeines	10–16
b) Von Amts wegen bestellte Vertreter	17–19
5. Dauer des Amtes	20, 21
6. Rechtsweg	22

1. Allgemeines

An die Stelle einer sehr lückenhaften Regelung ist durch das 6. StBerÄG eine Neufassung getreten, die sich stark an § 53 BRAO anlehnt (vgl. *Gilgan/Wehmeier,* Stbg 1995 S. 107). Sie ist eine Auswirkung der Pflicht zur **gewissenhaften** und **eigenverantwortlichen** Berufsausübung; mit diesen Berufspflichten ist es unvereinbar, dass der StB längere Zeit gehindert ist, seinen Beruf auszuüben, z. B. durch Abwesenheit oder vorübergehende Berufsunfähigkeit. Verhinderungen bis zu einem Monat lassen sich durch eine entsprechende Praxisorganisation überbrücken, so dass in diesen Fällen kein allgemeiner Vertreter bestellt zu werden braucht (§ 28 BOStB). Eine Bestellung ist der Steuerberaterkammer unverzüglich, also ohne schuldhaftes Verzögern (§ 121 Abs. 1 BGB), anzuzeigen. Als Frist ist regelmäßig von zwei Wochen auszugehen, in der der Anzeigepflicht nachzukommen ist. 1

Die Bestimmung gilt auch für **StBGes;** sie kann dort bei einer Einmann-GmbH Bedeutung haben. 2

2. Voraussetzungen für die Vertreterbestellung

a) Verhinderung

Die Vorschrift betrifft nur Fälle der **allgemeinen Verhinderung** des StB, z. B. durch Abwesenheit von der Beratungsstelle, Krankheit oder vorübergehende Berufsunfähigkeit. Die Verhinderung im Einzelfall, z. B. auf Grund einer Interessenkollision, berechtigt nicht zu einer Vertreterbestimmung nach dieser Vorschrift. 3

Die Verhinderung muss voraussichtlich **länger als einen Monat** dauern. Es kommt nach dem Zweck des Gesetzes nicht darauf an, ob bereits eine 4 einmonatige Verhinderung bestanden hat; es ist vielmehr auf die zukünftige Erwartung abzustellen.

b) Person des Vertreters

5   Die Bestimmung schreibt ausdrücklich vor, dass als Vertreter nur **andere StB oder StBv** bestellt werden können (Abs. 1 Satz 3); andere nach § 3 zur Hilfeleistung in Steuersachen befugte Personen scheiden daher aus (OVG Rheinland-Pfalz, DStR S. 1993 S. 112). Die Vertretung kann von jedem StB oder StBv übernommen werden, d. h. auch von Angestellten nach § 58.

6   Eine **Berufspflicht zur Übernahme** der Vertretung besteht nur bei einer Bestellung von Amts wegen durch die Steuerberaterkammer (Abs. 3 Satz 3); die Bestellung kann in diesen Fällen nur aus wichtigem Grund abgelehnt werden, worüber die Steuerberaterkammer entscheidet (Abs. 3 Satz 4).

3. Bestellung des Vertreters

a) durch den StB

7   Normalerweise bestellt ein StB seinen Vertreter selbst; eine **Anzeige an die Steuerberaterkammer** ist nunmehr ausdrücklich vorgeschrieben, wenn der StB länger als einen Monat an der Berufsausübung gehindert ist. Die Vertreterbestellung kann auf Grund einer Vereinbarung im Einzelfall vorgenommen werden; es ist jedoch auch möglich, von vornherein mit einem anderen StB eine (gegenseitige) Vertretung für den Fall späterer Verhinderungen zu vereinbaren.

b) durch die Kammer auf Antrag

8   Auf Antrag kann die Steuerberaterkammer einen Vertreter bestellen. Dies geschieht nur dann, wenn der zu Vertretende keinen StB findet, der zu einer Vertretung bereit ist. Die Steuerberaterkammer bestellt dann einen hierzu bereiten StB; eine Verpflichtung zur Übernahme des Amtes besteht insoweit nicht (s. Abs. 3, Satz 3, 4). Die Kammer wird sich in der Regel darauf beschränken, einen StB **zu benennen** und dem Antragsteller anheim zu stellen, den StB selbst als Vertreter zu bestellen.

c) durch die Kammer von Amts wegen

9   Wenn der zu Vertretende untätig bleibt, d. h. von vornherein (Abs. 1 Satz 1) oder **trotz Aufforderung** durch die Berufskammer (Abs. 3 Satz 2) keinen Vertreter bestellt, bestellt die Steuerberaterkammer diesen von Amts wegen. Nur in diesem Fall besteht eine Pflicht zur Übernahme des Amtes (Rdnr. 6) und sind die Befugnisse des Vertreters gesetzlich geregelt (Abs. 4; Rdnr. 17, 18).

4. Rechtsstellung des Vertreters

a) Allgemeines

10   Bei einer Bestellung durch den StB selbst kann das Verhältnis zwischen Vertretern und Vertretenem durch **privatrechtlichen Vertrag** geregelt wer-

4. Rechtsstellung des Vertreters

den. Die Vereinbarung kann insbesondere die Höhe der Entschädigung, den Mandatsschutz und die gegenseitige Unterrichtung bei einer vorzeitigen Beendigung der Vertretung betreffen. Soweit keine abweichende Vereinbarung getroffen worden ist, gelten die §§ 666, 667 und 670 BGB entsprechend.

Bei einer Bestellung durch die Steuerberaterkammer auf Antrag gelten im Innenverhältnis die Bestimmungen über den **Geschäftsbesorgungsvertrag,** wenn die Parteien nichts anderes vereinbaren. 11

Der Vertreter hat grundsätzlich Anspruch auf eine **Vergütung.** Die Höhe richtet sich in erster Linie nach der Vereinbarung zwischen Vertreter und Vertretenen. Es kann dabei eine Stundenvergütung, ein monatliches Pauschalhonorar und/oder eine Beteiligung an den Leistungsentgelten, die auf die Leistungen innerhalb der Vertretungszeit entfallen, vereinbart werden. Wenn keine Vergütung vereinbart worden ist, bestimmt diese der Vertreter (§ 316 BGB). Entspricht die Bestimmung nicht der Billigkeit, so wird sie durch Urteil der ordentlichen Gerichte festgelegt (§ 315 Abs. 3 BGB). Es ist zweckmäßig, in diesen Fällen ein Gutachten der Steuerberaterkammer einzuholen. 12

Dem Vertreter stehen im **Außenverhältnis** die rechtlichen Befugnisse des Vertretenen zu, soweit sie sich mit seinen eigenen Befugnissen decken (Abs. 2 Satz 1). Ein als Vertreter eines StB bestellter StBv kann daher nicht die vollen Rechte eines StB wahrnehmen. 13

Der Vertreter übt die berufliche Tätigkeit des Vertretenen in dessen Namen aus. Er hat **kenntlich zu machen,** dass er in dieser Eigenschaft handelt. Der Vertreter verwendet die Geschäftspapiere des Vertretenen und hat seiner Unterschrift einen Zusatz hinzuzufügen, der ihn als Vertreter kennzeichnet. 14

Die Vertretungsbefugnis bezieht sich nur auf **die beruflichen Aufgaben** des Vertretenen. Der Vertreter tritt also gegenüber den Mandanten, Behörden und Gerichten an die Stelle des Vertretenen. Bei einer Klageerhebung ist die Vorlage einer schriftlichen Vollmacht des Vertretenen unverzichtbar, insbesondere, wenn dieser kein Interesse an der Fortführung eines Verfahrens zeigt (Sächs. FG v. 23. 10. 2002, Az.: 1-K-2368/01). Er ist auch zur Verfügung über die Konten der Praxis befugt. Zu seinen Befugnissen gehört auch die Verwaltung der Praxis einschließlich der Beschaffung des Bürobedarfs sowie der Einstellung und Entlassung von Mitarbeitern, soweit dies zur Erfüllung der beruflichen Aufgaben erforderlich ist. Die Vertretungsmacht kann weder durch die Steuerberaterkammer noch durch den Vertretenen eingeschränkt werden. 15

Der Vertreter **haftet** nur gegenüber dem Vertretenen, nicht gegenüber dessen Mandanten. Etwaige Schadensersatzansprüche der Mandanten sind daher gegen den Vertretenen zu richten; sie werden auch durch die Berufshaftpflichtversicherung des Vertretenen gedeckt. 16

b) Von Amts wegen bestellte Vertreter

Wenn der Vertreter von der Steuerberaterkammer von Amts wegen bestellt wird (Abs. 3), gelten die **Sondervorschriften** der Abs. 4–6. Nur in 17

§ 70 Bestellung eines Praxisabwicklers

diesem Fall ist die dort enthaltene eingehende Regelung erforderlich, weil der Vertreter gegen den Willen des Vertretenen bestellt wird und sich daraus Konflikte ergeben können (siehe hierzu auch die Hinweise der BRAK, BRAK-Mitt. 1994 S. 24).

18 Die Steuerberaterkammer setzt die Vergütung des Vertreters fest, falls sich die Beteiligten nicht einigen, und **haftet** in diesem Fall hierfür wie ein Bürge (Abs. 4, Satz 5, 7); diese Regelung entspricht § 145 Abs. 5.

19 Nach der Beendigung besteht nach Abs. 6 für den von Amts wegen bestellten Vertreter ein Wettbewerbsverbot von zwei Jahren. Dies gilt jedoch nicht für den durch den StB oder auf Antrag bestellten Vertreter (Rdnr. 7, 8). In diesen Fällen bedarf es einer Wettbewerbsvereinbarung.

5. Dauer des Amtes

20 Das Amt des Vertreters **beginnt** mit der Bestellung durch den Vertretenen oder die Steuerberaterkammer. Eine Schriftform ist nicht vorgeschrieben; eine von der Steuerberaterkammer ausgestellte Urkunde dient nur der Beweissicherung. Eine rückwirkende Bestellung ist nicht möglich. Die Bestellung ist für einen bestimmten Zeitraum, höchstens jedoch für zwei Jahre vorzunehmen (Abs. 5 Satz 1). Eine andere Regelung gilt nach Abs. 5 Satz 2 für die Fälle des § 59. Die Dauer der öffentlich-rechtlichen Dienst- oder Amtsverhältnisse umfassen üblicherweise einen längeren Zeitraum als zwei Jahre.

21 Die Bestellung **endet** mit dem Ablauf des Zeitraumes, für den der Vertreter bestellt ist. Sie kann auch schon vor Ablauf widerrufen werden (Abs. 5 Satz 3); der Widerruf ist von demjenigen vorzunehmen, der die Bestellung ausgesprochen hat, d.h. von dem Vertretenen oder der Steuerberaterkammer. Die Steuerberaterkammer ist zum Widerruf verpflichtet, wenn die Voraussetzungen für die Bestellung entfallen sind.

6. Rechtsweg

22 Die Bestellung eines Vertreters durch die Berufskammer kann vor dem **VerwG** angefochten werden (§ 33 Abs. 1 Nr. 3 FGO; § 40 Abs. 1 VerwGO). Dasselbe gilt für den Widerruf und für die Festsetzung der Vergütung nach Abs. 4 Satz 5.

§ 70 Bestellung eines Praxisabwicklers

(1) **Ist ein Steuerberater oder Steuerbevollmächtigter gestorben, kann die zuständige Steuerberaterkammer einen Steuerberater oder Steuerbevollmächtigten zum Abwickler der Praxis bestellen. Der Abwickler ist in der Regel nicht länger als für die Dauer eines Jahres zu bestellen. Auf Antrag des Abwicklers ist die Bestellung jeweils höchstens um ein Jahr zu verlängern, wenn er glaubhaft macht, daß schwebende Angelegenheiten noch nicht zu Ende geführt werden konnten.**

(2) **Dem Abwickler obliegt es, die schwebenden Angelegenheiten abzuwickeln. Er führt die laufenden Aufträge fort. Zur Annahme neuer Aufträge**

1. Allgemeines 1, 2 § 70

ist er nicht berechtigt. Ihm stehen im Rahmen der eigenen Befugnisse die Befugnisse zu, die der verstorbene Steuerberater oder Steuerbevollmächtigte hatte.

(3) § 69 Abs. 2 und 4 gilt entsprechend.

(4) **Die Bestellung kann jederzeit widerrufen werden.**

(5) **Ein Abwickler kann auch für die Praxis eines früheren Steuerberaters oder Steuerbevollmächtigten bestellt werden, dessen Bestellung nach § 45 Abs. 1 Nr. 2, 3 oder 4 erloschen oder nach § 46 zurückgenommen oder widerrufen ist.**

Übersicht

	Rdnr.
1. Allgemeines	1, 2
2. Bestellung des Praxisabwicklers	3–5
3. Dauer des Amtes	
a) Beginn	6
b) Beendigung	7
4. Rechtsstellung des Praxisabwicklers	
a) Stellung gegenüber den Erben oder dem ehemaligen Berufsangehörigen	8–10
b) Rechtsstellung gegenüber Dritten	11, 12

1. Allgemeines

StB sind grundsätzlich zur **persönlichen Dienstleistung** verpflichtet 1 (§ 613 BGB); der Auftrag erlischt im Zweifel durch den Tod des Beauftragten (§§ 673, 675 BGB). Das schließt zwar die Heranziehung von Mitarbeitern nicht aus, diese können jedoch nur als Erfüllungsgehilfen gemäß § 278 BGB tätig werden. Nach dem Tode des StB – ebenso beim Erlöschen der Bestellung aus anderen Gründen – können die Erben die Hilfeleistung in Steuersachen nicht fortsetzen. Es ist also ausgeschlossen, dass „die Praxis" durch die Mitarbeiter für die Erben fortgeführt wird, da dies eine unerlaubte Hilfeleistung in Steuersachen wäre. Die Folge ist in diesen Fällen eine Nichtigkeit der Auftragsverhältnisse wegen Verstoßes gegen ein gesetzliches Verbot nach § 134 BGB i.V.m. § 5. Wenn die Praxis nicht auf eine Person übertragen wird, die zur geschäftsmäßigen Hilfeleistung in Steuersachen befugt ist, wird es in der Regel im Interesse der Mandanten erforderlich sein, einen Praxisabwickler zu bestellen. Nur hierdurch wird sichergestellt, dass die schwebenden Angelegenheiten abgewickelt werden und die Auftraggeber ihre Unterlagen zurückerhalten.

Die Bestellung eines Praxisabwicklers liegt im Interesse der Öffentlichkeit 2 und des Ansehens des Berufsstandes; sie ist daher nicht von einem **Antrag** abhängig. Die Steuerberaterkammern werden oft auch ohne Anregung der Erben von Amts wegen tätig werden. Die Steuerberaterkammer wird häufig auch für die Vergütung des Praxisabwicklers aufkommen müssen (Abs. 3 in Verbindung mit § 69 Abs. 4, Satz 5 und 7). Ein Praxisabwickler kann nur für die Praxis eines StB oder StBv bestellt werden; § 70 gilt auch für StBGes (§ 72).

2. Bestellung des Praxisabwicklers

3 Ein Praxisabwickler kann in allen Fällen bestellt werden, in denen die Bestellung eines StB oder StBv **erloschen** ist. Am häufigsten wird das im Falle des Todes (Abs. 1) erforderlich sein, außerdem jedoch beim Verzicht und rechtskräftiger Ausschließung aus dem Beruf (§ 45 Abs. 1 Nrn. 2 und 3) sowie in allen Fällen der Rücknahme und des Widerrufs der Bestellung (§ 46). Es wäre auch nicht gerechtfertigt, eine Praxisabwicklung nur für bestimmte Fälle des Erlöschens der Bestellung vorzusehen und sie z.B. bei der Ausschließung aus dem Beruf zu versagen, da die Abwicklung den Interessen der Mandanten dient.

4 Es können nur **StB und StBv** zu Abwicklern bestellt werden, nicht aber andere nach § 3 zur geschäftsmäßigen Hilfeleistung in Steuersachen befugte Personen. Die Bestellung ist öffentlich-rechtlich und erfolgt durch Verwaltungsakt der zuständigen Steuerberaterkammer. Eine berufsrechtliche Pflicht zur Übernahme des Amts als Praxisabwickler besteht nicht, weil § 69 Abs. 3 Satz 3, 4 nicht anzuwenden ist.

5 Die Bestellung ist nicht von einem Antrag des ehemaligen Berufsangehörigen oder seiner Erben abhängig. Da die Bestellung eines Abwicklers in die Rechtsstellung des ehemaligen Berufsangehörigen oder seiner Erben eingreift, ist aber eine vorherige **Anhörung** erforderlich. Das ist auch schon deswegen notwendig, weil ohne Anhörung nicht festgestellt werden kann, ob eine Praxisabwicklung überhaupt in Betracht kommt oder z.B. wegen einer bevorstehenden Veräußerung der Praxis überflüssig ist.

3. Dauer des Amtes

a) Beginn

6 Das Amt des Praxisabwicklers beginnt mit der **Bestellung** durch die Steuerberaterkammer. Da eine Schriftform nicht vorgeschrieben ist, genügt die Bekanntgabe an den Praxisabwickler, die auch mündlich oder fernmündlich erfolgen kann. Eine Urkunde, die in der Regel ausgestellt wird, dient nur der Beweissicherung, so dass der Beginn der Praxisabwicklung vor der Aushändigung der Urkunde liegen kann. Eine rückwirkende Bestellung ist nicht möglich. Der Praxisabwickler wird in der Regel für einen bestimmten Zeitraum bestellt, der die Dauer eines Jahres nicht überschreiten soll; eine Verlängerung der Amtszeit um jeweils ein Jahr ist möglich (Abs. 1 Satz 3).

b) Beendigung

7 Die Praxisabwicklung endet mit dem **Ablauf** der Zeit, für die der Praxisabwickler bestellt ist, falls nicht vorher die Bestellung verlängert wird. Die Bestellung kann auch vorzeitig **widerrufen** werden (Abs. 4), z.B. wenn es der Praxisabwickler und/oder der ehemalige Berufsangehörige oder seine Erben beantragen, z.B. weil Meinungsverschiedenheiten bestehen, die eine ordnungsgemäße Praxisabwicklung unmöglich machen. Die Steuerberaterkammer muss die Bestellung widerrufen, wenn die Abwicklung beendet ist,

4. Rechtsstellung des Praxisabwicklers

d. h. wenn alle schwebenden Angelegenheiten erledigt sind oder die Praxis durch einen Erwerber fortgeführt wird.

4. Rechtsstellung des Praxisabwicklers

a) Stellung gegenüber den Erben oder dem ehemaligen Berufsangehörigen

Die **Rechtsbeziehungen** zwischen dem Praxisabwickler und dem ehemaligen Berufsangehörigen oder seinen Erben richten sich in erster Linie nach etwaigen vertraglichen Vereinbarungen, die aber seltener als bei der allgemeinen Vertretung oder bei der Praxistreuhand (§§ 69, 71) bestehen. Gerade bei Erlöschen der Bestellung aus anderen Gründen als durch Tod des Berufsangehörigen kann oft ein Praxisabwickler gegen den Willen des ehemaligen Berufsangehörigen bestellt werden. Die Rechtsbeziehungen richten sich dann nach § 69 Abs. 2 und 4 (vgl. auch die Hinweise der BRAK, BRAK-Mitt. 1994 S. 22).

Der Praxisabwickler führt sein Amt unter **eigener Verantwortung**. Er haftet im Außenverhältnis unmittelbar gegenüber den Mandanten und im Innenverhältnis gegenüber den vertretenen Personen. Er ist insbesondere an Weisungen der Erben oder des ehemaligen Berufsangehörigen nicht gebunden. Er hat Anspruch darauf, dass ihm die Handakten ausgehändigt werden und er Zugang zu allen Unterlagen erhält, die für die Abwicklung der Praxis erforderlich sind. Ihm muss auch der Zutritt zu den Praxisräumen gewährt werden. Diese Ansprüche kann der Praxisabwickler zivilrechtlich durchsetzen; die Steuerberaterkammer kann dabei nicht eingeschaltet werden, weil die Erben oder der ehemalige Berufsangehörige nicht Mitglied der Kammer sind. Der Praxisabwickler erwirbt auch die Verfügungsbefugnis über die Anderkonten des ehemaligen Berufsangehörigen. Seine Aufgabe ist nach Abs. 2 Satz 1 das Beendigen der noch unerledigten Aufträge und die Aushändigung der Unterlagen an die Mandanten (*Kuhls*, § 70, Rdnr. 10). Die Abwicklung umfasst sämtliche beruflichen Aufträge, wozu auch eine entgeltliche Praxisübertragung zählen kann.

Der Praxisabwickler führt sein Amt für Rechnung und auf Kosten der Erben oder des ehemaligen Berufsangehörigen und hat gegen diese einen Anspruch auf **angemessene Vergütung**. Falls hierüber keine Vereinbarung getroffen worden ist, setzt die Steuerberaterkammer die Vergütung fest. Bei der Festlegung ist in der Regel der Zeitaufwand des Praxisabwicklers zu berücksichtigen und nach der üblichen Vergütung für ein Zeithonorar festzulegen. Bei einer umfangreichen Tätigkeit kann auch die Höhe des Gehalts eines angestellten StB zugrunde gelegt werden. Die Honorare hat der Praxisabwickler mit den Erben abzurechnen; er hat Anspruch auf Erstattung seiner Auslagen.

b) Rechtsstellung gegenüber Dritten

Der Praxisabwickler hat gegenüber Dritten **kenntlich zu machen,** dass er in dieser Eigenschaft handelt. Er verwendet im Allgemeinen die Geschäftspapiere der Praxis und fügt seiner Unterschrift einen Zusatz bei, der ihn als Praxisabwickler kennzeichnet. Der Praxisabwickler wird gegenüber Dritten im eigenen Namen tätig, d. h. er macht Honoraransprüche im eigenen Namen geltend; etwaige Schadensersatzansprüche der Auftraggeber sind gegen ihn zu richten.

12 In Abs. 2 wird der **Aufgabenbereich** des Praxisabwicklers festgelegt. Der Praxisabwickler ist nur berechtigt und verpflichtet, die schwebenden beruflichen Angelegenheiten abzuwickeln und die laufenden Aufträge fortzuführen, soweit das von den Auftraggebern gewünscht wird. Er muss die Angelegenheiten so abschließend bearbeiten, wie dies der ehemalige Berufsangehörige getan hätte, d. h. einschließlich der Geltendmachung von Gebührenforderungen (BGH, DStR 1997 S. 39 mit Anm. *Goette*). Zu der Erledigung des Auftrages kann auch die Durchführung eines Rechtsmittels gehören. Neue Aufträge von demselben oder einem anderen Auftraggeber darf der Praxisabwickler nicht übernehmen. Hierzu zählt auch die Geltendmachung von entstandenen Honorarforderungen des verstorbenen StB für bereits abgeschlossene Tätigkeiten (LG Bautzen, ZEV 1998 S. 392). Dies obliegt den Erben. Da er gegenüber Dritten im eigenen Namen tätig wird, ist ein Überschreiten seiner Befugnisse Dritten gegenüber ohne Bedeutung; die Erledigung neuer Aufträge erfolgt jedoch nicht mehr für Rechnung und auf Kosten der Erben. Nachdem keine Verweisnorm auf § 69 Abs. 6 besteht, unterliegt der Praxisabwickler keinem Wettbewerbsverbot.

§ 71 Bestellung eines Praxistreuhänders

(1) **Soll die Praxis eines verstorbenen Steuerberaters oder Steuerbevollmächtigten auf eine bestimmte Person übertragen werden, die im Zeitpunkt des Todes des verstorbenen Berufsangehörigen noch nicht zur Hilfeleistung in Steuersachen befugt ist, so kann auf Antrag der Erben die zuständige Steuerberaterkammer für einen Zeitraum bis zu drei Jahren einen Steuerberater oder Steuerbevollmächtigten zum Treuhänder bestellen. In Ausnahmefällen kann der Zeitraum um ein weiteres Jahr verlängert werden.**

(2) **Der Treuhänder führt sein Amt unter eigener Verantwortung, jedoch für Rechnung und auf Kosten der Erben des verstorbenen Steuerberaters oder Steuerbevollmächtigten. Er hat Anspruch auf eine angemessene Vergütung.**

(3) **Die Bestellung kann jederzeit widerrufen werden.**

(4) **Absatz 1 gilt entsprechend für die Praxis eines früheren Steuerberaters oder Steuerbevollmächtigten, dessen Bestellung wegen nicht nur vorübergehender Berufsunfähigkeit widerrufen ist (§ 46 Abs. 2 Nr. 7) oder der aus den in § 57 Abs. 4 genannten Gründen auf seine Bestellung verzichtet hat.**

(5) **§ 69 Abs. 6 gilt entsprechend.**

2. Voraussetzungen für die Bestellung   1–3 **§ 71**

Übersicht

	Rdnr.
1. Allgemeines	1, 2
2. Voraussetzungen für die Bestellung	
a) Tod, Berufsunfähigkeit des StB oder Fall des § 57 Abs. 4	3
b) Vorgesehene Übertragung	4
c) Person des Praxistreuhänders	5
d) Antrag	6, 7
3. Dauer des Amtes	
a) Beginn	8
b) Beendigung	9, 10
4. Rechtsstellung des Praxistreuhänders	
a) Stellung gegenüber den Erben oder dem früheren StB	11–13
b) Rechtsstellung gegenüber Dritten	14–16

1. Allgemeines

Beim Tod eines StB findet in der Regel entweder eine Praxisabwicklung 1
nach § 70 statt oder die Praxis wird von den Erben auf einen anderen Berufsangehörigen übertragen. Wenn vorgesehen war, die Praxis auf ein Kind des Verstorbenen zu übertragen, ergeben sich Schwierigkeiten, wenn beim Tod des Berufsangehörigen die Ausbildung des Kindes noch nicht abgeschlossen war. § 71 sieht daher insbesondere in derartigen Fällen die Möglichkeit vor, einen Praxistreuhänder zu bestellen, um die Zeit zu überbrücken, bis der Nachfolger die Prüfung als StB abgelegt hat. Es ist nicht zu verkennen, dass diese Regelung mit dem Wesen einer freiberuflichen Tätigkeit nur schwer zu vereinbaren ist; sie ist auch bei anderen freien Berufen unbekannt. Daher muss sie als **Ausnahmevorschrift** eng ausgelegt werden.

Durch § 71 wird die Möglichkeit, einen Praxistreuhänder zu bestel- 2
len, **abschließend** geregelt. Wenn die Erben die Praxis eines verstorbenen StB auf eine Person übertragen wollen, die noch nicht zur geschäftsmäßigen Hilfeleistung in Steuersachen befugt ist, können sie nur den Weg über die Bestellung eines Praxistreuhänders durch die Steuerberaterkammer wählen. Eine privatrechtliche Vereinbarung über die Bestellung eines Treuhänders ist unzulässig; als Praxistreuhänder darf nur auftreten, wer von der Steuerberaterkammer hierzu bestellt worden ist. Ebenso ist eine **Umgehung** des § 71 unzulässig, z.B. durch eine Vereinbarung in einem Praxisübertragungsvertrag, dass ein Rückkaufrecht besteht, wenn ein Kind des früheren StB die Befugnis zur geschäftsmäßigen Hilfeleistung in Steuersachen erwirbt, oder durch die Weiterführung der Praxis durch einen Testamentsvollstrecker. Die Vorschrift gilt auch für StBGes (§ 72).

2. Voraussetzungen für die Bestellung

a) Tod, Berufsunfähigkeit des StB oder Fall des § 57 Abs. 4

Erste Voraussetzung ist, dass die Praxis eines StB durch Tod, durch Wi- 3
derruf der Bestellung nach § 46 Abs. 2 Nr. 7 oder auf Grund einer gewerblichen Tätigkeit bzw. wegen einer Tätigkeit als Arbeitnehmer verwaist ist. Die Fälle der Bestellung als Treuhänder wurden um die Regelungen im § 57

Abs. 4 erweitert, wenn der StB auf die Bestellung verzichtet und dies zeitlich befristen möchte. Da von der „Praxis" die Rede ist, kann ein Praxistreuhänder nur für die **Einzelpraxis** eines ehemaligen StB bestellt werden. Bei einer Sozietät besteht auch kein Bedürfnis, einen Treuhänder nach dem Tode eines Partners einzusetzen; hier kann im Sozietätsvertrag die Verpflichtung vereinbart werden, ein Kind des Verstorbenen in die Sozietät aufzunehmen, wenn es die Befugnis zur geschäftsmäßigen Hilfeleistung in Steuersachen erlangt hat.

b) Vorgesehene Übertragung

4   Es muss vorgesehen sein, die Praxis auf eine **bestimmte,** d. h. namentlich bezeichnete **natürliche Person** zu übertragen; nicht ausreichend ist es, dass nur die Möglichkeit einer solchen Übertragung besteht. Vielmehr muss der vorgesehene Erwerber der Praxis feststehen und der Steuerberaterkammer benannt werden. Diese Person darf noch nicht zur Hilfeleistung in Steuersachen befugt sein; sie muss sich aber in der Ausbildung befinden. Wie sich aus dem Sinn der Bestimmung ergibt, muss die Ausbildung so weit fortgeschritten sein, dass innerhalb der nächsten vier Jahre die Befugnis zur Hilfeleistung in Steuersachen erworben werden kann. Unerheblich ist, welche Befugnis zur Hilfeleistung in Steuersachen erworben wird; die begünstigte Person kann sich daher in der Ausbildung zum StB, RA oder WP befinden.

c) Person des Praxistreuhänders

5   Zum Praxistreuhänder kann nur ein **StB oder StBv** bestellt werden. Eine Treuhandschaft durch einen RA oder WP ist nach dem eindeutigen Wortlaut des Gesetzes nicht möglich.

d) Antrag

6   Die Bestellung eines Praxistreuhänders setzt einen Antrag der Erben oder – bei einem Widerruf der Bestellung nach § 46 Abs. 2 Nr. 7 – des früheren StB voraus. Dies rechtfertigt sich daraus, dass die Treuhandschaft ausschließlich im Interesse der Erben oder des früheren StB liegt, so dass kein Anlass besteht, einen Praxistreuhänder gegen ihren Willen zu bestellen. Bei einer **Erbengemeinschaft** müssen alle Miterben einen entsprechenden Antrag stellen, weil auch nur die Erbengemeinschaft die Praxis auf einen Erwerber übertragen kann.

7   Es liegt im **Ermessen** der Steuerberaterkammer, ob sie einen Praxistreuhänder bestellt. Sie wird einem Antrag in der Regel entsprechen, wenn die Praxis auf ein Kind oder einen nahen Verwandten des ehemaligen StB übertragen werden soll. Dagegen ist im Hinblick auf den Ausnahmecharakter der Vorschrift Zurückhaltung geboten, wenn die Übertragung der Praxis auf andere Personen vorgesehen ist. § 71 hat den Zweck, Härten zu vermeiden, wenn der Übergang der Praxis auf die nächste Generation an dem frühen Tod des Praxisinhabers zu scheitern droht; die Bestimmung hat dagegen nicht den Zweck, den Erben einen möglichst hohen Erlös aus dem Praxisverkauf zu sichern, wenn eine noch nicht zur Hilfeleistung in Steuersachen befugte Person einen höheren Preis bietet als ein bereits bestellter StB.

4. Rechtsstellung des Praxistreuhänders

3. Dauer des Amtes

a) Beginn

Das Amt des Praxistreuhänders beginnt mit der **Bestellung**; es gelten insoweit dieselben Grundsätze wie beim Praxisabwickler (vgl. § 70 Rdnr. 6). Die Bestellung erfolgt für einen bestimmten Zeitraum, der drei Jahre nicht überschreiten darf. **8**

b) Beendigung

Die Bestellung erlischt mit dem **Ablauf** dieses Zeitraums, ohne dass ein Widerruf erforderlich ist. Wenn der Praxistreuhänder für einen Zeitraum von weniger als drei Jahren bestellt wurde, ist eine Verlängerung auf insgesamt drei Jahre zulässig. Eine weitere Verlängerung bis zu einem Zeitraum von insgesamt vier Jahren ist nur in Ausnahmefällen möglich, z.b. wenn der vorgesehene Praxiserwerber die Prüfung wiederholen muss. **9**

Das Amt des Praxistreuhänders endet auch durch **Widerruf** der Bestellung, die jederzeit möglich ist. Da der Praxistreuhänder ausschließlich im Interesse der Erben bestellt wird, ist seine Bestellung zu widerrufen, wenn die Erben dies beantragen. Die Berufskammer muss dann prüfen, ob ein Praxisabwickler nach § 70 zu bestellen ist. Die Bestellung ist auch zu widerrufen, wenn die Übertragung der Praxis auf die vorgesehene Person entfällt, z.b. weil sie verstorben oder weil der Vertrag über die Praxisübertragung aufgehoben wird. Die Bestellung eines Praxistreuhänders kann dann nicht im Hinblick auf einen neuen vorgesehenen Erwerber der Praxis erneuert werden. **10**

4. Rechtsstellung des Praxistreuhänders

a) Stellung gegenüber den Erben oder dem früheren StB

Da ein Praxistreuhänder nur auf Antrag bestellt wird, liegt in der Regel eine vertragliche **Vereinbarung** zwischen den Erben bzw. dem früheren StB und dem Praxistreuhänder unter Einbeziehung des vorgesehenen Erwerbers der Praxis vor. Darin wird neben der Vergütung insbesondere die Weisungsbefugnis gegenüber den Mitarbeitern der Praxis, der Abschluss einer Berufshaftpflichtversicherung und die Verpflichtung zur weiteren Ausbildung des vorgesehenen Erwerbers der Praxis bis zu dessen Prüfung geregelt. Da der Praxistreuhänder sein Amt unter eigener Verantwortung führt, darf eine Weisungsbefugnis der Erben oder des Erwerbers der Praxis nicht vereinbart werden. **11**

Der Praxistreuhänder hat Anspruch auf eine **angemessene Vergütung**. Falls ausnahmsweise keine Vereinbarung vorliegt, setzt der Treuhänder die Vergütung nach § 316 BGB fest. Entspricht sie nicht der Billigkeit, so wird sie durch Urteil der ordentlichen Gerichte festgelegt (§ 315 Abs. 3 BGB). Die Praxis wird für Rechnung und auf Kosten der Erben oder des früheren StB geführt; diese erzielen insoweit nicht Einkünfte aus selbstständiger Tätigkeit, sondern aus Gewerbebetrieb (BFH, BB 1977 S. 781; DStR 1981 S. 2535). **12**

13 Für den Praxistreuhänder gilt wie für den allgemeinen Vertreter ein gesetzliches **Wettbewerbsverbot** (Abs. 5 in Verbindung mit § 69 Abs. 6).

b) Rechtsstellung gegenüber Dritten

14 Der Praxistreuhänder führt das Amt **im eigenen** Namen und ist an Weisungen nicht gebunden. Er hat jedoch kenntlich zu machen, dass er als Praxistreuhänder handelt. In der Regel wird er die Geschäftspapiere des früheren StB oder StBv verwenden und seiner Unterschrift einen Zusatz beifügen, der ihn als Praxistreuhänder kennzeichnet.

15 Der Praxistreuhänder ist berechtigt und verpflichtet, die vorhandenen Aufträge fortzuführen und den Bestand der Praxis nicht nur zu erhalten, sondern möglichst zu erweitern. Er ist daher auch berechtigt **neue Aufträge** zu übernehmen.

16 Der Praxistreuhänder tritt **wie ein Erwerber** der Praxis in die Rechtsbeziehungen zwischen dem früheren StB und den Auftraggebern ein; das erfordert eine Zustimmung der Auftraggeber. Da der Praxistreuhänder nur im Innenverhältnis die Praxis für Rechnung und auf Kosten der Erben oder des früheren StB führt, bestehen die vertraglichen Beziehungen zwischen ihm und den Auftraggebern (a. A. OLG Oldenburg, DStR 1981 S. 656; *Späth,* DStR 1981 S. 649). Er haftet im Außenverhältnis unmittelbar gegenüber den betreuten Mandanten und im Innenverhältnis gegenüber den vertretenen Personen. Unmittelbare Rechtsbeziehungen zwischen den Auftraggebern und den Erben sind nicht möglich, weil die Erben nicht zur Hilfeleistung in Steuersachen befugt sind. Etwaige Schadensersatzansprüche sind gegen den Treuhänder zu richten (OLG Stuttgart, MDR 2000 S. 115; *Späth,* INF 2000 S. 278; a. A. OLG Karlsruhe, StB 2000 S. 60) und werden durch dessen Berufshaftpflichtversicherung gedeckt. Die Honoraransprüche macht der Treuhänder im eigenen Namen geltend, soweit sie aus seiner eigenen Tätigkeit erwachsen sind; zur Geltendmachung von Ansprüchen des Verstorbenen sind nur die Erben legitimiert (LG Darmstadt, DStR 1996 S. 1584).

§ 72 Steuerberatungsgesellschaften

(1) **Die §§ 34, 56 Abs. 3, §§ 57, 57 a, 62 bis 64 und 66 bis 71 gelten sinngemäß für Steuerberatungsgesellschaften sowie für Vorstandsmitglieder, Geschäftsführer und persönlich haftende Gesellschafter einer Steuerberatungsgesellschaft, die nicht Steuerberater oder Steuerbevollmächtigte sind.**

(2) **Die Gesellschafter sowie die Mitglieder der durch Gesetz, Satzung oder Gesellschaftsvertrag vorgesehenen Aufsichtsorgane der Gesellschaften sind zur Verschwiegenheit verpflichtet.**

Übersicht	Rdnr.
1. Allgemeines	1, 2
2. Pflichten der Steuerberatungsgesellschaften	3–6
3. Pflichten der Vorstandsmitglieder, Geschäftsführer usw.	7–9
4. Verschwiegenheitspflicht von Gesellschaftern/Mitgliedern der Aufsichtsorgane	10, 11

1. Allgemeines

Steuerberatungsgesellschaften sind **Instrumente der Berufsausübung** 1
von StB und StBv (vgl. § 32 Rdnr. 17). Für ihre Berufspflichten, insbesondere im Verhältnis zu den Auftraggebern, kann daher grundsätzlich nichts anderes gelten als für StB und StBv. Dasselbe gilt für Personen, die eine StBGes leiten, ohne StB oder StBv zu sein. Dies wird in Abs. 1 klargestellt.

Aufgrund der Tatsache, dass eine StBGes keine natürliche Person ist und 2
die in § 74 Abs. 2 genannten Personen keine StB oder StBv sein müssen, können ein Teil der §§ 57 ff. gar nicht und andere Bestimmungen nur sinngemäß angewendet werden. Es ist jedoch von dem Grundsatz auszugehen, dass **Auftraggeber** von StBGes **denselben Schutz** genießen wie Auftraggeber von StB und StBv.

2. Pflichten der Steuerberatungsgesellschaften

Die **allgemeinen Berufspflichten** nach § 57 gelten auch für StBGes, 3
soweit dies mit ihrem Charakter als juristische Person oder Handelsgesellschaft vereinbar ist. StBGes müssen daher ihre Tätigkeit unabhängig, eigenverantwortlich, gewissenhaft, verschwiegen und unter Verzicht auf berufswidrige Werbung (§ 57a) ausüben. Sie müssen insbesondere auch alles unterlassen, was mit dem Beruf eines StB oder StBv unvereinbar wäre, z. B. jede gewerbliche Tätigkeit; es wäre daher unzulässig, wenn eine StBGes ein Handelsgewerbe ausüben oder persönlich haftende Gesellschafterin einer OHG oder KG sein würde. Die **sinngemäße** Anwendung des § 57 bedeutet, dass bei der Feststellung der allgemeinen Berufspflichten die Besonderheiten der StBGes als juristische Person oder Gesellschaft zu beachten sind; eine StGBes kann z. B. nicht die in § 57 Abs. 3 Nr. 4–6 genannten Tätigkeiten ausüben.

StBGes können weitere Beratungsstellen unter den Voraussetzungen des 4
§ 34 errichten, haben ihre Mitarbeiter zur Verschwiegenheit zu verpflichten (§ 62), die Ablehnung eines Auftrages unverzüglich zu erklären (§ 63), sind an eine Gebührenordnung gebunden (§ 64), haben Handakten aufzubewahren (§ 66) und unterliegen der Versicherungspflicht (§ 67); für die Verjährung gelten die §§ 195 BGB. Die Vorschrift über den allgemeinen Vertreter (§ 69) kann bei StBGes mit nur einem Vorstandsmitglied oder Geschäftsführer Bedeutung haben. Dies gilt in gleichem Maße für Praxisabwickler (§ 70) und den Praxistreuhänder (§ 71).

Die §§ 58, 59, 60 und 61 sind nur auf **natürliche Personen** anwendbar 5
und gelten daher schon aus diesem Grunde nicht für StBGes. Die Anwendung des § 65 scheidet aus, weil StBGes vor dem BFH nicht auftreten können (BFHE 120, 335).

Verstöße von StBGes gegen die §§ 57 ff. können nur gegenüber den **verantwortlichen Leitern** geahndet werden. Eine Rüge oder die Verhängung einer berufsgerichtlichen Maßnahme gegen die StBGes selbst ist nicht möglich. 6

3. Pflichten der Vorstandsmitglieder, Geschäftsführer usw.

7 Nach dem Wortlaut des Abs. 1 gelten bestimmte Berufspflichten für Vorstandsmitglieder, Geschäftsführer und persönlich haftende Gesellschafter einer StBGes, die nicht StB oder StBv sind. Mit der Bestimmung sind offensichtlich nur **RAe, niedergelassene europäische RAe, WP, vBP** (§ 50 Abs. 2) und die in § 50 Abs. 3 genannten Personen gemeint, die nach § 74 Abs. 2 Mitglied der Steuerberaterkammern sind (vgl. auch § 94).

8 Für den genannten Personenkreis gelten die **allgemeinen Berufspflichten** des § 57; sie dürfen neben ihrer Tätigkeit als Leiter einer StBGes insbesondere nicht gewerblich oder in einem Anstellungsverhältnis tätig sein. Dies schließt eine Beteiligung an einem gewerblichen Unternehmen jedoch nicht grds. aus (OLG Celle, Stbg 2001 S. 271). Nach dem Sinn der Bestimmung kann aber für Leiter von StBGes keine strengere Regelung gelten als für StB und StBv. Es ist daher unbedenklich, wenn diese Personen die in § 58 genannten Anstellungsverhältnisse eingehen, auch wenn § 58 in § 72 nicht ausdrücklich genannt wird. Als Leiter der StBGes haben die Geschäftsführer, Vorstandsmitglieder und persönlich haftende Gesellschafter darauf zu achten, dass die StBGes die in den §§ 34, 57, 57a, 62 bis 64 und 66 bis 71 genannten Pflichten erfüllt. Die Verschwiegenheitspflicht nach § 57 Abs. 2 hat Vorrang vor der Informationspflicht nach § 51a GmbHG.

9 Mangels einer Verweisung gelten die in den §§ 59, 60, 61 und 65 genannten **besonderen Berufspflichten** nicht für die Leiter von StBGes, die nicht StB oder StBv sind. Das ist insbesondere hinsichtlich § 61 gerechtfertigt. Ehemalige Angehörige der Finanzverwaltung, die, ohne StB oder StBv zu sein, Angestellte eines StB, StBv oder einer StBGes sind, unterliegen nicht den Beschränkungen des § 61; für Leiter einer StBGes kann insoweit nichts anderes gelten. Die besonders befähigten Personen nach § 50 Abs. 3 sind auch im Allgemeinen nicht bei der Finanzverwaltung beschäftigt gewesen und daher ergibt sich nicht die Notwendigkeit einer Anwendung des § 61 (*Späth*, DStZ 1999 S. 37).

4. Verschwiegenheitspflicht von Gesellschaftern/Mitgliedern der Aufsichtsorgane

10 Gesellschafter einer StBGes und die Mitglieder von Aufsichtsräten oder Beiräten müssen nicht StB sein (§§ 50a; 154). Aufgrund ihrer Stellung können sie jedoch Tatsachen erfahren, die die Verhältnisse der Auftraggeber betreffen. Es ist daher gerechtfertigt, diesen Personen insoweit eine **Verschwiegenheitspflicht** aufzuerlegen. Der Wortlaut des Abs. 2 geht allerdings weiter. Es besteht jedoch kein Anlass, den in Abs. 2 genannten Personen eine größere Verschwiegenheitspflicht aufzuerlegen als den Vorstandsmitgliedern, Geschäftsführern oder persönlich haftenden Gesellschaftern der StBGes.

11 Wenn die in Abs. 2 genannten Personen nicht StB oder StBv sind, können Verstöße gegen die Verschwiegenheitspflicht nicht durch eine Rüge

1. Allgemeines　　　　　　　　　　　　　　　1, 2　§ 73

oder eine berufsgerichtliche Maßnahme geahndet werden. Es ist jedoch
§ 203 Abs. 1 Nr. 3 StGB anwendbar; außerdem ist § 72 Abs. 2 ein Schutzgesetz im Sinne des § 823 Abs. 2 BGB.

Vierter Abschnitt. Organisation des Berufs

§ 73 Steuerberaterkammer

(1) Die Steuerberater und Steuerbevollmächtigten, die in einem Oberfinanzbezirk ihre berufliche Niederlassung haben, bilden eine Berufskammer. Diese führt die Bezeichnung „Steuerberaterkammer".

(2) Die Steurberaterkammer hat ihren Sitz im Bezirk der Oberfinanzdirektion. Sie ist eine Körperschaft des öffentlichen Rechts.

(3) Werden Oberfinanzdirektionen aufgelöst oder zusammengelegt, bleiben die bisher gebildeten Kammern bestehen.

Übersicht	Rdnr.
1. Allgemeines	1–3
2. Mitgliedschaft	4–8
3. Sitz	9
4. Rechtsform	10

1. Allgemeines

Wie fast alle Freien Berufe sind auch StB und StBv in Berufskammern 1
zusammengeschlossen, denen Aufgaben im Rahmen der **beruflichen
Selbstverwaltung** übertragen worden sind. Im steuerberatenden Beruf ist
diese Entwicklung erst verhältnismäßig spät abgeschlossen worden. Bis zum
Jahre 1945 gab es keine regionalen Steuerberaterkammern. Zwischen 1945
und 1961 bestand ein sehr unübersichtlicher Rechtszustand, weil in einigen
Gebieten Steuerberaterkammern mit unterschiedlichen Aufgaben und verschiedener Mitgliederzusammensetzung gebildet worden waren. Erst das
StBerG schuf im Jahre 1961 einen einheitlichen Rechtszustand. Es wurden
getrennte Berufskammern der StB und StBv gebildet, die jeweils den Bereich
einer OFD umfaßten. Mit Wirkung ab 1. 1. 1975 sind die Berufskammern
der StB und StBv zu einheitlichen Steuerberaterkammern zusammengeschlossen worden. Seit der deutschen Einigung bestehen auch in den neuen
Bundesländern Steuerberaterkammern; sie waren meistens schon 1990 auf
Grund der §§ 48, 50 der Steuerberatungsordnung der DDR errichtet worden.

Die **Pflichtmitgliedschaft** bei einer Steuerberaterkammer ist verfas- 2
sungsrechtlich unbedenklich und verstößt insbesondere nicht gegen Art. 9
GG (BVerfGE 10, 89, 102; 10, 354, 361; 15, 235, 239; 38, 281, 297). Körperschaften des öffentlichen Rechts mit Pflichtmitgliedschaft dürfen jedoch
nur errichtet werden, um legitime öffentliche Aufgaben wahrzunehmen, die
zugleich gemeinsame Angelegenheiten der Mitglieder sind; diese Voraussetzungen sind bei den Kammern der Freien Berufe erfüllt.

3 Die Bereiche der Steuerberaterkammern decken sich zwischenzeitlich nicht mehr überall mit den **Bezirken einer OFD** (vgl. Baden-Württemberg, das über drei Steuerberaterkammern verfügt). Diese bleiben bei einer Auflösung oder Zusammenlegung von OFDen in ihren bisherigen Grenzen bestehen. Dagegen ändern sich auch die Grenzen der Kammerbezirke, wenn die Grenzen zwischen bestehen bleibenden OFDen geändert werden. Gemeinsame Steuerberaterkammern nach § 75 sind bisher nicht gebildet worden.

2. Mitgliedschaft

4 Die Mitgliedschaft eines StB oder StBv beginnt in jedem Falle mit der **Begründung einer beruflichen Niederlassung** (vgl. § 34 Rdnr. 1, 2) im Kammerbereich. Sie entsteht kraft Gesetzes und bedarf weder eines Antrages noch einer Aufnahmeerklärung. Sie ist unabhängig von der Eintragung in das Berufsregister, die nur deklaratorische Bedeutung hat. Durch die Einrichtung einer weiteren Beratungsstelle wird keine Mitgliedschaft begründet (BVerwG, StB 1973 S. 228).

5 StB und StBv, die im Inland **keine berufliche Niederlassung** begründet haben, sind Mitglieder der Steuerberaterkammer, in deren Bereich sie bestellt worden sind (§ 74 Abs. 1 Satz 2); damit ist sichergestellt, dass StB und StBv von der Bestellung bis zum Erlöschen der Bestellung lückenlos einer Berufskammer angehören (s. § 74 Rdnr. 8, 9).

6 Zur Mitgliedschaft von Steuerberatungsgesellschaften und Geschäftsführern, Vorstandsmitgliedern und persönlich haftenden Gesellschaftern von Steuerberatungsgesellschaften siehe § 74.

7 Die Mitgliedschaft **erlischt** mit dem Erlöschen der Bestellung kraft Gesetzes. Sie kann nicht freiwillig weitergeführt werden, und zwar auch nicht von Personen, die nach § 47 Abs. 2 die Berufsbezeichnung weiterführen dürfen. Die Mitgliedschaft bei der Steuerberaterkammer unterliegt nicht der Verfügung des Berufsangehörigen; er kann also weder aus der Kammer austreten noch etwa seine Mitgliedschaft bei einer bestimmten Kammer dadurch umgehen, dass er einer anderen Kammer „beitritt". Die Mitgliedschaft endet ferner mit der Verlegung der beruflichen Niederlassung; gleichzeitig wird eine neue Mitgliedschaft in der Steuerberaterkammer begründet, die in dem Bereich besteht, in den die berufliche Niederlassung verlegt wird (FG Hamburg, EFG 1975 S. 42). Vgl. auch § 74 Rdnr. 9, 10.

8 Für **Klagen** aus dem Mitgliedschaftsverhältnis (z. B. gegen Beitragsbescheide oder auf Unterlassung von Tätigkeiten außerhalb des Aufgabenbereiches) ist grundsätzlich der Verwaltungsgerichtsweg gegeben; das StBerG kennt keine dem § 223 BRAO entsprechende Vorschrift.

3. Sitz

9 Die Steuerberaterkammern haben ihren Sitz **im Bezirk der OFD** (Abs. 2 Satz 1). Der Sitz wird im Übrigen durch die Satzung festgelegt; nach ihm bestimmt sich der allgemeine Gerichtsstand (§ 17 ZPO).

1. Allgemeines

4. Rechtsform

Die Steuerberaterkammern sind **Körperschaften des öffentlichen Rechts** (Abs. 2 Satz 2), d. h. mitgliedschaftlich organisierte, rechtsfähige Verbände des öffentlichen Rechts, die staatliche Aufgaben mit hoheitlichen Mitteln unter staatlicher Aufsicht wahrnehmen (vgl. *Tettinger,* Kammerrecht (1997) S. 82 mit weiteren Nachweisen). Die Steuerberaterkammern sind durch Gesetz geschaffen und können daher nur durch Gesetz und nicht etwa durch Beschluss der Mitglieder aufgelöst werden. Sie unterliegen der Aufsicht der für die Finanzverwaltung zuständigen obersten Landesbehörde (§ 88). 10

§ 74 Mitgliedschaft

(1) **Mitglieder der Steuerberaterkammer sind außer Steuerberatern und Steuerbevollmächtigten die Steuerberatungsgesellschaften, die ihren Sitz im Oberfinanzbezirk haben.** Steuerberater und Steuerbevollmächtigte, die im Geltungsbereich dieses Gesetzes keine berufliche Niederlassung begründet haben, sind Mitglieder der Steuerberaterkammer, in deren Bereich sie bestellt worden sind. § 46 Abs. 2 Nr. 6 bleibt unberührt.

(2) Mitglieder der Steuerberaterkammer sind außerdem, soweit sie nicht Steuerberater oder Steuerbevollmächtigte sind, die Mitglieder des Vorstandes, Geschäftsführer oder persönlich haftende Gesellschafter einer Steuerberatungsgesellschaft, die ihren Sitz im Oberfinanzbezirk hat.

Übersicht

	Rdnr.
1. Allgemeines	1–3
2. Steuerberatungsgesellschaften	4–7
3. Steuerberater ohne berufliche Niederlassung im Inland	8–10
4. Leiter von Steuerberatungsgesellschaften	11–15

1. Allgemeines

Die Vorschrift ist eine **Ergänzung zu § 73**. Sie erweitert den Kreis der Mitglieder einer Steuerberaterkammer um drei Gruppen: 1
Steuerberatungsgesellschaften (Abs. 1 Satz 1),
StB und StBv, die keine berufliche Niederlassung im Geltungsbereich des Gesetzes begründet haben (Abs. 1 Satz 2) und
Vorstand, Geschäftsführer oder persönlich haftende Gesellschafter von Steuerberatungsgesellschaften (Abs. 2).
Damit sind die möglichen Mitglieder einer Steuerberaterkammer – vorbehaltlich § 46 Abs. 2 Nr. 5 – **abschließend** aufgezählt; Mitglieder können nur die in den §§ 73, 74 genannten Personen und Gesellschaften sein, nicht etwa z. B. die „Praxis", die von einem Vertreter, Praxisabwickler oder Praxistreuhänder (§§ 69–71) geführt wird. 2

Aus dem Grundsatz, dass ein StB oder StBv nur **eine** berufliche Niederlassung haben kann und aus der Fassung des Abs. 2 ergibt sich, dass die in den §§ 73, 74 genannten Personen und Gesellschaften nur bei **einer** Steuer- 3 bersterkammer Mitglied sein können; eine Mitgliedschaft bei mehreren Steuerberaterkammern ist nicht möglich.

2. Steuerberatungsgesellschaften

4 Steuerberatungsgesellschaften sind Mitglied der Steuerberaterkammer, in deren Kammerbereich sie ihren **Sitz** haben. Der Sitz ist mit der beruflichen Niederlassung (siehe § 34 Rdnr. 2) identisch (LG Frankenthal, StB 1990 S. 272). Das gilt nicht nur für juristische Personen, sondern auch für Steuerberatungsgesellschaften in der Rechtsform der Partnerschaft, OHG und KG, weil sie Mitgliedschaftsrechte und -pflichten erwerben können (§§ 124 Abs. 1, 161 Abs. 1 HGB).

5 Gesellschaften mit einem **Doppelsitz** können nur Mitglied einer Steuerberaterkammer sein, weil eine zweigleisige Berufsaufsicht – entsprechend auch für die in Abs. 2 genannten Personen – nicht möglich ist (vgl. auch § 76 wegen der Vermittlung bei Streitigkeiten, wenn zwei Steuerberaterkammern betroffen sind). Maßgebend ist der zuerst begründete Sitz; bei gleichzeitiger Begründung eines Doppelsitzes ist der Sitz maßgebend, von dem aus die Verwaltung überwiegend geführt wird.

6 Die Mitgliedschaft **beginnt,** sobald die Gesellschaft als Steuerberatungsgesellschaft anerkannt ist, bei juristischen Personen jedoch nicht vor der Eintragung im Handelsregister. Sie endet mit dem Erlöschen, dem Widerruf oder der Rücknahme der Anerkennung (§§ 54, 55).

7 Steuerberatungsgesellschaften in der Rechtsform der AG, GmbH und KGaA sind auch Mitglied der **Industrie- und Handelskammer,** wenn ihr Aufgabenbereich über die Steuerberatung im Sinne des § 33 hinausgeht (BVerwG, NJW 1978 S. 904) und sie nach ihrem Unternehmensgegenstand auch gewerbliche Zwecke verfolgen. Dies ist zu bejahen, wenn sie nach der Satzung weitere StBGes errichten, bestehende erwerben oder sich an solchen beteiligen dürfen. Es ist nicht entscheidend, ob sie dies auch tatsächlich durchführen (VG Schleswig.-Holst., INF 22/2002 S. IV).

3. Steuerberater ohne berufliche Niederlassung im Inland

8 Innerhalb von sechs Monaten nach der Bestellung ist die berufliche Niederlassung zu begründen (§ 34 Abs. 1 Satz 3); anderenfalls kann die Bestellung widerrufen werden (§ 46 Abs. 2 Nr. 6). Um zu verhindern, dass StB bis zur Begründung einer beruflichen Niederlassung keiner Steuerberaterkammer angehören und damit auch keiner Berufsaufsicht unterliegen, wird in Abs. 1 Satz 2 festgelegt, dass sie Mitglieder der Kammer werden, in deren Bereich sie bestellt worden sind. Die Zuständigkeit der bestellenden Kammer richtet sich nach der **beabsichtigten beruflichen Niederlassung** des Bewerbers (§ 40 Abs. 1 Satz 2). Da StB von den Steuerberaterkammern bestellt werden, werden sie Mitglied der Steuerberaterkammer, in deren örtlichen Zuständigkeitsbereich sie bestellt worden sind.

9 Mitglieder der Steuerberaterkammern sind auch **Angehörige von Mitgliedstaaten der EU,** die nach einer Eignungsprüfung gemäß § 37a Abs. 2

Gemeinsame Steuerberaterkammer § 75

zum StB bestellt worden sind. Damit ist sichergestellt, dass alle StB, die im Inland als solche tätig werden, auch Mitglied einer Steuerberaterkammer sind und damit insbesondere der Berufsaufsicht und der Beitragspflicht unterliegen. Die Mitgliedschaft wird bei der Steuerberaterkammer begründet, in deren örtlichen Zuständigkeitsbereich sie bestellt worden sind.

Das Gesetz regelt nicht den Fall, dass ein StB seine berufliche Niederlassung 10 **aufgibt**, ohne in einem anderen Kammerbereich eine neue berufliche Niederlassung zu begründen. Das ist bei Aufgabe der Berufstätigkeit ohne Verzicht auf die Bestellung, aber auch bei Verlegung der beruflichen Niederlassung in das Ausland (vgl. § 46 Abs. 2 Nr. 5) denkbar. Da sich aus dem Gesetz der Grundsatz ableiten lässt, dass jeder StB Mitglied einer Steuerberaterkammer sein muss, bleibt in diesen Fällen der StB Mitglied der bisherigen Steuerberaterkammer (BGHSt 33, 225, 228). Bei Verlegung der beruflichen Niederlassung in das Ausland ist das in § 46 Abs. 2 Nr. 5 ausdrücklich festgelegt.

4. Leiter von Steuerberatungsgesellschaften

Für **StB** und **StBv**, die Geschäftsführer, Vorstandsmitglieder oder persön- 11 lich haftende Gesellschafter einer Steuerberatungsgesellschaft sind, gelten keine Besonderheiten; als ihre berufliche Niederlassung gilt die regelmäßige Arbeitsstätte, wenn der Beruf dort ausschließlich ausgeübt wird (§ 34 Abs. 1 Satz 1).

Nach § 50 Abs. 2 können außer StB und StBv auch **RAe, niedergelas-** 12 **sene europäische RAe, WP** sowie **vBP** und nach § 50 Abs. 3 besonders befähigte **Kräfte anderer Fachrichtungen** Vorstandsmitglieder, Geschäftsführer, persönlich haftende Gesellschafter oder Partner nach dem PartGG von Steuerberatungsgesellschaften werden. Diese Personen haben keine berufliche Niederlassung im Sinne des StBerG; ihre Mitgliedschaft in einer Steuerberaterkammer knüpft daher an den Sitz der Steuerberatungsgesellschaft an (Abs. 2).

Wenn die in Rdnr. 12 genannten Personen Geschäftsführer, Vorstands- 13 mitglieder, persönlich haftende Gesellschafter oder Partner **mehrerer** Steuerberatungsgesellschaften sind, sind sie in entsprechender Anwendung des § 34 Abs. 1 Mitglied der Steuerberaterkammer, in deren Bereich ihre Tätigkeit zuerst ausgeübt worden ist.

RAe, WP und vBP sind außerdem noch Mitglieder der **Rechtsanwalts-** 14 **kammer** bzw. **Wirtschaftsprüferkammer.** Die Berufsaufsicht der Steuerberaterkammer bezieht sich nur auf ihre Tätigkeit bei der Leitung der Steuerberatungsgesellschaft.

Die in Abs. 2 genannten Personen haben **dieselben Rechte und Pflichten** 15 wie StB und StBv. Sie sind insbesondere für die Wahl zum Kammervorstand wahlberechtigt und wählbar (BVerwG, NJW 1969 S. 152).

§ 75 Gemeinsame Steuerberaterkammer

(1) **Die Steuerberaterkammern können sich durch einen übereinstimmenden Beschluß der beteiligten Kammern für den Bereich eines oder mehrerer Oberfinanzbezirke oder mehrerer Länder zu einer gemeinsamen Steuerbe-**

§ 76 Aufgaben der Steuerberaterkammer

raterkammer zusammenschließen. Die einzelnen für den Oberfinanzbezirk gebildeten Steuerberaterkammern werden damit aufgelöst.

(2) Ein Zusammenschluß für mehrere Länder ist zulässig, wenn eine Vereinbarung der beteiligten Länder vorliegt.

Übersicht	Rdnr.
1. Zusammenschluss von Steuerberaterkammern	1–3
2. Folgen des Zusammenschlusses	4

1. Zusammenschluss von Steuerberaterkammern

1 Ein Zusammenschluss von Steuerberaterkammern ist insbesondere angebracht, wenn es einer Kammer wegen zu **geringer Mitgliederzahl** erschwert ist, ihre Aufgaben zu erfüllen. Zurzeit ist von dieser Möglichkeit nicht Gebrauch gemacht worden.

2 Der Zusammenschluss setzt einen **übereinstimmenden Beschluss** der beteiligten Kammern voraus. Der Beschluss muss von der Mitgliederversammlung gefasst werden. Da er einer Satzungsänderung gleichzusetzen ist, bedarf er der hierfür in den Satzungen vorgesehenen Mehrheit und der Genehmigung der Aufsichtsbehörde (§ 78). Der Beschluss wird mit der Genehmigung durch die Aufsichtsbehörde wirksam.

3 Gehören die Kammern verschiedenen Bundesländern an, so ist außerdem ein **Staatsvertrag** der beteiligten Länder erforderlich. In dem Vertrag sind vor allem Fragen der Zuständigkeit (Staatsaufsicht § 88; Berufsgerichtsbarkeit § 95; Prüfungs- und Zulassungsausschüsse) zu regeln.

2. Folgen des Zusammenschlusses

4 Mit der Bildung der gemeinsamen Steuerberaterkammer werden die bisherigen Kammern **aufgelöst;** die gemeinsame Steuerberaterkammer wird Rechtsnachfolgerin. Eine Auflösung der gemeinsamen Steuerberaterkammer ist durch Beschluss der Mitgliederversammlung und Genehmigung der Aufsichtsbehörde möglich. Bei einer sich über mehrere Länder erstreckenden Kammer bedarf es auch insoweit des Abschlusses eines entsprechenden Staatsvertrages.

§ 76 Aufgaben der Steuerberaterkammer

(1) **Die Steuerberaterkammer hat die Aufgabe, die beruflichen Belange der Gesamtheit der Mitglieder zu wahren und die Erfüllung der beruflichen Pflichten zu überwachen.**

(2) **Der Steuerberaterkammer obliegt insbesondere,**
1. **die Mitglieder der Kammer in Fragen der Berufspflichten (§ 57) zu beraten und zu belehren;**
2. **auf Antrag bei Streitigkeiten unter den Mitgliedern der Kammer zu vermitteln;**

Aufgaben der Steuerberaterkammer § 76

3. auf Antrag bei Streitigkeiten zwischen Mitgliedern der Kammer und ihren Auftraggebern zu vermitteln;
4. die Erfüllung der den Mitgliedern obliegenden Pflichten (§ 57) zu überwachen und das Recht der Rüge (§ 81) zu handhaben;
5. die Vorschlagslisten der ehrenamtlichen Beisitzer bei den Berufsgerichten den Landesjustizverwaltungen einzureichen (§ 99 Abs. 3);
6. Fürsorgeeinrichtungen für Steuerberater und Steuerbevollmächtigte sowie deren Hinterbliebene zu schaffen;
7. Gutachten zu erstatten, die ein Gericht, eine Landesfinanzbehörde oder eine andere Verwaltungsbehörde des Landes anfordert;
8. die durch Gesetz zugewiesenen Aufgaben im Bereich der Berufsbildung wahrzunehmen;
9. die berufsständischen Mitglieder der Prüfungsausschüsse für die steuerberatenden Berufe vorzuschlagen;
10. die Wahrnehmung der den Steuerberaterkammern zugewiesenen Aufgaben des Zweiten und Sechsten Abschnitts des Zweiten Teils dieses Gesetzes.

(3) Die Steuerberaterkammer kann die in Absatz 2 Nr. 1 bis 3 bezeichneten Aufgaben einzelnen Mitgliedern des Vorstandes übertragen; weitere Aufgaben können Abteilungen im Sinne des § 77a übertragen werden. Im Fall des Absatzes 2 Nr. 4 zweite Alternative kann der Betroffene eine Entscheidung des Vorstandes verlangen.

(4) Im Einvernehmen mit der Steuerberaterkammer, die nach den Vorschriften dieses Gesetzes für die Wahrnehmung der ihr nach Absatz 2 Nr. 10 obliegenden Aufgaben örtlich zuständig ist, kann eine andere Steuerberaterkammer diese Aufgaben übernehmen. Diese Vereinbarung ist in die Satzungen der beteiligten Steuerberaterkammern aufzunehmen.

(5) Die Steuerberaterkammer hat ferner die Aufgabe, das Berufsregister zu führen.

(6) Die Steuerberaterkammer ist berechtigt, die Ausbildung des Berufsnachwuchses zu fördern.

Übersicht	Rdnr.
1. Allgemeines	1–8
2. Wahrung der beruflichen Belange	9–14
3. Pflichtaufgaben im Einzelnen	
a) Beratung und Belehrung der Mitglieder (Abs. 2 Nr. 1)	15, 16
b) Vermittlung zwischen Mitgliedern der Kammer (Abs. 2 Nr. 2)	17–19
c) Vermittlung zwischen Mitgliedern und Auftraggebern (Abs. 2 Nr. 3)	20–22
d) Überwachung der Einhaltung der Berufspflichten (Abs. 2 Nr. 4)	23–27
e) Aufstellung von Vorschlagslisten für ehrenamtliche Richter (Abs. 2 Nr. 5)	28, 29
f) Schaffung von Fürsorgeeinrichtungen (Abs. 2 Nr. 6)	30–32
g) Erstattung von Gutachten (Abs. 2 Nr. 7)	33–36
h) Aufgaben im Bereich der Berufsbildung (Abs. 2 Nr. 8)	37
i) Aufstellung von Vorschlagslisten für die Mitglieder der Prüfungsausschüsse (Abs. 2 Nr. 9)	38, 39
j) Wahrnehmung der den Steuerberaterkammern zugewiesenen Aufgaben (Abs. 2 Nr. 10)	40, 41
k) Führung des Berufsregisters (Abs. 5)	42
l) Sonstige gesetzliche Pflichtaufgaben	43

§ 76 1–3   Aufgaben der Steuerberaterkammer

	Rdnr.
4. Übertragung von Aufgaben (Abs. 3)	44, 45
5. Übernahme der Aufgaben durch eine andere Steuerberaterkammer (Abs. 4)	46, 47
6. Ausbildung des Berufsnachwuchses (Abs. 6)	48
7. Zusammenarbeit mit Behörden	49, 50

1. Allgemeines

1   Die Aufgaben einer berufsständischen Kammer müssen **gesetzlich festgelegt** werden, weil Nichtgebietskörperschaften keine Allzuständigkeit (BVerwGE 59, 231) haben und nicht außerhalb ihres gesetzlichen Auftrages tätig werden dürfen. Er umfasst in der Regel drei Bereiche, nämlich die Berufsaufsicht, die Vertretung der Gesamtinteressen des Berufs und die Förderung des Berufsstandes, wobei die beiden letzten Felder sich teilweise überschneiden (vgl. *Tettinger,* Zum Tätigkeitsfeld der BRAK, 1984, Schriftenreihe der BRAK, S. 65 ff.). Zu den Aufgaben der Kammern im Allgemeinen siehe auch *Weinmann,* BB 1966 S. 1420; *Hofferberth,* DStR 1964 S. 660; *Fröhler-Oberndorfer,* Körperschaften des öffentlichen Rechts und Interessenvertretung, München 1964; *Tettinger,* Kammerrecht (1997) S. 76 ff. sowie insbesondere zu den Steuerberaterkammern: *Schulte,* Der Aufgabenbereich der Steuerberaterkammern (1988). Die Ansicht, dass die Kammern als „mittelbare Staatsverwaltung" nur Aufgaben wahrnehmen können, die ihnen vom Staat übertragen worden sind und dieser auch selbst wahrnehmen könnte (*Redeker,* NJW 1972 S. 1844; 1982 S. 1266) kann nicht überzeugen (*Leuze,* Festschrift für Helmut Schippel (1996) S. 700 ff. mit weiteren Nachweisen; *Tettinger,* a.a.O. S. 83). Es gibt gesetzliche Aufgaben, die der Staat nicht wahrnehmen kann (z.B. § 76 Abs. 2 Nr. 5, 9) und die sich aus der Funktion der Kammern als besondere gesellschaftliche Selbstverwaltung ergeben; Maßnahmen der Kammern können sogar gegen den Staat gerichtet sein (OVG Münster, NJW 1981 S. 640). Ihre Aufgaben können die Steuerberaterkammern auch im Rahmen von Verbandsmitgliedschaften wahrnehmen (BVerwGE 74, 254); die Aufgaben des Verbandes dürfen aber nicht weiter als die Kammeraufgaben gezogen sein (BVerwG, StB 1986 S. 333; BGH, Stbg 1996 S. 454; Nieders. AGH, BRAK-Mitt 1996 S. 207).

2   Einer Kammer ist eine **gewerbliche Betätigung** untersagt, durch die sie mit ihren Mitgliedern oder der freien Wirtschaft in den Wettbewerb träte (BVerwGE 38, 281, 311 f.). Bei der Benennung von Dritten ist absolute Neutralität zu wahren (BVerwG, Stbg 1992 S. 380). Keine gewerbliche Tätigkeit liegt vor, wenn eine Kammer in Erfüllung ihrer gesetzlichen Aufgaben Maßnahmen durchführt, für die sie kostendeckende privatrechtliche Entgelte erhebt, z.B. zur Förderung der Ausbildung des Berufsnachwuchses (Abs. 6). Empfehlende Hinweise auf derartige oder vergleichbare Veranstaltungen sind grundsätzlich auch nicht wettbewerbswidrig (vgl. BGH, DB 1986 S. 2324; NJW 1983 S. 569; *Schmidt,* NJW 1983 S. 543).

3   Für die Festlegung des gesetzlichen Aufgabenbereichs in § 76 hat **§ 73 BRAO als Vorbild** gedient. Dabei ist jedoch nicht beachtet worden, dass

344

1. Allgemeines 4–7 § 76

§ 73 BRAO nicht die Aufgaben der RAK, sondern des Vorstandes bestimmt; die Regelung des Absatz 3 ist daher nicht folgerichtig (vgl. Rdnr. 36). Der Aufgabenbereich der Steuerberaterkammern ist in § 76 umfassend und **abschließend** beschrieben (BVerwG, StB 1986 S. 333); es kann daher für die Steuerberaterkammern dahingestellt bleiben, ob der Funktionsbereich einer Kammer nicht nur die ihr durch Gesetz ausdrücklich zugewiesenen Aufgaben umfasst, sondern sich auch auf den Wirkungskreis erstreckt, der ihr im Hinblick auf den Zweck des mitgliedschaftlichen Zusammenschlusses erkennbar zugedacht ist (BGHZ 33, 381, 385; 35, 292, 294; 64, 301, 306; 66, 297, 300; BGH, NJW 1980 S. 186).

Die Aufgaben einer Steuerberaterkammer sind **persönlich** begrenzt. Die 4 Berufsaufsicht besteht nur gegenüber den Mitgliedern (§§ 73, 74). Nichtmitglieder können weder zur Anhörung oder Auskunft aufgefordert werden (§ 80) noch gar gerügt werden (BGHZ 20, 119, 126). Das gilt auch gegenüber Mitgliedern anderer Kammern, die im Kammerbereich tätig werden. So ist die ordnungsmäßige Besetzung einer weiteren Beratungsstelle nach § 34 von der Steuerberaterkammer des Mitglieds zu prüfen, nicht aber von der Kammer, in deren Bezirk die weitere Beratungsstelle liegt. Die persönliche Begrenzung gilt jedoch nur für die hoheitliche Betätigung. Zivilrechtliche Unterlassungsansprüche können gegen jeden geltend gemacht werden, der im Kammerbereich tätig wird (BGHZ 39, 390, 394).

Die **räumlichen** Grenzen einer Steuerberaterkammer lassen sich verhält- 5 nismäßig leicht ziehen. Die Steuerberaterkammern sind entsprechend den OFD-Bezirken organisiert (§ 73). Sie treten daher nur mit den Behörden ihres Kammerbereiches in Verbindung. Bestehen im Bereich eines Landes mehrere Steuerberaterkammern, so ist eine vorherige Abstimmung erforderlich. Dagegen obliegt die Verbindung zu den Bundesbehörden ausschließlich der Bundessteuerberaterkammer (§ 86 Abs. 2 Nr. 4–6); eine Steuerberaterkammer kann nur vorbereitende Maßnahmen für eine Meinungsbildung auf Bundesebene treffen (BGHZ 35, 292, 295; BGH, BRAK-Mitteilungen 1985 S. 223).

Zum **sachlichen** Zuständigkeitsbereich nennt Abs. 1 zwei Gebiete: die 6 Wahrung der beruflichen Belange der Gesamtheit der Mitglieder und die Überwachung der Erfüllung der Berufspflichten. Die wichtigsten Aufgaben im ersten Bereich sind in Abs. 2 Nr. 1–3, 5–10 beispielhaft genannt; die zweite Aufgabe aus Abs. 1 wird in Abs. 2 Nr. 4 wiederholt. Diesen sachlichen Aufgabenbereich können die Kammern nicht durch ihre Satzung ausdehnen, weil die Satzung ihre Rechtsgrundlage im Gesetz finden muss.

Unter einer „Aufgabe" im Sinne des Abs. 1 ist nicht nur eine Ermächti- 7 gung zu verstehen, sondern ein Tätigkeitsbereich, der von den Steuerberaterkammern wahrzunehmen ist. Dies wird – im Gegensatz zu Abs. 6 – in Abs. 2 betont, indem beispielhaft die wichtigsten Aufgaben unter Verwendung des Wortes „obliegt" aufgezählt werden. Die dort genannten Bereiche gehören sämtlich zu den **Pflichtaufgaben** der Berufskammern. Das gilt auch für die Überwachung der Berufspflichten und das Rügerecht der Kammern (Abs. 2 Nr. 4). Das Gesetz hat deutlich zum Ausdruck gebracht,

345

dass die Überwachung der Berufspflichten eine Pflichtaufgabe ist, deren Wahrnehmung nicht im Ermessen der Kammern steht, dass es dagegen im Einzelfall den Kammern überlassen bleibt, „das Recht der Rüge zu handhaben". Bei allen in Abs. 2 genannten Aufgaben ergibt sich also aus der Fassung des Gesetzes, dass die Kammern nicht darüber entscheiden können, ob sie diese Aufgaben wahrnehmen; sie haben vielmehr nur einen Ermessensspielraum, wie sie die Aufgaben im Einzelfall erfüllen. Werden die Aufgaben nicht erfüllt, so kann die Staatsaufsicht nach § 88 Abs. 3 einschreiten. Bei dem allgemein festgelegten Aufgabenbereich des Abs. 1, insbesondere bei der Wahrung der beruflichen Belange, haben die Steuerberaterkammern einen größeren Spielraum. Im Hinblick auf den weiten Bereich, der durch diese Fassung des Gesetzes abgedeckt ist, können sie nicht als verpflichtet angesehen werden, auf allen Gebieten tätig zu werden, die als Wahrung der beruflichen Belange bezeichnet werden könne; vielmehr können die Mitgliederversammlung und der Vorstand in eigener Verantwortung entscheiden, welche der in der Generalklausel des Abs. 1 enthaltenen Aufgaben im Einzelnen wahrgenommen werden.

8 Die Berufskammern können sowohl auf privatrechtlicher Grundlage als auch hoheitlich tätig werden; diese Frage ist insbesondere für die Zulässigkeit des Rechtsweges (Art. 19 Abs. 4 GG; § 40 VerwGO), der Gebührenerhebung (vgl. § 79 Rdnr. 17) sowie die Haftung (§ 839 BGB; Art. 34 GG) von Bedeutung. Aufgrund der Struktur und der Aufgaben der Berufskammern muss man ihre Tätigkeit grundsätzlich als **Ausübung hoheitlicher Gewalt,** wenn auch in der Form der sog. schlichten Hoheitsverwaltung ansehen (vgl. hierzu BGH, LM § 13 GVG Nr. 55 Blatt 2; BGH, NJW 1956 S. 711; 1958 S. 1101; 1971 S. 1749; BGH, DStR 1964 S. 660).

2. Wahrung der beruflichen Belange

9 In Abs. 1 wird den Steuerberaterkammern als Aufgabe nur die **Wahrung** der beruflichen Belange, nicht aber deren **Förderung** zugewiesen. Insoweit weicht der Gesetzeswortlaut von § 34 aF. ab. Wenn man unter der Wahrung die Erhaltung des gegenwärtigen Besitzstandes, unter der Förderung aber die Erweiterung und Vermehrung versteht, dürften sich die Steuerberaterkammern nicht für eine Änderung des bestehenden Zustandes einsetzen. Diese Folgerung kann jedoch aus dem Wortlaut des Gesetzes nicht gezogen werden. Mit der Streichung des Wortes „fördern" sollte klargestellt werden, dass die Aufgabe der Kammern **nicht** die berufspolitische Interessenvertretung, sondern die Erfüllung der ihr durch Gesetz zugewiesenen Aufgaben ist (BT-Drucksache VI/3456, Abschnitt II zu Art. 1 Nr. 13a und 16 des Gesetzesentwurfs; *Weiss,* DStZ/A 1972 S. 377, 386); andererseits sollte aber eine Gleichstellung mit den Rechtsanwaltskammern erreicht werden, bei denen – wenn auch hinsichtlich der „Belange der Kammer" – die Förderung ausdrücklich in § 73 Abs. 1 Satz 2 BRAO vorgesehen ist. Es ist unmöglich, die Wahrung beruflicher Belange und ihre Förderung voneinander zu trennen. Die Wahrung beruflicher Belange kann sich ebenso in einer Verteidigung als

2. Wahrung der beruflichen Belange 10–12 § 76

auch in ihrer Förderung äußern (*Luther,* DStR 1974 S. 331, 337; *Tettinger,* Zum Tätigkeitsfeld der BRAK, Schriftenreihe der BRAK, Bd. 7, S. 58; einschränkend: *Bockelmann,* NJW 1974 S. 1105, 1107; *Redeker,* NJW 1972 S. 1844; vgl. dagegen *Ladda,* NJW 1974 S. 1692) und auch gegen den Staat gerichtet sein (OVG Münster, NJW 1981 S. 640).

Die beruflichen Belange umfassen nicht nur die in Abs. 2 aufgezählten **10** Bereiche; das Wort „**insbesondere**" zeigt, dass es sich dabei nicht um eine abschließende Aufzählung handelt. Unter den beruflichen Belangen sind alle Bestrebungen einzuordnen, die für die Erhaltung und den Ausbau der steuerberatenden Berufs eintreten (BVerwG, StB 1986 S. 333). Allerdings gehört hierzu nicht alles, was im unmittelbaren oder mittelbaren Zusammenhang zur Berufstätigkeit steht (BVerwGE 64, 115, 119). Die Wahrung der beruflichen Belange kann als Nebenfolge auch die Wahrung wirtschaftlicher Belange (BayVGH, Verwaltungsrechtsprechung Band 4, S. 261, 271; *Weber,* DÖV 1952 S. 705, 708) und die Verfolgung berufspolitischer Anliegen (BGH, NJW 1980 S. 186 mit Anm. *Redeker* und *Scharf,* NJW 1980 S. 1844; OLG München, StB 1980 S. 311) mit sich bringen; lediglich die rein wirtschaftliche Interessenvertretung ist den Kammern untersagt (BGHZ 35, 292). Die beruflichen Belange können sich auf die Berufsarbeit, die Standesinteressen und die sozialen Belange beziehen (*Luther,* DStR 1974 S. 331, 338).

Zur **Förderung der Berufsarbeit** gehört jede Tätigkeit, die geeignet ist, **11** die Berufsangehörigen bei ihrer Arbeit zu unterstützen und damit zur Sicherung des Betätigungsfeldes der StB beiträgt, z. B. Literaturhinweise und Buchbesprechungen, die Herausgabe und der Sammelbezug, nicht aber den Pflichtbezug einer Fachzeitschrift (BVerwGE 64, 115). Die Förderung der **beruflichen Fortbildung** ist der Bundessteuerberaterkammer zugewiesen (§ 86 Abs. 2 Nr. 7; vgl. § 86 Rdnr. 13, 14). Zur Förderung der Berufsarbeit ist auch die Gemeinschaftswerbung, z. B. auf dem Gebiet der Lohnsteuerberatung, zu rechnen.

Zur **Wahrung der Standesinteressen** gehört es, dass die Steuerberater- **12** kammern in allen den Berufsstand betreffenden Fragen gegenüber den zuständigen (Landes-)Behörden Stellung nehmen und Vorschläge unterbreiten (siehe allgemein *Fröhler-Oberndorfer,* Körperschaften des öffentlichen Rechts und Interessenvertretung, München 1974). Der Auffassung der Kammern kommt dabei besonderes Gewicht zu, weil sie alle StB, StBv und StBGes vertreten **(Gesamtvertretung),** während privatrechtliche Organisationen (Vereine, Verbände) nur für ihre Mitglieder sprechen können. Die in den einzelnen Bestimmungen des Gesetzes enthaltenen Regelungen stellen nur einen Ausschnitt aus diesem Tätigkeitsgebiet dar. Zur Wahrung der beruflichen Interessen gehört ferner die Bekämpfung von Verstößen gegen das Verbot der unerlaubten Hilfeleistung in Steuersachen. Die Berufskammern sind für Unterlassungsklagen als Verbände im Sinne des § 13 Abs. 1 Nr. 2 UWG aktiv legitimiert (BGHZ 79, 390, 392; 98, 330; 109, 53; 153, 156; BGH, WRP 1998 S. 172, 173. Zur Geltendmachung von Unterlassungsansprüchen der Mitglieder siehe BGH, Stbg 2004 S. 513; LG Halle, DStR 1994 S. 1246. Zur Wahrung des beruflichen Ansehens und damit der Standesinteressen ist der Abschluss einer Vertrauensschadensversicherung zulässig (BGHZ 52, 282; BGH, NJW 1969 S. 2198; MDR 1983 S. 314; MDR 1991 S. 152).

13 Im **sozialen Bereich** sind die Steuerberaterkammern nicht befugt, Versorgungseinrichtungen mit Pflichtmitgliedschaft zu schaffen (*Bühring,* DStZ/A 1963 S. 282); sie können sich jedoch dafür einsetzen, dass ein solches Versorgungswerk durch Landesgesetze errichtet wird (OVG Münster, WPK-Mitteilungen 132/88, S. 13; vgl. auch *Tettinger,* Kammerrecht (1997) S. 172ff.). Es ist jedoch zulässig, Gruppenversicherungsverträge über Krankenversicherungen, insbesondere über Krankentagegeldversicherungen und Krankenhaustagegeldversicherungen, abzuschließen, weil die beruflichen Belange der StB und StBv beeinträchtigt werden, wenn im Krankheitsfall die finanziellen Mittel für die Fortführung der Praxis, z.B. durch Bestellung eines Vertreters, fehlen. Die Steuerberaterkammern wirken ferner bei der Veräußerung von Praxen, insbesondere im Interesse der Erben von Berufsangehörigen, mit (s. § 57 Rdnr. 87).

14 Alle Tätigkeiten der Steuerberaterkammern zur Wahrung der beruflichen Belange müssen im Interesse „**der Gesamtheit der Mitglieder**" erfolgen. Das Gesamtinteresse setzt nach einer Ermittlung der Einzelinteressen deren Abwägung und einen Ausgleich voraus, z.b. bei unterschiedlichen Interessen von angestellten und selbstständigen Mitgliedern oder natürlichen oder juristischen Personen (StBGes). Dabei dürften die Interessen von Mitgliedern, die z.b. als RAe, WP oder vBP auch Mitglied einer anderen Berufskammer sind, nicht unberücksichtigt bleiben. Das Verbot der Verfolgung von Sonderinteressen ergibt sich aus der Pflichtmitgliedschaft zur Steuerberaterkammer (BVerfGE 10, 89, 102; OVG Bremen, Stbg 1993 S. 448). Angelegenheiten, die den Berufsstand als ganzen betreffen, gehören zur Zuständigkeit der Bundessteuerberaterkammer (§ 86 Abs. 2 Nr. 4, 5).

3. Die Pflichtaufgaben im Einzelnen

a) Beratung und Belehrung der Mitglieder (Abs. 2 Nr. 1)

15 Die Mitglieder der Steuerberaterkammer haben Anspruch darauf, in Fragen der Berufspflichten **Rat** und **Auskunft** zu erhalten. Ein Mitglied, das sich diesem Rat entsprechend verhält, kann sich im berufsgerichtlichen Verfahren und im Strafverfahren hierauf mit der Folge berufen, dass ein Handeln nach diesem Rat nicht subjektiv vorwerfbar ist, auch wenn das Gericht die Auffassung der Steuerberaterkammer nicht teilt. Andererseits scheidet ein strafbefreiender Verbotsirrtum aus, wenn der StB nicht vorher die Auskunft der Steuerberaterkammer eingeholt hat (OLG Frankfurt/M., DStR 1996 S. 1304). Die Steuerberaterkammer ist verpflichtet, auf Anfragen ihrer Mitglieder Auskunft in Fragen des Berufsrechts zu geben.

16 Während bei der Beratung der Anstoß in der Regel von dem Mitglied ausgeht, das eine Auskunft über eine zukünftige Gestaltung wünscht, wird eine **Belehrung** im Allgemeinen auf Grund eines in der Vergangenheit liegenden Verhaltens unaufgefordert erteilt. Sie erfolgt häufig, wenn eine Rüge

3. Die Pflichtaufgaben im Einzelnen

aus subjektiven Gründen nicht in Betracht kommt oder nicht zweckmäßig ist. Derartige missbilligende Belehrungen sind gerichtlich anfechtbar (BVerfGE 50, 16 und *Dittmar,* AnwBl 1980 S. 174 ff. zu § 73 BRAO); in Ermangelung einer dem § 223 BRAO entsprechenden Bestimmung sind zur Entscheidung hierüber nicht die Berufsgerichte, sondern die Verwaltungsgerichte zuständig, obwohl dies zu einer Konkurrenz zwischen Berufs- und Verwaltungsgerichtsbarkeit führen kann (OVG Lüneburg, StB 1980 S. 163; OVG Münster, NJW 1990 S. 2150 zu § 72 WPO; BGHZ 119, 246; OLG Stuttgart, DStR 1993 S. 148; OVG Bremen, StB 1996 S. 195; OVG Koblenz, Stbg 1998 S. 32 mit Anm. *Späth).* Bei Auskünften ohne Missbilligung liegt kein anfechtbarer Verwaltungsakt vor (BGH, BRAK-Mitt. 1997 S. 40 zu § 223 BRAO).

b) Vermittlung zwischen Mitgliedern der Kammer (Abs. 2 Nr. 2)

Zwischen den Mitgliedern einer Steuerberaterkammer können sich insbesondere Streitigkeiten bei einer Verletzung der Kollegialitätspflicht, einer Abwerbung von Mandanten und beim Ausscheiden aus einer Gesellschaft ergeben (s. § 57 Rdnr. 85 ff.). Bei derartigen, aber auch bei allen anderen Streitigkeiten sind die **Beteiligten verpflichtet,** eine Vermittlung der Steuerberaterkammer zu beantragen; dasselbe gilt, bevor ein StB oder StBv gegenüber einem Kollegen gerichtliche oder behördliche Maßnahmen beantragt.

Die **Steuerberaterkammer** ist **verpflichtet,** auf Antrag beider Beteiligter einen Vermittlungsversuch zu unternehmen. Geht der Antrag nur von einem der Beteiligten aus, so ist der Antragsgegner zur Mitwirkung verpflichtet; er muss, auch wenn die Voraussetzungen des § 80 nicht vorliegen, zu einem Vermittlungsgespräch erscheinen (§ 80 Rdnr. 4).

Gehören die Beteiligten **verschiedenen Berufskammern** an, so hat die Kammer nach dem Wortlaut des Gesetzes keine Vermittlungspflicht. In entsprechender Anwendung des Abs. 2 Nr. 2 wird man es jedoch als Aufgabe der Steuerberaterkammern ansehen müssen, auch in diesem Falle zu vermitteln. Örtlich zuständig ist die Steuerberaterkammer, der das Mitglied angehört, dem der Vorwurf eines berufswidrigen Verhaltens gemacht wird; nur diese Steuerberaterkammer hat die Möglichkeit, das Erscheinen des Betroffenen nach § 80 zu erzwingen. Dasselbe muss auch gelten, wenn – ohne dass ein berufsrechtlicher Vorwurf erhoben wird – ein Zivilprozess gegen einen Berufsangehörigen geführt werden soll; in Anwendung der allgemeinen zivilprozessualen Grundsätze sollte die Kammer um Vermittlung gebeten werden, der der etwaige Beklagte angehört. Bei wechselseitigen Beschuldigungen und Ansprüchen muss – notfalls durch Vermittlung der Bundessteuerberaterkammer – eine Einigung zwischen den beteiligten Steuerberaterkammern über die örtliche Zuständigkeit herbeigeführt werden.

c) Vermittlung zwischen Mitgliedern und Auftraggebern (Abs. 2 Nr. 3)

Zwischen Mitgliedern der Kammer und ihren Auftraggebern können sich Streitigkeiten aus der **Durchführung und Abwicklung des Auftrages** ergeben, insbesondere über die Höhe der Gebühren, über die Herausgabe von Handakten nach Beendigung des Auftrags und über Schadensersatzansprüche. Für die Vermittlung bei außerhalb des Auftrags liegenden, privaten Streitigkeiten ist die Steuerberaterkammer nicht zuständig.

21 Die Steuerberaterkammer ist zu einem Vermittlungsversuch verpflichtet, wenn **beide Beteiligte** einen Antrag stellen oder der Vermittlung zustimmen. Eine Antragspflicht für das Kammermitglied besteht – im Gegensatz zu Abs. 2 Nr. 2 – nicht. Stellt nur das **Kammermitglied** einen Antrag und stimmt der Auftraggeber einer Vermittlung nicht zu, so kann die Kammer nicht tätig werden, weil sie den Auftraggeber nicht zur Mitwirkung zwingen kann. Stellt der **Auftraggeber** einen Vermittlungsantrag, so hat das Kammermitglied an einem Vermittlungsversuch mitzuwirken (§ 80 Rdnr. 4).

22 Eine Vermittlungstätigkeit der Kammer ist **kein schiedsrichterliches Verfahren** nach den §§ 1025ff. ZPO. Die Kammer hat daher auch nicht die in diesen Bestimmungen enthaltenen Befugnisse, es sei denn, dass bei der Kammer ein Schiedsgericht besteht, dessen Zuständigkeit die Beteiligten vereinbart haben.

d) Überwachung der Einhaltung der Berufspflichten (Abs. 2 Nr. 4)

23 Es ist eine der Hauptaufgaben der Steuerberaterkammern, die Erfüllung der beruflichen Pflichten ihrer Mitglieder zu überwachen; das wird bereits in Abs. 1 hervorgehoben. Gerade bei Freien Berufen, die für das Gemeinwohl wichtige Aufgaben wahrnehmen, kommt es zum Schutz der Allgemeinheit wie auch des Berufsstandes darauf an, die Einhaltung der Berufspflichten zu überwachen und sicherzustellen. Mit dem Übergang der Berufsaufsicht auf die Selbstverwaltungsorgane ist eine Berufsaufsicht durch die Finanzverwaltung endgültig beseitigt worden (vgl. BFHE 58, 301; 86, 294). Ihre besondere Ausgestaltung findet die **Berufsaufsicht** (vgl. *Meng*, StB 1982 S. 269ff.) in § 80 (Auskunfts- und Erscheinenspflicht); §§ 81, 82 (Rügeverfahren); §§ 89ff. (berufsgerichtliches Verfahren, insbesondere § 115 Abs. 2, 122 Abs. 2 Satz 2).

24 Durch die Aufsicht durch die Steuerberaterkammern werden Aufsichtsbefugnisse nach anderen Gesetzen, z.B. § 17 Arbeitszeitgesetz, § 51 Jugendarbeitsschutzgesetz, § 20 Mutterschutzgesetz nicht ausgeschlossen; Abs. 2 Nr. 4 begründet **keinen Ausschließlichkeitsanspruch** der Steuerberaterkammern.

25 Die Steuerberaterkammern müssen dem Verdacht einer Berufspflichtverletzung **von Amts wegen** nachgehen und die entsprechenden Maßnahmen ergreifen (Einstellung des Verfahrens, Belehrung, Rüge, Abgabe an die Staatsanwaltschaft). Es besteht aber keine Amtspflicht der Steuerberaterkammer gegenüber Dritten, die Berufsaufsicht zu führen (BGHZ 35, 44, 9; VGH Mannheim, NJW 1982 S. 2011) oder ihr Ermessen fehlerfrei auszuüben (BVerwG, NJW 1993 S. 2066).

26 In Aufsichtssachen, bei denen ein Verschulden des Kammermitglieds nicht nachzuweisen ist, können die Steuerberaterkammern **Aufsichtsbescheide** erlassen, um in Zukunft ein berufsgerechtes Verhalten sicherzustellen. Der-

3. Die Pflichtaufgaben im Einzelnen 27–31 § 76

artige Aufsichtsbescheide können im Verwaltungsrechtsweg angefochten werden (§ 40 VwGO), da eine dem § 223 BRAO entsprechende Vorschrift im StBerG fehlt (s. auch Rdnr. 16).

Bei Verstößen gegen das Verbot der berufswidrigen Werbung können die Steuerberaterkammern gegen ihre Mitglieder auch **zivilrechtlich** auf Unterlassung **klagen**. Ein Verstoß gegen das Werbeverbot stellt in der Regel einen Verstoß gegen § 1 UWG dar. Die Steuerberaterkammern sind nach § 13 UWG für eine Unterlassungsklage aktiv legitimiert (BGHZ 79, 390, 392; vgl. Rdnr. 12), und zwar auch gegenüber ihren Mitgliedern (BGH, GRUR 1957 S. 131, 132; 1972 S. 607; 1981 S. 596). Sie müssen nicht auf die Durchsetzung zivilrechtlicher Unterlassungsansprüche zugunsten von berufsrechtlichen Maßnahmen verzichten (BGH, Stbg 2004 S. 513). In der Regel sollte aber das berufsrechtliche Instrumentarium ausreichen und zivilrechtliche Maßnahmen den freien Verbänden überlassen werden. Wenn sich Steuerberaterkammern insoweit wie Verbände verhalten, stellen sie ihre Existenz als Körperschaften des öffentlichen Rechts mit Pflichtmitgliedschaft in Frage. 27

e) Aufstellung von Vorschlagslisten für ehrenamtliche Richter (Abs. 2 Nr. 5)

Nach § 99 Abs. 3 werden die ehrenamtlichen Beisitzer bei den Kammern und Senaten für StB- und StBv-Sachen bei den LG und OLG den Vorschlagslisten entnommen, die die **Vorstände der Steuerberaterkammern** der Landesjustizverwaltung einreichen. Zuvor bestimmt die Landesjustizverwaltung nach Anhörung der Steuerberaterkammern, wie viele ehrenamtliche Beisitzer erforderlich sind. 28

Bei der Aufstellung der Vorschlagslisten dürfen nur StB und StBv berücksichtigt werden, die **nicht** dem Vorstand der Steuerberaterkammer angehören oder bei ihr im Haupt- oder Nebenberuf tätig sind (§ 100 Abs. 2). Ein Berufsangehöriger darf nur für ein Gericht (LG oder OLG) vorgeschlagen werden (§ 100 Abs. 1 Satz 2). 29

f) Schaffung von Fürsorgeeinrichtungen (Abs. 2 Nr. 6)

Die Schaffung von Fürsorgeeinrichtungen gehört zu den **Pflichtaufgaben** der Steuerberaterkammern. Das ergibt sich schon aus allgemeinen Erwägungen (vgl. Rdnr. 7), die hier noch durch einen Vergleich mit § 67 BNotO verstärkt werden; nach dieser Bestimmung „können" die Notarkammern Fürsorgeeinrichtungen unterhalten, während nach dem StBerG diese Aufgabe den Steuerberaterkammern „obliegt". 30

Fürsorgeeinrichtungen dienen der **Unterstützung bedürftiger Kammermitglieder** und ihrer Hinterbliebenen, ohne dass ein Rechtsanspruch hierauf besteht. Hierdurch unterscheiden sie sich von Versorgungseinrichtungen mit Pflichtmitgliedschaft (*Gilgan*, Stbg 1990 S. 334), zu deren Schaffung die Steuerberaterkammern nicht befugt sind (Rdnr. 13); zur freiwilligen berufsständischen Rentenversicherung vgl. *Mittelsteiner*, DStR 1987 S. 346 und *Holzmann*, StB 1987 S. 137. Bei der Ausgestaltung der Fürsorgeeinrichtungen sind die Steuerberaterkammern an die Richtlinien gebunden, die die Bundessteuerberaterkammer nach § 86 Abs. 2 Nr. 3 aufgestellt hat. 31

32 Die Aufwendungen der Fürsorgeeinrichtungen werden durch **Beiträge** nach § 79 und durch **Spenden** gedeckt.

g) Erstattung von Gutachten (Abs. 2 Nr. 7)

33 Die von der Steuerberaterkammer zu erstattenden Gutachten haben ihre Bedeutung darin, dass sie nicht nur die Meinung der Gutachter, sondern die **Ansicht der Berufsvertretung** widergeben. Sie sind ein Mittel zur objektiven Unterrichtung des Gerichts oder der Verwaltungsbehörde über die Beurteilung einer Frage durch die Berufsvertretung und von berufspolitischen Eingaben klar zu unterscheiden. Die Gutachten sind Sachverständigengutachten im Sinne der §§ 402 ff. ZPO; § 413 ZPO (Entschädigung) ist daher auf sie anwendbar.

34 Ein Gutachten der Steuerberaterkammer kann von den **Gerichten** eines Landes aller Gerichtszweige (ordentliche, Finanz-, Verwaltungs-, Sozial-, Arbeitsgerichte) angefordert werden, außerdem von den Finanzbehörden und **Verwaltungsbehörden** des Landes gleich welcher Rangordnung, ebenso von Körperschaften und Anstalten des öffentlichen Rechts, soweit sie öffentlich-rechtliche Aufgaben wahrnehmen. Für Gutachten gegenüber Bundesgerichten und -behörden ist die Bundessteuerberaterkammer zuständig (§ 86 Abs. 2 Nr. 6).

35 Das Gutachten muss im Zusammenhang mit den allgemeinen Aufgaben der Steuerberaterkammer stehen, d.h. sich auf das **Berufsrecht,** insbesondere die Berufspflichten und auf Gebührenfragen erstrecken; zur Erstattung allgemeiner steuerrechtlicher Gutachten sind die Kammern nicht verpflichtet. In der Erstattung eines Gutachtens zu Gebührenfragen kann keine unzulässige Preisempfehlung gesehen werden, weil das StBerG als Sonderbestimmung insoweit dem GWB vorgeht.

36 Aus Abs. 3 kann nicht gefolgert werden, dass der **gesamte Vorstand** oder eine Abteilung an der Erstellung des Gutachtens mitwirken muss. Es reicht vielmehr aus, dass ein Gutachten von einem einzelnen Vorstandsmitglied oder der Geschäftsführung vorbereitet und sodann im Namen der Steuerberaterkammer abgegeben wird. Abs. 3 ist aus § 73 BRAO übernommen worden, der die Zuständigkeit des Kammervorstands regelt.

h) Aufgaben im Bereich der Berufsbildung (Abs. 2 Nr. 8)

37 Die Steuerberaterkammern sind „**zuständige Stelle**" im Sinne des § 89 BBiG für die Berufsbildung der Steuerfachangestellten (VO v. 9. 5. 1996, BGBl. I S. 672; vgl. *Siemon,* DStR 1996 S. 1221; *Meng,* StB 1996 S. 384; *Donath,* INF 1996 S. 469). Soweit die Ausbildung bei StB, StBv und StBGes erfolgt, hat die Steuerberaterkammer ein Verzeichnis der Berufsausbildungsverhältnisse zu führen (§§ 31 ff. BBiG), Prüfungsausschüsse zu errichten (§ 36 BBiG) und die Durchführung der Berufsausbildung zu überwachen (§§ 44, 45 BBiG); zum Ausbildungsrahmenplan vgl. BAnz 1996 Nr. 156a und zur Tätigkeit der Ausbildungsberater *Meng,* Stbg 1995 S. 254. Zur verbindlichen Festsetzung von Mindestsätzen der Ausbildungsvergütung ist die Kammer nicht berechtigt (BVerwG, NJW 1981 S. 2209). Die Steuerberaterkammern

3. Die Pflichtaufgaben im Einzelnen

haben nach § 46 BBiG auch die Möglichkeit, Fortbildungsprüfungen zum „Steuerfachwirt" durchzuführen (vgl. *Meng*, StB 1995 S. 99).

i) Aufstellung von Vorschlagslisten für die Mitglieder der Prüfungsausschüsse (Abs. 2 Nr. 9)

Den Prüfungsausschüssen für die **StB-Prüfung** gehören drei Steuerberater oder zwei Steuerberater und ein Vertreter der Wirtschaft an (§ 10 Abs. 1 Nr. 2 DVStB). Diese Ausschussmitglieder werden von der obersten Landesbehörde berufen. Die Zulassungsausschüsse, die über die Anträge auf Zulassung zur Prüfung als StB entschieden haben, sind durch das 7. StBÄndG abgeschafft worden. Über die Anträge trifft nunmehr die nach § 1 Abs. 1 DVStB für die Finanzverwaltung zuständige oberste Landesbehörde die Entscheidung. 38

Aus Abs. 2 Nr. 9 ergibt sich, dass es sich nicht nur um ein Anhörungsrecht handelt, sondern die Finanzverwaltung die Steuerberaterkammer zunächst zur **Benennung** geeigneter Personen auffordern muss. 39

j) Wahrnehmung der den Steuerberaterkammern zugewiesenen Aufgaben (Abs. 2 Nr. 10)

Aufgrund des 7. StBÄndG und der damit verbundenen Übertragung von weiteren Aufgaben auf die Steuerberaterkammern ist die **Aufzählung** der den Kammern obliegenden **Aufgaben ergänzt** worden. Die Aufgabenzuweisung betrifft zum einen die Voraussetzungen für die Berufsausübung, zu denen die persönlichen Voraussetzungen nach den §§ 35–39 a, die Bestellung nach den §§ 40–48 und die Steuerberatungsgesellschaften nach den §§ 49–55 zählen. Zum anderen sind hierzu die Übergangsvorschriften in den §§ 154–157 zu rechnen. In den einzelnen gesetzlichen Vorschriften sind die Aufgaben, die die Steuerberaterkammern wahrzunehmen haben, genannt. Es handelt sich im Einzelnen im 2. Abschnitt des 2. Teils um die §§ 39 a, 40, 41, 44, 45, 46, 47, 48 und die §§ 49 ff., die die StBGes betreffen. 40

Zudem sind im 6. Abschnitt des 2. Teils die Übergangsvorschriften geregelt. Es sind verschiedene Aufgaben an die Steuerberaterkammer übertragen worden, die im Zusammenhang mit Änderungen des Steuerberatungsgesetzes, mit Vorschriften über die Tätigkeit der Steuerberater oder von bestehenden Gesellschaften stehen. 41

k) Führung des Berufsregisters (Abs. 5)

In das Berufsregister sind alle StB, StBv, StBGes, auswärtige Beratungsstellen und Buchstellen, die die Bezeichnung „Landwirtschaftliche Buchstelle" führen dürfen, einzutragen. Wegen des Umfangs der **Eintragung** und des Verfahrens vgl. §§ 45 ff. DVStB. Die **Einsicht** in das Berufsregister ist jedem gestattet, der ein berechtigtes Interesse darlegt (§ 45 Abs. 3 DVStB; vgl. *Rohweder*, DStR 1979 S. 714). Ein berechtigtes Interesse kann auch ein wirtschaftliches Interesse sein. Bei der Übermittlung von Daten, z. B. Übersendung von Auszügen oder Listen aus dem Berufsregister sind die Datenschutzgesetze zu beachten; diese fordern zusätzlich, dass schutzwürdige Belange des Betroffenen nicht beeinträchtigt werden. 42

l) Sonstige gesetzliche Pflichtaufgaben

43 Die Steuerberaterkammern haben noch folgende, an anderen Stellen **im Gesetz genannte Aufgaben:** Verleihung der Bezeichnung „Landwirtschaftliche Buchstelle" (§ 44 Abs. 1), Rücknahme oder Widerruf der Bestellung (§ 46 Abs. 4), Erteilung der Erlaubnis, sich weiterhin StB oder StBv zu nennen (§ 47 Abs. 2), Genehmigung für besonders befähigte Kräfte anderer Fachrichtungen, Vorstandsmitglieder, Geschäftsführer oder persönlich haftende Gesellschafter einer StBGes zu werden (§ 50 Abs. 3 Satz 1). Neben den enumerativ aufgelisteten Aufgaben gibt es noch weitere Tätigkeiten für die Steuerberaterkammern, die sich aus den Gesetzen ergeben: Wahrnehmung der Aufgaben als zuständige Stelle nach § 158 c VVG (§ 67 Satz 2), Bestellung eines allgemeinen Vertreters (§§ 69 Abs. 1, 145 Abs. 1), Bestellung eines Praxisabwicklers (§ 70), Bestellung eines Praxistreuhänders (§ 71), Anhörung vor Erlass eines Bußgeldbescheides gegen einen StB oder StBv (§ 411 AO) und Erlass eines Haftungsbescheides (§ 191 Abs. 2 AO).

4. Übertragung von Aufgaben (Abs. 3)

44 Der Gesetzgeber hat damit die entsprechende Regelung aus § 77 BRAO übernommen. Er geht davon aus, dass grds. der Vorstand die ihm obliegenden Aufgaben erfüllt. Nachdem jedoch manche Aufgaben eine umfassende Behandlung und Erörterung bedürfen, die der Gesamtvorstand zeitlich nicht leisten kann, wird der Vorstand ermächtigt, die in Abs. 2 Nr. 1–3 definierten Aufgaben einzelnen Vorstandsmitgliedern zu übertragen. Zugleich können auch weitere Aufgaben an Abteilungen des Vorstandes nach § 77a weitergegeben werden. Der Wortlaut ist etwas missverständlich, da hier von weiteren Aufgaben gesprochen wird, wodurch gedanklich die Aufgaben nach Abs. 2 Nr. 1–3 ausgenommen wären, die nur auf einzelne Mitglieder des Vorstandes übertragen werden können. Es ist jedoch **sachgerecht** – sofern vom Vorstand gewollt – auch die in Abs. 2 Nr. 1–3 genannten **Aufgaben an Abteilungen** im Sinne des § 77a zu übergeben, da nach § 77a Abs. 2 jede Abteilung aus mindestens drei Mitgliedern des Vorstandes bestehen muss. In diesem Fall beschäftigt sich eine größere Anzahl von Vorstandsmitgliedern mit den einzelnen Sachverhalten, wodurch ein breiteres Spektrum an Überlegungen in die Entscheidungen einfließen kann.

45 Im Fall des Abs. 2 Nr. 4 2. Alternative, der das Recht der Rüge beinhaltet, hat der betroffene StB die Möglichkeit, eine Entscheidung des Gesamtvorstandes zu verlangen. Damit ist sichergestellt, dass sich sämtliche Vorstandsmitglieder mit dem Sachverhalt auseinandersetzen und deren **Kompetenz** in die Entscheidung einfließt, die für den betroffenen Steuerberater eine wesentliche Bedeutung hat.

5. Übernahme der Aufgaben durch eine andere Steuerberaterkammer (Abs. 4)

46 Durch die Neueinfügung des Abs. 4 ist für die Steuerberaterkammern die gesetzliche Grundlage gelegt worden, die neu übertragenen Aufgaben bei einzelnen Steuerberaterkammern konzentrieren zu können. Dies ist angebracht, um die vorhandene **Fachkompetenz zu bündeln** und zu verhindern, dass sämtliche Steuerberaterkammern die entsprechenden Vorbereitungen, die zeit- und kostenaufwändig sind, treffen müssen. Der Weg bietet sich insbesondere bei Steuerberaterkammern mit weniger Mitgliedern oder innerhalb eines Bundeslandes mit mehreren Steuerberaterkammern an.

Zugleich ist es im Interesse des Gesetzgebers, dass die getroffenen Vereinbarungen in die Satzungen der beteiligten Steuerberaterkammern aufgenommen werden. Damit wurde eine **abstrakt-generelle Lösung** gefunden, die verhindert, dass es zu einzelfallbezogenen Vereinbarungen über die örtliche Zuständigkeit der einzelnen Steuerberaterkammern kommt. 47

6. Ausbildung des Berufsnachwuchses (Abs. 6)

Im Gegensatz zu den in den Absätzen 1, 2 und 4 genannten Pflichtaufgaben handelt es sich hier um eine **Berechtigung** der Steuerberaterkammern; sie dürfen die Ausbildung des Berufsnachwuchses fördern, sind aber hierzu nicht verpflichtet. Allerdings wurde die Förderung des Berufsnachwuchses seit jeher von den Steuerberaterkammern als eine den Interessen des gesamten Berufsstandes dienende Aufgabe angesehen. Die Steuerberaterkammern sind daher berechtigt, auf dem gesamten Ausbildungswesen tätig zu werden; wegen ihrer Zuständigkeit für die Berufsbildung der Steuerfachangestellten vgl. Rdnr. 37. Die Förderung vollzieht sich insbesondere in der Durchführung von Vortrags- und Lehrveranstaltungen zur Vorbereitung auf die Steuerberaterprüfung. 48

7. Zusammenarbeit mit Behörden

Steuerberaterkammern sind als Behörden im Sinne des Artikel 35 GG anzusehen und daher zur **Amtshilfe** gegenüber anderen Behörden des Bundes und der Länder verpflichtet und berechtigt (*Ersfeld*, DStR 1977 S. 145). Die Grundsatzbestimmung des Artikel 35 GG ist durch Gesetz auszufüllen. Das ist durch § 10 sowie für Bundesbehörden und die Bundesauftragsverwaltung durch das Bundesverwaltungsverfahrensgesetz (BGBl. I 1976 S. 1253) sowie in mehreren Ländern geschehen. Für Träger der Sozialversicherung siehe §§ 3 ff. SGB X. 49

Die **GenStA** kann die Steuerberaterkammern im berufsgerichtlichen Verfahren über die Ausschließung aus dem Beruf und ein Berufs- oder Vertretungsverbot unterrichten (§ 13 Abs. 1 Nr. 5 EGGVG). Für andere Mitteilungen, z.B. über die Einleitung oder den Abschluss eines berufsgerichtlichen Verfahrens, fehlt eine ausdrückliche Rechtsgrundlage (§ 13 Abs. 2 EGGVG), jedoch kann § 14 Abs. 1 Nr. 4 EGGVG entsprechend angewendet werden, so dass die bisherige Praxis (StB 1965 S. 171) beibehalten werden kann. Aufgrund der §§ 31, 44 BZRG werden den Kammern auch Auskünfte aus dem Zentralregister erteilt, soweit sie nicht der beschränkten Auskunft unterliegen. Zu den Mitteilungspflichten der **Finanzverwaltung** vgl. § 10 Rdnr. 2–8. 50

§ 77 Vorstand

Der Vorstand der Steuerberaterkammer wird von den Mitgliedern gewählt. Zum Mitglied des Vorstandes kann nur gewählt werden, wer persönliches Mitglied der Kammer ist.

Übersicht

	Rdnr.
1. Rechtsstellung und Aufgaben	1–4
2. Wahl	5–7
3. Wählbarkeit	8, 9
4. Ehrenamtlichkeit	10, 11

1. Rechtsstellung und Aufgaben

1 Im Gegensatz zur BRAO, die die Wahl und Wählbarkeit, die Zusammensetzung, die Rechte und Pflichten des Vorstandes sowie Verfahrensfragen eingehend regelt, schreibt § 77 nur die Wahl und Wählbarkeit des Vorstandes vor und geht damit als selbstverständlich davon aus, dass die Steuerberaterkammer einen Vorstand haben muss. Der Vorstand ist **Organ** der Steuerberaterkammer; er vertritt die Kammer und führt ihre Geschäfte. Die innerhalb seiner Zuständigkeit gefassten Beschlüsse gelten als solche der Steuerberaterkammer.

2 Die Kammer **haftet** im privatrechtlichen Bereich im Rahmen der §§ 89, 31 BGB und im öffentlich-rechtlichen Bereich nach § 839 BGB, Art. 34 GG für Schäden, die ein Vorstandsmitglied schuldhaft verursacht hat.

3 Der Vorstand ist für **alle Aufgaben** der Kammer zuständig, soweit diese nicht einem anderen Organ übertragen sind. Er kann die in § 76 Abs. 2 Nr. 1–3 bezeichneten Aufgaben auf einzelne Vorstandsmitglieder und weitere Aufgaben den Abteilungen nach § 77a übertragen (§ 76 Abs. 3 Satz 1). Grundsätzlich geht das Gesetz von der Zuständigkeit des **Gesamtvorstandes** aus; dies wird besonders hervorgehoben für die Erteilung einer Rüge und die Entscheidung über den Einspruch (§§ 81, 82; siehe auch § 76 Abs. 3 Satz 2), für die Aufstellung von Vorschlagslisten der ehrenamtlichen Beisitzer (§ 99 Abs. 3) und für den Antrag auf Durchführung des Klageerzwingungsverfahrens (§ 115 Abs. 2). Vgl. jedoch § 76 Rdnr. 36.

4 Einzelfragen, z. B. die Zahl der Vorstandsmitglieder, die Amtszeit, die Bestellung eines Präsidenten und die Vertretung der Kammer müssen durch die **Satzung** geregelt werden.

2. Wahl

5 Der Vorstand wird „von den Mitgliedern" gewählt, d. h. grundsätzlich in einer **Kammerversammlung;** die Satzung kann auch eine schriftliche Wahl vorsehen. Die Wahl durch andere Organe, z. B. Wahlmänner, Beirat oder Vertreterversammlung ist damit ausgeschlossen. Das Wahlrecht ist eines der wichtigsten Mitgliedschaftsrechte; wenn die unmittelbare Wahl des Kammervorstandes durch die Mitglieder als eine der wenigen Fragen über

4. Ehrenamtlichkeit 6–10 § 77

die Organisation der Kammer ausdrücklich im Gesetz festgelegt ist, kann dies nicht durch eine Satzungsbestimmung abgeändert werden.

Wahlberechtigt sind alle Mitglieder der Kammer, d. h. StB, StBv, 6 StBGes und die in § 74 Abs. 2 genannten Personen. Eine Satzungsbestimmung, die das Wahlrecht nur StB und StBv gewährt, ist unwirksam (BVerwG, NJW 1969 S. 152). Das Wahlrecht von StBGes kann dagegen durch die Satzung ausgeschlossen werden, weil ihre vertretungsberechtigten Organe schon stimmberechtigte Mitglieder sind (BVerwG, a. a. O.).

Es ist nicht zwingend erforderlich, dass die Wahl **geheim** durchgeführt 7 wird (BGHZ 52, 297). Das Wahlrecht ist grundsätzlich **persönlich** auszuüben. Die Satzung kann jedoch eine Stellvertretung zulassen (OLG Oldenburg, NJW 1950 S. 232; a. A. OLG Celle, NJW 1950 S. 356), weil insoweit keine zwingenden Gründe für eine Abweichung von der Regelung des bürgerlichen Rechts (§ 40 BGB) sprechen. Zur en-bloc-Wahl bei nur einer Liste vgl. BGHZ 118, 121.

3. Wählbarkeit

Grundsätzlich sind **alle persönlichen Mitglieder** der Kammer wählbar, 8 also StB, StBv und die in § 74 Abs. 2 genannten Personen. Die Wählbarkeit einer dieser Gruppen kann nicht durch die Satzung ausgeschlossen werden (BVerwG, NJW 1969 S. 152). Personen, die nicht Mitglieder der Kammer sind, können nicht in den Vorstand gewählt werden; das gilt auch für ehemalige Berufsangehörige, die die Berufsbezeichnung nach § 47 weiterführen dürfen. Die Satzung kann **zusätzliche Wählbarkeitsvoraussetzungen** aufstellen, wenn es sich dabei um sachliche, als triftige Gründe zu rechtfertigende Einschränkungen handelt. Eine derartige positive Voraussetzung kann zum Beispiel sein, dass der Beruf während einer Mindestzeit ausgeübt sein muss, weil die Aufgaben des Kammervorstands, insbesondere die Berufsaufsicht, eine Berufserfahrung fordern. Die Satzung kann auch negative Voraussetzungen aufstellen, wenn das zur Wahrung des Ansehens des Berufs oder zu einer wirkungsvollen Berufsaufsicht erforderlich ist; das gilt zum Beispiel für die in § 66 BRAO enthaltenen Tatbestände.

Die Mitgliedschaft im Vorstand ist mit dem Amt eines ehrenamtlichen 9 Richters **unvereinbar** (§ 100 Abs. 2). Das schließt jedoch die Wählbarkeit nicht aus. Wenn ein ehrenamtlicher Richter in den Kammervorstand gewählt wird, muss er sich entscheiden, welches Amt er ausüben will und entweder die Annahme der Wahl ablehnen oder dafür sorgen, dass er seines Amtes als Beisitzer enthoben wird (§ 101 Abs. 1 Nr. 2).

4. Ehrenamtlichkeit

Im Gesetz wird nicht ausdrücklich bestimmt, dass das Amt eines Vor- 10 standsmitglieds ehrenamtlich auszuüben ist. Das ergibt sich jedoch aus der Natur der Sache; demgemäß haben die Steuerberaterkammern in ihren Satzungen festgelegt, dass die Mitglieder des Vorstandes ein Ehrenamt ausüben. Ehrenamtlichkeit bedeutet, dass für die im Kammervorstand geleistete Tätigkeit **keine Vergütung** gezahlt wird. Dagegen werden Reisekosten und sonstige notwendige Auslagen erstattet; es steht einer ehrenamtlichen Tätigkeit in der Regel nicht entgegen, wenn zur Erstattung von **Auslagen** eine angemessene pauschale Entschädigung gewährt wird.

11 Außerdem besteht Anspruch auf Ersatz des **Verdienstausfalls** (so ausdrücklich z.B. § 85 VwVfG; § 66 Abs. 4 HandwO; § 2 des Gesetzes über die Entschädigung der ehrenamtlichen Richter (BGBl. I 1969 S. 1753); BFHE 84, 361; 104, 419.

§ 77a Abteilungen des Vorstandes

(1) **Der Vorstand kann mehrere Abteilungen bilden, wenn die Satzung der Steuerberaterkammer es zuläßt.** Er überträgt den Abteilungen die Geschäfte, die sie selbständig führen.

(2) Jede Abteilung muß aus mindestens drei Mitgliedern des Vorstandes bestehen. Die Mitglieder der Abteilung wählen aus ihren Reihen einen Abteilungsvorsitzenden, einen Abteilungsschriftführer und deren Stellvertreter.

(3) Vor Beginn des Kalenderjahres setzt der Vorstand die Zahl der Abteilungen und ihre Mitglieder fest, überträgt den Abteilungen die Geschäfte und bestimmt die Mitglieder der einzelnen Abteilungen. Jedes Mitglied des Vorstandes kann mehreren Abteilungen angehören. Die Anordnungen können im Laufe des Jahres nur geändert werden, wenn dies wegen Überlastung der Abteilung oder infolge Wechsels oder dauernder Verhinderung einzelner Mitglieder der Abteilung erforderlich wird.

(4) Der Vorstand kann die Abteilungen ermächtigen, ihre Sitzung außerhalb des Sitzes der Steuerberaterkammer abzuhalten.

(5) **Die Abteilungen besitzen innerhalb ihrer Zuständigkeit die Rechte und Pflichten des Vorstandes.**

(6) Anstelle der Abteilung entscheidet der Vorstand, wenn er es für angemessen hält oder wenn die Abteilung oder ihr Vorsitzender es beantragt.

Übersicht	Rdnr.
1. Allgemeines	1
2. Bildung der Abteilungen	
a) Regelungen in der Satzung	2
b) Beschlussfassung des Vorstandes	3–5
3. Tätigkeit der Abteilungen	
a) Organisation	6
b) Rechte und Pflichten	7
4. Verhältnis zum Gesamtvorstand	8

1. Allgemeines

1 Die durch das 6. StBerÄG eingefügte Vorschrift entspricht dem § 77 BRAO. Sie soll eine **organisatorische Verbesserung** der Arbeit des Vorstandes der Steuerberaterkammern ermöglichen. Es ist nicht immer erforderlich, dass sich der Gesamtvorstand mit den in § 76 beschriebenen Aufgaben

3. Tätigkeit der Abteilungen 2–7 § 77a

befasst. Der Vorstand kann die in § 76 Abs. 2 Nr. 1 bis 3 bezeichneten Aufgaben einzelnen Mitgliedern übertragen (§ 76 Abs. 3); für diese und die weiteren in § 76 genannten Aufgaben kann aber auch die Zuständigkeit von Abteilungen festgelegt werden.

2. Bildung der Abteilungen

a) Regelung in der Satzung

Abteilungen des Vorstandes können nur gebildet werden, wenn die Satzung der Steuerberaterkammer dies vorsieht (Abs. 1 Satz 1). Es genügt eine **allgemeine Bestimmung** über die Zulässigkeit von Abteilungen des Vorstandes; die weitergehenden Entscheidungen über die Zahl der Abteilungen, ihre Zusammensetzung und ihre Aufgaben trifft der Vorstand (Rdnr. 3–5). 2

b) Beschlussfassung des Vorstandes

Der Vorstand hat die **Zahl der Abteilungen und ihre Mitglieder** festzusetzen. Die Abteilungen können eine unterschiedliche Zahl von Mitgliedern haben, müssen aber aus mindestens drei Mitgliedern bestehen (Abs. 2 Satz 1). Die Bestellung von Stellvertretern ist möglich, wenn die Satzung dies vorsieht. Ein Mitglied des Vorstandes kann mehreren Abteilungen angehören. 3

Der Vorstand hat ferner die den einzelnen Abteilungen **zu übertragenden Geschäfte** zu bestimmen. Die Übertragung kann sich auf alle in die Zuständigkeit des Vorstandes fallenden Geschäfte erstrecken; in der Regel wird insbesondere eine Übertragung im Berufsaufsichts- und Rügeverfahren (§§ 76 Abs. 2 Nr. 4; 81) und bei Vermittlungen (§ 76 Abs. 2 Nr. 2 und 3) in Betracht kommen. Innerhalb dieser Bereiche sind weitere Aufteilungen z. B. nach Bezirken oder Anfangsbuchstaben der Namen der Beteiligten möglich. 4

Die Beschlüsse des Vorstandes nach Rdnr. 3 und 4 müssen vor Beginn eines Kalenderjahres jeweils für ein Jahr getroffen werden; andernfalls ist die Abteilung nicht ordnungsgemäß besetzt. Im Laufe eines Jahres sind Änderungen nur unter den in Abs. 3 Satz 3 genannten Voraussetzungen zulässig. 5

3. Tätigkeit der Abteilungen

a) Organisation

Die Mitglieder der Abteilung wählen einen **Abteilungsvorsitzenden**, einen Schriftführer und deren Stellvertreter (Abs. 2 Satz 2). Der Vorsitzende hat innerhalb seines Aufgabenbereichs dieselben Funktionen wie der Präsident der Steuerberaterkammer. Die Sitzungen der Abteilungen finden grundsätzlich am Sitz der Kammer statt, falls nicht der Gesamtvorstand zugestimmt hat, die Sitzung auch außerhalb abzuhalten (Abs. 4). 6

b) Rechte und Pflichten

Innerhalb ihres Zuständigkeitsbereichs führen die Abteilungen ihre Geschäfte selbstständig und handeln anstelle des Vorstandes. Eine von der Abteilung ausgesprochene Rüge gilt als **Rüge** des Vorstandes gem. § 81, jedoch hat der Betroffene das Recht, eine Entscheidung des Gesamtvorstandes zu 7

§ 78 1–3   Satzung

verlangen (§ 76 Abs. 3 Satz 2). Aus der entsprechenden Anwendung des § 76 Abs. 3 ergibt sich, dass die Abteilung nur die in § 76 Abs. 1 Nr. 1–3 genannten Aufgaben einzelnen Mitgliedern übertragen kann; in allen anderen Fällen muss die gesamte Abteilung handeln und entscheiden.

4. Verhältnis zum Gesamtvorstand

8   Die Abteilungen handeln selbstständig und unterliegen **nicht den Weisungen** des Vorstandes. Dieser kann weder allgemeine Richtlinien aufstellen noch im Einzelfall Anweisungen geben. Er kann jedoch eine Sache an sich ziehen und entscheiden, wenn er es für angemessen hält. Der Vorstand hat anstelle der Abteilung zu entscheiden, wenn die Abteilung oder ihr Vorsitzender dies beantragt (Abs. 6). Damit sind die Einheitlichkeit der Führung der Geschäfte der Steuerberaterkammer sichergestellt.

§ 78 Satzung

Jede Steuerberaterkammer gibt sich ihre Satzung selbst. Die Satzung bedarf der Genehmigung der Aufsichtsbehörde.

Übersicht   Rdnr.
1. Allgemeines 1, 2
2. Inhalt und Grenzen 3, 4
3. Verfahren
   a) Beschlussfassung 5, 6
   b) Genehmigung 7–9
   c) Verkündung 10

1. Allgemeines

1   Während in den §§ 60–91 BRAO die Organisation der Rechtsanwaltskammern im Einzelnen gesetzlich geregelt ist, enthält das StBerG nur wenige Bestimmungen über den Aufbau der Kammern. Es wird lediglich in § 78 Satz 1 das sich aus der Stellung als Körperschaft des öffentlichen Rechts ergebende Recht bestätigt, dass sich die Steuerberaterkammer eine Satzung gibt. Der Erlass einer Satzung ist ein **Rechtsetzungsakt,** durch den Bestimmungen über den organisatorischen Aufbau der Kammern getroffen und die Rechte und Pflichten der Mitglieder näher festgelegt werden.

2   Die allgemeine Ermächtigung zum Erlass einer Satzung ist **verfassungsrechtlich** zulässig, weil Art. 80 GG nicht auf die Satzungen auf Körperschaften des öffentlichen Rechts anzuwenden ist (BVerfGE 12, 319, 325; 19, 253, 267; 21, 54, 62).

2. Inhalt und Grenzen

3   Das Gesetz enthält nur wenige Bestimmungen über Fragen des Satzungsrechts, nämlich die Bezeichnung als „Steuerberaterkammer" (§ 73 Abs. 1 Satz 2), den Sitz (§ 73 Abs. 2 Satz 1), die Aufgaben (§ 76), den Vorstand und

3. Verfahren

seine Wahl (§ 77) und die Verpflichtung zur Zahlung von Beiträgen (§ 79 Abs. 1). Diese wenigen Regelungen können durch die Satzungen nicht geändert werden, z.b. könnte eine Satzung nicht vorschreiben, dass der Vorstand von einem anderen Organ als der Mitgliederversammlung gewählt oder der Aufgabenkatalog des § 76 erweitert oder eingeschränkt wird. Wenn das Gesetz nur wenige Fragen über die Organisation der Kammern regelt, ist davon auszugehen, dass es sich um **zwingendes Recht** handelt.

Im Übrigen sind die Steuerberaterkammern in der **Gestaltung ihrer Satzung** frei; das gilt z.B. für die Festlegung der Zahl der Vorstandsmitglieder, die Bildung von weiteren Organen neben der Mitgliederversammlung und dem Vorstand, die Durchführung von Wahlen, die Wahlperioden und die Aufgabenverteilung innerhalb der Organe. Bei der Festlegung der Rechte und Pflichten sind lediglich die verfassungsrechtlichen Grenzen zu beachten, insbesondere der Gleichheitssatz des Art. 3 GG; der Ausschluss des Stimmrechts für eine Gruppe von Mitgliedern ist daher nicht zulässig (BVerwG, NJW 1969 S. 152).

3. Verfahren

a) Beschlussfassung

In Abweichung von anderen Berufsgesetzen, z.B. § 89 Abs. 3 BRAO; § 66 Abs. 1 Satz 2 BNotO; § 60 WPO, schreibt das StBerG nicht ausdrücklich vor, von welchem Organ die Satzung zu verabschieden und zu ändern ist. Es ist jedoch als selbstverständlich davon auszugehen, dass hierzu ausschließlich die Mitglieder berechtigt sind, die diese Aufgabe auch nicht auf andere Organe übertragen können. Die Beschlüsse werden in einer **Kammerversammlung** gefasst, die das oberste Organ ist; Zur Einberufung der Kammerversammlung vgl. BGHZ 64, 301; Zur Zulässigkeit einer Anfechtung vgl. VerwG Ansbach, StB 1982 S. 65.

Da es an einer anderen gesetzlichen Regelung fehlt, wird der Beschluss über die Aufstellung der Satzung mit **einfacher Mehrheit** der abgegebenen Stimmen gefasst. Dasselbe gilt für Beschlüsse über Satzungsänderungen; die Satzungen schreiben jedoch häufig – wie in § 33 BGB für den Verein – qualifizierte Mehrheiten vor.

b) Genehmigung

Die Satzung bedarf der Genehmigung der **Aufsichtsbehörde** (§ 88 Abs. 1). Aus der in § 88 Abs. 3 enthaltenen Regelung muss entnommen werden, dass sich die Prüfung der Aufsichtsbehörde auf eine Rechtskontrolle beschränken muss und sie die Genehmigung nicht von Zweckmäßigkeitserwägungen abhängig machen darf. Die Satzung und spätere Änderungen werden auf formelle und materielle Fehler überprüft. Durch die Genehmigung werden jedoch etwaige **Rechtsmängel** der Satzung nicht geheilt; die Gerichte sind trotz aufsichtsbehördlicher Genehmigung in der Prüfung frei, ob eine Satzung gegen gesetzliche Vorschriften verstößt.

Die Genehmigung ist **nicht widerruflich.** Allerdings kann die Aufsichtsbehörde nach § 88 Abs. 3 auf eine Änderung der Satzung hinwirken, wenn

§ 79 Beiträge und Gebühren

sich nach der Genehmigung herausstellt, dass die Satzung gegen gesetzliche Vorschriften verstößt.

9 Die Satzung wird erst mit der Genehmigung **wirksam**. Die in der Satzung festgelegten Rechte und Pflichten der Mitglieder entstehen daher erst mit der Genehmigung. An die Bestimmungen über den organisatorischen Aufbau der Kammer sind die Mitgliederversammlung und die Organe schon durch die Beschlussfassung gebunden, so dass z.B. Wahlen schon vorgenommen werden können, bevor die Satzung genehmigt worden ist.

c) Verkündung

10 Weil die Satzung objektives Recht schafft, muss sie in einer den rechtsstaatlichen Erfordernissen entsprechenden Weise bekanntgemacht werden. Grundsätzlich ist daher die Veröffentlichung in einem besonderen **Verkündungsblatt** erforderlich (VGH München, DVBl. 1960 S. 438); da die Satzungen berufsständischer Körperschaften nur für einen beruflich bestimmten, festliegenden Personenkreis Recht setzen, sind aber an die Wirksamkeit ihrer Veröffentlichung weniger strenge Anforderungen zu stellen als z.B. bei kommunalen Satzungen. Es reicht daher aus, wenn sie in einer an alle Kammermitglieder versandten **Mitteilung** dem betroffenen Personenkreis bekanntgemacht werden.

§ 79 Beiträge und Gebühren

(1) **Die Mitglieder sind verpflichtet, Beiträge nach Maßgabe einer Beitragsordnung zu leisten. Die Beitragsordnung bedarf der Genehmigung durch die Aufsichtsbehörde. Die Höhe der Beiträge bestimmt die Mitgliederversammlung.**

(2) **Die Steuerberaterkammer kann für die Inanspruchnahme von besonderen Einrichtungen oder Tätigkeiten oder für Amtshandlungen nach dem Zweiten und Sechsten Abschnitt des Zweiten Teils dieses Gesetzes Gebühren nach Maßgabe einer Gebührenordnung erheben. Die Gebührenordnung bedarf der Genehmigung der Aufsichtsbehörde.**

(3) **Der Anspruch der Steuerberaterkammer auf Zahlung von Beiträgen und Gebühren unterliegt der Verjährung. § 20 des Verwaltungskostengesetzes ist sinngemäß anzuwenden.**

Übersicht

	Rdnr.
1. Allgemeines	1–5
2. Festsetzung der Beiträge	6–8
3. Beitragsbemessung	
a) Allgemeine Grundsätze	9
b) Persönliche Beitragspflicht	10, 11
c) Beginn und Ende	12, 13
d) Bemessungsgrundlage	14–16
4. Festsetzung von Gebühren	17
5. Beitreibung	18–20
6. Verjährung	21, 22
7. Erlass	23, 24

1. Allgemeines

Die Vorschrift (siehe dazu *Meng*, StB 1983 S. 317 ff.) regelt **zwei Bereiche**, die zwar im Zusammenhang stehen, aber getrennt zu behandeln sind: In Abs. 1 Satz 1 wird die **berufsrechtliche Pflicht** der Mitglieder einer Steuerberaterkammer festgelegt, Beiträge zu leisten. Ein Kammermitglied verstößt gegen diese Pflicht nicht nur, wenn es überhaupt keine Beiträge zahlt (BGHSt 35, 263, 266), sondern auch, wenn es unterlässt, rechtzeitig der Berufskammer mitzuteilen, dass es zur Beitragszahlung nicht in der Lage ist (LG Hannover, Stbg 1982 S. 73). Es darf die Berufskammer nicht darüber im Unklaren lassen, dass die Beiträge nicht erbracht werden können und es erst zur Einleitung von Zwangsmaßnahmen kommen lassen. Das Mitglied hat auch in schwierigen Situationen organisatorisch dafür zu sorgen, dass ihn Schreiben der Kammer erreichen und er den Beitrag ordnungsgemäß und pünktlich zahlt (LG Hannover v. 26. 11. 2001, Az.: 44 – StL – 49/01). Ein Mitglied ist verpflichtet, die Berufskammer rechtzeitig zu unterrichten, auf ihre Anfragen zu reagieren (LG Hannover v. 20. 8. 2001, Az.: 44 – StL – 39/01) und gegebenenfalls Anträge auf Stundung oder Erlass zu stellen. Ein hartnäckiger und wiederholter Verstoß gegen diese Berufspflichten kann zu einer Ausschließung aus dem Beruf führen.

Die Bestimmung schafft ferner die **Rechtsgrundlage** für die Erhebung von Beiträgen (Abs. 1) und Gebühren (Abs. 2) durch die Steuerberaterkammern und regelt das Verfahren der Festsetzung.

Beiträge sind öffentliche Abgaben, die nicht als Leistungsentgelt, sondern außerhalb eines Verhältnisses von Leistung und Gegenleistung von dem hierzu Verpflichteten aufgebracht werden müssen. Die Beiträge, die die Mitglieder von Berufskammern zu zahlen haben, sind hierfür ein typisches Beispiel; die Pflicht zur Beitragszahlung findet ihre Grundlage in der Mitgliedschaft bei der Berufskammer als einer Körperschaft des öffentlichen Rechts. Die Erfüllung aller Aufgaben der Berufskammer und nicht etwa das Ergebnis bestimmter einzelner Tätigkeiten ist der Vorteil, für den von den Mitgliedern ein Beitrag erhoben wird; der Beitrag kann daher nicht mit der Begründung verweigert werden, die Tätigkeit der Berufskammer sei für das Mitglied „wertlos" (BVerwG, NJW 1977 S. 1893) oder das Mitglied sei mit der Tätigkeit der Berufskammer nicht einverstanden. Bei den korporativen Beiträgen gilt nicht das sonst im Beitragsrecht geltende Äquivalenzprinzip (BVerwG, NJW 1962 S. 1311).

Gebühren sind öffentliche Abgaben, die nach Maßgabe der Gesetze als Gegenleistung für eine bestimmte Verwaltungsleistung zu entrichten sind. Die in Abs. 2 enthaltene Regelung entspricht z. B. dem § 3 Abs. 6 IHKG.

2. Festsetzung der Beiträge

Grundlage für die Festsetzung der Beiträge ist zunächst die **Beitragsordnung**. Sie ist zur Regelung solcher Fragen bestimmt, die von dem jährlichen Finanzbedarf unabhängig sind; in ihr werden z. B. die Beitragspflicht, der

Beitragszahlungszeitrum, die Beitragserhebung, Mahnung, Stundung, Niederschlagung, Herabsetzung, Erlass sowie die Einziehung geregelt. In ihr ist ferner grundsätzlich festzulegen, ob ein einheitlicher oder ein von Umsatz oder Gewinn abhängiger Beitrag erhoben wird; im letzten Fall sind auch die Bemessungsgrundlage und der Bemessungszeitraum festzulegen. Es ist unbedenklich, dass das Gesetz keine näheren Bestimmungen über die Beitragsbemessung enthält, weil Art. 80 GG nicht auf die Satzungen von Körperschaften des öffentlichen Rechts anzuwenden ist (BVerfGE 12, 319, 325; 19, 253, 267).

7 Die Beitragsordnung ist von der Mitgliederversammlung zu **beschließen**. Diese kann das Recht nicht auf andere Organe, z. B. auf den Vorstand, übertragen. Durch die Beitragsordnung wird materielles Satzungsrecht geschaffen (VGH Stuttgart, NJW 1958 S. 1603). Es ist daher wie bei der Satzung (§ 78 Satz 2) die Genehmigung der Aufsichtsbehörde erforderlich (Abs. 1 Satz 2). Die Beitragsordnungen sind – wie die Satzungen – zu **veröffentlichen**. Es ist jedoch nicht die Veröffentlichung in einem allgemeinen amtlichen Verkündungsorgan erforderlich; vielmehr reicht die Bekanntgabe in einer Kammermitteilung aus.

8 Von der Beitragsordnung ist der **Beschluss über die Höhe der Beiträge** zu unterscheiden. Dieser erfolgt nach Maßgabe des jährlich aufzustellenden Haushaltsplans zur Deckung des Finanzbedarfs der Kammer bei der Durchführung ihrer Pflichtaufgaben (BGH, NJW 1995 S. 2981 zu genossenschaftlichen Prüfungsverbänden). Auch hierüber entscheidet die Mitgliederversammlung, ohne dieses Recht auf andere Organe übertragen zu können. Im Gegensatz zur Beitragsordnung bedarf die jährliche Beitragsfestsetzung nicht der Genehmigung der Aufsichtsbehörde (BVerwG, NJW 1978 S. 904); die auf Grund des § 37 a. F. ergangene gegenteilige Rechtsprechung (BVerwG, StB 1973 S. 227) ist durch die Neufassung des Gesetzes überholt. Zur Genehmigung nach den LHOen vgl. § 88 Rdnr. 9.

3. Beitragsbemessung

a) Allgemeine Grundsätze

9 Für die Bemessung der Beiträge gelten die allgemeinen Grundsätze des Beitragsrechts, wonach die Beiträge **voraussehbar, messbar** und **berechenbar** sein müssen. Die Beitragsordnungen und Beitragsbeschlüsse müssen daher so bestimmt gefasst sein, dass die Kammermitglieder die von ihnen geschuldeten Leistungen ohne Schwierigkeiten berechnen oder nachprüfen können. Die Beiträge müssen sich ferner an den finanziellen Erfordernissen ausrichten, d. h. sie dürfen nicht höher sein, als dies erforderlich ist, um die Durchführung der Aufgaben der Kammer sicherzustellen (Kostendeckungsprinzip; vgl. BayVerfGH, DÖV 1951 S. 669). Schließlich dürfen die Beiträge keine Erdrosselungswirkung haben, d. h. den Pflichtigen nicht übermäßig belasten und seine Vermögensverhältnisse nicht grundlegend beeinträchtigen (BVerfGE 14, 221, 241; 23, 288, 315; 30, 250, 272).

3. Beitragsbemessung

b) Persönliche Beitragspflicht

Beitragspflichtig sind **alle Mitglieder** der Steuerberaterkammer, nicht jedoch weitere Beratungsstellen. Es kommt allein auf die Mitgliedschaft bei der Kammer, nicht aber auf die Eintragung im Berufsregister an. Daher sind auch StBGes beitragspflichtig. Es besteht auch eine gleichzeitige Beitragspflicht für StBGes und StB als Geschäftsführer dieser Gesellschaften. Die Rechtslage ist im StBerG anders als in § 2 Abs. 1 IHKG, denn dort wird die Kammerzugehörigkeit und damit die Beitragszahlungspflicht ausdrücklich auf die Betriebsstätten ausgedehnt (BVerwG, StB 1973 S. 228). 10

Personen, die auf Grund **mehrfacher Qualifikationen** mehreren Berufskammern angehören, z. B. StB, die zugleich RA, WP oder vBP sind, sind grundsätzlich bei allen Kammern zur Zahlung von Beiträgen verpflichtet (BVerwG, StB 1973 S. 224). 11

c) Beginn und Ende

Die Beitragszahlungspflicht beginnt und endet grundsätzlich mit der **Kammermitgliedschaft.** Die Beitragsordnungen der Steuerberaterkammern stellen in der Regel auf den Beginn und das Ende des Kalendermonats ab, in dem die Mitgliedschaft beginnt oder endet. Es ist jedoch auch zulässig, den Beitrag für ein Kalender- oder Geschäftsjahr zu erheben, ohne Rücksicht darauf, ob das Mitglied ein volles Jahr Mitglied der Steuerberaterkammer war; in einer derartigen Festsetzung eines Jahresbeitrags ist noch keine Überschreitung des Willkürverbots zu sehen. 12

Auch die Erhebung eines **Eintrittsgeldes** ist zulässig, wenn es etwa in einer Größenordnung erhoben wird, die dem rechnerischen Anteil des einzelnen Mitglieds an dem Kammervermögen entspricht. 13

d) Bemessungsgrundlage

Es sind **zwei Möglichkeiten** denkbar und zulässig, den Beitrag zu bemessen: Die Erhebung eines Einheitsbeitrages und die Bindung des Beitrages an die wirtschaftliche Leistungsfähigkeit. 14

Die Erhebung eines **einheitlichen,** für alle Mitglieder gleichen **Beitrages** ist zulässig (BVerwG, StB 1973 S. 223; OVG Münster, DStR 1990 S. 391; VGH Baden-Württemberg, DStR 1992 S. 1562) und weitgehend üblich; sie verstößt insbesondere nicht gegen Art. 3 GG (BVerfG, NJW 1980 S. 337). Eine Ausnahme für Mitglieder auf Grund „hohen Alters" ist nur erforderlich, wenn damit gegen Art. 3 GG oder das Äquivalenzprinzip verstoßen wird (OVG Nordrhein-Westfalen, DStR 2004 S. 2071). Allein das Alter und eine geringere Inanspruchnahme der Leistungen nach § 76 Abs. 2 rechtfertigt dies nicht. Das gilt auch für Vorratsgesellschaften, die noch keinen eigenen Umsatz erwirtschaften (VG Freiburg, DStRE 2004 S. 1116) und für Mitglieder, die ihre Einkünfte überwiegend aus einer anderen als der steuerberatenden Tätigkeit beziehen (OVG Rheinland-Pfalz, DB 1973 S. 1069) sowie für Mitglieder nach § 74 Abs. 1 (VerwG Neustadt a. d. Weinstraße, DStR 1995 S. 623). Wenn die Beitragsordnungen der Kammern eine Ermäßigung der Beiträge im Einzelfall vorsehen, können sie bei der Prüfung, ob 15 ein Härtefall vorliegt, nicht nur auf die Einkünfte des Beitragszahlers aus seiner steuerberatenden Tätigkeit, sondern auf seine gesamten wirtschaftlichen Verhältnisse abstellen (OVG Münster, DB 1973 S. 1890; BVerwG, StB 1973 S. 223). Es werden dann auch die nicht berufsbezogenen Einkünfte berücksichtigt, wobei Unterhaltspflichten des Mitglieds außer Betracht bleiben (VG Düsseldorf, DStRE 2003 S. 638).

16 Auch gegen die Bindung des Beitrages an die **wirtschaftliche Leistungsfähigkeit** bestehen keine Bedenken, z. B. bei einer Koppelung an den Umsatz oder den Gewinn (BVerwG, NJW 1962 S. 1311; BGHZ 55, 244). Dabei sind jedoch nur der Umsatz oder der Gewinn aus der Berufstätigkeit, nicht dagegen berufsfremde Einkünfte, wie Renten und Pensionen, zu berücksichtigen. Diese Einschränkung, die jedoch nur bei der Beitragsbemessung nach der wirtschaftlichen Leistungsfähigkeit und nicht bei der Ermäßigung von Einheitsbeiträgen gilt, ergibt sich daraus, dass die Kammern die beruflichen Belange der StB und StBv zu wahren haben, so dass sich die Beitragszahlung nur nach den Einkünften richten kann, die sich aus der steuerberatenden Tätigkeit ergeben. Die Kammer ist berechtigt, zur Ermittlung der Beitragshöhe von ihren Mitgliedern die Angabe des Umsatzes zu fordern.

4. Festsetzung von Gebühren

17 Für die Inanspruchnahme von **besonderen Einrichtungen und Tätigkeiten** können die Steuerberaterkammern Gebühren erheben. Hierunter fallen kostenverursachende Amtshandlungen, die dem Gebührenschuldner individuell zurechenbar sind. Für die Zurechenbarkeit ist es unerheblich, ob es sich um eine Tätigkeit handelt, auf die der Gebührenschuldner hingewirkt hat (z. B. Erteilung von Abschriften, Eintragung und Prüfung von Auszubildenden, Durchführung einer Schlichtungsverhandlung); Gebühren können vielmehr auch für Tätigkeiten festgesetzt werden, wenn der Gebührenschuldner die öffentliche Leistung nur veranlasst hat (z. B. Erteilung einer Rüge nach § 81). Die Gebührentatbestände und die Gebührenhöhe sind in einer Gebührenordnung festzulegen, die der Genehmigung der Aufsichtsbehörde bedarf. Für die Tätigkeiten der Kammern, die keine Amtshandlungen sind, z. B. Vortragsveranstaltungen und Kongresse, können keine Gebühren, sondern nur privatrechtliche Entgelte gefordert werden.

5. Beitreibung

18 Die Zwangsvollstreckung rückständiger Beiträge und Gebühren richtet sich nach den landesrechtlichen Vorschriften über das **Verwaltungszwangsverfahren.** Eine entsprechende Vorschrift war zunächst im Regierungsentwurf des Steuerberatungsgesetzes enthalten; dabei war darauf hingewiesen worden, dass es wie bei anderen öffentlichen Abgaben nicht erforderlich sei, dass vor der Beitreibung ein besonderer gerichtlicher Titel erwirkt wird (Bundestagsdrucksache 3. Wahlperiode, Band 55 Nr. 128, Nr. 83). Bei der Endfassung des Gesetzes ist ein zusätzlicher Hinweis auf das Landesrecht offensichtlich für überflüssig gehalten worden. Die Steuerberaterkammern

können entsprechend den jeweiligen landesrechtlichen Regelungen über das Verwaltungszwangsverfahren die Amtshilfe der Vollstreckungsbehörden der Gemeinden oder der Finanzverwaltung in Anspruch nehmen (*Hofferberth,* DStR 1964 S. 663). In Bayern besteht ein besonderes Gesetz über die Vollstreckung von Beitrags- und Gebührenforderungen der Steuerberaterkammern vom 23. 7. 1976 (GVBl. 1976 S. 294).

Die **Anforderung des Beitrages** (Beitragsbescheid) ist ein belastender Verwaltungsakt, der vor den Verwaltungsgerichten angefochten werden kann, da eine dem § 223 BRAO entsprechende Bestimmung im StBerG fehlt (vgl. BGHZ 55, 255, 259). Im Rahmen einer derartigen Anfechtungsklage kann auch die Gültigkeit des Beschlusses über die Beitragsfestsetzung nachgeprüft werden. 19

Einwendungen im **Vollstreckungsverfahren** können nach den allgemeinen Rechtsbehelfen (§§ 766, 767, 771 ZPO) erhoben werden. 20

6. Verjährung

Nach Abs. 3 unterliegt der Anspruch der Steuerberaterkammer auf Zahlung der Beiträge der Verjährung. Auf die Verjährung findet § 20 des Verwaltungskostengesetzes (BGBl. 1970 I S. 321) entsprechende Anwendung. Die Beitragsforderungen verjähren danach grundsätzlich **nach drei Jahren.** 21

Die Verjährung **beginnt** mit dem Ablauf des Kalenderjahres, in dem der Anspruch fällig geworden ist. Die Verjährung wird u. a. durch eine schriftliche Zahlungsaufforderung unterbrochen. 22

7. Erlass

Die Beitragsordnung kann vorsehen, dass einem Mitglied die Beiträge ganz oder zum Teil erlassen werden. Die Entscheidung hierüber trifft der Vorstand der Kammer oder ein von ihm beauftragter Ausschuss, dem der Vorstand oder die Mitgliederversammlung Richtlinien für die Ausübung des Ermessens geben können. In der Regel wird ein Erlass nur bei **schlechten wirtschaftlichen Verhältnissen** gewährt. 23

Ob ein **Härtefall** vorliegt, ist entsprechend § 227 AO zu beantworten. Danach können im Einzelfall Steuern oder sonstige Geldforderungen ganz oder zum Teil erlassen werden, wenn ihre Einziehung nach Lage des Einzelfalles unbillig wäre. Voraussetzung dafür ist, dass der Abgabenpflichtige durch die Entrichtung der Abgaben in voller Höhe in nicht beabsichtigter Weise unzumutbar benachteiligt würde. Bei dieser Prüfung sind die **gesamten Einkommens- und Vermögensverhältnisse** des Antragstellers und seines Ehegatten und nicht nur seine Einkünfte aus steuerberatender Tätigkeit zu berücksichtigen. 24

§ 80 Pflicht zum Erscheinen vor der Steuerberaterkammer

(1) **Persönliche Mitglieder der Steuerberaterkammer haben in Aufsichts- und Beschwerdesachen vor der Steuerberaterkammer zu erscheinen, wenn**

§ 80 1–4   Pflicht zum Erscheinen vor der Steuerberaterkammer

sie zur Anhörung geladen werden. **Auf Verlangen haben sie dem Vorstand oder dem durch die Satzung bestimmten Organ der Steuerberaterkammer oder einem beauftragten Mitglied des Vorstandes oder des Organs Auskunft zu geben und ihre Handakten vorzulegen, es sei denn, daß sie dadurch ihre Verpflichtung zur Verschwiegenheit verletzen würden.**

(2) Sofern Steuerberatungsgesellschaften, die ihren Sitz im Kammerbezirk haben, nicht oder nicht mehr durch persönliche Mitglieder der Steuerberaterkammer vertreten sind, gilt Absatz 1 auch für deren gesetzliche Vertreter, die keine persönlichen Mitglieder sind.

Übersicht	Rdnr.
1. Allgemeines	1–5
2. Verpflichteter Personenkreis	6
3. Erscheinenspflicht	7–10
4. Auskunftspflicht	11, 12
5. Vorlage von Handakten	13, 14
6. Ausnahmen von der Auskunfts- und Vorlagepflicht	
a) Verletzung der Verschwiegenheitspflicht	15
b) Gefahr der Selbstbezichtigung	16, 17

1. Allgemeines

1   Die Berufsaufsicht ist eine der wichtigsten Aufgaben der Steuerberaterkammern (§ 76 Abs. 1, Abs. 2 Nr. 4). Weil die Steuerberaterkammer gegenüber Dritten keine Zwangsmittel hat, insbesondere das Erscheinen und die Aussage von Zeugen nicht erzwingen kann, ist sie weitgehend auf die **Mitwirkung** ihrer Mitglieder angewiesen. Diese Mitwirkung liegt oft im Interesse des beschuldigten Kammermitglieds, weil bei einer Weigerung oft nur die Möglichkeit besteht, bei der Staatsanwaltschaft ein berufsgerichtliches Ermittlungsverfahren anzuregen.

2   Als Ausfluss der allgemeinen Mitwirkungspflicht als Mitglied einer Körperschaft des öffentlichen Rechts gibt es eine Reihe von **Mitteilungs- und Anzeigepflichten,** insbesondere nach §§ 56 Abs. 5; § 46 Abs. 2 Nr. 5 StBerG; §§ 48, 50, 56 DVStB (vgl. *Meng,* StB 1982 S. 85 ff. und § 35 BOStB); zur Anzeigepflicht nach § 50 DVStB vgl. LG Hannover, StB 1993 S. 464. Das wichtigste Mittel, um die Berufsaufsicht wahrnehmen zu können, ist jedoch die Erscheinens-, Auskunfts- und Vorlagepflicht nach § 80.

3   Die Bestimmung ist im Wesentlichen dem § 56 BRAO nachgebildet. Ein Unterschied gegenüber der BRAO besteht jedoch darin, dass die Steuerberaterkammer die Erfüllung der Pflichten nicht durch ein **Zwangsgeld** unmittelbar durchsetzen kann. Ein Verstoß gegen § 80 kann jedoch im Rügeverfahren oder im berufsgerichtlichen Verfahren geahndet werden, weil die Bestimmung eine besondere Berufspflicht im Sinne der §§ 81 Abs. 1, 89 Abs. 1 darstellt.

4   Die in § 80 festgelegten Pflichten bestehen nur in **Aufsichts- und Beschwerdesachen.** Zwischen beiden Begriffen besteht kein sachlicher Unterschied. Sie sollen nur verdeutlichen, dass der Kammervorstand von Amts

3. Erscheinenspflicht

wegen zur Ermittlung eines Sachverhalts tätig werden muss (Aufsichtssachen) und nicht nur, wenn er von Personen unterrichtet wird, die sich durch das Verhalten eines Mitglieds beschwert fühlen (Beschwerdesachen). Erforderlich ist nur, dass es sich um Sachverhalte handelt, bei denen möglicherweise Maßnahmen der Berufsaufsicht in Betracht kommen. Hierzu gehören auch Schlichtungsverfahren nach § 76 Abs. 2 Nr. 2 und 3. Ihre Aufgabe, bei Streitigkeiten mit Berufsangehörigen zu vermitteln, kann die Steuerberaterkammer nur erfüllen, wenn die Berufsangehörigen mitwirken; hierzu sind sie auch verpflichtet. In anderen Angelegenheiten, z. B. zur Feststellung der Höhe des Umsatzes für die Beitragsfestsetzung oder bei statistischen Erhebungen der Kammern, bestehen die in § 80 festgelegten Pflichten nicht. Eine Überschreitung dieses Rahmens, d. h. eine Ladung oder Aufforderung, die nicht in Aufsichts- oder Beschwerdesachen ergeht, kann das Mitglied als belastenden Verwaltungsakt mit der Begründung anfechten, dass das Verlangen nach Erscheinen oder Auskunft die Befugnisse der Kammer überschreitet.

Da es eine Berufspflicht ist, vor der Kammer zu erscheinen und auszusagen oder die Handakten vorzulegen, kommt ein Ersatz der dadurch entstandenen **Auslagen** (Reisekosten, Verdienstausfall) nicht in Betracht. 5

2. Verpflichteter Personenkreis

Den in § 80 genannten Pflichten unterliegen **alle persönlichen Mitglieder** der Steuerberaterkammer, d. h. StB, StBv (§ 73) und die in § 74 Abs. 2 genannten Personen. Sie müssen Mitglied der Kammer sein, die das Erscheinen, die Auskunft oder Vorlage verlangt. Es ist nicht erforderlich, dass das Mitglied als Betroffener eines Rüge- oder berufsgerichtlichen Verfahrens in Betracht kommt, weil im Rahmen der Ermittlungen nach § 80 hierüber erst Klarheit geschaffen werden soll. Die Pflichten nach § 80 bestehen daher auch, wenn ein Kammermitglied in einem gegen ein anderes Mitglied, z. B. einen Sozius, gerichteten Verfahren zur Aufklärung des Sachverhalts beitragen kann. 6

3. Erscheinenspflicht

Die Pflicht zum Erscheinen vor der Berufskammer setzt eine **Ladung** zur Anhörung voraus. Bei der Ladung müssen die Förmlichkeiten des Verwaltungszustellungsgesetzes beachtet werden. Da die Nichtbeachtung der Ladung Maßnahmen der Berufsaufsicht auslösen kann, ist eine förmliche Zustellung erforderlich. 7

Das Kammermitglied ist **verpflichtet,** der Ladung Folge zu leisten. § 80 dient der Aufklärung des Sachverhaltes und ist nicht – wie § 81 Abs. 3 – ein Fall des rechtlichen Gehörs, wo es ausreicht, dass dem Betroffenen eine Gelegenheit zur Äußerung gegeben wird. Das Mitglied darf sein Erscheinen nicht von Bedingungen abhängig machen, z. B. davon, dass ihm vorher alle Unterlagen zugänglich gemacht werden. Die Pflicht zur Anwesenheit besteht 8 während der gesamten vom Vorstand zur Anhörung vorgesehenen Zeit; das Mitglied darf nicht einseitig die Anhörung abbrechen. Unberührt bleibt das Recht des Mitgliedes, die Antwort auf Fragen zu verweigern, wenn es sich damit selbst belasten würde (Rdnr. 16).

9 Das Mitglied hat „**vor der Steuerberaterkammer**" zu erscheinen; insoweit weicht der Wortlaut des Gesetzes von § 56 BRAO ab, der eine Verpflichtung zum Erscheinen vor dem Vorstand oder einem beauftragten Mitglied des Vorstandes festlegt. Da die Pflicht zum Erscheinen kein Selbstzweck ist, sondern im Zusammenhang mit der in Satz 2 genannten Auskunftspflicht steht, sind die Worte „vor der Steuerberaterkammer" in Verbindung mit Satz 2 auszulegen. Eine Erscheinenspflicht besteht daher vor dem Vorstand, einer Abteilung des Vorstandes, dem durch die Satzung bestimmten Organ oder einem Mitglied des Vorstandes oder des Organs, nicht aber vor dem Geschäftsführer, sofern dieser kein durch die Satzung bestimmtes Organ der Steuerberaterkammer ist (*Kuhls*, § 80 Rdnr. 19). Ebensowenig besteht eine Pflicht zum Erscheinen vor dem Präsidenten, es sei denn, dass dieser als „beauftragtes Mitglied des Vorstandes" anzusehen ist, d. h. vom Vorstand mit der Ermittlung des Sachverhalts beauftragt wurde.

10 Aus dem Zweck des § 80 ergibt sich, dass das Mitglied **persönlich erscheinen** muss und eine Vertretung nicht zulässig ist (zustimmend *Best*, INF 2003 S. 358). Der Zweck ist **nicht** die Verhinderung einer Nichtbeachtung der Ladung durch das Mitglied (*Burkhard*, INF 2003 S. 631). Da die Steuerberaterkammer verpflichtet ist, das Verhalten des Mitglieds in objektiver und subjektiver Hinsicht umfassend zu untersuchen (*Meng*, StB 1982 S. 272 f.), bedarf es zwingend einer persönlichen Befragung des Mitglieds, da ein Vertreter nicht unmittelbar Beteiligter ist. Jedoch ist eine Beistandsleistung durch einen Rechtsanwalt (§ 3 Abs. 3 BRAO; *Wolter*, Stbg 1966 S. 89) oder durch einen anderen StB oder StBv (vgl. § 107 Abs. 1) zulässig.

4. Auskunftspflicht

11 Die Auskunftspflicht setzt ein **Verlangen des Vorstandes,** des durch die Satzung bestimmten Organs oder eines beauftragten Mitglieds des Vorstandes oder des Organs voraus. Dieses Verlangen kann während einer Anhörung nach Satz 1 mündlich, aber auch zu anderen Zeitpunkten schriftlich gestellt werden. Ein schriftliches Verlangen muss jedoch von den genannten Personen ausgehen. Die Nichtbeantwortung einer von dem Geschäftsführer der Kammer gestellten Anfrage stellt daher keinen Verstoß gegen § 80 dar (BGHSt 33, 225).

12 Die Auskunftspflicht erstreckt sich auf alle Tatsachen, die für die Beurteilung der Frage erforderlich sind, ob Maßnahmen der Berufsaufsicht in Betracht kommen, z. B. auch auf die Vorlage eines Praxisübertragungsvertrages (LG Hannover, StB 1988 S. 345) oder eines Gesellschaftsvertrages (§ 56 Abs. 3 Satz 2) und bei einer Anfrage der Kammer wegen Nichtzahlung des Beitrags nach § 79 Abs. 1 (LG Hannover v. 26.11.01, Az.: 44 – StL – 47/01). Der Kammervorstand ist berechtigt, alle sachdienlichen Fragen zu stellen, die

6. Ausnahmen von der Auskunfts- und Vorlagepflicht   13–17   § 80

das Mitglied – vorbehaltlich der Ausführungen in Rdnr. 15–17 – auch **wahrheitsgemäß** und **vollständig** beantworten muss. Das Fragerecht des Vorstandes besteht auch dann, wenn die Fragen die persönliche Ehre des Mitglieds berühren (BGHSt 21, 167, 171; 27, 374, 375).

5. Vorlage von Handakten

Die Pflicht zur Vorlage von Handakten besteht – wie die Auskunftspflicht – nur in **Aufsichts- und Beschwerdesachen** (Rdnr. 4). Der Kammervorstand kann nicht außerhalb dieses Bereichs die Vorlage von Handakten verlangen.   13

Der **Begriff der Handakten** deckt sich nicht mit § 66 Abs. 2. Nach dem Zweck des § 80 fallen hierunter vielmehr auch der Schriftwechsel zwischen dem Mitglied und seinen Auftraggebern sowie anderen Personen. Die vorgelegten Handakten müssen vollständig sein; das Mitglied darf nicht etwa den Teil der Handakten aussondern, den es für den Gegenstand der Untersuchung für unwesentlich hält.   14

6. Ausnahmen von der Auskunfts- und Vorlagepflicht

a) Verletzung der Verschwiegenheitspflicht

Die Auskunfts- und Vorlagepflicht besteht nicht, wenn das Mitglied dadurch seine Pflicht zur Verschwiegenheit (§ 57 Abs. 1) verletzen würde (§ 34 Abs. 2 BOStB). In Fragen, die der Verschwiegenheitspflicht unterliegen, besteht daher eine Pflicht zur Auskunft nur, wenn das Mitglied von dem Auftraggeber hiervon befreit worden ist. Bei einer Beschwerde durch den Auftraggeber wird man im allgemeinen davon ausgehen können, dass zugleich die **Befreiung** von der Verschwiegenheitspflicht erteilt wird, weil der Beschwerdeführer an einer Aufklärung des Sachverhalts interessiert sein muss (*Mittelsteiner*, DStR 1976 S. 340, 343). Darüberhinaus hindert den Berufsangehörigen die Verschwiegenheitspflicht nicht daran, sich in **Wahrnehmung berechtigter Interessen** zu verteidigen.   15

b) Gefahr der Selbstbezichtigung

Das Mitglied hat das Recht, die Auskunft auf Fragen zu verweigern, deren Beantwortung es der Gefahr einer Verfolgung wegen einer Straftat, einer Ordnungswidrigkeit oder einer Berufspflichtverletzung aussetzen könnte (BGHSt, 27, 374, 376 ff.). Voraussetzung ist jedoch, dass sich der Betroffene **auf das Auskunftsverweigerungsrecht beruft;** das Mitglied darf nicht etwa Fragen unbeantwortet lassen oder deswegen falsch oder unvollständig beantworten, weil es sich bei richtiger oder vollständiger Beantwortung selbst bezichtigen würde.   16

Der Kammervorstand ist verpflichtet, das Mitglied auf sein Auskunftsverweigerungsrecht **hinzuweisen,** weil sonst ein Verwertungsverbot bestehen kann (§ 136 a Abs. 3 StPO; § 153).   17

§ 81 Rügerecht des Vorstandes

(1) Der Vorstand kann das Verhalten eines Mitglieds der Steuerberaterkammer, durch das dieses ihm obliegende Pflichten verletzt hat, rügen, wenn die Schuld des Mitglieds gering ist und ein Antrag auf Einleitung eines berufsgerichtlichen Verfahrens nicht erforderlich erscheint. § 89 Abs. 2 und 3, §§ 92 und 109 Abs. 2 gelten entsprechend.

(2) Der Vorstand darf eine Rüge nicht mehr erteilen, wenn das berufsgerichtliche Verfahren gegen das Mitglied der Steuerberaterkammer eingeleitet ist oder wenn seit der Pflichtverletzung mehr als drei Jahre vergangen sind. Eine Rüge darf nicht erteilt werden, während das Verfahren auf den Antrag des Steuerberaters oder Steuerbevollmächtigten nach § 116 anhängig ist.

(3) Bevor die Rüge erteilt wird, ist das Mitglied zu hören.

(4) Der Bescheid des Vorstandes, durch den das Verhalten des Mitglieds gerügt wird, ist zu begründen. Er ist dem Mitglied zuzustellen. Eine Abschrift des Bescheides ist der Staatsanwaltschaft bei dem für den Sitz der Steuerberaterkammer zuständigen Oberlandesgericht mitzuteilen, bei dem der Senat für Steuerberater- und Steuerbevollmächtigtensachen besteht (§ 96).

(5) Gegen den Bescheid kann das Mitglied binnen eines Monats nach der Zustellung bei dem Vorstand Einspruch erheben. Über den Einspruch entscheidet der Vorstand; Absatz 4 ist entsprechend anzuwenden.

Übersicht

	Rdnr.
1. Allgemeines	1–4
2. Materielle Voraussetzungen einer Rüge	
a) Verstoß gegen Berufspflichten	5
b) Geringe Schuld	6, 7
c) Keine Notwendigkeit eines berufsgerichtlichen Verfahrens	8
3. Aufsichtsverfahren	
a) Formelle Verfahrensvoraussetzungen	9–13
b) Örtliche Zuständigkeit	14
c) Einleitung des Verfahrens	15, 16
d) Sachverhaltsermittlung	17
e) Abschluss ohne Rügeerteilung	18–20
f) Anhörung	21–23
g) Rügebescheid	24–27
h) Mitteilung der Entscheidung	28–31
4. Einspruchsverfahren	32–36

1. Allgemeines

1   Es ist eine der wichtigsten Aufgaben der Steuerberaterkammern, die Erfüllung der beruflichen Pflichten der Mitglieder zu überwachen (§ 76 Abs. 1, Abs. 2 Nr. 4; vgl. *Meng,* StB 1982 S. 269 ff.). Die Kammer hat drei Möglichkeiten, bei einer Verletzung der Berufspflichten einzuschreiten: Sie kann eine **Belehrung** erteilen (§ 76 Abs. 2 Nr. 1; vgl. hierzu § 76 Rdnr. 16), die Einleitung eines **berufsgerichtlichen Verfahrens** beantragen (vgl. §§ 114, 115) oder – wenn die Belehrung nicht ausreicht, das berufsgerichtliche Ver-

fahren aber nicht angemessen wäre – ein **Rügeverfahren** vor der Steuerberaterkammer selbst einleiten.

Eine Rüge ist keine Strafe, sondern eine **Maßnahme der Berufsaufsicht**; sie soll dem Berufsangehörigen die Tatsache seiner schuldhaften Pflichtverletzung deutlich vor Augen führen; da sie weder im Kollegenkreis noch in der Öffentlichkeit bekannt wird, hat sie nicht die Funktion einer **sozialen Kontrolle**. Der Rügebescheid bleibt bei den bei der Kammer geführten Personalakten und ist erst nach fünf Jahren zu entfernen (§ 152 Abs. 5). Eine rechtskräftig erteilte Rüge kann bei einer etwaigen späteren berufsgerichtlichen Maßnahme wegen eines anderen Sachverhalts erschwerend berücksichtigt werden. 2

Das Rügeverfahren ist ein **selbstständiges Verfahren** und nicht etwa dem berufsgerichtlichen Verfahren vorgeschaltet. Aus ihm kann sich jedoch ein berufsgerichtliches Verfahren entwickeln, wenn die Staatsanwaltschaft den ihr mitgeteilten Rügebescheid zum Anlass nimmt, ein berufsgerichtliches Verfahren einzuleiten (§ 91). Da das Rügeverfahren ein formal ausgestaltetes Verfahren ist, muss der Vorstand alle Vorschriften beachten, die auch einem berufsgerichtlichen Verfahren entgegenstehen würden (Abs. 1 Satz 2). Gebühren können nach Maßgabe der Gebührenordnung (§ 79 Rdnr. 17) erhoben werden. Eine Erstattung von Auslagen des Betroffenen ist nicht vorgesehen. 3

Das Rügeverfahren teilt sich in **drei Abschnitte,** nämlich das Aufsichtsverfahren (Rdnr. 9–31), das Einspruchsverfahren (Rdnr. 32–36) und das berufsgerichtliche Antragsverfahren (§ 82). 4

2. Materielle Voraussetzungen einer Rüge

a) Verstoß gegen Berufspflichten

Die erste Voraussetzung für die Erteilung einer Rüge ist eine **objektive Verletzung der Berufspflichten** durch das Mitglied der Steuerberaterkammer, d. h. insbesondere ein Verstoß gegen die §§ 57 ff. Bei einem außerhalb des Berufs liegenden Verhalten ist zusätzliche Voraussetzung, dass die Pflichtverletzung eine rechtswidrige Tat oder eine mit Geldbuße bedrohte Handlung darstellt und nach den Umständen des Einzelfalls im besonderen Maße geeignet ist, Achtung und Vertrauen in einer für die Ausübung der Berufstätigkeit oder für das Ansehen des Berufs bedeutsamen Weise zu beeinträchtigen (Abs. 1 Satz 2; § 89 Abs. 2). 5

b) Geringe Schuld

Die Erteilung einer Rüge erfordert, dass nur eine **geringe Schuld** des Mitglieds vorliegt. Bei einem entschuldbaren Verhalten kann nur eine Belehrung in Betracht kommen (§ 76 Abs. 2 Nr. 1), während bei einer nicht geringen Schuld die Kammer die Einleitung eines berufsgerichtlichen Ermittlungsverfahrens beantragen muss. 6

Bei der Beurteilung, ob eine geringe Schuld vorliegt, können die zu §§ 153, 153a StPO entwickelten Maßstäbe herangezogen werden. Danach 7 ist eine Schuld gering, wenn sie bei Vergleich mit Berufspflichtverletzungen gleicher Art nicht unerheblich **unter dem Durchschnitt** liegt. Das gilt zum Beispiel für leicht fahrlässige Verstöße.

c) Keine Notwendigkeit eines berufsgerichtlichen Verfahrens

8 Eine weitere – negative – Voraussetzung ist, dass ein Antrag auf Einleitung eines berufsgerichtlichen Verfahrens nicht erforderlich erscheint. Bei der Auslegung dieses Tatbestandsmerkmals können die Grundsätze über die Auslegung des Begriffs „**öffentliches Interesse**" in § 376 StPO herangezogen werden. Danach wird trotz geringer Schuld eines Mitglieds der Antrag auf Einleitung eines berufsgerichtlichen Verfahrens in Betracht kommen, wenn die Berufspflichtverletzung in der Öffentlichkeit Aufsehen erregt hat, so dass eine gerichtliche Klärung angezeigt ist. Der Kammervorstand hat diese Voraussetzung in eigener Zuständigkeit zu prüfen (vgl. § 82 Abs. 3 Satz 1); die Staatsanwaltschaft hat ohnehin das Recht, nach Erteilung einer Rüge ein berufsgerichtliches Verfahren einzuleiten (§ 91).

3. Aufsichtsverfahren

a) Formelle Verfahrensvoraussetzungen

9 Das **berufsgerichtliche Verfahren** hat gegenüber dem Rügeverfahren stets den **Vorrang**. Es darf daher keine Rüge mehr erteilt werden, wenn das berufsgerichtliche Verfahren eingeleitet worden ist (Abs. 2 Satz 1). Wird das Mitglied im berufsgerichtlichen Verfahren verurteilt oder freigesprochen, so ist eine Rüge wegen desselben Sachverhalts nicht möglich (§ 91 Rdnr. 2). Bei einer Einstellung des berufsgerichtlichen Verfahrens kann dagegen das Berufsaufsichtsverfahren aufgenommen oder fortgeführt werden.

10 Dasselbe gilt, solange ein **Verfahren nach § 116** anhängig ist (Abs. 2 Satz 2). Führt dieses zur Einleitung eines berufsgerichtlichen Verfahrens, so gelten die Ausführungen der Rdnr. 9. Gibt die Staatsanwaltschaft dem Antrag keine Folge oder stellt sie das Verfahren ein, ohne dass eine gerichtliche Entscheidung nach § 116 Abs. 2 ergeht, so kann das Rügeverfahren fortgesetzt werden; das wird insbesondere in Betracht kommen, wenn die Staatsanwaltschaft das Verfahren wegen Geringfügigkeit eingestellt hat. Das Verfahren nach § 116 ist der einzige Weg, durch das ein Mitglied das Rügeverfahren durch Antrag auf Durchführung eines gerichtlichen Verfahrens beenden kann. Eine Feststellungsklage vor dem **Verwaltungsgericht** kann zwar zulässig sein (OVG Lüneburg, StB 1980 S. 163), ist aber kein Anlass, ein Rügeverfahren auszusetzen, weil die Beurteilung einer Berufspflicht durch das Verwaltungsgericht im Rügeverfahren nicht bindend ist (BGHZ 34, 244, 248; vgl. auch § 76 Rdnr. 16).

11 Eine Rüge darf nicht wegen einer Pflichtverletzung erteilt werden, die **mehr als drei Jahre zurückliegt** (Abs. 2 Satz 1). Maßgebend für die Fristberechnung ist der Zeitpunkt der Erteilung der Rüge; eine Unterbrechung der Frist durch Maßnahmen des Kammervorstandes ist im Gesetz nicht vorgesehen. Die Frist ist vielmehr unveränderlich und läuft auch während des

3. Aufsichtsverfahren

Aufsichtsverfahrens. Diese Dreijahresfrist macht die Verjährung nach § 93, die sonst auch im Berufsaufsichtsverfahren zu beachten wäre, praktisch gegenstandslos.

Wenn schon das berufsgerichtliche Verfahren gegenüber anderen Verfahren **subsidiär** ist, gilt dies erst recht für das Rügeverfahren. Ein Rügeverfahren ist daher nicht durchzuführen, wenn bereits durch ein Gericht oder eine Behörde eine Strafe, Disziplinarmaßnahme, eine ehrengerichtliche Maßnahme oder eine anderweitige berufsgerichtliche Maßnahme oder eine Ordnungsmaßnahme verhängt worden ist, es sei denn, dass die Rüge zusätzlich erforderlich ist, um das Mitglied zur Erfüllung seiner Pflichten anzuhalten und das Ansehen des Berufs zu wahren (Abs. 1 Satz 2; § 92). Entsprechend kann nach einem Freispruch im gerichtlichen Verfahren wegen einer Straftat oder einer Ordnungswidrigkeit ein Rügeverfahren nur eingeleitet oder fortgesetzt werden, wenn diese Tatsachen, ohne den Tatbestand einer Strafvorschrift oder einer Bußgeldvorschrift zu erfüllen, eine Berufspflichtverletzung enthalten (Abs. 1 Satz 2; § 109 Abs. 2). 12

Schließlich ist es selbstverständlich, dass eine Rüge nicht nur voraussetzt, dass der Betroffene noch Kammermitglied ist, sondern dass er zurzeit der Tat **den Berufspflichten** des Gesetzes **unterlag** (Abs. 1 Satz 2; § 89 Abs. 3; vgl. § 89 Rdnr. 14–16). 13

b) Örtliche Zuständigkeit

Zuständig für die Berufsaufsicht und damit für die Erteilung einer Rüge ist stets die Steuerberaterkammer, der der Berufsangehörige als **Mitglied** angehört. Bei Begründung einer anderen Kammermitgliedschaft durch Verlegung der beruflichen Niederlassung hat die neue Kammer auch über die Berufspflichtverletzungen zu entscheiden, die noch während der Mitgliedschaft bei der früheren Kammer begangen wurden. Gehört das Mitglied mehreren Kammern an, z. B. weil es zugleich als Rechtsanwalt oder Wirtschaftsprüfer zugelassen ist, so ist § 110 entsprechend anzuwenden. 14

c) Einleitung des Verfahrens

Das Rügeverfahren ist ein Verfahren **von Amts wegen,** es ist also nicht von einem Antrag abhängig. Die Steuerberaterkammer ist vielmehr berechtigt, allen ihr bekannt werdenden Berufspflichtverletzungen nachzugehen. In den meisten Fällen werden die Kammern tätig werden, nachdem sie von dritter Seite Hinweise auf den Verdacht eines berufswidrigen Verhaltens bekommen haben; es ist ihnen jedoch nicht verwehrt, auf Grund eigener Wahrnehmungen zu prüfen, ob Maßnahmen der Berufsaufsicht in Betracht kommen. 15

Die Übergänge von der allgemeinen Belehrungs- und Aufsichtstätigkeit zum Rügeverfahren sind fließend. Es kann eine Tätigkeit der Steuerberaterkammer, die zunächst zu einer Rüge hätte führen können, mit einer Belehrung des Berufsangehörigen abgeschlossen werden; andererseits kann sich auch ein Schriftwechsel mit einem Berufsangehörigen oder ein Schlichtungsverfahren nach § 76 Abs. 2 Nr. 2 und 3 zu einem Rügeverfahren ausweiten. 16

Die Einleitung des Verfahrens sollte daher nicht mit unnötigen Formalien belastet werden; das Gesetz bietet insbesondere keinen Anhaltspunkt dafür, dass ein besonderer **Eröffnungsbeschluss** erforderlich ist.

d) Sachverhaltsermittlung

17 Vor der Entscheidung über die Erteilung einer Rüge hat die Steuerberaterkammer den Sachverhalt zu ermitteln. Sie kann dabei nach § 80 **Auskunft** von dem Berufsangehörigen verlangen. Dagegen sind andere Personen nicht verpflichtet, der Kammer Auskünfte zu erteilen. Die Kammer wird daher, wenn sie den Sachverhalt von sich aus nicht weiter aufklären kann, aber der Verdacht einer Berufspflichtverletzung besteht, die Einleitung eines berufsgerichtlichen Verfahrens beantragen müssen.

e) Abschluss ohne Rügeerteilung

18 Die Steuerberaterkammer ist zwar verpflichtet, die Erfüllung der beruflichen Pflichten zu überwachen (§ 76 Abs. 1, Abs. 2 Nr. 4); das bedeutet jedoch nicht, dass sie eine Rüge aussprechen muss, wenn sie eine Berufspflichtverletzung festgestellt hat. Aus dem Wortlaut des Abs. 1 („kann") und des § 76 Abs. 2 Nr. 4 („... das Recht der Rüge zu handhaben") ergibt sich vielmehr, dass es im **Ermessen** des Kammervorstandes steht, eine Rüge zu erteilen oder z.B. nur eine Belehrung (vgl. § 76 Rdnr. 16) auszusprechen. Im Gegensatz zum berufsgerichtlichen Verfahren (§ 89 Rdnr. 3; § 114 Rdnr. 2) gilt das **Legalitätsprinzip** nicht (*Waechter*, WPK-Mitt. 1993 S. 149).

19 Der Vorstand kann außerdem das Verfahren **ohne Rügeerteilung** durch folgende Beschlüsse beenden: Aussetzung des Verfahrens bei einem anhängigen berufsgerichtlichen Verfahren, einem anderen gerichtlichen Verfahren (§ 111), bei einem Straf- oder Bußgeldverfahren (§ 109), bei einem Verfahren in einer anderen Berufsgerichtsbarkeit (§ 110); Einstellung wegen eines Verfahrenshindernisses (Erlöschen der Bestellung, Anhängigkeit eines berufsgerichtlichen Verfahrens (§ 91); überwiegender Zusammenhang mit einer anderen Berufs- oder Ehrengerichtsbarkeit (§ 110); Einstellung aus sachlichen Gründen; Antrag auf Einleitung eines berufsgerichtlichen Verfahrens.

20 Eine **Begründung** der Entscheidung ist zwar nur bei Erteilung einer Rüge vorgeschrieben (Abs. 4 Satz 1); eine Begründung erscheint aber auch in den Fällen der Einstellung aus sachlichen Gründen, bei einer Ermahnung oder Belehrung anstelle einer Rüge und bei einer Abgabe an die Staatsanwaltschaft mit dem Antrag auf Einleitung eines berufsgerichtlichen Verfahrens erforderlich. In diesem Fall hat das Mitglied einen Anspruch darauf zu erfahren, auf welchen Erwägungen die Entscheidung des Vorstandes beruht.

f) Anhörung

21 Bevor der Vorstand oder eine Abteilung des Vorstandes (§ 77a) eine Rüge erteilt, ist das Mitglied zu hören (Abs. 3). Es handelt sich dabei um einen Fall des **rechtlichen Gehörs,** so dass dem Mitglied Gelegenheit gegeben werden muss, zu den gegen ihn erhobenen Vorwürfen in tatsächlicher und

3. Aufsichtsverfahren 22–27 § 81

rechtlicher Hinsicht Stellung zu nehmen. Die Anhörung ist daher auch dann erforderlich, wenn sich das Mitglied bereits nach § 80 oder vor der StA geäußert hatte. Das Mitglied ist auch dann zu hören, wenn sich die Rüge auf einen Sachverhalt stützen soll, der in einem Strafverfahren festgestellt worden ist. § 109 Abs. 3 ist im Rügeverfahren nicht anwendbar; der Vorstand der Kammer kann bei der Beurteilung des Sachverhalts von den strafgerichtlichen Feststellungen abweichen und muss daher dem Mitglied Gelegenheit zur Äußerung geben.

Im Allgemeinen wird das Mitglied aufgefordert, sich **schriftlich** zu äußern. Wenn es den Wunsch hat, seine Darstellung **mündlich** vorzutragen, muss ihm hierzu Gelegenheit gegeben werden. Da die Anhörung den Zweck hat, dem zur Entscheidung über die Erteilung einer Rüge berufenen Organ, dem Vorstand der Steuerberaterkammer oder der Abteilung (§ 77a), die Darstellung des Mitglieds nahezubringen, muss eine Anhörung auch **vor dem gesamten Vorstand** oder der Abteilung durchgeführt werden. Es entspricht nicht dem Zweck des Abs. 3, dass eine mündliche Stellungnahme nur vor einem einzelnen Vorstandsmitglied abgegeben wird und dieser dem gesamten Vorstand darüber berichtet. Der Mangel einer fehlenden oder fehlerhaften Anhörung kann durch eine Anhörung im Einspruchsverfahren geheilt werden (LG Freiburg, DStRE 1998 S. 539). 22

Die **Beistandsleistung** durch einen Verteidiger (§ 107 Abs. 1) ist zulässig. 23

g) Rügebescheid

Die Rüge kann, wie sich aus Abs. 1 Satz 1 und Abs. 4 Satz 1 ergibt, nur durch den **Vorstand** oder einer Abteilung nach § 77a erteilt werden. Eine Übertragung auf andere Organe oder einen Ausschuss des Vorstandes ist daher nicht zulässig. Bei einer von einer Abteilung ausgesprochenen Rüge kann der Betroffene eine Entscheidung des Vorstandes verlangen (§ 76 Abs. 3 Satz 2). Nicht ausdrücklich vorgeschrieben ist, dass über die Erteilung einer Rüge in einer Vorstandssitzung zu beschließen ist. Es kann vielmehr auch schriftlich im Umlaufverfahren hierüber abgestimmt werden. 24

Über die Rüge ist ein **schriftlicher Bescheid** zu erteilen. Darin ist zum Ausdruck zu bringen, dass dem Mitglied eine Rüge erteilt wird. Eine **Abstufung** der Rüge (z.B. Missbilligung, scharfe Missbilligung usw.) ist im Gesetz nicht vorgesehen und auch nicht angebracht, weil eine Rüge ohnehin nur bei leichten Pflichtverletzungen in Betracht kommt. 25

Die Rüge ist **zu begründen.** Hieran sind zwar nicht dieselben Anforderungen zu stellen wie an die Begründung eines gerichtlichen Urteils; erforderlich sind jedoch zumindest Angaben, gegen welche gesetzlichen Bestimmungen und welche Berufspflichten verstoßen wurde, auf welchem Sachverhalt die Rüge beruht, ob der Berufsangehörige hierzu gehört worden ist und wie seine Darstellung lautet. Der Rügebescheid muss außerdem eine Rechtsmittelbelehrung enthalten, weil sonst die Einspruchsfrist des Abs. 5 nicht zu laufen beginnt (§§ 35a, 44 Satz 2 StPO). 26

Der Rügebescheid ist von der nach der Satzung der Kammer vertretungsberechtigten Person **zu unterschreiben.** Für die Auffassung, dass der ge- 27

377

samte Vorstand den Rügebescheid unterzeichnen muss, gibt das Gesetz keine Anhaltspunkte.

h) Mitteilung der Entscheidung

28 Der Rügebescheid ist dem **Mitglied zuzustellen** (Abs. 4 Satz 2). Die Mitteilung durch einen eingeschriebenen Brief reicht also nicht aus und setzt insbesondere die Einspruchsfrist nicht in Gang. Das StBerG regelt nicht, nach welchem Gesetz die Zustellung vorzunehmen ist; es kommen die Vorschriften des Verwaltungsverfahrensgesetzes und der Zivilprozessordnung in Betracht. In entsprechender Anwendung des § 229 BRAO sollten die Zustellungen nach der ZPO vorgenommen werden (§§ 166–213 ZPO).

29 Der zuständigen **Staatsanwaltschaft** ist ferner eine Abschrift des Rügebescheides formlos **mitzuteilen** (Abs. 4 Satz 3). Damit hat sie die Möglichkeit einer selbstständigen Prüfung des Sachverhalts.

30 Falls die Rüge auf die Anzeige eines **Dritten** zurückgeht, kann diesem nur mitgeteilt werden, dass im Wege der Berufsaufsicht das Erforderliche veranlasst wurde; eine weitergehende **Mitteilung** würde gegen die Verpflichtung des Kammervorstandes zur Verschwiegenheit verstoßen (vgl. § 83 Rdnr. 19).

31 Wird das Verfahren auf andere Weise als durch Erteilung einer Rüge abgeschlossen, insbesondere durch **Einstellung des Verfahrens,** so ist gesetzlich keine Benachrichtigung vorgeschrieben. Es sollte jedoch eine selbstverständliche Pflicht des Kammervorstandes sein, das Mitglied über die Einstellung des Verfahrens zu **unterrichten.** Auch sollte demjenigen, der das Rügeverfahren veranlasst hat, das Ergebnis der Ermittlungen mitgeteilt werden. Im Gegensatz zur Mitteilung über die Erteilung einer Rüge bestehen hiergegen im Hinblick auf die Schweigepflicht des Vorstandes keine Bedenken, zumal das Mitglied daran interessiert ist, dass dem Anzeigenden eine entsprechende Belehrung erteilt wird.

4. Einspruchsverfahren

32 Das Mitglied kann gegen den ihm zugestellten Rügebescheid **binnen eines Monats** Einspruch einlegen. Der Einspruch ist an den Vorstand der Steuerberaterkammer zu richten, der hierüber zu entscheiden hat. Das Gesetz schreibt zwar keine Form für den Einspruch vor; es empfiehlt sich jedoch eine schriftliche Einlegung. Eine Begründung für den Einspruch ist nicht vorgeschrieben, sie ist jedoch zu empfehlen, um den Vorstand insbesondere darzulegen, ob der Rügebescheid aus tatsächlichen oder rechtlichen Gründen angefochten wird.

33 Einen **anderen Rechtsbehelf** außer dem Einspruch sieht das Gesetz nicht vor. Das Mitglied kann insbesondere keinen Antrag auf Einleitung eines berufsgerichtlichen Verfahrens nach § 116 mehr stellen (§ 116 Abs. 1 Satz 2).

34 Nach Feststellung der Zulässigkeit des Einspruchs entscheidet der Vorstand über die Begründetheit. Wenn der Vorstand keine weiteren Ermittlungen

Antrag auf berufsgerichtliche Entscheidung § 82

mehr anstellt, ist eine nochmalige **Anhörung des Mitgliedes** nicht erforderlich, weil es das rechtliche Gehör bereits durch die Gelegenheit zur Begründung des Einspruchs erhalten hat. Stellt der Vorstand dagegen weitere Ermittlungen an, so ist das Mitglied zu dem Ergebnis dieser Ermittlungen nochmals zu hören.

Der Vorstand kann entweder den Einspruch gegen den Rügebescheid **zurückweisen** oder den Rügebescheid **aufheben;** im letzten Fall können alle zu Rdnr. 18, 19 genannten Entscheidungen ergehen. 35

Der Einspruchsbescheid ist zu begründen, dem Mitglied mit einer Rechtsmittelbelehrung **zuzustellen** und der Staatsanwaltschaft formlos mitzuteilen (Abs. 5 Satz 2, Abs. 4). Bei Zurückweisung des Einspruchs kann ein Antrag auf eine berufsgerichtliche Entscheidung nach § 82 gestellt werden, worüber ausschließlich das Landgericht entscheidet (OLG Düsseldorf, StB 1986 S. 11). 36

§ 82 Antrag auf berufsgerichtliche Entscheidung

(1) **Wird der Einspruch gegen den Rügebescheid durch den Vorstand der Steuerberaterkammer zurückgewiesen, so kann das Mitglied der Steuerberaterkammer innerhalb eines Monats nach der Zustellung die Entscheidung des Landesgerichts (Kammer für Steuerberater- und Steuerbevollmächtigtensachen) beantragen. Zuständig ist das Landgericht, in dessen Bezirk die Steuerberaterkammer, deren Vorstand die Rüge erteilt hat, ihren Sitz hat.**

(2) **Der Antrag ist bei dem Landgericht schriftlich einzureichen. Auf das Verfahren sind die Vorschriften der Strafprozeßordnung über die Beschwerde sinngemäß anzuwenden. Die Gegenerklärung (§ 308 Abs. 1 der Strafprozeßordnung) wird von dem Vorstand der Steuerberaterkammer abgegeben. Die Staatsanwaltschaft ist an dem Verfahren nicht beteiligt. Eine mündliche Verhandlung findet statt, wenn sie das Mitglied der Steuerberaterkammer beantragt oder das Landgericht für erforderlich hält. Von Zeit und Ort der mündlichen Verhandlung sind der Vorstand der Steuerberaterkammer, das Mitglied der Steuerberaterkammer und sein Verteidiger zu benachrichtigen. Art und Umfang der Beweisaufnahme bestimmt das Landgericht. Es hat jedoch zur Erforschung der Wahrheit die Beweisaufnahme von Amts wegen auf alle Tatsachen und Beweismittel zu erstrecken, die für die Entscheidung von Bedeutung sind.**

(3) **Der Rügebescheid kann nicht deshalb aufgehoben werden, weil der Vorstand der Steuerberaterkammer zu Unrecht angenommen hat, die Schuld des Mitgliedes der Steuerberaterkammer sei gering und der Antrag auf Einleitung des berufsgerichtlichen Verfahrens nicht erforderlich. Treten die Voraussetzungen, unter denen nach § 92 von einer berufsgerichtlichen Ahndung abzusehen ist oder nach § 109 Abs. 2 ein berufsgerichtliches Verfahren nicht eingeleitet oder fortgesetzt werden darf, erst ein, nachdem der Vorstand die Rüge erteilt hat, so hebt das Landgericht den Rügebescheid auf. Der Beschluß ist mit Gründen zu versehen. Er kann nicht angefochten werden.**

(4) **Das Landgericht, bei dem ein Antrag auf berufsgerichtliche Entscheidung eingelegt wird, teilt unverzüglich der Staatsanwaltschaft bei dem Oberlandesgericht eine Abschrift des Antrags mit. Der Staatsanwaltschaft ist**

§ 82 1–3   Antrag auf berufsgerichtliche Entscheidung

auch eine Abschrift des Beschlusses mitzuteilen, mit dem über den Antrag entschieden wird.

(5) **Leitet die Staatsanwaltschaft wegen desselben Verhaltens, das der Vorstand der Steuerberaterkammer gerügt hat, ein berufsgerichtliches Verfahren gegen das Mitglied der Steuerberaterkammer ein, bevor die Entscheidung über den Antrag auf berufsgerichtliche Entscheidung gegen den Rügebescheid ergangen ist, so wird das Verfahren über den Antrag bis zum rechtskräftigen Abschluß des berufsgerichtlichen Verfahrens ausgesetzt. In den Fällen des § 91 Abs. 2 stellt das Landgericht nach Beendigung der Aussetzung fest, daß die Rüge unwirksam ist.**

Übersicht

	Rdnr.
1. Allgemeines	1, 2
2. Antrag	3, 4
3. Verfahren	
a) Beteiligung der Steuerberaterkammer	5
b) Besetzung des Gerichts	6
c) Mündliche Verhandlung	7, 8
d) Beweisaufnahme	9, 10
e) Aussetzung des Verfahrens	11
f) Entscheidung	12–17
g) Mitteilung der Entscheidung	18, 19

1. Allgemeines

1   Eine Rüge ist ein Akt der öffentlichen Gewalt, der eine „Außenwirkung" hat und in die Rechtsstellung des Betroffenen eingreift; es ist daher nach Art. 19 Abs. 4 GG erforderlich, den **Rechtsweg** zu eröffnen (BVerfGE 18, 203, 212 ff.). Durch § 83 wird – wie in § 74a BRAO – eine dem berufsgerichtlichen Verfahren verwandte Möglichkeit geschaffen, die jedoch auch Ähnlichkeit mit dem verwaltungsgerichtlichen Verfahren hat; Gegenstand des Verfahrens ist der Rügebescheid in der Form des Einspruchsbescheides.

2   Der Antrag auf berufsgerichtliche Entscheidung nach erfolglosem Einspruch ist der **einzige Rechtsbehelf** des Betroffenen gegen einen Rügebescheid. Ein Antrag auf Einleitung eines berufsgerichtlichen Verfahrens ist ausdrücklich ausgeschlossen (§ 116 Abs. 1 Satz 2). Lediglich die Staatsanwaltschaft, der der Antrag mitzuteilen ist (Abs. 4 Satz 1), kann wegen desselben Verfahrens, das der Vorstand der Kammer gerügt hat, ein berufsgerichtliches Verfahren einleiten (Abs. 5). Zum Verhältnis zwischen Rüge und berufsgerichtlicher Maßnahme vgl. § 91.

2. Antrag

3   Der Antrag auf berufsgerichtliche Entscheidung ist zulässig, wenn der Einspruch gegen den Rügebescheid **zurückgewiesen** worden ist. Nach dem Zweck der Bestimmung, einen Rechtsschutz gegen einen Eingriff in die Rechtsstellung des Betroffenen zu schaffen, wird man den Antrag auch bei einer **Verwerfung** des Einspruchs, z.B. wegen einer Fristüberschreitung, als zulässig ansehen müssen.

3. Verfahren   4–8 § 82

Der Antrag ist **innerhalb eines Monats** schriftlich beim Landgericht einzureichen. Durch eine Einreichung bei der Steuerberaterkammer oder zu Protokoll der Geschäftsstelle wird die Frist nicht gewahrt. Eine Begründung des Antrags ist nicht erforderlich, aber aus denselben Gründen wie bei dem Einspruch empfehlenswert. 4

3. Verfahren

a) Beteiligung der Steuerberaterkammer

Die Steuerberaterkammer ist an dem Verfahren zu beteiligen (§ 308 Abs. 1 StPO in Verbindung mit Abs. 2 Satz 3) und wird durch ihren Vorstand vertreten, der eine **Gegenerklärung** abgeben kann und von einem etwaigen Termin zur mündlichen Verhandlung zu benachrichtigen ist. Während des Verfahrens kann der Vorstand die Rüge nicht mehr aufheben; die **Abhilfemöglichkeit** ist mit der Zurückweisung des Einspruchs erloschen. § 306 StPO ist nicht anwendbar, weil der Antrag auf berufsgerichtliche Entscheidung nicht bei der Steuerberaterkammer zu stellen ist. 5

b) Besetzung des Gerichts

Über den Antrag entscheidet die Kammer für StB- und StBv-Sachen beim Landgericht (Abs. 1 Satz 1). Diese ist **außerhalb der Hauptverhandlung** mit drei Berufsrichtern einschließlich des Vorsitzenden besetzt (§ 95 Abs. 4 Satz 1; vgl. aber § 153 Abs. 2). Nicht ausdrücklich geregelt ist die Besetzung in der **mündlichen Verhandlung;** es ist zweifelhaft, ob diese der Hauptverhandlung im berufsgerichtlichen Verfahren gleichzusetzen ist, bei der die Kammer mit dem Vorsitzenden und zwei StB oder StBv als Beisitzern besetzt ist. Die Frage ist jedoch zu verneinen, weil eine dem § 135 Abs. 2 entsprechende Bestimmung für die mündliche Verhandlung nach § 82 Abs. 2 fehlt. Nachdem es sich lediglich um eine Rechtmäßigkeitskontrolle handelt und nicht um eine selbstständige berufsgerichtliche Ahndung nach § 89 kann keine Gleichsetzung vorgesehen werden. Durch eine unterschiedliche Besetzung des Gerichts innerhalb und außerhalb der mündlichen Verhandlung würde auch der gesetzliche Richter nicht eindeutig festgelegt, sondern es würde dem Betroffenen durch das Recht, eine mündliche Verhandlung zu beantragen, auch eine Wahlmöglichkeit hinsichtlich der Besetzung des Gerichts eingeräumt werden (ebenso LG Hannover, StB 1978 S. 322). 6

c) Mündliche Verhandlung

Die Entscheidung der Kammer für StB- und StBv-Sachen ergeht grundsätzlich ohne mündliche Verhandlung, es sei denn, dass das Mitglied sie **beantragt** oder das Gericht sie für **erforderlich** hält. Einem entsprechenden Antrag des Mitglieds ist stets stattzugeben. Die Entscheidung über die Anordnung einer mündlichen Verhandlung ist nicht anfechtbar. 7

Für die Vorbereitung und Durchführung der mündlichen Verhandlung gelten nicht die Vorschriften der StPO. Es ist lediglich vorgeschrieben, den Vorstand der Steuerberaterkammer, das Mitglied und seinen Verteidiger **zu benachrichtigen** (Abs. 2 Satz 6). Eine Ladung mit Zustellung ist nicht er- 8

381

forderlich; ebenso brauchen die Fristen des § 217 StPO nicht zwingend eingehalten werden.

d) Beweisaufnahme

9   Den **Umfang** der Beweisaufnahme bestimmt das Gericht (Abs. 2 Satz 7); es ist daher – ebenso wie nach § 77 OWiG – nicht an Beweisanträge der Beteiligten gebunden. Allerdings enthält Abs. 2 Satz 8 eine weitgehende Aufklärungspflicht, die dem § 244 Abs. 2 StPO entspricht.

10 Auch die **Art** der Beweisaufnahme wird durch das Gericht bestimmt; die §§ 123, 124 sind daher nicht anwendbar. Das Gericht kann vielmehr ohne Einschränkung alle Aussagen verlesen und kann Zeugen auch außerhalb der mündlichen Verhandlung vernehmen. Es gilt der Amtsermittlungsgrundsatz.

e) Aussetzung des Verfahrens

11 Das Gericht hat das Verfahren auszusetzen, wenn die Voraussetzungen des Abs. 5 vorliegen. Das Verfahren kann auch in entsprechender Anwendung des § 111 ausgesetzt werden.

f) Entscheidung

Das Gericht hat folgende Möglichkeiten der Entscheidung:

12 Es **verwirft** den Antrag, wenn er unzulässig ist, z. B. wenn er verspätet oder nicht schriftlich gestellt wurde.

13 Es **weist** den Antrag als unbegründet **zurück,** wenn in der Rüge mit Recht eine Berufspflichtverletzung bejaht wurde. Da das Gericht nicht nachzuprüfen hat, ob die Schuld des Mitglieds gering und der Antrag auf Einleitung eines berufsgerichtlichen Verfahrens nicht erforderlich war (Abs. 3 Satz 1), kann es nicht in das berufsgerichtliche Verfahren übergehen und etwa anstelle der Rüge eine berufsgerichtliche Maßnahme aussprechen. Die Entscheidung, ob ein berufsgerichtliches Verfahren eingeleitet wird, obliegt vielmehr der Staatsanwaltschaft. Leitet diese das berufsgerichtliche Verfahren ein, so ist das Verfahren bezüglich der Rüge auszusetzen (Abs. 5 Satz 1).

14 Das Gericht **hebt** den Rügebescheid **auf,** wenn es eine Berufspflichtverletzung verneint oder die Voraussetzungen des § 92 oder des § 109 Abs. 2 vorliegen (Abs. 3 Satz 2). Die Aufhebung hat eine beschränkte Rechtskraftwirkung (§ 91 Abs. 1 Satz 2).

15 Unter den Voraussetzungen des § 91 Abs. 2 **stellt** das Gericht **fest,** dass die Rüge unwirksam ist (vgl. § 91 Rdnr. 3).

16 Das Gericht hat nicht die Möglichkeit, das Verfahren wegen **Geringfügigkeit** in entsprechender Anwendung des § 153 StPO einzustellen. Das Verfahren nach § 82 hat Ähnlichkeit mit dem verwaltungsgerichtlichen Verfahren. In ihm soll über die Rechtmäßigkeit der Rüge entschieden werden, die ohnehin nur bei einer geringen Schuld des Mitglieds in Betracht kommt. Eine Einstellung wegen Geringfügigkeit würde im Ergebnis nichts anderes als eine Zurückweisung des Antrages bedeuten, weil die Rüge bestehen bleiben würde. Es kommt hinzu, dass das Beschwerdeverfahren nach der StPO, dessen Vorschriften entsprechend anzuwenden sind, keine Einstellung nach § 153 StPO kennt.

Der Beschluss ist **zu begründen** (Abs. 3 Satz 3). Wegen der Kostenentscheidung vgl. § 149.   17

g) Mitteilung der Entscheidung

Der Beschluss ist dem Mitglied, dem Vorstand der Berufskammer und der Staatsanwaltschaft (Abs. 4 Satz 2) mitzuteilen. Eine formelle **Zustellung** ist nicht erforderlich, weil der Beschluss unanfechtbar ist (Abs. 3 Satz 4; OLG Düsseldorf, StB 1986 S. 11) und somit keine Frist in Lauf gesetzt wird.   18

Sofern die Staatsanwaltschaft nach Abs. 5 ein berufsrechtliches Verfahren einleitet, hat dieses Vorrang. Das Verfahren nach § 82 wird dann – sofern noch keine Entscheidung ergangen ist – bis zum rechtskräftigen Abschluss des berufsgerichtlichen Verfahrens ausgesetzt. Abs. 5 stellt eine verfahrensrechtliche Ergänzung des § 91 Abs. 2 dar.   19

§ 83 Pflicht der Vorstandsmitglieder zur Verschwiegenheit

(1) Die Mitglieder des Vorstandes haben – auch nach dem Ausscheiden aus dem Vorstand – über die Angelegenheiten, die ihnen bei ihrer Tätigkeit im Vorstand über Mitglieder der Steuerberaterkammer, Bewerber und andere Personen bekannt werden, Verschwiegenheit gegen jedermann zu bewahren. Das gleiche gilt für Mitglieder, die zur Mitarbeit im Vorstand oder in den durch die Satzung bestimmten Organen herangezogen werden, und für Angestellte der Steuerberaterkammer.

(2) In Verfahren vor Gerichten oder Behörden dürfen die in Absatz 1 bezeichneten Personen über solche Angelegenheiten, die ihnen bei ihrer Tätigkeit im Vorstand oder in den durch die Satzung bestimmten Organen über Mitglieder der Steuerberaterkammer, Bewerber und andere Personen bekanntgeworden sind, nur aussagen oder Auskunft geben, wenn eine Aussage- oder Auskunftspflicht besteht und von der Verpflichtung zur Verschwiegenheit nach Absatz 3 entbunden worden ist. Sonstige Geheimhaltungspflichten und Zeugnisverweigerungsrechte bleiben unberührt.

(3) Die Genehmigung erteilt der Vorstand der Steuerberaterkammer nach pflichtmäßigem Ermessen. Die Genehmigung soll nur versagt werden, wenn Rücksichten auf die Stellung oder die Aufgaben der Steuerberaterkammer oder berechtigte Belange der Personen, über welche die Tatsachen bekanntgeworden sind, es unabweisbar fordern. § 28 Abs. 2 des Gesetzes über das Bundesverfassungsgericht bleibt unberührt.

Übersicht	Rdnr.
1. Allgemeines	1–3
2. Verpflichteter Personenkreis	4–7
3. Gegenstand der Verschwiegenheitspflicht	
a) Personenbezogene Tatsachen	8, 9
b) Zeitliche und persönliche Begrenzung	10
c) Außerdienstliche und dienstliche Äußerungen	11, 12
4. Ausnahmen von der Verschwiegenheitspflicht	
a) Aussagegenehmigung bei Einzelpersonen	13–16
b) Güterabwägung bei dienstlicher Tätigkeit	17–20

1. Allgemeines

1 Eine Steuerberaterkammer kann ihre Aufgaben, insbesondere auf dem Gebiet der Berufsaufsicht, nur wirkungsvoll erfüllen, wenn die **Vertraulichkeit** der ihr gemachten Angaben sichergestellt ist. Einem Berufsangehörigen, der nach § 80 verpflichtet ist, dem Vorstand der Kammer weitgehend Auskunft zu erteilen, kann dies nur zugemutet werden, wenn seine Angaben Außenstehenden nicht zur Kenntnis gebracht werden. Auch dritte Personen gehen im Allgemeinen davon aus, dass ihre Hinweise von der Steuerberaterkammer vertraulich behandelt werden. In Anlehnung an § 76 BRAO ist daher eine Verschwiegenheitspflicht festgelegt worden, der im Bereich der Berufsaufsicht eine ähnliche Bedeutung zukommt wie dem Steuergeheimnis nach § 30 AO im Besteuerungsverfahren.

2 Entgegen der Überschrift gilt die Verschwiegenheitspflicht nicht nur für die Mitglieder des **Kammervorstandes,** sondern auch für **Kammermitglieder,** die zur Mitarbeit herangezogen werden und für **Angestellte** der Kammer. Die Verschwiegenheitspflicht nach § 83 ist nicht mit der allgemeinen Verschwiegenheitspflicht gegenüber den Mandanten nach § 57 Abs. 1 zu verwechseln.

3 Eine Verletzung der Verschwiegenheitspflicht ist eine **Berufspflichtverletzung,** wenn sie von Mitgliedern der Kammer begangen wird. Sie ist **strafrechtlich** als Verletzung von Privatgeheimnissen nach § 203 Abs. 2 StGB zu verfolgen. Die in Abs. 1 genannten Personen sind Amtsträger im Sinne des § 11 Nr. 2b StGB, weil sie Aufgaben wahrnehmen, die aus der Staatsgewalt abgeleitet sind und staatlichen Zwecken dienen (BGHSt 11, 345, 351; RGSt 47, 394); sie unterliegen daher der Strafvorschrift des § 203 Abs. 2 StGB, auch wenn sie nicht nach Art. 42 EGStGB förmlich verpflichtet worden sind. Der Geschädigte hat auch **zivilrechtliche Schadensersatzansprüche,** weil § 83 als Schutzgesetz im Sinne des § 823 Abs. 2 BGB anzusehen ist, außerdem kann ein Anspruch gegen die Berufskammer wegen Amtspflichtverletzung nach § 839 BGB in Verbindung mit Art. 34 GG in Betracht kommen.

2. Verpflichteter Personenkreis

4 Nach Abs. 1 Satz 1 sind die **Mitglieder des Vorstandes** (§ 77) zur Verschwiegenheit verpflichtet. Die Verpflichtung beginnt mit ihrer Wahl, endet jedoch nicht mit der Beendigung ihres Amtes, sondern gilt ohne zeitliche Begrenzung weiter. Die Verschwiegenheitspflicht nach § 83 bezieht sich nur auf die in Rdnr. 8 ff. genannten Bereiche, nicht jedoch auf andere ehrenamtliche Tätigkeiten, z.B. als Mitglied eines Prüfungsausschusses; insoweit können jedoch andere gesetzliche Vorschriften (z.B. § 10 DVStB) in Betracht kommen.

5 In gleichem Maße zur Verschwiegenheit verpflichtet sind **Mitglieder der Steuerberaterkammer,** die zur Mitarbeit im Vorstand oder in einem durch die Satzung bestimmten Organ herangezogen werden (Abs. 1 Satz 2). Diese

3. Gegenstand der Verschwiegenheitspflicht

Bestimmung weicht von § 76 Abs. 1 Satz 2 BRAO ab, der nur von Rechtsanwälten spricht, „die zur Mitarbeit herangezogen werden". Ein sachlicher Unterschied ist hierin jedoch nicht zu sehen. Da der Vorstand die Geschäfte der Kammer führt, kann nur er Kammermitglieder zur Mitarbeit heranziehen. Es ist daher jedes Kammermitglied, das für die Steuerberaterkammer tätig wird, sei es als Ausschussmitglied oder auf Grund eines Einzelauftrages, zur Verschwiegenheit verpflichtet.

Schließlich nennt Abs. 1 Satz 2 auch die **Angestellten** der Kammer. Bei ihnen kann nicht wie bei Berufsangehörigen die Kenntnis des StBerG vorausgesetzt werden. Der Vorstand ist daher verpflichtet, die Angestellten über ihre Verschwiegenheitspflicht zu belehren. Er würde sich schadensersatzpflichtig machen, wenn er dies unterlässt und ein Angestellter wegen Unkenntnis seine Verschwiegenheitspflicht bricht.

Wie für die in Abs. 1 genannten Personen besteht eine Verschwiegenheitspflicht für Personen, die für eine **Arbeitsgemeinschaft** tätig werden (§ 84 Abs. 2 Satz 2) und für Vorstandsmitglieder, zur Mitarbeit herangezogene Berufsangehörige und Angestellte der **Bundessteuerberaterkammer** (§ 85 Abs. 4).

3. Gegenstand der Verschwiegenheitspflicht

a) Personenbezogene Tatsachen

Das Gesetz sieht keine allgemeine Verschwiegenheitspflicht vor, sondern hat zwei Einschränkungen festgelegt:

Es sind nur **personenbezogene** Tatsachen geschützt. Innerhalb dieses Bereichs ist die Schweigepflicht jedoch weit auszudehnen. Sie bezieht sich auf sämtliche Angelegenheiten der Kammermitglieder, Bewerber und anderen Personen, z. B. auf die Vorbildung, Zeugnisse, frühere Tätigkeiten, Umfang der Praxis, Mandanten, Bestehen einer Haftpflichtversicherung (vgl. BVerwG, DVBl. 1988 S. 1012; *Braun*, BRAK-Mitt. 1997 S. 5), berufsgerichtliche und Aufsichts-Maßnahmen. Sie umfasst nicht nur bewusst mitgeteilte, sondern auch alle in anderer Form bekanntgewordene Privatgeheimnisse. Ein Kammermitglied hat daher auch keinen Anspruch auf Einsichtnahme in die Personalakte, z. B. um von einer Beschwerdeschrift Kenntnis zu nehmen. Bei **sachbezogenen** Vorgängen besteht dagegen keine Verschwiegenheitspflicht. Es ist daher niemand gehindert, über Tätigkeiten der Kammer zu berichten, die keinen Bezug auf personenbezogene Daten haben. Anderenfalls wäre z. B. ein Geschäftsbericht der Kammer nicht möglich.

Die Angelegenheiten müssen dem betreffenden Personenkreis bei ihrer Tätigkeit im Vorstand bzw. bei der Tätigkeit in oder für die Kammer **bekannt geworden** sein. Es ist nicht erforderlich, dass sie Gegenstand der Tätigkeit der betreffenden Personen waren; es reicht vielmehr aus, dass anlässlich der Tätigkeit für die Steuerberaterkammer Kenntnisse erlangt worden sind. Es ist auch nicht erforderlich, dass die Tatsachen dem Betreffenden besonders anvertraut werden.

b) Zeitliche und persönliche Begrenzung

10 Die Verschwiegenheitspflicht besteht gegenüber „**jedermann**" d.h. gegenüber Privatpersonen, Gerichten, Behörden und eigenen Mitarbeitern, soweit sie nicht mit der büromäßigen Behandlung der Vorgänge betraut sind. Sie ist auch zeitlich nicht begrenzt, wie sich aus Abs. 1 Satz 1 eindeutig ergibt. Die Beendigung des Amtes als Vorstands- oder Ausschussmitglied oder der Abschluss einer Tätigkeit im Einzelfall, z.B. einer Gutachtenerstattung im Auftrage des Vorstandes, heben die Verpflichtung zur Verschwiegenheit nicht auf.

c) Außerdienstliche und dienstliche Äußerungen

11 Es ist selbstverständlich, dass § 83 untersagt, die geschützten Tatsachen **außerhalb der Kammertätigkeit,** z.B. gegenüber Privatpersonen oder Verbänden, zu offenbaren. Der Wortlaut des Gesetzes scheint zunächst dafür zu sprechen, dass durch § 83 nur nichtdienstliche Äußerungen verhindert werden sollen, denn wenn der Vorstand einem einzelnen Mitglied eine Aussagegenehmigung erteilen kann, müsste er auch in eigener Verantwortung entscheiden können, wenn er selbst über Angelegenheiten, die der Verschwiegenheitspflicht unterliegen, gegenüber anderen Kammern oder Behörden berichten wollte. Gegen diese Auslegung spricht jedoch, dass in § 84 Abs. 2 StBerG ausdrücklich festgelegt ist, dass die in § 83 StBerG bezeichneten Personen nicht gegen ihre Pflicht zur Verschwiegenheit verstoßen, wenn sie der Arbeitsgemeinschaft Angelegenheiten mitteilen, die zum Aufgabenbereich der Arbeitsgemeinschaft gehören. Wenn ein solcher Ausnahmefall ausdrücklich geregelt ist, können **keine** Analogien für andere Fälle gezogen werden. Es fehlt im StBerG auch die in § 61 Abs. 1 Satz 2 des Bundesbeamtengesetzes enthaltene Bestimmung, wonach „Mitteilungen im dienstlichen Verkehr" nicht der Verschwiegenheitspflicht unterliegen. Es ist daher davon auszugehen, dass § 83 StBerG grundsätzlich auch für **Mitteilungen im dienstlichen Verkehr** gilt. Es kommt hinzu, dass § 203 Abs. 2 StGB zwischen der Bekanntgabe von „fremden Geheimnissen" und von „Einzelangaben über persönliche oder sachliche Verhältnisse, die für Aufgaben der öffentlichen Verwaltung erfasst worden sind" unterscheidet und nur bei den zuletzt genannten Einzelangaben es nicht strafbar ist, wenn diese „anderen Behörden oder sonstigen Stellen für Aufgaben der öffentlichen Verwaltung bekannt gegeben werden und das Gesetz dies nicht untersagt". Angelegenheiten, die bei der Tätigkeit im Vorstand über Mitglieder der Berufskammer, Bewerber und andere Personen bekannt werden, fallen jedoch in der Regel unter den Geheimnisbegriff, so dass die Erleichterungen für „Einzelangaben" nicht gelten.

12 Es wäre ein unzureichender Schutz, wenn nur das **einzelne Vorstandsmitglied** zur Rechenschaft gezogen würde, weil es z.B. den Umfang oder den Mandantenkreis einer Praxis oder Vorstrafen eines Mitglieds Außenstehenden mitteilt; das Kammermitglied hat ein ebensolches Interesse daran, dass z.B. nicht in einem Schreiben der Kammer das Finanzamt über den Umsatz der Praxis oder ein Mandant über eine berufsgerichtliche Maßnahme

4. Ausnahmen von der Verschwiegenheitspflicht

unterrichtet werden. Ebenso wie durch § 30 AO die Wahrung des Steuergeheimnisses nicht nur dem einzelnen Beamten, sondern der Finanzverwaltung auferlegt ist, wird durch § 83 eine Verschwiegenheitspflicht auch des **Kammervorstandes insgesamt** festgelegt.

4. Ausnahmen von der Verschwiegenheitspflicht

a) Aussagegenehmigung bei Einzelpersonen

Einzelnen in Abs. 1 genannten Personen kann der Vorstand der Steuerberaterkammer eine Aussagegenehmigung erteilen. Die Genehmigung entspricht der beamtenrechtlichen Aussagegenehmigung nach §§ 61, 62 BBG. Sie kann nur zur Aussage in Verfahren **vor Gerichten** (auch Berufsgerichten) **und Behörden** erteilt werden, nicht z. B. zur Auskunftserteilung gegenüber Privatpersonen, Firmen oder Verbänden.

Die Aussagegenehmigung soll nach Abs. 3 grundsätzlich erteilt werden, wobei, wie sich aus dem Wort „unabweisbar" ergibt, Ausnahmen nur unter strengen Voraussetzungen in Betracht kommen. Das Gesetz kennt nur **zwei Versagungsgründe:** Rücksicht auf die **Stellung und Aufgabe der Kammer** und berechtigte Belange der betroffenen Personen. Die erste Alternative kann bei Auskünften gegenüber der Aufsichtsbehörde oder bei Unterrichtung der Staatsanwaltschaft nicht vorliegen, weil die Aufgaben der Kammern gerade eine Unterrichtung dieser Behörden erfordern. Die **berechtigten Belange des Betroffenen** können in der Regel nicht als berührt angesehen werden, wenn dieser einer Auskunftserteilung zustimmt. In Verfahren vor dem BVerfG kann die Aussagegenehmigung durch einen Beschluss des Gerichts mit Zweidrittelmehrheit nach § 28 Abs. 2 BVerfGG ersetzt werden.

Die Aussagegenehmigung begründet noch keine **Auskunftspflicht;** vielmehr muss eine solche Pflicht zusätzlich vorhanden sein, wenn ein Anspruch auf Aussage oder Auskunftserteilung durchgesetzt werden soll.

Die Aussagegenehmigung ist von dem Gericht oder der Behörde einzuholen. Dabei ist der Gegenstand der Vernehmung anzugeben, weil sonst der Kammervorstand die Voraussetzungen des Abs. 3 nicht prüfen kann. Die Erteilung der Genehmigung ist **nicht anfechtbar,** weil durch sie nur der allgemeine Rechtszustand wieder hergestellt wird, wonach ein Zeuge oder Sachverständiger zur Aussage verpflichtet ist. Eine Versagung der Genehmigung beeinträchtigt den Antragsteller in der Regel nicht in seinen Rechten.

b) Güterabwägung bei dienstlicher Tätigkeit

Da die Verschwiegenheitspflicht grundsätzlich auch für dienstliche Äußerungen im Rahmen der Verwaltungsarbeit der Kammer gilt, insbesondere im Verkehr mit anderen Kammern und Behörden sowie bei Veröffentlichungen in Kammermitteilungen, kann sich im Einzelfall ein Gegensatz zwischen der Verpflichtung zur Verschwiegenheit und der **Wahrnehmung der Kammeraufgaben** ergeben.

In der Rechtsprechung und Literatur besteht Einigkeit darüber, dass die Weitergabe von Geheimnissen innerhalb **derselben Behörde** grundsätzlich zulässig ist. Dagegen gilt für die Weitergabe an **andere Behörden** der Grundsatz der Güterabwägung (§ 34 StGB). Grundsätzlich ist die Weitergabe von „Geheimnissen" an eine andere Behörde nur zulässig, wenn dies im Gesetz oder einer sonstigen Rechtsnorm ausdrücklich vorgesehen ist oder wenn es nach der **Interessenabwägung** geboten erscheint (OVG Lüneburg, NJW 1975, S. 2261). Ein Recht zur Offenbarung ergibt sich nicht schon aus den allgemeinen Grundsätzen der Rechts- und Amtshilfe. Eine Weitergabe nach Interessenabwägung ist nur zulässig, wenn mit dem Geheimhaltungsinteresse andere rechtlich geschützte Interessen kollidieren und diese bei Abwägung aller Umstände des konkreten Falles den Vorrang verdienen.

19 Die Verschwiegenheitspflicht kann im **Berufsaufsichtsverfahren** problematisch werden (s. § 81 Rdnr. 30, 31). Während es von unbeteiligten Dritten im Allgemeinen hingenommen wird, wenn ihnen keine Auskünfte über ein Kammermitglied erteilt werden, stößt eine Ablehnung bei Personen, die einen Berufsangehörigen bei der Kammer angezeigt haben, häufig auf Unverständnis. Es wird darauf verwiesen, dass die Staatsanwaltschaft nach § 170 StPO sogar verpflichtet ist, einem Anzeigenden die Gründe mitzuteilen, die zur Einstellung des Verfahrens geführt haben, während die Steuerberaterkammer keine Gründe angibt, wenn sie eine Angelegenheit nicht weiter verfolgt. Die unterschiedliche Handhabung ist jedoch aus der Natur der Berufsaufsicht zu erklären. Es handelt sich um eine Selbstverwaltung und Standesaufsicht. Diese betrifft nur den Berufsstand selbst, so dass Auskünfte an Dritte nicht zulässig sind. Dasselbe gilt, wenn Maßnahmen der Berufsaufsicht ergriffen wurden, z. B. eine Rüge erteilt worden ist. Auch hier muss sich die Mitteilung an den Anzeigenden darauf beschränken, dass im Wege der Berufsaufsicht das Erforderliche veranlasst wurde. Wenn selbst im berufsgerichtlichen Verfahren der Grundsatz der Öffentlichkeit durchbrochen wird (§ 122), kann im internen Verfahren der Berufskammer erst recht nicht eine Unterrichtung Dritter erlaubt sein. Etwas anderes muss nur gelten, solange der Sachverhalt von der Kammer ermittelt wird. Es muss ihr gestattet sein, eine Stellungnahme des beschuldigten Berufsangehörigen dem Anzeigenden zur Äußerung mitzuteilen, weil sonst die Berufsaufsicht nicht durchgeführt werden kann.

20 Für die Durchführung der Berufsaufsicht ist es auch erforderlich, bei einem **Wechsel der Kammermitgliedschaft** mit den Personalakten auch etwaige Rügebescheide der anderen Kammer mitzuteilen. Sonst darf eine andere Steuerberaterkammer nur über eine Rüge unterrichtet werden, wenn dies für die Zwecke der Berufsaufsicht erforderlich ist.

§ 84 Arbeitsgemeinschaft

(1) **Mehrere Steuerberaterkammern können sich zu einer nicht rechtsfähigen Arbeitsgemeinschaft zusammenschließen, wenn die Satzungen der Kammern dies vorsehen. Der Arbeitsgemeinschaft können jedoch nicht Aufsichtsbefugnisse oder andere Aufgaben übertragen werden, für die gesetzlich die Zuständigkeit der einzelnen Steuerberaterkammern begründet ist.**

2. Bildung einer Arbeitsgemeinschaft 1–4 § 84

(2) **Die in § 83 bezeichneten Personen verstoßen nicht gegen ihre Pflicht zur Verschwiegenheit, wenn sie der Arbeitsgemeinschaft Angelegenheiten mitteilen, die zum Aufgabengebiet der Arbeitsgemeinschaft gehören. § 83 Abs. 1 gilt sinngemäß für die Personen, die für die Arbeitsgemeinschaft tätig werden.**

Übersicht

	Rdnr.
1. Allgemeines	1, 2
2. Bildung einer Arbeitsgemeinschaft	3–5
3. Aufgaben der Arbeitsgemeinschaft	6, 7
4. Verschwiegenheitsverpflichtung	8

1. Allgemeines

Die Bestimmung hatte ursprünglich in erster Linie den Zweck, eine Zusammenarbeit der getrennten Kammern der StB und StBv zu fördern. Nachdem die Angehörigen beider Berufsgruppen Mitglieder einer einheitlichen Steuerberaterkammer geworden sind, bietet sich die Gründung einer Arbeitsgemeinschaft jetzt insbesondere an, wenn in einem Land mehrere Steuerberaterkammern bestehen, damit die Belange des Berufs **auf Landesebene** einheitlich und damit wirkungsvoller wahrgenommen werden können. Außerdem kann eine Arbeitsgemeinschaft zu Kostenersparnissen führen. 1

Während bei der Bildung einer gemeinsamen Steuerberaterkammer nach § 75 die einzelnen Kammern aufgelöst werden, behalten sie bei Gründung einer Arbeitsgemeinschaft ihre **Selbstständigkeit**. Der Kreis, der Aufgaben, der auf eine Arbeitsgemeinschaft übertragen werden darf, ist sehr klein (vgl. Rdnr. 6, 7). 2

2. Bildung einer Arbeitsgemeinschaft

Voraussetzung für die Bildung einer Arbeitsgemeinschaft ist zunächst, dass die **Satzungen** der einzelnen Steuerberaterkammern dies vorsehen. Die Satzungen müssen auch bestimmen, welche Aufgaben auf eine Arbeitsgemeinschaft übertragen werden können. Sind die satzungsmäßigen Voraussetzungen erfüllt, so kann die Arbeitsgemeinschaft durch eine **Vereinbarung** der Vorstände der Steuerberaterkammern gegründet werden; ein Beschluss der Mitgliederversammlung ist hierzu nicht erforderlich, falls die Satzungen der Kammern dies nicht vorsehen. 3

Gegenstand der Vereinbarungen sind insbesondere die Geschäftsführung, die Vertretung und die Kostenverteilung der Arbeitsgemeinschaft. Ergänzend können die Vorschriften des bürgerlichen Rechts über die Gesellschaft (§§ 705 ff. BGB) angewendet werden. Die Arbeitsgemeinschaft kann – falls keine anderen Vereinbarungen getroffen worden sind – jederzeit durch **Kündigung** einer Kammer aufgelöst werden (§ 723 BGB). Da durch die Gründung einer Arbeitsgemeinschaft die Satzungen der Kammern nicht geändert werden, ist eine **Genehmigung** der Aufsichtsbehörde für die Gründung und für die Auflösung nicht erforderlich. 4

§ 85 Bundessteuerberaterkammer

5   Die Arbeitsgemeinschaft ist **nicht rechtsfähig;** sie kann also im eigenen Namen keine Rechte und Pflichten erwerben. Sie ist auch nicht parteifähig (§ 50 ZPO) und kann insbesondere nicht verklagt werden, weil sie als Gesellschaft des bürgerlichen Rechts und nicht als nichtrechtsfähiger Verein anzusehen ist.

3. Aufgaben der Arbeitsgemeinschaft

6   Da die Arbeitsgemeinschaft nicht rechtsfähig ist, kann sie als solche keine **Verwaltungsakte** erlassen und keine Verpflichtungen eingehen. Aus vertraglichen Vereinbarungen der Arbeitsgemeinschaft sind nur die beteiligten Kammern berechtigt und verpflichtet.

7   Das Gesetz schreibt ausdrücklich vor, dass der Arbeitsgemeinschaft keine **Aufsichtsbefugnisse** (§ 76 Abs. 1 Nr. 4) übertragen werden können. Da die Steuerberaterkammern nur gesetzliche Aufgaben haben, ist die weitere Einschränkung, dass der Arbeitsgemeinschaft keine Aufgaben übertragen werden können, für die gesetzlich die Zuständigkeit der einzelnen Steuerberaterkammern begründet ist, zunächst nicht verständlich. Es ist offensichtlich damit gemeint, dass die Arbeitsgemeinschaft nicht **Träger öffentlicher Aufgaben** sein kann. Es ist daher nicht möglich, die in § 76 Abs. 2 aufgezählten Pflichtaufgaben auf eine Arbeitsgemeinschaft zu übertragen. Die Tätigkeit einer Arbeitsgemeinschaft erschöpft sich daher in der Regel in der internen Verwaltung und in der Wahrung der allgemeinen beruflichen Belange (vgl. § 76 Rdnr. 9 ff.).

4. Verschwiegenheitsverpflichtung

8   Die in der Arbeitsgemeinschaft mitwirkenden Personen sind über Abs. 2 Satz 2 in die Pflicht zur Verschwiegenheit eingebunden. Dabei wird lediglich auf § 83 Abs. 1 verwiesen. Damit können sie nach § 83 Abs. 2 nicht zur Aussage oder Auskunft in Verfahren vor Gerichten oder Behörden verpflichtet werden. Dies ist nicht notwendig, da die Arbeitsgemeinschaft nicht rechtsfähig ist und sich vielmehr mit internen Fragestellungen beschäftigt. Ein Außenkontakt entsteht dadurch nicht, er bleibt weiterhin den die Arbeitsgemeinschaft tragenden Steuerberaterkammern vorbehalten.

§ 85 Bundessteuerberaterkammer

(1) **Die Steuerberaterkammern bilden eine Bundeskammer. Diese führt die Bezeichnung „Bundessteuerberaterkammer".**

(2) **Die Bundessteuerberaterkammer ist eine Körperschaft des öffentlichen Rechts. Ihr Sitz bestimmt sich nach ihrer Satzung.**

(3) **Der Vorstand der Bundessteuerberaterkammer wird von den Steuerberaterkammern gewählt. Im übrigen gibt sich die Bundessteuerberaterkammer ihre Satzung selbst. Die Satzung bedarf der Genehmigung der Aufsichtsbehörde.**

(4) **Die Vorschrift des § 83 ist sinngemäß anzuwenden.**

2. Rechtsform 1–4 § 85

Übersicht
	Rdnr.
1. Allgemeines	1, 2
2. Rechtsform	3, 4
3. Satzung	5

1. Allgemeines

Die Bundessteuerberaterkammer besteht seit dem 1. 1. 1975. Sie ist nach Art. 5 Abs. 2 Nr. 11 des 2. StBerÄG (BGBl. 1972 I S. 1401) **Rechtsnachfolgerin** der Bundessteuerberaterkammer alten Rechts und der Bundeskammer der Steuerbevollmächtigten. 1

Mitglieder der Bundessteuerberaterkammer sind ausschließlich die Steuerberaterkammern (§ 73); die Mitglieder der Steuerberaterkammern (§§ 73, 74) gehören der Bundessteuerberaterkammer nur mittelbar, d. h. über ihre Steuerberaterkammern an. Die Mitgliedschaft der Steuerberaterkammern in der Bundessteuerberaterkammer ist zwingend. Aufgrund der Mitgliedschaft der Steuerberaterkammern, denen wiederum alle StB, StBv und StBGes angehören, ist die Bundessteuerberaterkammer die Dachorganisation (BGHZ 33, 381, 385 zu § 176 BRAO) des steuerberatenden Berufs und nimmt die **Gesamtvertretung** wahr. Zu ihren Aufgaben im Einzelnen vgl. § 86. Durch den Verweis des Abs. 4 auf den gesamten § 83 sind sowohl Vorstand, die Angestellten der Bundessteuerberaterkammer, Personen, die zur Mitarbeit herangezogen werden als auch die Delegierten der Steuerberaterkammern (§ 86 a Abs. 1) zur Verschwiegenheit verpflichtet. 2

2. Rechtsform

Die Bundessteuerberaterkammer ist – ebenso wie die Steuerberaterkammern – eine **Körperschaft des öffentlichen Rechts;** vgl. hierzu § 73 Rdnr. 11. Diese Gestaltung, die erst die Voraussetzungen dafür schafft, dass die Bundessteuerberaterkammer ihre Aufgaben sachgemäß erfüllen kann, entspricht dem § 175 BRAO; sie weicht von den Spitzenorganisationen anderer Berufe mit Kammern auf regionaler Ebene (z. B. Deutscher Industrie- und Handelstag, Deutscher Handwerkskammertag, Bundesärztekammer) ab, die mangels einer gesetzlichen Regelung die Rechtsform eines Vereins wählen mussten (vgl. BVerfGE 33, 125, 129). 3

Die Bundessteuerberaterkammer ist weder eine Beschwerdeinstanz über den Steuerberaterkammern noch diesen gegenüber weisungsberechtigt. Sie ist lediglich ein **Bindeglied** der Steuerberaterkammern, das in deren Selbstverwaltung nicht eingreifen darf (*Luther*, DStR 1974 S. 331, 338). Die Steuerberaterkammern haben sich gegenüber der Bundessteuerberaterkammer loyal zu verhalten; sie sind jedoch rechtlich nicht gehindert, im Rahmen ihrer Zuständigkeit auch gegen eine nach § 86 Abs. 2 Nr. 1 festgestellte Mehrheitsmeinung zu handeln (vgl. § 86 Rdnr. 4). 4

§ 86　Aufgaben der Bundessteuerberaterkammer

3. Satzung

5 Das Gesetz schreibt – neben der Bezeichnung „Bundessteuerberaterkammer" – nur zwingend vor, dass der **Vorstand** der Bundessteuerberaterkammer von den Berufskammern, d. h. in einer Versammlung der Kammern gewählt wird (Abs. 3 Satz 1); diese Regelung entspricht dem § 77 Satz 1 und ist nicht abdingbar. Es gibt jedoch keine gesetzlichen Vorgaben zur Gestaltung des Vorstandes und im Hinblick einer Übertragung von Aufgaben an den Vorstand (Präsidium). Die Bundessteuerberaterkammer ist vielmehr in der Gestaltung ihrer **Satzung,** die von der Versammlung der Kammern aufzustellen ist, völlig frei; das StBerG weicht damit von der BRAO ab, die in den §§ 175–191 den Aufbau der Bundesrechtsanwaltskammer eingehend regelt.

§ 86 Aufgaben der Bundessteuerberaterkammer

(1) Die Bundessteuerberaterkammer hat die ihr durch Gesetz zugewiesenen Aufgaben zu erfüllen.

(2) Der Bundessteuerberaterkammer obliegt insbesondere,
1. in Fragen, welche die Gesamtheit der Steuerberaterkammern angehen, die Auffassung der einzelnen Kammern zu ermitteln und im Wege gemeinschaftlicher Aussprache die Auffassung der Mehrheit festzustellen;
2. die Berufsordnung als Satzung zu erlassen und zu ändern;
3. Richtlinien für die Fürsorgeeinrichtungen der Steuerberaterkammern (§ 76 Abs. 2 Nr. 6) aufzustellen;
4. in allen die Gesamtheit der Steuerberaterkammern berührenden Angelegenheiten die Auffassung der Bundessteuerberaterkammer den zuständigen Gerichten und Behörden gegenüber zur Geltung zu bringen;
5. die Gesamtheit der Steuerberaterkammern gegenüber Behörden und Organisationen zu vertreten;
6. Gutachten zu erstatten, die eine an der Gesetzgebung beteiligte Behörde oder Körperschaft des Bundes oder ein Bundesgericht anfordert;
7. die berufliche Fortbildung in den steuerberatenden Berufen zu fördern.

(3) Die Satzung im Sinne des Absatzes 2 Nr. 2 und deren Änderung wird durch die Satzungsversammlung als Organ der Bundessteuerberaterkammer beschlossen. Sie ist an das Bundesministerium der Finanzen zu übermitteln. Soweit nicht das Bundesministerium der Finanzen die Satzung und deren Änderung im Ganzen oder in Teilen binnen drei Monaten nach Übermittlung aufhebt, ist sie in dem Presseorgan zu veröffentlichen, das für Verlautbarungen der Bundessteuerberaterkammer bestimmt ist. Sie tritt am ersten Tag des Monats in Kraft, der auf die Veröffentlichung folgt. Stellt sich nach Inkrafttreten der Satzung heraus, dass sie ganz oder in Teilen höherrangigem Recht widerspricht, kann das Bundesministerium der Finanzen die Satzung insoweit aufheben.

(4) Die Satzung kann zur Ausführung der gesetzlichen Vorschriften nähere Regelungen enthalten, insbesondere hinsichtlich
1. der unabhängigen, eigenverantwortlichen und gewissenhaften Berufsausübung;

1. Allgemeines

2. der Verschwiegenheitspflicht;
3. der zulässigen und der berufswidrigen Werbung;
4. des Verbotes der Mitwirkung bei unbefugter Hilfeleistung in Steuersachen;
5. des berufsmäßigen Verhaltens gegenüber Mandanten, Kollegen, Gerichten, Behörden und Steuerberaterkammern sowie gegenüber Personen, Gesellschaften und Einrichtungen im Sinne der §§ 4 und 6;
6. der vereinbaren und nichtvereinbaren Tätigkeiten;
7. der Berufshaftpflichtversicherung sowie der Haftungsausschlüsse und Haftungsbeschränkungen;
8. der besonderen Pflichten gegenüber Auftraggebern, insbesondere in Zusammenhang mit dem Umgang mit fremden Vermögenswerten;
9. der Vereinbarung, Berechnung, Sicherung und Beitreibung von Gebühren und Auslagen;
10. der Pflichten in Prozeßkostenhilfesachen;
11. der Voraussetzung des Führens von Bezeichnungen, die auf besondere Kenntnis bestimmter Steuerrechtsgebiete hinweisen;
12. der Gründung von beruflichen Niederlassungen und weiteren Beratungsstellen;
13. dem Verhalten bei grenzüberschreitender Tätigkeit;
14. der besonderen Pflichten bei der gemeinsamen Ausübung der Berufstätigkeit nach § 56;
15. der besonderen Pflichten bei der Errichtung, Ausgestaltung und Tätigkeit von Steuerberatungsgesellschaften;
16. der Abwicklung und der Übertragung der Praxis;
17. der Ausbildung von Steuerfachgehilfen.

Übersicht	Rdnr.
1. Allgemeines	1–3
2. Die Pflichtaufgaben im Einzelnen	
a) Feststellung der Auffassung der Kammern (Abs. 2 Nr. 1)	4, 5
b) Erlass einer Berufsordnung (Abs. 2 Nr. 2)	6–9
c) Aufstellung von Richtlinien für Fürsorgeeinrichtungen (Abs. 2 Nr. 3)	10
d) Äußerungen gegenüber Gerichten und Behörden (Abs. 2 Nr. 4)	11, 12
e) Vertretung der Gesamtheit der Steuerberaterkammern (Abs. 2 Nr. 5)	13, 14
f) Erstattung von Gutachten (Abs. 2 Nr. 6)	15
g) Förderung der beruflichen Fortbildung (Abs. 2 Nr. 7)	16, 17
h) Sonstige gesetzliche Pflichtaufgaben	18

1. Allgemeines

Bis zum 2. StBerÄG war der Aufgabenbereich der Bundeskammern der StB und der StBv mit einer **Generalklausel** umschrieben. Die jetzige Fassung entspricht dem § 177 BRAO, in dem die Aufgaben der Bundesrechtsanwaltskammer im Einzelnen aufgezählt werden, (vgl. dazu *Tettinger*, Zum Tätigkeitsfeld der Bundesrechtsanwaltskammer, Bd. 7 der Schriftenreihe der BRAK, 1985).

Mit der Neufassung der Bestimmung sollten die der Bundessteuerberaterkammer obliegenden Aufgaben konkretisiert und „zugleich klargestellt werden, dass die Aufgabe der Kammern nicht berufspolitische Interessenvertretung, sondern Erfüllung der durch Gesetz zugewiesenen staatlichen Aufgaben ist" (Deutscher Bundestag, 6. Wahlperiode, Drucksache VI/3456 zu A II Nr. 13a und 16). Hieraus kann jedoch nicht die Folgerung gezogen werden, dass die Bundessteuerberaterkammer nur die ausdrücklich im Gesetz aufgezählten Aufgaben hat und ihre Zuständigkeit erst durch die Aufgabenzuweisung in Abs. 2 begründet wird (so *Luther,* DStR 1974 S. 331, 338). Der Aufgabenbereich einer Kammer wird nicht nur durch die gesetzlich ausdrücklich zugewiesenen Aufgaben umfasst; er erstreckt sich vielmehr auch auf den Bereich, der im Hinblick auf den Zweck der Körperschaft als ihr zugedachter **Wirkungskreis** festzustellen ist (BGHZ 33, 381, 385; 35, 292, 294; 64, 301, 306; 66, 297, 300; BGH, NJW 1980 S. 186; vgl. auch § 76 Rdnr. 3). Dieser Zweck wird aber durch die in Abs. 2 aufgeführten Pflichtaufgaben im Wesentlichen erfasst.

3   Die Bundessteuerberaterkammer als gesetzliche Spitzenorganisation aller StB und StBv hat die Aufgabe, die Gesamtheit der StB, StBv und StBGes berufsständisch zu repräsentieren und die **berufsständischen Interessen** wahrzunehmen (vgl. Rdnr. 11). Dabei hat sie allerdings die Grenzen zu beachten, die ihr als Körperschaft des öffentlichen Rechts gezogen sind, d.h. sie ist insbesondere zur Objektivität verpflichtet und darf weder eigene noch fremde **wirtschaftliche Ziele** verfolgen; sie darf jedoch die wirtschaftlichen Gesamtinteressen ihrer Mitglieder wahrnehmen, soweit dies im Rahmen der berufsständischen Vertretung erforderlich ist.

2. Die Pflichtaufgaben im Einzelnen

a) Feststellung der Auffassung der Kammern (Abs. 2 Nr. 1)

4   Die Bundessteuerberaterkammer ist eine gesetzliche Dachorganisation (§ 85 Rdnr. 2) der Steuerberaterkammern, die diesen gegenüber **keine Weisungs- und Aufsichtsrechte** hat. Sie kann daher auch nicht aus eigenem Recht über abweichende Auffassungen zwischen den Steuerberaterkammern entscheiden. Es muss vielmehr zunächst die Auffassung der einzelnen Kammern ermittelt und sodann im Wege der gemeinschaftlichen Aussprache, d.h. in der Regel in der Mitgliederversammlung, die gemeinsame Auffassung festgestellt werden. Auch nach Feststellung der Auffassung der Mehrheit kann die Bundessteuerberaterkammer nicht durchsetzen, dass sich alle Kammern der Meinung der Mehrheit anschließen. Die Kammern sind aber zur Rücksichtnahme und **Loyalität** verpflichtet; insoweit finden die Grundsätze des Bund/Länder-Verhältnisses entsprechende Anwendung. (BVerfGE 4, 115, 141; *Hartmann,* Festschrift für Helmut Schippel, 1996, S. 645, 652). Die Kammern können jedoch – soweit es sich um Angelegenheiten ihres Zuständigkeitsbereichs handelt – nicht gezwungen werden, die Auffassung der Mehrheit der Kammern umzusetzen. Die festgestellte Auffassung wird bei der Meinungsbildung durch Gerichte und Behörden Berücksichtigung finden.

5   Die Feststellung einer allgemeinen Auffassung betrifft nur die Fragen, die die **Gesamtheit der Steuerberaterkammern** angehen, d.h. die von all-

2. Die Pflichtaufgaben im Einzelnen 6, 7 § 86

gemeiner Bedeutung für den Berufsstand sind. Eine Meinungsbildung ist daher nicht vorgesehen, wenn es sich um Fragen einzelner Berufsangehöriger oder einzelner Kammern handelt, die keine allgemeine Bedeutung haben. Die Bundessteuerberaterkammer ist daher auch nicht berechtigt, einzelnen Berufsangehörigen Auskünfte zu berufsrechtlichen Fragen zu erteilen; sie würde hierdurch in den Aufgabenbereich der Kammern und möglicherweise in ein laufendes oder zu erwartendes Berufsaufsichtsverfahren eingreifen.

b) Erlass einer Berufsordnung (Abs. 2 Nr. 2)

Aufgrund der Rechtsprechung des BVerfG (BVerfGE 76, 171) war es erforderlich, an die Stelle der Standesrichtlinien eine **Berufsordnung** zu setzen, die zur Ausfüllung der gesetzlichen Vorschriften nähere Regelungen über die Berufspflichten enthält. Die Berufsordnung (BOStB) wird von der Satzungsversammlung (§ 86a) beschlossen; es handelt sich dabei um ein Organ der Bundessteuerberaterkammer, das durch unmittelbare Wahlen in den einzelnen Steuerberaterkammern gebildet wird. Durch die Befugnis zum Erlass einer Berufsordnung wird die berufliche Selbstverwaltung gestärkt. Da in der Satzungsversammlung nur der Berufsstand, nicht aber Mandanten und außerberufliche Wettbewerber vertreten sind, kann sich die Gefahr einer einseitigen Ausrichtung der Beschlüsse ergeben. So können Satzungsregelungen zum Nachteil der Berufsanfänger und Außenseiter eine Abschottung der Insider bezwecken, ein Übergewicht der Standesinteressen begünstigen und geeignet sein, die Anpassung der Berufsbilder an gesellschaftliche Veränderungen zu verhindern (*Jäger*, Stbg 1997 S. 211, 212). Die Satzungsversammlung muss dem durch eine **Berücksichtigung des Gemeinwohls** und Verzicht auf eine übertriebene Regelungsflut beggnen. Hierüber hat es anlässlich der Beratung der BOStB lebhafte Diskussionen gegeben (*Kleine-Cosack*, INF 1997 S. 436, 693, 726; *Späth*, INF 1997 S. 56, 566). 6

Die Berufsordnung setzt Recht im Sinne des Art. 20 Abs. 3 GG, das auch die Gerichte und die Verwaltung bindet. Sie kann aber keine neuen Berufspflichten schaffen, sondern nur die im Gesetz festgelegten Berufspflichten näher regeln. Es ist unzulässig, durch die BOStB die Berufspflichten über das im StBerG vorgeschriebene Maß auszudehnen (BFH, DStRE 1998 S. 71) und etwa den Gesetzgeber zu korrigieren (*Eylmann*, AnwBl. 1996 S. 481). Die BOStB muss sich vielmehr an Art. 12 GG und dem Grundsatz der **Verhältnismäßigkeit** ausrichten. Danach darf die freie Berufsausübung nur im Interesse des Gemeinwohls und nur mit sachgerechten und vernünftigen Erwägungen eingeschränkt werden (BVerfGE 30, 292, 316). Es bestehen daher insbesondere Bedenken, wenn die BOStB durch eine überzogene Kollegialitätspflicht die Praxen älterer Berufsangehöriger vor der Konkurrenz von Berufsanfängern schützen will (vgl. §§ 32 Abs. 2; 33, Abs. 1 + 2 BOStB sowie § 57 Rdnr. 86). § 31 Abs. 3 und 4 BOStB schließen auch vor Durchführung eines Schlichtungsverfahrens keine zivilrechtlichen Klagen zwischen Beratern aus, da die BOStB nicht die Klagbarkeit von Ansprüchen regelt (OLG Hamm, Stbg 2003 S. 168). 7

8 Im Gegensatz zu der Satzung der Bundessteuerberaterkammer (vgl. § 85 Abs. 3) bedarf die Berufsordnung nicht der Genehmigung des Bundesministeriums der Finanzen. Das ist auch gerechtfertigt, denn Gegenstand der Berufsordnung sind nicht Organisationsfragen, die der Staatsaufsicht (§ 88) unterliegen; der Erlass und die Änderung der Berufsordnung sind vielmehr der Rechtssetzung vergleichbar, so dass der beruflichen Selbstverwaltung ein größerer Freiraum eingeräumt werden muss. Absatz 3 Satz 3 legt daher fest, dass das Bundesministerium der Finanzen innerhalb einer Frist von drei Monaten nach Übermittlung die Satzung ganz oder teilweise **aufheben** kann. Von dieser Möglichkeit kann das Bundesministerium der Finanzen nur Gebrauch machen, wenn Bestimmungen der Berufsordnung gegen das Gesetz verstoßen, d. h. nicht nur Regelungen zur Ausführung der gesetzlichen Vorschriften enthalten, sondern die gesetzlichen Berufspflichten unzulässig ausdehnen oder einengen. Die Frist bis zum In-Kraft-Treten beträgt höchstens einen Monat, da sie ab dem nächsten Monatsersten nach der Veröffentlichung gilt. Das Bundesministerium der Finanzen kann aber nach Abs. 3 Satz 5 im Rahmen der Staatsaufsicht nach § 88 Abs. 3 die Berufsordnung auch nach deren In-Kraft-Treten aufheben, sofern sie insgesamt oder teilweise höherrangigem Recht widerspricht. Gegen eine Entscheidung des Bundesministeriums der Finanzen ist der Verwaltungsrechtsweg eröffnet.

9 Der Katalog der Bereiche, die die Berufsordnung regeln kann, ist in Abs. 4 festgelegt und – wie sich aus dem Wort „insbesondere" ergibt – **nicht abschließend** (vgl. dagegen zur BRAO *Redeker,* AnwBl. 1995 S. 217, 218); Regelungen, die nicht in dem Katalog enthalten sind, müssen aber wenigstens mittelbar auf das Gesetz zurückgeführt werden können.

c) Aufstellung von Richtlinien für Fürsorgeeinrichtungen (Abs. 2 Nr. 3)

10 Nach § 76 Abs. 2 Nr. 6 sind die Steuerberaterkammern verpflichtet, Fürsorgeeinrichtungen zu schaffen, die der Unterstützung bedürftiger Kammermitglieder oder ihrer Hinterbliebenen ohne Rechtsanspruch dienen (vgl. § 76 Rdnr. 30 ff.). Um eine Einheitlichkeit im Bundesgebiet zu erzielen, hat die Bundessteuerberaterkammer Richtlinien aufzustellen; sie hat diese Verpflichtung durch Beschluss vom 7./8. 11. 1977 erfüllt. Sie stellen einen **Rahmen** für die von den Steuerberaterkammern zu schaffenden Fürsorgeeinrichtungen dar, können den Berufskammern jedoch nicht aufgeben, Fürsorgeeinrichtungen auszubauen oder mehr Mittel bereitzustellen (*Luther,* DStR 1974 S. 331, 339).

d) Äußerungen gegenüber Gerichten und Behörden (Abs. 2 Nr. 4)

11 Es gehört zur allgemeinen berufsständischen Interessenvertretung, dass die Bundessteuerberaterkammer ihre Auffassung bei den zuständigen Gerichten und Behörden zur Geltung bringt. Die Bestimmung enthält die Verpflichtung, sich in allen Angelegenheiten, die den Berufsstand unmittelbar oder mittelbar berühren und Gegenstand eines behördlichen oder gerichtlichen Verfahrens sind, für eine den Interessen des Berufsstandes entsprechende

2. Die Pflichtaufgaben im Einzelnen 12–15 § 86

Lösung einzusetzen. Der Hinweis auf die „die Gesamtheit der Steuerberaterkammern berührenden Angelegenheiten" bedeutet nicht etwa eine **Geltendmachung von Interessen** der Steuerberaterkammern selbst, sondern der in den Kammern zusammengeschlossenen Berufsangehörigen, weil es den Kammern wiederum obliegt, die beruflichen Belange ihrer Mitglieder zu wahren (§ 76 Abs. 1). Die Bestimmung gewährt der Bundessteuerberaterkammer jedoch kein eigenes **Antrags- oder Beschwerderecht,** sondern bedeutet nur, dass sie ihren Standpunkt äußern und darauf hinwirken soll, dass er berücksichtigt wird.

Die **„Auffassung der Bundessteuerberaterkammer"** muss sich nicht 12 unbedingt mit der Auffassung der Mehrheit der Kammern decken, weil es möglich ist, dass die Auffassung der Bundessteuerberaterkammer durch ihren Vorstand gebildet oder in der Mitgliederversammlung eine Mehrzahl kleinerer Kammern durch eine Minderheit größerer Kammern überstimmt wird (*Luther,* DStR 1974 S. 331, 339). In der Praxis kann dies jedoch nur ein seltener Ausnahmefall sein.

e) Vertretung der Gesamtheit der Steuerberaterkammern (Abs. 2 Nr. 5)

Diese Bestimmung ergänzt und erweitert Abs. 2 Nr. 4. Während dort von 13 „zuständigen" Gerichten und Behörden, also von einem gesetzlich geregelten Verfahren gesprochen wird, erweitert Abs. 2 Nr. 5 den Aufgabenbereich der Bundessteuerberaterkammer um eine Vertretung vor **allen Behörden und Organisationen.** Einer Erwähnung der Gerichte bedurfte es nicht, weil sie nur im Rahmen gesetzlich geordneter Verfahren tätig werden.

Da unter **„Vertretung"** nicht die rechtsgeschäftliche Vertretung, sondern 14 die allgemeine Interessenvertretung zu verstehen ist, eröffnet die Vorschrift der Bundessteuerberaterkammer das Recht und die Pflicht, die Interessen des Berufs gegenüber allen Behörden – einschließlich der an der Gesetzgebung beteiligten Behörden (vgl. Abs. 2 Nr. 6) – und Organisationen wahrzunehmen (*Luther,* DStR 1974 S. 331, 340); insoweit sind die Rechte der Steuerberaterkammern eingeschränkt (vgl. § 76 Rdnr. 14). Der Ausdruck „Organisationen" ist weit zu ziehen; er umfasst insbesondere Verbände auf Bundes-, Landes- und internationaler Ebene ohne Rücksicht auf die Rechtsform. Da der Bundessteuerberaterkammer mittelbar alle StB, StBv und StBGes angehören, ist sie die einzige Organisation, die den Berufsstand insgesamt vertritt **(Gesamtvertretung).** Demgegenüber können freiwillige Zusammenschlüsse auf Bundesebene (Vereine, Verbände) nur für ihre Mitglieder sprechen (vgl. auch §§ 40a Abs. 7; 64 Abs. 1 Satz 2; 157 Abs. 2; 158).

f) Erstattung von Gutachten (Abs. 2 Nr. 6)

Die Aufgabe entspricht der Verpflichtung der Steuerberaterkammern auf 15 Landesebene nach § 76 Abs. 2 Nr. 7 (vgl. dazu § 76 Rdnr. 33–36). Sie grenzt den Aufgabenbereich der Bundessteuerberaterkammer positiv und negativ ab. Die Bundessteuerberaterkammer ist verpflichtet, ein Gutachten zu erstatten, das eine an der Gesetzgebung beteiligte **Behörde oder Körperschaft des**

Bundes (Bundesministerium, Bundesregierung, Bundestag, Bundesrat, Bundespräsident) anfordert; dasselbe gilt für die Bundesgerichte aller Gerichtszweige. Wie bei § 76 Abs. 2 Nr. 7 ist allerdings auch hier Voraussetzung, dass das Thema des Gutachtens im Zusammenhang mit den sonstigen Aufgabengebieten der Bundessteuerberaterkammer steht. Andererseits ist die Bundessteuerberaterkammer weder verpflichtet noch berechtigt, gegenüber **anderen Behörden** und Gerichten ein Gutachten zu erstatten; diese Behörden und Gerichte sind vielmehr an die zuständige Berufskammer zu verweisen.

g) Förderung der beruflichen Fortbildung (Abs. 2 Nr. 7)

16 Die Förderung der beruflichen Fortbildung der StB und StBv ist im Zusammenhang mit der Fortbildungspflicht des StB (§ 57 Rdnr. 42) zu sehen und eine Pflichtaufgabe der Bundessteuerberaterkammer. Sie steht ihr im Verhältnis zu den Steuerberaterkammern grundsätzlich allein zu (§ 76 Rdnr. 11). Dadurch wird sichergestellt, dass sie umfassende Fortbildungsmaßnahmen mit Chancengleichheit für alle Steuerberater anbieten kann und nicht durch die Konkurrenz von Steuerberaterkammern an dieser Gesamtaufgabe gehindert wird, wenn diese sich auf besonders gewinnbringende Veranstaltungen konzentrieren. Es unterliegt der Organisationsgewalt der Bundessteuerberaterkammer, wie sie die Förderung der beruflichen Fortbildung gestaltet. Sie kann eigene Maßnahmen durchführen oder ihr nahe stehende Einrichtungen unterstützen. So arbeitet die Bundessteuerberaterkammer mit dem **Deutschen Wissenschaftlichen Steuerinstitut der Steuerberater und Steuerbevollmächtigten e. V. (DWS)** zusammen; das DWS, dessen Vorsitzender nach der Satzung der Präsident der Bundessteuerberaterkammer ist, erstattet insb. steuerrechtliche Gutachten und führt Fortbildungsveranstaltungen durch. Die Bundessteuerberaterkammer veranstaltet **Vortragsveranstaltungen** und **Seminare** über steuerrechtliche und betriebswirtschaftliche Fragen. Auch die Mitwirkung an der Herausgabe einer **Fachzeitschrift** (vgl. BVerwGE 64, 115) wird durch die Bestimmung gedeckt. Dagegen ist es nicht Aufgabe der Bundessteuerberaterkammer, die Ausbildung zum StB zu fördern; dies obliegt nach § 76 Abs. 5 den Steuerberaterkammern.

17 Es steht der Aufgabe der Bundessteuerberaterkammer nicht entgegen, dass sie zu dem einzelnen Berufsangehörigen keine **öffentlich-rechtliche Beziehung** hat. Ebensowenig besteht Anlass zu der Annahme, dass der Gesetzgeber durch die Übereinstimmung mit § 177 Abs. 2 Nr. 7 BRAO den tatsächlichen Zustand, wie er bei der Rechtsanwaltschaft besteht, bei den steuerberatenden Berufen festschreiben wollte (a. A. *Bockelmann*, NJW 1974 S. 1105, 1108). Die Bundessteuerberaterkammer kann vielmehr ihr Aufgabengebiet voll ausschöpfen, ohne durch eine etwaige gleichlaufende Tätigkeit privatrechtlicher Organisationen daran gehindert zu sein.

h) Sonstige gesetzliche Pflichtaufgaben

18 Die Bundessteuerberaterkammer hat ferner die Aufgabe, eine Vorschlagsliste für die **ehrenamtlichen Richter** beim Senat für StB und StBv-Sachen

beim BGH aufzustellen (§ 99 Abs. 5). Außerdem ist sie vor Erlass oder der Änderung einer **Gebührenordnung** (§ 64 Abs. 1 Satz 2) und der in § 158 vorgesehenen Rechtsverordnungen zu hören.

§ 86a Zusammensetzung und Arbeitsweise der Satzungsversammlung

(1) Der Satzungsversammlung gehören als Mitglieder an: der Präsident der Bundessteuerberaterkammer, die Präsidenten der Steuerberaterkammern sowie weitere Mitglieder (Delegierte). Die Bundessteuerberaterkammer führt die Geschäfte der Satzungsversammlung.

(2) Die Delegierten werden von den Mitgliedern der einzelnen Steuerberaterkammern in Kammerversammlungen unmittelbar gewählt. Wählbar ist nur, wer persönliches Mitglied der Steuerberaterkammer ist. Die Zahl der Delegierten bemißt sich nach der Zahl der Kammermitglieder. Je angefangene eintausendfünfhundert Mitglieder der Steuerberaterkammer sind ein Delegierter und ein Stellvertreter, für die einzelne Steuerberaterkammer jedoch mindestens zwei Delegierte und Stellvertreter, zu wählen. Maßgebend ist die Zahl der Kammermitglieder am 1. Januar des Jahres, in dem die Satzungsversammlung einberufen wird.

(3) Jedes Mitglied der Satzungsversammlung ist unabhängig und verfügt in der Satzungsversammlung über eine Stimme.

(4) Die Satzungsversammlung wird durch den Präsidenten der Bundessteuerberaterkammer mit einer Frist von sechs Wochen schriftlich einberufen. Der Präsident der Bundessteuerberaterkammer muß die Satzungsversammlung innerhalb von sechs Wochen einberufen, wenn mindestens fünf Steuerberaterkammern oder ein Viertel der Mitglieder der Satzungsversammlung es schriftlich beantragen und hierbei den Gegenstand angeben, über den in der Satzungsversammlung beschlossen werden soll.

(5) Den Vorsitz in der Satzungsversammlung führt der Präsident der Bundessteuerberaterkammer, bei seiner Verhinderung sein Vertreter im Amt, soweit die Geschäftsordnung nichts anderes vorsieht.

(6) Die Satzungsversammlung ist beschlußfähig, wenn mindestens zwei Drittel ihrer Mitglieder anwesend sind. Beschlüsse der Satzungsversammlung, die den Erlaß oder die Änderung der Berufsordnung betreffen, werden mit der Mehrheit aller Mitglieder der Satzungsversammlung gefaßt, sonstige Beschlüsse mit einfacher Mehrheit der anwesenden Mitglieder.

(7) Der Wortlaut der von der Satzungsversammlung gefaßten Beschlüsse ist in einer Niederschrift festzuhalten, die vom Vorsitzenden und von einem von der Satzungsversammlung zu bestimmenden Schriftführer zu unterzeichnen und bei der Geschäftsstelle der Bundessteuerberaterkammer zu verwahren ist.

(8) Die Satzungsversammlung kann weitere Einzelheiten des Verfahrens in einer Geschäftsordnung regeln.

Übersicht	Rdnr.
1. Allgemeines	1
2. Zusammensetzung der Satzungsversammlung	2–4
3. Stellung der Mitglieder	5
4. Verfahren	6
5. Inkrafttreten von Beschlüssen	7

1. Allgemeines

1 Die Bestimmung regelt die **Zusammensetzung und Arbeitsweise** der nach § 86 Abs. 3 gebildeten Satzungsversammlung. Die Vorschrift entspricht weitgehend den §§ 191a bis 191e BRAO (vgl. hierzu *Hartung*, AnwBl 1994, S. 377), jedoch mit zwei wesentlichen Abweichungen: Der Präsident der Bundessteuerberaterkammer und die Präsidenten der Steuerberaterkammer sind stimmberechtigte Delegierte, und es ist je angefangene 1500 Mitglieder der Steuerberaterkammer (anstatt 1000) ein Delegierter zu wählen.

2. Zusammensetzung der Satzungsversammlung

2 Die Satzungsversammlung ist ein Organ der Bundessteuerberaterkammer (§ 86 Abs. 3 Satz 1; vgl. dagegen zur BRAO *Redeker*, AnwBl. 1995 S. 217). Sie besteht zunächst aus dem Präsidenten der Bundessteuerberaterkammer und den **Präsidenten der Steuerberaterkammern;** diese 22 Mitglieder sind kraft ihres Amtes Mitglieder der Satzungsversammlung. Ihre Mitgliedschaft ist ebenso wie bei den weiteren Delegierten demokratisch legitimiert, weil sie in Kammerversammlungen unmittelbar gewählt worden sind; sie verfügen auf Grund ihrer Tätigkeit bei der Leitung einer Steuerberaterkammer über besondere Erfahrungen im Berufsrecht.

3 Die weiteren Mitglieder **(Delegierten)** werden in den Kammerversammlungen der einzelnen Steuerberaterkammern unmittelbar gewählt; im Gegensatz zur BRAO ist eine Briefwahl ausgeschlossen. Die Delegierten können Vorstandsmitglieder ihrer Steuerberaterkammer sein. Es sind in jeder Steuerberaterkammer mindestens zwei Delegierte zu wählen, grundsätzlich jedoch ein Delegierter je angefangene 1500 Mitglieder.

4 Die **Stellvertreter** der Delegierten sind zugleich mit diesen zu wählen. Einzelheiten richten sich nach den Satzungen der Steuerberaterkammern. Diese sehen in der Regel vor, dass als Stellvertreter für alle Delegierten aus einem Kammerbereich derjenige tritt, der bei der Delegiertenwahl die zunächst höhere Stimmenzahl erreicht hat. Die Vertretung des Präsidenten der Bundessteuerberaterkammer ist in § 10 Abs. 3 der Satzung der Bundessteuerberaterkammer geregelt.

3. Stellung der Mitglieder

5 Die Mitglieder der Satzungsversammlung verfügen über je eine Stimme. Sie sind **unabhängig** und an keine Weisungen gebunden. Das gilt auch für die Präsidenten der Steuerberaterkammern und die als Delegierte gewählten Vorstandsmitglieder, die nicht durch Beschlüsse ihrer Vorstände festgelegt werden können.

4. Verfahren

6 Das Verfahren der Satzungsversammlung ist in den Abs. 4–7 festgelegt. Die Satzungsversammlung kann weitere Einzelheiten in einer **Geschäfts-**

2. Festsetzung der Beiträge 1–3 § 87

ordnung regeln (Abs. 8), z.B. die Teilnahme von weiteren (nicht stimmberechtigten) Personen an der Satzungsversammlung. 1–3

5. Inkrafttreten von Beschlüssen

Abs. 6 regelt neben § 86 Abs. 3 Satz 2 das **Inkrafttreten** von Beschlüssen 7 der Satzungsversammlung (Erlass oder Änderung der Berufssatzung). Danach ist folgendes Verfahren zu beachten: Zunächst muss die dreimonatige Frist des § 86 Abs. 3 Satz 3 verstrichen sein, wenn nicht das Bundesministerium der Finanzen vorher erklärt, dass es den Beschlüssen der Satzungsversammlung zustimmt. Erst danach kann die Satzung veröffentlicht werden. Nach § 86 Abs. 3 Satz 4 tritt sie am ersten Tag des Monats in Kraft, der auf die Veröffentlichung folgt. Damit wird die Frist des In-Kraft-Tretens auf maximal einen Monat reduziert. Eine längere Frist ist auch nicht erforderlich. Für die Verlautbarungen der Bundessteuerberaterkammer ist deren Organ, die Zeitschrift „Deutsches Steuerrecht", bestimmt.

§ 87 Beiträge zur Bundessteuerberaterkammer

Die Bundessteuerberaterkammer erhebt von den Steuerberaterkammern Beiträge nach Maßgabe einer Beitragsordnung. Die Beitragsordnung bedarf der Genehmigung durch die Aufsichtsbehörde. Die Höhe der Beiträge wird von der Mitgliederversammlung festgesetzt.

Übersicht

	Rdnr.
1. Allgemeines	1
2. Festsetzung der Beiträge	2–4
3. Beitragsbemessung	5
4. Beitreibung	6

1. Allgemeines

Die Bundessteuerberaterkammer ist berechtigt und verpflichtet, von ihren 1 Mitgliedern, den Steuerberaterkammern, Beiträge zu erheben. Dieses Recht ergibt sich bereits aus der Stellung als Körperschaft des öffentlichen Rechts und entspricht dem Beitragserhebungsrecht der Steuerberaterkammern gemäß § 79. Die Beiträge dienen zur Deckung des persönlichen und sachlichen Bedarfs der Bundessteuerberaterkammer. Für Zwecke, die durch den **legitimen Aufgabenbereich** der Bundessteuerberaterkammer gedeckt sind, dürfen Beiträge erhoben werden (BGHZ 33, 381, 387).

2. Festsetzung der Beiträge

Wie bei den Kammerbeiträgen nach § 79 ist zwischen der Beitragsord- 2 nung und den einzelnen Beitragsbeschlüssen zu unterscheiden.

Die **Beitragsordnung** ist von der Mitgliederversammlung zu **beschlie-** 3 **ßen,** weil sie materielles Satzungsrecht schafft (VGH Stuttgart, NJW 1958 S. 1603). Sie bedarf daher auch der Genehmigung der Aufsichtsbehörde

§ 88   Staatsaufsicht

(Satz 2). Die Beitragsordnung ist in einer den rechtsstaatlichen Erfordernissen genügenden Weise bekannt zu machen. Hieran sind jedoch geringere Anforderungen zu stellen als bei der Bekanntmachung der Beitragsordnungen der Steuerberaterkammern, weil der Kreis der Mitglieder der Bundessteuerberaterkammer klein ist und nur durch Gesetz, nämlich die Schaffung einer neuen Steuerberaterkammer, vergrößert werden kann. Es genügt daher die **Mitteilung** der Beitragsordnung an die Steuerberaterkammern.

4   Die Beschlüsse über die **Beitragsfestsetzungen** sind ebenfalls von der Mitgliederversammlung zu fassen; eine Übertragung dieser Befugnisse auf ein anderes Organ ist unzulässig. Die Beschlüsse bedürfen zwar aufsichtsrechtlich nicht der Genehmigung der Aufsichtsbehörde (BVerwG, NJW 1978 S. 904), wohl aber nach der BHO (vgl. § 88 Rdnr. 9).

3. Beitragsbemessung

5   Das Gesetz schreibt nicht ausdrücklich vor, wie die Beitragsbelastung zu verteilen ist. Offensichtlich geht es aber davon aus, dass die Höhe der Beiträge an die **Mitgliederzahl** der einzelnen Steuerberaterkammern zu koppeln ist. Anderenfalls wäre es nicht zu verstehen, warum eine dem § 178 Abs. 3 BRAO entsprechende Bestimmung, wonach einzelnen wirtschaftlich schwächeren Kammern Erleichterungen gewährt werden können, nicht übernommen wurde. Es ist jedoch nicht ausgeschlossen, von den Steuerberaterkammern gleiche Beiträge zu fordern, soweit damit besondere Ausgaben gedeckt werden sollen, die für alle Steuerberaterkammern ohne Rücksicht auf die Höhe der Mitgliederzahl anfallen.

4. Beitreibung

6   Das Gesetz sieht keine besonderen Bestimmungen über die zwangsweise Beitreibung von Beiträgen der Bundessteuerberaterkammer vor. Das ist auch nicht erforderlich, weil die Steuerberaterkammern als Körperschaften des öffentlichen Rechts ihrer Beitragspflicht nachkommen werden. Wenn eine Steuerberaterkammer diese Pflicht nicht erfüllt, kann die Staatsaufsicht (§ 88) eingeschaltet werden; außerdem besteht die Möglichkeit, im Verwaltungsrechtsweg die Beitragsforderung einzuklagen.

§ 88 Staatsaufsicht

(1) **Die für die Finanzverwaltung zuständige oberste Landesbehörde führt die Aufsicht über die Steuerberaterkammern, die den Sitz im Lande haben.**

(2) **Das Bundesministerium der Finanzen führt die Aufsicht über die Bundessteuerberaterkammer.**

(3) **Die Aufsicht beschränkt sich darauf, daß Gesetz und Satzung beachtet, insbesondere die den Steuerberaterkammern übertragenen Aufgaben erfüllt werden. Die Aufsichtsbehörden können die hierzu erforderlichen Anordnungen und Maßnahmen treffen.**

2. Gegenstand und Umfang der Staatsaufsicht 1–5 § 88

Übersicht

	Rdnr.
1. Allgemeines	1–3
2. Gegenstand und Umfang der Staatsaufsicht	4, 5
3. Mittel der Staatsaufsicht	6–8
4. Aufsicht über die Haushaltsführung	9, 10

1. Allgemeines

Wie alle Körperschaften des öffentlichen Rechts unterliegen auch die **1** Bundessteuerberaterkammer und Steuerberaterkammern der Staatsaufsicht. Sie ist eine notwendige Folge der Eigenschaft als **Körperschaft des öffentlichen Rechts** und besteht selbst dann, wenn dies im Gesetz nicht ausdrücklich ausgesprochen ist. Die Staatsaufsicht ist das Gegenstück zu der rechtlichen Privilegierung, die in der Erhebung eines Verbandes zur Körperschaft des öffentlichen Rechts liegt (*Fröhler*, Die Staatsaufsicht über die Handwerkskammern, 1957, S. 14; *Hofferberth*, DStR 1964 S. 660 ff.); durch sie wird der Individualschutz nicht berührt (BVerwGE 64, 115, 118).

Die Staatsaufsicht ist keine **Dienstaufsicht;** Maßnahmen der Aufsichtsbehörde **2** können sich daher immer nur gegen die Kammer als solche, aber nicht gegen einzelne Personen richten (*Fröhler*, a. a. O. S. 25).

Aufsichtsbehörden sind für die Bundessteuerberaterkammer das Bun- **3** desministerium der Finanzen, für die Steuerberaterkammern die für die Finanzverwaltung zuständigen obersten Landesbehörden, d. h. die Finanzminister bzw. -senatoren, in Hamburg die Finanzbehörde (vgl. § 167). Da die örtliche Zuständigkeit der Aufsichtsbehörde von dem Sitz der Steuerberaterkammer abhängt, ist bei gemeinsamen Steuerberaterkammern nach § 75 die oberste Finanzbehörde des Landes zuständig, in dem die gemeinsame Steuerberaterkammer ihren Sitz hat.

2. Gegenstand und Umfang der Staatsaufsicht

Da die Staatsaufsicht sich zwingend aus der Eigenschaft der Kammern als **4** Körperschaft des öffentlichen Rechts ergibt, folgt andererseits, dass sie sich nur auf die Wahrnehmung der übertragenen öffentlichen Aufgaben erstreckt. Die Staatsaufsicht umfasst daher nur die **hoheitliche Verwaltungstätigkeit** der Kammern, und zwar einschließlich der sogenannten schlichten Hoheitsverwaltung, nicht dagegen den privatrechtlichen Bereich (*Fröhler*, a. a. O. S. 27). Eine Steuerberaterkammer kann daher z. B. nicht im Wege der Staatsaufsicht dazu angehalten werden, privatrechtliche Verträge zu erfüllen; hierfür sind ausschließlich die ordentlichen Gerichte zuständig.

Innerhalb der hoheitlichen Tätigkeit richtet sich der Umfang der Staatsaufsicht nach den in Abs. 3 gezogenen Grenzen. Daneben bestehen in § 78 Satz 2 (Genehmigung der Satzung) und § 79 Abs. 1 Satz 2; Abs. 2 Satz 2 (Genehmigung der Beitrags- und Gebührenfestsetzung) Sondervorschriften.

Der **Umfang** der Staatsaufsicht wird in Abs. 3 sehr eingeschränkt. Die **5** Staatsaufsicht erstreckt sich danach darauf, dass Gesetz und Satzung beachtet werden. Es handelt sich also um eine reine Rechtskontrolle; Zweckmäßigkeitserwägungen, die von den Kammern innerhalb ihres Aufgabenbereichs angestellt werden, unterliegen in keinem Falle der Staatsaufsicht. Die **Rechtskontrolle** kann sich positiv und negativ auswirken. Die Aufsichtsbehörde kann also sowohl beanstanden, dass die Kammern ihren nach Gesetz und Satzung gezogenen Aufgabenbereich überschreiten, als auch die Kammern dazu anhalten, ihre gesetzlichen Aufgaben zu erfüllen. Von einem schuldhaften Verstoß wird das Eingreifen der Aufsichtsbehörde nicht abhängig gemacht werden können (*Fröhler*, a. a. O. S. 35). Da sich die Staatsaufsicht auch auf die Einhaltung der Satzung bezieht, kann die Aufsichtsbehörde auch gegen rechtswidrige Maßnahmen von Organen der Kammern, z. B. Kompetenzüberschreitungen, vorgehen.

3. Mittel der Staatsaufsicht

6   Grundlage für eine Tätigkeit der Staatsaufsicht ist eine Unterrichtung der Aufsichtsbehörde. Sie hat daher ein umfassendes **Informationsrecht**. Die Aufsichtsbehörde kann mündliche oder schriftliche Berichte über die Tätigkeit der Kammern anfordern. Sie kann auch die Vorlage bestimmter Vorgänge, z. B. Akten oder Protokolle, verlangen. Die Verschwiegenheitspflicht der Vorstandsmitglieder nach § 83 ist insoweit eingeschränkt (*Hofferberth*, a. a. O. S. 663).

7   Durch Abs. 3 Satz 2 wird verdeutlicht, dass die Staatsaufsicht auch die erforderlichen Anordnungen und Maßnahmen vorsehen kann, um ihre Aufgaben aus Abs. 3 Satz 1 zu erfüllen. Hierfür kommen sowohl die Beanstandung, Auflage und ggf. sogar eine Ersatzvornahme, Auflösung und die Abberufung von Organen in Betracht, wobei sich die Befugnisse aus dem Landesrecht ergeben.

8   Maßnahmen der Aufsichtsbehörde können von den Kammern gerichtlich **angefochten** werden, soweit es sich nicht nur um das Verlangen nach Informationen handelt (*Leuze*, Festschrift für Helmut Schippel, 1996, S. 697, 708). Zuständig sind die Verwaltungsgerichte (§ 40 VerwGO, § 33 Abs. 1 Nr. 3 FGO).

4. Aufsicht über die Haushaltsführung

9   Der Haushaltsplan und die Festsetzung von Beiträgen bedürfen bei der Bundessteuerberaterkammer und den Berufskammern der **Genehmigung** des zuständigen Ministers (§ 108 Satz 1 BHO bzw. die entsprechenden LHOen der Länder). Die zusätzliche Genehmigung der Festsetzung von Umlagen und Beiträgen durch den Finanzminister nach § 108 Satz 2 BHO bzw. den entsprechenden LHOen der Länder ist bei der Bundessteuerberaterkammer und den Steuerberaterkammern nicht erforderlich, weil der „zuständige Minister" nach § 108 Satz 1 BHO und der Finanzminister nach § 108 Satz 2 identisch sind. Von der Genehmigungspflicht kann eine Befreiung erteilt werden (§ 105 Abs. 2 BHO).

1. Allgemeines

Der Bundesrechnungshof bzw. die Landesrechnungshöfe **prüfen** die 10
Haushalts- und Wirtschaftsführung der Bundessteuerberaterkammer bzw. der
Steuerberaterkammern (§ 111 BHO bzw. LHOen). Auch hiervon kann eine
Befreiung ausgesprochen werden. Die Prüfung umfasst die gesamte Haushalts- und Wirtschaftsführung. Ihr unterliegen alle abgeschlossenen Vorgänge, die finanzwirksam werden können (vgl. *Stober/Kluth,* Zur Rechnungsprüfung von Kammern, 1989).

Fünfter Abschnitt. Berufsgerichtsbarkeit

Erster Unterabschnitt. Die berufsgerichtliche Ahndung von Pflichtverletzungen

§ 89 Ahndung einer Pflichtverletzung

(1) Gegen einen Steuerberater oder Steuerbevollmächtigten, der seine Pflichten schuldhaft verletzt, wird eine berufsgerichtliche Maßnahme verhängt.

(2) Ein außerhalb des Berufs liegendes Verhalten eines Steuerberaters oder Steuerbevollmächtigten, das eine rechtswidrige Tat oder eine mit Geldbuße bedrohte Handlung darstellt, ist eine berufsgerichtlich zu ahndende Pflichtverletzung, wenn es nach den Umständen des Einzelfalls in besonderem Maße geeignet ist, Achtung und Vertrauen in einer für die Ausübung der Berufstätigkeit oder für das Ansehen des Berufs bedeutsamen Weise zu beeinträchtigen.

(3) Eine berufsgerichtliche Maßnahme kann nicht verhängt werden, wenn der Steuerberater oder Steuerbevollmächtigte zur Zeit der Tat der Berufsgerichtsbarkeit nicht unterstand.

Übersicht	Rdnr.
1. Allgemeines	1–3
2. Tatbestandsmäßige Voraussetzungen	
a) Generalklausel	4
b) Verletzung der Berufspflichten	5
c) Verletzung außerberuflicher Pflichten	6–8
d) Einheitliche Beurteilung	9–11
e) Subjektiver Tatbestand	12, 13
3. Weitere Voraussetzungen der berufsgerichtlichen Ahndung	
a) Bestellung zurzeit der Tat	14–16
b) Bestellung zurzeit der Entscheidung	17
c) Möglichkeit des Widerrufs der Bestellung	18

1. Allgemeines

Die berufsgerichtliche Ahndung (zur Berufsgerichtsbarkeit der StB allge- 1
mein vgl. *Meng,* StB 1986 S. 289 ff.) unterscheidet sich von der strafgerichtlichen Bestrafung im Wesentlichen durch ihre **Zweckbestimmung.** Die
Kriminalstrafe dient neben der Abschreckung und Besserung der Vergeltung;

sie bemisst sich nach dem Wert des verletzten Rechtsgutes und dem Maß der Schuld. Demgegenüber bezweckt die Berufsgerichtsbarkeit, Ordnung und Integrität innerhalb des Berufsstandes zu gewährleisten und die Berufsangehörigen zu einer gewissenhaften Erfüllung ihrer Berufspflichten anzuhalten (BVerfGE 32, 40, 48). Demgemäß hat der Schuldgehalt einer Tat im Berufsrecht nicht die besondere Bedeutung wie im Strafrecht (BGHSt 20, 73). Es kommt vielmehr bei einer berufsgerichtlichen Ahndung entscheidend darauf an, welche Maßnahme erforderlich ist, um einen funktionsfähigen Berufsstand zu sichern und die Integrität zu gewährleisten.

2 Der Gesetzgeber hat aus dieser Abgrenzung zwischen Strafrecht und Berufsrecht die Folgerungen gezogen. Das Gesetz spricht nicht von berufsgerichtlichen Strafen, sondern von **„Maßnahmen"**. Es sind auch die Sachverhalte, die zu einer berufsgerichtlichen Ahndung führen können, eingeschränkt. Ein außerhalb des Berufs liegendes Verhalten ist nur in Ausnahmefällen berufsgerichtlich zu ahnden (Abs. 2; vgl. Rdnr. 7, 8); darüberhinaus kommt eine berufsgerichtliche Maßnahme neben einer strafgerichtlichen Verurteilung nur ausnahmsweise in Betracht (§ 92). Es ist daher in erster Linie Aufgabe der Berufsgerichtsbarkeit, sich mit Pflichtverletzungen zu befassen, die eine Ausschließung aus dem Beruf rechtfertigen und mit Pflichtverletzungen, die bei der Berufsausübung begangen wurden und keine Tatbestände des Strafrechts erfüllen, z.B. Verstöße gegen das Verbot der berufswidrigen Werbung und die Pflicht zur gewissenhaften Berufsausübung.

3 Berufsgerichtlich zu ahnden sind nur **schwerere Pflichtverletzungen**. Für leichtere Pflichtverletzungen steht das Rügeverfahren (§§ 81, 82) zur Verfügung. Im Gegensatz zum Rügeverfahren unterliegt das berufsgerichtliche Verfahren dem Legalitätsprinzip, d.h. ein berufsgerichtliches Verfahren ist durchzuführen, wenn ein StB seine Berufspflichten verletzt hat (*Waechter*, WPK-Mitt. 1993 S. 149). Wegen des Verhältnisses von Rüge und berufsgerichtlicher Maßnahme siehe § 91.

2. Tatbestandsmäßige Voraussetzungen
a) Generalklausel

4 Absatz 1 knüpft eine berufsgerichtliche Maßnahme lediglich daran, dass ein StB „seine Pflichten schuldhaft verletzt". Die Pflichtverletzung ergibt sich in der Regel aus einer weiteren Generalklausel, nämlich aus § 57 Abs. 1. Diese Regelung verstößt nicht gegen das verfassungsmäßige Gebot der Gesetzesbestimmtheit, das gewährleisten will, dass jedermann vorhersehen kann, welches Verhalten verboten und mit Strafe bedroht ist (Art. 103 Abs. 2 GG). Es entspricht nämlich der herkömmlichen Struktur allen Berufsrechts, dass die Berufspflichten nicht in einzelnen Tatbeständen erschöpfend umschrieben werden können, sondern in einer **Generalklausel** zusammengefasst werden, die – wie in § 57 Abs. 1 u. 2 – zu einer gewissenhaften Berufsausübung und zu einem achtungs- und vertrauenswürdigen Verhalten innerhalb und außerhalb des Berufs anhalten. Es ist anerkannt, dass eine derartige Ge-

2. Tatbestandsmäßige Voraussetzungen 5, 6 § 89

neralklausel eine hinreichend bestimmte Grundlage für eine berufsgerichtliche Ahndung darstellt (BVerfGE 26, 186, 204; 33, 125, 164; 45, 346, 351; 76, 171, 186; BGHSt 18, 77, 78).

b) Verletzung der Berufspflichten

Die Berufspflichten, deren Verletzung zu einer berufsgerichtlichen Ahndung führt, müssen sich aus dem **Gesetz** ergeben. Es kommt hierfür in erster Linie die Generalklausel des § 57 Abs. 1 in Betracht. Weitere Berufspflichten sind jedoch z.B. in den §§ 57 Abs. 2–4, 57a, 58–67, 79, 80–83 enthalten (vgl. § 79 Rdnr. 2; § 80 Rdnr. 3); viele der besonderen Berufspflichten lassen sich auch auf die Generalklausel des § 57 Abs. 1 zurückführen. Im Gegensatz zu § 113 Abs. 1 BRAO (vgl. hierzu *Feuerich*, BRAK-Mitt. 1995 S. 91) wird ein Verstoß gegen die Berufsordnung nicht erwähnt. Das ist aber auch nicht erforderlich, weil die gesetzlichen Berufspflichten durch die BOStB nur konkretisiert werden (§ 86 Rdnr. 6, 7). Verstöße gegen Bestimmungen der BOStB, die sich nicht auf das Gesetz zurückführen lassen, können nicht geahndet werden.

c) Verletzung außerberuflicher Pflichten

StB haben sich auch **außerhalb der Berufstätigkeit** des Vertrauens und 6 der Achtung würdig zu erweisen, die ihr Beruf erfordert (§ 57 Abs. 2 Satz 2): Nicht jede Verletzung dieser Pflichten führt jedoch zu einer berufsgerichtlichen Ahndung (Abs. 2). Die **Abgrenzung** zwischen beruflichem (Abs. 1) und außerberuflichem Bereich (Abs. 2) richtet sich nach der materiellen Berufsbezogenheit des Verhaltens. Sofern sich keine direkte Zuordnung ergibt, ist im Zweifelsfall Abs. 1 einschlägig, denn der StB ist Organ der (Steuer-)-Rechtspflege und daher überwiegen die Berufspflichten (BHStB, § 89 Rdnr. B 1258.3). Werden Pflichten verletzt, die dem Berufsangehörigen kraft seines Berufes obliegen oder die sich sonst auf seinen Beruf beziehen, ist Abs. 1 anzuwenden. Nur dann liegt ein außerberufliches Verhalten vor, wenn es als das eines Privatmannes anzusehen ist (BGHSt 28, 150; 29, 97). Als außerberufliches Verhalten ist z.B. die private Nutzung eines Pkw anzusehen, so dass eine Trunkenheit am Steuer nur unter den Voraussetzungen des Absatzes 2 zu einer berufsgerichtlichen Ahndung führen kann (vgl. BVerwG, NJW 1983 S. 1440); dasselbe gilt für Pflichtverletzungen als Vorstand eines Vereins oder einer Stiftung, es sei denn, dass es sich um eine berufstypische Tätigkeit handelt. Dagegen gehört zum innerberuflichen Verhalten alles, was mit der Berufsausübung auch nur mittelbar im Zusammenhang steht, z.B. die Tätigkeit als Treuhänder, die Nichtabführung von Sozialversicherungsbeiträgen (*Pfleiderer*, DStR 1969 S. 476, 479), die Nichterfüllung eigener berufsbezogener Steuerpflichten, z.B. die Nichtabführung von Lohnsteuer, die verspätete Abgabe der Umsatzsteuervoranmeldungen und Lohnsteueranmeldungen für eigene Mitarbeiter (LG Hannover, DStR 2004 S. 976), eine Steuerhinterziehung im beruflichen Bereich (BGH, a.a.O.) oder eine auf den Beruf bezogene schriftstellerische Tätigkeit (EGH Stuttgart, AnwBl. 1981 S. 411).

7 Wenn ein außerberufliches Fehlverhalten festgestellt wird, hängt die berufsgerichtliche Ahndung nach Abs. 2 zunächst davon ab, dass eine rechtswidrige Tat oder eine mit Geldbuße bedrohte Handlung vorliegt. Es reicht die fahrlässige Verwirklichung des Straf- oder Bußgeldtatbestandes aus, auch wenn diese als solcher Vorsatz verlangt (*Feuerich,* BRAK-Mitt. 1995 S. 91, 93). Diese durch das Sechste StBerÄG eingeführte Beschränkung soll deutlich machen, dass nur dann Ahndungen notwendig sind, wenn dies im allgemeinen Interesse liegt. Danach scheiden im außerberuflichen Bereich von vornherein alle Handlungen aus, die zwar unter den Begriff „schlechtes Benehmen" eingeordnet werden können, aber rechtlich unbeachtlich sind. Die Berufsgerichtsbarkeit soll sich im außergerichtlichen Bereich grundsätzlich nicht mit derartigen Sachverhalten befassen.

8 Die berufsgerichtliche Ahndung setzt außerdem voraus, daß die Pflichtverletzung nach den Umständen des Einzelfalles in besonderem Maße geeignet ist, **Achtung und Vertrauen** in einer für die Ausübung der Berufstätigkeit oder für das **Ansehen des Berufs** bedeutsamen Weise zu beeinträchtigen. Diese Voraussetzungen sind – falls eine strafgerichtliche Verurteilung vorliegt – neben denen des § 92 zu prüfen (BGHSt 26, 241), auch wenn sie sich zum Teil decken.

Die erste Alternative bezieht sich auf die **Person des Betroffenen.** Die Pflichtverletzung muss nach den Umständen des Einzelfalles in besonderem Maße geeignet sein, Achtung und Vertrauen in einer für die Berufstätigkeit eines bestimmten StB bedeutsamen Weise zu beeinträchtigen. Das wird bei erstmaligen Trunkenheitsfahrten in der Regel zu verneinen sein (vgl. BGHSt 26, 241, 242). Mit ausschlaggebend wird bei außerberuflichen Verfehlungen auch die Tatsache sein, inwieweit die Öffentlichkeit von der Verfehlung Kenntnis erhalten hat. Die zweite Alternative richtet sich nach der Wirkung auf das **Ansehen des Berufs** im allgemeinen. Da der Beruf in der Öffentlichkeit gerade in finanziellen und steuerlichen Angelegenheiten Vertrauen genießt, ist eine Steuerhinterziehung im persönlichen Bereich und jede unkorrekte Abwicklung von Geldgeschäften in der Regel in besonderem Maße geeignet, Achtung und Vertrauen in einer für das Ansehen des Berufs bedeutsamen Weise zu beeinträchtigen.

d) Einheitliche Beurteilung

9 Da die Ahndung beruflicher Pflichtverletzungen in einer Generalklausel festgelegt ist, wird der StB nicht wegen der Verletzung einzelner gesetzlicher Bestimmungen oder wegen verschiedener Handlungen verantwortlich gemacht. Die Begriffe der Tateinheit (Verletzung mehrerer Strafgesetze durch dieselbe Handlung oder mehrfache Verletzung desselben Strafgesetzes – § 52 StGB) und Tatmehrheit (Begehen mehrerer Straftaten, die gleichzeitig abgeurteilt werden – § 53 StGB) sind dem Berufsrecht nicht bekannt (BGHSt 29, 124, 125; 33, 225, 229; 35, 263). Es wird vielmehr das **gesamte Verhalten** des Berufsangehörigen, das sich aus der zur Hauptverhandlung zugelassenen Anschuldigung (§§ 117, 118) ergibt, einheitlich beurteilt, auch wenn es aus mehreren Einzelhandlungen besteht, die nach strafrechtlichen Begriffen als

2. Tatbestandsmäßige Voraussetzungen

selbstständige Handlungen zu beurteilen wären (BGHSt 24, 81, 86; 33, 54, 58; 33, 225, 229). Dieser im Disziplinar- und Berufsrecht bestehende Grundsatz (hierzu kritisch: *Jähnke*, Festschrift für Pfeiffer, 1988, S. 941 ff.) hat folgende Auswirkungen:

Es ist nur **eine** berufsgerichtliche Maßnahme zu verhängen, die sich auf Grund des gesamten, dem Eröffnungsbeschluss zugrunde liegenden Sachverhalt ergibt. Die Zusammenziehung einzelner Maßnahmen zu einer Gesamtmaßnahme ist weder erforderlich noch möglich. Ebensowenig kann der StB **teilweise freigesprochen** werden, wenn das Gericht bei einem Teil der ihm zur Last gelegten Handlungen eine schuldhafte Pflichtverletzung verneint; es ist in diesem Fall nur eine Maßnahme ohne ausdrückliche Freisprechung im Übrigen zu verhängen (BGHSt 16, 237, 240; 33, 225, 229). Die einheitliche Beurteilung aller Handlungen schließt jedoch nicht eine Ahndung zeitlich vor dem Eröffnungsbeschluss liegender Handlungen aus; die Rechtskraft des Urteils umfasst nicht etwa alle Taten innerhalb eines bestimmten Zeitraumes, sondern nur diejenigen, die dem Eröffnungsbeschluss zugrunde gelegen haben (BGHSt 19, 90, 93). Zur Verjährung siehe § 93 Rdnr. 5. Eine Teileinstellung bei fehlendem Eröffnungs- und Verbindungsbeschluss ist daher möglich (BGHSt 34, 248). Eine Gesamtstrafenbildung nach § 55 StGB ist nicht möglich; der in dieser Vorschrift enthaltene Rechtsgedanke kann aber bei der Bestimmung der berufsgerichtlichen Maßnahme berücksichtigt werden.

Aus der einheitlichen Beurteilung des gesamten bekannt gewordenen Verhaltens folgt auch, dass das Berufsgericht mehrere gleichzeitig anhängige Verfahren gegen denselben StB **verbinden** muss und dass auch außerberufliches Verhalten, das bei getrennter Beurteilung nach Abs. 2 nicht zu ahnden wäre, in die Beurteilung des Gesamtverhaltens einzubeziehen ist (BGHSt 27, 305). Nachtragsanschuldigungen sind jedoch nur in der ersten Instanz zulässig (§ 266 StPO; OLG Celle, DStR 1988 S. 399).

e) Subjektiver Tatbestand

Die berufsgerichtliche Ahndung setzt eine **schuldhafte Verletzung** der Berufspflichten voraus. Schuldhaft ist jede vorsätzliche oder fahrlässige Pflichtverletzung. Dabei sind die Grundsätze des Strafrechts (§§ 16–21 StGB) heranzuziehen; zum Verbotsirrtum siehe § 76 Rdnr. 15 und OLG Frankfurt/M., DStR 1996 S. 1304. Fehlende Schuldfähigkeit (§ 20 StGB) steht einer berufsgerichtlichen Ahndung entgegen; es kann jedoch ein Widerruf der Bestellung nach § 46 Abs. 3 Nr. 7 in Betracht kommen.

Bei der Wahl der berufsgerichtlichen Maßnahme hat die **Schuldform** nicht dieselbe Bedeutung wie im Strafrecht (BGHSt 20, 73; vgl. § 90 Rdnr. 5).

3. Weitere Voraussetzungen der berufsgerichtlichen Ahndung

a) Bestellung zurzeit der Tat

Nach Abs. 3 kann eine berufsgerichtliche Maßnahme nicht verhängt werden, wenn der StB zurzeit der Tat **nicht der Berufsgerichtsbarkeit un-**

terstand. Dies ergibt sich schon daraus, dass nur StB den Berufspflichten unterliegen. Die Berufsgerichte haben nicht zu prüfen, ob eine Bestellung als StB fehlerhaft, d. h. anfechtbar ist (BGHSt 19, 334).

15 Handlungen, die **vor der Bestellung** als StB begangen wurden, können daher berufsgerichtlich nicht geahndet werden. Wenn sie im Bestellungsverfahren (§ 40 Abs. 2 Nr. 2, 4; § 34 Abs. 3 Nr. 1 DVStB) nicht zu einer Versagung der Bestellung geführt haben, können sie später nicht mehr berücksichtigt werden. Entsprechendes gilt bei einem Verzicht auf die Bestellung und späterer Wiederbestellung. Handlungen, die in der Zeit begangen wurden, als der Betroffene nicht als StB bestellt war, unterliegen nicht der berufsgerichtlichen Ahndung; dagegen ist es möglich, Taten zu berücksichtigen, die vor dem Verzicht auf die Bestellung begangen wurden.

16 Da es nicht auf die Zugehörigkeit zu einer bestimmten Berufsgruppe, sondern darauf ankommt, ob der Betroffene zurzeit der Tat der Berufsgerichtsbarkeit unterstand, hat ein **Übergang vom StBv zum StB** auf die berufsgerichtliche Ahndung keinen Einfluss. Ein StB kann daher auch wegen Taten verantwortlich gemacht werden, die er als StBv begangen hatte (BGHSt 28, 389).

b) Bestellung zurzeit der Entscheidung

17 Der Betroffene muss auch noch zurzeit der Entscheidung des Berufsgerichts StB sein. Wenn er vorher z. B. **auf die Bestellung verzichtet,** ist das berufsgerichtliche Verfahren einzustellen (§ 125 Abs. 3 Nr. 1). Bei einer späteren Wiederbestellung kann das berufsgerichtliche Verfahren wieder eingeleitet werden. Wenn zu erwarten ist, dass das berufsgerichtliche Verfahren zur Ausschließung aus dem Beruf geführt hätte, kommt die Sicherung von Beweisen nach §§ 132, 133 in Betracht.

c) Möglichkeit des Widerrufs der Bestellung

18 Einige Berufspflichtverletzungen stellen auch einen Grund für den Widerruf der Bestellung nach § 46 Abs. 2 dar; es handelt sich insbesondere um die Ausübung einer mit dem Beruf nicht vereinbaren Arbeitnehmertätigkeit (§ 46 Abs. 2 Nr. 1) und das Nichtunterhalten der vorgeschriebenen Berufshaftpflichtversicherung (§ 46 Abs. 2 Nr. 3). In diesen Fällen hat grundsätzlich der Widerruf der Bestellung Vorrang, weil dieses Verfahren einfacher ist, keine subjektiven Umstände geprüft werden müssen und zu demselben Ergebnis führt wie die schwerste berufsgerichtliche Maßnahme, die Ausschließung aus dem Beruf. Das gilt uneingeschränkt für die Ausübung einer **unzulässigen Arbeitnehmertätigkeit;** hier ist für eine berufsgerichtliche Ahndung kein Raum (BGH, NJW 1990 S. 1373; LG Hannover, StB 1990 S. 413). Eine Ahndung ist hingegen vorzusehen, wenn der StB vor dem rechtskräftigen Widerruf der Bestellung seine Arbeitnehmertätigkeit aufgibt oder nach Aufgabe der Arbeitnehmertätigkeit wiederbestellt worden ist. Bei einer **fehlenden Berufshaftpflichtversicherung** ist eine berufsgerichtliche Ahndung unzulässig, solange der Widerrufsgrund nach § 46 Abs. 2 Nr. 3 besteht (a. A. offensichtlich BGH, DStR 1994 S. 409; vgl. auch § 46 Rdnr. 1);

1. Allgemeines

wenn der Widerrufsgrund entfallen ist, erscheint eine andere Beurteilung angebracht: Ein fehlender Versicherungsschutz gefährdet die Interessen der Auftraggeber; diese Auswirkung kann selbst durch den Abschluss einer Rückwärtsversicherung nicht vollständig beseitigt werden (§ 67 Rdnr. 3). Die Berufspflichtverletzung wirkt vielmehr fort. Es ist daher eine berufsgerichtliche Ahndung auch dann erforderlich, wenn für die Zukunft der Versicherungsschutz wieder hergestellt worden ist.

§ 90 Berufsgerichtliche Maßnahmen

(1) **Die berufsgerichtlichen Maßnahmen sind**
1. **Warnung,**
2. **Verweis,**
3. **Geldbuße bis zu fünfundzwanzigtausend Euro,**
4. **Ausschließung aus dem Beruf.**

(2) **Die berufsgerichtlichen Maßnahmen des Verweises und der Geldbuße können nebeneinander verhängt werden.**

Übersicht	Rdnr.
1. Allgemeines	1–4
2. Wahl der berufsgerichtlichen Maßnahmen	5, 6
3. Die einzelnen berufsgerichtlichen Maßnahmen	
a) Warnung	7
b) Verweis	8
c) Geldbuße	9, 10
d) Ausschließung aus dem Beruf	11–15

1. Allgemeines

In der Bestimmung werden die berufsgerichtlichen Maßnahmen **abschließend** aufgezählt. Die Berufsgerichte sind an diese Maßnahmen gebunden; sie können also nicht z. B. für eine nicht beitreibbare Geldbuße eine Ersatzfreiheitsstrafe verhängen. 1

Aus der Aufzählung in Abs. 1 ergibt sich die **Stufenfolge** der berufsgerichtlichen Maßnahmen. Die geringste Maßnahme ist die Warnung, die schwerste Maßnahme die Ausschließung aus dem Beruf. Eine Verbindung ist nur zwischen dem Verweis und einer Geldbuße möglich, die nach Abs. 2 nebeneinander verhängt werden können. Andere Verbindungen, z. B. einer Geldbuße mit der Ausschließung aus dem Beruf, einer Warnung mit einer Geldbuße, sind dagegen nicht zulässig. 2

Wenn das Berufsgericht eine schuldhafte Berufspflichtverletzung bejaht, muss es – falls es nicht zu einer Einstellung des Verfahrens nach §§ 153, 153a StPO, § 153 kommt – eine berufsgerichtliche Maßnahme verhängen. Es kann nicht etwa den Betroffenen mit der Begründung freisprechen, dass eine **Rüge** nach § 81 ausreichend wäre und vom Kammervorstand ausgesprochen werden könne, denn nach Einleitung des berufsgerichtlichen Verfahrens darf der Vorstand der Kammer keine Rüge mehr erteilen (§ 81 Abs. 2 Satz 1). Das berufsgerichtliche Verfahren ist vielmehr zumindest mit einer Warnung 3

§ 90 4–7 Berufsgerichtliche Maßnahmen

nach Abs. 1 Nr. 1 abzuschließen. Die Vollstreckung der berufsgerichtlichen Maßnahmen richtet sich nach § 151. Eintragungen sind in den über den StB geführten Akten über eine Warnung nach fünf, über einen Verweis oder eine Geldbuße nach zehn Jahren zu tilgen (§ 152).

4   Berufsgerichtliche Maßnahmen, insbesondere die Ausschließung aus dem Beruf, können im **Gnadenwege** erlassen werden. Zuständig ist die nach Landesrecht für Gnadenakte zuständige Behörde, in der Regel der Ministerpräsident. Wenn die rechtskräftige Ausschließung aus dem Beruf im Gnadenwege aufgehoben wurde, ist eine Wiederbestellung möglich (§ 48 Abs. 1 Nr. 2).

2. Wahl der berufsgerichtlichen Maßnahmen

5   Während im Strafrecht die Schuld des Täters die Grundlage für die Bemessung der Strafe ist (§ 46 Abs. 1 Satz 1 StGB), steht im berufsgerichtlichen Verfahren die **persönliche Schuld** bei der Erwägung, welche berufsgerichtliche Maßnahme in Betracht kommt, weniger stark im Vordergrund (*Streck/Mack,* Stbg 1990 S. 49, 51; *Meine,* DStR 1992 S. 1706, 1707). In den §§ 89 Abs. 2 und 92 kommt der Gedanke zum Ausdruck, dass der Umfang und das Gewicht der Berufspflichtverletzung und die dadurch eingetretene Schädigung des Ansehens des Berufs für eine berufsgerichtliche Ahndung ausschlaggebend sind. Demgemäß hat die Rechtsprechung in erster Linie auf die objektiven Gesichtspunkte abgestellt (BGHSt 20, 73). Nur daneben kann der Grad des Verschuldens gewürdigt werden, wobei allerdings eine verminderte Zurechnungsfähigkeit bei einer schweren Berufspflichtverletzung es nicht rechtfertigen würde, von der Ausschließung aus dem Beruf abzusehen.

6   Wenn auch in erster Linie die Wahrung der Integrität des Berufsstandes bei der Wahl der berufsgerichtlichen Maßnahme im Vordergrund steht (BGH, NJW 1985, S. 275), können noch andere Umstände erschwerend oder mildernd hinzukommen. Als **erschwerende Gründe** kommen in Betracht: vorangegangene berufsgerichtliche Ahndungen, mangelnde Einsicht oder ein fortgesetztes Verhalten, das auf eine grundsätzlich ablehnende Haltung gegenüber den Berufspflichten schließen lässt (vgl. im einzelne: *Meine,* DStR 1992 S. 1706, 1707). Als **Milderungsgründe** sind ein bisheriges einwandfreies Verhalten, eine geringe Berufserfahrung, ein Geständnis, fehlende persönliche Vorteile, Wiedergutmachung eines angerichteten Schadens, gesundheitliche Beeinträchtigungen (BGH, DStR 1994 S. 409) und die Tatsache, dass es sich um einen Einzelfall handelt, dessen Wiederholung unwahrscheinlich ist, denkbar.

3. Die einzelnen berufsgerichtlichen Maßnahmen

a) Warnung

7   Die Warnung ist die leichteste berufsgerichtliche Maßnahme. Sie kommt insbesondere bei erstmaligen **geringfügigen Verfehlungen** in Betracht und ist angemessen, wenn sich das Fehlverhalten nur in einer geringfügig schuldhaften Abweichung von den Standespflichten erschöpft und kein Anlass für einen ausdrücklichen Tadel besteht. Sie kann nicht mit einer anderen Maß-

3. Die einzelnen berufsgerichtlichen Maßnahmen 8–10 § 90

nahme verbunden werden und gilt mit der Rechtskraft des Urteils als vollstreckt (§ 151 Abs. 2). Eintragungen über eine Warnung sind in den über den StB geführten Akten nach fünf Jahren zu tilgen (§ 152 Abs. 1 Satz 1).

b) Verweis

Der Verweis ist die für **mittlere Berufspflichtverletzungen** in Betracht kommende Maßnahme. Der Unterschied zur Warnung ist das höhere Maß der Missbilligung des zu ahndenden Fehlverhaltens. Er kommt entweder bei der Verletzung einer wesentlichen Berufspflicht oder bei der Verletzung von mehreren leichten Pflichtverstößen in Betracht, die in ihrer Gesamtheit ein nachhaltiges berufswidriges Verhalten des StB erkennen lassen (*Kuhls*, § 90, Rdnr. 16). Er gilt – wie die Warnung – mit der Rechtskraft des Urteils als vollstreckt (§ 151 Abs. 2); sein größeres Gewicht ergibt sich jedoch daraus, dass eine Eintragung in den über den StB geführten Akten erst nach zehn Jahren zu tilgen ist (§ 152 Abs. 2 Satz 1). Der Verweis kann auch mit einer Geldbuße verbunden werden (Abs. 2). Nach § 66 BRAO kann zum Vorstandsmitglied einer Rechtsanwaltskammer nicht gewählt werden, gegen den in den letzten fünf Jahren ein Verweis verhängt worden ist; die Satzungen der Steuerberaterkammern können entsprechende Bestimmungen vorsehen.

8

c) Geldbuße

Die Geldbuße ist mit der strafrechtlichen Geldstrafe nicht vergleichbar (BGH, NJW 1963 S. 262). Sie ist vielmehr nach der Ausschließung aus dem Beruf die schwerste berufsgerichtliche Maßnahme und kommt bei **schweren Verstößen** gegen die Berufspflichten in Betracht, wobei sie auch mit einem Verweis verbunden werden kann (Abs. 2). Eine Geldbuße ist angebracht, wenn es sich um eine Verletzung von zentralen Berufspflichten handelt, die dem StB besonders vorzuwerfen sind. Die Geldbuße fließt der Staatskasse zu und wird von der Justizverwaltung nach den für die Vollstreckung einer Geldstrafe geltenden Bestimmungen beigetrieben (§ 151 Abs. 3). Der Höchstbetrag der Geldbuße beträgt 25 000,– €. Es besteht zwischen der höchstmöglichen Geldbuße und der Ausschließung aus dem Beruf immer noch eine erhebliche Lücke. Dem Gesetzgeber erschien jedoch die Festlegung einer höheren Grenze nicht vertretbar, weil bei Berufen, die häufig mit der Verwaltung und dem Einzug fremder Gelder betraut sind, berufsgerichtliche Maßnahmen nicht so hoch festgesetzt werden können, dass das Vermögen weitgehend weggepfändet werden könnte.

9

Bei der **Bemessung der Höhe** im Einzelfall wird es entscheidend auf die Schwere der beruflichen Verfehlung und auf den durch die Tat (z. B. Verstoß gegen § 61, das Werbe- oder Provisionsannahmeverbot) erlangten Vorteil ankommen. Die Tatsache, dass der StB in schlechten wirtschaftlichen Verhältnissen lebt, kann zwar bei der Festlegung der Höhe berücksichtigt werden, darf aber nicht etwa dazu führen, dass von der Verhängung einer Geldbuße ganz abgesehen und nur ein Verweis ausgesprochen wird, obwohl die Schwere der Berufspflichtverletzung die Verhängung einer Geldbuße erfordert.

10

d) Ausschließung aus dem Beruf

11 Es handelt sich um die schwerste berufsgerichtliche Maßnahme, die es dem Betroffenen – vorbehaltlich einer Begnadigung – für mindestens acht Jahre unmöglich macht, den Beruf als StB auszuüben (§ 48 Abs. 1 Nr. 2; vgl. BVerfGE 66, 337, 355; 72, 51). Diese für den Betroffenen schweren Auswirkungen erfordern eine **gewissenhafte Abwägung aller Umstände**. Es bedarf einer Gesamtwürdigung von Tat, Persönlichkeit und Gesamtverhalten (OLG Düsseldorf, DStR 27/2002 S. XVIII). Die Maßnahme kommt nur in Betracht, wenn sie bei schweren Pflichtverletzungen zum Schutz eines überragend wichtigen Gemeingutes, und zwar dem Interesse der Allgemeinheit an einer funktionstüchtigen Rechtspflege und der Wahrung des Vertrauens der Rechtssuchenden in die Integrität des Berufsstandes, geeignet und erforderlich ist. Dabei ist davon auszugehen, dass es nicht der Zweck der Ausschließung aus dem Beruf sein kann, den StB zu einer einwandfreien Berufsausübung anzuhalten; die Maßnahme hat vielmehr den Zweck, den Berufsstand rein zu halten und zu verhindern, dass durch die Verfehlungen einzelner die Gesamtheit der Berufsangehörigen in ein schlechtes Licht gerät. Dabei sind die Grundsätze für die Ausschließung aus dem Beruf des RA anzuwenden, weil StB und RAe vergleichbare freie Berufe sind (BGHSt 39, 281, 286; § 32 Rdnr. 1). Aus diesem Grunde hat insbesondere bei der Ausschließung aus dem Beruf der Schuldgehalt der Tat nicht die gleiche Bedeutung wie im allgemeinen Strafrecht. Es ist vielmehr entscheidend, ob durch die Tat das allgemeine Vertrauen der Steuerpflichtigen zum steuerberatenden Beruf und die Achtung des Berufsstandes erheblich beeinträchtigt worden sind und sie einen wenigstens mittelbaren Bezug zu einer nicht mehr hinnehmbaren gesetzwidrigen oder unsachgemäßen Steuerberatung von Mandanten erkennen lassen (BGH, DStR 1989 S. 650). Eine Ausschließung aus dem Beruf wird daher in der Regel in Betracht kommen bei **mehrfachen groben Pflichtverletzungen** gegenüber Mandanten, bei Betrug, Untreue, Unterschlagung (BGHSt 15, 372, 375; 20, 73; BGH, StB 1987 S. 109), Steuerhinterziehung, fehlender Berufshaftpflichtversicherung, bei offenbarer völliger Gleichgültigkeit gegenüber den Berufspflichten, aber auch bei schwerer Schädigung des Ansehens des Berufs außerhalb der Berufstätigkeit (vgl. *Meine*, DStR 1992 S. 1778). Bei leichteren Verstößen kann im Wiederholungsfalle die Ausschließung aus dem Beruf in Betracht kommen, z.B. bei hartnäckiger Nichtbeantwortung von Anfragen der Berufskammer (BGH, DStR 1994 S. 409).

12 Andererseits ist zu berücksichtigen, dass die Ausschließung aus dem Beruf in der Regel nur angebracht ist, wenn der StB für den Beruf **nicht mehr tragbar** ist, d.h. wenn ihm die einem Berufsangehörigen obliegenden Aufgaben nicht mehr anvertraut werden können. Die Ausschließung aus dem Beruf ist daher nur geboten, wenn auf Grund einer schweren Pflichtverletzung, das für jede Rechtsberatung unabdingbare Vertrauen zwischen dem Berater und seinem Mandanten sowie die für eine sachgerechte Rechtsberatung notwendige innere Unabhängigkeit des Beraters beeinträchtigt ist

(BGHSt 39, 281; BGH, StB 1995 S. 227). Umstände, die nach der Berufspflichtverletzung eingetreten sind, können auch bei schweren Pflichtverletzungen die Beurteilung rechtfertigen, dass der StB noch in seinem Beruf verbleiben kann. Dies ist z. B. gerechtfertigt, wenn die Folgen einer Pflichtverletzung nachträglich beseitigt werden, ohne dass ein Schaden eingetreten ist. Nur wenn die Gesamtwürdigung von Tat, Persönlichkeit und Gesamtverhalten zur der Prognose führt, dass der Betroffene weiterhin als StB untragbar ist, weil von ihm noch eine Gefährdung der Rechtspflege ausgeht, darf auf Ausschließung aus dem Beruf erkannt werden. Es muss also noch im Zeitpunkt der Entscheidung eine Interessengefährdung der Steuerpflichten und eine Vertrauensminderung der Allgemeinheit in die Zuverlässigkeit des Berufsstandes bejaht werden können (BGH, BB 1993 S. 2184).

Wenn auch dem äußeren Bild der Pflichtverletzung große Bedeutung zukommt, kann es für sich allein betrachtet nicht in jedem Falle ausreichen, eine Ausschließung aus dem Beruf zu rechtfertigen. Es muss vielmehr hinzukommen, dass das Verhalten des Beschuldigten auf einer **bewussten und böswilligen Mißachtung** seiner Berufspflichten beruht (OLG Saarbrücken, DStR 1967 S. 329); insoweit wird man von einer näheren Prüfung nur absehen können, wenn sich der Schluss auf eine solche innere Einstellung schon aus der Natur der Tat zwingend ergibt. In der Regel wird man aber auf diese Prüfung nicht verzichten können, weil nur so festgestellt werden kann, ob der mit der Ausschließung aus dem Beruf verfolgte Zweck, die Allgemeinheit vor zukünftigen Schäden zu schützen, die Verhängung der schwersten berufsgerichtlichen Maßnahme erfordert. 13

Der Zweck der Ausschließung aus dem Beruf ist zum Teil mit dem Zweck der strafrechtlichen Maßregel des **Berufsverbots** (§ 70 StGB) vergleichbar. Dennoch bestehen so erhebliche Unterschiede, dass beide Maßnahmen nebeneinander möglich sind (BGH, NJW 1975 S. 1712; Görl, BRAK-Mitt. 1987 S. 54) und voneinander unabhängig zu prüfen sind (BGH, NJW 1991 S. 1069). 14

Die Ausschließung aus dem Beruf ist in das **Bundeszentralregister** einzutragen (§ 10 Abs. 2 Nr. 2 BZRG). 15

§ 91 Rüge und berufsgerichtliche Maßnahme

(1) **Der Einleitung eines berufsgerichtlichen Verfahrens gegen einen Steuerberater oder Steuerbevollmächtigten steht es nicht entgegen, daß der Vorstand der Steuerberaterkammer ihm bereits wegen desselben Verhaltens eine Rüge erteilt hat (§ 81). Hat das Landgericht den Rügebescheid aufgehoben (§ 82), weil es eine schuldhafte Pflichtverletzung nicht festgestellt hat, so kann ein berufsgerichtliches Verfahren wegen desselben Verhaltens nur auf Grund solcher Tatsachen oder Beweismittel eingeleitet werden, die dem Landgericht bei seiner Entscheidung nicht bekannt waren.**

(2) **Die Rüge wird mit der Rechtskraft eines berufsgerichtlichen Urteils unwirksam, das wegen desselben Verhaltens gegen den Steuerberater oder Steuerbevollmächtigten ergeht und auf Freispruch oder eine berufsgerichtliche Maßnahme lautet. Die Rüge wird auch unwirksam, wenn rechtskräftig**

§ 91 1–4   Rüge und berufsgerichtliche Maßnahme

die Eröffnung des Hauptverfahrens abgelehnt ist, weil eine schuldhafte Pflichtverletzung nicht festzustellen ist.

Übersicht

	Rdnr.
1. Allgemeines	1, 2
2. Berufsgerichtliches Verfahren nach einer Rüge	3
3. Antragsverfahren nach einer Rüge	4

1. Allgemeines

1   Da die Rüge nach § 81 nur eine Aufsichtsmaßnahme der beruflichen Selbstverwaltung ist, kann sie **keine materielle Rechtskraft** mit der Wirkung erlangen, dass wegen desselben Sachverhalts kein berufsgerichtliches Verfahren mehr eingeleitet werden darf; das wird in Abs. 1 Satz 1 klargestellt. Häufig wird eine Rüge sogar den Anstoß zur Einleitung eines berufsgerichtlichen Verfahrens geben; die Staatsanwaltschaft, der nach § 81 Abs. 4 Satz 3 eine Abschrift des Rügebescheides mitzuteilen ist, wird prüfen, ob die Rüge ausreichend oder ein berufsgerichtliches Verfahren erforderlich ist.

2   Andererseits darf eine Rüge nicht mehr erteilt werden, wenn das **berufsgerichtliche Verfahren** eingeleitet worden ist (§ 81 Abs. 2 Satz 2). Erst recht darf keine Rüge mehr erteilt werden, wenn das berufsgerichtliche Verfahren durch ein Urteil beendet worden ist.

2. Berufsgerichtliches Verfahren nach einer Rüge

3   Wenn die Staatsanwaltschaft nach einer Rüge das berufsgerichtliche Verfahren wegen desselben Sachverhalts einleitet, wird die Rüge **unwirksam,** wenn der Betroffene rechtskräftig freigesprochen oder eine berufsgerichtliche Maßnahme gegen ihn verhängt wird (Abs. 2 Satz 1). Einem Freispruch steht die Ablehnung der Eröffnung des Hauptverfahrens gleich (Abs. 2 Satz 2). In dem Urteil oder Beschluss wird festgestellt, dass die Rüge unwirksam ist (§ 82 Abs. 5 Satz 2). In allen anderen Fällen der Beendigung des berufsgerichtlichen Verfahrens, z. B. bei einer Einstellung durch Beschluss oder Urteil – nicht aber bei einer Einstellung nach §§ 153, 153a StPO (*Meyer-Goßner,* DStR 1983 S. 541 gegen *Meggendorfer,* DStR 1982 S. 624) – bleibt die Rüge bestehen.

3. Antragsverfahren nach einer Rüge

4   Wenn der StB nach § 82 einen Antrag auf berufsgerichtliche Entscheidung gestellt hat, kann die Entscheidung auf Aufhebung der Rüge lauten (vgl. § 82 Rdnr. 13); in diesem Fall wird das Urteil **in beschränktem Umfang** rechtskräftig, wenn die Entscheidung darauf beruht, dass eine schuldhafte Pflichtverletzung nicht festgestellt wurde (Abs. 1 Satz 2). Ein berufsgerichtliches Verfahren kann nur auf Grund neuer (vgl. BGHSt 7, 64 zu § 211 StPO) Tatsachen – nicht dagegen auf Grund einer geänderten Rechtsauffassung (BGHSt 18, 225 zu § 211 StPO) – oder Beweismittel ein-

1. Allgemeines   1, 2 § 92

geleitet werden; der Umfang der materiellen Rechtskraft entspricht daher dem des § 119. Ist der Antrag als unzulässig verworfen oder als unbegründet zurückgewiesen worden oder hat das Gericht die Rüge aus anderen als materiellen Gründen aufgehoben, so ist die Einleitung eines berufsgerichtlichen Verfahrens **ohne Einschränkung** möglich.

§ 92 Anderweitige Ahndung

Ist durch ein Gericht oder eine Behörde eine Strafe, eine Disziplinarmaßnahme, eine ehrengerichtliche Maßnahme, eine anderweitige berufsgerichtliche Maßnahme oder eine Ordnungsmaßnahme verhängt worden, so ist von einer berufsgerichtlichen Ahndung wegen desselben Verhaltens abzusehen, wenn nicht eine berufsgerichtliche Maßnahme zusätzlich erforderlich ist, um den Steuerberater oder Steuerbevollmächtigten zur Erfüllung seiner Pflichten anzuhalten und das Ansehen des Berufs zu wahren. Der Ausschließung steht eine anderweitig verhängte Strafe oder Maßnahme nicht entgegen.

Übersicht   Rdnr.

1. Allgemeines 1, 2
2. Ausschließung aus dem Beruf 3, 4
3. Disziplinärer Überhang 5–7

1. Allgemeines

Ein Straf- oder Bußgeldverfahren hat stets den **Vorrang** vor dem berufs- 1
gerichtlichen Verfahren (§ 109 Abs. 1); dasselbe gilt für ein Disziplinar- oder anderes berufsgerichtliches Verfahren, wenn die Pflichtverletzung überwiegend mit der Ausübung des anderen Berufs im Zusammenhang steht (§ 110 Abs. 1), nicht aber für Auflagen nach § 153a StPO oder sitzungspolizeiliche Maßnahmen nach § 176 GVG (BGHSt 27, 34). Sind die vorrangigen Verfahren abgeschlossen, so kann grundsätzlich das berufsgerichtliche Verfahren eingeleitet oder fortgesetzt werden. Wenn das Straf- oder Bußgeldverfahren mit einem Freispruch geendet hat, gilt § 109 Abs. 2. Wenn das Straf-, Bußgeld-, Disziplinar- oder andere berufsgerichtliche Verfahren mit einer Verurteilung geendet hat, ist eine berufsgerichtliche Ahndung nur unter den Voraussetzungen des § 92 möglich; ein bereits eingeleitetes berufsgerichtliches Verfahren ist einzustellen, wenn die Voraussetzungen des § 92 nicht erfüllt sind (§ 125 Abs. 3 Nr. 2). Bei einer Einstellung des Strafverfahrens – auch gegen eine Auflage nach § 153a StPO – bestehen dagegen keine Bindungen (BGHSt 28, 174).

Bei einer **anderweitigen Bestrafung oder Maßnahme** wegen dessel- 2
ben Verhaltens (siehe hierzu § 109 Rdnr. 3 sowie BGHSt 27, 305, 306; 22, 157, 166) ist eine berufsgerichtliche Ahndung – dasselbe gilt auch für eine Rüge (§ 81 Abs. 1 Satz 2) – nur zulässig, wenn die Ausschließung aus dem Beruf erforderlich ist oder ein sogenannter „disziplinärer Überhang" besteht. Eine berufsgerichtliche Maßnahme verstößt nicht gegen Artikel 103 Abs. 3 GG, wenn sie neben einer Strafe verhängt wird (BVerfGE 21, 378 und 391;

27, 180; 32, 40, 48; 66, 337); die Verhängung einer berufsgerichtlichen Maßnahme nach einer strafgerichtlichen Verurteilung, ohne dass dazu im Einzelfall eine besondere disziplinare Notwendigkeit besteht, könnte aber zu einer Belastung des Betroffenen führen, die mit dem verfassungsrechtlichen Grundsatz der **Verhältnismäßigkeit** nicht mehr vereinbar wäre (BVerfGE 27, 180, 188). Deshalb ist die Regelung des § 92, die dem § 115b BRAO (siehe hierzu *Paepke,* Festschrift für Pfeiffer, 1988, S. 985 ff.) entspricht, verfassungsrechtlich erforderlich, aber auch ausreichend.

2. Ausschließung aus dem Beruf

3   Eine **anderweitige Ahndung** steht einer Ausschließung aus dem Beruf niemals entgegen (Satz 2; BGH, DStR 1994 S. 1398). Die Ausschließung aus dem Beruf wird vielmehr gerade dann in Betracht kommen, wenn das Strafverfahren zu einer erheblichen Bestrafung geführt hat oder wenn der Betroffene in einem anderen Verfahren aus einem gleichzeitig ausgeübten Beruf ausgeschlossen wurde.

4   Wenn ein Strafverfahren eine Aussetzung des berufsgerichtlichen Verfahrens erfordert (§ 109 Abs. 1 Satz 1), ist zu prüfen, ob ein **Berufs- oder Vertretungsverbot** nach §§ 134 ff. zu verhängen ist. Wenn nur ein disziplinar- oder anderes berufsgerichtliches Verfahren anhängig ist, kann trotzdem das berufsgerichtliche Verfahren mit dem Ziel der Ausschließung aus dem Beruf eingeleitet werden (§ 110 Abs. 1). Das Gericht stellt das Verfahren ein, wenn es eine Ausschließung aus dem Beruf nicht für erforderlich hält und auch kein „disziplinärer Überhang" besteht (§ 125 Abs. 3 Nr. 2).

3. Disziplinärer Überhang

5   Von einer Warnung, einem Verweis oder einer Geldbuße ist grundsätzlich abzusehen, wenn der Berufsangehörige wegen desselben Sachverhalts bereits anderweitig bestraft oder mit einer Maßnahme belegt worden ist. Eine Ausnahme besteht nur, wenn trotz der Bestrafung oder anderweitigen Maßnahme eine berufsgerichtliche Maßnahme **zusätzlich erforderlich** erscheint, um den Berufsangehörigen zur Erfüllung seiner Pflichten anzuhalten und das Ansehen des Berufs zu wahren. Sinn dieser Bestimmung ist es, berufsgerichtliche Maßnahmen einzuschränken, weil in der Regel dem Zweck des berufsständischen Disziplinarrechts schon durch die vorhergehende Strafe oder Maßnahme Genüge getan worden ist. Daher kann eine berufsgerichtliche Ahndung nur noch in Betracht kommen, um eine erforderliche erzieherische Wirkung auf den Berufsangehörigen auszuüben und zusätzlich das durch sein Verhalten beeinträchtigte Ansehen des Berufs zu wahren. In der Regel – insbesondere auch bei einer Einstellung des Strafverfahrens wegen Geringfügigkeit nach §§ 153, 153a StPO – wird eine zusätzliche berufsgerichtliche Maßnahme nicht erforderlich sein; etwas anderes wird jedoch z. B. gelten müssen, wenn die Berufspflichtverletzung in einer Steuerhinterziehung bestanden hat (LG München, StB 1979 S. 58; OLG Düsseldorf, StB 1979 S. 58; LG Köln, StB 1988 S. 428) oder es sich um wiederholte Strafta-

1. Allgemeines 1–3 § 93

ten (OLG Celle, Kammer-Report, Beilage zu DStR Heft 27/97) bzw. Berufspflichtverletzungen handelt und dadurch ein erheblicher Schaden verursacht wurde (LG Hannover v. 26. 11. 2001, Az.: 44-StL-50/01).

Bei einer **außerberuflichen Verfehlung** ist schon nach § 89 Abs. 2 zu **6** prüfen, ob die Pflichtverletzung eine rechtswidrige Tat oder eine mit Geldbuße bedrohte Handlung darstellt und in besonderem Maße geeignet ist, Achtung und Vertrauen in einer für die Ausübung der Berufstätigkeit oder für das Ansehen des Berufs bedeutsamen Weise zu beeinträchtigen. Dies ist jedoch nur die Voraussetzung dafür, dass vom Berufsgericht geprüft werden kann, ob gegen den StB überhaupt eine berufsgerichtliche Maßnahme angeordnet werden soll oder nicht; die Voraussetzungen des § 92 müssen daher noch zusätzlich vorliegen (BGHSt 26, 241).

Wenn neben einer im Strafverfahren ausgesprochenen **Geldstrafe** noch **7** eine Geldbuße nach § 90 Abs. 1 Nr. 3 verhängt wird, ist eine Berücksichtigung der Geldstrafe in dem Sinn, dass sie von der Geldbuße abgezogen wird, nicht erforderlich (BVerfGE 27, 180, 190).

§ 93 Verjährung der Verfolgung einer Pflichtverletzung

(1) **Die Verfolgung einer Pflichtverletzung, die nicht die Ausschließung aus dem Beruf rechtfertigt, verjährt in fünf Jahren. § 78 Abs. 1, § 78 a Satz 1 sowie die §§ 78 b und 78 c Abs. 1 bis 4 des Strafgesetzbuches gelten entsprechend.**

(2) **Ist vor Ablauf der Verjährungsfrist nach Absatz 1 Satz 1 wegen desselben Sachverhalts ein Strafverfahren eingeleitet worden, ist der Ablauf der Verjährungsfrist für die Dauer des Strafverfahrens gehemmt.**

Übersicht	Rdnr.
1. Allgemeines	1–3
2. Beginn der Verjährung	4, 5
3. Ruhen der Verjährung	6, 7
4. Unterbrechung der Verjährung	8
5. Ablaufhemmung (Abs. 2)	9

1. Allgemeines

Die Bestimmung enthält eine **echte Verjährungsvorschrift,** die der straf- **1** rechtlichen Verfolgungsverjährung entspricht (BGHSt 24, 1). Die Verjährung schließt die Ahndung einer Berufspflichtverletzung aus (Satz 2; § 78 Satz 1 StGB).

Während die Verfolgung einer Pflichtverletzung, die die Ausschließung **2** aus dem Beruf rechtfertigt, nicht verjährt, verjährt die Verfolgung aller anderen Pflichtverletzungen in fünf Jahren. Nach Eintritt der Verjährung ist ein berufsgerichtliches Verfahren **einzustellen,** und zwar nach der Hauptverhandlung durch Urteil (§ 125 Abs. 3 in Verbindung mit § 260 Abs. 3 StPO), vorher durch einen Beschluss nach § 206 a StPO in Verbindung mit § 153.

Es hängt von den Umständen des Einzelfalles ab, ob das Berufsgericht we- **3** gen des Eintritts der Verjährung schon die **Eröffnung des Hauptverfahrens** nach § 118 ablehnt. Wenn sich eindeutig auf Grund des Ermittlungsergebnisses feststellen lässt, dass bei einer mehr als fünf Jahre zurückliegenden Berufspflichtverletzung keine Ausschließung aus dem Beruf in Betracht kommt, bestehen dagegen keine Bedenken; entscheidend ist, ob tatsächlich auf Ausschließung aus dem Beruf erkannt worden ist (KG Berlin, DStR 1983 S. 621). Im Hinblick auf § 48 Abs. 1 Nr. 2 wird nach Ablauf von acht Jahren keine Ausschließung aus dem Beruf mehr in Betracht kommen, so dass dann auch die Verfolgung schwerster Berufspflichtverletzungen verjährt ist. In Grenzfällen ist das Hauptverfahren zu eröffnen, wenn nach den Ergebnissen des Ermittlungsverfahrens mit einer Ausschließung aus dem Beruf mit hinreichender Wahrscheinlichkeit zu rechnen ist. Entsprechendes gilt für die Einleitung des berufsgerichtlichen Verfahrens durch die Staatsanwaltschaft nach § 114.

2. Beginn der Verjährung

4 Die Verjährung beginnt, sobald die Berufspflichtverletzung **beendet** ist (Satz 2; § 78a Satz 1 StGB); bei Dauerdelikten richtet sich der Verjährungsbeginn nach der Beseitigung des rechtswidrigen Zustandes (BGHSt 20, 227). Da § 78a Satz 2 StGB nicht anzuwenden ist, kommt es nicht auf den Eintritt des Erfolges, sondern ausschließlich auf den Zeitpunkt der Handlung an.

5 Weil das berufsgerichtlich zu ahndende Verhalten einheitlich zu beurteilen ist und die Begriffe Tateinheit und Tatmehrheit dem Berufsrecht unbekannt sind (vgl. § 89 Rdnr. 9), können sich bei **mehrfachen Pflichtverletzungen,** die teilweise mehr als fünf Jahre zurückliegen, Zweifel über den Beginn der Verjährung ergeben. Es kommt grundsätzlich darauf an, wann der Betroffene die letzte Teilhandlung dieser als Gesamtheit zu ahndenden, d. h. in einem äußeren oder inneren Zusammenhang stehenden Berufspflichtverletzung begangen hat; von da an läuft die Fünfjahresfrist. Etwas anderes kann nur gelten, wenn es sich um mehrere völlig selbstständige, in keinerlei Zusammenhang stehende Verfehlungen handelt (BGHSt 33, 54, 58); dann ist der Zeitablauf für jeden selbstständigen Tatkomplex besonders zu berechnen (BGHSt 22, 157, 166). Es wäre nicht gerechtfertigt, in diesem Fall eine an sich bereits verjährte Tat nur deswegen zu ahnden, weil der Betroffene nach Ablauf der Verjährungsfrist eine neue Berufspflichtverletzung begangen hat.

3. Ruhen der Verjährung

6 Das Ruhen der Verjährung **hemmt** ihren Beginn oder Weiterlauf. Die Verjährung ruht, solange nach dem Gesetz die berufsgerichtliche Ahndung nicht begonnen oder fortgesetzt werden kann (Satz 2; § 78b Abs. 1, Satz 1 StGB). Es muss also eine zwingende gesetzliche Bestimmung der Einleitung oder Fortsetzung des berufsgerichtlichen Verfahrens entgegenstehen, z. B. die Erhebung der Klage im strafgerichtlichen Verfahren (§ 109 Abs. 1); da auch in diesem Falle die Einleitung des berufsgerichtlichen Verfahrens möglich ist, ruht die Verjährung, wenn die Staatsanwaltschaft die Einleitung des berufsrechtlichen Ermittlungsverfahrens bekanntgegeben hatte (Satz 2 in Verbindung mit § 78 Abs. 1 Nr. 1 StGB) oder das berufsgerichtliche Verfahren ein-

geleitet worden war und ausgesetzt wurde (BGHSt 33, 54, 56). Die Verjährung ruht dagegen nicht, wenn das berufsgerichtliche Verfahren nach § 111 ausgesetzt worden ist.

Die Einleitung eines berufsgerichtlichen Verfahrens ist auch ausgeschlossen, solange der Betroffene nicht StB ist. Hat er nach einer Berufspflichtverletzung auf die Bestellung nach § 45 Abs. 1 Nr. 2 **verzichtet,** um der berufsgerichtlichen Ahndung zu entgehen, so muss er nach Ablauf von fünf Jahren und nach Wiederbestellung mit berufsgerichtlichen Maßnahmen rechnen, da bis zur Wiederbestellung die Verjährung geruht hat. Zum Ruhen der Verjährung bei Abgeordneten vgl. § 78 b Abs. 2 StGB sowie Artikel 46 Abs. 2 GG und § 105 Rdnr. 9. 7

4. Unterbrechung der Verjährung

Die Unterbrechung der Verjährung setzt eine neue Verjährungsfrist in Gang (Satz 2; § 78 c Abs. 3 StGB); es tritt jedoch – vorbehaltlich eines Ruhens der Verjährung – die Verjährung spätestens **nach Ablauf von 10 Jahren** ein (§ 78 c Abs. 3 Satz 2 StGB). Die Verjährung wird bei Erfüllung der im § 78 c Abs. 1 StGB genannten Tatbestände unterbrochen. Es muss sich dabei jedoch um Maßnahmen der berufsgerichtlichen Ahndung, nicht aber um strafgerichtliche Verfolgungsmaßnahmen (BGHSt 33, 54, 55) oder um Maßnahmen der Berufsaufsicht durch die Steuerberaterkammer handeln; wegen der Wirkung der Unterbrechungshandlung siehe BGH, DStR 1994 S. 1398 und § 89 Rdnr. 9. Nach der Natur des berufsgerichtlichen Verfahrens sind nicht alle in § 78 c Abs. 1 StGB genannten Tatbestände anwendbar, d. h. nicht Nr. 5 und 9. 8

5. Ablaufhemmung (Abs. 2)

Ein Strafverfahren kann sich über einen längeren Zeitraum erstrecken. Dies hat Bedeutung, wenn wegen des gleichen Sachverhalts sowohl ein berufsrechtliches als auch ein Strafverfahren durchgeführt wird. Der Ausgang des Strafverfahrens hat dann Auswirkungen auf das berufsrechtliche Verfahren. Sofern es sich über einen längeren Zeitraum hinzieht, kann die Gefahr der Verjährung einer Verfolgung der berufsrechtlichen Pflichtverletzungen drohen. Durch Abs. 2 wird die Verjährung während der Dauer des Strafverfahrens gehemmt. In dieser Zeit unterliegen die berufsrechtlichen Ansprüche keiner Verjährung. 9

§ 94 Vorschriften für Mitglieder der Steuerberaterkammer, die nicht Steuerberater oder Steuerbevollmächtigte sind

(1) **Die Vorschriften des Fünften Abschnitts (Berufsgerichtsbarkeit) gelten entsprechend für Personen, die der Steuerberaterkammer nach § 74 Abs. 2 angehören.**

(2) **An die Stelle der Ausschließung aus dem Beruf tritt bei den in § 74 Abs. 2 genannten Personen die Aberkennung der Eignung, Steuerberatungsgesellschaften zu vertreten und deren Geschäfte zu führen.**

§ 94 1–4　　　　　　　　　　　　　Kammermitglieder, die nicht StB sind

(3) Soweit im berufsgerichtlichen Verfahren die Mitwirkung ehrenamtlicher Richter vorgesehen ist, entscheiden die Berufsgerichte in der gleichen Besetzung wie in Steuerberatersachen.

Übersicht

	Rdnr.
1. Personenkreis	1, 2
2. Aberkennung der Eignung, Steuerberatungsgesellschaften zu führen	3–5
3. Besetzung der Berufsgerichte	6

1. Personenkreis

1 Die Mitglieder des Vorstandes, Geschäftsführer und persönlich haftende Gesellschafter einer Steuerberatungsgesellschaft sind Mitglieder der Steuerberaterkammer, auch wenn sie nicht StB oder StBv sind (§ 74 Abs. 2). Es kann sich dabei um **RAe, niedergelassene europäische RAe, WP, vBP** (§ 50 Abs. 2) und um besonders befähigte **Kräfte der in § 36 genannten Fachrichtungen** (§ 50 Abs. 3) handeln. Für diesen Personenkreis gelten die Berufspflichten der StB sinngemäß (§ 72 Abs. 1; BGHSt 42, 55). Bei einer Verletzung der Berufspflichten ist daher wie bei StB eine Ahndung im berufsgerichtlichen Verfahren mit einer Warnung, einem Verweis oder einer Geldbuße möglich (Abs. 1).

2 Bei RAen, niedergelassenen europäischen RAen, WP und vBP kann sich eine **Konkurrenz zu der Berufsgerichtsbarkeit** dieser Berufe ergeben. Bei Pflichtverletzungen in der Eigenschaft als Leiter einer Steuerberatungsgesellschaft wird jedoch in der Regel die Berufsgerichtsbarkeit nach dem StBerG den Vorrang haben (§ 110 Abs. 1). Wenn bereits eine berufsgerichtliche Maßnahme verhängt wurde, ist § 92 zu beachten. Bei RAen wird – wenn nicht ausnahmsweise die Pflichtverletzung überwiegend mit der Ausübung des anderen Berufes im Vordergrund steht – ein Ehrengerichtsverfahren vorgesehen (§ 118a Abs. 1 BRAO).

2. Aberkennung der Eignung, Steuerberatungsgesellschaften zu führen

3 Eine **Ausschließung** aus dem Beruf nach dem StBerG ist nur bei StB und StBv möglich. Bei den in § 74 Abs. 2 genannten Personen ist hierfür die jeweilige Berufsgerichtsbarkeit zuständig, wenn es sich um RAe, niedergelassene europäische RAe, WP oder vBP handelt; bei den Personen nach § 50 Abs. 3 ist mangels gesetzlicher Berufsordnungen eine Ausschließung nicht möglich. Das Gesetz hat daher an die Stelle der berufsgerichtlichen Maßnahme nach § 90 Abs. 1 Nr. 4 die Aberkennung der Eignung gesetzt, Steuerberatungsgesellschaften zu vertreten und deren Geschäfte zu führen.

4 Diese berufsgerichtliche Maßnahme tritt nicht nur an die Stelle des § 90 Abs. 1 Nr. 4. Da die Vorschriften des gesamten 5. Abschnittes für die in § 74 Abs. 2 genannten Personen gelten, ist **überall**, wo die Ausschließung aus dem Beruf genannt wird, die Aberkennung der Eignung zu setzen, Steuerberatungsgesellschaften zu vertreten und deren Geschäfte zu führen. Der Aberkennung steht also eine andere Strafe oder Maßnahme nicht entgegen

(§ 92), die Verfolgung der entsprechenden Pflichtverletzung verjährt nicht (§ 93) und es kann ein berufsgerichtliches Verfahren mit dem Ziel der Aberkennung neben einem ehren- oder anderen berufsgerichtlichen Verfahren durchgeführt werden (§ 110 Abs. 1).

Dasselbe muss auch für ein **Berufs- oder Vertretungsverbot** nach §§ 134 ff. gelten. Eine entsprechende Anwendung des 5. Abschnittes schließt auch die §§ 134 ff. ein. Wenn dringende Gründe für die Annahme vorhanden sind, dass gegen eine Person nach § 74 Abs. 2 auf Aberkennung der Fähigkeit erkannt werden wird, Steuerberatungsgesellschaften zu vertreten und deren Geschäfte zu führen, kann auch ein Geschäftsführungs- und/oder Vertretungsverbot ausgesprochen werden. Für eine Besserstellung der in § 74 Abs. 2 genannten Personen gegenüber StB besteht insoweit kein Anlass. 5

3. Besetzung der Berufsgerichte

In der Berufsgerichtsbarkeit kommen als **Beisitzer** nur StB und StBv in Betracht (§§ 95 Abs. 4; 96 Abs. 3; 97 Abs. 2). Absatz 3 legt daher fest, dass in Verfahren gegen die in § 74 Abs. 2 genannten Personen StB oder StBv und nicht etwa Personen nach § 74 Abs. 2 als Beisitzer mitwirken. 6

Zweiter Unterabschnitt. Die Gerichte

§ 95 Kammer für Steuerberater- und Steuerbevollmächtigtensachen beim Landgericht

(1) In dem berufsgerichtlichen Verfahren entscheidet im ersten Rechtszug eine Kammer des Landgerichts (Kammer für Steuerberater- und Steuerbevollmächtigtensachen), das für den Sitz der Steuerberaterkammer zuständig ist.

(2) Bestehen in einem Land mehrere Steuerberaterkammern, so kann die Landesregierung durch Rechtsverordnung die Steuerberater- und Steuerbevollmächtigtensachen einem oder einigen der Landgerichte zuweisen, wenn eine solche Zusammenfassung der Rechtspflege in Steuerberater- und Steuerbevollmächtigtensachen, insbesondere der Sicherung einer einheitlichen Rechtsprechung, dienlich ist. Die Vorstände der beteiligten Steuerberaterkammern sind vorher zu hören.

(3) Durch Vereinbarung der beteiligten Länder können die Aufgaben, für die nach diesem Gesetz das Landgericht eines Landes zuständig ist, einem Landgericht des anderen Landes übertragen werden.

(4) Die Kammer für Steuerberater- und Steuerbevollmächtigtensachen entscheidet außerhalb der Hauptverhandlung in der Besetzung von drei Mitgliedern des Landgerichts mit Einschluß des Vorsitzenden. In der Hauptverhandlung ist sie mit dem Vorsitzenden und zwei Steuerberatern oder Steuerbevollmächtigten als Beisitzern besetzt.

Übersicht	Rdnr.
1. Zuständigkeit	1, 2
2. Besetzung	3, 4

§ 96 Senat beim Oberlandesgericht

1. Zuständigkeit

1 Die Berufsgerichte sind keine unzulässigen Sondergerichte, sondern Spruchkörper der **ordentlichen Gerichtsbarkeit;** gegen ihre verfassungsrechtliche Zulässigkeit bestehen keine Bedenken (vgl. BVerfGE 26, 186 für die Ehrengerichtsbarkeit der Rechtsanwaltschaft). Für die Berufsgerichte gelten die Vorschriften des GVG (§ 153), soweit nicht in den §§ 95 ff. etwas anderes bestimmt ist.

2 Da 21 Steuerberaterkammern bestehen, sind im ersten Rechtszug 21 Kammern der Landgerichte **(Kammern für StB- und StBv-Sachen)** sachlich zuständig, und zwar die Landgerichte, die für den Sitz der Steuerberaterkammer (§ 73 Abs. 2 Satz 1) zuständig sind. Von den Ermächtigungen der Absätze 2 und 3 ist bisher kein Gebrauch gemacht worden. Die Kammern für StB- und StBv-Sachen sind für das berufsgerichtliche Verfahren in der ersten Instanz und für Anträge auf berufsgerichtliche Entscheidungen nach § 82 zuständig; ihre örtliche Zuständigkeit richtet sich nach § 112.

2. Besetzung

3 **Außerhalb der Hauptverhandlung** ist die Kammer für StB- und StBv-Sachen mit drei Berufsrichtern besetzt; dasselbe gilt bei der mündlichen Verhandlung nach § 82 Abs. 2 Satz 3 (siehe § 82 Rdnr. 6).

4 **In der Hauptverhandlung** (§§ 122 ff.) und in der mündlichen Verhandlung nach § 135 ist die Kammer für StB- und StBv-Sachen mit einem Berufsrichter als Vorsitzenden und zwei StB oder StBv als ehrenamtlichen Richtern besetzt. Die Mitwirkung von ehrenamtlichen Richtern entspricht einem Grundsatz, der für alle Berufsgerichte gilt; durch sie wird eine praxisnahe Entscheidung gewährleistet. Die ehrenamtlichen Richter werden von der Landesjustizverwaltung (§ 99) in der Reihenfolge der nach § 103 aufgestellten Liste berufen.

§ 96 Senat für Steuerberater- und Steuerbevollmächtigtensachen beim Oberlandesgericht

(1) **In dem berufsgerichtlichen Verfahren entscheidet im zweiten Rechtszug ein Senat des Oberlandesgerichts (Senat für Steuerberater- und Steuerbevollmächtigtensachen beim Oberlandesgericht).**

(2) **§ 95 Abs. 2 und 3 findet entsprechende Anwendung. Die Steuerberater- und Steuerbevollmächtigtensachen können auch dem obersten Landesgericht zugewiesen oder übertragen werden.**

(3) **Der Senat für Steuerberater- und Steuerbevollmächtigtensachen entscheidet außerhalb der Hauptverhandlung in der Besetzung von drei Mitgliedern des Oberlandesgerichts mit Einschluß des Vorsitzenden. In der Hauptverhandlung wirken außerdem als Beisitzer zwei Steuerberater oder Steuerbevollmächtigte mit.**

Senat beim Bundesgerichtshof 1, 2 **§ 97**

Übersicht	Rdnr.
1. Zuständigkeit	1
2. Besetzung	2, 3

1. Zuständigkeit

In StB- und StBv-Sachen entscheiden die OLG als **Beschwerde-** (§ 126) 1
und **Berufungsinstanz** (§ 127) sowie über Anträge nach § 115. Da im Lande NRW von der Ermächtigung nach Abs. 2 Satz 1 in Verbindung mit § 95 Abs. 2 Gebrauch gemacht worden ist, ist hier ausschließlich das OLG Düsseldorf zuständig (VO vom 31. 5. 1962, GVBl. S. 222). In Bayern ist ausschließlich das OLG München und in Baden-Württemberg das OLG Stuttgart zuständig.

2. Besetzung

Außerhalb der Hauptverhandlung ist der Senat für StB- und StBv- 2
Sachen mit einem Vorsitzenden Richter und zwei Berufsrichtern besetzt (§ 115, 122 GVG). Er entscheidet in dieser Besetzung insbesondere über Beschwerden und Anträge nach § 115.
In der Hauptverhandlung (§§ 127 Abs. 4, 122) und in der mündlichen 3
Verhandlung nach §§ 141, 135 wirken außerdem zwei StB oder StBv als ehrenamtliche Richter mit. Die ehrenamtlichen Richter werden von der Landesjustizverwaltung berufen (§ 99).

§ 97 Senat für Steuerberater- und Steuerbevollmächtigtensachen beim Bundesgerichtshof

(1) **In dem berufsgerichtlichen Verfahren entscheidet im dritten Rechtszug ein Senat des Bundesgerichtshofs (Senat für Steuerberater- und Steuerbevollmächtigtensachen beim Bundesgerichtshof).**

(2) **Der Senat für Steuerberater- und Steuerbevollmächtigtensachen besteht aus einem Vorsitzenden sowie zwei Mitgliedern des Bundesgerichtshofs und zwei Steuerberatern oder Steuerbevollmächtigten als Beisitzern.**

Übersicht	Rdnr.
1. Zuständigkeit	1
2. Besetzung	2
3. Weiterer Ablauf	3, 4

1. Zuständigkeit

Der Senat für StB- und StBv-Sachen beim BGH entscheidet über **Revi-** 1
sionen gegen Urteile der Senate für StB- und StBv-Sachen der OLG (§ 129) und über Beschwerden nach § 141.

2. Besetzung

Bei der Besetzung des Senats besteht seit dem 6. StBerÄG kein Unter- 2
schied mehr zwischen Entscheidungen innerhalb und außerhalb der Haupt-

verhandlung. Das entspricht § 106 Abs. 2 BRAO und § 74 WPO. Die Entscheidung BGH, NJW 1992 S. 2037 ist damit gegenstandslos.

3. Weiterer Ablauf

3 Sofern das Urteil Grundrechte oder grundrechtsgleiche Rechte des StB verletzt, kann er nach Erschöpfung des Rechtwegs Verfassungsbeschwerde beim BVerfG erheben. In Betracht kommt bei einem Ausschluss aus dem Beruf ein Eingriff in die Berufsfreiheit nach Art. 12 Abs. 1 GG (*Elbs/Birke*, Stbg 2003 S. 382). Das BVerfG prüft jedoch nur, ob dieses Grundrecht verletzt ist.

4 Ansonsten besteht nur noch die Möglichkeit einer Individualbeschwerde beim Europäischen Gerichtshof für Menschenrechte. Hier kann die Rüge der Verletzung der Europäischen Menschenrechtskonvention (EMRK) und der Zusatzprotokolle zur EMRK vorgebracht werden.

§ 98 *(aufgehoben)*

§ 99 Steuerberater oder Steuerbevollmächtigte als Beisitzer

(1) Die Beisitzer aus den Reihen der Steuerberater oder Steuerbevollmächtigten sind ehrenamtliche Richter.

(2) Die ehrenamtlichen Richter werden für die Gerichte des ersten und zweiten Rechtszugs von der Landesjustizverwaltung auf die Dauer von fünf Jahren berufen. Sie können nach Ablauf ihrer Amtszeit wiederberufen werden.

(3) Die ehrenamtlichen Richter werden den Vorschlagslisten entnommen, die die Vorstände der Steuerberaterkammern der Landesjustizverwaltung einreichen. Die Landesjustizverwaltung bestimmt, welche Zahl von ehrenamtlichen Richtern für jedes Gericht erforderlich ist; sie hat vorher die Vorstände der Steuerberaterkammern zu hören. Jede Vorschlagsliste soll mindestens die doppelte Zahl der zu berufenden Steuerberater oder Steuerbevollmächtigten enthalten.

(4) Scheidet ein ehrenamtlicher Richter vorzeitig aus, so wird für den Rest seiner Amtszeit ein Nachfolger berufen.

(5) § 6 des Einführungsgesetzes zum Gerichtsverfassungsgesetz gilt entsprechend.

(6) Die Absätze 1 bis 5 finden auf die ehrenamtlichen Richter des Senats für Steuerberater- und Steuerbevollmächtigtensachen beim Bundesgerichtshof mit der Maßgabe Anwendung, daß an Stelle der Steuerberaterkammern die Bundessteuerberaterkammer und an Stelle der Landesjustizverwaltung das Bundesministerium der Justiz treten.

(7) Die Landesjustizverwaltung kann die Befugnisse, die ihr nach den Absätzen 2 und 3 zustehen, auf nachgeordnete Behörden übertragen.

Übersicht

	Rdnr.
1. Allgemeines	1–3
2. Verfahren bei der Berufung der Beisitzer	
a) Bestimmung der erforderlichen Anzahl	4
b) Vorschlagslisten der Berufskammern	5, 6
c) Berufung durch die Justizverwaltung	7, 8
3. Übertragung von Befugnissen (Abs. 7)	9

2. Verfahren bei der Berufung der Beisitzer 1–6 § 99

1. Allgemeines

Die Bestimmung stellt in Absatz 1 den Grundsatz auf, dass die Beisitzer **ehrenamtliche Richter** im Sinne des § 1 DRiG sind. Sie haben nur in der Sitzung, in der sie herangezogen werden, die Stellung eines Berufsrichters (§ 102 Abs. 1); sie wirken in allen Instanzen in der Hauptverhandlung und bei der Entscheidung über ein Berufs- oder Vertretungsverbot mit (§ 95 Abs. 4 Satz 2; 96 Abs. 3 Satz 2; 97 Abs. 2 Satz 2; 135 Abs. 2; 141 Abs. 3). Die ehrenamtlichen Richter haben Anspruch auf eine Entschädigung nach § 104.

Die **Amtszeit** der ehrenamtlichen Richter beträgt fünf Jahre. Wird im Laufe der Amtszeit die Bestellung neuer ehrenamtlicher Richter erforderlich, so werden sie nur für den Rest der Amtszeit des ausgeschiedenen als Nachfolger berufen. Damit wird sichergestellt, dass die Amtszeiten aller ehrenamtlichen Richter grundsätzlich zu demselben Zeitpunkt beginnen und enden und sich nicht – wie nach der BRAO – bei den einzelnen Richtern überschneiden.

Die Absätze 3 bis 6 regeln das Verfahren bei der **Berufung der Beisitzer**. Ein Verstoß dieser Vorschriften führt zu einer nicht vorschriftsmäßigen Besetzung des Gerichts und stellt einen absoluten Revisionsgrund dar (§ 153 in Verbindung mit § 338 Nr. 1 StPO).

2. Verfahren bei der Berufung der Beisitzer

a) Bestimmung der erforderlichen Anzahl

Die Landesjustizverwaltung bestimmt zunächst nach Anhörung der Steuerberaterkammern, wieviele ehrenamtliche Richter für die Kammern und Senate für StB- und StBv-Sachen **erforderlich** sind (Abs. 3 Satz 2). Für die ehrenamtlichen Richter beim Senat für StB- und StBv-Sachen beim BGH bestimmt dies der Bundesminister der Justiz nach Anhörung der Bundessteuerberaterkammer. Die Zahl der ehrenamtlichen Richter hängt von der Zahl der zu erwartenden berufsgerichtlichen Verfahren ab.

b) Vorschlagslisten der Steuerberaterkammern

Die Vorstände der Steuerberaterkammern stellen sodann Vorschlagslisten für die Beisitzer bei den LG und OLG auf; entsprechendes gilt für die Bundessteuerberaterkammer für die ehrenamtlichen Richter beim BGH. Die Listen sollen **mindestens die doppelte Zahl** der zu berufenden StB oder StBv enthalten. Die vorgeschlagenen StB oder StBv müssen Mitglied der vorschlagenden Steuerberaterkammer sein (§§ 100 Abs. 1 Satz 1; 77 Satz 2). Bei der Aufstellung der Vorschlagslisten müssen die Voraussetzungen des § 100 Abs. 2 und sollten die Voraussetzungen des § 100 Abs. 3 beachtet werden. Es ist ferner darauf zu achten, dass nicht dieselbe Person für mehrere Gerichte vorgeschlagen wird.

Die Justizverwaltung kann eine **Ergänzung der Listen** verlangen, wenn sie nicht alle in der Liste genannten StB oder StBv für geeignet hält (BVerf-

§ 100   Berufung zum Beisitzer

GE 26, 186, 196). Die Listen sind außerdem zu ergänzen, wenn die Bestellung eines Vorgeschlagenen vor der Berufung erlischt.

c) Berufung durch die Justizverwaltung

7 Die Landesjustizverwaltung bzw. der Bundesminister der Justiz wählen aus den Vorschlagslisten die erforderliche Zahl der ehrenamtlichen Richter aus; die Berufung der ehrenamtlichen Richter beim BGH durch den Bundesminister der Justiz ist verfassungsrechtlich unbedenklich (BGHZ 33, 381; BVerfGE 26, 186, 201). Die Justizverwaltung ist grundsätzlich **an die vorgeschlagenen Personen gebunden,** zumal sie eine Ergänzung der Listen fordern kann. Wenn jedoch der Kammervorstand keine Liste einreicht oder trotz Aufforderung eine eingereichte Liste nicht ergänzt, kann die Justizverwaltung nach pflichtgemäßem Ermessen selbst die erforderliche Zahl von ehrenamtlichen Richtern berufen (ebenso *Isele,* BRAO § 94 Anm. VII B 2).

8 Wenn für die Bereiche mehrerer Steuerberaterkammern ein **gemeinsames Berufsgericht** besteht (§ 95 Abs. 2; 96 Abs. 2), kann die Justizverwaltung die ehrenamtlichen Richter aus den Vorschlagslisten aller zuständigen Steuerberaterkammern auswählen. Die ehrenamtlichen Richter sind dann für alle Verfahren des Gerichts gemäß § 103 heranzuziehen und nicht etwa nur für Verfahren gegen Berufsangehörige, die Mitglied der Berufskammer sind, der auch die ehrenamtlichen Richter angehören. Der Sinn der Ermächtigung nach den §§ 95 Abs. 2; 96 Abs. 2 besteht darin, ein einziges Gericht für die Bereiche mehrerer Steuerberaterkammern zu schaffen, das gilt nicht nur für die Berufsrichter, sondern auch für die ehrenamtlichen Richter.

3. Übertragung von Befugnissen (Abs. 7)

9 Abs. 7 bildet die gesetzliche Grundlage für die Landesjustizverwaltung, um eine Übertragung von Aufgaben an nachgeordnete Behörden vorzusehen. Dies gilt sowohl für die Berufung der ehrenamtlichen Richter nach Abs. 2 als auch für die Bestimmung der Anzahl der benötigten Richter nach Abs. 3. Aufgrund der größeren Erfahrungswerte und einer damit verbundenen besseren Beurteilung der Sachlage kann es insbesondere in größeren Flächenstaaten sinnvoll sein, die Aufgabe an die einschlägigen Gerichte zu übertragen.

§ 100 Voraussetzungen für die Berufung zum Beisitzer und Recht zur Ablehnung

(1) **Zum ehrenamtlichen Richter kann nur ein Steuerberater oder Steuerbevollmächtigter berufen werden, der in den Vorstand der Steuerberaterkammer gewählt werden kann (§ 77). Er darf als Beisitzer nur für die Kammer für Steuerberater- und Steuerbevollmächtigtensachen beim Landgericht oder den Senat für Steuerberater- und Steuerbevollmächtigtensachen beim Oberlandesgericht oder den Senat für Steuerberater- und Steuerbevollmächtigtensachen beim Bundesgerichtshof berufen werden.**

2. Ablehnungsrecht 1–5 § 100

(2) **Die ehrenamtlichen Richter dürfen nicht gleichzeitig dem Vorstand der Steuerberaterkammer angehören oder bei ihr im Haupt- oder Nebenberuf tätig sein.**

(3) **Die Übernahme des Beisitzeramtes kann ablehnen,**
1. **wer das 65. Lebensjahr vollendet hat;**
2. **wer in den letzten vier Jahren Mitglied des Vorstandes gewesen ist;**
3. **wer in gesundheitlicher Hinsicht beeinträchtigt ist.**

Übersicht
Rdnr.
1. Voraussetzungen für die Berufung zum Beisitzer
   a) Positive Voraussetzungen 1, 2
   b) Negative Voraussetzungen 3, 4
2. Ablehnungsrecht 5, 6

1. Voraussetzungen für die Berufung zum Beisitzer

a) Positive Voraussetzungen

Das Gesetz fordert als Voraussetzung für die Berufung zum ehrenamtlichen Beisitzer nur die **Wählbarkeit in den Vorstand** der Steuerberaterkammer. Das bedeutet lediglich, dass der Beisitzer Mitglied der Steuerberaterkammer sein muss, für deren Bereich das Gericht, dem er angehören soll, zuständig ist. Als Beisitzer beim BGH können alle StB und StBv berufen werden. Wenn die Satzung einer Steuerberaterkammer an die Wählbarkeit in den Vorstand weitere Voraussetzungen knüpft, z.b. ein Mindestalter oder eine bestimmte Dauer der Berufszugehörigkeit, ist dies für die Berufung zum Beisitzer ohne Bedeutung; es können nicht durch Satzung die gesetzlichen Voraussetzungen für die Berufung zum Richter eingeschränkt werden. Personen, die Mitglied der Steuerberaterkammer nach § 74 Abs. 2 sind, können nicht zum Beisitzer berufen werden. 1

Die **deutsche Staatsangehörigkeit** wird – im Gegensatz zu § 76 Abs. 1 Satz 1 WPO; § 31 Satz 2 GVG – nicht als Voraussetzung für die Berufung zum Beisitzer gefordert. 2

b) Negative Voraussetzungen

Als negative Voraussetzung für die Berufung zum ehrenamtlichen Beisitzer nennt Abs. 2 die **Zugehörigkeit zum Vorstand** der Steuerberaterkammer und die haupt- oder nebenberufliche **Tätigkeit bei der Steuerberaterkammer;** hierdurch wird die erforderliche Unabhängigkeit der Beisitzer sichergestellt. Darüber hinaus ist es ausgeschlossen, dass ein Beisitzer mehreren Gerichten angehört (Abs. 1 Satz 2). 3

Im Gegensatz zu §§ 66, 94 BRAO stellt das Gesetz **keine weiteren negativen Voraussetzungen** auf. Durch die Verweisnorm des § 153 auf das GVG gelten in entsprechender Anwendung auch die in § 32 GVG aufgeführten Hindernisse. 4

2. Ablehnungsrecht

Die in Abs. 3 genannten **Ablehnungsgründe** sind aus § 67 BRAO übernommen worden; die Aufzählung ist nicht ganz folgerichtig, weil § 67 5

§ 101 1, 2   Enthebung vom Amt des Beisitzers

BRAO für die Wahl des Kammervorstandes gilt. Richtiger wäre es gewesen, ein Ablehnungsrecht für Personen festzulegen, die schon einmal als ehrenamtliche Richter tätig gewesen sind. Die Ablehnungsgründe des § 35 GVG kommen nicht in Betracht (§ 45 Abs. 9 DRiG). Die Aufzählung der Ablehnungsgründe ist nicht abschließend, zumal kein zwingender Grund für eine solche Regelung besteht. Lediglich die bedeutendsten Gründe sind exemplarisch aufgelistet worden.

6   Mangels eigener Verfahrensvorschriften im StBerG wird man für das **Ablehnungsverfahren** § 53 GVG gem. § 153 entsprechend anwenden müssen. Danach sind Ablehnungsgründe nur zu berücksichtigen, wenn sie innerhalb einer Woche, nachdem der Beisitzer von seiner Berufung in Kenntnis gesetzt worden ist, geltend gemacht worden sind. Über das Gesuch entscheidet die zuständige Kammer bzw. der Senat für StB- und StBv-Sachen nach Anhörung der Staatsanwaltschaft.

§ 101 Enthebung vom Amt des Beisitzers

(1) **Ein Steuerberater oder Steuerbevollmächtigter ist in den Fällen der §§ 95 und 96 auf Antrag der für die Ernennung zuständigen Behörde, im Falle des § 97 auf Antrag des Bundesministeriums der Justiz seines Amtes als Beisitzer zu entheben,**

1. **wenn nachträglich bekannt wird, daß er nicht hätte zum Beisitzer berufen werden dürfen;**
2. **wenn nachträglich ein Umstand eintritt, welcher der Berufung zum Beisitzer entgegensteht;**
3. **wenn der Steuerberater oder Steuerbevollmächtigte seine Amtspflicht als Beisitzer grob verletzt.**

(2) **Über den Antrag entscheidet in den Fällen der §§ 95 und 96 ein Zivilsenat des Oberlandesgerichts, im Falle des § 97 ein Zivilsenat des Bundesgerichtshofs. Bei der Entscheidung dürfen die Mitglieder der Senate für Steuerberater- und Steuerbevollmächtigtensachen nicht mitwirken.**

(3) **Vor der Entscheidung ist der Steuerberater oder Steuerbevollmächtigte zu hören.**

Übersicht   Rdnr.

1. Allgemeines 1, 2
2. Gründe für eine Amtsenthebung 3–5
3. Verfahren 6

1. Allgemeines

1   Ein ehrenamtlicher Richter kann vor Ablauf seiner Amtszeit nur unter den gesetzlich bestimmten Voraussetzungen und gegen seinen Willen nur durch Entscheidung eines Gerichts abberufen werden (§ 44 Abs. 2 DRiG). Die Voraussetzungen und die Zuständigkeit der Abberufung werden in § 101 **abschließend** festgelegt.

2   Weitere Abberufungsgründe bestehen nicht; ebenso wenig ist § 52 GVG entsprechend anwendbar. Der einzige Fall des Erlöschens des Amts als Beisit-

3. Verfahren

zer ist in § 98 Abs. 1 Satz 1 geregelt. Der ehrenamtliche Richter kann jedoch auf sein Amt **verzichten,** sofern es ihm nicht mehr zuzumuten ist (a. A. *Kuhls,* § 101, Rdnr. 4). Die Gründe müssen jedoch gewichtig sein. Hierzu können auch persönliche Gründe, wie eine lebensbedrohende Krankheit, zählen.

2. Gründe für die Amtsenthebung

Ein ehrenamtlicher Beisitzer ist seines Amtes zu entheben, wenn bei seiner Berufung die Voraussetzungen des § 101 Abs. 1 oder Abs. 2 **vorgelegen haben,** dies der Justizverwaltung aber erst später bekannt geworden ist oder wenn diese Voraussetzungen erst **nachträglich eintreten.** Dies ist der Fall, wenn der Beisitzer nicht mehr StB oder StBv ist, weil seine Bestellung erloschen (§ 45 Abs. 1 Nr. 2 und 3) oder rechtskräftig zurückgenommen oder widerrufen worden ist (§ 46). Dasselbe gilt – mit Ausnahme der Beisitzer beim BGH – wenn er seine berufliche Niederlassung in einen anderen Kammerbereich verlegt, weil er dann nicht mehr Mitglied der zuständigen Steuerberaterkammer ist und daher nicht in den Kammervorstand gewählt werden könnte. Der Beisitzer ist auch seines Amtes zu entheben, wenn er in den Vorstand der Steuerberaterkammer gewählt wird oder eine haupt- oder nebenberufliche Tätigkeit bei der Steuerberaterkammer aufnimmt (§ 100 Abs. 2). Wenn entgegen § 101 Abs. 1 Satz 2 der StB oder StBv bei mehreren Gerichten als Beisitzer berufen worden ist, ist er von dem Amt zu entheben, in das er zuletzt berufen wurde. 3

Als weiteren Grund für eine Amtsenthebung kommt eine **grobe Verletzung der Amtspflichten** als Beisitzer in Betracht; das ist z. B. bei einer Verletzung der Verschwiegenheitspflicht nach § 102 oder häufigem unentschuldigten Ausbleiben der Fall. 4

Andere Gründe, die die Eignung des StB oder StBv in Frage stellen könnten, z. B. die Verhängung einer berufsgerichtlichen Maßnahme nach § 90 Abs. 1 Nr. 1–3, können nicht zu einer Amtsenthebung führen. 5

3. Verfahren

Die Amtsenthebung setzt einen **Antrag** der Landesjustizverwaltung bzw. des Bundesministers der Justiz voraus, zu dem der Beisitzer zu hören ist. Es entscheidet ein Zivilsenat des OLG oder des BGH. Der Senat hat den Sachverhalt von Amts wegen zu klären; es steht in seinem Ermessen, ob er eine mündliche Verhandlung durchführt. Die Entscheidung des Senats wird mit der Verkündung oder Zustellung sofort wirksam; sie ist nicht anfechtbar. Eine vorläufige Amtsenthebung ist im Gesetz nicht vorgesehen und daher nicht zulässig. 6

§ 102 Stellung der ehrenamtlichen Richter und Pflicht zur Verschwiegenheit

(1) Die Steuerberater oder Steuerbevollmächtigten haben in der Sitzung, zu der sie als ehrenamtliche Richter herangezogen werden, die Stellung eines Berufsrichters.

(2) Die Steuerberater und Steuerbevollmächtigten haben über Angelegenheiten, die ihnen bei ihrer Tätigkeit als ehrenamtliche Richter bekanntwerden, Verschwiegenheit gegen jedermann zu bewahren. § 83 Abs. 2 und 3 ist entsprechend anzuwenden. Die Genehmigung zur Aussage erteilt der Präsident des Gerichts.

Übersicht

	Rdnr.
1. Stellung der ehrenamtlichen Richter	1, 2
2. Pflicht zur Verschwiegenheit	3, 4

1. Stellung der ehrenamtlichen Richter

1 Der ehrenamtliche Richter ist in gleichem Maße wie ein Berufsrichter **unabhängig** (§ 45 Abs. 1 Satz 1 DRiG); § 45 Abs. 2 und 3 DRiG gelten entsprechend im Rahmen seiner Tätigkeit als Beisitzer. Dieser Grundsatz wird durch Abs. 1 in Anlehnung an § 110 Abs. 1 BRAO ergänzt.

2 Die ehrenamtlichen Richter sind **nicht ständige Mitglieder** der Kammern oder Senate für StB- und StBv-Sachen, die Gerichte entscheiden vielmehr nur in der Hauptverhandlung und in der mündlichen Verhandlung nach § 135 mit ehrenamtlichen Richtern. Es wird daher klargestellt, dass die ehrenamtlichen Richter nur in der Sitzung, zu der sie herangezogen werden, die Stellung eines Berufsrichters haben. Sie nehmen an allen Entscheidungen des Gerichts, die in der Sitzung ergehen, mit demselben Stimmrecht wie die Berufsrichter teil. Eine Unterzeichnung des Urteils durch die ehrenamtlichen Richter ist nicht erforderlich (BGHSt 39, 281, 283).

2. Pflicht zur Verschwiegenheit

3 Die ehrenamtlichen Richter haben das **Beratungsgeheimnis** zu wahren (§ 45 Abs. 1 Satz 2 DRiG). Sie haben über den Hergang bei der Beratung und Abstimmung auch nach Beendigung ihres Amtes zu schweigen (§ 43 DRiG). Abs. 2 Satz 1 **erweitert** diese Verschwiegenheitspflicht auf alle Angelegenheiten, die dem ehrenamtlichen Richter bei seiner Tätigkeit bekannt werden; der Umfang der Verschwiegenheitspflicht deckt sich daher mit der Verschwiegenheitspflicht nach § 83 Abs. 1. Die Verschwiegenheitspflicht besteht gegenüber jedermann, d. h. z. B. auch gegenüber dem Vorstand der Berufskammer. Eine Verletzung der Pflicht wird nach § 203 Abs. 1, Abs. 2 Nr. 1 StGB verfolgt.

4 Der Verschwiegenheitspflicht entspricht ein **Aussageverweigerungsrecht** nach Abs. 2 Satz 2 in Verbindung mit § 83 Abs. 2. Die Genehmigung zur Aussage kann nur der Präsident des Gerichts erteilen, bei dem der StB oder StBv als ehrenamtlicher Richter tätig ist.

§ 103 Reihenfolge der Teilnahme an den Sitzungen

Die ehrenamtlichen Richter sind zu den einzelnen Sitzungen in der Reihenfolge einer Liste heranzuziehen, die der Präsident des Gerichts nach Anhörung der beiden ältesten ehrenamtlichen Richter vor Beginn des Geschäftsjahres aufstellt.

Übersicht Rdnr.
1. Aufstellung einer Liste 1
2. Sitzungen 2, 3

1. Aufstellung einer Liste

Wie in anderen Gerichtszweigen, z. B. nach § 30 VwGO, § 27 FGO; § 31 ArbGG ist eine **Liste** aufzustellen, nach der sich die Reihenfolge der Heranziehung der ehrenamtlichen Richter zu den einzelnen Sitzungen ergibt. Zuständig für die Aufstellung der Listen ist der Präsident des Gerichts nach Anhörung der beiden nach Lebensalter ältesten ehrenamtlichen Richter. Durch die Liste wird ausgeschlossen, dass die ehrenamtlichen Beisitzer nach nicht nachprüfbaren Gesichtspunkten herangezogen werden; dies wäre mit Art. 101 Abs. 1 Satz 2 GG nicht vereinbar. Ein willkürlicher Austausch der Beisitzer kann nicht vorgenommen werden. **1**

2. Sitzungen

Unter einer **einzelnen Sitzung** ist nicht ein bestimmter Sitzungstag zu verstehen, sondern der gesamte Zeitraum, über den sich die Hauptverhandlung erstreckt. **2**

Die Reihenfolge der Heranziehung richtet sich nach den auf Grund von **Terminsbestimmungen** notwendigen Ladungen der ehrenamtlichen Richter. Auf die zeitliche Folge der Sitzungen kommt es für die Heranziehung nicht an, wenn später eine Sitzung eingeschoben wird (BVerwG, HFR 1975 S. 582). **3**

§ 104 Entschädigung der ehrenamtlichen Richter

Die ehrenamtlichen Richter erhalten eine Entschädigung nach dem Justizvergütungs- und -entschädigungsgesetz.

Die Vorschrift enthält nur eine **Klarstellung** und hat somit lediglich deklaratorische Bedeutung. Da die Berufsgerichtsbarkeit der ordentlichen Gerichtsbarkeit zuzurechnen ist, haben die ehrenamtlichen Richter einen Anspruch auf Entschädigung nach dem Justizvergütungs- und -entschädigungsgesetz (JVEG), das zum 1. 7. 2004 in Kraft getreten ist. Dieses Gesetz regelt in den §§ 15–18 JVEG die Grundsätze und die Höhe der Entschädigungen. **1**

Die Zahlung einer **darüber hinausgehenden Entschädigung** durch die Steuerberaterkammer ist unzulässig; sie würde die Besorgnis der Befangenheit begründen. **2**

Dritter Unterabschnitt. Verfahrensvorschriften

1. Allgemeines

§ 105 Vorschriften für das Verfahren

Für das berufsgerichtliche Verfahren gelten die nachstehenden Vorschriften.

Übersicht

	Rdnr.
1. Allgemeines	1
2. Grundsätze des berufsgerichtlichen Verfahrens	2–8
3. Immunität von Abgeordneten	9

1. Allgemeines

1 Die Vorschrift ist im Zusammenhang mit § 153 Abs. 1 zu sehen. Danach sind für die Berufsgerichtsbarkeit ergänzend das GVG, die StPO und das GKG sinngemäß anzuwenden; zur Nichtanwendbarkeit von Vorschriften vgl. § 153 Rdnr. 2–4. Die §§ 105 ff. enthalten **keine abschließende Regelung** des berufsgerichtlichen Verfahrens, sondern nur die Abweichungen von den für das Strafverfahren geltenden Vorschriften.

2. Grundsätze des berufsgerichtlichen Verfahrens

2 Das berufsgerichtliche Verfahren **weicht** insbesondere in folgenden Punkten **vom Strafverfahren ab:**

3 Das berufsgerichtliche Verfahren ist gegenüber dem Straf- und Bußgeldverfahren grundsätzlich (§ 109), gegenüber anderen Verfahren in eingeschränktem Maße (§§ 110, 111) **subsidiär;** das gilt nicht nur für die Durchführung des Verfahrens, sondern auch für berufsgerichtliche Maßnahmen nach einer anderweitigen Ahndung (§ 92).

4 Das berufsgerichtliche Verfahren ist ein **Disziplinarverfahren.** Das Gesetz verwendet daher nicht den Begriff des „Beschuldigten", sondern spricht nur vom StB oder StBv. Es werden auch keine Strafen, sondern „berufsgerichtliche Maßnahmen" (§ 90) verhängt. Das Ziel ist, die Ordnung und Integrität des Berufsstandes zu wahren und die Berufangehörigen zur gewissenhaften Erfüllung ihrer Berufspflichten anzuhalten (BVerfGE 32, 48).

5 Der **Berufsstand** ist in verschiedener Form an dem Verfahren beteiligt, und zwar durch Beisitzer aus den Reihen der StB und StBv (§§ 95–104) und durch die Steuerberaterkammern (§§ 115, 122 Abs. 2; 150).

6 Jede Art von **Freiheitsbeschränkung,** d. h. Verhaftung, vorläufige Festnahme, Vorführung und Einweisung in eine psychiatrische Anstalt, ist unzulässig (§ 106).

7 Die Hauptverhandlung ist grundsätzlich **nicht öffentlich** (§ 122); die Anwesenheit des StB ist nicht zwingend erforderlich (§ 121).

2. Nichtanwendbare Bestimmungen der StPO   1, 2   § 106

Der Grundsatz der **Unmittelbarkeit der Beweisaufnahme** ist durch- 8
brochen (§§ 123, 124, 109 Abs. 2 und 3).

3. Immunität von Abgeordneten

Der Immunitätsschutz für Abgeordnete nach Art. 46 Abs. 2 GG gilt auch 9
für das berufsgerichtliche Verfahren (Nr. 10 der Grundsätze in Immunitätsangelegenheiten, Anlage 6 zur Geschäftsordnung des Deutschen Bundestages, BGBl. 1980 I S. 1261 in Verbindung mit der Übernahmeerklärung vom 6. 3. 1991 – BGBl. I S. 721; a. A. für das Disziplinarverfahren gegen Beamte BVerwGE 83, 1).

§ 106 Keine Verhaftung des Steuerberaters oder Steuerbevollmächtigten

Der Steuerberater oder Steuerbevollmächtigte darf zur Durchführung des berufsgerichtlichen Verfahrens weder vorläufig festgenommen noch verhaftet oder vorgeführt werden. Er kann nicht zur Vorbereitung eines Gutachtens über seinen psychischen Zustand in ein psychiatrisches Krankenhaus gebracht werden.

Übersicht

	Rdnr.
1. Allgemeines	1
2. Nichtanwendbare Bestimmungen der StPO	2
3. Einholung eines psychiatrischen Gutachtens	3

1. Allgemeines

Da im berufsgerichtlichen Verfahren keine Freiheitsstrafen verhängt und 1
die Hauptverhandlung sowie die mündliche Verhandlung über ein Berufs- oder Vertretungsverbot auch ohne den nicht erschienenen StB oder StBv durchgeführt werden können (§§ 121, 135), bedarf es auch keiner Verhandlungsfähigkeit. Somit ist folgerichtig, dass **jeder Zwang** gegen die Person des StB **ausgeschlossen** ist – unabhängig von der Instanz und dem jeweiligen Verfahrensabschnitt. Verhaftung, vorläufige Festnahme, Vorführung und Unterbringungen nach § 81 StPO sind ausnahmslos unzulässig. Lediglich im Rahmen der Sitzungspolizei nach §§ 177, 178 GVG sind Zwangsmittel gegen die Person des StB oder StBv zulässig.

2. Nichtanwendbare Bestimmungen der StPO

Aus dem Verbot der Verhaftung, vorläufigen Festnahme, Vorführung und 2
Unterbringung ergibt sich nicht nur die Unanwendbarkeit der entsprechenden Bestimmungen der StPO (§ 81 – Unterbringung zur Beobachtung, §§ 112–131 – Verhaftung und vorläufige Festnahme; §§ 134, 230 – Vorführung); es sind ebenso alle Vorschriften nicht anzuwenden, die einen **Zwang androhen** (z. B. § 133 Abs. 2; § 290), ein persönliches **Erscheinen anordnen** (§ 236) oder Nachteile bei einem Nichterscheinen des StB auslösen (§ 329 Abs. 1).

3. Einholung eines psychiatrischen Gutachtens

3 Durch § 106 wird die Erstellung eines psychiatrischen Gutachtens **nicht ausgeschlossen.** Das Gericht kann vielmehr einen Sachverständigen bestellen; allerdings wird ein ohne Mitwirkung des StB erstelltes Gutachten nur einen geringen Beweiswert haben.

§ 107 Verteidigung

(1) **Zu Verteidigern im berufsgerichtlichen Verfahren vor dem Landgericht und vor dem Oberlandesgericht können außer den in § 138 Abs. 1 der Strafprozeßordnung genannten Personen auch Steuerberater oder Steuerbevollmächtigte gewählt werden.**

(2) **§ 140 Abs. 1 Nr. 1 bis 3, 6 und 7 der Strafprozeßordnung ist auf die Verteidigung im berufsgerichtlichen Verfahren nicht anzuwenden.**

Übersicht	Rdnr.
1. Verteidiger	1, 2
2. Notwendige Verteidigung	3–5

1. Verteidiger

1 Zu Verteidigern im berufsgerichtlichen Verfahren können die bei einem deutschen Gericht zugelassenen **Rechtsanwälte, niedergelassene europäische Rechtsanwälte** sowie die **Rechtslehrer** an deutschen Hochschulen gewählt werden (§ 138 Abs. 1 StPO; § 153). Abs. 2 bestimmt, dass auch **StB** und **StBv** zu Verteidigern gewählt werden können. Sie dürfen jedoch nur im Verfahren vor dem LG und dem OLG tätig werden, d. h. bis zum Abschluss der 2. Instanz. Zu Verteidigern vor dem BGH dürfen nur die in § 138 Abs. 1 StPO genannten Personen gewählt werden.

2 Die Anwendung des § 138 Abs. 2 StPO ist ausgeschlossen, so dass **andere Personen** nicht als Verteidiger zugelassen werden können.

2. Notwendige Verteidigung

3 In § 140 Abs. 1 StPO werden die Tatbestände aufgezählt, bei denen eine Mitwirkung eines Verteidigers **in jedem Fall notwendig** ist; wird die notwendige Bestellung eines Verteidigers unterlassen, so liegt ein Revisionsgrund vor (§ 337 StPO; § 153). Im berufsgerichtlichen Verfahren ist nur § 140 Abs. 1 Nr. 5 und 8 StPO anzuwenden; Nr. 4 ist durch Gesetz vom 17. 5. 1988 (BGBl. I S. 606) aufgehoben. Danach ist die Mitwirkung eines Verteidigers erforderlich, wenn der StB sich – in einem anderen Verfahren (vgl. § 106) – seit mindestens drei Monaten auf Grund richterlicher Anordnung oder mit richterlicher Genehmigung in einer Anstalt befunden hat und nicht mindestens zwei Wochen vor Beginn der Hauptverhandlung entlassen wird oder wenn der bisherige Verteidiger durch eine Entscheidung von der Mitwirkung im Verfahren ausgeschlossen ist. Diese Fälle werden im berufsgerichtlichen Verfahren verhältnismäßig selten sein.

Akteneinsicht des StB oder StBv **§ 108**

Ein Verteidiger ist nach § 140 Abs. 2 StPO, § 153 auch erforderlich, wenn wegen der **Schwere der Tat** oder wegen der **Schwierigkeit der Sach- oder Rechtslage** die Mitwirkung eines Verteidigers geboten erscheint oder wenn ersichtlich ist, dass sich der StB **nicht selbst verteidigen kann.** Die erste Alternative liegt insbesondere vor, wenn die Ausschließung aus dem Beruf oder die Verhängung eines Berufs- oder Vertretungsverbots in Betracht kommen; das gilt trotz der Nichtanwendung des § 140 Abs. 1 Nr. 3 StPO, weil dort auf das Berufsverbot nach § 70 StGB Bezug genommen wird. Die Voraussetzungen der zweiten Alternative liegen im berufsgerichtlichen Verfahren insbesondere vor, wenn dem StB Berufspflichtverletzungen vorgeworfen werden, die sich aus einer größeren Zahl von Sachverhalten ergeben oder bei denen die berufsrechtliche Beurteilung nicht eindeutig ist. Die dritte Alternative wird bei StB kaum vorliegen und kommt in der Regel nur bei körperlichen Behinderungen in Betracht. 4

Wenn der StB in den oben genannten Fällen keinen Verteidiger bestellt hat, muss der **Vorsitzende** des Gerichts auf Antrag oder von Amts wegen ihm einen RA (§ 142 StPO; § 153) als Verteidiger bestellen, sobald er nach § 201 StPO, § 153 zur Erklärung über die Anschuldigungsschrift aufgefordert worden ist. Ergibt sich erst später, dass eine Verteidigung notwendig ist, so wird der Verteidiger sofort bestellt. Der Verteidiger kann auch schon während des Vorverfahrens bestellt werden (§ 141 StPO; § 153). Für die Kosten des Pflichtverteidigers haftet die Steuerberaterkammer (§ 150). 5

§ 108 Akteneinsicht des Steuerberaters oder Steuerbevollmächtigten

Der Vorstand der Steuerberaterkammer und der Steuerberater oder Steuerbevollmächtigte sind befugt, die Akten, die dem Gericht vorliegen oder diesem im Falle der Einreichung einer Anschuldigungsschrift vorzulegen wären, einzusehen sowie amtlich verwahrte Beweisstücke zu besichtigen. § 147 Abs. 2, 3, 5 und 6 der Strafprozeßordnung ist insoweit entsprechend anzuwenden.

Übersicht	Rdnr.
1. Allgemeines	1
2. Verfahren	2–5

1. Allgemeines

Die Bestimmung legt fest, dass nicht nur dem **Verteidiger** ein Recht auf Akteneinsicht zusteht (§ 147 StPO; §§ 107, 153), sondern dass – abweichend vom Strafverfahren – auch der betroffene **StB** oder **StBv** und der Vorstand der Steuerberaterkammer grundsätzlich ein Recht auf Akteneinsicht haben. Diese Bestimmung entspricht dem § 117b BRAO. Nachdem das Verfahren nach § 122 nicht öffentlich ist, steht das Akteneinsichtsrecht Unbeteiligten nicht zu. 1

2. Verfahren

2 Das Recht auf Akteneinsicht dient der Absicherung des Rechts auf rechtliches Gehör nach Art. 103 GG (BVerfGE 63, 45, 59). Es setzt die Pflicht der Behörden zur Führung vollständiger und wahrheitsgetreuer Akten voraus. Das Recht auf Akteneinsicht bezieht sich auf **alle Akten**, die dem Gericht vorliegen oder vorzulegen wären (Abs. 1). Das gilt auch für die Beiakten, z.B. Personalakten des StB oder StBv, Strafakten und Akten der Finanzverwaltung.

3 Das Recht besteht nach **Abschluss der Ermittlungen** uneingeschränkt; bis zum Abschluss der Ermittlungen kann die Einsichtnahme versagt werden, wenn dies den Untersuchungszweck gefährden würde (§ 147 Abs. 2 StPO), jedoch darf die Einsichtnahme in Niederschriften über die Vernehmung des StB oder StBv und über solche richterlichen Untersuchungshandlungen, bei denen dem Verteidiger die Anwesenheit gestattet worden ist oder hätte gestattet werden müssen sowie in Gutachten von Sachverständigen in keiner Lage des Verfahrens verwehrt werden (§ 147 Abs. 3 StPO).

4 Über die Gewährung der Akteneinsicht **entscheidet** die Staatsanwaltschaft, nach Einleitung des berufsgerichtlichen Verfahrens der Vorsitzende des mit der Sache befassten Gerichts (§ 147 Abs. 5 StPO).

5 Die Anwendung des § 147 Abs. 4 StPO, wonach dem Verteidiger auf Antrag die Akten zur Einsichtnahme in seine Geschäftsräume oder in seine Wohnung mitgegeben werden sollen, ist ausgeschlossen. Ein StB, der keinen Verteidiger bestellt hat, kann die Akten nur **auf der Geschäftsstelle** des Gerichts oder der Staatsanwaltschaft einsehen. Dabei ist der StB in geeigneter Weise zu überwachen. Auch der Vorstand der Steuerberaterkammer hat keinen gesetzlichen Anspruch auf Aushändigung, sondern nur auf Einsichtnahme in die Akten.

§ 109 Verhältnis des berufsgerichtlichen Verfahrens zum Straf- oder Bußgeldverfahren

(1) **Ist gegen einen Steuerberater oder Steuerbevollmächtigten, der einer Verletzung seiner Pflichten beschuldigt wird, wegen desselben Verhaltens die öffentliche Klage im strafgerichtlichen Verfahren erhoben, so kann gegen ihn ein berufsgerichtliches Verfahren zwar eingeleitet, es muß aber bis zur Beendigung des strafgerichtlichen Verfahrens ausgesetzt werden. Ebenso muß ein bereits eingeleitetes berufsgerichtliches Verfahren ausgesetzt werden, wenn während seines Laufes die öffentliche Klage im strafgerichtlichen Verfahren erhoben wird. Das berufsgerichtliche Verfahren ist fortzusetzen, wenn die Sachaufklärung so gesichert erscheint, daß sich widersprechende Entscheidungen nicht zu erwarten sind, oder wenn im strafgerichtlichen Verfahren aus Gründen nicht verhandelt werden kann, die in der Person des Steuerberaters oder Steuerbevollmächtigten liegen.**

(2) **Wird der Steuerberater oder Steuerbevollmächtigte im gerichtlichen Verfahren wegen einer Straftat oder einer Ordnungswidrigkeit freigesprochen, so kann wegen der Tatsachen, die Gegenstand der gerichtlichen Entscheidung waren, ein berufsgerichtliches Verfahren nur dann eingeleitet oder fortgesetzt werden, wenn diese Tatsachen, ohne den Tatbestand einer**

1. Allgemeines 1, 2 § 109

Strafvorschrift oder einer Bußgeldvorschrift zu erfüllen, eine Verletzung der Pflichten des Steuerberaters oder Steuerbevollmächtigten enthalten.

(3) Für die Entscheidung im berufsgerichtlichen Verfahren sind die tatsächlichen Feststellungen des Urteils im Strafverfahren oder Bußgeldverfahren bindend, auf denen die Entscheidung des Gerichts beruht. In dem berufsgerichtlichen Verfahren kann ein Gericht jedoch die nochmalige Prüfung solcher Feststellungen beschließen, deren Richtigkeit seine Mitglieder mit Stimmenmehrheit bezweifeln; dies ist in den Gründen der berufsgerichtlichen Entscheidung zum Ausdruck zu bringen.

(4) Wird ein berufsgerichtliches Verfahren nach Absatz 1 Satz 3 fortgesetzt, ist die Wiederaufnahme des rechtskräftig abgeschlossenen berufsgerichtlichen Verfahrens auch zulässig, wenn die tatsächlichen Feststellungen, auf denen die Verurteilung oder der Freispruch im berufsgerichtlichen Verfahren beruht, den Feststellungen im strafgerichtlichen Verfahren widersprechen. Den Antrag auf Wiederaufnahme des Verfahrens kann die Staatsanwaltschaft, der Steuerberater oder der Steuerbevollmächtigte binnen eines Monats nach Rechtskraft des Urteils im strafgerichtlichen Verfahren stellen.

Übersicht	Rdnr.
1. Allgemeines	1, 2
2. Vorrang des Strafverfahrens	
a) Grundsatz	3, 4
b) Dauer der Aussetzung	5–7
c) Verhängung eines Berufs- oder Vertretungsverbots	8
3. Verhältnis zum Bußgeldverfahren	9, 10
4. Bindung an tatsächliche Feststellungen	
a) Voraussetzungen	11, 12
b) Nochmalige Prüfung durch das Berufsgericht	13–16
5. Auswirkungen des Freispruchs in Straf- und Bußgeldverfahren	17, 18

1. Allgemeines

Die Bestimmung legt den Grundsatz fest, dass ein Strafverfahren den **1** **Vorrang** vor dem berufsgerichtlichen Verfahren hat. Das beruht auf der Erwägung, dass die gleichzeitige Durchführung verschiedener, denselben Sachverhalt betreffende Verfahren vermieden werden soll, weil in ihnen möglicherweise dieselben Beweise zu erheben wären und einander widersprechende Entscheidungen ergehen könnten. Dies setzt eine Sachverhaltsübereinstimmung voraus, in der die Kernvorwürfe identisch sind. Somit muss eine Verzögerung des berufsgerichtlichen Verfahrens in Kauf genommen werden. Der Vorrang des Strafverfahrens rechtfertigt sich auch daraus, dass erst nach seinem Abschluss nach § 92 geprüft werden kann, ob eine berufsgerichtliche Maßnahme überhaupt erforderlich ist.

Die Vorschrift, die § 118 BRAO, § 83 WPO entspricht, regelt **vier Bereiche:** **2** den grundsätzlichen Vorrang des Strafverfahrens (Rdnr. 3–8), das Verhältnis des berufsgerichtlichen Verfahrens zum Bußgeldverfahren (Rdnr. 9, 10), die Bindung der Berufsgerichte an die tatsächlichen Feststellungen im Straf- und Bußgeldverfahren (Rdnr. 11–16) und die Auswirkungen eines Freispruchs im Straf- und Bußgeldverfahren (Rdnr. 17, 18).

2. Vorrang des Strafverfahrens

a) Grundsatz

3 Ein berufsgerichtliches Verfahren darf zwar durch Einreichung der Anschuldigungsschrift beim Berufsgericht (BGHSt 33, 54) eingeleitet, muss aber **ausgesetzt** werden, wenn wegen desselben Verhaltens, d.h. des einheitlichen geschichtlichen tatsächlichen Ereignisses (BGHSt 28, 178, 179) gegen dieselbe Person die öffentliche Klage im strafgerichtlichen Verfahren erhoben wird. Die Staatsanwaltschaft darf daher zwar eine Anschuldigungsschrift einreichen, das Gericht darf aber nicht über die Eröffnung des Hauptverfahrens nach § 118 entscheiden. Ein bereits eingeleitetes berufsgerichtliches Verfahren muss nach Erhebung der öffentlichen Klage im strafgerichtlichen Verfahren ausgesetzt werden.

4 Voraussetzung für die Aussetzung ist die **Erhebung der öffentlichen Klage** im Strafverfahren, d.h. die Einreichung einer Anklageschrift (§ 170 Abs. 1 StPO), der einer Anklage gleichstehende Antrag auf Aburteilung im beschleunigten Verfahren (§ 212 StPO), die Nachtragsanklage (§ 266 StPO; vgl. aber OLG Celle, DStR 1988 S. 399, § 89 Rdnr. 3), die Anberaumung der Hauptverhandlung nach § 408 Abs. 3 Satz 2 StPO, die Übernahmeerklärung der StA im Privatklageverfahren nach § 377 StPO, die Anordnung der Klageerhebung im Klageerzwingungsverfahren nach § 175 StPO und der Beschluss, durch den die Wiederaufnahme des Verfahrens nach § 370 Abs. 2 StPO angeordnet wird. Für den Antrag auf Erlass eines Strafbefehls (§ 407 StPO) gilt dasselbe. Zwar hat ein rechtskräftiger Strafbefehl nicht die Bindungswirkungen nach Abs. 3, jedoch lässt sich bei Einleitung des Verfahrens noch nicht übersehen, ob es zu einer Hauptverhandlung und zu einem Urteil kommt; es ist daher gerechtfertigt, den Antrag auf Erlass eines Strafbefehls der Anklageschrift gleichzusetzen. Die Privatklage, die von der Staatsanwaltschaft nicht nach § 377 StPO übernommen wird, ist keine öffentliche Klage im Sinne dieser Vorschrift.

b) Dauer der Aussetzung

5 Das berufsgerichtliche Verfahren ist grundsätzlich **bis zum Abschluss des Strafverfahrens** durch Urteil (§ 260 StPO), Einstellung (§§ 153, 153a, 206a, 206b StPO) oder durch Ablehnung der Eröffnung des Hauptverfahrens (§ 204 StPO) auszusetzen. Es bedarf eines Aussetzungsbeschlusses des Berufsgerichtes, da Abs. 1 eine Aussetzung nicht kraft Gesetzes vorsieht. Eine **Ausnahme** gilt nur, wenn die Sachaufklärung so gesichert erscheint, dass sich widersprechende Entscheidungen nicht zu erwarten sind oder wenn im strafgerichtlichen Verfahren aus Gründen nicht verhandelt werden kann, die in der Person des StB oder StBv liegen; in diesen Fällen ist das berufsgerichtliche Verfahren fortzusetzen, wenn nach dem pflichtgemäßen Ermessen des Gerichts ein weiteres Abwarten nicht zweckmäßig erscheint. Sofern die Erhebung der öffentlichen Klage erst nach Abschluss einer Instanz des berufsgerichtlichen Verfahrens erfolgt oder bekannt wird, kommt eine Verfahrensaussetzung nur in Betracht, wenn zulässig ein Rechtsmittel eingelegt worden ist.

4. Bindung an tatsächliche Feststellungen   6–11 § 109

Das Berufsgericht muss selbst darüber befinden, ob ihm die **Sachauf-** 6
klärung – auch ohne eine rechtskräftige Entscheidung im Strafverfahren –
durch seine Verhandlung so **gesichert** erscheint, dass bei vernünftiger
Überlegung eine entgegenstehende Entscheidung im später abgeschlossenen
Strafverfahren nicht zu befürchten ist (BGHSt 28, 178, 181); häufig wird es
zweckmäßig sein, den Ausgang des Strafverfahrens abzuwarten, weil nur
dann abschließend geprüft werden kann, ob nach § 92 überhaupt noch eine
berufsgerichtliche Maßnahme erforderlich ist. Bei einer eindeutigen Sachlage, z. B. bei einem Geständnis des Beschuldigten, ist das berufsgerichtliche
Verfahren fortzusetzen. Für den Fall, dass wider Erwarten das Strafverfahren
zu einer anderen Beurteilung führt, sieht Abs. 4 die Möglichkeit der Wiederaufnahme des berufsgerichtlichen Verfahrens vor.

Wenn ein Strafverfahren aus **Gründen, die in der Person** des StB oder 7
StBv liegen, nicht weitergeführt werden kann (vgl. § 205 StPO), wird auch
ein berufsgerichtliches Verfahren kaum fortgesetzt werden können. Zwar
kann im berufsgerichtlichen Verfahren die Hauptverhandlung auch ohne den
StB oder StBv durchgeführt werden; das Berufsgericht hat es jedoch zu berücksichtigen, wenn ein teilnahmewilliger StB oder StBv nicht in der Lage
ist, an der Hauptverhandlung teilzunehmen (siehe § 121 Rdnr. 5).

c) Verhängung eines Berufs- oder Vertretungsverbots

Durch ein Strafverfahren wird die Verhängung eines **Berufs- oder Ver-** 8
tretungsverbots nicht ausgeschlossen. Nach § 134 Abs. 2 kann die Staatsanwaltschaft bereits vor Einleitung des berufsgerichtlichen Verfahrens einen
entsprechenden Antrag stellen; dieses Verfahren kann unabhängig von einem
Strafverfahren weitergeführt werden.

3. Verhältnis zum Bußgeldverfahren

Ein Bußgeldverfahren nach §§ 35 ff. OWiG erfordert nicht die Aus- 9
setzung des berufsgerichtlichen Verfahrens, auch wenn ein gerichtliches
Verfahren nach §§ 67 ff. OWiG durchgeführt wird. Wegen der Bindungswirkung nach Abs. 2 und 3 ist jedoch in der Regel zu **empfehlen**, das berufsgerichtliche Verfahren nach § 111 auszusetzen.

Das gilt insbesondere bei einem Bußgeldverfahren wegen einer **Steuer-** 10
ordnungswidrigkeit. Hier ist nach § 411 AO der Steuerberaterkammer
Gelegenheit zu geben, die Gesichtspunkte vorzubringen, die von ihrem
Standpunkt für die Entscheidung von Bedeutung sind. Da diese Äußerung
auch für die Entscheidung des Berufsgerichts bedeutungsvoll ist, ist es
zweckmäßig, zunächst den Ausgang des Bußgeldverfahrens abzuwarten.

4. Bindung an tatsächliche Feststellungen

a) Voraussetzungen

Nach Abs. 3 Satz 1 ist das Berufsgericht grundsätzlich an die **tatsäch-** 11
lichen Feststellungen (nicht an Prognosen) eines **Urteils** im Straf- oder
Bußgeldverfahren gebunden. Dies beruht auf der Erwägung, dass im Straf-

441

verfahren und im gerichtlichen Bußgeldverfahren der Sachverhalt umfassend aufgeklärt wird und abweichende Erkenntnisse im berufsgerichtlichen Verfahren in der Regel nicht zu erwarten sind. Aus diesem Zweck und aus dem Wortlaut der Bestimmung folgt, dass nur Feststellungen bindend sind, die in einem Urteil im Straf- oder Bußgeldverfahren getroffen werden, weil diese Tatsachen in einer Hauptverhandlung festgestellt worden sind, so dass es berechtigt ist, den Grundsatz der Unmittelbarkeit der Beweisaufnahme zu durchbrechen; das Berufsgericht kann auf diese Feststellungen verweisen (BGHSt 33, 59). Feststellungen in einem **Bußgeldbescheid** oder in einem **Strafbefehl** sind dagegen für das Berufsgericht nicht bindend.

12 Die Bindung des Berufsgerichts erstreckt sich auf Feststellungen zu objektiven und subjektiven **Tatsachen,** wenn hierauf die Entscheidung des Gerichts beruht. Feststellungen, die zwar in einem Urteil enthalten, aber weder für die Erfüllung des gesetzlichen Tatbestandes noch für die Strafzumessung von Bedeutung sind, können das Berufsgericht nicht binden.

b) Nochmalige Prüfung durch das Berufsgericht

13 Das Berufsgericht kann Feststellungen, die im Straf- oder Bußgeldverfahren getroffen wurden, nochmals prüfen, wenn die Mehrheit der Mitglieder des Gerichts die **Richtigkeit bezweifeln.** Eine Beweiserhebung darüber, ob Zweifel an der Richtigkeit den strafgerichtlichen Feststellungen angebracht sind und welches Gewicht sie haben, ist unzulässig (BGHSt 33, 155). Die Zweifel der Mehrheit der Mitglieder müssen sich auf dieselben tatsächlichen Feststellungen beziehen und nicht nur auf das Gesamtergebnis der Beweisaufnahme im Strafverfahren.

14 Bei der Entscheidung dürfen grundsätzlich auch Richter mitwirken, die an der Entscheidung im Strafverfahren mitgewirkt haben (BGHSt 15, 372); jedoch kann in diesen Fällen die **Besorgnis der Befangenheit** begründet sein (§ 24 StPO; § 153).

15 Ein **Beweisantrag** nach § 244 Abs. 3–5 StPO, § 245 StPO, § 153, der die Überprüfung der tatsächlichen, die Verurteilung begründenden Feststellungen des strafgerichtlichen Urteils bezweckt, ist nur unter den Voraussetzungen des Abs. 3 zulässig (BGHSt 23, 362).

16 Das **Berufungsgericht** ist an einen Beschluss der ersten Instanz, die Feststellungen im Strafverfahren nachzuprüfen, nicht gebunden. Es muss vielmehr unabhängig von der Entscheidung der ersten Instanz selbst entscheiden, ob es eine nochmalige Nachprüfung für erforderlich hält. Die Entscheidung des Berufungsgerichts ergeht auf Grund der tatsächlichen Überzeugung seiner Mitglieder; eine Nachprüfung durch das Revisionsgericht ist daher nicht möglich.

5. Auswirkungen des Freispruchs im Straf- oder Bußgeldverfahren

17 Bei einem **rechtskräftigen Freispruch** im Straf- oder Bußgeldverfahren – nicht dagegen bei einer anderen Beendigung des Verfahrens ohne Bestrafung, z.B. Ablehnung der Eröffnung des Hauptverfahrens (§ 204 StPO),

Einstellung (§§ 153 Abs. 2; 153a Abs. 2 StPO) – besteht eine Bindung im berufsgerichtlichen Verfahren. Ein berufsgerichtliches Verfahren darf nur eingeleitet werden, wenn die Tatsachen, ohne den Tatbestand einer Strafvorschrift oder einer Bußgeldvorschrift zu erfüllen, eine Verletzung der Pflichten des StB oder StBv enthalten. War das berufsgerichtliche Verfahren bereits eingeleitet worden, so darf es nicht fortgesetzt werden; da es unsinnig wäre, diese Folge in einem Urteil auf Grund einer Hauptverhandlung auszusprechen, wird man es aber ausreichend ansehen müssen, dass das Verfahren durch Beschluss eingestellt wird.

Die Voraussetzungen des Abs. 2 sind z. B erfüllt, wenn das Strafverfahren 18 wegen eines vorsätzlichen Vermögensdelikts, z.B. nach §§ 263, 266 StGB aus **subjektiven Gründen** mit einem Freispruch geendet hat, für eine Berufspflichtverletzung aber schon ein fahrlässiges Verhalten ausreichend ist. Selbst wenn sich bei der Beweisaufnahme herausstellen sollte, dass der StB oder StBv doch vorsätzlich gehandelt hat, darf das Berufsgericht nicht von einem vorsätzlichen Verhalten ausgehen, da es insoweit an die Beurteilung im Strafverfahren gebunden ist.

§ 110 Verhältnis des berufsgerichtlichen Verfahrens zu den Verfahren anderer Berufsgerichtsbarkeiten

(1) Über eine Pflichtverletzung eines Steuerberaters oder Steuerbevollmächtigten, der zugleich der Disziplinar-, Ehren- oder Berufsgerichtsbarkeit eines anderen Berufs untersteht, wird im berufsgerichtlichen Verfahren nur dann entschieden, wenn die Pflichtverletzung überwiegend mit der Ausübung des Berufs als Steuerberater oder Steuerbevollmächtigter im Zusammenhang steht oder wenn wegen der Schwere der Pflichtverletzung das berufsgerichtliche Verfahren mit dem Ziel der Ausschließung aus dem Beruf eingeleitet worden ist.

(2) Beabsichtigt die Staatsanwaltschaft, gegen einen solchen Steuerberater oder Steuerbevollmächtigten das berufsgerichtliche Verfahren einzuleiten, so teilt sie dies der Staatsanwaltschaft oder Behörde mit, die für die Einleitung eines Verfahrens gegen ihn als Angehörigen des anderen Berufs zuständig wäre. Hat die für den anderen Beruf zuständige Staatsanwaltschaft oder Einleitungsbehörde die Absicht, gegen den Steuerberater oder Steuerbevollmächtigten ein Verfahren einzuleiten, so unterrichtet sie die Staatsanwaltschaft, die für die Einleitung des berufsgerichtlichen Verfahrens zuständig wäre (§ 113).

(3) Hat das Gericht einer Disziplinar-, Ehren- oder Berufsgerichtsbarkeit sich zuvor rechtskräftig für zuständig oder unzuständig erklärt, über die Pflichtverletzung eines Steuerberaters oder Steuerbevollmächtigten, der zugleich der Disziplinar-, Ehren- oder Berufsgerichtsbarkeit eines anderen Berufs untersteht, zu entscheiden, so sind die anderen Gerichte an diese Entscheidung gebunden.

(4) **Die Absätze 1 bis 3 sind auf Steuerberater oder Steuerbevollmächtigte, die in einem öffentlich-rechtlichen Dienst- oder Amtsverhältnis stehen und ihren Beruf als Steuerberater oder Steuerbevollmächtigter nicht ausüben dürfen (§ 59), nicht anzuwenden.**

§ 110 1–3 Verfahren anderer Berufsgerichtsbarkeiten

Übersicht

	Rdnr.
1. Allgemeines	1, 2
2. Verhältnis zur Anwaltsgerichtsbarkeit	3, 4
3. Verhältnis zur Berufsgerichtsbarkeit für Wirtschaftsprüfer	5–7
4. Verhältnis zum Disziplinarverfahren für Notare	8
5. Verfahrensfragen	9–11
6. StB und StBv im öffentlichen Dienst- oder Amtsverhältnis	12

1. Allgemeines

1 StB und StBv können gleichzeitig als Rechtsanwalt, Wirtschaftsprüfer oder vereidigte Buchprüfer und Notar tätig sein. Da es eine Anzahl von StB und StBv mit Mehrfachqualifikation gibt, entsteht bei einer Berufspflichtverletzung eine **Konkurrenz** zwischen den verschiedenen Gerichtsbarkeiten.

2 Während § 92 den Grundsatz aufstellt, dass eine berufsgerichtliche Ahndung nach einer anderweitigen berufsgerichtlichen oder Disziplinarmaßnahme – abgesehen von der Ausschließung aus dem Beruf – nur ausnahmsweise in Betracht kommt, will § 110 verhindern, dass parallel verlaufende Verfahren überhaupt erst geführt werden. **Gleichzeitige Verfahren** sind nur zulässig, wenn das berufsgerichtliche Verfahren mit dem Ziel der Ausschließung aus dem Beruf eingeleitet worden ist. Im Übrigen ist es entscheidend, mit der Ausübung welchen Berufs die Pflichtverletzung überwiegend im Zusammenhang steht; dabei ergeben sich im Verhältnis zu anderen Berufs- und Disziplinargerichtsbarkeiten unterschiedliche Beurteilungen.

2. Verhältnis zur Anwaltsgerichtsbarkeit

3 § 118a BRAO enthält zwar eine dem § 110 entsprechende Bestimmung, weist jedoch in der Fassung eine entscheidende Abweichung auf. Während § 110 bestimmt, dass im berufsgerichtlichen Verfahren nach dem StBerG „**nur** dann entschieden wird, **wenn** die Pflichtverletzung überwiegend mit der Ausübung des Berufs als StB oder StBv im Zusammenhang steht", bestimmt § 118a BRAO, dass im anwaltsgerichtlichen Verfahren entschieden wird, „**es sei denn, dass** die Pflichtverletzung überwiegend mit der Ausübung des anderen Berufs im Zusammenhang steht". Aus diesen unterschiedlichen Fassungen ergibt sich, dass im Zweifel das anwaltsgerichtliche Verfahren den **Vorrang** vor dem berufsgerichtlichen Verfahren für StB und StBv hat. Da die geschäftsmäßige Hilfeleistung in Steuersachen zum Aufgabenbereich beider Berufe gehört und einen Ausschnitt aus der allgemeinen rechtsberatenden Tätigkeit darstellt (BGHZ 49, 244, 246; 53, 103, 105; BVerfGE 80, 269, 280), wird in der Regel der Ausnahmetatbestand des § 118a Abs. 1 Satz 1, 2. Halbsatz nicht vorliegen. Etwas anderes kann nur gelten, wenn es sich um eine Tätigkeit handelt, die zwar dem Rechtsanwalt erlaubt, für sein Berufsbild aber nicht typisch ist, z.B. eine reine Buchhaltungstätigkeit (vgl. BGH, NJW 1970 S. 1189) oder eine Abwicklung von steuerlichen Sachverhalten.

Bei **außerberuflichen Pflichtverletzungen** hat stets das anwaltsgerichtliche Verfahren den Vorrang, weil diese Sachverhalte zwar unter § 118a BRAO, nicht aber unter § 110 gefasst werden können (EG Schleswig, AnwBl. 1990, S. 207). **4**

3. Verhältnis zur Berufsgerichtsbarkeit für Wirtschaftsprüfer

§ 83a WPO weicht in seiner Fassung nicht von § 110 ab. Die Berufsgerichtsbarkeit für WP/vBP und StB/StBv sind daher grundsätzlich **gleichrangig**, so dass im Einzelfall festgestellt werden muss, mit der Ausübung welchen Berufs die Pflichtverletzung überwiegend im Zusammenhang steht. Diese Frage ist nach dem Zeitpunkt zu beurteilen, in dem das berufsgerichtliche Verfahren eingeleitet wird oder die Rechtshängigkeit beginnt. Dabei bedeutet „Verfehlung" so viel wie „Verfehlungen" und umfasst den gesamten Sachverhalt sowie alle historischen Vorkommnisse, auf Grund derer der Vorwurf der Pflichtverletzung erhoben wird (BGHSt 21, 232; 22, 157, 164). **5**

Überschneidungen der Aufgaben der StB/StBv einerseits und der WP/vBP andererseits ergeben sich bei der Hilfeleistung in Steuersachen (§§ 3, 33 StBerG; §§ 2 Abs. 2; 129 Abs. 2 WPO) und bei betriebswirtschaftlichen Prüfungen, insbesondere von Jahresabschlüssen (§ 57 Abs. 3 Nr. 3 StBerG; §§ 2 Abs. 1; 129 Abs. 1 WPO). Mangels anderer Anhaltspunkte muss man darauf abstellen, zu welchem **Berufsbild** eine berufliche Tätigkeit **in erster Linie** gehört; dabei wird man die Hilfeleistung in Steuersachen einschließlich der Hilfeleistung bei der Erfüllung der Buchführungspflichten in erster Linie den StB und StBv und die Vornahme von betriebswirtschaftlichen Prüfungen in erster Linie den WP und vBP zurechnen müssen, so dass die entsprechende Berufsgerichtsbarkeit den Vorrang hat. **6**

Keinen Anhaltspunkt bietet das Gesetz bei der Behandlung eines **außerberuflichen Verhaltens,** weil dieses weder in § 110 noch in § 83a WPO erwähnt wird. Hier muss die Staatsanwaltschaft nach pflichtgemäßem Ermessen entscheiden, vor welchem Berufsgericht sie ein berufsgerichtliches Verfahren einleitet und sich mit der für die andere Berufsgerichtsbarkeit zuständigen Staatsanwaltschaft abstimmen. Anhaltspunkt kann hier nur sein, auf welchem Gebiet die gesamte Tätigkeit des Betroffenen überwiegend liegt. **7**

4. Verhältnis zum Disziplinarverfahren für Notare

§ 110 BNotO regelt nur die Konkurrenz zwischen dem Disziplinarverfahren für Notare und dem ehrengerichtlichen Verfahren für Rechtsanwälte, enthält aber keine Abgrenzung zum berufsgerichtlichen Verfahren für StB und StBv. Im Hinblick darauf, dass Notare nur in beschränktem Umfang zur Hilfeleistung in Steuersachen befugt sind (siehe § 4 Rdnr. 3) und auch tatsächlich nur im begrenzten Umfang ausüben, wird das Disziplinarverfahren für Notare in der Regel den **Vorrang** vor den berufsgerichtlichen Verfahren für StB und StBv haben. **8**

5. Verfahrensfragen

9 Bei Berufspflichtverletzungen von Personen mit einer Mehrfachqualifikation haben die in Betracht kommenden Staatsanwaltschaften und Einleitungsbehörden die Pflicht, die für die andere Berufs-, Ehren- oder Disziplinargerichtsbarkeit zuständige Staatsanwaltschaft oder Einleitungsbehörde zu **benachrichtigen,** ehe sie das Verfahren einleiten (Abs. 2). Bei abweichenden Auffassungen über die Zuständigkeit ist eine **Verständigung** herbeizuführen. Nur wenn ausnahmsweise keine Verständigung zustande kommt und mehrere Staatsanwaltschaften oder Einleitungsbehörden ihre Zuständigkeit bejahen, entscheidet das Gericht, und zwar ist die Entscheidung des Gerichts maßgebend, das sich zuerst rechtskräftig für zuständig oder unzuständig erklärt hat; hieran sind die anderen Gerichte gebunden (Abs. 3). Diese Regelung entspricht dem Grundsatz des § 17 GVG.

10 Nicht geregelt ist der Fall, dass die in Betracht kommenden Staatsanwaltschaften oder Einleitungsbehörden ihre **Zuständigkeit verneinen,** weil es mangels einer Einleitung des Verfahrens nicht zu einer Entscheidung nach Abs. 3 kommen kann. Die Zuständigkeit für die Einleitung des Verfahrens muss dann von der gemeinsamen vorgesetzten Behörde der beteiligten Staatsanwaltschaften oder Einleitungsbehörden, bei fehlenden gemeinsamen Behörden durch Vereinbarung der jeweiligen obersten Landesbehörden entschieden werden.

11 Findet nach Abschluss eines ehren-, disziplinar- oder anderen berufsgerichtlichen Verfahrens ein berufsgerichtliches Verfahren gegen den StB oder StBv gemäß § 92 statt, so besteht **keine Bindung** an die in dem anderen Verfahren festgestellten Tatsachen, da § 109 Abs. 2 und Abs. 3 nicht anzuwenden ist.

6. StB und StBv im öffentlichen Dienst- oder Amtsverhältnis

12 Abs. 4 soll sicherstellen, dass das berufsgerichtliche Verfahren gegenüber der Disziplinargerichtsbarkeit keinen Vorrang hat, weil die Tätigkeit im öffentlichen Dienst bei Personen, die unter § 59 fallen, im Vordergrund steht. Daher ist zuerst ein Disziplinarverfahren vorzusehen und ein berufsgerichtliches Verfahren kommt im Anschluss nur in den Fällen des § 92 in Betracht.

§ 111 Aussetzung des berufsgerichtlichen Verfahrens

Das berufsgerichtliche Verfahren kann ausgesetzt werden, wenn in einem anderen gesetzlich geordneten Verfahren über eine Frage zu entscheiden ist, deren Beurteilung für die Entscheidung im berufsgerichtlichen Verfahren von wesentlicher Bedeutung ist.

Übersicht

	Rdnr.
1. Allgemeines	1, 2
2. Anwendungsbereich	3, 4

Örtliche Zuständigkeit § 112

1. Allgemeines

Während § 109 das Verhältnis zum Straf- und Bußgeldverfahren und 1
§ 110 zu anderen berufsgerichtlichen, ehrengerichtlichen und Disziplinarverfahren wegen desselben Sachverhalts regelt, gibt § 111 die Möglichkeit, das berufsgerichtliche Verfahren auszusetzen, wenn über **entscheidungserhebliche Fragen** in einem anderen gesetzlich geordneten Verfahren zu entscheiden ist. Die Vorschrift ist aus § 118b BRAO übernommen worden und entspricht den in § 148 ZPO, § 154d StPO enthaltenen Grundgedanken.

Das berufsgerichtliche Verfahren kann vor seiner Einleitung durch die 2
Staatsanwaltschaft und nach der Einleitung durch das **Berufsgericht** ausgesetzt werden. Gegen die Aussetzung durch das Landgericht ist die Beschwerde zulässig (§ 304 StPO; §§ 153, 126), nicht jedoch gegen Aussetzungsbeschlüsse des OLG (§ 304 Abs. 4 Satz 2 StPO; § 153).

2. Anwendungsbereich

Ein berufsgerichtliches Verfahren kann nach dem pflichtgemäßen Ermes- 3
sen der Staatsanwaltschaft oder des Berufsgerichts ausgesetzt werden, wenn in einem anderen Verfahren eine Frage zu entscheiden ist, von deren Beantwortung es abhängt, ob überhaupt eine **Berufspflichtverletzung** vorliegt oder welche **berufsgerichtliche Maßnahme** zu verhängen ist. Dabei ist zwischen einer umfangreichen Erörterung und damit in der Konsequenz einer Vermeidung von abweichenden Entscheidungen und dem Erreichen eines kurzfristigen Ergebnisses abzuwägen. Es können dabei Verfahren in der Zivil-, Straf-, Arbeits-, Sozial-, Finanz- und Verwaltungsgerichtsbarkeit sowie Bußgeldverfahren in Betracht kommen. Da es im StBerG keine dem § 223 BRAO entsprechende Vorschrift gibt, kann es insbesondere bei einem verwaltungsgerichtlichen Verfahren gegen Verwaltungsakte einer Steuerberaterkammer zweckmäßig sein, den Abschluss dieses Verfahrens abzuwarten, bevor ein berufsgerichtliches Verfahren durchgeführt wird (siehe z.B. OVG Lüneburg, StB 1980 S. 163).

Eine **Aussetzung des Verfahrens** ist insbesondere zweckmäßig, wenn 4
wegen desselben Sachverhalts ein Widerrufsverfahren nach § 46 Abs. 2 Nr. 1 oder 3 anhängig ist (vgl. § 89 Rdnr. 18).

2. Das Verfahren im ersten Rechtszug

§ 112 Örtliche Zuständigkeit

Die örtliche Zuständigkeit des Landgerichts bestimmt sich nach dem Sitz der Steuerberaterkammer, welcher der Steuerberater oder Steuerbevollmächtigte im Zeitpunkt der Beantragung der Einleitung des Verfahrens angehört. Die Verlegung der beruflichen Niederlassung nach diesem Zeitpunkt in einen anderen Kammerbezirk führt nicht zu einem Wechsel der Zuständigkeit.

§ 113 Mitwirkung der Staatsanwaltschaft

Übersicht
	Rdnr.
1. Örtliche Zuständigkeit	1
2. Prüfung der örtlichen Zuständigkeit	2, 3

1. Örtliche Zuständigkeit

1 Die Vorschrift regelt die örtliche Zuständigkeit in der ersten Instanz; es hat ausschließlich das Gericht zu entscheiden, das für den **Sitz der Steuerberaterkammer** zuständig ist, dem der StB im Zeitpunkt der Beantragung der Einleitung des Verfahrens (§ 114) angehört. Das gilt auch dann, wenn der StB zurzeit der Berufspflichtverletzung Mitglied einer anderen Steuerberaterkammer war. Die einmal begründete Zuständigkeit bleibt auch bestehen, wenn der StB nach Beantragung der Einleitung des Verfahrens die Kammerzugehörigkeit wechselt, also seine berufliche Niederlassung in einen anderen Kammerbezirk verlegt (Satz 2). Damit wird verhindert, dass der Berufsangehörige wiederholt seine Niederlassung verlegt und es immer wieder zu einer Aktenversendung kommt. Eine Verlegung der beruflichen Niederlassung führt nicht mehr zu einer Verzögerung des Verfahrens.

2. Prüfung der örtlichen Zuständigkeit

2 Die örtliche Zuständigkeit ist eine Prozessvoraussetzung, die bis zur Eröffnung des Hauptverfahrens (§ 118) **von Amts wegen** zu prüfen ist. Danach darf das Gericht seine Unzuständigkeit nur **auf Einwand** des StB aussprechen. Der StB kann den Einwand nur bis zum Beginn seiner Vernehmung zur Sache in der Hauptverhandlung geltend machen (§ 16 StPO; § 153).

3 Ist der rechtzeitig vorgebrachte Einwand der Unzuständigkeit **begründet,** so lehnt das Gericht die Eröffnung des Hauptverfahrens ab (§ 118) oder stellt das Verfahren ein (§ 206 a StPO; § 153 bzw. § 125 Abs. 2). Wenn der Einwand der Unzuständigkeit **unbegründet** ist, wird er entweder durch Beschluss oder im Urteil zurückgewiesen. Gegen einen zurückweisenden Beschluss ist die Beschwerde nur zulässig, wenn er vor Eröffnung des Hauptverfahrens ergangen ist (§§ 305 StPO; 153, 118 Abs. 2); anderenfalls ist er nur mit einem gegen das Urteil gerichteten Rechtsmittel angreifbar (§§ 328 Abs. 3; 336, 338 Nr. 4 StPO; 153).

§ 113 Mitwirkung der Staatsanwaltschaft

Die Staatsanwaltschaft bei dem Oberlandesgericht, bei dem der Senat für Steuerberater- und Steuerbevollmächtigtensachen besteht, nimmt in den Verfahren vor der Kammer für Steuerberater- und Steuerbevollmächtigtensachen die Aufgaben der Staatsanwaltschaft wahr.

Übersicht
	Rdnr.
1. Allgemeines	1
2. Aufgaben der Staatsanwaltschaft	2–5

1. Ermittlungen der Staatsanwaltschaft § 114

1. Allgemeines

In Abweichung von § 143 GVG ist im berufsgerichtlichen Verfahren die Staatsanwaltschaft bei dem OLG zuständig, bei dem der Senat für StB- und StBv-Sachen (§ 96) besteht. Damit ist in der ersten und zweiten Instanz dieselbe **Anklagebehörde** zuständig (§ 128). 1

2. Aufgaben der Staatsanwaltschaft

Die wichtigsten Aufgaben der Staatsanwaltschaft sind: Die Ermittlung des Sachverhalts vor **Einleitung des Verfahrens** (§§ 160 ff. StPO; 153), die mit der Einleitung des Verfahrens (§ 114) oder der **Einstellung** (§§ 170 Abs. 2; 153, 153a StPO; 153) endet und die Einlegung von **Rechtsmitteln** (§§ 296 StPO; 153, 118 Abs. 3). Daneben stehen der Staatsanwaltschaft verschiedene andere Rechte zu, z. B. nach §§ 122 Abs. 1 Satz 2; 123 Satz 2; 124 Abs. 1 u. 3; 132 Abs. 1; 134 Abs. 2 2

Eine **Kontrolle** der Staatsanwaltschaft findet dadurch statt, dass der Vorstand der Steuerberaterkammer gegen einen Einstellungsbescheid gemäß § 115 die gerichtliche Entscheidung beantragen kann. 3

Eine **Einstellung wegen Geringfügigkeit** (§§ 153, 153a StPO; 153; s. OLG Düsseldorf, StB 1980 S. 37) ist nur mit Zustimmung des Gerichts möglich. 4

Für die Staatsanwaltschaft gilt das Legalitätsprinzip nicht uneingeschränkt (*Waechter*, WPK-Mitt. 1993 S. 151). Bei einem hinreichenden Tatverdacht hat sie zu prüfen, ob der Berufsangehörige angeschuldigt, das Verfahren nach den §§ 153 ff. StPO eingestellt oder eine Rüge nach § 81 durch den Kammervorstand vorzusehen ist (s. auch § 114 Rdnr. 2). 5

§ 114 Einleitung des berufsgerichtlichen Verfahrens

Das berufsgerichtliche Verfahren wird dadurch eingeleitet, daß die Staatsanwaltschaft eine Anschuldigungsschrift bei dem Landgericht einreicht.

Übersicht	Rdnr.
1. Ermittlungen der Staatsanwaltschaft	1, 2
2. Form der Einleitung	3
3. Folgen der Einleitung	4, 5

1. Ermittlungen der Staatsanwaltschaft

Die Staatsanwaltschaft hat Berufspflichtverletzungen von StB **von Amts wegen** zu ermitteln (§§ 160 StPO; 153). Ihre Tätigkeit wird in der Regel durch Anzeigen (§§ 158 StPO; 153) der Steuerberaterkammern (vgl. BVerfG, DB 1983 S. 2242), der Finanzverwaltung (§ 10) oder eines Dritten, nach einem Rügeverfahren (§§ 81 Abs. 4 Satz 2; 91 Abs. 1) oder auf Veranlassung des betroffenen StB oder StBv (§ 116) ausgelöst. 1

449

§ 115 Gerichtliche Entscheidung

2   Nach Abschluss der Ermittlungen reicht die Staatsanwaltschaft eine Anschuldigungsschrift ein, wenn die Ermittlungen genügend Anlass hierfür bieten (§§ 170 StPO; 153). Sie kann vor ihrer abschließenden Entscheidung der Steuerberaterkammer Gelegenheit zur Stellungnahme geben (*Pfleiderer*, DStR 1970 S. 33, 36). Es liegt nicht im **Ermessen** der Staatsanwaltschaft, ob sie das berufsgerichtliche Verfahren einleitet; für das berufsgerichtliche Verfahren gilt das **Legalitätsprinzip** (§ 153; § 152 Abs. 2 StPO). Bei geringfügigen Berufspflichtverletzungen kann sie jedoch entweder das Verfahren mit Zustimmung des Gerichts nach §§ 153, 153a StPO, § 153 einstellen oder die Akten zunächst an die zuständige Steuerberaterkammer mit der Anregung abgeben, ein Rügeverfahren durchzuführen.

2. Form der Einleitung

3   Nur die Staatsanwaltschaft kann ein berufsgerichtliches Verfahren einleiten. Das kann nur dadurch geschehen, dass eine **Anschuldigungsschrift** (§ 117) beim LG eingereicht wird. Hierüber entscheidet die Staatsanwaltschaft auf Grund des Ergebnisses ihrer Ermittlungen; unter den Voraussetzungen der §§ 115, 116 kann das OLG beschließen, dass das berufsgerichtliche Verfahren einzuleiten ist.

3. Folgen der Einleitung

4   Mit der Einreichung der Anschuldigungsschrift wird das Verfahren rechtshängig (BGHSt 20, 219) und die **örtliche Zuständigkeit** des Gerichts festgelegt (§ 112). Eine Rüge darf nicht mehr erteilt werden (§ 81 Abs. 2 Satz 1).

5   Der Vorsitzende des Gerichts teilt dem StB die Anschuldigungsschrift mit (§§ 201 StPO; 153). Nach Ablauf der dem StB zur Äußerung bestimmten Frist entscheidet das Gericht über die **Eröffnung des Hauptverfahrens** (§ 118). Nach der Entscheidung über die Eröffnung des Hauptverfahrens kann die Anschuldigung nicht mehr zurückgenommen werden (§§ 156 StPO; 153).

§ 115 Gerichtliche Entscheidung über die Einleitung des Verfahrens

(1) **Gibt die Staatsanwaltschaft einem Antrag des Vorstandes der Steuerberaterkammer, gegen einen Steuerberater oder Steuerbevollmächtigten das berufsgerichtliche Verfahren einzuleiten, keine Folge oder verfügt sie die Einstellung des Verfahrens, so hat sie ihre Entschließung dem Vorstand der Steuerberaterkammer unter Angabe der Gründe mitzuteilen.**

(2) **Der Vorstand der Steuerberaterkammer kann gegen den Bescheid der Staatsanwaltschaft binnen eines Monats nach der Bekanntmachung bei dem Oberlandesgericht die gerichtliche Entscheidung beantragen. Der Antrag muß die Tatsachen, welche die Einleitung des berufsgerichtlichen Verfahrens begründen sollen, und die Beweismittel angeben.**

2. Zulässigkeit des Antrages 1–3 § 115

(3) **Auf das Verfahren nach Absatz 2 sind die §§ 173 bis 175 der Strafprozeßordnung entsprechend anzuwenden.**
(4) **§ 172 der Strafprozeßordnung ist nicht anzuwenden.**

Übersicht	Rdnr.
1. Allgemeines	1
2. Zulässigkeit des Antrages	
a) Antrag des Vorstandes der Steuerberaterkammer	2–4
b) Ablehnende Entscheidung der Staatsanwaltschaft	5–7
c) Mitteilung an den Vorstand der Steuerberaterkammer	8, 9
3. Form des Antrags auf gerichtliche Entscheidung	
a) Antragsberechtigter	10
b) Empfänger	11
c) Begründung	12
4. Weiteres Verfahren	13

1. Allgemeines

Der durch eine Berufspflichtverletzung **Geschädigte,** z. B. ein Auftragsgeber oder die Finanzverwaltung, kann kein Klageerzwingungsverfahren nach § 172 StPO durchführen (Abs. 4). Dagegen wird durch § 115 ein Recht des **Vorstandes der Steuerberaterkammer** geschaffen, einen Antrag auf Einleitung eines berufsgerichtlichen Verfahrens zu stellen und gegen eine ablehnenden Bescheid die gerichtliche Entscheidung zu beantragen. Das Verfahren richtet sich nach den §§ 173–175 StPO. Im Strafverfahren steht der Steuerberaterkammer kein Antragsrecht zu (OLG Stuttgart, NJW 1969 S. 569). 1

2. Zulässigkeit des Antrages

a) Antrag des Vorstandes der Steuerberaterkammer

Der Vorstand der Steuerberaterkammer muss die Einleitung eines berufsgerichtlichen Verfahrens beantragt haben. Eine **Form** ist hierfür nicht vorgeschrieben; es muss nur deutlich zum Ausdruck kommen, dass die Einleitung eines berufsgerichtlichen Verfahrens für erforderlich gehalten wird. Die in § 81 Abs. 4 Satz 3 vorgeschriebene Übersendung einer Abschrift des Rügebescheides stellt keinen Antrag dar; durch ihn bringt der Vorstand im Gegenteil zum Ausdruck, dass die Einleitung eines berufsgerichtlichen Verfahrens nicht für erforderlich gehalten wird. 2

Antragsberechtigt ist nur der Vorstand der Steuerberaterkammer, der der betroffene StB oder das Mitglied nach § 74 Abs. 2 angehört (OLG Celle, StB 1991 S. 443). Dem Vorstand der Steuerberaterkammer, die auch die Berufsaufsicht über das betreffende Mitglied führt, sollte ein Mittel gegeben werden, dieser Aufgabe gerecht zu werden. Es kann daher nur die Kammer antragsberechtigt sein, die gegen eines ihrer **Mitglieder** vorgehen will. Einer Steuerberaterkammer, die aus übergeordnetem Interesse die Einleitung eines berufsgerichtlichen Verfahrens gegen ein Mitglied einer anderen Steuerberaterkammer wünscht, steht kein Antragsrecht zu. 3

451

4 Eine **Begründung** des Antrages nach Abs. 1 ist – im Gegensatz zu dem Antrag auf gerichtliche Entscheidung nach Abs. 2 – nicht erforderlich. Es ist ausreichend, der Staatsanwaltschaft die Vorgänge zu übersenden und hierauf Bezug zu nehmen.

b) Ablehnende Entscheidung der Staatsanwaltschaft

5 Die Staatsanwaltschaft muss dem Antrag des Vorstandes der Steuerberaterkammer **keine Folge gegeben** oder die **Einstellung** des Verfahrens verfügt haben.

6 Die erste Alternative liegt vor, wenn nach Ansicht der Staatsanwaltschaft keine im berufsgerichtlichen Verfahren zu ahndende Pflichtverletzung vorliegt. Das kann damit begründet werden, dass eine Berufspflichtverletzung aus objektiven oder subjektiven Gründen überhaupt verneint wird oder eine berufsgerichtliche Ahndung nach §§ 89 Abs. 2, § 92 oder § 109 nicht in Betracht kommt. Dasselbe gilt, wenn die Staatsanwaltschaft einem Antrag **keine Folge gibt,** weil sie eine Ahndung im Rügeverfahren für ausreichend hält; die Möglichkeit einer gerichtlichen Nachprüfung muss gerade dann gegeben sein, wenn die Staatsanwaltschaft einen Fall als leichter beurteilt, der Vorstand der Steuerberaterkammer aber eine berufsgerichtliche Maßnahme für erforderlich hält.

7 Eine **Einstellung** des Verfahrens muss auf § 170 Abs. 2 StPO, § 153 beruhen, d. h. die Staatsanwaltschaft muss nach Abschluss der Ermittlungen keinen genügenden Anlass zur Einreichung einer Anschuldigungsschrift gesehen haben. Eine Einstellung wegen Geringfügigkeit nach §§ 153, 153a StPO, § 153 berechtigt nicht zu einem Antrag auf gerichtliche Entscheidung, da hierbei schon ein Gericht mitgewirkt hat. Es besteht kein Anlass, dem Vorstand einer Steuerberaterkammer in diesem Fall mehr Rechte einzuräumen als einem Antragsteller nach § 172 StPO im Strafverfahren.

c) Mitteilung an den Vorstand der Steuerberaterkammer

8 Die Staatsanwaltschaft muss ihre Entscheidung dem Vorstand der Steuerberaterkammer unter Angabe der Gründe mitteilen; hierfür ist keine **Form,** insbesondere keine förmliche Zustellung vorgeschrieben. Wenn die „Bekanntmachung" nach § 172 StPO keine förmliche Zustellung erfordert (*Kleinknecht,* Rdnr. 15 zu § 172), besteht kein Anlass zu der Annahme, dass das Gesetz unter einer „Mitteilung" nach § 115 Abs. 1 eine förmliche Zustellung gemeint haben könnte.

9 Es ist nicht erforderlich, dass die Staatsanwaltschaft den Bescheid ausdrücklich an den **Vorstand der Steuerberaterkammer** richtet. Es genügt die Übersendung an die Kammer. Dem Vorstand ist der Bescheid mitgeteilt, wenn er von ihm auf seiner nächsten Sitzung oder durch Rundschreiben der Kammer Kenntnis erhält. Erst von diesem Zeitpunkt an läuft die Frist von einem Monat für den Antrag auf gerichtliche Entscheidung. Eine Rechtsmittelbelehrung ist nicht erforderlich, da von einem Vorstand die Kompetenz zu erwarten ist, wie er zu reagieren hat.

Antrag des StB oder StBv § 116

3. Form des Antrags auf gerichtliche Entscheidung

a) Antragsberechtigter

Nur der **Vorstand** der Berufskammer kann binnen eines Monats einen Antrag auf gerichtliche Entscheidung stellen. Anstelle des Vorstandes kann auch eine Abteilung (§ 77a Abs. 5) handeln. Nach Beschlussfassung durch den Vorstand bzw. der zuständigen Abteilung kann die Abfassung der Antragsschrift und die Einreichung bei Gericht durch einen Vertreter der Steuerberaterkammer erfolgen.

10

b) Empfänger

Der Antrag des Vorstandes der Steuerberaterkammer ist an das **OLG** – Senat für StB- und StBv-Sachen – und nicht an die Staatsanwaltschaft zu richten. Der Antrag muss erkennen lassen, dass das OLG die Einleitung des berufsgerichtlichen Verfahrens gegen den StB beschließen soll (§ 175 StPO).

11

c) Begründung

Der Antrag auf gerichtliche Entscheidung muss die **Tatsachen,** welche die Einleitung des berufsgerichtlichen Verfahrens rechtfertigen sollen und die **Beweismittel** angeben (Abs. 2 Satz 2); anderenfalls ist er unzulässig. Die Bezugnahme auf Akten, frühere Eingaben oder andere Schriftstücke ist zur Darstellung des Sachverhalts nicht zulässig. Es gelten insoweit dieselben Anforderungen wie bei einem Antrag nach § 172 StPO. Ein Mangel der Begründung kann auch nicht durch einen nach Ablauf der Monatsfrist eingereichten Schriftsatz geheilt werden. Eine gegenteilige Auffassung entzöge der gesetzlichen Frist ihren Sinn, nämlich die Rechtssicherheit herbeizuführen.

12

4. Weiteres Verfahren

Das Verfahren nach der Einreichung des Antrags auf gerichtliche Entscheidung richtet sich nach den §§ 173 bis 175. Zuständig für die Entscheidung ist der Senat für StB- und StBv-Sachen in der Besetzung nach § 96 Abs. 3 Satz 1. Erachtet er nach Anhörung des StB oder StBv den Antrag für begründet, so beschließt er die **Einleitung des berufsgerichtlichen Verfahrens** (§ 175 StPO). Ergibt sich kein genügender Anlass zur Einleitung des berufsgerichtlichen Verfahrens, so verwirft das Gericht den Antrag; ein berufsgerichtliches Verfahren kann dann nur auf Grund neuer Tatsachen oder Beweismittel eingeleitet werden (§ 174 StPO). Eine **Beschwerde** gegen die Entscheidung des OLG ist in keinem Falle zulässig (§§ 304 Abs. 4 StPO; § 153).

13

§ 116 Antrag des Steuerberaters oder Steuerbevollmächtigten auf Einleitung des berufsgerichtlichen Verfahrens

(1) **Will sich der Steuerberater oder Steuerbevollmächtigte von dem Verdacht einer Pflichtverletzung befreien, muss er bei der Staatsanwaltschaft beantragen, das berufsgerichtliche Verfahren gegen ihn einzuleiten. Wegen**

§ 116 1   Antrag des StB oder StBv

eines Verhaltens, das der Vorstand der Steuerberaterkammer gerügt hat (§ 81), kann der Steuerberater oder Steuerbevollmächtigte den Antrag nicht stellen.

(2) Gibt die Staatsanwaltschaft dem Antrag des Steuerberaters oder Steuerbevollmächtigten keine Folge oder verfügt sie die Einstellung des Verfahrens, so hat sie ihre Entschließung dem Antragsteller unter Angabe der Gründe mitzuteilen. Wird in den Gründen eine schuldhafte Pflichtverletzung festgestellt, das berufsgerichtliche Verfahren aber nicht eingeleitet, oder wird offengelassen, ob eine schuldhafte Pflichtverletzung vorliegt, kann der Steuerberater oder Steuerbevollmächtigte bei dem Oberlandesgericht die gerichtliche Entscheidung beantragen. Der Antrag ist binnen eines Monats nach der Bekanntmachung der Entschließung der Staatsanwaltschaft zu stellen.

(3) Auf das Verfahren vor dem Senat für Steuerberater- und Steuerbevollmächtigtensachen beim Oberlandesgericht ist § 173 Abs. 1 und 3 der Strafprozeßordnung entsprechend anzuwenden. Das Oberlandesgericht entscheidet durch Beschluß, ob eine schuldhafte Pflichtverletzung des Steuerberaters oder Steuerbevollmächtigten festzustellen ist. Der Beschluß ist mit Gründen zu versehen. Erachtet das Oberlandesgericht den Steuerberater oder Steuerbevollmächtigten einer berufsgerichtlich zu ahndenden Pflichtverletzung für hinreichend verdächtig, so beschließt es die Einleitung des berufsgerichtlichen Verfahrens. Die Durchführung dieses Beschlusses obliegt der Staatsanwaltschaft.

(4) Erachtet das Oberlandesgericht eine schuldhafte Pflichtverletzung nicht für gegeben, so kann nur auf Grund neuer Tatsachen oder Beweismittel wegen desselben Verhaltens ein Antrag auf Einleitung des berufsgerichtlichen Verfahrens gestellt oder eine Rüge durch den Vorstand der Steuerberaterkammer erteilt werden.

Übersicht   Rdnr.
1. Allgemeines 1
2. Antrag an die Staatsanwaltschaft
   a) Voraussetzungen des Antrages 2–5
   b) Entscheidung der Staatsanwaltschaft 6–9
3. Antrag auf gerichtliche Entscheidung 10, 11

1. Allgemeines

1   Die Bestimmung hat den **Zweck**, auf Antrag eines StB oder StBv (oder eines Mitglieds der Berufskammer nach § 74 Abs. 2) zu klären, ob der Verdacht einer Berufspflichtverletzung begründet ist. Derartige Zweifel können entstehen, wenn einem Berufsangehörigen von einem Auftraggeber, anderen Personen, der Finanzverwaltung oder von der Steuerberaterkammer der nach Ansicht des Betroffenen unrichtige Vorwurf einer Berufspflichtverletzung gemacht wird. Der Betroffene hat die Möglichkeit, durch eine Entscheidung der Staatsanwaltschaft (Rdnr. 2–9) oder des Gerichts (Rdnr. 10–11) eine Klärung herbeizuführen. Die Vorschrift im Abs. 1 dient hierbei der Vereinheitlichung des Rechtsschutzverfahrens.

2. Antrag an die Staatsanwaltschaft

a) Voraussetzungen des Antrags

Ein Betroffener muss bei der Staatsanwaltschaft (§ 113) beantragen, das berufsgerichtliche Verfahren gegen ihn einzuleiten (§ 114). Der Antrag muss den Zweck haben, sich von dem **Verdacht einer Berufspflichtverletzung zu reinigen.** Es muss also angegeben werden, welcher Verdacht von wem geäußert worden ist; außerdem ist die Darlegung erforderlich, dass der Verdacht, wenn er zuträfe, den Tatbestand einer Berufspflichtverletzung erfüllt oder dass die behaupteten Tatsachen zwar zutreffen, aber aus rechtlichen Gründen keine Berufspflichtverletzung darstellen. Der Antrag schließt zwar Feststellungsklagen in anderen Gerichtsbarkeiten grundsätzlich nicht aus (OVG Lüneburg, StB 1980 S. 163; BVerwGE 4, 363, 364); die Berufsgerichte sind aber an die in diesen Verfahren ergehenden Entscheidungen nicht gebunden (BGHZ 34, 244, 248).

Ein Antrag ist unzulässig, wenn kein Verdacht dargelegt wird, weil Verfahren nicht dazu bestimmt ist, eine Auskunft über die Berufswidrigkeit eines **gedachten oder geplanten Verhaltens** zu geben. In diesen Fällen ist eine vorbeugende Feststellungsklage vor dem VerwG möglich (BVerwGE 40, 323, 326).

Der Antrag ist unzulässig, wenn er ein Verhalten betrifft, das der Vorstand der Berufskammer nach § 81 **gerügt** hat; hierfür steht der Rechtsweg nach § 82 zur Verfügung. Bis zur Erteilung einer Rüge kann jedoch ein Antrag nach § 116 Abs. 1 gestellt werden.

Der Antrag kann auch gestellt werden, wenn bereits ein berufsrechtliches **Ermittlungsverfahren** von der Staatsanwaltschaft geführt wird. Er hat allerdings dann zunächst keine praktische Bedeutung, weil die Staatsanwaltschaft ohnehin das Ermittlungsverfahren in irgendeiner Form abschließen muss. Durch einen während des Verfahrens gestellten Antrag können aber die Voraussetzungen für einen Antrag auf gerichtliche Entscheidung nach Abs. 2 Satz 2 geschaffen werden.

b) Entscheidung der Staatsanwaltschaft
Es sind folgende Fallgruppen zu unterscheiden:

Die Staatsanwaltschaft leitet das berufsgerichtliche Verfahren durch Einreichung einer **Anschuldigungsschrift** ein. Der weitere Gang des Verfahrens richtet sich nach den allgemeinen Vorschriften.

Die Staatsanwaltschaft **stellt das Verfahren** mit Zustimmung des Gerichts nach § 153 StPO, § 153 **ein.** Hier stehen dem Betroffenen keine weiteren Rechte zu.

Die Staatsanwaltschaft **gibt** dem Antrag **keine Folge** oder **stellt das Verfahren** nach Durchführung von Ermittlungen nach § 170 Abs. 2 StPO, § 153 **ein.** In diesem Fall hat die Staatsanwaltschaft dem Antragsteller ihre Entschließung unter Angabe der Gründe mitzuteilen (Abs. 2 Satz 1). Das Verfahren ist beendet, wenn in den Gründen festgestellt wird, dass aus tatsächlichen oder rechtlichen Gründen keine Berufspflichtverletzung vorliegt;

§ 117　Inhalt der Anschuldigungsschrift

der Antragsteller hat damit sein Ziel, sich von dem Verdacht einer Berufspflichtverletzung zu reinigen, erreicht. Das gilt auch, wenn zwar eine Berufspflichtverletzung zu bejahen war, ihre Verfolgung aber inzwischen verjährt ist.

9　Nur wenn sich aus der Begründung ergibt, dass zwar eine Berufspflichtverletzung vorliegt oder diese Frage offen gelassen wird, die Staatsanwaltschaft das berufsgerichtliche Verfahren aber nicht einleitet, steht dem Antragsteller die Möglichkeit offen, die gerichtliche Entscheidung nach Abs. 2 zu beantragen. Es handelt sich um die Fälle, in denen die Staatsanwaltschaft eine **Rüge für ausreichend** hält (§ 81), bei einem **außerberuflichen Verhalten** die Voraussetzungen des § 89 Abs. 2 verneint oder eine **anderweitige Ahndung** für ausreichend (§ 92) oder eine andere Gerichtsbarkeit für vorrangig hält (§ 110).

3. Antrag auf gerichtliche Entscheidung

10　Der Antrag auf gerichtliche Entscheidung ist binnen eines Monats an das **OLG** zu richten, das in der Besetzung nach § 96 Abs. 3 entscheidet. Er lautet auf Feststellung, dass keine schuldhafte Berufspflichtverletzung vorliegt; eine Begründung ist zwar nicht ausdrücklich vorgeschrieben, jedoch zweckmäßig.

11　Das Gericht entscheidet durch einen mit Gründen versehenen **Beschluss,** gegen den ein Rechtsmittel nicht zulässig ist. Das Gericht kann alle Aktenvorgänge beiziehen (§§ 173 Abs. 1 StPO; 116 Abs. 3 Satz 1) und auch alle weiteren Ermittlungen anordnen und durchführen. Stellt das Gericht fest, dass keine schuldhafte Berufspflichtverletzung vorliegt, so tritt eine beschränkte Rechtskraftwirkung ein (Abs. 4); dasselbe gilt, wenn das Gericht zwar feststellt, dass eine schuldhafte Berufspflichtverletzung vorliegt, die Pflichtverletzung aber nach §§ 81, 89 Abs. 2, 92 oder 110 nicht berufsgerichtlich zu ahnden ist. Stellt das Gericht fest, dass der hinreichende Verdacht einer schuldhaften Berufspflichtverletzung vorliegt, so beschließt es die Einleitung des berufsgerichtlichen Verfahrens (Abs. 4 Satz 4).

§ 117 Inhalt der Anschuldigungsschrift

In der Anschuldigungsschrift (§ 114 dieses Gesetzes sowie § 207 Abs. 3 der Strafprozeßordnung) ist die dem Steuerberater oder Steuerbevollmächtigten zur Last gelegte Pflichtverletzung unter Anführung der sie begründenden Tatsache zu bezeichnen (Anschuldigungssatz). Ferner sind die Beweismittel anzugeben, wenn in der Hauptverhandlung Beweise erhoben werden sollen. Die Anschuldigungsschrift enthält den Antrag, das Hauptverfahren vor der Kammer für Steuerberater- und Steuerbevollmächtigtensachen beim Landgericht zu eröffnen.

Übersicht

	Rdnr.
1. Allgemeines	1
2. Besonderheiten der Anschuldigungsschrift	2–4

Eröffnung des Hauptverfahrens § 118

1. Allgemeines

Die Vorschrift legt in Ergänzung und teilweiser Abweichung von § 200 StPO den Inhalt der Anschuldigungsschrift fest. Sie hat für den betroffenen StB oder StBv nur geringe praktische Bedeutung, weil Mängel der Anschuldigungsschrift keine verfahrensrechtlichen Auswirkungen haben; lediglich der **Gegenstand des Verfahrens** wird durch die zur Hauptverhandlung zugelassene Anschuldigung festgelegt.

1

2. Besonderheiten der Anschuldigungsschrift

Die StAen halten sich im Inhalt und Aufbau der Anschuldigungsschrift grundsätzlich an die Vorschriften über die Anklageschrift im Strafverfahren. Von Bedeutung sind nur folgende Abweichungen:

In der Anschuldigungsschrift wird nicht die **Angabe der anzuwendenden Vorschrift** gefordert, gegen die der StB verstoßen hat. Das ist darauf zurückzuführen, dass in den meisten Fällen ein Verstoß gegen die allgemeinen, in § 57 in einer Generalklausel festgelegten Berufspflichten vorliegt. Dennoch ist es zweckmäßig, die in Betracht kommenden Bestimmungen des StBerG zu nennen, zumal dies in dem Urteil geschehen muss (§§ 267 Abs. 3 Satz 1 StPO; 153).

2

Eine **Angabe der Beweismittel** wird nach dem Gesetz nur gefordert, „wenn in der Hauptverhandlung Beweise erhoben werden sollen". Diese Einschränkung ist nicht gerechtfertigt, weil es keine Hauptverhandlung ohne Beweiserhebung gibt. Zumindest kommt eine Vernehmung des StB und in der Regel eine Verlesung von Urkunden in Betracht. Es lässt sich auch nicht übersehen, ob nach § 124 Abs. 2 von einer Protokollverlesung abzusehen ist und Zeugen zu vernehmen sind. Eine Angabe sämtlicher Beweismittel erscheint daher stets erforderlich.

3

Im Gegensatz zu § 200 Abs. 2 StPO wird nicht die Darstellung des **wesentlichen Ergebnisses der Ermittlungen** gefordert. Das ist darauf zurückzuführen, dass bereits im Anschuldigungssatz die die Pflichtverletzung begründenden Tatsachen zu bezeichnen sind. Dennoch ist die Darstellung des wesentlichen Ergebnisses der Ermittlungen zweckmäßig; in der Praxis wird meistens auch entsprechend verfahren.

4

§ 118 Entscheidung über die Eröffnung des Hauptverfahrens

(1) **In dem Beschluß, durch den das Hauptverfahren eröffnet wird, läßt die Kammer für Steuerberater- und Steuerbevollmächtigtensachen beim Landgericht die Anschuldigung zur Hauptverhandlung zu.**

(2) **Der Beschluß, durch den das Hauptverfahren eröffnet worden ist, kann von dem Steuerberater oder Steuerbevollmächtigten nicht angefochten werden.**

(3) **Der Beschluß, durch den die Eröffnung des Hauptverfahrens abgelehnt wird, ist zu begründen. Gegen den Beschluß steht der Staatsanwaltschaft die sofortige Beschwerde zu.**

§ 118 1–5   Eröffnung des Hauptverfahrens

Übersicht

	Rdnr.
1. Allgemeines	1, 2
2. Eröffnung des Hauptverfahrens	3–6
3. Ablehnung der Eröffnung des Hauptverfahrens	7, 8

1. Allgemeines

1   Nach Einleitung des berufsgerichtlichen Verfahrens durch die StA gemäß § 114 teilt der Vorsitzende des Gerichts die Anschuldigungsschrift dem StB oder StBv gemäß §§ 201 StPO, 153 mit. Das Gericht kann vor der Entscheidung über die Einleitung des Hauptverfahrens **einzelne Beweiserhebungen** anordnen (§§ 202 StPO; 153). Es hat dann über den in der Anschuldigungsschrift nach § 117 Satz 3 gestellten Antrag zu entscheiden, das Hauptverfahren zu eröffnen.

2   Die Entscheidung lautet auf **Zulassung der Anschuldigung** zur Hauptverhandlung (Rdnr. 3–6), **Ablehnung der Eröffnung** des Hauptverfahrens (§§ 204 StPO; 153; s. Rdnr. 7) oder – wenn der Hauptverhandlung für längere Zeit die Abwesenheit des StB oder ein anderes in seiner Person liegendes Hindernis entgegensteht – auf **vorläufige Einstellung** (§§ 205 StPO; 153).

2. Eröffnung des Hauptverfahrens

3   Das Gericht beschließt, die Anschuldigung zur Hauptverhandlung zuzulassen, wenn der StB einer Berufspflichtverletzung **hinreichend verdächtig** erscheint (§§ 203, 207 StPO; 153), also wenn die vorläufige Tatbewertung eine berufsgerichtliche Maßnahme wahrscheinlich macht. Das gilt auch dann, wenn nur eine geringfügige Berufspflichtverletzung vorliegt, für die auch eine Ahndung im Rügeverfahren nach §§ 81, 82 in Betracht gekommen wäre.

4   Der Beschluss ist nur wirksam, wenn hieran **sämtliche Mitglieder** der Kammer für StB- und StBv-Sachen in der Besetzung nach § 95 Abs. 4 Satz 1 **mitgewirkt** haben; anderenfalls liegt ein Verfahrenshindernis vor. Es ist zwar nicht unbedingt erforderlich, dass alle Richter den Beschluss unterschrieben haben, vielmehr genügt es, wenn sie bei der Beschlussfassung mitgewirkt haben (BGHSt 10, 278, 279); das muss sich jedoch aus anderen Tatsachen eindeutig ergeben.

5   Durch den Eröffnungsbeschluss wird wie im Strafverfahren festgelegt, welches tatsächliche Geschehen **Gegenstand des Verfahrens** und der Urteilsfindung ist (BGHSt 24, 81, 85). Die anzuführenden Tatsachen können nicht durch eine Verweisung auf ein Strafurteil ersetzt werden (OLG Karlsruhe, DStZ/E 1981, S. 294). Im berufsgerichtlichen Verfahren muss ein Sachverhalt, der sich aus mehreren Anschuldigungspunkten zusammensetzt, einheitlich beurteilt und die Frage, ob ein StB seine Pflichten schuldhaft verletzt hat, einheitlich entschieden werden (§ 89 Rdnr. 11), somit muss schon der Eröffnungsbeschluss **alle** Vorwürfe enthalten; das bedeutet, dass über einen Sachverhalt nicht entschieden werden kann, der nicht Gegenstand des Eröff-

nungsbeschlusses war. Mehrere pflichtwidrige Handlungen werden vielmehr erst durch einen Eröffnungsbeschluss oder gerichtliche Beschlüsse, mehrere beim Gericht anhängige Verfahren miteinander zu verbinden, zu einer einheitlich zu beurteilenden Pflichtverletzung (BGHSt 24, 81, 86).

Der Eröffnungsbeschluss ist dem StB **zuzustellen** (§ 120); er kann von ihm jedoch nicht angefochten werden (Abs. 2). 6

3. Ablehnung der Eröffnung des Hauptverfahrens

Das Gericht beschließt, das Hauptverfahren nicht zu eröffnen, wenn **kein hinreichender Verdacht** einer Berufspflichtverletzung vorliegt. Der Beschluss ist zu begründen (Abs. 3 Satz 1); aus der Begründung muss hervorgehen, ob der Beschluss auf tatsächlichen oder Rechtsgründen beruht (§§ 204 Abs. 1 StPO; 153). Die Begründung ist wegen der beschränkten Rechtskraftwirkung des Beschlusses nach § 119 sowie deswegen erforderlich, um bei einer Beschwerde eine Nachprüfung durch das OLG zu ermöglichen. 7

Der Beschluss ist dem StB **bekannt zu machen** (§§ 204 Abs. 2; 35 Abs. 2 StPO; 153). Die StA kann gegen den Beschluss binnen einer Woche nach Bekanntmachung sofortige Beschwerde einlegen (Abs. 3 Satz 2; §§ 311 StPO; 153). 8

§ 119 Rechtskraftwirkung eines ablehnenden Beschlusses

Ist die Eröffnung des Hauptverfahrens durch einen nicht mehr anfechtbaren Beschluß abgelehnt, so kann der Antrag auf Einleitung des berufsgerichtlichen Verfahrens nur auf Grund neuer Tatsachen oder Beweismittel und nur innerhalb von fünf Jahren, seitdem der Beschluß rechtskräftig geworden ist, erneut gestellt werden.

Übersicht
	Rdnr.
1. Allgemeines	1, 2
2. Voraussetzungen für die Einleitung eines neuen Verfahrens	
a) Neue Tatsachen oder Beweismittel	3, 4
b) Fünfjahresfrist	5

1. Allgemeines

Der Beschluss, durch den die Eröffnung des Hauptverfahrens abgelehnt wird (§§ 204 StPO; 153) hat – ebenso wie der Beschluss nach § 116 Abs. 4 – eine **beschränkte Rechtskraft;** diese Regelung entspricht dem § 211 StPO. Während diese Bestimmung jedoch festlegt, dass „die Klage nur auf Grund neuer Tatsachen oder Beweismittel wieder aufgenommen werden" kann, spricht § 119 von einem erneuten Antrag auf Einleitung des berufsgerichtlichen Verfahrens. 1

Diese Fassung ist irreführend, weil die StA keinen Antrag auf Einleitung des berufsgerichtlichen Verfahrens stellt, sondern nach § 114 das berufsgerichtliche Verfahren durch Einreichung einer Anschuldigungsschrift selbst 2

§ 120　　　　　　　　　　　　　　　　Zustellung des Eröffnungsbeschlusses

einleitet. Die von § 211 StPO abweichende Fassung ist ein **Redaktionsversehen**. Es ist nicht anzunehmen, dass eine Einleitung des berufsgerichtlichen Verfahrens von einem Antrag der Steuerberaterkammer abhängig sein soll, zumal es sich nicht um ein Klageerzwingungsverfahren nach § 115 handelt; die Gründe, die im Strafverfahren gegen ein Klageerzwingungsverfahren sprechen (OLG Düsseldorf, NJW 1961 S. 1599), gelten auch für Anträge der Steuerberaterkammer im berufsgerichtlichen Verfahren.

2. Voraussetzungen für die Einleitung eines neuen Verfahrens

a) Neue Tatsachen oder Beweismittel

3　Ein neues berufsgerichtliches Verfahren darf nur auf Grund neuer Tatsachen oder Beweismittel eingeleitet werden, nicht aber auf Grund einer Änderung der Rechtsauffassung (BGHSt 18, 225). Ob eine Tatsache oder ein Beweismittel neu ist, muss anhand des Beschlusses über die Ablehnung der Eröffnung des Hauptverfahrens geprüft werden. Dabei kommt es auf die **Kenntnis des Gerichts** an; unerheblich ist, ob die Tatsachen oder Beweismittel schon vorhanden waren (BGHSt 7, 64).

4　Die neuen Tatsachen oder Beweismittel müssen **erheblich** sein, d. h. allein oder zusammen mit den früher bekannten Tatsachen oder Beweismitteln den hinreichenden Verdacht einer Berufspflichtverletzung rechtfertigen und eine Verurteilung im berufsrechtlichen Verfahren wahrscheinlich machen.

b) Fünfjahresfrist

5　Ein neues berufsgerichtliches Verfahren darf nur innerhalb von fünf Jahren nach Rechtskraft des die Eröffnung ablehnenden Beschlusses eingeleitet werden. Innerhalb dieser Frist muss eine Anschuldigungsschrift eingereicht werden. Bei Berufspflichtverletzungen, die nicht die Ausschließung aus dem Beruf rechtfertigen, wird im Allgemeinen schon die **Verjährungsfrist** nach § 93 abgelaufen sein. Bei schweren Berufspflichtverletzungen erschien es angebracht, nach fünf Jahren eine weitere Verfolgung auszuschließen, wenn schon eine gerichtliche Entscheidung in Form eines die Eröffnung des Hauptverfahrens ablehnenden Beschlusses vorgelegen hat.

§ 120 Zustellung des Eröffnungsbeschlusses

Der Beschluß über die Eröffnung des Hauptverfahrens ist dem Steuerberater oder Steuerbevollmächtigten spätestens mit der Ladung zuzustellen. Entsprechendes gilt in den Fällen des § 207 Abs. 3 der Strafprozeßordnung für die nachgereichte Anschuldigungsschrift.

Übersicht	Rdnr.
1. Allgemeines	1
2. Zeitpunkt der Zustellung	2

1. Allgemeines

Die Bestimmung hat denselben Inhalt wie § 215 StPO und wurde nur 1
aufgenommen, weil die wichtigsten Verfahrensvorschriften ohne Verweisung
auf die StPO aus dem Gesetz unmittelbar entnommen werden sollen. Der
StB/Stbv hat dann ausreichend Zeit, um sich auf das Verfahren einzustellen
und eine Verteidigung vorzubereiten. Das **Verfahren** bei Zustellungen
richtet sich nach § 37 StPO, §§ 166–213 ZPO, § 153.

2. Zeitpunkt der Zustellung

Der Beschluss ist **spätestens mit der Ladung** zur Hauptverhandlung zu- 2
zustellen; in der Praxis ist die gleichzeitige Zustellung die Regel. Hiergegen
bestehen auch keine Bedenken, weil der StB den Eröffnungsbeschluss ohnehin nicht anfechten kann (§ 118 Abs. 2) und er nach Zustellung der Anschuldigungsschrift die Vornahme einzelner Beweiserhebungen beantragen
oder Einwendungen gegen die Eröffnung des Hauptverfahrens vortragen
konnte (§§ 201 Abs. 1 StPO; 153). Die Erklärungsfrist muss hierbei wegen
des rechtlichen Gehörs angemessen sein.

§ 121 Hauptverhandlung trotz Ausbleibens des Steuerberaters oder Steuerbevollmächtigten

Die Hauptverhandlung kann gegen einen Steuerberater oder Steuerbevollmächtigten, der nicht erschienen ist, durchgeführt werden, wenn er
ordnungsmäßig geladen und in der Ladung darauf hingewiesen ist, daß in
seiner Abwesenheit verhandelt werden kann. Eine öffentliche Ladung ist
nicht zulässig.

Übersicht	Rdnr.
1. Allgemeines	1
2. Voraussetzungen für eine Hauptverhandlung in Abwesenheit des StB	
a) Ordnungsmäßige Ladung	2, 3
b) Hinweis auf die Folgen des Ausbleibens	4
3. Anspruch auf Anwesenheit	5
4. Anwesenheitsrecht des Verteidigers	6

1. Allgemeines

Im Gegensatz zum Strafverfahren (§ 230 Abs. 1 StPO) ist im berufsge- 1
richtlichen Verfahren der StB nicht zur Anwesenheit in der Hauptverhandlung verpflichtet; er kann auch nicht durch Zwangsmittel zum Erscheinen
gezwungen werden (§ 106). Der StB ist vielmehr in seiner Entscheidung, ob
er im Hauptverhandlungstermin erscheinen will, völlig frei. Durch § 121
wird jedoch sichergestellt, dass eine Hauptverhandlung in Abwesenheit des
StB nur zulässig ist, wenn er ordnungsmäßig geladen und in der Ladung
darauf hingewiesen worden ist, dass in seiner Abwesenheit verhandelt werden kann; hierdurch wird das **rechtliche Gehör** gewährleistet.

§ 122 Nichtöffentliche Hauptverhandlung

2. Voraussetzungen für eine Hauptverhandlung in Abwesenheit des StB

a) Ordnungsmäßige Ladung

2   Der StB ist ordnungsgemäß, d. h. auch unter Einhaltung der **Ladungsfrist** nach § 217 StPO, § 153 zu laden. Die Ladung muss ihm förmlich **zugestellt** worden sein; das Verfahren richtet sich nach §§ 37 StPO; §§ 166–213 ZPO, § 153. Bei einer Ersatzzustellung kann der StB in entsprechender Anwendung des § 235 StPO innerhalb der Frist des § 45 StPO Wiedereinsetzung in den vorigen Stand beantragen, wenn er glaubhaft macht, dass er von der Zustellung keine Kenntnis erlangt hat und an der Verhandlung teilnehmen wollte (OLG Stuttgart, MDR 1990 S. 463).

3   Eine **öffentliche Ladung** ist nicht zulässig (Satz 2), weil der StB von der Ladung Kenntnis erhalten muss, wenn sein Nichterscheinen als Verzicht auf die Teilnahme an der Hauptverhandlung ausgelegt werden soll.

b) Hinweis auf die Folgen des Ausbleibens

4   Die Ladung muss den Hinweis enthalten, dass in Abwesenheit des StB verhandelt werden kann. Der Hinweis muss aus Gründen des Nachweises aus der **Zustellungsurkunde** ersichtlich sein.

3. Anspruch auf Anwesenheit

5   Durch § 121 wird der StB nur von der Verpflichtung zur Anwesenheit in der Hauptverhandlung befreit; sein **Recht auf Teilnahme** an der Hauptverhandlung wird dadurch nicht berührt (BGHSt 28, 35, 37). Einem Vertagungsantrag muss daher grundsätzlich entsprochen werden, wenn der StB den Termin selbst wahrnehmen will, hieran jedoch durch zwingende Gründe gehindert ist. Allerdings ist das Gericht zu einer Vertagung nur verpflichtet, wenn in nachprüfbarer Weise ein Hindernis für die Teilnahme, bspw. eine Erkrankung, geltend gemacht wird. Anderenfalls könnte der StB in beliebiger Weise das Verfahren verschleppen, zumal eine Verhaftung oder Vorführung nicht zulässig ist (BGHSt 28, 35, 41).

4. Anwesenheitsrecht des Verteidigers

6   Außer dem StB ist sein Verteidiger **zu laden,** wenn dessen Wahl dem Gericht angezeigt worden ist (§§ 218 StPO; 153). Der StB ist befugt, sich durch einen mit schriftlicher Vollmacht versehenen Verteidiger **vertreten** zu lassen (§§ 234 StPO; 153); der Verteidiger nimmt alle dem StB zustehenden Rechte wahr.

§ 122 Nichtöffentliche Hauptverhandlung

(1) Die Hauptverhandlung ist nicht öffentlich. Auf Antrag der Staatsanwaltschaft kann, auf Antrag des Steuerberaters oder Steuerbevollmächtigten muß die Öffentlichkeit hergestellt werden; in diesem Fall sind die Vor-

2. Eingeschränkte Öffentlichkeit 1, 2 § 122

schriften des Gerichtsverfassungsgesetzes über die Öffentlichkeit sinngemäß anzuwenden.

(2) Zu nichtöffentlichen Verhandlungen ist Vertretern der Landesjustizverwaltung, dem Präsidenten des Oberlandesgerichts oder seinem Beauftragten und den Beamten der Staatsanwaltschaft bei dem Oberlandesgericht der Zutritt gestattet. Der Zutritt ist ferner Vertretern des Bundesministeriums der Finanzen, Vertretern der für die Finanzverwaltung zuständigen obersten Landesbehörde und Vertretern der Steuerberaterkammer gestattet. Steuerberater und Steuerbevollmächtigte sind als Zuhörer zugelassen. Die Kammer für Steuerberater- und Steuerbevollmächtigtensachen beim Landgericht kann nach Anhörung der Beteiligten auch andere Personen als Zuhörer zulassen.

Übersicht	Rdnr.
1. Allgemeines	1
2. Eingeschränkte Öffentlichkeit	2
3. Herstellung der Öffentlichkeit	3
4. Ausschluss der Öffentlichkeit	4, 5

1. Allgemeines

Die Vorschrift ist eine Sonderbestimmung gegenüber den §§ 169, 173, 1 175 Abs. 2 und 3 GVG. Die Hauptverhandlung im berufsgerichtlichen Verfahren ist – einschließlich der Urteilsverkündung – grundsätzlich nach Maßgabe des Abs. 2 nur eingeschränkt öffentlich. Diese Regelung, die in erster Linie dem **Schutz des StB** dient, ist verfassungsrechtlich unbedenklich (BVerfGE 4, 74, 94), weil der StB jederzeit die Möglichkeit hat, die uneingeschränkte Öffentlichkeit der Hauptverhandlung zu erzwingen.

2. Eingeschränkte Öffentlichkeit

Nach Abs. 1 Satz 1 ist zwar die Hauptverhandlung nicht öffentlich; dieser 2 Grundsatz wird aber in Abs. 2 so durchbrochen, dass man allenfalls von einer eingeschränkt öffentlichen Hauptverhandlung sprechen kann. In Abweichung von § 175 Abs. 3 GVG steht nicht nur den dienstaufsichtführenden Beamten der Justizverwaltung ein Anwesenheitsrecht zu, sondern allen Vertretern der **Landesjustizverwaltung,** den Beamten der **StA** sowie den Vertretern des **Bundesfinanzministeriums,** der für die Finanzverwaltung zuständigen **obersten Landesbehörde** und der **Steuerberaterkammer,** der der StB oder StBv angehört. Darüber hinaus sind **alle StB** und **StBv** als Zuhörer zugelassen, ohne dass sich aus dem Gesetz eine Einschränkung auf die Mitglieder der Steuerberaterkammer, der der StB oder der StBv angehört, ableiten lässt. Entsprechend der Regelung des § 175 Abs. 2 GVG können auch **andere Personen** als Zuhörer zugelassen werden, jedoch sind die Beteiligten (StB Verteidiger, StA) vorher zu hören. Bei schützenswerten Interessen des StB ist dies abzulehnen. Die Vorschrift ist grundsätzlich restriktiv auszulegen.

§ 123 Beweisaufnahme

3. Herstellung der Öffentlichkeit

3   Auf **Antrag des StB** muss die Öffentlichkeit hergestellt werden. Die Herstellung der Öffentlichkeit wirkt für die ganze Instanz und ist für den StB und das Gericht bindend. Es gelten die §§ 169 ff. GVG entsprechend. Einem **Antrag der StA,** die Öffentlichkeit herzustellen, muss das Gericht nicht entsprechen. Wenn der StB dem Antrag widerspricht oder keine Erklärung abgibt, muss das Gericht abwägen, ob die Gründe für eine Herstellung der Öffentlichkeit überwiegen; im Zweifel wird es dabei dem in § 122 zum Ausdruck kommenden Grundsatz den Vorrang geben müssen, dass StB- und StBv-Sachen nicht in der Öffentlichkeit verhandelt werden sollen.

4. Ausschluss der Öffentlichkeit

4   Nach § 172 GVG kann das Gericht für die Verhandlung oder einen Teil davon die Öffentlichkeit insbesondere ausschließen, wenn ein wichtiges Steuergeheimnis zur Sprache kommt, durch dessen öffentliche Erörterung überwiegende schutzwürdige Interessen verletzt werden oder wenn ein sonstiges privates Geheimnis verletzt wird, dessen unbefugte Offenbarung durch einen Zeugen oder Sachverständigen mit Strafe bedroht ist. Diese Voraussetzungen können in einem berufsgerichtlichen Verfahren vorliegen. **Nach der Herstellung der Öffentlichkeit** (Rdnr. 3) kann das Gericht daher von § 172 GVG Gebrauch machen; das ergibt sich aus Abs. 1 Satz 2, 2. Halbsatz.

5   Dasselbe muss aber auch **bei einer eingeschränkt öffentlichen Verhandlung** (Rdnr. 2) gelten. Da der Kreis der in Abs. 2 genannten Personen viel größer ist als der in § 175 Abs. 3 GVG genannte, kann es der Geheimnisschutz erfordern, auch in diesen Fällen die Öffentlichkeit mit der Folge auszuschließen, dass auch StB oder StBv, Vertreter der Finanzverwaltung und der Steuerberaterkammer nicht an der Hauptverhandlung teilnehmen können.

§ 123 Beweisaufnahme durch einen ersuchten Richter

Die Kammer für Steuerberater- und Steuerbevollmächtigtensachen beim Landgericht kann ein Amtsgericht um die Vernehmung von Zeugen oder Sachverständigen ersuchen. Der Zeuge oder Sachverständige ist jedoch auf Antrag der Staatsanwaltschaft oder des Steuerberaters oder Steuerbevollmächtigten in der Hauptverhandlung zu vernehmen, es sei denn, daß er voraussichtlich am Erscheinen in der Hauptverhandlung verhindert ist oder ihm das Erscheinen wegen großer Entfernung nicht zugemutet werden kann.

Übersicht	Rdnr.
1. Allgemeines	1, 2
2. Voraussetzungen für eine Beweisaufnahme durch das Amtsgericht	
a) Anhörung der Beteiligten	3
b) Kein entgegenstehender Antrag	4, 5

2. Beweisaufnahme durch das Amtsgericht   1–5 § 123

1. Allgemeines

Die Bestimmung ist nach Abschaffung der gerichtlichen Voruntersuchung 1
systemwidrig und daher hat die kommissarische Vernehmung nur **geringe
praktische Bedeutung**, zumal sie keine große Arbeitserleichterung mit sich
bringt. Sie schränkt auch den Verfahrensgrundsatz der Unmittelbarkeit der
Beweisaufnahme ein. Im Gegensatz zu § 223 StPO scheint sie von dem
Grundsatz auszugehen, dass Zeugen oder Sachverständige nicht in der
Hauptverhandlung vernommen werden sollen; in der Praxis wird jedoch anders verfahren.

Das Ersuchen um Vernehmung eines Zeugen oder Sachverständigen kann 2
nur von der Kammer für StB- und StBv-Sachen, nicht aber von dem Vorsitzenden ausgehen. Es ist daher ein entsprechender **Beschluss der Kammer**
erforderlich, der außerhalb der Hauptverhandlung in der Besetzung nach
§ 96 Abs. 4 Satz 1 ergeht.

2. Voraussetzungen für eine Beweisaufnahme durch das Amtsgericht

a) Anhörung der Beteiligten

Der Grundsatz des rechtlichen Gehörs erfordert es, dass nicht nur der **StA** 3
(§§ 33 Abs. 2 StPO; 153), sondern auch dem **StB** Gelegenheit zur Stellungnahme gegeben wird, bevor das Gericht einen Beschluss nach Satz 1 fasst.
Anderenfalls wäre das Antragsrecht nach Satz 2 gegenstandslos. Da der StB
der Verlesung des Protokolls nach § 124 Abs. 3 nur in Ausnahmefällen widersprechen kann, muss er auch vor einem derartigen Eingriff in den
Grundsatz der Unmittelbarkeit der Beweisaufnahme Gelegenheit haben,
rechtzeitig seine Rechte wahrzunehmen. Wird die Anhörung versäumt, behalten StB und StA ihre vollen Rechte in der Hauptverhandlung.

b) Keine entgegenstehender Antrag

Die Vernehmung eines Zeugen oder Sachverständigen durch einen er- 4
suchten Richter darf grundsätzlich nur angeordnet werden, wenn die StA oder der StB **keinen Antrag** auf Vernehmung in der Hauptverhandlung
stellen. Dieser Antrag wird im Allgemeinen schon deswegen gestellt werden,
um das Widerspruchsrecht nach § 124 Abs. 3 Satz 2 nicht zu verlieren.

Trotz eines entgegenstehenden Antrags der StA oder des StB kann 5
ein Zeuge oder Sachverständiger durch einen ersuchten Richter vernommen
werden, wenn der Zeuge oder Sachverständige voraussichtlich am Erscheinen an der Hauptverhandlung verhindert ist oder ihm das Erscheinen wegen großer Entfernung (vgl. BGHSt 3, 230) nicht zugemutet werden kann.
Die erste Voraussetzung ist weitergehend als die in § 223 Abs. 1 StPO umschriebene Tatbestand und erfasst auch zu beseitigende Hindernisse, z.B.
Abwesenheit wegen Urlaub oder Dienstreise. Bei einer Anordnung einer
kommissarischen Vernehmung hat das Gericht anzugeben, welcher Ausnahmetatbestand vorliegt und welche maßgeblichen Tatsachen für ein solches
Vorgehen sprechen (*Kuhls*, § 123, Rdnr. 6).

§ 124 Verlesen von Protokollen

(1) Die Kammer für Steuerberater- und Steuerbevollmächtigtensachen beim Landgericht beschließt nach pflichtmäßigem Ermessen, ob die Aussage eines Zeugen oder eines Sachverständigen, der bereits in dem berufsgerichtlichen oder in einem anderen gesetzlich geordneten Verfahren vernommen worden ist, zu verlesen sei.

(2) Bevor der Gerichtsbeschluß ergeht, kann der Staatsanwalt oder der Steuerberater oder Steuerbevollmächtigte beantragen, den Zeugen oder Sachverständigen in der Hauptverhandlung zu vernehmen. Einem solchen Antrag ist zu entsprechen, es sei denn, daß der Zeuge oder Sachverständige voraussichtlich am Erscheinen in der Hauptverhandlung verhindert ist oder ihm das Erscheinen wegen großer Entfernung nicht zugemutet werden kann. Wird dem Antrag stattgegeben, so darf das Protokoll über die frühere Vernehmung nicht verlesen werden.

(3) Ist ein Zeuge oder Sachverständiger durch einen ersuchten Richter vernommen worden (§ 123), so kann der Verlesung des Protokolls nicht widersprochen werden. Der Staatsanwalt oder der Steuerberater oder Steuerbevollmächtigte kann jedoch der Verlesung widersprechen, wenn ein Antrag gemäß § 123 Satz 2 abgelehnt worden ist und Gründe für die Ablehnung des Antrags jetzt nicht mehr bestehen.

Übersicht

	Rdnr.
1. Allgemeines	1
2. Voraussetzungen für die Verlesung von Protokollen	
a) Anhörung der Beteiligten	2
b) Verlesungsfähige Protokolle	3
c) Kein entgegenstehender Antrag	4

1. Allgemeines

1   Die Vorschrift geht als Sonderregelung dem § 251 Abs. 1, 2 u. 4 StPO vor; sie ist eine Durchbrechung des Grundsatzes der **Unmittelbarkeit der Beweisaufnahme** (§§ 250 StPO; 153). Sie hat jedoch wegen des Antragsrechts nach Abs. 2 nur geringe praktische Bedeutung. Der Beschluss, dass die Aussage eines Zeugen oder Sachverständigen zu verlesen ist, wird im allgemeinen vor der Hauptverhandlung ergehen und ist nur vorzusehen, wenn keine rechtsstaatlichen Bedenken bestehen und die Wahrheitsfindung keinen Schaden nimmt. Anderenfalls wird das Gericht den Zeugen und Sachverständigen zur Hauptverhandlung laden, damit nicht bei einem Antrag nach Abs. 2 die Verhandlung vertagt oder ausgesetzt werden muss.

2. Voraussetzungen für die Verlesung von Protokollen

a) Anhörung der Beteiligten

2   Nicht nur der **StA** (§§ 33 Abs. 2 StPO; 153), sondern auch dem **StB** ist vor der Entscheidung des Gerichts Gelegenheit zur Stellungnahme zu geben; anderenfalls wäre das Antragsrecht nach Abs. 2 gegenstandslos.

Entscheidung § 125

b) Verlesungsfähige Protokolle

Es dürfen alle Aussagen von Zeugen und Sachverständigen verlesen werden, die in dem anhängigen **berufsgerichtlichen Verfahren** oder in einem anderen „**gesetzlich geordneten Verfahren**" vernommen worden sind. Diese Fassung ist sehr weit, weil es im Geltungsbereich des GG kein nicht gesetzlich geordnetes Verfahren gibt. Es kommen daher z. b. die Verlesung von Protokollen aus einem Straf-, Zivil-, Finanz- oder Arbeitsgerichtsprozess in Betracht. Es ist nicht erforderlich, dass der Betreffende in diesem Verfahren als Zeuge vernommen wurde; er kann auch als Beschuldigter vernommen worden sein (BGHSt 10, 186). Bei einem gegen den StB gerichteten **Strafverfahren** erübrigt sich eine Verlesung jedoch im Hinblick auf § 109 Abs. 3. 3

c) Kein entgegenstehender Antrag

Das Gericht muss zu dem Grundsatz der Unmittelbarkeit der Beweisaufnahme zurückkehren, wenn die **StA** oder der **StB** dies beantragen. Eine **Ausnahme** gilt nur in drei Fällen, nämlich wenn der Zeuge oder Sachverständige voraussichtlich am Erscheinen in der Hauptverhandlung verhindert ist, wenn ihm das Erscheinen in der Hauptverhandlung wegen zu großer Entfernung nicht zugemutet werden kann (vgl. § 233 Abs. 2 StPO) oder wenn er bereits von einem ersuchten Richter nach § 123 vernommen worden ist, es sei denn, dass früher ein Antrag nach § 123 Abs. 2 abgelehnt worden ist, aber die Gründe für die Ablehnung nicht mehr bestehen. 4

§ 125 Entscheidung

(1) **Die Hauptverhandlung schließt mit der auf die Beratung folgenden Verkündung des Urteils.**

(2) **Das Urteil lautet auf Freisprechung, Verurteilung oder Einstellung des Verfahrens.**

(3) **Das berufsgerichtliche Verfahren ist, abgesehen von dem Fall des § 260 Abs. 3 der Strafprozeßordnung, einzustellen,**
1. wenn die Bestellung nach § 45 Abs. 1 erloschen oder nach § 46 zurückgenommen oder widerrufen ist;
2. wenn nach § 92 von einer berufsgerichtlichen Ahndung abzusehen ist.

Übersicht	Rdnr.
1. Allgemeines	1, 2
2. Freispruch	3
3. Verurteilung	4, 5
4. Einstellung des Verfahrens	
a) Verfahrenshindernisse	6
b) Erlöschen der Bestellung	7, 8
c) Absehen von einer berufsgerichtlichen Ahndung	9
5. Kostenentscheidung	10

§ 125 1–4 Entscheidung

1. Allgemeines

1 Die Vorschrift tritt im berufsgerichtlichen Verfahren an die Stelle des § 260 StPO; für die **Urteilsfindung und -begründung** gelten im Übrigen die §§ 261–264, 266–268 StPO entsprechend. Gegenstand der Urteilsfindung ist der in der Anschuldigungsschrift bezeichnete und im Eröffnungsbeschluss zur Hauptverhandlung zugelassene Sachverhalt (§§ 117, 118). Das Gericht ist jedoch nicht an die rechtliche Beurteilung gebunden, sofern nach § 265 StPO auf die Veränderung des rechtlichen Gesichtspunktes hingewiesen wurde.

2 Die Hauptverhandlung schließt nicht in jedem Falle mit einer Urteilsverkündung. Das Verfahren kann vielmehr durch Beschluss wegen **Geringfügigkeit** nach §§ 153 Abs. 2 StPO; 153 (BGHSt 24, 81, 88; OLG Düsseldorf, StB 1980, S. 37) oder bei **Erfüllung von Auflagen und Weisungen** nach §§ 153a StPO; 153 (*Wahle*, AnwBl 1977 S. 483; EG Köln, AnwBl 1982, S. 40) eingestellt werden. Die Anwendung dieser Vorschriften im berufsgerichtlichen Verfahren ist geboten, weil nach Eröffnung des Hauptverfahrens keine Verweisung an die Steuerberaterkammer mehr möglich ist, es aber Fälle gibt, in denen eine berufsgerichtliche Maßnahme nicht angemessen wäre. Der StB ist auch nicht beschwert, weil eine Maßnahme nach § 153a StPO; § 153 nur mit seiner Zustimmung möglich ist.

2. Freispruch

3 Bei einem Freispruch müssen die **Urteilsgründe** angeben, ob der StB für nicht überführt oder ob und aus welchen Gründen die für erwiesen angenommene Tat nicht als Berufspflichtverletzung angesehen worden ist (§§ 267 Abs. 5 Satz 1 StPO; 153). Bei einem **Rechtsmittelverzicht** oder bei vorher eingetretener **Rechtskraft** des Urteils braucht nur angegeben zu werden, ob die dem StB zur Last gelegte Berufspflichtverletzung aus tatsächlichen oder rechtlichen Gründen nicht festgestellt worden ist (§§ 267 Abs. 5 Satz 2 StPO; 153). Ein **teilweiser Freispruch** ist nicht möglich (§ 89 Rdnr. 11), da der Sachverhalt einer einheitlichen Würdigung unterliegt.

3. Verurteilung

4 Bei einer Verurteilung ist eine der in § 90 aufgeführten berufsgerichtlichen Maßnahmen zu verhängen. Die **Urteilsgründe** müssen die für erwiesen erachteten Tatsachen angeben, in denen die gesetzlichen Merkmale der Berufspflichtverletzung gefunden werden (§§ 267 Abs. 1 Satz 1 StPO; 153). Außerdem müssen die Urteilsgründe das zur Anwendung gebrachte Gesetz bezeichnen und die Umstände anführen, die für die Wahl der berufsgerichtlichen Maßnahmen bestimmend gewesen sind (§§ 267 Abs. 3 Satz 1 StPO; 153); bei einem **Rechtsmittelverzicht** oder vorher eingetretener **Rechtskraft** des Urteils ist die Angabe der zuletzt genannten Umstände nicht erforderlich.

4. Einstellung des Verfahrens

Eine Aussetzung der Bewährungsstrafe oder eine **Verwarnung mit** 5
Strafvorbehalt ist nicht möglich. Die in § 59 StGB hierfür vorgesehenen
Voraussetzungen passen nicht für das berufsgerichtliche Verfahren. Außerdem würde diese Maßnahme nur bei leichteren Berufspflichtverletzungen in
Betracht kommen, die ohnehin nur mit einer Warnung oder mit einem
Verweis (§ 90 Abs. 1 Nr. 1 u. 2) geahndet werden.

4. Einstellung des Verfahrens

a) Verfahrenshindernisse

Das berufsgerichtliche Verfahren ist nach Abs. 3 in Verbindung mit § 260 6
Abs. 3 StPO einzustellen, wenn ein Verfahrenshindernis besteht. Das ist insbesondere der Fall, wenn der StB zurzeit der Tat **nicht der Berufsgerichtsbarkeit unterstand** (s. § 89 Rdnr. 15, 16), wenn die Verfolgung der
Pflichtverletzung **verjährt** ist (§ 93) oder wenn der Verfolgung ein **rechtskräftiger Beschluss** (§§ 116 Abs. 4; 11) oder ein **rechtskräftiges Urteil**
(vgl. Art. 103 Abs. 3 GG) entgegenstehen.

b) Erlöschen der Bestellung

Voraussetzung für eine berufsgerichtliche Ahndung ist, dass der StB **zur-** 7
zeit der Entscheidung noch Berufsangehöriger ist (s. § 89 Rdnr. 18). Eine
rechtskräftige Rücknahme oder Widerruf der Bestellung nach § 46 und insbesondere ein Erlöschen der Bestellung nach § 45 stehen daher einer Verurteilung entgegen (LG Köln, StB 1989, S. 192), nicht jedoch die Bestellung
eines StBv zum StB (vgl. § 45 Abs. 2; BGHSt 28, 389). Die Einstellung des
Verfahrens ist auch außerhalb der Hauptverhandlung durch Beschluss möglich (§ 206 a StPO; § 153). War das Erlöschen der Bestellung dem Gericht
nicht bekannt und ist deswegen eine Entscheidung in der Sache ergangen, so
kann die Wiederaufnahme des Verfahrens (§ 359 Nr. 5 StPO; § 153) beantragt werden.

In der Entscheidung kann auf Antrag der StA die **Sicherung der Be-** 8
weise angeordnet werden, wenn zu erwarten ist, dass auf Ausschließung aus
dem Beruf erkannt worden wäre (§§ 132, 133). Diese Beweise können bei
der Entscheidung über einen Antrag auf Wiederbestellung nach § 48 oder
bei einem erneuten berufsgerichtlichen Verfahren nach der Wiederbestellung
verwendet werden. Dem StB sind in diesem Falle auch die Kosten des Verfahrens aufzuerlegen (§ 148 Abs. 1 Satz 2).

c) Absehen von einer berufsgerichtlichen Ahndung

Außer einer Ausschließung aus dem Beruf ist eine berufsgerichtliche 9
Maßnahme neben einer Strafe, Disziplinarmaßnahme, ehrengerichtlichen oder
anderen berufsgerichtlichen Maßnahmen nur unter den § 92 genannten
Voraussetzungen zulässig. Wenn diese Voraussetzungen nicht vorliegen, ist
das Verfahren einzustellen; ein Rechtsmittel gegen eine solche Entscheidung
ist nicht deswegen ausgeschlossen, weil der StB nicht beschwert ist (BGHSt
23, 257).

§ 126 1–3   Beschwerde

5. Kostenentscheidung

10   Ein Urteil muss eine Entscheidung über die Verfahrenskosten und die notwendigen Auslagen des Betroffenen enthalten (§§ 464 Abs. 1 und 2 StPO; 153). Zum Inhalt der Kostenentscheidung siehe §§ 148 bis 150.

3. Rechtsmittel

§ 126 Beschwerde

Für die Verhandlungen und Entscheidungen über Beschwerden ist der Senat für Steuerberater- und Steuerbevollmächtigtensachen beim Oberlandesgericht zuständig.

Übersicht   Rdnr.

1. Zulässigkeit der Beschwerde 1, 2
2. Zuständigkeit 3
3. Verfahren 4

1. Zulässigkeit der Beschwerde

1   Die Beschwerde ist grundsätzlich gegen alle Beschlüsse der Kammer für StB- und StBv-Sachen sowie Verfügungen des Vorsitzenden oder eines ersuchten Richters zulässig, soweit sie nicht das Gesetz ausdrücklich einer Anfechtung entzieht (§§ 304 Abs. 1 StPO; 153). Von diesem **Grundsatz** gibt es zahlreiche **Ausnahmen**. Nach § 118 Abs. 2 ist die Beschwerde gegen die Eröffnung des Hauptverfahrens unzulässig; dasselbe gilt für Entscheidungen, durch die ein Antrag auf Aufhebung eines Berufs- oder Vertretungsverbots abgelehnt wird (§ 143 Abs. 3 Satz 3). Im Übrigen gelten die Vorschriften des StPO, die insbesondere eine Beschwerde gegen Entscheidungen des Gerichts, die der Urteilsfindung vorausgehen, mit Ausnahme der Beschlüsse über Beschlagnahmen und Entscheidungen, durch die dritte Personen betroffen werden, ausschließen (§ 305 StPO); weitere Ausnahmen ergeben sich aus § 28 Abs. 1 und Abs. 2 StPO, § 46 Abs. 2 StPO, § 153 Abs. 2 Satz 3 StPO, § 304 Abs. 3 StPO, § 153.

2   Eine Beschwerde gegen Beschlüsse des Senats für StB- und StBv-Sachen beim **OLG** ist grundsätzlich ausgeschlossen (§§ 304 Abs. 4 Satz 2 StPO; 153); auch eine weitere Beschwerde ist unzulässig (BGHSt 19, 4; 20, 68). Zulässig ist lediglich die Beschwerde gegen die Nichtzulassung der Revision (§ 129 Abs. 3) und gegen die Verhängung eines Berufs- oder Vertretungsverbots (§ 141 Abs. 1).

2. Zuständigkeit

3   Der Wortlaut der Bestimmung ist nicht ganz zutreffend. Der Senat für StB- und StBv-Sachen ist nur zuständig für die Entscheidung über Beschwerden gegen Beschlüsse der Kammern für StB- und StBv-Sachen beim **LG** und Verfügungen des Vorsitzenden. Gegen Verfügungen des ersuchten **Amtsrichters** (§ 123) richtet sich die Beschwerde an das übergeordnete **LG**. Über Beschwerden gegen Beschlüsse des Senats für StB- und StBv-Sachen beim **OLG** entscheidet der BGH (§§ 129 Abs. 5 Satz 1; 141 Abs. 3).

3. Verfahren

Die Beschwerde wird bei dem Gericht, von dem oder von dessen Vorsitzenden die Entscheidung erlassen worden ist, **schriftlich** oder **zu Protokoll der Geschäftsstelle** eingelegt; in dringenden Fällen kann sie auch beim Beschwerdegericht eingelegt werden (§§ 306 Abs. 1 StPO; 153). Im Übrigen gelten die §§ 306 ff. StPO sinngemäß. Außer der Staatsanwaltschaft und dem StB können auch Dritte, insbesondere Zeugen oder Sachverständige, die Beschwerde erheben, sofern sie in ihren Rechten verletzt sind. Als Beschwerdegrund kommen falsche Tatsachen, materielle oder verfahrensrechtliche Fehler oder ermessensfehlerhafte Entscheidungen in Betracht. Eine sofortige Beschwerde, z. B. nach § 118 Abs. 3 und § 141 Abs. 1 und 2, ist binnen einer Woche nach der Bekanntmachung der Entscheidung einzulegen (§§ 311 StPO; 153). 4

§ 127 Berufung

(1) **Gegen das Urteil der Kammer für Steuerberater- und Steuerbevollmächtigtensachen beim Landgericht ist die Berufung an den Senat für Steuerberater- und Steuerbevollmächtigtensachen beim Oberlandesgericht zulässig.**

(2) **Die Berufung muß binnen einer Woche nach Verkündung des Urteils bei der Kammer für Steuerberater- und Steuerbevollmächtigtensachen beim Landgericht schriftlich eingelegt werden.** Ist das Urteil nicht in Anwesenheit des Steuerberaters oder Steuerbevollmächtigten verkündet worden, so beginnt für diesen die Frist mit der Zustellung.

(3) **Die Berufung kann nur schriftlich gerechtfertigt werden.**

(4) **Auf das Verfahren sind im übrigen neben den Vorschriften der Strafprozeßordnung über die Berufung die §§ 121 bis 125 dieses Gesetzes sinngemäß anzuwenden.** Hat der Steuerberater oder Steuerbevollmächtigte die Berufung eingelegt, so ist bei seiner Abwesenheit in der Hauptverhandlung § 329 Abs. 1 Satz 1 und 2 und Abs. 3 der Strafprozessordnung entsprechend anzuwenden, falls der Steuerberater oder Steuerbevollmächtigte ordnungsgemäß geladen und in der Ladung ausdrücklich auf die sich aus seiner Abwesenheit ergebende Rechtsfolge hingewiesen wurde.

Übersicht	Rdnr.
1. Allgemeines	1, 2
2. Einlegung der Berufung	
a) Form	3
b) Frist	4–6

§ 127 1–7 Berufung

	Rdnr.
3. Berufungsbegründung	
a) Form	7, 8
b) Frist	9
4. Verfahren	10, 11

1. Allgemeines

1   Die Berufung ist das Rechtsmittel gegen alle **Urteile** der Kammer für StB- und StBv-Sachen. Durch die rechtzeitige Einlegung der Berufung wird die Rechtskraft des Urteils, soweit es angefochten ist, gehemmt (§§ 316 Abs. 1 StPO; 153). Der Senat für StB- und StBv-Sachen beim OLG überprüft das Urteil in tatsächlicher und rechtlicher Hinsicht.

2   Die Berufung des StB setzt voraus, dass er durch das Urteil des LG **beschwert** ist; dies kann auch darin bestehen, dass das Verfahren nach § 89 Abs. 2, § 92, § 125 Abs. 3 Nr. 2 eingestellt worden ist (BGHSt 23, 257). Die Berufung der StA wirkt stets auch zugunsten des StB (§ 301 StPO; § 153).

2. Einlegung der Berufung

a) Form

3   Die Berufung ist bei der Kammer für StB- und StBv-Sachen **schriftlich** einzulegen (Abs. 2 Satz 1). Eine Einlegung zu Protokoll der Geschäftsstelle ist nicht zulässig.

b) Frist

4   Die Berufung ist **binnen einer Woche** nach Verkündung des Urteils einzulegen, wenn der StB bei der Verkündung anwesend war. Anderenfalls beginnt die Frist erst mit der Zustellung des Urteils. Voraussetzung ist dabei, dass der StB von dem Urteil tatsächlich Kenntnis erhält, da nur so der Anspruch auf rechtliches Gehör gewahrt wird (vgl. BGHSt 11, 158); eine Zustellung nach § 182 ZPO setzt daher die Frist im Allgemeinen nicht in Gang (a. A. OLG Düsseldorf, StB 1985 S. 332; Stbg 1990 S. 341). Die Berufung kann auch schon vor der Zustellung des Urteils eingelegt werden (BVerwGE 63, 274).

5   Ist die Berufung **verspätet** eingelegt worden, so hat die Kammer für StB- und StBv-Sachen sie als unzulässig zu verwerfen. Der Beschwerdeführer kann binnen einer Woche nach Zustellung des Beschlusses die Entscheidung des Senats für StB- und StBv-Sachen beantragen (§§ 319 StPO; 153).

6   Unter den Voraussetzungen der §§ 44 ff. StPO, § 153 kann die **Wiedereinsetzung** in den vorigen Stand beantragt werden, wenn die Berufungsfrist versäumt wurde (vgl. OLG Düsseldorf, Stbg 1983 S. 206; StB 1984 S. 189).

3. Berufungsbegründung

a) Form

7   Die Berufung kann nur **schriftlich** begründet werden (Abs. 3); diese Bestimmung geht dem § 317 StPO als Sondervorschrift vor, so dass eine Be-

472

gründung zu Protokoll der Geschäftsstelle nicht zulässig ist. Ebenso wie im Strafprozess ist eine Berufungsbegründung jedoch nicht zwingend vorgeschrieben. Falls keine Berufungsbegründung eingereicht ist, gilt der ganze Inhalt des Urteils als angefochten (§§ 318 Satz 2 StPO; 153).

Nach § 318 Satz 1 StPO kann die Berufung auf bestimmte Beschwerdepunkte, z. B. auf den Maßnahmeausspruch beschränkt werden. Dabei ist jedoch zu beachten, dass eine **Teilanfechtung** nur insoweit möglich ist, als der angefochtene Teil des Urteils für sich allein einer abgesonderten rechtlichen Betrachtung und Entscheidung zugänglich ist (BGHSt 10, 100). Da es für die Ahndung von Berufspflichtverletzungen nur eine Generalklausel gibt, kann eine Beschränkung der Berufung auf einen bestimmten Sachverhalt grundsätzlich nicht in Betracht kommen. Eine Berufung mit dem Ziel, einen Teilfreispruch zu erreichen, ist daher nicht möglich; sie führt dazu, dass das OLG das Urteil im ganzen überprüft (BGHSt 16, 237). Eine Beschränkung der Berufung auf den Maßnahmeausspruch ist zulässig (BGHSt 16, 237). 8

b) Frist

Die Berufung kann nur **binnen einer Woche** nach Ablauf der Frist zur Einlegung des Rechtsmittels oder, wenn zu dieser Zeit das Urteil noch nicht zugestellt war, nach dessen Zustellung bei der Kammer für StB- und StBv-Sachen gerechtfertigt werden (§§ 317 StPO; 153). 9

4. Verfahren

Die **Hauptverhandlung** entspricht weitgehend der Hauptverhandlung in der 1. Instanz, da die §§ 121–125 entsprechend anzuwenden sind. Durch die Hinzufügung von Abs. 4 Satz 2 wurde eine Klarstellung erreicht und zugleich erfolgte eine Anpassung an § 143 Abs. 4 BRAO. Nunmehr kann das Gericht nach § 329 Abs. 1 Satz 1 StPO die Berufung verwerfen, wenn der Steuerberater oder ggf. ein Vertreter nicht zur Verhandlung erscheint und dies nicht genügend entschuldigt. 10

Hinsichtlich des **Urteils** vgl. §§ 327, 328, 331 StPO, § 125 Abs. 2 und 3. Trotz der Verweisung auf § 125 Abs. 3 ist bei einem Verfahrensmangel die Aufhebung des Urteils und Zurückweisung nach § 328 Abs. 2 StPO möglich (BGHSt 19, 334). 11

§ 128 Mitwirkung der Staatsanwaltschaft im zweiten Rechtszug

Die Aufgaben der Staatsanwaltschaft im zweiten Rechtszug werden von der Staatsanwaltschaft bei dem Oberlandesgericht wahrgenommen, bei dem der Senat für Steuerberater- und Steuerbevollmächtigtensachen besteht.

Übersicht	Rdnr.
1. Allgemeines	1
2. Aufgaben der Staatsanwaltschaft	2

§ 129 Revision

1. Allgemeines

1   Die **Zuständigkeit** der StA beim OLG für die Berufungsinstanz ergibt sich schon aus § 142 Abs. 1 Nr. 2 GVG, § 153, so dass § 128 nur eine Klarstellung enthält. Da die StA beim OLG auch im ersten Rechtszug zuständig ist (§ 113), sind die Bestimmungen, die von der Zuständigkeit von zwei Behörden ausgehen (z. B. § 321 StPO), nicht anzuwenden.

2. Aufgaben der Staatsanwaltschaft

2   Zu den Aufgaben der StA im zweiten Rechtszug gehört unter anderem die Einlegung und Begründung von **Berufungen** und die **Vertretung** in der Hauptverhandlung.

§ 129 Revision

(1) **Gegen das Urteil des Senats für Steuerberater- und Steuerbevollmächtigtensachen beim Oberlandesgericht ist die Revision an den Bundesgerichtshof zulässig,**
1. wenn das Urteil auf Ausschließung aus dem Beruf lautet;
2. wenn der Senat für Steuerberater- und Steuerbevollmächtigtensachen beim Oberlandesgericht entgegen einem Antrag der Staatsanwaltschaft nicht auf Ausschließung erkannt hat;
3. wenn der Senat für Steuerberater- und Steuerbevollmächtigtensachen beim Oberlandesgericht sie in dem Urteil zugelassen hat.

(2) Der Senat für Steuerberater- und Steuerbevollmächtigtensachen beim Oberlandesgericht darf die Revision nur zulassen, wenn er über Rechtsfragen oder Fragen der Berufspflichten entschieden hat, die von grundsätzlicher Bedeutung sind.

(3) Die Nichtzulassung der Revision kann selbständig durch Beschwerde innerhalb eines Monats nach Zustellung des Urteils angefochten werden. Die Beschwerde ist bei dem Oberlandesgericht einzulegen. In der Beschwerdeschrift muß die grundsätzliche Rechtsfrage ausdrücklich bezeichnet werden.

(4) Die Beschwerde hemmt die Rechtskraft des Urteils.

(5) Wird der Beschwerde nicht abgeholfen, so entscheidet der Bundesgerichtshof durch Beschluß. Der Beschluß bedarf keiner Begründung, wenn die Beschwerde einstimmig verworfen oder zurückgewiesen wird. Mit Ablehnung der Beschwerde durch den Bundesgerichtshof wird das Urteil rechtskräftig. Wird der Beschwerde stattgegeben, so beginnt mit Zustellung des Beschwerdebescheides die Revisionsfrist.

Übersicht	Rdnr.
1. Allgemeines	1–3
2. Zulässigkeit kraft Gesetzes	
a) Ausschließung aus dem Beruf	4–6
b) Antrag der StA auf Ausschließung	7–9
3. Revision nach Zulassung	
a) Formelle Voraussetzungen	10, 11
b) Materielle Voraussetzungen	12
c) Nichtzulassungsbeschwerde	13, 14

2. Zulässigkeit kraft Gesetzes 1–7 § 129

1. Allgemeines

Die Vorschrift regelt die Zulässigkeit der Revision im berufsgerichtlichen 1
Verfahren **abschließend**. Die Revision setzt ein bestimmtes Urteil des Senats für StB- oder StBv-Sachen beim OLG oder einen bestimmten Antrag der StA in Berufungsverfahren voraus; eine Sprungrevision (§ 335 StPO) ist daher im berufsgerichtlichen Verfahren nicht zulässig.

Durch die rechtzeitige Einlegung der Revision wird die Rechtskraft des 2
Urteils, soweit es angefochten ist, **gehemmt** (§§ 343 Abs. 2 StPO; 153).
Der BGH prüft das Urteil nur in rechtlicher Hinsicht.

Die Revision ist entweder kraft Gesetzes (Rdnr. 4–9) oder auf Grund 3
einer besonderen Zulassung (Rdnr. 10–14) zulässig. Neben diesen Zulässigkeitsvoraussetzungen sind jedoch auch die allgemeinen verfahrensrechtlichen Grundsätze zu beachten, insbesondere, dass nur derjenige Verfahrensbeteiligte ein Rechtsmittel einlegen kann, der durch die Entscheidung **beschwert** ist (BGHSt 23, 257, 259).

2. Zulässigkeit kraft Gesetzes

a) Ausschließung aus dem Beruf

Die Revision ist nach Abs. 1 Nr. 1 zulässig, wenn das Urteil des OLG auf 4
Ausschließung aus dem Beruf lautet. Es kommt dabei nicht auf die Fassung der Urteilsformel, sondern auf den Inhalt der Entscheidung an. Die Revision ist daher in allen Fällen zulässig, in denen ein StB **materiell aus dem Beruf ausgeschlossen** wird, z. B. bei Zurückweisung oder Verwerfung der Berufung gegen ein Urteil des LG, das auf Ausschließung aus dem Beruf lautet (BGHSt 17, 21, 24).

Die Revision ist auch zulässig, wenn einem Vorstandsmitglied, Geschäfts- 5
führer oder persönlich haftenden Gesellschafter einer StBGes die **Eignung** aberkannt wird, eine **StBGes zu vertreten** und ihre Geschäfte zu führen (§ 94 Abs. 2). Diese berufsgerichtliche Maßnahme tritt an die Stelle der Ausschließung aus dem Beruf, so dass Abs. 1 Nr. 1 entsprechend anzuwenden ist.

Die Revision kann sowohl von dem StB als auch von der StA zugunsten 6
des StB **eingelegt** werden (§§ 296 Abs. 2 StPO; 153).

b) Antrag der StA auf Ausschließung

Die Revision ist nach Abs. 1 Nr. 2 auch zulässig, wenn das OLG entgegen 7
einem Antrag der StA nicht auf Ausschließung aus dem Beruf erkannt hat. Es kommt auch hier nicht auf die Urteilsformel, sondern auf den **Inhalt der Entscheidung** an. Die Revision ist daher zulässig, wenn entgegen dem Antrag der StA auf die Berufung des StB ein auf Ausschließung aus dem Beruf lautendes Urteil des LG aufgehoben wird (BGHSt 19, 334, 336). Dasselbe gilt auch dann, wenn die Berufung der StA mit dem Ziel, die Ausschließung aus dem Beruf zu erreichen, verworfen wird; die StA muss allerdings ihren Antrag auf Ausschließung aus dem Beruf auch mit der Revision weiter verfolgen (BGHSt 31, 128).

§ 129 8–13 Revision

8 Auch hier tritt bei den in § 74 Abs. 2 genannten Personen die Aberkennung der **Eignung, eine StBGes zu vertreten** und ihre Geschäfte zu führen, an die Stelle der Ausschließung aus dem Beruf (§ 94 Abs. 2).

9 Die Revision kann **nur von der StA** eingelegt werden (BGHSt 17, 21, 23).

3. Revision nach Zulassung

a) Formelle Voraussetzungen

10 Die Revision ist auch zulässig, wenn sie der Senat für StB- und StBv-Sachen beim OLG zugelassen hat (Abs. 3 Nr. 3). Das OLG hat im Urteil von Amts wegen über die Zulassung oder Nichtzulassung der Revision zu entscheiden (vgl. BVerfG, NJW 1991 S. 417). An die Zulassung ist der BGH **gebunden,** auch wenn die materiellen Voraussetzungen zu Unrecht bejaht worden wären. Die Revision kann auch ohne Antrag der Verfahrensbeteiligten im Urteil zugelassen werden; darüber hinaus ist eine nachträgliche Zulassung möglich, wenn einer Nichtzulassungsbeschwerde abgeholfen wird (Abs. 5 Satz 1).

11 Die Entscheidung, dass die Revision zugelassen wird, ist in die **Urteilsformel** aufzunehmen. Im Urteil muss dargelegt werden, wegen welcher grundsätzlichen Rechtsfrage eine Entscheidung des BGH erforderlich ist. Der BGH überprüft das angefochtene Urteil jedoch insgesamt und nicht nur hinsichtlich des Teils, der nach Auffassung des OLG grundsätzliche Bedeutung hat. Er ist dabei auf die Prüfung von **Rechtsfehlern** beschränkt und darf nicht eigenes tatrichterliches Ermessen ausüben (*Gribbohm,* Festschrift für Pfeiffer 1988, S. 911, 915).

b) Materielle Voraussetzungen

12 Das OLG darf die Revision nur zulassen, wenn es über Rechtsfragen oder Fragen der Berufspflichten entschieden hat, die von **grundsätzlicher Bedeutung** sind (Abs. 2) und über die der BGH noch nicht entschieden hat. Weitere Voraussetzung ist, dass eine einheitliche Rechtsauffassung in den grundsätzlichen Fragen durchgesetzt werden soll (BGHSt 17, 21, 27). Eine Revision ist daher z.B. zuzulassen, wenn das OLG von einer Entscheidung des BGH oder eines anderen OLG abgewichen ist oder wenn bekannt ist, dass über den Inhalt oder Umfang einer Berufspflicht keine einheitliche Auffassung besteht.

c) Nichtzulassungsbeschwerde

13 Urteile, in denen die Revision nicht zugelassen worden ist, sind den Prozessbeteiligten zuzustellen (BGHSt 17, 21, 26). Die Nichtzulassung der Revision kann **innerhalb eines Monats** nach Zustellung vom StB oder der StA durch Einlegung einer Beschwerde selbstständig angefochten werden (Abs. 3). Die Frist beginnt mit der Zustellung; eine Zustellung an den Verteidiger reicht nicht aus, wenn der StB bei der Verkündung des Urteils nicht anwesend war (BGH, NJW 1971 S. 1373). Es handelt sich um ein Verfahren, das auch in anderen Gerichtsbarkeiten vorgeschrieben ist, z.B. in

1. Einlegung der Revision 1, 2 § 130

§ 145 Abs. 3–5 BRAO, § 116 Abs. 3–5 FGO, § 544 Abs. 1 Satz 2 ZPO, § 72a ArbGG.

Die Beschwerde ist **schriftlich** beim Senat für StB- und StBv-Sachen beim OLG einzulegen. Sie muss in der Beschwerdeschrift oder in einem besonderen Schriftsatz innerhalb der Beschwerdefrist begründet werden; die Begründung muss die grundsätzlichen Rechtsfragen bezeichnen, über die der BGH entscheiden soll. Wegen des weiteren Verfahrens siehe Abs. 5. 14

§ 130 Einlegung der Revision und Verfahren

(1) **Die Revision ist binnen einer Woche bei dem Oberlandesgericht schriftlich einzulegen. Die Frist beginnt mit der Verkündung des Urteils. Ist das Urteil nicht in Anwesenheit des Steuerberaters oder Steuerbevollmächtigten verkündet worden, so beginnt für diesen die Frist mit der Zustellung.**

(2) **Seitens des Steuerberaters oder Steuerbevollmächtigten können die Revisionsanträge und deren Begründung nur schriftlich angebracht werden.**

(3) **Auf das Verfahren vor dem Bundesgerichtshof sind im übrigen neben den Vorschriften der Strafprozeßordnung über die Revision die §§ 122 und 125 Abs. 3 dieses Gesetzes sinngemäß anzuwenden. In den Fällen des § 354 Abs. 2 der Strafprozeßordnung kann die Sache auch an das Oberlandesgericht eines anderen Landes zurückverwiesen werden.**

Übersicht

	Rdnr.
1. Einlegung der Revision	
a) Form	1
b) Frist	2
2. Begründung der Revision	
a) Form	3
b) Frist	4
c) Inhalt	5
3. Verfahren	6

1. Einlegung der Revision

a) Form

Die Revision kann nur **schriftlich** eingelegt werden; eine Einreichung zu Protokoll der Geschäftsstelle (§ 341 Abs. 1 StPO) ist unzulässig. Die Revision ist beim OLG einzulegen; eine Einlegung beim BGH wäre unwirksam. 1

b) Frist

Die Frist zur Einlegung der Revision beträgt **eine Woche.** Sie beginnt mit der Verkündung des Urteils. War der StB bei der Verkündung nicht anwesend, so beginnt die Frist mit der Zustellung des Urteils (Abs. 1 Satz 3). Wenn die Revision auf Grund eines Zulassungsbeschlusses zulässig ist, beginnt die Revisionsfrist mit der Zustellung dieses Beschlusses (§ 129 Abs. 5 Satz 4). 2

§ 131   1   Mitwirkung der Staatsanwaltschaft

2. Begründung der Revision

a) Form

3   Die Revisionsanträge und die Revisionsbegründung können nur **schriftlich** angebracht werden; eine Begründung zu Protokoll der Geschäftsstelle ist hier in Abweichung zu § 345 Abs. 2 StPO unzulässig, da Abs. 2 eine Sondervorschrift darstellt. Eine Vertretung durch einen RA oder Verteidiger ist nicht erforderlich (vgl. BGH, NJW 1971 S. 1373).

b) Frist

4   Die Revisionsanträge und ihre Begründung sind spätestens **binnen eines Monats** nach Ablauf der Frist zur Einlegung der Revision beim Senat für StB- und StBV-Sachen beim OLG anzubringen. Wenn zu dieser Zeit das schriftliche Urteil noch nicht zugestellt war, beginnt die Frist erst mit der Zustellung (§§ 345 Abs. 1 Satz 2 StPO; 153).

c) Inhalt

5   Der Beschwerdeführer hat die Erklärung abzugeben, wieweit er das Urteil anficht und dessen Aufhebung beantragt **(Revisionsanträge)** und die Anträge **zu begründen.** Aus der Begründung muss hervorgehen, ob das Urteil wegen Verletzung einer Rechtsnorm über das Verfahren oder wegen Verletzung einer anderen Rechtsnorm angefochten wird; im ersteren Fall müssen die den Mangel enthaltenden Tatsachen angegeben werden (§§ 344 StPO; 153).

3. Verfahren

6   Das Verfahren vor dem Revisionsgericht richtet sich nach §§ 346 ff. StPO und §§ 122, 125 Abs. 3. Zur Besetzung des Gerichts siehe § 97 Rdnr. 2. Durch Abs. 3 Satz 2 wird jetzt auch im Gesetz klargestellt, dass eine Zurückverweisung möglich ist (BGHSt 15, 227).

§ 131 Mitwirkung der Staatsanwaltschaft vor dem Bundesgerichtshof

Die Aufgaben der Staatsanwaltschaft in den Verfahren vor dem Bundesgerichtshof werden von dem Generalbundesanwalt wahrgenommen.

Übersicht	Rdnr.
1. Allgemeines	1
2. Aufgaben des Generalbundesanwalts	2

1. Allgemeines

1   Die Zuständigkeit des Generalbundesanwalts für die Revisionsinstanz ergibt sich schon aus § 142 Abs. 1 Nr. 1 GVG, § 153. § 131 enthält nur eine **Klarstellung.**

1. Allgemeines 1, 2 § 132

2. Aufgaben des Generalbundesanwalts

Zu den Aufgaben des Generalbundesanwalts in der Revisionsinstanz gehört neben der Verfahrensüberleitung (§§ 347 StPO, 153 Abs. 1) und der Antragstellung (§§ 349 StPO, 153 Abs. 1) insbesondere die Vertretung in der **Hauptverhandlung** vor dem Senat für StB- und StBv-Sachen beim BGH. 2

4. Die Sicherung von Beweisen

§ 132 Anordnung der Beweissicherung

(1) **Wird ein berufsgerichtliches Verfahren gegen den Steuerberater oder Steuerbevollmächtigten eingestellt, weil seine Bestellung erloschen, zurückgenommen oder widerrufen ist, so kann in der Entscheidung zugleich auf Antrag der Staatsanwaltschaft die Sicherung der Beweise angeordnet werden, wenn zu erwarten ist, daß auf Ausschließung aus dem Beruf erkannt worden wäre. Die Anordnung kann nicht angefochten werden.**

(2) **Die Beweise werden von der Kammer für Steuerberater- und Steuerbevollmächtigtensachen beim Landgericht aufgenommen. Die Kammer für Steuerberater- und Steuerbevollmächtigtensachen kann eines ihrer berufsrichterlichen Mitglieder mit der Beweisaufnahme beauftragen.**

Übersicht Rdnr.

1. Allgemeines	1–3
2. Voraussetzungen der Beweissicherung	
a) Formelle Voraussetzungen	4–6
b) Materielle Voraussetzungen	7–9
3. Rechtsmittel	10
4. Zuständigkeit für die Beweissicherung	11

1. Allgemeines

Das berufsgerichtliche Verfahren ist einzustellen, wenn die Bestellung des 1 StB erloschen, zurückgenommen oder widerrufen worden ist (§ 129 Abs. 3 Nr. 1). Nicht selten verzichtet ein StB während des berufsgerichtlichen Verfahrens auf seine Bestellung, um einer **drohenden Ausschließung** aus dem Beruf zu entgehen, so dass je nach dem Stand des Verfahrens die Eröffnung der Hauptverfahrens abgelehnt werden muss (§ 118) oder das Verfahren durch Beschluss (§§ 206a StPO; 153) oder durch Urteil (§ 129 Abs. 3 Nr. 1) einzustellen ist. In derartigen Fällen kann eine Beweissicherung von dem Gericht angeordnet werden, bei dem das berufsgerichtliche Verfahren anhängig ist.

Die nach §§ 132, 133 gesicherten Beweise können zu einem späteren 2 Zeitpunkt in zweifacher Hinsicht von Bedeutung sein: Wenn der StB seine **Wiederbestellung** nach § 48 beantragt, können die Beweise bei der Prüfung herangezogen werden, ob die Wiederbestellung nach § 48 Abs. 2, § 40 Abs. 2 Nr. 4 zu versagen ist, weil der Bewerber sich so verhalten hat, dass die Besorgnis begründet ist, er werde seinen Berufspflichten als StB nicht genügen. Falls der StB wiederbestellt wird, kann das **berufsgerichtliche Ver-**

fahren wieder eingeleitet werden, wobei die im Verfahren nach §§ 132, 133 gesicherten Beweise verwertet werden, wenn die ursprünglichen Beweismittel nicht mehr zur Verfügung stehen.

3 Die Sicherung von Beweisen hat in der Praxis **keine nennenswerte Bedeutung.** Das dürfte darauf zurückzuführen sein, dass eine Ausschließung aus dem Beruf sehr häufig nach einer strafgerichtlichen Verurteilung in Betracht kommt; in diesen Fällen ist im Hinblick auf § 109 Abs. 3 eine Beweissicherung nicht erforderlich.

2. Voraussetzungen der Beweissicherung

a) Formelle Voraussetzungen

4 Die Anordnung der Beweissicherung setzt einen entsprechenden **Antrag der StA** voraus; eine Beweissicherung von Amts wegen ist daher nicht möglich. Die Anordnung kann nur in der Entscheidung getroffen werden, durch die das Verfahren eingestellt wird; der Antrag der StA muss daher vor dieser Entscheidung gestellt werden.

5 Es ist ferner erforderlich, dass ein **berufsgerichtliches Verfahren** eingestellt wird. Es muss daher eine Anschuldigungsschrift der StA eingereicht worden sein (§ 114). Wird das Ermittlungsverfahren der StA eingestellt, so ist ein Antrag auf Sicherung von Beweisen unzulässig.

6 Unerheblich ist, in welcher Form das Verfahren **eingestellt** wird, d.h. ob ein Beschluss nach §§ 206a StPO; 153 oder ein Urteil nach § 125 Abs. 3 Nr. 1 ergeht. Dasselbe muss gelten, wenn die Eröffnung des Hauptverfahrens abgelehnt wird. In diesem Fall lautet zwar die Entscheidung nicht auf Einstellung des Verfahrens; es entspricht jedoch dem Sinn des Gesetzes, eine Beweissicherung auch dann zu ermöglichen, wenn ein berufsgerichtliches Verfahren nicht mehr fortgeführt werden kann, weil die Bestellung des StB oder StBv erloschen, zurückgenommen oder widerrufen worden ist.

b) Materielle Voraussetzungen

7 Die Sicherung der Beweise kann angeordnet werden, wenn zu erwarten ist, dass auf **Ausschließung aus dem Beruf** erkannt worden wäre. Der Ausschließung aus dem Beruf ist die Aberkennung der Eignung gleichzusetzen, StBGes zu vertreten und deren Geschäfte zu führen (§ 94 Abs. 2).

8 Das Gericht entscheidet auf Grund des jeweiligen Kenntnisstandes, d.h. der Anschuldigungsschrift, etwa bereits erhobener Beweise oder vorliegender Urteile. Eine **Beweiserhebung** zu dem Zweck, überhaupt erst festzustellen, ob eine Sicherung von Beweisen in Betracht kommt, ist unzulässig. Die Anforderungen an die Anordnung der Beweissicherung sind – schon im Hinblick auf die für den Betroffenen geringeren Folgen – geringer als in § 134, wo „dringende Gründe" gefordert werden.

9 Die Anordnung der Beweissicherheit steht im **Ermessen des Gerichts.** Das Gericht kann von einer Anordnung insbesondere absehen, wenn die Beweise schon gesichert sind, z.B. sich die Berufspflichtverletzung aus Urkunden ergibt oder bereits ein Urteil im Strafverfahren vorliegt.

1. Allgemeines 1 § 133

3. Rechtsmittel

Gegen die **Anordnung** der Beweissicherung gibt es kein Rechtsmittel 10 (Abs. 1 Satz 2). Bei **Ablehnung** des Antrages durch die Kammer für StB- und StBv-Sachen beim LG steht der StA die Beschwerde zu (§§ 304 StPO; 153); dagegen kann die Ablehnung durch den Senat für StB- und StBv-Sachen beim OLG oder BGH nicht angefochten werden (§§ 304 Abs. 4 StPO; 153).

4. Zuständigkeit für die Beweissicherung

Die Beweise werden stets von der **Kammer für StB- und StBv-Sa-** 11 **chen** beim LG aufgenommen, und zwar auch dann, wenn der Senat für StB- und StBv-Sachen beim OLG oder BGH die Beweissicherung angeordnet hatte. Die Kammer für StB- und StBv-Sachen kann eines seiner Mitglieder mit der Beweisaufnahme beauftragen, nicht jedoch einen ehrenamtlichen Beisitzer.

§ 133 Verfahren

(1) Die Kammer für Steuerberater- und Steuerbevollmächtigtensachen beim Landgericht hat von Amts wegen alle Beweise zu erheben, die eine Entscheidung darüber begründen können, ob das eingestellte Verfahren zur Ausschließung aus dem Beruf geführt hätte. Den Umfang des Verfahrens bestimmt die Kammer für Steuerberater- und Steuerbevollmächtigtensachen nach pflichtmäßigem Ermessen, ohne an Anträge gebunden zu sein; ihre Verfügungen können insoweit nicht angefochten werden.

(2) Zeugen sind, soweit nicht Ausnahmen vorgeschrieben oder zugelassen sind, eidlich zu vernehmen.

(3) Die Staatsanwaltschaft und der frühere Steuerberater oder Steuerbevollmächtigte sind an dem Verfahren zu beteiligen. Ein Anspruch auf Benachrichtigung von den Terminen, die zum Zwecke der Beweissicherung anberaumt werden, steht dem früheren Steuerberater oder Steuerbevollmächtigten nur zu, wenn er sich im Inland aufhält und seine Anschrift dem Landgericht angezeigt hat.

Übersicht	Rdnr.
1. Allgemeines	1, 2
2. Gang des Verfahrens	3
3. Verfahrensbeteiligte	4

1. Allgemeines

Die Sicherung von Beweisen hat den **Zweck,** für ein Verfahren auf Wie- 1 derbestellung oder ein späteres berufsgerichtliches Verfahren die Beweise zu sammeln, die für diese Entscheidung von Bedeutung sein können. Dabei ist jedoch die Beweisaufnahme nur auf das zu erstrecken, was für die Entscheidung erheblich ist, ob das eingestellte Verfahren zur Ausschließung aus dem Beruf

§ 134   Voraussetzung des Verbots

geführt hätte. Die Beweisaufnahme muss sich sowohl auf belastende als auch auf entlastende Umstände erstrecken, es gilt der Amtsermittlungsgrundsatz.

2   Die **Kosten** der Beweissicherung hat der StB zu tragen, wenn das berufsgerichtliche Verfahren wegen Erlöschens oder Rücknahme der Bestellung eingestellt worden ist und nach dem Ergebnis des bisherigen Verfahrens eine berufsgerichtliche Maßnahme gerechtfertigt gewesen wäre (§ 148 Abs. 1 Satz 2), ansonsten trägt sie nach § 150 die Steuerberaterkammer.

2. Gang des Verfahrens

3   Die Kammer für StB- und StBv-Sachen oder der beauftragte Richter (§ 132 Abs. 2 Satz 2) sind innerhalb des in Abs. 1 genannten Rahmens bei der Bestimmung des **Umfanges der Beweisaufnahme** frei. Es gibt weder ein Antragsrecht noch eine Beschwerdemöglichkeit der Verfahrensbeteiligten; Anregungen der Verfahrensbeteiligten sind jedoch im Rahmen des pflichtgemäßen Ermessens zu berücksichtigen. Das Ermessen des Gerichts ist nur bei der Vereidigung von Zeugen eingeschränkt; diese sind grundsätzlich eidlich zu vernehmen (Abs. 2). Damit wird jedoch im Ergebnis nur die Anwendung des § 61 Nr. 5 StPO ausgeschlossen, weil nach §§ 60, 61 StPO, § 153 ohnehin Zeugen grundsätzlich zu vereidigen sind. Einer Beweisaufnahme bedarf es nicht, wenn es sich um selbständige Pflichtwidrigkeiten handelt, die mit den übrigen Vorwürfen nicht in Zusammenhang stehen und nach § 93 verjährt sind.

3. Verfahrensbeteiligte

4   Die StA und der frühere StB sind an dem Verfahren zu beteiligen. Der Anspruch des früheren StB auf **rechtliches Gehör** wird jedoch in Abs. 3 Satz 2 eingeschränkt; er ist von Terminen nur zu benachrichtigen, wenn er sich im Inland aufhält und seine Anschrift dem LG angezeigt hat. Im Hinblick auf das Grundrecht nach Art. 103 Abs. 1 GG ist diese Vorschrift weit auszulegen. Es ist nicht auf die Anzeige abzustellen; entscheidend ist vielmehr, ob das Gericht die Anschrift des früheren StB kennt. Das Gericht muss auch in zumutbare Weise versuchen, sich Kenntnis von der Anschrift des früheren StB zu verschaffen. Nur wenn diese Bemühungen erfolglos sind, kann bei einer verfassungsmäßigen Auslegung des Abs. 3 Satz 2 darauf verzichtet werden, den früheren StB zu benachrichtigen. Ein Verteidiger ist stets zu benachrichtigen (§§ 145 a StPO; 153).

5. Das Berufs- und Vertretungsverbot

§ 134 Voraussetzung des Verbots

(1) **Sind dringende Gründe für die Annahme vorhanden, daß gegen einen Steuerberater oder einen Steuerbevollmächtigten auf Ausschließung aus dem Beruf erkannt werden wird, so kann gegen ihn durch Beschluß ein Berufs- oder Vertretungsverbot verhängt werden.**

2. Antrag der Staatsanwaltschaft 1–4 § 134

(2) Die Staatsanwaltschaft kann vor Einleitung des berufsgerichtlichen Verfahrens den Antrag auf Verhängung eines Berufs- oder Vertretungsverbots stellen. In dem Antrag sind die Pflichtverletzung, die dem Steuerberater oder Steuerbevollmächtigten zur Last gelegt wird, sowie die Beweismittel anzugeben.

(3) Für die Verhandlung und Entscheidung ist das Gericht zuständig, das über die Eröffnung des Hauptverfahrens gegen den Steuerberater oder Steuerbevollmächtigten zu entscheiden hat oder vor dem das berufsgerichtliche Verfahren anhängig ist.

Übersicht	Rdnr.
1. Allgemeines	1, 2
2. Antrag der Staatsanwaltschaft	3, 4
3. Materielle Voraussetzungen	5–7
4. Zuständigkeit	8

1. Allgemeines

Die Ausschließung aus dem Beruf führt zu einem Verlust der beruflichen 1 Existenz. Das gilt ebenso für ein Berufs- oder Vertretungsverbot mit seinen in § 139 beschriebenen Auswirkungen. Es ist zwar nach dem Vorbild von § 132a StPO, § 150 BRAO, § 111 WPO nur eine **vorläufige Maßnahme**; wegen der im steuerberatenden Beruf in der Regel anzutreffenden Dauermandate führt es jedoch im Allgemeinen zum Verlust einer Beratungspraxis, der auch durch die Bestellung eines Vertreters nach § 145 nicht aufgehalten werden kann, weil die Vertrauensbasis zwischen dem StB und seinen Mandanten zerstört wird. Wegen der Anwendung auf Personen nach § 94 siehe § 94 Rdnr. 5, da auch die Vorschrift nach § 94 Abs. 1 für den Personenkreis des § 74 Abs. 2 gilt.

Wegen dieser schwerwiegenden Folgen wird die Verhängung eines Berufs- 2 oder Vertretungsverbots an **strenge Voraussetzungen** geknüpft. Es darf nur auf Grund einer mündlichen Verhandlung ausgesprochen werden. Bei der Prüfung der materiellen Voraussetzungen sind die Auswirkungen des Verbots für den Betroffenen zu berücksichtigen und gegenüber dem Schutz der Allgemeinheit und der Darstellung des Berufsstandes abzuwägen. Zur verfassungsrechtlichen Zulässigkeit vgl. BGHSt 20, 68; BVerfGE 44, 105; 48, 292.

2. Antrag der Staatsanwaltschaft

Vor Einleitung des berufsgerichtlichen Verfahrens kann ein Berufs- oder 3 Vertretungsverbot nur auf Grund eines Antrags der StA verhängt werden (Abs. 2). Im Gegensatz zu § 150a BRAO kann der Vorstand der Steuerberaterkammer den Antrag nicht erzwingen. Das Gericht kann nicht von Amts wegen tätig werden; es wird vielmehr erst auf Grund des Antrags der StA oder der Anschuldigungsschrift (§§ 114, 117) mit der Sache befasst.

Nach Einleitung des berufsgerichtlichen Verfahren ist dagegen kein An- 4 trag der StA erforderlich. Das Gericht kann entweder in einer mündlichen

§ 135 Mündliche Verhandlung

Verhandlung nach § 135 oder im Anschluss an die Hauptverhandlung nach § 137 über die Verhängung eines Berufs- oder Vertretungsverbots von Amts wegen verhandeln und entscheiden.

3. Materielle Voraussetzungen

5   Es müssen **dringende Gründe** für die Annahme vorhanden sein, dass gegen den StB auf Ausschließung aus dem Beruf erkannt werden wird. Diese Fassung lehnt sich an andere Bestimmungen über vorläufige Maßnahmen, z. B. §§ 111 a, 132 a StPO an. Sie bedeutet, dass ein hoher Grad von Wahrscheinlichkeit dafür bestehen muss, dass der dem StB zur Last gelegte Sachverhalt zutrifft und dass diese Tatsachen die Ausschließung aus dem Beruf rechtfertigen würden.

6   In der **Berufungsinstanz** können diese Voraussetzungen nicht vorliegen, wenn in der ersten Instanz nicht aus Ausschließung aus dem Beruf erkannt worden ist und die StA hiergegen Berufung mit dem Ziel eingelegt hat, die Ausschließung zu erreichen. Das ergibt sich aus den in § 142 Nr. 1 enthaltenen Gedanken. In der Berufungsinstanz kann ein Berufs- oder Vertretungsverbot erst wieder im Anschluss an die Hauptverhandlung verhängt werden, wenn ein auf Ausschließung aus dem Beruf lautendes Urteil ergangen ist.

7   Eine hohe Wahrscheinlichkeit, dass die Hauptverhandlung zu einer Ausschließung aus dem Beruf führen wird, reicht allein noch nicht aus. Vielmehr setzt ein Berufs- oder Vertretungsverbot gemäß Art. 12 Abs. 1 GG in Verbindung mit dem Rechtsstaatsgebot die zusätzliche Feststellung voraus, dass es vor rechtskräftigem Abschluss des Hauptverfahrens als Präventivmaßnahme zur **Abwehr konkreter Gefahren** für wichtige Gemeinschaftsgüter erforderlich ist (BVerfGE 44, 105, 118). Hierzu müssen Feststellungen getroffen werden, welche konkreten Gefahren ein beschleunigtes Eingreifen erforderlich machen. Es bedarf einer Gesamtwürdigung aller Umstände des Einzelfalls. Das gilt auch in den Fällen, in denen ein Berufs- oder Vertretungsverbot im Anschluss an die Hauptverhandlung gemäß § 137 verhängt wird (BVerfGE 48, 492).

4. Zuständigkeit

8   Das Berufs- oder Vertretungsverbot kann **in jedem Rechtszug** verhängt werden. Zuständig ist das Gericht, bei dem das Verfahren anhängig ist. Vor der Einleitung des berufsgerichtlichen Verfahrens ist die Kammer für StB- und StBv-Sachen zuständig, die über die Eröffnung des Hauptverfahrens zu entscheiden hätte.

§ 135 Mündliche Verhandlung

(1) **Der Beschluß, durch den ein Berufs- oder Vertretungsverbot verhängt wird, kann nur auf Grund mündlicher Verhandlung ergehen.**

(2) **Auf die Besetzung des Gerichts, die Ladung und die mündliche Verhandlung sind die Vorschriften entsprechend anzuwenden, die für die Haupt-**

2. Ladung des StB 1–4 § 135

verhandlung vor dem erkennenden Gericht maßgebend sind, soweit sich nicht aus den folgenden Vorschriften etwas anderes ergibt.

(3) In der Ladung ist die dem Steuerberater oder Steuerbevollmächtigten zur Last gelegte Pflichtverletzung durch Anführung der sie begründenden Tatsachen zu bezeichnen; ferner sind die Beweismittel anzugeben. Dies ist jedoch nicht erforderlich, wenn dem Steuerberater oder Steuerbevollmächtigten die Anschuldigungsschrift bereits mitgeteilt worden ist.

(4) Den Umfang der Beweisaufnahme bestimmt das Gericht nach pflichtmäßigem Ermessen, ohne an Anträge der Staatsanwaltschaft oder des Steuerberaters oder Steuerbevollmächtigten gebunden zu sein.

Übersicht

	Rdnr.
1. Allgemeines	1–3
2. Ladung des StB	4, 5
3. Umfang der Beweisaufnahme	6–8

1. Allgemeines

Eine mündliche Verhandlung über die Verhängung eines Berufs- oder Vertretungsverbots ist **zwingend vorgeschrieben**. Das gilt sowohl, wenn ein Berufs- oder Vertretungsverbot ausgesprochen wird als auch – über den Wortlaut des Gesetzes hinaus – wenn das Gericht der Ansicht ist, dass einem Antrag der StA nicht stattgegeben werden soll. Die Gründe, die für und gegen ein Berufs- oder Vertretungsverbot sprechen, sollen in jedem Fall in einer mündlichen Verhandlung erörtert werden (a. A. EGH Stuttgart, EGE XIV, 249 zu § 151 BRAO; vgl. auch BGHSt 19, 4). Die mündliche Verhandlung wird besonders anberaumt, wenn ein Berufs- oder Vertretungsverbot schon vor der Hauptverhandlung in Betracht kommt; anderenfalls kann nach § 137 im unmittelbaren Anschluss an die Hauptverhandlung verhandelt und entschieden werden. 1

Das **Verfahren** in der mündlichen Verhandlung entspricht im Wesentlichen dem der Hauptverhandlung; lediglich die Absätze 1 und 3 enthalten hiervon Ausnahmen. Es wirken in der mündlichen Verhandlung ehrenamtliche Richter mit, im Übrigen sind die §§ 121, 122 anzuwenden. 2

Das Gesetz hat die Bezeichnung „mündliche Verhandlung" anstelle der Hauptverhandlung gewählt, weil es sich um ein summarisches Verfahren handelt, das nicht durch ein Urteil, sondern durch einen **Beschluss** abgeschlossen wird. Der Betroffene hat jedoch einen Anspruch auf rechtliches Gehör. Der Beschluss soll nach § 268 Abs. 3 StPO, § 153 am Schluss der Verhandlung und muss spätestens am elften Tage danach verkündet werden. Ein Verstoß hiergegen macht den Beschluss jedoch nicht unwirksam (BGHSt 20, 68, 71). 3

2. Ladung des StB

Die Ladung zur mündlichen Verhandlung entspricht der Ladung zur Hauptverhandlung. Eine **öffentliche Ladung** ist nicht zulässig (§ 121 4

Satz 2). Gegen einen nicht erschienen StB darf nur verhandelt werden, wenn er in der Ladung hierauf hingewiesen worden ist (§ 121 Satz 1).

5 Die dem StB zur Last gelegte Pflichtverletzung ist unter Anführung der sie begründenden Tatsachen zu bezeichnen; ferner sind die Beweismittel anzugeben (Abs. 2 Satz 1). Das geschieht in der Regel durch **Übersendung der Antragsschrift** der StA. Wenn die Antragsschrift diesen Erfordernissen nicht genügt, muss der Antrag als unzulässig verworfen werden. War bereits eine Anschuldigungsschrift mitgeteilt worden, so ist eine nochmalige Mitteilung der Pflichtverletzung, der sie begründenden Tatsachen und der Beweismittel nicht erforderlich.

3. Umfang der Beweisaufnahme

6 Der Grundsatz des **rechtlichen Gehörs** erfordert es, dass der erschienene StB in jedem Falle zu der Beschuldigung und dem Antrag der StA zu hören ist.

7 Im Übrigen ist das Gericht hinsichtlich des Umfanges der Beweisaufnahme **weitgehend frei** (Abs. 4). Dabei gelten die Grundsätze, die in der mündlichen Verhandlung nach § 83 Abs. 2 Satz 6 und 7 anzuwenden sind (vgl. § 82 Rdnr. 9–10). Insbesondere sind die §§ 244, 245 StPO nicht anzuwenden; ebenso braucht einem Antrag, einen Zeugen oder Sachverständigen zu vernehmen (§ 124 Abs. 2), nicht entsprochen zu werden.

8 Im Hinblick auf die für den StB einschneidenden Folgen eines Berufs- oder Vertretungsverbots muss das Gericht einen Ausgleich zwischen dem Interesse des StB finden, die entlastenden Umständen weitgehend aufzuklären und dem öffentlichen Interesse, das Verfahren nicht unnötig zu verzögern. Trotz des Fehlens einer dem § 82 Abs. 2 Satz 7 entsprechenden Bestimmungen dürfen daher an den Umfang der Beweisaufnahme keine geringeren Anforderungen gestellt werden als bei einer mündlichen Verhandlung nach § 82 Abs. 2, bei der es um ungleich geringere Interessen geht. Der Ablauf entspricht daher der Hauptverhandlung, d.h. der Betroffene hat Anspruch auf das „letzte Wort" nach §§ 258 Abs. 2, 3 StPO, 153 Abs. 1. Das Gericht muss daher auf **präsente Beweismittel** in jedem Fall zurückgreifen und muss bei **Beweisanregungen** der Verfahrensbeteiligten berücksichtigen, dass die berufliche Existenz des StB auf dem Spiel steht.

§ 136 Abstimmung über das Verbot

Zur Verhängung des Berufs- oder Vertretungsverbots ist eine Mehrheit von zwei Dritteln der Stimmen erforderlich.

Übersicht

	Rdnr.
1. Allgemeines	1
2. Anwendungsbereich	2

1. Allgemeines

Nach § 263 StPO, § 153 ist für alle den StB **nachteiligen Entscheidungen,** welche die Schuldfrage und die Bemessung der berufsgerichtlichen Maßnahme betreffen, eine Mehrheit von zwei Dritteln der Stimmen erforderlich. § 136 stellt klar, dass dies auch für die Verhängung des Berufs- oder Vertretungsverbots gilt.

2. Anwendungsbereich

Nach dem Wortlaut der Bestimmung ist nur zur **„Verhängung"** des Berufs- oder Vertretungsverbots eine Zweidrittelmehrheit erforderlich. Die Bestimmung ist aber nach ihrem Zweck auf alle Entscheidungen anzuwenden, in denen über ein Berufs- oder Vertretungsverbot zum Nachteil des StB entschieden wird, also z.B. auch auf Entscheidungen des Senats für StB- und StBv-Sachen beim OLG, in denen eine Beschwerde gegen die Verhängung eines Berufs- oder Vertretungsverbots (§ 141) zurückgewiesen wird. Dasselbe gilt für die Ablehnung eines Antrags des StB auf Aufhebung des Verbots nach § 143. Damit kann gegen die Stimmen der ehrenamtlichen Richter kein solches Verbot verhängt werden.

§ 137 Verbot im Anschluß an die Hauptverhandlung

Hat das Gericht auf die Ausschließung aus dem Beruf erkannt, so kann es im unmittelbaren Anschluß an die Hauptverhandlung über die Verhängung des Berufs- oder Vertretungsverbots verhandeln und entscheiden. Dies gilt auch dann, wenn der Steuerberater oder Steuerbevollmächtigte zu der Hauptverhandlung nicht erschienen ist.

Übersicht

	Rdnr.
1. Allgemeines	1, 2
2. Voraussetzungen für eine mündliche Verhandlung	3, 4
3. Verfahren	5

1. Allgemeines

Über ein Berufs- oder Vertretungsverbot kann sowohl in einem besonders hierfür angesetzten Termin (§ 135) als auch im Anschluss an die Hauptverhandlung entschieden werden. Durch § 137 wird lediglich die erleichterte **Möglichkeit** geschaffen, im unmittelbaren Anschluss an die Hauptverhandlung ohne besondere Ladung zu verhandeln. Hierdurch wird aber nicht ausgeschlossen, auch nach einer Hauptverhandlung, in der auf Ausschließung aus dem Beruf erkannt worden ist, eine mündliche Verhandlung nach § 135 zu einem späteren Zeitpunkt anzuberaumen.

Es besteht **keine Verpflichtung,** stets nach einer Ausschließung aus dem Beruf von Amts wegen über die Verhängung eines Berufs- oder Vertretungsverbots zu verhandeln und zu entscheiden. Auch bei einem Antrag der

§ 138 1   Zustellung des Beschlusses

StA braucht das Gericht nicht im unmittelbaren Anschluss an die Hauptverhandlung über ein Berufs- oder Vertretungsverbot zu verhandeln.

2. Voraussetzungen für eine mündliche Verhandlung

3   Das Gericht kann im unmittelbaren Anschluss an die Hauptverhandlung über die Verhängung eines Berufs- oder Vertretungsverbots verhandeln, wenn es **auf Ausschließung** aus dem Beruf **erkannt** hat und das Urteil nicht rechtskräftig ist. Einer Ausschließung aus dem Beruf ist ein Urteil des OLG gleichzusetzen, durch das die Berufung gegen ein aus Ausschließung aus dem Beruf lautendes Urteil des LG zurückgewiesen oder verworfen wird.
4   Ein **Antrag der StA** ist nicht erforderlich. Ebensowenig wird ein besonderer Hinweis in der Ladung gefordert. Die mündliche Verhandlung kann auch durchgeführt werden, wenn der StB nicht zur Hauptverhandlung erschienen ist (Satz 2). Es genügt der allgemeine Hinweis in der Ladung zur Hauptverhandlung nach § 121, dass in Abwesenheit des StB verhandelt werden kann.

3. Verfahren

5   Das Verfahren richtet sich generell nach den in § 135 Abs. 2 und 4 genannten Grundsätzen, wobei in unmittelbarem Anschluss an die Hauptverhandlung keine besondere Ladung mehr vorzunehmen ist, da die Terminladung zur Hauptverhandlung ausreicht (*Kuhls,* § 138, Rdnr. 2). Da die Voraussetzungen des § 134 Abs. 1 bereits in der Hauptverhandlung geprüft und im Urteil bejaht worden sind, kann sich die Prüfung in der mündlichen Verhandlung darauf beschränken, ob ein sofortiges Einschreiten zur **Abwehr konkreter Gefahren** für wichtige Gemeinschaftsgüter geboten ist (BVerfGE 48, 292, 298). Zu dieser Frage müssen alle erforderlichen Ermittlungen im Rahmen des § 133 Abs. 1 Satz 2, Abs. 2 durchgeführt werden. Sie ist nur entbehrlich, wenn Art und Schwere der Pflichtwidrigkeit bereits eine konkrete Gefährdung indizieren und kein Ausnahmefall erkennbar ist (BVerfG, NJW 1978 S. 1479).

§ 138 Zustellung des Beschlusses

Der Beschluß ist mit Gründen zu versehen. Er ist dem Steuerberater oder Steuerbevollmächtigten zuzustellen.

Übersicht	Rdnr.
1. Begründung	1–3
2. Zustellung	4, 5

1. Begründung

1   Satz 1 enthält im Wesentlichen nur eine **Klarstellung.** Nach § 34 StPO, § 153 sind alle durch ein Rechtsmittel anfechtbaren Entscheidungen sowie die, durch welche ein Antrag abgelehnt wird, mit Gründen zu versehen.

Wirkungen des Verbots §139

Die Begründung muss erkennen lassen, auf welchen tatsächlichen Feststellungen der Beschluss beruht und aus welchen Erwägungen das Gericht die **Notwendigkeit eines Berufs- oder Vertretungsverbots** bejaht. Wenn bereits ein auf Ausschließung aus dem Beruf lautendes Urteil vorliegt, kann wegen der Voraussetzungen des § 134 hierauf Bezug genommen werden; es sind dann nur noch Ausführungen darüber erforderlich, warum ein sofortiges Einschreiten zur Abwehr konkreter Gefahren für wichtige Gemeinschaftsgüter geboten ist. 2

Eine **fehlende Begründung** muss zur Aufhebung des Beschlusses und Zurückverweisung führen (vgl. §§ 338 Nr. 7 StPO; 153). 3

2. Zustellung

Der Beschluss über die Verhängung eines Berufs- oder Vertretungsverbots ist dem StB **in jedem Falle** zuzustellen, und zwar in Abweichung von § 35 Abs. 1 StPO auch, wenn er bei der Verkündung anwesend war. Der Beschluss wird jedoch – unabhängig von der Zustellung – mit der Verkündung wirksam (§ 139 Abs. 1). Durch die Zustellung soll sichergestellt werden, dass sich ein StB bei der Prüfung der Voraussetzungen des § 140 nicht auf Unkenntnis berufen kann. Wegen des Beginns der Beschwerdefrist vgl. § 141 Rdnr. 6. 4

Das **Zustellungsverfahren** richtet sich nach § 37 StPO, §§ 166–213 ZPO, § 153, eine öffentliche Zustellung ist unzulässig. 5

§ 139 Wirkungen des Verbots

(1) **Der Beschluß wird mit der Verkündung wirksam.**

(2) **Der Steuerberater oder Steuerbevollmächtigte, gegen den ein Berufsverbot verhängt ist, darf seinen Beruf nicht ausüben.**

(3) **Der Steuerberater oder Steuerbevollmächtigte, gegen den ein Vertretungsverbot verhängt ist, darf nicht vor Gerichten oder Behörden in Person auftreten, Vollmachten oder Untervollmachten erteilen und mit Gerichten, Behörden, Steuerberatern oder Steuerbevollmächtigten oder anderen Vertretern in Steuersachen schriftlich verkehren.**

(4) **Der Steuerberater oder Steuerbevollmächtigte, gegen den ein Berufs- oder Vertretungsverbot verhängt ist, darf jedoch seine eigenen Angelegenheiten und die Angelegenheiten seiner Angehörigen im Sinne des § 15 der Abgabenordnung wahrnehmen.**

(5) **Die Wirksamkeit von Rechtshandlungen des Steuerberaters oder Steuerbevollmächtigten wird durch das Berufs- oder Vertretungsverbot nicht berührt. Das gleiche gilt für Rechtshandlungen, die ihm gegenüber vorgenommen werden.**

Übersicht	Rdnr.
1. Allgemeines	1, 2
2. Berufsverbot	3–5
3. Vertretungsverbot	6, 7
4. Ausnahmen	8
5. Wirksamkeit von Rechtshandlungen	9, 10

1. Allgemeines

1 Durch die Verhängung eines Berufs- oder Vertretungsverbots wird die **Bestellung** als StB nicht berührt. Das Verbot richtet sich mit den in Abs. 2 und 3 genannten Auswirkungen nur gegen den StB. Nach ihrem Regelungszweck bezieht es sich auch auf den Personenkreis nach § 74 Abs. 2 (vgl. § 94). Ein Verbot beinhaltet den Entzug der Geschäftsführungs- und/oder Vertretungsbefugnis bei einer StBGes. Der StB kann Rechtshandlungen mit voller Wirksamkeit vornehmen (Abs. 5); jedoch sollen ihn Gerichte und Behörden zurückweisen (§ 140 Abs. 2). Das Berufs- oder Vertretungsverbot ist in das **Bundeszentralregister** einzutragen (§ 10 Abs. 2 Nr. 2 BZRG).

2 Als **Sofortmaßnahme** zum Schutze wichtiger Gemeinschaftsgüter muss das Berufs- oder Vertretungsverbot mit der Verkündung wirksam werden (Abs. 1); eine Beschwerde hat keine aufschiebende Wirkung (§ 141 Abs. 1 Satz 2). Der Beschluss wird auch dann mit der Verkündung wirksam, wenn er in Abwesenheit des StB verkündet worden ist; die nach § 138 vorgeschriebene Zustellung soll nur sicherstellen, dass sich der StB bei der Prüfung der Voraussetzungen des § 140 Abs. 1 nicht auf Unkenntnis berufen kann.

2. Berufsverbot

3 Bei einem Berufsverbot darf der StB seinen Beruf nicht ausüben (Abs. 2). Das Verbot umfasst die **gesamte berufliche Tätigkeit,** wie sie in §§ 1, 33 umschrieben ist, d. h. die gesamte Beratung von Auftraggebern einschließlich der Übernahme von Buchführungsarbeiten und ihre Vertretung.

4 Das Verbot umfasst nicht Tätigkeiten, die zwar mit dem Beruf eines StB **vereinbar** sind, aber auch ohne Bestellung als StB ausgeübt werden dürfen. Hierzu gehören z. B. die Erstattung wissenschaftlich begründeter Gutachten (§ 6 Nr. 1), die Durchführung mechanischer Arbeitsgänge bei der Führung von Büchern und Aufzeichnungen (§ 6 Nr. 3), das Buchen laufender Geschäftsvorfälle, die laufende Lohnabrechnung und das Fertigen von Lohnsteueranmeldungen unter den Voraussetzungen des § 6 Nr. 4, eine wirtschaftsberatende, gutachtliche oder treuhänderische Tätigkeit (§ 57 Abs. 3 Nr. 3), eine freie schriftstellerische und eine Vortrags- und Lehrtätigkeit (§ 57 Abs. 3 Nr. 4 und 5), sowie eine Durchführung von Lehr- und Vortragsveranstaltungen (§ 57 Abs. 3 Nr. 6). Daher sind auch mit dem Beruf unvereinbare Tätigkeiten, wie eine Arbeitnehmerfunktion, möglich, sofern nicht das Berufsverbot nach § 7 umgangen wird. Eine Angestelltentätigkeit nach § 58 kommt hingegen nicht in Betracht. Das Berufsverbot kann in seinen Auswirkungen nicht weitergehen als eine Ausschließung aus dem Beruf.

5 Berufsangehörige mit **Doppelqualifikation,** z. B. als RA oder WP, können auch nach einem Berufsverbot steuerberatend tätig sein, wenn nicht auch ein Berufsverbot nach § 150 BRAO oder § 111 WPO verhängt worden ist.

Zuwiderhandlungen gegen das Verbot § 140

3. Vertretungsverbot

Das Vertretungsverbot umfasst die Tätigkeit gegenüber **Behörden, Ge-** 6
richten, anderen Berufsangehörigen und sonstigen Vertretern in Steuersachen (Abs. 3) und betrifft den nach außen wirkenden Bereich der Berufstätigkeit. Das Verbot ist nach dem Wortlaut auf den Schriftverkehr mit den bezeichneten Stellen begrenzt. Gegenüber sonstigen Dritten, z. B. Mitgesellschaftern des Auftraggebers, darf der StB auftreten.

Dem StB ist weder eine **beratende Tätigkeit** noch die Hilfeleistung bei 7
der **Erfüllung der Buchführungspflichten** einschließlich der Erstellung von Abschlüssen untersagt; dasselbe gilt für die Hilfe bei der Erstellung von Steuererklärungen, solange der StB nicht nach außen in Erscheinung tritt.

4. Ausnahmen

Durch ein Berufs- oder Vertretungsverbot wird der StB nicht gehindert, 8
seine eigenen Angelegenheiten oder die Angelegenheiten seiner **Angehörigen** im Sinne des § 15 AO wahrzunehmen. Dies ist hinsichtlich der eigenen Angelegenheiten eine Selbstverständlichkeit, weil hierfür eine Bestellung als StB nicht erforderlich ist. Die Bedeutung der Vorschrift besteht nur darin, dass Angelegenheiten von Angehörigen auch entgeltlich wahrgenommen werden dürfen (s. § 6 Nr. 2).

5. Wirksamkeit von Rechtshandlungen

Wenn der StB gegen das Berufs- oder Vertretungsverbot verstößt und 9
nicht nach § 140 Abs. 2 zurückgewiesen wird, bleiben Rechtshandlungen, die von ihm oder ihm gegenüber wahrgenommen werden, **wirksam** (Abs. 5). Im Interesse der Rechtssicherheit war es geboten, die Folgen eines Verstoßes sich nicht zu Lasten des Vertretenen auswirken zu lassen (vgl. BGHZ 111, 104 zu § 155 BRAO).

Vertragliche Vereinbarungen, die ein StB trotz eines Berufs- oder 10
Vertretungsverbots mit einem Auftraggeber schließt, sind nicht nach § 134 BGB nichtig, weil es sich nicht um ein gesetzliches Verbot handelt, sondern um ein gerichtliches Verbot, gegen das nur der StB verstößt. Der StB macht sich jedoch schadensersatzpflichtig, wenn er den Auftrag nicht durchführen kann, weil er nach § 140 Abs. 2 zurückgewiesen wird.

§ 140 Zuwiderhandlungen gegen das Verbot

(1) **Der Steuerberater oder Steuerbevollmächtigte, der einem gegen ihn ergangenen Berufs- oder Vertretungsverbot wissentlich zuwiderhandelt, wird aus dem Beruf ausgeschlossen, sofern nicht wegen besonderer Umstände eine mildere berufsgerichtliche Maßnahme ausreichend erscheint.**

(2) **Gerichte oder Behörden sollen einen Steuerberater oder Steuerbevollmächtigten, der entgegen einem Berufs- oder Vertretungsverbot vor ihnen auftritt, zurückweisen.**

§ 140 1–4 Zuwiderhandlungen gegen das Verbot

Übersicht Rdnr.
1. Berufsgerichtliche Maßnahmen 1–3
2. Zurückweisung 4

1. Berufsgerichtliche Maßnahmen

1   Die Vorschrift hat – wegen der §§ 89, 90 – lediglich klarstellende Bedeutung. Sie regelt nicht einen Verstoß gegen ein rechtskräftiges Urteil, das den Ausschluss aus dem Beruf zur Folge hat, da in diesen Fällen der Betroffene kein Berufsangehöriger mehr ist. Abs. 1 erfordert auf der **objektiven** Tatseite einen Verstoß gegen das Berufs- oder Vertretungsverbot. Das Verbot muss also verkündet worden sein (§ 139 Abs. 1); die Zustellung ist nicht erforderlich. Das Verbot darf auch nicht nach § 142 außer Kraft getreten oder nach § 143 aufgehoben worden sein. Ein Verstoß ist in der Vornahme jeder Handlung zu sehen, die dem StB nach § 139 Abs. 2 bis 4 untersagt ist.

2   In **subjektiver** Hinsicht ist ein „wissentlicher", d. h. bewusster Verstoß erforderlich. Dem StB muss also bekannt sein, dass ein Berufs- oder Vertretungsverbot verhängt wurde und wirksam ist (BGH, NJW 1989 S. 1939 zu § 114a Abs. 3 BRAO). Wenn das Verbot in Abwesenheit des StB verkündet wurde, wird sich ein wissentlicher Verstoß meist erst nach Zustellung des Beschlusses nachweisen lassen. Ein bedingter Vorsatz erfüllt nicht die Voraussetzungen des § 140, jedoch kann eine der in § 90 Abs. 1 Nr. 1 bis 3 genannten Maßnahmen in Betracht kommen, weil der bedingt vorsätzliche – u. U. auch fahrlässige – Verstoß gegen ein Berufs- oder Vertretungsverbot unter die Generalklausel des § 89 Abs. 1 fallen kann (Bayer. EGH, EGE XIV S. 248).

3   Die Vorschrift ist die einzige Bestimmung des StBerG, die für eine Berufspflichtverletzung die absolute Androhung einer berufsgerichtlichen Maßnahme, wenn auch mit Milderungsmöglichkeit, enthält. Eine Ausschließung aus dem Beruf ist nicht auszusprechen, wenn wegen besonderer Umstände eine mildere Maßnahme ausreichend erscheint. Diese Fassung des Gesetzes bedeutet keine Umkehrung der Beweislast; das Gericht hat vielmehr von Amts wegen zu prüfen, ob **„besondere Umstände"** vorliegen; es muss dies auch im Urteil hinreichend würdigen (*Gehre*, DStR 1966 S. 62ff.). Als besondere Umstände kommen z. B. in Betracht: Einzelne Verstöße, die nicht auf einer planmäßigen Missachtung des Berufs- oder Vertretungsverbots beruhen, oder die Abwicklung schwebender Fälle, insbesondere wenn den Mandanten durch die plötzliche Beendigung der Hilfeleistung ein Schaden entstehen könnte. Ein „besonderer Umstand" ist ferner die Tatsache, dass das Berufs- oder Vertretungsverbot sachlich nicht gerechtfertigt war (BGH, DStR 1966 S. 62).

2. Zurückweisung

4   Nach § 139 Abs. 5 sind zwar Rechtshandlungen eines StB, gegen den ein Berufs- oder Vertretungsverbot verhängt wurde, rechtswirksam, so dass z. B. bei der Einlegung von gerichtlichen oder außergerichtlichen Rechtsbehelfen

1. Zulässigkeit 1 § 141

die Fristen gewahrt werden. Gerichte und Behörden sollen jedoch den Berufsangehörigen zurückweisen. Für das **außergerichtliche Verfahren** bedeutet das eine Erweiterung des § 80 Abs. 5 AO, für das **gerichtliche Verfahren** eine Erweiterung des § 62 Abs. 2 Satz 2 FGO. Nach der Zurückweisung kann der Zurückgewiesene seinen Auftraggeber nicht mehr wirksam vertreten; seine Verfahrenshandlungen sind unwirksam (§ 80 Abs. 8 Satz 2 AO). Ein StB, der trotzdem für seine Mandanten weiter auftritt, macht sich schadensersatzpflichtig.

§ 141 Beschwerde

(1) **Gegen den Beschluß, durch den das Landgericht oder das Oberlandesgericht ein Berufs- oder Vertretungsverbot verhängt, ist die sofortige Beschwerde zulässig. Die Beschwerde hat keine aufschiebende Wirkung.**

(2) **Gegen den Beschluß, durch den das Landgericht oder das Oberlandesgericht es ablehnt, ein Berufs- oder Vertretungsverbot zu verhängen, steht der Staatsanwaltschaft die sofortige Beschwerde zu.**

(3) **Über die sofortige Beschwerde entscheidet, sofern der angefochtene Beschluß von dem Landgericht erlassen ist, das Oberlandesgericht und, sofern er von dem Oberlandesgericht erlassen ist, der Bundesgerichtshof. Für das Verfahren gelten neben den Vorschriften der Strafprozeßordnung über die Beschwerde § 135 Abs. 1, 2 und 4 sowie die §§ 136 und 138 dieses Gesetzes entsprechend.**

Übersicht	Rdnr.
1. Zulässigkeit	
a) Allgemeines	1
b) Beschwerde des StB	2, 3
c) Beschwerde der StA	4, 5
2. Frist	6
3. Verfahren	7–9

1. Zulässigkeit

a) Allgemeines

Die sofortige Beschwerde ist gegen Entscheidungen des LG und des OLG zulässig, durch die ein Berufs- oder Vertretungsverbot verhängt wird (Abs. 1 Satz 1). Die Bestimmung eröffnet jedoch **nicht für jeden Fall,** in dem das OLG ein Berufs- oder Vertretungsverbot verhängt hat, die Möglichkeit der sofortigen Beschwerde. Vielmehr ist § 141 nur im Zusammenhang mit § 134 zu verstehen; er regelt die Anfechtbarkeit der Entscheidungen, die nach dieser Vorschrift erlassen worden sind. Wenn das OLG bereits als Beschwerdeinstanz über ein Berufs- oder Vertretungsverbot entschieden hat, ist hiergegen eine weitere Beschwerde nicht zulässig. Das gilt auch dann, wenn das LG die Verhängung eines Berufs- oder Vertretungsverbots abgelehnt hatte und das OLG auf die Beschwerde der StA diese Maßnahme getroffen hat (BGHSt 19, 4; 20, 68, 69).

1

493

b) Beschwerde des StB

2 Der StB kann gegen die Verhängung eines Berufs- oder Vertretungsverbots durch das LG oder OLG sofortige Beschwerde einlegen. Die Beschwerde hat **keine aufschiebende Wirkung und das Verbot ist sofort wirksam** (Abs. 1 Satz 2). Eine Aussetzung der Vollziehung ist jedoch möglich (EGH Schleswig, BRAK-Mitt. 1983 S. 143).

3 Eine Beschwerde des StB gegen ein Vertretungsverbot kann zu einer Schlechterstellung führen, indem das Beschwerdegericht ein Berufsverbot verhängt. Das **Verschlechterungsverbot** der §§ 331 Abs. 1; 358 Abs. 2 StPO gilt nicht für das Beschwerdeverfahren (EGH Stuttgart, EGE VII, S. 239).

c) Beschwerde der StA

4 Die StA kann gegen den Beschluss, durch den die Verhängung eines Berufs- oder Vertretungsverbots abgelehnt wird, sofortige Beschwerde einlegen. Voraussetzung ist, dass sie zuvor einen entsprechenden **Antrag** gestellt hatte; anderenfalls besteht ohnehin kein Anlass, dass das Gericht durch Beschluss die Verhängung eines Berufs- oder Vertretungsverbots ablehnt.

5 Die StA hat auch ein Beschwerderecht, wenn das Gericht auf ihren Antrag, ein Berufsverbot zu verhängen, nur ein **Vertretungsverbot** ausgesprochen hat.

2. Frist

6 Die sofortige Beschwerde ist **binnen einer Woche** nach Verkündung des Beschlusses einzulegen (§§ 311 StPO; 153). War der Beschluss in Abwesenheit des StB verkündet worden, so beginnt die Beschwerdefrist für ihn erst mit der Zustellung nach § 138.

3. Verfahren

7 Die Beschwerde kann **schriftlich** oder zu Protokoll der Geschäftsstelle eingelegt werden, und zwar bei dem Gericht, dessen Entscheidung angefochten wird (§§ 306 Abs. 1 StPO; 153). Die Einlegung beim Beschwerdegericht genügt zur Wahrung der Frist (§§ 311 Abs. 2 StPO; 153); bei einem Versäumnis der Frist ohne Verschulden kann ein Antrag auf Wiedereinsetzung gestellt werden (§§ 44, 45 StPO; § 153 Abs. 1).

8 Die Entscheidung des Beschwerdegerichts ergeht auf Grund einer **mündlichen Verhandlung** (§ 135 Abs. 1), für die die Vorschriften über die Hauptverhandlung mit Ausnahme der Vorschriften über den Umfang der Beweisaufnahme entsprechend anzuwenden sind (§ 135 Abs. 2, 4).

9 Der Beschluss, durch den ein Berufs- oder Vertretungsverbot bestätigt wird, bedarf einer Mehrheit von **zwei Dritteln** der Stimmen des Gerichts (§ 136). Ein Beschluss der Vorinstanz ist daher aufzuheben, wenn sich mehr als ein Mitglied des Senats für StB- und StBv-Sachen hierfür ausspricht.

§ 142 Außerkrafttreten des Verbots

Das Berufs- oder Vertretungsverbot tritt außer Kraft,
1. wenn ein nicht auf Ausschließung lautendes Urteil ergeht;
2. wenn die Eröffnung des Hauptverfahrens vor der Kammer für Steuerberater- und Steuerbevollmächtigtensachen abgelehnt wird.

Übersicht	Rdnr.
1. Allgemeines	1
2. Nicht auf Ausschließung lautendes Urteil	2–4
3. Ablehnung der Eröffnung des Hauptverfahrens	5

1. Allgemeines

Ein Berufs- oder Vertretungsverbot kann – soweit es nicht durch Erlöschen der Bestellung ohnehin gegenstandslos wird – nach § 142 kraft Gesetzes oder nach § 143 durch gerichtliche Entscheidung außer Kraft treten. In den beiden in § 142 genannten Fällen ist **keine ausdrückliche Aufhebung** erforderlich; die Rechtsfolge tritt vielmehr mit der Verwirklichung der beiden genannten Tatbestände ein. Es bestehen jedoch keine Bedenken, wenn das Berufsgericht durch Beschluss diese Folge feststellt. — 1

2. Nicht auf Ausschließung lautendes Urteil

Das Berufs- oder Vertretungsverbot tritt außer Kraft, wenn ein nicht auf Ausschließung aus dem Beruf lautendes Urteil ergeht. Es ist unerheblich, in welcher Instanz das Urteil ergeht und wie der **Urteilstenor** lautet (Freispruch, Einstellung, Verhängung einer anderen berufsgerichtlichen Maßnahme). In diesen Fällen bestehen keine dringenden Gründe für die Annahme mehr, dass auf Ausschließung aus dem Beruf erkannt werden wird (§ 134 Abs. 1), so dass ein Berufs- oder Vertretungsverbot nicht mehr gerechtfertigt ist. — 2

Das Verbot tritt schon **mit der Verkündung** und nicht erst mit der Rechtskraft des Urteils außer Kraft. — 3

Durch § 142 wird auch die **nächste Instanz** gehindert, ein neues Berufs- oder Vertretungsverbot zu verhängen. Wenn schon ein nicht auf Ausschließung aus dem Beruf lautendes Urteil ein Berufs- oder Vertretungsverbot kraft Gesetzes außer Kraft treten lässt, hindert es erst recht die Verhängung eines neuen Verbots. Das gilt auch, wenn neue Tatsachen oder Beweismittel bekannt werden, da das Gesetz keine dem § 119 entsprechende Regelung enthält. — 4

3. Ablehnung der Eröffnung des Hauptverfahrens

Das Berufs- oder Vertretungsverbot tritt auch außer Kraft, wenn die Eröffnung des Hauptverfahrens von der Kammer für StB- und StBv-Sachen abgelehnt wird (§ 118 Abs. 3), also mit Erlass des Beschlusses. Auch hier sind auf Grund richterlicher Nachprüfung die Voraussetzungen des § 134 ver- — 5 neint worden, so dass keine Gründe für die Annahme mehr bestehen, dass gegen den StB auf Ausschließung aus dem Beruf erkannt werden wird. Dies hindert auch die nächste Instanz.

§ 143 Aufhebung des Verbots

(1) **Das Berufs- oder Vertretungsverbot wird aufgehoben, wenn sich ergibt, daß die Voraussetzungen für seine Verhängung nicht oder nicht mehr vorliegen.**

(2) Über die Aufhebung entscheidet das nach § 134 Abs. 3 zuständige Gericht.

(3) **Beantragt der Steuerberater oder Steuerbevollmächtigte, das Verbot aufzuheben, so kann eine erneute mündliche Verhandlung angeordnet werden.** Der Antrag kann nicht gestellt werden, solange über eine sofortige Beschwerde des Beschuldigten nach § 141 Abs. 1 noch nicht entschieden ist. Gegen den Beschluß, durch den der Antrag abgelehnt wird, ist eine Beschwerde nicht zulässig.

Übersicht Rdnr.

1. Voraussetzungen der Aufhebung
   a) Grundsatz 1
   b) Fehlen der Voraussetzungen eines Verbots 2, 3
   c) Wegfall der Voraussetzungen eines Verbots 4
2. Zuständigkeit 5
3. Verfahren 6
4. Rechtsmittel 7–9

1. Voraussetzungen der Aufhebung

a) Grundsatz

1   Im Gegensatz zu § 142 regelt die Bestimmung die Fälle, in denen während eines in dem jeweiligen Rechtszug **noch nicht abgeschlossenen Verfahrens** die Voraussetzungen des § 134 Abs. 1 nachträglich verneint werden. In diesen Fällen ist eine ausdrückliche Aufhebung des Berufs- oder Vertretungsverbots erforderlich; das Verbot wird mit der Rechtskraft des Aufhebungsbeschlusses unwirksam.

b) Fehlen der Voraussetzungen eines Verbots

2   Das Berufsgericht hat nicht nur auf Antrag, sondern auch **von Amts wegen** zu prüfen, ob ein Berufs- oder Vertretungsverbot gerechtfertigt ist. Das schließt auch die Prüfung ein, ob das Verbot auf Grund falscher oder falsch bewerteter Tatsachen zu unrecht verhängt worden ist, insbesondere wenn sich die rechtliche Beurteilung geändert hat oder neue Tatsachen bekannt geworden sind, die bei der Entscheidung nicht berücksichtigt worden waren.

3   Die **Kammer für StB- und StBv-Sachen** kann grundsätzlich ein Berufs- oder Vertretungsverbot auch aufheben, wenn dieses vom OLG verhängt worden war. Voraussetzung ist allerdings, dass dies auf Grund neu bekannt gewordener Tatsachen oder Beweismittel gerechtfertigt ist. Eine ab-

weichende rechtliche Beurteilung bei unverändertem Sachverhalt kann nicht dazu führen, dass eine Entscheidung der höheren Instanz nach § 143 aufgehoben wird.

c) Wegfall der Voraussetzungen eines Verbots

Das Berufs- oder Vertretungsverbot ist auch aufzuheben, wenn neue Tatsachen eintreten, die die Aufrechterhaltung des Verbots nicht mehr gerechtfertigt erscheinen lassen. Dies können insbesondere **Umstände verfahrensrechtlicher Art** sein, z.B. die Einstellung des Verfahrens durch die StA nach § 170 Abs. 2 StPO, § 153 StPO, § 153a StPO, § 153. 4

2. Zuständigkeit

Über die Aufhebung des Verbots entscheidet das Gericht, bei dem das berufsgerichtliche **Verfahren anhängig** ist, also u.U. auch das OLG oder der BGH. Aus dieser Zuständigkeit ergibt sich zugleich die Verpflichtung des Gerichts, von Amts wegen in jeder Lage des Verfahrens zu prüfen, ob die Voraussetzungen für das Berufs- oder Vertretungsverbot noch bestehen. 5

3. Verfahren

Die Aufhebung eines Berufs- oder Vertretungsverbots ist sowohl von Amts wegen als auch auf Antrag der Staatsanwaltschaft oder des StB möglich. Eine **mündliche Verhandlung** ist in keinem Falle erforderlich; bei einem Antrag des StB kann das Gericht eine mündliche Verhandlung anordnen. Die Anordnung liegt in diesem Fall im Ermessen des Gerichts. Für einen Antrag des StB besteht kein Rechtsschutzinteresse, wenn noch eine sofortige Beschwerde gegen das Verbot nach § 141 anhängig ist, weil das Beschwerdegericht ohnehin zu prüfen hat, ob die Voraussetzungen des Verbots nachträglich entfallen sind. 6

4. Rechtsmittel

Dem StB steht keine Beschwerde zu, wenn das Gericht seinen Antrag auf Aufhebung des Verbots **abgelehnt** hat. Der Gesetzgeber hielt das nicht für erforderlich, weil nur ein bereits bestehendes Verbot bestätigt wird; der StB hatte die Möglichkeit, gegen das Verbot sofortige Beschwerde einzulegen (vgl. BVerfGE 48, 300). Dieser Grund ist allerdings in den Fällen nicht überzeugend, in denen der Antrag damit begründet wurde, dass seit Verhängung des Verbots neue Tatsachen oder Beweismittel bekannt geworden sind, die eine Aufhebung des Verbots rechtfertigen. 7

Einem Beschluss, durch den der Antrag des StB abgelehnt wird, steht ein Beschluss gleich, der ein Berufsverbot in ein Vertretungsverbot **umwandelt**, weil hier zugleich die Aufhebung des Vertretungsverbots abgelehnt wird (BGH, EGE VI S. 119). 8

Eine sofortige Beschwerde der **StA** ist zulässig, wenn ihr Antrag auf Aufhebung des Verbots abgelehnt wurde, da der Wortlaut des Abs. 3 nicht einschlägig ist. Dasselbe gilt für eine Beschwerde der StA gegen den Beschluss, durch den ein Berufs- oder Vertretungsverbot aufgehoben wird. 9

§ 144 Mitteilung des Verbots

(1) **Der Beschluß, durch den ein Berufs- oder Vertretungsverbot verhängt wird, ist alsbald dem Präsidenten der zuständigen Steuerberaterkammer in beglaubigter Abschrift mitzuteilen.**

(2) **Tritt das Berufs- oder Vertretungsverbot außer Kraft oder wird es aufgehoben oder abgeändert, so ist Absatz 1 entsprechend anzuwenden.**

Übersicht	Rdnr.
1. Mitteilungspflicht	1
2. Mitteilungsempfänger	2

1. Mitteilungspflicht

1 Das Gesetz enthält keine ausdrückliche Regelung, wer die Mitteilung eines Berufs- oder Vertretungsverbots oder dessen Aufhebung oder Außerkrafttreten zu veranlassen hat. Man wird davon ausgehen müssen, dass dies dem **Vorsitzenden des Gerichts** obliegt, das ein Berufs- oder Vertretungsverbot verhängt hat bzw. durch dessen Entscheidung ein Berufs- oder Vertretungsverbot außer Kraft getreten, aufgehoben oder abgeändert worden ist. Die Mitteilung, dass eine Beschwerde gegen ein Berufs- oder Vertretungsverbot zurückgewiesen wurde, ist nicht vorgeschrieben.

2. Mitteilungsempfänger

2 Es ist der **Präsident der Kammer** zu unterrichten, da die Steuerberaterkammer auch die bestellende Behörde ist. Diese Fassung ist aus § 160 Abs. 1 BRAO übernommen worden. Gegen die Veröffentlichung des Beschlusses im Mitteilungsblatt der Steuerberaterkammer bestehen im Hinblick auf § 83 grundsätzlich Bedenken. Eine Ausnahme ist nur in den Fällen denkbar, in denen sich ansonsten eine Durchsetzung des Berufs- oder Vertretungsverbotes als schwierig herausstellt. Nachdem die Finanzbehörden nicht direkt unterrichtet werden, aber regelmäßig bei ihnen das Mitteilungsblatt der Steuerberaterkammer Beachtung findet, können die Behörden dadurch nach § 140 Abs. 2 eine Zurückweisung des StB vorsehen.

§ 145 Bestellung eines Vertreters

(1) **Für den Steuerberater oder Steuerbevollmächtigten, gegen den ein Berufs- oder Vertretungsverbot verhängt ist, wird im Fall des Bedürfnisses von der zuständigen Steuerberaterkammer ein Vertreter bestellt. Der Steuerberater oder Steuerbevollmächtigte ist vor der Bestellung zu hören; er kann einen geeigneten Vertreter vorschlagen.**

(2) **Der Vertreter muß Steuerberater oder Steuerbevollmächtigter sein.**

(3) **Ein Steuerberater oder Steuerbevollmächtigter, dem die Vertretung übertragen wird, kann sie nur aus einem wichtigen Grund ablehnen.**

(4) **§ 69 Abs. 2 bis 4 ist entsprechend anzuwenden.**

2. Voraussetzungen der Vertreterbestellung   1–4   § 145

Übersicht

	Rdnr.
1. Allgemeines	1
2. Voraussetzungen der Vertreterbestellung	
a) Bestehen eines Berufs- oder Vertretungsverbots	2
b) Bedürfnis	3, 4
c) Person des Vertreters	5–7
3. Verfahren bei der Vertreterbestellung	
a) Bestellung durch die Steuerberaterkammer	8
b) Rechtsmittel	9
4. Dauer des Amtes	
a) Beginn	10
b) Beendigung	11, 12
5. Rechtsstellung des Vertreters	13

1. Allgemeines

Die **Gefahren,** die für die Allgemeinheit von einem unzuverlässigen Berufsangehörigen ausgehen, sind durch die Verhängung eines Berufs- oder Vertretungsverbots beseitigt. Eine völlige Schließung der Praxis wäre nicht nur keine vorläufige Maßnahme, sondern könnte auch zu einer Schädigung der Mandanten führen und zugleich einen Existenzverlust für den Betroffenen bedeuten. Es wird daher in der Regel erforderlich sein, während eines Berufs- oder Vertretungsverbots einen Vertreter zu bestellen. Die Steuerberaterkammer hat dies von Amts wegen zu prüfen. **1**

2. Voraussetzungen der Vertreterbestellung

a) Bestehen eines Berufs- oder Vertretungsverbots

Ein Vertreter kann nur bestellt werden, **wenn und solange** ein Berufs- oder Vertretungsverbot nach § 134 besteht. Bei einem vorläufigen Berufsverbot nach § 132a StPO kann § 145 nicht entsprechend angewendet werden. In diesem Fall kann nur eine Vertreterbestellung nach § 69 in Betracht kommen. **2**

b) Bedürfnis

Die Steuerberaterkammer muss prüfen, ob für die Bestellung eines Vertreters ein Bedürfnis besteht. Dies ist in der Regel zu bejahen, wenn der betroffene StB den **Antrag** stellt, einen Vertreter zu bestellen; da der Betroffene selbst am besten weiß, ob eine Vertreterbestellung erforderlich ist, wird in diesem Falle die Berufskammer keinen Anlass haben, weitere Ermittlungen anzustellen. **3**

Auch ohne Antrag des Betroffenen muss die Steuerberaterkammer die Erforderlichkeit einer Vertreterbestellung **von Amts wegen** prüfen. Die Steuerberaterkammer hat bei der Prüfung sowohl die Standesinteressen, die Mitarbeiter des StB – einschließlich der Auszubildenden – als auch die Mandanten, die von dem Verbot überrascht wurden, bei ihrer Entscheidung zu berücksichtigen. Die Bestellung eines Vertreters wird in der Regel erforderlich sein, wenn noch unerledigte Arbeiten abzuschließen sind und der be- **4** troffene StB nicht von sich aus Maßnahmen getroffen hat, dass den Auftraggebern kein Schaden entsteht, z. B. durch Übertragung der Mandate auf einen Kollegen. Die Beschäftigung von Mitarbeitern macht die Bestellung eines Vertreters nicht überflüssig, weil diese nicht selbstständige Hilfe in Steuersachen leisten dürfen. Bei einem Sozietätsverhältnis besteht im Allgemeinen kein Bedürfnis für eine Vertreterbestellung, weil die Aufgaben des betroffenen StB von seinem Partner übernommen werden. Die Vorschrift findet auch keine Anwendung bei StBGes, da gegen diese kein solches Verbot verhängt werden kann, aber nach § 72 Abs. 1 für den dort genannten Personenkreis.

c) Person des Vertreters

5   Der Vertreter muss **StB oder StBv** sein, wobei ein StB einen StBv vertreten kann und umgekehrt. Der Vertreter kann auch bei dem betroffenen StB oder bei einem anderen Berufsangehörigen nach § 58 angestellt oder sein Sozius sein. Andere nach § 3 zur geschäftsmäßigen Hilfeleistung in Steuersachen befugte Personen, z. B. RAe und WP, können nach dem eindeutigen Wortlaut des Abs. 2 nicht als Vertreter bestellt werden.

6   Der betroffene StB kann einen geeigneten Vertreter vorschlagen. An diesen **Vorschlag** ist die Steuerberaterkammer grundsätzlich gebunden, wenn sie nicht die Eignung des Vorgeschlagenen verneint. Die Eignung des Vorgeschlagenen kann aus fachlichen Gründen, z. B. wenn der Betroffene sich auf bestimmte Rechtsgebiete spezialisiert hatte, auf denen der Vorgeschlagene unerfahren ist, oder aus persönlichen Gründen, z. B. wegen eines Abhängigkeitsverhältnisses, verneint werden.

7   Der Vertreter kann die Übernahme des Amts nur **aus wichtigem Grunde ablehnen.** Ein wichtiger Grund kann darin liegen, dass der Vertreter das Amt aus persönlichen Gründen (z. B. Unvereinbarkeit mit einem nach § 58 bestehenden Arbeitsvertrag, Krankheit, hohes Alter) nicht übernehmen kann oder dass zwischen dem Vertreter und dem Vertretenen in der Vergangenheit persönliche Auseinandersetzungen stattgefunden haben. Eine allgemeine Arbeitsüberlastung und die Gefahr der Beeinträchtigung der eigenen Praxis können dagegen in der Regel nicht als wichtiger Grund für die Ablehnung angesehen werden, weil Abs. 3 von einer grundsätzlichen Berufspflicht zur Übernahme des Amts ausgeht.

3. Verfahren bei der Vertreterbestellung

a) Bestellung durch die Steuerberaterkammer

8   Der Vertreter ist von der zuständigen Steuerberaterkammer, d. h. der Kammer, der der betroffene StB angehört, zu bestellen. Diese hat den betroffenen StB vor der Bestellung eines Vertreters zu hören. Durch die **Anhörung** soll dem StB Gelegenheit gegeben werden, sich zu dem Bedürfnis für eine Vertreterbestellung und zu der Person eines Vertreters zu äußern; die Steuerberaterkammer ist jedoch an den Vorschlag des StB nicht gebunden.

b) Rechtsmittel

Die Entscheidung über die Bestellung eines Vertreters ist ein **Verwaltungsakt**, durch den der StB in seinen Rechten beeinträchtigt wird. Das gilt auch, wenn die Steuerberaterkammer trotz eines Antrags des StB keinen Vertreter bestellt. Die Verwaltungsakte können vor dem Verwaltungsgericht angefochten werden (§ 33 Abs. 1 Nr. 3 FGO; § 40 Abs. 1 VerwGO). 9

4. Dauer des Amtes

a) Beginn

Das Amt des Vertreters beginnt mit der **Bestellung** durch die Steuerberaterkammer. Da eine Schriftform nicht vorgeschrieben ist, genügt auch eine formlose Bekanntgabe an den Vertreter. Eine Urkunde, die in der Regel ausgestellt wird, dient nur der Beweissicherung. Eine rückwirkende Bestellung ist nicht möglich. Die Bestellung wird nicht zeitlich begrenzt. 10

b) Beendigung

Das Amt des Vertreters endet **kraft Gesetzes** mit dem Ende des Berufs- oder Vertretungsverbots (§§ 142, 143), weil damit die gesetzliche Voraussetzung für die Bestellung eines Vertreters entfallen ist. Ebenso endet das Amt mit dem Erlöschen der Bestellung des Vertretenen; in diesem Falle kann ein Praxisabwickler nach § 71 bestellt werden. 11

Ein **Widerruf** der Bestellung ist zwar im Gesetz nicht vorgesehen; man kann jedoch § 69 Abs. 5 Satz 2 entsprechend anwenden, auch wenn diese Bestimmung in Abs. 4 nicht erwähnt wird. 12

5. Rechtsstellung des Vertreters

Zur Rechtsstellung des Vertreters wird auf § 69 Abs. 2 bis 4 verwiesen; wobei trotz fehlenden Verweises auch § 69 Abs. 6 – im Hinblick auf einen angemessenen Konkurrenzschutz – entsprechend anzuwenden ist; siehe hierzu § 69 Rdnr. 17, 18. 13

Vierter Unterabschnitt. Die Kosten in dem berufsgerichtlichen Verfahren und in dem Verfahren bei Anträgen auf berufsgerichtliche Entscheidung über die Rüge. Die Vollstreckung der berufsgerichtlichen Maßnahmen und der Kosten. Die Tilgung.

§ 146 Gebührenfreiheit, Auslagen

Für das berufsgerichtliche Verfahren und das Verfahren bei einem Antrag auf berufsgerichtliche Entscheidung über die Rüge (§ 82) werden keine Gebühren, sondern nur die Auslagen nach den Vorschriften des Gerichtskostengesetzes erhoben.

Übersicht

	Rdnr.
1. Gebührenfreiheit	1
2. Erhebung von Auslagen	2

§ 147

1. Gebührenfreiheit

1 Das berufsgerichtliche Verfahren nach §§ 105 ff. und das Verfahren nach § 82 sind **gerichtsgebührenfrei.** Dies entspricht § 195 BRAO und § 122 WPO. Auf die Fassung der Kostenentscheidung durch das Gericht hat diese Regelung keinen Einfluss; sie lautet, dass dem StB oder der Steuerberaterkammer „die Kosten" auferlegt werden, d. h. die Staatskasse wird von sämtlichen Kosten freigestellt. Die Auslagen des Gerichtes werden im Kostenansatzverfahren nach §§ 4 Abs. 2 GKG, 153 Abs. 1 festgesetzt und sind entsprechend des Verfahrensausgangs vom StB oder der Steuerberaterkammer zu tragen.

2. Erhebung von Auslagen

2 Welche Auslagen der Kostenschuldner an die Gerichtskasse zu zahlen hat, richtet sich nach der Anlage 1 Teil 9 zu § 11 Abs. 1 GKG. Es handelt sich insbesondere um Schreibauslagen, Telegrafen- und Fernschreibegebühren, Postgebühren für Zustellungen, Entschädigung für Zeugen und Sachverständige sowie Reisekostenvergütungen und Auslagenersatz, die bei Geschäften außerhalb der Gerichtsstelle den Gerichtspersonen auf Grund gesetzlicher Vorschriften gewährt werden; nicht zu erstatten sind die den ehrenamtlichen Richtern nach § 104 zu zahlenden Entschädigungen, soweit es sich nicht um Reisekostenvergütungen und Auslagen für Tätigkeiten außerhalb der Gerichtsstelle handelt.

§ 147 Kosten bei Anträgen auf Einleitung des berufsgerichtlichen Verfahrens

(1) **Einem Steuerberater oder Steuerbevollmächtigten, der einen Antrag auf gerichtliche Entscheidung über die Entschließung der Staatsanwaltschaft (§ 116 Abs. 2) zurücknimmt, sind die durch dieses Verfahren entstandenen Kosten aufzuerlegen.**

(2) **Wird ein Antrag des Vorstandes der Steuerberaterkammer auf gerichtliche Entscheidung in dem Fall des § 115 Abs. 2 verworfen, so sind die durch das Verfahren über den Antrag veranlaßten Kosten der Steuerberaterkammer aufzuerlegen.**

Übersicht	Rdnr.
1. Rücknahme des Antrags auf gerichtliche Entscheidung	1, 2
2. Verwerfung des Antrags im Klageerzwingungsverfahren	3

1. Rücknahme des Antrags auf gerichtliche Entscheidung

1 Nach § 116 Abs. 2 kann ein StB unter bestimmten Voraussetzungen (s. § 116 Rdnr. 9) beim OLG die gerichtliche Entscheidung über die Entschließung der StA beantragen. Da dieser Antrag kein Rechtsmittel im Sinne des § 473 Abs. 1 StPO ist, musste in Abs. 1 festgelegt werden, dass bei einer **Rücknahme** des Antrags dem StB die Kosten aufzuerlegen sind.

Das Gesetz brauchte dagegen keine Kostenfolge für den Fall der **Zurückweisung** des Antrages auszusprechen, weil es diese Entscheidung nicht geben kann. Die Entscheidung des Gerichts kann nur lauten, dass keine schuldhafte Berufspflichtverletzung vorliegt oder dass das berufsgerichtliche Verfahren eingeleitet wird; im ersten Fall hat die Steuerberaterkammer nach § 150 die Kosten zu tragen, im zweiten Fall ergeht keine Kostenentscheidung, da die Verfahrenskosten zum nachfolgenden Hauptverfahren gehören. 2

2. Verwerfung des Antrags im Klageerzwingungsverfahren

Nach § 115 Abs. 2 kann der Vorstand der Steuerberaterkammer gegen einen Bescheid der StA die gerichtliche Entscheidung beantragen (Klageerzwingungsverfahren; s. § 115 Rdnr. 10 ff.). Abs. 2 bestimmt, dass bei einer Verwerfung dieses Antrages durch Beschluss die Kosten der Steuerberaterkammer aufzuerlegen sind. Die Kosten umfassen auch die **notwendigen Auslagen** des StB (OLG Stuttgart, NJW 1962 S. 2021). Bei einer Rücknahme des Antrages durch den Vorstand der Steuerberaterkammer sind dieser die Kosten aufzuerlegen (§§ 147 Abs. 1; 148 Abs. 2 StBerG; § 473 Abs. 1 StPO). 3

§ 148 Kostenpflicht des Verurteilten

(1) Dem Steuerberater oder Steuerbevollmächtigten, der in dem berufsgerichtlichen Verfahren verurteilt wird, sind zugleich die in dem Verfahren entstandenen Kosten ganz oder teilweise aufzuerlegen. Dasselbe gilt, wenn das berufsgerichtliche Verfahren wegen Erlöschens oder Zurücknahme der Bestellung eingestellt wird und nach dem Ergebnis des bisherigen Verfahrens die Verhängung einer berufsgerichtlichen Maßnahme gerechtfertigt gewesen wäre. Zu den Kosten des berufsgerichtlichen Verfahrens gehören in diesem Fall auch diejenigen, die in einem anschließenden Verfahren zum Zwecke der Beweissicherung (§§ 132 und 133) entstehen.

(2) Dem Steuerberater oder Steuerbevollmächtigten, der in dem berufsgerichtlichen Verfahren ein Rechtsmittel zurückgenommen oder ohne Erfolg eingelegt hat, sind zugleich die durch dieses Verfahren entstandenen Kosten aufzuerlegen. Hatte das Rechtsmittel teilweise Erfolg, so kann dem Steuerberater oder Steuerbevollmächtigten ein angemessener Teil dieser Kosten auferlegt werden.

(3) Für die Kosten, die durch einen Antrag auf Wiederaufnahme des durch ein rechtskräftiges Urteil abgeschlossenen Verfahrens verursacht worden sind, ist Absatz 2 entsprechend anzuwenden.

Übersicht	Rdnr.
1. Verurteilung des StB	1, 2
2. Einstellung des Verfahrens	3, 4
3. Rücknahme oder Misserfolg eines Rechtsmittels	5, 6
4. Wiederaufnahme des Verfahrens	7

§ 148 1–6   Kostenpflicht des Verurteilten

1. Verurteilung des StB

1   Wenn der StB verurteilt, d. h. gegen ihn eine berufsgerichtliche Maßnahme verhängt wird, sind ihm **grundsätzlich** die Kosten (§ 146 Rdnr. 1) aufzuerlegen. Dies entspricht der allgemeinen Regelung des § 465 Abs. 1 StPO.

2   Im berufsgerichtlichen Verfahren kann es keinen teilweisen Freispruch geben (§ 89 Rdnr. 11). Abs. 1 Satz 1 sieht daher die Möglichkeit vor, einem verurteilten StB die Kosten nur **teilweise** aufzuerlegen, weil es unbillig wäre, ihn mit den vollen Kosten zu belasten, wenn er nicht in allen ihm vorgeworfenen Punkten überführt worden ist. Es wird dann eine Kostenquotelung vorgesehen. Dieser Grundsatz gilt sowohl für abtrennbare Teile einer Tat als auch für mehrere vorgeworfene Berufspflichtverletzungen (BGHSt 24, 81, 90).

2. Einstellung des Verfahrens

3   Bei einer Einstellung des Verfahrens können grundsätzlich die Kosten nicht dem StB auferlegt werden. Es gilt vielmehr die allgemeine Regelung des § 467 Abs. 1 StPO und der §§ 153, 150, wonach in diesen Fällen die **Steuerberaterkammer** die Kosten des Verfahrens zu tragen hat. Das gilt z. B. bei einer Einstellung des Verfahrens wegen Verjährung oder nach § 125 Abs. 3 Nr. 2. Bei einer Einstellung des Verfahrens nach §§ 153 ff. StPO gilt § 467 StPO entsprechend.

4   Eine **Ausnahme** hiervon enthält Abs. 1 Satz 2. Es entspricht der Billigkeit, dem StB die Kosten aufzuerlegen, wenn er sich einer berufsgerichtlichen Ahndung durch einen Verzicht auf die Bestellung entzieht (§ 45 Abs. 1 Nr. 2) oder die Steuerberaterkammer die Bestellung zurücknimmt oder widerruft und nach dem bisherigen Ergebnis des Verfahrens die Verhängung einer berufsgerichtlichen Maßnahme gerechtfertigt gewesen wäre.

3. Rücknahme oder Misserfolg eines Rechtsmittels

5   Der **StB** muss die Kosten eines von ihm eingelegten Rechtsmittels tragen, wenn er das Rechtsmittel zurückgenommen hat oder es verworfen oder zurückgewiesen worden ist (Abs. 2 Satz 1). Dies entspricht dem § 473 Abs. 1 StPO. Bei einem Misserfolg oder einer Rücknahme eines von der StA eingelegten Rechtsmittels sind der **Steuerberaterkammer** die Kosten nach § 150 aufzuerlegen, und zwar auch dann, wenn die StA das Rechtsmittel zugunsten des StB eingelegt hatte. Das ergibt sich auch aus § 473 Abs. 2 StPO, der nach § 153 entsprechend anzuwenden ist, weil die §§ 146 ff. keine abschließende Regelung der Kostentragungspflicht im berufsgerichtlichen Verfahren darstellen (BGHSt 24, 81, 89).

6   Eine **teilweise** Auferlegung der Kosten ist möglich, wenn das Rechtsmittel zum Teil Erfolg gehabt hat, z. B. eine Geldbuße herabgesetzt oder eine geringere berufsgerichtliche Maßnahme verhängt worden ist. Entsprechendes gilt, wenn eine zunächst in vollem Umfang eingelegte Berufung auf den

2. Die Kostenentscheidungen im Einzelnen 1, 2 § 149

Rechtsfolgeanspruch beschränkt worden ist, weil darin eine teilweise Rücknahme der Berufung zu sehen ist.

4. Wiederaufnahme des Verfahrens

Entsprechend § 473 Abs. 6 StPO hat der StB die Kosten eines erfolglosen Antrags auf Wiederaufnahme des Verfahrens (§§ 359ff. StPO; 153) zu tragen. 7

§ 149 Kostenpflicht in dem Verfahren bei Anträgen auf berufsgerichtliche Entscheidung über die Rüge

(1) **Wird der Antrag auf berufsgerichtliche Entscheidung über die Rüge als unbegründet zurückgewiesen, so ist § 148 Abs. 1 Satz 1 entsprechend anzuwenden. Stellt das Landgericht fest, daß die Rüge wegen der Verhängung einer berufsgerichtlichen Maßnahme unwirksam ist (§ 82 Abs. 5 Satz 2), oder hebt es den Rügebescheid gemäß § 82 Abs. 3 Satz 2 auf, so kann es dem Steuerberater oder Steuerbevollmächtigten die in dem Verfahren entstandenen Kosten ganz oder teilweise auferlegen, wenn es dies für angemessen erachtet.**

(2) **Nimmt der Steuerberater oder Steuerbevollmächtigte den Antrag auf berufsgerichtliche Entscheidung zurück oder wird der Antrag als unzulässig verworfen, so gilt § 148 Abs. 2 Satz 1 entsprechend.**

(3) **Wird der Rügebescheid, den Fall des § 82 Abs. 3 Satz 2 ausgenommen, aufgehoben oder wird die Unwirksamkeit der Rüge wegen eines Freispruchs des Steuerberaters oder Steuerbevollmächtigten im berufsgerichtlichen Verfahren oder aus den Gründen des § 91 Abs. 2 Satz 2 festgestellt (§ 82 Abs. 5 Satz 2), so sind die notwendigen Auslagen des Steuerberaters oder Steuerbevollmächtigten der Steuerberaterkammer aufzuerlegen.**

Übersicht	Rdnr.
1. Allgemeines	1
2. Die Kostenentscheidung im Einzelnen	2–5

1. Allgemeines

Nach § 82 kann ein StB die Entscheidung des LG (Kammer für StB- und StBv-Sachen) über eine von dem Vorstand der Steuerberaterkammer erteilte Rüge beantragen. Die Vorschrift regelt die Pflicht zur Tragung der Kosten dieses Verfahrens. Auch hier gilt der Grundsatz, dass alle Kosten, die weder dem StB noch einem Dritten auferlegt werden können, der Steuerberaterkammer zur Last fallen (§ 150); das gilt auch, wenn das Gericht in Ausübung eines zulässigen Ermessens davon absieht, die Kosten dem StB aufzuerlegen. 1

2. Die Kostenentscheidungen im Einzelnen

Bei **Rücknahme** oder **Verwerfung** des Antrages als unzulässig (s. § 82 Rdnr. 11) sind dem StB die Kosten des Verfahrens stets in vollem Umfange aufzuerlegen (Abs. 2). 2

§ 150 1   Haftung der Steuerberaterkammer

3   Bei einer **Zurückweisung** des Antrages als unbegründet (s. § 82 Rdnr. 12) sind die Kosten dem StB ganz oder teilweise aufzuerlegen (Abs. 1 Satz 2); eine nur teilweise Auferlegung der Kosten wird nur unter den Voraussetzungen in Betracht kommen, die den Ausführungen zu § 148 Rdnr. 2 entsprechen.

4   Bei einer **Aufhebung** des Rügebescheides (s. § 82 Rdnr. 13) sind die Kosten der Steuerberaterkammer aufzuerlegen (§ 150). Außerdem hat die Steuerberaterkammer die notwendigen Auslagen des StB zu tragen (Abs. 3); das gilt auch für die notwendigen Auslagen des StB im Einspruchsverfahren (OLG Düsseldorf, DStR 1983 S. 43). Das gilt nicht, wenn der Rügebescheid nach § 82 Abs. 3 Satz 2 wegen nachträglich eingetretener Umstände aufgehoben wird.

5   Wird die **Unwirksamkeit der Rüge festgestellt** (s. § 82 Rdnr. 14), so sind zwei Fälle zu unterscheiden: Bei der Feststellung, dass die Rüge wegen eines Freispruchs oder wegen der Nichteröffnung des Hauptverfahrens im berufsgerichtlichen Verfahren unwirksam ist, trägt die Steuerberaterkammer die Kosten und hat dem StB die notwendigen Auslagen zu erstatten (Abs. 3); dieser Fall ist im Ergebnis der Aufhebung der Rüge gleichzusetzen. Bei der Feststellung, dass die Rüge wegen Verhängung einer berufsgerichtlichen Maßnahme unwirksam ist, muss in der Regel die Steuerberaterkammer die Kosten tragen; das Gericht kann jedoch dem StB ganz oder teilweise die Kosten auferlegen, wenn es dies für angemessen erachtet (Abs. 1 Satz 2).

§ 150 Haftung der Steuerberaterkammer

Kosten, die weder dem Steuerberater oder Steuerbevollmächtigten noch einem Dritten auferlegt oder von dem Steuerberater oder Steuerbevollmächtigten nicht eingezogen werden können, fallen der Steuerberaterkammer zur Last, welcher der Steuerberater oder Steuerbevollmächtigte angehört.

Übersicht
                                                      Rdnr.

1. Allgemeines 1–3
2. Kostentragungspflicht der Steuerberaterkammer 4, 5
3. Haftung der Steuerberaterkammer 6

1. Allgemeines

1   Die Vorschrift ist aus § 198 Abs. 1 BRAO übernommen worden, obwohl die Ausgangslage nicht völlig gleich ist. Nach § 204 Abs. 3 Satz 2 BRAO fließt im ehrengerichtlichen Verfahren eine Geldbuße der Rechtsanwaltskammer zu, während die Geldbuße im berufsgerichtlichen Verfahren der **Staatskasse** zusteht. Andererseits haben nach § 98 Abs. 2 BRAO die Rechtsanwaltskammern die Bürokräfte, Räume und Mittel für das Anwaltsgericht zur Verfügung zu stellen, während die Steuerberaterkammern nicht mit Kosten der Berufsgerichtsbarkeit belastet sind. Es ist daher im Ergebnis gerechtfertigt, die Haftung der Steuerberaterkammer für die von anderer Seite nicht zu erstattenden Auslagen festzulegen.

3. Haftung der Steuerberaterkammer 2–6 § 150

Die Bestimmung regelt **zwei Fragen:** die subsidiäre Kostentragungspflicht der Steuerberaterkammer, wenn die Kosten aus rechtlichen Gründen nicht dem StB oder einem Dritten auferlegt werden und die subsidiäre Haftung der Steuerberaterkammer, wenn die Kosten von einem StB nicht eingezogen werden können. Die Steuerberaterkammer tritt in jedem Falle an die Stelle der Staatskasse, die insoweit niemals mit Kosten, d. h. Auslagen nach § 148 belastet werden kann (OLG Düsseldorf, StB 1980 S. 37).

Kostenschuldner ist die Steuerberaterkammer, der der StB zurzeit der Einleitung des Verfahrens **angehört** (vgl. § 122). Das gilt auch, wenn der StB zwischen Berufspflichtverletzung und Einleitung des Verfahrens oder nach Erlass der Entscheidung die Kammermitgliedschaft gewechselt hat. Der Grund für die Kostentragung und Haftung der Steuerberaterkammer ist nicht in der Verantwortlichkeit für das Verhalten ihrer Mitglieder, sondern in der Entlastung der Staatskasse von Aufwendungen zu sehen, die im Interesse des Berufsstandes gemacht wurden.

2. Kostentragungspflicht der Steuerberaterkammer

Der Steuerberaterkammer sind in der **das Verfahren abschließenden Entscheidung** die Kosten des Verfahrens aufzuerlegen, die dem StB (§ 148) oder einem Dritten (§§ 469, 145 Abs. 4; 51 Abs. 1 Satz 1; 77 Abs. 1 Satz 1 StPO; 153) nicht auferlegt werden können. Das gilt nicht nur bei einem Freispruch, sondern bei jeder Art der Beendigung des Verfahrens, zum Beispiel bei einer Einstellung nach § 153 StPO, § 153 oder wegen sonstiger Verfahrenshindernisse (OLG Düsseldorf, StB 1980 S. 37), nicht aber bei einer Einstellung nach § 153a StPO, § 153 (§ 467 Abs. 5 StPO, § 153). Der Steuerberaterkammer sind auch die Kosten aufzuerlegen, die der StB nach § 465 Abs. 2 StPO, § 153 nicht zu tragen hat (BGHSt 24, 81, 89).

Die **notwendigen Auslagen** des StB sind bei einem Freispruch, der Ablehnung der Eröffnung des Hauptverfahrens und bei einer Einstellung des Verfahrens der Steuerberaterkammer aufzuerlegen. Es bestehen keine Anhaltspunkte dafür, dass die §§ 146 ff. eine abschließende Regelung darstellen, die eine Erstattung von Auslagen im berufsgerichtlichen Verfahren ausschließen (BGHSt 21, 211), zumal sogar in den Fällen des § 149 Abs. 2 die Erstattung von Auslagen durch die Steuerberaterkammer vorgesehen ist.

3. Haftung der Steuerberaterkammer

Die Steuerberaterkammer haftet für die **Kostenschuld des StB,** nicht aber für dritte Personen. Es ergibt sich bereits aus dem Wortlaut des Gesetzes, dass die Steuerberaterkammer nur subsidiär haftet; dieser Grundsatz geht der in den §§ 54, 58 Abs. 1 GKG enthaltenen Regelung vor. Eine Haftung tritt erst ein, wenn in entsprechender Anwendung der §§ 58 Abs. 2 GKG, 153 eine Zwangsvollstreckung in das bewegliche Vermögen erfolglos geblieben ist oder aussichtslos erscheint.

507

§ 151 Vollstreckung der berufsgerichtlichen Maßnahmen und der Kosten

(1) Die Ausschließung aus dem Beruf (§ 90 Abs. 1 Nr. 4) wird mit der Rechtskraft des Urteils wirksam. Der Verurteilte wird auf Grund einer beglaubigten Abschrift der Urteilsformel, die mit der Bescheinigung der Rechtskraft versehen ist, im Berufsregister der Steuerberater oder Steuerbevollmächtigten gelöscht.

(2) Warnung und Verweis (§ 90 Abs. 1 Nr. 1 und 2) gelten mit der Rechtskraft des Urteils als vollstreckt.

(3) Die Vollstreckung der Geldbuße und die Beitreibung der Kosten werden nicht dadurch gehindert, daß der Steuerberater oder Steuerbevollmächtigte nach rechtskräftigem Abschluß des Verfahrens aus dem Beruf ausgeschieden ist. Werden zusammen mit einer Geldbuße die Kosten beigetrieben, so gelten auch für die Kosten die Vorschriften über die Vollstreckung der Geldbuße.

Übersicht

	Rdnr.
1. Allgemeines	1
2. Vollstreckungsmaßnahmen im Einzelnen	
a) Warnung und Verweis	2
b) Geldbußen und Kosten	3–5
c) Ausschließung aus dem Beruf	6

1. Allgemeines

1 Die Vorschrift enthält **Sonderbestimmungen** über die Vollstreckung der berufsgerichtlichen Maßnahmen und Kosten. Daneben gelten die allgemeinen Vorschriften, insbesondere die §§ 449, 451, 452, 459 ff. StPO sowie die Justizbeitreibungsordnung. Berufsgerichtliche Maßnahmen werden nur in den über den StB geführten Akten eingetragen (s. § 152), nicht aber in einem dem Strafregister vergleichbaren Verzeichnis.

2. Vollstreckungsmaßnahmen im Einzelnen

a) Warnung und Verweis

2 Warnung und Verweis gelten mit der Rechtskraft des Urteils als vollstreckt (Abs. 2). Es wird damit klargestellt, dass diese Maßnahmen nicht etwa im Vollstreckungsverfahren nochmals ausgesprochen werden müssen.

b) Geldbußen und Kosten

3 Geldbußen werden von der Justizverwaltung nach den Vorschriften der Justizbeitreibungsordnung vollstreckt (§§ 459 StPO; 153). Für die Vollstreckung von Kosten sind die Vorschriften der ZPO entsprechend anzuwenden (§§ 464b Satz 3 StPO; 153). Bei gleichzeitiger Vollstreckung gelten auch für die Vollstreckung der Kosten die Vorschriften über die Vollstreckung der Geldbuße (Abs. 3 Satz 2).

4 Ein StB, der eine Geldbuße nicht zahlt und es auf eine Zwangsvollstreckung ankommen lässt, obwohl die erforderlichen Mittel vorhanden sind,

1. Allgemeines

schadet dem Ansehen des Berufs und begeht damit eine **neue Berufspflichtverletzung** (LG Hannover, StB 1981 S. 250).

In Abs. 3 Satz 2 wird klargestellt, dass die Beitreibung nicht durch **Ausscheiden** des StB aus dem Beruf gehindert wird. Das bezieht sich auf das Erlöschen der Bestellung durch Verzicht und rechtskräftigen Ausschluss aus dem Beruf (§ 45 Abs. 1 Nr. 2 u. 3) sowie auf die Rücknahme und den Widerruf der Bestellung (§ 46). Bei Tod des StB darf wegen der Geldbuße und der Kosten nicht in den Nachlass vollstreckt werden (§§ 459c Abs. 3; 465 Abs. 3 StPO; 153), da sie ihren Sinn verloren haben.

c) Ausschließung aus dem Beruf

Die Ausschließung aus dem Beruf wird mit der Rechtskraft des Urteils wirksam (Abs. 1 Satz 1). Die nach Abs. 1 Satz 2 vorgesehene Löschung im Berufsregister hat nur deklaratorische Wirkung.

§ 152 Tilgung

(1) Eintragungen in den über den Steuerberater oder Steuerbevollmächtigten geführten Akten über eine Warnung sind nach fünf, über einen Verweis oder eine Geldbuße nach zehn Jahren zu tilgen. Die über diese berufsgerichtlichen Maßnahmen entstandenen Vorgänge sind aus den über den Steuerberater oder Steuerbevollmächtigten geführten Akten zu entfernen und zu vernichten. Nach Ablauf der Frist dürfen diese Maßnahmen bei weiteren berufsgerichtlichen Maßnahmen nicht mehr berücksichtigt werden.

(2) Die Frist beginnt mit dem Tage, an dem die berufsgerichtliche Maßnahme unanfechtbar geworden ist.

(3) Die Frist endet nicht, solange gegen den Steuerberater oder Steuerbevollmächtigten ein Strafverfahren, ein ehrengerichtliches oder berufsgerichtliches Verfahren oder ein Disziplinarverfahren schwebt, eine andere berufsgerichtliche Maßnahme berücksichtigt werden darf oder ein auf Geldbuße lautendes Urteil noch nicht vollstreckt worden ist.

(4) Nach Ablauf der Frist gilt der Steuerberater oder Steuerbevollmächtigte als von berufsgerichtlichen Maßnahmen nicht betroffen.

(5) Die Absätze 1 bis 4 gelten für Rügen des Vorstandes der Steuerberaterkammer entsprechend. Die Frist beträgt fünf Jahre.

Übersicht	Rdnr.
1. Allgemeines	1
2. Tilgungsfrist	
a) Dauer	2
b) Beginn	3
c) Ende	4–7

1. Allgemeines

Berufsgerichtliche Maßnahmen und Rügen werden nur ausnahmsweise in das Bundeszentralregister (vgl. § 10 Abs. 2 Nr. 1 BZRG und § 90 Rdnr. 15) eingetragen; da sie sich aber aus den bei der Steuerberaterkammer über den

§ 152 2–6 Tilgung

StB geführten Akten ergeben, muss die Tilgung nach bestimmten Fristen vorgesehen werden, um eine den §§ 45 ff. BZRG entsprechende Regelung zu erreichen. Abs. 1 und 5 schreiben daher vor, dass Eintragungen über Rügen und die berufsgerichtlichen Maßnahmen der Warnung, des Verweises und der Geldbuße – nicht aber Vorgänge, die nicht zu einer Rüge oder berufsgerichtlichen Maßnahme geführt haben – nach Ablauf der gesetzlichen Fristen zu tilgen und die Vorgänge aus den Akten zu entfernen und zu vernichten sind. Dem entspricht ein allgemeines **Verwertungsverbot** (Abs. 1 Satz 3); der StB kann erklären, dass gegen ihn keine berufsgerichtliche Maßnahme oder Rüge verhängt worden ist (Abs. 4). Das Verwertungsverbot gilt auch, wenn die Vorgänge trotz Fristablauf versehentlich nicht aus den Akten entfernt und vernichtet worden sind.

2. Tilgungsfristen

a) Dauer

2   Vorgänge über eine Rüge und eine Warnung sind nach **fünf Jahren** zu tilgen. Bei den berufsgerichtlichen Maßnahmen des Verweises und der Geldbuße gilt eine Tilgungsfrist von **zehn Jahren;** dasselbe gilt auch dann, wenn beide Maßnahmen nach § 90 Abs. 2 nebeneinander verhängt werden, weil dies keine berufsgerichtliche Maßnahme eigener Art ist, sondern nur eine Verbindung von zwei Maßnahmen (a. A. zu § 114 Abs. 2 BRAO: BGHSt 17, 149). Es wird daher lediglich eine Ausschließung aus dem Beruf für immer in den Akten vermerkt, auch wenn nach acht Jahren eine Wiederbestellung möglich ist (§ 48 Abs. 1 Nr. 2).

b) Beginn

3   Die Tilgungsfristen beginnen mit dem Tage, an dem die Rüge oder die berufsgerichtliche Maßnahme **rechtskräftig** geworden ist (Abs. 2, 5).

c) Ende

4   **Grundsätzlich** läuft die Tilgungsfrist am gleichen Tage nach fünf oder zehn Jahren ab, an dem sie begonnen hat; hiervon gibt es jedoch mehrere Ausnahmen, die zum Teil denen des § 46 BZRG entsprechen.

5   Die Tilgungsfrist endet nicht, solange eine **andere berufsgerichtliche Maßnahme** noch berücksichtigt werden darf; maßgebend ist daher für alle berufsgerichtlichen Maßnahmen diejenige, die zuletzt getilgt wird. Das gilt entsprechend für Rügen. Eine Rüge kann nicht getilgt werden, solange noch eine andere Rüge oder eine berufsgerichtliche Maßnahme nicht getilgt werden kann. Dagegen hindert eine später ausgesprochene Rüge nicht die Tilgung einer vorherigen berufsgerichtlichen Maßnahme, da sie nicht als gleichwertig anzusehen ist. Folglich kann sie nur auf gleicher Ebene die Tilgung verhindern.

6   Die Tilgungsfrist endet nicht, solange ein Strafverfahren, ein ehren- oder berufsgerichtliches **Verfahren** oder ein Disziplinarverfahren gegen den StB **schwebt;** dagegen ist ein Bußgeldverfahren oder ein Rügeverfahren nicht geeignet, den Fristablauf zu verlängern. Der Fristablauf ist nur während der

2. Anwendung der StPO   1, 2 § 153

Dauer des anderen Verfahrens gehemmt, so dass gegebenenfalls die Eintragungen über frühere Maßnahmen zu tilgen sind und ein Verwertungsverbot auch dann besteht, wenn z. b. ein Strafverfahren zu einer Verurteilung geführt hat, ein berufsgerichtliches Verfahren aber erst später eingeleitet wird.

Schließlich endet die Frist nicht, solange ein auf Geldbuße lautendes Urteil **nicht vollstreckt** wurde, d. h. die Geldbuße nicht bezahlt ist. 7

Fünfter Unterabschnitt. Für die Berufsgerichtsbarkeit anzuwendende Vorschriften

§ 153 Für die Berufsgerichtsbarkeit anzuwendende Vorschriften

Für die Berufsgerichtsbarkeit sind ergänzend das Gerichtsverfassungsgesetz, die Strafprozeßordnung und das Gerichtskostengesetz sinngemäß anzuwenden.

Übersicht	Rdnr.
1. Allgemeines	1
2. Anwendung der StPO	2
3. Anwendung des GVG	3
4. Anwendung des GKG	4

1. Allgemeines

Die wichtigsten Bestimmungen über den Aufbau der Berufsgerichtsbarkeit, das berufsgerichtliche Verfahren und die Kosten sind in den §§ 95 bis 152 enthalten. Dennoch sind zahlreiche Vorschriften der StPO und des GVG vollständig oder teilweise anzuwenden; es werden daher in Rdnr. 2 und 3 nur die Bestimmungen aufgeführt, deren Anwendung im berufsgerichtlichen Verfahren ausgeschlossen ist. Aus dem GKG sind nur wenige Vorschriften anwendbar, diese werden in Rdnr. 4 genannt. 1

2. Anwendung der StPO

Es sind grundsätzlich alle Bestimmungen der StPO anzuwenden, soweit sich nicht aus dem StBerG etwas anderes ergibt; das ist im Wesentlichen bei folgenden Vorschriften der Fall: 2
§§ 1 bis 6a (sachliche Zuständigkeit, § 95 StBerG);
§§ 7 bis 13 (Gerichtsstand, § 112 StBerG);
§ 62 (Vereidigung im Privatverfahren);
§ 80a (Zuziehung im Vorverfahren, § 106 StBerG);
§ 81 (Unterbringung zur Beobachtung, § 106 StBerG);
§ 81a (körperliche Untersuchung, § 106 StBerG);
§ 81b (Erkennungsdienst, § 106 StBerG);
§§ 87 bis 92 (Leichenschau, Leichenöffnung, Gutachten);
§§ 100a, b (Überwachung der Telekommunikation);

§ 153 2   Ergänzend anzuwendende Vorschriften

§ 111 a (vorläufige Entziehung der Fahrerlaubnis);
§§ 111 b, c, g bis k, m, n (Sicherstellung);
§§ 112 bis 131 (Verhaftung und vorläufige Festnahme § 106 StBerG);
§ 132 a (vorläufiges Berufsverbot, § 134 StBerG);
§ 133 Abs. 2 (Androhung der Vorführung, § 106 StBerG);
§§ 134, 135 (Vorführung, § 106 StBerG);
§ 138 b (Staatsschutzsachen);
§ 140 Abs. 1 Nr. 1 bis 3, 6 bis 7 (notwendige Verteidigung, § 107 StBerG);
§§ 153 c, d, e (Besonderheiten bei Auslandsstraftaten und Staatschutzdelikten);
§ 154 b (Auslieferung und Ausweisung, § 106 StBerG);
§ 154 d (Entscheidung einer Vorfrage, § 111 StBerG);
§ 154 e (zeitweiliges Absehen von Verfolgung);
§ 157 (Begriffe);
§ 159 (unnatürlicher Tod);
§ 163 (Aufgaben der Polizei, § 113 StBerG);
§ 165 (amtsrichterliche Nothandlungen);
§ 169 (Ermittlungsrichter des OLG und des BGH);
§ 172 (Klageerzwingungsverfahren, § 115 Abs. 4 StBerG);
§ 176 (Sicherheitsleistung);
§ 199 (Eröffnung des Hauptverfahrens, § 118 StBerG);
§ 200 (Anklageschrift, § 117 StBerG);
§ 204 (Ablehnung der Eröffnung, § 118 Abs. 3 StBerG);
§ 207 (Eröffnungsbeschluss, § 118 Abs. 1 und 2 StBerG);
§ 209 (Eröffnungszuständigkeit);
§ 211 (Wirkung des Ablehnungsbeschlusses, § 119 StBerG);
§ 215 (Zustellung des Eröffnungsbeschlusses, § 120 StBerG);
§ 216 (Ladung des Angeklagten, § 106 StBerG);
§ 223 (kommissarische Zeugenvernehmung, § 123 StBerG);
§§ 232–236 (Anwesenheit des Angeklagten, §§ 106, 121 StBerG);
§ 236 (Anordnung des persönlichen Erscheinens, §§ 106, 121 StBerG);
§ 246 a (ärztlicher Sachverständiger, § 106 StBerG);
§ 250 (Grundsatz der persönlichen Vernehmung, §§ 123, 124 StBerG);
§ 251 (Verlesen von Protokollen, § 124 StBerG);
§ 260 (Urteil, § 125 StBerG);
§ 262 (zivilrechtliche Vorfragen, § 111 StBerG);
§ 265 (Veränderung des rechtlichen Gesichtspunkts);
§ 268 a (Strafaussetzung zur Bewährung);
§ 268 b (Fortdauer der Untersuchungshaft, § 106 StBerG);
§ 268 c (Belehrung bei Fahrverbot);
§§ 269, 270 (sachliche Unzuständigkeit, §§ 95 ff. StBerG);
§§ 276 bis 295 (Verfahren gegen Abwesende, § 121 Satz 2 StBerG);
§ 305 a (Beschwerde gegen Strafaussetzungsbeschluss);
§§ 312, 313, 322 a (Zulässigkeit der Berufung, § 127 Abs. 1 StBerG);
§ 314 (Form und Frist der Berufung, § 127 Abs. 2 StBerG);
§§ 329, 330 (Ausbleiben des Beschuldigten, § 127 Abs. 4, 106, 121 StBerG);

4. Anwendung des GKG 3, 4 § 153

§§ 333 bis 335 (Zulässigkeit der Revision, § 129 Abs. 1 StBerG);
§ 373a (Strafbefehl);
§§ 374 bis 394 (Privatklage);
§§ 395 bis 402 (Nebenklage);
§§ 403 bis 406d (Entschädigung des Verletzten);
§§ 407 bis 444 (besondere Arten des Verfahrens);
§ 450 (Anrechnung der Untersuchungshaft, § 106 StBerG);
§ 450a (Auslieferungshaft, § 106 StBerG);
§§ 453 bis 455a (Strafvollstreckung);
§ 456a (Absehen von Strafvollstreckung);
§ 456c (Aufschub und Aussetzung des Berufsverbots);
§ 457 (Haftbefehl, Steckbrief, § 106 StBerG);
§ 459d (Absehen von der Vollstreckung einer Geldstrafe);
§ 459e, 459f (Vollstreckung der Ersatzfreiheitsstrafe);
§ 459g (Vollstreckung von Nebenfolgen);
§ 460 (nachträgliche Gesamtstrafenbildung);
§ 461 (Anrechnung von Krankenhausaufenthalt);
§§ 463 bis 463d (Vollstreckung von Maßregeln);
§ 465 (Kostenpflicht des Verurteilten, § 148 StBerG);
§§ 468, 470, 471 (Straffreierklärung, Strafantrag, Privatklage);
§ 472a (Kosten des Entschädigungsanspruchs);
§ 472b (Kosten der Nebenbeteiligten);
§ 473 (Kosten bei Rechtsmitteln, § 148 Abs. 2 StBerG).

3. Anwendung des GVG

Folgende Bestimmungen des GVG sind nicht anzuwenden: 3
§ 10 (Ausübung richterlicher Geschäfte durch Referendare);
§ 14 (besondere Gerichte);
§ 16 (Ausnahmegerichte);
§§ 17, 17a (Rechtswegverweisung);
§§ 22 bis 140 (Gerichte);
§§ 154 bis 155 (Gerichtsvollzieher);
§§ 156 bis 168 (Rechtshilfe);
§§ 170 bis 171a (Ausschluss der Öffentlichkeit in bestimmten Fällen).

4. Anwendung des GKG

Wegen der Natur des berufsgerichtlichen Verfahrens und der Sondervor- 4
schriften der §§ 146 ff. StBerG sind nur wenige Bestimmungen des GKG
anwendbar, insbesondere §§ 1 bis 12 (allgemeine Vorschriften), §§ 54, 56,
57, 58, 63, 64, 68 und 69 (Kostenzahlung und Kostenvorschuss).

513

Sechster Abschnitt. Übergangsvorschriften

§ 154 Bestehende Gesellschaften

(1) Steuerberatungsgesellschaften, die am 16. Juni 1989 anerkannt sind, bleiben anerkannt. Dies gilt auch, wenn die Gesellschaft zur Übernahme der Mandanten einer Einrichtung gemäß § 4 Nr. 3, 7 und 8 gegründet wurde oder später die Mandanten einer solchen Einrichtung übernommen hat. Verändert sich nach dem 31. Dezember 1990 der Bestand der Gesellschafter oder das Verhältnis ihrer Beteiligungen oder Stimmrechte durch Rechtsgeschäft oder Erbfall und geht der Anteil oder das Stimmrecht nicht auf einen Gesellschafter über, der die Voraussetzungen des § 50a Abs. 1 Nr. 1 oder Abs. 2 Satz 2 erfüllt, so hat die zuständige Steuerberaterkammer nach § 55 Abs. 2 und 3 zu verfahren. Sie kann vom Widerruf der Anerkennung absehen, wenn Anteile von einer Körperschaft des öffentlichen Rechts im Zusammenhang mit der Übertragung von Aufgaben auf eine andere Körperschaft des öffentlichen Rechts übergehen.

(2) Absatz 1 Satz 3 und 4 gilt auch für unmittelbar oder mittelbar an Steuerberatungsgesellschaften beteiligte Gesellschaften, wenn sie nicht die Kapitalbindungsvorschriften des § 50a Abs. 1 Nr. 1 oder Abs. 2 Satz 2 dieses Gesetzes oder des § 28 Abs. 4 der Wirtschaftsprüferordnung erfüllen. Auf Antrag kann auf Grund einer von der zuständigen Steuerberaterkammer erteilten Ausnahmegenehmigung von der Anwendung des Satzes 1 abgesehen werden, wenn

1. sich der Bestand der Gesellschafter einer beteiligten Gesellschaft und das Verhältnis ihrer Beteiligungen oder Stimmrechte dadurch ändert, dass ein Gesellschafter aus der beteiligten Gesellschaft ausscheidet und infolgedessen sein Anteil oder Stimmrecht auf einen Gesellschafter übergeht, der vor dem 19. Mai 1994 Gesellschafter der beteiligten Gesellschaft war, und die beteiligte Gesellschaft, bei der die Änderung eintritt, vor der Änderung von Berufsvertretungen desselben Berufs gebildet wurde, oder
2. sich der Bestand der Gesellschafter einer beteiligten Gesellschaft und das Verhältnis ihrer Beteiligungen oder Stimmrechte ändert und dies auf einen Strukturwandel im landwirtschaftlichen Bereich zurückzuführen ist.

Übersicht

	Rdnr.
1. Allgemeines	1
2. Bestandsschutz für Altgesellschaften am 16. 6. 1989	2, 3
3. Veränderungen bei bestehenden Gesellschaften	4–7

1. Allgemeines

1   Die Bestimmung regelt **zwei Bereiche:** Den Bestandsschutz der am 16. 6. 1989 anerkannten StBGes (Abs. 1 Satz 1–2; Rdnr. 3, 4) und das Verfahren bei Veränderungen bestehender StBGes (Abs. 1 Satz 3; Abs. 2; Rdnr. 4–7).

3. Veränderungen bei bestehenden Gesellschaften 2–4 § 154

2. Bestandsschutz für Altgesellschaften am 16. 6. 1989

Zahlreiche bei Inkrafttreten des 4. StBerÄG anerkannte StBGes erfüllen 2
nicht die Voraussetzungen des § 50a (**Kapitalbindung**); es waren schon
dann berufsfremde Gesellschaften eine StBGes, wenn nur ein StB als Geschäftsführer Hilfe in Steuersachen leistete (BFHE 153, 272; 165, 557). Es
wurde daher für alle am 16. 6. 1989 anerkannten StBGes ein Bestandsschutz
festgelegt, so dass eine Rücknahme der Anerkennung wegen Verstoßes gegen § 50a nicht möglich ist. Zugleich ist die Gefahr einer Fremdbestimmung
von StBGes beseitigt worden. Durch Abs. 1 Satz 2 wurde klargestellt, dass
dies auch gilt, wenn die StBGes zur Übernahme der Mandanten einer Einrichtung gemäß § 4 Nr. 3, 7 und 8 gegründet wurde oder später die Mandanten einer solchen Einrichtung übernommen hat. Dies findet auch für
„verbandseigene" StBGes Anwendung, die besonders den Einflüssen von
Berufsfremden ausgesetzt sind. Die Anerkennung auch solcher StBGes soll
nicht aus diesem Grunde zurückgenommen werden. Damit wird auf die abweichende Rechtsprechung reagiert (BFH 165, 557). Unberührt davon
bleibt die Prüfung, ob ein Widerruf der Anerkennung in Betracht kommt,
wenn die mit der Leitung beauftragten Personen die StBGes nicht eigenverantwortlich führen (BFHE 156, 332; BFH/NV 1990 S. 265) oder andere
Vorschriften nicht eingehalten sind, die eine anerkannte StBGes beachten
muss (BFHE 153, 272; 165, 557). Ein Missbrauch ist gerade nicht schutzwürdig.

Den am 16. 6. 1989 anerkannten StBGes sind die Gesellschaften gleichge- 3
stellt, bei denen an diesem Zeitpunkt die Anerkennungsbehörde bereits festgestellt hatte, dass bis auf die **Eintragung in das Handelsregister** alle Voraussetzungen für die Anerkennung vorlagen; die Anerkennung brauchte
nicht bestandskräftig zu sein (BFHE 165, 557). Durch diesen weitgehenden
Bestandsschutz wird der Fortbestand auch solcher Gesellschaften sichergestellt, die kurz vor dem Inkrafttreten des 4. StBerÄG durch berufsfremde
Personen gegründet worden waren; aus verfassungsrechtlichen Gründen
sollte ihr Fortbestand nicht an der noch fehlenden Eintragung im Handelsregister scheitern. Der Bestandsschutz ist jedoch auf solche Altgesellschaften
beschränkt, die bei unverändertem Sachverhalt schon vor dem 16. 6. 1989
die Voraussetzungen für ihre Anerkennung erfüllt hatten (FG Düsseldorf,
StB 1992 S. 411). Es sollte nicht der Bestand von StBGes garantiert werden,
die schon nach der Rechtslage vor dem 4. StBerÄG die Voraussetzungen für
die Anerkennung nicht erfüllt hatten und deshalb nach § 55 Abs. 1 mit der
Rücknahme ihrer Anerkennung rechnen mussten (BFH/NV 1997 S. 712).

3. Veränderungen bei bestehenden Gesellschaften

Für bei Inkrafttreten des 4. StBerÄG bestehende StBGes wirken sich die 4
Vorschriften über die Kapitalbindung (§ 50a) nur aus, wenn eine Beteiligung
vererbt oder **veräußert** wird. Das gilt auch bei der Rückübertragung eines
treuhänderisch gehaltenen Anteils (BFH/NV 1997 S. 712). Der Bestands-

schutz gilt nur für die am 16. 6. 1989 vorhandenen StBGes. Ziel des Gesetzes ist, dass Anteile an StBGes nur an Personen veräußert werden, die sich nach § 50a an einer StBGes beteiligen können. Das gilt auch in den Fällen, in denen der Erwerber bereits Anteilseigner der StBGes ist (vgl. FG Köln, EFG 1996, S. 1241). Die Anerkennungsbehörde hat daher die Anerkennung zu widerrufen, wenn sich nach dem 31. 12. 1990 der Bestand der Gesellschafter oder das Verhältnis der Beteiligung oder Stimmrechte durch Rechtsgeschäft ändert und der Anteil oder das Stimmrecht nicht auf einen Gesellschafter übergeht, der die Voraussetzungen des § 50a Abs. 1 Nr. 1 oder Abs. 2 Satz 2 erfüllt (Abs. 1 Satz 3). Damit ist ein Übergang auf Dritte und ein damit verbundener Stimmrechtserwerb oder eine Gesellschafterstellung nur befristet möglich (BT-Drs. 11/3915, S. 26). Es kann auch kein StB treuhänderisch die Anteile für einen Dritten halten (§ 50a Abs. 1 Nr. 2). Die Vorschrift stellt dabei nur auf das einzelne Rechtsgeschäft ab. Das Ausscheiden eines Gesellschafters hat daher nicht zur Folge, dass auch alle anderen Gesellschafter, auf die die Anteile oder Stimmrechte übergehen und die nicht die Voraussetzungen des § 50a erfüllen, ausscheiden müssen. Nach § 55 Abs. 2 kann die Gesellschaft jedoch den Mangel heilen.

5 Besondere Vorschriften (Abs. 1 Satz 4) gelten, wenn Anteile einer **Körperschaft des öffentlichen Rechts** im Zusammenhang mit der Übertragung von Aufgaben auf eine andere Körperschaft des öffentlichen Rechts übergehen. Die Anerkennungsbehörde kann von dem Widerruf der Anerkennung absehen und hat daher einen Ermessensspielraum. Es ist jedoch dabei zu berücksichtigen, dass die Hilfeleistung in Steuersachen nicht zu den originären Aufgaben von Körperschaften des öffentlichen Rechts gehört, so dass ein Widerruf der Anerkennung nur dann nicht in Betracht kommt, wenn der Übernehmer der Anteile Rechts- oder Funktionsnachfolger der Körperschaft ist, der der Anteil vorher zuzurechnen war.

6 Durch Absatz 2 wird der Anwendungsbereich des Abs. 1 Satz 3 und 4 auf Gesellschafter ausgedehnt, die unmittelbar oder mittelbar an StBGes beteiligt sind. Wenn an einer StBGes **juristische Personen** beteiligt sind, deren Gesellschafter Berufsfremde sind, gilt die Verpflichtung, eine den Kapitalbindungsvorschriften entsprechenden Zustand zu schaffen, auch bei Veränderungen des Bestandes der Gesellschafter der Beteiligungsgesellschaft; entsprechendes gilt bei Veränderung des Verhältnisses ihrer Beteiligungen oder Stimmrechte. Es soll damit verhindert werden, dass sich Berufsfremde entgegen dem Sinn der Übergangsregelung des Abs. 1 über Beteiligungsgesellschaften an StBGes beteiligen können. **Ausnahmen** können nur unter den kumulativ zu erfüllenden Voraussetzungen des Abs. 2 Satz 2 gemacht werden; es handelt sich im Wesentlichen um die Auswirkungen von Strukturveränderungen der **Landwirtschaft**.

7 Die Anerkennung ist auch beim Übergang auf nichtberechtigte Personen im **Erbfall** zu widerrufen. Hier ist jedoch eine längere Übergangsfrist zu beachten (§ 55 Rdnr. 5).

2. Übergangsvorschriften 1–3 § 155

§ 155 Übergangsvorschriften aus Anlass des Vierten Gesetzes zur Änderung des Steuerberatungsgesetzes

(1) Gesellschaften und Personenvereinigungen, die nach § 4 Nr. 8 in der am 15. Juni 1989 geltenden Fassung zur geschäftsmäßigen Hilfeleistung in Steuersachen befugt waren, behalten diese Befugnis, soweit diese Hilfe durch gesetzliche Vertreter oder leitende Angestellte geleistet wird, die unter § 3 fallen, und die Hilfe nicht die Ermittlung der Einkünfte aus selbständiger Arbeit oder aus Gewerbebetrieb betrifft, es sei denn, dass es sich hierbei um Nebeneinkünfte handelt, die üblicherweise bei Landwirten vorkommen. Die Befugnis zur geschäftsmäßigen Hilfeleistung in Steuersachen erlischt, wenn sie nicht nach dem 16. Juni 1999 durch Personen geleistet wird, die berechtigt sind, die Bezeichnung „Landwirtschaftliche Buchstelle" zu führen. Die für die Finanzverwaltung zuständige oberste Landesbehörde kann die Frist um bis zu zwei Jahre verlängern, wenn dies nach Lage des einzelnen Falles angemessen ist.

(2) Vereinigungen im Sinne des Absatzes 1, die am 16. Juni 1989 befugt waren, die Bezeichnung „Landwirtschaftliche Buchstelle" zu führen, dürfen diese Bezeichnung als Zusatz zum Namen der Vereinigung weiter führen, wenn mindestens ein leitender Angestellter berechtigt ist, diese Bezeichnung als Zusatz zur Berufsbezeichnung zu führen.

(3) Die in § 36 Abs. 1 Nr. 2 und Abs. 2 Nr. 1 bestimmte Reihenfolge der Vorbildungsvoraussetzungen gilt nicht für Tätigkeiten, die vor dem 16. Juni 1989 ausgeübt worden sind.

Übersicht	Rdnr.
1. Allgemeines	1
2. Übergangsvorschriften für Vereinigungen nach § 4 Nr. 8	2–4
3. Übergangsvorschriften für Bewerber zur StB-Prüfung	5

1. Allgemeines

Die Vorschrift enthält **Besitzstands-** und **Übergangsvorschriften** zu 1
zwei im 4. StBerÄG enthaltenen Änderungen, und zwar zur Neufassung des
§ 4 Nr. 8 (Rdnr. 2–4) und des § 36 (Rdnr. 5).

2. Übergangsvorschriften für Vereinigungen nach § 4 Nr. 8

Durch das 4. StBerÄG wurde klargestellt, dass nur **eingetragene Vereine** 2
Hilfe in Steuersachen nach § 4 Nr. 8 leisten dürfen (§ 4 Rdnr. 16). Da diese
Frage vorher streitig war, bestehen noch einige Vereinigungen in der
Rechtsform der GmbH. Diese bleiben aus Gründen des Bestandsschutzes
weiterhin beratungsbefugt – unabhängig von der Rechtsform (Abs. 1 Satz 1).
Dies gilt nicht, wenn eine darüber hinausgehende und bisher unbeanstandet
gebliebene Steuerrechtshilfe geleistet wird.

Das 4. StBerÄG legte fest, dass die Personen, die für Vereine nach § 4 3
Nr. 8 Hilfe in Steuersachen leisten, berechtigt sein müssen, die Bezeichnung

§ 156　　　　　　　　　　　　　　　　　　　　　　　　Übergangsvorschriften

„Landwirtschaftliche Buchstelle" zu führen (§ 4 Rdnr. 16). In Abs. 1 Satz 2 wird eine Übergangsfrist von 10 Jahren eingeräumt, innerhalb derer bei bestehenden Vereinen diese Voraussetzung erfüllt werden muss. Die Frist kann ausnahmsweise um weitere zwei Jahre verlängert werden (Abs. 1 Satz 3).

4　Nach § 4 Nr. 8 a. F. in Verbindung mit § 44 Abs. 4 a. F. reichte es aus, wenn mindestens **ein** leitender Angestellter befugt ist, die Bezeichnung „Landwirtschaftliche Buchstelle" zu führen, um dem Verein die Berechtigung zu geben, diese Bezeichnung im Namen zu verwenden. Dieser Besitzstand bleibt den Vereinigungen, die am 16. 6. 1989 zur Führung der Bezeichnung „Landwirtschaftliche Buchstelle" befugt waren, auf unbegrenzte Zeit erhalten (Abs. 2).

3. Übergangsvorschrift für Bewerber zur StB-Prüfung

5　Nach der Neufassung des § 36 Abs. 1 Nr. 2 und Abs. 2 Nr. 1 durch das 4. StBerÄG muss die praktische Tätigkeit auf dem Gebiet des Steuerwesens **nach** einem Fachhochschulstudium oder/der Abschlussprüfung in einem Ausbildungsberuf geleistet worden sein. Diese Reihenfolge war vorher nicht vorgeschrieben. Abs. 3 enthält daher eine Besitzstandsklausel hinsichtlich der vor dem 16. 6. 1989 ausgeübten Tätigkeiten.

§ 156 Übergangsvorschriften aus Anlass des Sechsten Gesetzes zur Änderung des Steuerberatungsgesetzes

§ 36 Abs. 1 Nr. 2 und Abs. 3 gilt für Bewerber, die in dem in Artikel 3 des Einigungsvertrages genannten Gebiet einen Fachschulabschluss erworben und mit der Fachschulausbildung vor dem 1. Januar 1991 begonnen haben, mit der Maßgabe, dass sie nach dem Fachschulabschluss vier Jahre praktisch tätig gewesen sind.

Die Fachschulabschlüsse in der ehemaligen DDR können nicht den **Fachhochschulabschlüssen** nach § 36 Abs. 1 Nr. 2 gleichgestellt werden (BT-Drs. 12/6753, S. 240), weil die Fachschulen keiner Einrichtung im Bildungssystem der alten Bundesländer entsprechen. Daher ist von der Aufnahme in § 36 Abstand genommen worden. Aus Billigkeits- und Rechtsangleichungsgründen wird jedoch der Fachschulabschluss dem Fachhochschulabschluss gleichgestellt, wenn mit der Fachschulausbildung vor dem 1. 1. 1991 begonnen wurde. Die geringere Qualifikation wird dadurch ausgeglichen, dass statt einer dreijährigen eine vierjährige hauptberufliche praktische Tätigkeit gefordert wird; hierfür ist eine Tätigkeit auf dem Gebiet der von den Bundes- und Landesfinanzbehörden verwalteten Steuern (vgl. § 36 Rdnr. 9) erforderlich.

1. Allgemeines § 157

§ 157 Übergangsvorschriften aus Anlass des Gesetzes zur Änderung von Vorschriften über die Tätigkeit der Steuerberater

(1) Prozessagenten im Sinne des § 11 in der bis zum 30. Juni 2000 geltenden Fassung sind weiterhin zur geschäftsmäßigen Hilfeleistung in Steuersachen befugt.

(2) Stundenbuchhalter im Sinne von § 12 Abs. 2 in der bis zum 30. Juni 2000 geltenden Fassung sind weiterhin zur beschränkten geschäftsmäßigen Hilfe in Steuersachen befugt.

(3) Die vorläufige Bestellung von Steuerberatern und Steuerbevollmächtigten, deren Bestellung nach Maßgabe des § 40 a Abs. 1 Satz 6 in der bis zum 30. Juni 2000 geltenden Fassung nicht mit Ablauf des 31. Dezember 1997 erloschen ist, gilt weiter und erlischt erst mit Eintritt der Bestandskraft der Rücknahmeentscheidung nach § 46 Abs. 1 Satz 2 in der bis zum 30. Juni 2000 geltenden Fassung. Soweit in diesen Fällen auf Grund rechtskräftiger Gerichtsentscheidungen endgültige Bestellungen vorzunehmen sind, gilt § 40 a Abs. 1 Satz 3 bis 5 in der bis zum 30. Juni 2000 geltenden Fassung weiter.

(4) Die Vorschriften dieses Gesetzes über die Zulassung zur Prüfung in der ab dem 1. Juli 2000 geltenden Fassung sind erstmals auf die Zulassung zur Prüfung im Jahr 2001 anzuwenden.

(5) Auf Prüfungen, die vor dem 1. November 2000 begonnen haben, sind die Vorschriften dieses Gesetzes in der bis zum 30. Juni 2000 geltenden Fassung weiter anzuwenden.

(6) Die den Steuerberaterkammern zugewiesenen Aufgaben des Ersten und Zweiten Unterabschnitts des Zweiten Abschnitts des Zweiten Teils dieses Gesetzes in der ab dem 1. Juli 2000 geltenden Fassung werden bis zum 31. Dezember 2000 von den bisher zuständigen Behörden der Finanzverwaltung wahrgenommen.

(7) Über Einsprüche gegen Verwaltungsakte in Angelegenheiten des Zweiten Abschnitts des Zweiten Teils dieses Gesetzes entscheiden die Oberfinanzdirektionen auch nach dem 30. Juni 2000, wenn der Einspruch bis zum 30. Juni 2000 eingelegt wurde.

Übersicht

	Rdnr.
1. Allgemeines	1, 2
2. Prozessagenten (Abs. 1)	3
3. Stundenbuchhalter (Abs. 2)	4
4. Vorläufige Bestellung von StB/StBv (Abs. 3)	5–7
5. Anwendungsvorschrift zum Steuerberaterexamen (Abs. 4 und 5)	8, 9
6. Aufgabenverteilung (Abs. 6)	10
7. Einsprüche gegen Verwaltungsakten (Abs. 7)	11

1. Allgemeines

Der bisherige § 157 regelte den Übergang vom StBv zum StB. Auch unter Berücksichtigung der Verlängerungsfristen endete jedoch die Möglichkeit einer Bestellung als Steuerberater mit Ablauf des 31. Dezember 1992. Folglich hatte die bisherige Vorschrift keine praktische Bedeutung mehr und wurde aufgehoben.

2 Nunmehr enthält § 157 die Übergangsvorschriften, die sich auf Grund des Gesetzes zur Änderung von Vorschriften über die Tätigkeit der Steuerberater (7. StBÄndG) ergeben. Das Gesetz wurde inhaltlich und systematisch überarbeitet. Für einzelne nicht mehr benötigte Regelungen mussten Übergangsvorschriften vorgesehen werden.

2. Prozessagenten (Abs. 1)

3 Prozessagenten sind Personen, die nach § 157 Abs. 3 ZPO zur geschäftsmäßigen mündlichen Verhandlung vor einem Gericht zugelassen sind (VGH Bremen, NJW 1952 S. 78). Es handelt sich **nicht um einen eigenständigen Beruf,** sondern um Rechtsbeistände nach Art. 1 § 1 RBerG, denen eine zusätzliche Erlaubnis zur mündlichen Verhandlung vor einem Gericht erteilt worden ist (BVerfGE 10, S. 185; NJW 1960 S. 139). Die Prozessagenten haben jedoch im steuerberatenden Beruf keine praktische Bedeutung mehr und daher wurde die bisherige Regelung aufgehoben, zumal Prozessagenten auch nicht in die Kataloge der §§ 3 und 4 aufgenommen worden sind. Daher war im § 11 a. F. nur der Schutz des Besitzstandes der am 29. 6. 1975 zugelassenen Prozessagenten gewahrt worden. Für den noch bestehenden Personenkreis wurde eine Übergangsvorschrift aufgenommen, wonach ihnen weiterhin eine geschäftsmäßige Hilfeleistung in Steuersachen erlaubt ist.

3. Stundenbuchhalter (Abs. 2)

4 Im Gebiet der ehemaligen DDR waren nach § 3 der Anordnung über die Zulassung zur Ausübung der selbstständigen Tätigkeit als Helfer in Steuersachen und die Registrierung von Stundenbuchhaltern vom 7. 2. 1990 (GBl. S. 92) **Stundenbuchhalter** registriert. Als Stundenbuchhalter kamen sowohl vollbeschäftigte Werktätige als auch Rentner und Hausfrauen in Betracht. Es handelte sich um eine nebenberufliche Tätigkeit, wobei ein Stundenbuchhalter nicht mehr als vier Kunden betreuen durfte. Inhaltlich beschränkte sich die Funktion auf Buchführungsarbeiten. Die im bisherigen § 12 Abs. 2 enthaltene Besitzstandsregelung ist nunmehr im Abs. 2 übernommen worden. Die Stundenbuchhalter sind auch weiterhin zur beschränkten geschäftsmäßigen Hilfeleistung in Steuersachen befugt, wobei ihnen auf Grund der vielfältigeren Möglichkeiten der Kontierer (vgl. § 6 Rdnr. 7) nur eine geringe praktische Bedeutung zukommt.

4. Vorläufige Bestellung von StB/StBv (Abs. 3)

5 Der aufgehobene § 40a hat für die im Gebiet der ehemaligen DDR bestellten StB und StBv gegolten. Obgleich sie mit den im alten Bundesgebiet bestellten StB/StBv grundsätzlich gleichgestellt waren, galt ihre Bestellung als vorläufig. Diese vorläufige Bestellung endete entweder durch eine **end-**

5. Anwendungsvorschrift zum Steuerberaterexamen

gültige Bestellung oder durch das Erlöschen der Bestellung infolge Zeitablaufs. Die endgültige Bestellung setzte die erfolgreiche Teilnahme an einem Seminar voraus. Eine vorläufige Bestellung, die nicht mit Ablauf des 31. 12. 1997 erloschen ist, gilt auch weiterhin. Sie erlischt erst mit Eintritt der Bestandskraft der Rücknahmeentscheidung. Dies ergibt sich aus dem § 46 Abs. 1 Satz 2 a. F. Danach ist eine vorläufige Bestellung zurückzunehmen, wenn sie rechtswidrig war und der begünstigte StB/StBv die Umstände kannte oder kennen musste, die die Rechtswidrigkeit begründen. Dazu zählen objektiv rechtswidrige, aber nicht nichtige Bestellungen im Bereich der ehemaligen DDR, die unter Nichtbeachtung der zu dieser Zeit geltenden Vorschriften vorgenommen wurden und bei denen der Begünstigte die die Rechtswidrigkeit begründenden Umstände (BFHE 179, 539) kannte oder kennen musste. Eine Rücknahme ist ebenfalls vorzusehen, wenn die Bestellung von einer sachlich unzuständigen Behörde ausgesprochen wurde und die zuständige Behörde die Bestellung nicht hätte vornehmen dürfen. Dies betrifft die vereinzelt vorgekommenen Fälle einer Bestellung durch eine unzuständige Behörde, beispielsweise durch die Kommunalverwaltung (FG Sachsen-Anhalt, DStR 1995 S. 115) oder durch den Vorsteher eines Finanzamtes.

Wenn durch rechtskräftige Gerichtsentscheidungen eine endgültige Bestellung zum StB/StBv vorzunehmen ist, findet weiterhin § 40a Abs. 1 Satz 3 bis 5 a. F. Anwendung. Der StB/StBv muss daher erfolgreich an einem Seminar (Grundlagen- und Aufbauteil) teilgenommen haben. Vorläufig bestellte StB und StBv, die nur erfolgreich den Grundlagenteil des Seminares absolvierten, sind endgültig als StBv zu bestellen. Die bestellende Behörde ist die für die Finanzverwaltung zuständige oberste Landesbehörde. Dies ist auch in den Übergangsfällen des Abs. 3 beizubehalten (BFH/NV 2001 S. 1150).

5. Anwendungsvorschrift zum Steuerberaterexamen (Abs. 4 und 5)

Die persönlichen Voraussetzungen für die Berufsausübung sind in den §§ 35 ff. geregelt. Obgleich die Überschrift etwas unglücklich formuliert ist, umfasst sie auch die Zulassung zur Prüfung. Im Rahmen des 7. StBÄndG wurden Änderungen – u. a. im Hinblick auf die Zeitdauer der praktischen Tätigkeit – eingeführt. Es bedurfte einer Klarstellung, ab welchem (Prüfungs-)Zeitraum diese Neuregelungen Anwendung finden. Sie gelten nach Abs. 4 erstmals für die Zulassung zur Prüfung im Jahre 2001. Nachdem die schriftliche Prüfung regelmäßig im Herbst stattfindet, bedarf es eines entsprechenden zeitlichen Vorlaufs, um ggf. individuell die Erfüllung der Voraussetzungen bei den Bewerbern zu klären.

In Abs. 5 ist ausgeführt, dass auf die Prüfungen, die vor dem 1. 11. 2000 begonnen haben, die alten Zulassungsvoraussetzungen gelten. Durch die Übergangsvorschrift hat der Gesetzgeber klargestellt, dass für die Prüfungen, die direkt im Anschluss an die Gesetzesänderungen stattfinden, noch die alten Voraussetzungen Anwendung finden. Dies ist auch sachgerecht, da sich die Bewerber darauf eingerichtet haben.

6. Aufgabenverteilung (Abs. 6)

10 Das 7. StBÄndG sieht einen Übergang von Aufgaben von der Finanzverwaltung auf die Steuerberaterkammern vor. Daher ist eine Abgrenzung notwendig, ab welchem Stichtag die Wahrnehmung der Tätigkeiten übergeht. Es handelt sich hierbei um einzelne Aufgaben, die zu den persönlichen Voraussetzungen für die Berufsausübung nach den §§ 35 bis 39a und zur Bestellung nach den §§ 40 bis 48 zählen. Dabei wurde festgelegt, dass bis zum 31. 12. 2000 die Tätigkeiten gemäß §§ 35 bis 48 noch die Behörden der Finanzverwaltung erledigen.

7. Einsprüche gegen Verwaltungsakte (Abs. 7)

11 Im zweiten Abschnitt des zweiten Teils des StBerG sind die Voraussetzungen für die Berufsausübung geregelt. Hierzu zählen neben den persönlichen Voraussetzungen (§§ 35 bis 39a), der Bestellung (§§ 40 bis 48) auch die Steuerberatungsgesellschaft (§§ 49 bis 55). Sofern entsprechende Verwaltungsakte in diesen Angelegenheiten durch die Behörden ergangen sind, musste festgelegt werden, wer für die Einsprüche gegen diese Verwaltungsakte zuständig ist. Daher war auch hier notwendig, einen Stichtag einzuführen. Abs. 7 sieht vor, dass Einsprüche gegen diese Verwaltungsakte von den Oberfinanzdirektionen behandelt werden, sofern der Einspruch bis zum Stichtag des 30. 6. 2000 eingelegt wurde. Entscheidend ist der Zeitpunkt der Einlegung des Einspruchs und nicht der Zeitpunkt der Bearbeitung. Die Oberfinanzdirektionen sind somit auch noch für die Bearbeitung von Einsprüchen gegen Verwaltungsakte zuständig, die von ihr erst nach dem 30. 6. 2000 bearbeitet werden können.

§§ 157a, 157b *(aufgehoben)*

Siebenter Abschnitt. Verordnungsermächtigung

§ 158 Durchführungsbestimmungen zu den Vorschriften über Steuerberater, Steuerbevollmächtigte und Steuerberatungsgesellschaften

(1) Die Bundesregierung wird ermächtigt, nach Anhören der Bundessteuerberaterkammer mit Zustimmung des Bundesrates durch Rechtsverordnung Bestimmungen zu erlassen
1. über
   a) das Verfahren bei der Zulassung zur Prüfung, der Befreiung von der Prüfung und der Erteilung verbindlicher Auskünfte, insbesondere über die Einführung von Vordrucken zur Erhebung der gemäß §§ 36, 37a, 38 und 38a erforderlichen Angaben und Nachweise,

b) die Durchführung der Prüfung, insbesondere die Prüfungsgebiete, die schriftliche und mündliche Prüfung, das Überdenken der Prüfungsbewertung,
c) das Verfahren bei der Wiederholung der Prüfung,
d) die Zusammensetzung des Prüfungsausschusses;
e) *(aufgehoben)*
2. über die Bestellung;
3. über das Verfahren bei der Anerkennung als Steuerberatungsgesellschaft;
4. über die mündliche Prüfung im Sinne des § 44, insbesondere über die Prüfungsgebiete, die Befreiung von der Prüfung und das Verfahren bei der Erteilung der Bezeichnung „Landwirtschaftliche Buchstelle";
5. über Einrichtung und Führung des Berufsregisters sowie über Meldepflichten;
6. über den Abschluß und die Aufrechterhaltung der Haftpflichtversicherung, den Inhalt, den Umfang und die Ausschlüsse des Versicherungsvertrages sowie über die Mindesthöhe der Deckungssummen.

(2) Die Landesregierungen werden ermächtigt, die im Zweiten Abschnitt des Zweiten Teils den für die Finanzverwaltung zuständigen obersten Landesbehörden übertragenen Aufgaben ganz oder teilweise auf die Oberfinanzdirektionen zu übertragen.

Übersicht	Rdnr.
1. Verordnungsermächtigungen	1
2. Gegenwärtiger Gesetzesstand	2, 3
3. Übertragung von Aufgaben	4

1. Verordnungsermächtigungen

Die Vorschrift enthält eine Verordnungsermächtigung der **Bundesregierung** im Sinne des Art. 80 GG, die durch das 4., 5., 6. und 7. StBerÄG erweitert worden ist. Verfassungsrechtliche Bedenken gegen einzelne Bestandteile dieser Ermächtigung sind von der Rechtsprechung nicht geteilt worden (BFHE 131, 546; BVerfGE 62, 203). Die Bestimmungen der Bundesregierung haben somit materiell-rechtliche Gesetzeskraft. Weitere Verordnungsermächtigungen, allerdings für das **Bundesministerium der Finanzen,** sind in den §§ 8, 31 und 64 enthalten.

2. Gegenwärtiger Gesetzesstand

Die Bundesregierung hat von der Ermächtigung Gebrauch gemacht und die Verordnung zur Durchführung der Vorschriften über Steuerberater, Steuerbevollmächtigte und Steuerberatungsgesellschaften **(DVStB)** vom 12. 11. 1979 erlassen. Zum Inhalt der DVStB siehe *Meng,* StB 1979 S. 237 ff; *Rohweder,* DStR 1979 S. 651 ff; S. 680 ff; S. 712 ff; *Völzke,* DStZ/A 1980 S. 22 ff. Durch VO vom 19. 8. 1991 (BGBl. I S. 1797), ist die DVStB erstmals geändert und ergänzt worden. Sie (siehe hierzu *Meng,* StB 1991 S. 353; *Halaczinsky,* INF 1991 S. 385) hat die Folgerungen aus den Gesetzesänderungen gezogen, die sich durch das 4., 5. und 7. StBerÄG ergeben hatten

§ 158 3, 4   Durchführungsbestimmungen

und auch von den Ermächtigungen in Nr. 1a und Nr. 4 Gebrauch gemacht. Zu den Einzelheiten der Nr. 1a i.V.m. § 37a zur Steuerberaterprüfung vgl. BFH, BStBl. 2001 II S. 370; FG Nürnberg, DStRE 2001 S. 50. Die bisher in einer besonderen VO vom 27. 4. 1990 (BGBl. I S. 847) enthaltenen Bestimmungen zur Berufshaftpflichtversicherung sind in die DVStB einbezogen worden. Durch die 2. ÄndVO vom 25. 7. 1996 (BGBl. I S. 1168) sind insbesondere die Vorschriften zur Berufshaftpflichtversicherung (§§ 51 ff.) geändert worden.

3   Durch das 7. StBÄndG ist die verbindliche Auskunft auf § 38a ausgedehnt worden. Zudem wurde die gesetzliche Grundlage für ein Überdenken der Prüfungsbewertung nach Abs. 1 Nr. 1b gelegt, wobei sich die Einzelheiten aus § 29 DVStB ergeben. Gleichzeitig entfällt Abs. 1 Nr. 1e, da nunmehr § 39a eine gesetzliche Grundlage für die Rücknahme der Zulassung zur Prüfung bildet. Für den Widerruf der Zulassung zur Prüfung gilt § 131 Abs. 2 AO. Er dürfte in der Praxis jedoch nur selten Anwendung finden, zumal die Zulassungsvoraussetzungen üblicherweise im Vorfeld – beispielsweise nach § 38a – geprüft worden sind. Daher ist ein Widerruf von fehlerfreien Verwaltungsakten nur in besonderen Ausnahmefällen zu bejahen.

3. Übertragung von Aufgaben

4   Nach Absatz 2 werden die Landesregierungen ermächtigt, die in den §§ 35ff. (Zulassung zur Prüfung, Durchführung der Prüfung, Bestellung, Anerkennung von Steuerberatungsgesellschaften) den obersten Finanzbehörden übertragenen Aufgaben **auf die OFD** zu übertragen. Damit sollen die obersten Finanzbehörden von Routinearbeiten entlastet werden. Nachdem hoheitliche Aufgaben den Steuerberaterkammern übertragen wurden, entfällt die Übertragungsmöglichkeit der §§ 154ff. von den obersten Finanzbehörden auf die OFD.

Dritter Teil. Zwangsmittel, Ordnungswidrigkeiten

Erster Abschnitt. Vollstreckung wegen Handlungen und Unterlassungen

§ 159 Zwangsmittel

Die Anwendung von Zwangsmitteln richtet sich nach der Abgabenordnung.

Übersicht	Rdnr.
1. Allgemeines	1
2. Durchsetzung von Verwaltungsakten im Zwangsgeldverfahren	2

1. Allgemeines

Die Vorschrift enthielt in der bis zum 4. StBerÄG geltenden Fassung ins **1** Einzelne gehende Bestimmungen über die Durchsetzung von Verwaltungsakten, die auf Untersagung der Hilfeleistung in Steuersachen (§ 7) oder die Durchführung von Aufsichtsmaßnahmen im Sinne des § 28 gerichtet sind. Dies ist jedoch entbehrlich geworden, nachdem in den §§ 328 ff. AO umfassende Regelungen über die **Zwangsmittel** eingefügt worden sind und sich nach § 164 a die Durchführung des Verwaltungsverfahrens in bestimmten öffentlich-rechtlichen und berufsrechtlichen Angelegenheiten nach der AO richtet. Es genügt daher jetzt ein Hinweis auf die AO (vgl. auch *App*, DStR 1991 S. 262). Das Zwangsgeld ist hierbei so zu bemessen, dass es geeignet erscheint, die gewünschte Willensbeeinflussung herbeizuführen, indem der verpflichtete StB das verlangte Verhalten der Zahlung eines Zwangsgeldes zukünftig vorziehen wird (FG Köln v. 21. 4. 1998, Az.: 8-K-2857/96).

2. Durchsetzung von Verwaltungsakten im Zwangsgeldverfahren

Es ist hierzu allgemein auf die Verfügung des FM Baden-Württemberg **2** vom 1. 7. 1993 (AO Handbuch 1999 S. 807) und bezüglich der **unbefugten Hilfeleistung in Steuersachen** auf die Verfügung der OFD Köln vom 2. 4. 1990 – S 0821-1-St 311 (StEK StBerG § 5 Nr. 5) zu verweisen.

Zweiter Abschnitt. Ordnungswidrigkeiten

§ 160 Unbefugte Hilfeleistung in Steuersachen

(1) Ordnungswidrig handelt, wer entgegen § 5 Abs. 1 oder entgegen einer vollziehbaren Untersagung nach § 7 geschäftsmäßig Hilfe in Steuersachen leistet.

(2) **Die Ordnungswidrigkeit kann mit einer Geldbuße bis zu fünftausend Euro geahndet werden.**

Übersicht
Rdnr.
1. Allgemeines 1, 2
2. Die einzelnen Ordnungswidrigkeiten
   a) Verstöße gegen § 5 Abs. 1 .... 3, 4
   b) Verstoß gegen § 7 5
   c) Weitere Gesichtspunkte 6

1. Allgemeines

1   Die Vorschrift entspricht weitgehend Art. 1 § 8 RBerG. Sie gibt dem FA die Möglichkeit, **vergangenes** ordnungswidriges Handeln zu ahnden; dabei sind die Grundsätze der Opportunität (§ 47 OWiG) zu beachten, d. h. die Verfolgung liegt im pflichtgemäßen Ermessen des FA.

2   Darüber hinaus stehen der Finanzverwaltung eine Reihe von Maßnahmen zur Verfügung, um Verstöße gegen § 5 **für die Zukunft** zu unterbinden, nämlich die Belehrung, die Untersagung nach § 7, die Festsetzung von Zwangsmitteln nach § 159 und die Zurückweisung nach § 80 Abs. 5 AO.

2. Die einzelnen Ordnungswidrigkeiten
a) Verstöße gegen § 5 Abs. 1

3   Ein Bußgeld kann verhängt werden, wenn eine nicht unter die §§ 3, 4 fallende Person oder Vereinigung **unbefugt** geschäftsmäßige Hilfe in Steuersachen leistet. Darüber hinaus kann die Hilfeleistung in Steuersachen untersagt werden (s. § 7 Rdnr. 4, 5). Es handelt sich insbesondere um Personen und Vereinigungen, die auch nicht zur beschränkten Hilfeleistung in Steuersachen befugt sind.

4   Darüber hinaus kann mit einem Bußgeld geahndet werden, wenn eine Person oder Vereinigung, die zur beschränkten Hilfeleistung in Steuersachen nach § 4 befugt ist, ihre Befugnisse **überschreitet;** das gilt auch bei Überschreitung der Befugnisse der Buchhalter (§ 4 Rdnr. 7–9; § 5 Rdnr. 6).

b) Verstoß gegen § 7

5   Eine vollstreckbare, d. h. rechtskräftige Untersagung der Hilfeleistung in Steuersachen kann nach § 159 mit Zwangsmitteln nach der AO durchgesetzt werden. Die in der Vergangenheit liegenden Verstöße können mit einem Bußgeld geahndet werden.

c) Weitere Gesichtspunkte

6   Bei gleichzeitigem Verstoß gegen § 5 und § 7 bedarf es einer anderen Gewichtung, die sich in einer höheren Geldbuße nach Abs. 2 widerspiegelt. Es ist auch eine Unterrichtung der Staatsanwaltschaft nach § 30 Abs. 4 Nr. 5b AO zulässig, wenn ein Vergehen nach § 132a StGB vorliegt, zumal das Steuergeheimnis auch bei der Verfolgung einer Ordnungswidrigkeit wegen unbefugter Hilfeleistung in Steuersachen durchbrochen wird (OFD Magdeburg, Vfg. v. 13. 8. 2003, Az.: S-0130–127-St 251).

§ 161 Schutz der Bezeichnungen „Steuerberatungsgesellschaft", „Lohnsteuerhilfeverein" und „Landwirtschaftliche Buchstelle"

(1) Ordnungswidrig handelt, wer unbefugt die Bezeichnung „Steuerberatungsgesellschaft", „Lohnsteuerhilfeverein", „Landwirtschaftliche Buchstelle" oder eine einer solchen zum Verwechseln ähnliche Bezeichnung benutzt.

(2) Die Ordnungswidrigkeit kann mit einer Geldbuße bis zu fünftausend Euro geahndet werden.

Übersicht	Rdnr.
1. Benutzung geschützter Bezeichnungen	1, 2
2. Benutzung zum Verwechseln ähnlicher Bezeichnungen	3, 4

1. Benutzung geschützter Bezeichnungen

Während nach § 132a Abs. 1 Nr. 2 StGB die unbefugte Führung der **1** Berufsbezeichnung „Steuerberater" und „Steuerbevollmächtigter" mit Strafe bedroht ist, stellt die unbefugte Benutzung der Bezeichnungen „Steuerberatungsgesellschaft" (§ 53), „Lohnsteuerhilfeverein" (§ 18) und „Landwirtschaftliche Buchstelle" (§ 44) eine Ordnungswidrigkeit dar. Die Norm bezweckt den Schutz der Allgemeinheit, die darauf vertraut, dass der Benutzer über die zum Ausdruck gebrachte Qualifikation tatsächlich verfügt. Die Benutzung ist mit der **Führung** gleichzusetzen, d. h. der aktiven Inanspruchnahme der Bezeichnung für sich – oder eine durch den Täter vertretene Organisation – im sozialen Leben. Hierzu zählt auch das Geschäftsleben durch entsprechende Aufdrucke in Geschäftspapieren. Im privaten Bereich fehlt es hingegen regelmäßig an der Außenwirkung. Als Täter werden in der Regel Vorstandsmitglieder, Geschäftsführer, persönlich haftende Gesellschafter oder Prokuristen von Gesellschaften in Betracht kommen, die nicht als StBGes anerkannt sind, Vorstandsmitglieder von Vereinen, die nicht als LStHV anerkannt sind, sowie StB und StBv und gesetzliche Vertreter von Vereinigungen nach § 4 Nr. 3, 7 u. 8, wenn die Voraussetzungen des § 44 nicht erfüllt sind.

Ein Verstoß gegen § 161 wird häufig mit einer **unerlaubten Steuerbe-** **2** **ratung** (§ 160 Abs. 1 Nr. 1) zusammentreffen.

2. Benutzung zum Verwechseln ähnlicher Bezeichnungen

Im Gegensatz zu § 133 WPO ist auch die Benutzung zum Verwechseln **3** ähnlicher Bezeichnungen mit einer Geldbuße bedroht. Eine zum Verwechseln ähnliche Bezeichnung liegt bei nur **unwesentlicher Abweichung** von der Bezeichnung „Steuerberatungsgesellschaft" (z. B. Steuerberatungsgemeinschaft, Lohnsteuerberatungsgesellschaft), „Lohnsteuerhilfeverein" (z. B. Lohnsteuerberatungsverein, Lohnsteuerhilfeverwaltungs-GmbH (OLG Frankfurt, StB 1979 S. 194) oder „Landwirtschaftliche Buchstelle" (z. B. Forstwirtschaftliche Buchstelle, Landwirtschaftliche Buchungsstelle) vor.

Die Vorschrift berührt nicht das Recht der Körperschaften des öffentlichen **4** Rechts und der berufsständischen Vereinigungen (§ 4 Nr. 3 und 7), die eine

§ 162 1   Verletzung der Pflichten

Beratungsstelle unterhalten und für diese das Wort „**Buchstelle**" als Abteilungsbezeichnung verwenden (BT-Drucksache 7/2852, zu Nr. 144 (§ 161).

§ 162 Verletzung der den Lohnsteuerhilfevereinen obliegenden Pflichten

(1) Ordnungswidrig handelt, wer
1. entgegen § 14 Abs. 1 Nr. 8 eine Mitgliederversammlung oder eine Vertreterversammlung nicht durchführt,
2. entgegen § 15 Abs. 3 eine Satzungsänderung der zuständigen Oberfinanzdirektion nicht oder nicht rechtzeitig anzeigt,
3. entgegen § 22 Abs. 1 die jährliche Geschäftsprüfung nicht oder nicht rechtzeitig durchführen läßt,
4. entgegen § 22 Abs. 7 Nr. 1 die Abschrift des Berichts über die Geschäftsprüfung der zuständigen Oberfinanzdirektion nicht oder nicht rechtzeitig zuleitet,
5. entgegen § 22 Abs. 7 Nr. 2 den Mitgliedern des Lohnsteuerhilfevereins den wesentlichen Inhalt der Prüfungsfeststellungen nicht oder nicht rechtzeitig bekanntgibt,
6. entgegen § 23 Abs. 3 Satz 1 zur Leitung einer Beratungsstelle eine Person bestellt, die nicht die dort bezeichneten Voraussetzungen erfüllt,
7. entgegen § 23 Abs. 4 der zuständigen Oberfinanzdirektion die Eröffnung oder Schließung einer Beratungsstelle, die Bestellung oder Abberufung des Leiters einer Beratungsstelle oder die Personen, deren sich der Verein bei der Hilfeleistung in Steuersachen im Rahmen der Befugnis nach § 4 Nr. 11 bedient, nicht mitteilt oder
8. entgegen § 25 Abs. 2 Satz 1 nicht angemessen versichert ist oder
9. entgegen § 29 Abs. 1 die Aufsichtsbehörde nicht oder nicht rechtzeitig von Mitgliederversammlungen oder Vertreterversammlungen unterrichtet.

(2) Die Ordnungswidrigkeit nach Absatz 1 Nr. 1, 3 bis 6 und 8 kann mit einer Geldbuße bis zu fünftausend Euro, die Ordnungswidrigkeit nach Absatz 1 Nr. 2, 7 und 9 mit einer Geldbuße bis zu eintausend Euro geahndet werden.

Übersicht	Rdnr.
1. Betroffener Personenkreis	1
2. Die einzelnen Ordnungswidrigkeiten	
a) Verletzung von Informationspflichten	2
b) Verletzung von Anzeigepflichten	3
c) Verletzung von Pflichten im Zusammenhang mit der Geschäftsprüfung	4
d) Bestellung ungeeigneter Personen	5
e) Verstoß gegen die Versicherungspflicht	6

1. Betroffener Personenkreis

1 In § 14 Abs. 1 Nr. 8, § 15 Abs. 3, § 22 Abs. 1, § 22 Abs. 7 Nr. 1 u. 2, § 23 Abs. 3 u. 4, § 25 Abs. 2 und § 29 Abs. 1 werden den LStHV bestimmte Gebote und Verbote auferlegt, ohne dass die verantwortlichen Personen näher bezeichnet werden. Nach allgemeinen Grundsätzen (vgl. § 9 OWiG) sind die Mitglieder des vertretungsberechtigten Organs, d. h. des Vorstan-

2. Die einzelnen Ordnungswidrigkeiten 2–5 § 162

des des LStHV, verantwortlich, die dem LStHV obliegenden Pflichten zu erfüllen. Bei einem Verstoß gegen die genannten Bestimmungen ist daher gegen die **Mitglieder des Vorstandes** des LStHV ein Bußgeld zu verhängen.

2. Die einzelnen Ordnungswidrigkeiten

a) Verletzung von Informationspflichten

Den Mitgliederrechten kommt im LStHV eine große Bedeutung zu, um rechtzeitig Missstände zu erkennen und zu verhindern. Zur Stärkung dieser Rechte handelt es sich um eine Ordnungswidrigkeit, die mit einer Geldbuße bis zu 5000,– € geahndet werden kann, wenn nicht innerhalb von drei Monaten nach Bekanntgabe des wesentlichen Inhalts der Prüfungsfeststellungen eine Mitgliederversammlung stattfindet. Eine entsprechende Anwendung ist bei Vertreterversammlungen vorgesehen, sofern diese die Wahrnehmung der Mitgliederinteressen vorsieht. Nach § 14 Abs. 1 Nr. 8 ist in der Versammlung eine Aussprache über die Geschäftsprüfung und eine Entlastung des Vorstandes wegen der Geschäftsführung zwingend vorzusehen. 2

b) Verletzung von Anzeigepflichten

Mit einer Geldbuße bis 1000,– € kann geahndet werden, wenn der Vorstand eines LStHV eine **Satzungsänderung** nicht innerhalb eines Monats nach der Beschlussfassung der zuständigen OFD anzeigt (Abs. 1 Nr. 2); dasselbe gilt, wenn die in § 23 Abs. 4 genannten Anzeigepflichten nicht erfüllt werden (Abs. 1 Nr. 7) oder die in § 29 Abs. 1 festgelegte Mitteilungspflicht nicht rechtzeitig erfüllt wird (Abs. 1 Nr. 9). 3

c) Verletzung von Pflichten im Zusammenhang mit der Geschäftsprüfung

Die Geschäftsprüfung nach § 22 ist für die Aufsicht über den LStHV und zur Wahrung der Rechte der Mitglieder von besonderer Bedeutung. Der Vorstand eines LStHV kann daher mit einer Geldbuße bis zu 5000 € belegt werden, wenn die Geschäftsprüfung nicht oder nicht innerhalb von sechs Monaten nach Beendigung des Geschäftsjahres **durchgeführt** wird (Abs. 1 Nr. 3), wenn er den Bericht über die Geschäftsprüfung nicht oder nicht innerhalb eines Monats nach Erhalt der zuständigen OFD **zuleitet** (Abs. 1 Nr. 4) oder wenn er den Mitgliedern den wesentlichen Inhalt der Prüfungsfeststellungen nicht oder nicht innerhalb von sechs Monaten nach Erhalt des Prüfungsberichts **bekanntgibt** (Abs. 1 Nr. 5). 4

d) Bestellung ungeeigneter Personen

Nach § 23 Abs. 3 dürfen zum **Leiter einer Beratungsstelle** nur Personen bestellt werden, die mindestens drei Jahre auf dem Gebiet des Lohnsteuerwesens hauptberuflich tätig gewesen sind (s. hierzu § 23 Rdnr. 4–8). Ein Verstoß kann nicht nur zur Schließung der Beratungsstelle nach § 28 führen; die Mitglieder des Vorstandes können auch mit einem Bußgeld bis zu 5000,– € belegt werden. 5

529

§§ 163, 164 Verfahren

e) Verstoß gegen die Versicherungspflicht

6   LStH müssen gegen die sich aus der Hilfe in Lohnsteuersachen ergebenden **Haftpflichtgefahren** angemessen versichert sein. Ein Verstoß kann zum Widerruf der Anerkennung nach § 20 Abs. 2 Nr. 2 führen. Im Hinblick auf die Bedeutung des Bestehens einer Haftpflichtversicherung kann auch bei einem zeitweiligen Verstoß eine Geldbuße bis zu 5000,– € festgesetzt werden.

§ 163 Pflichtverletzung von Personen, deren sich der Verein bei der Hilfeleistung in Steuersachen im Rahmen der Befugnis nach § 4 Nr. 11 bedient

(1) Ordnungswidrig handelt, wer entgegen § 26 Abs. 2 in Verbindung mit der Hilfeleistung in Steuersachen im Rahmen der Befugnis nach § 4 Nr. 11 eine andere wirtschaftliche Tätigkeit ausübt.

(2) Die Ordnungswidrigkeit kann mit einer Geldbuße bis zu fünfundzwanzigtausend Euro geahndet werden.

Übersicht Rdnr.
1. Ausübung einer wirtschaftlichen Tätigkeit 1
2. Betroffener Personenkreis 2

1. Ausübung einer wirtschaftlichen Tätigkeit

1   Nach § 26 Abs. 2 ist die Ausübung einer anderen wirtschaftlichen Tätigkeit in Verbindung mit der Hilfeleistung in Steuersachen nach § 4 Nr. 11 unzulässig. Über die Begriffe „wirtschaftliche Tätigkeit" und „in Verbindung mit der Hilfeleistung in Steuersachen im Rahmen der Befugnis nach § 4 Nr. 11" s. § 26 Rdnr. 8–10.

2. Betroffener Personenkreis

2   Die Personen, die eine Ordnungswidrigkeit begehen können, sind weder in Abs. 1 noch in § 26 Abs. 2 ausdrücklich genannt. Aus § 23 Abs. 1 ist jedoch zu entnehmen, dass es sich nur um Personen handeln kann, die einer **Beratungsstelle** angehören, d. h. um den Leiter einer Beratungsstelle (§ 23 Abs. 2) und um die Personen, deren sich der LStHV bei der Hilfeleistung in Steuersachen nach § 4 Nr. 11 bedient (§ 23 Abs. 4 Nr. 3). Vorstandsmitglieder von LStHV, die selbst keine Hilfe in Steuersachen nach § 4 Nr. 11 leisten, werden von der Vorschrift nicht betroffen.

§ 164 Verfahren

Verwaltungsbehörde im Sinne des § 36 Abs. 1 Nr. 1 des Gesetzes über Ordnungswidrigkeiten ist das Finanzamt, § 387 Abs. 2 der Abgabenordnung ist entsprechend anzuwenden. Im übrigen gelten für das Bußgeldverfahren § 410 Abs. 1 Nr. 1, 2, 6 bis 11 und Abs. 2 sowie § 412 der Abgabenordnung entsprechend.

2. Sonstige Verfahrensvorschriften 1–3 **§ 164**

Übersicht	Rdnr.
1. Zuständigkeit	1, 2
2. Sonstige Verfahrensvorschriften	3

1. Zuständigkeit

Für die in den §§ 160–163 bezeichneten Bußgeldtatbestände ist – ebenso wie für die in den §§ 377–383 AO bezeichneten Ordnungswidrigkeiten – das nach §§ 387, 409 AO sachlich zuständige Finanzamt (**Straf- und Bußgeldsachenstelle**) Verfolgungsbehörde im Sinne des § 36 Abs. 1 OWiG. Die Zuständigkeit kann nach § 387 Abs. 2 AO durch Rechtsverordnung für den Bereich mehrerer Finanzbehörden übertragen werden. 1

Während die Maßnahmen des Betriebsfinanzamts darauf gerichtet sind, Verstöße für die Zukunft zu unterbinden, z. B. durch Festsetzung von Zwangsmitteln nach § 159, obliegt es der Straf- und Bußgeldsachenstelle, **vergangenes ordnungswidriges Handeln** zu ahnden. Dabei gilt der allgemeine Verfahrensgrundsatz, dass auch die Verfolgung der Ordnungswidrigkeiten im pflichtgemäßen Ermessen (Opportunitätsprinzip) des zuständigen Finanzamtes (§ 47 OWiG) steht. 2

2. Sonstige Verfahrensvorschriften

Für das Bußgeldverfahren gelten außer den verfahrensrechtlichen Vorschriften des OWiG grundsätzlich die Vorschriften der §§ 410, 412 AO. Ausgenommen sind nur die Bestimmungen über die Verteidigung durch StB, StBv, WP und vBP (§§ 410 Abs. 1 Nr. 3; 392 AO), über das Verhältnis des Strafverfahrens zum Besteuerungsverfahren (§§ 410 Abs. 1 Nr. 4; 393 AO), über die Aussetzung des Verfahrens (§§ 410 Abs. 1 Nr. 5; 396 AO) und über die Kosten des Verfahrens (§§ 410 Abs. 1 Nr. 12; 408 AO). 3

Vierter Teil. Schlussvorschriften

§ 164 a Verwaltungsverfahren

(1) Die Durchführung des Verwaltungsverfahrens in öffentlich-rechtlichen und berufsrechtlichen Angelegenheiten, die durch den Ersten Teil, den Zweiten und Sechsten Abschnitt des Zweiten Teils und den Ersten Abschnitt des Dritten Teils dieses Gesetzes geregelt werden, richtet sich nach der Abgabenordnung.

(2) Die Vollziehung der Rücknahme oder des Widerrufs der Anerkennung als Lohnsteuerhilfeverein (§ 20), der Anordnung der Schließung einer Beratungsstelle (§ 28 Abs. 3), der Rücknahme oder des Widerrufs der Bestellung als Steuerberater oder Steuerbevollmächtigter (§ 46) oder der Anerkennung als Steuerberatungsgesellschaft (§ 55) ist bis zum Eintritt der Unanfechtbarkeit gehemmt; § 361 Abs. 4 Sätze 2 und 3 der Abgabenordnung und § 69 Abs. 5 Sätze 2 bis 4 der Finanzgerichtsordnung bleiben unberührt. In den Fällen des Satzes 1 kann daneben die Ausübung der Hilfeleistung in Steuersachen mit sofortiger Wirkung untersagt werden, wenn es das öffentliche Interesse erfordert.

Übersicht	Rdnr.
1. Grundsatz	1
2. Entsprechende Anwendung der AO	2

1. Grundsatz

Durch Abs. 1 wird sichergestellt, dass nicht das Verwaltungsverfahrensgesetz (VwVfG) in den Fällen anzuwenden ist, in denen die Finanzverwaltung in öffentlich-rechtlichen oder berufsrechtlichen Angelegenheiten tätig wird; das Verfahren richtet sich vielmehr **nach der AO** (BFH, BStBl. 1990 II S. 1010 zur Auskunftspflicht einer Zeitung über Identität von Chiffre-Inserenten; BFH/NV 2004 S. 740 zur Besorgnis der Befangenheit eines Prüfers; BFH, BStBl. 2000 II S. 550 zur Zulassung zur Prüfung; BFH/NV 2002 S. 552 zur Rücknahme einer Bestellung; BFH vom 28. 4. 04, Az. VII – B – 238/03 zum Widerruf der Bestellung; FG Hamburg, EFG 2004 S. 852 zu den Grundsätzen und Modalitäten der schriftlichen Steuerberaterprüfung, wobei die AO ein Recht auf Akteneinsicht im Verwaltungsverfahren nicht regelt, vielmehr ist es an das Ermessen der Behörde gebunden (BFH, DStRE 2003 S. 1180); *List*, DStR 2003 S. 1224 zur Steuerberaterprüfung). 1

2. Entsprechende Anwendung der AO

In den in Abs. 2 genannten Fällen werden die Regelungen in § 361 Abs. 4 Satz 2 und 3 AO und § 69 Abs. 5 Satz 2–4 FGO übernommen. Die Vollziehung von Rücknahme- und Widerrufsbescheiden als auch die anderen in Abs. 2 genannten Verwaltungsakte sind bis zum Eintritt der Unan- 2 fechtbarkeit gehemmt. Ansonsten tritt die hemmende Wirkung, die sich gesetzlich ergibt, erst mit Klageerhebung ein. Vom Zeitpunkt der Bekanntgabe bis zur Klageerhebung wäre dann der Verwaltungsakt vollziehbar. Daneben kann die Ausübung der Hilfeleistung in Steuersachen mit sofortiger Wirkung untersagt werden, wenn das im öffentlichen Interesse ist (vgl. § 7; FG Hamburg, EFG 2000 S. 706).

§ 164b Gebühren

(1) **Soweit dieses Gesetz für die Bearbeitung von Anträgen Gebühren vorsieht, sind diese bei der Antragstellung zu entrichten.**

(2) **Wird ein Antrag vor der Entscheidung zurückgenommen, ist die Gebühr zur Hälfte zu erstatten.**

Diese einheitliche Regelung gilt für sämtliche Gebührentatbestände des Gesetzes (§§ 16; 39 Abs. 1; 44 Abs. 8; 47 Abs. 2; 48 Abs. 3; 51 Abs. 1, 2).

§ 165 Ermächtigung

Das Bundesministerium der Finanzen wird ermächtigt, den Wortlaut dieses Gesetzes und der zu diesem Gesetz erlassenen Durchführungsverordnungen in der jeweils geltenden Fassung mit neuem Datum und in neuer Paragraphenfolge bekanntzumachen und dabei Unstimmigkeiten des Wortlauts zu beseitigen.

Der BdF hat von dieser Ermächtigung Gebrauch gemacht (BGBl. 1975 I S. 2735). Seitdem ist das StBerG durch die auf S. 1 aufgeführten Gesetze geändert oder ergänzt worden.

§ 166 Fortgeltung bisheriger Vorschriften

Das Versorgungswerk der Kammer der Steuerberater und Helfer in Steuersachen für das Saarland bleibt aufrechterhalten. Die Regierung des Saarlandes wird ermächtigt, durch Rechtsverordnung die erforderlichen Vorschriften über die Beibehaltung des Versorgungswerkes, insbesondere in der Form einer Körperschaft des öffentlichen Rechts, über die Mitgliedschaft der Steuerberater und Steuerbevollmächtigten, über die Satzung und über die Dienstaufsicht zu erlassen.

Die bisher in Abs. 1 a. F. genannten Rechtsvorschriften sind schon mit Inkrafttreten des Steuerberatungsgesetzes aufgehoben worden. Die Landesregierungen wurden lediglich ermächtigt, entsprechende Rechtsvorschriften zu erlassen, sofern bestimmten Organisationen ansonsten damit die Rechtsgrundlage entzogen wurde. Lediglich die Übergangsregelung für das Versorgungswerk der Kammer der Steuerberater und Helfer in Steuersachen für das Saarland bleibt weiterhin bestehen.

§ 167 Freie und Hansestadt Hamburg

Der Senat der Freien und Hansestadt Hamburg wird ermächtigt, die Vorschriften dieses Gesetzes über die Zuständigkeit der Behörden dem besonderen Verwaltungsaufbau in Hamburg anzupassen.

Von der Ermächtigung hat der Senat der Freien und Hansestadt Hamburg durch Anordnung vom 19. 12. 1961 (BStBl. 1962 II S. 30) und vom 11. 9. 1962 (BStBl. II S. 177) Gebrauch gemacht.

§ 168 Inkrafttreten des Gesetzes

(1) Dieses Gesetz tritt mit Ausnahme des § 166 Abs. 2 am ersten Kalendertage des dritten Kalendermonats nach seiner Verkündung in Kraft.[1]

(2) § 166 Abs. 2 tritt am Tage nach der Verkündung des Gesetzes in Kraft.

Die Bestimmung betrifft das Inkrafttreten des Gesetzes in der ursprünglichen Fassung (BGBl. 1961 I S. 1301), die am 23. 8. 1961 verkündet worden und daher am 1. 11. 1961 in Kraft getreten ist.

Der Zeitpunkt des Inkrafttretens der späteren Änderungen ergibt sich aus den vor der Inhaltsübersicht zur Kommentierung (Seite 1) näher bezeichneten Gesetzen.

---

[1] Amtl. Anm.: Die Vorschrift betrifft das Inkrafttreten des Gesetzes in der ursprünglichen Fassung vom 16. 8. 1961.

Verordnung zur Durchführung der Vorschriften über Steuerberater, Steuerbevollmächtigte und Steuerberatungsgesellschaften (DVStB)

Vom 12. November 1979 (BGBl. I S. 1922)

Geändert durch Verordnung zur Änderung der Verordnung zur Durchführung der Vorschriften über Steuerberater, Steuerbevollmächtigte und Steuerberatungsgesellschaften vom 19. August 1991 (BGBl. I S. 1797), Art. 48 des EWR-Ausführungsgesetzes vom 27. April 1993 (BGBl. I S. 512), Zweite Verordnung zur Änderung der Verordnung zur Durchführung der Vorschriften über Steuerberater, Steuerbevollmächtigte und Steuerberatungsgesellschaften vom 25. Juli 1996 (BGBl. I S. 1168), Siebentes Steuerberatungsänderungsgesetz vom 24. Juni 2000 (BGBl. I S. 874, ber. 1389), Gesetz zur Änderung des Gesetzes über die Tätigkeit europäischer Rechtsanwälte und weiterer berufsrechtlicher Vorschriften (...) vom 26. Oktober 2003 (BGBl. I S. 2074) und Steueränderungsgesetz 2003 vom 15. Dezember 2003 (BGBl. I S. 2645)

Inhaltsübersicht[1]

Erster Teil.
Prüfungsordnung für Steuerberater und Steuerbevollmächtigte

	§§
Zulassungsverfahren	1
(aufgehoben)	2
(aufgehoben)	3
Antrag auf Zulassung zur Prüfung	4
Sonstige Nachweise	5
Zulassung zur Prüfung	6
Antrag auf Erteilung einer verbindlichen Auskunft	7
Antrag auf Befreiung von der Prüfung	8
(aufgehoben)	9
Prüfungsausschuß	10
(aufgehoben)	11
(aufgehoben)	12
(aufgehoben)	13
Durchführung der Prüfungen	14
Prüfungsnoten, Gesamtnoten	15
Schriftliche Prüfung	16
Ladung zur schriftlichen Prüfung	17
Fertigung der Aufsichtsarbeiten	18
Aufsicht	19
Verhalten während der schriftlichen Prüfung	20
Rücktritt von der Prüfung	21
Niederschrift über die Aufsichtsarbeit	22
Täuschungsversuche, Ordnungsverstöße	23
Bewertung der Aufsichtsarbeiten	24
Ergebnis der schriftlichen Prüfung, Ausschluß von der mündlichen Prüfung	25
Mündliche Prüfung	26
Bewertung der mündlichen Prüfung	27

[1] Die Inhaltsübersicht ist nicht amtlich.

	§§
Ergebnis der Prüfung, Wiederholung der Prüfung	28
Überdenken der Prüfungsbewertung	29
Nichtteilnahme an der mündlichen Prüfung	30
Niederschrift über die mündliche Prüfung	31
Aufbewahrung der Aufsichtsarbeiten	32
(aufgehoben)	33

Zweiter Teil.
Bestellung als Steuerberater oder Steuerbevollmächtigter

Bestellungsverfahren	34
Berufsurkunde	35
(aufgehoben)	36
(aufgehoben)	37
Wiederbestellung	38
(aufgehoben)	39

Dritter Teil.
Anerkennung als Steuerberatungsgesellschaft

Verfahren	40
Anerkennungsurkunde	41

Vierter Teil.
Verleihung der Berechtigung zur Führung der Bezeichnung „Landwirtschaftliche Buchstelle"

Nachweis der besonderen Sachkunde	42
Sachkunde-Ausschuss	43
Verleihung, Verleihungsurkunde	44

Fünfter Teil.
Berufsregister

Registerführende Stelle	45
Eintragung	46
Löschung	47
Mitteilungspflichten	48
Vereine, Personenvereinigungen und Körperschaften, die zur Führung der Bezeichnung „Landwirtschaftliche Buchstelle" befugt sind	49
Anzeigepflichten	50

Sechster Teil.
Berufshaftpflichtversicherung

Versicherungspflicht	51
Mindestversicherungssumme	52
Weiterer Inhalt des Versicherungsvertrages	53
Ausschlüsse	53 a
Anerkennung anderer Berufshaftpflichtversicherungen	54
Nachweis des Versicherungsabschlusses vor der Bestellung	55
Anzeige von Veränderungen	56
(aufgehoben)	57

Siebter Teil.
Übergangs- und Schlußvorschriften

Übergangsregelung	58
(aufgehoben)	59

DVStB §§ 1–5 Durchführungsverordnung

Auf Grund des § 158 des Steuerberatungsgesetzes in der Fassung der Bekanntmachung vom 4. November 1975 (BGBl. I S. 2735) verordnet die Bundesregierung nach Anhören der Bundessteuerberaterkammer mit Zustimmung des Bundesrates:

Erster Teil.
Prüfungsordnung für Steuerberater und Steuerbevollmächtigte

§ 1 Zulassungsverfahren

(1) Über die Anträge auf Zulassung zur Steuerberaterprüfung entscheidet die für die Finanzverwaltung zuständige oberste Landesbehörde (oberste Landesbehörde).

(2) Die Anträge auf Zulassung zur Prüfung sind bis zu einem von der obersten Landesbehörde zu bestimmenden Zeitpunkt einzureichen. Der Antrag kann nur für die Teilnahme an der nächsten Prüfung gestellt werden.

(3) Die oberste Landesbehörde prüft die Angaben der Bewerber auf Vollständigkeit und Richtigkeit. Sie kann vor einer Entscheidung erforderlichenfalls weitere Ermittlungen anstellen.

(4) Über die Entscheidung hat die oberste Landesbehörde einen schriftlichen Bescheid zu erteilen.

§ 2 *(aufgehoben)*

§ 3 *(aufgehoben)*

§ 4 Antrag auf Zulassung zur Prüfung

(1) Der Antrag auf Zulassung zur Prüfung ist nach amtlich vorgeschriebenem Vordruck zu stellen.

(2) Der Bewerber muß in dem Antrag angeben
1. Namen, Wohnsitz oder vorwiegenden Aufenthalt und Anschrift sowie Beruf und Ort der vorwiegend beruflichen Tätigkeit,
2. den Ort der beabsichtigten beruflichen Niederlassung,
3. ob und bei welcher Stelle er bereits früher einen Antrag auf Zulassung zur Prüfung eingereicht hat,
4. welche Staatsangehörigkeit er besitzt.

(3) Dem Antrag sind beizufügen
1. ein Lebenslauf mit genauen Angaben über die Person und den beruflichen Werdegang,
2. beglaubigte Abschrift der Prüfungszeugnisse, Diplome und Befähigungsnachweise über die gesetzlichen Vorbildungsvoraussetzungen für die Prüfung als Steuerberater,
3. beglaubigte Abschrift der Zeugnisse über die bisherige berufliche Tätigkeit des Bewerbers, insbesondere mit Angaben über Art und Umfang der Tätigkeit auf dem Gebiet der von den Bundes- oder Landesfinanzbehörden verwalteten Steuern, und über bisher von ihm abgelegte einschlägige Prüfungen; Nachweise über die Arbeitszeit,
4. ein Paßbild.

(4), (5) *(aufgehoben)*

§ 5 Sonstige Nachweise

(1) In den Fällen des § 37a Abs. 1 des Gesetzes ist dem Antrag eine Bescheinigung der zuständigen Stelle darüber beizufügen, daß der Bewerber Wirtschaftsprüfer oder

vereidigter Buchprüfer ist oder die Prüfung als Wirtschaftsprüfer oder vereidigter Buchprüfer bestanden hat.

(2) In den Fällen des § 37a Abs. 2 des Gesetzes sind dem Antrag zusätzlich beizufügen

1. ein Nachweis der Staatsangehörigkeit eines Mitgliedstaates der Europäischen Union oder eines Vertragsstaates des Abkommens über den Europäischen Wirtschaftsraum (Mitgliedstaat oder Vertragsstaat) oder der Schweiz,
2. eine Bescheinigung der zuständigen Stelle des Herkunftsstaates, durch die nachgewiesen wird, dass der Bewerber ein Diplom erlangt hat, mit dem er in diesem Mitgliedstaat oder Vertragsstaat oder der Schweiz zur Hilfe in Steuersachen berechtigt ist,
3. soweit erforderlich ein Nachweis über die zweijährige Tätigkeit im steuerberatenden Beruf sowie ein oder mehrere Ausbildungsnachweise im Sinne des Artikels 3 Buchstabe b der EWG-Richtlinie vom 21. Dezember 1988 (ABl. EG 1989 Nr. L 19 S. 16) in der Fassung der Richtlinie 2001/19/EG des Europäischen Parlaments und des Rates vom 14. Mai 2001 (ABl. EG Nr. L 206 S. 1),
4. ein Nachweis, dass der Bewerber den überwiegenden Teil der Mindestausbildungszeit in Mitgliedstaaten oder Vertragsstaaten oder der Schweiz abgeleistet hat oder eine Bescheinigung über eine mindestens dreijährige Berufsausübung in einem dieser Staaten, sofern dieser ein Diplom, ein Prüfungszeugnis oder einen sonstigen Befähigungsnachweis eines Drittlandes anerkannt hat,
5. die Bestimmung der Prüfungsgebiete, die bei der Prüfung gemäß § 37a Abs. 4 Satz 4 des Gesetzes entfallen sollen, sowie ein Nachweis über die für diese Prüfungsgebiete erlangten Kenntnisse.

Der Antrag und die beizufügenden Unterlagen, soweit sie vom Bewerber stammen, sind in deutscher Sprache einzureichen; sonstige Unterlagen sind mit einer beglaubigten Übersetzung vorzulegen.

§ 6 Zulassung zur Prüfung

(1) Die Zulassung gilt nur für die Teilnahme an der nächsten Prüfung. Für eine spätere Prüfung bedarf es einer erneuten Zulassung.

(2) Hat der Bewerber die Zulassungsvoraussetzung einer mehrjährigen praktischen Tätigkeit auf dem Gebiet der von den Bundes- oder Landesfinanzbehörden verwalteten Steuern im Zeitpunkt der Entscheidung noch nicht voll erfüllt, so kann die Zulassung unter der Bedingung ausgesprochen werden, daß der Bewerber diese Zulassungsvoraussetzung spätestens bei Beginn der schriftlichen Prüfung erfüllt hat. Der Nachweis ist bis zu dem von der obersten Landesbehörde zu bestimmenden Zeitpunkt zu erbringen.

§ 7 Antrag auf Erteilung einer verbindlichen Auskunft

(1) Der Antrag auf Erteilung einer verbindlichen Auskunft ist nach amtlich vorgeschriebenem Vordruck zu stellen.

(2) Die verbindliche Auskunft bedarf der Schriftform. In die Auskunft ist ein Hinweis auf die mögliche Rechtsfolge nach Absatz 4 aufzunehmen.

(3) Betrifft die Auskunft eine noch nicht erfüllte Voraussetzung, so ist sie nur dann verbindlich, wenn sich der später verwirklichte Sachverhalt mit dem der Auskunft zugrunde gelegten deckt.

(4) Die Auskunft verliert ihre Verbindlichkeit, wenn die Rechtsvorschriften, auf denen sie beruht, geändert werden.

(5) Für das Verfahren sind die §§ 1, 4, 5 und 8 entsprechend anzuwenden.

§ 8 Antrag auf Befreiung von der Prüfung

(1) § 1 Abs. 1 und § 4 gelten sinngemäß für einen Antrag auf Befreiung von der Prüfung nach § 38 des Gesetzes mit der Maßgabe, daß der Bewerber in der Erklärung nach § 4 Abs. 2 Nr. 3 über etwaige frühere Anträge auf Zulassung zur Prüfung oder auf Befreiung von der Prüfung Auskunft zu geben hat.

(2) Der Bewerber hat dem Antrag auf Befreiung von der Prüfung an Stelle der in § 4 Abs. 3 Nr. 2 und 3 genannten Nachweise beizufügen
1. in den Fällen des § 38 Abs. 1 Nr. 1 des Gesetzes die Bescheinigung einer deutschen Hochschule, der er angehört oder angehört hat, über Art und Dauer seiner Lehrtätigkeit auf dem Gebiet der von den Bundes- oder Landesfinanzbehörden verwalteten Steuern;
2. in den Fällen des § 38 Abs. 1 Nr. 2 bis 4 des Gesetzes eine Bescheinigung
   a) der letzten Dienstbehörde oder
   b) des Fraktionsvorstandes, wenn er bei einer Fraktion des Deutschen Bundestages angestellt gewesen ist,
   über Art und Dauer seiner Tätigkeit auf dem Gebiet der von den Bundes- oder Landesfinanzbehörden verwalteten Steuern.

§ 9 *(aufgehoben)*

§ 10 Prüfungsausschuß

(1) Dem Ausschuß für die Steuerberaterprüfung gehören an
1. drei Beamte des höheren Dienstes oder vergleichbare Angestellte der Finanzverwaltung, davon einer als Vorsitzender,
2. drei Steuerberater oder zwei Steuerberater und ein Vertreter der Wirtschaft.

(2) Die Mitglieder und ihre Stellvertreter sind grundsätzlich für drei Jahre zu berufen; sie können aus wichtigem Grund abberufen werden. Im Falle des vorzeitigen Ausscheidens oder der Abberufung wird der Nachfolger nur für den Rest der Amtszeit des ausgeschiedenen oder abberufenen Mitglieds oder Stellvertreters berufen. Soweit sie Steuerberater sind, ist vor der Berufung oder Abberufung ihre Steuerberaterkammer zu hören. Soweit sie Vertreter der Wirtschaft sind, ist vor der Berufung oder Abberufung die für die Wirtschaft zuständige oberste Landesbehörde zu hören.

(3) Der Ausschuß entscheidet mit Stimmenmehrheit. Bei Stimmengleichheit ist die Stimme des Vorsitzenden entscheidend.

(4) Die Mitglieder des Prüfungsausschusses haben das Recht, die Zulassungs- und Prüfungsunterlagen einzusehen. Sie haben über die Tatsachen, die ihnen bei ihrer Tätigkeit bekannt geworden sind, Verschwiegenheit zu wahren.

(5) Die Mitglieder des Prüfungsausschusses, die nicht Beamte oder Angestellte der Finanzverwaltung sind, sind vom Vorsitzenden des Ausschusses auf gewissenhafte Erfüllung ihrer Obliegenheiten zu verpflichten.

(6) Die Mitglieder des Prüfungsausschusses sind nicht weisungsgebunden. Sie sind aus dem Gebührenaufkommen zu entschädigen.

§§ 11–13 *(aufgehoben)*

§ 14 Durchführung der Prüfungen

(1) Die oberste Landesbehörde setzt, in der Regel jährlich einmal, die Prüfung der zugelassenen Bewerber durch den Prüfungsausschuß an.

(2) Die Prüfungen und die Beratungen des Prüfungsausschusses sind nicht öffentlich. An der mündlichen Prüfung können Vertreter der zuständigen obersten Landesbehörde und des Vorstandes der zuständigen Steuerberaterkammer teilnehmen. Anderen Personen kann der Vorsitzende des Prüfungsausschusses die Anwesenheit gestatten.

§ 15 Prüfungsnoten, Gesamtnoten

(1) Für die Bewertung der einzelnen Prüfungsleistungen werden sechs Notenstufen gebildet. Es bedeuten

Note 1	sehr gut	eine hervorragende Leistung,
Note 2	gut	eine erheblich über dem Durchschnitt liegende Leistung,
Note 3	befriedigend	eine Leistung, die in jeder Hinsicht durchschnittlichen Anforderungen gerecht wird,
Note 4	ausreichend	eine Leistung, die, abgesehen von einzelnen Mängeln, durchschnittlichen Anforderungen entspricht,
Note 5	mangelhaft	eine an erheblichen Mängeln leidende, im ganzen nicht mehr brauchbare Leistung,
Note 6	ungenügend	eine völlig unbrauchbare Leistung.

Die Bewertung mit halben Zwischennoten ist zulässig.

(2) Gesamtnoten errechnen sich aus der Summe der einzelnen Noten, geteilt durch deren Zahl. Das Ergebnis ist auf zwei Dezimalstellen zu berechnen; die dritte Dezimalstelle bleibt unberücksichtigt.

§ 16 Schriftliche Prüfung

(1) Die schriftliche Prüfung besteht aus drei Aufsichtsarbeiten.

(2) Zwei Aufsichtsarbeiten sind den Prüfungsgebieten nach § 37 Abs. 3 Nr. 1 bis 4 des Gesetzes und eine Aufsichtsarbeit den Gebieten der Buchführung und des Bilanzwesens zu entnehmen. Die Aufsichtsarbeiten können sich daneben jeweils auch auf andere Prüfungsgebiete erstrecken.

(3) In der Steuerberaterprüfung in Sonderfällen (§ 37a des Gesetzes) sind die Aufsichtsarbeiten den Prüfungsgebieten nach § 37 Abs. 3 Nr. 1 bis 4 des Gesetzes zu entnehmen. Absatz 2 Satz 2 gilt entsprechend.

§ 17 Ladung zur schriftlichen Prüfung

Die oberste Landesbehörde lädt die Bewerber, die Aufsichtsarbeiten zu fertigen haben, spätestens einen Monat vor dem Tag der ersten Aufsichtsarbeit.

§ 18 Fertigung der Aufsichtsarbeiten

(1) Die Prüfungsaufgaben der Aufsichtsarbeiten werden von der obersten Landesbehörde gestellt. Sie bestimmt die zulässigen Hilfsmittel und die Bearbeitungszeit. Die Bearbeitungszeit soll für jede Arbeit mindestens vier und höchstens sechs Stunden betragen. Die oberste Landesbehörde bestimmt, ob die Arbeiten mit der Anschrift und der Unterschrift des Bewerbers oder mit der zugeteilten Kennzahl zu versehen sind.

(2) Die Prüfungsaufgaben sind geheimzuhalten. Sie sind an den jeweiligen Prüfungstagen dem Aufsichtführenden in der erforderlichen Anzahl zur Verteilung an die erschienenen Bewerber auszuhändigen.

(3) Auf Antrag hat die oberste Landesbehörde körperbehinderten Personen für die Fertigung der Aufsichtsarbeiten der Behinderung entsprechende Erleichterungen zu gewähren. Besteht die dem Bewerber zu gewährende Erleichterung in einer Verlängerung der Bearbeitungszeit, soll diese eine Stunde nicht überschreiten. Der Antrag

soll mit dem Antrag auf Zulassung zur Prüfung gestellt werden. Die oberste Landesbehörde kann die Vorlage eines amtsärztlichen Zeugnisses verlangen.

§ 19 Aufsicht

(1) Die oberste Landesbehörde veranlaßt, daß die Aufsichtsarbeiten unter ständiger Aufsicht angefertigt werden.

(2) Der Aufsichtführende stellt am Prüfungstag die Personalien der erschienenen Bewerber fest. Sodann gibt er an jeden Bewerber die Prüfungsaufgabe aus. Er gibt den Beginn und das Ende der Bearbeitungszeit bekannt und hat darauf zu achten, daß die Arbeit spätestens am Ende der Bearbeitungszeit abgegeben wird und daß sie mit der Anschrift und der Unterschrift des Bewerbers oder mit der Kennzahl versehen ist.

(3) Der Aufsichtführende hat darauf zu achten, daß Bewerber sich nicht unerlaubter Hilfsmittel bedienen oder eines sonstigen Täuschungsversuchs schuldig machen.

(4) Der Aufsichtführende kann Bewerber wegen ungebührlichen Verhaltens aus dem Prüfungsraum weisen. Der Bewerber ist von der Fortsetzung der an diesem Prüfungstag anzufertigenden Aufsichtsarbeit ausgeschlossen.

(5) *(aufgehoben)*

§ 20 Verhalten während der schriftlichen Prüfung

(1) Die Bewerber haben die Aufsichtsarbeiten selbständig zu fertigen. Während der Bearbeitungszeit dürfen sie mit anderen Bewerbern nicht sprechen oder sich mit ihnen in anderer Weise verständigen. Sie dürfen nur die von der obersten Landesbehörde zur Verfügung gestellten oder zugelassenen Hilfsmittel benutzen.

(2) Am Ende der Bearbeitungszeit haben die Bewerber die Arbeit abzugeben, auch wenn sie unvollendet ist. Die Arbeit ist mit der Anschrift und der Unterschrift des Bewerbers oder mit der Kennzahl zu versehen.

(3) Die Bewerber haben Anordnungen des Aufsichtführenden, die sich auf das Verhalten während der Prüfung beziehen, nachzukommen.

(4) Einwendungen gegen den Ablauf der Prüfung wegen Störungen, die durch äußere Einwirkungen verursacht worden sind, sind unverzüglich, spätestens bis zum Ende der Bearbeitungszeit der jeweiligen Aufsichtsarbeit durch Erklärung gegenüber dem Aufsichtführenden geltend zu machen.

§ 21 Rücktritt von der Prüfung

(1) Der Bewerber kann bis zum Ende der Bearbeitungszeit der letzten Aufsichtsarbeit durch Erklärung gegenüber der obersten Landesbehörde oder dem Aufsichtführenden von der Prüfung zurücktreten. Als Rücktritt gilt es auch, wenn der Bewerber zu einer der Aufsichtsarbeiten nicht erscheint. In diesen Fällen gilt die Prüfung als nicht abgelegt.

(2) Im Falle des Rücktritts ist die gesamte Prüfung erneut abzulegen.

§ 22 Niederschrift über die Aufsichtsarbeit

Der Aufsichtführende hat an jedem Prüfungstag jeweils eine Niederschrift zu fertigen, in der insbesondere zu vermerken sind
1. der Beginn und das Ende der Bearbeitungszeit,
2. etwa beobachtete Täuschungsversuche und sonstige Unregelmäßigkeiten,
3. die Namen der Bewerber, die nicht erschienen sind, wegen ungebührlichen Verhaltens aus dem Prüfungsraum gewiesen worden sind oder keine Arbeit abgegeben haben,

4. etwaige Einwendungen wegen Störung des Prüfungsablaufs (§ 20 Abs. 4) und eine Stellungnahme hierzu,
5. etwaige Rücktritte von Bewerbern.

§ 23 Täuschungsversuche, Ordnungsverstöße

(1) Unternimmt es ein Bewerber, das Ergebnis einer schriftlichen Arbeit durch Täuschung oder Benutzung nicht zugelassener Hilfsmittel zu beeinflussen, so kann der Prüfungsausschuß die Arbeit mit ungenügend bewerten. In schweren Fällen kann er den Bewerber von der Prüfung ausschließen.

(2) In Fällen schweren ungebührlichen Verhaltens kann der Prüfungsausschuß den Bewerber von der Prüfung ausschließen.

(3) Im Falle des Ausschlusses gilt die Prüfung als nicht bestanden, auch wenn der Bewerber von der Prüfung zurückgetreten ist.

§ 24 Bewertung der Aufsichtsarbeiten

(1) Für die Bewertung der Aufsichtsarbeiten kann der Prüfungsausschuß auf Vorschlag der für die Finanzverwaltung zuständigen obersten Landesbehörde mit Stimmenmehrheit auch Prüfer bestimmen, die stellvertretende Mitglieder des Prüfungsausschusses sind.

(2) Jede Aufsichtsarbeit ist von mindestens zwei Prüfern (Erst- und Zweitprüfer) persönlich zu bewerten. Dem Zweitprüfer kann die Bewertung des Erstprüfers mitgeteilt werden; dies gilt entsprechend, wenn weitere Prüfer bestimmt sind.

(3) Weichen die Bewertungen einer Arbeit nicht voneinander ab, gilt der von den Prüfern übereinstimmend ermittelte Notenvorschlag als Note des Prüfungsausschusses. Bei Abweichungen sind die Prüfer gehalten, sich auf übereinstimmende Notenvorschläge zu einigen.

(4) Können sich die Prüfer nicht auf einen gemeinsamen Notenvorschlag einigen, setzt der Prüfungsausschuß die Note fest.

(5) Abweichend von den Absätzen 3 und 4 kann der Prüfungsausschuß in allen Fällen die Note festsetzen.

(6) Eine vom Bewerber nicht abgegebene Arbeit ist mit „ungenügend" zu bewerten.

§ 25 Ergebnis der schriftlichen Prüfung, Ausschluß von der mündlichen Prüfung

(1) Für die schriftliche Prüfung wird eine Gesamtnote gebildet.

(2) Der Bewerber ist von der mündlichen Prüfung ausgeschlossen, wenn die Gesamtnote für die schriftliche Prüfung die Zahl 4,5 übersteigt; er hat die Prüfung nicht bestanden.

(3) Die oberste Landesbehörde hat Bewerber, die die Prüfung nach Absatz 2 nicht bestanden haben, schriftlich zu bescheiden.

§ 26 Mündliche Prüfung

(1) Die oberste Landesbehörde hat die Bewerber, die an der mündlichen Prüfung teilnehmen, hierzu spätestens zwei Wochen vorher zu laden. Mit der Ladung können die Teilnoten der schriftlichen Prüfung mitgeteilt werden.

(2) Der Vorsitzende des Prüfungsausschusses leitet die mündliche Prüfung. Er ist berechtigt, jederzeit in die Prüfung einzugreifen.

(3) Die mündliche Prüfung besteht aus einem kurzen Vortrag des Bewerbers über einen Gegenstand der in § 37 Abs. 3 des Gesetzes genannten Prüfungsgebiete und aus sechs Prüfungsabschnitten. In den Prüfungsabschnitten sind an den Bewerber Fragen aus den Prüfungsgebieten zu stellen. Prüfungsabschnitt ist jeweils die gesamte Prüfungstätigkeit eines Mitglieds des Prüfungsausschusses während der mündlichen Prüfung.

(4) In der Steuerberaterprüfung in verkürzter Form (§ 37a Abs. 1 des Gesetzes) sind der Gegenstand des Vortrags und die Fragen an die Bewerber den in § 37 Abs. 3 Nr. 1 bis 4 und 8 des Gesetzes genannten Prüfungsgebieten zu entnehmen.

(5) In der Eignungsprüfung (§ 37a Abs. 2 des Gesetzes) sind der Gegenstand des Vortrags und die Fragen an die Bewerber den in § 37 Abs. 3 des Gesetzes genannten Prüfungsgebieten zu entnehmen, soweit sie nicht gemäß § 37a Abs. 4 Satz 4 des Gesetzes entfallen.

(6) Für den Vortrag über den Fachgegenstand werden dem Bewerber eine halbe Stunde vor Beginn der Prüfung drei Themen zur Wahl gestellt.

(7) Die auf jeden Bewerber entfallende Prüfungszeit soll neunzig Minuten nicht überschreiten.

(8) Einwendungen gegen den Ablauf der Vorbereitung auf den Vortrag oder der mündlichen Prüfung wegen Störungen, die durch äußere Einwirkungen verursacht worden sind, sind unverzüglich, spätestens bis zum Ende der mündlichen Prüfung, durch Erklärung gegenüber dem Aufsichtführenden oder dem Vorsitzenden des Prüfungsausschusses geltend zu machen. § 23 ist auf die mündliche Prüfung entsprechend anzuwenden.

§ 27 Bewertung der mündlichen Prüfung

(1) In der mündlichen Prüfung werden der Vortrag und jeder Prüfungsabschnitt gesondert bewertet.

(2) Die Noten werden vom Prüfungsausschuß festgesetzt.

(3) Für die mündliche Prüfung wird eine Gesamtnote gebildet.

§ 28 Ergebnis der Prüfung, Wiederholung der Prüfung

(1) Im unmittelbaren Anschluß an die mündliche Prüfung berät der Prüfungsausschuß über das Ergebnis der Prüfung. Die Prüfung ist bestanden, wenn die durch zwei geteilte Summe aus den Gesamtnoten für die schriftliche und die mündliche Prüfung die Zahl 4,15 nicht übersteigt. Der Vorsitzende eröffnet hierauf den Bewerbern, ob sie die Prüfung nach der Entscheidung des Prüfungsausschusses bestanden haben; er handelt insoweit als Vertreter der obersten Landesbehörde. Noten werden nicht erteilt.

(2) Hat der Bewerber die Prüfung nicht bestanden, kann er eine Bekanntgabe der tragenden Gründe der Entscheidung verlangen.

(3) Für die Wiederholung bedarf es einer erneuten Zulassung.

§ 29 Überdenken der Prüfungsbewertung

(1) Die Prüfer sind verpflichtet, ihre Bewertung der Prüfungsleistungen zu überdenken, wenn dies von einem Bewerber, der die Prüfung nicht bestanden hat, mit begründeten Einwendungen bei der obersten Landesbehörde schriftlich beantragt wird und die Entscheidung über das Ergebnis der Prüfung noch nicht bestandskräftig ist. Die Frist zur Erhebung einer Anfechtungsklage nach § 47 der Finanzgerichtsordnung wird dadurch nicht berührt.

(2) Das Ergebnis des Überdenkens teilt die oberste Landesbehörde dem Antragsteller schriftlich mit.

§ 30 Nichtteilnahme an der mündlichen Prüfung

(1) Die mündliche Prüfung gilt als nicht abgelegt, wenn der Bewerber aus einem von ihm nicht zu vertretenden Grund an der Ablegung der Prüfung verhindert ist. Eine Erkrankung ist auf Verlangen durch ein amtsärztliches Zeugnis nachzuweisen.

(2) Hat ein Bewerber aus einem von ihm nicht zu vertretenden Grund nicht an der mündlichen Prüfung teilgenommen, so kann sie nachgeholt werden.

(3) Versäumt ein Bewerber die mündliche Prüfung ohne ausreichende Entschuldigung, so gilt die Prüfung als nicht bestanden.

§ 31 Niederschrift über die mündliche Prüfung

(1) Über die Prüfung ist eine Niederschrift zu fertigen. Aus ihr müssen ersichtlich sein
1. die Namen der Beteiligten,
2. das Ergebnis der Prüfung und seine Bekanntgabe an die Bewerber,
3. ein Begehren nach § 28 Abs. 2 und die Behandlung des Begehrens durch den Prüfungsausschuss,
4. besondere Vorkommnisse.

(2) Ein Auszug aus der Niederschrift ist zu den Akten des Bewerbers zu nehmen.

§ 32 Aufbewahrung der Aufsichtsarbeiten

Die Aufsichtsarbeiten sind bei der obersten Landesbehörde mindestens zwei Jahre nach der Prüfungsentscheidung aufzubewahren. In den Fällen des § 21 Abs. 1 besteht keine Aufbewahrungspflicht.

§ 33 *(aufgehoben)*

Zweiter Teil.
Bestellung als Steuerberater oder Steuerbevollmächtigter

§ 34 Bestellungsverfahren

(1) Über den Antrag auf Bestellung als Steuerberater entscheidet die zuständige Steuerberaterkammer.

(2) Der Antrag auf Bestellung ist nach amtlich vorgeschriebenem Vordruck zu stellen.

(3) Der Bewerber muss in dem Antrag angeben:
1. Name, Wohnsitz oder vorwiegenden Aufenthalt und Anschrift sowie Beruf und Ort der beruflichen Tätigkeit,
2. den Ort der beabsichtigten beruflichen Niederlassung,
3. wann und bei welcher obersten Landesbehörde er die Steuerberaterprüfung bestanden hat bzw. von der Prüfung befreit wurde,
4. ob und bei welcher Stelle er bereits früher einen Antrag auf Bestellung eingereicht hat,
5. ob er sich in geordneten wirtschaftlichen Verhältnissen befindet,
6. ob er innerhalb der letzten zwölf Monate strafgerichtlich verurteilt worden ist und ob gegen ihn ein gerichtliches Strafverfahren oder ein Ermittlungsverfahren anhängig ist; Entsprechendes gilt für berufsgerichtliche Verfahren sowie für Bußgeldverfahren nach der Abgabenordnung und nach dem Steuerberatungsgesetz,

7. ob und gegebenenfalls welche Tätigkeit er nach seiner Bestellung neben dem Beruf als Steuerberater weiter ausüben oder übernehmen will,
8. dass er bei der Meldebehörde die Erteilung eines Führungszeugnisses zur Vorlage bei der zuständigen Steuerberaterkammer beantragt hat.

Ein Bewerber, der nach § 38 Abs. 1 des Gesetzes von der Prüfung befreit wurde, muss außerdem eine Erklärung darüber abgeben, ob innerhalb der letzten zwölf Monate disziplinarrechtliche Maßnahmen gegen ihn verhängt worden sind und ob disziplinarrechtliche Ermittlungen gegen ihn anhängig sind oder innerhalb der letzten zwölf Monate anhängig waren.

(4) Dem Antrag sind beizufügen:
1. eine beglaubigte Abschrift der Bescheinigung der zuständigen obersten Landesbehörde über die erfolgreich abgelegte Steuerberaterprüfung oder die Befreiung von dieser Prüfung,
2. ein Passbild.

Ist der Bewerber Rechtsanwalt, niedergelassener europäischer Rechtsanwalt, Wirtschaftsprüfer oder vereidigter Buchprüfer, so hat er außerdem eine Bescheinigung der für ihn zuständigen Berufsorganisation oder sonst zuständigen Stelle beizufügen, dass keine Tatsachen bekannt sind, die die Rücknahme oder den Widerruf der Zulassung oder Bestellung oder die Einleitung eines berufsgerichtlichen Verfahrens gegen ihn rechtfertigen.

(5) Die Steuerberaterkammer prüft die Angaben des Bewerbers auf Vollständigkeit und Richtigkeit. Sie kann vor einer Entscheidung erforderlichenfalls weitere Ermittlungen anstellen.

§ 35 Berufsurkunde

Die Berufsurkunde enthält
1. die Bezeichnung der bestellenden Steuerberaterkammer,
2. Ort und Datum der Ausstellung,
3. Namen, Geburtsort und Geburtsdatum des Bewerbers,
4. die Erklärung, daß der Bewerber als Steuerberater oder Steuerbevollmächtigter bestellt wird,
5. Dienstsiegel und
6. Unterschrift.

Weitere Berufsbezeichnungen des Bewerbers sind in die Berufsurkunde nicht aufzunehmen. Akademische Grade oder staatlich verliehene Graduierungen sind nur aufzunehmen, wenn sie nachgewiesen worden sind.

§§ 36, 37 *(aufgehoben)*

§ 38 Wiederbestellung

(1) Über den Antrag auf Wiederbestellung als Steuerberater oder Steuerbevollmächtigter entscheidet die zuständige Steuerberaterkammer.

(2) Der Antrag auf Wiederbestellung ist nach amtlich vorgeschriebenem Vordruck zu stellen. § 34 Abs. 3 bis 5 gilt entsprechend.

(3) Die bestellende Steuerberaterkammer prüft, ob die Voraussetzungen des § 40 Abs. 2 und 3 des Gesetzes gegeben sind. Vor der Entscheidung ist die Steuerberaterkammer zu hören, der der Bewerber im Zeitpunkt des Erlöschens oder des Widerrufs der Bestellung angehört hat. § 40 Abs. 4 des Gesetzes ist sinngemäß anzuwenden.

(4) Unter den Voraussetzungen des § 48 des Gesetzes können auch Personen wiederbestellt werden, die ohne nochmalige Bestellung die Eigenschaft als Steuerberater oder Steuerbevollmächtigter erlangt hatten (§ 154 Abs. 1 und 3 des Gesetzes in der bis zum 30. Juni 2000 geltenden Fassung).

§ 39 *(aufgehoben)*

Dritter Teil.
Anerkennung als Steuerberatungsgesellschaft

§ 40 Verfahren

(1) Der Antrag auf Anerkennung als Steuerberatungsgesellschaft ist schriftlich bei der Steuerberaterkammer einzureichen, in deren Kammerbezirk die Gesellschaft ihren Sitz hat. In dem Antrag sind Name, Beruf und berufliche Niederlassung der Personen anzugeben, die die Gesellschaft verantwortlich führen (§ 32 Abs. 3 Satz 2 des Gesetzes) sowie Name, Beruf und berufliche Niederlassung der sonst zur Vertretung berechtigten Personen (§ 50 Abs. 2 und 3 des Gesetzes).

(2) Die zuständige Steuerberaterkammer prüft anhand des Gesellschaftsvertrages oder der Satzung, ob der Nachweis der verantwortlichen Führung der Gesellschaft durch Steuerberater nach § 32 Abs. 3 Satz 2 des Gesetzes erbracht ist und ob die Voraussetzungen der §§ 49 bis 53 des Gesetzes für die Anerkennung als Steuerberatungsgesellschaft gegeben sind.

(3) Liegen die Voraussetzungen für die Anerkennung vor, hat die zuständige Steuerberaterkammer die Gesellschaft durch Ausstellung einer Urkunde nach § 41 als Steuerberatungsgesellschaft anzuerkennen. Vor Eintragung in das Handels- oder Partnerschaftsregister kann die zuständige Steuerberaterkammer bereits bestätigen, daß bis auf die Eintragung in das Handels- oder Partnerschaftsregister alle Voraussetzungen für die Anerkennung vorliegen. Über die Ablehnung des Antrags auf Anerkennung ist ein schriftlicher Bescheid zu erteilen.

§ 41 Anerkennungsurkunde

Die Anerkennungsurkunde enthält
1. die Bezeichnung der anerkennenden Steuerberaterkammer,
2. Ort und Datum der Anerkennung,
3. Firma oder Name der Gesellschaft,
4. die Anerkennung als Steuerberatungsgesellschaft,
5. Dienstsiegel und
6. Unterschrift.

Außer der Firma oder dem Namen sind keine weiteren Bezeichnungen der Gesellschaft in die Anerkennungsurkunde aufzunehmen.

Vierter Teil.
Verleihung der Berechtigung zur Führung der Bezeichnung „Landwirtschaftliche Buchstelle"

§ 42 Nachweis der besonderen Sachkunde

(1) Der Antrag auf Verleihung der Berechtigung zur Führung der Bezeichnung „Landwirtschaftliche Buchstelle" ist bei der Steuerberaterkammer zu stellen, in deren Kammerbezirk sich die berufliche Niederlassung des Antragstellers befindet.

(2) Der Antrag muss genaue Angaben über den beruflichen Werdegang und die bisherige berufliche Tätigkeit des Antragstellers enthalten. In dem Antrag ist anzugeben, ob der Antragsteller die besondere Sachkunde durch eine mündliche Prüfung vor dem Sachkunde-Ausschuss nachweisen oder von dieser Prüfung befreit werden will; erforderliche Nachweise sind dem Antrag beizufügen.

(3) Die mündliche Prüfung erstreckt sich auf folgende Gebiete:
1. steuerliche Besonderheiten der Land- und Forstwirtschaft,
2. Höferecht (Anerbenrecht) bzw. erbrechtliche Bestimmungen des Bürgerlichen Gesetzbuchs,
3. Landpachtrecht,
4. Grundstücksverkehrsrecht,
5. Grundlagen des Agrarkreditwesens,
6. landwirtschaftliche Betriebswirtschaft einschließlich Rechnungswesen und Statistik.

Nicht erforderlich ist, dass alle Gebiete Gegenstand der Prüfung sind. Die auf jeden Antragsteller entfallende Prüfungszeit soll sechzig Minuten nicht übersteigen.

(4) Die Steuerberaterkammer hat die Antragsteller, die an der mündlichen Prüfung teilnehmen, hierzu spätestens zwei Wochen vorher zu laden.

(5) Die mündliche Prüfung wird vom Vorsitzenden des Sachkunde-Ausschusses geleitet. Er ist berechtigt, jederzeit in die Prüfung einzugreifen. Im unmittelbaren Anschluss an die mündliche Prüfung berät der Sachkunde-Ausschuss über das Ergebnis der Prüfung. Der Vorsitzende eröffnet hierauf den Antragstellern, ob sie die Prüfung nach der Entscheidung des Sachkunde-Ausschusses bestanden haben; eine Note wird nicht erteilt.

(6) Für die Befreiung von der mündlichen Prüfung hat der Antragsteller neben einer einschlägigen Ausbildung nachzuweisen, dass er vor der Antragstellung mindestens fünf buchführende land- und forstwirtschaftliche Betriebe drei Jahre lang steuerlich beraten hat. Die steuerliche Beratung kann auch im Rahmen einer Tätigkeit als Angestellter nach § 58 des Gesetzes erfolgt sein.

(7) Einschlägig im Sinne des § 44 Abs. 2 Satz 2 des Gesetzes ist eine Ausbildung, die Kenntnisse auf den in Absatz 3 genannten Gebieten vermittelt. Dazu rechnen insbesondere
1. ein erfolgreich abgeschlossenes Hochschulstudium der Agrarwissenschaften oder
2. sonstige Ausbildungsgänge im Sinne des Satzes 1, die mit einer Prüfung abgeschlossen werden.

Die Teilnahme an einem fachbezogenen Seminar bzw. Lehrgang ohne Abschlussprüfung oder sonstigen Leistungsnachweis der einzelnen Teilnehmer reicht nicht aus.

(8) Nachweise über eine einschlägige Ausbildung und über die praktische Tätigkeit im Sinne des § 44 Abs. 2 Satz 2 des Gesetzes sind dem Antrag beizufügen. Antrag und Nachweise hat die Steuerberaterkammer der für die Landwirtschaft zuständigen obersten Landesbehörde oder der von ihr benannten Behörde und, soweit der Antragsteller Rechtsanwalt oder niedergelassener europäischer Rechtsanwalt ist, der für die berufliche Niederlassung zuständigen Rechtsanwaltskammer zur Stellungnahme zuzuleiten.

(9) Über die Ablehnung eines Antrags auf Befreiung von der mündlichen Prüfung ist ein schriftlicher Bescheid zu erteilen.

§ 43 Sachkunde-Ausschuss

(1) Die mündliche Prüfung wird vor einem Sachkunde-Ausschuss abgelegt, der bei der Steuerberaterkammer zu bilden ist.

(2) Die Prüfung kann auch einem Sachkunde-Ausschuss übertragen werden, der bei einer anderen Steuerberaterkammer besteht. Die mit der Abnahme der mündlichen Prüfung verbundenen Aufgaben werden im Falle der Übertragung nach Satz 1 von der anderen Steuerberaterkammer wahrgenommen. Diese erhält auch die Gebühr nach § 44 Abs. 8 des Gesetzes.

(3) Dem Sachkunde-Ausschuss gehören an
1. zwei Vertreter der Steuerberaterkammer, davon einer als Vorsitzender,
2. ein Vertreter der für die Landwirtschaft zuständigen obersten Landesbehörde oder einer von ihr benannten Behörde.

(4) Die Steuerberaterkammer beruft die Mitglieder des Sachkunde-Ausschusses und ihre Stellvertreter grundsätzlich für drei Jahre; sie können aus wichtigem Grund abberufen werden. Im Falle des vorzeitigen Ausscheidens oder der Abberufung wird der Nachfolger nur für den Rest der Amtszeit des ausgeschiedenen oder abberufenen Mitglieds oder Vertreters berufen. Vor der Berufung oder Abberufung ist bei dem Vertreter der für die Landwirtschaft zuständigen obersten Landesbehörde diese oder die von ihr benannte Behörde zu hören. § 10 Abs. 4 bis 6 gilt sinngemäß.

(5) Der Ausschuss entscheidet mit Stimmenmehrheit.

§ 44 Verleihung, Verleihungsurkunde

(1) Über die Verleihung der Berechtigung zur Führung der Bezeichnung „Landwirtschaftliche Buchstelle" ist eine Urkunde auszustellen.

(2) Die Urkunde enthält
1. die Bezeichnung der verleihenden Steuerberaterkammer,
2. Namen und Berufsbezeichnung des Empfängers der Urkunde,
3. die Erklärung, daß dem in der Urkunde Bezeichneten die Berechtigung verliehen wird, als Zusatz zur Berufsbezeichnung die Bezeichnung „Landwirtschaftliche Buchstelle" zu führen,
4. Ort und Datum der Verleihung,
5. Dienstsiegel und
6. Unterschrift.

(3) *(aufgehoben)*

Fünfter Teil. Berufsregister

§ 45 Registerführende Stelle

(1) Das Berufsregister wird durch die zuständige Steuerberaterkammer geführt. Die Steuerberaterkammern können sich bei der Führung des Berufsregisters einer nach § 84 des Gesetzes gebildeten Arbeitsgemeinschaft bedienen.

(2) Alle Eintragungen und Löschungen im Berufsregister sind den Beteiligten mitzuteilen. Die Löschung von Steuerberatungsgesellschaften ist ferner dem zuständigen Registergericht mitzuteilen.

(3) Die Einsicht in das Berufsregister ist jedem gestattet, der ein berechtigtes Interesse darlegt.

§ 46 Eintragung

In das Berufsregister sind einzutragen:
1. Steuerberater und Steuerbevollmächtigte, wenn sie in dem Bezirk, für den das Register geführt wird (Registerbezirk), bestellt werden oder wenn sie ihre berufliche Niederlassung in den Registerbezirk verlegen, und zwar

a) Name, Vorname, Geburtstag, Geburtsort,
b) Tag der Bestellung und die Behörde oder die Steuerberaterkammer, die die Bestellung vorgenommen hat,
c) Befugnis zur Führung der Bezeichnung „Landwirtschaftliche Buchstelle",
d) Anschrift der beruflichen Niederlassung,
e) berufliche Zusammenschlüsse im Sinne von § 56 Abs. 1 bis 4 des Gesetzes,
f) sämtliche weiteren Beratungsstellen und die Namen der die weiteren Beratungsstellen leitenden Personen,
g) Name und Anschrift des Zustellungsbevollmächtigten im Sinne von § 46 Abs. 2 Nr. 5 des Gesetzes

sowie alle Veränderungen zu den Buchstaben a und c bis g;

2. Steuerberatungsgesellschaften, wenn sie im Registerbezirk anerkannt werden oder wenn sie ihren Sitz in den Registerbezirk verlegen, und zwar
a) Firma oder Name und Rechtsform,
b) Tag der Anerkennung als Steuerberatungsgesellschaft und die oberste Landesbehörde oder die Steuerberaterkammer, die die Anerkennung ausgesprochen hat,
c) Befugnis zur Führung der Bezeichnung „Landwirtschaftliche Buchstelle",
d) Sitz und Anschrift,
e) Namen der Mitglieder des zur gesetzlichen Vertretung berufenen Organs sowie der vertretungsberechtigten Gesellschafter und Partner,
f) sämtliche weiteren Beratungsstellen und die Namen der die weiteren Beratungsstellen leitenden Personen

sowie alle Veränderungen zu den Buchstaben a und c bis f;

3. weitere Beratungsstellen von Steuerberatern und Steuerbevollmächtigten, wenn sie im Registerbezirk errichtet werden, und zwar
a) Namen und Ort der beruflichen Niederlassung des Steuerberaters oder Steuerbevollmächtigten,
b) Befugnis zur Führung der Bezeichnung „Landwirtschaftliche Buchstelle",
c) Anschrift der weiteren Beratungsstelle,
d) Namen der die weitere Beratungsstelle leitenden Person

sowie alle Veränderungen zu den Buchstaben a bis d;

4. weitere Beratungsstellen von Steuerberatungsgesellschaften, wenn sie im Registerbezirk errichtet werden, und zwar
a) Firma, Sitz und Rechtsform der Steuerberatungsgesellschaft,
b) Befugnis zur Führung der Bezeichnung „Landwirtschaftliche Buchstelle",
c) Anschrift der weiteren Beratungsstelle,
d) Namen der die weitere Beratungsstelle leitenden Person

sowie alle Veränderungen zu den Buchstaben a bis d.

§ 47 Löschung

(1) Im Berufsregister sind zu löschen

1. Steuerberater und Steuerbevollmächtigte,
   a) wenn die Bestellung erloschen oder vollziehbar zurückgenommen oder widerrufen ist,
   b) wenn die berufliche Niederlassung aus dem Registerbezirk verlegt wird;
2. Steuerberatungsgesellschaften,
   a) wenn die Anerkennung erloschen oder vollziehbar zurückgenommen oder widerrufen ist,
   b) wenn der Sitz aus dem Registerbezirk verlegt wird;
3. weitere Beratungsstellen, wenn die Beratungsstelle aufgelöst ist.

(2) Die Eintragung über die Befugnis zur Führung der Bezeichnung „Landwirtschaftliche Buchstelle" ist zu löschen, wenn bei einer Steuerberatungsgesellschaft die in § 44 Abs. 3 des Gesetzes bezeichneten Voraussetzungen weggefallen sind.

§ 48 Mitteilungspflichten

(1) Die in das Berufsregister einzutragenden Tatsachen sind der zuständigen Steuerberaterkammer mitzuteilen
1. in Fällen des § 46 Nr. 1 von dem einzutragenden Steuerberater oder Steuerbevollmächtigten;
2. im Falle des § 46 Nr. 2 von den Mitgliedern des zur gesetzlichen Vertretung berufenen Organs oder den vertretungsberechtigten Gesellschaftern der einzutragenden Steuerberatungsgesellschaft;
3. im Falle des § 46 Nr. 3 von dem Steuerberater oder Steuerbevollmächtigten, der die weitere Beratungsstelle errichtet hat;
4. im Falle des § 46 Nr. 4 von den Mitgliedern des zur gesetzlichen Vertretung berufenen Organs oder den vertretungsberechtigten Gesellschaftern der Steuerberatungsgesellschaft, die die auswärtige Beratungsstelle errichtet hat.

(2) Die im Berufsregister zu löschenden Tatsachen sind der zuständigen Steuerberaterkammer mitzuteilen
1. im Falle des § 47 Abs. 1 Nr. 1 Buchstabe b von dem Steuerberater oder Steuerbevollmächtigten, der seine berufliche Niederlassung verlegt;
2. in den Fällen des § 47 Abs. 1 Nr. 2 Buchstabe b von den Mitgliedern des zur gesetzlichen Vertretung berufenen Organs oder den vertretungsberechtigten Gesellschaftern der Steuerberatungsgesellschaft;
3. in den Fällen des § 47 Abs. 1 Nr. 3 von den in Absatz 1 Nr. 3 oder 4 genannten Personen;
4. in den Fällen des § 47 Abs. 2 von den Mitgliedern des zur gesetzlichen Vertretung berufenen Organs oder den vertretungsberechtigten Gesellschaftern der Steuerberatungsgesellschaft.

§ 49 Vereine, Personenvereinigungen und Körperschaften, die zur Führung der Bezeichnung „Landwirtschaftliche Buchstelle" befugt sind

(1) In das Berufsregister sind ferner einzutragen
1. Vereine, die nach § 44 Abs. 4 des Gesetzes befugt sind, die Bezeichnung „Landwirtschaftliche Buchstelle" als Zusatz zum Namen zu führen, wenn sie ihren Sitz im Registerbezirk haben,
2. Buchstellen von Körperschaften des öffentlichen Rechts und Personenvereinigungen, für die nach § 44 Abs. 5 des Gesetzes die Bezeichnung „Landwirtschaftliche Buchstelle" geführt werden darf, wenn die Buchstellen im Registerbezirk gelegen sind.

(2) Die Eintragung nach Absatz 1 ist zu löschen,
a) wenn der Verein im Sinne des § 44 Abs. 4 des Gesetzes oder die Buchstelle der Personenvereinigung oder Körperschaft im Sinne des § 44 Abs. 5 des Gesetzes aufgelöst ist,
b) wenn die in § 44 Abs. 4 oder 5 des Gesetzes bezeichneten Voraussetzungen weggefallen sind,
c) wenn der Sitz des Vereins im Sinne des § 44 Abs. 4 des Gesetzes oder die Buchstelle der Personenvereinigung oder Körperschaft im Sinne des § 44 Abs. 5 des Gesetzes aus dem Registerbezirk verlegt wird.

(3) Die Eintragung oder Löschung ist von den Vertretungsberechtigten des Vereins, Personenvereinigung oder Körperschaft zu beantragen. Die Löschung kann auch von Amts wegen vorgenommen werden.

§ 50 Anzeigepflichten

Alljährlich im Monat Januar haben die Mitglieder des zur gesetzlichen Vertretung berufenen Organs oder die vertretungsberechtigten Gesellschafter einer Steuerberatungsgesellschaft sowie die Gesellschafter einer Gesellschaft bürgerlichen Rechts im Sinne des § 50a Abs. 2 Satz 1 des Gesetzes eine von ihnen unterschriebene Liste der Gesellschafter, aus welcher Name, Vorname, Beruf, Wohnort und berufliche Niederlassung der Gesellschafter, ihrer Aktien, Stammeinlagen oder Beteiligungsverhältnisse zu ersehen sind, bei der zuständigen Steuerberaterkammer einzureichen. Sind seit Einreichung der letzten Liste Veränderungen hinsichtlich der Person oder des Berufs der Gesellschafter und des Umfangs der Beteiligung nicht eingetreten, so genügt die Einreichung einer entsprechenden Erklärung.

Sechster Teil.
Berufshaftpflichtversicherung

§ 51 Versicherungspflicht

(1) Selbständige Steuerberater und Steuerbevollmächtigte sowie Steuerberatungsgesellschaften sind verpflichtet, sich gegen die aus ihrer Berufstätigkeit (§§ 33, 57 Abs. 3 Nr. 2 und 3 des Gesetzes) ergebenden Haftpflichtgefahren für Vermögensschäden zu versichern und die Versicherung während der Dauer ihrer Bestellung oder Anerkennung aufrechtzuerhalten. Der Versicherungsschutz muß sich auch auf solche Vermögensschäden erstrecken, für die der Versicherungsnehmer nach § 278 oder § 831 des Bürgerlichen Gesetzbuchs einzustehen hat.

(2) Selbständige Steuerberater und Steuerbevollmächtigte, die ausschließlich als freie Mitarbeiter für Auftraggeber, die die Voraussetzungen des § 3 des Gesetzes erfüllen, tätig sind, genügen der Versicherungspflicht nach Absatz 1, wenn die sich aus der freien Mitarbeit sowie aus § 63 des Gesetzes ergebenden Haftpflichtgefahren für Vermögensschäden durch die beim Auftraggeber bestehende Versicherung gedeckt sind. Der entsprechende Versicherungsschutz ist durch eine Bestätigung der Versicherung des Auftraggebers nachzuweisen. Satz 1 gilt nicht, wenn neben der freien Mitarbeit eigene Mandate betreut werden.

(3) Absatz 2 gilt sinngemäß auch für Steuerberater und Steuerbevollmächtigte, die ausschließlich als Angestellte nach § 58 des Gesetzes tätig sind.

(4) Die Versicherung muß bei einem im Inland zum Geschäftsbetrieb befugten Versicherungsunternehmen zu den nach Maßgabe des Versicherungsaufsichtsgesetzes eingereichten allgemeinen Versicherungsbedingungen genommen werden.

§ 52 Mindestversicherungssumme

(1) Die Mindestversicherungssumme muß für den einzelnen Versicherungsfall zweihundertfünfzigtausend Euro betragen.

(2) Ein Selbstbehalt von eintausendfünfhundert Euro ist zulässig. Der Selbstbehalt ist auszuschließen für den Fall, daß bei Geltendmachung des Schadens durch einen Dritten die Bestellung des Steuerberaters oder Steuerbevollmächtigten oder die Anerkennung der Steuerberatungsgesellschaft erloschen ist.

(3) Wird eine Jahreshöchstleistung für alle in einem Versicherungsjahr verursachten Schäden vereinbart, muß sie mindestens eine Million Euro betragen.

§ 53 Weiterer Inhalt des Versicherungsvertrages

(1) Der Versicherungsvertrag muß vorsehen, daß
1. Versicherungsschutz für jede einzelne, während der Geltung des Versicherungsvertrages begangene Pflichtverletzung besteht, die gesetzliche Haftpflichtansprüche privatrechtlichen Inhalts zur Folge haben könnte,
2. der Versicherungsschutz für einen allgemeinen Vertreter, einen Praxisabwickler oder einen Praxistreuhänder für die Dauer ihrer Bestellung sowie für einen Vertreter während der Dauer eines Berufs- oder Vertretungsverbots aufrechterhalten bleibt, soweit die Mitversicherten nicht durch eine eigene Versicherung Deckung erhalten, und
3. die Leistungen des Versicherers für das mitversicherte Auslandsrisiko im Inland in Euro zu erbringen sind.

(2) Im Versicherungsvertrag ist der Versicherer zu verpflichten, der zuständigen Steuerberaterkammer den Beginn und die Beendigung oder Kündigung des Versicherungsvertrages sowie jede Änderung des Versicherungsvertrages, die den vorgeschriebenen Versicherungsschutz beeinträchtigt, unverzüglich mitzuteilen.

(3) Der Versicherungsvertrag kann vorsehen, daß die Versicherungssumme den Höchstbetrag der dem Versicherer in jedem einzelnen Schadenfall obliegenden Leistung darstellt, und zwar mit der Maßgabe, daß nur eine einmalige Leistung der Versicherungssumme in Frage kommt,
a) gegenüber mehreren entschädigungspflichtigen Personen, auf welche sich der Versicherungsschutz erstreckt,
b) bezüglich eines aus mehreren Verstößen stammenden einheitlichen Schadens,
c) bezüglich sämtlicher Folgen eines Verstoßes. Dabei gilt mehrfaches, auf gleicher oder gleichartiger Fehlerquelle beruhendes Tun oder Unterlassen als einheitlicher Verstoß, wenn die betreffenden Angelegenheiten miteinander in rechtlichem oder wirtschaftlichem Zusammenhang stehen. In diesem Fall kann die Leistung des Versicherers auf das Fünffache der Mindestversicherungssumme begrenzt werden.

§ 53 a Ausschlüsse

(1) Von der Versicherung kann die Haftung ausgeschlossen werden für
1. Ersatzansprüche wegen wissentlicher Pflichtverletzung,
2. Ersatzansprüche wegen Schäden, die durch Fehlbeträge bei der Kassenführung, durch Verstöße beim Zahlungsakt oder durch Veruntreuung durch das Personal des Versicherungsnehmers entstehen,
3. Ersatzansprüche, die aus Tätigkeiten entstehen, die über Niederlassungen, Zweigniederlassungen oder weitere Beratungsstellen im Ausland ausgeübt werden,
4. Ersatzansprüche wegen Verletzung oder Nichtbeachtung des Rechts außereuropäischer Staaten mit Ausnahme der Türkei,
5. Ersatzansprüche, die vor Gerichten in den Ländern Albanien, Armenien, Aserbaidschan, Bosnien-Herzegowina, Bulgarien, Estland, Georgien, Jugoslawien (Serbien und Montenegro), Kroatien, Lettland, Litauen, Mazedonien, Moldau, Polen, Rumänien, Russische Föderation, Slowakische Republik, Slowenien, Tschechische Republik, Ukraine und Weißrußland sowie vor Gerichten in außereuropäischen Ländern mit Ausnahme der Türkei geltend gemacht werden.

(2) Von der Versicherung kann die Haftung für Ersatzansprüche wegen Verletzung oder Nichtbeachtung des Rechts der Länder Albanien, Armenien, Aserbaidschan, Bosnien-Herzegowina, Bulgarien, Estland, Georgien, Jugoslawien (Serbien und Montenegro), Kroatien, Lettland, Litauen, Mazedonien, Moldau, Polen, Rumänien, Russi-

sche Föderation, Slowakische Republik, Slowenien, Tschechische Republik, Ukraine und Weißrußland nur insoweit ausgeschlossen werden, als die Ansprüche nicht bei der das Abgabenrecht dieser Staaten betreffenden geschäftsmäßigen Hilfeleistung in Steuersachen entstehen.

§ 54 Anerkennung anderer Berufshaftpflichtversicherungen

(1) Ist eine versicherungspflichtige Person zugleich als Rechtsanwalt, niedergelassener europäischer Rechtsanwalt, Wirtschaftsprüfer oder vereidigter Buchprüfer bestellt oder nach § 131 b Abs. 2 oder § 131 f Abs. 2 der Wirtschaftsprüferordnung vorläufig bestellt oder ist eine versicherungspflichtige Gesellschaft zugleich als Rechtsanwaltsgesellschaft, Wirtschaftsprüfungsgesellschaft oder Buchprüfungsgesellschaft anerkannt, wird der Versicherungspflicht auch mit einer diesen Berufen vorgeschriebenen Berufshaftpflichtversicherung genügt, sofern der Versicherungsvertrag die Voraussetzungen der §§ 52 bis 53 a erfüllt.

(2) Erfolgt die Bestellung zum Steuerberater auf Grund des Bestehens einer Eignungsprüfung im Sinne des § 37a Abs. 2 des Gesetzes, so sind Bescheinigungen über eine abgeschlossene Berufshaftpflichtversicherung, die von den Versicherungsunternehmen eines anderen Mitgliedstaates der Europäischen Union oder eines Vertragsstaates des Abkommens über den Europäischen Wirtschaftsraum oder der Schweiz ausgestellt worden sind, als gleichwertig mit den in Deutschland ausgestellten Bescheinigungen anzuerkennen, sofern sie in Bezug auf Deckungsbedingungen und -umfang den in Deutschland geltenden Rechts- und Verwaltungsvorschriften genügen. Die zum Nachweis vorgelegten Unterlagen sind mit einer beglaubigten Übersetzung vorzulegen, wenn sie nicht in deutscher Sprache abgefasst sind. Die Bescheinigungen dürfen bei ihrer Vorlage nicht älter als drei Monate sein.

(3) Ist im Falle des Absatzes 2 die Erfüllung der Verpflichtung des § 53 Abs. 2 durch das Versicherungsunternehmen nicht sichergestellt, so haben die in Deutschland beruflich niedergelassenen selbständigen Steuerberater der zuständigen Steuerberaterkammer jährlich eine Bescheinigung des Versicherers vorzulegen, aus der sich die Versicherungsbedingungen und der Deckungsumfang ergeben.

§ 55 Nachweis des Versicherungsabschlusses vor der Bestellung

(1) Bewerber, die ihre Bestellung zum Steuerberater oder zum Steuerbevollmächtigten beantragen und den Beruf selbständig ausüben wollen, müssen der bestellenden Steuerberaterkammer den Abschluß einer dieser Verordnung entsprechenden Berufshaftpflichtversicherung durch eine Bestätigung des Versicherers nachweisen oder eine entsprechende vorläufige Deckungszusage vorlegen, in der sich der Versicherer verpflichtet, den Widerruf der Deckungszusage unverzüglich der zuständigen Steuerberaterkammer mitzuteilen. Bei Vorlage einer vorläufigen Deckungszusage ist nach der Bestellung der zuständigen Steuerberaterkammer unverzüglich der Abschluß der Berufshaftpflichtversicherung durch eine Bestätigung des Versicherers oder eine beglaubigte Abschrift des Versicherungsscheines nachzuweisen.

(2) Absatz 1 gilt sinngemäß für die Anerkennung als Steuerberatungsgesellschaft.

§ 56 Anzeige von Veränderungen

Die Beendigung oder Kündigung des Versicherungsvertrages, jede Änderung des Versicherungsvertrages, die den nach dieser Verordnung vorgeschriebenen Versicherungsschutz beeinträchtigt, der Wechsel des Versicherers, der Beginn und die Beendigung der Versicherungspflicht infolge einer Änderung der Form der beruflichen Tätigkeit und der Widerruf einer vorläufigen Deckungszusage sind der gemäß § 67 des Gesetzes zuständigen Steuerberaterkammer von dem Versicherungspflichtigen unverzüglich anzuzeigen.

§ 57 *(aufgehoben)*

Siebter Teil.
Übergangs- und Schlußvorschriften

§ 58 Übergangsregelung

(1) Die Vorschriften dieser Verordnung über die Zulassung zur Prüfung in der ab dem 1. Juli 2000 geltenden Fassung sind erstmals auf die Zulassung zur Prüfung im Jahre 2001 anzuwenden.

(2) Auf Prüfungen, die vor dem 1. November 2000 begonnen haben, sind die Vorschriften dieser Verordnung in der bis zum 30. Juni 2000 geltenden Fassung weiter anzuwenden.

(3) Die den Steuerberatungskammern zugewiesenen Aufgaben des Zweiten und Vierten Teils dieser Verordnung in der ab dem 1. Juli 2000 geltenden Fassung werden bis zum 31. Dezember 2000 von den bisher zuständigen Behörden der Finanzverwaltung wahrgenommen.

§ 59 *(aufgehoben)*

**Satzung über die Rechte und Pflichten
bei der Ausübung der Berufe der
Steuerberater und der Steuerbevollmächtigten
(Berufsordnung der Bundessteuerberaterkammer – BOStB)**

Vom 2. Juni 1997
zuletzt geändert durch Beschluss der Satzungsversammlung
vom 21. Dezember 2004

Inhaltsübersicht

Abschnitt 1: Anwendungsbereich

	§§
Anwendungsbereich	1

**Abschnitt 2:
Unabhängige, eigenverantwortliche und gewissenhafte Berufsausübung**

Unabhängigkeit	2
Eigenverantwortlichkeit	3
Gewissenhaftigkeit	4
Sachlichkeit	5
Interessenkollisionen, widerstreitende Interessen	6
Beschäftigung von Mitarbeitern	7
Mehrfachfunktionen	8

**Abschnitt 3:
Verschwiegenheitspflicht**

Verschwiegenheit	9

**Abschnitt 4:
Zulässige und berufswidrige Werbung**

Grundsätze	10
Tätigkeitsschwerpunkte	11
Zertifikate	12
Werbung durch Dritte	13
Anzeigen	14
Praxisbroschüren	15
Mandanteninformationen	16
Aufnahme in Verzeichnisse	17
Praxisschild	18
Geschäftspapiere	19
Elektronische Medien, Netze und Netzdienste	20
Verhalten gegenüber Medien	21

**Abschnitt 5:
Verbot der Mitwirkung bei unbefugter Hilfeleistung in Steuersachen**

Verbot der Mitwirkung bei unbefugter Hilfeleistung in Steuersachen	24

Abschnitt 6:
Berufsmäßiges Verhalten gegenüber Mandanten, Kollegen, Gerichten, Behörden und Steuerberaterkammern sowie gegenüber Personen, Gesellschaften und Einrichtungen im Sinne der §§ 4 und 6 StBerG

Unterabschnitt 1:
Verhalten gegenüber Mandanten

	§§
Auftragsannahme und Auftragsablehnung	25
Verbot der Auftragsannahme	26
Auftragserfüllung	27
Verhinderung	28
Auftragskündigung durch den Steuerberater	29
Akten und Unterlagen	30

Unterabschnitt 2:
Verhalten gegenüber Kollegen

Kollegialität	31
Übernahme eines Mandates	32
Ausscheiden aus einer Gesellschaft und Beendigung anderer Vertragsverhältnisse	33

Unterabschnitt 3:
Verhalten gegenüber Steuerberaterkammern

Allgemeine Pflichten	34
Anzeigepflichten	35

Unterabschnitt 4:
Verhalten gegenüber Gerichten und Behörden

Besondere Pflichten gegenüber Gerichten und Behörden	36
Pflichten bei Zustellungen	37

Unterabschnitt 5:
Verhalten gegenüber Personen, Gesellschaften und Einrichtungen im Sinne der §§ 4 und 6 StBerG

Tätigkeit als Leiter von Buchstellen oder von Beratungsstellen von Lohnsteuerhilfevereinen	38

Abschnitt 7:
Vereinbare und nichtvereinbare Tätigkeiten

Treuhänderische und andere Tätigkeiten	39
Schriftstellerische Tätigkeiten sowie Vortrags- und Lehrtätigkeiten	40
Gewerbliche Tätigkeit	41

Abschnitt 8:
Berufshaftpflichtversicherung, Haftungsausschlüsse und Haftungsbeschränkungen

Berufshaftpflichtversicherung	42
Haftungsausschluß und Verjährung	43

Abschnitt 9:
Besondere Pflichten gegenüber Auftraggebern

Umgang mit fremden Vermögenswerten	44

Abschnitt 10:
Vereinbarung, Berechnung, Sicherung und Beitreibung von Gebühren und Auslagen

Vergütung (Gebühren und Auslagen)	45
Abtretung und Einziehung von Gebührenforderungen	46

BOStB § 1 Berufsordnung der

Abschnitt 11:
Pflichten in Prozesskostenhilfesachen
Pflichten bei der Auftragserfüllung nach Beiordnung durch das Gericht im Rahmen §§
der Gewährung von Prozesskostenhilfe 47

Abschnitt 12:
Gründung von beruflichen Niederlassungen und weiteren Beratungsstellen
Berufliche Niederlassung 48
Weitere Beratungsstellen 49

Abschnitt 13:
Verhalten bei grenzüberschreitender Tätigkeit
Verhalten bei grenzüberschreitender Tätigkeit 50

Abschnitt 14:
Besondere Pflichten bei der gemeinsamen Ausübung der Berufstätigkeit nach § 56 StBerG
Sozietät 51
Partnerschaftsgesellschaft .... 51 a
Kooperationen 52
Bürogemeinschaft 53

Abschnitt 15:
Besondere Pflichten bei Errichtung, Ausgestaltung und Tätigkeit von Steuerberatungsgesellschaften
Grundsätze 54
Errichtung, Ausgestaltung und Tätigkeit von Steuerberatungsgesellschaften 55
Firma der Steuerberatungsgesellschaft 56
Verantwortliche Führung, Geschäftsführung und Vertretung der Steuerberatungsgesellschaft 57
Bekanntmachungen und Geschäftsberichte von Steuerberatungsgesellschaften 58

Abschnitt 16:
Praxisübertragung und Praxiseinbringung
Praxisübertragung und Praxiseinbringung 59

Abschnitt 17:
Ausbildung von Steuerfachangestellten
Ausbildung von Steuerfachangestellten 60

Abschnitt 18:
Schlussbestimmungen
Schlussbestimmungen 61

Abschnitt 1:
Anwendungsbereich

§ 1 Anwendungsbereich

(1) Die Berufsordnung gilt für Steuerberater und Steuerberaterinnen, Steuerbevollmächtigte, Steuerberatungsgesellschaften und Mitglieder nach § 74 Abs. 2 StBerG. In der Berufsordnung wird für alle vorgenannten Mitglieder der Steuerberaterkammern der Begriff „Steuerberater" verwendet.

(2) Regelungen, die nur für bestimmte Personengruppen gelten, sind einzeln genannt. Auf Steuerberatungsgesellschaften finden die Vorschriften insoweit Anwendung, als sich aus der Rechtsform keine Besonderheiten ergeben.

Abschnitt 2:
Unabhängige, eigenverantwortliche und gewissenhafte Berufsausübung

§ 2 Unabhängigkeit

(1) Der Steuerberater ist ein unabhängiges Organ der Steuerrechtspflege.

(2) Zur Wahrung ihrer Unabhängigkeit dürfen Steuerberater keine Bindungen eingehen, die ihre berufliche Entscheidungsfreiheit gefährden könnten.

(3) Steuerberater sind verpflichtet, ihre persönliche und wirtschaftliche Unabhängigkeit gegenüber jedermann zu wahren. Untersagt sind insbesondere die Annahme von Vorteilen jeder Art von Dritten sowie die Übernahme von Mandantenrisiken.

(4) Am wirtschaftlichen Ergebnis der beruflichen Tätigkeit dürfen Dritte, die mit dem Steuerberater nicht zur gemeinschaftlichen Berufsausübung verbunden sind, nicht beteiligt werden. Das gilt nicht für Mitarbeitervergütungen, die Leistungen von Versorgungsbezügen oder Vergütungen für die Übernahme der Praxis oder für Leistungen, die im Zuge einer Auseinandersetzung oder Abwicklung der beruflichen Zusammenarbeit erbracht werden.

§ 3 Eigenverantwortlichkeit

(1) Steuerberater sind verpflichtet, ihre Tätigkeit in eigener Verantwortung auszuüben. Sie bilden sich ihr Urteil selbst und treffen ihre Entscheidungen selbstständig.

(2) Die Tätigkeit des Angestellten nach § 58 StBerG ist eigenverantwortlich, wenn sich der Steuerberater nicht an Weisungen zu halten hat, durch die ihm die Freiheit zu pflichtgemäßem Handeln genommen wird. Der Eigenverantwortlichkeit eines nach § 58 StBerG im Anstellungsverhältnis tätigen Steuerberaters steht es nicht entgegen, wenn die nach § 60 Abs. 1 Nr. 3 StBerG erforderliche Zeichnungsberechtigung begrenzt oder eine Mitzeichnung vereinbart ist.

(3) Der Steuerberater kann eine Pflichtverletzung nicht damit rechtfertigen, dass er nach Weisungen eines Dritten, insbesondere eines Auftraggebers, gehandelt hat.

§ 4 Gewissenhaftigkeit

(1) Steuerberater haben ihren Beruf gewissenhaft auszuüben.

(2) Sie dürfen einen Auftrag nur annehmen und ausführen, wenn sie über die dafür erforderliche Sachkunde und die zur Bearbeitung erforderliche Zeit verfügen. Sie sind verpflichtet, sich in dem Umfange fortzubilden, wie dies zur Sicherung und Weiterentwicklung der für ihre berufliche Tätigkeit erforderlichen Sachkunde notwendig ist.

(3) Sie sind verpflichtet, die für eine gewissenhafte Berufsausübung erforderlichen sachlichen, personellen und sonstigen organisatorischen Voraussetzungen zu gewährleisten. Es ist zulässig, die Einhaltung dieser Voraussetzungen durch eine externe Prüfung (Zertifizierung) feststellen zu lassen. Die Zertifizierung hat sich auf die Organisation der Praxis zu beschränken. Soweit bei einer Zertifizierung Einblick in Namen, Daten und Unterlagen der Auftraggeber genommen werden muss, bedarf es in jedem Einzelfall deren ausdrücklicher Zustimmung (§ 9). Eine Zertifizierung beruflicher Tätigkeiten (§§ 33, 57 Abs. 3 StBerG) ist ausgeschlossen.

§ 5 Sachlichkeit

(1) Steuerberater sind zur Sachlichkeit verpflichtet. Sachlich ist ein Verhalten, das bei gewissenhafter Berufsausübung geeignet ist, die anvertrauten Interessen in angemessener Form zu vertreten. Das Sachlichkeitsgebot ist insbesondere verletzt, wenn es

sich um Beleidigungen, die bewusste Verbreitung von Unwahrheiten oder herabsetzende Äußerungen handelt.

(2) Steuerberater haben das Ansehen des Berufsstandes zu wahren.

§ 6 Interessenkollisionen, widerstreitende Interessen

(1) Steuerberater dürfen nicht tätig werden, wenn eine Interessenkollision gegeben ist.

(2) Mehrere Auftraggeber dürfen in derselben Sache beraten oder vertreten werden, wenn dem Steuerberater ein gemeinsamer Auftrag erteilt ist oder alle Auftraggeber einverstanden sind. Bei widerstreitenden Interessen ist nur eine vermittelnde Tätigkeit zulässig.

(3) Sozietäten, Steuerberatungsgesellschaften, Partnerschaftsgesellschaften, Anstellungsverhältnisse oder sonstige Formen der Zusammenarbeit dürfen nicht zu einer Umgehung eines Betätigungsverbotes missbraucht werden.

§ 7 Beschäftigung von Mitarbeitern

Die Beschäftigung von Mitarbeitern, die nicht Personen im Sinne des § 56 Abs. 1 StBerG sind, ist zulässig, soweit diese weisungsgebunden unter der fachlichen Aufsicht und beruflichen Verantwortung des Steuerberaters tätig werden.

§ 8 Mehrfachfunktionen

Steuerberater, die ihren Beruf in mehreren Funktionen (z. B. selbstständige Tätigkeit, Angestelltentätigkeit, freie Mitarbeit, Leitung einer weiteren Beratungsstelle, Geschäftsführung einer Steuerberatungsgesellschaft) ausüben, müssen sicherstellen, dass hierdurch die Erfüllung ihrer Berufspflichten nicht beeinträchtigt wird. Das setzt voraus, dass sie jede dieser Funktionen tatsächlich wahrnehmen.

Abschnitt 3:
Verschwiegenheitspflicht

§ 9 Verschwiegenheit

(1) Steuerberater sind zur Verschwiegenheit verpflichtet.

(2) Die Pflicht zur Verschwiegenheit erstreckt sich auf alles, was Steuerberatern in Ausübung ihres Berufs oder bei Gelegenheit der Berufstätigkeit anvertraut worden oder bekannt geworden ist. Jeder Anschein einer Verletzung der Verschwiegenheitspflicht ist zu vermeiden.

(3) Die Pflicht zur Verschwiegenheit besteht nicht, soweit die Offenlegung der Wahrung eigener berechtigter Interessen des Steuerberaters dient oder soweit der Steuerberater vom Auftraggeber von seiner Verschwiegenheitspflicht entbunden worden ist.

(4) Steuerberater dürfen Geschäfts- und Betriebsgeheimnisse, die unter die Verschwiegenheitspflicht nach Abs. 1 fallen, nicht unbefugt verwerten.

(5) Steuerberater haben gemäß § 62 StBerG ihre Mitarbeiter, die nicht selbst Steuerberater sind, zur Verschwiegenheit zu verpflichten und sie über die einschlägigen Vorschriften insbesondere
des § 102 AO (Auskunftsverweigerungsrecht in Steuersachen)
des § 203 Abs. 1 Nr. 3 und Abs. 3 bis 5 StGB (Verletzung von Privatgeheimnissen)
der §§ 53 Abs. 1 Nr. 3 und Abs. 2 und 53a sowie des § 97 StPO (Zeugnisverweigerungsrecht und Beschlagnahmeverbot im Strafprozess)

der §§ 383 Abs. 1 Nr. 6 und Abs. 3; 385 Abs. 2 ZPO (Zeugnisverweigerungsrecht im Zivilprozess) des § 5 BDSG sowie die jeweiligen landesrechtlichen Datenschutzbestimmungen zu unterrichten. Die Verpflichtung ist schriftlich vorzunehmen.

(6) Steuerberater müssen dafür sorgen, dass Unbefugte während und nach Beendigung der Tätigkeit keinen Einblick in Mandantenunterlagen und Mandanten betreffende Unterlagen erhalten. Sie sollen entsprechende Vorsorge für den Fall ihres Todes treffen.

(7) Die Pflicht zur Verschwiegenheit besteht nach Beendigung des Auftragsverhältnisses fort.

Abschnitt 4:
Zulässige und berufswidrige Werbung

§ 10 Grundsätze

(1) Steuerberater haben ihren Beruf unter Verzicht auf berufswidrige Werbung auszuüben.

(2) Steuerberater dürfen jedoch, vorbehaltlich nachstehender Regelungen, über ihre berufliche Tätigkeit informieren. Die Unterrichtung muss sachlich zutreffend und objektiv nachprüfbar sein. Die Darstellung darf nicht reklamehaft sein. Vergleichende, wertende oder irreführende Aussagen sind nicht zulässig.

(3) Werbung ist berufswidrig, soweit sie auf die Erteilung eines Auftrages im Einzelfall gerichtet ist. Dies ist insbesondere der Fall, wenn der Umworbene in einem konkreten Einzelfall der Beratung oder der Vertretung bedarf und der Werbende dies in Kenntnis der Umstände zum Anlass für seine Werbung nimmt.

§ 11 Tätigkeitsschwerpunkte

Steuerberater dürfen Teilgebiete ihrer beruflichen Tätigkeit als Tätigkeitsschwerpunkte bekannt geben.

§ 12 Zertifikate

Hinweise auf Zertifikate im Sinne des § 4 Abs. 3 sind nur zulässig, solange die Zertifikate gültig sind. Dabei ist anzugeben, dass nicht die fachliche Qualifikation, sondern die Organisation der Praxis Gegenstand der Zertifizierung war.

§ 13 Werbung durch Dritte

(1) Es ist unzulässig, berufswidrige Werbung durch Dritte zu veranlassen oder zu dulden.

(2) Steuerberater dürfen der Nennung ihres Namens und ihrer Berufsqualifikation in Veröffentlichungen von und für Mandanten nur zustimmen, wenn die Grundsätze nach § 10 beachtet werden und der Zweck der Veröffentlichung mit dem Ansehen des Berufes vereinbar ist.

§ 14 Anzeigen

(1) Steuerberater dürfen in Anzeigen über ihre berufliche Tätigkeit sachlich unterrichten. Anzeigen dürfen keine übertriebene, auffällige oder in sonstiger Weise reklamehafte Form haben. Bei der Beurteilung der Reklamehaftigkeit ist auch die Häufigkeit des Erscheinens zu berücksichtigen.

(2) Anzeigen für ungenannte Auftraggeber dürfen, soweit sie mit einer vereinbaren Tätigkeit gem. § 57 Abs. 3 Nr. 2 StBerG im Zusammenhang stehen, unter Angabe des Namens und der Berufsbezeichnung veröffentlicht werden.

§ 15 Praxisbroschüren

Steuerberater dürfen über ihre berufliche Tätigkeit in Praxisbroschüren, Faltblättern oder vergleichbaren Informationsmitteln in Wort und Bild sachlich, nicht reklamehaft, unterrichten.

§ 16 Mandanteninformationen

Mandanteninformationen dürfen sowohl eigenen Auftraggebern als auch Dritten überlassen oder zugänglich gemacht werden.

§ 17 Aufnahme in Verzeichnisse

(1) Steuerberater dürfen sich in Verzeichnisse aller Art (z. B. Anschriftenverzeichnisse, Adress- und Fernsprechbücher, Branchenverzeichnisse) eintragen lassen, wenn die Verzeichnisse allen Berufsangehörigen offenstehen oder für eine Beschränkung sachliche Gründe vorliegen.

(2) Die Eintragung darf nicht reklamehaft sein.

(3) Steuerberater dürfen an einem Suchservice teilnehmen. Für die Teilnahme gelten die Absätze 1 und 2 entsprechend.

§ 18 Praxisschild

(1) Praxisschilder sollen zur Kenntlichmachung der Praxisräume des Steuerberaters angebracht werden. Sozietäten dürfen eine Kurzbezeichnung verwenden. Das Praxisschild darf nicht reklamehaft oder irreführend gestaltet sein. § 19 Abs. 3 gilt entsprechend.

(2) Auf dem Praxisschild einer weiteren Beratungsstelle im Sinne des § 34 StBerG ist der Name des Inhabers oder der Inhaberin der Praxis mit dem Zusatz „weitere Beratungsstelle" oder „Zweigniederlassung" zu führen. Der Leiter oder die Leiterin der weiteren Beratungsstelle oder der Zweigniederlassung muss genannt werden.

§ 19 Geschäftspapiere

(1) Geschäftspapiere (Briefbögen, Umschläge, Gebührenrechnungen, Besuchskarten u. Ä.), Stempel, Klischees, Logos usw. dürfen nicht reklamehaft oder irreführend gestaltet sein.

(2) Es ist zulässig, auf Briefbögen die Privatanschrift und die weitere Beratungsstelle anzugeben. Auf Briefbögen von weiteren Beratungsstellen muss der Leiter oder die Leiterin der Beratungsstelle genannt werden. § 18 Abs. 2 Satz 1 gilt entsprechend.

(3) Auf Briefbögen darf der Nachfolger eines Berufsangehörigen, der durch Tod oder Verzicht auf die Bestellung wegen Alters oder Berufsunfähigkeit aus dem Beruf ausgeschieden ist, dessen Namen und Berufsbezeichnung weiterführen, wenn das Ausscheiden kenntlich gemacht ist.

(4) Auf den Briefbögen einer Sozietät/Partnerschaft müssen die Sozien/Partner mit Namen und Berufsbezeichnungen aufgeführt werden. Dies gilt auch dann, wenn eine Kurzbezeichnung verwendet wird, z. B. durch Nennung einzelner Namen von Steuerberatern mit Zusätzen, die gemäß § 43 StBerG zulässig sind. Ausgeschiedene Sozien/Partner dürfen auf den Briefbögen weitergeführt werden, wenn ihr Ausscheiden kenntlich gemacht wird.

(5) Bei überörtlichen Sozietäten/Partnerschaften muss auf den Briefbögen angegeben werden, welcher Partner welche Qualifikation besitzt und wo sich seine berufliche Niederlassung befindet. Auf die in der Sozietät/Partnerschaft vertretenen Berufe (Steuerberater, Steuerbevollmächtigte, Rechtsanwälte, Wirtschaftsprüfer, vereidigte Buchprüfer) darf auch dann hingewiesen werden, wenn nicht alle Berufsqualifikationen an allen Standorten vertreten sind.

(6) Auf den Geschäftspapieren von Steuerberatungsgesellschaften dürfen Vorstandsmitglieder, Geschäftsführer, vertretungsberechtigte persönlich haftende Gesellschafter und Vorsitzende des Aufsichtsrates oder Beirates nur mit den nach dieser Berufsordnung zulässigen Berufsbezeichnungen oder mit der Berufsbezeichnung eines sozietätsfähigen Berufes aufgeführt werden. Das Aufführen anderer Gesellschafter ist nicht zulässig. § 80 AktG und § 35a GmbHG bleiben unberührt.

(7) Auf Briefbögen dürfen Angestellte im Sinne des § 58 StBerG und freie Mitarbeiter im Sinne des § 56 StBerG, die überwiegend beschäftigt werden, aufgeführt werden. Bei Steuerberatungsgesellschaften sind diese Angaben nur zulässig, wenn auf das Rechtsverhältnis ausdrücklich hingewiesen wird.

(8) Auf Briefbögen dürfen berufsrechtlich zulässige, auf Dauer angelegte Kooperationen genannt werden.

§ 20 Elektronische Medien, Netze und Netzdienste

Die Regelungen der §§ 10 bis 19 und 21 gelten sinngemäß auch bei der Nutzung elektronischer Medien, Netze und Netzdienste.

§ 21 Verhalten gegenüber Medien

(1) Steuerberater dürfen sich unter Angabe von Name und Berufsbezeichnung in den Medien äußern (z. B. Presseinterviews, Diskussionen im Fernsehen).

(2) Sie haben dafür Sorge zu tragen, dass dabei nicht berufswidrig für sie geworben wird. Berufswidrig ist insbesondere jede Darstellung, die der Steuerberater veranlasst oder für die er ein Entgelt entrichtet hat und bei der die Person oder die Leistung des Steuerberaters so herausgestellt wird, dass der Werbeeffekt das öffentliche Interesse an der Berichterstattung überwiegt.

§ 22 (weggefallen)

§ 23 *(aufgehoben)*

Abschnitt 5:
Verbot der Mitwirkung bei unbefugter Hilfeleistung in Steuersachen

§ 24 Verbot der Mitwirkung bei unbefugter Hilfeleistung in Steuersachen

(1) Steuerberatern ist untersagt, bei unbefugter Hilfeleistung in Steuersachen mitzuwirken.

(2) Ihnen ist insbesondere untersagt,
1. mit einem Lohnsteuerhilfeverein Vereinbarungen über eine Mandatsteilung in der Weise zu treffen, dass sie jene Steuerrechtshilfe leisten, die über die Beschränkungen des § 4 Nr. 11 StBerG hinausgeht,
2. durch ihre Mitwirkung einer Person im Sinne des § 6 Nr. 4 StBerG Tätigkeiten zu ermöglichen, die über den erlaubten Rahmen hinausgehen.

Abschnitt 6:
Berufsmäßiges Verhalten gegenüber Mandanten, Kollegen, Gerichten, Behörden und Steuerberaterkammern sowie gegenüber Personen, Gesellschaften und Einrichtungen im Sinne der §§ 4 und 6 StBerG

Unterabschnitt 1:
Verhalten gegenüber Mandanten

§ 25 Auftragsannahme und Auftragsablehnung

(1) Steuerberater sind nicht verpflichtet, einen Auftrag anzunehmen. § 65 StBerG bleibt unberührt.

(2) Die Ablehnung eines Auftrages ist nach § 63 StBerG unverzüglich zu erklären.

(3) Steuerberater dürfen nicht tätig werden, wenn sie für eine pflichtwidrige oder unlautere Handlung in Anspruch genommen werden sollen.

§ 26 Verbot der Auftragsannahme

(1) Ehemalige Beamte und Angestellte der Finanzverwaltung dürfen während eines Zeitraumes von drei Jahren nach dem Ausscheiden aus dem öffentlichen Dienst nicht für Auftraggeber tätig werden, mit deren Steuerangelegenheiten sie innerhalb der letzten drei Jahre vor dem Ausscheiden materiell befasst waren (§ 61 StBerG).

(2) § 6 Abs. 3 gilt entsprechend.

§ 27 Auftragserfüllung

(1) Der Auftrag ist unter Beachtung der in den §§ 2 bis 9 niedergelegten Grundsätzen pflichtgemäßer Berufsausübung sowie der Hinweise und Empfehlungen der Bundessteuerberaterkammer auszuführen. Der Auftrag ist unverzüglich zurückzugeben, wenn seine Durchführung nach diesen Grundsätzen nicht möglich ist.

(2) Steuerberater haben ihren Auftraggebern insbesondere von allen wesentlichen Schriftstücken, die sie erhalten oder absenden, Kenntnis zu geben.

(3) Steuerberater müssen bei der Durchführung von Prüfungen hinsichtlich des Umfangs der Prüfung, der Prüfungshandlungen und des Vermerks über das Ergebnis der Prüfung die dafür geltenden Grundsätze beachten.

§ 28 Verhinderung

Steuerberater haben für die ordnungsgemäße Weiterführung der Praxis im Fall ihrer Verhinderung zu sorgen. Sind sie länger als einen Monat daran gehindert, ihren Beruf auszuüben, müssen sie einen allgemeinen Vertreter bestellen oder durch die Steuerberaterkammer bestellen lassen (§ 69 StBerG).

§ 29 Auftragskündigung durch den Steuerberater

Bei Kündigung des Auftrages durch den Steuerberater sind zur Vermeidung von Rechtsverlusten des Auftraggebers in jedem Fall noch diejenigen Handlungen vorzunehmen, die zumutbar sind und keinen Aufschub dulden.

§ 30 Akten und Unterlagen

(1) Steuerberater haben Geschäftsbücher und sonstige Unterlagen des Auftraggebers (Handakten im Sinne des § 66 Abs. 2 StBerG) auf die Dauer von sieben Jahren nach Beendigung des Auftrages aufzubewahren, soweit sich nicht aus anderen Vorschriften die Pflicht zu einer längeren Aufbewahrung ergibt. Diese Verpflichtung erlischt schon

vor Beendigung dieses Zeitraumes, wenn der Steuerberater den Auftraggeber aufgefordert hat, die Handakten in Empfang zu nehmen und der Auftraggeber dieser Aufforderung nicht binnen sechs Monaten nachgekommen ist. Die Aufforderung soll schriftlich erfolgen.

(2) Handakten sind auf Aufforderung, spätestens bei Beendigung des Auftrages herauszugeben. Der Steuerberater kann seinem Auftraggeber die Herausgabe der Handakten verweigern, bis er wegen seiner Gebühren und Auslagen befriedigt ist. Dies gilt nicht, soweit die Vorenthaltung der Handakten oder einzelner Schriftstücke nach den Umständen, insbesondere wegen verhältnismäßiger Geringfügigkeit der geschuldeten Beträge, gegen Treu und Glauben verstoßen würde (§ 66 Abs. 4 StBerG).

Unterabschnitt 2:
Verhalten gegenüber Kollegen

§ 31 Kollegialität

(1) Steuerberater haben sich kollegial zu verhalten. Die Verpflichtung zur Kollegialität verbietet es, das Ansehen eines Steuerberaters durch unsachliche Angriffe oder leichtfertige Anschuldigungen zu gefährden.

(2) Bei einem Widerstreit zwischen dem Gebot der Kollegialität und den Interessen des Auftraggebers geht unter Abwägung aller Umstände das berechtigte Interesse des Auftraggebers vor.

(3) Bei Streitigkeiten unter Steuerberatern sind die Beteiligten verpflichtet, eine gütliche Einigung zu versuchen und erforderlichenfalls eine Vermittlung durch die Steuerberaterkammer zu beantragen.

(4) Beabsichtigen Steuerberater, in eigener Sache bei Gerichten und Behörden Maßnahmen gegen Steuerberater zu ergreifen, sollen sie der Steuerberaterkammer die Möglichkeit geben, in der Angelegenheit zu vermitteln.

§ 32 Übernahme eines Mandates

(1) Steuerberater haben sich vor Annahme eines Auftrages über bestehende Auftragsverhältnisse zu unterrichten.

(2) Jede Maßnahme, die darauf gerichtet ist, einen anderen Steuerberater aus einem Auftrag zu verdrängen, ist berufswidrig. Die Annahme von Aufträgen aus der Praxis eines anderen Steuerberaters ist unzulässig, wenn diese dem Steuerberater durch derzeitige oder frühere Angestellte oder freiberufliche Mitarbeiter des anderen Steuerberaters zielgerichtet zugeführt werden. Entsprechendes gilt für die Zuführung durch Praxisvertreter oder Praxistreuhänder.

§ 33 Ausscheiden aus einer Gesellschaft und Beendigung anderer Vertragsverhältnisse

(1) Steuerberater, die aus einer Steuerberatungsgesellschaft, aus einer Bürogemeinschaft, einem freien Mitarbeiterverhältnis oder einem Anstellungsverhältnis ausscheiden, haben alles zu unterlassen, was darauf gerichtet ist, ihre früheren Vertragspartner aus einem Auftrag zu verdrängen.

(2) Entsprechendes gilt für ehemalige Mitarbeiter, die nach Bestellung zum Steuerberater den Beruf selbstständig oder im Anstellungsverhältnis nach § 58 StBerG ausüben.

(3) Bei Auflösung einer Sozietät oder Ausscheiden eines Sozius haben die Sozien, soweit nicht andere vertragliche Regelungen getroffen sind, jeden Auftraggeber darüber

zu befragen, welcher Steuerberater künftig das Mandat erhalten soll. Wenn sich die bisherigen Sozien über die Art der Befragung nicht einigen, hat die Befragung in einem gemeinsamen Rundschreiben zu erfolgen. Kommt eine Verständigung der bisherigen Sozien über ein solches Rundschreiben nicht zustande und scheitert auch ein Vermittlungsversuch der Steuerberaterkammer, darf jeder der bisherigen Sozien von sich aus durch ein sachlich gehaltenes Schreiben einseitig die Entscheidung der Auftraggeber einholen.

Unterabschnitt 3:
Verhalten gegenüber Steuerberaterkammern

§ 34 Allgemeine Pflichten

(1) Satzung, Beitragsordnung und Gebührenordnung der Steuerberaterkammer sind zu beachten.

(2) Steuerberater sind verpflichtet, die von der Steuerberaterkammer im Rahmen ihrer gesetzlichen und satzungsmäßigen Befugnisse getroffenen Regelungen zu befolgen und insoweit der Steuerberaterkammer die von ihr geforderten Angaben zu machen und Unterlagen vorzulegen, es sei denn, dass sie dadurch die Verpflichtung zur Verschwiegenheit verletzen würden.

(3) Steuerberater sollen die Selbstverwaltung im Interesse des Berufsstandes unterstützen und ein angebotenes Ehrenamt annehmen.

§ 35 Anzeigepflichten

Außer den nach §§ 48, 50 und 56 DVStB mitzuteilenden oder anzuzeigenden Tatsachen sind der Steuerberaterkammer unaufgefordert und unverzüglich anzuzeigen:
1. Anschrift des Wohnsitzes sowie dessen Änderung,
2. Fernsprech-, Telefax- und ähnliche Anschlüsse der beruflichen Niederlassung und weiterer Beratungsstellen sowie deren Änderung,
3. Begründung und Beendigung eines Anstellungsverhältnisses (§ 58 StBerG) durch den Arbeitnehmer,
4. Begründung, Änderung oder Beendigung einer Sozietät,
5. Begründung, Änderung oder Beendigung einer Bürogemeinschaft,
6. Begründung, Änderung oder Beendigung einer Partnerschaftsgesellschaft, die nicht als Steuerberatungsgesellschaft anerkannt ist,
7. Begründung, Änderung oder Beendigung der Beteiligung an einer Europäischen Wirtschaftlichen Interessenvereinigung (EWIV),
8. Eingehung und Beendigung eines öffentlich-rechtlichen Dienstverhältnisses als Wahlbeamter auf Zeit oder eines öffentlich-rechtlichen Amtsverhältnisses,
9. Erwerb oder Wegfall einer weiteren Berufsqualifikation,
10. Übernahme oder Abgabe der Leitung einer Buchstelle oder der Beratungsstelle eines Lohnsteuerhilfevereins,
11. Übernahme oder Beendigung des Amtes eines Vorstandsmitglieds eines Lohnsteuerhilfevereins,
12. Bestellung oder Erlöschen der Bestellung eines Prokuristen oder Handlungsbevollmächtigten einer Steuerberatungsgesellschaft.

Unterabschnitt 4:
Verhalten gegenüber Gerichten und Behörden

§ 36 Besondere Pflichten gegenüber Gerichten und Behörden

(1) Originalunterlagen von Gerichten und Behörden, die Steuerberatern zur Einsichtnahme überlassen sind, dürfen nur an Mitarbeiter des Steuerberaters ausgehändigt

werden. Die Unterlagen sind sorgfältig zu verwahren und unverzüglich zurückzugeben.

(2) Bei der Ablichtung oder sonstigen Vervielfältigung von Unterlagen von Gerichten und Behörden haben Steuerberater sicherzustellen, dass Unbefugte keine Kenntnis nehmen.

(3) Soweit das Akteneinsichtsrecht durch gesetzliche Bestimmungen oder eine in zulässiger Weise ergangene Anordnung der die Akten aushändigenden Stelle beschränkt ist, haben Steuerberater auch bei der Vermittlung des Akteninhaltes an ihre Auftraggeber oder andere Personen diese Beschränkungen zu beachten.

§ 37 Pflichten bei Zustellungen

Bei vereinfachten amtlichen Zustellungen (§ 5 Abs. 2 VwZG) haben Steuerberater Empfangsbekenntnisse mit Datum und Unterschrift zu versehen und unverzüglich zurückzugeben.

Unterabschnitt 5:
Verhalten gegenüber Personen, Gesellschaften und Einrichtungen im Sinne der §§ 4 und 6 StBerG

§ 38 Tätigkeit als Leiter von Buchstellen oder von Beratungsstellen von Lohnsteuerhilfevereinen

(1) Steuerberater, die nach § 58 Nr. 1 und 2 StBerG als Leiter von Einrichtungen nach § 4 Nr. 3 StBerG oder als Leiter von Buchstellen von Einrichtungen nach § 4 Nr. 6, 7 und 8 StBerG tätig werden, haben darauf zu achten, dass bei der Hilfeleistung in Steuersachen die in § 4 StBerG gezogenen Grenzen nicht überschritten werden.

(2) Steuerberater, die nach § 58 Nr. 2 StBerG als Leiter für einen Lohnsteuerhilfeverein tätig werden, haben dafür zu sorgen, dass bei der Hilfeleistung in Lohnsteuersachen die in § 4 Nr. 11 StBerG gezogenen Grenzen und die in § 26 StBerG festgelegten Pflichten beachtet werden. Entsprechendes gilt für den Fall, dass sie Mitglied eines Gremiums sind, das mit der Überwachung des Vorstandes beauftragt ist.

(3) Steuerberater, die eine Buchstelle leiten, dürfen nicht dulden, dass direkt oder indirekt in unzulässiger Weise für die Buchstelle geworben wird.

(4) Steuerberater, die Mitglied des Vorstandes eines Lohnsteuerhilfevereins oder Leiter der Beratungsstelle eines Lohnsteuerhilfevereins sind, dürfen nicht dulden, dass direkt oder indirekt in unzulässiger Weise für den Lohnsteuerhilfeverein geworben wird.

Abschnitt 7:
Vereinbare und nichtvereinbare Tätigkeiten

§ 39 Treuhänderische und andere Tätigkeiten

(1) Mit dem Beruf eines Steuerberaters sind insbesondere vereinbar
1. die Verwaltung fremden Vermögens,
2. das Halten von Gesellschaftsanteilen,
3. die Wahrnehmung von Gesellschafterrechten,
4. die Tätigkeit als Beirat und Aufsichtsrat,
5. die Tätigkeit als Umweltgutachter,
6. die Wahrnehmung des Amtes als Testamentsvollstrecker, Nachlasspfleger, Vormund, Betreuer,

7. die Tätigkeit als Konkursverwalter, Vergleichsverwalter, Liquidator, Nachlassverwalter, Sequester, Zwangsverwalter, Mitglied in Gläubigerausschüssen,
8. die Tätigkeit als Verwalter nach dem Wohnungseigentumsgesetz.
Erlaubnisvorschriften in anderen Gesetzen sind zu beachten.

(2) Vereinbare Tätigkeiten dürfen nicht im Rahmen eines gewerblichen Unternehmens ausgeübt werden.

(3) Geschäftsführungsfunktionen in gewerblichen Unternehmen sind nur zulässig, wenn eine gerichtliche Bestellung erfolgt ist (z. B. zum Notgeschäftsführer).

§ 40 Schriftstellerische Tätigkeiten sowie Vortrags- und Lehrtätigkeiten

(1) Schriftstellerische und wissenschaftliche Arbeiten, die mit dem Namen des Verfassers gekennzeichnet sind, dürfen auch seine Berufsbezeichnungen tragen.

(2) Die Ankündigung einer Vortrags- und Lehrtätigkeit darf unter Nennung der Berufsbezeichnungen der Dozenten erfolgen und ist in Form und Inhalt sachlich zu halten.

(3) Zusätze, die auf die Stellung im Beruf hinweisen (z. B. Geschäftsführer einer Steuerberatungsgesellschaft) sowie die Nennung des Arbeitgebers sind zulässig.

§ 41 Gewerbliche Tätigkeit

(1) Mit dem Beruf eines Steuerberaters ist eine gewerbliche Tätigkeit nicht vereinbar.

(2) Eine Beteiligung an einem gewerblichen Unternehmen ist keine gewerbliche Tätigkeit im Sinne des § 57 Abs. 4 Nr. 1 StBerG, wenn der Steuerberater weder nach den vertraglichen Vereinbarungen noch nach den tatsächlichen Verhältnissen für das Unternehmen geschäftsführend oder in ähnlicher Weise tätig ist. Die Beteiligung als Gesellschafter einer offenen Handelsgesellschaft oder als persönlich haftender Gesellschafter einer Kommanditgesellschaft, die nicht als Steuerberatungs- oder Wirtschaftsprüfungsgesellschaft anerkannt sind, ist stets unzulässig.

(3) Steuerberater dürfen nicht dulden, dass ein gewerbliches Unternehmen wesentliche Bestandteile ihres Namens übernimmt. Satz 1 gilt nicht, wenn vertraglich sichergestellt ist, dass das andere Unternehmen das Verbot berufswidriger Werbung sowie die §§ 10 bis 23 beachtet und ausschließlich Tätigkeiten im Sinne von § 57 Abs. 3 Nr. 3 erster Halbsatz StBerG ausübt.

Abschnitt 8:
Berufshaftpflichtversicherung, Haftungsausschlüsse und Haftungsbeschränkungen

§ 42 Berufshaftpflichtversicherung

(1) Selbständige Steuerberater müssen gegen die aus ihrer Berufstätigkeit sich ergebenden Haftpflichtgefahren angemessen versichert sein. Angestellte Steuerberater sind in die Versicherung ihres Arbeitgebers, als freie Mitarbeiter tätige Steuerberater in die Versicherung ihres Auftraggebers einzuschließen. Wenn der angestellte oder als freier Mitarbeiter tätige Steuerberater eigene Mandate betreut, ist er zum Abschluss einer eigenen Berufshaftpflichtversicherung verpflichtet.

(2) Die Mindestversicherungssumme, die Jahreshöchstleistung für alle in einem Versicherungsjahr verursachten Schäden und ein eventueller Selbstbehalt ergeben sich aus der Verordnung zur Durchführung der Vorschriften über Steuerberater, Steuerbevollmächtigte und Steuerberatungsgesellschaften (DVStB).

§ 43 Haftungsausschluss und Verjährung

(1) Der Anspruch des Auftraggebers auf Ersatz eines fahrlässig verursachten Schadens kann gemäß § 67a StBerG beschränkt werden. Haftungsbeschränkungen aufgrund anderer Gesetze (z. B. § 8 Abs. 2 PartGG) bleiben unberührt.

(2) Ein Ausschluss der Haftung ist nicht zulässig.

(3) Vereinbarungen über den Beginn und eine angemessene Verkürzung der Verjährung sind zulässig. Nicht zulässig sind Erschwerungen der Verjährung (z. B. die Verlängerung der Verjährungsfrist).

Abschnitt 9:
Besondere Pflichten gegenüber Auftraggebern

§ 44 Umgang mit fremden Vermögenswerten

(1) Steuerberater haben ihnen anvertraute fremde Vermögenswerte mit besonderer Sorgfalt zu behandeln.

(2) Steuerberater haben fremde Vermögenswerte von ihrem eigenen Vermögen getrennt zu halten. Fremde Gelder und Wertpapiere sind unverzüglich an den Empfangsberechtigten weiterzuleiten. Solange dies nicht möglich ist, sind sie auf einem Anderkonto oder Anderdepot zu verwahren. Fremde Vermögenswerte im Gewahrsam von Steuerberatern sind vor dem Zugriff Dritter zu sichern.

(3) Steuerberater dürfen aus ihnen anvertrauten Vermögenswerten Vergütungen und Vorschüsse nicht entnehmen, soweit die Vermögenswerte zweckgebunden sind.

Abschnitt 10:
Vereinbarung, Berechnung, Sicherung und Beitreibung
von Gebühren und Auslagen

§ 45 Vergütung (Gebühren und Auslagen)

(1) Steuerberater sind an die Steuerberatergebührenverordnung gebunden.

(2) Für die Vergütung von Tätigkeiten nach § 57 Abs. 3 Nr. 2 und 3 StBerG gelten die gesetzlichen Vorschriften (z. B. §§ 612 Abs. 2, 632 Abs. 2 BGB).

(3) Über Honorarvorschüsse ist nach Erledigung des Auftrages oder der Beendigung der Angelegenheit unverzüglich abzurechnen.

(4) *(aufgehoben)*

(5) Die Vereinbarung oder die Annahme von Provisionen, Erfolgshonoraren und Erfolgsbeteiligungen ist unzulässig.

§ 46 Abtretung und Einziehung von Gebührenforderungen

(1) Die Abtretung von Gebührenforderungen an einen anderen Steuerberater ist zulässig, wenn der Auftraggeber zustimmt. Der Steuerberater, der eine Gebührenforderung erwirbt, ist in gleicher Weise zur Verschwiegenheit verpflichtet wie der beauftragte Steuerberater.

(2) Die Abtretung von Gebührenforderungen ohne Zustimmung des Auftraggebers an einen anderen Steuerberater ist zulässig, wenn berechtigte eigene Interessen des abtretenden Steuerberaters vorliegen.

(3) Die Abtretung von Gebührenforderungen oder die Übertragung ihrer Einziehung an einen nicht als Steuerberater zugelassenen Dritten ist nur zulässig, wenn die Forderung zuvor rechtskräftig festgestellt worden ist, ein erster Vollstreckungsversuch

fruchtlos ausgefallen ist und der Steuerberater die ausdrückliche schriftliche Einwilligung des Auftraggebers eingeholt hat.

Abschnitt 11:
Pflichten in Prozesskostenhilfesachen

§ 47 Pflichten bei der Auftragserfüllung nach Beiordnung durch das Gericht im Rahmen der Gewährung von Prozesskostenhilfe

Für die Tätigkeit von Steuerberatern im Rahmen einer Beiordnung vor Gerichten gelten die allgemeinen Berufsgrundsätze.

Abschnitt 12:
Gründung von beruflichen Niederlassungen und weiteren Beratungsstellen

§ 48 Berufliche Niederlassung

(1) Berufliche Niederlassung ist diejenige Beratungsstelle, von der aus der Steuerberater seinen Beruf selbstständig ausübt. Steuerberater dürfen keine weiteren beruflichen Niederlassungen unterhalten. Arbeitsräume außerhalb der Beratungsstelle müssen in einem örtlichen und funktionalen Zusammenhang mit der Beratungsstelle stehen. Als berufliche Niederlassung eines ausschließlich nach § 58 StBerG angestellten Steuerberaters gilt seine regelmäßige, bei mehreren Anstellungsverhältnissen seine zuerst begründete Arbeitsstätte.

(2) Die berufliche Niederlassung von selbständig tätigen Steuerberatern soll nach außen kenntlich gemacht werden. Arbeitsräume außerhalb der Beratungsstelle dürfen nach außen nicht kenntlich gemacht werden.

§ 49 Weitere Beratungsstellen

(1) Weitere Beratungsstellen im Sinne des § 34 Abs. 2 StBerG können unterhalten werden, soweit dadurch die Erfüllung der Berufspflichten nicht beeinträchtigt wird. Arbeitsräume außerhalb der Beratungsstelle müssen in einem örtlichen und funktionalen Zusammenhang mit der Beratungsstelle stehen. Zweigniederlassungen von Steuerberatungsgesellschaften sind weitere Beratungsstellen im Sinne des Gesetzes.

(2) Leiter einer weiteren Beratungsstelle muss ein anderer Steuerberater sein, der seine berufliche Niederlassung am Ort der Beratungsstelle oder in deren Nahbereich hat. Satz 1 gilt nicht, wenn die weitere Beratungsstelle in einem anderen Mitgliedstaat der Europäischen Union oder in einem anderen Vertragsstaat des Abkommens über den Europäischen Wirtschaftsraum liegt.

(3) Die für die berufliche Niederlassung zuständige Steuerberaterkammer kann auf Antrag für eine weitere Beratungsstelle eine Ausnahme von Abs. 2 Satz 1 zulassen. Eine Ausnahme kommt insbesondere in Betracht, wenn aufgrund
– der persönlichen Anwesenheit des Praxisinhabers sowohl in seiner beruflichen Niederlassung als auch in der weiteren Beratungsstelle,
– des tatsächlichen Geschäftsumfanges,
– der Art und des Umfanges des Mandantenstammes,
– der Anzahl und Qualifikation der Mitarbeiter,
– der räumlichen Entfernung und Verkehrsanbindung,
– der technischen Verknüpfung zwischen beruflicher Niederlassung und weiterer Beratungsstelle
die Einsetzung eines anderen Steuerberaters als Leiter der weiteren Beratungsstelle zur Sicherstellung der Erfüllung der Berufspflichten nicht erforderlich ist.

(4) Die Ausnahmegenehmigung soll für die Dauer von längstens zwei Jahren erteilt werden; sie kann mit Auflagen verbunden werden. Die Ausnahmegenehmigung kann verlängert werden, wenn die Voraussetzungen vor Ablauf der Befristung durch den Antragsteller erneut nachgewiesen werden. Liegt die weitere Beratungsstelle in einem anderen Kammerbezirk, ist vor der Erteilung der Ausnahmegenehmigung die für die weitere Beratungsstelle zuständige Steuerberaterkammer zu hören.

(5) § 48 Abs. 2 gilt sinngemäß.

Abschnitt 13:
Verhalten bei grenzüberschreitender Tätigkeit

§ 50 Verhalten bei grenzüberschreitender Tätigkeit

(1) Das Steuerberatungsgesetz und diese Berufsordnung sind auch bei grenzüberschreitenden Tätigkeiten grundsätzlich zu beachten.

(2) Steuerberater werden insbesondere dann grenzüberschreitend tätig, wenn sie
1. von ihrer inländischen Niederlassung aus im Ausland tätig werden,
2. über eine ausländische weitere Beratungsstelle im Sinne des § 34 Abs. 2 StBerG im Ausland tätig werden,
3. eine überörtliche Sozietät mit Personen im Sinne des § 56 Abs. 1 oder Abs. 4 StBerG, die ihre Niederlassung im Ausland haben, eingehen,
4. ihre berufliche Niederlassung in das Ausland verlegen.

Abschnitt 14:
Besondere Pflichten bei der gemeinsamen Ausübung der Berufstätigkeit nach § 56 StBerG

§ 51 Sozietät

(1) Steuerberater dürfen sich in einer Gesellschaft bürgerlichen Rechts mit den in § 3 Nr. 1 und § 56 Abs. 1 Satz 1 und 2 StBerG genannten natürlichen Personen örtlich und überörtlich zu einer Sozietät zusammenschließen. Mit Rechtsanwälten, die zugleich Notar sind, darf eine Sozietät nur bezogen auf die anwaltliche Berufausübung eingegangen werden.

(2) Die Sozietät erfordert eine gemeinschaftliche Kanzlei oder mehrere Kanzleien, in denen zumindest ein Mitglied der Sozietät verantwortlich tätig ist, für das die Kanzlei den Mittelpunkt seiner beruflichen Tätigkeit bildet.

(3) Ein Zusammenschluss mit ausländischen Berufsangehörigen, die ihre berufliche Niederlassung im Ausland haben, ist zulässig, wenn diese im Ausland einen den in § 3 Nr. 1 StBerG genannten Berufen in der Ausbildung und den Befugnissen vergleichbaren Beruf ausüben und die Voraussetzungen für die Berufsausübung den Anforderungen des Steuerberatungsgesetzes im Wesentlichen entsprechen.

§ 51 a Partnerschaftsgesellschaft

(1) Steuerberater dürfen sich mit den in § 3 Nr. 1 StBerG genannten natürlichen Personen zu einer Partnerschaftsgesellschaft zusammenschließen, die nicht als Steuerberatungsgesellschaft anerkannt ist (einfache Partnerschaftsgesellschaft). § 51 Abs. 1 Satz 2, Abs. 2 und 3 ist auf die einfache Partnerschaftsgesellschaft entsprechend anzuwenden.

(2) Der Name der Partnerschaftsgesellschaft muss den Namen mindestens eines Partners den Zusatz „und Partner" oder „Partnerschaft" sowie die Berufsbezeichnungen

aller in der Partnerschaft vertretenen Berufe enthalten. Die Namen anderer Personen als der Partner dürfen nicht in den Namen der Partnerschaftsgesellschaft aufgenommen werden.

§ 52 Kooperationen

(1) Steuerberater dürfen mit den in § 3 Nr. 1 bis 3 und § 56 Abs. 1 Satz 1 und 2 sowie Abs. 4 StBerG genannten Personen und Personenvereinigungen auch in anderen Formen als der Sozietät zusammenarbeiten (Kooperation).

(2) Steuerberater dürfen sich mit den in § 3 Nr. 1 bis 3 und § 56 Abs. 1 Satz 1 und 2 sowie Abs. 4 StBerG genannten Personen und Personenvereinigungen zu einer Europäischen Wirtschaftlichen Interessenvereinigung (EWIV) zusammenschließen.

§ 53 Bürogemeinschaft

(1) Eine Bürogemeinschaft mit den in § 3 Nr. 1 bis 3 und § 56 Abs. 1 Satz 1 und 2 sowie Abs. 4 StBerG genannten Personen und Personenvereinigungen ist zulässig. § 51 Abs. 1 Satz 2 gilt sinngemäß. Die Bürogemeinschaft kann als Gesellschaft bürgerlichen Rechts (§§ 705 ff. BGB) oder als Gemeinschaft (§§ 741 ff. BGB) ausgestaltet sein.

(2) Bürogemeinschaften dürfen nicht den Anschein einer Sozietät erwecken. Insbesondere dürfen weder gemeinsame Geschäftspapiere oder Praxisschilder verwendet werden, noch darf ein Hinweis auf Geschäftspapieren erfolgen.

Abschnitt 15:
Besondere Pflichten bei Errichtung, Ausgestaltung und Tätigkeit von Steuerberatungsgesellschaften

§ 54 Grundsätze

(1) Steuerberatungsgesellschaften sind neben Steuerberatern und Steuerbevollmächtigten zur geschäftsmäßigen Hilfeleistung in Steuersachen befugt (§ 3 Nr. 3 StBerG). Sie stehen abweichend von § 1 Abs. 1 nur Steuerberatern und Steuerberaterinnen als Instrument ihrer Berufsausübung zur Verfügung.

(2) Bei der Errichtung und Leitung von Steuerberatungsgesellschaften ergeben sich aus den nachstehenden §§ 55 bis 58 besondere Berufspflichten.

§ 55 Errichtung, Ausgestaltung und Tätigkeit von Steuerberatungsgesellschaften

(1) Als Gegenstand der Gesellschaft dürfen keine nach § 57 StBerG mit dem Beruf nicht vereinbaren Tätigkeiten im Gesellschaftsvertrag oder der Satzung festgelegt werden oder im Handelsregister eingetragen sein.

(2) Mindestens ein Vorstandsmitglied, ein Geschäftsführer, ein vertretungsberechtigter persönlich haftender Gesellschafter oder ein Partner im Sinne des PartGG, der Steuerberater ist, muss seine berufliche Niederlassung am Sitz der Gesellschaft oder in dessen Nahbereich haben.

(3) Die Anerkennung als Steuerberatungsgesellschaft setzt voraus, dass die Vorschriften des Steuerberatungsgesetzes über die Kapitalbindung (§ 50a StBerG) beachtet werden. Gesellschafter dürfen nur Steuerberater, Rechtsanwälte, niedergelassene europäische Rechtsanwälte, Wirtschaftsprüfer, vereidigte Buchprüfer, Steuerbevollmächtigte, in der Gesellschaft tätige Personen im Sinne des § 50 Abs. 3 StBerG oder

Steuerberatungsgesellschaften sein. Anteile an Steuerberatungsgesellschaften dürfen nicht für Rechnung eines Dritten gehalten werden. Bei Kapitalgesellschaften müssen die Anteile Personen im Sinne von Satz 2 gehören. Bei Kommanditgesellschaften dürfen die im Handelsregister eingetragenen Einlagen nur von Personen im Sinne von Satz 2 übernommen worden sein.

(4) Steuerberatern, Rechtsanwälten, niedergelassenen europäischen Rechtsanwälten, Wirtschaftsprüfern, vereidigten Buchprüfern oder Steuerbevollmächtigten muss zusammen die Mehrheit der Stimmrechte der Aktionäre, Kommanditaktionäre, Gesellschafter einer Gesellschaft mit beschränkter Haftung oder Kommanditisten zustehen. Im Gesellschaftsvertrag muss bestimmt sein, dass zur Ausübung von Gesellschafterrechten nur Personen bevollmächtigt werden können, die Steuerberater, Rechtsanwälte, niedergelassene europäische Rechtsanwälte, Wirtschaftsprüfer, vereidigte Buchprüfer oder Steuerbevollmächtigte sind. Für Steuerberatungsgesellschaften, die am 16. Juni 1989 anerkannt waren, gilt § 154 Abs. 1 StBerG. Gesellschaftern einer Gesellschaft bürgerlichen Rechts im Sinne des § 50a Abs. 2 Satz 1 StBerG werden die Anteile an der Steuerberatungsgesellschaft im Verhältnis ihrer Beteiligung an der Gesellschaft bürgerlichen Rechts zugerechnet.

(5) Bei Steuerberatungsgesellschaften, die kapitalmäßig oder in anderer Weise von Personen oder Gesellschaften, die nicht in § 3 Nr. 1 oder 3 StBerG genannt sind (§ 154 Abs. 1 StBerG), beeinflusst werden können, haben Steuerberater und Steuerbevollmächtigte, die Vorstandsmitglieder, Geschäftsführer oder vertretungsberechtigte persönlich haftende Gesellschafter sind, besonders sorgfältig darauf zu achten, dass ihnen die Unabhängigkeit und Freiheit zu pflichtgemäßem Handeln nicht genommen wird. Eine ihnen übertragene Leitungsfunktion muss auch tatsächlich ausgeübt werden.

(6) Bei ihrer Tätigkeit haben die Steuerberatungsgesellschaften sowie die Vorstandsmitglieder, Geschäftsführer und persönlich haftenden Gesellschafter, die nicht Steuerberater oder Steuerbevollmächtigte sind, die sich aus den §§ 34, 57, 57a, 62 bis 64 und 66 bis 69 StBerG sowie die sich aus dieser Berufsordnung ergebenden Berufspflichten sinngemäß zu beachten.

(7) Nach § 50 Abs. 3 StBerG können besonders befähigte Personen mit einer anderen Ausbildung als in einer der in § 36 StBerG genannten Fachrichtungen neben Steuerberatern Vorstandsmitglieder, Geschäftsführer oder persönlich haftende Gesellschafter von Steuerberatungsgesellschaften werden, wenn die besondere Fachkunde und die persönliche Zuverlässigkeit vorliegen und die zuständige Steuerberaterkammer die Bestellung genehmigt hat.

(8) Mitglieder des Vorstandes, Geschäftsführer, persönlich haftende Gesellschafter einer Steuerberatungsgesellschaft oder Partner im Sinne des PartGG haben auf die Einhaltung der Grundsätze über die Vertretung der Gesellschaft im Gesellschaftsvertrag hinzuwirken.

(9) Die Anzeigepflichten nach § 35 dieser Berufsordnung sowie gemäß § 50 DVStB sind zu beachten.

§ 56 Firma der Steuerberatungsgesellschaft

(1) Unter Beachtung der Regelungen hinsichtlich der zulässigen und berufswidrigen Werbung (§§ 10 bis 21) können als Firmenbestandteile Namen von Gesellschaftern, allgemein gehaltene Tätigkeitsbezeichnungen, geographische oder freigestaltete Bezeichnungen geführt werden, soweit sich aus den nachfolgenden Bestimmungen nichts anderes ergibt.

(2) Wenn in die Firma einer Steuerberatungsgesellschaft ein Personenname aufgenommen wird, soll es sich um den Namen eines Steuerberaters handeln. Daneben können die Namen anderer Gesellschafter (§§ 3 Nr. 1, 50a Abs. 1 Nr. 1 StBerG) aufgenommen werden, wenn deren Zahl die Namen von Steuerberatern nicht überschreitet. Gehört der Gesellschaft außer den namentlich aufgeführten Gesellschaftern mindestens eine weitere Person im Sinne des § 3 StBerG als Gesellschafter an, so sind entsprechende Zusätze (z.B. „u.a.", „und Kollegen") zulässig. Die Namen ausgeschiedener Gesellschafter dürfen weitergeführt werden; das gilt nicht, wenn das Ansehen des Berufs gefährdet ist, weil der ausgeschiedene Gesellschafter aus dem Beruf ausgeschlossen wurde, seine Bestellung aufgrund Rücknahme oder Widerruf erloschen ist oder er sich dem Ausschluss oder dem Erlöschen seiner Bestellung durch Verzicht auf die Bestellung entzogen hat.

(3) Es ist unzulässig, zum Hinweis auf eine steuerberatende Tätigkeit andere Bezeichnungen zu verwenden (§ 43 Abs. 4 Satz 2 StBerG), Firmenbestandteile, die auf einen Auftraggeberkreis, auf Unternehmen, Unternehmensgruppen, Wirtschafts- und Berufszweige sowie auf spezielle Berufsgebiete und Erfahrungen (z.B. Buchführung, Lohnsteuerberatung, Steuerstrafsachen, Zoll, betriebliche Altersversorgung) hinweisen, sind unzulässig. Firmenbestandteile, die auf vereinbare Tätigkeiten im Sinne des § 57 Abs. 3 StBerG hinweisen, sind nur zulässig, wenn sie allgemein gehalten sind (z.B. „Treuhandgesellschaft"). Ist eine Tätigkeitsbezeichnung nach den vorstehenden Grundsätzen unzulässig, so gilt das auch für die entsprechende fremdsprachliche Bezeichnung.

(4) Steuerberatungsgesellschaften sind befugt, die Bezeichnung „Landwirtschaftliche Buchstelle" als Zusatz zur Firma zu führen, wenn mindestens ein gesetzlicher Vertreter berechtigt ist, diese Bezeichnung als Zusatz zur Berufsbezeichnung zu führen.

(5) Geographische Bezeichnungen sind unzulässig, wenn sie als Hinweis auf eine Sonderstellung am Ort oder in dem Raum ihrer Tätigkeit verstanden werden können oder wenn sie nicht lediglich auf den Firmensitz hinweisen.

(6) Freigestaltete Bezeichnungen sind solche, die weder den Namen einer Person noch geographische Bezeichnungen noch Tätigkeitsbezeichnungen enthalten. Bei der Verwendung von Buchstabenfolgen und Abkürzungen darf keine Verwechslungsgefahr oder Irreführung vorliegen.

(7) Die Bezeichnung „Steuerberatungsgesellschaft" ist ungekürzt und ungebrochen in der Firma zu führen. Wortverbindungen, wie z.B. „Steuerberatungs- und Wirtschaftsprüfungsgesellschaft" oder „Steuerberatungs- und Treuhandgesellschaft", sind unzulässig. Die Bezeichnung „Steuerberatungsgesellschaft" darf in der Firma nur einmal geführt werden. Die Verbindung der Bezeichnung „Steuerberatungsgesellschaft" mit dem Rechtsformzusatz „mbH" ist zulässig.

§ 57 Verantwortliche Führung, Geschäftsführung und Vertretung der Steuerberatungsgesellschaft

(1) Steuerberatungsgesellschaften müssen abweichend von § 1 Abs. 1 von Steuerberatern oder Steuerberaterinnen verantwortlich geführt werden.

(2) Die Mitglieder des Vorstandes, die Geschäftsführer, die persönlich haftenden Gesellschafter oder Partner im Sinne des PartGG müssen Steuerberater sein. Neben Steuerberatern können auch Steuerbevollmächtigte, Rechtsanwälte, niedergelassene europäische Rechtsanwälte, Wirtschaftsprüfer und vereidigte Buchprüfer sowie, nach Genehmigung durch die zuständige Steuerberaterkammer, besonders befähigte Personen mit einer anderen Ausbildung als in einer der in § 36 StBerG genannten Fach-

richtungen Mitglieder des Vorstandes, Geschäftsführer, persönlich haftende Gesellschafter oder Partner im Sinne des PartGG sein. Die Zahl der unter Satz 2 fallenden Personen darf die Zahl der unter Satz 1 fallenden Steuerberater nicht übersteigen; kann bei der Willensbildung keine Einigung erzielt werden, sind die Stimmen der Steuerberater ausschlaggebend.

(3) Eine Steuerberatungsgesellschaft wird vertreten durch einen zur Alleinvertretung oder zur Einzelvertretung berechtigten Steuerberater, durch mehrere zur gemeinschaftlichen Vertretung berechtigte Steuerberater oder durch einen Steuerberater mit dem Recht zur gemeinschaftlichen Vertretung mit einem Vorstandsmitglied, einem Geschäftsführer, einem vertretungsberechtigten persönlich haftenden Gesellschafter oder Partner im Sinne des PartGG der nicht Steuerberater ist; im letzten Fall muss durch Regelungen im Innenverhältnis gewährleistet sein, dass bei der Willensbildung innerhalb der Geschäftsführung die Stimmen der Steuerberater ausschlaggebend sind. Dies ist der zuständigen Steuerberaterkammer unverzüglich unter Vorlage geeigneter Unterlagen nachzuweisen; Änderungen der Regelungen sind vor ihrem Wirksamwerden anzuzeigen.

(4) Andere Personen als Steuerberater dürfen eine Steuerberatungsgesellschaft nicht allein vertreten. Haben andere Personen als Steuerberater Einzelvertretungsbefugnis, muss deren Geschäftsführungsbefugnis durch Regelungen im Innenverhältnis so beschränkt sein, dass die verantwortliche Führung der Gesellschaft durch Steuerberater gewährleistet ist. Absatz 3 Satz 2 gilt entsprechend.

(5) Prokura darf grundsätzlich nur Personen im Sinne des § 50 Abs. 2 StBerG erteilt werden. Wird in Ausnahmefällen anderen Personen Prokura erteilt, so muss im Innenverhältnis eine Vertretung in Steuersachen ausgeschlossen sein; im Übrigen ist nur eine Gesamtvertretung in Gemeinschaft mit einem Steuerberater zulässig. Absatz 3 Satz 2 gilt entsprechend.

(6) Für die Erteilung einer Generalvollmacht gilt Absatz 5 entsprechend. Eine Handlungsvollmacht zur Hilfeleistung in Steuersachen darf nur an die in § 3 StBerG genannten natürlichen Personen erteilt werden; eine Handlungsvollmacht, die zum Betrieb einer Steuerberatungsgesellschaft berechtigt (§ 54 Abs. 1 Satz 1 1. Alternative HGB), ist unzulässig.

(7) Abweichend von Absatz 2 kann bei Steuerberatungsgesellschaften, die zugleich Wirtschaftsprüfungsgesellschaften oder Buchprüfungsgesellschaften sind, ein Wirtschaftsprüfer oder vereidigter Buchprüfer zur Einzelvertretung zugelassen werden, wenn auch einem Steuerberater, der nicht Wirtschaftsprüfer oder vereidigter Buchprüfer ist, Einzelvertretung zusteht.

§ 58 Bekanntmachung und Geschäftsberichte von Steuerberatungsgesellschaften

(1) Gesetzlich vorgeschriebene Bekanntmachungen von Steuerberatungsgesellschaften dürfen außer im Bundesanzeiger nur in weiteren durch Gesellschaftsvertrag oder Satzung bestimmten Veröffentlichungsorganen erfolgen. Sie müssen sich in Form und Inhalt jeder Werbung enthalten.

(2) Für Geschäftsberichte und andere freiwillige Veröffentlichungen gelten die §§ 10 bis 21 sinngemäß.

Abschnitt 16:
Praxisübertragung und Praxiseinbringung

§ 59 Praxisübertragung und Praxiseinbringung

(1) Die Übertragung einer Praxis oder eines Teiles einer Praxis gegen Entgelt ist zulässig. Die Bedingungen für die Übertragung müssen angemessen sein.

(2) Die Pflicht zur Verschwiegenheit (§ 9) ist bei der Übertragung der Praxis in besonderer Weise zu beachten. Mandatslisten zur Praxiswertermittlung dürfen keine Rückschlüsse auf die Auftraggeber zulassen. Den Auftraggeber betreffende Akten und Unterlagen dürfen nur nach seiner Einwilligung übertragen werden.

(3) Die Beteiligten sollen den Übertragungsvertrag vor Abschluss der Berufskammer vorlegen.

(4) Bei der Einbringung einer Einzelpraxis in eine Sozietät oder in eine Steuerberatungsgesellschaft gelten die Absätze 1 bis 3 sinngemäß.

(5) Die wiederholte Veräußerung von Praxen oder Teilen einer Praxis kann berufswidrig sein.

(6) Der Abschluss eines Pachtvertrages über Praxen von Steuerberatern ist berufswidrig.

Abschnitt 17:
Ausbildung von Steuerfachangestellten

§ 60 Ausbildung von Steuerfachangestellten

Steuerberater sind verpflichtet, als Ausbildende oder Ausbilder zum Beruf „Steuerfachangestellte/r" neben den gesetzlichen Vorschriften die von der Steuerberaterkammer erlassene Prüfungsordnung und sonstigen Regelungen zu beachten.

Abschnitt 18:
Schlussbestimmungen

§ 61 Schlussbestimmungen

(1) Diese Berufsordnung ersetzt die bisherigen Richtlinien für die Berufsausübung der Steuerberater und Steuerbevollmächtigten (Standesrichtlinien).

(2) Die Berufsordnung sowie ihre Änderungen sind in dem durch § 1 Abs. 4 der Satzung der Bundessteuerberaterkammer bestimmten Organ zu veröffentlichen.

Sachverzeichnis

Die fettgedruckten Zahlen verweisen auf die Paragraphen des Steuerberatungsgesetzes, die anderen Zahlen auf die Randziffern

Aberkennung
- der Eignung, StBGes zu führen **94**, 3–5; **129**, 5, 8; **132**, 7

Abgaben 1, 13

Abkürzung
- der Aufbewahrungsfrist **66**, 8
- der Berufsbezeichnung **43**, 5

Ablehnung
- des Amtes als Beisitzer **100**, 5–6
- des Amtes als Vertreter **145**, 7
- eines Auftrages **57**, 33, 49; **63**, 1–11; **72**, 4
- der Eröffnung des Hauptverfahrens **109**, 17; **118**, 2, 7–8; **132**, 6

Abschluß
- der Ermittlungen **108**, 3; **114**, 2

Abschluß- und Prüfungsvermerke 57, 19, 106

Abschlußzeugnis 36, 17

Absehen
- von einer berufsgerichtlichen Ahndung **92**, 2; **125**, 9

Abstimmung
- über Berufs- und Vertretungsverbot **136**, 1, 2

Abstufung
- der Rüge **81**, 25

Abteilung
- des Vorstandes **77 a**, 1–8; **80**, 9

Abtretung
- von Gebührenforderungen **64**, 8–10
- von Steuererstattungsansprüchen **1**, 14; **26**, 10

Abwerbung
- von Mandanten **57**, 86; **58**, 7; **76**, 17

Abwicklung
- der schwebenden Lohnsteuerangelegenheiten **24**, 1–4
- einer StBGes **54**, 1, 4, 8

Adreß- und Fernsprechverzeichnis 43, 9; **57 a**, 37

Ahndung
- einer Pflichtverletzung **89**, 1–18

Akademische Grade 41, 2; **43**, 11, 17, 19; **53**, 6

Akteneinsicht
- im berufsgerichtlichen Verfahren **108**, 1–5
- bei der Finanzverwaltung **10**, 7
- in Prüfungsakten **35**, 11

Aktenführung 57, 48

Aktiengesellschaften
- als StBGes **49**, 6; **50**, 21

Allgemeine Geschäftsbedingungen 33, 21; **67 a**, 7

Alters- und Hinterbliebenenversorgung 32, 13; **49**, 1; **76**, 13

Altersvorsorgeverträge 4, 31

Altgesellschaften 55, 6; **154**, 2 ff.

Amtsärztliches Zeugnis 40, 24

Amtlich verliehene Berufsbezeichnungen 43, 11–16

Amtsenthebung
- eines Beisitzers **101**, 1, 3–6

Amtshilfe 76, 43

Amtsträger 83, 3

Amtsverhältnis 59, 4

Amtszeit
- der ehrenamtlichen Richter **99**, 2

Anbieten
- von Diensten **8**, 14 f.

Anderkonto 57, 54; **70**, 9

Anderweitige Ahndung 92, 1–7; **116**, 9; **125**, 9

Androhung
- von Zwang **106**, 2

Anerkennung
- als LStHV **13**, 5; **14**, 1–12; **15**, 2; **18**, 3
- als StBGes **32**, 17; **49**, 3, 11; **50**, 1 ff.; **51**; **67**, 3

Anerkennungsbehörde 15, 1; **20**, 2, 6; **27**, 1; **49**, 15

Anerkennungsurkunde
- als LStHV **17**; **19**, 1; **20**, 1
- als StBGes **50**, 15; **54**, 1

Anforderungsprofil Einl 18

577

Sachverzeichnis

halbfette Zahlen = §§ des StBerG

Angehörige 6, 4; **139**, 8
Angestellte
– ehemalige – der Finanzverwaltung **61**, 1–7
– ehemalige StB oder StBv als – **47**, 7
– der Berufskammer **83**, 6; **100**, 3
– StB oder StBv als – **32**, 7, 15; **34**, 15; **57**, 32; **58**, 1 ff.; **60**, 1–2; **67**, 6
– von StB oder StBv **58**, 2–9; **62**, 1–4
Anhörung
– der Berufskammer **46**, 14; **47**, 10; **49**, 17; **50**, 13; **76**, 41
– des StB oder StBv **70**, 5; **81**, 21, 22, 34; **145**, 8
– der StBGes **55**, 1
Anklagebehörde 113, 1; **128**, 1
Anmeldung
– bei Sozialversicherungsträgern **33**, 17
Anordnung
– der Beweissicherung **132**, 9, 10
– des persönlichen Erscheinens **106**, 2
Anschriftenverzeichnis 43, 9; **57 a**, 37
Anschuldigungsschrift 114, 2, 3, 5; **116**, 6; **117**, 1–4; **119**, 5; **125**, 1
Ansehen
– des Berufs **57**, 75–87; **67**, 3; **89**, 8, 9
Anstalten des öffentlichen Rechts 58, 12
Anstellungsverhältnis
Ausscheiden aus – **57**, 86; **58**, 7, 8
Berufliche Niederlassung bei – **34**, 2
– von ehemaligen Beamten **61**, 4
– bei früheren Auftraggebern **139**, 4
– als Leiter einer StBGes **72**, 8
– bei einer StBGes **50**, 12
Versicherungspflicht bei – **67**, 6
– s. auch Angestellte
Antrag
– auf Anerkennung als StBGes **49**, 15; **51**, 1
– auf berufsgerichtliche Entscheidung **82**, 1–17; **115**, 10
– auf Bestellung
eines Praxisabwicklers **70**, 2, 5;
eines Praxistreuhänders **71**, 6;
als StB **40**, 7;
eines Vertreters **69**, 8; **145**, 3
– auf Beweissicherung **132**, 4
– auf Einleitung eines berufsgerichtlichen Verfahrens **81**, 33; **82**, 2; **115**, 1; **116**, 1–11

– auf mündliche Verhandlung **82**, 7
– auf Verhängung eines Berufs- oder Vertretungsverbots **134**, 3; **135**, 5
– auf Verleihung der Bezeichnung „Landwirtschaftliche Buchstelle" **44**, 6
– auf Vermittlung durch die Berufskammer **76**, 17, 18, 21
– auf Weiterführung der Berufsbezeichnung **47**, 9
– auf Wiederbestellung **48**, 11
– auf Zulassung zur Prüfung **35**, 5
Anwaltsgerichtsbarkeit 110, 1, 3, 4
Anwaltsnotare 56, 8
Anzeige
– bei der StA **114**, 1
Anzeigen (Inserate) 57 a, 25 f.
Anzeigepflichten
– der LStHV **15**, 3; **23**, 14; **30**, 2
– der StB und StBv **55 a**, 4; **80**, 2
Arbeitgeber 4, 21; **58**, 3, 4; **67**
Arbeitgeberverbände 4, 12
Arbeitnehmer 4, 21; **13**, 4; **46**, 1, 6; **57**, 15, 91–94; **58**, 1 ff.; **89**, 18
– s. auch Angestellte
Arbeitnehmereinkünfte 4, 21, 25
Arbeitnehmersteuerhilfe 8, 9; **43**, 29
Arbeitsergebnisse 66, 15
Arbeitsgemeinschaft 83, 7; **84**, 1–8
Arbeitsgerichtsbarkeit 111, 3
Arbeitspapiere 66, 13
Arbeitsräume 23, 2; **34**, 4
Arbeitsstätte 34, 2
Arbeitszeitordnung 76, 24
Arglistige Täuschung 39 a, 4
Assessor 43, 18
Aufbewahrung
– von Handakten **66**, 5–9
– von Unterlagen **21**, 3
Aufgaben
– der Berufsverbände **4**, 14
– der Bundessteuerberaterkammer **86**, 1–18; **87**, 1
– des Praxisabwicklers **70**, 12
– der StB und StBv **Einl** 18–20; **32**, 1; **33**, 1–27
– der Steuerberaterkammern **76**, 1–50; **77**, 3
Aufhebung
– eines Berufs- oder Vertretungsverbots **126**, 1; **142**, 1; **143**, 1–9
– eines Rügebescheids **82**, 14; **149**, 4

578

magere Zahlen = Randziffern

Sachverzeichnis

Auflösung
- eines LStHV **19**, 2
- eine Sozietät **56**, 15 f.
- einer StBGes **54**, 4

Aufsichtsarbeit 37, 3; **37 a**, 11
Aufsichtsbehörde
- für LStHV **15**, 1; **20**, 6; **27**, 1–6; **28**, 1; **29**, 1
- für Steuerberaterkammern **78**, 7; **83**, 14; **84**, 4; **88**, 3

Aufsichtsbescheide 76, 26
Aufsichtsfunktionen 57, 89
Aufsichtsratsmitglied 57, 62; **72**, 10
Aufsichtssachen 80, 4
Aufsichtsverfahren 81, 9–31
Auftraggeber 33, 27; **57**, 12–20, 33–34; **76**, 20, 21
Auftragsannahme 57, 49; **63**, 1, 2
Auftragsbeendigung 57, 55, 56
Auftragserfüllung 57, 50–54
Auftragsumfang 33, 27
Aufzeichnungspflichten
- der Lohnsteuerhilfevereine **21**, 1, 2

Ausbilder 57, 79
Ausbildung
- des Berufsnachwuchses **76**, 48

Ausbleiben
- des StB oder StBv in der Hauptverhandlung **121**, 1–5

Auskunftserteilung 66, 3; **76**, 15
Auskunftspflicht
- gegenüber der Aufsichtsbehörde **28**, 1; **88**, 6
- gegenüber der Berufskammer **80**, 11, 12; **81**, 17; **83**, 1, 15

Auskunftsverweigerungsrecht 26, 6; **57**, 71; **62**, 4; **80**, 16
Ausländer 37, 14; **74**, 10
Ausländische
- akademische Grade **43**, 19
- Beratungsstellen **34**, 8
- Bewerber **37 a**, 4; **37 b**, 7
- Berufsangehörige **Einl** 25 f.; **3**, 16 ff.; **56**, 37 ff.; **58**, 20
- Berufsbezeichnungen **43**, 16
- Studienabschlüsse **36**, 5
- Tätigkeiten **36**, 10

Ausländisches Recht 1, 13; **33**, 7
Auslagen 70, 10; **77**, 10; **80**, 5; **81**, 3; **146**, 2
Aussagegenehmigung 83, 13–16

Ausscheiden
- aus dem Beruf **151**, 5
- aus dem öffentlichen Dienst **38**, 9, 19, 20; **61**, 1, 6
- aus einer Gesellschaft **76**, 17

Ausschließung
- aus dem Beruf **45**, 6; **47**, 11; **48**, 7; **90**, 11–15; **92**, 3, 4; **93**, 2; **94**, 3; **107**, 4; **110**, 2; **125**, 8; **129**, 4, 7; **132**, 1, 3, 7; **134**, 1, 5; **137**, 3; **140**, 3; **151**, 6; **152**, 2
- der Öffentlichkeit **122**, 4

Ausschluß
- der Haftung **67 a**, 2

Außenprüfung 1, 11; **57**, 71
Außerberufliches Verhalten 57, 80–83, 98–100; **89**, 7–10; **92**, 6; **110**, 4, 7; **116**, 9

Außerkrafttreten
- des Berufs- oder Vertretungsverbots **142**, 1–5

Aussetzung
- des berufsgerichtlichen Verfahrens **82**, 11; **109**, 3–5; **111**, 1–3
- des Rügeverfahrens **81**, 19

Aussonderungsrecht 21, 4
Auswärtige Sprechtage 23, 2; **34**, 3
Auswahlverzeichnisse 57 a, 37
Auswertung
- von Datenträgern **6**, 6

Bachelorgrad 36, 2
Bachelor of Commerce 50, 18
Bakkalaureus 36, 2
Bankdirektor i. R. 43, 24
Bankgeschäfte 4, 10
Baubetreuer 4, 10; **57**, 105
Bauernverbände 4, 14
Bausparkassenvertreter 4, 29; **56**, 10
Beamte
- des gehobenen Dienstes **38**, 17, 18
- des höheren Dienstes **38**, 8–16
- der Finanzverwaltung **61**, 1

Beamteneigenschaft
- Hinweis auf ehemalige – **43**, 23

Beauftragter
- zur Abwicklung eines Lohnsteuerhilfevereins **24**, 1–4

Beauftragter Richter 132, 11; **133**, 3

579

Sachverzeichnis

halbfette Zahlen = §§ des StBerG

Beendigung
– des Auftrages **57**, 55, 63; **66**, 7
Befähigung
– zum Richteramt **43**, 18
Befreiung
– von der Prüfung **35**, 21; **38**, 1–20
– von der Verschwiegenheitspflicht **57**, 67, 68; **80**, 15; **83**, 13–14
Befreundete Personen 6, 5
Begnadigung 48, 7; **90**, 4, 11
Begründung
– eines Ablehnungsbeschlusses **118**, 7
– eines Berufs- oder Vertretungsverbots **138**, 1–3
– der Einstellung eines Rügeverfahrens **81**, 20
– der Entscheidung über eine Rüge **82**, 17
– eines Rügebescheides **81**, 26
Behörden 4, 5; **83**, 18
Behördliche Selbstverpflichtung 38 a, 7
Beiladung
– der Berufskammer **46**, 15; **49**, 17
Beiordnung 65, 4
Beirat 72, 10
Beisitzer 94, 6; **99**, 1–8; **102**, 1
Beistand
– im Rügeverfahren **80**, 10; **81**, 23
Beiträge
– der Steuerberaterkammer **79**, 1–16, 18–24
– der Bundessteuerberaterkammer **87**, 1–6
– für Fürsorgeeinrichtungen **76**, 30
– zu LStHV **14**, 6
Belasting Adviseur 1, 10; **3**, 20; **33**, 19
Belehrung
– über Berufspflichten **76**, 16; **81**, 1
– über Verjährung **68**, 13
– über Verschwiegenheitspflicht **62**, 4; **83**, 6
Benachrichtigung
– im Beweissicherungsverfahren **133**, 4
Beratender Volks- und Betriebswirt 43, 25
Beratung
– von Auftraggebern **1**, 9; **139**, 3
– durch Steuerberaterkammern **76**, 13
Beratungsgeheimnis 102, 3

Beratungsstelle 34, 1; **58**, 16
– eines LStHV **14**, 1; **23**, 1–15; **27**, 3; **28**, 5; **162**, 5; **163**, 2
– *s. auch weitere Beratungsstelle*
– *s. auch Berufliche Niederlassung*
Berechtigte Interessen 57, 67, 69, 85
Berufliche Belange 76, 9–14
Berufliche Fortbildung 76, 48; **86**, 16
Berufliche Niederlassung 23, 1; **34**, 1, 2, 13, 19; **37**, 4; **40**, 3; **40 a**, 6; **45**, 4; **46**, 11; **50**, 9; **57**, 98; **58**, 3; **73**, 4–5; **74**, 3, 4, 8–10; **81**, 14
Berufliche Selbstverwaltung 73, 1
Berufliche Zusammenschlüsse 56, 1
Beruflicher Verkehr 43, 8
Berufsauffassung 86, 6–9
Berufsaufsicht 76, 23–27; **80**, 1; **83**, 19
Berufsausübung
gemeinschaftliche – **56**, 1–42
Berufsbezeichnung 43, 2, 5–26; **44**, 14; **45**, 2; **47**, 1–12
Berufsbild
– der RAe **3**, 6; **110**, 3
– der StB und StBv **Einl** 18–20; **33**, 5–18; **57**, 102
– der WP **3**, 8; **110**, 6
Berufsbildung 76, 37; **79**, 17
Berufsgerichtliche Maßnahmen 89, 2; **90**, 1–15; **152**, 1–7
Berufshaftpflichtversicherung 12, 1; **33**, 18; **40**, 8, 22; **55**, 4; **63**, 10; **67**, 1–11; **89**, 19
Berufskammern 3, 1; **10**, 8; **45**, 2; **52**, 1; **59**, 6; **61**, 7; **73**, 1–10
– *s. auch Steuerberaterkammern*
Berufsordnung 34, 7; **57**, 3; **86**, 6–9
– der StB in Europa **Einl** 26
Berufspflichten 1, 3; **26**, 1; **37**, 12; **43**, 3; **45**, 2; **57** ff; **81**, 5; **89**, 5
Berufspolitische Interessenvertretung 76, 9; **86**, 2, 14
Berufsrechtliches Werbeverbot 8, 7; **57 a**, 12
Berufsregister 30, 1; **34**, 20; **42**, 2; **44**, 10; **45**, 5; **46**, 14; **54**, 3; **55**, 1; **73**, 4; **76**, 42; **154**, 2; **155**, 2
Berufssatzung 57, 3; **86**, 6–9
Berufsständische Vereinigungen 4, 12–15; **58**, 15; **161**, 4

580

magere Zahlen = Randziffern

Sachverzeichnis

Berufs- und Vertretungsverbot 90, 15; **92**, 4; **94**, 5; **107**, 4; **109**, 8; **126**, 2; **134 ff.**
Berufsunfähigkeit 40, 16; **46**, 12; **69**, 3; **71**, 3
Berufsurkunde 41, 1–2; **52**, 2
Berufsverbände 4, 12; **5**, 3
Berufsvertretung 4, 12; **7**, 9
Berufswahl 2, 1; **5**, 1; **35**, 1; **57**, 88
Berufswidrige Werbung 43, 22; **53**, 3; **57 a**, 1–12; **76**, 27
Berufung
– im berufsgerichtlichen Verfahren 96, 1; **127**, 1–5
– zum Beisitzer 99, 3–8; **100**, 1–4
Berufungsbegründung 127, 7–9
Beschäftigungsverhältnis 4, 23
Bescheinigungen 26, 10; **57**, 106
Beschlagnahmeverbot 57, 72; **62**, 4
Beschränkte Hilfeleistung in Steuersachen 4, 1; **5**, 6; **13**, 1
Beschwer 127, 2; **129**, 3
Beschwerde 65, 5; **96**, 1; **111**, 2; **115**, 13; **126**, 1–4; **132**, 10; **136**, 2; **139**, 2; **141**, 1–9; **143**, 7, 9; **157**, 11; **159**, 8
Beschwerdesachen 80, 4
Besondere Befähigung 50, 16
Besorgnis der Befangenheit 104, 2; **109**, 14
Bestätigungsvermerke 3, 8; **57**, 106
Bestechung 39 a, 5
Bestellende Behörde 40, 8, 9
Bestellung
– als Praxisabwickler 70, 3–6
– als Praxistreuhänder 71, 8
– als StB 40, 1–13; **41**, 1; **43**, 7; **45**, 1–7; **46**, 1–15; **48**, 1; **67**, 3, 4; **89**, 17, 19; **139**, 1; **157**, 5 f.
– als StBv 42, 1; **157**, 5 f.
– eines Verteidigers 107, 5
– als Vertreter 69, 1–6; **145**, 10
Bestellungsurkunde 40, 1
Bestellungsverfahren 39 a, 12
Beteiligung
– an gewerblichen Unternehmen 57, 90
Betreuer 57, 105
Betriebsberater 4, 8; **43**, 25
Betriebsgeheimnisse 57, 60
Betriebsprüfer 38, 14
Betriebswirt 43, 12, 13, 22, 25

Betriebswirtschaftliche Beratung Einl 19; **33**, 11; **57**, 103
Betriebswirtschaftliche Prüfungen 3, 8; **57**, 99, 106; **110**, 6
Beweisanregungen 135, 8
Beweisantrag 109, 15
Beweisaufnahme 82, 9, 10; **117**, 3; **118**, 1; **119**, 3, 4; **123**, 1–3; **124**, 1; **132**, 8; **133**, 1
Beweissicherung 132, 1–11; **133**, 1
Bewertungsspielraum 35, 12
Bilanzbuchhalter 6, 10; **8**, 5, 23 ff.; **36**, 18; **43**, 26
Bilanzen 66, 12
Bilanzkontor 53, 7
Bilanzrichtliniengesetz Einl. 21; **50 a**, 2
Briefkastenanfragen 4, 10
Buchführung 1, 11; **6**, 7; **8**, 19; **22**, 7; **33**, 8; **110**, 3, 6; **139**, 3, 7
Buchführungsunterlagen 57, 73; **66**, 4
Buchhalter 5, 4 f.; **6**, 7 f.
Buchhaltungssoftware 57, 89
Buchprüfer 43, 25
Buchprüfungsgesellschaften 3, 10; **58**, 13 f.
Buchsachverständiger 43, 25
Buchstelle 43, 29; **58**, 14; **161**, 4
Bücherrevisor Einl 1; **43**, 25
Bürgermeister 59, 3
Bürgschaften 57, 16
Bürogemeinschaft 32, 18; **56**, 28 ff.; **57**, 25, 66, 78, 101
Büroorganisation 57, 44–48
Bundesdatenschutzgesetz 11, 3
Bundesfinanzhof 3, 2, 4
Bundesgerichtshof 129, 3, 12; **130**, 1
Bundeskammer der StBv Einl 8; **85**, 1
Bundesminister der Finanzen 64, 1; **88**, 3; **158**, 1
Bundesrechnungshof 88, 10
Bundesrechtsanwaltskammer 85, 5
Bundesregierung 158, 1
Bundessteuerberaterkammer 58, 19; **76**, 5, 34; **83**, 7; **85**, 1–5; **86**, 1–18; **87**, 1–6; **88**, 3
Bundeszentralregister 40, 2; **46**, 1; **90**, 15; **139**, 1; **152**, 1
Bußgeld 5, 3; **7**, 3, 4; **43**, 32; **160**, 3, 4, 6; **161**, 1–4; **162**, 1–6; **163**, 1–2

581

Sachverzeichnis

halbfette Zahlen = §§ des StBerG

Bußgeldbescheid 109, 11
Bußgeldsachen 1, 14
Bußgeldverfahren 10, 8; 57, 18; 92, 1; 109, 1–2, 9–18

Charta der Grundrechte EU 57, 88
Chartered Accountant 50, 18
Chiffreanzeigen 10, 10
Chinese walls 57, 66
Computerprogramm 1, 7

Dachverbände 8, 6
Darlehen 57, 16, 22
Datenerfassung 6, 6
Datennutzung 11, 2
Datenschutz 58, 4
Datenschutzbeauftragter 57, 105
Datenservice 53, 7
Datenverarbeitung 6, 6; 11, 2; 33, 9
Datenverarbeitungsunternehmen 32, 16
DATEV 33, 9; 58, 18; 66, 15
DDR Einl 22–24; 42, 5–7
Delegierte 86a, 3
Dienstaufsicht 88, 2
Dienstleistungsverkehr Einl. 27
Dienstverhältnis
– als Wahlbeamter 59, 3
Dienstvertrag 33, 20–23
Dipl.-Handelslehrer 36, 3; 43, 17
Diplome 36, 2; 37a, 6; 43, 17, 26
Diplomjurist 36, 3
Dipl.-Volkswirt 50, 17
Dissertation 36, 12
Disziplinärer Überhang 92, 2, 4–7
Disziplinarverfahren 92, 1; 105, 4; 110, 8
Doppelqualifikation 50, 14; 57, 5, 99; 64, 5; 79, 11; 110, 1, 9; 139, 5
Doppelsitz 74, 5
Dozenten 38, 3
Dritte
Werbung durch – 8, 14f.; 57a, 65f.
Dritthaftung 67a, 12
Drohung 39a, 5

Ehemalige
– Angehörige der Finanzverwaltung 36, 19; 38, 8–18; 61, 1–7; 72, 9
– Mitarbeiter 58, 7, 8
– StB und StBv 48, 2

Ehrenamtliche Richter 76, 28, 29; 77, 9; 95, 4; 96, 3; 99, 1–8; 100, 1–4; 135, 2
Ehrenamtlichkeit 4, 24; 58, 19; 59, 5; 77, 10–11
Eidesstattliche Versicherung 57, 83
Eigenverantwortlichkeit 24, 4; 34, 7; 37a, 4; 49, 2; 50, 4; 57, 28–37; 58, 4; 60, 1–9; 67a, 1; 69, 1; 70, 9; 71, 11
Eignungsprüfung Einl 11; 37a, 1, 4ff.
Eingangsabgaben 4, 18, 19
Eingetragene Vereine 4, 16; 50a, 8
Einheitliche Beurteilung
– von Berufsverstößen 89, 10–12
Einheitsbeitrag 79, 15
Einheitsberuf Einl 7, 8
Einigungsvertrag Einl 24; 3, 6
Einleitung
– des berufsgerichtlichen Verfahrens 113, 2; 114, 1–2; 115, 13; 116, 11; 119, 2; 132, 2
– des Rügeverfahrens 81, 15, 16
Einrichtung
– der Buchhaltung 6, 6, 7
Einsicht
– in die Akten 10, 9
– in das Berufsregister 76, 42
Einspruch
– gegen Rügebescheid 81, 32–36; 82, 3
Einstellung
– des berufsgerichtlichen Verfahrens 113, 4; 114, 2; 115, 5, 7; 116, 7, 8; 125, 2; 132, 5, 6; 143, 4; 148, 3; 150, 4
– des Rügeverfahrens 81, 19, 31
– des Strafverfahrens 109, 17
Einstweilige Anordnung 35, 8
Eintragung
– in das Handelsregister 49, 8
Eintrittsgeld 79, 13
Einweisung
– in eine psychiatrische Anstalt 105, 6
Einzelpraxis 32, 12–14; 49, 1; 71, 3
E-Mail 57, 64
Empfangsbekenntnis 57, 77
Empfehlung 8, 14
Entbindung
– von der Verschwiegenheitspflicht 57, 68
Enthebung
– vom Amt des Beisitzers 101, 1, 3–6

magere Zahlen = Randziffern

Sachverzeichnis

Entschädigung
- der ehrenamtlichen Richter **104**, 1, 2
- des Kammervorstandes **77**, 10, 11
- der Sachverständigen **76**, 33

Entscheidung
- im berufsgerichtlichen Verfahren **125**, 1–5
- im gerichtlichen Verfahren über eine Rüge **82**, 12–17

Erben 57, 68; **70**, 1, 8; **71**, 6; **76**, 13

Erbfall 50 a, 4

Erfolgsbeteiligung 9, 4

Erfolgsvergütung 9, 3; **57**, 16

Erlaß
- von Beitragsforderungen **79**, 23, 24

Erledigung
- des Auftrages **66**, 7

Erlöschen
- des Amtes als Beisitzer **101**, 1
- der Anerkennung als LStHV **19**, 1–4
- der Anerkennung als StBGes **54**, 1–7
- der Befugnis zur Führung der Berufsbezeichnung **47**, 1–3
- der Bestellung **45**, 1 ff.; **101**, 3; **125**, 7
- der Kammermitgliedschaft **73**, 7

Eröffnung des Hauptverfahrens 93, 3; **114**, 5; **118**, 1–6; **125**, 1; **126**, 1; **142**, 5

Ersatzansprüche
- Begrenzung **57**, 36; **67 a**, 4 ff.

Ersatzzustellung 121, 2

Erscheinen
- vor der Aufsichtsbehörde **28**, 1
- vor der Berufskammer **80**, 7–10

Erschleichen
- der Zulassung zur Prüfung **46**, 3

Ersuchter Richter 123, 3–5; **124**, 4

Erziehungsurlaub 36, 21

Europäische Berufsgrundsätze
- der StB **Einl** 26

Europäische Union Einl 25 ff.

Europäischer Wirtschaftsraum 1, 12; **37 a**, 5 ff.

EWIV 32, 19; **56**, 42; **58**, 21

Fachanwalt für Steuerrecht 3, 7; **43**, 15

Fachgebiete 57 a, 30

Fachangestellte
- in steuer- und wirtschaftsberatenden Berufen **23**, 9; **36**, 16; **76**, 37

Fachhochschule 36, 14 ff.; **38**, 4; **43**, 20

Fachhochschulprofessor 38, 19; **57**, 107

Fachpresse 57 a, 46

Fachrichtung 50, 17

Fachverbände
- des Handwerks **4**, 14

Fachzeitschrift 86, 16

Factoringgeschäfte 4, 10

Fernsprechverzeichnis 34, 4; **43**, 6, 9; **57 a**, 37
- *s. auch Adress- und Fernsprechverzeichnis*

Festsetzung
- von Beiträgen **79**, 6–8

Finanzamt
- Straf- und Bußgeldsachenstelle **164**, 1

Finanzgerichtliches Verfahren 1, 15; **111**, 3

Finanzgeschäfte 57, 89

Finanzielle Angelegenheiten 57, 83

Finanzierungsvermittlung 26, 10

Finanzrichter 38, 7

Finanzverwaltung Einl 3, 5; **10**, 11; **36**, 20; **38**, 10; **57**, 9; **61**, 3

Firma
- einer StBGes **49**, 12; **53**, 3–11

Fiskalvertreter 4, 20; **6**, 7

Förderung
- der beruflichen Belange **76**, 9

Form
- der Berufsausübung **32**, 12–17; **57**, 78
- der Berufung **127**, 3
- der Berufungsbegründung **127**, 7
- der Beschwerde gegen Berufs- oder Vertretungsverbot **141**, 7
- der Revision **130**, 1
- der Revisionsbegründung **130**, 3

Fortbildung 57, 42; **76**, 11; **86**, 16

Fraktionen 38, 16

Freier Beruf 32, 6–11; **57**, 8, 99; **71**, 1

Freier Mitarbeiter 34, 15; **56**, 6; **57**, 66; **58**, 4; **58**, 10 ff.; **67**, 9 ff.

Frei gestaltete Bezeichnungen 53, 10

Freiheitsbeschränkung 105, 6

Freispruch
- im berufsgerichtlichen Verfahren **89**, 10; **125**, 3
- im Strafverfahren **81**, 12; **109**, 17

Fremde Gelder 57, 54

Fremdenverkehrsabgabe 1, 13

583

Sachverzeichnis

halbfette Zahlen = §§ des StBerG

Frist
- für Antrag auf gerichtliche Entscheidung **115**, 9
- der Berufung **127**, 4
- der Berufungsbegründung **127**, 9
- der Beschwerde gegen Berufs- oder Vertretungsverbot **141**, 6
- der Revision **130**, 2
- der Revisionsbegründung **130**, 4

Fürsorgeeinrichtungen 76, 30–32; **86**, 10

Fürsorgepflicht 57, 22

Gebrechen
- geistige **46**, 12
- körperliche **46**, 12; **69**, 3

Gebühr
- für die Anerkennung als LStHV **16**
- für die Anerkennung als StBGes **51**
- der Steuerberaterkammern **79**, 3, 5, 17
- für die Verleihung der Bezeichnung „Landwirtschaftliche Buchstelle" **44**, 9
- für die Zulassung, Prüfung und verbindliche Auskunft **39**, 1–2

Gebührenfreiheit 146, 1

Gebührenordnung 32, 10; **64**, 1–6; **72**, 4; **86**, 15

Gegenerklärung 82, 5

Gegenstand
- des berufsgerichtlichen Verfahrens **117**, 1; **118**, 5
- einer StBGes **49**, 11

Geheimnis 57, 60; **83**, 11, 18; **122**, 4

Gehilfen 62, 2
- in steuer- und wirtschaftsberatenden Berufen **23**, 9
- s. Fachangestellte

Gehobener Dienst 36, 19; **38**, 17

Geldbuße 90, 9, 10; **92**, 7; **150**, 1; **151**, 3; **152**, 1, 2, 7

Geldstrafe 92, 7

Gemeinden 4, 5

Gemeindesteuersachen 57, 20

Gemeinsames Berufsgericht 99, 8

Gemeinsame Berufskammer 75, 1–4; **84**, 2

Gemeinschaftliche Berufsausübung 32, 18; **56**

Gemeinschaftswerbung 76, 11

Genehmigung
- der Beitragsordnung **79**, 7, 8; **87**, 3

- des Haushaltsplans **88**, 9
- der Satzung **78**, 7–9; **85**, 5

Generalbundesanwalt 131, 1, 2

Generalklausel 57, 1, 3; **86**, 1; **89**, 4; **127**, 8

Generalstaatsanwalt 10, 8; **113**, 1; **128**, 1

Genossenschaften 4, 27; **49**, 5; **58**, 13

Genossenschaftliche Prüfungsverbände 4, 11; **58**, 13

Genossenschaftliche Treuhandstellen 4, 11; **58**, 12, 13

Geographische Bezeichnungen 53, 9

Geringe Schuld 81, 6, 7

Geringfügigkeit
Einstellung wegen – **82**, 16; **125**, 2

Gesamtschuldner 56, 13 f.

Gesamtvertretung 76, 12; **85**, 2; **86**, 14

Geschäftsbücher 57, 56; **66**, 4

Geschäftsführer
- einer GmbH **57**, 89
- einer Steuerberaterkammer **80**, 9, 11
- einer StBGes **49**, 14; **50**, 1–16; **55**, 5; **57**, 5; **60**, 3; **72**, 7, 8; **73**, 6; **74**, 11–13; **94**, 1

Geschäftsführung
- eines LStHV **14**, 3; **20**, 5; **22**, 8; **29**, 3

Geschäftsgeheimnisse 57, 60

Geschäftsmäßigkeit 2, 3; **5**, 1

Geschäftspapiere 34, 4; **43**, 9; **44**, 3; **53**, 2; **57 a**, 39; **70**, 11

Geschäftsprüfung 14, 11; **21**, 1; **22**, 1–9; **162**, 4

Geschäftsstelle 34, 1; **57**, 45
- s. auch Beratungsstelle

Gesellschaft
- als Auftraggeber **57**, 65
- des bürgerlichen Rechts **49**, 5; **50**, 7; **50 a**, 10; **56**, 1 ff.

Gesellschafter
- einer StBGes **50 a**, 1, 8; **53**, 4–6; **72**, 10

Gesellschafterrechte
- Ausübung von – **50 a**, 11

Gesellschaftsvertrag 49, 1, 11, 14, 15; **53**, 2; **55**, 5

Gesetzgebende Körperschaften 38, 16

Gewerbe Einl 1; 2; 3; **32**, 8, 9, 10

Gewerbliche Tätigkeit 32, 8, 9; **46**, 5; **57**, 88–90, **72**, 8; **76**, 2

584

magere Zahlen = Randziffern

Sachverzeichnis

Gewerbliche Unternehmer 4, 8, 18, 19; **33**, 14
Gewerkschaften 4, 12, 14
Gewinnbeteiligung 57, 23
Gewissenhaftigkeit 26, 3; **34**, 7; **57**, 40–56; **62**, 1; **63**, 1; **66**, 3; **69**, 7f.
Gleichbehandlungsgebot 46, 9
Graduierung 41, 2; **43**, 20
Grenzüberschreitende Tätigkeit 57, 7
Gründungsgeschäftsführer 57, 93
Gründungsprüfungen 57, 106
Grundsätzliche Bedeutung 129, 12
Grundwehrdienst 36, 13
Gruppenversicherungsverträge 76, 13
Gutachten 6, 2, 3; **33**, 24; **57**, 102, 104; **76**, 33–36; **86**, 15; **108**, 3; **139**, 4

Haftpflichtversicherung 14, 12; **20**, 4; **22**, 8; **25**, 3–8; **40**, 22; **46**, 8; **50**, 22; **67**, 1–11
Haftung
– des StB oder StBv **33**, 27; **57**, 43; **67**, 1 ff.
– der Steuerberaterkammer **77**, 2; **150**, 1–6
Haftungsausschluß 25, 1, 2; **67 a**, 2
Haftungsbescheid 76, 43
Haftungsbeschränkung 25, 2; **49**, 1; **67 a**, 4 ff.
Haftungsvereinbarung gegenüber Dritten 67 a, 11
Handakten 26, 12; **66**, 3, 4; **70**, 9; **80**, 13, 14
Handelsgewerbe 4, 8
Handlungsvollmacht 58, 9
Handwerkskammern 4, 5; **50 a**, 1
Hauptberuf 57, 98
Hauptverhandlung 95, 3, 4; **96**, 2, 3; **97**, 2, 3; **121**, 1–6; **122**, 1–5; **125**, 1; **127**, 10; **128**, 2; **131**, 2; **137**, 1
Haushaltsplan 88, 9
Haus- und Grundbesitzervereine 4, 13, 14
Hausverwalter 4, 7; **57**, 105
Helfer in Steuersachen Einl 3, 22 f.; **42**, 2, 6; **48**, 2; **154**, 2
Herausgabe
– von Unterlagen **57**, 56; **66**, 10; **76**, 20
Hilfeleistung
– beim Familienleistungsausgleich **4**, 21
– in Lohnsteuersachen **4**, 21; **14**, 2

– in den Medien **4**, 10
– in Steuersachen **Einl**, 10; **1**, 4–11; **4**, 1; **6**, 1; **7**, 1; **33**, 1, 5–8; **50**, 6; **57**, 6; **63**, 4
Hinweis
– auf ehemalige Beamteneigenschaft **43**, 23
– auf ehemalige Tätigkeiten **43**, 24
– auf eine Stellung im Beruf **43**, 26
– auf eine steuerberatende Tätigkeit **43**, 27–30
Hochschule 36, 2; **38**, 4
Hochschul-Diplome Einl 11; **36**, 2
Hochschulstudium 36, 3 ff.
Höherer Dienst 38, 8
Hoheitliche Verwaltungstätigkeit 76, 8; **88**, 4
Hohes Alter 47, 5
Homepage
– Bundessteuerberaterkammer **Einl** 17, 20
– Deutscher Steuerberaterverband **Einl** 20
Immunität
– von Abgeordneten **105**, 9
Industrie- und Handelskammern 4, 5; **74**, 7
Informatiker 50, 17
Ingenieur (grad.) 43, 20
Inkompatibilitätsregelung 57, 88
Innungen 4, 5
Insolvenzplan 46, 9
Insolvenzverfahren 46, 9; **54**, 4; **66**, 16
Insolvenzverwalter 1, 5; **57**, 68, 105; **66**, 14
Interessenabwägung 57, 69; **83**, 18
Interessenkollision 57, 17–20; **65**, 4
Interessenwahrnehmung 33, 20; **57**, 53; **86**, 2 f.
Internationale Kooperationen 56, 3
Internet 8, 26; **57 a**, 40

Jahresabschluß 6, 7; **33**, 8, 20, 24
Jugendarbeitsschutzgesetz 76, 24

Kammern
– für StB- und StBv-Sachen **95**, 1–4; **132**, 11; **143**, 3
– *s. auch Berufskammern; Steuerberaterkammern*

585

Sachverzeichnis

halbfette Zahlen = §§ des StBerG

Kanzlei 34, 1
- s. auch Beratungsstelle
- s. auch Praxis
Kapitalanteile 49, 2; 50 a, 1–10
Kapitalbeteiligung 57, 24 f.
Kapitalbindung 50 a, 1–10; 155, 3
Kapitalertragsteuer 4, 10
Karenzentschädigung 58, 8
Kaufmannsgehilfenprüfung Einl 10; 6, 11; 23, 9
Kirchen 4, 5
Klageerzwingungsverfahren 77, 3; 115, 1; 119, 2; 147, 3
Körperliche Gebrechen 40, 15; 46, 12; 47, 5
Körperschaften des öffentlichen Rechts 4, 5, 6; 44, 1, 14; 58, 13; 73, 10; 85, 3; 86, 3; 87, 1, 6; 88, 1, 4; 154, 5; 161, 4
Kollegialität 57, 75, 84–87; 76, 17
Kommanditgesellschaften 49, 6, 8
Kommanditgesellschaften auf Aktien 49, 6
Kommanditisten 57, 90
Kontieren Einl 10; 2, 2; 6, 6
Kontierer Einl 10; 2, 2; 3, 1; 4, 1; 33, 8; 57, 22, 25, 66, 78; 160, 4
s. Buchhalter
Kontoauszüge 66, 4
Konzern 1, 5
Kooperation 6, 8; 56, 5, 36
Kosten
- im berufsgerichtlichen Verfahren 146 ff.
Kostendeckungsprinzip 79, 9
Kreditinstitute 4, 27
Kreditvermittlung 14, 2
Kreishandwerkerschaft 4, 5
Kriegsbeschädigtenverbände 4, 13, 14
Kündigung 33, 21, 25
Kunden 4, 9

Ladung
- zur Hauptverhandlung 120, 2; 121, 2
- zur mündlichen Verhandlung 135, 4
- vor die Steuerberaterkammer 80, 7
Landesrechnungshof 88, 10
Landrat 59, 3
Landtreuhand 53, 7
Land- und forstwirtschaftliche Betriebe 4, 16, 17

Landwirt 50, 14; 57, 96
Landwirtschaftliche Buchstelle 4, 16, 17; 43, 28, 32; 44, 1–15; 53, 7; 155, 3 f.; 161, 1
Landwirtschaftskammer 4, 5
Lebensversicherungsunternehmen 4, 31
Legalitätsprinzip 81, 18; 89, 3; 113, 5; 114, 2
Lehrbeauftragte 38, 3; 43, 13; 57, 107
Lehrtätigkeit 38, 6; 57, 107, 109; 139, 4
Leistungsentgelte 14, 6
Leiter
- einer weiteren Beratungsstelle 34, 9–17; 57, 30
- einer Beratungsstelle eines LStHV 23, 5–13; 58, 15; 162, 4
- einer Buchstelle 58, 15
- eines genossenschaftlichen Prüfungsverbandes 58, 13, 14
Liquidator 57, 105
Logo 57 a, 39
Lohnsteueranmeldungen 57, 83
Lohnsteuerberater 43, 30, 31
Lohnsteuerberatung 4, 22 ff.
Lohnsteuerhilfeverein Einl 9, 16; 4, 22; 13, 7; 30, 1–4; 58, 15 ff.; 161, 1; 162, 1–4
Lohnsteuerwesen 23, 10

Magister 36, 2
Makler 4, 8; 57, 4, 89
Mandanteninformationen 57 a, 34
Mandantenunterlagen 66, 4
s. Handakten
Mandatsaquisition 57 a, 9
Mandatsniederlegung 57, 34
Mandatsschutz 58, 7, 8; 69, 19
Mandatsteilung 4, 26
Mastergrad 36, 2
Mathematiker 50, 17
Mechanische Arbeitsgänge 6, 6; 32, 9; 33, 9; 139, 4
Mehrfachfunktionen 57, 30
Mehrfachqualifikation 34, 2; 50, 16; 57, 5, 98; 79, 11; 110, 1, 9; 139, 5
Mieterverein 56, 10
Mikrofilm 66, 9
Mindestversicherungssumme 25, 6; 67, 12, 15

586

magere Zahlen = Randziffern

Sachverzeichnis

Mißbilligende Belehrungen 76, 16
Mitarbeiter 32, 12; **57,** 21–23, 35–37, 39, 46, 66; **58,** 4; **62,** 1
Mitglieder
– der Bundessteuerberaterkammer **85,** 2
– von Kammern und Verbänden **43,** 28
– von LStHV **13,** 4; **22,** 9
– der Steuerberaterkammern **73,** 4–9; **74,** 1–15; **77,** 8; **83,** 5; **94,** 1–6
– des Vorstands einer Steuerberaterkammer **77,** 5–12; **83,** 4; **100,** 3
Mitgliederversammlung
– eines LStHV **14,** 7, 11; **19,** 2; **29,** 1, 2
– einer Steuerberaterkammer **77,** 5; **79,** 7 f.
Mitgliedsbeiträge
– der LStHV **14,** 6
Mitgliedsstaaten
– der EU **3,** 14; **34,** 16; **36,** 21; **74,** 9, 10
Mitteilung
– der Ablehnung eines Auftrags **63,** 1–11
– der Anschuldigungsschrift **118,** 1
– eines Berufs- oder Vertretungsverbots **144,** 1
– von Berufspflichtverletzungen **10,** 3–9
– im dienstlichen Verkehr **83,** 11
– des Einspruchsbescheides **81,** 36
– der Einstellung des Verfahrens **115,** 8
– der gerichtlichen Entscheidung **82,** 18
– der Mitgliederversammlung **29,** 1
– von Pflichtverletzungen **27,** 4
– des Rügebescheides **81,** 29
Mitzeichnung 60, 5
Monopolsachen 1, 12
Mündliche Prüfung 37, 5
Mündliche Verhandlung 82, 6, 7, 8; **135,** 1–8; **141,** 8; **143,** 6
Mutterschutzgesetz 76, 24

Nachlaßpfleger 1, 5; **57,** 68, 105
Nachlaßverwalter 57, 105
Nachtragsanklage 109, 4
Nahbereich 34, 19; **50,** 9
Namensaktien 49, 6; **50,** 21
Namen
– von Gesellschaftern **53,** 4
– von LStHV **14,** 4; **18,** 1–3
Nebentätigkeit 4, 10; **33,** 15
Neue Bundesländer Einl 12, 22–24

Neue Tatsachen 91, 4; **119,** 3, 4; **143,** 2
Nichtzulassung
– der Revision **126,** 2
Nichtzulassungsbeschwerde 129, 10, 13, 14
Niederlassung
– im Ausland **57,** 7
– *s. berufliche Niederlassung*
Niederlassungsrecht Einl, 28
Notare 4, 3; **8,** 10; **43,** 13; **56,** 8, 30
Notarkammern 10, 8
Notgeschäftsführer 57, 93
Notwendige Auslagen 147, 3; **150,** 5
Notwendige Verteidigung 107, 3–5

Oberfinanzdirektion 10, 13; **13,** 5; 27, 1, 2; **31; 32,** 3; **40,** 2; **73,** 3, 9
Oberkreisdirektor 59, 3
Oberste Behörden des Bundes und der Länder 38, 16
Oberste Landesbehörde 10, 11; **20,** 7; **31; 35,** 5, 21, 22; **37 b,** 6,7; **38 a,** 1, 8; **39 a,** 1; **40,** 20; **76,** 38; **157,** 7
Öffentliche Ladung 121, 3; **135,** 4
Öffentlicher Dienst 38, 20
Öffentlich-rechtliches Dienst- oder Amtsverhältnis 59, 1–6; **110,** 12; **154,** 1
Öffentliches Interesse 10, 9; **81,** 8
Öffentlichkeit
– der Hauptverhandlung **105,** 7; **122,** 1–5
Örtliche Zuständigkeit
– des Berufsgerichts **112,** 1–3; **114,** 4
– der Steuerberaterkammer **81,** 14
– des Finanzamts **7,** 11
Offene Handelsgesellschaften 49, 8
Ordnungswidrigkeiten 160 ff.
Organe
– der Berufskammern **78,** 4
Organ
– der Rechtspflege **Einl** 18; **32,** 1

Pachtvertrag 57, 24
Partner 53, 5; **56,** 11 ff.
Partnerschaftsgesellschaft 32, 18; **49,** 9; **53,** 5; **56,** 22 ff.
Partnerschaftsgesellschaftsgesetz Einl 14; **56,** 22 ff.
Patentanwälte 4, 4; **8,** 10; **56,** 8

Sachverzeichnis

halbfette Zahlen = §§ des StBerG

Patentanwaltskammer **10**, 8; **56**, 8, 22, 28
Pensionszusage **57**, 15
Persönlich haftende Gesellschafter
– eines gewerblichen Unternehmens **57**, 90
– einer StBGes **49**, 8; **50**, 1–16; **55**, 4; **57**, 5; **60**, 3; **72**, 3, 7, 8; **73**, 6; **74**, 11–13; **94**, 1
Persönliche Dienstleistung **33**, 22; **57**, 35; **70**, 1
Persönliche Mitglieder
– der Steuerberaterkammer **73**, 4–8; **74**, 8–13; **80**, 6
Persönliche Zuverlässigkeit **50**, 19
Personalakten **81**, 2; **83**, 20; **108**, 2; **152**, 1
Personenbezogene Daten **11**, 5
Personenbezogene Tatsachen **83**, 8
Personen nach § 3 Nr. 4 **7**, 8 f.; **12**, 3
Personenvereinigungen **44**, 1, 14
Pfändung von Honorarforderungen **64**, 10
Pflichtaufgaben
– der Bundessteuerberaterkammer **86**, 4–15
– der Steuerberaterkammern **76**, 7, 15–41; **84**, 7
Pflichten
– der LStHV **26**, 1–12
Pflichtmitgliedschaft **73**, 2; **76**, 14
Pflichtprüfungen **33**, 12; **68**, 18
Pflichtversicherung **25**, 3–8; **67**, 2–15
Präsident
– der Berufskammer **77**, 4; **86 a**, 2; **144**, 2
Praktische Tätigkeit **36**, 7 ff.
Praktischer Betriebswirt **43**, 25
Praxis **34**, 1
Praxisabwickler **32**, 14; **70**, 1–12; **145**, 11
Praxisbroschüren **57 a**, 33
Praxisschild **34**, 4; **43**, 9, 28; **57 a**, 38
Praxisstempel **43**, 9; **57**, 47
Praxistreuhänder **57**, 31; **71**, 1–15
Praxisübertragung **9**, 6; **32**, 13; **57**, 67, 87; **76**, 13
Preisempfehlung **76**, 35
Privatärztliche Verrechnungsstelle **50 a**, 1
Privatdozent **38**, 3; **57**, 107

Privatklage **109**, 4
Professor **38**, 3, 19; **43**, 13; **57**, 107
Prokura **58**, 9; **60**, 7
Protokollverlesung **124**, 3
Provision **9**, 1, 5, 6; **57**, 26, 27
Prozeßagenten **11**, 1
Prozeßkostenhilfe **32**, 5; **65**, 1
Prozeßvertretung **33**, 17; **65**, 1–5
Prüfung
– von Jahresabschlüssen **33**, 12; **57**, 19, 50
– als StB **35**, 1, 9–15; **37 a**, 1–9
– als Landwirtschaftliche Buchstelle **44**, 7
Prüfungsausschuß **35**, 9, 10; **37 b**, 1 ff.; **76**, 38
Prüfungsbericht **22**, 9; **162**, 3
Prüfungsentscheidungen **35**, 12–15; **45**, 6
Prüfungsleistungen **37**, 6
Prüfungsverbände **4**, 11
Prüfungsvermerke **57**, 106
– s. auch Abschluß- und Prüfungsvermerke
Psychiatrisches Gutachten **106**, 3

Qualitätssicherung **57**, 42

Realsteuern **1**, 12
Rechenzentrum **66**, 4
Rechnungsprüfungsbehörden **88**, 10
Rechtliches Gehör **40**, 27; **80**, 8; **81**, 21; **121**, 1; **123**, 3; **133**, 4; **135**, 6
Rechtsanwälte **3**, 7; **5**, 5; **43**, 4, 10, 13; **44**, 1–3; **47**, 7; **50**, 12; **57**, 100; **61**, 2; **65**, 1; **71**, 4, 5; **72**, 7; **74**, 12, 14; **79**, 11; **80**, 10; **94**, 1, 2; **107**, 1; **145**, 5
Rechtsanwalts- und Notarfachangestellte **36**, 17
Rechtsanwaltskammer **10**, 8; **74**, 14
Rechtsbeistand **43**, 14; **57**, 101
Rechtsberatung Einl 1; **33**, 13–18
Rechtsform
– der Bundessteuerberaterkammer **85**, 3
– der LStHV **13**, 3
– der Steuerberaterkammern **73**, 10
– der StBGes **49**, 5–9
Rechtskraft
– eines Ablehnungsbeschlusses **119**, 1–5; **143**, 1
– eines berufsgerichtlichen Urteils **125**, 3, 4, 6; **127**, 1; **129**, 2
– einer Rüge **91**, 1

magere Zahlen = Randziffern

Sachverzeichnis

– eines Urteils im Verfahren über eine Rüge **91**, 4
Rechtslehrer
– an deutschen Hochschulen **107**, 1
Rechtsmittel 113, 2; **126** ff.; **141**; **145**, 9
Rechtsmittelbelehrung 81, 26; **115**, 9
Rechtsmittelverzicht 125, 3, 4
Rechtsnatur
– des Steuerberatungsvertrages **33**, 19–26
– des Versicherungsvertrages **67**, 14, 15
Rechtsreferendare 36, 11; **57**, 92
Rechts- und Amtshilfe 76, 43, 44; **83**, 18
Rechtswissenschaft 36, 3
Regreßanspruch 67 a, 15
Reichsabgabenordnung Einl 2
Reklame 57 a, 16
Revision
– im berufsgerichtlichen Verfahren **97**, 1; **129**, 1–14; **130**, 1–6
Revisionsgesellschaft 53, 8
Revisor 43, 25
Richter
– der Finanzgerichtsbarkeit **38**, 7
Richtlinien
– für Fürsorgeeinrichtungen **86**, 10
Risikobeschreibung 67, 7
Rücknahme
– der Anerkennung als LStHV **20**, 2–3
– der Anerkennung als StBGes **55**, 1–3
– eines Antrages **147**, 1, 3; **149**, 2
– der Bestellung **45**, 1; **46**, 1–4; **148**, 4
– der Erlaubnis **47**, 10, 11
– eines Rechtsmittels **148**, 5
– Rüge **76**, 23; **77**, 3; **77 a**, 7; **81**, 1–36; **82**, 1, 2; **90**, 3; **91**, 1–4; **115**, 2; **116**, 4, 9; **152**, 1, 2, 5
Ruhen
– der Verjährung **93**, 6, 7
Rundschreiben 57 a, 36

Sachbearbeiter 38, 17
Sachgebietsleiter 38, 13
Sachgemäße Hilfeleistung 7, 8; **20**, 6; **22**, 8; **26**, 2
Sachkunde 44, 5; **57**, 49
Sachlichkeit 57, 76; **57 a**, 14
Sachverständige 6, 3; **43**, 21; **57**, 104
Sammelbezug
– einer Fachzeitschrift **76**, 11

Satzung
– der Bundessteuerberaterkammer **85**, 5
– eines LStHV **14**, 2–11; **20**, 4
– einer StBGes **49**, 10, 11, 14, 18; **53**, 2; **55**, 5
– einer Steuerberaterkammer **76**, 6; **77**, 4; **78**, 1–10; **84**, 3
Satzungsänderung 15, 3; **78**, 6; 162
Satzungskompetenz Einl 13; **86**, 6–9
Satzungsversammlung 86 a, 1–7
Schadensersatz 57, 42; **63**, 10; **67**, 1; **70**, 11; **71**, 16; **76**, 20
Scheinfunktionen 57, 31
Schiedsrichterliches Verfahren 76, 22
Schlichte Hoheitsverwaltung 76, 8; **88**, 4
Schließung
– einer Beratungsstelle **27**, 2; **28**, 5
Schriftstellerische Tätigkeit 57, 108; **139**, 4
Schuldenbereinigungsstellen 4, 30
Schuldformen 89, 12, 13; **90**, 5, 6
Schutzgesetz 57, 4, 61; **72**, 11; **83**, 3
Schwäche
– der geistigen Kräfte **37**, 9; **46**, 13; **50**, 19
Schwebende Angelegenheiten 24, 3; **70**, 12
Screens 57, 66
Selbständigkeit 2, 3; **60**, 1
Selbsthilfeeinrichtung
– von Arbeitnehmern **13**, 1; **14**, 10
Selbstverwaltung Einl 5; **73**, 1; **85**, 4
Seminare 86, 16
Senat für StB- und StBv-Sachen
– beim BGH **97**, 1–2
– beim OLG **96**, 1–3; **115**, 11, 13; **116**, 10
Sicherung
– von Beweisen **125**, 8; **132**
Siedlungsgemeinschaften 4, 13, 14
Sitz
– eines LStHV **14**, 3; **27**, 1
– einer Steuerberaterkammer **73**, 9; **88**, 3; **112**, 1
– einer StBGes **50**, 9; **74**, 4, 12
Smart-card 57, 64
Sofortige Beschwerde 118, 8; **141**, 1, 2, 4, 6
Sonderprüfungen 57, 106
Sozialgerichtsbarkeit 111, 3

Sachverzeichnis

halbfette Zahlen = §§ des StBerG

Sozietäten
- Allgemein **32**, 18; **43**, 9; **49**, 1; **56**, 7 ff.; **57**, 25; **58**, 2; **61**, 4; **71**, 3; **145**, 4
- Auflösung **56**, 15
- Definition **54**, 7
- Fakultativname **56**, 12
- Gesellsachafter **56**, 9 f.
- Gesellschaftsvermögen **56**, 14
- Gewerbetreibende **56**, 10
- Gewinn- und Verlustverteilung **56**, 17
- Haftung **56**, 13 f., 20
- interprofessionelle **56**, 20
- Kooperationspartner **56**, 12
- Kurzbezeichnung **56**, 11
- Name **56**, 11
- Scheinsozietät **56**, 18
- Treupflicht **56**, 16
- überörtliche **56**, 19
- Wettbewerbsverbot **56**, 16

Speditionsunternehmen 4, 18
Spenden 76, 32
Spezialisierungshinweis 43, 28
Spitzenverbände 4, 11
Sprechzeiten 57 a, 34
Sprungrevision 129, 1
Staatsangehörigkeit 37 a, 5; **100**, 2
Staatsanwaltschaft 81, 29; **113**, 1–5; **128**, 1, 2
Staatsaufsicht 87, 6; **88**, 1–10
Staatskasse 150, 2
Staatsvertrag 75, 3
Standesinteressen 76, 12; **86**, 2, 11
Standesrichtlinien Einl 11; **86**, 6
Stellenangebote 57 a, 57
Stellengesuche 57 a, 57
Steuerangelegenheiten 61, 5
Steuerberater
- Berufsbezeichnung **43**, 5–10
- Berufsbild **Einl** 18–20; **3**, 3; **33**, 5–12
- Bestellung **35** ff.; **40** ff.
- Unterschied zum StBv **32**, 2–5; **33**, 2
- Zahlenmäßige Entwicklung **Einl** 17

Steuerberateranwärter 43, 30
Steuerberatergemeinschaft 32, 18; **43**, 28
Steuerberaterkammern 10, 7; **35**, 8; **40**, 8; **44**, 7; **47**, 11; **49**, 18; **50**, 16; **58**, 19; **67**, 15; **69**, 8 f.; **70**, 2; **71**, 2; **75**, 1–4; **76**, 1–50; **80**, 9; **115**, 2 ff.
- s. auch Berufskammern

Steuerberaterordnung 32, 1
Steuerberaterprüfung 157, 8 f.
Steuerberatersozietät 43, 28; **56**, 7 ff.
Steuerberatung 33, 5; **43**, 29
- s. auch Hilfeleistung in Steuersachen

Steuerberatungsänderungsgesetz
2. – **Einl** 8; **36**, 16; **85**, 1; **86**, 1; **157**, 2
3. – **Einl** 9; **1**, 1
4. – **Einl** 10; **4**, 16; **6**, 7; **36**, 16; **38**, 3; **50 a**, 1, 3; **56**, 2; **155**, 1, 3
5. – **Einl** 11; **23**, 6, 10; **36**, 9
6. – **Einl** 13, 14; **34**, 5; **66**, 11; **69**, 1; **77 a**, 1; **97**, 2
7. – **Einl** 15 f.; **10**, 2; **11**, 1; **37 a**, 1; **37 b**, 1 f.; **38 a**, 1; **42**, 8; **46**, 13; **48**, 5; **76**, 38 f.; **157**, 2 ff.; **158**, 3

Steuerberatungsgemeinschaft 161, 3
Steuerberatungsgesellschaften 3, 5; **32**, 16; **34**, 10; **43**, 32; **44**, 14; **49** ff.; **61**, 4; **66**, 2; **72**, 1–11; **74**, 4–7; **154**, 2 ff.; **161**, 1

Steuerberatungsgesellschaft mbH & Co KG 49, 5
Steuerberatungsordnung Einl 23
Steuerberatungsvertrag 33, 19–26
Steuerbescheid 1, 11; **66**, 4
Steuerbevollmächtigte
- Berufsbezeichnung **43**, 5–10
- Berufsbild **Einl** 5, 18–20; **3**, 4; **33**, 5–12
- Bestellung **32**, 3; **42**, 1–7
- Übergang zum StB **Einl** 8
- Unterschied zum StB **32**, 2–5; **33**, 2
- Zahlenmäßige Entwicklung **Einl** 17

Steuerbüro 43, 28
Steuererklärungen 1, 11; **33**, 6, 20; **66**, 4
Steuerfachangestellter 57, 79; **76**, 37
Steuerfachwirt 8, 5, 23 ff.; **36**, 18
Steuergeheimnis 10, 8; **57**, 57; **83**, 1, 12; **122**, 4
Steuerhinterziehung 57, 53; **89**, 6; **92**, 5
Steuerkanzlei 43, 28
Steuern
- von den Bundes- oder Landesfinanzbehörden verwaltete – **36**, 8, 9, 15, 16, 18, 19; **38**, 1, 7, 11, 15

Steuerordnungswidrigkeit 1, 11; **10**, 4; **33**, 10; **109**, 10
Steuersachen 1, 12; **63**, 4

590

magere Zahlen = Randziffern

Sachverzeichnis

Steuersachverständiger 43, 29
Steuerstelle 43, 29
Steuerstrafsachen 1, 11; 33, 10
Steuersyndikus a. D. 43, 24
Steuerwirt (grad.) 43, 20
Stiftungen 50 a, 8
Stille Gesellschaft 49, 10; 57, 24
Strafbefehl 109, 4, 11
Strafprozeßordnung 153, 2
Strafverfahren 1, 14; 92, 1; 109, 1–8, 11–18; 111, 3
Strohmann 50, 2
Stundenbuchhalter 5, 5; 157, 4
Subsidiarität
– des berufsgerichtlichen Verfahrens 105, 3; 109, 3–8
– des Rügeverfahrens 81, 12
Subventions- und Fördermittelberatung 57, 103
Suchservice 8, 15; 9, 5; 57 a, 37
Syndikus-StB 58, 18

Tätigkeit
– gewerbliche 57, 88, 89
– hauptberufliche 23, 9; 36, 11, 21
– praktische 36, 12, 15
– treuhänderische 33, 4; 57, 105
– wirtschaftliche 26, 8
Tätigkeitsbezeichnungen 53, 8
Tätigkeitsschwerpunkte 43, 25; 57 a, 30
Tagespresse 57 a, 46
Tateinheit 89, 9
Tatmehrheit 89, 9
Tatsächliche Feststellungen 109, 11
Taxe 64, 4
Technischer Dipl.-Betriebswirt 43, 17
Teilanfechtung 127, 8
Teilweise Auferlegung
– der Kosten 148, 6
Teilweiser Freispruch 89, 10; 125, 3; 148, 2
Teilzeitbeschäftigung 5, 5; 36, 11
Telefonbuch 57 a, 37
– s. auch Adress- und Fernsprechverzeichnis
Testamentsvollstrecker 57, 105; 71, 2
Theaterwissenschaften 36, 3
Tilgung 152, 1–7
Treuhänder 43, 25; 57, 105; 139, 4
Treuhänderisches Halten von Anteilen 50 a, 9

Treuhandgesellschaft 53, 8
Treuhand- und Revisionsbüro 43, 25
Treuhandstellen 4, 11; 58, 13
Treuhandtätigkeit 33, 4; 49, 8; 57, 105; 67, 8
Trunkenheitsfahrten 89, 6

Überdenkungsverfahren 35, 12
Übergang
– vom StBv zum StB Einl 12; 45, 6; 89, 16
Überörtliche Prüfungseinrichtungen 58, 13
Überörtliche Sozietäten 56, 19 ff.
Überschuldung 40, 11
Überschußwerbung 8, 28
Übertragung einer Praxis 32, 13; 57, 87
Überwachung
– der Mitarbeiter 26, 11; 57, 21, 37, 46
Übersetzen
– amtlicher Vordrucke 1, 6
Umsatzsteuervoranmeldung 1, 6; 6, 7
Umwandlung 54, 5; 55, 5
Umweltgutachter 57, 104
Unabhängigkeit
– der ehrenamtlichen Richter 100, 3; 102, 1; 104, 1
– der Geschäftsführer einer StBGes 49, 2; 50, 6; 57, 25
– der StB und StBv 9, 2, 4; 40, 11; 57, 8–27, 29
Unaufgefordertes Anbieten 8, 12
Unbedenklichkeitsbescheinigung 49, 15
Unbefugte Hilfeleistung in Steuersachen 5, 1–6; 76, 12; 159, 2; 160, 1–6; 161, 2
Unechte Sozietät 56, 18
– s. Scheinsozietät
Unfähigkeit
– zur Bekleidung öffentlicher Ämter 40, 14; 46, 7
Universität 38, 4
Unlautere Mittel 39 a, 3 ff.
Unmittelbarer Zusammenhang
– zwischen Handelsgewerbe und Steuerberatung 4, 10
– zwischen Steuerberatung und Rechtsberatung 33, 14–17

591

Sachverzeichnis

halbfette Zahlen = §§ des StBerG

Unmittelbarkeit
- der Beweisaufnahme **123**, 3; **124**, 1, 4

Unparteilichkeit 57, 13

Unsachgemäße Tätigkeit 7, 9; **20**, 6

Unsachlichkeit 57, 76

Untätigkeit 57, 51

Unterbrechung
- der Verjährung **93**, 8

Unterbringung 106, 1

Unterlagen
- des Auftraggebers **57**, 56, 59; **66**, 12, 13

Unterlassungsklage 5, 3; **76**, 12, 27

Unternehmensberater 4, 8, 10; **43**, 25; **56**, 10

Unternehmenseinheit 1, 5

Unternehmer 4, 8

Untersagung 7, 1–13; **20**, 8; **159**, 1; **160**, 2

Unterzeichnung 57, 47; **60**, 3–8

Unvereinbare Tätigkeiten 57, 88–96

Unverzügliche Ablehnung 63, 8

Unwirksamkeit
- der Rüge **82**, 15; **91**, 3; **149**, 5

Urkunde
- über Anerkennung als LStHV **17**, 1
- über Anerkennung als StBGes **52**, 1–3
- über Bestellung als Praxisabwickler **70**, 6
- über Bestellung als Vertreter **145**, 10
- über Bestellung als StB oder StBv **41**, 1–2
- über Bezeichnung „Landwirtschaftliche Buchstelle" **44**, 9

Urteil
- im berufsgerichtlichen Verfahren **125**, 1–5; **127**, 11; **129**, 11; **142**, 2

VEB Rechnungsführung und Wirtschaftsberatung Einl 22

Veräußerung
- der Praxis **32**, 13; **57**, 66, 87

Verantwortliche Führung
- einer StBGes **32**, 17; **50**, 2–10; **57**, 31

Verbände 4, 13; **76**, 12; **86**, 14

Verbindliche Auskunft 35, 5; **38 a**, 1

Verbrauchsteuern 4, 18

Verdacht
- einer Berufspflichtverletzung **116**, 2; **118**, 7

Verdrängung
- aus einem Mandat **57**, 86; **58**, 7

Vereidigte Buchprüfer 3, 9; **37 a**, 2; **43**, 13; **50**, 14; **57**, 99; **58**, 2; **72**, 7; **74**, 12; **94**, 1, 2

Vereidigung
- von Zeugen **133**, 3

Vereinbarung
- einer Gebühr **64**, 3

Vereine 4, 16; **13**, 2; **155**, 2

Vereinigungen nach § 3 Nr 4 7, 8 f.; **12**, 3

Vereinsname
- eines LStHV **14**, 4; **18**, 2; **20**, 4

Verfahren
- bei Ordnungswidrigkeiten **164**, 1–3
- bei der Prüfung **35**, 9–11
- bei der Sicherung von Beweisen **133**, 1–4
- bei der Zulassung zur Prüfung **35**, 5–8

Verfahrensordnungen 1, 15; **3**, 2

Verflechtungen 57, 24

Verfügungsbeschränkungen 46, 9

Vergleich 33, 17

Vergütung
- Allgemein **9**, 1–6
- des Praxisabwicklers **70**, 2, 10
- des Praxistreuhänders **71**, 12
- des Vertreters **69**, 12; **145**, 13

Verhinderung
- an der Berufsausübung **69**, 3, 4
- am Erscheinen in der Hauptverhandlung **123**, 5
- eines Zeugen **123**, 5; **124**, 4

Verjährung
- von Beitragsforderungen **79**, 21, 22
- von Ersatzansprüchen **25**, 9; **63**, 11; **67 a**, 14 ff.; **72**, 4
- von Gebührenforderungen **33**, 22, 26
- der Verfolgung von Pflichtverletzungen **93**, 1–8; **119**, 5; **125**, 6

Verkündung
- der Beitragsordnung **79**, 7
- des Berufs- oder Vertretungsverbots **139**, 2
- der Satzung **78**, 10
- des Urteils **142**, 3

Verlegung
- der beruflichen Niederlassung **46**, 10; **73**, 7; **101**, 3

magere Zahlen = Randziffern

Sachverzeichnis

Vermittlungstätigkeit
- von Steuerberaterkammern **76**, 17–22
- von StB und StBv **10**, 3; **57**, 86

Vermögensanlage 57, 90
Vermögensberatung 57, 103
Vermögensgestaltung 57, 26
Vermögensplanung 57, 26
Vermögensübersicht
- der LStHV **21**, 2

Vermögensverfall 40, 11; **46**, 9; **57**, 10
Vermögensverwalter 4, 7; **33**, 14
Vermögenswerte
- fremde **57**, 54

Vernichtung
- der Handakten **66**, 10

Veröffentlichung
- der Berufsordnung **86 a**, 7

Veröffentlichungen 43, 8
- *s. auch Anzeigen*

Verordnungsermächtigung 158, 1
Verpachtung
- einer Praxis **32**, 10

Verpfändung 50 a, 12
Verschwiegenheitspflicht
- Arbeitsgemeinschaft **84**, 8
- der Aufsichtsorgane **72**, 10
- der ehrenamtlichen Richter **102**, 3 f.
- der Gehilfen **62**, 1–4; **72**, 4
- des Kammervorstandes **81**, 30; **83**, 1–20; **88**, 6
- der LStHV **26**, 4, 5; **28**, 1
- der StB und StBv **45**, 2; **57**, 57–73; **64**, 2, 8–10; **80**, 15

Versicherungsmathematiker 4, 28; **43**, 25; **56**, 10
Versicherungspflicht 25, 3–8; **67**, 2–13; **72**, 4
Versicherungssumme 25, 6, 7; **67**, 12, 13
Versicherungsvermittlung 14, 2; **26**, 8, **57**, 89
Versicherungsvertrag 67, 14–15
Versicherungsvertreter 57, 89
Versorgungseinrichtung 76, 13
Verspätete Auftragserfüllung 57, 52
Verständigungspflicht 57, 85
Verteidiger
- im berufsgerichtlichen Verfahren **107**, 1–5; **108**, 1; **121**, 6; **130**, 3; **133**, 4
- im Strafverfahren **33**, 10; **57**, 18

Vertragsentwürfe 33, 16

Vertrauensschadenversicherung 76, 12
Vertreter 32, 14; **57**, 32, 45, 51; **59**, 6; **60**, 1, 3; **69**, 1–22; **145**, 1–13
Vertreterversammlung 14, 9; **15**, 2; **19**, 2; **29**, 2
Vertretung
- vor dem BFH **32**, 5; **49**, 13
- der Gesamtheit der Steuerberaterkammern **86**, 10, 11
- einer StBGes **50**, 8
- in Steuersachen **1**, 10; **33**, 6; **57**, 20; **139**, 3

Vertretungsverbot 139, 6, 7
Vertriebene 4, 15
Verwaltungsgerichtsbarkeit 111, 3
Verwaltungs- und Wirtschaftsakademien 38, 4
Verwaltungsverfahrensgesetz 164 a, 1
Verwaltungszwangsverfahren 79, 18
Verwarnung
- mit Strafvorbehalt **125**, 5

Verweis 90, 8; **151**, 2; **152**, 1, 2
Verwertung
- von Geschäftsgeheimnissen **57**, 64

Verzeichnis
- der LStHV **30**, 1–4

Verzeichnisse 57 a, 37
Verzicht
- auf das Amt des Beisitzers **101**, 2
- auf die Anerkennung als LStHV **19**, 3
- auf die Anerkennung als StBGes **54**, 6, 7
- auf die Bestellung **43**, 7; **45**, 3, 4; **47**, 4; **48**, 5; **93**, 7; **132**, 1
- auf die Zulassung zur Prüfung **39**, 2

Visitenkarten 43, 9
Vollstreckung
- der Beiträge und Gebühren **79**, 18–20
- der berufsgerichtlichen Maßnahmen und Kosten **151**, 1–6

Voranmeldungen 1, 6
Vorbildungsvoraussetzungen Einl 6; **36**, 1
Vorfinanzierung
- von Erstattungsansprüchen **1**, 5; **14**, 2; **22**, 8; **26**, 10; **57**, 17, 24

Vorkontieren 6, 6
Vorläufige Bestellung 157, 5 f.
Vorläufiges Berufsverbot 145, 2

Sachverzeichnis

halbfette Zahlen = §§ des StBerG

Vorschlagslisten
- für ehrenamtliche Richter **76**, 28, 29; **77**, 3; **99**, 5, 6
- für Mitglieder der Zulassungs- und Prüfungsausschüsse **76**, 38, 39

Vorstand
- einer AG **57**, 89
- eines LStHV 24, 2; **162**, 1; **163**, 2
- einer Steuerberaterkammer **58**, 18; **74**, 15; **76**, 36; **77**, 1–11; **80**, 9; **81**, 22, 24; **115**, 1, 3, 6–11
- einer StBGes **49**, 13; **50**, 2–19; **55**, 5; **57**, 5; **60**, 3; **72**, 7, 8; **73**, 6; **74**, 11–15
- eines e. V. **89**, 6

Vortrag 37, 6
Vortrags- und Lehrtätigkeit 1, 9; **57**, 109, 110; **139**, 4
Vortragsveranstaltungen 76, 11; **86**, 16

Wählbarkeit
- in den Vorstand der Steuerberaterkammer **74**, 15; **77**, 8–9; **100**, 1

Währungs-, Wirtschafts- und Sozialunion Einl 23

Wahl
- in den Vorstand der Berufskammer **77**, 5–7; **78**, 3, 9; **101**, 3

Wahlbeamter
- auf Zeit **59**, 3

Wahrnehmung berechtigter Interessen 80, 15
Wahrung berechtigter Interessen 57, 67, 69
Wahrung der beruflichen Belange 76, 9–14
Warnung 90, 7; **151**, 2; **152**, 1, 2

Wechsel
- eines Auftraggebers **57**, 86
- der Kammermitgliedschaft **83**, 20

Wehrdienst 36, 13
Weisungen 57, 12, 28, 29, 33, 91; **58**, 4; **60**, 9
Weitere Beratungsstellen 23, 3; **32**, 11; **34**, 3–19; **60**, 4; **73**, 4; **76**, 4; **79**, 10

Werbung
- allgemeine Informationen **14**, 4; **26**, 7; **32**, 10; **43**, 11, 22, 26; **53**, 3; **64**, 6; **76**, 27

Werbung des Steuerberaters
- Anzeigen **57 a**, 25 f.
- Bandenwerbung **57 a**, 47
- Begriff **57 a**, 9
- Briefköpfe **57 a**, 48
- Dauerwerbung **57 a**, 49
- Direkte Mandatswerbung **57 a**, 62 ff.
- Domain-Name **57 a**, 42
- von Dritten **57 a**, 66
- Ehrenämter **57 a**, 40
- elektronische Medien **57 a**, 40
- Erfolgszahlen **57 a**, 40
- Erinnerungswerbung **57 a**, 27
- Fachmessen **57 a**, 50
- Gästebuch **57 a**, 41
- Geschäftspapiere **57 a**, 39
- Gestaltungsfreiheit **57 a**, 24
- Homepage **57 a**, 41
- Informationsveranstaltungen **57 a**, 51
- Interessenschwerpunkte **57 a**, 30
- Leistungsangebot **57 a**, 13
- Links **57 a**, 45
- Logos **57 a**, 39
- Mandantenhinweise **57 a**, 53
- Mandanteninformationen **57 a**, 34
- Mandatsabwerbung **57 a**, 54
- Medien **57 a**, 46
- Metatags **57 a**, 45
- Mitgliedschaften **57 a**, 33
- Phantasiebezeichnungen **57 a**, 44
- Pop-ups **57 a**, 45
- Praxisbroschüren **57 a**, 33
- Praxisphilosophie **57 a**, 33
- Praxisschild **57 a**, 38
- Qualitätswerbung **57 a**, 16
- Ranglisten **57 a**, 55
- Rundschreiben **57 a**, 36
- Sachlichkeitsgebot **57 a**, 23
- sachliche Unterrichtung **57 a**, 14
- Slogans **57 a**, 28
- Sponsoring **57 a**, 56
- Stellenanzeigen **57 a**, 57
- Suchservice **57 a**, 37
- Tätigkeitsschwerpunkte **57 a**, 30
- Umsatzzahlen **57 a**, 40
- Vanity-Nummern **57 a**, 58
- Verzeichnisse **57 a**, 37
- Weiterbildung **57 a**, 59
- Werbeaufdrucke **57 a**, 60
- Werbeaufkleber **57 a**, 49
- Werbegeschenke **57 a**, 61
- Zertifikate **57 a**, 32

Werbung für Steuerrechtshilfe
- allgemeine Hinweise **8**, 1 ff.

magere Zahlen = Randziffern

- Bilanzbuchhalter **8**, 5
- Buchhalter **8**, 22
- Immobiliengesellschaft **8**, 13
- Personen nach § 3 Nr. 4 **8**, 21
- Personen nach § 4 **8**, 1, 9 ff.
- Personen nach § 6 Nr. 4 **8**, 5, 19
- Steuerberater (NL) **8**, 27
- Steuerfachwirt **8**, 5
- Suchservice **8**, 15
- Tätigkeiten nach § 6 Nr. 3 **8**, 19, 29
- Überschusswerbung **8**, 28
- Verbot **8**, 7
- Vereinigungen nach § 3 Nr 4 **8**, 21
- Vereinigungen nach § 4 **8**, 1, 9 ff.

Werkvertrag 33, 24–26
Wettbewerbsbeschränkungen 58, 5
Wettbewerbsverbot 56, 16; **58**, 6
Widerruf
- der Anerkennung als LStHV **7**, 7; **20**, 4–6; **22**, 1; **27**, 3; **28**, 5
- der Anerkennung als StBGes **55**, 1, 4–7; **154**, 5
- der Bestellung als StB oder StBv **45**, 1; **46**, 1, 2, 5–14; **48**, 8, 9; **67**, 3, 4; **89**, 18; **148**, 4
- der Bestellung als Praxisabwickler **70**, 7
- der Bestellung als Praxistreuhänder **71**, 10
- der Bestellung als Vertreter **69**, 20; **145**, 12
- der Erlaubnis zur Fortführung der Berufsbezeichnung **47**, 10, 11

Wiederaufnahme des Verfahrens 148, 7
Wiederbestellung 45, 5; **48**, 1–12; **132**, 2; **133**, 1
Wiederholung
- der Prüfung **35**, 20

Wirtschaftliche Abhängigkeit 57, 22
Wirtschaftliche Interessen 76, 10
Wirtschaftliche Leistungsfähigkeit 79, 16
Wirtschaftliche Tätigkeit 22, 8; **26**, 8–10; **163**, 1
Wirtschaftliche Verhältnisse 40, 11; **50**, 19; **57**, 10, 80; **79**, 23; **90**, 10
Wirtschaftsberater 43, 25
Wirtschaftsberatung Einl 17; **33**, 11; **53**, 8; **57**, 103; **139**, 4
Wirtschaftsingenieur (grad.) 43, 20

Sachverzeichnis

Wirtschaftsprüfer 3, 8; **33**, 14; **37 a**, 2; **43**, 10, 13; **44**, 2; **47**, 7; **50**, 14; **57**, 99; **58**, 2; **72**, 7; **74**, 12, 14; **79**, 11; **94**, 1, 2
Wirtschaftsprüferkammer 10, 8; **74**, 14
Wirtschaftsprüfungsgesellschaft 3, 10; **50**, 14; **58**, 2
Wirtschaftstreuhänder 43, 25, 32
Wirtschaftswissenschaften 36, 3; **50**, 18
Wohnsitz 34, 13; **37 b**, 6; **37 c**, 2, 3; **46**, 11; **50**, 16
Wohnung 34, 4
Wohnungsbauprämie 4, 25

Zeichnungsrecht 57, 39; **60**, 3–8
Zeitgebühr 64, 3
Zeitschriften 4, 10
Zeitungen 4, 10
Zertifizierung 57, 44, 66; **57 a**, 32
Zeugnisse 43, 26
Zeugnisverweigerungsrecht 26, 6; **45**, 2; **57**, 70; **62**, 2
Zölle 4, 18, 19
Zolldeklaranten 4, 19
Zugewinnausgleich 32, 13
Zulassung
- der Anschuldigung zur Hauptverhandlung **118**, 2, 3
- zur Prüfung als StB **35**, 1, 4–8; **36**, 1 ff.; **37 b**, 1 ff.
- der Revision **129**, 10–14

Zulassungsausschüsse 35, 5, 8, 10; **76**, 38
Zurückbehaltungsrecht
- an Arbeitsergebnissen **66**, 15, 16
- an Handakten **57**, 56; **66**, 11–14

Zurückweisung
- eines Antrags **149**, 3
- von Bevollmächtigten und Beiständen **1**, 10; **5**, 3; **140**, 4; **160**, 2
- eines Rechtsmittels **148**, 5

Zusatz
- zur Berufsbezeichnung **43**, 22; **44**, 2–4; **47**, 2

Zuständige Stelle 25, 4; **67**, 15; **76**, 37, 47

Zustellung
- des Beschlusses über ein Berufsverbot **138**, 4
- des Einspruchsbescheides **81**, 36

595

Sachverzeichnis

halbfette Zahlen = §§ des StBerG

- des Eröffnungsbeschlusses **118**, 6; **120**, 2
- der Ladung zur Hauptverhandlung **121**, 2, 4
- des Rügebescheides **81**, 28
- des Urteils **127**, 4, 9; **129**, 13; **130**, 2, 4

Zustellungsbevollmächtigter 58, 19

Zuverlässigkeit
- persönliche **23**, 11; **50**, 19

Zuwiderhandlung
- gegen Berufs- oder Vertretungsverbot **140**, 1–4

Zwangsmittel 7, 3; **28**, 4; **29**, 3; **80**, 3; **159**, 1; **160**, 2, 5; **164**, 2

Zwangsvollstreckungsmaßnahmen 37, 6; **57**, 83; **151**, 4

Zweigniederlassung 34, 6